**EDITION**

**Directeurs de collection et auteurs :** Dominique AUZIAS et Jean-Paul LABOURDETTE
**Auteurs :** Patricia BUSSY, Alex VUCKOVIC (SMALL FOX), Emmanuelle BLUMAN, Téa ESCHEBACH, Diane DE VAULCHIER, Jean-Paul LABOURDETTE, Dominique AUZIAS et alter
**Directeur Editorial :** Stéphan SZEREMETA
**Responsable Editorial Monde :** Patrick MARINGE
**Rédaction Monde :** Caroline MICHELOT, Morgane VESLIN, Pierre-Yves SOUCHET et Leena BRISACQ
**Rédaction France :** François TOURNIE, Talatah FAVREAU et Bénédicte PETIT

**FABRICATION**

**Responsable Studio :** Sophie LECHERTIER assistée de Romain AUDREN
**Maquette et Montage :** Julie BORDES, Élodie CLAVIER, Sandrine MECKING, Delphine PAGANO et Laurie PILLOIS
**Iconographie et Cartographie :** Audrey LALOY

**WEB ET NUMERIQUE**

**Directeur Web :** Louis GENEAU de LAMARLIERE
**Directeur technique :** Lionel CAZAUMAYOU
**Chef de projet et développeurs :** Jean-Marc REYMUND, Cédric MAILLOUX, Florian FAZER et Anthony GUYOT
**Community Manager :** Cyprien de CANSON

**DIRECTION COMMERCIALE**

**Directrice des Régies :** Caroline CHOLLET
**Responsable Régies locales :** Michel GRANSEIGNE
**Relation Clientèle :** Vimla MEETTOO et Sandra RUFFIEUX
**Chefs de Publicité Régie nationale :** Caroline AUBRY, François BRIANCON-MARJOLLET, Perrine DE CARNE MARCEIN, Caroline GENTELET, Florian MEYBERGER et Caroline PREAU

**REGIE INTERNATIONALE**

**Chefs de Publicité :** Jean-Marc FARAGUET, Guillaume LABOUREUR, assistés d'Elisa MORLAND
**Régie Croatie :** Alexandre LUCIANI

**DIFFUSION ET PROMOTION**

**Directrice des Ventes :** Bénédicte MOULET assistée d'Aissatou DIOP et Alicia FILANKEMBO
**Responsable des ventes :** Jean-Pierre GHEZ assisté de Nathalie GONCALVES
**Relations Presse-Partenariats :** Jean-Mary MARCHAL

**ADMINISTRATION**

**Président :** Jean-Paul LABOURDETTE
**Directeur Administratif et Financier :** Gérard BRODIN
**Directrice des Ressources Humaines :** Dina BOURDEAU assistée de Sandra MORAIS et Vianney LAVERNE
**Responsable informatique :** Pascal LE GOFF
**Responsable Comptabilité :** Valérie DECOTTIGNIES assistée de Jeannine DEMIRDJIAN, Oumy DIOUF et Christelle MANEBARD
**Recouvrement :** Fabien BONNAN assisté de Sandra BRIJLALL
**Standard :** Jehanne AOUMEUR

**PETIT FUTE CROATIE 2016**

Petit Futé a été fondé par Dominique AUZIAS.
Il est édité par Les Nouvelles Editions de l'Université
18, rue des Volontaires - 75015 Paris.
✆ 01 53 69 70 00 - Fax 01 42 73 15 24
Internet : www.petitfute.com
SAS au capital de 1 000 000 € -
RC PARIS B 309 769 966
**Couverture :** © Andrew Mayovskyy
**Impression :** IMPRIMERIE CHIRAT -
42540 Saint-Just-la-Pendue
Dépôt légal : 16/02/2016
ISBN : 9782746996151

**Pour nous contacter par email, indiquez le nom de famille en minuscule suivi de @petitfute.com**
**Pour le courrier des lecteurs : info@petitfute.com**

# DOBRODOŠLI U HRVATSKU !

Évoquant la Croatie, on pense tout de suite à la Grande Bleue, au pays des mille et une îles... Souvent l'Adriatique attire comme un aimant et le littoral constitue, à lui seul, l'objet du séjour. Sur la route côtière, une succession d'images défilent. Une mer cristalline, des plages et des criques qui se succèdent, des promenades maritimes piétonnes et au large des archipels de toute beauté. Partout, des rochers ou des pontons pour se baigner, des Riviera où plongent des monts vertigineux… voilà pour la carte postale qui fait toujours autant rêver.

La réalité, c'est que le climat méditerranéen participe au bien-être en Croatie et la mer offre quantité de plaisirs, que ce soient les joies du balnéaire en famille, la plaisance facile, les sensations de la plongée sous-marine, l'art de vivre à l'Adriatique. Ici, on aime les couchers de soleil à l'apéritif et les soirées sur le port sans voitures, la nuit chez l'habitant ou en résidence de luxe. Chacun y trouve sa destination. D'aucuns recherchent le calme absolu, la vie de Robinson toujours possible sur les îles. D'autres estivaliers encore préfèrent le tout-compris dans les complexes hôteliers (*all inclusive !*), l'ambiance clubbing des beach-parties, les croisières qui s'amusent. « *Il en faut pour tout le monde* », vous dirait le Monsieur Dalmate, qui vit bien du tourisme… La nature méridionale du pays si attrayante ne saurait éclipser les fantastiques paysages de l'intérieur, les parcs nationaux impressionnants. Entre lacs et montagnes, vallées profondes et grandes prairies, forêts septentrionales ou pinèdes odorantes, on passe aisément des journées entières à s'émerveiller en randonnée d'altitude, en descente sportive en rivière…

Autre richesse croate, son patrimoine historique. Pas moins de sept sites majeurs, autant de villes ont été classés par l'UNESCO, Dubrovnik, Split, Trogir, Zadar, Šibenik, Poreč, Pula. Le charme opère aussi à Zagreb, la capitale jeune et branchée, dans les villages perchés de l'Istrie, dans les hameaux rustiques de la Slavonie, où veillent de vénérables châteaux dignes des contes de fées. En somme, du nord au sud, une belle harmonie entre nature et culture, sans oublier les traditions populaires encore très vivantes !

Merci à tous les amis croates qui nous ont aidés à mieux comprendre et aimer leur pays.

Patricia Bussy

# SOMMAIRE

## INVITATION AU VOYAGE



## DÉCOUVERTE



## ZAGREB ET L'ARRIÈRE-PAYS



## ISTRIE



## LE GOLFE DU KVARNER

## ZADAR ET SA RÉGION



## ŠIBENIK ET SA RÉGION



## SPLIT ET SA RÉGION



## DUBROVNIK ET SA RÉGION



## SLAVONIE



## PENSE FUTÉ

# Croatie

Cakovec
Varaždin
Kaprina
A4
A2
Krapina
Save
LJUBLJANA
Zaprešic
ZAGREB
Dugo Selo
Samobor
Botinec
Vel. Gorica
SLOVENIE
Trieste
D. Kupčina
Karlovac
Sisak
Kupa
Petrinja
Umag
A7
Delnice
Duga Resa
A9
ISTRIE
Opatija
A6
Dobra
Glina
Rijeka
Poreč
Pazin
Rasa
A1
KAPELA
A8
A7
Josipdol
Krk
Rovinj
Labin
ALPES DINARIQUES
Krk
Bos. Novi
Vodnjan
Baska
Senj
Cres
Plavnik
Pula
Cres
Plitvice
A1
Rab
Jablanac
Unije
Losinj
Karlobag
Gospič
Golfe de Kvarner
Susak
Pag
VELEBIT
Ilovik
Pag
Olib
Premuda
Ist
Vir
Novigrasko More
Molat
Sestrunj
Kruševo
Zadar
Ugljan
Knin
Benkovac
Dugi Otok
Trolav 1912 m.
Vransko Jezero
Krka
Žut
Kornat
Kaprije
Sibenik
Kurba
Žirje
Trogir
Split
Drvenik
Šolta
MER ADRIATIQUE
Sv. Klement
Hvar
Vis
Vis
Biševo
N
0 km
20
40
60
80 km
Sušac

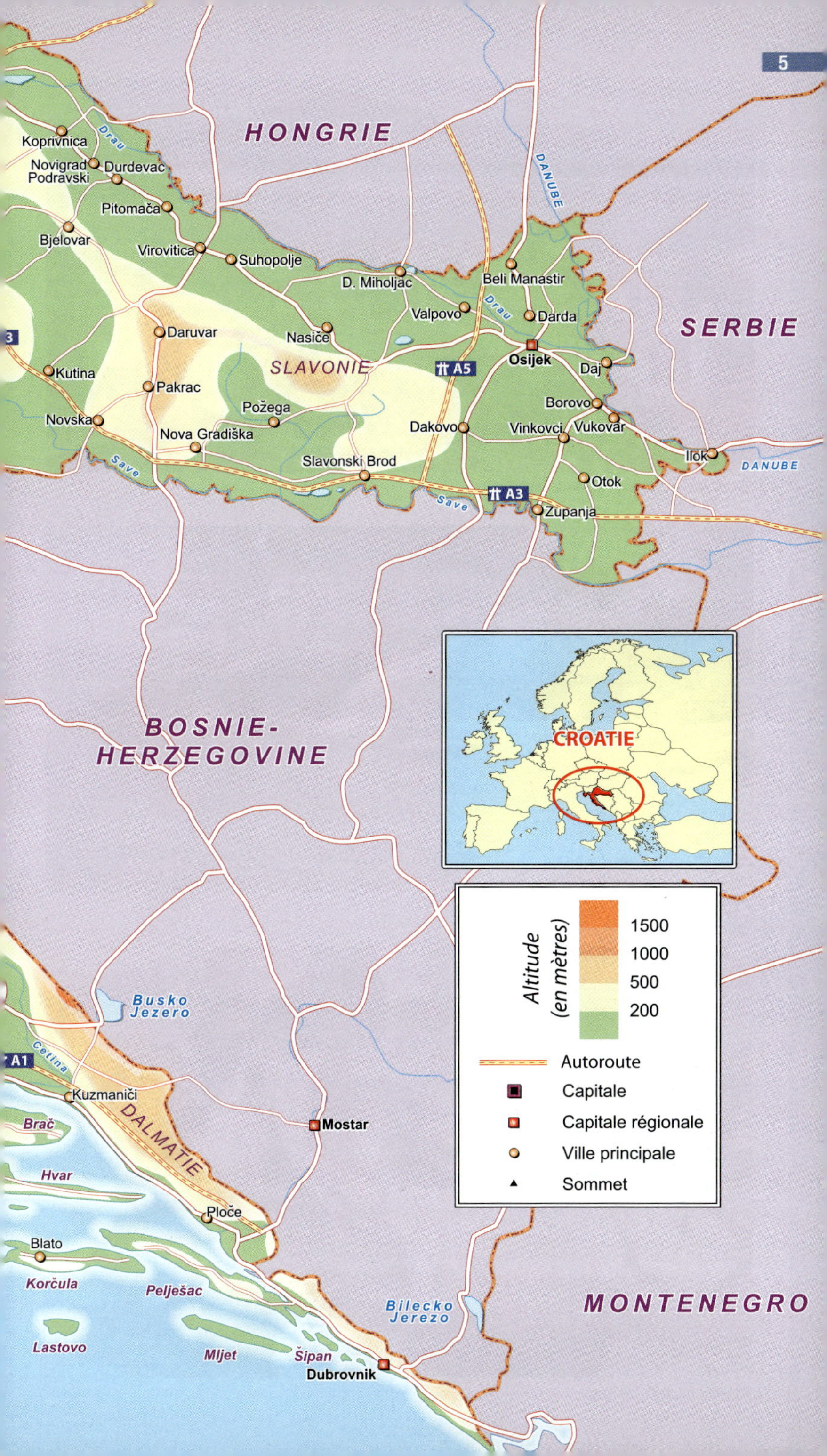
HONGRIE
SERBIE
BOSNIE-HERZEGOVINE
MONTENEGRO
SLAVONIE
DALMATIE
Koprivnica
Novigrad Podravski
Durdevac
Pitomača
Bjelovar
Virovitica
Suhopolje
D. Miholjac
Beli Manastir
Valpovo
Darda
Osijek
Nasiče
Daruvar
Kutina
Pakrac
Požega
Novska
Nova Gradiška
Slavonski Brod
Dakovo
Vinkovci
Vukovar
Borovo
Daj
Ilok
Otok
Zupanja
Drau
DANUBE
Save
A5
A3
A1
Busko Jezero
Cetina
Kuzmaniči
Mostar
Brač
Hvar
Ploče
Blato
Korčula
Pelješac
Lastovo
Mljet
Šipan
Dubrovnik
Bilecko Jerezo
CROATIE
Altitude (en mètres)
1500
1000
500
200
Autoroute
Capitale
Capitale régionale
Ville principale
Sommet

*Dubrovnik fait face à l'île de Lokrum.*

*Plage de Brela.*

*Assiette de fruits de mer.*

# LES PLUS DE LA CROATIE



## Une côte adriatique aux mille et une îles

Le pays fait rêver avec ses archipels à quelques encablures de la côte adriatique. Les plaisanciers y naviguent sans se gêner. Chaque île et îlot possède son caractère et, souvent, cache des baies pour s'abriter, des plages ou des criques isolées. Pour les navigants moins expérimentés, la Croatie a fait construire plus d'une quarantaine de marinas, bien équipées et bien réparties sur tout le littoral. Avec des vents généralement favorables, le cabotage côtier est relativement facile, louer un bateau l'est tout autant ! De nombreuses agences touristiques proposent un vaste choix d'embarcations, toutes tailles et styles, pour toutes les bourses.
Par ailleurs, un réseau actif de transport maritime avec ferries, dont certains embarquent les véhicules, et catamarans collectifs assurent une liaison quotidienne avec de nombreuses îles de la mer Adriatique.

## Un environnement naturel préservé

Avec ses 352 zones protégées, soit 9 % de sa surface totale, la Croatie a su mettre en valeur ses ressources naturelles. Les amoureux des grands espaces protégés n'auront que l'embarras du choix pour explorer les parcs nationaux, les parcs et autres réserves naturelles, du nord au sud. S'organiser un séjour à la montagne pour avoir la chance d'y apercevoir un ours ou un lynx dans son milieu naturel, c'est possible ! Tout comme les randonnées au bord des lacs pour les impressionnantes cascades au milieu des forêts, les balades ornithologiques pour guetter le passage des oies sauvages et quantité d'autres espèces d'oiseaux des marais slavons, ou encore les virées en mer près des côtes l'île de Cres, pour voir les vautours fauves ou les dauphins au large de Losinj.

## Un riche patrimoine architectural et artistique

Si la civilisation antique a laissé d'imposants monuments, toujours debout (amphithéâtre de Pula, Palais de Dioclétien à Split, basilique euphrasienne de Poreč), la Croatie ancienne se distingue en Dalmatie par de nombreux exemples d'églises et monastères médiévaux et Renaissance. Les palais et résidences d'influence italienne raviront les amoureux du patrimoine alors que dans le nord du pays, le style baroque domine, influencé au XVIIe et XVIIIe siècles par la proximité du royaume austro-hongrois. On compte de nombreux châteaux ou églises dans la région du nord-ouest. L'est, qui est resté plus longtemps sous le contrôle ottoman, adopte ce style architectural et décoratif plus tardivement. Visiter la Croatie, c'est aussi faire un voyage historique à travers un riche passé architectural.

## Un climat plaisant toute l'année

Sur la côte Adriatique, le climat en hiver est adouci par l'influence de la mer. Le Sud de la Dalmatie bénéficie d'un bel ensoleillement toute l'année, avec été comme hiver la bura, le vent des montagnes qui se lève parfois et rafraîchit l'atmosphère. Des pluies abondantes en automne et au printemps peuvent surprendre. En été, l'eau de la mer peut atteindre les 26 °C. La baignade possible à partir de début juin peut se prolonger jusqu'à début octobre, avec un mois de septembre particulièrement agréable. Pour les amateurs de ski, en hiver, rendez-vous dans la station de Sljeme proche de Zagreb. Vous pourrez au choix séjourner sur place ou dans la capitale. Un tramway depuis la gare centrale vous mène à proximité des pistes en moins d'une heure !

*Port de Zadar.*

# FICHE TECHNIQUE

## Argent

La monnaie croate est la kuna (kn). En décembre 2015 :

- 1 € = 7,54 kn ; 10 kn = 1,31 €
- 1 CHF = 6,96 kn ; 10 kn = 1,42 CHF
- 1 CA$ = 5,08 kn ; 10 kn = 1,95 CA$

## Idée de budget

- Un hôtel bon marché : environ 300/400 kn (chambre double).
- Un café, un thé : 8 à 10 kn.
- Une entrée au musée : de 10 kn à 30 kn.
- Un restaurant pas trop cher : de 60 kn à 100 kn le repas.

## La Croatie en bref

### Données générales

- Nom officiel : Croatie, République de Croatie, Hrvatska.
- Capitale : Zagreb.
- Superficie : 56 594 km².
- Langue officielle : croate.
- Langues parlées : anglais, italien et allemand.
- Religions : catholiques majoritaires (86,3 %), non-croyants et agnostiques (5,2 %), orthodoxes (4,4 %), musulmans (1,5 %), protestants (0,3 %), divers (1 %).
- Régime politique : démocratie parlementaire (constitution juin 1991).
- Présidente de la République : Kolinda Grabar-Kitarović, élue au suffrage universel le 11 janvier 2015 pour un mandat de 5 ans.
- Premier Ministre : Zoran Milanović du Parti social-démocrate (SPD) depuis le 23 décembre 2011.

### Population

- Population totale : 4 437 460 habitants (recensement 2011)
- Capitale : Zagreb, 800 000 habitants (1,1 million avec l'agglomération).
- Villes principales : Split, Rijeka, Osijek, Zadar, Dubrovnik, Pula.
- Nationalités : Croates, Serbes, Hongrois, Slovènes, Bosniaques.
- Densité : 79 hab./km².
- Espérance de vie : 76,92 ans (2012).
- Population urbaine : 57,3 %.

### Économie (chiffres fin 2014)

- **PIB :** 44 Mds €
- **PIB par habitant :** 10 053 €
- **Taux de chômage :** 17,6 %

**Dubrovnik**

| Janvier | Février | Mars | Avril | Mai | Juin | Juillet | Août | Sept. | Octobre | Nov. | Déc. |
|---|---|---|---|---|---|---|---|---|---|---|---|
| 6°/ 12° | 6°/ 13° | 8°/ 14° | 11°/ 17° | 14°/ 21° | 18°/ 25° | 21°/ 29° | 21°/ 28° | 18°/ 25° | 14°/ 21° | 10°/ 17° | 8°/ 14° |

**Zagreb**

| Janvier | Février | Mars | Avril | Mai | Juin | Juillet | Août | Sept. | Octobre | Nov. | Déc. |
|---|---|---|---|---|---|---|---|---|---|---|---|
| -2°/ 3° | -1°/ 6° | 3°/ 11° | 8°/ 17° | 12°/ 21° | 15°/ 25° | 17°/ 27° | 16°/ 27° | 13°/ 22° | 8°/ 15° | 4°/ 9° | 0°/ 5° |

## Numéros de téléphone importants

- **Informations générales** : 981
- **Indicatif international pour la Croatie** : 385
- **Informations sur les numéros de téléphone internationaux** : 902
- **Informations sur les numéros de téléphone locaux et interurbains** : 988
- **Appel d'urgence unique européen** : 112
- **Urgence médicale** : 94
- **Pompiers** : 93
- **Police** : 92
- **Assistance routiere** : 987
- **Centre national de recherche et de sauvetage en mer** : 9155
- **Météo et état du trafic** : 060 520 520
- **Club Automobile de Croatie (HAK)** : +385 1 4640 800

## Téléphone

La Croatie est divisée en 21 zones téléphoniques correspondant aux limites des 21 *zupanija* (régions). Les indicatifs téléphoniques sans le (0) sont les deux premiers chiffres de leur code postal, exception faite de la capitale :

- **Zagreb : 1**
- **Dubrovnik : 20**
- **Split : 21**
- **Šibenik : 22**
- **Zadar : 23**
- **Osijek : 31**
- **Varaždin : 42**
- **Rijeka : 51**
- **Pula : 52**

### Appels sur les téléphones fixes

- **La Croatie depuis l'étranger :** composez l'indicatif international (00) + puis celui de la Croatie (385), enfin, l'indicatif régional, sans le (0) initial, suivi du numéro local. Exemple pour un appel de France à Zagreb : 00 385 1 48 98 555 ; pour un appel à Pula : 00 385 52 22 35 88...
- **La France depuis la Croatie :** composez le 00 33 suivi de l'indicatif régional de l'Hexagone sans le (0).
- **Depuis la Croatie en local** : si vous êtes dans la même région, composez directement le numéro sans l'indicatif régional. Exemple : 48 98 555.
- **D'une région à l'autre en Croatie :** composez l'indicatif régional complet avec le 0, suivi du numéro local à 6 ou 7 chiffres. Pour appeler de Split à Dubrovnik : 020 362 900.

**A savoir :** à la poste ou dans les kiosques à journaux, on peut se procurer des cartes SIM de différentes compagnies (SIMPA, VIP, TELE 2). Elles coûtent de 15 kn à 100 kn. 50 kn pour 20 minutes de communication. Information sur les numéros locaux : 118 80 ou 118 88, sur les numéros internationaux au 118 02.

**Appels sur les téléphones mobiles**

La quasi-totalité du territoire national est couverte par les opérateurs téléphoniques. Les numéros précédés de (0) 91, (0) 98 ou 099 correspondent à des téléphones portables locaux. Ceux commençant par (0) 60 sont des numéros gratuits. Exemple pour un appel sur un mobile à Dubrovnik : (00) 385 91 765 59 91.

## Décalage horaire

GMT + 1 en hiver et GMT + 2 en été, soit, toute l'année, la même heure en Croatie qu'en France, Belgique, Suisse. Passage à l'heure d'été, de fin mars à fin septembre.

## Formalités

Carte d'identité ou passeport en cours de validité.

## Climat

Le climat varie de semi-continental au nord, avec des températures d'altitude au centre, à méditerranéen sur la côte adriatique en passant par des épisodes contrastés toute l'année : printemps précoces, arrière-saisons agréables (été indien), bel ensoleillement mais aussi fortes précipitations, du nord au sud, vents violents, grosses chaleurs en été.

## Le drapeau croate, la complexité de l'histoire nationale

Sur un fond de bandes horizontales rouge, blanc et bleu, le drapeau croate porte en son centre le blason national. Les trois bandes tricolores représentent la liberté, symbole inspiré par la Révolution française. L'ensemble des couleurs se trouve aussi dans les armoiries traditionnelles, de gueule et d'argent (rouge et blanc) pour la Croatie, d'azur et d'argent pour la Slavonie et d'azur et d'or pour la Dalmatie. Le blason est constitué d'un damier de 25 cases rouges et blanches. Couronnant le tout, cinq petits boucliers portent les blasons historiques croates. Le premier – le plus ancien du pays - porte l'étoile et la demi-lune ; le deuxième représente le blason de la République de Dubrovnik (case bleue avec deux poutres rouges) ; le troisième, le blason de Dalmatie où trônent trois têtes de lion ; le quatrième figure la chèvre en or, symbole de l´Istrie et le dernier, avec la martre et l'étoile, le blason de Slavonie. En 1508, le blason de la Croatie apparaît pour la première fois, en 1848, sur le portrait de Frédéric de Habsbourg. Le drapeau tricolore officialisé fusionne le rouge et blanc de la Croatie plus le bleu et blanc de la Slavonie. En 1918, au moment de la création de la fédération yougoslave, il fut suspendu puis réapparaît en 1939, avec le blason au centre du drapeau tricolore, comme emblème national.A partir de 1941, le drapeau est repris par les différents partis au pouvoir : le régime oustachi applique un U dans son angle supérieur gauche. De 1945 à 1990, l'étoile rouge communiste remplace le blason national. Il faudra attendre 1990, après l'entérinement de la nouvelle constitution, pour que le drapeau national soit définitivement adopté.

## Saisonnalité

Pour le tourisme, la période chaude et ensoleillée, de mai à septembre, est idéale. Cependant, en juillet et août, le littoral adriatique connaît un afflux de vacanciers européens, qui se mêlent à la population locale. Les plages sont bondées ! En mai, juin et septembre, le gros du tourisme familial n'est pas arrivé ou déjà rentré ! Les hôtels appliquent alors les tarifs « basse saison » et les chambres économiques chez l'habitant également. C'est le temps de fleurs et des fruits en automne.

En avril et octobre, il fait parfois un peu frais pour dormir sous une tente ou se baigner. Si, la côte continue de bénéficier de journées lumineuses, parfaites pour la randonnée, il peut pleuvoir abondamment. On peut se baigner de début juin à début octobre (température de l'eau entre 21 et 24 degrés).

Depuis quelques temps, la saison se prolonge jusqu'à la fin de l'année et commence dès le printemps, spécialement dans les villes au riche patrimoine culturel ou gastronomique. Il s'agit surtout d'un tourisme bien-être, découvertes des richesses du pays (visites, randonnées, pratiques sportives, congrès, croisières).

# IDÉES DE SÉJOUR

## Séjour court : dix jours en Dalmatie

**Jour 1. Arrivée à Split.** La 2e plus grande ville de Croatie est aussi l'une des plus anciennes. Point de départ parfait en Dalmatie centrale pour descendre tranquillement le littoral adriatique sud et visiter quelques îles. L'après-midi, découverte de la cité antique, le palais de Dioclétien, le mont Marijan, la promenade de la mer, les musées, les terrasses des cafés-restaurants.

**Jour 2. Trogir, petite cité lacustre fortifiée.** Départ matinal en bus ou voiture pour une quinzaine de kilomètres au nord-ouest de Split. Crochet possible dans l'après-midi pour l'île de Čiovo en face (baignade, nature). Retour à Split pour une nuit dans un hôtel près de la plage de Bačvice.

**Jour 3. L'île de Brač, l'une des plus populaires de Croatie.** Départ matinal en ferry du port de Split pour 1/2 h de bateau environ. Sur cette île très animée par endroits (Bol, Zlatni Rat), on fait la fête tout l'été dans les bars et discothèques de plage jusqu'au petit matin. Visite du port de Supetar, baignade, farniente ou excursion en bateau-taxi pour l'île de Palmižana, un petit havre de paix.

**Jour 4. L'île de Hvar la blanche.** De port de Supetar, départ matinal en bus pour Milna, où un ferry part pour l'île de Hvar. Arrivée à Stari Grad, visite de Jelsa et de ses environs, Vrboska « la petite Venise », les carrières de pierres. Baignades dans les criques abritées de la côte ou sur une plage aménagée.

**Jour 5. Arrivée à Korčula ville**. Du port maritime de Hvar, départ pour l'île de la Dalmatie du Sud. Installation et balade dans la vieille ville sur les pas présumés de Marco Polo. Visite, plage et détente.

**Jour 6. L'île de Korčula :** Račišće, Lumbarda. Promenades à pied, baignades, visite rapide de Vela Luka, les grottes préhistoriques de Vela Spila, retour à Korčula.

**Jour 7. La presqu'île de Pelješac.** Départ matinal pour le ferry. Arrivée à Orebić, cité corsaire, qui a du caractère ! Traversée de la presqu'île par la route des vignobles et producteurs de vin. Parvenus à Ston et Mali Ston, les domaine des salins, des ostréiculteurs et des bons restaurants côtiers (produits de la mer frais) attendent les visiteurs. Retour en fin de soirée et nuit à Dubrovnik.

**Jour 8. Dubrovnik, perle de l'Adriatique.** Visite de la vieille ville de Raguse. A votre rythme, en deux jours, balades sur les remparts, découvertes de lacis de ruelles, du patrimoine architectural (monastère, palais du recteur, cathédrale), des musées, galeries, vieux port, plages hors les murs, baignades... Prendre un verre au soleil couchant dans un des bars installés sur les rochers, pour la superbe vue sur l'île de Lokrum, dîner en terrasse d'un café-restaurant de la vieille ville.

**Jour 9. Excursion en bateau pour les îles Elaphites** (Lokrum, Lopud, Kolocep). Deux options : visiter les trois îles dans la journée avec organisateurs (déjeuner sur le voilier) ou en mode indépendant, prendre un bateau au vieux port ou au port de Gruz et choisir une ou deux îles pour prendre son temps, se baigner, marcher dans la nature méridionale. Retour en fin de journée à Dubrovnik

**Jour 10. Retour par la Riviera de Dubrovnik** (Župa dubrovačka). Prenez le temps d'emprunter la route du littoral pour aller à l'aéroport. Découvrir ou revoir la vue panoramique sur Dubrovnik, sa riviera de toute beauté laisse un bon souvenir de l'Adriatique. Pour les vols de soirée, un crochet à Cavtat, une petite ville côtière pleine de charme à 5 km de l'aéroport, pourrait inviter à revenir.

Port de Split.

## Séjour long : le tour de la Croatie en un mois

▶ **Jour 1. Arrivée à Zagreb, capitale de la Croatie**. Visite des vieux quartiers, Gradec et Kaptol, musées au choix avec pauses repas dans le centre où les bars et restaurants abondent. Si beau temps, soirée au lac de Jarun, le quartier vert et animé, le préféré de la jeunesse zagreboise.

▶ **Jour 2. La ville basse de Zagreb.** Promenade sur l'allée verte (fer à cheval). Squares, musée (Mimara, arts décoratifs), théâtre municipal, gare ferrovière, jardin botanique (fermé en hiver) jalonnent ce quartier historique. En soirée, sortie culturelle ou festive (opéra, théâtre, concert, club, voir l'agenda à l'office de tourisme).

▶ **Jour 3. La région nord de Zagreb.** Location d'une voiture pour visiter la Krapina, la cité Samobor. En route, vue panoramique ou arrêt pour visiter les châteaux (Miljana, Veliki Tabor, Trakošćan). Nuit dans la vieille ville baroque de Varaždin.

▶ **Jour 4. L'ouest de Zagreb, le Zagorje.** Route des vignobles et châteaux, nuit au château de Bežanec ou dans l'une des stations thermales de la région, par exemple Lipiče Toplice.

▶ **Jour 5. Osijek en Slavonie.** Visite de la ville, parcs et musées. Déjeuner dans l'un des restaurants traditionnels (goûter au vin mousseux de Slatina !)

▶ **Jour 6. Le parc national du Kopački Rit.** Balade naturaliste en bateau. Visite de la région de la Baranja. Retour à Osijek, dîner et nuit en ville.

▶ **Jour 7. Les villes historiques de Slavonie.** Visite de Vukovar et Đjakovo puis retour par Vinkovci, Našice en prenant la route des vins et des domaines viticoles. Nuit à Zagreb.

▶ **Jour 8. Plein sud-ouest vers l'Istrie.** Départ matinal, itinéraire par la Slovénie (Ljubljana), l'Italie. Pause à Trieste. Passage de la frontière italo-croate et premier contact avec la mer Adriatique à Umag ou Novigrad. Détente balnéaire. Nuit à Novigrad ou autoroute directe pour arriver à Pula dans la soirée. Réserver l'hôtel à l'avance.

▶ **Jour 9. Pula la cité antique.** Visite dans la matinée de l'amphithéâtre, du temple d'Auguste, pause au forum romain. L'après midi, départ pour le port de Fažana, prendre le ferry pour les îles de Brijuni. Visite guidée du parc national. En individuel, on peut aussi louer des vélos, se promener à pied, se baigner sur le site d'une ancienne villa romaine. Nuit à Fažana ou Pula.

▶ **Jours 10 et 11. Rovinj, perle de l'Istrie.** Départ matinal pour choisir un hôtel. Un séjour de 2 nuits pour flaner dans le port, la vieille ville. Balades à vélo sur la côte, parc de Zlatni Rat, plage, détente. Le soir, retour dans le centre historique, pour l'animation des bars, restaurant en terrasse au bord de la mer.

▶ **Jour 12. L'Istrie verte, les terres intérieures.** Départ matinal avec arrêt au Canal de Limski Fjord. Découverte des villages perchés, Motovun, Grožnjan, Buzet, Pazin, la route des vins et autres produits gourmands. Nuit à Poreč.

▶ **Jour 13. La vieille ville de Poreč.** Visite de la basilique euphrasienne, ses mosaïques byzantines. L'après-midi, escapade sur la presqu'île de Premantura encore sauvage. Plongée ? Pour la nuit, arrêt aux abord du parc naturel, dans un camping (mobil-home) ou à l'hôtel à Medelin ou Labin, une vieille ville qui domine la mer.

▶ **Jour 14. La Riviera d'Opatija.** Départ matinal pour longer la côte, Rabac, Lovran, Opatija jusqu'à Rijeka. Là vous trouverez un bus et un ferry, qui embarque les véhicules, pour l'île de Cres. Autre option en été, après Labin, il y a la possibilité d'une liaison en bateau à l'embarcadère de Brestova-Porozina. Nuit à Cres-Port. Détente, baignade.

▶ **Jour 15. Cres et les deux Losinj.** Direction le Sud, voir Lubenice, Osor puis Mali Lošinj et nuit à Veli Losinj. Une île idéale pour se reposer (baignade, randonnée, plongée).

▶ **Jour 16. Cres du nord au sud.** Départ matinal. Pousser jusqu'à la côte rocheuse du nord de Cres, vertigineuse et splendide. Retour à l'embarcadère de Merag-Valbiska, pour l'île de Krk. Baignade à Stara Baška et nuit au camping ou à Baška.

▶ **Jour 17. Golfe du Kvarner.** De Baška, faire le tour de l'île de Krk par le sud, Vrbnik, les criques sauvages. En fin de journée, passer le pont futuriste de Križišće pour revenir sur le continent. Coucher du soleil sur la route du littoral avec le golfe du Kvarner en panoramique. Nuit entre Crikvenica et Novi Vinodolski.

▶ **Jour 18. Côte adriatique, Senj, Rab.** Continuer sur la route côtière qui longe les montagnes du Velebit jusqu'à Senj, puis s'arrêter à l'embarcadère de Jablanac-Mišnjak pour passer sur l'île de Rab. Traverser le parc naturel Kampor qui longe la mer jusqu'au port de Rab ville. Nuit dans l'élégante vieille ville.

▶ **Jour 19. Parc national du mont Velebit.** Redescendre au sud de l'île de Rab pour revenir par ferry à l'embarcadère Mišnjak-Jablanac. Arrivé sur le continent descendre quelques kilomètres jusqu'à Dušikrava. De là, une route montagneuse conduit au parc national du mont

Velebit. Faire une pause montagne aux abords de la rivière Lika. Nuit dans un refuge ou chez l'habitant (nombreuses offres).

- **Jour 20-21. Parc national des lacs de Plitvice.** Départ tôt le matin, prendre la route d'Otočac, Vrhovine, puis suivre l'itinéraire bien indiqué du célèbre parc. Nuit aux alentours (multiples possibilités) pour une randonnée matinale dans le parc, à la découverte de la nature grandiose, au plus près des cascades, rivières et étangs. Nuit à Gospič.
- **Jour 22. Parc national de Paklenica.** La route qui descend sur Zadar passe à proximité du parc. À voir : les grottes, le pic rocheux, la rivière et les chute d'eau Anića Kuk. Nuit à proximité du parc ou à Zadar.
- **Jour 23. Le centre historique de Zadar.** Avec son patrimoine historique exceptionnel, comptez une bonne journée dans la vieille ville. Baignade à Borik ou Kolovare.
- **Jours 24-25. L'archipel de Zadar ou des Kornati.** Du port de Zadar, escapades sur l'île de Dugi Otok, dans le parc naturel de Telašćica (lac salé) ou sur la presqu'île de Pag, en excursion organisée pour le parc national des îles Kornati. On peut aussi à Tisno ou Murter, à quelques kilomètres au sud de Zadar, louer un bateau et profiter librement des merveilles naturelles de l'archipel.
- **Jour 26. Šibenik, la ville Renaissance.** Visite du centre historique, son patrimoine architectural classé par l'UNESCO. Flâner sur la promenade de la mer, dans la vieille ville ou partir en excursion organisée en bateau sur la rivière Krka, parc national, monastère franciscain sur un îlot (Visovac). Retour et nuit à Šibenik.
- **Jour 27. Primosten et Trogir.** Sur la route côtière, escale à Primosten et arrivée dans l'après-midi à Trogir, romantique et très touristique. Visite du patrimoine et nuit dans la cité lacustre.
- **Jours 28. Split, le palais de Dioclétien.** Avant d'entrer dans la grosse agglomération, possibilité de baignade sur la presqu'île de Čiovo. Visite du palais de Dioclétien. Nuit dans le centre historique ou dans la ville balnéaire moderne.
- **Jour 29. Choisir une île, Brač, Hvar ou la Riviera de Makarska.** Tôt le matin, prendre le ferry pour le port de Supetar (Brač), visite des carrières de pierre antiques, pauses baignades, criques, douceur de vivre. Seconde option, ferry pour l'île de Hvar, la mondaine, l'élégante Hvrar-ville, Sari Grad, l'ancienne cité grecque. Retour et nuit à Split en fin de journée ou départ direct pour la Dalmatie du Sud, par la route côtière au coucher du soleil. Nuit à Omis, Brela, Gradac ou Makarska.
- **Jour 30. Presqu'île de Pelješac, Korčula.** En longeant la côte sud, prendre le ferry à Ploče pour la presqu'île. Arrivé à l'embarcadère de Trpanj, possibilité baignade. À Orebić, ferry pour Korčula. Visite et nuit dans la vieille ville et départ tôt le matin. Revenir par l'intérieur des terres de la presqu'île, crochet par Ston et arrivée nocturne à Dubrovnik. Première découverte de la vieille ville, le Stradun, le vieux port. Nuit dans le centre historique ou à Lapad, ville moderne.
- **Jour 31. Dubrovnik. Fin du voyage par la Riviera.** Réveil matinal pour visiter la perle de l'Adriatique, ses remparts, la cathédrale, le palais du Recteur, les ruelles, les fontaines. Pour vous rendre à l'aéroport, empruntez la route du littoral (15 km) et profitez des dernières vues panoramiques sur la côte rocheuse de la Riviera de Dubrovnik.
- Remise du véhicule de location à l'aéroport.

*Vue sur la baie de Šibenik depuis la citadelle Sainte-Anne.*

# Séjours thématiques

## Hauts lieux du baroque et route des châteaux

Dans la région de Zagreb, de belles balades seront plus faciles à entreprendre en voiture. Itinéraires verts et vallonnés entre forêts touffues, châteaux baroques, palais princiers et villages de chaumières.

- **Jour 1. Arrivée à Zagreb.** Louer une voiture pour le lendemain matin. Sur la grand-place (Trg bana Jelačića), passage à l'office de tourisme pour demander des plans et livrets de découvertes/itinéraires détaillés (Zagreb et ses environs), se renseigner sur les possibilités d'hébergement dans le Zagorje. Repérer le seul gratte-ciel du centre, monter jusqu'au dernier étage pour la vue à 360 degrés sur la ville ancienne et moderne et au-delà. Un bar lounge panoramique vous y attend (Zagreb Eye). Puis balades dans les quartiers historiques de Kaptol et Gradec (promenades vertes, musées, églises, palais baroques, rues médiévales). Dîner dans l'un des restaurants du centre-ville.
- **Jour 2. Direction Krapina.** À ne pas manquer dans cette cité baroque, l'église de Sainte-Marie de Jérusalem (1750), important lieu de pèlerinage du Zagorje. Petit tour au château romantique de Trakoscan et aux villages de Pregrada, Vinagora, Marija Bistrica, au chateau de Mijana.
- **Jour 3. Journée à Varaždin.** Riche patrimoine baroque, architecture et sculpture, admirablement restauré. Assister à un concert de musique ancienne en cathédrale ou dans l'un de ses superbes palais. Se renseigner à l'office de tourisme.
- **Jour 4. Colline du Veliki Tabor.** La silhouette de l'imposant château se manifeste déjà. À voir absolument ! Sur le chemin du retour à Zagreb, un détour par le village-musée de Kumrovec, le bourg de Klanjec par la ville basse. Arrivée à Zagreb en fin de journée.

## Une semaine de voile dans l'archipel de Zadar

- **Jour 1. Arrivée à l'aéroport de Zadar.** Louer un voilier ou un catamaran à la marina de Sukošan, faire les courses pour la semaine et hisser les voiles sans tarder ! Direction l'île de Pašman, où une baie bien abritée sera facile à trouver pour ancrer la première nuit.
- **Jour 2. Journée cabotage autour de l'île de Pašman.** De nombreuses criques désertes tout au long de la côte.
- **Jour 3. Cap sur l'île d'Iž.** Ici, il n'y a pas foule même au mois d'août. Débarquer tranquillement sans déranger les insulaires. Visite à pied de l'île et, retour au bateau pour rejoindre Dugi Otok, la plus grande île de l'archipel. Ancrer pour la nuit au petit port de Sali.
- **Jour 4. La baie de Telašćica.** Protégée par une haute falaise, au sud de l'île Dugi Otok, ce parc naturel est plus fréquenté que l'île d'Iž. C'est un abri bien connu des marins, un spot de plongée. La balade au large des falaises jusqu'au lac intérieur s'impose.
- **Jours 5 et 6. Dans l'archipel des Kornati.** À vous de trouver votre île pour vivre et dormir ! Attention, le séjour dans le parc national est très règlementé et payant. Pour y naviguer, un permis bateau et un droit d'entrée vous seront demandés. Se renseigner à Murter. Ici, la plongée et la chasse sous-marines sont interdites. Les contrôles sont fréquents.
- **Jour 6. Arrivée matinale au port de Primošten.** Navigation plus au sud. Nombreuses criques. Retour par la côte jusqu'au canal de Šibenik, où passer la nuit (belle marina, superbe ville à visiter).
- **Jour 7. Retour à Sukošan et Zadar.** Départ matinal pour une arrivée en journée, ce qui facilitera les corvées autour de la remise du bateau.

## Bien-être et cure thermale

Les offres de séjours *wellness* (bien-être) abondent sur le territoire croate, où la tradition des cures existe depuis l'Antiquité. Dans des centres médicaux ou/et de bien-être, reliés aux eaux thermales, les séjours spécialisés tout compris sont moins onéreux qu'en France.

Les stations thermales du nord du pays sont réputées, celles du Zagorje par exemple, dans la région centrale, entre Zagreb et Varaždin (Tuhelji, Donja Stubica, Sveti Martin) et jusqu'en Slavonie (Osijek). Pour les bienfaits de la thalasso méridionale, on choisira les établissements en Istrie (Opatija, Rovinj, Livade), les thermes à Crikvenica ou sur les îles (Veli Lošinj, Rab, Brac, Vis). L'office de tourisme de Paris a répertorié une dizaine de régions du nord au sud (demander la brochure *Wellness en Croatie*).

Sur ce marché, tous les grands hôtels se sont équipés d'espaces fitness, massage, relaxation, avec piscines intérieures et cuisine diététique. Ils proposent des forfaits beauté, remise en forme supervisés par des coachs professionnels. La présence des physio et kinésithérapeutes diplômés est un service obligatoire.

- Plus d'infos sur : www.croatie.hr

## Relier 4 à 5 pays en deux semaines !

Pari un peu fou, mais autour de la Croatie, les distances raisonnables autorisent de faire sans d'énormes détours des incursions en Slovénie, en Italie, en Bosnie-Herzégovine ou au Monténégro. Ces pays frontaliers aux ambiances différentes sont distants de quelques centaines de kilomètres, du nord au sud.

▶ **1er jour. Arrivée à Zagreb (Croatie).** Location d'une voiture pour prendre la route dès le lendemain matin. Découverte de la capitale croate à pied, ville haute médiévale et néogothique (Kaptol), ville basse plus baroque, plus moderne (Gradeč). Dîner et première nuit en centre-ville.

▶ **2e jour. En route pour Ljubljana (Slovénie).** Visite du centre historique de la capitale, la cathédrale Saint-Nicolas, le triple pont, la place Prešeren... Petit crochet jusqu'à Bled, au pied des Alpes : montée au château médiéval, vue sur le lac...

▶ **3e jour. L'itinéraire par Trieste (Italie).** Visite des grottes de Postojna (galeries et rivières souterraines, canyons). L'entrée en Croatie peut se faire par le nord de l'Istrie en passant par le port historique de Trieste. De Postojna, on peut aussi directement descendre sur Rijeka et aborder l'Istrie par l'est, la Riviera d'Opatija, une station balnéaire très fin de siècle. Pour tenir les délais, optons pour ce second itinéraire ! Nuit à Opatija ou dans la région du Kvarner.

▶ **4e jour. Tour en Istrie (Croatie).** Découverte de Labin, Pula, Poreč et nuit à Rovinj, port istrien et cité artistique pittoresque.

▶ **5e jour. La route côtière vers la Dalmatie.** Une route du littoral superbe, avec le golfe du Kvarner en panorama. A la cité médiévale de Senj, on quitte la mer pour la montagne, pour atteindre le col de Vratnik et la région de Lika, avant d'arriver au parc national de Plitvice. Lacs et cascades y construisent un paysage féerique. Dîner et nuit dans une auberge-hôtel locale.

▶ **6e jour. En route ver Zadar.** Descente sur la côte par Gospić, Brusane, Karlobag, puis direction Zadar. Un centre historique riche, des monuments romains (forum), Haut Moyen Age (Eglise Saint-Donat), médiévaux (cathédrale Sainte-Anastasie), des places anciennes et contemporaines, front de mer futuriste. Nuit à Zadar.

▶ **7e jour. En route vers Trogir.** Passage obligé à Šibenik, ville gothique et renaissance à découvrir. Un arret à Primošten puis Trogir, un port de pêche lagunaire de la Dalmatie centrale situé sur un îlot, charmant mais très touristique. Ensemble de bâtiments Renaissance inscrits au patrimoine mondial de l'UNESCO. Nuit à Trogir.

▶ **8e jour. Avant d'arriver à Split.** Excursion sur la zone archéologique de la cité antique de Salona. Vestiges romains et paléochrétiens. Arrivée dans l'après-midi à Split. Visite de l'immense palais de Dioclétien, le labyrinthe des rues dans la cité close. Restaurant et nuit en centre-ville.

▶ **9e jour. De Split à Korčula.** Après la visite de musées et le shopping à Split, traversée de nuit en car-ferry vers l'île de Korcula. On peut embarquer la voiture. Découverte de la vieille ville riche de ses palais, cathédrale, maisons abbatiales, église, collines et légendes. Nuit à Korčula.

▶ **10e jour. Option pour Neum (Bosnie-Herzégovine).** Retour sur le continent par la presqu'île de Pelješac. Arrêt à Ston, ville fortifiée productrice de vin de sel depuis l'Antiquité. À l'intersection de la route côtière Split-Dubrovnik, si on a le temps, on peut décider de remonter une quinzaine de kilomètres au nord par la frontière bosniaque. Faire un crochet à Neum, puis retour direct sur Dubrovnik par l'autoroute. Si l'on dispose de deux jours supplémentaires, on peut prendre la route de relief le long de la rivière Neretva jusqu'à Metkovic, où faire du shopping économique. À une cinquantaine de kilomètres, la cité médiévale de Mostar. Les stigmates de la guerre sont toujours là. À voir : le nouveau pont, le vieux bazar, la mosquée et sentir toute l'ambiance orientale bosniaque. Le lieu de pèlerinage de Međugorje, pas si loin, attire de nombreux chrétiens français.

▶ **11e jour. Une journée à Dubrovnik.** Retour par l'autoroute dans la cité ragusienne. Visite de la vieille ville, perle de la côte Adriatique : monastères dominicains et franciscains, ancienne pharmacie, église Saint-Blaise, palais des recteurs, cathédrale, musée, restaurants, bars. Nuit à Dubrovnik, vieille ville ou Lapad, quartier moderne.

▶ **12e jour. La Riviera de Dubrovnik jusqu'aux bouches de Kotor (Monténégro).** Panoramas splendides, Mlini, crochet sur Cavtat. Traversée de la vallée de Konavli, grenier de la Croatie. La frontière monténégrine est déjà là. Déjeuner au petit port tranquille de Tivat. À voir : l'immense calanque de Kotor, inscrite au patrimoine mondial de l'UNESCO. Visite de la ville médiévale. On irait bien jusqu'à Budva, sur l'îlot monastère de Sveti Štefan, mais il faut songer à rentrer, car l'aéroport de Dubrovnik pour revenir en France est encore à 50 kilomètres de là.

# COMMENT PARTIR ?

## PARTIR EN VOYAGE ORGANISÉ

### Voyagistes

Vous trouverez ici les tour-opérateurs spécialisés dans votre destination. Ils produisent eux-mêmes leurs voyages et sont généralement de très bon conseil car ils connaissent la région sur le bout des doigts. À noter que leurs tarifs se révèlent souvent un peu plus élevés que ceux des généralistes.

■ **ACCENT DE L'EST**
Lussan
✆ +33 1 80 92 60 05
www.accent-de-lest.com
info@accentdelest.com
Spécialiste des pays de l'Est (Hongrie, Pologne, République tchèque...) et de la Russie, l'agence propose des séjours et circuits sur mesure personnalisables pour visiter la Croatie (nord et sud du pays) ou combinés. Réservation d'hôtels et de tout type d'hébergement, forfaits semaine thalasso, bien-être, location de voiture, etc., le choix est large.

■ **AILLEURS VOYAGES**
Lyon
✆ 0 892 161 192
www.ailleurs.com
lyon-gambetta@ailleurs.com
*Du lundi au vendredi de 9h30 à 18h30, le samedi de 10h à 13h et de 14h à 17h.*
Avec plus de trente-cinq années d'expérience, Ailleurs Voyages compte de nombreuses agences dans les régions Rhône-Alpes, Paca, Île-de-France, Nord-Pas-de-Calais : circuits, croisières, séjours dans le monde, plusieurs pays dont la Croatie. Week-ends dans des hôtels de luxe à Dubrovnik, vacances à la carte, hébergement sur place, la Croatie est bien représentée. Le site propose régulièrement des promotions sur les vols et des départs de dernière minute.

■ **ALLIBERT TREKKING**
156, voie de l'Aiguille-du-Midi
Chamonix-Mont-Blanc
✆ 04 50 53 88 00
✆ 04 76 45 50 50
Ce pionnier du trekking en France, certifiée ATR (tourisme responsable), vient de fêter ses quarante ans et ne pouvait passer à côté de la Croatie, pays au patrimoine et aux parcs naturels exceptionnels. Une découverte du pays sur deux semaines (six parcs nationaux, cinq îles, visite de Trogir, Zadar, Split et Dubrovnik) ou une semaine. Plusieurs idées entre rando, baignade, kayak et culture, la Dalmatie du Sud (Hvar, Korčula et Dubrovnik, Mljet), la région de Dubrovnik ou encore un circuit itinérant en Croatie, en Bosnie et au Monténégro.

▸ **Autre adresse : Autres** agences à Paris, Nice, Chapareillan, Toulouse, en Suisse et en Belgique

■ **AMSLAV**
60, rue de Richelieu (2e)
Paris ✆ 01 44 88 20 40
www.amslav.com
info@amslav.com
Spécialiste de la Russie et des pays de l'Est, Amslav propose des forfaits vols + hébergement (hôtel, location d'appartement) et des séjours balnéaires en direction de plusieurs pays, dont la Croatie. Une croisière en goélette au départ de Split, la côte dalmate jusqu'à Dubrovnik, un circuit autotours de huit jours avec dates de départ garanties incluant les lacs de Plitvice, Zagreb et un passage en Bosnie (Sarajevo et Mostar), un combiné avec les pays limitrophes (Monténégro, Slovénie). Des formules à la carte possibles également.

■ **ARTS ET VIE**
251, rue de Vaugirard (15e)
Paris ✆ 01 40 43 20 21
www.artsetvie.com
info@artsetvie.com
*Autres agences à Grenoble, Lyon, Marseille et Nice.*
Depuis 50 ans, Arts et Vie, association culturelle de voyages et de loisirs, développe un tourisme ouvert au savoir et au bonheur de la découverte. L'esprit des voyages culturels Arts et Vie s'inscrit dans une tradition associative et tous les voyages sont animés et conduits par des accompagnateurs passionnés et formés par l'association. En Croatie, des circuits d'une durée de 8 à 10 jours : «balades à korcula», « De Ljubljana à Dubrovnik» et «Terre des Balkans».

■ **ATALANTE**
36, quai Arloing (9e)
Lyon ✆ 04 72 53 24 80
www.atalante.fr
lyon@atalante.fr

*Ouvert du lundi au vendredi de 9h à 18h et le samedi de 10h à 13h et de 14h à 18h.*
Atalante est spécialisée dans les voyages à pied. Trekking de haut niveau ou simples promenades dans les campagnes, il y en a pour toutes les conditions physiques. Ils s'attachent à faire découvrir à leurs clients des régions du monde aux modes de vie préservée, riches de traditions et de cultures uniques.

**Autres adresses : Bruxelles :** Rue César-Frank, 44A, 1050 ✆ +32 2 627 07 97 • Paris – 18, rue Séguier, 75006, fond de cour à gauche, 1er étage ✆ 01 55 42 81 00

## ATC ROUTES DU MONDE

9, rue du Château-Landon (10e)
Paris ✆ 01 55 26 93 70
www.atc-routesdumonde.com
Pour tous vos loisirs, à côté de chez vous, en France et à l'étranger, quel que soit le budget, le temps dont vous disposez et l'idée même que vous vous faites des vacances, l'éventail de programmes proposé par ATC est si grand, que vous pouvez difficilement ne pas trouver votre bonheur. Gîte ou camping pour des vacances nature, circuits « tout compris » de l'accompagnateur en passant par l'hébergement et même les formalités, des départs groupes ou individuels, des vols aux meilleurs prix vers tous les pays, des séjours balnéaires... bref du cousu main. En famille, vous apprécierez particulièrement les résidences de vacances bénéficiant de tout le confort et idéalement situées dans des régions attrayantes : Alpes, Pyrénées, côte méditerranéenne. Les équipes d'animation répondent aux attentes de chacun en offrant une belle palette de prestations. Et toute l'année un choix incroyable de loisirs de proximité : randonnées, visites, conférences, spectacles, rencontres amicales...

## LA BALAGUÈRE

BP 3F 65403
Route du Val d'Azun
Arrens-Marsous ✆ 05 62 97 46 46
www.labalaguere.com
labalaguere@labalaguere.com
La Balaguère, spécialisée dans la randonnée et le trek, propose des séjours avec ou sans guide, pour les familles, les groupes, pour tous les niveaux, du débutant au marcheur expérimenté. En Croatie, plusieurs voyages disponibles : les îles et la côte dalmate (8 jours et 7 nuits, comprenant 5 jours de marche et 2 jours et demi de visite), les îles de Dalmatie au fil de l'eau, rando + bateau (8 jours et 7 nuits comprenant 6 jours de marche et de visite), les perles de l'Adriatique (15 jours et 14 nuits (12 jours de marche et 2 jours de visite) et, plutôt original, le séjour découverte de la Croatie à pied, en Kayak et à dos d'âne.

## BAŠTINA

11, rue de Berry
Sartrouville ✆ 08 05 69 69 19
www.bastina.fr
bastina@bastina.fr
*Agence ouverte du lundi au samedi de 9h à 19h.*
Patrimoine en croate se dit *baština* ; c'est aussi le nom de cette agence associative, membre de la fédération professionnelle ATES (Tourisme équitable et solidaire). Sa spécialité ? Des voyages où le développement durable et la solidarité sociale avec les pays visités sont respectés. De nombreuses idées de vacances originales en Croatie sont à découvrir sur le site Internet (séjours en mode doux, nuits en éco-lodges ou chez l'habitant, la nature sauvage, l'environnement culturel, les modes vie locaux, les pratiques traditionnelles, la gastronomie, etc.).

*À Baška, sur l'île de Krk.*

**■ BEMEX TOURS**
4, avenue Desfeux
Boulogne-Billancourt
✆ 01 46 08 40 40
www.bemextours.com
infos@bemextours.com
Premier spécialiste en France de la Croatie, le voyagiste couvre toute la côte adriatique, de l'Istrie jusqu'à Dubrovnik, en passant par toutes les îles dalmates et les pays limitrophes. Bemextours propose depuis 1985 des voyages sur mesure en Croatie et des séjours exclusifs : autotours par régions ou sur l'ensemble du pays, du nord au sud, comprenant billets d'avion, voiture de location et réservations d'hôtels selon un parcours pré-établi, croisières en goélette pour un tour complet dans les îles dalmates centrales, une grande sélection de croisières en caïque au départ de Dubrovnik, Split, Trogir et Opatija (possibilité de privatiser des goélettes/caïques entre amis ou famille avec itinéraire personnalisé). On pourra également combiner presque à l'infini lieux de séjours et thématiques (balnéaire, culture, parcs naturels...) : Dubrovnik & Hvar, Korčula & Hvar ou encore Rovinj & Opatija en hôtels balnéaires, familiaux, de charme ou location d'appartements, etc.

**■ CROATIE TOURS**
5, place Charras
Courbevoie ✆ 01 46 67 39 10
www.croatie.com
croatie@wanadoo.fr
Ce spécialiste du voyage en Croatie propose de vous accompagner sur votre demande de transports, logements, forfaits famille, plongée, autotours en liberté, randonnées en VTT, croisières, séjours à la carte. Vous pourrez, par exemple, opter pour un circuit de 8 jours « Les couleurs de la Dalmatie » entre Trogir, Korčula, Split et Dubrovnik pour un tarif abordable.

**■ FILOVENT**
41, avenue André Morizet
Boulogne-Billancourt ✆ 01 70 80 97 52
www.filovent.com
info@filovent.com
Spécialiste de la location de bateaux dans le monde depuis 1995, Filovent est présent en Croatie (Primosten). L'agence propose un choix de bateaux, avec ou sans moteur. Un gros catalogue, des voiliers, des catamarans, des yatchs, etc., disponibles avec ou sans skipper, mais aussi des croisières d'une à deux semaines sur la mer Adriatique.

**■ GRAND ANGLE**
Le Village
Méaudre ✆ 04 76 95 23 00
www.grandangle.fr
info@grandangle.fr
*Lundi-vendredi, 8h30-12h30 et 13h30-18h30 ; samedi, 9h-12h et 14h-17h.*
Spécialiste de la randonnée, du trek et du raid, Grand Angle propose toutes sortes de randonnées : à pied, à cheval, à V.T.T., avec des mulets, des ânes ou des chameaux, accompagnées ou en liberté. Le tour-opérateur réalise aussi des voyages sur mesure selon les envies et les goûts des voyageurs. En Croatie, c'est principalement la découverte de la Dalmatie qui se décline sous plusieurs formules de difficulté faible : en rando guidée de 8 jours et en rando liberté de 8, 14 ou 15 jours. Parmi ces voyages, « Croatie, Dalmatie, îles et cités » permet de découvrir Korčula, Mljet, Brač, Hvar, la presqu'île de Pelješac... Sans oublier la visite de villes historiques comme Dubrovnik, Korčula, Hvar ou encore Split.

**■ INTERMÈDES**
60, rue La Boétie (8e)
Paris ✆ 01 45 61 90 90
www.intermedes.com
info@intermedes.com
Intermèdes propose des voyages d'exception et des circuits culturels sur des thèmes très variés : architecture, histoire de l'art, événements musicaux. Intermèdes est à la fois tour-opérateur et agence de voyages. En Croatie, des escapades à Dubrovnik, un circuit de 8 jours « de Zagreb à Dubrovnik », un séjour en Dalmatie, des croisières sur l'Adriatique et un combiné avec le Monténégro sont notamment disponibles. Les voyages proposés sont accompagnés de conférenciers, historiens ou historiens d'art. Chaque séjour se fait en groupe volontairement restreint pour permettre de rencontrer d'autres amateurs d'art ou d'histoire. Egalement des voyages sur mesure.

**■ NOMADE AVENTURE**
40, rue de la Montagne-Sainte-Geneviève (5e)
Paris ✆ 08 25 70 17 02
www.nomade-aventure.com
infos@nomade-aventure.com
M° : Maubert-Mutualité (ligne 10), RER : Luxembourg (ligne B).
*Ouvert du lundi au samedi de 9h30 à 18h30.*
Pour les inconditionnels des voyages hors des sentiers battus, Nomade Aventure offre un grand choix de destinations, en Afrique, Asie, Europe et Amérique du Sud, accessibles aux groupes et aux familles. Pour la Croatie, plusieurs circuits sont proposés, dont «Le meilleur de la Dalmatie», «Montagnes et rives du Monténégro», «Perles Dalmates, entre mer et montagne» et « La grande traversée de la Croatie».

▸ **Autres adresses : 10,** quai de Tilsitt 69002 Lyon • 12, rue de Breteuil 13001 Marseille • 43, rue Peyrolières 31000 Toulouse

**■ PLANÈTE DÉCOUVERTE**
20, avenue du Maréchal de Lattre de Tassigny
Cachan ✆ 01 80 91 99 14
www.planete-decouverte.fr
*Appels possible du lundi au vendredi de 9h à 18h et le samedi de 09h à 13h. Fermé le dimanche et les jours fériés.*
Des guides-accompagnateurs passionnés qui décident de se réunir et cela donne... la naissance de l'agence Planète Découverte. Un spécialiste qui veut faire du voyage un moment de convivialité, à petite échelle, jamais plus de 12 participants, tout en respectant les populations et l'environnement. Présente sur les cinq continents, les thèmes proposés varient entre « Aventure », « Culturel » ou encore « Découverte » avec comme point d'orgue, une grande liberté laissée au voyageur. Planète découverte vous propose un circuit original : « Les marchés de Noël en Europe du nord ».

**■ RIVES DU MONDE**
49 rue de la Montagne-Sainte-Geneviève (5e)
Paris ✆ 01 46 33 56 65
www.rives-du-monde.com
infos@rives-du-monde.com
Ce spécialiste des îles dans le monde propose en Croatie une croisière découverte à bord d'une goélette traditionnelle avec équipage. Une rando-bateau sur la côte dalmate en 8 jours, Korčula, Mljet, Hvar, Brač, en empruntant des chemins à terre accessibles à tous (de quatre à six heures par jour). Vous pouvez aussi passer par Rives du monde pour louer un bateau à la semaine.

**■ VISIT EUROPE**
Croatie ✆ 01 44 82 83 50
www.visiteurope.fr
*Réservation par téléphone du lundi au vendredi de 9 h à 19 hle samedi jusqu'à 18 h*
Ce tour opérateur français, créé en 1986, propose au départ de plusieurs villes de France près de 20 pays européens, dont la Croatie. Des circuits accompagnés en autocars, des séjours hôteliers, des croisières fluviales et maritimes, des week-ends dans les capitales historiques, avec des équipes réceptives sur place, qui parlent français.

# PARTIR SEUL

## En avion

Le prix moyen d'un vol aller/retour Paris-Zagreb oscille, selon la saison et les différentes promotions des compagnies régulières, low cost, entre 100 et 260 € ; pour Paris-Dubrovnik, entre 140 et 340 €. A noter que la variation de prix dépend aussi de la saison et des délais de réservation. Pour obtenir des tarifs intéressants, mieux vaut s'y prendre à l'avance et consulter les comparateurs de vols sur Internet. L'option achat dernière minute peut s'avérer rentable sur les vols secs (proposés par la Fram par exemple).

**■ AIR-INDEMNITE.COM**
✆ 0892 490 125
www.air-indemnite.com
contact@air-indemnite.com
Des problèmes d'avion (retard de vol, annulation ou surbooking) gâchent le séjour de millions de

vacanciers chaque année. Bonne nouvelle : selon la réglementation, les voyageurs ont droit jusqu'à 600 € d'indemnité par passager ! Mauvaise nouvelle : devant la complexité juridique et les lourdeurs administratives, très peu de passagers parviennent en réalité à se faire indemniser.

**La solution ?** le site air-indemnite.com ! Pionnier et leader français depuis 2007, il simplifiera toutes les démarches en prenant en charge l'intégralité de la procédure. Analyse et construction du dossier, échanges avec la compagnie, suivi de la procédure, versement des indemnités : air-indemnite.com s'occupe de tout et obtient gain de cause dans 9 cas sur 10. air-indemnite.com se rémunère uniquement par une commission sur l'indemnité reçue. Si la réclamation n'aboutit pas, rien ne sera donc déboursé !

## Principales compagnies desservant la destination

### AIR FRANCE

✆ 3654 – www.airfrance.fr

Toute l'année, Air France propose des vols quotidiens directs de Paris à Zagreb. Durée de vol : 2h. Notons que des vols directs de Paris-Zadar, Nice-Dubrovnik sont disponibles en été.

### CROATIA AIRLINES

Roissypôle Le Dôme – Paris CDG

✆ 01 48 16 40 00 – www.croatiaairlines.com

parto@croatiaairlines.hr

*Ouvert du lundi au vendredi de 9h à 18h.*

La compagnie nationale croate dessert Dubrovnik au départ de Paris-Charles-de-Gaulle, liaisons directes en saison (quatre fois par semaine d'avril à octobre). Le reste du temps on décolle de Paris pour Zagreb (vol quotidien), où des liaisons quotidiennes sont proposées pour Dubrovnik. En réservant vos billets à l'avance, vous pourrez obtenir un billet pour 150 €. La compagnie assure toute l'année trois vols directs par semaine pour Split, 1 vol direct par semaine pour Zadar, 1 vol direct par semaine pour Pula, 1 vol direct par semaine Lyon-Split (en été). Le 10 avril 2015, Croatia Airlines lance une nouvelle ligne régulière Nice-Dubrovnik, à raison de 2 vols par semaine. Il s'agit du premier vol régulier depuis Nice vers la Croatie et Croatia Airlines ouvre à cette occasion sa 3e base en France après Paris-CDG et Lyon. Et toujours à chaque vol et saison, le plaisir de feuilleter l'élégant magazine de la Croatia Airlines, qui se lit comme une revue touristique.

### EASYJET

✆ 0820 420 315 – www.easyjet.com

Une des premières compagnies *low cost* en Europe. Billets bon marché si réservés plus de deux mois à l'avance. Dessert directement Dubrovnik depuis Orly, Lyon et Genève de juillet à septembre. Vols A/R à partir de 100 €. Il existe aussi un vol Lyon-Split et un Bâle/Mulhouse-Split en saison. Si vous prévoyez d'enregistrer un bagage en soute, le supplément, lors de l'achat du billet, augmente s'il est payé à l'aéroport le jour du départ. Le plus simple : faire l'enregistrement en ligne, l'impression papier du billet ou sur l'application mobile.

### LUFTHANSA

✆ 08 92 23 16 90

www.lufthansa.fr

Au départ de Paris, Lyon, Nice, Lufthansa propose une dizaine de vols réguliers pour Zagreb, Split, Dubrovnik via Munich ou Francfort. Collation et boisson gratuites pour chaque vol, même les plus courts. Sièges confortables.

### RYANAIR

✆ 0892 562 150

www.ryanair.com

Vols depuis Paris et Bruxelles pour Pula, vol depuis Marseille pour Zadar et d'autres liaisons.

### TRANSAVIA

✆ 08 92 05 88 88

www.transavia.com

*Service client joignable également sur Facebook et Twitter.*

Filiale *low cost* de la compagnie Air France/KLM, Transavia assure, au départ de Paris Orly-Sud, des liaisons à bas prix principalement vers des pays du bassin méditerranéen, et deux villes en Croatie (Split et Dubrovnik). Des horaires nocturnes à l'aller sont à prévoir (hôtel et taxi ou attente à l'aéroport ouvert la nuit) tout comme l'enregistrement des bagages, qui ne doivent pas excéder 20 kg en portage (supplément pour les sacs en soute). En vol, aucune boisson offerte mais possibilité de petit déjeuner ou collation payants. Avec un bon rapport/qualité prix, les informations sur les vols apparaissent sur le site Internet.

### VOLOTEA

✆ 08 99 23 20 50

www.volotea.com – info@volotea.com

*Service client au téléphone de 7h à 19h, 7 jours sur 7.*

La compagnie barcelonaise créée en 2012 par les deux fondateurs de Vueling se définit comme la compagnie des capitales régionales européennes. Elle opère depuis de nombreuses villes moyennes et grandes principalement situées en Italie, en Espagne et en France (bases de vols internationaux à Nantes, Bordeaux et Strasbourg). En 2015, Volotea ouvre 2 lignes régulières vers la Croatie : Nantes-Split et Bordeaux-Dubrovnik, d'avril à septembre, à raison d'un vol par semaine en avant et après saison et 2 vols par semaine en juillet-août.

## En train

■ **HZNET**
Croatie
www.hznet.hr
putnicki.prijevoz-reklamacije@hznet.hr
Le site de la compagnie ferroviaire avec les horaires de train.

## En bateau

■ **EUROMER & CIEL VOYAGES**
5, quai de Sauvages
Montpellier (France)
✆ 04 67 65 95 10
www.euromer.net
*Ouvert du lundi au samedi de 9h à 18h45 et le samedi de 9h à 17h45.*
Spécialiste des traversées maritimes en Europe et Méditerranée, Euromer & Ciel Voyages propose des liaisons saisonnières Italie-Croatie (d'avril à fin octobre). De Venise, plusieurs possibilités hebdomadaires, des aller-retours pour l'Istrie (Piran, Umag, Poreč, Roving, Pula), mais aussi Ancona-Split, Hvar ou Zadar et Pescara-Dubrovnik. Des trajets en ferries ou catamarans rapides intéressants pour les résidents du Sud de la France ou pour les voyageurs disposant de plus de temps, qui peuvent facilement circuler de ports en ports sur l'Adriatique. Envoi gratuit de devis et brochures.

■ **JADROLINIJA**
Riva 16, Rijeka
Croatie
✆ +385 51 666 111
www.jadrolinija.hr
Le siège social des transports maritimes nationaux par ferries et catamarans se trouve à Rijeka, mais partout sur la côte adriatique, on trouve des points de vente pour l'achat des billets. Le site Internet détaille les tarifs et les horaires des liaisons.

## Location de voitures

■ **ALAMO**
✆ 08 05 54 25 10
www.alamo.fr
Avec plus de 40 ans d'expérience, Alamo possède actuellement plus d'1 million de véhicules au service de 15 millions de voyageurs chaque année, répartis dans 1 248 agences implantées dans 43 pays. Des tarifs spécifiques sont proposés, comme Alamo Gold aux États-Unis et au Canada, le forfait de location de voiture tout compris incluant le GPS, les assu-

rances, les taxes, les frais d'aéroport, un plein d'essence et les conducteurs supplémentaires. Alamo met tout en œuvre pour une location de voiture sans souci.

### ■ AUTO EUROPE

✆ 08 00 94 05 57
www.autoeurope.fr
reservations@autoeurope.fr

Auto Europe négocie toute l'année des tarifs privilégiés auprès des loueurs internationaux et locaux afin de proposer à ses clients des prix compétitifs.

Les conditions Auto Europe : le kilométrage illimité, les assurances et taxes incluses dans de tout petits prix et des surclassements gratuits pour certaines destinations. Vous pouvez récupérer ou laisser votre véhicule à l'aéroport ou en ville.

### ■ CARIGAMI

✆ 08 00 73 33 33
www.carigami.fr

Le site compare les offres de 8 courtiers en location de voitures (citadines, monospaces, cabriolets, 4x4). En Croatie, vous trouverez facilement sur plus de vingt villes l'offre la plus intéressante.

En plus du prix, l'évaluation de l'assurance et les avis clients sont affichés pour chaque offres. Plus qu'un simple comparateur, vous pouvez réserver en ligne ou par téléphone.

### ■ NOVA CAR RENTAL

Obala kneza Domagoja
SPLIT
✆ +385 21 584 286
www.rentacarsplit.net
nova@rentacarsplit.net

*À partir de 20 € par jour.*

C'est le loueur local qui a su s'imposer en Croatie face aux grandes marques internationales. Aujourd'hui, il est le plus compétitif du marché. Large choix de modèles de toute marque. Ce qu'on apprécie, c'est que le plein est fait, on ne perd pas de temps. On peut récupérer la voiture ou l'on veut en Croatie puisque Nova est présent dans toutes les villes et aéroports du pays. Ce serait vraiment dommage de ne pas passer par ces professionnels croates.

▸ **Autre adresse : Aéroport** de Split Kaštela, 96 Cesta dr. Franje Tuđmana – ✆ +385 21 203 380 – splitairport@rentacarsplit.net – ouvert de 7h à 21h tous les jours.



### ■ TRAVELERCAR

7, rue du Docteur Germain Sée (16e)
Paris
✆ 01 73 79 27 21
www.travelercar.com
contact@travelercar.com

*Service disponible aux aéroports de Roissy-CDG, Orly, Beauvais et Lyon St-Exupéry.*

Agir en éco-responsable tout en mutualisant l'usage des véhicules durant les vacances, c'est le principe de cette plateforme d'économie du partage, qui s'occupe de tout (prise en charge de votre voiture sur un parking de l'aéroport de départ, mise en ligne, gestion et location de celle-ci à un particulier, assurance et remise du véhicule à l'aéroport le jour de votre retour, etc.). S'il n'est pas loué, ce service vous permet de vous rendre à l'aéroport et d'en repartir sans passer par la case transports en commun ou taxi, sans payer le parking pour la période de votre déplacement ! Location de voiture également, à des tarifs souvent avantageux par rapport aux loueurs habituels.



Retrouvez le sommaire en début de guide

■ **BSP AUTO**
© 01 43 46 20 74
www.bsp-auto.com
*Ouvert du lundi au vendredi de 9h à 21h30 ; le week-end de 9h à 20h. Location de voitures sur votre mobile.*
Il s'agit là d'un prestataire qui vous assure les meilleurs tarifs de location de véhicules auprès des grands loueurs dans les gares, aéroports et centres-villes. Les tarifs comprennent toujours le kilométrage illimité ainsi que les assurances. Les bonus BSP : réservez dès maintenant et payez seulement 5 jours avant la prise de votre véhicule, pas de frais de dossier ni d'annulation, la moins chère des options zéro franchise.

# SÉJOURNER

## Se loger

On trouve en Croatie des possibilités d'hébergement diversifiées. Le pays compte un peu plus de 500 hôtels toutes catégories et autres complexes hôteliers en cours de construction, environ 300 campings, nombreux sur la côte avec mobile-homes, bungalows, emplacements tentes et 45 marinas pour ceux qui voyagent et séjournent sur un bateau. Il existe également un réseau très développé de locations privées (chambres, studios, appartements, villas, maisons de pêcheurs, etc.) ainsi que des chambres d'hôte et même des phares maritimes.

**Pour éviter tout problème de logement,** nous vous conseillons de le réserver à l'avance auprès d'une agence de voyages spécialisée (agence ou Internet). Celles-ci travaillent directement avec les hôtels et les propriétaires de chambres et d'appartements à louer. On peut aussi se rendre dans les bureaux de tourisme locaux qui centralisent l'ensemble des hébergements : campings, hôtels, chambres ou appartements chez l'habitant.
Plus d'infos sur sur le site Internet de l'Office national de tourisme croate de Zagreb avec la liste des hébergements déclarés (www.htz.hr).

### Hôtels

Si les hôtels familiaux indépendants et ceux de moyenne catégorie sont assez bien représentés, les hôtels de luxe sont plus rares. Les normes locales ne sont pas comparables à celles relevées en France. Un certain nombre de ces hôtels sont en cours de restauration ou viennent de l'être pour améliorer le confort, avec les équipements bien-être, sportifs, connectique notamment. Dans le nord, en Istrie et dans le golfe du Kvarner, en Dalmatie, on trouve souvent des hôtels et des complexes hôteliers avec formules *All inclusive*, c'est-à-dire tout est compris dans le prix, très appréciées par les touristes de l'Europe de l'Est, très présents en Croatie, l'été.

### Chez l'habitant

Très courante en Croatie, la formule reste avantageuse. Elle offre un bon rapport qualité-prix, qui varie en fonction de la saison, de la catégorie et du nombre de nuits passées sur place. Souvent, elle donne l'occasion de rencontres humaines avec les propriétaires qui en général aiment communiquer leurs bons plans ! Dans les grandes villes comme dans les villages, il est facile de trouver une chambre ou un appartement à louer, car la plupart des Croates vivent grâce au tourisme. C'est ainsi qu'ils construisent de grandes maisons pour pouvoir louer un maximum de chambres pendant la saison touristique. Quitte à louer leur propre appartement et habiter chez leur famille pendant quelques mois !
Les agences touristiques sur place possèdent des listes de coordonnées pour ce type de location dans leurs régions. Nombreux sites Internet également. Si vous décidez de vous adresser directement aux personnes, qui ne manqueront pas de vous aborder à la sortie des bus et des bateaux, mieux vaut discuter du prix avant de vous rendre sur place. En campagne, la plupart de propriétaires vous proposeront une formule de location en demi-pension pour un prix modéré. Nous vous la conseillons ! Vous aurez la chance de manger frais et local car vos hôtes possèdent sans doute un potager !

### Loger dans un phare

Vivre dans une maison entourée par la mer, seul (ou presque) sur une île, se prendre pour un gardien de phare, construit sur un rocher au milieu de la mer, en haut de sa falaise... c'est possible sur la côte et dans les îles croates. Depuis les progrès de l'électronique, le métier est devenu moins astreignant. Auparavant, il fallait parfois deux à trois familles de gardiens par phare. Les hommes alternaient les présences sur place et les séjours dans d'autres phares. Ils y passaient une ou deux semaines, voire un mois, isolés au milieu de l'Adriatique. Aujourd'hui, il suffit d'une famille ou parfois aucune. Ces appartements sont donc restés vacants pendant des années. Depuis 1995, plus d'une dizaine d'entre eux ont été réaménagés, afin d'être loués aux visiteurs pour y séjourner. Les appartements confortables et bien aménagés, ont tous l'électricité, l'eau et même la télévision !

Mais la situation géographique des phares empêche certains conforts de la vie moderne. Tous les phares ont le courant 220 volts, mais il est impossible d'utiliser des instruments qui consomment trop, particulièrement dans les phares de Porer, Sveti Ivan, Pločica, Sušac, Prišnjak et Palagruža, qui ont leur propre réseau et fonctionnent à l'énergie solaire. De même, l'eau n'est pas potable et les quantités qui peuvent être utilisées sont restreintes, surtout en été.

## Certaines îles sont loin de la côte

On est conduit au phare à bord d'un bateau qui ne repasse vous chercher qu'une semaine plus tard (sauf urgence !). Pensez aux réserves d'eau. Si vous n'avez pas prévu de quoi vous nourrir pendant une semaine, vous devrez tester vos qualités de pêcheur. Pas d'inquiétude cependant, car dans la plupart des phares, la famille de gardiens y vit toujours. Ils vous dépanneront en poisson, pain, huile d'olive, sel. Après un petit temps d'adaptation, vous pourrez en apprendre plus sur leur quotidien et partager un dîner avec eux. Vous pourrez alors goûter aux joies simples de la vie naturelle à la Croate. Au menu, poisson tout frais pêché, grillade au barbecue arrosée du vin familial, pain maison, le tout accompagné d'un vrai dialogue sur la vie d'ici, sur les changements du pays depuis la fin de la guerre.

En venant vous installer dans ces habitations retirées de la côte croate, ne vous attendez pas à trouver de multiples activités. Ici, la vie se résume à sa plus simple expression : manger, boire, plonger, pêcher, profiter du soleil, se baigner, se balader. N'oubliez pas d'emporter un bon gros livre, un appareil photo et un immense désir de relaxation. Ces phares ont été élevés au XIXe siècle, du temps de la domination austro-hongroise. Ils sont pour la plupart construits avec la fameuse pierre blanche de Brač. Si quelques-uns sont plantés sur une pointe avancée des côtes, la plupart se dressent sur les îles.

- **Phare Savudrija** (1818). C'est le plus vieux sur la côte adriatique. Il se trouve tout de suite après la frontière avec la Slovénie, à 56 km au sud de la ville de Trieste. La marina la plus proche est Umag. Vous trouverez juste à côté des restaurants et un superbe jardin botanique.

- **Phare du cap de Zub** (1872). Sur la péninsule de Lanterna, entre Poreč et Novigrad, qui s'étend plus exactement entre les baies de Tarska et Lunga, connues pour leurs belles plages de galets. Une route mène directement au phare. L'ensemble est automatisé, il n'y a donc pas de gardien. Le phare se trouve à proximité de grands centres urbains tel Poreč ; il n'est pas conseillé à ceux qui cherchent l'intimité et l'isolement.

- **Phare Sveti Ivan** (1853). Situé sur le rocher le plus haut de l'archipel qui fait face à Rovinj, en Istrie. Les côtes autour du rocher sont accueillantes et la mer, peu profonde, agréable pour la baignade. Du haut du sémaphore, on a une vue superbe sur la ville de Rovinj. C'est un endroit idéal pour des vacances isolées du reste du monde.

- **Phare Porer** (1833). Situé sur la minuscule île du même nom, au sud-ouest du cap méridional d'Istrie. A 2,5 km de la terre ferme et de la presqu'île de Premantura. On met moins d'une minute pour en faire le tour ! Le sémaphore mesure 35 m de haut et se trouve au milieu du phare, au-dessus de la base où sont aménagés les appartements. De nombreuses îles aux alentours possèdent de jolies petites plages. Par exemple, l'île de Unija et ses quelque baies merveilleuses. Si vous logez ici, nous vous conseillons d'aller sur le cap Kamenjak, une langue de terre naturelle protégée de la pointe sud où poussent plus de 530 différentes sortes de plantes, dont 20 espèces d'orchidées.

- **Phare de Veli Rat** (1849). Plus au sud, ce phare fut construit au cap du nord-ouest de Dugi Otok, 35 km à l'ouest de Zadar. Les villages Veli Rat, Verunić et Polje se trouvent à 3 km et la distance du port à Brbinj est de 20 km. Le phare est entouré d'une superbe pépinière et de jolies plages. Il est considéré comme le plus beau phare sur l'Adriatique. Du haut du sémaphore de 40 m, la vue est resplendissante : harmonie de bleu, vert et blanc de la roche. On peut même observer l'épave d'un bateau de pêche qui a éperonné un rocher il y a quelque temps. La mer qui entoure le phare n'est pas profonde, elle est riche en poissons. Depuis toujours, le gardien du phare y vit avec sa famille.

- **Phare de Prišnjak** (1886). Sur la petite île, en face de Murter, ce phare fut construit à 15 m de la plage et du petit port, afin de faciliter la navigation du sud et de l'ouest dans l'archipel. La mer qui l'entoure est extrêmement riche en poissons. Ici, il n'y a qu'un seul appartement. A proximité du phare, se trouve le barbecue où vous pourrez griller le poisson pêché au coucher du soleil. Severin Kulušić de Murter s'occupera de votre transfert sur l'île. Cet aventurier pêcheur pourra vous faire part de son expérience maritime. Avec un peu de chance, il vous enseignera quelques secrets pour ne pas revenir bredouille de la pêche !

- **Phare de Sušac** (1878). Sur l'île du même nom, en dehors des corridors de navigation, en haute mer à 23 milles nautiques au sud de l'île de Hvar et 13 milles nautiques à l'ouest de l'île de Lastovo. Ici, vous vous sentirez totalement coupé du monde. Cette mer autour de l'île, sans îlots à proximité, crée ce sentiment d'isolation. Le phare fut construit au sommet de l'île, à environ 100 m, du côté sud, sur la partie rocailleuse qui tombe à pic dans la mer profonde et transparente jusqu'à 30 m ; la partie sud-est de l'île descend plus doucement vers la mer : on y trouve de jolies plages. La perspective depuis le haut du phare est impressionnante à cause de la hauteur. Les seuls habitants de l'île sont les gardiens (Ive et Toni) et un berger qui vient de temps en temps avec ses moutons.

- **Phare Palagruža** (1875). En pleine mer, entre les côtes croate et italienne, 65 milles nautiques au sud de Split et 26 milles nautiques au sud de l'île de Lastovo, cette île (L 1 400 m X l 300 m) est la plus éloignée de la côte. Le phare se trouve au plus haut point de l'île à environ 90 m du niveau de la mer. Mieux vaut être un peu sportif pour y habiter. D'une beauté extraordinaire, l'île possède une histoire assez riche, autour du héros grec Diomède notamment. Cette île, recouverte d'une riche végétation, est devenue un parc naturel protégé où vivent de nombreuses espèces de plantes et animaux endémiques. Après maintes balades sur l'île, vous pourrez, au coucher du soleil, retrouver le gardien pour l'aider à remonter ses filets.

- **Phare de Struga** (1939)**.** Le cap se situe au milieu du côté sud de l'île de Lastovo. Il peut accueillir 15 personnes. Lastovo est une île avec peu d'habitants. L'archipel qui l'entoure a plus de 40 îlots. Du haut des rochers où se trouve le phare, vous aurez une vue magnifique sur la haute mer. Ici, vous pouvez compter sur les gardiens, le couple Kvinta, pour vous aider à vous installer. Ils pourront même vous procurer des denrées alimentaires ou vous préparer le dîner.

- **Phare de Sveti Petar** (1884). Juste à côté de Makarska, à 20 minutes à pied du centre, se trouve ce phare construit sur une presqu'île quasiment recouverte de forêt. L'inconvénient de cet emplacement est le manque d'isolement ! De nombreux touristes viennent visiter les lieux en saison.

- **Phare Pločica** (1887). Sur l'île homonyme, entre les îles de Hvar, de Korčula et la presqu'île de Pelješac. Le nom de cette île provient de son apparence (*pločica*, traduisez la petite plaque) car elle est plate et basse. Pločica peut accueillir jusqu'à 14 personnes, de plus, c'est l'endroit idéal pour une veritable Robinsonnade, le gardien ne vit pas là et l'endroit est parfait pour la plongée sous-marine.

*Pour toute réservation dans les phares, voir les agences locales.*
*www.adriatica.net/www.mediterano.hr/lighthouses/*

■ **ADRIATICA NET**
Heinzelova 62a, Zagreb
Croatie © +385 1 241 56 14
www.adriatica.net
info@adriatica.net
*Accueil téléphonique du lundi au vendredi de 08 h à 21 h et le samedi de 08 h à 16 h*
Un site traduit en plusieurs langues (français inclus) pour la réservation d'hôtels, la location d'hébergements privés chez l'habitant dans tout le pays. Egalement, la possibilité de louer une voiture, un voilier ou un catamaran. Les offres les plus originales de l'agence, la location de phares ou les options de plaisance dans les îles croates.

## Campings

Villages campings avec quantité de services et d'animations, petits terrains quasiment invisibles sur la côte dalmate, avec des emplacements près des rocher ou des plages au milieu des pinèdes, la Croatie est certainement l'un des pays européens les plus agréables pour le campeur. Le secteur représenteenviron un quart des offres locatives ! Sa richesse : des kilomètres de côtes, du soleil, de l'espace naturel préservé et des infrastructures modernes.

## Faire du naturisme en Croatie

On dit que le naturisme serait né en Istrie ! Au début du siècle, des étudiants austro-hongrois en vacances et sans le sou – pour s'acheter un maillot ! – auraient décidé de se baigner nus. La mode était lancée et la Croatie devint ainsi le paradis des nombreux naturistes allemands et autrichiens. Le premier baigneur illustre à se baigner dans son plus simple appareil fut le roi d'Angleterre Edouard VIII, lors d'un été torride en août 1934...

Si ce mode de vie en harmonie avec la nature et la mer rime avec camping, il ne faudrait pas croire pour autant que le pays est totalement débridé. Pourtant, on constate bien ici une plus grande tolérance entre les « textiles » et les nudistes. Des campings entiers ou partie de leur espace leur sont réservés. Des plages ou des superbes criques bien identifiées par le sigle de la Fédération Internationale de Naturisme (FKK) sont ouvertes à tous « *dans le respect de soi, des personnes ayant des opinions différentes et de l'environnement* ». Et nul ne songerait à jouer trop les voyeurs sur ces territoires communautaires ! Campings naturistes connus : Valalta, Koversada, Istra, Solaris, Konobe, Bunculuka...

De plus en plus de campings croates peuvent se vanter de leurs nombreuses récompenses internationales. Dans la plupart des cas, il s'agit de campings 4 étoiles. Ici l'envie de liberté, le retour aux sources se conjuguant à l'exigence d'un certain confort (blocs sanitaires aménagés, piscines, services de restauration, boutiques, équipements pour les enfants, sécurité). Que vous ayez votre propre équipement, louez des caravanes, remorques, tentes, mobil-homes ou bungalows, la plupart des campings croates sont ouverts de mai à octobre, certains toute l'année comme en Istrie ou sur l'île de Pag (espaces de séjour et sanitaires chauffés, etc.).Aujourd'hui, les campings se spécialisent ! Pêche, vie insulaire, activités nautiques, randonnées dans les parcs nationaux, en famille ou no kids, naturisme, écotourisme, vie à la ferme, chacun trouvera soncoin selon ses affinités. En Croatie, le camping sauvage sur les plages, en bordure de route ou dans les villages est strictement interdit. Pour les arrêts prolongés en camping-cars, mieux vaut se renseigner auprès des offices de tourisme sur la présence ou non de zones dédiées. *www.campingcroatie.com*

■ **CROATIAN CAMPING UNION**
Udruženje Hrvatske Pionirska 1 - 52440 Poreč
Croatie ✆ +385 52 451 324
www.camping.hr – info@camping.hr

Un portail Internet assez exhaustif sur l'offre des campings en Croatie – toutes catégories – pour commencer à planifier son séjour et obtenir des informations pratiques.

## Se déplacer

### Avion

Le moyen le plus rapide, pas le plus écologique, pour rejoindre la côte adriatique depuis Zagreb. Le billet d'avion de Zagreb pour Dubrovnik coûte environ 700 kn, avec une réduction de 50 % pour les moins de 25 ans, sur justificatif. Pensez-y, on ne le précise pas au guichet. Les avions pour les principales villes de la côte sont très réguliers et fréquents. On prend son billet au guichet à l'aéroport (*domestic fly*) et il n'est pas nécessaire de réserver. L'hiver, les avions sont parfois obligés d'éviter l'aéroport de Dubrovnik pour cause d'intempéries, des vents violents. Ils atterrissent alors à l'aéroport de Split, mieux équipé, une liaison par car est assurée jusqu'à Dubrovnik.

### Bateau

Sur la côte adriatique, les principaux ports et archipels sont reliés par ferry ou catamaran à

## Vol en hydravion vers les îles

Le lancement d'une liaison des îles dalmates par hydravion depuis les seaports de Dubrovnik et Split fut la grosse sensation 2014. Ces vols réguliers permettent de relier la côte dalmate aux îles de Lastovo, Korcula, Hvar et Vis. Ce nouveau mode de transport réduit considérablement le temps de trajet tout en offrant des vues aériennes époustouflantes. Pour monter à bord, les voyageurs devront se présenter aux seaports 30 minutes avant le décollage avec un bagage n'excédant pas 15 kg et un sac à main. Particulièrement appréciable pour se rendre en une vingtaine de minutes à Vis, l'île la plus éloignée du continent. A partir de 26 € le vol aller simple en moyenne saison.

■ **EUROPEAN COASTAL AIRLINES**
Put Divulja 7
KAŠTEL ŠTAFILIĆ
✆ +385 21 444 888
www.ec-air.eu
info@ec-air.eu
La nouvelle compagnie d'hydravions croate est en passe de révolutionner le transport aérien et maritime du pays. Le concept est simple : assurer un service de lignes régulières en hydravion entre les principales villes côtières et les îles habitées de l'Adriatique. Depuis les années 2000, la société, dont le siège se trouve entre Split et Trogir, développe ses infrastructures sur les îles et augmente le nombre de ses liaisons. Connexion rapide (25 minutes pour un Split-Vis contre 3 heures en ferry), fiable et abordable. Aujourd'hui, EC-Air simplifie la vie des insulaires croates tout en proposant, à des tarifs abordables, une expérience unique au-dessus du littoral. Vous pourrez ainsi vous rendre sur les îles de Brijuni, Cres, Krk, Hvar, Rab, Lastovo, Vis, Korcula, etc., mais aussi à Pula, Zadar, Dubrovnik, Split, Zagreb et même Ancône ou Venise.

prix très raisonnables. Bien se renseigner sur les horaires, les trajets assurés étant assez peu fréquents, même en été (au moins un départ tous les jours). Les lignes qui font la liaison entre le continent et les îles sont plus fréquentes que celles qui longent la côte. La croisière le long de la côte adriatique est de toute beauté. L'été, on peut dormir dehors sans réserver de cabine. Les déplacements sont assez lents, mieux vaut choisir un trajet nocturne, par économie de temps et d'argent (une nuit de location en moins). Prévoir vos repas car la restauration à bord est sommaire. Souvent les gros ferries embarquent les véhicules de transport.

**Navigation de plaisance.** L'Adriatique attire de plus en plus les plaisanciers. Le pays offre les conditions idéales pour une croisière de quelques jours ou de plusieurs semaines. En été comme en hiver, il y a de la brise et la mer est en général belle et peu agitée. Il s'agit d'une des côtes les plus découpées et les nombreuses îles qui la bordent offrent autant de criques et de ports à découvrir. 47 marinas totalisent plus de 12 000 anneaux. Elles sont pour la plupart bien équipées. Plus de 75 sociétés sont spécialisées dans la location de bateaux à voile et à moteur. Pour louer un bateau, il est nécessaire d'avoir un permis bateau ainsi qu'un permis radio VHF. Il est possible de l'obtenir après examen auprès des capitaineries des principaux ports. Les loueurs proposent des tarifs dégressifs au prorata du nombre de semaines. Pour un même bateau, le prix varie en fonction de son ancienneté et des prestations offertes, les moins chers étant les Bavaria. Pour un voilier de cinq à six couchettes loué pour une semaine, compter à partir de 2 000 €.

**Louer un bateau en Croatie.** Du hublot de l'avion déjà, il est possible d'observer les lieux où l'on pourrait jeter l'ancre. Le continent est découpé et se prolonge à l'infini par des îles dont les contours font rêver plus d'un marin. Le rêve de tout plaisancier serait alors de tout voir, des roches désertiques des Kornati aux îles boisées de l'Istrie. Si les vacances sont courtes, il est préférable de se contenter d'une seule région. La location se fait en général du samedi au samedi. Ici, les conditions de navigation sont idéales : la côte est franche, le temps clément et chaud, et le vent modéré mais toujours présent. Le pays répond à toutes les exigences : mouillages de rêve, nombreuses marinas, une flotte de location importante, des prix raisonnables à la location, des skippers disponibles et des paysages magnifiques. La Croatie est donc devenue une destination très prisée par les voileux qui, bien souvent, n'hésitent pas à y mouiller leur bateau toute l'année.

## Voile, permis obligatoire

Les loueurs de bateau croates exigeront votre permis mer (côtier ou hauturier) pour vous laisser skipper un de leurs voiliers et les assurances des navires ne sont valables qu'avec un numéro de permis mer. Pour la VHF, procurez-vous un certificat, car de plus en plus de capitaines de port l'exigent. Pour la pêche, les exigences diffèrent selon les zones, tout comme les restrictions. Cela dit, aucun permis n'est nécessaire pour la pêche à la ligne.

Plus de renseignements sur le site Internet de la Fédération croate de nautisme : www.hjs.hr

Pour les amateurs d'îles boisées et ombrées, rendez-vous en Istrie. Ceux qui préfèrent la nature brute, les paysages lunaires et le mouillage sauvage et solitaire mettent cap sur l'archipel des Kornati. Enfin, pour les férus de vieilles pierres, villes et villages charmants chargés d'histoire ou d'une vie balnéaire plus animée, le centre et le sud de la Dalmatie conviennent.
Si vous n'avez qu'une semaine à dix jours, prévoir une moyenne de 30 milles par jour au maximum. Il y a tant de choses à voir sur si peu de distances.

### Quelle région pour quelle navigation ?

**L'Istrie** et le golfe du **Kvarner.** Probablement les zones navigables les plus difficiles. Ici, la bora et le sirocco soufflent fréquemment et les rochers affleurants sont nombreux. Mais que cela ne vous fasse pas fuir, car la région possède des paysages exceptionnellement riches qu'il serait vraiment dommage de manquer. Vous pourrez louer votre bateau à partir des bases marines de Rovinj, Pula, Pomer et Pag. Toute la région est marquée par des sites archéologiques de grande envergure tels Pula ou Brijuni.
A l'est, dans le golfe du Kvarner, on trouve trois grandes îles : Krk, Lošinj et Cres. Ces deux dernières sont reliées entre elles par un pont mobile à Osor qui ouvre entre 9h et 17h sur demande à coup de corne de brume. Il faut alors se méfier des nombreux hauts-fonds et rochers ainsi que du fort courant dans le chenal de Lošinj. Ici, la végétation semble se confondre avec la mer. Les chèvres qui donnent ce fromage si délicieux viennent s'abreuver d'eau salée à quelques mètres des bateaux.

**A partir de Zadar.** On pénètre dans une zone au relief bien plus plat. Les îles sont plus longues et fines. Elles barrent l'horizon parallèlement à la côte. La première bande est constituée de Pašman et Ugljan, reliées par un pont qui limite le tirant d'air à 16,50 m et par lequel on accède au parc national de l'archipel des Kornati. La plus grosse base de cette zone est implantée à Sukošan, une marina récente et l'une des plus grandes du pays. Ici, à 12 milles des îles, sont regroupés une douzaine de loueurs croates. Vous pourrez choisir de barrer nord-ouest, vers Zadar, Šibenik, ou sud-est, Biograd, Pakostane ou encore Murter. La côte vaut le coup d'œil, mais déjà tous les regards se portent sur les chapelets d'îles au large. Une centaine d'entre elles sont habitées par des moutons en pâture et des pêcheurs, heureux propriétaires qui louent leur maison aux touristes. L'été, les plaisanciers sont donc accueillis à bras ouverts. Le parc national perd de sa quiétude. La forte affluence de bateaux dans les eaux nuit à la méditation marine. Dans ces îles, les points d'avitaillement sont rares, mais on trouve quelques bonnes tables de pêcheurs restaurateurs. La plupart ne sont ouverts qu'en haute saison, mais vous aurez toujours au menu du poisson frais, de la salade de pieuvre, des calamars, des sardines grillées ou marinées, ou encore du mouton servi avec les légumes du jardin.

La seule contrainte qui incombe aux plaisanciers est de respecter les zones de mouillage obligatoires pour limiter la prolifération de la taxifolia. En une semaine, vous aurez le temps de parcourir ce dédale d'îles en cabotant tranquillement. Il est donc inutile et dangereux de naviguer la nuit dans cette zone qui est peu ou pas balisée.

**De Split à Dubrovnik.** La troisième zone s'étend vers la côte sud de la Dalmatie. C'est la plus méditerranéenne de toutes les parties de la côte : les oliviers et les vignes s'étendent à perte de vue à flanc de montagne sur des îles beaucoup plus vertes que les précédentes. Brač, Hvar, Korčula et Mljet, de taille conséquente, sont entourées d'une quantité d'îlots. Sur la côte, la vieille ville impériale romaine, Split et sa grande marina, est point de départ stratégique pour toute la Dalmatie. Cap au sud, on traverse le canal de Splitska Vrata entre Solta et Brač, sa plage célèbre à Bol ou ses criques cachées, Hvar et les îles Pakleni. Plus loin encore, Vis, Biševo, Lastovo font figure d'îles lointaines et mystérieuses.

Un peu plus loin, Tout est réuni pour une navigation idyllique. La visite de Korčula rapproche l'île de Mljet transformée en parc national avec ses deux lacs salés et un couvent franciscain du XII^e^ siècle. De retour sur le continent, sur la presqu'île de Pelješac, on fait escale à Mali Ston, le pays des huîtres. Un plateau de fruits de mer accompagné d'un verre de vin local s'impose ! Enfin, la Dalmatie du Sud, Dubrovnik, la perle de l'Adriatique, sa Riviera (Župa dubravaška) et Cavtat, dernière station balnéaire croate avant le Monténégro. Notez que la marina ragusienne se trouve à 20 minutes en bus de la vieille ville. Pensez à appeler la VHF, radio de la marina ACI (canal 17), avant de vous y rendre, car le lieu est très prisé.

**■ JADROLINIJA**
Obala Stjepana Radića 40
DUBROVNIK
✆ +385 20 418 000
✆ +385 20 41 83 80
www.jadrolinija.hr
Dans le port de Gruž face à l'arrivée des ferries.

**Autres adresses : BLATOTOURS** / Krtinje bb, Blato (Korčula) / Tél : +385 20 85 12 26 • JADROLINIJA KORČULA / Plokata 21.travanj, Korčula (Korčula) / ✆ +385 20 71 54 10 / Fax : +385 20 71 11 01 / Email : ag.korcula@jadrolinija.hr • JADROLINIJA OREBIĆ / Orebić (Pelješac) / ✆ +385 20 71 40 75 • JADROLINIJA SOBRA / Zaglavac (Mljet) / ✆ +385 20 74 61 34 / Fax : +385 20 74 61 34 / Email : ag.sobra@jadrolinija.hr • JADROLINIJA VELA LUKA / Obala bb, Vela Luka (Korčula) / ✆ +385 20 81 20 15

## Bus

Le réseau des cars est plus dense que celui des trains. C'est le moyen le plus pratique pour se déplacer quand on n'a pas de voiture, spécialement sur la route du littoral. Les gares routières sont bien conçues et l'on n'a guère de mal à trouver sa destination et des informations aux guichets. Les départs pour les grandes villes sont réguliers et les prix raisonnables, comparables à ceux pratiqués par le train, sont plus élevés que pour le ferry. Ainsi, un trajet Rijeka-Split en autocar coûte plus cher qu'en ferry de nuit en cabine économique. Les bus et autocars sont souvent confortables mais les trajets restent longs, considérant la vitesse modérée que le relief souvent escarpé impose. Pour relier Dubrovnik à Zagreb, par exemple, il faut compter environ 12 heures, avec quelques détours, arrêts et pauses nécessaires dans les restos routiers.

**■ AUTOTRANS**
Trg Žabica 1.
RIJEKA
www.autotrans.hr
info@autotrans.hr
Siège social à Rijeka.

*Agences dans plusieurs villes et aéroports du pays.*
Le siège social de la compagnie de bus la plus importante de Croatie et le site Internet avec liste des villes desservies et horaires.

■ **CROATIA BUS**
Strojarska 12/VI
ZAGREB
✆ +385 01 235 2345
www.croatiabus.hr
info@croatiabus.hr
*Agence ouverte du lundi au vendredi de 8h à 16h.*
Compagnie nationale assurant plusieurs liaisons pour les grandes villes du pays ainsi que des trajets internationaux (Allemagne, Autriche, Bosnie-Herzégovine).

## Train

Le réseau ferroviaire croate relie entre elles les différentes villes du pays, avec une faible connectivité dans le Sud. Les trains restent relativement vieux et lents, notamment en raison des contraintes géographiques du territoire. Pour les trajets de nuit, le train plus confortable est préférable au bus.

## Voiture

Les locations de voitures sont nombreuses dans les grandes villes. Les véhicules proposés sont confortables, mais les tarifs sont semblables à ceux pratiqués en France, compte tenu du niveau général des prix. Le réseau routier n'est toutefois pas très pratique. Les routes sont parfois en mauvais état (trous dans le bitume, pierres sur les routes de montagne). Par ailleurs, il faut compter avec les séjours sur les îles qui n'acceptent pas toutes les voitures. Attention ! Il s'agit de rester vigilant sur les routes de montagne qui longent la côte. Respectez les vitesses autorisées et les distances de sécurité.En Croatie, comme dans le reste de l'Europe continentale, on circule à droite. La vitesse est limitée à 130 km/h sur autoroute, 80 km/h sur route nationale et à 50 km/h en agglomération. L'alcoolémie autorisée est de 0,5 g/l. Le permis de conduire français est reconnu en Croatie. Les conducteurs étrangers doivent se munir de leur carte grise et de leur carte verte (carte internationale d'assurance automobile). Il peut être pratique de se munir d'une carte de l'IGN, mais on trouve sans difficulté des cartes de la Croatie sur place, dans les offices du tourisme ou les librairies.

▶ **Contrôle de police.** Fréquents sur les routes ! Les agents n'hésiteront pas à vous arrêter en cas de dépassement de la vitesse autorisée. Attention pour ceux qui se déplacent en camping-car : la limite peut parfois varier plusieurs fois sur des distances rapprochées. L'amende coûte 200 kn si vous la payez immédiatement. Si vous êtes arrêté, pensez à demander un reçu en bonne et due forme pour la somme versée.

▶ **Parking.** De nombreux centres-villes sont réservés aux piétons. Il vous faudra alors garer votre voiture à l'extérieur : de grands parkings sont prévus à cet effet, cependant, ils sont tous payants. Vous verrez de jeunes personnes vendre des tickets : c'est à eux qu'il faut vous adresser pour obtenir des tickets de parking à apposer derrière votre pare-brise. N'oubliez pas de payer, sinon vous risquez une amende !

▶ **Essence.** On trouve du carburant avec et sans plomb (bezolovni), du gazole, et, plus rarement, du GPL.
La route côtière qui longe le littoral adriatique est parfois vertigineuse et de toute beauté.

■ **AUTOCLUB CROATE (HAK – HRVATSKI AUTOKLUB)**
Avenija Dubrovnik 44
ZAGREB
✆ +385 1 1987 / +385 1 464 0800
✆ 072 777 777
www.hak.hr
1987@hak.hr
*Numéro accessible 24h/24. Informations et site disponibles en anglais, allemand et italien.*
Une agence basée dans la banlieue sud de Zagreb qui gère les autoroutes croates. Le site Internet, bien pratique pour les conducteurs, donne des informations en temps réel sur l'état des routes. On peut y préparer son itinéraire en ligne ou obtenir une assistance téléphonique.

## Taxi

Les taxis sont nombreux et assez chers. On les utilise, comme en France, pour des déplacements urbains, en région, d'une ville ou village à l'autre, pour les transferts aéroports (comptez 25 € la course pour celui de Dubrovnik).

**REPÉREZ LES MEILLEURES VISITES**

★ INTÉRESSANT ★★ REMARQUABLE ★★★ IMMANQUABLE ★★★★ INOUBLIABLE

Preko.

# DÉCOUVERTE

# LA CROATIE EN 25 MOTS-CLÉS

## Alphabet

Jusqu'au XVe siècle, les Croates rédigeaient en caractère glagolitique. L'alphabet moderne est en alphabet latin et possède trente lettres. Quelques lettres diffèrent cependant de notre alphabet : č, ć, đ, dž, š, ž et par ailleurs les lettres q, x, y et w n'existent pas dans l'alphabet croate. Il n'existe aucune lettre muette, toutes les lettres se prononcent.

## Authenticité

L'atmosphère authentique est un des grands plus de la Croatie. La côte n'est pas totalement envahie par les grands complexes hôteliers. La mer n'est pas polluée. Les fruits et les légumes vendus sur les marchés viennent des villages et des banlieues des villes, ils ne sont pas importés. La tradition joue encore un rôle important, de nombreux spectacles en attestent.

## Bora

La *bora*, vent violent et froid, arrive en hiver depuis les montagnes du Velebit qui se situent à proximité avant de mourir au-dessus de la mer Adriatique. Le vent s'engouffre dans les ruelles et donne la sensation, quand il souffle fort, qu'il fait dix degrés de moins que ne l'affiche le thermomètre.

## Charcuterie

La viande de porc occupe une place importante dans l'alimentation croate, comme le poisson. En Slavonie, on élève des cochons noirs qui vivent en liberté en automne, se nourrissent de glands en forêt. L'agriculture traditionnelle donne de bonnes viandes et salaisons (jambon fumé, saucisson).

## Cravate

La cravate, cet accessoire aujourd'hui incontournable tant de la mode masculine que féminine, est l'un des rares mots que la langue française doit au croate (*hrvatski*). L'origine du mot date de 1635 et de la Guerre des Trente Ans à l'occasion de laquelle des mercenaires croates s'étaient rendus en France pour soutenir la monarchie. La cravate était un attribut vestimentaire particulier d'un régiment de hussards croates créé sous Louis XIII, et dont l'uniforme comprenait une écharpe blanche dont la mode gagnera la cour de France. Ce régiment de cavalerie légère recevra de Louis XIV, en 1666, le nom de Royal-Cravates. Il est aujourd'hui le 10e régiment de cuirassiers de l'armée française. Le mot cravate tire de là son origine, une déformation du mot croate. Les francais remarquèrent cette coutume croate et l'adoptèrent ainsi comme accessoire de mode porté « à la croate ». Aujourd'hui encore on tient beaucoup en Croatie à ce détail historique, et d'ailleurs le Parlement croate a proclamé le 18 octobre comme Journée internationale de la cravate.

## Dalmatien

Le chien appelé dalmatien, originaire de la région côtière de la Croatie et reconnaissable à son poil blanc à taches noires, était employé comme chien de garde dans la région. L'évêque Petar en a fait une description en 1374. Dressé pour attaquer les chevaux, il a été utilisé lors de la guerre contre les Ottomans. Le dalmatien figure sur certains blasons de nobles croates.

## Glagolitique

Alphabet inventé au IXe siècle en Croatie par deux moines grecs, saint Cyrille et son frère saint Méthode. Les Croates étaient les seuls catholiques européens autorisés par le pape à ne pas utiliser le latin. Les premiers missels en caractères glagolitiques furent imprimés en 1483. Peu utilisé en dehors des territoires croates, cet alphabet a perduré jusqu'à la fin du XVe siècle, il était alors le principal utilisé.

## Guerre

La chute du communisme, suite au démantèlement du mur de Berlin, a touché la fédération yougoslave à la fin des années 1980. Rapidement, les Serbes se sont opposés au processus de démocratisation. Après de multiples tentatives de répression, le conflit entre la Serbie et la Croatie est engagé en 1991. Envahie sur les trois quarts de son espace territorial, la Croatie demande l'aide de la communauté internationale, qui ne reconnaît le conflit qu'un an après. En 1995, l'armée croate réussit à libérer son territoire même s'il reste « incomplet » jusqu'en 1998. Depuis la fin de la guerre, les Croates veulent tourner la page. Leur économie en plein essor et leur intégration à l'Union européenne sont les preuves d'une volonté de changement. Mais les séquelles psychologiques sont encore profondes, la plupart des familles ont perdu un proche lors de la dernière guerre car nombre d'hommes se sont battus. Lors de votre voyage, vous vous apercevrez qu'il s'agit d'un sujet délicat à aborder, comme une envie d'oublier les moments difficiles.

## Îles

Comptez 1 185 îles et îlots au large de la côte adriatique, tous différents, petits ou grands, plats ou montagneux, boisés ou déserts, habités ou non. Les plus connus sont l'archipel de Brijuni, au large de l'Istrie où se trouve la propriété présidentielle de Tito, l'île de Krk, devenue une presqu'île depuis la construction d'un pont, Hvar ou le Saint-Tropez de l'Adriatique, Susak, l'île sablonneuse, le parc national des Kornati, Mjet, la plus verte du sud de la Dalmatie.

## Kava

Le café servi dans les bars et les restaurants (espresso, cappuccino et *latte macchiato* à l'italienne) se boit à toute heure de la journée et les terrasses sont toujours pleines, même pendant les jours ouvrés. Les gens font des pauses café pour mieux travailler par la suite ! Chez l'habitant, il peut être préparé à la turque.

## Klapa

On entend souvent ce chant polyphonique traditionnel dalmate à la radio, par les fenêtres. Ces chorales composées d'hommes répètent souvent dans les églises, salles de concert ou même dans la rue en période de festival. Parfois même, quelques anciens poussent le chant *a cappella* à la terrasse d'un café après quelques verres de *rakija* !

## Loup

La vie sauvage abonde dans les campagnes croates. En vous promenant dans certains parcs nationaux, comme celui de Plitvice, avec un peu de chance et beaucoup de discrétion, il est possible que vous y croisiez un loup, un ours ou encore un lynx. Contrairement à l'Europe de l'Ouest, la région n'a jamais été dépourvue de ces grand prédateurs. Leur coexistence avec le paysan est harmonieuse. Les bergers, grâce à leur expérience, parviennent à éviter toute attaque sur leurs troupeaux. Le loup gris chasse les biches, les cerfs et les petits mammifères pour se nourrir.

## Maraschino

Il s'agit d'une liqueur claire fabriquée à partir de cerises acides appelées *marascas*. Balzac, dans son roman *Un début dans la vie*, parle de Zadar, la « ville où l'on fabrique le *maraschino* ». Une preuve de la popularité de cette liqueur locale dans l'Europe de la seconde moitié du XIX^e^ siècle. Même Napoléon Bonaparte et Baudelaire ont bu de ce doux breuvage.

## Naturisme

Tout le long de la côte croate, et plus fréquemment en Istrie et sur les îles, de nombreuses plages et criques sont dédiées au naturisme. Le panneau FKK (*Freikörperkultur*) indique ces zones protégées.

Certains campings naturistes sont dotés d'infrastructures modernes de type village de vacances, avec bungalows, restaurants, plages privées, installations sportives. L'île de Rab, centre thermal et balnéaire depuis les années 1880, est un haut lieu du naturisme. L'ex-roi d'Angleterre Édouard VIII et Wallis Simpson y auraient lancé la mode... Près de Dubrovnik, c'est l'île de Lokrum qui accueille le plus de naturistes.

## Oursin

Ce mollusque piquant peuple le fond de l'Adriatique près du rivage, sur les rochers, dans la mer sur le sable. C'est un signe de propreté des eaux. Il s'agit donc d'être vigilant avant de plonger la tête la première ! Sa chair, appréciée pour sa saveur iodée, se consomme crue (avec du citron, de l'échalote, du sel ou encore en coulis) ou cuite.

## Paški sir et pršut

Sur l'île de Pag, on fabrique un fromage de brebis très ferme, appelé *paški sir*. Il doit sa saveur particulière à sa méthode de fabrication : il est roulé dans la cendre et l'huile d'olive puis affiné. Le goût vient aussi du lait des brebis se nourissant d'herbes sauvages, comme la sauge et le romarin, sur lesquelles le vent a déposé du sel. Il est souvent dégusté en apéritif, avec un verre de vin, accompagné de *pršut*, jambon fumé artisanalement selon une tradition dalmate, et de pain fait maison.

## Phare

Avec les progrès de l'électronique, les gardiens de phare se font plus rares. Résultat : les appartements restés vacants sont peu à peu aménagés en gîtes pour vacanciers ayant soif de solitude et d'air marin. Un bateau les amène sur place avec les courses pour la semaine et revient les chercher le jour voulu. La vie en autarcie est la règle, même si le gardien ou sa femme dépannent volontiers de pain, d'huile ou de poisson.

## Plongée

Avec une eau si claire, une abondante faune marine et une température plutôt agréable, la mer Adriatique est devenue l'un des spots de plongée les plus appréciés. Tout le long de la côte, les plongeurs peuvent découvrir des épaves datant de la Seconde Guerre mondiale ou de l'invasion vénitienne, des caves dans les contreforts sous-marins de la montagne, des kilomètres de rochers ou encore des fonds sableux. Pour plonger avec bouteilles en Croatie, il faut avoir acheté une licence (100 kn). La plongée dans les parcs nationaux (Mljet, archipel de Kornati) est surveillée, il est obligatoire d'obtenir un permis avant de s'y rendre.

## Potager

Nombre de Croates cultivent un potager ou vont faire les courses au marché. C'est une aubaine pour le voyageur qui décide de loger chez l'habitant car il aura l'occasion de goûter aux fruits et légumes du jardin.

## Rakija

Il s'agit d'une eau-de-vie traditionnelle aromatisée de différentes façons : à la prune, au raisin, au miel, aux herbes médicinales, etc. On la consomme généralement avec le café. La tradition consiste à offrir un verre de cet alcool au visiteur de passage.

## Sabor

Le Sabor est le Parlement croate. Fondé au haut Moyen Âge, il figure parmi les plus anciens parlements d'Europe. Au cours de l'histoire mouvementée de la Croatie, le Sabor a toujours existé, sauf à l'époque de la première Yougoslavie entre les deux guerres mondiales.

## Travaux

Afin de répondre à la demande croissante des visiteurs et pour gagner de l'argent en dépit d'un taux de chômage important, la plupart des familles de la côte adriatique agrandissent leur maison ou en construisent de nouvelles. À tel point que dans des petits villages, jusqu'à présent pleins de charme, les paysages souffrent des constructions anarchiques au goût douteux.

## Vin

Bien qu'encore peu reconnu, le vin croate acquiert depuis quelques années ses lettres de noblesse. Il est produit dans la plupart des régions. Sur la côte dalmate et sur l'île de Pelješac, on trouve du vin rouge, alors que les meilleurs vins blancs sont produits en Slavonie orientale et sur l'île de Korčula. Le vin blanc d'Istrie, le malvazija, réputé, est originaire de Piran et de Koper, à la frontière italienne et slovène.

## Voile

Avec pour surnom « la mer aux mille îles », la Croatie n'usurpe pas sa réputation de paradis pour la plaisance et offre de nombreuses marinas aménagées, 12 500 mouillages et 7 200 amarrages. Il est possible de louer des voiliers dans la plupart des ports de la côte.

## Županija

Vous allez souvent trouver dans les guides le terme *županija* pour lequel il n'y a pas de traduction précise en français. Il s'agit des préfectures qui composent la Croatie, vingt au total, avec son préfet, le *župan*. Le mot *župa* signifie Riviera, celle de Dubrovnik par exemple est désignée sous le nom de Župa dubrovačka.

## Faire

▸ **Accepter les invitations.** Si on vous invite pour un verre de vin, de *grappa* ou une part de gâteau (pour les fêtes de fin d'année surtout), n'hésitez pas ! Il n'y a pas ou peu de problèmes de sécurité dans ce pays.

▸ **S'intéresser à la culture locale.** Les Croates sont très fiers de leur patrimoine. Posez des questions aux gardiens de musées, aux serveurs de restaurants, aux guides locaux (normal !), vous serez étonné par leurs connaissances sur le sujet.

▸ **Mémoriser quelques mots en croate**. Tout le monde parle anglais, allemand, parfois français, certes mais vous verrez, cela peut changer bien des choses !

▸ **Apprécier le fromage en entrée, goûter la moussaka croate.** Comme en Italie, les entrées (*antipasti*) sont composées d'une assiette de fromages, jambon pays (*prosciutto*) et pain (*bruscheti*). De même, la moussaka croate (viande hachée, pommes de terre et choux !) n'a rien à voir avec la grecque.

▸ **Compter les Dalmatiens** que vous aurez vus durant votre séjour. Certainement plus qu'en France ! Ce chien a belle allure dans sa robe blanche tachetée de noir. Il est originaire de Croatie du Sud.

▸ **Acheter des cravates !** Ce bout de tissu est d'origine croate (*hrvat* signifie croate). Elevée au rang de patrimoine historique en 2003, elle a bien évolué et se décline en multiples modèles.

## Ne pas faire

▸ **Confondre Serbes et Croates.** La sensibilité des Croates sur le sujet est forte, encore aujourd'hui. La pression territoriale ne date pas d'hier. Si les gouvernements actuels et les peuples vivent en paix raisonnée, les stigmates de la guerre sont toujours présents. Oubliez aussi les termes « serbo-croate » et « yougoslave » un peu éculés... Par ailleurs, soyez prudents lorsque vous évoquez la dernière guerre des années 1990, le sujet complexe, mal connu en Europe de l'Ouest, est encore sensible en Croatie.

▸ **Parler de la Yougoslavie au lieu de la Croatie.** La Croatie a déclaré sa souveraineté et indépendance en 1991. Elle est désormais un Etat souverain, économiquement et politiquement, membre de l'Union européenne. Ne pas situer Dubrovnik dans les Balkans, même si géographiquement, vous n'avez pas tort... Dubrovnik n'est ni Mostar ni Belgrade.

▸ **Trop sortir des sentiers balisés**. Quelques régions ne sont pas encore totalement déminées, comme l'arrière-pays montagneux dalmate, les alentours de Lika et de Karlovac et quelques zones en Slavonie. Un panneau blanc avec la mention écrite en rouge, *Ne prilazite mine* (prudence : mines) appelle toute votre vigilance. Plus d'infos et cartographie complète sur le site Internet des mines (CROMAC) : www.hcr.hr

▸ **Polluer la côte.** Avec le développement du tourisme, la pollution de la côte a augmenté en conséquence. Il n'est pas rare de passer devant de superbes criques jonchées de sacs plastique, bouteilles, papiers, verre cassé, etc. Ne rien jeter à la mer, ne laisser aucune ordure derrière vous, même dans un endroit qui ressemble déjà à une décharge sauvage.

▸ **Plonger sans autorisation.** La loi croate oblige les plongeurs même certifiés à acheter une autorisation de plongée (100 kn). Les contrôles en mer sont fréquents et la police locale plutôt stricte.

▸ **Se baigner nu-pieds.** Faites attention aux oursins : il y en a souvent sur les rochers là où l'eau est propre et limpide !

▸ **Nourrir les mouettes.** Ces beaux volatiles urbains sont désormais indésirables sur la côte car ils percent les sacs en plastique des poubelles communales pour y chercher de la matière organique parmi les détritus. Ne les nourrissez pas, utilisez des sacs poubelle solides que vous déposerez dans des containers avec couvercle.

▸ **Se vêtir d'une façon trop dénudée.** Comme dans tous les pays, une tenue convenable est attendue dans les églises, les couvents, les restaurants mais aussi dans les banques ou les bus ! Ne pas se sentir à la plage partout !

▸ **Les retraits aux guichets automatiques.** Ils sont assortis de lourdes commissions bancaires. Mieux vaut avoir des euros en cash pour le voyage et changer pour des kunas sur place.

# SURVOL DE LA CROATIE

## GÉOGRAPHIE

En forme de croissant, le territoire de la République de Croatie s'étend sur 56 594 km², auxquels s'ajoutent 31 067 km² d'eaux territoriales. Ses frontières (2 028 km) sont délimitées au nord par la Slovénie et la Hongrie, à l'est, par la Serbie et, au sud, par la Bosnie-Herzégovine et le Monténégro. Des paysages et climats très variés du nord au sud pour une surface aussi limitée. Les deux parties du pays – centre-européen et méditerranéen – sont séparées par la barrière montagneuse et rurale des Alpes dinariques.

- **Au nord,** la plaine pannonienne de la Slavonie tournit la grande majorité des terres cultivées et abrite la majorité de la population. La terre, contenant de l'argile et du lœss, est fertile. On y cultive principalement du maïs et du blé.
- **Au sud,** en Dalmatie, la chaîne du Velebit culmine à 1 757 m et des zones karstiques, avec un relief de roche calcaire érodée par l'eau. On y trouve toutes sortes de phénomènes géologiques, comme les dolines, un affaissement circulaire au milieu des champs. Celles-ci apparaissent en groupe, plusieurs dolines formant une ouvala. Les amateurs de lapiaz et de grottes seront aussi émerveillés.

Surtout, le pays est bordé d'une côte continentale de 1 777 km qui s'ouvrent sur la mer adriatique. Celle-ci compte 1 185 îles et îlots, dont 76 sont habités, ce qui représente 4 058 km de littoral insulaire. La Croatie dispose au total de 5 835 km de littoral, à titre de comparaison, la longueur des côtes françaises, îles incluses, est de 5 533 km. Ces îlots, anciennes montagnes en fait, partiellement englouties par la mer à la fin de la dernière glaciation, ont donc des formes allongées, alanguies. En superficie : les îles de Krk, Cres, Brač, Hvar et Korčula sont les plus étendues.

### Six régions croates

- **La Savonie**, à l'est de Zagreb, la capitale. Vaste plaine agricole limitée par les plaines de la Drave au nord, de la Save au sud et, à l'est, par le Danube. Sa capitale régionale Osijek répond aux principales villes, Slavonski Brod, Vinkovci, Vukovar, Đakovo, Požega et Nova Gradiška, auxquelles se rattachent plusieurs sous-régions : la Baranja croate (au nord d'Osijek), la Posavina (vallée de la Save), la Podravina (vallée de la Drave) et le Podunavlje (vallée du Danube).
- **La Croatie centrale**, région vallonnée, de plaines où siège la capitale, Zagreb. Les sous-régions : Zagorje (nord) près de Varaždin, Međimurje (extrême nord, Outre-Drave), monts de la Bilogora à l'est (Bjelovar), plaines alluviales du Turopolje (sud-est), Banija ou Banovina (au sud de Sisak), qui s'étend vers l'ouest jusqu'à Karlovac (Kordun et monts du Žumberak).
- **La Lika et le Gorski Kotar,** plus au sud-ouest, rassemblent les principaux reliefs dinariques du pays. Ces régions sont délimitées par le triangle que forment les villes Karlovac, Rijeka et knin. Le Gorski Kotar, au nord, est plus montagneux tandis que la Lika est formée de hauts plateaux karstiques encaissés entre deux des principales chaînes montagneuses, le Velebit, à l'ouest, qui plonge dans la mer en Dalmatie du Nord.
- **La Dinara, à l'est,** forme la frontière avec la Bosnie-Herzégovine.
- **L'Istrie,** une péninsule située à l'extrémité occidentale de la Croatie autour de la ville de Pula jusqu'au golfe de Kvarner, où se trouve Rijeka, premier port et troisième ville de Croatie. Les îles de Krk et Cres, le Hrvatsko Primorje (littéralement « Littoral croate »), l'ancienne Liburnie, sur le versant adriatique du Velebit, forment ensemble la quatrième grande région croate nommée Istrie et Primorje (Istrie et Liburnie).
- **La Dalmatie** s'étend de l'île de Pag, de la rivière Zrmanja à l'extrémité sud de la Croatie. Fermée à l'est par la chaîne des Alpes dinariques, qui borde Zadar, Šibenik, Split, Ploče, elle forme la frontière avec la Bosnie-Herzégovine, puis la Dalmatie du Sud, avec Dubrovnik, jusqu'à la presqu'île de Prevlaka, à l'entrée des Bouches de Kotor (Monténégro). La Dalmatie présente par ailleurs une côte très découpée, bordée de centaines d'îles, dont les plus visitées, Krk, Cres, Pag, Dugi Otok, Kornati (au nord) et Brač, Hvar, Vis, Korčula et Mljet. En Dalmatie Centrale, la capitale régionale, Split, est la deuxième ville du pays par sa démographie.

# CLIMAT

On distingue trois zones géographiques et climatiques distinctes.

**La côte adriatique** jouit d'un climat de type méditerranéen. Les températures douces se situent entre 7 °C (février) et 26 °C (juillet et août), avec des pics dépassant les 30 °C au pic de la saison. Comme partout sur le pourtour méditerranéen, les incendies sont fréquents. La température de l'eau, entre 21, 22 °C en juin, atteint régulièrement les 26 °C en été et jusqu'en fin septembre. Des précipitations extrêmes de 15 mm au printemps peuvent aller jusqu'à 135 mm (décembre). Le taux annuel moyen d'humidité relative est de 72 %. Les années 2013 et 2014 furent particulièrement arrosées.

**Le centre et nord du pays,** climat semi-continental avec des températures variant de 2 °C (décembre) à 22 °C (juillet et août). La température annuelle moyenne est de l'ordre de 13 °C. Les hivers sont froids, de grosses chutes de neige fréquentes et des températures souvent négatives. Les étés sont chauds avec des orages courants en fin de soirée. Les précipitations extrêmes sont de 30 mm (février) et 180 mm (juillet). Le taux annuel moyen d'humidité est de 68 %. Au printemps 2014, la Slavonie, frontalière de la Serbie et de la Bosnie, a connu la pire dépression pluvieuse de son histoire. De fortes précipitations (soit un cumul de 205 mm à Belgrade) ont entraîné le débordement de la rivière Save et l'effondrement des digues. Le bilan est lourd : 2 morts en Croatie, la perte du bétail, les déplacements de populations, la destruction de certaines infrastructures. L'état d'urgence fut décrété.

**Les régions montagneuses,** avec des températures oscillant de – 5 °C (janvier) à + 15 °C (août). La température annuelle moyenne est de l'ordre de 6 °C. On recense une vingtaine de pics montagneux de plus de 1 000 m d'altitude, celui de Dinar, le plus élevé de Croatie, culmine à 1 830 m. Les précipitations extrêmes vont de 30 mm (juillet) à 270 mm (mars). Le taux annuel moyen d'humidité relative est de 75 %. Cette région possède le taux de densité démographique le plus bas.

- **Les vents, facteur important du climat croate.** Le plus violent se nomme la *bura*. C'est un vent d'hiver, froid et violent, qui vient du nord-est. Ses bourrasques, qui peuvent atteindre les 200 km/h, se font ressentir jusqu'à l'aéroport de Dubrovnik, où le trafic aérien est stoppé quand le vent souffle trop fort. De l'autre côté, le vent *jugo*, plutôt chaud, vient du Sud et annonce l'orage. Enfin, le *maestral,* allié des véliplanchistes, souffle doucement, en continu en été, et rafraîchit l'air.

# PARCS NATIONAUX

Le patrimoine naturel le plus précieux de Croatie est préservé dans le cadre de 352 zones protégées, soit 5 605 km², soit 9% du territoire. On compte huit parcs nationaux (Plitvice, Krka, Kornati, Brijuni, Mljet, Velebit du Nord, Paklenica, Risnjak), onze parcs naturels (Biokovo, Kopački Rit, Papuk, Lonjsko Polje, Medvenica, Žumberak-Samoborskogorje, Učka, Velebit, Telašćica, Vransko Jezero, Lastovsko otočje) et des réserves naturelles dans le Velebit.

## Les parcs nationaux

- **Les lacs de Plitvice,** instaurés parc national à partir du XIXe siècle, sont probablement les plus visités. Leur situation géographique, entre Zagreb et la côte adriatique, les rend particulièrement accessibles aux visiteurs invités à déambuler autour de seize lacs reliés entre eux par d'impressionnantes cascades. Depuis la fin de la guerre, le parc a retrouvé son intérêt d'antan. Il fut le champ du conflit serbo-croate. Le réaménagement du parc a même permis aux ours bruns et aux loups gris de revenir.

- **Le parc national de Krka** peut être comparable à un petit Plitvice. Ce sont également les lacs et les chutes d'eau qui en font tout son charme. Celui-ci a ouvert en 1985. La rivière passe derrière Šibenik, et se trouve de cette façon facilement accessible pour les visiteurs de la côte. Enfin, terrain de jeu préféré des amateurs de sports en eaux vives, les rivières de Zrmanja, Krka, Cetina et Neretva sont une superbe destination. Malheureusement, la construction d'une centrale électrique en amont réduit le débit d'eau, certains moments de l'année.

- **Sur la côte, les îles Brijuni** sont bien connues pour être le lieu de vacances de l'ancien président Tito. A travers les forêts de pins et les ruines romaines se déplace un véritable zoo, des animaux offerts par différents chefs d'Etat à Tito.

- **Le parc national de Risnjak,** instauré en 1953, pour les amateurs de randonnées d'altitude, est difficile d'accès et au climat plutôt rude. Dans ses montagnes au nord de Rijeka, le parc des lynx abritait ces félins sauvages qui y vivaient en nombre au siècle dernier. Leur réintroduction dans les pays voisins laisse espérer leur retour à Risnjak.

▶ **Le Sjeverni Velebit** (Velebit septentrional), le plus plus récent comprend les plus hauts sommets du massif karstique.

▶ **Les îles Kornati** regroupent cent cinquante îles sur 300 km. Ce parc national dans l'archipel inclut des îles inhabitées, mais il est cependant possible d'y louer une maison de pêcheur pour y passer l'été.

▶ **Le Paklenica**, protégé depuis 1949, est aussi situé dans la chaîne du Velebit. Il est séparé en deux gorges : Velika Paklenica et Mala Paklenica, chacune creusée par la rivière dans la gorge karstique. On peut y observer les vautours griffons et faucons pèlerins. Paklenica est particulièrement apprécié par les grimpeurs et les amateurs de visite de caves.

▶ **L'île de Mljet,** dont un tiers a été classé parc national en 1960. Son principal attrait se trouve dans ses lacs salés situés en plein milieu de l'île où la forêt domine.

### Les parcs naturels

On décompte aussi dix parcs naturels, qui se trouvent principalement dans les zones montagneuses du Velebit et dans les alentours de Zagreb. Tout à l'est, à la frontière de la Slavonie et de la Serbie, se trouve Kopački Rit. Bien qu'instauré parc naturel depuis 1967, il a été particulièrement touché lors du conflit serbo-croate. De même, les zones maritimes font partie des zones naturelles protégées pour freiner la disparition d'espèces animales.

## FAUNE ET FLORE

La multiplicité des paysages et des conditions climatiques a naturellement favorisé la vie d'une faune et d'une flore diversifiées, encore bien protégées en Croatie.

▶ **Dans les forêts de Slavonie,** les régions les plus boisées du territoire, le Gorski Kotar, à l'ouest et le parc national de Risjnak, poussent les grands arbres hêtres, sapins, épicéas et sycomores et différentes espèces de chênes pédonculés et de charmes. Les animaux, cerfs, chevreuils, ours bruns, chats sauvages ainsi que des lynx, côtoient les martres des pins et les renards roux. Ces derniers ont été réintroduits en Slovénie et viennent seulement de réapparaître en Croatie. Les observateurs patients pourront peut-être apercevoir des loups ou des sangliers.

*Branche d'oliviers.*

▶ **En régions marécageuses**, de nombreuses espèces migratrices ont trouvé domicile, le héron, le canard sauvage, la poule d'eau, la grue ainsi que deux espèces menacées : l'aigle doré et l'aigle aux pieds courts, qui se retrouvent au parc de Krka. On compte plus de 275 espèces d'oiseaux dans la réserve du Kopački Rit, dont des cormorans, des hérons cendrés, des cigognes, des aigrettes, des canards, des sternes, des pygargues, etc. Enfin, dans les zones humides des parcs nationaux de Plitvice et Krka, vit une espèce rare et protégée de loutres de mer, qui se nourrit de poissons et d'écrevisses.

▶ **En région montagneuse,** la végétation varie selon l'altitude. Dans les parties les plus basses, les forêts composées de chênes et de charmes, de noisetiers et de hêtres, constituent des zones naturelles ou vivent encore un certain nombre d'ours bruns (400 environ vivraient actuellement dans les forêts croates). Des loups gris ont étés vus notamment dans le parc de Plitvice. Plus en altitude, les hêtres et les sapins dominent. Dans la partie la plus haute, les pins noirs et les genévriers résistent aux chutes de neige pendant l'hiver.

▶ **Sur le littoral adriatique**, la flore méditerranéenne abonde en plantes aromatiques et médicinales. La mer reste encore très poissonneuse et fait vivre tout un secteur de la pêche traditionnelle. On trouve, au large de l'île de Losinj, une colonnie de dauphins sauvages, alors que l'on vient de réintroduire des tortues de mer sur la côte istrienne. Sur l'île de Cres, vit aussi une colonie de vautours fauves, que l'on tente de protéger sur place ou de réimplanter sur le continent autour de Senj. Dans le parc national de Paklenica, logent des vautours griffons et d'autres rapaces, faucons pèlerins, éperviers, busards et chouettes.

## Constitution du royaume

Il apparaît que les premiers peuples croates ne descendent pas des Slaves. C'est dans leur migration vers l'Europe que ces tribus auraient pris la langue d'une ethnie slave en conservant leur nom. Quoi qu'il en soit, ces peuples venus du nord des Carpates, s'établirent vers la Méditerranée aux VIe et VIIe siècles. Ils s'installèrent, avec l'accord de Byzance, dans l'ancienne Illyrie, qui correspondait alors à ce que nous appelons aujourd'hui la Pannonie et la Dalmatie.

Charlemagne (764-814) contrarie la domination byzantine sur la Croatie. En 812, par la paix d'Aix-la-Chapelle, l'Illyrie est intégrée à l'Empire franc à l'exception de trois villes (Zadar, Trogir et Split) et de quatre îles, qui restent sous domination byzantine. Ces trois villes et ces quatre îles seront revendiquées par Venise, puis par l'Italie, en 1915 et en 1941.

Višeslav, le premier ban, chef du gouvernement en Croatie, au tournant des VIIIe et XIe siècles, est à la tête d'un pays encore morcelé. Son successeur, Mislav (autour de 830-845), établit la capitale à Split. Mais le premier véritable souverain indépendant de Croatie se nommait Trpimir (845-864). En 925, Tomislav devient le premier roi de Croatie et fonde un puissant royaume uni. La fin de son règne marque le début d'une longue période de déchirements interrégionaux.

## La Croatie des rois de Hongrie (1102-1526)

Après les deux courts règnes de Trpimir II (928-935) et de Krešimir Ier (935-945), l'indépendance de la Croatie se maintient. Cependant, les problèmes de succession entraînent une guerre civile et profitent à Venise et à Byzance, qui reprennent possession de certaines villes du littoral. Quand le roi Zvonimir est tué en 1088, sa veuve fait appel à son beau-frère, Ladislas Koloman, souverain de Hongrie. Les Croates acceptent celui-ci comme roi de Croatie à condition qu'il garantisse l'autonomie du pays. C'est l'objet du traité Pacta Conventa, signé en 1102, qui place la Croatie sous la tutelle des rois de Hongrie tout en lui garantissant, en principe, son autonomie.

Jusqu'en 1301, c'est la dynastie Arpad des rois hongrois qui règne sur la Croatie. De 1301 à 1409, les rois d'Anjou de Naples sont rois de Hongrie et de Croatie. Enfin, de 1409 à 1528, se succèdent des rois de diverses maisons royales comme les Jagellon de Pologne. Cette période se caractérise en Croatie par la fin du système des tribus et le début du système féodal, en somme par un alignement sur le modèle hongrois. La période est aussi marquée par la guerre contre les Ottomans à partir de 1389.

## Les Vénitiens, les Ottomans et la Croatie des Habsbourg (1526-1918)

A partir de 1493 et jusqu'en 1526, les armées croates sont vaincues à Krbava par les armées turques. La Croatie perd plusieurs villes et se rétrécit progressivement. Après la bataille de Mohač en 1526 et face à l'anarchie qui règne en Hongrie, les seigneurs croates choisissent Ferdinand de Habsbourg comme nouveau roi. La dynastie des Habsbourg régnera sur la Croatie jusqu'en 1918. La lutte contre les Ottomans ne s'interrompt pas pour autant. Malgré la construction de nombreuses fortifications et la constitution d'une « frontière militaire », les Turcs pénètrent plusieurs fois en Croatie. La ville de Zagreb cependant n'est jamais envahie. La Diète de Croatie, le Sabor, s'y installe en 1557, puis le vice-roi (le ban).

Pendant ce temps, les relations entre les empires austro-hongrois et vénitiens se passent presque sans accroc. Surgit alors la « guerre des Uskoks », du nom des guerriers croates protégés par Vienne qui, fuyant la conquête turque, se sont installés à Senj en 1537. Les raids qu'ils lancèrent, sept décennies durant, d'abord contre les Ottomans puis contre la flotte commerçante vénitienne, furent la principale cause du conflit. Dans le pacte de cessez-le-feu, signé en 1617, les Habsbourg s'engagent à disperser les Uskoks dans l'intérieur des terres. La paix de 1664 signée entre Vienne et Istanbul laisse le champ libre à l'Empire ottoman sur un certain nombre de territoires croates.

Dans ce contexte, Petar Zrinski, ban de Croatie, prépare une insurrection contre les Habsbourg. Il se rend à Vienne avec un autre noble croate nommé Fran Krsto Frankopan pour soutenir leur cause. Tous deux seront décapités le 30 avril 1671. Après l'échec du siège de Vienne, l'armée turque jette les armes et accepte le traité de paix de Karlowitz en 1699. Grâce à celui-ci, Vienne récupère les territoires croates perdus en 1664. Cette paix marque alors pour la Croatie le début d'une longue lutte contre la Hongrie.

# CHRONOLOGIE

- **900-800 avant J.-C.** > Arrivée des Illyriens sur l'actuel territoire croate.
- **500-400 avant J.-C. >** Arrivée des Grecs et des Celtes.
- **229 avant J.-C. >** Début de la domination romaine.
- **285 >** L'empereur romain Dioclétien fait construire le palais fortifié de Split.
- **600-650 >** Venus du nord-est, les Croates s'installent.
- **812 >** Traité d'Aix-la-Chapelle qui divise le territoire en trois duchés.
- **925 >** Couronnement de Tomislav, premier roi croate, qui réunifie le royaume.
- **1102 >** Union de la Croatie et de la Hongrie.
- **1202 >** Zadar et Dubrovnik sont envahis par les Vénitiens.
- **1301 >** Les Anjous sur le trône hungaro-croate.
- **1358 >** Défaite des Vénitiens face à Charles d'Anjou. La Dalmatie est rattachée à la couronne.
- **1493 >** Défaite des armées croates devant les Turcs qui s'installent sur le territoire. Alors que Venise rachète le reste du territoire.
- **1527 >** Couronnement de Ferdinand Ier de Habsbourg qui accède ainsi au trône croate.
- **1664-1669 >** Sous la menace d'une insurrection, les Habsbourg appellent les troupes françaises en renfort.
- **1667 >** Un tremblement de terre détruit Dubrovnik.
- **1699 >** La Croatie reconquiert la Slavonie, alors aux mains des Ottomans.
- **1797 >** Chute de la République de Venise. La Dalmatie et l'Istrie reviennent à l'Autriche.
- **1809-1815 >** Napoléon s'empare des provinces illyriennes, dont il est dépossédé un peu plus tard.
- **1848 >** « La Renaissance croate » : influencés par la Révolution française, les intellectuels croates commencent à réveiller un sentiment national chez les paysans croates jusqu'alors fortement germanisés et italianisés.
- **1908 >** L'Autriche-Hongrie annexe la Bosnie-Herzégovine et contrarie du même coup les visées expansionnistes de la Serbie à l'égard de cette province.
- **1914** > L'attentat de Sarajevo, perpétré contre le prince héritier François-Ferdinand par le jeune nationaliste serbe Gavrilo Princip, déclenche la Première Guerre mondiale.
- **1915-1918 >** En exil, des hommes politiques slovènes, croates et serbes fondent le Comité yougoslave en vue de la création d'un Etat yougoslave commun, créé en 1918.
- **1920 >** Le traité de Rapallo attribue d'importants territoires croates à l'Italie : Istrie, Zadar et ses environs, les îles de Cres, Lošinj et Lastovo.
- **Avril 1941 >** Invasion allemande de la Yougoslavie et mise en place d'un gouvernement oustachi en Croatie – premier gouvernement croate sous la direction d'Ante Pavelić en collaboration avec les fascistes.
- **1945 >** La Croatie, dirigée par Tito, devient république fédérée de la République fédérale populaire de Yougoslavie, proclamée en 1946.
- **1971 >** « Printemps croate » : en réaction à la forte domination serbe au sein de la République fédérale populaire de Yougoslavie, des intellectuels croates réclament la formation d'une république croate plus autonome dans le cadre de la République populaire – Tito met brutalement fin à ce mouvement, suite une série de grèves générales des ouvriers et étudiants.
- **1980 >** Le 4 mai, mort de Josip Broz, dit Tito.
- **1988-1990 >** La prise de pouvoir en Serbie de Slobodan Milošević marque le début de la bataille pour la réalisation de la Grande Serbie. Par un véritable putsch, Milošević abolit l'autonomie du Kosovo et de la Vojvodine et place ses partisans à la tête du Monténégro. Le bloc serbe paralyse ainsi le fonctionnement de la présidence collégiale yougoslave en contrôlant la moitié des huit représentants. En 1990, Franjo Tuđman, chef de la Communauté démocratique croate, est élu.
- **1991 >** La Croatie déclare son indépendance. Dès le printemps 1991, insurrections des terroristes serbes en Croatie soutenues par l'armée yougoslave, devenue l'armée serbe (régions de la Lika, Kordun, Banija et en Slavonie orientale). Eté 91, début de la guerre contre les armées yougoslaves en Croatie. Un quart du pays tombe aux mains des Serbes. En octobre, bombardement de Dubrovnik. En novembre, chute de Vukovar. La Serbie est sanctionnée par la Communauté européenne. En décembre, reconnaissance de l'indépendance croate par les membres de l'UE (le Vatican en premier).
- **Janvier 1992 >** Eté 1992, la Croatie fait partie de l'ONU.
- **1995 >** Signature des accords de paix de Dayton aux Etats-Unis. Le conflit a fait près de 15 000 morts et 50 000 blessés.

- **1997 >** Réélection de Franjo Tuđman.
- **1998 >** La Croatie monte sur la troisième place du podium à la Coupe du monde de football.
- **1999 >** L'Otan déclenche la « guerre du Kosovo ». Milošević est inculpé pour crimes contre l'humanité par le Tribunal pénal international. Mort de Franjo Tuđman.
- **Janvier 2000 >** Victoire de la coalition d'opposition lors des élections législatives.
- **Février 2000 >** Stjepan Mesić est élu président de la République de Croatie.
- **2001 >** Accord de coopération avec l'Union européenne.
- **2002 >** La Croatie est candidate pour entrer à l'Otan.
- **Octobre 2003 >** Zagreb remet à la Commission européenne le questionnaire d'évaluation de son adhésion.
- **Été 2004 >** Les Français découvrent la Croatie et arrivent en masse sur ses plages. Reprise active du tourisme en Croatie.
- **Janvier 2005 >** Réélection de Stjepan Mesić.
- **2007 >** Réélection d'Ivo Sanader, Premier ministre pour un mandat de quatre ans.
- **Juin-Juillet 2009 >** Le Premier ministre Ivo Sanader quitte son poste, Jadranka Kosor lui succède et devient la première femme Premier ministre en Croatie.
- **2009 >** La Croatie en route pour son entrée dans l'Union européenne. Mise en place d'un organigramme de structures d'Etat en vue des négociations d'adhésion.
- **2010 >** Ivo Josipović est élu président de la République de Croatie ; poursuite des négociations pour l'entrée dans l'UE.
- **2011 >** Ante Godovina, général croate accusé de crime contre l'humanité, est condamné par le Tribunal pénal international. Pourtant, il est considéré comme un héros de guerre dans son pays.
L'adhésion de la Croatie à l'Union européenne est la priorité nationale. Le traité d'adhésion a été signé le 9 décembre à Bruxelles.
- **2012 >** Référendum sur l'adhésion le 22 janvier 2012, avec 66 % des suffrages exprimés en faveur de l'adhésion.
- **2013 >** Jadranko Prlic, ancien président des Croates de Bosnie, condamné à 25 ans de prison par le TPI, pour soumission politique et militaire des musulmans de Bosnie et autres non-Croates en Herceg-Bosna.
- **1er juillet 2013 >** Adhésion de la Croatie à l'Union Européenne. 28e Etat membre, elle dispose de 12 députés au Parlement européen.
- **2014 >** Élections européennes du 25 mai. Les 25 % des votants croates ont élu 11 députés européens.
- **11 janvier 2015 >** Élections présidentielles. La conservatrice Kolinda Grabar Kitarovic, qui bat Ivo Josipović avec 50,74% des voix, est élue à tête du Gouvernement. Zoran Milanović est Premier ministre depuis le 23 décembre 2011.

## Napoléon et le nationalisme croate

L'épisode napoléonien bouleverse la structure du pays. Tandis que l'Empereur cède à l'Autriche les possessions du sud de l'Adriatique, il fonde, en 1809, les provinces d'Illyrie qui regroupent l'Istrie, le Kvarner, la Dalmatie et la baie du Kotor. Au congrès de Vienne en 1815, l'Autriche récupère l'Istrie et la Dalmatie pour cent ans. C'est à cette époque qu'un certain nombre de ports de l'Adriatique, comme celui de Pula, se développe, les Autrichiens construisant des chantiers navals pour leur marine de guerre. Des routes sont construites pour relier ces ports à l'arrière-pays, à Vienne et à Budapest. Parallèlement à l'essor économique de la région, on assiste à une politique de germanisation et d'italianisation de la région par le régime austro-hongrois.
La première manifestation d'un sentiment national date du début du XIXe siècle. Dans le contexte occidental du problème de langues posé par le mouvement des Lumières, l'évêque de Zagreb recommande aux Croates d'utiliser davantage la *lingua illyrica*. C'est Ljudevit Gaj (1809-1872) qui va diriger la nouvelle génération d'intellectuels portés par le mouvement de renaissance nationale en proposant une langue littéraire commune. En 1842, la Matica hrvatska (Institut croate des sciences et de la culture) est fondée à Zagreb, qui devient le centre culturel et politique du pays. Le mouvement illyrien est encouragé par les révolutions qui secouent l'Europe en 1848. Il est en partie dû à la présence française dans les provinces illyriennes qui aurait contribué à la diffusion des idées révolutionnaires.
À cette période, les forces politiques croates élaborent leur programme, fondé sur l'abolition du régime féodal, l'unification des régions et l'élection d'une assemblée représentative. À Zagreb, le ban Josip Jelačić (1801-1859) promulgue le premier programme politique croate lors de la grande réunion de l'Assemblée nationale en 1848. Le comte Janko Drašković, acteur du mouvement, réclame, dans son manifeste *Dissertation,* la réunification des territoires croates, la constitution d'un gouvernement autonome et l'adoption du croate comme langue officielle. Dans l'espoir de contrer ce mouvement, les Habsbourg le nomment nouveau ban. L'autorité des Habsbourg rétablie, ceux-ci imposent leur autorité sur la Hongrie comme sur la Croatie dont ils suppriment les institutions qui ne seront rétablies qu'en 1860.
Ce sont les revendications nationalistes qui poussent François-Joseph (1848-1916) à diviser le pays : tandis que l'Istrie et la Dalmatie restent sous autorité autrichienne, le reste de la Croatie passe sous autorité hongroise, avec un ban à sa tête. L'accord croato-hongrois de 1868 établit un simulacre d'indépendance. Dans ce pays politiquement reconnu mais divisé, un certain nombre d'activistes s'organisent après l'échec du mouvement illyrien. Ante Starčević crée le parti du droit dont le but est la constitution d'un Etat croate indépendant. L'évêque Strossmayer et son parti national réclament aussi l'union des Slaves du Sud. Apparaissent également des mouvements qui ne sont pas favorables à la constitution d'un Etat croate. En particulier, en Serbie, certains commencent à réclamer le rattachement de la Serbie à la Dalmatie. Dans cette région adriatique, les opposants à cette union créent un mouvement autonomiste, qui met l'accent sur la parenté avec l'Italie. A la fin du XIXe siècle se constitue une coalition serbo-croate qui se rassemble autour de l'opposition à l'Autriche-Hongrie. Elle remporte les élections de 1906.

## La création de la Yougoslavie

La Première Guerre mondiale bouleverse la carte de l'Europe, et notamment l'organisation étatique des Balkans. Le sort de la région est dicté par le fait que la Serbie se trouve du côté des vainqueurs. L'hégémonie serbe l'emporte sur la volonté croate de fonder un vaste Etat rassemblant de manière égalitaire les peuples slaves du Sud. Un royaume des Serbes, Croates et Slovènes, dominé par la Serbie, se constitue. La Diète croate n'existe plus et la Croatie perd son identité étatique.
Belgrade exerce une pression policière sur le nouvel Etat. En 1928, Stjepan Radić, le président fondateur du parti paysan croate, qui s'exprime pour une orientation fédérale de l'Etat, est victime d'un attentat. En 1929, le roi Alexandre Karađorđević crée la Yougoslavie. C'est le début d'une période de dictature qui s'accompagne d'une intensification de la répression. Le roi est assassiné à Marseille en 1934 par un membre des Oustachis (« Insurgés »), un mouvement révolutionnaire nationaliste fondé dans l'ombre par Ante Pavelić. A la veille de la Seconde Guerre mondiale, un accord est signé entre Vlatko Maček, qui a succédé à Stjepan Radić et le régent Paul. Les Croates obtiennent l'autonomie pour les affaires intérieures sur un territoire qui rassemble à peu de choses près la totalité des terres historiques du pays.

## La Seconde Guerre mondiale

La Seconde Guerre mondiale bouleverse ce compromis. La Yougoslavie est démantelée pendant le printemps 1941 et subit l'invasion des troupes allemandes, italiennes, hongroises et bulgares. Ante Pavelić, soutenu par les Italiens, devient le chef de l'Etat indépendant de Croatie, qui comprend la Croatie et la Bosnie-Herzégovine, tandis que Pierre II et le gouvernement légal émigrent à Londres. A quelques territoires près, la Dalmatie devient italienne. La résistance croate commence à s'organiser pendant l'été 1941. Deux mouvements principaux voient le jour, celui des tchetniks, royaliste, dirigés par le général serbe Draža Mihajlović et soutenus au début par les Anglais, et celui de Tito, secrétaire du parti

## Des insurgés croates dans le maquis français

Le 17 septembre 1943, quelque 500 soldats croates et bosniaques, enrôlés de force dans les unités SS au sein du 13e bataillon de la 13e division de l'armée allemande, sont envoyés en France, dans l'Aveyron (Villefranche-de-Rouergue), pour des manœuvres d'entraînement. Ils se révoltent, éliminent le commandement d'occupation, rejoignent le maquis français et parviennent à prendre le contrôle de la petite ville. Mais ils se retrouvent vite cernés par les armées du Reich qui arrivent de Rodez avec le soutien des blindés. La grande majorité des insurgés est tuée lors des combats ou capturée, quelques-uns parvenant à fuir. Les prisonniers seront envoyés sur le front russe ou directement en camps de concentration. Plus d'une centaine de soldats tués pendant l'opération sont enterrés à l'entrée de la ville dans un lieu désormais connu comme le « champ des martyrs croates ». Cette première rébellion armée au sein de l'armée allemande fut glorifiée par Radio Londres. Tous les ans, une cérémonie de commémoration officielle se déroule au lieu-dit, situé à l'entrée de la commune, aux abords de l'avenue des Croates.



communiste depuis 1937. Par un mécanisme qui n'est pas propre à l'histoire du parti communiste en Croatie, c'est la résistance des « partisans » qui va conduire les communistes au pouvoir. Les deux mouvements de résistance, d'abord unis, entrent bientôt en opposition. En Bosnie, les partisans de Tito repoussent des offensives allemandes avec beaucoup de succès, appuyées par les tchetniks. En 1942, un conseil antifasciste de libération nationale (AVNOJ) se constitue. En 1943, les Alliés qui soutenaient Mihajlović dans la première partie de la guerre apportent leur soutien à Tito. Celui-ci prend la tête du parti en mars 1945 et constitue un gouvernement, avec plusieurs ministres membres en exil.

### La Croatie communiste au sein de la fédération yougoslave

Les élections du 11 novembre 1945 à l'Assemblée constituante, les premières depuis la libération, sont favorables au front populaire que domine le parti communiste. Le 29 novembre, l'Assemblée proclame la république avec Tito comme président. Une fédération de six républiques (Slovénie, Croatie, Serbie, Bosnie-Herzégovine, Monténégro et Macédoine) et deux régions autonomes (Kosovo et Vojvodine) est instituée. La Constitution du 31 janvier 1946 organise la seconde Yougoslavie en un Etat totalitaire sur le modèle soviétique. Un régime de parti unique s'établit, dominé par la personnalité du chef de l'État fédéral.

Un processus de planification et de nationalisation est mis en place. La rupture avec l'Union soviétique en 1948 entraîne des difficultés économiques, mais la Yougoslavie n'abandonne pas le titisme, fondé sur l'autogestion, la décentralisation économique et l'assouplissement de la collectivisation et de la planification. Les institutions stratégiques sont progressivement dominées par les Serbes, de loin le peuple le plus nombreux dans le nouvel Etat. Le régime suit une évolution démocratique entérinée par la Constitution de 1963 qui donne plus de poids à la démocratie directe, renforce l'autonomie des fédérations et laisse une place à l'économie de marché. En 1970, le parti communiste croate condamne l'unitarisme, mais le « printemps croate » de 1971 est un échec ; le mouvement d'indépendance anti-yougoslave est réprimé dans le sang. Tito dissout la section procroate du parti communiste de Croatie (KPH). Des dissidents politiques sont condamnés à des peines de prison. En 1981, Franjo Tuđman, ancien général de l'armée des partisans, historien militaire, est condamné à trois ans de prison avec interdiction de s'exprimer en public pendant cinq ans. Il y a quand même un changement de Constitution en 1974, qui constitue à peu de chose près une Yougoslavie confédérale.

### Fin de l'ère titiste

Après la mort de Tito, en 1980, les fonctions présidentielles sont exercées collégialement. Cependant, le changement de Constitution ne résout ni les problèmes nationaux ni les difficultés économiques et politiques. Les changements de président ainsi que plusieurs scandales économiques nourrissent le mécontentement social. Schématiquement, on peut dire que la Slovénie et la Croatie, moteurs économiques de la Yougoslavie, revendiquent une participation aux assemblées qui se tiennent à Belgrade, là où sont prises les grandes décisions économiques et politiques. Le gouvernement de Serbie, de son côté, exerce ses répressions sur les revendications nationalistes qui fleurissent au Kosovo à partir de 1983 et sur le maintien de son autorité.

## La guerre patriotique et l'indépendance

Alors qu'en 1989, Milošević part en croisade pour anéantir l'autonomie du Kosovo et de la Vojvodine, cherchant à contrôler les autorités yougoslaves, en Croatie, on instaure le pluripartisme. Les élections croates d'avril et mai 1990 - premières élections libres avec plusieurs partis - sont remportées par le HDZ (Union démocratique croate) de Franjo Tuđman. Trois mois plus tard, on assiste au début de la rébellion des Serbes de Krajina. Cette république serbe autonome, qui prend pour capitale la ville de Knin, est proclamée à Krajina. Le 22 décembre de la même année, le Parlement proclame Tuđman président de la Croatie, avec une nouvelle Constitution. Le 19 mai 1991, un référendum autorise les dirigeants croates à continuer les pourparlers de confédération avec la Yougoslavie ou, en cas d'échec, à proclamer l'indépendance de la Croatie. Le 13 juin, l'armée yougoslave attaque la Croatie. Huit jours plus tard, le Parlement croate déclare la souveraineté et l'indépendance du pays. La Croatie est alors envahie. Dubrovnik est bombardé. Finalement, au début de l'année 1992, l'indépendance de la Croatie est reconnue par la communauté internationale, en même temps que celle de la Slovénie.

L'armée yougoslave (JNA), dont l'état-major est désormais constitué uniquement de Serbes, se fixe pour mission de salut de maintenir l'Etat yougoslave. La guerre commence. En Croatie, les combats qui opposent les Serbes aux Croates ont notamment pour enjeu la ville de Vukovar et la Krajina. Le conflit gagne ensuite la Bosnie-Herzégovine, opposant Croates, Serbes et Bosniaques. L'Istrie et le golfe du Kvarner n'ont pas été directement touchés par les combats, tandis que Zadar, Šibenik et Dubrovnik ont subi des tirs de roquette, des bombardements. La libération du territoire est entamée au cours de l'été 1995 et dure jusqu'au début de 1998.

En 1995, la Croatie signe les accords de Dayton avec les Serbes et les Bosniaques qui garantissent les conditions de la paix en Bosnie-Herzégovine. Au printemps 1999, quand l'Otan lance des représailles aériennes contre la Serbie en raison du nettoyage ethnique qu'elle pratique contre les Albanais du Kosovo, le gouvernement croate apporte son soutien politique et logistique. Milošević sera inculpé pour crimes contre l'humanité par le Tribunal pénal international (TPI). En juin de la même année, la Croatie participe à l'inauguration du pacte de stabilité pour l'Europe du Sud-Est. Franjo Tuđman meurt d'un cancer le 12 décembre 1999. Le chef de gouvernement serbe, Milošević, et le Croate Tuđman furent les principaux artisans de la disparition de la Yougoslavie et du renouveau du nationalisme.

## Alternance politique et Europe toute

Depuis l'an 2000, la Croatie cherche à se mettre en avant sur la scène internationale. Stjepan Mesić, leader de l'opposition, a été élu président de la République de Croatie en février 2000, menant au pouvoir son mouvement politique de centre gauche (SPD et HSLS). L'Union démocratique croate (HDZ) sortante, droite conservatrice, n'avait guère récolté que 27 % des voix.

Le nouveau gouvernement de Zagreb s'efforce alors de rentrer dans L'Union européenne, une de ses propositions principales ayant été l'intégration. Stjepan Mesić est reconduit dans ses fonctions de président lors des élections de 2005. En 2010, c'est Ivo Josipović, du Parti social-démocrate, qui est élu à la présidence. Sa politique, basée sur la lutte pour la justice en Croatie et contre la corruption, a facilité l'adhésion puis l'entrée de son pays dans l'UE, officialisée le 5 juillet 2013. Mais début 2015, lors du second tour, Kolinda Grabar-Kitarović, qui est membre du HDZ, l'emporte avec une très courte avance. C'est la première fois en Croatie qu'une femme est élue à ce poste au suffrage universel direct. La nouvelle présidente, ancienne diplomate au Canada, s'est montrée elle aussi très europhile.

# POLITIQUE ET ÉCONOMIE

## POLITIQUE

### Structure étatique

La Republika Hrvatska (HR) est une démocratie parlementaire qui s'appuie sur la Constitution du 22 décembre 1990, inspirée de la Ve République française. Un préambule précise : « *La République de Croatie se constitue en Etat national du peuple croate qui est aussi l'Etat de ceux qui, tout en appartenant à d'autres nations et à des minorités, sont ses citoyens : les Serbes, les musulmans, les Slovènes, les Tchèques, les Slovaques, les Italiens, les Hongrois, les Juifs et autres, auxquels sont garantis l'égalité avec les citoyens de nationalité croate ainsi que le respect de leurs droits nationaux en conformité avec les règles démocratiques de l'ONU et des autres pays du monde libre.* »

### Le pouvoir exécutif

Le chef de l'État est élu au suffrage universel direct à deux tours pour cinq ans, rééligible une fois. Il nomme le Premier ministre ainsi que les membres du gouvernement et met fin à leurs fonctions. Il jouit de prérogatives importantes : il a pour rôle d'élaborer des projets de loi afin de les soumettre au Parlement, peut dissoudre l'assemblée et dispose du droit de faire grâce. Il représente l'État à l'étranger et s'associe au gouvernement dans l'élaboration de la politique étrangère. Chef des armées, il peut prendre des ordonnances ayant force de loi en cas de guerre ou de crise, peut déclarer la guerre et conclure la paix « sur proposition préalable du Parlement ».

### Le Sabor, pouvoir législatif

Le Parlement, appelé Sabor, est composé de 151 membres élus pour quatre ans au suffrage universel direct, dans un scrutin à la proportionnelle. Parmi eux, onze députés représentent les minorités ethniques et les Croates à l'étranger. Environ 20 % des élus sont des femmes, ce qui fait du Parlement croate l'un de ceux où la parité homme-femme est la mieux respectée. Détenteur du pouvoir législatif, le Sabor vote les projets de loi, décide des référendums, contrôle l'action du gouvernement, détermine les orientations de sécurité et de défense nationales. Jusqu'en 2001, le Sabor comprenait une Chambre des députés et une Chambre des comitats ou régions qui possédaient des pouvoirs distincts. Il devient monocaméral le 28 février 2001. Témoin de la continuité étatique de la Croatie au cours des siècles, ce groupe parlementaire (Diète croate, *Hrvatski sabor* en croate) trouve ses origines au Moyen Âge, quand nobles et représentants du clergé se réunissent et aident Tomislav, le premier roi de Croatie, à gouverner. Au XIIe siècle, au même titre que le pays, le Sabor se divise en deux : l'assemblée de Croatie-Dalmatie et celle de Slavonie. Au XVIe siècle, à la mort de Louis II de Hongrie, c'est le Sabor qui désigne Ferdinand de Habsbourg comme souverain. À cette époque, seul le Sabor de Slavonie subsiste. Il exerce le pouvoir législatif ainsi que des fonctions administratives et exécutives. Lors de la création du Conseil royal en Croatie, en 1767, le Sabor devient une assemblée purement législative. À la fin de la Première Guerre mondiale, qui annonce la chute de l'Empire austro-hongrois, le Sabor déclare l'indépendance de la Croatie. Mais le pays se retrouve rapidement intégré à l'ex-Yougoslavie et l'assemblée est aussitôt abolie. Pendant la Seconde Guerre mondiale, à nouveau, les deux Sabor créés travaillent parallèlement. L'un est mis en place par les forces de l'Axe en 1941, l'autre est dirigé par le Conseil antifasciste. C'est le second parti, principalement composé d'élus communistes, qui survit à la fin de la guerre. Le 30 mai 1990, le Parti communiste perd pour la première fois les élections. En 2001, la date du 30 mai, adoptée pour la fête nationale, devient jour du Sabor non férié.

### Le pouvoir judiciaire

Le pouvoir judiciaire est exercé par les tribunaux organisés au sein d'une hiérarchie ayant à sa tête une Cour suprême de vingt-huit juges. La Cour constitutionnelle, composée de huit juges désignés par le Parlement, statue sur la conformité des lois votées avec la Constitution.
Modifiée en février 2001, la nouvelle Constitution renforce le caractère parlementaire du régime et supprime la chambre haute du Sabor. La déclaration d'indépendance de la Croatie a été promulguée en 1991, puis reconnue par les pays de l'Union européenne en 1992, suivis par la communauté internationale. Quelques mois plus tard, la Croatie rejoint les rangs des pays de l'ONU et restaure l'intégralité de son territoire en reconquérant la Slavonie.

## Partis

Le 10 janvier 2010, l'élection du président Ivo Josipović (social-démocrate) avait montré l'aspiration des Croates à une moralisation de la vie politique et à plus de justice sociale. Les priorités de l'ancien président portaient sur plusieurs points : mise en œuvre des engagements pris vis-à-vis de l'Union européenne, application concrète des réformes, adoption des mesures d'austérité budgétaires, poursuite de la lutte contre la corruption, bonnes relations avec ses voisins (Slovénie, Bosnie, Serbie), soutien sans faille à l'action du Tribunal pénal international (TPI) pour l'ex-Yougoslavie.

## L'alternance de coalitions entre partis démocratiques

Les élections législatives du 4 décembre 2011 ont vu la victoire à la majorité absolue d'une coalition réunissant quatre partis : le SDP (sociaux-démocrates de gauche), le HNS (démocrates libéraux), la IDS-DDI (Diète démocratique d'Istrie) et le HSU (parti des retraités). Finalement, le 1er juillet 2013, après des années de tractations, la Croatie a fêté son adhésion officielle dans l'Union européenne. Mais le 25 mai 2014, lors des élections européennes, le taux de participation aux urnes est resté faible : seuls 25 % des votants croates se sont déplacés pour voter et choisir leurs 11 députés au Parlement européen, déjà élus en avril 2013. On a vu la coalition de droite, dirigée par le HDZ (Union démocratique de Croatie), remporter ces élections avec 41 % des voix (5 élus), contre le SDP, les sociaux-démocrates au pouvoir, avec 30 % (4 élus). Le récent parti des Verts, Orah, se classait en troisième position, avec un score honorable de 9,4 % (1 élu). Ce mouvement écologiste émergent représente la vraie nouveauté de la scène politique croate. Davor Škrlec, l'eurodéputé nouvellement élu, affirme les trois priorités de son parti : décarbonisation, développement durable et respect des droits humains, notamment dans les nouveaux pays de l'UE, comme la Croatie. À noter aussi l'alliance de l'extrême droite, regroupant huit partis, qui a obtenu 7 % des voix (1 élu) alors que le nouveau parti d'extrême gauche, le Parti travailliste, antimondialiste, reste encore minoritaire.

## Enjeux actuels

Lors des élections législatives de décembre 2011, le HDZ, qui avait subi une lourde défaite après les scandales de corruption ayant entaché son image, commence à trouver un nouveau souffle. Le 9 janvier 2015, après un deuxième tour très serré, Kolinda Grabar-Kitarović est élue présidente de la République croate. C'est donc le retour du HDZ au pouvoir, la coalition de droite remportant ces élections présidentielles avec 50,74 % des voix contre 49,26 % pour les sociaux-démocrates du président sortant, Ivo Josipović.
Mais le 1er novembre 2015, les élections législatives, sur fond de crise économique et migratoire, ont vu arriver en tête des scrutins une coalition de droite patriotique, regroupée autour des conservateurs du HDZ, avec 59 sièges sur les 151 que compte l'assemblée, contre 56 pour l'alliance de gauche menée par les sociaux-démocrates (SDP) du Premier ministre sortant, Zoran Milanović.
Sur fond de difficultés économiques latentes, de la vague migratoire sans précédent – la Croatie ayant vu, en septembre 2015, transiter par son territoire près de 350 000 réfugiés en route vers l'Europe occidentale –, ces dernières élections législatives ont vu réactiver les « valeurs patriotiques », la rhétorique nationaliste. À noter, d'un autre côté, l'humanisme du gouvernement sur la question des réfugiés. Tout en affirmant qu'il tenait avant tout à protéger les intérêts du pays, le Premier ministre a condamné la décision hongroise de fermer les frontières et critiqué la Serbie pour sa manière musclée de gérer la crise.

## Du pétrole en mer Adriatique

Le norvégien Spectrum, l'un des leaders de l'exploration pétrolière partenaire de la compagnie nationale INA, a confirmé en 2014 la présence de gisements de gaz et de pétrole tout le long de la côte croate. Une grande quantité : 2,8 milliards de barils estimés, de quoi faire rêver les économistes croates, dans un pays où la dépendance énergétique s'élève à 40 % pour la consommation de gaz, à 80 % pour le pétrole, et où le taux de chômage atteint les 16 %.

Début 2015, dix zones de prospection sur vingt-neuf ont déjà été attribuées, le gouvernement escomptant un revenu annuel d'un milliard d'euros grâce aux hydrocarbures, soit 3 à 4 % du PIB. Mais cette manne potentielle pour le pays ne fait pas bon ménage avec le tourisme, qui rapporte sept fois plus à la Croatie depuis 2013, sans parler de l'impact sur l'écosystème, de l'empreinte environnementale que cette industrie lourde provoque (ra) sur la magnifique côte adriatique. Très attachée à la beauté de son paysage, la société civile croate, lors d'un récent sondage, s'est prononcée, à forte majorité, contre l'exploitation. Pourvu que ça dure !

# ÉCONOMIE

## Secteur primaire, l'agriculture, la pêche et l'agroalimentaire

Le territoire croate est divisé en trois zones régionales principales : les plaines du nord, la côte méditerranéenne du sud et les montagnes au centre du pays. Environ 64 % sont couverts de terres cultivables (3,15 millions d'hectares), le reste étant utilisé pour l'élevage et la culture des fruits. L'économie de la Croatie a toujours été fondée sur l'agriculture et l'élevage. Jusqu'à la Seconde Guerre mondiale, plus de 50 % de la population était rurale. La part de l'agriculture représente moins 10 % du PIB. Les vignes recouvrent 59 000 hectares de terre. La production de vin, très importante dans les régions du Sud, est assurée par une trentaine de grandes entreprises familiales, autant de coopératives et plus de 250 petits producteurs. Dans la région côtière et insulaire, c'est la pêche et son industrie de transformation qui représente l'activité principale. On y produit plus de 15 000 tonnes de produits de la mer par an. Enfin, l'agroalimentaire et le tabac sont les productions les plus rentables du pays (20,2 % de l'ensemble du PIB).

## Secteur secondaire, l'industrie

En 2015, le secteur industriel, qui emploie un quart de la population active, est revenu à son niveau d'avant-guerre, ce qui rapproche la Croatie du niveau des autres pays européens. La principale activité reste l'agroalimentaire, puis les industries chimique-pétrochimique, textile, pharmaceutique, de construction navale, électrique et électronique. Mais l'industrie croate est pénalisée par la compétitivité limitée de la construction navale, hautement subventionnée. Avec la crise mondiale, le déficit budgétaire s'est creusé du fait de la baisse des exportations, notamment dans la pétrochimie et la construction navale, qui se sont tassées sous l'effet du ralentissement observé dans l'eurozone. Il s'agit donc pour l'industrie croate de conquérir de nouveaux marchés et d'introduire les nouvelles technologies au sein de leurs constructions. Le secteur du bâtiment et de la construction est, quant à lui, en pleine expansion, laquelle est liée à l'essor de l'industrie touristique, grâce à la modernisation des infrastuctures hôtelières notamment. Le savoir-faire des ouvriers croates est largement exporté. De plus, la Croatie travaille sur la prolongation de ses autoroutes et l'amélioration de ses routes. La plus longue autoroute (A1) relie Varaždin (au nord) à Ploče (au sud), en passant par Zagreb, Karlovac, Zadar, Šibenik, Split... pour arriver jusqu'à Dubrovnik.

## Secteur tertiaire, le commerce

Grâce notamment au tourisme, le tertiaire représente plus de 60 % du PIB croate. En termes de nombre d'entreprises, le secteur immobilier est l'un des principaux secteurs d'activité en Croatie, avec plus de 20 000 entités enregistrées au registre du commerce national. Selon l'Agence croate pour la promotion des investissements, la part de l'immobilier dans le PIB croate s'élève à près de 9 %. Malgré une vraie reprise de l'activité commerciale depuis 1993, le chiffre d'affaires reste toutefois limité. Les points de vente les mieux représentés restent les petites surfaces alors les grands noms de la distribution européenne sont toujours plus nombreux chaque année. La situation géographique du pays, grâce à ses ports ouverts sur l'Adriatique, représente un atout indéniable pour le commerce international. Les principaux fournisseurs sont l'Italie, l'Allemagne, la Russie, la Chine, la Slovénie, l'Autriche. La Croatie importe principalement des carburants, des équipements, des véhicules et machines et elle exporte des carburants, des navires, des bateaux, des équipements, des machines mécaniques et électriques, du bois et dérivés. Les secteurs de services les plus prometteurs en 2015 restent ceux du tourisme et de l'agroalimentaire, puis viennent ceux de la construction, des télécommunications et le secteur de la vente au détail.

© ANA NEVENKA – ICONOTEC

*Vins rouges de l'île de Korčula.*

## Place du tourisme

La Croatie a une longue tradition touristique et les recettes actuelles liées à cette activité prometteuse ont pu en partie compenser le déficit global de l'économie du pays.Dès la fin du XIXe siècle, une partie des élites européennes est attirée par l'Istrie. On allait faire un *tour en Istrie*, de là viendrait même l'origine du mot *touriste*... Dès 1873, le chemin de fer relie Vienne, Budapest et Zagreb. C'est ainsi que la cour de Vienne se rendait dans les stations balnéaires d'Opatija. Puis vint la découverte de l'île de Hvar, la cité de Dubrovnik.

**Opatija (Istrie) fut la première ville balnéaire de Croatie.** Elle doit une part de sa renommée à l'astronome allemand, Friedrich Sporer (1822 - 1895), qui étudia le soleil et élabora une loi décrivant la répartition des taches solaires. Il y eut aussi Billroth et Glax, deux médecins réputés. Un grand nombre de scientifiques, sensibles aux bonnes conditions climatiques de la côte adriatique, ont rapporté dans leurs malles des notes de leurs séjours dans la région méridionnale, contribuant ainsi à mieux faire connaître le pays auprès de l'aristocratie de l'Europe du Nord. Les deux grands hôtels historiques d'Opatija, le Kvarner et l'Imperial, furent construits dans les années 1880. Plus tard, de nombreuses célébrités artistiques, parmi lesquelles Orson Welles ou Joséphine Baker, passèrent des vacances sur la côte. Au milieu des années 1980, le secteur touristique enregistrait de très bons résultats avec 4 % du flux touristique européen, soit 10,5 millions de touristes par an, dont 8,8 millions de visiteurs étrangers.

© LAWRENCE BANAHAN – AUTHOR'S IMAGE

*La plage de Banje.*

L'éclatement de l'ex-Yougoslavie a lourdement pesé sur le secteur même si l'activité n'avait pourtant pas complètement cessé pendant la dernière guerre.

**Une reprise fulgurante.** A partir de 2003, on assiste au retour en masse des touristes et la croissance du secteur ne se dément pas. Sur le premier semestre 2015, 6 772 000 touristes étrangers ont visité la Croatie. En juillet 2015, ils étaient 3 160 000, soit 10 % de plus par rapport à l'année précédente à la même période (parmi eux, 89 360 Français, soit une augmentation de 8 %).

Cette croissance devrait se confirmer au cours des prochaines années avec la forte communication sur l'accueil toute l'année et le développement d'infrastructures modernes.

La particularité du secteur en Croatie, c'est sa concentration le long de la côte adriatique. Les régions les plus visitées sont l'Istrie, puis le Kvarner, la Dalmatie centrale (Zadar, Split) et la riviera de Dubrovnik. Zagreb et l'intérieur du pays attirent pour l'instant moins de visiteurs.

## Enjeux actuels

Membre de l'ONU, du FMI, de la Banque mondiale, de la BERD et, depuis le 1er juillet 2013, 28e Etat membre de l'Union Européenne, la Croatie, petit pays de 4,3 millions d'habitants, ne fait pas encore partie de la zone euro. Elle a connu ces dernières années une importante récession (- 13 % en 6 ans) et 2015, comme dans le reste de l'Europe du Sud, n'a pas échappé à la règle. Les fonds européens, près de 450 millions d'euros prévus, pourraient lui permettre de financer des projets de développement et de modernisation des infrastructures dans les zones rurales.

## L'Europe, un nouveau souffle ?

La Croatie est un élément stabilisateur dans la région. Elle s'est engagée dans le soutien des pays de la région qui sont candidats à l'Union et à l'Alliance Atlantique. Elle participe au processus de coopération du sud-est européen, dont elle a exercé la présidence, jusqu'en mai 2007 pour un accord de libre-échange centre-européen.

La nouvelle donne européenne ouvre l'espoir pour certains de voir plus de capitaux étrangers investir en Croatie, car la récente adhésion doit permettre d'aligner la législation croate sur les normes communes, créant ainsi un climat plus propice aux affaires et investissements internationaux. Mais l'attractivité du pays reste encore contrainte par les lourdeurs administratives tandis que la corruption, le clientélisme demeurent problématiques.

Le gouvernement croate est sommé par l'Europe de lutter contre une certaine « inertie en matière de réformes ». Alléger et redynamiser le secteur public, par exemple, apparaît comme l'une des priorités. L'industrie est un secteur qui survit grâce aux subventions de l'Etat. Pour être plus compétitif sur le marché mondial, ce secteur devrait être largement privatisé car les exportations, qui avaient bien progressé en 2010 (+ 18 %), notamment dans la pétrochimie et la construction navale, se tassent sous l'effet de la crise dans l'eurozone.

Après six années de récession (- 13 % depuis 2009), les investissements sont la clé pour une reprise du cycle économique. Les financements européens devraient faciliter la mise en œuvre des projets sans trop solliciter les finances publiques nationales.

Fin 2014, la CE a enfin adopté un « accord de partenariat » (8,6 milliards d'euros) avec la Croatie et définit la stratégie à mettre en œuvre pour l'utilisation optimale de ces crédits (fonds structurels et d'investissement). Une dotation de 2 milliards d'euros destinée au développement rural, au financement de la coopération territoriale européenne et une enveloppe de 252,6 millions d'euros pour le secteur maritime et de la pêche devraient aider la Croatie à dynamiser sa compétitivité ; mettre en place une économie respectueuse de l'environnement, efficace dans l'utilisation des ressources, soutenir des mesures actives en faveur de l'emploi restent les axes prioritaires.

## Un taux de chômage important

Avec un taux de croissance déficitaire, le chômage était de 16,2 % fin 2014, soit le 3e taux le plus élevé dans l'UE après l'Espagne et la Grèce. Un jeune Croate sur deux est sans emploi. Avec le déclin de l'industrie dans la part des principaux secteurs d'activité dans le PIB (22 %), le faible poids de l'agriculture (5 %), la plupart des jeunes cherchent à se recycler dans le secteur tertiaire, les services comptant pour 73 % du PIB. Le tourisme notamment.

## Un tourisme en mutation

La part considérable du tourisme dans le PIB total de la Croatie (14 %) montre que cette activité, la moins touchée par la crise, est un bien profitable, en particulier sur le littoral pendant la saison estivale. Elle concourt à l'agrandissement des biens culturels, matériels et immatériels protégés. Mais ce secteur ultra libéral nie souvent les nouveaux enjeux écologiques, notamment sur la côte adriatique. Les tours operators ont motivé les touristes sur des séjours *all inclusive* (tout compris), sur des croisières bon marché qui ne sont pas sans impact sur l'économie locale ou sur l'environnement. La forte saisonnalité des séjours impacte aussi l'emploi. Souvent, les hôtels sont ouverts quatre à six mois sur l'année. Il est alors difficile pour les employés de trouver du travail le reste du temps. Un signe encourageant cependant, l'agritourisme et l'écotourisme suggèrent des alternatives d'avenir sur les arrière-saisons.

## Diversifier l'offre touristique

Depuis quelques années, les professionnels du tourisme cherchent de nouvelles stratégies et thématiques de séjours, car la situation est disparate selon les régions. Il s'agit de diversifier l'offre et de moderniser les structures d'accueil. Il ne suffit plus d'offrir du soleil, des plages et des îles de rêve. Si le balnéaire, les activités nautiques, la plaisance, le bien-être de luxe ont trouvé une terre d'élection en Croatie méridionale, *l'agriturizam* a bien pris au profit d'autres territoires, comme en Istrie, Slavonie, où l'on peut profiter de la gastronomie du terroir et du patrimoine rural au printemps en automne également. Les parcs nationaux de la Croatie centrale ont leur carte à jouer, l'hiver ou le printemps en Dalmatie ont des attraits également. Sans parler du romantisme de Zagreb sous la neige ! Des villes aux monuments historiques exceptionnels (Dubrovnik, Split, Zadar, Sibenik), qui peuvent se visiter toute l'année ! En ce sens, l'augmentation du nombre de touristes français en 2015 est significative. A noter, les slogans « Buy CROatian, Be CROative ! » ou « Croatie 365 » sont autant d'appels marketing lancés par la Chambre de commerce ou l'office de tourisme croates pour répertorier les produits nationaux qui méritent le certificat de qualité ou inciter le tourisme toute l'année.

▶ Plus d'infos sur www.hgk.hr/

# POPULATION ET LANGUES

Le dernier recencement officiel du pays datant de 2011, les estimations peuvent marquer une certaine fluctuation (source : PNUD).
Population : 4 284 889 habitants
Densité : 79 habitants au km²Croissance démographique : – 2 %Espérance de vie : 72,5 ans (hommes), 79,3 ans (femmes)
Indice de développement humain : 0,805 (47e rang mondial sur 186)
Après Zagreb (800 000 hab., 1,1 million avec l'agglomération), la côte Adriatique connaît les densités les plus importantes, Split (190 000 hab.), Rijeka (145 000 hab.), Zadar (75 000 hab.).
Les progrès rapides de l'industrialisation et du tourisme suivent un phénomène d'urbanisation accéléré entamé au lendemain de la Seconde Guerre mondiale.
Dans les montagnes, on ne compte guère plus de 20 ou 23 habitants au km², la ville de Karlovac faisant exception avec ses 60 000 habitants. Pourtant, avec seulement 58 % de la population vivant dans une localité urbaine, la Croatie n'est pas touchée par l'exode rural.
Avec un taux de croissance de la population négative (- 0,12%), un taux de natalité faible (9,49 naissances pour 1 000 habitants) et un taux de mortalité de 12,13 décès pour 1 000 habitants, la population vieillit (24,2 % de moins de 20 ans, 60,2 % entre 20-64 ans, 15,6 % de plus de 65 ans). La mortalité infantile est de 8,3 %.

**La diaspora croate (recensement 2011).** De nombreux Croates vivent à l'étranger. Ils seraient plus de 2 millions à avoir quitté leur pays : 700 000 en Bosnie-Herzégovine, près de 40 000 en France, 280 000 en Allemagne et 1,4 million aux États-Unis et au Canada. Ils représenteraient ainsi 40 % de la population totale croate.

**Les populations déplacées.** Suite à l'occupation d'un quart du territoire croate, durant la guerre (1991-1995), qui a fait plus de 20 000 morts dans le pays, une grande partie de la population a été déplacée ou s'est réfugiée dans des régions plus sûres de l'Adriatique, notamment, ou à l'étranger. Il a fallu accueillir plus de 200 000 déplacés et plusieurs centaines de milliers de réfugiés, pour la plupart originaires de Bosnie-Herzégovine et de Serbie. Au plus fort de la guerre entre la Bosnie-Herzégovine et la Serbie, la Croatie a accueilli jusqu'à 800 000 réfugiés. La plupart d'entre eux étaient logés dans les hôtels de la côte dalmate. En 2009, la grande majorité des immigrés est repartie, seul un petit nombre demeure encore en Croatie.

**Les minorités nationales.** En Croatie, elles bénéficient de droits fixés par une loi constitutionnelle, jouissent de la liberté d'enseignement dans leur langue, d'une autonomie culturelle et sont représentées au Parlement ainsi que dans les collectivités territoriales.
La guerre d'indépendance a entraîné une diminution de la population d'origine serbe résidant en Croatie (3 % de la population contre 12 % en 1991, soit 135 000 Serbes), qui réprésentent toujours la communauté minoritaire en Croatie

## À la recherche des origines

Encore aujourd'hui, les scientifiques et les historiens n'ont pas exactement trouvé l'origine des Croates. Différentes visions s'opposent. Les théories sur des origines slaves ou perses sont les plus communément acceptées. L'une prétend que les Croates sont venus de la Croatie blanche (Pologne actuelle) alors que nombre de noms croates ont été trouvés dans la Croatie rouge (territoire actuel). L'autre théorie, qui veut remonter au IIIe siècle avant Jésus-Christ, repose sur la découverte d'inscriptions grecques trouvées à Azov, à l'embouchure du Don. Horoathos y est mentionné comme nom propre, ce qui laisserait entrevoir des origines iraniennes. Après la dernière guerre (1991-1995), les Croates se sont éloignés de la théorie slave, parce qu'ils ont voulu s'écarter de l'idée yougoslave, toujours associée à l'identité slave.

Plus sûre est l'origine du nom. Ce sont les Romains qui ont baptisé « Croates » les tribus qui vivaient sur ces terres entre montagne et Adriatique. Ces peuples belliqueux, quand ils attaquaient les camps des centurions, criaient toujours : *Huraa ! Huraa ! U rat !* (« en guerre ! »). Les Romains les ont donc nommés *Hurati*, mais n'ayant pas le son *h* dans leur langue, ils ont adopté le mot *Kroati*.

la plus importante en nombre. Les Serbes vivent principalement dans les régions de Vukovar-Srijem, Sisak-Moslavina, Lika-Senj, Karlovac, Šibenik-Knin et Osijek-Baranja. A Zagreb, ils constituent 2,4 % de la population et à Vukovar 32,9 %.
Etablis en Bosnie depuis le Moyen Âge, les Croates de Bosnie-Herzégovine font partie intégrante de la population aux côtés des Bosniaques et des Serbes. Au déclenchement de la dernière guerre (1991), cette communauté représentait 17,3 % de la population, soit 761 000 personnes vivant dans les vallées des rivières Bosna et Neretva, sur la côte adriatique autour de Neum. On estime aujourd'hui que leur nombre a été divisé par deux, une minorité essentiellement concentrée au sud, en Herzégovine.

**La question des migrants.** Des filières mafieuses ont toujours fait entrer en Croatie une immigration clandestine, des migrants qui traversent les Balkans depuis la Grèce pour atteindre la Slovénie puis l'Italie en direction des pays européens du Nord. Le nombre des sans-papiers, la plupart en transit, avait dépassé la barre des 35 000 clandestins. En septembre 2015, des milliers de réfugiés et candidats à l'exil, nombreux fuyant les guerres en Syrie et en Irak, sont arrivés en Slavonie orientale à la frontière serbo-croate. La Hongrie devenant plus difficile à franchir, le flux de personnes a cherché d'autres voies, ne faisant que déplacer le problème des frontières ouvertes puis fermées. À terme, quel va être l'impact sur le pays, dont la capacité d'accueil est limitée ? Pour le gouvernement, l'enjeu est de taille.

## Langues

**Croate.** Langue officielle de la République de Croatie, langue maternelle de 96,12 % de la population, elle regroupe trois dialectes se distinguant par la forme du pronom interrogatif « quoi ? » : *kaj*, *što*, *ča*. Le kajvakien est parlé au nord de Zagreb, le čakavien à l'ouest du pays et, enfin, le štokavien partout ailleurs.

**Serbo-croate ?** Une contraction de deux langues similaires, comme on pourrait comparer l'anglais et l'américain. Mais ce terme, utilisé pour désigner uniformément la langue croate et la langue serbe, correspond pour de nombreux Croates à un abus de langage. Du temps de l'ex-Yougoslavie, il existait quatre langues officielles, dont le serbe et le croate. Le parti communiste en place a tenté de rapprocher les deux langues pour n'en faire qu'une seule. Partout dans l'administration, à la télé, dans l'armée, la langue officielle, c'était le serbe. Toutes les autres langues étaient considérées comme minoritaires, peu à peu abandonnées.

*Jeune Croate en costume traditionnel.*

En se montrant persévérante, chaque nation de l'ex-fédération a réussi à retrouver la spécificité de sa langue.

**Alphabet croate et glagolitique.** À partir du IXe siècle jusqu'au XVe siècle, les habitants de la côte dalmate écrivaient en caractère glagolitique. L'alphabet moderne utilise les caractères latins et possède 30 lettres : a, b, c, ć, č, d, đ, dž, e, f, g, h, i, j, k, l, lj, m, n, nj, o, p, r, s, š, t, u, v, z, ž. Il fut inventé pour traduire les Evangiles du grec en slavon (ancienne langue religieuse slave) par saint Cyrille et saint Méthode. Cette écriture, seulement utilisée en Croatie puisque les Slaves orthodoxes rédigeaient leurs textes en alphabet cyrillique, resta dominante jusqu'au XVe siècle. Sur tout le territoire, on a retrouvé de vieilles inscriptions rédigées en glagolitique qui datent du IIe siècle. La plupart d'entre elles sont gravées dans la pierre.

**Langues étrangères.** La plupart des Croates parlent au moins une langue étrangère. La première langue qu'on apprend à l'école est l'anglais. Comme seconde langue, les enfants peuvent choisir l'italien ou l'allemand. Généralement, au nord, en Slavonie, les enfants apprennent plutôt l'allemand comme langue optionnelle et, en Istrie et en Dalmatie, c'est l'italien. Le français s'apprend très peu à l'école, mais de plus en plus de jeunes s'y intéressent car il est demandé dans le secteur du tourisme en raison du nouvel afflux des touristes francophones. La présence des touristes espagnols et portugais motive nombre de Croates à se familiariser avec ces deux langues.

# MODE DE VIE

## Vie sociale

L'école primaire est gratuite et obligatoire pendant huit ans. Les élèves qui entament des études secondaires peuvent choisir entre des études techniques, des formations d'apprentis ou encore la *gimnazija*, qui mène aux études supérieures. A la fin de leurs études secondaires, les élèves doivent passer un examen, qui leur permettra de rentrer à l'université. Les études supérieures sont gratuites, mais le système des bourses d'Etat n'existe pas encore. L'ensemble des dépenses de la vie quotidienne de l'étudiant sont à la charge des familles.

Depuis 2009, les universités appliquent le système de Bologne, c'est-à-dire que le diplôme universitaire obtenu en Croatie a ses équivalences dans toute l'U.E. Nombre de jeunes diplômés quittent ainsi la Croatie et vont étudier à l'étranger. Pour le Gouvernement, la grande réforme de l'école primaire, secondaire et des études supérieures supérieures reste à faire. Au programme, flexibilité du système éducatif, renouveau des programmes d'université, engagement financier de l'Etat, détermination d'un cadre permettant la formation continue tout au long de la vie active. Ces réformes devraient apporter à la Croatie des ressources humaines qui correspondent aux nouvelles demandes du marché du travail. Aujourd'hui, environ 23 % de la population accèdent aux études supérieures.

L'attachement des Croates à la défense des valeurs traditionnelles et la grande influence de la religion ont des répercussions. Un référendum réclamé en 2013 par des ONG conservatrices, l'association Au nom de la Famille notamment, a porté sur la question du mariage gay. Parmi les votants, 65,76 % ont dit «non». Cette consultation d'initiative populaire, qui portait sur la définition constitutionnelle du mariage comme « fondement de la famille et de la société », a donc consacré la seule union d'un homme et d'une femme. Après un débat d'idées virulent, l'Église catholique croate a fini par faire pencher la Cour constitutionnelle et l'enseignement de l'éducation sexuelle a été interdit à l'école.

## Mœurs et faits de société

Les descendants des Illyriens, plus tard, des Grecs, Romains, Slaves, Germains puis des Italiens ont façonné l'ossature du peuple croate, avec une certaine disparité Nord-Sud. En Croatie, où plus de 80 % de la population se déclarent de confession catholique. La société évolue entre respect des pratiques religieuses, amour de la patrie, sentiment de la nature, indolence méditerranéenne, un certain fatalisme balkanique aussi. Sur le plan sociétal, les dénominateurs communs conjuguent la fierté de la nation au sens du bien collectif (héritage de l'ère communiste), le traditiona-

*Marija Bistrica, haut-lieu de pélerinage.*

© SOLOVIOVA LIUDMYLA - SHUTTERSTOCK.COM

*Dans les rues de la vieille ville de Dubrovnik.*



lisme, certes, mais aussi fort intérêt pour le modernisme, le libéralisme, l'entreprise privée de structure familiale. Exemple : l'hébergement saisonnier chez l'habitant, très répandu sur tout le territoire.

**Le statut des femmes**. Durant la dernière guerre (1991-1995), les femmes en Croatie ont subi le durcissement de la structure sociale traditionaliste, surtout dans les milieux ruraux. Dans la 2e moitié des années 1990, la politique nataliste, fondée sur la seule fonction maternelle, a relégué les femmes à la maison. Il faudra attendre les années 2000, grâce notamment à l'action militante des associations féministes croates, pour que la situation se normalise.

Désormais, de nouvelles législations sanctionnent les violences familiales, favorisent une meilleure accessibilité au travail. On note aussi une plus forte représentation des femmes dans la sphère politique (25 % des sièges au Parlement), ce qui place l'État au-dessus de la moyenne européenne. C'est d'ailleurs une femme, la conservatrice Kolinda Grabar-Kitarović, qui a été élue présidente aux dernières élections de janvier 2015. L'amélioration de la condition féminine, la promotion de l'égalité des sexes contribuant au respect des droits de la femme était l'une des conditions à remplir pour l'entrée de la Croatie dans l'UE.

**La santé**. Si la médecine légale est tout à fait fiable, évoluant dans un système de santé moderne, la prise en charge des patients relève beaucoup du secteur privé. Les dépenses de santé coûtent cher alors que les usagers ne bénéficient pas d'une couverture sociale aussi avantageuse qu'en France. La tentation est grande de se tourner vers les pratiques alternatives. Le recours aux médecines douces est répandu, la connaissance des plantes aux vertus curatives également.

**L'homosexualité.** Le respect des droits des homosexuels s'est peu à peu améliorée. La petite communauté bénéficie d'une meilleure visibilité grâce à de nouveaux lieux d'accueil et de manifestations dédiées (Gay Pride à Zagreb et à Split), et globalement jouit de plus de tolérance. En 2003, la Croatie a accordé aux couples de même sexe les mêmes droits qu'aux hétérosexuels vivant en union libre mais, comme en France, la voix des anti-mariage gay a été virulente en 2013. Elle inquiète les militants des droits LGBT, qui redoutent les comportements homophobes.

## Religion

La majorité des Croates (87 %) est de confession catholique, avec une pratique religieuse estimée entre 15 % et 20 %. Les nombreuses fêtes religieuses sont bien suivies, les églises se remplissent à l'heure de la messe et l'on fait la queue pour la confession. En outre, on compte 4,4 % d'orthodoxes, 1,3 % de musulmans, 0,4 % de protestants, 6,9 % divers et 3,9 % de non-croyants.

La religion a donc repris une place significative dans la société et peut peser sur les questions d'éducation, d'affaires familiales et de société.

# ARTS ET CULTURE

Avec l'Espagne, la Croatie est le pays européen qui compte le plus grand nombre de biens patrimoniaux inscrits sur la liste représentative de l'UNESCO, dans la catégorie culture immatérielle de l'humanité. C'est dire l'importance des traditions vivantes, formées au cours des siècles à la confluence des apports méditerranéens, d'Europe centrale, des Balkans, de l'Orient. Des cultures régionales spécifiques sont nées (pannonienne, dinarique et adriatique), qui subsistent aujourd'hui dans son étonnante diversité :

- **la dentellerie** (Pag, Lepoglava, Hvar).
- **le chant à deux voix** à intervalles restreints d'Istrie et du Primorje.
- **la Fête de Saint-Blaise,** saint patron de Dubrovnik (3 février).
- **la procession de printemps des *ljelje* ou *kraljice*** (reines) de Gorjani.
- **la marche des sonneurs de cloches du carnaval** annuel de la région de Kastav.
- **la procession du chemin de croix** (*Za križen*) sur l'île de Hvar (durant la Semaine sainte).
- **la fabrication traditionnelle de jouets en bois** pour enfants dans le Hrvatsko Zagorje
- **la joute chevaleresque *Sinjska alka,*** à Sinj.
- **l'art du pain d'épices** en Croatie du Nord.
- **le *bećarac,*** pratique du chant et de la musique de Slavonie, Baranja et Syrmie.
- **le *Nijemo kolo,*** ronde dansée silencieuse de l'arrière-pays dalmate.
- **le chant polyphonique** des klapa dalmates.
- **le chant Ojkanje.**
- **le vendredi saint,** procession de toutes les confréries religieuses à Korčula.

## Architecture

Partout dans le pays, des fortifications, murs d'enceinte, murailles, *kastel*, fortins et autres tours de guet traduisent un sentiment d'insécurité longtemps partagé. Face aux invasions barbaresques ou aux menaces ottomanes par la côte ou la terre, on a cherché à se protéger.

- **L'Empire romain.** De nombreuses villes conservent des traces de l'architecture antique, comme à Zadar où l'on voit sur le même périmètre le tracé du premier cadastre, l'ancien forum romain, les églises des premiers chrétiens, la basilique byzantine. A Split, le palais fortifié de Dioclétien ou encore l'amphithéâtre de Pula, construit sous l'empereur Vespasien, compte parmi les plus importants sites romains de l'empire.
- **Le Haut Moyen Age** a laissé en Croatie plusieurs monuments, dont les grandes basiliques à triple abside comme celle de Saint-Donat à Zadar, constuite vers l'an 800, ou la Sainte-Trinité de Split qui date du IX^e siècle. L'architecture romane est très présente avec des variations selon les régions. En Dalmatie notamment, on compte de nombreuses petites églises de plan cruciforme, des édifices de plan circulaire. Ainsi la cathédrale de Trogir ou celle de Split. A Zadar, toutes les époques historiques, bien conservées, cohabitent au centre-ville : la cathédrale y manifeste un goût toscan tandis que la basilique Saint-Chrysogone témoigne de l'influence lombarde.
- **La Renaissance** s'illustre par l'école dalmate d'architecture qui prône des constructions n'utilisant qu'un seul type de pierre avec une technique d'assemblage ingénieuse sans mortier. La cathédrale de Šibenik, par exemple, fut bâtie sur ce modèle, mais c'est à Raguse (Dubrovnik) que se manifeste le plus brillamment le nouveau style gothique, influencé par l'Italie toscane toute proche.
- **Le baroque** s'exprime davantage dans le nord-ouest du pays, influencé par la culture austro-hongroise, notamment dans les régions du Zagorje, de Varaždin.
- **Le modernisme** commence fin XIX^e siècle, avec l'essor de l'urbanisation, les grandes villes du pays se lancent dans la construction de bâtiments typiques de l'historicisme, notamment à Zagreb. On remarque le style Sécession viennois dans le bâtiment des archives de Zagreb, édifié par Rudolf Lubynski.
- **L'art nouveau sécessioniste** au XX^e siècle s'émancipe des motifs et des partis académiques ; c'est encore à Zagreb que l'on trouve les plus beaux exemples de ce type d'architecture.
- **Les visionnaires du XXI^e siècle.** Si l'architecture après la Seconde Guerre mondiale n'a pas laissé de souvenirs mémorables, trop bridée par des décennies de formalisme collectiviste, le début du XXI^e siècle gardera pour l'histoire le travail inspiré de l'architecte

Nikola Basic. A partir de 2005 à Zadar, sur le même site (promenade de la mer), il a conçu des installations urbaines uniques au monde. D'un côté, les Orgues maritime, qui fonctionnent avec la force hydraulique de la mer créant des sons harmonieux à l'intérieur de tubes logés sur des marches monumentales. De l'autre, le Salut au soleil utilise l'énergie solaire pour animer une sphère au sol, ample de 22 m de diamètre, qui renvoit un jeu de faisceaux lumineux de multiples couleurs. Un chef-d'œuvre écologique ! Mention spéciale aussi pour les grues géantes du chantier naval de Pula, œuvre monumentale du concepteur de lumières architecturales Dean Skira.

## Cinéma

En Croatie, le premier film parlant (*Lisinksi)* date de l'immédiat après-guerre (1944). Des années 1950 à 1970, les contraintes de la censure imposées par le régime communiste n'ont pas facilité la création cinématographique. Le cinéma national est disparate. Les films de Nikola Tanhofer, Krsto Papic ou Kresko Golik ont eu une certaine audience hors des frontières. Dans les années 1990, le monde du 7e art croate, comme dans les autres pays de l'ex-Yougoslavie, est fortement secoué par la guerre d'indépendance. Exsangue et fondamentalement influencé, il subit les effets de l'effondrement des infrastructures, la corruption. Il est marqué par l'enfermement des esprits, les conflits territoriaux, le trouble de stress post-traumatique, les drames familiaux... En 2006, *Passeur d'espoir* (*Put Lubenica*) de Branko Schmidt raconte l'histoire d'un passeur pour la mafia locale, à la frontière de la Bosnie-Herzégovine et Croatie. Mais c'est le film *Sarajevo, mon amour*, sorti la même année, qui remporte un vif succès international ainsi que de nombreux prix dont l'Ours d'or du meilleur film au festival de Berlin.

**Ancrés dans l'histoire sociale du pays,** les thèmes du cinéma croate se renouvellent aujourd'hui, avec plus de distance. Ainsi *My Beautiful Country*, premier long-métrage de Michaela Kezele, une coproduction (Serbie/Croatie/Allemagne) de 2012. Sous fond de guerre au Kosovo, la romance impossible entre un soldat albanais et une veuve serbe prend une portée symbolique pour toute la région de l'ex-fédération. Dans les films de Dalibor Matanic, Branko Schmidt ou Rajko Grlic, on note plus d'ironie grinçante. Le plus provoquant reste la *Parade* de Srdjan Dragojevic (2012). Cette coproduction hongroise, serbe, croate, slovène et allemande raconte la virée tragico-comique d'une bande de mercenaires serbes, bosniaques, albanais du Kosovo et des combattants croates. Tous se retrouvent aux côtés des militants homosexuels pour assurer la sécurité de la première gay pride en Serbie.

La jeune réalisatrice Andrea Štaka est née et vit en Suisse. De famille croate exilée, elle réalise plusieurs films où le passé de ses origines est très présent. Ainsi *Hotel Belgrad, Yogodivas, Das Fräelen*. Son dernier long-métrage *Cure, la vie d'une autre* (2014), est fondé sur un fait divers qui se serait passé à Dubrovnik.

**L'école du dessin animé de Zagreb.** Le cinéma croate a connu son heure de gloire grâce aux films d'animation de l'école de Zagreb, dont les artistes, dès les années 50, étaient connus dans le monde entier. L'un des fondateurs de l'école, Dušan Vukotić (1927-1998), fut le premier étranger à être récompensé par un oscar (1961), dans la catégorie dessins animés, pour son film *Ersatz*, *Le Substitut* (*Surogat*). Le festival international du film animé de Zagreb programme nombre productions contemporaines réalisées dans les studios de la capitale. On peut citer les noms de Zdenko Gašparović pour son chef-d'œuvre, *Satiemanija* (1978), Dunja Jankovic ou encore Igor Hofbauer, célèbre pour ses affiches et flyers du légendaire club Mocvara à Zagreb.

## Littérature

La première écriture slave glagolitique est créée au IXe siècle par deux moines grecs, Saint-Cyrille et son frère Saint-Méthode. La traduction des saintes Ecritures en slavon croate a incité les prêtres à créer une littérature religieuse dans cette langue vernaculaire, mais aussi des romans populaires, des chroniques, des textes apocryphes ou publics, dont le plus célèbre, la *Plaque de Baška*, remonte au XIe siècle. Pourtant, l'évangélisation de la Croatie fut surtout l'œuvre des clergés franc et italien. C'est donc le latin qui s'imposa comme la langue de culture.

**La Renaissance, début de la littérature.** La première œuvre est celle de Marko Marulić (1450-1525), un humaniste originaire de Split considéré comme le père de la littérature croate. Ses traités, écrits en latin, connurent un succès européen et son œuvre la plus réputée est l'épopée religieuse *Judita* (1501).

Aux XVe et XVIe siècles, des poètes dalmates ou de Dubrovnik écrivaient aussi en langue slave, sous l'influence du pétrarquisme. Parmi eux, Džore Držić (1461-1501) et Šiško Menčetić (1457-1527). Au XVIe siècle, le poète majeur, Dinko Ranjina (1536-1607), rédige des vers en italien. Petar Zoranić (1508 - 1569), citoyen de Zadar, est connu pour avoir publié en 1536 le premier livre en croate, *Planine* (*Montagne*), imprimé à Venise en 1569. Enfin, Marin Držić (1508-1567) écrit à cette même période des pièces de théâtre dont *Adonis* ou *Skup*, qui sont encore jouées aujourd'hui.

*Statue du poète Marko Marulic.*

**Les classiques, entre poésie épique et Illyriens.** Pour le XVIIe siècle, il faut citer Ivan Gundulić (1589-1638) et son long poème épique *Osman* (1638) ainsi que son *Ode à Dubrovnik Dubravka* (1628). Dans le nord de la Croatie, Petar Zrinski (1620-1671) et Fran Krsto Frankopan (1643-1671) laissent des essais de grande valeur. Le mouvement illyrien donne une impulsion à la littérature de la région. Parmi les auteurs qui adoptent le dialecte chtokavien, figurent Stanko Vraz (1810-1851), Petar Preradović (1818-1872) et surtout Ivan Mažuranić (1814-1890).

**Le XIXe siècle, l'ère des romans historiques.** Pour la première partie du XIXe siècle, retenons les noms d'August Šenoa (1838-1881) *avec L'Or de l'orfèvre* (1871) et *La Révolte des paysans* (1877) ceux d'Eugen Kumičić (1850-1904), Ante Kovačić (1854-1889) et Ksaver Šandor Đalski (1852-1935). Dans la seconde moitié du XIXe siècle, parmi les plus célèbres écrivains, le poète religieux Silvije Strahimir Kranjčević (1865-1908), avec son *Moïse et le dernier Adam*, Ivo Vojnović (1873-1914), un auteur de pièces de théâtre originaire de Dubrovnik. L'anticonformiste Antun Gustav Matoš (1873-1914) est entré dans la légende. Ce poète zagrébois, critique littéraire fameux, polémiste, a eu une vie de bohème libertaire, a vécu en Serbie, quelques mois à Paris, et publié trois recueils, *Copeaux* (1899), *Nouveaux copeaux* (1900) et *Récits de lassitude* (1909), montrant l'étendue de sa palette stylistique.

**Dans le clan des « modernes ».** Le poète naturaliste Tin Ujević (1891-1955) a écrit *La Lamentation du serf*, *Le collier*. D'autres noms comme Antun Branko Šimić (1898-1925), Dobriša Cesarić (1902-1980) et toujours la place essentielle des poètes romanciers, avec Janko Polić Kamov (1886-1910), auteur notamment de *L'Insulte et Le Papier chiffonné* et grand marcheur, qui a fait le voyage de Zagreb à Paris... à pied. Une étude universitaire de H. Gelez et N. Džigurski, *Introduction aux littératures bosniaque, croate, monténégrine et serbe, du romantisme à la modernité*, vient de paraître (Sorbonne-Paris IV, 2014-2015). Le PDF est disponible gratuitement sur Internet.

**Ecrivains contemporains.** Parmi les écrivains croates de notre temps, citons Vesna Parun, née en 1922, auteure, entre autres, d'*Aubes et tempêtes* (1947), de *L'Olivier noir* (1955). Radovan Ivšić, né en 1921, est connu notamment pour *Le Roi Gordagane* (1943) ou *Le Puits dans la tour* (1967). Predrag Matvejević, né en 1932, à qui l'on doit *Bréviaire méditerranéen* (1992) ou *Epistolaire de l'autre Europe* (1993). Les meilleurs livres sortis ces dernières années sont ceux de Miljenko Jergović avec *Freelander* (2009) et *Ruta Tannenbaum* (2012), son auteur Meša Selimović ayant gagné un prix international pour la meilleure œuvre en prose écrite de langue balkanique. Lire aussi les livres de Zoran Ferić (*Anđeo u ofsajdu*), Robert Perišić (*Užas i veliki troškovi*) ou Boris Dežulović (*Christkind*). Le roman autobiographique, *Hotel Zagorje,* d'Ivana Bodrožić-Simić, est paru en 2012 (Actes Sud). Le best-seller de la jeune poétesse évoque la vie des réfugiés de guerre croates à Zagreb. Autre récit historique, classé dans le rayon roman, celui d'Emmanuel Carrère, *Limonov* (Renaudot, 2011). Toute la partie sur la guerre d'indépendance en ex-Yousgoslavie (1991-1995), dans laquelle le mercenaire russe s'était engagé, décrit bien les enjeux et désastres dans chaque camp.
Le cas de Dubravka Ugresic est singulier. Née à Belgrade en 1949, d'un père croate et d'une mère bulgare, elle s'est exilée aux Pays-Bas en 1993. L'auteure a fait sensation en France, en 2005, avec ses récits traduits (*Le Musée des redditions sans condition*) puis *Le ministère de la douleur* (Grasset, 2010). L'intellectuelle, restée attachée à l'Etat fédéral multiculturel, controversée en Croatie, n'est pas tendre avec ses compatriotes.

**Pour les enfants...** rien ne vaut les contes pour raconter un peuple. Axelle Hutchings et Vlatka Valentic ont réuni une dizaine d'histoires populaires, où l'on savoure des scènes de la vie quotidienne souvent cocasses (*Contes de Croatie* Actes Sud Junior). Idem pour Ivana Brlic-Mazuranic, qui publie *Croatie, le voyage de Potik et autres contes* (Elytis éd. 2013).

## Médias

Sous les présidences de Tito et de Franjo Tuđman, la presse était sous la coupe du gouvernement. Pendant la guerre, les chaînes de télévision et les radios publiques étaient utilisées comme moyens de propagande. Depuis la fin des conflits et suite aux changements de régimes, après les élections de 2000, les médias sont devenus plus autonomes et indépendants.

**Presse écrite.** Chaque région possède son quotidien régional : *Slobodna Dalmacija* pour la Dalmatie, *Novi list* pour le Kvarner, les autres – *Jutarnji list* et *Večernji list* – sont publiés à Zagreb. En plus des journaux locaux, on trouve facilement dans les villes touristiques la plupart des journaux étrangers... avec quelques jours de retard.

**Radios.** Plusieurs programmes quotidiens d'informations sont diffusés en langues étrangères durant la saison touristique. Par exemple, sur la radio croate HRT1 (92.1 Mhz), des flashes en anglais arrivent chaque jour. Sur HRT2 (98.5 Mhz), du 1er juin au 20 septembre, les actualités en croate sont suivies de rapports du HAK (circulation routière) en anglais, allemand et italien, en simultané avec les programmes de la radio bavaroise et de la radio autrichienne, de la RAI 1, de la radio britannique Virgin. Plusieurs fois par jour également, des infos pour les plaisanciers, des flashs d'actualités, l'agenda des sorties.

**Télévision.** Les trois chaînes publiques diffusent de nombreux programmes étrangers. Les films sont souvent des productions internationales en version originale sous-titrée en croate. Les bouquets numériques de la télévision par cable augmentent l'offre.

**Internet.** Ces dernières années, de nombreux organismes publics ou privés, des agences de communication, touristiques et culturelles ainsi que des particuliers, des érudits locaux et les réseaux sociaux ont investi sur le Web. Notre sélection non exhaustive apporte un panorama assez large sur l'information et la communication spécialisées qui circulent en Croatie.

### ■ MA CROATIE

www.macroatie.com
macroatie@free.fr
Une association de jeunes Croates en France, créée en 2001, basée à Bagnolet, tisse du lien entre les membres résidents dans l'Hexagone, en Belgique, en Suisse et ceux du pays d'origine, organise des soirées et concerts. Grâce aux réseaux sociaux, elle délivre également des informations sur l'actualité, la langue, la culture, le sport, etc.

### ■ CROATIE.EUROPE

www.croatie.eu
Le 28e membre de l'Union européenne s'est doté d'une belle vitrine socio-culturelle avec ce portail d'informations en français/anglais/croate, construit à la façon d'un blog avec des photos interactives et des rubriques thématiques (histoire, géographie, société, art et traditions, environnement, techniques...) pour bien compendre la Croatie d'hier et d'aujourd'hui.

### ■ CROMAPS.COM

www.cromaps.com
Des cartes et plans en ligne, clairs et précis, couvrent l'ensemble du territoire croate avec un index par ville et village.

### ■ DICOCROATE2

dicocroate2.over-blog.com
Le blog en français d'un observateur belge, qui a vécu une dizaine d'années à Zagreb et s'intéresse aux enjeux de la Croatie actuelle. Revue de presse sur les Balkans, textes personnels, reprises d'auteurs, traductions et autant de rubriques (*Intellectuels et activistes, Mafia et football, Ecologie et nature*...) où l'on sent bien que l'on ne va pas parler que de tourisme.

### ■ LIKE CROATIA

DUBROVNIK
www.likecroatia.com
Site généraliste sur la Croatie (restaurants, logements, festivals...) avec une bonne couverture de la région de Dubrovnik.

### ■ MDC

Ilica 44, Zagreb
✆ +385 1 4847897
www.mdc.hr – info@mdc.hr
Un site sur la conservation de l'art croate, l'actualité des musées. Plus de 225 musées répertoriés, l'ensemble des collections nationales catalogué, des informations pratiques.

### ■ MINISTÈRE DES AFFAIRES ÉTRANGÈRES ET EUROPÉENNES

Trg N. Š. Zrinskog 7
ZAGREB
✆ 01 4569 850
www.mvep.hr – europski.poslovi@mvep.hr
Pour s'informer sur les enjeux actuels de la Croatie. Informations aux plans territorial, européen et international (en croate et en anglais).

### ■ OFFICE NATIONAL DES STATISTIQUES DE LA CROATIE

Ilica 3, ZAGREB
✆ +385 1 48 06 111
www.dzs.hr
De nombreuses données économiques et sectorielles, disponibles en croate et en anglais.

**■ PLANÈTE REGARDS**
www.planeteregards.wordpress.com
Site d'une journaliste-photographe free-lance qui tient son blog sur ses voyages. Il connaît très bien la région de Dubrovnik.

**■ REGARDS SUR LA CROATIE**
www.regardsurlacroatie.com
Le blog de l'Office de Tourisme de Croatie parisien, un supplément dynamique avec plus d'actualités sur les informations touristiques, les événements culturels, une sélection de festivals, d'hébergements, des recettes, des vidéos. De belles photos également, sur toutes les régions.

**■ SITE DE L'AMBASSADE DE CROATIE EN FRANCE**
www.amb-croatie.fr
redaction@amb-croatie.fr
Des informations sur les modalités d'un séjour prolongé en Croatie, des données politiques, pratiques et culturelles.

**■ SITE DE L'AMBASSADE DE FRANCE EN CROATIE**
Hebrangova 2,
10 000 Zagreb
✆ +385 1 48 93 600
www.ambafrance-hr.org
presse@ambafrance.hr

**■ SITE DE L'OFFICE DE TOURISME DE LA RÉGION DE DUBROVNIK**
DUBROVNIK
www.visitdubrovnik.hr

**■ SITE DU GOUVERNEMENT CROATE**
www.vlada.hr
press@vlada.hr
Pour ceux qui lisent la langue, le site officiel d'informations et de communication du Gouvernement croate.

**■ SITE TOURISTIQUE OFFICIEL DE LA CROATIE**
www.croatia.hr/fr-FR/Homepage
Site officiel en français de l'office de tourisme de la Croatie basé à Paris.
Clairement bâti avec des rubriques générales pour organiser son voyage (*Découvrez la Croatie, Destinations, Activités et attractions, Recherche des hébergements...*).

**■ TIME OUT CROATIA**
www.timeoutcroatia.com
Les éditions locales de *Time Out* ne sont plus imprimées mais le site Internet très développé s'interesse à toutes les régions de Croatie. Une bonne source d'informations en ligne pour le voyageur.

**■ YOUGOSONIC BLOGSPOT**
www.yougosonic.blogspot.fr
Journal d'un bloggeur plus ou moins régulier mais très informé sur la mosaïque actuelle des pays de l'ex-Yougoslavie. Un travail de documentaliste qui aide à comprendre les tendances et aspirations de la société d'hier et d'aujourd'hui. À consulter : des archives, des liens sur les actions citoyennes, l'activité des mouvements alternatifs, la sélection de lectures et de musiques.

## Musique

Le folklore croate emprunte aux différentes influences qui se sont exprimées sur son aire culturelle, entre Europe centrale, Turquie et Méditerranée. En témoignent aujourd'hui les nombreux festivals de musiques traditionnelles, comme le rendez-vous annuel de tamboura d'Osijek. Cet instrument à cordes, qui accompagne les chants de Slavonie, d'origine turque, est le plus répandu en Croatie et dans la diaspora. Des groupes, comme le Tambura Band Svita, membres de l'orchestre de Zlato Farszky, tournent beaucoup dans leur pays, participent à de nombreux festivals en Europe de l'Est. Citons aussi le *lirica*, sorte de violon que l'on pose sur ses genoux, typique de la Dalmatie, puis le *sopila*, hautbois de l'Istrie.
Les danses traditionnelles avec musiciens débutent généralement par des mouvements lents, accompagnés de chants qui s'interrompent au fur et à mesure que la danse s'accélère. La ronde initiale peut se séparer pour laisser les couples se former et exécuter des figures classiques.

**La Klapa, chœurs d'hommes et de femmes.** Des groupes, généralement masculins interprètent à capella parfois accompagnés d'un seul harmonium, des chants religieux, mais aussi des chansons d'amour traditionnelles. C'est cette forme traditionnelle, pur héritage dalmate, un peu comme les polyphonies corses ou les chants basques, que les Klapa Ikson ou Klapa Cakulone (7 femmes) perpétuent. Rien à voir avec les versions actuelles, dont les chants sont dilués dans une orchestration omniprésente et de lourds arrangements. Ainsi chantent Tomislav Bralic & Klapa Intrade ou encore Klapa S Mora, le jeune groupe représentant la Croatie à l'Eurovision 2013.

**Les musiques actuelles.** Souvent confondus avec la sphère serbe, bosniaque, roumaine ou même bulgare, dans ce grand creuset globalisant de la musique des Balkans, les artistes croates ont du mal à faire entendre leur différence. Très peu ont réussi à se faire connaître en dehors de leurs frontières. Le cas Darko Rundek est différent. Après avoir été le leader du groupe new wave Haustor, il se réfugie en France pendant la guerre,

s'installe à Paris où il enregistre deux albums world fusion avec sa nouvelle formation, Rundek Cargo Orkestar, qu'il dissout après deux tournées internationales pour fonder un trio avec la violoniste française Isabel et le multi-instrumentiste Dušan Vranić, originaire de Sarajevo.
Quelques festivals en France ont programmé des formations de jazz, le guitariste de Zoran Scekic, qui a joué avec Renza Bô, le quartet jazz pop New Gondoliers. Sur la cène rock, The Bambi Molesters, groupe phare de la scène indépendante alternative. De l'intérieur, il y a le mythique et sulfureux Goran Bare i Majke, qui est une rock-star dans son pays.Le duo 2 Cellos, deux jeunes virtuoses du violoncelle, envoie des vidéos depuis plusieurs années sur le Web. Adeptes des standards de la pop, ils jouent aussi bien du Bach que du AC/DC. À écouter ou voir : la reprise de *Thunderstruck* !

**La culture DJ.** Pour finir, le phénomène clubbing a bien pris en Croatie. Avec la présence d'une production locale, des clubs organisateurs de soirées, des plages entières dédiées à la dance culture, des îles même toutes prêtes à détrôner Ibiza, les stars internationales se donnent rendez-vous sur l'Adriatique en été.

## Peinture et arts graphiques

L'histoire de la peinture en Croatie commence au Haut Moyen Age. Il est fort probable que l'art pictural remonte à des périodes antérieures mais l'histoire de l'art préhistorique, l'étude systématique de l'art rupestre, le catalogage des traces de fresques antiques restent à faire. A partir d'anciens inventaires, on a pu répertorier les œuvres déposées dans les tombes et les églises, comme ces manuscrits enluminés du musée sacré de Zadar, les évangéliaires de la cathédrale de Split, qui datent du VI^e^ et VII^e^ siècles.

**Les premières fresques, bois peints et manuscrits.** En Istrie, les fresques dans l'église de Saint-Jérôme (Hum), de style byzantin, celles de l'église Sainte Foška près de Peroj, de style roman, suivant les modèles français, datent du XII^e^ siècle. Le crucifix de bois sculpté et peint du monastère de Saint-François à Zadar est le plus ancien que l'on ait découvert. On remarque une nouvelle expressivité sur les visages qui s'éloigne des représentations iconiques byzantines et marque le début de l'art roman.
Au XIII^e^ siècle, les peintres et les ateliers se multiplient, la personnalité du maître d'oeuvre s'affirme tout comme le rayonnement de son influence.
Au XV^e^ siècle, en plein gothique international, l'école Dalmate s'illustre à Trogir ou Korčula, avec les œuvres de Blaž Jurjev notamment. Son polyptique sur bois de l'église de Tous les Saints (autour de 1439), parfaitement restauré, témoigne de l'influence italienne. La peinture enlumine aussi les manuscrits, de manière sophistiquée. Le plus fameux, l'Evangéliaire de Trogir (1231-1250).

**La Renaissance, de nouvelles perpectives.** L'avènement du nouveau style trouve un terrain favorable à Raguse (Dubrovnik), où les sculpteurs et les peintres collaborent, s'inspirant des artistes italiens du Quattrocento sans oublier les leçons du gothique. Au milieu du XV^e^ siècle, Lovro Dobričević fait, le premier, entrer la tridimensionnalité dans la représentation de ses personnages. Il cherche à individualiser leur physionomie mais un conservatisme tenace modère ses avancées. Il faudra attendre le XVI^e^ siècle, avec les peintres Mihajlo Hamzic ou Nicola Bozidarevic, pour s'émanciper des structures traditionnelles, des aplats de dorure et dégager l'espace derrière les figures.

## Des artistes à Paris

**Vlaho Bukovac (1855-1922).** Né à Cavtat, au sud de Dubrovnik, le peintre émigre aux Etats-Unis avec son oncle, qu'il suit au Pérou. Il y vit de son art comme dessinateur, portraitiste avant de repartir pour San Francisco et prendre des cours de peinture. De retour à Dubrovnik, l'évêque Strossmayer l'encourage et lui offre une bourse pour aller à Paris où Bukovac fréquente les ateliers de Tcheramok et de Cabanel. Son tableau *Montenégrine* remporte un petit succès. Il retourne ensuite à Zagreb avant d'être nommé professeur à Prague. A Cavtat, sa maison familiale est devenue un atelier-musée avec nombre de ses peintures exposées.

**Ivan Meštrović (1883-1962).** De famille paysanne, berger, le sculpteur monumental s'est formé à Split, où il fréquente l'atelier de Bilinić. Il a d'abord exposé à Vienne avant de se rendre à Paris en 1908-1909. Il se lie d'amitié avec Rodin. Dans le musée Rodin à Paris, des œuvres du sculpteur croate sont régulièrement exposées.

**Josip Račić (1885-1908).** Un peintre mort prématurément à 23 ans. Il a séjourné à Paris quelque temps (1908) où il a peint *Le Pont des Arts*, son tableau le plus célèbre.

**Le baroque du Nord au Sud.** À partir du XVII^e^ et jusqu'au XVIII^e^ siècle, le baroque se développe au nord du pays dans les églises jésuites et les demeures privées (Zagreb, Varaždin, Trški Vrh, près de Krapina, les châteaux de Hrvatsko Zagorje), où l'on assiste à l'apparition de la peinture illusionniste. Architecture, sculpture, peinture participent ensemble à l'effet visuel. Les trompe-l'œil et les stucs peints prennent appui sur les moulures dorées de la voûte maçonnée... c'est tout l'esprit du baroque ! Sur la côte adriatique, les échanges avec Venise seront bénéfiques aux peintres, Federico Benković (1677-1733) notamment, sera influent dans toute l'Europe centrale. D'autres peintres ragusiens, Stay et Matejević-Matteï, choisissent Rome ou Naples pour se former.

**La Sécession et l'Art Nouveau.** La fin du XIX^e^ siècle en Croatie sera marquée par les mouvements révolutionnaires actifs en Europe. Inspirés par la Sécession autrichienne et allemande, les peintres entrent de plain-pied dans l'art Nouveau, qui se dresse contre le traditionalisme en art. On assiste à l'apparition de la peinture symbolique. Vlaho Bukovac, qui représente ces nouvelles tendances de la Zagrebačka šarena škola, influence la formation du mouvement sécessionniste en Croatie, avec Bela Čikoš-Sesija, Crnčić. Les arts graphiques deviennent un mode d'expression autonome grâce au developpement des techniques de la lithographie (Tomislav Krizman), de l'affiche, du papier peint, du lettrisme...

**Le modernisme et les pressions socialistes.** Au début du XX^e^ siècle, la Croatie suit la mode artistique européenne du paysage sur le motif (impressionnisme) tout en developpant une thématique identitaire liée au renouveau de la conscience nationale (Quiquerez, Mašić, Iveković). Les modernistes croates ont fait leur école à Paris ou Munich (Josip Račić Kraljević, Becić). Pendant l'entre-deux-guerres, la Croatie connaît aussi les modes picturaux expressionnistes, cubistes, abstraits (Tartaglia, Šulentić, Gecan) mais les dogmes du réalisme socialiste des années 50 ont freiné les developpements de l'avant-garde.

Parallèlement, après la guerre, une école de l'art naïf croate est fondée à Hlebine. Le groupe Zemlja reprend une tradition populaire de la peinture sur verre et suscite la renaissance d'un art original, rural et savoureux.

**L'art contemporain.** Au début des années 1960, débute l'époque de la « seconde avant-garde » avec ses bouleversements conceptuels, ses questionnements sur la matière, le sens de l'art comme sur la scène internationale. Les arts plastiques croates suivent les tendances mondiales. L'abstraction lyrique de Edo Murtić, les aplats colorés et craquelés de Drazen Grubišić, la peinture brute de Zlatko Keser, les installations avec sérigraphies de Antun Maračić ou les nouvelles technologies du multimédia interrogent la place de l'art dans les galeries, le rôle de l'artiste dans la société. Peu, parmi eux, ont réussi à percer sur le marché international, excepté Zoran Musič. Gageons que l'entrée dans l'Europe augmentera les échanges avec les artistes croates et donnera à voir cette création encore peu connue.

**La bande dessinée.** Le festival de la BD de Zagreb, qui se tient en octobre, montre la vivacité de cet art contemporain, issu d'une tradition forte d'auteurs-dessinateurs. Depuis les planches de Maurović ou Neugebauer, la mythique revue *Stripoteka* des années 1970 jusqu'aux récents artistes Danijel Žeželj, Frano Pétruša, Igor Kordey, Gradimir Smudja. L'un des derniers noms dont on parle de Rijeka à Zagreb en passant par Paris, c'est Miroslav Sekulic-Struja, qui a fait les honneurs du festival d'Angoulême 2014. Son album, *Pelote dans la fumée* (Actes Sud 2013), trace le portrait d'une jeunesse des bas-fonds, entre misère, violence et humour grinçant. C'est le premier album de BD croate traduit en français.

## Photographie

Dès l'arrivée du daguerréotype venu de France au XIX^e^ siècle, l'histoire de la photographie croate est particulièrement intéressante. C'est à Zagreb en 1939 que fut créé le premier département de la photographie au Musée des Arts appliqués. La naissance de la Zagreb School a entériné l'engagement artistique et poétique des photographes tels que Bella Csikos Sessia ou Franjo Mosinger. Professionnels et amateurs, soutenus par l'action du Museum of Arts and Crafts à Zagreb, se sont rencontrés dans des expositions internationales au même titre que les peintres et les sculpteurs. Duro Janekovic (1912-1989) ou Tošo Dabac (1907-1970) inaugure un âge d'or du photo reportage pour la presse écrite. Les magazines étrangers, *Life, Stern, Match, Elle, Tempo and Gente,* ont engagé des photographes croates. Tošo Dabac, Frank Horvat, Mladen Tudor, August Fratjić fournissent des scènes multiples, au noir et blanc magnifiques.

Aujourd'hui, le dynamisme de la photographie croate ne se dément pas. Elle s'illustre par le regard d'artistes contemporains comme Ivan Faktor, artiste multimédia, Antun Maračić, Boris Cvjetanović, Petar Dabac, Marija Brant, Ivan Posavec. Tous poursuivent cette volonté de montrer au monde une certaine réalité croate. Reste le souvenir de Pavo Urban, mort sous les balles à Dubrovnik en 1991, dans l'exercice de son travail photographique. Ses instantanés sous les bombes sont particulièrement émouvants.

## Sculpture

**Une imposante civilisation antique.** Les premières sculptures apparaissent sur le sol croate au Néolithique et à l'âge de cuivre. Au IVe siècle avant J.-C., la Croatie développe des liens forts avec les cultures méditerranéennes grecques, sur les îles de Vis, Hvar et Korčula. Au large de l'île de Losinj en 1996, des plongeurs ont remonté un bronze antique, haut de 2 mètres, en parfait état de conservation. C'était *l'Apoxyomène* de la période hellénistique, l'exceptionnelle statue d'un athlète nu à sa toilette, qui a été restaurée à Zagreb et devrait bientôt devenir la pièce maîtresse du musée archéologique de Veli Lošinj. Pendant l'Empire romain, la Dalmatie possède ses ateliers de sculpture. C'est une province prospère, avec Split (Salona) comme centre administratif, qui aime la statuaire. Le buste en marbre blanc de l'empereur Auguste, découvert à Nin, est remarquable d'expressivité sereine. Après la chute de l'Empire, la Dalmatie tombe sous l'influence byzantine. Les reliefs du baptistère et les sarcophages de la basilique de Split ou les mosaïques de la basilique de Poreč datent de cette époque paléochrétienne.

**Un Moyen Age influent.** Du VIIIe au Xe siècle, un courant indépendant croate prend forme. Pendant le haut Moyen Age, époque carolingienne, les petites églises, souvent de plans oval ou cruciforme et surmontées d'un dôme, se distinguent par une savante décoration de la pierre, des ornements en forme d'entrelacs, que l'on nomme *pleter* croate.



### Ivan Meštrović, sculpteur monumental

Fierté nationale de la taille des grands hommes de l'histoire croate, ce sculpteur, originaire de Vrpolje en Slavonie, entre à l'Académie des beaux-arts de Vienne en 1901. Participant aux expositions de la Sécession, il en devient membre en 1906. En 1908, il s'installe à Paris, où il fréquente le milieu artistique. Rodin notamment qui remarque ses œuvres au Salon d'Automne de la même année. À cette époque, les travaux du jeune sculpteur témoignent de l'influence décisive du maître français, auquel on le compare souvent. Si le symbolisme marque plus fortement la thématique du Croate, on retrouve ce goût commun pour la matière brute, la statuaire monumentale, le modelage expressionniste, le rendu réaliste des corps.

Son style évoluera vers une représentation héroïque et puissante, très stylisée, qui reflète son engagement politique de l'époque. Avec la Première Guerre mondiale et la découverte des avant-gardes non-figuratives, Meštrović se tourne vers des thèmes mystiques et spirituels et développe progressivement un formalisme plus épuré. En 1922, l'artiste expatrié revient s'installer en Croatie, où il réalise de nombreuses œuvres plus ou moins officielles et se consacre également à l'architecture, à l'enseignement, à l'écriture. Ses statues, bustes et autres hauts reliefs sont montrés dans de nombreuses salles d'expositions, aux États-Unis et en Europe. Mais la Seconde Guerre mondiale l'oblige à nouveau à quitter la Croatie en 1942. En 1947, il s'intalle définitivement aux Etats-Unis, où il séjourne jusqu'à la fin de sa vie. Il restera très attaché à son pays d'origine auquel il lègue, en 1952, dix ans avant sa mort, tout ou partie de ses collections. Peu connue en France, son œuvre fut pourtant exposée dès 1933, au Musée du Jeu de Paume. Et, en 1969, juste retour des choses, une rétrospective posthume a été organisée à Paris... au musée Rodin.

*Sculpture d'Ivan Meštrović, face au musée de Split.*

Pendant l'époque romane, les basiliques à plusieurs nefs avec absides comme à Rab, Zadar et Trogir, possèdent des portails très ouvragés de bas-reliefs et sculptures, relatant les épisodes de la Bible. Ainsi, le portail de la cathédrale de Split, dont la porte en bois est signée de l'atelier du Maître Buvina, celui de Trogir, au tympan ouest, sculpté par Maître Radovan en 1240.
Du XIIIe au XVe siècle, le style gothique est présent au nord de la Croatie (cathédrale de Zagreb). En Dalmatie, le développement du style gothique rayonnant et flamboyant voit émerger la signature de l'architecte et sculpteur, Juraj Dalmatinac, qui a fait ses écoles à Venise. Cet artiste complet a travaillé à Split, Dubrovnik, Zadar, mais c'est dans la cathédrale de Šibenik, classée par l'UNESCO au patrimoine mondial, que l'on a trouvé son mystérieux baptistère (1443), décoré de structures réticulaires et de sculptures en forme de stalactites... comme dans une grotte.

**Une Renaissance cosmopolite.** A Raguse (Dubrovnik), la riche et libre cité-Etat, on a construit des palais, des hôtels, des fontaines, dans un style novateur gothico-renaissance. Des sculptures et des peintures viennent magnifier l'ensemble. Les villes du littoral adriatique accueillent favorablement cet élégant esprit décoratif des bâtiments religieux et privés.

**L'âge d'or du baroque.** A partir du XVIIe et jusqu'au XVIIIe siècle, le baroque se développe au nord du pays, à Zagreb, Varaždin, en Slavonie dans les châteaux de Hrvatsko Zagorje. On assiste à l'apparition de la peinture illusionniste sur des murs où s'accrochent dorures et moulures, personnages en apensanteur, angelots virevoltants.

**Le classicisme, la Sécession et l'art monumental.** Au début du classicisme (XIXe siècle), l'apparition de meubles et objets de décoration *bidermajer* se réfère au style de l'Empire austro-hongrois. Les sculpteurs Robert Frangeš-Mihanović et Rudolph Valdec développent des thèmes funéraires et symboliques propres au style Sécession. A cette époque, le sculpteur Ivan Meštrović, celui que l'on nomme le Rodin croate, toujours très monumental, veut s'émanciper de ses modèles étrangers pour développer un style expressionniste personnel et créer ainsi un art national slave du Sud.

**La création moderne et contemporaine.** L'ère du réalisme socialiste des années 1950-1960 voit s'ériger nombre de statues de figures illustres ou populaires partout dans le pays. Ces personnages, souvent en bronze, habitent les places, l'angle d'un carrefour, le secteur piéton. Ils se tiennent en haut des marches, dans les parcs, sur un banc, attablés au café. Ils rappellent par leur présence ou attitude leur rôle historique dans la commune.
Les grands formats conceptuels annoncent les nouveaux enjeux actuels de l'art contemporain. Les artistes croates suivent la tendance internationale, du monumental abstrait dans les sculptures de Dusan Džamonja, de Jagoda Buić, de la matière brute chez Branko Ružic aux figures filiformes chez Kažimir Hraste. Sans oublier la dose d'humour qu'on retrouve dans les nains de jardin de *željko Kipke* qu'on achète au marché !

## Traditions

Les festivals de musiques traditionnelles, les reconstitutions historiques sont souvent l'occasion de découvrir les costumes d'autrefois que l'on sort à cette occasion. On distingue trois grands types de costumes. Celui de l'Adriatique se caractérise par les pantalons larges et un long bonnet de toile rouge pour les hommes, tandis que les femmes portent une jupe plissée et sont coiffées d'une longue écharpe, portée différemment selon que la dame est mariée ou non. En Pannonie, le costume est en toile de coton avec une broderie bleue, noire ou rouge.
Enfin, le costume dinarique, en laine avec des parures pour l'essentiel, est porté par les hommes avec le gilet ainsi qu'une grosse ceinture de cuir qui tient les armes.

# L'ARTISANAT DES FÊTES PASCALES



Pendant la semaine de Pâques, les traditions populaires les plus anciennes perdurent. Elles se transmettent aux plus jeunes lors de la fabrication de petits objets que l'on s'offre mutuellement dans les familles.

**L'assemblage en bois et métal.** Vivante en Dalmatie centrale et dans la région de Konavle, la fabrication des *klepetaljke* et des *čegrtaljke* donne des petits hochets et des clapets. Leur aspect change d'une région à l'autre. Ceux de l'île de Krk portent, à leur extrémité, une planche en bois de 30 cm (largeur d'une étagère pour livres environ). On attache ensemble ces tablettes en métal qui en activant la planche produisent un bruit fort, qui annonce la procession. Dans d'autres régions, les *klepetaljke* sont montées sur des petites roues attachées aux planches en bois et reliées à des pignons en métal ; une fois tiré, le dispositif laisse échapper un bruit de cliquetis.

**Le tissage des branches.** Les palmiers étaient difficiles à trouver sur la côte adriatique, aussi les gens utilisaient plutôt des rameaux d'oliviers et de romarin. Les chroniques de la ville de Split rapportent que tous les habitants se réunissaient à Pâques autour du seul palmier de la ville, qui était planté dans un jardin privé. Les habitants de Brač, eux, amenaient par bateaux des palmes de l'île de Vis, où l'arbre exotique poussaient en abondance, puis les distribuaient aux habitants. Les branches étaient décorées avec des croix ou des guirlandes fabriquées avec des rubans et des fleurs. Ce savoir-faire artisanal était tellement apprécié qu'une branche ainsi travaillée pouvait s'échanger contre le pain de Pâques et 20 œufs colorés et décorés. Sur l'île de Korčula et dans les alentours de Šibenik, des branches d'oliviers étaient tressées, alors qu'en Istrie les branches étaient tissées en guirlandes avec une croix.

**La coloration des œufs**. Il existe plusieurs façons de décorer les œufs de Pâques. La plus connue emploie de la cire liquide chaude et un crayon. Après la coloration, la cire est enlevée, laissant apparaître de splendides motifs décoratifs. Avant l'apparition de la pigmentation artificielle, les œufs étaient colorés en les cuisinant dans l'eau avec de la peau d'oignons rouges, des noix, des racines et des herbes colorantes. Afin d'obtenir leur éclat, ils étaient polis avec de l'huile avant d'être placés dans le panier.

La deuxième manière vient de la Croatie continentale. On y décore les œufs avec des dessins réalisés au couteau. Puis on les décore avec des rubans de soie et de laine.

Une troisième technique consiste à utiliser de l'acide formique afin de laisser des traces sur les œufs.

Dans le sud de la Croatie, les œufs sont traditionnellement colorés en rouge et décorés d'une étoile ou d'une rosette blanche, alors que les dessins en forme de branches de pin, cercles, spirales et fleurs viennent d'autres régions. Une coutume liée aux œufs de Pâques (*tuča*) et pas des moindres, le combat des œufs... durs ! Chacun choisit un œuf dans le panier et le frappe contre l'œuf de son adversaire. Le gagnant – très logiquement – est la personne dont l'œuf est resté intact après le « combat ».

*Pain de Pâques.*

# FESTIVITÉS

## Janvier

■ **CARNAVAL DE RIJEKA**
RIJEKA
www.rijecki-karneval.hr
*De mi-janvier à mi-février.*
Déguisements, musiques, fanfares et bonne humeur pour fêter le carnaval !

■ **NUIT DES MUSÉES (NOĆ MUZEJA)**
www.hrmud.hr
snekic@hsmuzej.hr
*Fin janvier.*
Comme en France, un événement culturel gratuit qui anime les musées, nombre de salles d'expositions et les galeries.

## Février

■ **CARNAVAL DE DUBROVNIK (DUBROVAČKI KARNEVAL)**
DUBROVNIK
experience.dubrovnik.hr
*Début mars.*
Ce n'est pas Rio. Plus proche de celui Venise, le carnaval de la vieille ville mérite le détour si vous êtes ici en hiver. Très romantique.

## Mars

■ **FESTIVAL DE FILMS FRANCOPHONES**
Cinéma Tuskanac
Varšavska 3 ✆ +385 1 49 23 580
Un festival de longs-métrages et de fictions, dans un cinéma d'art et d'essai à l'ancienne. Une sélection de films indépendants parmi les dernières sorties en France.

## Juin

■ **ÉTÉ CULTUREL DE TROGIR**
Trg Ivana Pavla II/1, TROGIR
www.tztrogir.hr – tzg-trogira@st.htnet.hr
*Fin juin à fin août.*
Expositions, concerts de rue, représentations théâtrales, marché artisanal et divertissements en tous genres.

■ **ÉTÉ DE CAVTAT**
CAVTAT
visit.cavtat-konavle.com
*Fin juin.*
Festival artistique et musical, spectacles et concerts de rue. Tous les événements sont gratuits.

## Croatie, un festival de musiques actuelles

Longtemps, le pays est apparu comme traditionnaliste, où seules les festivités folkloriques, le classique, jazz ou rock avaient droit de cité. Ce temps est révolu. En l'espace de quelques années, la Croatie est devenue l'une des destinations phares en Europe du Sud pour les musiques actuelles. Des festivals estivaux à suivre de juin à septembre.

- **A Zagreb,** le In Music (rock international) fut l'un des pionniers.
- **En Istrie,** on compte plusieurs festivals rock electro world dans la région de Pula (Outlook, Dimensions, Sea Splash) ou ceux de Rovinj (CSSF le festival de salsa, Unknown Festival).
- **En Dalmatie centrale,** c'est le site de Tisno, près de Šibenik, qui attire avec pas moins de cinq festivals qui se suivent l'été (The Garden Festival, Electric Elephant, Soundwave, SunceBeat et Stop Making Sense). À Zadar se trouve l'indéboulonnable festival de metal (Burning Sea, ex-Metalfest), mais aussi le bar lounge et club The Garden, organisateur de festivals qui multiplie les ambiances et les styles electro pop lounge.
- **Sur l'île de Pag,** la plage de Zrče, bien sûr, semble toute prête à rivaliser avec Ibiza grâce au phénomène Electrobeach des clubs en plein air (Papaya, Aquarius, Kalypso) pouvant accueillir jusqu'à 5 000 personnes. A Pag toujours, d'autres rendez-vous electro ou hip hop (Sonus, Barrakud, Hide Out). Un peu plus au sud, au large de Split, sur l'île de Hvar, le For festival répond à l'Ultra Europe ou Bacvice de Split.
- **A quelques kilomètres de Dubrovnik,** sur la Riviera, le Park Orsula Music Festival, le plus éclectique de tous, prend ses quartiers d'été sur un site archéologique en terrasse. Avec l'île de Lokrum à l'horizon, la magie de la musique live face à la mer…

### ■ ÉTÉ THÉÂTRAL DE ZADAR
ZADAR – www.tzzadar.hr
*Fin juin – début août.*
Théâtre, mais aussi musique et danse sont à l'honneur dans le centre historique.

### ■ FESTIVAL ANA DANS LA VILLE (ANA U GRADU)
DUBROVNIK – experience.dubrovnik.hr
*Autour du 20 juin.*
Festival de musique renommé qui commence l'aube de l'été le 21 et s'achève le 22 juin.

### ■ FESTIVAL DES CONTES D'OGULIN
OGULIN – www.tz-grada-ogulina.hr
*Mi-juin.*
Conteurs de rue se donnent rendez-vous sur les places de la ville. La marraine du festival, la plus connue des auteurs de contes pour enfants, c'est Ivana Brlić Mažuranić.

### ■ HIDEOUT
NOVALJA – www.hideoutfestival.com
*Fin juin-début juillet : une semaine du jeudi au jeudi.*
La saison des festivals électroniques de l'île de Pag commence dès le mois de juin. Sur la plage de Zrće, une grosse programmation de DJ internationaux et croates, des *boats* et *swim parties* toutes les nuits.

### ■ INMUSIC
Parc de loisirs Jarun, ZAGREB
www.inmusicfestival.com
*Dernier week-end de juin.*
Gros festival de rock international et des musiques actuelles. Camping sur place, plage et tout pour le séjour des jeunes festivaliers sur la base de loisirs.

### ■ MID-SUMMER SCENE
Fort Lovrijenac, DUBROVNIK
midsummer-scene.com
info@midsummer-scene.com
*Fin juin, début juillet.*

### ■ PARK ORSULA DUBROVNIK
www.parkorsula.com
*mi juin-fin août*
Sur une colline dominant la mer, juste en face de l'île de Lokrum, un festival de musique éclectique. Artistes confirmés, talents à découvrir, jazz, rock, world... des artistes régionaux mais aussi des pays voisins, européens...

### ■ PULA SUPERIORUM
PULA
www.pulasuperiorum.com
*Mi-juin.*
En costumes d'époque antique pendant quelques jours, les jeux et les pratiques romaines revivent dans le centre-ville historique.

### ■ ROKAJFEST
ZAGREB – www.rokajfest.com
*Début juin.*
Sur les bords du lac Jarun, ce festival promeut les musiques actuelles et le rock, avec une mise en avant des artistes croates.

## Juillet

### ■ ARTS DE LA RUE KALELARGART
ZADAR
*Fin juillet.*
Du grand spectacle de rues, avec jongleurs, magiciens, cracheurs de feux qui envahissent la presqu'île historique pendant trois jours.

### ■ ÉTÉ CULTUREL DE MLJET
MLJET
www.mljet.hr
*Mi-juillet – mi-août.*
Danses, concerts, spectacles et animations en tout genre dans les ports et les villages de l'île.

### ■ ÉTÉ DE STON
STON
www.ston.hr
*Mi-juillet – fin août.*
Spectacles et concerts de chants traditionnels (*klapa*), défilés en costumes, dégustation de produits locaux, plateaux d'huîtres. Événements également à Žuljana.

### ■ ÉTÉ DE VELA LUKA
VELA LUKA
www.tzvelaluka.hr
nacelnik@velaluka.hr
*Fin juin – fin août.*
Films, concerts et expositions sur le port de cette cité balnéaire de l'île de Korčula.

### ■ FESTIVAL DE JEUX D'ÉPÉE DE KORČULA (FESTIVAL VITEŠKICH IGARA)
KORČULA – www.visitkorcula.eu
*En juillet et août.*
L'île de Korčula exhibe fièrement son folklore en matière de danse martiale (*moreška, kumpanija*) dans les différents villages qui la pratiquent !

### ■ FESTIVAL D'ÉTÉ DE DUBROVNIK (DUBROVAČKE LJETNE IGRE)
DUBROVNIK – www.dubrovnik-festival.hr
*Début juillet – fin août.*
Un des festivals les plus prestigieux et anciens du pays. Musique classique, danse, théâtre, dans les batiments historiques de la vieille ville.

### ■ FESTIVAL DU FILM DE PULA
www.pulafilmfestival.hr
*2e quinzaine de juillet*
L'un des plus vieux festivals du film en Europe. Des projections spectaculaires dans l'amphithéâtre romain et des concerts.

### FESTIVAL DU FILM LIBERTAS

DUBROVNIK
www.libertasfilmfestival.com
info@libertasfilmfestival.com
*Début juillet.*
Dans le cadre du festival d'été, une programmation de films, des fiction provenant de la production mondiale récente, ayant obtenu des prix. Projections en plein air.

### FESTIVAL INTERNATIONAL DE FOLKLORE

ZAGREB – www.msf.hr
*Fin juillet.*
Ce festival qui fêtera ses cinquante ans en 2016 présente les traditions culturelles croates. Des groupes de musiques sur scène accompagnent des défilés et des danses de troupes en costumes, que l'on sortait à l'occasion des célébrations religieuses et civiles.

### FESTIVAL INTERNATIONAL DU FILM DE MOTOVUN

MOTOVUN
www.motovunfilmfestival.com
*Tous les ans à la fin du mois de juillet.*
Projections de films en plein air, séances partout dans le village perché de l'Istrie. Une bonne programmation internationale, plus de 60 films.

### LABIN ART REPUBLIKA

LABIN – www.labin.hr
*1er juillet au 31 août.*
Tout l'été, la ville vibre aux sons des musiciens et des spectacles de rue.

### LIBURNIA JAZZ FESTIVAL

OPATIJA
www.liburniajazz.hr – info@liburniajazz.hr
*Début juillet.*
Pour les amoureux de jazz, une affiche d'artistes locaux, jeunes talents, noms confirmés ou stars internationales.

### THE GARDEN FESTIVAL

TISNO
thegardenfestival.eu
*Durant une semaine, de mercredi à mercredi, à cheval sur la première semaine de juillet.*
La première semaine de juillet, tous à Tisno ! Sur une presqu'île au nord de Šibenik, après Vodice, ce festival de musiques actuelles invite des DJ internationaux et croates avec, à la programmation, l'équipe du Garden Café de Zadar.

## Août

### 10 JOURS DE DIOCLÉTIEN

SPLIT
www.visitsplit.com
*Fin août.*
Durant ces 10 jours, le palais retrouve un peu de sa splendeur antique : port de la toge autorisée, coiffe romaine, cuisine et vins épicés, passage de chars...

### LA BATAILLE DES PIRATES

OMIŠ
www.tz-omis.hr
*Fin août.*
La reproduction d'une bataille de pirates, d'un réalisme à couper le souffle. Tous au port !

### DIMENSIONS FESTIVAL

Tvrđava Punta Christo
PULA
www.dimensionsfestival.com
*Fin août*
Le dernier rendez-vous de la saison croate pour les amateurs de musique électronique. Le meilleur de l'underground dans un cadre antique exceptionnel.

### FESTIVAL INTERNATIONAL DE MUSIQUE CLASSIQUE ZADAR

www.donat-festival.com
*Juillet-août*
Une acoustique extraordinaire pour ce festival de musique de chambre, qui a fêté ses 55 ans en 2015.

### FOIRE DE KRK

Vela placa 1/1
KRK
www.tz-krk.hr
tz@tz-krk.hr
*Mi-août.*
Marché des petits producteurs mais aussi combats de chevaliers en armure, batailles navales, spectacles de rue, dans une mise en scène réaliste pour restituer l'ambiance médiévale.

### JEUX D'ÉTÉ DE PAKOŠTANE

PAKOŠTANE
www.pakostane.hr
info@pakostane.hr
*Début août.*
Découvrez les jeux anciens dalmates : les courses d'ânes, la pêche aux concombres de mer, le tir à la corde... les touristes se confrontent souvent aux locaux dans ces épreuves drôles et ludiques.

### MUSICAL D'ÉPIDAURE

CAVTAT
www.epidaurusfestival.com
epidaurus.festival@gmail.com
*Fin août – mi-septembre.*
Festival de musique classique, initié par Ivana Marija Vidovic, une pianiste de renom originaire de Dubrovnik.

**SOIRÉES DE LA CHANSON DALMATE**
ŠIBENIK
www.sibenik.hr
*Fin août.*
Un festival de musique et de chants dalmates dans le centre-ville, au cœur d'une aire culturelle importante de l'Adriatique.

**SONUS FESTIVAL**
Zrće Beach
PAG – www.sonus-festival.com
*Généralement la troisième semaine du mois d'août.*
Sur cinq jours et cinq nuits non stop, les trois plus gros beach-clubs de l'île font vivre la célèbre plage au rythme de la musique électronique. Un festival les pieds dans l'eau avec les meilleurs DJ internationaux actuels.

**VUKOVAR FILM FESTIVAL**
www.vukovarfilmfestival.com
Une première décennie sera fêtée en 2016 pour ce festival (fin août) qui investit plusieurs lieux culturels de la ville, avec une sélection nationale et internationale.

## Septembre

**FÊTES MÉDIÉVALES**
ŠIBENIK
www.sibenik-tourism.hr
*1er week-end de septembre*
Tout le centre historique est en liesse et fête le Moyen Age, avec costumes, musiques, spectacles de rue, jongleurs, danseurs, parades et démonstrations équestres, sans oublier la gastronomie, les vins et produits du terroir.

**JOURNÉES DE LA TRUFFE**
BUZET
www.istra.hr
*Mi-septembre à mi-novembre.*
Plus tôt qu'en France, la saison des truffes a lieu en en automne en Istrie. L'occasion de visiter la région et de mieux connaître ce champignon recherché. Dégustation, gastronomie, vente.

**JOURNÉES DU VIN**
KRK
www.vrbnik.hr – info@vrbnik.hr
*Fin août ou début septembre*
L'occasion de découvrir les producteurs de vins locaux et goûter les produits gourmands.

**KORKYRA BAROQUE FESTIVAL**
KORČULA
www.korkyrabaroque.com
*2e semaine de septembre*
Festival de musique baroque dans la cathédrale Saint-Marc, les églises Saint-Nicolas et celle de Tous les Saints.

**RECONSTITUTION DE LA BATAILLE DE KORČULA**
KORČULA
korculainfo@gmail.com
*1re semaine de septembre*
Reconstitution historique et médiévale dans la vieille ville.

**SPLIT FILM FESTIVAL**
www.splitfilmfestival.hr
*2e quinzaine de septembre*
Une semaine de projection de films internationaux, réalisateurs indépendants, longs-métrages, séries et documentaires.

**STON FESTIVAL KINOOKUS**
www.kinookus.com
*1re semaine de septembre*
Peut-être le plus original de toute la Croatie, ce festival slow life, près de Dubrovnik, mêle un marché de petits producteurs, des conférences sur l'écologie et la gastronomie locale, des dégustations, séances de cinéma, concerts. Tout le milieu alternatif s'y retrouve.

**WINE AND JAZZ FESTIVAL**
Ulica sv. Dominika 9
Ured Dubrovački simfonijski orkestar (pour se procurer les tickets)
DUBROVNIK
✆ 385 20 417 110
www.dubrovnikwinejazz.com
*Dernier week-end de septembre*
Même concept et même nom que celui de Vancouver, ce festival, qui présente des musiciens de la scène internationale, vous accueille à l'entrée et sortie des concerts avec des dégustations de vins de la région.

## Octobre

**FESTIVAL DE CINÉMA DE ZAGREB**
ZAGREB
www.zagrebfilmfestival.com
*Fin octobre.*
Pour les cinéphiles qui veulent découvrir une sélection de premiers films et autres productions indépendantes, en version originale avec sous-titres en anglais.

## Décembre

**NUIT DES VINS DE PELJESAC**
Domaines viticoles de la presqu'île
*Début décembre*
Les vignerons et viticulteurs de la région vous invitent a découvrir leur domaine, goûter les vins nouveaux et autres cuvées. Dégustations, ventes de vins locaux.

# CUISINE CROATE

Au carrefour de courants culinaires, la cuisine croate mélange les influences de la Méditerranée, d'Europe centrale, des cultures slaves et orientales.

Au nord, c'est la cuisine austro-hongroise et celle des pays de l'Est qui domine. Sur la table, principalement de la charcuterie – le *šunka* (jambon de Slavonie), le *kulen* (saucisson slavon), *krvavica* – des choux, des pommes de terre. Les vastes forêts permettant aux hommes de chasser, les Croates sont friands de viande de gibier. Parmi les plats courants, figurent le *gulaš* (*goulash*), fameux ragoût de viande et de légumes répandu dans tous les Balkans, les viandes cuites à la broche (porc, agneau, chèvre, canard) ou mijotées sous la cloche *peka*, c'est-à-dire un plat en terre ou fonte couvert posé sur la braise. L'escalope de veau panée farcie au jambon et au fromage serait plutôt d'origine austro-hongroise alors que la spécialité régionale dalmate (*visovčka begavica*) fait cuire l'agneau dans du lait de brebis.

En général, pour le repas du soir, on commence par une soupe ou des rouleaux de chou vert marinés avec viande ou légumes et riz. Le plat principal peut aussi commencer par la *maneštra matinale* ou la *pašta-fažol*, sorte de soupe comme un minestrone italien composée de haricots et de pâtes.

D'autres spécialités de pâtes, comme les *mlinci*, sont cuites au four et servies avec de la dinde. Les *fuži* istriennes sont des pâtes aux truffes, les gnocchis sont traditionnels ou verts, aux herbes. Plus original, le riz noirci à l'encre de seiche, *le štrukli sa sirom* de Zagreb, plat de pâtes, fromage frais et crème allant au four. Assez roboratif tout de même !

Au sud, sur la côte adriatique, on se régale plus particulièrement de cuisine méditerranéenne, poissons, fruits de mer et crustacés, fromages de chèvre ou de brebis, figues, fruits à coques, le tout arrosé de vins régionaux. En Dalmatie, on y trouve de nombreux produits qui connaissent une renommée internationale : le *dalmatinski pršut* (jambon fumé de Dalmatie), l'*istarski pršut* (jambon fumé d'Istrie) et le *paški sir* (fromage de l'île de Pag). Enfin, un peu partout dans le pays, les Turcs et les Bosniaques ont donné le goût des épices dans les viandes hachées

## Vins, grappa et liqueurs

La Dalmatie, région la plus au sud de la côte croate, est le terrain idéal pour la culture de la vigne, grâce à l'aridité du sol, l'ensoleillement garanti, l'air iodé qui évite de trop traiter avec les produits chimiques. Ces bonnes conditions phytosanitaires ont donné naissance à des vins taniques originaux. Pourtant, le vin croate n'a pas encore touché le marché international. Jusqu'à la fin des années 1980, seules deux coopératives étaient autorisées à acheter le raisin pour produire le vin. Depuis l'assouplissement de la législation, quelques régions se distinguent par la classification de leur vin avec un label de qualité comparable au système de l'AOC française.

Les nombreux vins régionaux sont assez disparates quant à leur valeur gustative. Les meilleurs crus proviennent de l'ouest de la Croatie. Attention, les vins croates sont forts, ils titrent encore entre 13,5°, 14° et parfois 15° d'alcool par litre. En Istrie, ils sont plus légers, en Slavonie plus pétillants.

En vins rouges réputés, figurent le poreški merlot, le teran de l'Istrie et le cabernet sauvignon poreški ainsi que le dingač de Pelješac ou le poštup dalmate.

En vins blancs, citons le malvazija povinjska et le pinot, le grk, le pošip et le malavazija.

Autre pratique, le verre de grappa maison à base de fruits (prune, marc de raisin, pêche, abricot, pomme, citron, figue, coing, noix), selon les habitudes de celui qui la distille devient vins liquoreux ou aromatiques avec usage de plantes médicinales (sauge, lavande, romarin).

Les vins cuits, comme le *prošek* que les Romains connaissaient déjà sous le nom de *vinum sanctum*, se boivent au dessert. Dans la région de Zadar, le marasquin (alcool de cerise) est un vin liquoreux. Napoléon Ier lors de son raid en Croatie en était friand !

(*cevapčići, pljeskavica*) ou cuites à la broche comme les *ražnjićii*.

**Desserts et viennoiseries.** De tradition austro-hongroise, la pâtisserie est entrée dans la cuisine traditionnelle croate, comme le cheesecake aux graines de pavot, les choux et beignets fourrés, les crèmes sucrées, les *štrudel* aux pommes ou fruits rouges, les gâteaux roulés, les sablés à la pâte de noix ou de figue, les pralines. Typiquement croate, le *bajadera*, gâteau au chocolat sans cuisson, ou le *makaruli* de Ston, gâteau aux macaronis avec purée de fruits secs, chocolat et miel. À découvrir !

## Produits caractéristiques

**Fromage et jambon fumé en entrée.** Si le fameux *paški sir*, fromage de brebis fabriqué sur l'île de Pag, est si célèbre pour son goût d'herbes sauvages, la sauge notamment, il ne saurait occulter les autres fromages de chèvre. On ne les trouve qu'à la bonne saison quand les bêtes donnent du lait. Notez que le *paški sir* est roulé dans la cendre et l'huile d'olive avant d'être affiné. Vous en trouverez plus facilement à Zadar, Pag et à... l'aéroport ! Il s'accompagne très bien avec le *prsut*, le jambon cru fumé d'Istrie ou de Dalmatie (les meilleurs !), le tout servi en entrée avec des olives et des câpres. Au Nord, goûtez au saucisson *kulen*.

**Truffes en automne.** Les amateurs de truffes se retrouvent en Istrie Verte, dans l'arrière-pays, entre Motovun, Buzet et Labin. Les locaux connaissent leurs coins, ils partent le matin très tôt accompagnés de leur chien ou de leur cochon pour chasser le champignon qui, ici aussi, vaut de l'or mais n'a pas encore atteint la cote faramineuse de l'Hexagone. Dans les restaurants semi gastronomiques, on cuisine la truffe blanche avec des pâtes, du risotto noir à l'encre de seiche, des boulette de viandes, des coquillages, des œufs ou encore en dessert avec du fromage et du miel. Vous pourrez en ramener conditionnées en bocaux, sous la forme de condiments ou d'huiles parfumées.

**Asperges au printemps et pousses vertes toute l'année.** Toujours en Istrie, où les femmes les vendent sur le bord des routes, les cueilleuses aguerries trouvent de fines pousses d'asperges, qui poussent près des herbes piquantes du sous-bois. Vous ne les mangerez pas au restaurant mais toute bonne cuisinière croate sait les reconnaitre tout comme le chou et les salades d'herbes sauvages ! Sur les marchés, on est étonné par la grande variété des pousses vertes, utilisées dans les salades, soupes et dans l'incontournable *blitva*, cet écrasé de blettes et pommes de terre à l'huile d'olive, à l'ail et aux condiments qui vient en accompagnement des plats de viande et de poisson grillé.

© LAWRENCE BANAHAN – AUTHOR'S IMAGE

*Spécialité de poissons et fruits de mer.*

**Du côté des douceurs**. Si vous êtes à Korčula, pourquoi ne pas ramener des *cukarini*, ces délicieuses pâtisseries aux amandes, mais aussi des croquants ou des gâteaux secs *made in Croatia*, comme ce charmant *Paprenjak*, sablé épicé, dont la recette remonte à la Renaissance. Parfait pour le thé aux cranberries (čaj Brusnica), il est reconnaissable à son papier craft d'emballage. Le pain d'épices n'est pas né dans l'Est de la France mais bien en Croatie du Nord. Les petits en forme d'étoiles sont faits spécialement à Noël. On les accroche au sapin. Les *licitar*, pain d'épices également, en forme de cœur, sont l'emblème gourmand de Zagreb. En Dalmitie, on est plus figues, raisins, agrumes produits localement. Les *arancini*, spécialité de la région Neretva Dubrovnik, à base d'écorces d'orange cristallisées dans le sucre accompagnent le café. Dans la pâtisserie traditionnelle, on ajoute souvent des graines de caroube moulues (*rogac mljeveni*), en complément moelleux et sucré de la farine. Le miel de montagne est corsé, gorgé des arômes de fleurs et plantes sauvages (sauge, mélisse, romarin).

**Huile d'olive à toutes les sauces.** Parmi les meilleures du monde mais peu connues, les huiles d'olive d'Istrie et de Dalmatie sont pourtant répertoriées par les guides gastronomiques. Dans les épiceries fines vous trouverez plusieurs marques, comme PZ Marina, Ipsa ou Torkul.

## La *marenda*, c'est quoi ?

Si le petit déjeuner croate est léger, café noir type expresso ou à la turque, thé vert, jus de fruits, c'est parce que l'heure de la marenda n'est pas si loin ! Même si la tradition se perd, il reste des bars où vous verrez le mot apparaître en devanture. Dans les régions côtières, vers 10 ou 11h, que l'on soit à la maison, au travail ou à l'extérieur, on a coutume de prendre ce léger repas, la plupart du temps un sandwich à base de poisson, fromage et pain. Un encas salé qui permettait aux ouvriers agricoles levés de bonne heure de faire une pause en fin de matinée. L'usage perdure, même dans les villes mais les plats de poissons ou les fruits de mer ne sont pas toujours au menu de la marenda, qui aujourd'hui pourrait plus ressembler à un brunch ! La journée se poursuit par un déjeuner léger. Puis, en général, au retour du travail, on ne goûte pas sucré mais salé et on dîne aux alentours de 18h/19h.

## Habitudes alimentaires

Traditionnellement, les repas préparés à la maison sont souvent copieux. Mais du nord au sud, l'alimentation varie avec des particularités géo-culinaires. Dans les régions autour de Zagreb, en Slavonie, à la campagne et en montagne, la cuisine continentale, influencée par la tradition austro-hongroise, se caractérise souvent par des plats riches en viande rouge, charcuterie, lait et fromages de vache, féculents, chou, oignons. Elle souvent relevée par des saveurs orientales (paprika, cumin). Sur les régions côtières, règnent les influences grecque, romaine et illyrienne. L'apport des cuisines italienne et française y est notable. La cuisine méridionale de l'Adriatique est plus proche du régime crétois, avec plus de poisson, d'huile d'olive, de légumes grillés et des fruits secs.

### Régions du Gorski Kotar et Lika

Dans cette région montagneuse, la cuisine reflète les habitudes des personnes vivant dans les hautes terres, au milieu des forêts et pâturages. Les étés y sont courts, les hivers rigoureux. L'alimentation simple et nourrissante est basée sur des cuissons longues, mijotés, viandes rôties sur le feu ouvert. C'est le cas également en Dalmatie intérieure ou dans la campagne istrienne. Viande ovine (agneau, mouton), porc et gibier y sont servis avec des pâtes de blé, de la semoule de maïs (polenta), des bouillies de céréales, des pommes de terre et des légumes endémiques, asperges sauvages, pousses vertes, blettes à cardes pour la fameuse *blitva* mais aussi champignons, choucroute, haricots secs. Les fromages fermiers, que l'Europe n'a pas encore trop calibrés, de chèvre, de brebis ou de vache peuvent être frais, fermentés ou fumés. Ils se consomment en entrée avec du jambon fumé.

### Nord-ouest de la Croatie

Les plats roboratifs utilisent des légumes de saison (haricots pois, pommes de terre cuites au four, chou), souvent mélangés avec de la viande porcine, de la volaille pour former un bouillon. En hiver, la choucroute, accompagne les haricots et la bouillie d'orge. Dans la région de Podravina, le pain de maïs, d'orge ou de farines mélangées accompagne le fromage de vache épicé fumé ou séché (*prge*). La dinde, l'oie et canard de la région de Turopolje sont réputées. La carpe au four des régions de Moslavina et Posavina également. Dans la région de Medjimurje, il faut goûter la bouillie de farine de maïs (*dežganci*) servie avec des tranches de lard, du jambonneau, du boudin noir de Krvavican, des saucisses à l'ail (*češnjovka*) et autres spécialités charcutière. La région de Banovina est connue pour son salami d'hiver. En été, des salades vertes (laitue, concombre frais avec de la crème aigre et de l'ail), des salades mixtes et des légumes sautés ou bouillis (courgettes, haricots verts et petits pois) sont servis avec des pâtes. En été, on prépare en conserve les aliments et condiments en pots pour l'hiver. On trouvera donc, à côté de l'indispensable choucroute, des bocaux de concombres, betteraves rouges, oignons cuits dans du vinaigre mais aussi des recettes sucrées, des confitures de prunes ou de rose musquée, des fruits en bouteille... Les pâtisseries commencent souvent sur la base du pain de maïs (*kukuružnjača*). Les *periača, zlevanka, orehnjača* et *makovnjača* sont fourrés d'une crème aux noix, miel et graines de pavot. Dans la région de Zagorje, on aime les beignets (*buhli, krafne*) et toutes sortes de strudels, y compris le *bučnica*, gâteau fait avec de la chair de citrouille. Samobor, petite ville gastronomique près de Zagreb, est fière de ses restaurants. Tous affichent à la carte le fameux Samobor bifteck (*Samoborski odrezak*), le salami et le sauté de porc braisé (*kotlovina*), les pommes de terre goulash, le vin Bermet doux et épicé. Sans oublier l'accompagnement, la moutarde faite maison ! Dans les grandes villes, Varaždin et surtout Zagreb, la cuisine contemporaine est plus cosmopolite. On y goûte les influences italienne ou bosniaque. Zagreb possède son propre bifstek préparé avec du pain émietté, veau farci, fromage. On y cuisine de nombreuses viandes rôties et divers ragoûts au vin. Le bacon et les tripes au lard y sont souvent servis avec des pommes de terre, des légumes du marché, du raifort. Les restaurants proposent des poissons d'une qualité égale à celle de la côte adriatique, de l'agneau aussi délicieux que celui de la région de Lika. La tradition ancestrale des pâtissiers des évêques apprécie les crêpes, le *Zagorje strudel* farci avec du fromage cottage, le strudel aux pommes ou à la citrouille. Le goût du pain blanc, des tartes et autres gâteaux fourrés (noix, pavot, confiture de prunes) remonte aux temps anciens.

### Slavonie et Baranja

La région fertile de la Slavonie et Baranja est le grenier de la Croatie. Haut lieu de la cuisine nationale, on sait cuisiner les pâtes aux œufs, gratins de pommes de terre, haricots secs, fromage cottage maison avec crème fraîche, fromage séché, ainsi que des plats de volaille et de porc. Fumé et séché, le porc se décline en jambon, saucisses et *kulen* très prisés, surtout lorsqu'ils sont servis avec du fromage cottage, des légumes marinés, des poivrons, tomates et oignons jeunes (*alla turšija !*). Une alimentation riche en protéines bonne à fournir l'énergie nécessaire aux travaux des champs. Aujourd'hui, la préparation de ces plats consistants est considérée comme trop contraignante. Pour les grandes occasions, on continue à cuire lentement le goulash de bœuf ou de porc, les ragoûts de viandes de poissons (carpes, brochets, etc.) avec des légumes et des pâtes.

### Côte adriatique, Istrie, Dalmatie

Toute différente, la cuisine méridionnale croate s'apparente plus aux normes nutritionnelles contemporaines. Côté Sud, la table est pleine d'olives vertes et noires salées, câpres et oignons marinés, fromages de chèvre et jambon fumé (*prsuit*) en apéritif. Généralement, on y mange plus de poissons et de viandes blanche, des légumes du Midi grillés abondamment dans l'huile d'olive, pousses vertes sauvages ou du marché, herbes aromatiques. Dans les régions qui abondent en eau douce, Konavle par exemple, les crabes, grenouilles ou anguilles ont l'avantage d'être frais.

### Cuisine des îles

A Hvar, Korčula ou Brač, on apprécie toujours un plat rustique, à base d'agneau grillé farci d'abats. A Vis, c'est la sardine grillée, bouillie ou marinée qui est à l'honneur, alors qu'à Komiža, on l'introduit dans la pizza. Selon les arrivages, de nombreux poissons frais (loup de mer, dorade, mérou, maquereau) seront grillés entiers. Au restaurant souvent, on vous les propose au kilo. On commande de beaux plateaux de fruits de mer et de crustacés sur la presqu'île de Pelješac. Le homard très apprécié est juste bouilli ou rôti sur un feu ouvert.
Pour les amateurs viande, le pied de porc fumé, le mouton séché et la viande braisée (*pašticada*), les pâtes à la viande hachée (*maneštra*), les boulettes de viandes dans la feuille de vigne (*arambašići*) sont courantes. En accompagnement, du risotto blanc ou noir, coloré à l'encre de seiche, des pâtes, des gnocchis et toujours des légumes cuits ou grillés avec de l'huile d'olive. Dans les desserts typiques, les fruits du soleil, figues et raisins secs, amandes, miel sont la base d'excellents petits gâteaux. Les meilleurs se préparent sur l'île de Korcula.

*Spécialités croates.*

## Chou, poivron ou feuille de vigne farcis ?

Le *sarma*, version nordique des poivrons farcis (*punjene paprika*) de Dalmatie, est un plat familial hérité des Balkans. Il se compose de feuilles de chou blanc et d'une farce de viande blanche épicée avec légumes hachés. Une recette de saison, en automne, quand les crucifères arrivent sur les marchés pour y trôner tout l'hiver. Repas traditionnel du lendemain du jour de l'an, il aide à récupérer après une nuit agitée et bien arrosée. On emmène les *sarmas* dans ses bagages au ski ou en voyage d'hiver ! Il n'y a pas mieux pour se réchauffer les jours de froid. Une variante existe aussi avec des feuilles de vigne et une farce similaire à celle du chou ou du poivron.

**Ingrédients :** 1 chou blanc, 500 g de chair à saucisse ou de viande d'agneau, 1 tasse de riz, 2 oignons moyens, bouillon de volaille ou de légumes, 1 oignon, 1 carotte, 1 verre de vin blanc doux, 3 cuillères à café de cumin, muscade en poudre, 1 pincée de piment, sel, 1 carotte, 2 feuilles de laurier.

Effeuiller le chou, le laver et blanchir les feuilles. Garder le cœur et le hacher pour la farce. Dans un grand saladier, mélanger les oignons hachés, le chou haché, la chair à saucisse, ajouter les épices et le riz pré-cuit. Disposer de la farce sur chaque feuille puis les rouler et les fermer avec un ou deux cure-dents en bois. Placer ces petits farcis au fond d'une marmite, les empiler et les couvrir de bouillon et de vin blanc ou d'une sauce tomate (au sud), auxquels on ajoute un oignon, une carotte émincée, 2 feuilles de laurier. Assaisonner. Cuisson : 1 heure à feu doux, en couvrant et en surveillant le plat.

**Et pour finir,** dans les maisons conviviales, où les vins régionaux sont servis généreusement, on sortira aussi la bouteille de cognac de prune (šljivovica), de grappa ou de brandy aux fruits rouges de la forêt (à consommer avec modération !).

## Recettes

Deux recettes typiques de la diversité croate, l'une méridionale, que l'on cuisine partout sur le littoral adriatique, l'autre relevant plus des traditions de l'Europe du Nord.

### Risotto noir encre de seiches

**Ingrédients pour 4 personnes :** 300 g de riz rond, 1 kg de seiches fraîches et lavées + 2 sachets d'encre de seiche, 2 oignons frais, 1 l de bouillon de légumes ou de poisson, huile d'olive, un verre de vin blanc sec, sel et poivre du moulin, 1 cuillère à soupe de persil haché, 1 gousse d'ail, feuille verte ou fleur de fenouil.
Laver et préparer les seiches, les couper en petits morceaux. A feu doux, faire revenir l'oignon finement haché dans 4 cuillères d'huile d'olive. Ajouter les seiches, le sel puis le vin blanc et faire revenir jusqu'à l'évaporation complète du liquide. Réserver. Dans la même casserole, faire chauffer à feu doux 4 autres cuillères d'huile d'olive, y verser le riz puis mélanger jusqu'à ce que celui-ci devienne translucide. Mouiller avec le bouillon chaud ajouter l'ail écrasé et cuire 10 minutes environ. Délayer l'encre noire de seiche avec un peu d'eau. Hors du feu, mélanger le riz, les seiches et l'encre liquide. Parsemer le tout de persil haché, poivre et de quelques pincées de fenouil haché.

### Des medenjaci pour Noël !

Une recette sucrée, ludique et moelleuse à préparer avec les enfants.

**Ingrédients pour 60 petits gâteaux :** 165 g de farine, 85 g de sucre glace, ½ cuillère à café de cannelle en poudre, un peu de bicarbonate de soude, 25 g de noix en poudre, 1 cuillère à soupe de miel, 1 œuf, 60 g de beurre.
Pour la dorure : 1 œuf. Pour le glaçage : 1 blanc d'œuf, 80 g de sucre glace, 1 cuillère à soupe de jus de citron.
Mélanger la farine, le sucre, la cannelle, le bicarbonate de soude et les noix concassées. Ajouter le beurre mou en petits morceaux puis le miel et l'œuf entier. Bien mélanger. Pétrir avec la paume de la main pour obtenir une boule. Recouvrir la pâte de film transparent et placer au réfrigérateur pendant 6 heures. Etendre cette pâte sur une épaisseur de 0,5 cm et découper différentes formes à l'aide d'emporte-pièces. Avec un pinceau, enduire ces gâteaux de l'œuf entier battu puis les placer sur une plaque de cuisson (four à 180 °C) pendant 15 min.
Pour le glaçage décoratif, mélanger le blanc d'œuf, le sucre glace et un peu de jus de citron. Pour réaliser des motifs sur les medenjaci, utiliser une poche à douille. Puis laisser « prendre » toute une nuit dans une pièce au frais. C'est prêt !
*À lire, le recueil de recettes d'Évelyne Marty-Marinone, Cuisine de Croatie (Edisud 2008)*

## DISCIPLINES NATIONALES

Parmi les sports professionnels les plus pratiqués en Croatie, c'est toujours le foot le plus populaire, avec près de 1 500 clubs enregistrés sur tout le territoire et plus de 130 000 adeptes !

**Foot, basket, handball...**

L'équipe de football, dont les joueurs évoluent pour la plupart dans les grands clubs européens, a bien failli barrer la route des champions du monde français en 1998, en demi-finale, en ouvrant le score avant de s'incliner 2-1. En 2008, lors du championnat d'Europe, ils ont accédé aux quarts de finale avant d'être finalement battus par la Turquie. Davor Šuker (né en 1968), classé meilleur buteur de la Coupe du monde de 1998 en France, avait décroché la médaille de bronze avec la sélection croate. Les deux grands clubs, le célèbre Dinamo de Zagreb et le Hajduk de Split.

L'équipe nationale de basket-ball a été finaliste aux Jeux olympiques de Barcelone en 1992, perdant de peu contre la Dream Team américaine et n'ayant pas depuis réussi à reproduire l'exploit, bien que finissant 6e aux JO de Pékin en 2008.

Renouant avec son succès olympique de 1996, l'équipe nationale de handball de Croatie est devenue championne du monde, pour la première fois de son histoire, en février 2003. En 2014, considérée comme l'un des outsiders de la coupe du monde, la Croatie n'est pas parvenue à concrétiser les espoirs. Si les stars, Luka Modric, ni Ivan Rakitic ou Mario Mandžukic, ont déçu, c'est Ivan Perisic, le milieu droit de Wolfsburg, que l'on remarque sur le terrain. Elu 2e meilleur joueur du 1er tour par la Fifa, il finit la compétition avec 2 buts et une passe décisive. Après une bonne démonstration contre le Cameroun (4-0), un match d'ouverture pas facile, voire discutable avec un arbitrage qui a paru pour certains en défaveur de la Croatie, les trois buts brésiliens furent encaissés en dix minutes et ont sorti l'équipe du championnat. En 2015, un match nul en Azerbaïdjan suivi d'une défaite en Norvège lors des éliminatoires du championnat d'Europe de football 2016 ont entraîmé le licenciement du sélectionneur Niko Kovač.

**... Tennis, ski, athlétisme...**

Parmi les joueurs de tennis, tout le monde connaît Goran Ivanišević, pour son jeu et sa forte personnalité. Débutant sur les terres battues de Split, il a su gagner le tournoi du Grand Chelem à Wimbledon en 2001. Chez les femmes, c'est Iva Majoli qui obtient les meilleurs résultats, s'imposant notamment à Roland-Garros en 1997 après un grand tournoi. Lors des Jeux olympiques d'hiver de Turin (2006) et de Salt Lake City (2002), Janica Kostelić fut la première skieuse de l'histoire à remporter trois médailles d'or. Ses performances ont impressionné, autant que celles du skieur alpin, Ivica Kostelić (né en 1979). Champion du monde (2010-2011), double champion du monde de slalom (2001-2002 et 2010-2011) et champion du monde du (super) combiné (2010-2011, 2011-2012).

En athlétisme, Sandra Perković (née en 1990), fut championne olympique du lancer du disque en 2012, tout comme Blanka Vlašić (née en 1983), championne du monde du saut en hauteur en 2007 et 2009, médaillée d'argent aux Jeux olympiques de 2008 et sacrée meilleure sportive européenne en 2010.

**... et waterpolo !**

L'équipe de Croatie participe aux compétitions internationales depuis 1991. Elle gagne la médaille d'argent aux Jeux olympiques de 1996, l'or aux Jeux de 2012 ainsi qu'au championnat du monde en 2007. À la fin des années 2000, l'équipe masculine remporte le titre mondial aux championnats du monde 2007, est médaillée de bronze en 2009 puis sacrée championne d'Europe en 2010. En 2011, elle gagne la médaille de bronze aux championnats du monde et se place troisième dans la sélection des championnats du monde 2013, derrière les Monténégrins, les Serbes et les Hongrois. Bref, une discipline où la région excelle !

## Krešimir Ćosić

Né en 1948 à Zadar, ce sportif de haut niveau (2,10 mètres) a fait une belle carrière comme joueur de basket et entraîneur, ce qui lui a valu d'entrer au Basketball Hall of Fame en 1996. Dans les années 1970, il était considéré comme le meilleur joueur européen ; à l'époque on disait de ce Blanc qu'il jouait « comme un Noir ». Fondateur de la communauté des Mormons en Croatie, il s'est lancé dans la diplomatie lorsque son pays est devenu indépendant en 1992. Il est mort d'un cancer en 1995 à Baltimore.

## Dražen Petrović

Né à Šibenik le 22 octobre 1964, celui que l'on surnommait le Mozart du basket a remporté coupes et championnats avec le maillot de Cibona. Il a joué dans la NBA pendant quatre ans et devint l'un des meilleurs joueurs de son temps. Il est mort dans un accident de voiture en 1993. Une place et une salle de sport à Šibenik portent son nom.

## Goran Ivanišević

Le « roi des aces » est né le 13 septembre 1971 à Split. Joueur précoce, il devient finaliste du Grand chelem de Wimbledon en 1992, 1994 et 1998 puis remporte son premier tournoi en juillet 2001. Le prestigieux terrain londonien lui a valu une belle réputation sur le circuit international. En quelques années, Ivanišević, serveur hors pair, est devenu la plus importante personnalité de Split. Il se retire de la compétition en 2004.

## Janica Kostelić

La skieuse croate, née le 5 janvier 1982 à Zagreb, reine des JO de Salt Lake City (2002), a remporté le géant, après le combiné et le slalom, en plus de l'argent du super G. Pour ses 20 ans, Janica Kostelić est devenue la première skieuse à remporter trois médailles d'or dans les mêmes Jeux. Lors des JO de Turin (2006), elle remporte l'or en combiné et l'argent en super G, après avoir raflé à nouveau trois médailles d'or aux championnats du monde de 2005 à Bormio. Suite à ses blessures, elle prend sa retraite en 2007.

## Ivica Kostelić

Frère de Janica, le skieur alpin, né le 23 novembre 1979 à Zagreb, s'est illustré en slalom (champion du monde en 2003, vainqueur du globe de cristal de la spécialité en 2002) puis gagne trois médailles d'argent aux JO d'hiver. En 2011, il remporte 7 épreuves de Coupe du monde et compte 23 victoires en coupe du monde.

## Blanka Vlašić

La longiligne athlète, née le 8 novembre 1983 à Split, s'impose dans le saut en hauteur féminin. Elle a décroché la médaille d'argent aux JO de Pékin (2008), deux médailles d'or aux championnats du monde d'Osaka (2007) et de Berlin (2009) avant de devenir en 2010 championne d'Europe en franchissant les 2,03 mètres. En janvier 2012, Blanka subit une intervention chirurgicale au pied gauche. Elle déclare forfait pour les championnats du monde d'athlétisme en salle, ne participe pas aux JO d'été de Londres 2012 et, en 2014, en raison d'une inflammation au genou, elle est contrainte de déclarer à nouveau forfait aux championnats d'Europe d'athlétisme de Zurich.

## Josip Skoblar

Né le 12 mars 1941 à Privlaka, près de Zadar, ce grand buteur international est devenu champion de France en 1971. Il détient le record de buts marqués sur une saison pendant le championnat de Ligue 1. Durant la saison 1970/1971, il a donné 44 buts en 36 matches sans jamais avoir tiré de penalties. Il a remporté la Coupe de France avec l'OM en 1972, fut conseillé/recruteur au sein de l'équipe technique de l'OM et fait toujours partie des légendes phocéennes.

# ACTIVITÉS À FAIRE SUR PLACE

## En mer

Avec son pourtour côtier, ses rivières et cascades dans les parcs nationaux, la Croatie se place comme une destination idéale pour les vacances actives et sportives. Elles offrent l'opportunité de nombreuses activités aquatiques. A commencer par la baignade ! Le terrain ? De multiples plages de galets, un peu moins de sable, des pontons aménagés et des kilomètres de rochers où l'on peut s'installer. Attention aux oursins !

### Planche à voile

Les conditions météorologiques des côtes sont favorables pour les véliplanchistes. C'est un sport très populaire sur les îles de Brač ou de Korčula, le cycle journalier des vents y est idéal pour la pratique. Plusieurs clubs organisent des cours de planche à voile pendant la saison.

### Plongée sous-marine

La beauté sauvage de la côte adriatique, celle de ses archipels attire de nombreux touristes depuis des décennies. La Croatie, comme ses voisins méditerranéens, est un pays de marins, de pêcheurs et de plongeurs. L'Adriatique connaît des marées de faible amplitude, l'eau de mer particulièrement translucide offre une visibilité excellente jusqu'à 30 m. Elle est d'une salinité moyenne pour la Méditerranée.
Les températures de la mer sont plaisantes de mai à octobre, entre 20 et 26 °C. Le reste de l'année, l'Adriatique ne descend pas en dessous d'une dizaine de degrés. Au nord et au centre de la côte, la mer est peu profonde, tandis qu'après le seuil de Palagruža commencent les grands fonds du bassin de l'Adriatique Sud.



## Sport, nature et découverte dans les terres

La Croatie de l'intérieur des terres est le paradis des bons marcheurs et des amateurs d'activités sportives. Quelques idées du nord au sud.

### Randonnée, à pied, à cheval, en VTT

Organiser des marches dans le Parc national de Plivitce (lacs et cascades), des explorations de canyons à Paklenika, à la recherche du lynx dans le parc national de Risnjak, des remontées de sentier à Premužić jusqu'au refuge des jeunes ours, des trek en VTT en Istrie ou au mont Velebit, des journées à cheval dans les ranch des parcs nationaux.

### Escalade, alpinisme, ski

La région de Paklenica, dans les montagnes du Velebit, est particulièrement réputée pour l'escalade. Le climat agréable permet de pratiquer au printemps, en été et à l'automne (en ayant pris soin de vérifier la météo avant de partir). Chaque printemps, on y organise une grande compétition internationale, Big Wall Speed Climbing, qui rassemble les alpinistes du monde entier. Un peu plus au sud, dans la région d'Omiš, on peut escalader les falaises du Biokovo. Enfin, certains sites ont été aménagés en Istrie, dans les îles adriatiques. Pour le ski, c'est sur les monts Papud ou près de Zagreb (Sljeme) que vous trouverez des belles pistes

### Chasse et pêche

La Croatie possède de nombreux terrains de chasse sur lesquels abondent les gros gibiers européens. On y trouve des cerfs, surtout chassés au mois de septembre dans le bassin le long du fleuve Sava. De nombreux chasseurs étrangers viennent en Croatie pour y traquer l'ours, le chevreuil, le lynx et d'autres petits gibiers comme le lapin, le renard ou encore les oiseaux migrateurs.

Pour la pêche, les plus belles rivières se trouvent entre Zadar et Split, sur les rivières de Zrmanja, Cetina ou Gacka près de la ville de Otocac, entre Senj et les lacs de Plitvice. La rivière Gacka est parfaite pour les amateurs de pêche et pour les confirmés. Ceux qui préfèrent les parcours *no kill* sont les bienvenus ! Des séjours pêche peuvent s'organiser près de ces rivières ou au bord du lac de Vransko jezero, à Pakostane.

# LA PLONGÉE EN ÉPAVES

L'eau de mer est si claire en Croatie que les plongeurs avec bouteilles peuvent y découvrir poissons, caches à murènes, seiches, poulpes, pieuvres, calamars et autres homards sans aller très profond. En descendant de plusieurs mètres, vous croiserez des hippocampes, thons, dorades, rougets, sars, etc. On peut s'aventurer à l'intérieur de certaines épaves de navires. Tout au long de la côte, certaines, remontant à l'époque antique, sont encore chargées de leurs amphores comme à Cavtat. D'autres ont été construites durant l'invasion vénitienne ou durant les combats des dernières guerres du XXe siècle. Toutes abritent une faune et flore qui valent la descente, pleine d'aventures ! Il arrive aussi que l'on tombe nez à nez avec d'autres épaves, beaucoup moins romanesques, comme cette machine à laver, transformée en maison par une pieuvre que l'on peut croiser lors d'une plongée à proximité de Makarska...

▸ **L'Istrie**. Le long des côte de la grande presqu'île, plusieurs épaves dorment encore ; la zone étant considérée par les marins comme la plus dangereuse de toute la Croatie. Le plus impressionnant, au large de Rovinj, le ferry Baron Gautsch, long de 85 m et large 12 m, fut coulé en 1914 par une mine sous-marine lors de son trajet Kotor-Trieste. 240 personnes périrent dans l'accident. L'épave se trouve aujourd'hui entre 28 m et 42 m de profondeur.

▸ **L'île de Krk.** Dans le golfe du Kvarner, au large de l'île de Krk, on a localisé deux épaves. La première, le navire Lina, a sombré en 1914 lors d'une tempête. Errant en plein brouillard, il a heurté un rocher et a coulé à pic. Il se trouve aujourd'hui entre 22 m et 55 m de profondeur. La seconde épave, le Peltastic affleure à quelques mètres de la surface. Le navire peut donc être visité par des plongeurs non expérimentés, pour un baptême par exemple. La proue est dirigée vers les rochers de Krk ; les restes du bateau, mât, cheminées, winchs et même cabines sont particulièrement bien conservés. On peut d'ailleurs entrer à l'intérieur de ces dernières. Il faut juste faire attention à ne pas trop remuer lorsqu'on se trouve à l'intérieur du bateau à cause de la boue. Un coup de palme mal placé, et il n'y a plus de visibilité.

▸ **Les îles Kornati.** À partir de Biograd ou de Zadar, à proximité de l'archipel, ces eaux ne font pas partie du parc national, mais la faune et la flore, particulièrement préservées, y sont quasiment identiques. A partir de Dugi Otok, par exemple. A Veli Rat, on peut aussi trouver une épave à visiter. A partir de Murter, vous irez plonger au cœur du parc des Kornati.

▸ **Le sud-ouest de l'île de Premuda**. Situé en face de Zadar, ce site réputé pour la plongée vous pousse vers l'endroit que l'on nomme la « cathédrale », située dans la baie de Široka. Cet ensemble de grottes sous-marines reliées entre elles par des passages laisse apparaître une roche poreuse. Le jour pénètre dans ces cavités, ce qui crée un superbe jeu d'ombres et de lumières sur ces pièces de construction naturelle et sous-marine.

▸ **Les côtes de la Dalmatie centrale et du sud.** Superbe terrain de jeux pour les plongeurs un peu plus expérimentés. Les fonds marins y sont plus profonds que ceux du nord. C'est l'occasion de découvrir de nombreuses falaises rocheuses recouvertes de corail ou encore des grottes dans lesquelles se cachent toutes sortes d'animaux marins un peu farouches.

▸ **Les île de Brač et de Hvar**. Malgré sa grande taille, comparée aux autres îles de l'Adriatique, elle reste un endroit sauvage et peu fréquenté par les plongeurs. Le meilleur spot se trouve dans le canal entre Brač et sa voisine Hvar. Dans une eau transparente et chaude, particulièrement poissonneuse, on peut s'aventurer dans des grottes, tunnels et quelques petites falaises. Comme à Golubinja Špilja, Babaca Stine et Murvica à Brač ou, de l'autre côté, à Zala Luka, Tatinja et Kabal. Un peu au large de Hvar, dans l'archipel des îles Pakleni, une des plus belles falaises commence à partir de 5 m et descend jusqu'à 45 m. Au plus profond, se trouve d'innombrables gorgones rouges et violettes et quantité d'espèces de poissons, d'algues, escargots marins ou encore d'oursins.

▸ **La riviera de Dubrovnik**. A quelques kilomètres au sud de la vieille ville, on peut accéder à l'épave du Seka od Mrkana, un bateau de transport de la marine italienne qui a coulé en 1943, touché par une mine des Alliés. Le navire est échoué entre 23 m et 52 m de profondeur. L'épave gît couchée dans un angle de 70° avec la proue dirigée vers la surface. Des morceaux de sa cargaison et des pièces du moteur sont encore visibles.

▸ **La baie de Cavtat**. Au large de la dernière station balnéaire de la Dalmatie du Sud, vous pourrez admirer, à 30 m de profondeur, la fameuse épave de Pithos, qui date du IVe siècle avant J.-C. Le navire a été transformé en musée sous-marin. On y trouve encore des amphores, des pithos énormes, des jarres globulaires en terre cuite avec de larges ouvertures destinées à transporter du vin et du grain. Elles sont suffisamment larges pour accueillir un homme.

La nature et l'importance de la faune dépendent de nombreux facteurs écologiques dont la quantité de lumière, le type de fond marin et la température. Dans la flore et la faune, communes à toute la Méditerranée, on trouve des espèces endémiques favorisées par le relatif isolement de cette partie maritime. La majorité des espèces vivent loin de la côte, attirée par la présence de plantes photosynthétiques.

Les premières écoles de plongée se sont installées dans les îles du golfe du Kvarner, à Krk et Cres. Il existe des clubs de plongée sur toute la côte et dans toutes les îles, de l'Istrie à la frontière monténégrine. Leur taille et leur capacité varient selon l'importance de l'entreprise professionnelle, de la multinationale au particulier qui possède ses propres bouteilles d'oxygène dans son garage. Les instructeurs doivent tous être diplômés et expérimentés. Vous pourrez décider de plonger en mer pour le baptême de mer, le loisir, la découverte ou pour pratiquer un stage, pour améliorer votre niveau. Les écoles vous proposent souvent des forfaits plongée, avec transfert et hébergement.

▶ **Plonger dans les parcs nationaux.** La plongée dans les parcs nationaux n'est autorisée qu'aux plongeurs accompagnés d'une école. La plongée en solo, sous réserve de l'obtention du permis par les autorités portuaires, se pratique aussi. Informez-vous auprès des différents centres pour connaître les spots de plongée. Les Allemands sont particulièrement investis sur ce secteur. L'un des endroits les plus convoités pour la plongée, le parc national des Kornati, possède le statut de zone protégée. Ses eaux y sont particulièrement claires et propres. Avec juste un masque et tuba, on peut croiser des espèces protégées en voie d'extinction, car la pêche y est interdite depuis 1980. Il existe un nombre limité de sites ouverts à la plongée.

▶ **Mljet, une autre île mythique** au sud de Dubrovnik, plus éloignée de la côte est moins connue des plongeurs que les Kornati. C'est aussi un haut lieu de plongée dans l'Adriatique du sud. Ici aussi, on trouve de nombreuses espèces protégées dans une eau critalline. Il vous faudra payer le permis d'entrée dans ces parcs nationaux, mais cela vaut vraiment le coup de tenter l'expérience.

▶ **Rafting et plongée en eaux douces.** Une des nouvelles activités proposées, le rafting de rivière, se pratique sur la Zrmanja, Krupa, Kupa, Mresnica, Dobra, Cetina. Le niveau demandé est variable, mais ce sport est accessible à tous, avec des descentes toujours assurées par des guides expérimentés.

## Sur terre

La Croatie de l'intérieur des terres est le paradis des bons marcheurs et autres amateurs d'activités sportives en pleine nature. Quelques idées du nord au sud.

### Randonnées pédestres ou VTT

Organiser des marches dans le Parc national de Plivitce (lacs et cascades), des explorations de canyons à Paklenika, à la recherche du lynx dans le parc national de Risnjak, des journées de pêche à la truite dans les rivières Drave ou Kupa, des remontées de sentier à Premuzic jusqu'au refuge des jeunes ours...

DÉCOUVERTE

*Îlot du golfe du Kvarner.*

# PETIT MÉMO DU PLONGEUR AVERTI



**Quelques conseils de prévention pour une plongée sous-marine agréable et sereine.**

## Avant

- pensez à avoir sur vous votre carte de diplômé, votre carnet de plongée, votre passeport ainsi qu'un certificat médical de moins d'un an (moins de deux mois si vous désirez passer le niveau 1).
- Faites vérifier l'état de vos dents avant de plonger, car une carie peut devenir très douloureuse avec la pression et vos plombages risquent de sauter.
Si vous n'avez pas envie de plonger, ne vous forcez pas. Fatigue, stress, lendemain de fête, rhume sont de bonnes raisons pour reporter votre prochaine plongée.
- Si vous n'avez pas plongé depuis plusieurs semaines, voire plusieurs mois, prévenez le club qui vous accueille. Ne négligez pas ce temps de réadaptation indispensable à tous. Prévenez votre directeur de plongée, mais aussi votre moniteur ou votre compagne ou compagnon de vos plongées précédentes (profondeur, durée, intervalle).
- N'oubliez pas de vous informer sur les autorisations de plongée ou de chasse sous-marine auprès des Affaires maritimes locales. Surtout pour les sites des réserves naturelles. Si vous êtes surpris dans un site interdit, les contrôleurs sont en droit de tout vous saisir : matériel de plongée et de chasse.

## Pendant

- si vous avez froid. Dès les premiers frissons prévenez votre guide. On ne se réchauffe pas en cours de plongée et plus on descend, plus il fait froid.
- S'il est désagréable d'être un bouchon en surface, il faut bien traîner « les kilos de trop ». Alors, vérifiez que votre lestage est bien adapté. Attention, on peut perdre 2 kg entre deux plongées quotidiennes. En étant correctement lesté, vous n'en plongerez que plus confortablement, en consommant moins, en sécurité.
- Soit vous êtes venu accompagné, soit vous êtes seul et accueillez votre nouveau binôme. Toutefois, avant de lui confier votre futur proche et vous de prendre en charge le sien, assurez-vous que ce parfait inconnu ne vient pas de faire 10 heures de route, passer une nuit agitée. Demandez-lui où il a passé ses niveaux, à quand remonte sa dernière plongée, s'il a déjà plongé sur le site. Vous aussi répondez, sans vous offusquer, à ses propres questions.
- Plonger avec de la buée dans son masque est pénible, surtout si cela doit durer toute la plongée. Quand il est neuf, badigeonnez la vitre de dentifrice et laissez-le toute une nuit. Rincez-le bien le matin et recommencez une fois en rinçant tout de suite. Ensuite avant chaque plongée, crachez dans votre masque, étalez la salive sur toute la vitre et rincez. Si le masque sèche avant que vous ne soyez à l'eau, recommencez.
- Ne remontez rien en surface. Un plongeur ne doit rien collecter : ni fragment d'épave, ni coquillage ou coquille vide. Sous l'eau, ne touchez à rien, car vous risquez des brûlures, piqûres ou des morsures et/ou de blesser, voire de tuer quelque organisme vivant. Découvrez, regardez, photographiez...

## Après

- ne prenez pas l'avion dans les 24h ou 48h après les plongées, selon leur nombre et leur profondeur.

*Plus d'informations : www.diving.hr/ www.diving-hrs.hr (en anglais) et www. plongeeonline.com (en français).*

*Plongée dans les eaux croates.*

# ENFANTS DU PAYS

## Nikola Bašic

Architecte discret et pourtant génial, né en 1946. Ses quatre dernières grandes réalisations sont visibles sur la côte adriatique : la Chapelle Notre-Dame du Carmel à Okit (Vodice), construite de 1993 à 1998, les Orgues de mer et le Salut au soleil sur la promenade de la mer à Zadar (2005-2008) et le Champs de Croix, Mémorial aux soldats du feu sur l'île de Kornat (2010). Des œuvres puissantes puisant dans la symbolique universelle. Son travail a été exposé à la maison de l'Architecture de Paris en 2013.

## Ruđer Josip Bošković

Mathématicien, physicien, astronome, poète et philosophe (1711-1787), né en République de Raguse, aujourd'hui Dubrovnik, il travaille à Rome et à Paris, où il sera nommé Directeur d'optique de la Marine en 1773. Ses recherches concernent les problèmes de l'astronomie pratique, l'usage du télescope et théorique : les taches solaires, l'orbite de Mercure, les aurores boréales, les mouvement des corps célestes dans le vide, les effets de la gravité, etc.

## Oliver Dragojević

L'un des chanteurs croates les plus populaires, son succès a débuté dans les années 1970. Ses hits les plus célèbres sont Cesarica, Luce mala (Petite Lucie) et Moje prvo pijanstvo (Ma Première Ivresse). Il vit aujourd'hui à Split et demeure pour tous l'un des fondateurs de la chanson dalmate.

## Mira Furlan

Née en 1955 à Zagreb, l'actrice croate, résidant actuellement aux Etats-Unis, a joué dans le film Papa est en voyage d'affaires d'Emir Kusturica, qui a reçu la Palme d'or au Festival de Cannes (1985), dans Bunker Palace Hôtel d'Enki Bilal (1989). Aux Etats-Unis, elle a joué dans les séries Babylon 5 et Lost.

## Ivo Josipović

Né le le 28 août 1957 à Zagreb, cet ex-professeur d'harmonie, excellent pianiste, fut aussi le président de la République jusqu'en 2014. La Croatie est le seul pays au monde où un chef du gouvernement était aussi compositeur. Joue aussi bien L'Ode à la joie de Beethoven que son propre répertoire contemporain (plusieurs CD à son actif). À présent que les affaires courantes du protocole ne le contraignent plus, il poursuit son opéra sur John Lennon.

## Niko Kovač

Né le 15 octobre 1971, agé de 42 ans en 2014, lors de la coupe du monde de football au Brésil, il fut le plus jeune sélectionneur du dernier Mondial… et certainement le plus photogénique. Le coach, qui était en poste depuis 2013 auprès de l'équipe croate, a agacé les spécialistes du ballon rond par ses choix tactiques. Mais il a su réagir contre le penalty douteux et il a affolé les réseaux sociaux féminins croates par sa décontraction élégante sur les bancs du stade. En septembre 2015, alors que l'équipe obtenait des résultats médiocres, il est licencié de ses fonctions.

## Stephan Macchi

Ceux qui regardaient l'émission « Jezihova Juha », version croate de « Cauchemar en cuisine », le connaissent ! C'est lui, le Français vedette, qui recadre les restaurateurs à la télé nationale. Ayant fait ses armes dans l'Hexagone, c'est à Pregara près de Zagreb puis à Varaždin qu'il apporte sa French touch gastronomique. Aujourd'hui, on le retrouve à Split derrière sa petite entreprise de pains d'épice originaux. Bref, un chef qui a la bougeotte et de la suite dans les idées.

## Maksim Mrvica

Né le 3 mai 1975 à Šibenik, ce pianiste, véritable phénomène, se fait remarquer très jeune par l'excellence de son jeu au clavier. à 9 ans, il maîtrise déjà l'instrument à l'école de musique de sa ville natale. Avec son premier album (*The Piano Player*), sorti en 2003, les mélomanes du monde entier vont retenir son nom. En effet, l'opus contenait son morceau de bravoure (*Le vol du bourdon* de Rimsky-Korsakov), où le virtuose joue à 16 notes par seconde. Un record que tous les pianistes essaient de battre – jusqu'ici sans succès.

## Kris Novoselic

Le célèbre bassiste de l'ex-trio Nirvana est d'origine croate. Fils d'une famille dalmate (île d'Iž) qui émigra aux États-Unis dans les années 1960, Novoselic poursuivit sa carrière de musicien après la dissolution du groupe. Multidisciplinaire, il s'est essayé aux arts, au cinéma, à la radio, à l'écriture, etc. Aujourd'hui, il s'investit aussi dans la politique locale et dans l'activisme social en Californie.

## Dean Skira

Né en 1962 en Istrie, cet expert international dans le domaine de la conception lumières a fait ses études aux Etats-Unis. Ce designer d'architecture intérieure ou extérieure apporte du rêve partout il passe : musées, bâtiments, places, rues, etc. Retour au pays en 2014, avec une œuvre (Lighting Giants), qui a fait sensation au dernier Visualia, le festival annuel de lumières et nouvelles technologies, qui a lieu à Pula en mai. Un show futuriste avec 8 grues géantes dans le plus grand chantier naval de la Croatie.

## Nicola Tesla

Né le 10 juillet 1856 à Smiljan près de Gospić, ce savant génial d'origine serbe est considéré comme l'un des plus grands scientifiques de l'histoire de la technologie. Les premiers moteurs à induction à courant alternatif, le radar, la découverte du caractère ondulatoire de l'électromagnétisme, etc., toutes ces avancées majeures dans le domaine électrique, c'est lui !

## Goran Višnjić

L'acteur, qui a grandi sur la côte adriatique, décide très tôt d'être acteur. Il joua d'abord avec des troupes de théâtre locales et acquit la célébrité lors d'un festival d'été à Dubrovnik alors qu'il jouait le rôle d'Hamlet. A la suite de ce succès, il tourna beaucoup de téléfilms avant d'avoir un rôle dans Welcome to Sarajevo de Michael Winterbottom (1996), ce qui fit décoller sa carrière au plan international. Il a depuis émigré en Californie, où il a tourné dans la série Urgences, dans laquelle il tient le rôle du docteur Luka Kovač. Il apparaît aussi fréquemment dans des films hollywoodiens, on l'a vu notamment aux côtés de Ewan Mc Gregor en 2011 dans Beginners.

# ZAGREB
## ET L'ARRIÈRE-PAYS

*Zagreb.*

© PHANT - SHUTTERSTOCK.COM

# Zagreb et l'arrière-pays

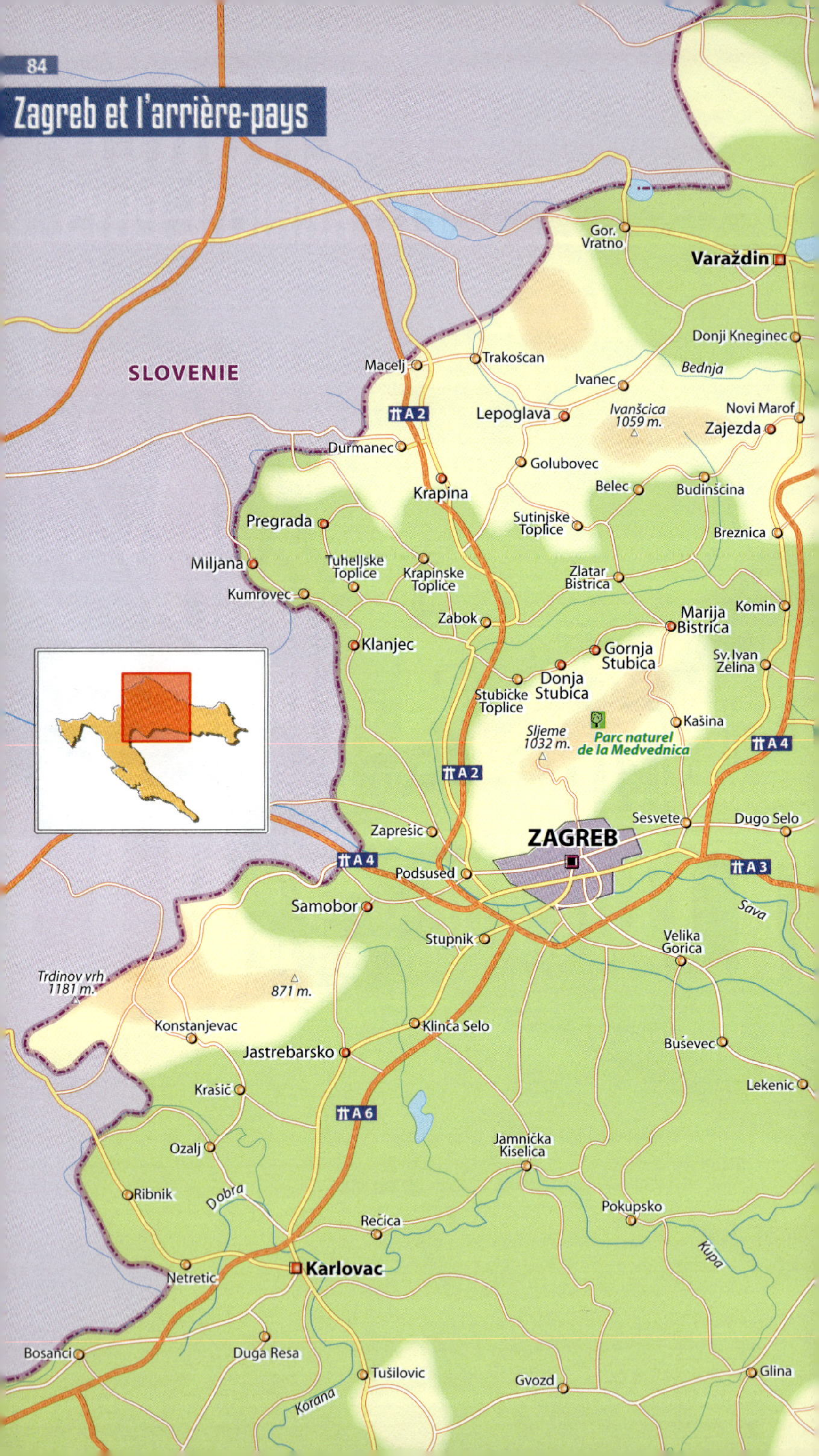

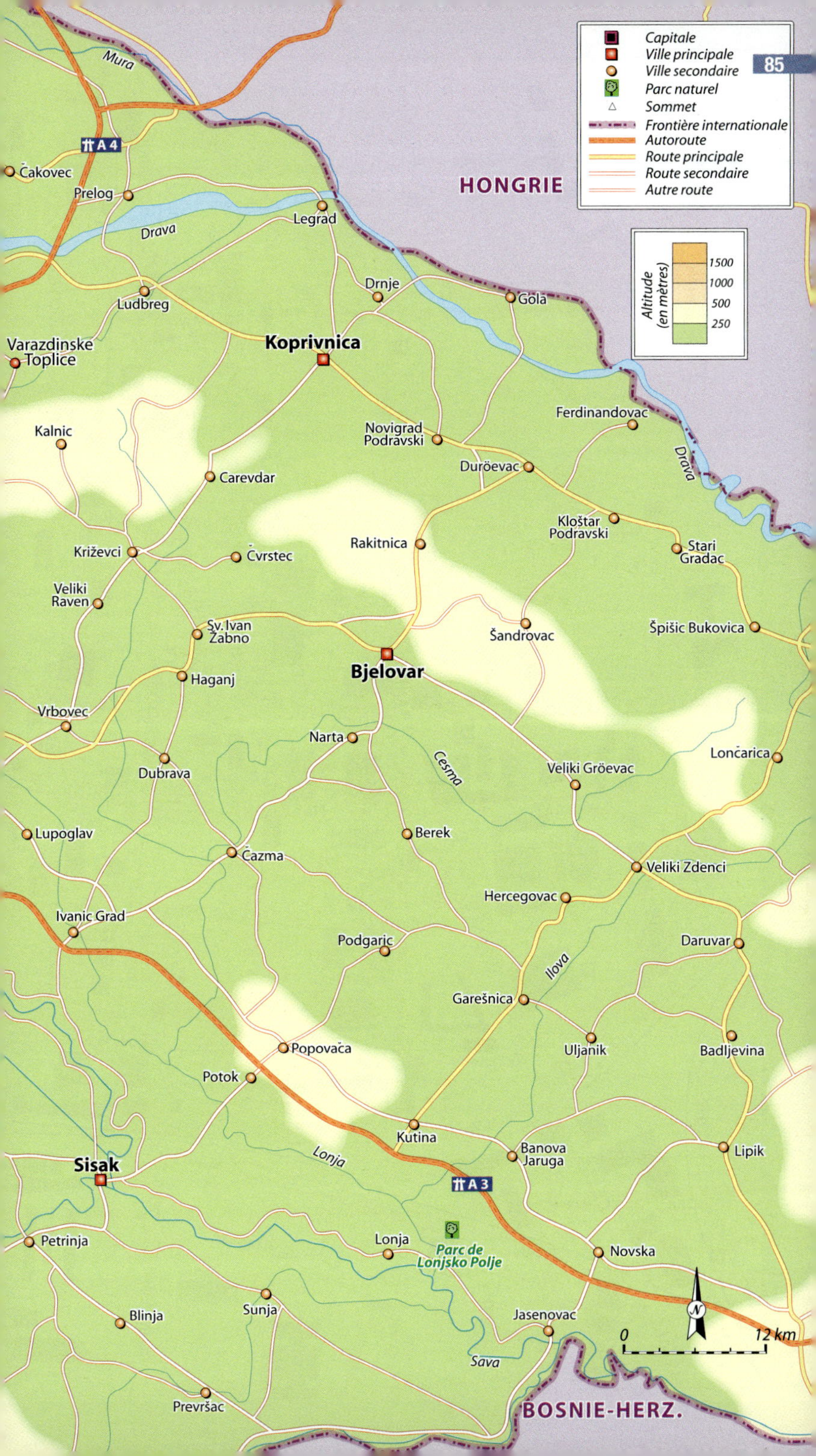
Capitale
Ville principale
Ville secondaire
Parc naturel
Sommet
Frontière internationale
Autoroute
Route principale
Route secondaire
Autre route
Altitude (en mètres)
1500
1000
500
250
HONGRIE
BOSNIE-HERZ.
Mura
A 4
Čakovec
Prelog
Drava
Legrad
Ludbreg
Drnje
Gola
Varazdinske Toplice
Koprivnica
Kalnic
Novigrad Podravski
Ferdinandovac
Duröevac
Carevdar
Rakitnica
Kloštar Podravski
Stari Gradac
Križevci
Čvrstec
Veliki Raven
Sv. Ivan Žabno
Šandrovac
Špišic Bukovica
Haganj
Bjelovar
Vrbovec
Narta
Cesma
Loncarica
Veliki Gröevac
Dubrava
Lupoglav
Berek
Čazma
Veliki Zdenci
Hercegovac
Ivanic Grad
Podgaric
Daruvar
Ilova
Garešnica
Uljanik
Badljevina
Popovača
Potok
Kutina
Lonja
Banova Jaruga
Lipik
Sisak
A 3
Petrinja
Lonja
Parc de Lonjsko Polje
Novska
Sunja
Jasenovac
Blinja
Sava
Prevršac
0
12 km

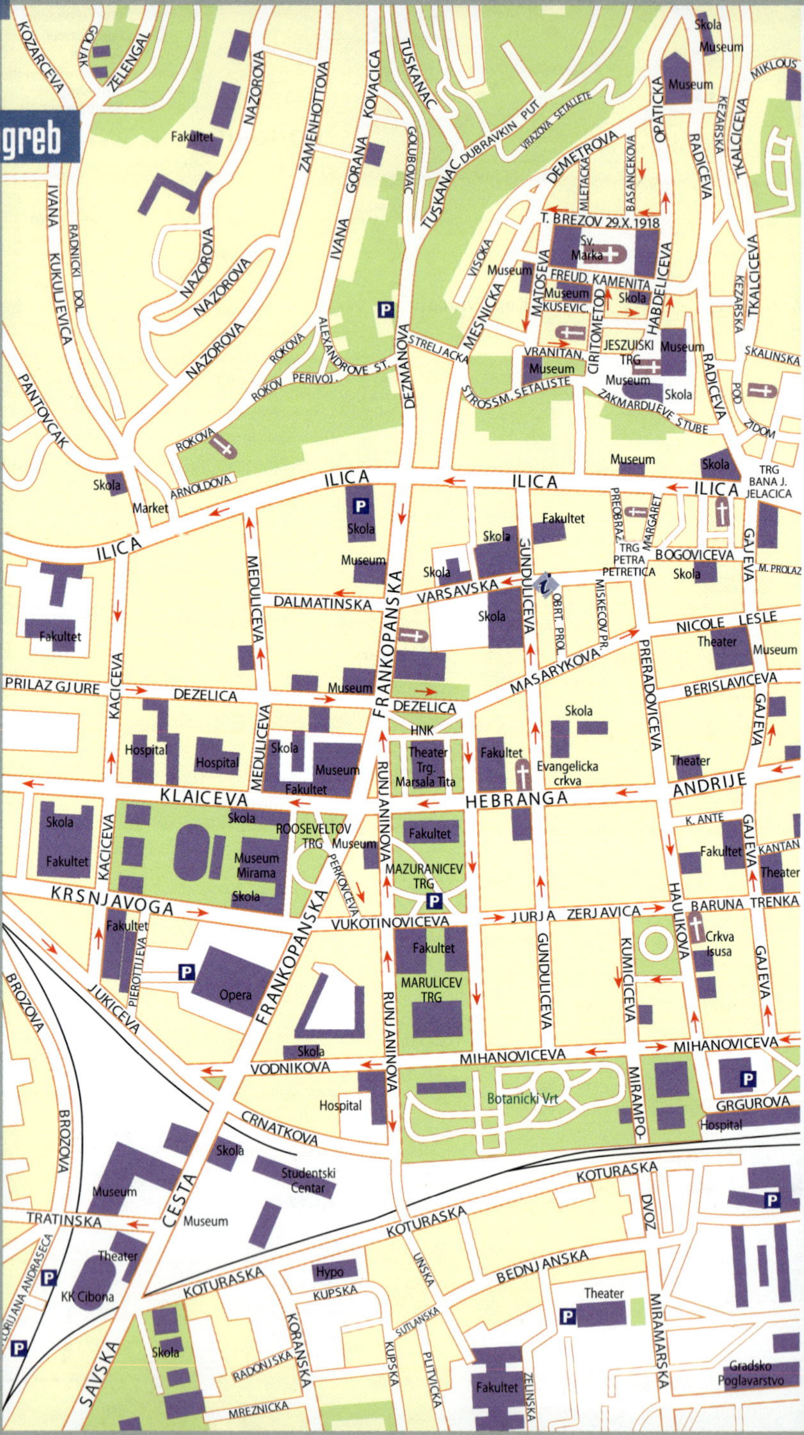
KOZARCEVA
GOLJAK
ZELENGAL
NAZOROVA
ZAMENHOTTOVA
KOVACICA
TUSKANAC
Fakultet
IVANA GORANA
GOLUBOVAC
DUBRAVKIN PUT
VRAZOVA SETALISTE
DEMETROVA
MLETACKA
BASANCEKOVA
OPATICKA
RADICEVA
KEZARSKA
TKALCICEVA
MIKLOUS
Skola
Museum
IVANA KUKULJEVICA
RADNICKI DOL
T. BREZOV 29.X.1918
Sv. Marka
VISOKA
MATOSEVA
FREUD. KAMENITA
KUSEVIC.
CIRILOMETODSKA
HABDELICEVA
MESNICKA
STRELJACKA
DEZMANOVA
ROKOVA
ALEXANDROVE ST.
ROKOV PERIVOJ
PANTOVCAK
VRANITAN.
JESZUISKI TRG
STROSSM. SETALISTE
ZAKMARDIJEVE STUBE
POD ZIDOM
SKALINSKA
ARNOLDOVA
Market
ILICA
TRG BANA J. JELACICA
PREOBRAZ.
MARGARET
TRG PETRA PETRETICA
BOGOVICEVA
GAJEVA
M. PROLAZ
MEDULICEVA
FRANKOPANSKA
VARSAVSKA
GUNDULICEVA
OBRT. PROL.
MISKECOV PR.
DALMATINSKA
NICOLE LESLE
Theater
MASARYKOVA
PRILAZ GJURE
DEZELICA
KACICEVA
BERISLAVICEVA
HNK
Theater Trg. Marsala Tita
Hospital
Evangelicka crkva
PRERADOVICEVA
KLAICEVA
HEBRANGA
ANDRIJE
RUNJANINOVA
ROOSEVELTOV TRG
K. ANTE
KANTAN
Museum Mirama
MAZURANICEV TRG
PERKOVCEVA
KRSNJAVOGA
VUKOTINOVICEVA
JURJA ZERJAVICA
BARUNA TRENKA
HAULIKOVA
Crkva Isusa
KUMICICEVA
PIEROTTIJEVA
JUKICEVA
Opera
BROZOVA
MARULICEV TRG
MIHANOVICEVA
VODNIKOVA
MIRAMPO.
Botanicki Vrt
GRGUROVA
CRNATKOVA
Studentski Centar
CESTA
KOTURASKA
DVOZ
TRATINSKA
Theater
FLORIJANA ANDRASECA
KK Cibona
Hypo
KUPSKA
BEDNJANSKA
UNSKA
SUTLANSKA
KORANSKA
RADONJSKA
MREZNICKA
PLITVICKA
ZELINSKA
MIRAMARSKA
SAVSKA
Gradsko Poglavarstvo
P

NOVA VES
DEGENOVA
VINKOVICEVA
WEBEROVA
Medicinski Fakulte t
ZVONARNICKA
Fakulte t
IVEKOV.
STUBE
VRAMCEVA
KBC
NOVAKOVA
SALATA
VONCININA
VOCARSKA
MIKULICEVA
BABONICEVA
Skola
KAPTOL
Park Ribnjak
RIBNJAK
NOVAKOVA
P
Voćarsko Naselje
CESTA
SRC Salata
POSILOVICEVA
Klikika za Zenske bolesti
Rikardova Atuba
Theater
OPATOVINA
KAPTOL
SALATA
JURKOVICEVA
Fakulte t
NOVAKOVA
VONCININA
N
O
E
S
JURKOVICEVA
PETROVA
AL. A. HEINZA
SCHLOSS STUBE
RUBETICEVA
PETRETICEV TRG
Sv. Petra
TRG B. J. LANGA
SOSTAR
Katedrala
Market TRG DOLAC
BAKACEVA
POD ZIDOM
HARM
PALMOTICEVA
VLASKA
Fakulte t
VLASKA
VLASKA
Sv. Martina
RATKAJEV PROLAZ
ANTUNA
Skola
TRG BANA J. JELACICA
CESARCEVA
KURELCEVA
Museum
SMICIKLASOVA
LAGINJINA
JURISICEVA
JURISICEVA
DRASKOVICEVA
MARTICEVA
MARTICEVA
TOMASICEVA
BULICEVA
BAUERA
VOJNOVICEVA
BARCICEVA
PRASKA
PETRINISKA
AMRUSEVA
Museum
PALMOTICEVA
RACKOG
PATACICKINA
FRANJE
Skola
LOPACICEVA
BRESCENSKOG
ANTUNA
PRASKA
TRG NICOLO SUBICA ZRINSKOG
DORDICEVA
DORDICEVA
Hospita l
TRG ARTAVA FASIZMA
KRALJA ZVONIMIRA
KRALJA DRZISLAVA
Fakulte t
BAUERA
Skola
STANCICEVA
BOSKOVICEVA
DRASKOVICEVA
KNEZA
SUBICEVA
Museum
MISLAVA
Museum
MRAZOVICEVA
Presveteg Srca Isusovog
KRIZANICEVA
SVEAROVA
Palace
STOSSM TRG
PETRINISKA
Skola
VISESLAVA
TRG KRALJA PETRA KRESLMIRA IV
CICEVA
PALMOTICEVA
Skola
KNEZA
PRASKA
HATZA
PAVLA
KNEZA
DOMAGOJEVA
BORNE
HRVOJEVA
KRALJICE JELENE
Theater
Museum
PETRINISKA
DRASKOVICEVA
TRPIMIROVA
ERDÖDYJA PETRA TOME
TVRKOVA
KRUZICEVA
AUGUSTA
SENOE
TRG KRALJA TOMISLAVA
Cjelovitaog Evandelja
Skola
Theater
BRANIMIRA
KNEZA
STARCEVICEV TRG
Seljeznicki Kilodvor
STROJARSKA
TRNJANSKA
Market
Zagrebparking
Avtobusni Kolodvor
GREDELJ
PAROMLINSKA
CESTA
STROJARSKA
Trg Stjepana Radica
Koncertna Dvorana Vatroslav Lisinski
0
100 m
Reproduction inte rdite
Jean-Baptiste Nény
Décembre 2004
GRADA
VUKOVARA

# ZAGREB

*Capitale de la République de Croatie, cette ville typique d'Europe centrale, compte 790 017 habitants (dernier recensement 2011) sur 641,4 km², soit environ un cinquième de la population totale. Depuis le Moyen Age, la ville est devenue le centre culturel et politique du pays, mais on y rencontre encore peu de touristes si l'on compare sa fréquentation avec celle des cités balnéaires et historiques de la côte adriatique. Pourtant, Zagreb mérite plus qu'une simple escale avant la mer ! A ceux qui prendront le temps de la visiter, elle dévoilera des secrets insoupçonnés.*

*Tout en observant les façades historiques (médiévales, baroques, classiques ou Art nouveau), en croisant des personnages « statuifiés » au coin des rues, en pénétrant dans les églises toujours ouvertes, en visitant des musées variés, riches ou insolites, en flânant sur les coulées vertes des promenades anciennes et en appréciant les moments détente dans les nombreux cafés-restaurants, le visiteur saura reconnaître le charme romantique de Zagreb. Son ambiance austro-hongroise n'est pas sans rappeler Vienne, Budapest ou même Prague. Il faut prendre du temps pour sortir des sentiers battus et connaître la cité branchée ou alternative mais, pour les pressés, deux ou trois jours dans le centre-ville suffiront.*

*Si la ville moderne affiche un rythme effréné et une grande énergie, les anciens quartiers ont gardé le calme provincial. Ainsi, le rythme de la station de bus et de tram au centre de la place Jelačića contraste-t-il avec le calme du quartier quasi piéton de Gradec, dans la ville haute, havre de paix fleuri, aux ruelles pavées encore éclairées par des lampadaires à gaz.*

## HISTOIRE

Sur le territoire de Zagreb, peu de traces préhistoriques de la présence humaine subsistent. Mais les archéologues, actuellement sur le terrain dans la ville haute, ont retrouvé des matériaux d'habitation remontant à l'âge de bronze. Des ères anciennes, c'est la période antique qui est le mieux représentée, autels, pierres tombales, sarcophages, statues et multiples objets du quotiquein ont été mis à jour dans la ville et ses environs. Vers l'an 600 ap. J.-C., la tribu illyrienne des Andautoniens, victime des invasions Avars et Slaves, s'est installée dans la région.

### À l'origine, deux villes qui se regardent en chiens de bataille

L'histoire de Zagreb commence véritablement en 1093 ou 1094. A côté de petites agglomérations, l'évêché de Zagreb, comme centre religieux de

## Les immanquables de Zagreb et de l'arrière-pays

- **Se donner rendez-vous sur l'immense place Jelačića.** Visiter la vieille ville, les quartiers de Gradec et Kaptol puis la ville basse, les musées, les allées vertes, le domaine piéton.
- **Monter sur le toit-terrasse d'un gratte-ciel** (rue Ilica) pour la perspective à 360 degrés sur la ville. Flâner le long des boutiques sur les Champs-Élysées de Zagreb.
- **Arpenter la rue Radiceva** au charme médiéval et aller au marché Dolac.
- **S'installer en terrasse dans la rue Tkalčičeva** avec ses boutiques, cafés, pubs et restaurants alignés. La remonter pour retrouver le calme.
- **Passer une journée à Varaždin,** la capitale du baroque.
- **Visiter la région de Krapina**, connue pour ses châteaux émergeant de paysages boisés et vignobles.
- **Découvrir le parc national de Plitvice**, ses seize lacs en terrasse, cascades, forêt, cours d'eau transparents.

la Croatie, se crée. Autour, la cité se construit en deux centres fortifiés dressés sur deux collines : d'un côté, la ville ecclésiastique qui se développe à l'ombre de la cathédrale (Kaptol), sur l'autre colline, un peu plus à l'ouest, le quartier Gradec-Grič, est peuplé par la classe des nobles et des bourgeois.

Au XIIIe siècle, Gradec-Grič reçoit les privilèges des « villes libres » en obtenant sa propre administration judiciaire et sa pleine autonomie. Elle devient le centre du pays, après de longues luttes avec la cité épiscopale voisine et, pour quelques siècles, le siège du Parlement (Sabor). Solidement fortifiée à la demande du roi, Gradec déploie ses faubourgs aux pieds des remparts. Kaptol est fortifiée plus tardivement, au XVe siècle, lors des invasions ottomanes. Entre les deux bourgs, les conflits sont fréquents. Les villages et les biens sont alors entièrement saccagés, et les victimes nombreuses, d'un côté comme de l'autre. Seul le retour des foires annuelles apporte une trêve à ces luttes territoriales, chacune des villes tenant à profiter de l'avantage économique de l'autre.

Au XVIe siècle, sous la menace de l'invasion turque, les conflits se tassent. Une partie de la noblesse (Gradec) élit le puissant Ferdinand de Habsbourg comme roi de sa cité, afin de défendre le pays. L'autre partie (Kaptol) se range derrière le Sabor, qui interdit l'accès au trône à un étranger et se rallie à un noble Hongrois. Puis les luttes vont à nouveau s'intensifier pour devenir guerre civile, qui ne prend fin qu'au moment de la victoire des Habsbourg, après le pillage de Kaptol. Vers la fin du XVIe siècle, les Turcs s'emparent de l'ensemble de la rive droite de la Sava. Les deux cités, Kaptol et Gradec, menacées, observent les mouvements de l'armée ottomane depuis leurs collines. Bien que les villes n'aient jamais été envahies, leurs privilèges et leurs richesses diminuent largement, plusieurs de ces domaines tombant aux mains de l'occupant.

## Zagreb, centre de l'Etat croate

Les terres croates morcelées sont placées sous l'autorité turque pour les parties est et sud, tandis que les Vénitiens règnent sur la côte dalmate et l'Istrie. Zagreb devient la capitale d'un centre politique et de territoires réduits et appauvris.

Le pays endetté par les guerres, ravagé par les épidémies de peste, souffre mais trouve la force de se soulever contre l'oppresseur. Les paysans, les militaires et, parfois même, la noblesse de Zagreb se révoltent violemment à plusieurs reprises. Le ban de Croatie, inquiet de l'insécurité qui règne dans la capitale, se déplace à Varaždin jusqu'en 1776. Le gouvernement croate n'a, à cette époque, qu'un seul cheval de bataille, la défense du croate face à la langue allemande. Zagreb prend la tête de ce mouvement et le clan croate remporte sa victoire en 1789.

Aux XVIIIe et XIXe siècles, Zagreb s'étend au-delà des premières fortifications, dont la ville haute préserve des restes en bon état. Elle rejoint alors les faubourgs et constitue un tout homogène qui se développe rapidement. A la fin du XVIIIe siècle, des plans sont établis pour réguler le territoire hors des murs.

Au XIXe siècle, la ville basse commence à se construire. Des voies de communication sont percées en direction des villes côtières de Rijeka et Split, mais aussi dans les terres vers Ljubljana, Trst, Maribor, Vienne, Koprivnica et Budapest. Un véritable désenclavement de la ville s'opère au profit des entreprises individuelles qui se montent. Zagreb vit au début du XXe siècle un bel essor économique, elle devient le centre politique mais aussi culturel de la Croatie.

La naissance du patriotisme croate renforce la résistance aux méthodes germaniques et hongroises. Zagreb devient aussi le siège de la lutte pour la sauvegarde de l'identité croate. Plusieurs partis bourgeois sont alors formés ainsi que divers mouvements. Certains réclament une union complète avec les Slaves du Sud et la constitution d'un Etat croate indépendant.

Au lendemain de la Seconde Guerre mondiale, le développement industriel reprend de plus belle. Certaines entreprises existantes sont rénovées tandis que des usines géantes sont construites. Au début du XXe siècle, un mouvement ouvrier est créé, que Josip Broz dit Tito (1892-1980) encourage durant l'entre-deux-guerres. Pendant les conflits de la dernière guerre (1991-1995), la capitale croate s'est attribué le rôle de centre décisionnaire. C'est à Zagreb que la communauté démocratique s'est présentée en public pour la première fois. Cette affirmation unitaire s'accompagne d'une augmentation rapide de la population : de 7 706 habitants en 1807, 59 690 en 1900 et 290 246 en 1948, on comptait au dernier recencement (2011) 790 017 dans l'agglomération.



**REPÉREZ LES MEILLEURES VISITES**

★ INTÉRESSANT ★★ REMARQUABLE ★★★ IMMANQUABLE ★★★★ INOUBLIABLE

# LA VILLE AUJOURD'HUI

Au centre de la ville active, se trouve le quartier des affaires avec principalement des commerces, des banques, des administrations et différentes organisations administratives, publiques et culturelles.

## Important centre culturel et commercial

Zagreb est une ville jeune et universitaire : on y trouve une quarantaine de facultés et d'institutions supérieures qui encadrent des milliers d'étudiants. Au sud-est et à l'ouest de la ville, l'activité des manufactures, fabriques et industries se mêlent au trafic routier important. Comme toutes les grandes villes, Zagreb doit faire face à un calendrier de nombreux travaux pour rénover les routes.

L'accès à la ville de l'extérieur est aisé. Il existe un bon réseau de tramways ; tous les Zagrébois l'utilisent pour se déplacer, avec un petit clin d'œil nostalgique au passé, quand ils regardent passer ces anciens wagons bleus.
La mégapole Zagreb, mélange d'ambiances autrichienne, hongroise et française, se visite mieux en automne, en hiver, pour les balades romantiques, les nombreuses foires, comme la fameuse Kestenijada, La Maronniade, le marché de Noël qui ont tous lieu sur la place principale de Josip Jelačic.
Des hôtels design très arty, de nombreux musées, des galeries d'art contemporain, des théâtres, cinémas, parcs, bars, restaurants, clubs de musique, des médiathèques vivantes… On ne s'ennuie pas dans la capitale croate.

# QUARTIERS

## Gradec ★★★

On peut accéder au quartier Gradec (ville haute) en s'aventurant dans des petites ruelles-escaliers, de la rue Radićeva (rue des Cordonniers), gravir la colline à pied ou prendre le funiculaire mis en service en 1889. Quand on a atteint les hauteurs de la ville, la promenade Strossmayer (Strossmayerovo šetalište) offre une vue dégagée sur les toits de Zagreb et même au-delà. Ce quartier homogène constitué de bâtiments des XVII^e^, XVIII^e^ et XIX^e^ siècles a un charme un peu austère. Dans ces maisons, aux toitures de tuiles rouges, séparées par des rues étroites et

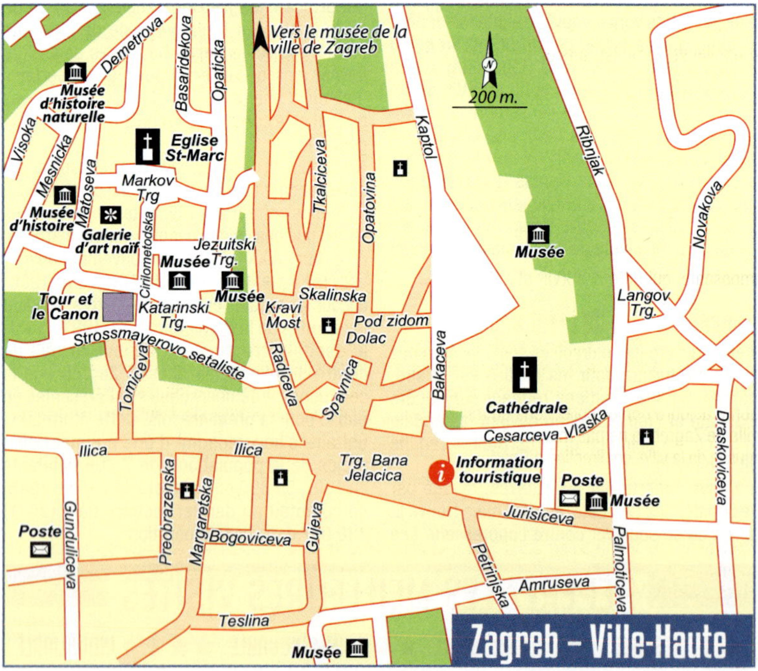

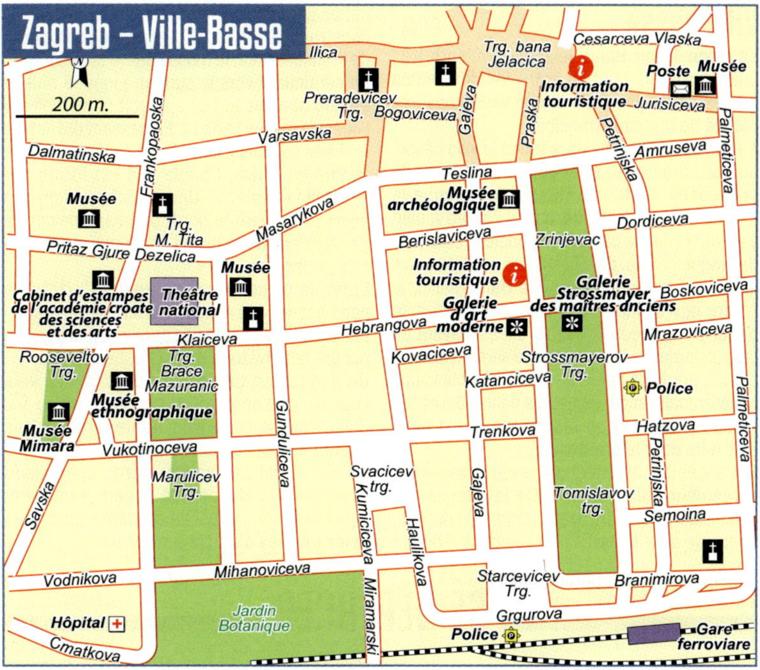


tortueuses, aux arrières-cours, dans lesquelles on peut s'aventurer discrètement, sont logés les organismes administratifs et politiques du pays. C'est un quartier si calme. En hiver, on peut s'y promener longtemps sans croiser personne ; en été, on rencontre quelques touristes, mais il n'y a jamais foule.

Suivant cette promenade, on découvre les traces de remparts construits au XIII<sup>e</sup> siècle pour protéger Gradec. Revenant vers l'intérieur du quartier, on peut emprunter la rue Opatička, où il reste des morceaux de remparts. Puis on passe devant une tour carrée imposante, qui date des XVII<sup>e</sup> et XVIII<sup>e</sup> siècles, et face à une grande construction plus récente qui fut longtemps utilisée comme école primaire. Au sud de cet ensemble architectural, le couvent des Clarisses, construit au XVII<sup>e</sup> siècle, est reconnaissable à ses fenêtres peintes en trompe-l'œil sur la façade. Il abrite aujourd'hui les collections du musée de la ville de Zagreb (à ne pas manquer). En sortant du musée de la ville, en direction d'Opatička, on longe l'allée des palais aristocratiques du XVIII<sup>e</sup> siècle. À l'angle, se trouve la deuxième plus vieille pharmacie de Croatie après celle de Dubrovnik. En tournant à droite, on rejoint la place Saint-Marc, la plus connue de la ville haute.

**Places Saint-Marc et Sainte-Catherine**

Sur la place Saint-Marc, siège la cathédrale du même nom. La toiture colorée de l'imposante église dessine le blason du royaume triunitaire : Croatie, Dalmatie, Slavonie et le blason de Zagreb, l'un des symboles de la capitale croate. Cette place accueille également le Gouvernement et le Parlement (Sabor) ainsi que l'ancien hôtel de ville. A quelques dizaines de mètres en direction de la promenade Strossmayer, sur la gauche, la place Sainte-Catherine. Les bâtiments organisés autour de l'église du même nom sont l'œuvre des Jésuites et datent de la première moitié du XVII<sup>e</sup> siècle.

## Kaptol ★★★

A l'est, sur l'autre colline, du côté est de la rue Tkačićeva, le quartier Kaptol fait face à la ville haute. C'est la partie la plus ancienne de Zagreb, le versant religieux de la ville, qui s'organise autour de la cathédrale, tandis que Gradec, dans la ville haute, rassemblait les institutions politiques. Les remparts, qui protégeaient autrefois ce quartier, sont aujourd'hui mêlés aux habitations, on ne les distingue plus du réseau urbanisé. Aux abords de la cathédrale, commencent les étals du fameux marché Dolac. Dans le voisinage, l'église et le couvent des Franciscains datent de la première moitié du XII<sup>e</sup> siècle. La légende veut que saint François d'Assise ait séjourné dans ce monastère. Au nord de la cathédrale, le parc Opatovina, avec ses grands arbres, constitue une promenade agréable dans la chaleur de l'été et si romantique en automne.

## Ville basse ★★

La place Trogir Bana Jelačića, toujours très animée, fait la jonction entre les différentes parties de la ville. C'est là que vous trouverez l'office de tourisme principal.

Au sud des deux collines, s'étend la ville basse, un tissu urbain qui s'est constitué à partir de la seconde moitié du XIXe siècle, lorsque la Croatie était autrichienne, quand Zagreb voulait s'affirmer comme capitale régionale et culturelle de langue croate. La ville-basse se situe entre la gare et la grande place du Ban Jelačić, le centre névralgique de la ville. Ce quartier se prolonge en allées et contre-allées suivant un plan en forme de U qui lui vaut le surnom de fer à cheval. Bordé de palais de styles néo-classique et néo-renaissance, demeures nobles devenues musées, théâtres ou fondations, il est plein d'attraits pour le promeneur.

Cet ensemble architectural a été dessiné par l'ingénieur Milan Lenuci. De la succession d'espaces verts et de beaux bâtiments publics, on trouve dans la partie nord-ouest, le Théâtre national (Hrvatsko narodno kazalište), l'opéra, construit à la fin du XIXe siècle, de l'autre côté de Frankopanska, le musée des Arts décoratifs. En continuant vers le sud, on longe le musée ethnographique et l'on aperçoit un peu plus à l'ouest le musée Mimara. En passant devant les Archives nationale, on arrive au jardin botanique (fermé en hiver). L'angle sud est formé par le pavillon des arts (Umjetnički paviljon). En poursuivant vers le nord, on passe devant la galerie d'art moderne et l'Académie croate des arts et des sciences.

Enfin, la place Zrinski, située à l'extrémité nord-est du fer à cheval, est bordée de grands platanes et des bustes de personnages illustres qui ont fait l'histoire de la Croatie.

Un bon moyen de pénétrer dans la ville vers l'ouest est d'emprunter, depuis la place Trg Bana Jelačića, la rue Ilica, artère centrale dans Zagreb, la plus longue de la ville.

A l'est, le parc Maksimir mérite une balade alors que le sud, par-delà la gare ferroviaire, est occupé par la partie moderne de la ville et les musées d'art contemporain.

# SE DÉPLACER

## L'arrivée

### Avion

**■ AÉROPORT INTERNATIONAL PLESO**

Pleso b.b.
✆ +385 1 456 22 22
www.zagreb-airport.hr
info@zagreb-airport.hr

Situé à une quinzaine de kilomètres du centre-ville, le petit aéroport international dessert la plupart des grandes villes européennes. Les arrivées et les départs pour les vols nationaux (domestic !) ou internationaux se font au rez-de-chaussée. Vous pourrez y changer de l'argent, en retirer au distributeur automatique, vous informer au comptoir touristique, louer ou récupérer un véhicule auprès des nombreuses agences de location. Des bus de Croatia Airlines partent toute les demi-heures pour la gare routière au centre de la ville. Le trajet dure environ 30 minutes et coûte 30 kn et environ 250 kn pour une course en taxi.

**■ CROATIA AIRLINES**

Bani 75b, Buzin
✆ +385 1 667 6555
www.croatiaairlines.com
contact@croatiaairlines.hr

Le siège de la compagnie nationale croate se trouve à Zagreb. La nouveauté 2015, c'est le Nice-Dubrovnik direct (lundi et vendredi) d'avril à octobre. Toujours en direct, toute l'année, les Paris-Zagreb et/ou Dubrovnik. Des tarifs très intéressants en hiver, largement concurrencés en été par les compagnies low-cost. A bord, un service inclus de qualité, de beaux magazines touristiques et promotionnels.

**■ EASY JET**

www.easyjet.com

Une compagnie low cost en ligne qui propose des vols Paris-Zagreb, Paris-Split, Paris-Dubrovnik pour moins de 100 € (hors périodes des vacances). De bons tarifs, à condition de s'y prendre à l'avance !

**■ EUROPEAN COASTAL AIRLINES**

Put Divulja 7
KAŠTEL ŠTAFILIĆ
✆ +385 21 444 888
*Voir page 28.*

### Train

**■ GARE GLAVNI KOLODVOR**

Antuna Mihanovića 12
✆ +385 1 3783 061
www.hznet.hr

Dans la partie sud de la ville, la gare centrale de Zagreb - monument historique avec façade néoclassique imposante – se situe en face de la place Kralja Tomislava, à 10 minutes à pied de la place principale Jelačića. Les tramways 6 ou 13 s'y arrêtent. La consigne pour les bagages est ouverte 24 h/24 ; comptez 15 kn pour 24 h et par article.

## Bus

### ■ CROATIA BUS

Strojarska 12/VI
✆ +385 01 235 2345
*Voir page 31.*

### ■ GARE ROUTIÈRE (AUTOBUSNI KOLODVOR)

Avenija Marina Držića b.b.
✆ +385 60 313333 / +385 1 611 27 89
www.akz.hr
*Ouvert 24 h/24.*
La gare routière, proche du centre, est à 5 ou 10 minutes de marche de la gare ferrovière (Glavni Kolodvor). Les tramways 2, 5, 6, 7 et 8 s'arrêtent à proximité, le 6 allant jusqu'à Trg Jelačića. La consigne est ouverte 24 h/24, 20 kn par article pour les 4 premières heures. Le cadre n'a rien de charmant mais les services sont là : bureau d'informations touristiques, change et retrait d'argent (distributeur), téléphone public, snack.

## Voiture

Depuis la France, la quasi-totalité du trajet se fait sur voies rapides. De gros travaux ayant été réalisés ces dernières années, les routes croates même étroites sont bonnes. Respecter les limites de vitesse, la police est bien présente sur les routes !
Partout en Croatie, on peut louer une voiture pour découvrir le pays à son rythme, longer la côte, s'arrêter où l'on veut.
Presque toutes les agences ont leur siège à Zagreb, un comptoir dans les aéroports, des annexes dans les principales villes touristiques. Des entreprises locales affichent des tarifs sensiblement moins chers que ceux des loueurs franchisés. Vérifier que toutes les garanties sont respectées. Pendant les vacances scolaires, il est conseillé de réserver votre véhicule avant votre départ.

▶ **Pour gagner le centre-ville,** suivre la sortie Zagreb-Zapad (ouest) puis les panneaux direction *Centar*. Les panneaux *Zagreb Jug* (sud) indiquent la ville nouvelle alors que *Zagreb Istok* montre la direction vers l'est de la ville. Dans le centre, la plupart des stationnements sont payants, le prix du parking varie selon la zone. La zone 1, la plus près du centre-ville, étant la plus chère. Certains hébergements privés comme les hôtels disposent de leur propre parking, renseignez-vous lors de votre réservation.

### ■ EASY RENT DIRECT

Vida Došena 31
✆ +385 91 5067080 / +385 91 4022221
www.erd.hr
info@erd.hr
Petite agence privée très professionnelle qui propose la location de véhicules, des appartements à des prix intéressants avec possibilité de coupler ces deux services. Des excursions sont organisées en Slovénie, sur la route des châteaux, en Istrie, au Parc national de Plitvice. Également, un choix de séjours personnalisés sur tout le territoire (Zagreb, Pula, Opatija, Split, Makarska, Dubrovnik).

### ■ HERTZ

Vukotinoviceva 4
✆ + 385 1 484 6777
www.hertz.hr
info@herc.hr
*Ouverture en semaine de 8h à 20h. Le samedi jusqu'à 15h et le dimanche jusqu'à midi.*
Franchise mondiale, le loueur de voiture est très bien représenté en Croatie. Des agences dans les aéroports, une autre dans le centre des principales villes du pays.

## Bonne route !

Avec son réseau routier globalement correct, ses grands axes, conduire en Croatie ne présente pas de problème majeur. Il faut juste augmenter la vigilance sur les routes secondaires, la Riviera escarpée, le mauvais état des chaussées parfois, l'absence de trottoir et la conduite rapide de certains chauffeurs peuvent surprendre.

La Croatie, comme la France, applique une tolérance d'alcoolémie au volant très limitée (0,5 g/l). En cas de contrôle positif, vous risquez une forte amende et le retrait immédiat de votre permis. En cas d'accident, vous devez appeler la police, afin qu'elle établisse un constat. Vous serez convoqué au tribunal sous 24 heures et l'affaire sera immédiatement jugée. En cas d'amende, elle est à payer sans délai. Tout départ du lieu de l'accident peut être considéré comme un délit de fuite.Sur les axes secondaires, les stations-services peuvent être assez rares. Surveillez votre jauge à carburant, surtout si vous sortez des sentiers battus ! *Numéros utiles : Police (93). Pompier (92). Ambulance (94). Urgence (112).*

■ **HM RENT-A-CAR**
Grahorova 11
✆ +385 1 370 45 35
www.hm-rentacar.hr
info@hm-rentacar.hr
Une compagnie croate en pleine expansion, présente à Zagreb, Osijek, Pula, Zadar, Split et Dubrovnik.

■ **NOVA RENT-A-CAR**
Terminal Zagreb Airport Pleso
Pleso bb
✆ +38513885809
www.rentacarsplit.net
airport@rentacarinzagreb.com
*De 8h à 20h tous les jours, précisez si vous arrivez avant ou après.*

■ **ORYX RENT-A-CAR**
Ljudevita Posavskog 7a
✆ +385 1 2900 333
www.oryx-rent.hr
info@oryx-rent.hr
Un réseau national de location de voitures de très bonne qualité, avec ou sans chauffeur, et la garantie des principales marques allemandes représentées. Les modèles de véhicule sont variés, les équipements modernes. Agences présentes dans les villes principales de Croatie. Service sérieux et rapide.

■ **SIXT**
✆ +385 52 530218
www.sixt.fr
Une agence française, présente dans de nombreuses régions du monde. Bon service de location de voitures de tourisme. Il est possible de déposer votre véhicule dans différentes agences du pays.

**Autre adresse : Aéroport** de Pula/Rijeka gare ferroviaire, Trg Kralja Tomislava/Aéroport de Zadar, Zemunik Donji/Ivana Mazuranica 18/Aéroport de Dubrovnik/Marijana Blazica/ Aéroport de Zagreb/Hôtel Panorama, Trg Sportova 9, Trg Sportova 9/Aéroport de Split, Zracna Luka.

## En ville

■ **AÉROPORT INTERNATIONAL PLESO**
Pleso b.b.
✆ +385 1 456 22 22
*Voir page 92.*

■ **FUNICULAIRE**
Tomićeva/Strossmayerovo šetalište 9
*En service, le week-end et durant les vacances de 6h30 à 21h. Départ toutes les 10 min. Tarif 4 kn.*

La structure étant restée la même depuis son origine, le funiculaire est classé monument historique, c'est donc plus une attraction touristique qu'un vrai moyen de transport pour la ville haute. À l'arrivée, il vous dépose près de la tour Lotrščak où vous trouverez un bureau d'informations touristiques.

### Bus

L'un des plus importants terminus de Zagreb se situe derrière la gare ferroviaire, après le passage souterrain qui abrite une galerie marchande. Les tickets de bus urbains et de trams pour le centre-ville et la banlieue s'achètent auprès chauffeur ou dans les kiosques. Leur prix varient selon la destination.

### Tramway

Le centre-ville est bien desservi par le tramway, rapide et régulier. Le réseau se compose de 15 lignes, dont certaines fonctionnent toute la nuit. Les trams de jour roulent de 4h du matin à minuit. Les tickets s'achètent dans les kiosques. Ils coûtent entre 10 et 15 kn (si achetés auprès du chauffeur) pour 1 zone, 16 kn pour 2 zones, 24 kn pour 3 zones et 32 kn pour 4 zones). Valides pour une durée de 1h30, ils permettent les changements de lignes. A noter, si vous prenez le tram de la Place Centrale (Trg Josipa Jelačića), les deux premières stations dans chaque direction sont gratuites !
On peut acheter une carte pour un jour, la dnevna carta (40 kn) qui vous autorise à emprunter à loisir tous les transports en commun toute la journée. On peut aussi acheter son ticket avec son téléphone portable en envoyant un SMS au 8585, vous recevrez un message de confirmation et le délai d'expiration.
*Plus d'infos sur Internet : www.zet.hr/*

### Taxi

Partout dans le centre-ville, on trouve des taxis facilement repérables (blancs avec panneaux lumineux jaunes sur le capot). On peut aussi réserver une course en appelant le 1212. Le trajet de 2 km en taxi coûte environ 2 €, auxquels on applique une majoration de 20 % la nuit (de 22h à 5h) ainsi que le dimanche et les jours fériés.

■ **RADIO TAKSI ZAGREB**
✆ +385 60 800 800 / 17 77
www.radio-taksi-zagreb.hr
info@radio-taksi-zagreb.hr
*Un service de taxis 24h/24.*
Prise en charge par passager 10 kn + 6 kn par kilomètre. Compter 40 kn l'heure. Pas de supplément pour les bagages. Sur le site Internet, un simulateur de prix selon votre destination.

## Vélo

Considérant les proportions tout à fait raisonnables de la ville, le vélo est une bonne option pour se déplacer dans le centre, quand il ne fait pas trop froid. Vous trouverez ici quelques adresses où louer, éventuellement acheter un deux-roues. Les prix sont comparable à ceux pratiqués en France. Vous pourrez également y effectuer des réparations, acheter des pièces de rechange, récupérer des plans et itinéraires en ville.

■ **BLUE BIKE**
Trg Franklina Delanoa Roosevelta 5
✆ +385 98 188 3344
www.zagrebbybike.com
info@zagrebbybike.com
*Réservation par téléphone ou sur Internet. Visite de la ville autour de de 30 à 50 € la journée selon la formule, à pied ou à vélo. Tarifs dégressifs pour les enfants.*
Cette jeune entreprise propose des tours (guidés ou pas) de la ville à pied ou à vélos. Faire un tour de la Zagreb en vélo pour embrasser en une journée les principaux sites à ne pas manquer, repérer des coins où l'on aura envie de revenir, bonne idée ! Virées thématiques comme la découverte des quartiers historiques ou modernes, le Zagreb socialiste de la partie Sud, les sorties la nuit, ou départs très matinaux pour observer les oiseaux (l'été). Journées sportives à Slemje. Possibilité de louer des vélos et partir en indépendants.

■ **EUROBIKE CENTAR**
Ozaljska ulica 152
✆ +38513011531
*Ouvert du lundi au vendredi de 8 h à 20 h et le samedi jusqu'à 15 h.*
Une boutique qui vend des vêtements et accessoires de sport en plein air et loue des vélos urbains, pour circuler dans le centre ville ou même aller au parc de loisirs Jarun.

▸ **Autre adresse : Ljudevita** Gaja 29a

■ **NEXTBIKE**
Shopping Centar Point
Vrbni III
✆ + 385 1 777 6534
info@nextbike.hr
*Service de location de vélos par distributeur automatique. Fonctionne 24h/24. À partir de 8 kn l'heure, 79 kn la journée. Possibilité d'abonnement court.*
Zagreb possède aussi un système de location de vélos municipal. Comme les Vélib' à Paris, le Nextbike est disponible jour et nuit, sans engagement, payable à l'emprunt avec une carte bancaire. Dans cette ville au domaine piétonnier étendu – plat dans sa partie basse –, vous trouverez une douzaine de bornes automatiques, près de la place du Ban Jelačić, à la gare ferroviare, devant le musée des Techniques, le centre commercial, etc.



# PRATIQUE

## Tourisme - Culture

■ **ALMA VISIO TOURS**
Vlaška 66
✆ +385 1 888 78 22
www.alma-visio-tours.com
info@alma-visio-tours.com
Cette agence de voyages croate, installée à Zagreb, spécialiste des voyages sur mesure pour les touristes français, propose différents thèmes selon les centres d'intérêts : culture, histoire, agrotourisme, pèlerinage, activités sportives (croisières en voiliers, safari-photo, plongée, chasse, pêche...). Des circuits organisés pour tous (individuels, groupes, jeunes, seniors, scolaires, séminaires d'entreprise) en partenariat avec les réceptifs locaux intervenant dans la profession (guides, moniteurs...). L'avantage aussi c'est que l'on parle le français dans cette agence !

## Zagreb Card, réductions et bons plans

Cette carte à l'intention des visiteurs de la ville est disponible à l'office du tourisme de Zagreb et sur Internet. Très intéressante si vous payez en espèces (entre 10, 20 et 30 % de remises), elle l'est moins si vous payez avec votre carte Bleue (- 5 % environ). Des offres dans quasiment tous les musées de la ville, de nombreux restaurants, bars et discothèques. Certains magasins l'ont adoptée, tout comme les transports en commun urbains qui deviennent gratuits. Elle coûte 60 kn pour 24h, 90 kn pour 72h.

Plus d'infos : www.zagrebcard.fivestars.hr/

### ATLAS

Izidora Kršnjavog 1
✆ +385 1 2415 611
www.atlas-croatia.com
putovanja@atlas.hr
*Agence (Hotel Westin) ouverte du lundi au vendredi de 8h à 21h. Samedi de 8h à 16h*
Agence de voyages qui propose aide et conseils aux visiteurs arrivés à Zagreb qui souhaitent organiser sur place leur séjour sur la côte adriatique : location de voitures, large choix d'hébergements ainsi qu'une sélection de croisières ou d'excursions.

**Autre adresse : Vukovarska** 19, Dubrovnik

### BAN TOURS

Kaptol 11 ✆ +385 0 1 4881 800
www.bantours.hr
bantours@bantours.hr
Une agence qui propose des circuits autour de Zagreb, en Istrie, Dalmatie du Nord, etc., selon des thématiques de voyages choisies : œnologie, gastronomie, patrimoine, croisières, sports d'hiver, aventure en mer, yachting, bien-être.

### CROATIA GAY GUIDE

✆ +36306852643
www.croatia-gay.com
croatia@croatia-gay.com

### HUCK FINN

Grada Vukovara 271
✆ + 38501 618 3333
www.huckfinncroatia.com
*Ouvert du lundi au vendredi de 9 h à 17 h*
Avez-vous lu les *Les Aventures de Huckleberry Finn* de l'Américain Mark Twain ? Cette agence croate s'inspire du roman picaresque (1884) jusqu'à lui emprunter son nom, pour bien suggérer l'importance de la nature et du tourisme responsable dans ses programmes. La découverte du pays passe par des activités de plein air (voile, kayak de mer, vélo, randonnée, plongée en apnée, canoës, rafts, randonnées), des excursions, des séjours avec guides et autres voyages sur mesure. Tous veillent à minimiser l'impact environnemental.

### KOMPAS

Ede Murtića 4
✆ +385 1 4882 500
www.kompas.hr
booking@kompas.hr
Cette agence, dont le siège est à Zagreb, tient une permanence téléphonique et un site Internet pour les réservations. Organise des séjours et circuits avec des prestataires régionaux, du nord et du sud, avec une bonne sélection d'hôtels en Croatie centrale, Slavonie, Istrie. Visite guidée de la capitale également.

### OFFICE DU TOURISME DE LA VILLE DE ZAGREB

Kaptol 5
✆ +385 1 489 85 55
www.zagreb-convention.hr
info@zagreb-convention.hr
Dans le palais des congrès, cette agence municipale délivre de la documentation pour faciliter les conditions de séjours en ville (hébergement, le calendrier des salons et événements) et vise particulièrement le tourisme d'affaires. Sur le site Internet, on peut télécharger brochures et autres documentation alors que l'appli Meet Zagreb est bien pratique pour l'agenda et les infos pratiques.

### OFFICE DU TOURISME (TURISTIČKA ZAJEDNICA)

Trg Bana Jelačića 11
✆ +385 1 814 051
www.zagreb-touristinfo.hr
*Ouvert du lundi au vendredi de 8h30 à 20h et le samedi de 9h à 18h. Dimanche et jours fériés de 10h à 16h.*
La grande place historique, énorme carrefour piéton qui relie Kaptol à la ville basse, est l'emplacement idéal pour le grand accueil touristique de la ville. Vous y trouverez toutes les informations nécessaires au séjour (plan, hébergement, transports, musées, galeries, loisirs, excursions, etc.). D'autres bureaux de moindre importance se trouvent à l'aéroport, dans les gares, aux pieds de la tour Lotrščak. Tous sont ouverts tous les jours et toute l'année, à différents horaires.

### VMD ADVENTURE TRAVEL

Odranska 1
✆ +38516065840
www.vmd.hr – vmd@vmd.hr
*Site Internet en anglais*
Cette agence dédiée au tourisme nature, implantée à Zagreb, propose des circuits et des séjours en Croatie mais aussi en Slovénie et dans les autres pays des Balkans. Elle est partenaire de la Via Dinarica.

### ZAGREB GREETERS

À Zagreb, ces guides pas comme les autres (*greeters*) sans but lucratif, des bénévoles en fait, sont souvent des étudiants amoureux de leur ville avec une idée en tête : rencontrer des touristes, leur faire découvrir leur ville gratuitement dans une ambiance conviviale et personnalisée. Avec le *greeter*, vous serez seul (es) ou en groupe de 6 personnes (maxi). Pas de panique, le réseau international sérieux se charge de vous mettre en contact avec le guide agréé, prend en compte de vos dates de séjour, thématiques de visites et découvertes. Avant de rencontrer le guide, vous devez remplir un formulaire leur site Internet. Leur devise : « Venez en visiteurs, partez en ami ! »

## Représentations – Présence française

### ■ AMBASSADE DE FRANCE

Hebrangova 2
✆ +385 1 489 36 00
www.ambafrance-hr.org
presse@ambafrance.hr
*Ouverture de la section consulaire, du lundi au vendredi de 8h45 à 13h et sur rendez-vous de 14h à 16h.*

## Moyens de communication

### ■ ERGONET

Badalićeva 26 c
✆ +385 1 368 94 00
www.ergonet.hr – info@ergonet.hr
*Ouvert de 8h à 22h du lundi au vendredi, le samedi de 9h à 22h.*
Magasin d'informatique proche du musée des Techniques.

### ■ INTERNET CENTAR GALLERIA

Importane Galleria, Iblerov trg 10
✆ +385 1 455 25 55
Une boutique Internet que vous trouverez dans le centre commercial, où d'autres établissements ont aussi la connexion wi-fi gratuite.

### ■ SUBLINK

Teslina 12
✆ +385 1 4819993
www.sublink.hr – mail@sublink.hr
*Ouvert du lundi au samedi de 9h à 22h. Le dimanche et jours fériés de 15h à 22h. 15 kn l'heure de connexion Internet.*

## Cafés Internet, pour les sans-tablettes

Il existe plusieurs cybercafés à Zagreb, diversement équipés, ainsi que des accès gratuits à des moniteurs connectés dans les médiathèques et centres d'art. Petite liste non exhaustive.

• Art Net Club, Preradovićeva 25 • Cyber Cafe Sublink, Teslina 12 • Cyber Funk Cafe, Masarykova 26 (dans l'arrière-cour) • Ergonet, Badalićeva 26c • Internet & Call Shop, Skalinska 3 • Internet 0-24, Avenija Marina Držića 4 (principale station de bus) • Internet Centar Galleria, Importanne Galleria Iblerov trg 10 • Iskoninternet – KIC, Preradovićeva 5/I • VIP, trg P. Preradovića 5

L'un des premiers cybercafés à s'être installés dans le quartier, autour de la place Preradovićeva. Mais le Sublink n'est pas qu'un café Internet. S'il y a bien quatre moniteurs dans le fond de la salle avec la connexion rapide, le lieu fait aussi café-bar, salle de concert, organise des soirées et accueille des expos.

■ **VIP**
Preradovićev Trg 5
✆ +385 1 4 830 089 – vipcafe1@vip.hra
Boutique ouverte du lundi au samedi de 8h à 23h, le dimanche à partir de 9h.

## Santé - Urgences

■ **HÔPITAL GÉNÉRAL**
Sv Duha 64
✆ +385 1 3712111 – www.kbsd.hr
*Faire le 112 pour toutes urgences sanitaires*
Un hôpital public avec un accueil de jour spécifique pour les touristes et les expatriés.

## Adresses utiles

■ **FONDATION HRVATSKA MATICA ISELJENIKA**
Odjel za Školstvo, Trg Stjepana Radića 3
✆ + 385 1 611 5116
www.matis.hr – hmi-info@matis.hr
Une fondation privée qui fait office de centre culturel et pédagogique institutionnel, où l'on peut apprendre le croate, s'intéresser au patrimoine vivant, au théâtre et au folklore régionaux. Edite un magazine (croate/anglais) téléchargeable sur le site Internet. Il existe des centres HMI à Vukovar, Pula, Dubrovnik, Split et Rijeka.

■ **OBJETS PERDUS**
Heinzelova ul, 98 ✆ 6333439
*Bureau ouvert tous les jours de 8h30 à 15h30.*
Près de la klinica Svjetlost et du parc Bartola Kašića, ce bureau, ouvert en journée, peut vous aider, sinon, rendez-vous au poste de police de proximité.

■ **ZAGREB EXPAT**
Travanjska 4
✆ +385 1 5577 385 / +385 91 4444 636
www.zagrebexpat.com
info@zagrebexpat.com
Même si vous n'êtes que touriste, ce site pourrait vous intéresser par la pertinence des infos que les étrangers vivant à Zagreb développent. Point de vue différent des expatriés, présence de la communauté des affaires internationales mais aussi étudiants et chercheurs. Quantité de renseignements et d'adresses pratiques (docteurs, avocats, écoles pour les enfants, cours de langues, restaurants, etc.). Egalement, un club de rencontres entre les membres de la communauté. Ouvert à tous.

# SE LOGER

L'époque des seuls hôtels d'Etat au confort sobre est bien révolue, Zagreb, comme la plupart des capitales européennes, a su attirer les grands groupes hôteliers, parmi eux, Sheraton, Best and Western et autre Arcotel. Certains hôtels anciens se visitent comme des monuments historiques, qu'il serait dommage de manquer. Pour les petits budgets, une offre d'hôtels modestes et très convenables existe, ainsi que des appartements et chambres privés à louer. Par ailleurs, quantité d'*hostels* (auberges de jeunesse) offrent des services multiples aux voyageurs, proposent des formules dortoirs mais aussi des chambres individuelles à moindre coût.

## Locations

■ **APPARTEMENTS EVISTAS**
Augusta Šenoe 28
✆ +385 1 4839 554 / +385 1 4839 546
www.evistas.hr – info@evistas.hr
*Chambres pour une personne de 35 à 45 €, doubles (40 et 52 €), triples (59 à 63 €) et appartements de 49 à 105 €.*
Des locations à la nuit, à la semaine en centre-ville. 6 chambres pour une personne, 6 doubles, 2 triples et 7 appartements, tous avec salle de bains privative, Wi-fi et coin cuisine. Dans un intérieur moderne et confortable, ces locations agréablement décorées séduiront les voyageurs qui préfèrent s'installer un peu et apprécient cette formule plus indépendante que l'hôtel. D'autres prestations touristiques (transferts aéroport, horaires des ferries et trains, etc.) sont proposées par l'agence qui gère le bien.

■ **GUESTHOUSE LESSI**
Radićeva 3a
✆ +385 91 2888 88 58 – www.lessi.com.hr
*Tarifs de la nuitée, selon la saison, de 20 à 25 € (chambre) ; de 25 à 30 € (studio) ; 50 à 70 € (appartement pour 4 personnes).*
On ne peut plus central ! Situé dans cette rue Radićeva, qui a du caractère avec ses pubs, galeries d'artistes et petites boutiques, les locations se trouvent à 100 mètres de la grand place Jelačića, tout près du marché Dolac, de la rue Tkalčićeva. Nichés au fond d'une cour, à l'étage d'un immeuble ancien rénové, ils sont au calme ! 1 chambre, 1 studio et 1 appartement indépendants, tous récemment aménagés, sont simples et bien conçus (chambre cuisine, Wi-fi, minifrigo, clim et chauffage). Ils offrent un bon rapport qualité/prix pour un tel emplacement.

■ **KHALINA APARTMENTS**
65 Horvatovac ✆ +385 91 221 21 21
www.mkahlina-app.info
*Tarif : 385 kn pour une personne, 511 kn pour 2 personnes. Tarif réduit à partir de 3 nuits (- 10 %).*
Dans une villa avec jardin, les appartements Khalina, situés à 20 minutes du centre dans un quartier résidentiel sur les hauteurs de Zagreb, sont gay friendly. L'endroit est calme et verdoyant. Les deux appartements sont tous deux dotés de balcons et peuvent recevoir deux personnes chacun. Cuisine équipée, bain bouillonnant, écran plat, wi-fi...

## Centrales de réservation - Réseaux

■ **ADRIATICA**
Izidora Kršnjavoga 1, Hotel Westin
✆ + 385 01 2415 600 / +38512415614
www.adriatica.net
Hôtels, résidences, appartements, villas et même phares sont proposés à la location par cette centrale de réservation, au départ spécialiste de l'hébergement à Zagreb et dans tout le pays. Vaste choix de logements toute catégorie. Aujourd'hui, la société investit le nautisme et loue aussi des voiliers.

■ **IMMO-CROATIE**
✆ + 385 99 889 8381 / 07 81 55 22 16
contact@immo-croatie.fr
Une agence immobilière en ligne, avec accueil des clients en français, qui gère des biens à vendre sur tout le territoire (terrains, appartements, maisons) et des appartements à louer à Zagreb.

■ **INZAGREB**
Remetinecka 13 ✆ +385 91 6523 201
www.inzagreb.com – info@inzagreb.com
*Appartements pour 4 personnes à partir de 70 € la nuit, avec réduction pour des séjours d'au minimum 3 jours ou à la semaine.*
Une centrale de réservations d'hébergement à Zagreb, qui fait plus que louer des appartements tout confort. Transferts aéroport, cadeau de bienvenue, alimentation basique à l'arrivée dans la cuisine, informations pratiques et touristiques sur la capitale et ses environs sont inclus dans le service locatif.

## Gradec

■ **HOSTEL CENTRAL**
Vlaška 7 ✆ +385 97 676 7793
design-hostel-central-zagreb.com
*Prix des chambres de 20 € à 67 € selon la catégorie.*
Près de la cathédrale, du marché Dolac et de la place Ban Jelačić, cette auberge de jeunesse propose des chambres pleines de peps avec leur déco personnalisée aux couleurs acidulées. Des chambres simples, doubles, triples, des dortoirs mixtes, l'accès Wi-fi à Internet gratuit, une réception ouverte 24h/24, cet hostel plaira particulièrement aux jeunes voyageurs, qui y trouveront aussi des parties communes pour la convivialité.

■ **SWANKY HOSTEL**
8 Adam Baltazar Krceliceva
✆ +385989016293 / +38598241045
www.swanky-hostel.com
swankyzagreb@gmail.com
Depuis la gare, prendre le tram n°6 ou n°2 en direction de Crnomerec. Descendre au terminus.
*Tarifs de la nuitée par personne, selon la saison, de 464 kn à 579 kn en studio, de 100 kn à 135 kn en dortoir, la chambre double de 464 kn à 520 kn.*
Auberge de jeunesse récente composée de chambres privées, studios pour 4 ou 6 personnes, dortoirs. Un bon choix pour les voyageurs qui aiment le confort et l'opportunité de rencontrer d'autres colocataires dans les espaces communs, cuisine, terrasse, barbecue, bar. La salle TV spacieuse est très éclairée. Sur place, un accueil sympathique par le responsable qui saura vous aiguiller sur quelques bons tuyaux de la capitale. Par exemple, vous serez tout près du Zagreb Buffet Mitnica (spécialités des Balkans).

## Ville basse

### Bien et pas cher

■ **RAVNICE HOSTEL**
Ravnice 38d ✆ +385 1 2332 325
www.ravnice-youth-hostel.hr
ravnice-youth-hostel@zg.t-com.hr
A 15 minutes du centre de Zagreb en tram n° 4, 7, 11 ou 12.
*Tarif saison estivale, à partir de 14 € par personne en dortoir (3 à 4 personnes) ; 38 € la chambre double et 24 € en chambre individuelle.*
Avec leurs sacs à dos ou valises à roulettes, en groupe, en famille, en couple ou en individuel, tous les voyageurs sont les bienvenus dans cette auberge de jeunesse, ouverte en 2001. Réputée pour ses chambres confortables (2 à 10 lits), soit plus d'une quarantaine de lits, ses salles de bains propres et modernes. L'ambiance est internationale, l'accueil familial et convivial. L'hostel dispose d'un café Internet et du Wi-fi gratuit, d'une petite cuisine, de transats dans la cour. Laverie, conseils touristiques, excursions possibles. À noter : cet été, les festivaliers au INmusic festival de Zagreb (22 au 24 juin 2015) pourront bénéficier de 30 % de réduction sur le prix de leur nuit à l'hostel.

## Des auberges de jeunesse pour tous !

Qu'il est loin le temps où il fallait strictement posséder sa carte d'adhérent pour dormir ne serait-ce qu'une nuit en auberge de jeunesse ! Même le nom ne veut plus rien dire car désormais on y rencontre des personnes de tout âge. Aujourd'hui, vous pouvez vous y rendre comme dans un hôtel, sans réservation, vous êtes sûr de trouver de la place. À Zagreb, ces hostels font florès. Pas moins d'une soixante comptabilisés par la fédération, certains privés, en centre ville, en périphérie, à quelques encablures de tram. Tous pratiquent des tarifs économiques, qui oscillent entre 11 et 16 € la nuit, selon la catégorie (chambre doubles, dortoirs). La plupart propose la connectique, de la convivialité, du cosmopolitisme et la possibilité de dormir en dortoirs ou en chambres individuelles.

*www.aubergesdejeunesse.com/Croatie/Zagreb*



**■ YOUTH HOSTEL ZAGREB**
Petrinjska 77 ✆ +385 1 4841 261
www.hfhs.hr – zagreb@hfhs.hr
*Ouvert toute l'année. Prix à partir de 16 € le lit en dortoir, 42 € la chambre double privée, 31 € la chambre pour 1 personne. Wi-fi, cuisine commune.*
Cette auberge de jeunesse est située à quelques minutes de la place Jelačić. Convivial et cosmopolite, d'une capacité totale de 210 lits, l'établissement fait partie de la fédération croate des auberges de jeunesse. Vous devrez acquérir une carte à votre arrivée qui, à partir d'un cumul de cinq nuits, vous donne droit à une nuit gratuite dans l'un des CYHA hostels du pays. Le Chill Out Youth Hostel, tout aussi central, est dans le réseau et pratique la même politique incitative.

**Autre adresse : Chillout** Hostel – Tomićeva 5a. Tel : +385 (0) 1 48 49 605.

### Confort ou charme

**■ HÔTEL CENTRAL**
Branimirova 3 ✆ +385 1 484 11 22
www.hotel-central.hr – info@hotel-central.hr
*De 600 à 650 kn la chambre simple,700 à 750 kn la double, 975 kn la triple pour la nuit (petit déjeuner inclus).*
Situé près de la gare ferroviaire, pratique autant pour les voyageurs d'affaires que pour les touristes, l'hôtel compte environ 80 chambres. Assez confortable, avec Wi-fi gratuit, parking privé, bar-restaurant, le Central abrite aussi un casino ainsi qu'une agence de location de voitures.

**■ HÔTEL ILICA**
Ilica 102 ✆ +385 1 377 75 22
www.hotel-ilica.hr – info@hotel-ilica.hr
*La chambre double de 43 € à 53 € (petit déjeuner inclus).*
Grand style pour cet hôtel de la rue commerçante, la plus longue voie de shopping de Zagreb. Les fenêtres de nombreuses chambres donnent sur cour, à l'abri du bruit de la ville. Doté d'un parking, ce qui est rare en centre-ville, l'établissement est aussi desservi par le tramway (station dans la rue), qui vous mènera directement à la grande place centrale. Même si vous êtes seul, demandez une chambre double car les simples sont minuscules mais si vous êtes 5, demandez la suite pour 5 et appréciez la décoration bourgeoise et kitsch. Accueil sympathique et bon rapport qualité/prix avec petit déjeuner simple et correct inclus dans le prix de la chambre. Cartes de crédit non acceptées. Réservation recommandée.

**■ HÔTEL LAGUNA**
Silvija Strahimira Kranjčevića 29
✆ +385 1 304 7000
www.hotel-laguna.hr – info@hotel-laguna.hr
*Chambre double de 59 € à 117 €, selon la catégorie, petit déjeuner inclus.*
Un peu excentré mais avec une station de tramway qui s'arrête devant, cet hôtel assez vaste garde le charme retro de la période collectiviste avec ses grands espaces, son immense hall, sa méga-salle de restaurant, ses tables à rallonges... Les chambres, là encore sont assez grandes et bien agencées (télé LCD, wi-fi, mini bar). Pour ceux qui sont véhiculés, parking de l'hôtel gratuit.

**■ HÔTEL SLIŠKO**
Bunićeva 7 ✆ +385 1 6184 777
www.slisko.hr – hotel@slisko.hr
*18 chambres, selon la catégorie, la nuitée de 51 à 61 € (simple), de 62 à 75 € (double), de 82 à 95 € (triple), petit déjeuner inclus.*
Petit hôtel de 18 chambres situé dans un quartier d'affaires, près de la gare routière et de la station de tramway, donc éloigné de la vieille ville (25 minutes à pied ou 15 en tram). Les chambres simples et confortables sont propres et spacieuces, bien équipées pour les déplacement professionnels (Wi-fi, bureautique). Une bonne option pour ceux qui souhaitent gagner l'aéroport au plus vite (arrêt navette) ou se déplacer dans la région de Zagreb sans passer par le centre.

## Luxe

### ■ ARCOTEL ALLEGRA

Restaurant Le Radichio
Branimirova 29
✆ +385 1 4696 000
www.arcotelhotels.com
allegra@arcotelhotels.com
*Chambre double à partir de 65 à 80 €, selon la saison.*
Situé dans un immeuble récent, architecture design contemporaine, l'hôtel compte plus de 150 chambres, la plupart spacieuses et confortables, équipées confort (télé LCD, lecteur DVD, bureau, connection wi-fi, minibar, climatisation). Le personnel accueillant, le petit déjeuner copieux, la salle de gym et le parking apportent d'autres d'arguments à l'adresse. Le bar lounge et le restaurant de l'hôtel, le Radichio, sont ouverts aux non-résidents. Cette table réputée de Zagreb, qui propose, midi et soir, une cuisine traditionnelle méditerranéenne (Istrie, Dalmatie), le tout accompagné d'une belle carte de vins.

### ■ HÔTEL ARISTOS

Cebini 33, Buzin
✆ +385 1 6695 900
www.hotel-aristos.hr
aristos@hotel-aristos.hr
*Chambre double selon la catégorie de 79 à 98 € la nuit, formule demi pension à 53 € par personne, 77 € pour 2 nuits. Parking gratuit.*
Situé entre l'aéroport et le centre-ville, à proximité d'une station de bus, cet hôtel est pratique pour l'accès en voiture. A l'intérieur, on apprécie le design contemporain, la luminosité et le calme des chambres insonorisées, équipées d'un mini bar, de la télé avec écran LCD, d'un bureau avec connection Internet. Dans les communs, une salle de gym, un bar lounge, un restaurant gastronomique, une terrasse d'été, un centre spa, un bureau de change. Petit déjeuner copieux inclus dans le prix de la chambre.

### ■ HÔTEL DUBROVNIK

Ljudevita Gaja 1 ✆ +385 4863 555
www.hotel-dubrovnik.hr
reservations@hotel-dubrovnik.hr
*237 chambres et 8 appartements, la chambre simple 92 €, la double de 105 à 138 € selon catégorie, la triple 160 €.*
Hôtel 4-étoiles, idéalement situé, en poste d'observation monumentale de la Trg Bana Jelačića. L'animation sur la place, où les locaux se rendent tous les jours et spécialement le samedi matin, ne dérange pas le calme des chambres insonorisées, bien équipées et décorées avec goût. L'établissement a été en partie rénové en 2010 et s'organise autour d'un vaste hall central. Une institution à Zagreb ! Parking gardé.

### ■ HOTEL ESPLANADE

Mihanovićeva 1
✆ +385 1 4566 666 – www.esplanade.hr
*209 chambres, entre 103 et 153 € la nuit selon la catégorie et la saison. 24 € le petit déjeuner.*
L'hôtel historique le plus luxueux de Zagreb. Autrefois appelé le Regent, l'Esplanade, construit en 1925, a gardé son architecture classique, l'intérieur et le mobilier Art nouveau, son casino, le tout parfaitement préservé. Y séjournèrent autrefois Joséphine Baker, Orson Welles et autres aristocrates voyageurs de l'Orient-Express. Dans ce cadre exceptionnel, il faut venir boire un café (même si on n'est pas résident). C'est d'ailleurs toujours l'hôtel où descendent les artistes, sportifs professionnels, hommes d'affaires et autres VIP en tournée. Augmenté aujourd'hui du confort moderne d'un cinq-étoiles, il bénéficie aussi de la présence d'un chef cuisinier plusieurs fois primé. Si possible choisir une chambre donnant sur la place du Roi Tomislav.

### ■ HÔTEL INTERNATIONAL

Miramarska 24 ✆ +385 1 610 88 00
www.hotel-international.hr
*Chambre simple à partir de 75 €, double à partir de 115 € (petit déjeuner inclus), restaurant, casino.*
Au cœur du quartier des affaires de Zagreb, intégré dans un complexe de boutiques et agences de services, cet hôtel contemporain, sur 10 étages, compte plus de 200 chambres. Grandes et confortables, certaines ont une vue panoramique sur le centre historique. Une station de tramway et de bus à proximité vous y conduit rapidement. Juste à côté également, la salle de concert Vatroslav Lisinski.

### ■ HOTEL THE WESTIN ZAGREB

Kršnjavago 1 ✆ +358 1 489 20 00
www.westinzagreb.com
*Chambres doubles de 94 € à 190 €, selon la catégorie.*
Au cœur d'un quartier de palais, de musées et de théâtres, l'hôtel est immanquable. C'est l'énorme immeuble moderne qui fait de l'ombre à l'auguste musée Mimara ! Vous y trouverez toutes les prestations d'un 5 étoiles dans un cadre classique. Ce qui fait sa renommée, c'est aussi son spa Health Academy avec salle de fitness, piscine, sauna, ses deux restaurants et bars élégants. Des agences de voyages et des prestataires de services pour le tourisme sont installés dans son hall.

### ■ PALACE HOTEL ZAGREB

Trg J.J. Strossmayera 10
✆ +385 1 4899 600
www.palace.hr – palace@palace.hr
*Tarifs chambres de 88 € (chambre simple standard) à 122 € (chambre double), petit déjeuner compris.*

Le plus vieil hôtel de Zagreb, ouvert en 1891, charmera les romantiques avec sa décoration fin de siècle et Art nouveau, son personnel sympathique et disponible qui semble appartenir à cette même époque. Très bien placé, à proximité du centre historique, sur une place arborée, l'établissement 4 étoiles est équipé d'un bar lounge, d'un bon restaurant, d'un espace culturel polyvalent (galerie Zrinski) qui présente des expositions d'artistes peintres croates. Les 126 chambres, un pas dans la modernité tout de même, ont la télé avec écran LCD et l'Internet sans fil gratuit.

# SE RESTAURER

Si les hôtels coûtent relativement cher, les restaurants restent bon marché avec nombre de petits établissements où l'on peut prendre un repas complet pour moins de 100 kn et goûter les spécialités. Exemples : le *štrukli* (feuilleté au fromage frais), la dinde aux *mlinci* (beignets de pâtes), la *pašticada* (rôti de bœuf mariné dans une sauce au vin dalmate) servie avec de gros gnocchis, le saucisson *kulen*, l'escalope de Zagreb (Zagrebački odrezak) la moussaka de Slavonie. On note, comme à Dubrovnik ou Split, une nouvelle tendance forte pour la bistronomie, des bars à vins populaires, chics et branchés, où l'on peut déguster des vins régionaux avec des assiettes de fromage/charcuterie et même toutes sortes de tapas locales. La cuisine asiatique fait aussi une belle percée avec les plats sautés au wok, tout comme la cuisine végétarienne.

## Gradec

### Sur le pouce

**■ MARCHÉ DOLAC**
Tržnica Dolac
*Toute la journée* Le grand marché central, derrière la place Jelačić, est l'endroit à ne pas manquer à Zagreb. Chaque jour, spécialement le samedi matin, y règne une animation forte et colorée. Petits producteurs et vendeurs de plantes, de fleurs de saison et de bouquets séchés, maraîchers, fromagers, marchands d'huile, artisans du bois, de jouets et autres souvenirs de Croatie s'y côtoient. À chacun ses étals et sa spécialité. Pour la viande et le poisson, c'est sous la halle. Sur la petite terrasse, de petites échoppes cuisent des *burek*, pizzas, sandwichs et autres friands salés. La boulangerie Dinara, l'une des meilleures de la ville, propose un large choix de pains, brioches et gâteaux. En prenant votre café sous les arcades, vous pourrez goûter un bout de *saftkorn* (pain sans levure), de *zlevanka* (gâteau à la farine de maïs mélangée à de la crème et du fromage frais) ou de *bučnica* (sorte de muffins à la citrouille).

### Bien et pas cher

**■ HANSEL AND GRETEL (IVICA I MARICA)**
Tkalčićeva 70 ✆ +385 1 4817 321
www.ivicaimarica.com
ivicaimarica@adriazdravahrana.hr
*Ouvert tous les jours de 10 h à 23h, le dimanche fermeture à 22 h.*
Restaurant, salon de thé, pâtisserie où déguster des plats chauds, soupes, viandes, poissons, légumes mais aussi des gâteaux aux couleurs pastel, des pains d'épices, cakes et autres glaces, le tout servi par un personnel féminin souriant en costumes folkloriques, dans une ambiance de contes de fée inspirée des frères Grimm.

**■ NISHTA ZAGREB**
11 Masarykova ulica ✆ +385 1 8897 444
www.nishtarestaurant.com
ccontactzagreb@nishtarestaurant.com
*Ouvert du mardi au dimanche de midi à 23 h. Plats de 20 à 60 kn.*
Ništa, habile jeu de mot entre le *ništa* croate (rien) et le même mot en sanskrit pour décrire l'état de méditation avant l'arrivée au *nirvana*. Ce restaurant a ouvert à Zagreb après le succès du premier à Dubrovnik il y a quelques années ! Le jeune couple helvético-croate a su nous surprendre une nouvelle fois et bouleverser les habitudes de la capitale avec le premier restaurant végétarien-végétalien de la ville. Ceux qui pensent encore qu'un régime sans viande rime avec tristesse et absence de saveur feraient bien d'aller tester l'adresse pleine de fraîcheur. Le monde entier s'invite dans les assiettes du Ništa ! Ici, tout est fait maison, à base d'ingrédients frais et de qualité. Bon et pas cher.

**■ NOKTURNO**
Skalinska 4
✆ +385 1 4813 394
www.nokturno.hr
nocturno@zg.t-com.hr
*Ouvert du lundi au jeudi de 8h à minuit. Vendredi et samedi de 9h à 1h du matin. Pizza à partir de 40 kn, plats entre 50 kn et 80 kn.*
Dans le quartier de la cathédrale, un restaurant italien populaire auprès des jeunes de Zagreb et des touristes, notamment ceux qui dorment à l'hostel voisin. Le Nokturno commence le service dès le matin, pour le petit déjeuner ou l'expresso quotidien, sert le déjeuner et le dîner (pizza, salades, risotto, pâtes en sauce, gnocchis, plats végétariens, etc.). Il reste ouvert dans l'après-midi et sert tard le soir (glaces, boissons fraîches ou chaudes). Sa terrasse ne désemplit pas !

## Bonnes tables

### MANO
Medvedgradska 2
✆ +385 1 466 94 32
www.mano.hr
mano@mano.hr
*Ouvert tous les jours sauf dimanche de 12h à 1h. 60 kn le plat.*
Un restaurant contemporain et inventif, dont la carte semi-gastronomique s'inspire des influences locales et internationales. La cuisine séparée par une vitre permet d'admirer la dextérité des chefs devant leurs fourneaux. Sur le même principe open space, la direction vient d'ouvrir un second restaurant (Mano 2) dans le centre commercial Green Gold Centar, près de la gare ferroviaire.

**Autre adresse : Radnička** cesta 50, Zagreb – ✆ 385 1 643 05 35

### POD GRIČKIM TOPOM
5 Zakmardijeve stube
✆ +38514833607
www.restoran-pod-grickim-topom.hr
info@restoran-pod-grickim-topom.hr
*Ouvert du lundi au samedi de 11h à 24h. A la carte, comptez 15 à 20 € par personne, boisson comprise.*
Dans la ville haute, juste à côté de l'arrivée du funiculaire, ce restaurant familial aux ambiances romantiques est idéal pour les amoureux, les repas d'affaires. La vue des fenêtres ou de la terrasse en été est agréable pour le panorama qui commence sur les toits et les monuments historiques en contrebas. Au menu à l'ardoise, selon les arrivages, une cuisine du marché de Dolac, des spécialités croates, des grillades, avec l'accent portés sur les produits frais. Une bonne carte de vins régionaux mais des prix globalement plus chers qu'ailleurs. Attention, dans cette partie de la ville, le parking est interdit. Réservation quasi obligatoire en hiver car la salle intérieure est petite.

### PRASAC
Vranicanijeva 6
✆ +385 1 4851 411
info@prasac.hr
*Ouvert du lundi au vendredi de 18h à 23 h, samedi de 12-15h / 18 à 23h, fermé le dimanche et jours de fête. Menu 3 plats 220 kn.*
Le Prasac (« petit cochon » ) est connu pour sa simplicité et son ambition gastronomique à la fois. Des plats de saison particulièrement inspirés par l'automne, une cuisine de marché (viande blanche, poisson, fruits de mer et légumes bio), travaillée de manière raffinée mais sans esbrouffe. Pour y goûter, il vous faudra réserver car il n'y a qu'une vingtaine de couverts. De plus, les prix raisonnables et l'ambiance paisible du lieu attirent autant que la carte.

# Kaptol

## Bien et pas cher

### TAKENOKO SUSHI BAR
Centar Kaptol
Nova Ves 17
✆ +385 1 4860530
www.takenoko.hr
japanski.restaurant@takenoko.hr
*Ouvert du lundi au samedi de 12h à 23h30, le dimanche de midi à 17h. Menus sushis de 70 kn à 180 kn. Sur place ou à emporter.*
Ce restaurant japonais sert une cuisine au wok et des menus sushis, qui commencent à se démocratiser en Croatie ! La décoration et le style épuré du mobilier extrême oriental, les couleurs élémentaires et la grande fraîcheur des produits concourrent au succès de la formule. Service professionnel et courtois.

## Bonnes tables

### BALTAZAR / GAŠPAR
Nova Ves 4
✆ +385 1 4666 824 / 46 66 999
www.restoran-baltazar.hr
restoran.baltazar@zg.htnet.hr
*Ouvert du lundi au samedi de 12h à minuit. Entre 100 et 150 kn le repas, 90 kn le plat du jour.*
Deux restaurants rattachés à l'hôtel Baltazar avec terrasse verdoyante, ambiance bucolique aux beaux jours, idéale pour venir avec les enfants. Une table plutôt grillades, où manger une bonne pièce de bœuf, agneau, volaille, viandes cuites à la façon slavone. L'autre table, plutôt poissons et fruits de mer, joue l'ambiance marine. Laissez-vous conseiller par le personnel sur le menu qui change selon les arrivages du marché. Choix des vins important.

### KAPTOLSKA KLET RESTAURANT
Kaptol 5
✆ +385 1 4814 838 / +385 1 4921 307
www.kaptolska-klet.eu
info@kaptolska-klet.hr
Juste en face de la cathédrale.
*Ouvert tous les jours de 11h à minuit. Plat de viandes à partir de 50 kn.*
On accède à la cour-terrasse de ce restaurant par un porche. Dans la grande salle totalement rénovée, l'ambiance brasserie est parfaite pour les plats à l'ancienne de la cuisine croate. Car si la déco a redonné un coup de jeune, on garde ici le goût des traditions, des viandes grillées sous péka, des saucisses maison,

des charcuteries et fromages de Slavonie, des soupes aux céréales et autre gâteau aux légumes. Le personnel est professionnel et de bon conseil. Nourriture d'excellente qualité, bien servie et moins chère qu'ailleurs.

### KEREMPUH

Kaptol 3
© +385 1 4819 000
kerempuh1@zg.t-com.hr
*Ouvert du lundi au samedi de 7h à 23h, dimanche de 7h à 16h, plats de 30 à 60 kn.*
Un restaurant pratique après les courses, sur le coup de 13h, quand on arrive à trouver une place en terrasse. La vue plongeante sur le marché de Dolac est le grand argument du Kerempuh, qui propose une cuisine correcte sans plus (plats traditionnels, *pasticada*, gnocchis, viandes, poissons et légumes grillés, calamars en sauce).

### RESTORAN KATEDRALIS

Bakačeva ulica 9
© +385 1 4814 938
www.katedralis.eu
*Ouvert tous les jours de 7h à 23h. Plats entre 50 et 70 kn.*
Avec son emplacement de choix, orienté vers le parvis de la cathédrale, ce restaurant historique de Kaptol jouit d'un bel ensoleillement et d'une vue superbe sur l'ensemble épiscopal. On peut donc y manger (cuisine croate, plats français de tradition hôtelière, grillades ou plats en sauce) ou juste prendre le petit déjeuner, le thé ou le café avec une part de strudel (excellent !) ou encore l'apéritif en terrasse, spacieuse et calme puisqu'elle surplombe la rue.

# Ville basse

## Sur le pouce

### BOULANGERIE DINARA

Ilica 71
*Ouvert tous les jours de 6h à 19h.*
A l'intérieur du marché de Dolac, l'une des meilleures boulangeries de la ville avec un large choix de pains, brioches et gâteaux. Goûtez le *saftkorn*, un pain sans levure, le *zlevanka*, le gâteau à la farine de maïs mélangée à de la crème et du fromage frais, la *bučnica*, une pâtisserie à la citrouille.

▶ **Autre adresse : Gajeva** 8Kvaternik square

### ŠUMSKI KUHAR BISTRO

Tkalčićeva 7
© + 385 01 48 19 634
www.sumskikuhar.com
*Ouvert du lundi au samedi de 12h à 23h. Plats de 20 à 51 kn, menu végétarien à 59 kn. Sur place ou à emporter*
Enfin un fast-food vraiment différent où l'on retourne sans mauvaise conscience ! Salade de pissenlit avec sauce d'asperges sauvages et fraises, soupe à l'ortie, soupe de brocoli avec protéines de chanvre (tout à fait légales puisque sans THC), hamburger au steak de soja fumé, tofu frais, beignets d'algues okara et tempeh, galette d'orge... Voilà quelques exemples à choisir dans l'originale carte végétarienne. Un lieu branché et une cuisine à découvrir !

## Pause gourmande

### CHOCO BAR BONBONNIÈRE KRAŠ

Ilica 15
© +385 1 487 63 62
www.kraschocobar.com
*Ouvert du lundi au samedi de 8 h à 22 h.*
Un salon de thé dans l'artère principale au niveau de la place Jélačić, qui accueille dans un décor néoclassique. On y découvre les saveurs sucrées de la marque Kras, le chocolatier qui a fêté son centenaire en 2011. Goûtez la praline croate Bajadera, les gâteaux, les bouchées au chocolat et, plus original, les cocktails au cacao, chauds ou froids. Vente à emporter également.

### PÂTISSERIE RESTAURANT MILLENIUM

Bogovićeva 7
© + 385 1 4810 850
www.slasticarnica-millennium.hr
*Ouvert tous les jours de 8h à minuit. Le samedi, fermeture à 1h du matin*
Le maître pâtissier, qui propose un grand choix de gâteaux, de glaces et de verrines élaborées, fait aussi tables combles le midi et le soir (plats italiens). Son slogan, faire « le plus doux, dans le cœur de Zagreb ». Recommandés au dessert, le gâteau aux trois chocolats, la glace à la banane, les tartes aux fruits...

### VINCEK

Ilica 18
© + 385 1 4833 612
www.vincek.com.hr
vincek@vincek.com.hr
*Ouvert du lundi au samedi de 8h30 à 23h.*
Maison fondée en 1977, où le célèbre pâtissier, à la croisée des influences viennoises et méridionnales, propose un grand assortiment de glaces, tartes, gâteaux, biscuits, croquants et chocolats bien sûr. À consommer sur place ou à emporter. Une institution à Zagreb depuis plus de 30 ans !

▶ **Autres adresses : Centre** commercial Bundek • Place Kvaternik • Place Trešnjevački 2 • Zvonimirova 7

## Bien et pas cher

### ATLANTA BOCCA MARAI

Miramarska 22
✆ +385 1 6170 207
www.bocca-marai.hr – info@bocca-marai.hr
*Ouvert tous les jours de midi à 1h. Compter entre 55 kn et 100 kn pour le plat principal. Entre 120 et 130 kn pour les spécialités.*

L'adresse est tenue par un ancien joueur de basket qui a participé aux jeux Olympiques d'Atlanta. Une cuisine méditerranéenne et internationale à la présentation soignée : beaucoup de poissons, de produits de la mer (poulpes marinés, pavé de thon grillé), des spécialités italiennes et espagnoles, soupes, salades, carpaccios de bœuf ou de thon, une assiette dalmate avec *prosciutto* et assortiment de fromages. Un restaurant assez touristique tout de même.

### BISTRO FOTIĆ

Gajeva 25
✆ +385 1 48 10 476 – www.bistrofotic.com
*Ouvert tous les jours sauf dimanche et jours fériés de 8h à 23h.*

Dans le centre de la ville, à quelques minutes de la place principale et à proximité du parc Zrinjevac, ce restaurant ouvert récemment a très bonne réputation. Il y a la décoration romantique du lieu cosy, les expos photo. Côté cuisine, les plats sont variés et copieux. À la carte, la fusion slavonne et istrienne met à l'honneur viandes et poissons, pâtes et gnocchis frais, pizzas, ragoûts, soupes, salades, légumes au work, etc. On peut aussi commander un menu végétarien, des goûters, des cafés gourmands ou même des petits déjeuners roboratifs constitués d'œufs, de petits pains maison et autres viennoiseries, sans oublier les jus de fruits pressés, les boissons chaudes et le journal. Wi-fi gratuit.

### CANZONA

Švearova 9
✆ +385 1 4617 777
www.canzona.hr
*Ouvert tous les jours de 12h à 23h. 50 kn à 130 kn pour un plat. Pizza entre 30 et 60 kn*

Un restaurant italien en centre-ville où manger des pizzas (large choix) et goûter autre chose ! Pâtes, lasagnes, risottos, viandes, poissons et légumes grillés, autant d'idées pour changer. Bonne ambiance. La direction a ouvert une autre adresse à Zadar.

**Autre adresse : Stomorica** 8 - 23000 Zadar (vieille ville)

### NISHTA ZAGREB

11 Masarykova ulica
✆ +385 1 8897 444
*Voir page 103.*

### TIP-TOP

Gundulićeva 18
✆ + 385 1 4830349
www.gostionica-tiptop.hr
*Ouvert du lundi au samedi de 7h à 22h. Environ 40 à 120 kn les plats à la carte. Petit déjeuner, 26 kn*

Ce fut longtemps la taverne préférée de la bohème zagréboise, quand le grand poète Tin Ujević (entre 1940 et 1955) et à sa suite Krleža, Cesarić et Mateša y tenaient salon. Des photos aux murs rappellent l'ambiance de cette époque. Depuis, le restaurant a peu changé, il est toujours aussi bien fréquenté. Table prisée des artistes et écrivains, qui viennent pour la cuisine dalmate traditionnelle à un prix raisonnable. Sa position centrale à l'angle des rues Gundulić et Masaryk, ses grandes baies vitrées en font un parfait spot d'observation des gens en ville. Bon choix de soupes maison, viandes en sauce, risottos au fromage frais, poissons marinés ou grillés. Assiettes copieuses et happy hour en fin de journée.

### VINODOL

Teslina 10
✆ + 385 1 4811427
www.vinodol-zg.hr – vinodol@vinodol-zg.hr
*Ouvert tous les jours de 10h à minuit. Plats à la carte de 40 à 54 kn. Spécialités autour de 90 kn.*

Avec le romantisme de sa grande salle à manger sous voûtes et ses pierres apparentes, son patio terrasse éclairée aux bougies le soir, le restaurant séduit. On y sert des plats traditionnels croates, des grillades de viandes, dont l'agneau ou le veau *peka* (cuits au feu de bois), un filet migon, des pâtes aux truffes noires, une assiette de charcuterie et fromage dalmate accompagnée de vins régionaux ou italiens. Un plat végétarien également. Un bon signe, la présence des locaux qui se mêlent aux touristes. Réservation conseillée.

## Bonnes tables

### KORČULA

Nikole Tesle 17
✆ +385 1 4872 159
www.restoran-korcula.hr
*Ouvert du lundi au samedi de 10h à 23h, fermé le dimanche. Plats de 60 à 120 kn.*

L'adresse préférée des locaux, l'un des meilleurs restaurants de poissons de la ville, qui était là bien avant la plupart des restos branchés de la capitale. Une bonne adresse pour ceux qui cherchent à découvrir le secret de la cuisine adriatique avant de s'embarquer pour la Dalmatie du Sud. Les spécialités de la maison ? Les poissons grillés et fruits de mer, bien sûr, les légumes méridionaux, les gâteaux traditionnels du Sud et une carte impressionnante des vins de l'île de Korčula ou de la péninsule de Pelješac.

# SORTIR

La vie nocturne dans la capitale a bien changé. Fini le calme plat passé 20h ! Nombre de nouvelles adresses ont ouvert, des bars branchés, des bars lounge à cocktails, où souvent des DJ officient le soir, quelques cybercafés font aussi salles de concert – même si la wi-fi gratuite se généralise. En journée, les salons de thé arty dans les musées ou les galeries, les pubs, les cafés snack fooding, les bars à vin animent les différents quartiers du centre et des rues entières de bars-terrasses, certains historiques. Dès que les beaux jours arrivent, le secteur piéton autour de la rue Bogovićeva jusqu'à la place principale (Trg Bana Josipa Jelačića) est très vivant, tout comme celui de la rue Tkalčićeva (quartier de Kaptol). Notre sélection est loin d'être exhaustive ! La plupart des discothèques se trouvent à l'extérieur de la ville, près du lac de Jarun mais il existe quelques cabarets et salles de spectacle en centre-ville.

## Cafés - Bars

### Gradec

**■ CICA BAR**
Tkalčićeva 18
✆ +385 98 901 2654
*Ouvert tous les jours de 10h à 1h.*
L'un des hauts lieux de la « rue de la soif » à Zagreb dans la fameuse allée piétonne Tkalčićeva et probablement l'une des *rakijarnica* (snapps boutiques) les plus branchées de la ville. On pourrait faire le tour des Balkans à travers la carte, la rakija y est déclinée sous tous les arômes possibles (myrtille, herbes, noix, miel, anisée, etc.). Attention, l'alcool de fruits national, qui se boit pas petites rasades, tape fort sur le système. A consommer avec modération, après manger de préférence. Ambiance musicale et festive le soir. Consulter le compte Facebook pour l'agenda.

**■ HEMINGWAY**
Trg Marsala Tita 1
✆ +385 1 48 54 176 / +385 98 980 50 00
www.hemingway.hr – info@hemingway.hr
*Ouvert tous les jours de 7h à 1h, jusqu'à 4h le vendredi et samedi.*
La chaîne de cafés-bars Hemingway est connue dans toutes les grandes villes de Croatie pour attirer une faune branchée et la jeunesse dorée. À l'intérieur de cette adresse zagréboise, les cocktails sont délicieux et les serveurs agiles les confectionnent devant vos yeux ! Autre bar plus au sud, avec une terrasse ensoleillée qui regarde le théâtre national.

**■ TOLKIEN'S HOUSE BAR**
Opatovina 49
✆ +385 1 4852050
*Ouvert tous les jours de la semaine 7h à minuit. Le samedi ouverture à 8h et le dimanche de 9h à 23h.*
Un bar inspiré de la chevalerie et de l'univers de Tolkien avec en plus une ambiance conviviale. Bonne sélection de bières à la pression, cidres et bons cafés.

### Kaptol

**■ KHALA LOUNGE BAR & CLUB**
Nova Ves 17
✆ +385 98 273 116 – www.khala.hr
*Ouvert de 8h à 1h et jusqu'à 4h du mercredi au samedi pour les soirées clubbing.*
Dans la rue Tkalčićeva, un bar club et différentes ambiances : une partie lounge aux influences orientales, avec narguilés, thés, cocktails et musique deep house. Un bar à vin, pour les moments détente et dégustation au verre, plus un dancefloor pour les soirées DJ à thèmes. Service sympathique et carte de boissons impressionnante !

### Ville basse

**■ BACCHUS JAZZ BAR**
Trg kralja Tomislava 16
✆ +385 1 49 22 218
*Ouvert tous les jours sauf le dimanche de 11h à minuit.*
Non loin de la gare, ce bar branché arty, situé dans la cour intérieure d'un immeuble, se transforme en salle de spectacle intime le soir. Il dispose ses petites tables près de la scène pour un public d'habitués venu assister aux soirées musicales (jazz, blues, rock) et autres lectures de poésie. Suivez le programme sur la page Facebook du lieu et arrivez tôt pour avoir une place !

**■ CAFE BAR PRESS**
Perkovčeva 2
✆ + 385 1 4826 100 / 098 325582
info@pressclub.ch
En face du musée Mimara.
*Ouvert tous les jours sauf le dimanche de 8h à 23h.*
Ce café à la décoration soignée digne d'un appartement élégant met à la disposition de ses clients la presse du jour, des magazines, un poste Internet, le Wi-fi gratuit. On peut donc passer du temps dans cet établissement, éventuellement commander une petite restauration avec sa boisson chaude ou fraîche.

■ **K&K MILČEC**
Jurišićeva 3 ✆ +385 1 4813 558
A coté du Mac Donald.
*Ouvert de 8h à 23h. Fermé le dimanche et les jours fériés.*
Pas très loin de la place principale, ce petit havre de paix à l'atmosphère charmante d'un salon de thé littéraire a été ouvert par un écrivain. Le nom vient de *knjiga* et *kava* : livre et café. Une pause cosy en ville. Bons cafés et chocolats liégeois.

■ **MOVIE PUB**
Savska 141 ✆ + 385 1 600 3600
www.the-movie-pub.com
prodaja@themoviehotel.com
*Ouvert tous les jours de 7h à 2h et jusqu'à 4h les jeudi, vendredi et samedi.*
Un grand pub ouvert toute la journée, où l'on peut boire de la bonne bière, déjeuner et dîner. Depuis la place Trg Jelačića, les tramways n° 4, 5, 14 et 17 vous déposent à proximité. Le week-end, soirées karaoké, concerts rock, jazz.

■ **SPUNK**
Hrvatske Bratske Zajednice
✆ +385 1 61 51 528
Tram 13.
*Ouvert tous les jours le soir jusqu'à minuit.*
Une des bonnes adresses de la capitale, un bar et une petite salle de spectacle en face de la bibliothèque de l'Université. Fréquenté par les étudiants qui y viennent à la sortie des cours mais aussi d'autres publics amateurs de musique rock pop indépendant et concerts live.

## Clubs et discothèques

### Gradec

■ **GK JABUKA**
Jabukovac 28 ✆ +385 1 483 43 97
*Ouvert en soirée le week-end de 23h à 5h.*
Un peu excentré et excentrique, un club venu tout droit des années 80 où les soirées culte, blues rock et burlesques s'enchaînent tous les week-ends. Si vous passez le cordon des cerbères à l'entrée, vous aurez la chance de découvrir l'un des derniers temples du rock en ville.

### Ville basse

■ **AQUARIUS KLUB**
Aleja Matije Ljubeka, Lac Jarun
✆ +385 1 364 02 31
Au bord du lac Jarun.
*Ouvert tous les jours de 22h à 4h, sauf le lundi.*
L'une des boîtes qui marchent le mieux dans la capitale et se module facilement pour une clientèle variée et des styles musicaux plutôt house, techno, hip hop, r'n'b. Avec danseuses, animations jeux et une grande terrasse appréciée l'été.

■ **GALLERY**
Matije Ljubeka 33 (Lac Jarun)
✆ +385 99 444 2444
www.gallery.hr – info@gallery.hr
Au bord du lac Jarun
*Ouvert du vendredi au samedi de 22h à 6h du matin, du dimanche au jeudi, fermeture à 2h du matin.*
Un bel espace, à l'intérieur comme à l'extérieur, de bons cocktails, des DJ sets et du bon son, une recette qui marche à Zagreb. Il y a toujours du monde à la Gallery. En été, vous pourrez profiter de la grande terrasse et des sofas pour prendre le soleil en face du lac.

■ **KSET**
Unska 3
✆ +385 1 612 97 58
www.kset.org – info@kset.org
Derrière la gare.
*Ouvert du lundi au jeudi de 9h à 16h et le week-end, de 20h à 3h pour les concerts et soirées.*
Le club le plus éclectique à Zagreb ! La salle programme autant des concerts rock et jazz que des musiques électroniques pointues, des artistes locaux, des sessions rap, hip-hop, des séances de ciné club, des animations multi-média, etc.

■ **MOČVARA**
Trnjanski nasip b.b.
✆ +385 1 6159 668
www.mochvara.hr – mochvara@urk.hr
*Ouvert pour les concerts et les soirées clubbing à partir de 21 h.*
Une ancienne usine sur les bords de la rivière Save, reconvertie en salle musicale et en club. Le « Marécage » garde son côté obscur et son goût pour le dark des années 80. Lieu culte qui a su passer aux musiques actuelles, avec un agenda régulier de concerts rock, Balkan music, dub, ska, dancehall, electro indus, hardcore, etc. À suivre sur le site Internet ou les réseaux sociaux.

## Spectacles

Les concerts de musique classique se donnent plutôt au théâtre municipal, dans la salle Vatroslav Lisinski, baptisée du nom du compositeur d'opéra, ou encore, à l'auditorium de la bibliothèque nationale. Les théâtres accueillent aussi bien des ballets du grand répertoire classique que des comédies musicales contemporaines, très prisées à Zagreb. Le jazz bénéficie d'une bonne audience et de petites salles intimes (VIP Jazz club, Bacchus) tout comme le rock et les musiques actuelles. Pour une sortie cinéma en centre-ville, attendez-vous, la plupart du temps, aux derniers blockbusters américains, toujours en version originale. La dernière séance a lieu en général vers 21h.

# À VOIR - À FAIRE

Pour visiter les quartiers historiques de Gradec et Kaptol, l'usage de la voiture est déconseillé. Dans ces zones piétonnes à 90 %, il est quasiment impossible de se garer. Mais avec ses courtes distances entre les points d'intérêt, on peut aisément parcourir les différents côtés de la ville basse en prenant les transports en commun (tram, bus), à pied, en vélo ou en trolley. La ville haute est accessible en voiture, en funiculaire ou mieux en promenade panoramique en empruntant les escaliers Zakmardi.
À noter pour les visiteurs d'un séjour court autour d'un week-end que certains musées et galeries de Zagreb ferment le dimanche après-midi, voire toute la journée dominicale. D'autres le sont dès le samedi après-midi ou le lundi. Bien établir son ordre de préférence selon ces horaires restrictifs.

## Visites guidées

### ■ ICROATIATRAVEL

Agence de voyages Konoko
Šubićeva 20/III ✆ +385 1 2301 405
www.icroatiatravel.com
sonja@konoko.hr
Agréée par l'office de tourisme national (Zagreb, Paris) et municipal, cette agence familiale a l'expertise de la capitale et sa région. Les guides diplômés proposent des circuits sur mesure et des thématiques intéressantes, comme les visites patrimoine et archéologie, les ateliers photo en ville, les excursions gourmandes et nocturnes, les sorties botaniques et ornithologiques, les activités de plein air. Prendre rendez-vous ou réserver en ligne, le site Internet est attractif également.

### ■ SEGWAY CITY TOUR ZAGREB

Hotel Esplanade
Mihanovićeva ulica 1
✆ +385 1 301 03 90 / +385 95 903 4227
www.segway.hr – zagreb@segway.hr
*Circuit accompagné avec un guide, 2h30 environ : 55 € (à partir de 2 personnes). Tarifs dégressifs pour groupe (10 pers. maxi).*
Découvrir le centre-ville à bord de ces véhicules électriques monoplaces, constitués d'une plateforme montée sur deux roues, c'est possible à Zagreb. L'usager s'y tient debout, se dirige grâce à un guidon et le manie facilement. Les visites guidées de 2 heures 30 environ sont recommandées car elles permettent de prendre les bons chemins, de faire une dizaine de kilomètres en ville sans se fatiguer tout en écoutant les commentaires de l'accompagnateur. De nombreux points d'accueil pour la location. Consulter la liste sur le site Internet.

## Gradec ★★★

### ■ ATELIER-MUSÉE IVAN MEŠTROVIĆ (ATELIJER-MUZEJI MEŠTROVIĆ) ★

Mletačka 8
✆ +385 1 485 11 23 – www.mestrovic.hr
*Ouvert du mardi au vendredi de 10h à 18h, samedi et dimanche de 10h à 14h. Fermé le lundi. Tarif 30 kn pour les adultes et 15 kn pour les étudiants et enfants.*
La collection du grand sculpteur croate est installée dans sa maison familiale et atelier, où il vécut de 1922 à 1942. Plus de 300 sculptures en pierre, bronze, bois mais aussi des dessins, esquisses et un large choix de photos et documentations éclairent sur l'œuvre du maître. Meštrović, qui a passé deux années à Paris, s'était lié d'amitié avec Rodin, dont on retrouve l'influence dans certaines de ses œuvres, dans l'expressionnisme monumental notamment.

### ■ ÉGLISE JÉSUITE SAINTE-CATHERINE (CRKVA SV. KATARINE)

Katarinin trg
*Ouverte uniquement pour les services.*
Bel exemple de l'art baroque religieux avec une décoration intérieure très riche, l'église jésuite Sainte-Catherine a été édifiée sur le modèle du Gesù à Rome, durant la première moitié du XVIIe siècle, dans le mouvement de la Contre-Réforme.

### ■ ÉGLISE SAINTE-MARIE (CRKVA SV. MARIJE)

Dolac 2
Non loin du marché de Dolac et d'un monastère cistercien, l'église Sainte-Marie, de style gothique et baroque, date du XIIIe siècle. Ce n'est qu'au XVIe siècle, lorsque le monastère disparait, que l'église devient paroissiale. A l'intérieur, des sculptures de saints en marbre et une chaire figurant la prédication de Jean-Baptiste. L'église a résisté au tremblement de terre de 1880. Aujourd'hui, elle est cernée de bâtiments modernes.

### ■ ÉGLISE SAINT-MARC (CRKVA SV. MARKA)

Trg svetog Marka 5
L'édifice médiéval (XIIIe siècle) abrita longtemps la paroisse de Gradec. Son architecture a été largement modifiée au cours des époques. Le portail gothique est orné de statues modernes et monumentales, dont certaines, œuvres de Meštrović, datent de la fin du XIXe siècle. Le toit aux tuiles polychromes, orné des armoiries de la Croatie (Dalmatie, Slavonie à gauche et Zagreb à droite), date de cette dernière période. Mais le plus ancien blason de Gradec, sur le mur extérieur, date de 1499.

### ■ GLYPTOTHÈQUE DE L'ACADÉMIE CROATE DES SCIENCES ET DES ARTS (GLIPTOTEKA HAZU)

Medvegradska Ulica 2 ✆ +385 1 466 60 50
www.hazu.hr/glitoteka.hr
*Ouvert du mardi au vendredi de 11h à 19h et les samedis et dimanches de 10h à 14h. Entrée : 25 kn*
Insolite musée de plâtres, le « Glypto », que vous trouverez dans une ancienne usine de cuir réhabilitée (tout en haut de la rue Tkalčićeva, début Medvegradska), n'est pas une pâle copie. Dans sa dimension pédagogique, il expose une riche collection de sculptures, des copies de maître ayant une importance historique. Remontant l'époque antique, classique, moderne et jusqu'au monde contemporain, tous ces moulages furent réunis par de riches collectionneurs et amateurs d'art, pour servir de modèles aux élèves de l'académie des Sciences et Arts de Zagreb. Un étage et une partie du jardin sont dédiés aux œuvres originales de sculpteurs croates du XIXe et XXe siècle. Expositions temporaires également.

### ■ MUSÉE D'ART NAÏF (HRVATSKI MUZEJ NAIVNE UMJETNOSTI) ★★

Ćrilometodska 3 ✆ +385 1 485 19 11
www.hmnu.org – info@hmnu.org
*Ouvert du mardi au vendredi de 10h à 18h et les samedis et dimanches de 10h à 13h. Tarif 10 et 20 kn.*
Dans le haut de cette rue, à l'angle de l'immeuble au numéro 8, une tête d'homme en pierre sculptée de facture populaire regarde vers l'église. Il s'agit de Matija Gubec, le leader d'une importante révolte paysanne au XVIe siècle. Si au numéro 5 de la rue Ćrilometodska, l'ancien hôtel de ville marie toujours, le palais baroque Ratkay au numéro 3 accueille le musée d'Art naïf. Un palais pour la peinture naïve ? C'est qu'en Croatie, cet art dit naïf n'est pas mineur. Il correspond à une tradition picturale populaire très évocatrice qui raconte le pays par le prisme des peintres, proches du peuple, des paysans dans leurs villages et campagnes, des gens dans leurs croyances et traditions. Quatre salles, environ 80 peintures et sculptures du début du XXe siècle jusqu'à aujourd'hui. Une collection d'artistes nationaux renommés complétée par des œuvres internationales.

### ■ MUSÉE DE LA VILLE (MUZEJ GRADA ZAGREBA) ★★

Opatička 20
✆ +385 1 485 13 61 / +385 1 485 13 59
www.mgz.hr – mgz@mgz.hr
*Ouvert du mardi au vendredi de 10h à 18h, les samedis de 11 à 19h et dimanches de 10h à 14h. Fermé le lundi. Plein tarif : 30 kn, tarif réduit : 20 kn, enfants jusqu'à 7 ans entrée gratuite.*
Aménagée sur plusieurs niveaux, dans l'ancien couvent des religieuses Sainte-Claire (1650), l'immense collection de ce musée a de l'espace. Si vous n'avez qu'un musée municipal à voir dans le pays, un conseil, choisissez celui-ci. Capitale oblige, à Zagreb, c'est plus de 75 000 œuvres et objets, usuels et religieux, qui retracent les grandes étapes de l'histoire croate, depuis la préhistoire jusqu'au XXe siècle, incluant les épisodes de la guerre de 1991-1995. L'ensemble se découvre dans un parcours muséographique contemporain, qui vous guide chronologiquement sans vous faire revenir sur vos pas. L'architecte Željko Kovačić a d'ailleurs reçu le prix Bernardo Bernardi pour sa mise en valeur de l'exposition permanente, alors que le musée a obtenu le prix EMYA, le désignant comme meilleur musée européen en 2000. Prévoyez plus d'une heure voire plus !

### ■ MUSÉE DES HISTOIRES D'AMOUR BRISÉES (MUZEJ PREKINUTIH LJUBAVNIH PRIČA) ★★

Ćirilometodska 2 ✆ +385 1 485 10 21
www.brokenships.com
*Ouvert tous les jours de 9h à 22h30, l'hiver fermeture à 21h. Tarif 25 kn.*
Ce qui devait être au départ qu'une exposition itinérante s'est institué musée tant l'idée iconoclaste a plu ! Le palais Kulmer, où se trouvent les collections, a même reçu le prix du musée européen le plus inventif en 2011, apportant une touche contemporaine dans un quartier historique un peu guindé. Un jour, quelqu'un a pensé exposer un objet personnel évoquant l'amour déçu, brisé et de raconter l'histoire qui se brode autour. Si le musée privé est tout de même une belle plaisanterie arty, la thématique de départ, la rupture, comme objet d'art, se tient. Chacun y allant de sa relique, on passe d'un vieux vélo à une peluche, d'un livre de poche à une hache, d'un porte-clés aux menottes au nain de jardin pleureur… Derrière chaque objet relationnel, une histoire, à prendre au premier ou deuxième degré. Au rez-de-chaussée, attenant à la boutique, le salon de thé et café lounge du musée est très agréable. Des livres en anglais, français ou croate, à consulter sur place, vous accompagnent pendant votre pause.

### ■ PARLEMENT (HRVATSKI SABOR) ★★

Trg Svetog Marka 6
www.sabor.hr – sabor@sabor.hr
A l'est de la place, le Parlement croate (Sabor) fait face au palais du ban, la haute institution parlementaire, composée dès le haut Moyen Âge de nobles et de représentants du clergé. Cet édifice public, qui ne se visite pas, fut l'un des derniers exemples de l'architecte baroque en ville.

### ■ RUE RADIĆEVA ★

La rue des Cordonniers, en français, est l'un des axes principaux entre Gradec et Kaptol. Au milieu de la rue, La Porte en Pierre (Kamenita Vrata) demeure la seule de la ville encore debout. Comme l'atteste la plaque de pierre qui la surmonte, elle fut reconstruite au XVIIIe siècle après qu'un énorme incendie eut détruit toutes les parties en bois. Seul rescapé du feu, un portrait de la Madone à l'enfant. Le tableau miraculé, qui est exposé dans un sanctuaire, fait aujourd'hui l'objet d'un culte. Le 15 août, de nombreux chrétiens viennent y formuler leurs vœux et déposer des offrandes. Dans la niche de la façade ouest de la porte, se trouve une statue de Dora Krupićeva, fille de l'orfèvre dans le roman d'August Šenoa, *Zlatarevo Zlato (L'or des Orfèvres).* Un roman picaresque qui relate la vie à Gradec au XVIIIe siècle. Tout au bout de la rue Radićeva, se cache la place Illyrienne (Ilirski Trg), où se rejoignent les rues Jurevska et Demetrova. Un peu plus haut, une chapelle néogothique fut bâtie par Hermann Bollé, à l'époque de la construction des remparts. Au pied de la tour du Prêtre de forme carrée, vous trouverez un café agréable.

### ■ RUE TKALČIĆA ★

Aménagée à l'emplacement d'un ancien cours d'eau (Medveščak) qui séparait la ville de Kaptol de sa voisine Gradec, cette rue est née du ruisseau asséché en 1898. Celui-ci faisait tourner le moulin de la cité et a permis qu'une première industrie de tissu s'installe à proximité. Rue des artisans et des commerçants, à proximité du marché Dolac, elle est devenue l'une des plus touristiques de la ville. De nombreux cafés, restaurants et autres bars de jour comme de nuit alignent leurs terrasses, où se retrouvent toute la jeunesse zagréboise et les visiteurs. C'est aussi ici qu'ont lieu bon nombre de festivals. Tout cette animation sonore et festive a chassé les échoppes dans la rue Medvedgradska, que l'on trouve plus tranquille dans son prolongement, avec des marches pour accéder à la ville haute.

### ■ STROSSMAYEROVO ŠETALIŠTE (PROMENADE STROSSMAYER) ★★★

Une belle promenade boisée de la ville haute, créée au XIXe siècle. On y accède d'un côté par un passage de la rue Radičeva puis des marches escarpées qui longent la colline et les remparts. Un itinéraire pédestre pour une meilleure vue sur l'ensemble de la ville basse, sur les anciens et nouveaux quartiers et Kaptol. Assis sur l'un des bancs publics, abrités par une rangée de marronniers, un personnage de bronze semble méditer. C'est Gustav Matoš, l'écrivain poète du début XXe siècle, figure emblématique de la bohème zagréboise. En contrebas de l'allée Strossmayer, le funiculaire ou d'autres escaliers suivant les rails, permettant de redescendre dans la ville basse par la rue Tomićeva.

## Kaptol ★★★

Au carrefour des rues Bakaćeva (Tomo Bakać Erdödy) et Vlaška, débute la montée vers la colline de Kaptol. Une partie des remparts qui ceinturaient complètement la ville afin de la protéger des violentes attaques des habitants de Gradec demeurent encore debout à cet endroit. En remontant la rue Tomo Bakać, où se trouvait autrefois la porte sud de la ville, on arrive à la cathédrale de l'Assomption de la Vierge Marie.

### ■ CATHÉDRALE DE LA SAINTE ASSOMPTION (KATEDRALA MARIJINA UZNESENJA) ★★

Kaptol 31

*Ouverte de 10h à 17h, dimanche de 13h à 17h.*

Au cœur de Kaptol, la monumentale cathédrale de Zagreb, bien dégagée grâce à son parvis classique, a une histoire mouvementée. Le premier édifice, de style roman, date du XIe siècle. Détruite en partie lors des attaques de l'armée mongole (XIIIe siècle), elle fut restaurée après le tremblement de terre de 1880 et revue en néogothique par l'architecte Herman Bollé, disciple du Viennois Friedrich von Schmidt. Bollé a fait construire le fronton et les deux clochers, hauts respectivement de 104 et 105 m. Depuis de nombreuses années, la cathédrale connaît des plans de restauration, où chaque pierre est retirée et reproduite à l'identique. Les travaux sont longs et minutieux.



## Une rue, une place, une âme

Au Moyen Age, le Kaptol était principalement habité par les chanoines. Les hommes du clergé résidaient dans les vieilles maisons de la place et de la rue qui portent ce même nom. La résidence principale des chanoines, au n° 5, est une maison d'un étage à l'architecture baroque qui abrite aujourd'hui l'office du tourisme municipal. Au n° 9, se trouve le théâtre Komedija. Au centre de la place, trône une statue de la Vierge Marie aux quatre anges, une œuvre du Viennois Antun Fernkorn (1873). En remontant la rue du Kaptol, côté gauche, apparaît l'église Saint-François-d'Assise. On peut revenir vers le centre en empruntant la rue Opatovina. Au bout du Kaptol, la statue de Petrica Kerempuh à la guitare surplombe les escaliers qui mènent au marché Dolac. Le chansonnier populaire, personnage de légende et vagabond farceur, entonnait, dans la rue, des vers railleurs, qui n'épargnaient personne, surtout pas ses ennemis.

A l'intérieur, le caractère médiéval résiste. Une figure en relief de Saint Paul date des XIII$^{e}$ et XIV$^{e}$ siècles, un fragment de fresque du XIII$^{e}$ siècle représente une scène de la vie de la Vierge. Les statues en bois figurant Saint Pierre et Saint Paul ainsi que l'autel à triptyque de la Passion sont signées Albrecht Dürer (1495). Au-dessus de la sacristie, d'autres peintures et sculptures, datent de la fondation de l'évêché de Zagreb au XII$^{e}$ siècle. La cathédrale pour un trésor inestimable, amputé cependant de nombreuses œuvres, qui furent disséminées dans les autres églises du pays.

### ■ ÉGLISE SAINT-FRANÇOIS-D'ASSISE (CRKVA SV. FRANJE ASIŠKOG)

Kaptol 31

*Ne se visite pas pendant les offices quotidiens (7h, 8h et 9h), le dimanche, offices supplémentaires à 10h et 11h30.*

La légende dit que Saint François d'Assise serait à l'origine de sa fondation au début du XII$^{e}$ siècle. La chapelle date du XVII$^{e}$ siècle ; sa décoration de stuc et peinture est typique du baroque.

### ■ PONT ENSANGLANTÉ (KRVAVI MOST)

Au début de la rue Tkalčićeva, en continuant vers Radićeva, on passe ce pont Krvavi Most, dont le nom morbide remonte aux temps des conflits violents qui ont éclaté sur ce pont, opposant pendant des siècles les deux quartiers belligérants, Kaptol et Gradec.

## Ville basse ★★

### ■ GALERIE GRETA (GALERIJA GRETA)

Ilica 92

✆ 091 22 20 810 – www.greta.hr

*Ouvert tous les jours sauf dimanche de 14h à 21h*

Un vernissage hebdomadaire avec un artiste et son expo différent chaque semaine, c'est le concept novateur imaginé ici. Un *turn over* qui permet de donner sa chance au plus grand nombre d'artistes contemporains et fidéliser les visiteurs qui ont pris l'habitude de revenir régulièrement. La liste d'attente pour exposer est longue mais l'idée est bonne. Chaque lundi, toute la scène arty de Zagreb fait un crochet par la galerie !

### ■ GARE FERROVIAIRE (GLAVNI KOLODVOR)

Située dans la partie sud de la promenade historique (Fer à Cheval Lenucci), entourée de places prestigieuses (Starcevic, Roi Tomislav), d'espaces verts (jardin botanique), de fontaines et de pelouses, la gare centrale n'est pas pris dans un entrelacs de rails puisque les lignes ferroviaires de ce périmètre sont largement enterrées. Du coup, le bâtiment est traité comme un imposant palais avec une superbe façade à fronton néo-classique, escalier royal, frontispices. L'intérieur n'est pas en reste avec ses grands espaces sous des voûtes métalliques, des verrières et des jeux de lumière zénithale, ses vastes galeries. Du bel ouvrage datant de la fin du XIX$^{e}$ siècle, bien restauré.

### ■ JARDIN BOTANIQUE

Marulicev trg 9a ✆ +385 1 48 98 060

http://hirc.botanic.hr

*Ouvert du 1$^{er}$ avril au 1$^{er}$ novembre, le lundi et mardi de 9h à 14h30, mercredi à dimanche jusqu'à 19h. Entrée gratuite.*

Parallèlement à la rue Mihanović, s'étend le jardin botanique, fondé en 1889 par Antun Heinz. On trouve ici plus de 1 000 variétés de plantes. La partie principale, l'arboretum est conçu comme un jardin anglais. On peut aussi se promener autour de deux lacs artificiels et de parterres de fleurs à la française. Mais l'hiver tout est en jachère, le parc est d'ailleurs fermé.

### ■ L'ACADÉMIE CROATE DES SCIENCES ET DES ARTS (HAZU) ★

Place Nikola Šubić Zrinski 11

✆ +385 01 48 95 111 – www.hazu.hr

*Ouvert du lundi au dimanche de 11h à 18h. Entrée gratuite.*

Ce musée est installé dans un palais néo-Renaissance de la fin du XIX$^{e}$ siècle. Une collection léguée par l'évêque Josip Juraj Strossmayer auquel un buste, parmi d'autres personnalités historiques (œuvre d'Ivan Meštrović), rend hommage dans la cour. La Galerie Strossmayer des maîtres anciens (Strossmayerova Galerija), semblable à une pinacothèque, recèle une importante collection de maîtres anciens des écoles italienne, flamande et française ainsi que des œuvres croates du Moyen Âge à la fin du XIX$^{e}$ siècle. Il présente

## Monter et descendre le Lenuzzijeva potkova

Au départ de la place principale du Ban Jelačić et jusqu'à la gare ferroviaire, un ensemble harmonieux d'espace verts et de beaux bâtiments fut nommé le Fer à Cheval Vert de Lenucci, du nom de l'architecte. Le parcours de quartier monumental dessine la forme d'un U. Dans une Croatie fortement marquée par l'influence autrichienne et désireuse d'affirmer Zagreb comme prestigieuse capitale régionale, l'urbaniste du XIX$^{e}$ siècle a imaginé une promenade royale avec des allées piétonnes et carrossables, des parcs, squares et kiosques à musique. Comme une ceinture verte bordant les palais et résidences aristocratiques, autant de beaux bâtiments souvent devenus hôtels de luxe, institutions, théâtres, musées et galeries.

aussi des collections d'estampes et de dessins d'artistes nationaux et étrangers, un ensemble courant du XVe au XXe siècle. Des expositions à thème et des rétrospectives d'artistes classiques et contemporains ainsi qu'une triennale du genre y sont également organisées.

### ■ MAISON POUR LES GENS ET L'ART LAUBA (KUČA ZA LJUDE I UMJETNOST LAUBA) ★

Baruna Filipovića 23 a
✆ + 3851 630 21 15 – www.lauba.hr
*Ouvert du lundi au vendredi, de 14h à 22h, le samedi de 11h à 22h. Fermé le dimanche. Entrée de 10 à 25 kn*
Dans une zone industrielle désaffectée, à l'intérieur d'un ancien atelier de tissage, cette galerie d'art contemporain tient lieu de friche artistique, où il se passe souvent quelque chose. Panorama sur l'art croate des années 50 à aujourd'hui, œuvres sur différents supports, photographie, multimédia, performances et un café arty où l'on peut déjeuner.

### ■ MUSÉE ARCHÉOLOGIQUE (ARHEOLOŠKI MUZEJ) ★★★

Trg Nikole Šubića Zrinskog 19
✆ +385 1 487 31 01
www.amz.hr – amz@amz.hr
*Ouvert tous les jours de 10h à 18h, le jeudi jusqu'à 20h, les samedis et dimanches de 10h à 13h. Fermé le lundi. 10 à 20 kn*
Dans un superbe palais de style Sécession, le musée réunit environ 460 000 objets, répartis sur trois étages, en plusieurs départements : préhistoire, art égyptien, étrusque, grecques et romaines trouvées en Croatie, des objets du quotidien des premiers peuples dans la région, l'époque antique et médiévale, ainsi qu'une riche collection numismatique. Des salles sont réservées à l'art contemporain inspiré par l'archéologie. Dans le jardin, quelques sarcophages et des fûts de colonnes romaines sont abandonnées dans l'herbe et font le bonheur des enfants.

### ■ MUSÉE D'ART CONTEMPORAIN (MUZEJ SUVREMENE UMJETNOSTI) ★

Avenija Dubrovnik 17 ✆ +385 1 605 27 00
www.msu.hr – msu@msu.hr
Tram 6, 7 ou 14, bus 229, 268, 310, 311 ou 313.
*Ouvert tous les jours sauf le lundi de 11h à 18h, le samedi de 11h à 20h. Tarif 15 et 30 kn.*
En dehors du centre-ville, à proximité du centre commercial Avenue Mall, ce musée, fondé en 1954, montre toute l'énergie créatrice croate moderne et actuelle. La collection permanente, des années 1950 à nos jours, nommée Art in Motion (Art en Mouvement), présente les principales tendances du XXe siècle, abstraction, art conceptuel, fluxus, installations hors du musée, œuvres ou anti-œuvres, performances des artistes croates souvent assez engagés et internationaux. Wi-fi gratuit au café du musée.

### ■ MUSÉE DES ARTS DÉCORATIFS (MUSEJ ZA UMJETNOST I OBRT) ★★★

Trg Maršala Tita 10
✆ +385 1 48 82 111 – http://www.muo.hr
*Ouvert tous les jours sauf le lundi. Le mardi au samedi de 10h à 19h, le dimanche de de 10h à 14h. Entrée 30 kn.*
Fondé en 1880 afin de protéger l'artisanat croate, le musée s'est transformé en un formidable fonds d'objets, avec une forte valeur artistique. Une collection permanente avec plusieurs sections (mobilier, Art déco et Sécession, objets usuels, travail du métal, cuir peint ou imprimé, bijoux, instruments de musique, ivoires, beaux livres, objets liturgiques, jouets, mais aussi de la peinture, des sculpture, des horloges et des réveils, des vitraux, des photographies et des affiches du début du siècle). Tout un pan de l'art ancien et moderne dans un superbe palais à trois étages et patio central. Faire un passage à la boutique pour les jolies répliques, puis une pause s'impose au superbe café-restaurant avec terrasse et patio intérieur (Muzej).

### ■ MUSÉE ETHNOGRAPHIQUE (ETNOGRAFSKI MUZEJ) ★

Trg I. Mažuranića 14
✆ +385 1 482 62 20 – www.emz.hr
*Ouvert du mardi au jeudi de 10h à 18h, vendredi, samedi et dimanche de 10h à 13h. Fermé le lundi. Tarif 10 à 15 kn.*
Une collection de costumes traditionnels croates, des parures avec la dentelle de Pag, notamment, des broderies au fil d'or de Đakovo, des objets d'orfèvrerie du Konavle ou d'artisanat régional... le musée est riche en tissus. Y sont aussi exposés nombre de costumes de cultures non européennes, provenant des dons de voyageurs et chercheurs.

### ■ MUSÉE MIMARA ★★★

Trg Franklina Roosevelta 5
✆ +385 1 482 81 00
*Ouvert du mardi au samedi de 10h à 17h, le dimanche de 10h à 14h. Fermé le lundi Tarif 30 à 40 kn.*
Sur la place Roosevelt, un ancien lycée de style néo-Renaissance réhabilité en lieu culturel abrite les collections du célèbre Mimara. Le musée des Beaux-Arts de Zagreb rassemble plus de 3 750 œuvres de stylistiques variées, léguées à la Croatie par le collectionneur Ante Topić Mimara, donateur et peintre lui-même. Des tableaux de grands maîtres européens, provenant du monde entier, Raphaël, Vélasquez, Rubens, Rembrandt, Goya, Degas, mais aussi une collection archéologique grecque, égyptienne et extrême orientale, au rez-de-chaussée, les arts décoratifs orientaux en pierres précieuses ou matériaux rares (jade, vernis chinois, corne de rhinocéros...), au 1er étage, des bronzes, de la vaisselle en argent, en porcelaine, des émaux...

## PARC MAKSIMIR ET ZOO (MAKSIMIRSKI PARK I ZOOLOŠKI VRT)

Maksimiriski Perivoj bb
www.zgzoo.com
zoo.zagreb@zg.htnet.hr
*ouvert tous les jours de 9 h jusqu'à 16 h en décembre et janvier, fermeture à 17 h en février et 18 h le reste de l'année. Parc gratuit, entrée du zoo : 30 kn.*

La route Vlaška mène au parc Maksimir, le plus ancien et populaire de Zagreb, où se trouve le zoo. Le tram 11 ou 12 de la place Jelačić y conduisent. Cette vaste forêt, devenue le plus grand parc d'Europe du sud-est, est l'endroit idéal pour quitter l'agitation de la ville, se détendre en nature au milieu des chènes centenaires, près des lacs et ruisseaux. A faire lorsqu'il fait beau, apporter le pique-nique, compter une demi-journée sur place... 18 hectares tout de même !

## PLACE DES GRANDS HOMMES (TRG HVRATSKIH VELIKANA)

Cette place abrite plusieurs bâtiments monumentaux dont l'ancienne Bourse, occupée aujourd'hui encore par la Banque nationale de Croatie. L'impression de puissance monumentale voulue par l'institution financière est portée par de hautes colonnes classiques en façade, avec du marbre partout à l'intérieur.

## PLACE DU BAN JELAČIĆ (TRG BANA JELAČIĆA)

Aux pieds des collines de Gradec et Kaptol, cette place existe depuis le XVII^e siècle bien avant les bâtiments qui l'entourent, puisque le plus ancien, au n°15, date de 1827. Une légende raconte que le nom de la ville viendrait de la rencontre entre un ban et une jeune fille qui se trouvait à côté du puits. L'homme ordonne en deux mots : « *Mandušo, Zagrabi !* » (Puise de l'eau !). C'est la raison pour laquelle le puits se nomme aujourd'hui Manduševac comme l'ancienne source, qui a donné son patronyme à Zagreb. Il y a une explication plus plausible. Zagreb aurait tout simplement été nommée ainsi pour signifier « retranchements ».

La place du ban Josip Jelačić a changé plusieurs fois de nom. Au XVII^e siècle, elle accueillait les foires des villes de Gradec et Kaptol, lorsque ces dernières étaient devenues trop petites pour les contenir. En 1848, que la place prit son nom actuel du ban Jelačić, temporairement débaptisée après la Seconde Guerre mondiale par le gouvernement communiste qui lui préfère place de la République. Elle reprit enfin son ancien nom en 1991 et la statue du ban fut réinstallée au centre. Aujourd'hui, avec son arrêt de bus et de tram, c'est véritablement le cœur de Zagreb, le carrefour névralgique de la ville, ancienne et moderne. Venez-y un samedi matin, vous comprendrez !

*Statue du roi Josip sur la place Ban Josip Celacic.*

## PLACE NIKOLA ŠUBIĆ ZRINSKI

Sur cette place, le plus vieux jardin public de la ville a été conçu en 1872 à l'emplacement d'un ancien champ de foire à bestiaux. Le square aux influences anglaises est entouré de bâtiments de style architecturaux éclectiques : néo-renaissance, néoroman et classicisme. Le kiosque à musiques, le petit monument météorologique et la fontaine sont l'œuvre de l'architecte Herman Bollé.

## THÉÂTRE NATIONAL (HRVATSKO NARODNO KAZALISTE)

Trg Maršala Tita 15
✆ +385 1 4888 488
www.hnk.hr – infocentar@hnk.hr

Tout seul au centre de la place du Maréchal Tito, le théâtre national croate, dit aussi opéra de Zagreb, se dresse comme un palais, bâti en 1894 par deux architectes viennois, Ferdinand Fellner et Hermann Helmer, à l'époque où les autorités urbaines pariaient sur l'extension de la ville basse au sud. En face, on aperçoit la faculté de droit de Zagreb, l'ancienne université de la ville. Au milieu des deux bâtiments, deux sculptures symboliques de Meštrović : *La source de vie* et *L'histoire des Croates.*

## ZAGREB EYE (PANORAMSKI POGLED U ZAGREBU)

Ilica 1 a
Trg Bana Jelačića
✆ +385 1 6 44 64 00
www.zagrebeye.hr
*Ouvert tous les jours de 15h à 22h (hiver) et de 10h à minuit (été). Entrée 20 kn.*

Au sommet du plus haut gratte-ciel du centre-ville, le dernier étage vous invite à pénétrer dans un café-bar lounge panoramique. Ses grandes baies vitrées s'ouvrent sur un tour de ronde sécurisé par de solides rembardes. Au pied de la place centrale, c'est tout le Zagreb historique et moderne qui s'offre à vous. Un conseil, préférez les journées de belle luminosité et sans vent pour apprécier cette déambulation vertigineuse, un point de vue impressionnant à 360 degrés sur la ville.

# SHOPPING

Comme toutes les capitales occidentales, Zagreb ne manque pas d'idées shopping. Même si les affrontements militaires de la dernière guerre ont longtemps retenu les grandes enseignes européennes, on les voit désormais affluer. Grandes marques, prêt-à-porter, supermarchés Konzum très fréquents, supérettes bio (B & B) sont des enseignes bien réparties à l'intérieur de la ville. Pour les designers et créateurs de mode, citons les boutiques I-gle Studio, Nebo, Nit, Etnobutik ou Take me Home. Pour vos petits souvenirs, le centre d'informations touristiques principal vend des cartes postales, livres et petits objets mais c'est encore dans les boutiques des musées que vous aurez la garantie du bon goût. A la Moderna Galerija par exemple ; au musée des Arts décoratifs ou au musée des Broken Hearts (Cœurs brisés) pour quelque chose de plus décalé ! Si vous êtes plutôt classique, visez le bijoutier Mladen Grubić Art Jewellery. Pour dénicher du vintage authentique, passage obligé au marché aux puces Hrelic, les mercredis et dimanches matin, tour chez le bouquiniste Antikvarijat, situé dans le quartier du marché Dolac où vous trouverez plus de petit artisanat traditionnel et surtout plein de bonnes choses à cuisiner ou à manger sur place.
Pour les produits de beauté, les cosmétiques naturels, le magasin Ulola ou la boutique Aromatica misent sur les ingrédients naturels, les mélanges d'apothicaires régionaux, alors que les drogueries (dm) vendent de tout à bon marché. Côté produits gourmands, on achète de bonnes bouteilles de vins ou de grappa dans les incontournables caves à vins Vinoteka Bornstein, Vintesa ou Natura Eko Etno. Pour cuisiner comme les Croates, c'est encore au marché Dolac que vous trouverez les meilleurs petits producteurs. Et pour les accros au cacao, La Chocolate reste à ce jour la pâtisserie du City Center One la plus en vue de la capitale.

## Bon plan

### ■ MARCHÉ AUX PUCES HRELIC
Près de la rivière Save
*Tous les dimanches entre 7h et 15h.*
Depuis les années 70, ce marché aux puces continue d'attirer tous les amateurs d'objets insolites, vieux papiers, bouquins et autres fripes vintage toujours très recherchés.

### ■ MARCHÉ BROCANTE BRITANSKI
Place Britanski
Dans le prolongement de la rue Ilica, cette brocante vide-grenier se tient tous les dimanches et fait le bonheur des chineurs. Parmi les objets anciens, un pan de l'histoire familiale croate se déniche ici !

## Ville basse ★★

### ■ ALGORITAM
Gajeva 1
✆ +385 1 488 15 55
www.algoritam.hr
info@algoritam.hr
*Ouvert du lundi au vendredi de 8h30 à 21h et le samedi de 8h30 à 15h. Fermé le dimanche.*
A deux pas de la place Bana J. Jelačića, cette librairie fait partie d'une chaîne. Vous en trouverez donc dans toutes les grandes villes du pays. Spécialisée dans le multimédia, elle propose aussi un grand nombre d'ouvrages en langues étrangères. Le rayon consacré à la littérature anglaise et française y est bien fourni, les prix sensiblement les mêmes qu'en France.

### ■ CROATA
Passage Oktogon
Ilica 5
www.croata.hr
*Du lundi au vendredi de 8h à 20h, samedi de 8h à 15h, fermé le dimanche.*
Boutique de magnifiques cravates et foulards.

### ■ FRANJA COFFEE SHOP
Heinzelova 6b
✆ +385 1 455 63 91
www.franja.hr
shop@franja.hr
*Ouvert tous les jours sauf le dimanche.*
En plus du réseau de distribution sur tout le territoire, le café de la maison Franja s'achète dans ces boutiques de souvenirs, aux côtés du thé, miel, de l'huile d'olive, des bouteilles de vins régionaux et autres produits gourmands croates. Visitez aussi la boutique de la famille Franja à Dubrovnik et Split.

► **Autre adresse : Vlaška** 62, Ilica au n° 24 et 76

### MARCHÉ DE DOLAC

avenue Tkalciceva

*Du lundi au vendredi de 7h à 15 h. Le samedi de 7h à 14h. Le dimanche de 7h à 13h.*

Les origines de ce marché remontent aux années 1930, époque à laquelle la ville haute et la ville basse bataillaient encore. Le marché se posait alors comme une frontière symbolique et vitale, que tous devaient respecter et fréquenter pour survivre car tous les marchands du pays venaient y vendre leurs produits paysans. Cela n'a pas trop changé aujourd'hui, dans une ambiance totalement pacifique bien sûr ! les producteurs régionaux de plus en plus nombreux s'y installent tous les jours. Marché de plein air avec quantité de stands pour les fleurs, fruits et légumes, pour les produits artisanaux, le vin, l'huile, le miel de campagne et bien d'autres spécialités croates. Étals couverts pour la viande, le poisson et les produits laitiers.

# SPORTS - DÉTENTE - LOISIRS

### JARUNSKO JEZERO

Aleja Matije Ljubeka

Au sud-ouest de la ville, à moins de 10 km du centre, le lac Jarun (Jarunsko jezero) est un ancien réservoir de la Save transformé en vaste étendue d'eau bordant deux îles. Une plage y a été aménagée, ainsi qu'un parc, une base de loisirs, un parcours santé. Très apprécié de tous les habitants de Zagreb, surtout aux beaux jours, le site naturel est aussi un lieu de rencontres et compte quelques restaurants, cafés lounge, bars clubbing et même un espace naturiste sur la plage (fréquenté par des gays).

### OUT DOOR

Gornje Prekrižje 24

© +385 1 467 3476 / 098 819 281

www.outdoor.hr

outdoor@outdoor.hr

Un club de sportifs organisé en agence qui a commencé par monter une course trekking annuelle dans le rude et magnifique décor du massif du Velebit. Succès aidant, elle a monté d'autres courses sur les îles de l'Adriatique (Krk, Mljet), dans la région de Dubrovnik et du Konavle. Ouvert à tous mais bonne condition physique exigée !

# LES ENVIRONS

### CIMETIÈRE MIROGOJ ★★★

Nord du centre-ville (Kaptol)

Rue Medvedgradska

*A partir du parvis de la cathédrale, 30 min à pied ou prendre le bus n° 106 jusqu'à l'arrêt Mirogoj.*

On va au Mirogoj comme on irait au Père-Lachaise, pour visiter l'un des plus beaux cimetières d'Europe. Avant de vous y rendre, demandez à l'office de tourisme le livret sur le Mirogoj (en français), qui permet de s'y repérer. Dessiné en 1876 par Hermann Bollé, architecte allemand (1845-1926) installé en Croatie qui a embelli la capitale, le cimetière se trouve aux pieds du mont Medvednica. Au milieu d'un parc aux arbres centenaires, l'enceinte historique abrite des arcades monumentales, des pavillons et des coupoles, des églises et des chapelles dans un pur style néo-Renaissance. Tombeaux ouvragés avec sculptures, sépultures de personnages illustres : il y a ceux des poètes Petar Preradovic, d'Anton Gustav Matoš, du peintre Vladimir Becić, dont le buste est l'œuvre de Ivan Meštrović, celui du leader politique Stjepan Radić, le mausolée de Tuđman. À l'endroit du cimetière militaire, on voit d'innombrables tombes et une croix mémoriale érigée en souvenir des centaines de soldats morts lors de la dernière guerre serbo-croate.

## SAMOBOR

A l'ouest à 20 kilomètres de Zagreb sur la route de Zadar, cette petite ville, dominée par des fortifications du XIIIe siècle, est une escapade agréable en toute saison. Son joyeux carnaval de février prend ses aises sur la belle place centrale, bordée de grandes maisons bourgeoises des XVIIIe et XIXe siècles. Réputée pour ses chemins de randonnée qui l'entourent, ses aires de pique-nique, sa cuisine et sa pâtisserie traditionnelles, elle propose quelques bonne tables et des produits gourmands. Par exemple, il faut goûter le gâteau *samoborska kremšnita* avec un verre de Bermet, apéritif local (vin aromatisé aux herbes), que l'on fabrique uniquement dans la région.

### Se loger

### HOSTEL SAMOBOR

Obrtnička 34

© +38513374107 / +385913323091

www.hostel-samobor.hr

reservations@hostel-samobor.hr

*Chambres de 2, 4, 6 et 10 lits en dortoirs et chambres multiples. A partir de 127 kn par personne et par nuit.*

## Faire le Fašnik de Samobor

Chaque année à la mi-février, c'est la même effervescence sur la place du bourg. Pendant dix jours, le rutilant carnaval sort les masques. Symboliquement, depuis 1885, les habitants de Samobor chassent les soucis et malheurs de l'année précédente et célèbrent la fin de l'hiver dans la liesse. Les rues sont livrées à la musique joyeuse et aux parades. Bouquet final, le jugement du Fašnik (carnaval) est consommé le soir du mardi gras. Un énorme épouvantail dressé sur la place est brûlé. Selon d'anciennes croyances, dans les flammes, les mauvais esprits disparaissent avec lui. On se libère ainsi des influences négatives passées pour accueillir la force du bonheur collectif, qui peut alors rayonner pour le reste de l'année. www.fasnik.com

Au centre de la localité, une auberge de jeunesse familiale et bien tenue avec parking gratuit. Les chambres sont assez petites mais propres, lumineuses et colorées. A l'accueil, location de vélos, accès Internet, billard, jeux de société, buanderie, des informations touristiques et dédiées pour faire des circuits, balades ou randonnées dans la région montagneuse.

**■ HOTEL LIVADIĆ**
Trg Kralja Tomislava 1
✆ +385 1 336 58 50
www.hotel-livadic.hr – info@hotel-livadic.hr
*Chambre simple à partir de 360 kn, la double de 465 à 530 kn selon catégorie, la triple 531 kn, les suites de 530 à 740 kn (petit déjeuner inclus).*
Sur la place centrale de Samobor, ce magnifique hôtel de famille date du XIXe siècle. Véritable oasis de tranquillité à 20 km de Zagreb, l'établissement possède des chambres spacieuses, décorées dans un style bourgeois. Cet hôtel est aussi recommandé pour la qualité de l'accueil et des prestations, l'atmosphère chaleureuse qui s'en dégage. Très bonne table également.

## Se restaurer

**■ RESTAURANT PRI STAROJ VURI**
Giznik 2
✆ +385 1 3360 548
www.staravura.pondi.hr
*Ouvert tous les jours sauf mardi de 12h à 23h, sauf le dimanche jusqu'à 18h. Compter 150 kn pour un repas.*
Ambiance familiale, bourgeoise et rustique pour ce restaurant de cuisine traditionnelle du Nord. Goûtez les spécialités de la maison, la *pisanica*, grillade de bœuf sauce au vin, les escalopes viennoises, le gibier en sauce, les pâtisseries.

## À voir – À faire

Point de départ pour la randonnée dans le massif Samoborsko Gorje, la localité se trouve dans une région de haute montagne, aux pistes enneigées l'hiver. Celles-ci relient les sommets alpins aux paysages de grottes et gros précipices. C'est un haut lieu de l'alpinisme européen, où l'on peut trouver des guides professionnels, qui vous accompagnent sur les sentiers ou sur les sites d'escalade. La Croatie version chalet suisse !

**■ ÉGLISE SAINTE-ANASTASIE (SV ANASTAZIJA)**
Ulica Sv. Ane
*Visite sur rendez-vous uniquement.*
Une église construite sur le modèle de Sainte-Catherine de Zagreb. A proximité, la chapelle Sainte-Marie, qui elle date de l'époque franciscaine. Elle conserve des tableaux de Valentin Metzinger, peintre lorrain de la première moitié du XVIIIe siècle, installé en Slovénie.

**■ JARDIN BOTANIQUE**
Manja Vas 12
✆ +385 1 3381 501 – www.suban.hr
*Ouvert du printemps à l'automne, du lundi au vendredi de 8h à 20h, samedi de 8h à 14h.*
Un jardin botanique dans un petit village à la sortie de Samobor, juste à côté de l'église Saint-Léonard (XVIe siècle). Près de 200 espèces différentes de plantes médicinales, rassemblées par une entreprise familiale qui tient aussi une boutique et commercialise ses graines et mélanges d'herbes sur Internet.

# LE HRVATSKO ZAGORJE

*Assez densément peuplée, cette région du nord-ouest de la Croatie est réputée pour ses paysages boiséset ses châteaux. Le Hrvatsko Zagorje, parcouru de routes sinueuses qui traversent forêts et vignobles vallonnés, nécessite une voiture si l'on veut s'attarder sur ces terres pittoresques, s'arrêter en chemin pour admirer une gorge fluviale ou la silhouette d'une belle demeure ancienne.*

## PARC NATUREL DE LA MEDVEDNICA

Aux portes nord de la ville, le massif montagneux de la Medvednica abrite un parc naturel de 228 km², le Mont Sljeme et la forteresse médiévale, qui se visite. Le point culminant du mont (1 035 mètres) offre une superbe vue sur la capitale, sur toute la région Zagorje et, par beau temps, sur les Alpes slovènes. L'extension géographique de la ville a, en grande partie, vidé la montagne de sa faune. Le dernier lynx a été tué en 1883, le dernier coq de bruyère, en 1916, les ours également ont disparu depuis longtemps. Cependant, le parc naturel, aux multiples activités de plein air, reste un poumon vert pour toute la famille. On peut même y skier entre novembre et avril, l'enneigement variant selon les saisons. Certes, les descentes ne sont pas très difficiles, mais il y a tout de même quelques pistes rouges.

### SLJEME

#### Transports

Au départ de Zagreb, en voiture, le parc est accessible à pied par un sentier de randonnée. En transports en commun, de la gare routière, prendre le bus 128, direction Črnomerec puis Lukšić. À partir de la place Britanski, prendre le 102 et descendre à l'église de Šestine ; continuer à pied en suivant le sentier de randonnée n° 12 (de Lagvić à Medvedgrad).

En tramway (14), depuis la place Jelačić à Zagreb, prendre la direction de Mihaljevac et descendre au terminus. Ensuite, prendre un autre tram (15) en direction de Dolje, aller jusqu'au terminus également. A 100 m sur la gauche, on arrive à l'entrée du parc (tunnel). On prend alors la cabine téléphérique qui mène au sommet de la montagne (ouverte tous les jours de 8h à 20h30). Départ toutes les heures.

#### Se loger

■ **HOTEL TOMISLAVOV DOM**

Sljemenska cesta 24

© +385 1 4560 400

tomislavovdom@sljeme.hr

*Tarifs la nuit en chambre simple 340 kn, la double de 430 à 490 kn selon la catégorie, studio 680 kn, les appartements jusqu'à 6 personnes 1.160 kn. Petit déjeuner 50 kn.*

A 30 min en voiture de Zagreb, au cœur d'une nature verdoyante, cet hôtel, le plus confortable du coin, a été construit dans les années 1930, en forme de Y, par l'architecte Stephen Planica. L'établissement dispose aujourd'hui de chambres modernes mais aussi d'appartements pour 2 à 6 personnes, d'un centre de remise en forme, d'un restaurant, d'une piscine couverte, etc.

■ **REFUGE HUNJKA**

Sljemenska Cesta bb

© +385 1 461 4355 / +385 99 4012 840

mala_hunjka@hotmail.com

*Chambres, dortoirs, à partir de 160 kn par nuit et par personne.*

Un refuge de montagne avec des chambres et dortoirs assez confortables et propres. Il est conseillé de réserver, surtout l'hiver en fin de semaine, quand il y a de la neige, car les Zagrébois adorent les week-ends de ski ! Le parc compte d'autres refuges de ce type, avec hébergement et restaurant.

#### Se restaurer

■ **LUGAREVA KUČICA**

© +385 1 455 45 89

*Compter environ 40 kn pour un repas.*

A proximité du parc naturel, une maison forestière pour auberge. Menus simples et consistants mais mieux vaut téléphoner avant de s'y rendre. Selon la météo, l'établissement n'est pas toujours ouvert.

■ **RESTAURANT PUNTIJARKA**

© +385 1 467 46 00

www.puntijarka.com

restoran@puntijarka.com

*Ouvert du mardi au samedi de 12h à minuit, dimanche de 12h à 18h. Menus de 45 à 215 kn.*

Un restaurant d'altitude classique, avec une vue

panoramique de la terrasse très agréable aux beaux jours. Cuisine locale bien calibrée pour les grimpeurs ou les appétits de randonneurs ! De nombreux menus au bon rapport qualité/prix.

## À voir – À faire

**PARC NATUREL MEDVEDGRAD (PARK PRIRODE MEDVEDGRAD)** ★
✆ +385 1 45 86 317
www.pp-medvednica.hr/
*Ouvert tous les jours sauf le lundi de 11 h à 19 h. Entrée 15 kn + différents tarifs selon les animations de plein air.*
Un grand parc d'attraction privé où le public familial peut se promener librement dans la nature, visiter la forteresse. Petits et grands peuvent participer à des visites guidées à la découverte des grottes et de leur faune (chauves-souris) ainsi qu'aux parcours dans la forêt, près du château, sur les pas de l'homme de Neandertal. La forteresse médiévale, qui domine le parc montagneux, fut érigée de 1249 à 1254. Elle avait pour fonction de défendre les populations des alentours des incursions tartares. Restaurée à partir de 1979 et, après d'importants travaux de rénovation, qui ont demandé une quinzaine d'années, la place forte endosse depuis 1994 une nouvelle fonction commémorative. Elle est devenue le Sanctuaire de la patrie en hommage aux morts pour la liberté de la Croatie.

▶ **Autre adresse : Bureau** du parc : Bliznec 70, 10000 Zagreb

## Sports – Détente – Loisirs

**SKI CLUB MEDVEŠČAK**
Schloserove Stube 2
✆ +385 1 4555 402
www.skimed.hr
ski.klub.koncar@zg.htnet.hr
*Ouvert tous les jours de 9h à 14h ainsi que de 19h à 21h le mardi et jeudi.*
Basée sur la station de ski, dans le parc naturel, cette école de ski vous aiguillera pour trouver du matériel, un moniteur pour petits et grands, un guide de randonnée, des informations sur les pistes et sentiers, etc.

# LES VILLES THERMALES

Réputées pour ses vignobles, les régions du Zagorje et de Varaždin sont aussi connues pour les bienfaits de leurs eaux thermales. Des instituts médicaux et de bien-être proposent des soins et des packages spa détente pour un prix plus modeste à qualité équivalente que les établissements d'Europe de l'Ouest. Ils sont fréquentés par une clientèle internationale et par les équipes sportives nationales. Les bâtiments, souvent en béton imposant, datent des années 1960 ou 1970. La plupart viennent d'être privatisés et sont en phase de rénovation.

▶ **Les eaux thérapeutiques de Stubičke Toplice** étaient déjà connues des Romains et de la population locale. Au XIXe siècle, l'évêque de Zagreb, Vrhovac, crée un centre thermal. Aujourd'hui modernisé, il développe un concept contemporain de la cure thermale.

▶ **La ville de Krapinske Toplice,** 45 km au nord-ouest de la capitale, compte un centre thermal de bien-être réputé qui occupe la sixième place au classement européen. Alors que le centre médical accueille traditionnellement les malades du cœur, les thermes de Krapina s'ouvrent au grand public avec de nouvelles propositions, tourisme, bien-être, établissement spa.

▶ **Le village de Tuheljske Toplice** abrite aussi un grand complexe thermal.

**HÔTEL AQUAE VIVAE**
Antuna Mihanovića 2
KRAPINSKE TOPLICE
✆ +385 49 202 202 – www.aquae-vivae.com
*Des formules bien-être, spa de 3 jours à 124 € par personne ou 248 € pour 2 personnes en chambre double.*
Un ancien bâtiment des années 1970 rénové en immense complexe hôtelier familial. Centre de remise en forme et soin, piscines thermales, l'une couverte, l'autre extérieure, mais aussi toboggan et espace enfants, restaurant, bar, sauna, etc.

**VILLA MAGDALENA******
Mirna ulica 1
KRAPINSKE TOPLICE
www.villa-magdalena.net
*Des forfaits 2 nuits/2 personnes à partir de 262 € tout compris.*
Pour un séjour remise en forme, bien-être nouvelle génération, cet aparthotel haut de gamme conviendra parfaitement. Situé sur une colline pittoresque, dans le centre de la station thermale, l'hébergement luxueux est situé dans un cadre naturel verdoyant. La terrasse offre bon air et superbes vues, alors que le calme et le confort moderne sont assurés dans les chambres. Autres prestations, le bar lounge et restaurant, l'accès gratuit au spa, les bains à remous avec eau thermale, le sauna, l'espace détente, les bancs chauffants…

# Le Zagorje

Donji Macelj
A 2
Hum na Sutli
Sutla
Gomje Jesenje
Durmanec
Podgora Krapinska
KRAPINA
Radoboj
Pregrada
Desinič
Ivanic Desinicki
Polje Krapinsko
Miljana
Škaricevo
Velika Ves
Marinci
Čret
A 2
Zagorska Sela
Krapinske Toplice
Klokovec
Donja Pačetina
Kumrovec
Tuheljeske Toplice
Sveti Križ Začretje
Klanjec
Dubrovcan
Zabok
Pavlovec Zabočki
SLOVENIE
VelikoTrgovišce
Mokrice
Oroslavje
Kraljsvec na Sutli
Radakovo
Krušljevo Selo
Stubicka Slatina
Strmec Stubički
Sutla
ZAGREBACKA ŽUPANIJA
A 2
Pojatno

VARAŽDINSKA ŽUPANIJA
Badnita
Lepoglava
Novi Golubovac
Zajezda
Lobor
Mihovijan
Markusbrijeg
Budinšcina
Hrašcina
Mace
Zlatar
ZAGORJE
Lug Poznanovečki
Poznanovec
Konjšcina
Zlatar Bistrica
Bedekovčina
Krapina
Jertovec
Špičkovina
Tugonica
Selnica
Dubrava Zabočka
Globočec
Hum Bistrički
Marija Bistrica
Donja Stubica
Podgorje Bistričko
ZAGREBACKA ŽUPANIJA
Gornja Stubica
Hum Stubički
Laz Bistrički
Pustodol
Sveti Matej
GRAD ZAGREB
0
5 km

# DONJA STUBICA

A moins de 30 km de Zagreb, aux portes du parc naturel de Medvednica, ce petit village historique, siège de la jacquerie du XVIe siècle, est devenu un site de bien-être et de remise en forme. Des hôtels récents ou rénovés, bénéficiant des vertus des eaux thermales, organisent des séjours au calme dans la nature.

Autour d'un moulin traditionnel encore en état de marche, le village a construit un parc *arboretum* avec une aire de repos autour d'une maison traditionnelle où il est possible de s'attabler pour goûter aux recettes de terroir.

### ■ MOULIN (MAJSEKOV MLIN)

Obrtnička 47
✆ +385 98 966 3062
www.majsecov-mlin.com
majsecov.mlin@gmail.com
*Site ouvert de 9h à 23h en été.*
Une idée de promenade champêtre dans un cadre rustique, qui plaira à toute la famille. Visite d'un moulin restauré, balades dans les prairies, pause près de la rivière et possibilité de se détendre au restaurant dans une maison traditionnelle en bois (cuisine de terroir croate) ou pique-nique sur les aires aménagées.

### ■ TERME JEZERČICA

Toplička 80 ✆ +385 49 200 600
www.terme-jezercica.hr
info@terme-jezercica.hr
*La chambre double de 58 kn à 67 kn, selon la saison (petit déjeuner compris).*
Dans le petit village, ce complexe thermal permet de profiter de la qualité de l'air, de l'eau de source autant que des prestations de bien-être : piscines intérieures, extérieures, bains à remous, saunas finlandais, bain à vapeur. Toutes les chambres disposent de la télé par câble, téléphone, certaines ont la vue panoramique sur la nature.

# GORNJA STUBICA

Un autre village mais, cette fois, construit en haut de la colline de Donja Stubica. En son centre, trône un vieux tilleul sous lequel, selon la tradition remontant au XVIe siècle, le meneur Matija Gubec avec ses acolytes s'étaient réunis pour fomenter une révolte paysanne. L'arbre âgé de plus de quatre siècles est devenu le symbole de la fronde de ces hommes, qui se sont soulevés contre leurs maîtres. Au pied de l'arbre légendaire, une petite taverne aux murs blancs et toit de chaume, avec une terrasse aux tables et bancs en rondins également. Sur la place centrale du village, d'autres maisons typiques de la région et une église baroque. Le château, au détour d'un vallon, abrite un musée régional.

### ■ HOTEL PUNTAR

Trg Sv. Juraja 12
✆ +385 49 289 286
www.puntar.hr
hotel@puntar.hr
*La chambre simple 220 kn, la double 340 kn, la chambre familiale 150 kn par personne (petit déjeuner inclus).*
Dans un bâtiment moderne, à la décoration intérieure tout de bois, ce bed and breakfast familial bénéficie d'un bon restaurant de spécialités croates. Il pratique des prix très corrects.

### ■ MUSÉE DE LA RÉVOLTE PAYSANNE (MUZEJ SELJAČKE BUNE)

Sanci 64
✆ +385 49 289 125
*Ouvert d'avril à septembre tous les jours de 9h à 19h, le reste de l'année de 9h à 17h.*
Le musée est installé dans le château construit en 1756. L'exposition reproduit la vie quotidienne du temps de la noblesse et des serfs. Une partie du musée est consacrée à la jacquerie paysanne de 1573. Cette révolte commence dans ces terres alors que le pays se bat contre l'armée ottomane. Les hommes ruinés et affamés n'ont plus rien à perdre. Menés par Matija Gubec, un enfant du pays, ils s'en prennent aux propriétaires terriens. La sanction fut terrible, plus de 6 000 paysans de la région furent pendus. Gubec fut exécuté à Zagreb pour l'exemple.

# MARIJA BISTRICA ★

Haut lieu de pèlerinage en Croatie, depuis la seconde moitié du XVIIe siècle, le village de Marija Bistrica a vu son destin basculer quand, en 1684, on découvre une sculpture en bois sombre, encastrée dans un mur de l'église. Sainte-Marie-des-Neiges (Sv. Marija Snježna) est une Vierge à l'Enfant noire, tous deux dotés de traits humains très expressifs. La légende dit que la statue apparut à une femme aveugle qui, en pleine messe, désigna l'endroit exact où la trouver. Depuis, le lieu saint attire de nombreux croyants. Au XIXe siècle, sous la direction de l'architecte Herman Bollé et dans son style éclectique caractéristique, on a construit une autre église plus grande avec tout un réseau d'arcades pour la déambulation des pèlerins.

## Pratique

### ■ OFFICE DU TOURISME (TURISTIČKA ZAJEDNICA)

Zagrebačka 66
✆ +385 49 468 380
www.info-marija-bistrica.hr
tz@info-marija-bistrica.hr

*Ouvert du mardi au vendredi de 10 h à 14 h, les samedi dimanche et vacances de 8 h à 18 h.*
Office de tourisme qui peut vous renseigner pour trouver un hôtel dans la région, un logement chez l'habitant, un restaurant, etc.

## Se loger

### ■ DIJANIĆ DRAGICA

Zagrebačka 21
✆ + 38549469075
✆ +385989186009
dixmeil@hotmail.com
*La chambre double de 12 à 15 € la nuit et par personne.*
Recemment rénovée, la maison à étages est agréable, avec chambres et appartements bien tenus. Restaurant au rez-de-chaussée dans une grande salle à manger familiale. Pensez à réserver.

### ■ HÔTEL BLUESUN KAJ

Zagrebačka bb
✆ +385 49 326 600
www.bluesunhotels.com
kaj@bluesunhotels.com
*A partir de 114 € la chambre double.*
Seul hôtel de la ville, racheté récemment par Bluesun, l'établissement de standing 4-étoiles complètement rénové possède 66 chambres lumineuses et confortables qui donnent sur la campagne environnante, entre vignes et forêts. Les bâtiments modernes bénéficient d'un centre spa et bien-être.

## Se restaurer

### ■ RESTORAN DOBRO NAM DOŠEL PRIJATEL

Nova Cesta 1
✆ +385 49 468458
*60 kn pour un repas.*
Son nom à rallonge se traduit par : *Bienvenue à vous mes amis !* Tout est dit. Un établissement qui aime les grandes tablées (capacité 300 couverts), les soirées musicales et dansantes. Au menu de ce restaurant-grill, des plats locaux et de bons desserts, comme les štrukli et međimurski lipići, typiques de la région.

*Pélerinage de Marija Bistrica.*

## À voir – À faire

### ■ CHÂTEAU ZAJEZDA (DVORAC ZAJEZDA) ★

Zlatar
Situé près de Zlatar, à 12 km environ au nord de Marija Bistrica, ce château d'époque baroque fut construit en 1740 pour la famille des Patašić. Élevé sur la base de trois ailes, il s'ouvre sur une cour par des arcades et des galeries vitrées. Le portail et la chapelle familiale sont admirables. A ne pas manquer, la promenade dans le parc.

## Pèlerinage en Zagorje croate

Dans cette commune de Marija Bistrica, à une trentaine de kilomètres de Zagreb, se tient le plus grand lieu saint pour les Croates. On y accède par l'une des routes ou pistes cyclables qui partent de la capitale mais aussi de Varaždin ou de Krapina. Des sentiers de randonnée en montagne font le crochet vers l'église de Notre-Dame-des-Neiges. Chaque année, entre avril et octobre, c'est plus de 500 000 personnes qui font le pèlerinage avec un pic de fréquentation notable à Pâques. Les pratiquants convergent vers l'église-basilique, montent la colline du calvaire, font des arrêts de prières dans les stations du chemin de croix, où des sculptures du XIXe siècle illustrent les différents épisodes de la Passion. Derrière la colline, un havre de paix, se situe le couvent des sœurs carmélites.

# KLANJEC

Un petit village de montagne qui a accueilli une communauté de moines franciscains au XVIIe siècle. C'est aussi le lieu de naissance du sculpteur Augustinćić, disciple du maître statuaire Meštrović.

### GALERIE ANTUN AUGUSTINČIĆ (GALERIJA ANTUNA AUGUSTINČIĆA)

Trg Antuna Mihanovića 10
✆ +385 49 55 03 43 – gaa@kr.htnet.hr
*Ouvert tous les jours sauf lundi, d'avril à septembre de 9h à 17h. Le reste de l'année de 9h à 15h. Tarif 20 kn.*
En face de l'église, un musée consacré à l'enfant du pays, le sculpteur Antun Augustinćić (1900-1979), élève d'Ivan Meštrović. L'artiste étudia à l'Ecole des arts décoratifs et aux Beaux-Arts de Paris. Son œuvre la plus connue, le Monument de la Paix, est installée devant le bâtiment des Nations unies à New York. On lui doit aussi le monument aux morts de Klanjec. Dans le musée, sont exposés plusieurs bustes d'hommes politiques et des œuvres plus importantes dans le parc.

### MONASTÈRE FRANCISCAIN (FRANJEVACKI SAMOSTAN) / ÉGLISE SAINTE-MARIE (SV. MARIJA)

Au centre du village, le monastère franciscain, fondé au XVIIe siècle par Nikola Erdödy et le ban Sigismond, est de style baroque. A proximité, l'église communale, construite à la même époque, abrite un immense sarcophage en étain, où repose le corps du fondateur de la communauté.

# KUMROVEC ★★

À l'ouest de la région du Zagorje, au sud de Miljana, le village qui a vu naître Tito, en 1892. Bien sûr, un musée dédié au maréchal communiste a été installé dans sa maison natale. Autre objet de curiosité, le Musée Village d'époque (Musej Staro selo), sorte d'éco-village et de musée ethnographique.

### MUSÉE DU VIEUX VILLAGE (MUSEJ STARO SELO)

✆ +385 49 553 149
*Ouvert tous les jours de 9h à 16h en hiver et de 9h à 19h en été. Tarif 1,50€ à 3 €.*
On ne peut manquer la maison d'enfance de l'ancien président de Croatie, Josip Broz (1892-1980), dit Tito : une sculpture en bronze du fondateur de la fédération yougoslave se dresse à l'entrée. D'autres habitations aux alentours ont aussi été aménagées en musée ethnologique. Un ensemble de chaumières authentiques et de maisons traditionnelles qui datent de la fin du XIXe siècle, début XXe. On y a reconstitué la vie d'un ancien village (*staro stelo*) avec la mise en scène du travail agricole avec outils anciens, mobilier du quotidien à l'intérieur des pièces, métiers de l'artisanat, broderie, célébration d'un mariage. Dans l'une de ces demeures, un boulanger cuit les cœurs colorés en pain d'épices, typiques de la région de Zagorje.

### OFFICE DU TOURISME (TURISTIČKA ZAJEDNICA)

Ulica Josipa Broza 12
✆ 049 553 728
www.kumrovec.hr – tz@kumrovec.hr
A l'entrée du musée d'ethnographie, un petit bureau d'informations touristiques. Vous trouverez également de la documentation à la mairie de Kumrovec.

### RESTAURANT AUBERGE STARA VURA

Josipa Broza Tita 13
✆ +385 49 553 137 / +385993755962
biro@staravura-kumrovec.hr
*Restaurant ouvert tous les jours en été. Auberge de jeunesse, tarifs de 17 € à 51 € la nuit selon la catégorie (chambres doubles, triples ou dortoirs).*
Près du musée, un restaurant où l'on peut manger une cuisine de terroir en ayant une belle vue sur la vallée. On peut aussi commander le menu favori de Tito, soit entre autres plats des viandes en sauce, puisque l'ex-président est né à Kumrovec. Au-dessus du restaurant, un hostel avec des formules d'hébergement simples et correctes en dortoir ou chambres.

### RESTAURANT ZELENJAK

Risvica 1 ✆ +385 49 550 747
www.zelenjak.com
zelenjak@zelenjak.com
Sur la route vers Klanjec
*Ouvert tous les jours midi et soir. Fermé le lundi en hiver. A la carte, à partir de 50 kn le plat ;*
Ce restaurant réputé, assis sur la frontière avec la Slovénie, se trouve juste à côté d'une colonne commémorative dédiée aux auteurs de l'hymne croate. De la terrasse surélevée, la vue sur les montagnes est superbe. Une cuisine traditionnelle et semi-gastronomique met à la carte des spécialités régionales (soupe aux champignons, légumes et lard, viandes grillées, veau, gibier). L'établissement loue aussi quelques chambres modernes, bien équipées. Organise des réceptions et accueille les groupes.

# MILJANA

Situé à quelques kilomètres à l'est de Veliki Tabor sur une colline, le petit château privé de Miljana fut remanié jusqu'au XIXe siècle puis rénové au début des années 80. Sa décoration intérieure mêle les styles baroque et roccoco. À voir, les peintures murales, signées Anton Lerchinger (XVIII^e siècle), dont la scène bucolique du joueur de cor avec sa compagnie est la plus connue.

# PREGRADA

L'existence de Pregara est attestée dès le XIV^e siècle. Au XIX^e siècle, le bourg devient capitale du district, ce qui lui laisse en héritage des monuments d'une certaine importance, comme la cathédrale de Zagorje ou encore le château de Veliki Tabor, à proximité. Cette forteresse imposante, émergeant littéralement d'une crête verdoyante, est certainement le château le plus connu du pays. À Pâques, un festival réputé dans la région commémore les batailles croates contre l'armée ottomane. Depuis cinq cents ans, des troupes et acteurs en costumes d'époque arrivent de toutes les régions pour rejouer, à l'ombre des remparts historiques, les faits d'armes et grandes batailles anciennes.

## Se loger

### ■ HOTEL DVORAC BEŽANEC*****

55 Valentinovo
✆ + 385 049 376 800 / + 385 0 98 230 343
www.hotel-dvorac-bezanec.hr
gordana@hotel-dvorac-bezanec.hr
*A partir de 92 € la chambre double, de 125 € à 198 € pour les suites ou chambre à 4 personnes. Petit déjeuner de 10 à 23 €. Menus gastro de 18 à 30 €.*
Situé dans le village de Valentinovo (St-Valentin), l'un des rares châteaux-hôtels du pays dans un cadre magnifique. La propriété, datant du XVII^e siècle, fut la possession successive de plusieurs familles aristocrates de l'empire austro-hongrois. Dans le parc, tout aussi romantique, des cerfs vivent en liberté et, plus loin, se trouve le domaine viticole, que l'on peut visiter à pied et à vélo. De retour à l'intérieur, les chambres sont spacieuses, décorées avec soin, ont un style raffiné. Le restaurant propose aux résidents et aux visiteurs (sur réservation) des menus gastronomiques. Une cuisine avec une approche internationale qui utilise des produits du Zagorje et les légumes du jardin. Goûtez au jambon fumé, au štrukli (fromage frais), au gibanica (cheesecake), à la tarte au pavot avec un verre de vin local. Bref, la vie de château pour le prix d'un 3 étoiles.

## Se restaurer

### ■ RESTAURANT GREŠNA GORICA

Desinić
✆ +385 49 343001
www.gresna-gorica.com
josip@aubx.com
*Ouvert tous les jours midi et soir. Environ 100 kn le repas.*
Situé à quelques kilomètres du château Veliki Tabor entre Desinić et Miljana, ce restaurant familial est installé dans un chalet traditionnel en bois. Si le temps le permet, nous vous conseillons de profiter de la terrasse et sa superbe vue sur la célèbre forteresse et ses collines environnantes. Dans la propriété aménagée en ferme, le grand jardin et les animaux font le plaisir des enfants. Au menu, des spécialités locales de viandes grillées, de gibier et de salaisons.

## À voir – À faire

### ■ CATHÉDRALE DE ZAGORJE (KATEDRALA ZAGORJE) ★

Construite à la fin du XVIII^e siècle, l'église néoclassique est ainsi nommée en raison de la hauteur de ses tours jumelles en façade. A voir, à l'intérieur, les tableaux de l'artiste vénitien J. Ziegler et l'orgue en bois, qui fut construit par Focht, un maître-facteur hongrois et conservé dans son état originel. Un petit musée attenant avec une intéressante collection d'objets pharmaceutiques rappelle que la ville fut le berceau de la médication moderne en Europe de l'Est.



## Zagorje, la route des châteaux et des vins

Entre Zagreb et Varaždin, la région de Zagorje est particulièrement romantique. La présence de châteaux forts émergeant de massifs forestiers entrecoupés de clairières et vignobles ajoute au pittoresque, tout comme les manoirs et églises qui jalonnent un paysage vallonné, les bois, les parcs et jardins parcourus de rivières. On recense plus de 40 châteaux, dont le Veliki Tabor, le Trakošćan ou le Miljana parmi les plus célèbres. Au XVII^e siècle, l'aristocratie croate y implante la culture baroque. À l'intérieur de ces riches demeures, dans une profusion de dorures et de moulures, la décoration murale de fresques et peintures représente les occupations de l'époque (bals, parties de chasse, vie galante). Ces demeures mystérieuses se visitent au même titre que les domaines viticoles de la région, par exemple la propriété Vuglec Breg située à 4 kilomètres de Krapinske Toplice.

■ **CHÂTEAU DE VELIKI TABOR (KAŠTEL VELIKI TABOR)** ★★★★

Košnički Hum 1, 49216, Desinić

✆ +385 49 374 970 – www.veliki-tabor.hr

*Ouvert tous les jours sauf le lundi et les jours fériés. Du 1er avril au 30 septembre de 09 h à 17 h en semaine, fermeture à 19 le week-end et vacances scolaires. D'octobre à mars de 9 h à 16 h, fermeture à 17 le week-end et vacances scolaires. De nov à février de 9 h à 16 h. Tarifs de 15 kn (enfant) à 25 kn (adultes). Visites libres ou guidées*

Au nord-ouest de Zagreb, ce château est le plus imposant de la région. Il fut construit au XIIe siècle puis transformé aux XVe et XVIe, quand les Rattkaj, seigneurs des lieux, entreprirent d'augmenter la place forte de nouvelles tours rondes, autant de bastions influencés par les modèles italiens. A l'intérieur, une chapelle dédiée à Véronika Desinička, une jeune fille pauvre du village dont le prince s'était épris. Mais, en passe de se marier officiellement, l'amoureux subit les foudres de sa famille. La malheureuse fut enfermée puis emmurée dans le château. La légende dit que, encore aujourd'hui, on entend des gémissements les soirs de pleine lune... Dans la chapelle, un crâne exposé serait celui de Véronika. Les autres pièces du château servent de salles d'expositions à des artistes locaux. Encore en restauration cette année, plusieurs parties du château sont fermées.

# KRAPINA

Mondialement citée sur le plan de la paléontologie, la Krapina est l'étape obligée, si l'on passe dans la région. L'homo Krapinensis, qui y fut découvert par Gorjanović Kramberger, est plus connu sous le nom d'homme de Neandertal. En 1899, le scientifique zagrébois exhuma près de 900 ossements humains dans des grottes proches de la ville. À proximité du site archéologique, un musée récent retrace admirablement cette évolution majeure de l'humanité.

Une légende locale, qui remonte à l'époque antique, met en scène les trois frères Czech, Lech et Mech comme enfants de la Krapina et établissant la région comme le berceau des tribus slaves, terreau originel des peuplades à la peau claire et aux cheveux blonds. Plus près de nous en 1809, la Krapina fut le lieu de naissance de Ljudevit Gaj. Cette personnalité, importante pour le pays dans sa quête de souveraineté, œuvra pour la promotion du croate comme langue officielle nationale.

## Transports

A moins de 50 km de Zagreb, facilement accessible en voiture par l'autoroute ou les petites routes parallèles, Krapina est reliée à la capitale par des bus réguliers. On peut donc s'y rendre pour la journée.

## Pratique

■ **OFFICE DU TOURISME (TURISTIČKA ZAJEDNICA)**

Magistratska 11

✆ +385 49 371 330

www.tzg-krapina.hr – info@tzg-krapina.hr

*Tous les jours de 8h à 15h*

Une agence municipale où trouver des idées pour les hébergements, balades, visites de musées, cave à vins, châteaux, etc.

## Se loger

■ **PANSION POD STARIM KROVOVIMA**

Trg Ljudevita Gaja 15

✆ +385 49 370536 – marlo@kr.t-com.hr

*Se renseigner au près de l'office de tourisme de Krapina. 310 kn la chambre, repas entre 25 et 30 kn.*

A l'entrée de la ville, une pension de famille agréable avec quelques chambres confortables à louer et, au rez-de-chaussée, un restaurant dont la cuisine est délicieuse. Accueil sympathique.

■ **PANSION VUGLEC BREG**

Škarićevo 151, Lepajci

✆ +385 49 345 015

www.vuglec-breg.hr – info@vuglec-breg.hr

*La chambre double avec petit déjeuner, à partir de 57 €, les maisons selon leur superficie de 53 € à 115 € la suite. Wi-fi gratuit*

A 5 km de Krapina, en haut d'une colline vallonnée, au cœur d'un domaine viticole, ce domaine familial est un havre de paix. On peut séjourner en formule bed & breakfast ou réserver un logis pour 2 ou plusieurs personnes. Les maisons en bois traditionnelles ont été restaurées et aménagées pour le confort. Au centre, le restaurant et sa terrasse offre une vue panoramique sur les vallons environnants. Emplacement très bucolique, pour le petit déjeuner et les repas midi et soir, servis avec des produits locaux. Courts de tennis et bonne cave à vins/dégustations.

## Se restaurer

■ **RESTAURANT PREŠA**

Tkalci b.b. ✆ + 385 0 49 372664

*Ouvert du lundi au jeudi de 6 h 23 h, le vendredi et samedi fermeture à 1 h du matin, le dimanche ouvert de 7 h à 22 h. Plats de 40 à 70 kn.*

Sur les hauteurs de la ville, ce restaurant de terroir offre une superbe vue sur les vignobles environnants. Vous pourrez y déguster des spécialités de la région dans un cadre agréable. Comme dans nombre de bonnes tables de la région, le pain fait maison est délicieux.

## À voir – À faire

### ■ CHÂTEAU DE TRAKOŠĆAN (KAŠTEL TRAKOŠĆAN) ★★

Trakošćan 1
TRAKOŠĆAN
✆ + 385 42 796 281
www.trakoscan.hr – dvor@trakoscan.hr
Situé à 40 km à l'ouest de Varaždin en direction de Krapina (D508) et à 21 km au nord-est de Krapina (E59 puis D508).
*Ouvert tous les jours de 9h à 18h, fermeture à 16h du 1er novembre au 31 mars. Tarif 30 kn (adulte), 15 kn (enfant).*
Émergeant dans son écrin de verdure, voici l'un des plus beaux châteaux de la région ! Sa construction débute au XIIIe siècle. Il servait d'observatoire de la route reliant Ptuj à la vallée de Bednja. A l'origine, il est occupé par des familles de seigneurs, dont l'histoire n'a pas retenu le nom, excepté celui des Drašković qui acquièrent le château en 1566. Leur lignée se poursuit jusqu'à la Seconde Guerre mondiale. La famille le fait agrandir considérablement en élevant la tour occidentale. Dans la première moitié du XIXe siècle, le Kaštel Trakošćan devient une résidence aristocratique, à l'image des châteaux romantiques allemands. Un lac artificiel viendra agrémenter le parc. La visite nous fait pénétrer dans les salles d'arme des chevaliers, découvrir du mobilier et des objets anciens, des galeries de portraits, qui font revivre l'Histoire croate.

### ■ ÉGLISE NOTRE-DAME-DE-JÉRUSALEM À TRŠKI VRH (CRKVA MAJKE BOŽJE JERUZALEMSKE NA TRŠKOM VRHU)

C'est l'une des plus belles églises baroques du pays avec un intérieur richement décoré. Contrairement à la plupart des autres églises, financées par la noblesse, Notre-Dame-de-Jérusalem fut construite entre 1750 et 1761 par les paysans et les citoyens de Krapina, afin d'abriter une statuette miraculeuse de la Sainte Vierge. L'endroit reste toujours un lieu de pèlerinage de mai à octobre. Pendant les processions, les pratiquants marchent sous les arcades extérieures qui ceinturent l'église. Celles-ci sont décorées de fresques représentant les miracles survenus dans la région.

### ■ ÉGLISE SAINTE-CATHERINE ET MONASTÈRE FRANCISCAIN (FRANJEVAČKI SAMOSTAN SA CRKVOM SV. KATARINE)

Samostanska 3
Le monastère fut fondé au XVIIe siècle sur l'ancien site de la chapelle Sainte-Catherine. Entièrement construit sur le modèle du premier baroque, il paraît encore fortement influencé par le gothique et la Renaissance dans ses structures. L'église attenante possède, elle, des éléments baroques plus stylisés.

### ■ MUSÉE DE L'HOMME DE NÉANDERTAL (MUZEJ KRAPINSKIH NEANDERTALACA) ★★

Šetalište Vilibalda Sluge b.b.
49 000 Krapina ✆ +385 49 371 491
www.mkn.mhz.hr – mhz@mhz.hr
*Ouvert tous les jours du 1er avril au 30 septembre de 9h à 18h, entre juin et août jusqu'à 19h. En hiver de 9h à 16h. Tarif 50 kn, tarif réduit 25 kn.*
Le musée de l'homme de Neandertal de Krapina a été ouvert en 2010. C'est l'un des projets les plus ambitieux pour la connaissance des débuts de l'humanité sur terre. Sur une surface de 1 200 mètres carrés, tout un pan de notre histoire commune renaît. À l'aide de nombreux contenus multimédias, d'une architecture spécifique évoquant la vie dans les grottes, le nouveau musée est relié à la colline de Hušnjakovo par des sentiers aménagés, le site même du néandertalien. Un musée de l'homme très intéressant et très visité. Le parcours pédagogique et ludique retrace les les effets du big-bang, l'évolution des espèces sur cette partie de l'Europe, l'ère des dinosaures. Les paléontologues ont aussi collecté de nombreux ossements d'animaux : ours, loups, daims géants, mammouths…

## Krapinensis ou néandertalien ?

La colline Hušnjakovo est-elle l'un des berceaux de l'humanité ? Pourquoi pas ! En tous cas, en 1899, la découverte de Dragutin Gorjanović Kramberger et son équipe est capitale pour la paléontologie. Enfouis dans les différentes couches de sable qui recouvraient le sol des grottes, près de 900 ossements humains ont permis de reconstituer des squelettes et de faire revivre ces hommes et ces femmes implantés sur le site. Âges moyens : entre 80 000 et 50 000 ans av. J.-C ! Il s'agissait là du plus gros gisement de néandertaliens jamais trouvé dans un même lieu. L'homme de Neandertal serait donc né dans la région de la Krapina et les fouilles archéologiques régionales sont essentielles pour la connaissance des débuts de l'humanité, avec des traces de vie qui remontent à l'ère du néolithique moyen.

# LEPOGLAVA ★

La petite ville est connue pour sa manifestation artisanale de brodeuses, qui a lieu tous les ans, fin septembre. Si vous n'êtes pas amateurs de dentelle, le superbe monastère Paulinien pourrait vous intéresser. Fondé en 1400, il s'instaura comme un foyer de cultures et de connaissances, où se rencontraient scientifiques, théologiens, linguistes... Plus tard, il fut transformé en prison. Le cardinal de Croatie, ayant refusé de séparer l'Eglise et l'Etat à la demande de Tito, y a été enfermé. Finalement, le monastère sera vidé et la prison, transférée derrière l'église. Aujourd'hui, Lepoglava abrite l'un des plus gros centres de rétention en Croatie, l'un des mieux surveillés du pays, où l'on a incarcéré les criminels les plus dangereux.

### ■ CHÂTEAU DE MARUŠEVEC (DVORAC MARUŠEVEC) ★

MARUŠEVEC
✆ +385 42 729311
À 17 km au nord-ouest de Lepoglava en suivant la D35.
*Visite sur rendez-vous uniquement.*
Ce château néobaroque, situé à proximité ouest de Varaždin, a été remanié au XIXe siècle par l'architecte A. Schlippenbach. Il présente un bel exemple d'éclectisme allemand : imitation des styles anciens (gothique, Renaissance, baroque) et combinaisons formelles du nord et sud de l'Europe. Le château est entouré d'un grand parc agréable qui ajoute au pittoresque de l'édifice et de la visite.

### ■ ÉGLISE SAINTE-MARIE (CRKRA SV. MARIJE)

Trg 1, hrvatskog sveučilišta 3
Datant du XVe siècle, l'église comme le monastère furent endommagés en 1481, lors des invasions ottomanes, puis reconstruits. Au XVIIe siècle, l'église fut redorée dans le style baroque avec des fresques en trompe-l'œil de la main d'Ivan Ranger. Le peintre, qui est mort à Lepoglava en 1753, influença largement les artistes dits Paulistes du XVIIIe siècle. L'autel est l'œuvre de ce fameux Paulin Aleksej Koniger.

# ZAJEZDA

### ■ HÔTEL DVORAC GJALSKI

Gredice Zabočke 7, Zabok
✆ +385 49 201 100
www.dvorac-gjalski.hr
gjalski@dvorac-gjalski.hr
*Chambre simple 61 €, chambre double 78 €. 3 menus gastronomiques, à la carte plats à partir de 11 €*
Situé à l'entrée de Zajezda, au lieu-dit de Zabok, un bel établissement dans une demeure du XVIIIe siècle, admirablement rénovée. Idéal pour sillonner la région. Des chambres soigneusement décorées et un vaste restaurant-terrasse. Très bon standing.

# VARAŽDIN ★★

A 80 km au nord-est de Zagreb, de l'autre côté du massif montagneux de la Medvednica, Varaždin est une superbe ville baroque, dont les palais de la vieille ville furent miraculeusement épargnés par les nombreux conflits dans la région. Un lieu romantique à souhait.

**Repères historiques**

En 1181, la cité médiévale est mentionnée sous le nom de Gareždin, *Varaž* signifiant *ville* en hongrois. En 1209, elle devient une ville royale libre ; c'est la première à obtenir ce statut en Croatie. En 1242, les Tatars la détruisent entièrement, mais Varaždin retrouvera son calme jusqu'au XVIe siècle, époque des invasions ottomanes dans la région.

La ville s'impose comme un poste militaire important, à la fois pour les Hongrois et les Habsbourg dans leurs luttes contre les armées turques. Varaždin fortifiée devient donc le centre de décision dans la guerre contre les Ottomans qui, dans leur conquête par les armes, ne la mettent pas à sac. La ville échappe à la destruction, car elle est tenue comme secondaire par les armées ottomanes, qui ne veulent pas trop engager au combat d'hommes, de temps et de munitions. Leur plan prioritaire reste l'Autriche. Il s'agit de travserver la ville et d'arriver au plus vite aux portes de Vienne.

Aux XVIIe et XVIIIe siècles, Varaždin se développe. Des artisans s'installent intramuros et à l'extérieur des murs de la vieille ville. En 1756, elle est proclamée capitale de la Croatie, mais pour une vingtaine d'années seulement, car le destin en décide autrement. Le 26 avril 1776, par une chaude journée d'été, un employé artisan dans la partie sud de la ville cherche à allumer un feu. Il est alors poursuivi par un cochon. La flammèche s'attise, gagne la paille et s'embrase jusqu'à brûler toutes les maisons alentour. Construite en bois et chaume, la ville sera entièrement détruite en trois jours. Les habitants fuient, le Parlement et le Gouvernement se délocalisent à Zagreb. Varaždin ne retrouvera jamais son statut d'antan mais sera admirablement reconstruite dans le style baroque. Son développement lent et limité par la présence des monuments existants, s'accélère pendant l'entre-deux-guerres, quand les Ustaši (oustachis), un gouvernement fasciste, l'investissent. Puis ce sont les communistes qui prennent le relais jusqu'à récemment.

Aujourd'hui, la ville au patrimoine si riche attire des milliers de visiteurs. Son dynamisme artistique lui donne des ailes. Varaždin est candidate pour le concours européen de ville culturelle en 2020.

## Transports

### Comment y accéder et en partir

**GARE FERROVIAIRE**
Kolodvorska 17 ✆ +385 60 333444
Plusieurs trains par jour relient Zagreb à Varaždin et s'arrêtent dans tous les villages entre les deux villes. Compter 2h30 de trajet. Pour rejoindre la Slavonie, il faut changer à Koprivnica.

**GARE ROUTIÈRE**
Zrinskih i Frankopana
Au sud-ouest de la ville
✆ +385 60 333 555
Des bus réguliers assurent la liaison entre Varaždin et Zagreb. Compter 1h30 de trajet.

### Se déplacer

Il n'existe pas de transports en commun. Tout le monde se déplace à bicyclette dans le centre historique ou en voiture à la périphérie de la ville. Pour autant, une bonne paire de chaussures vous suffira pour bien visiter la vieille ville, car tout se trouve à proximité.

## Pratique

**OFFICE DU TOURISME (TURISTIČKA ZAJEDNICA)**
Ivana Padovca 3 ✆ +385 42 210 987
www.tourism-varazdin.hr
info@tourism-varazdin.hr
*Ouvert du lundi au vendredi de 8h à 16h, le samedi de 10h à 13h.*
Les bureaux se trouvent dans la maison Padovec, au centre de la vieille ville. Cet OT fournit tous les renseignements et documentation sur la ville et la région, les possibilités d'hébergement, les restaurants, les sorties culturelles.

## Se loger

**GARESTIN PANSION RESTORAN**
Zagrebačka 34 ✆ +385 42 214 314
www.gastrocom-ugostiteljstvo.com
rezervacije@pansion-garestin.com
*A partir de 460 kn la chambre double. Possibilité de demi ou pension complète*
Située dans une ancienne maison de famille, à deux pas du centre-ville, cette pension propose 13 chambres simples et bien équipées, certaines avec minibar. La direction possède aussi un restaurant réputé dans la région.

**HOTEL LA'GUS**
Varazdinbreg bb
Turčin
✆ +385 42 652 940
www.hotel-lagus.hr
info@hotel-lagus.hr
*La chambre double standard de 390 kn à 468 kn, appartement de 400 kn à 600 kn. Chambre en journée, 208 kn.*
Juste à l'entrée de la ville, surplombant les belles collines ondulées, ce vaste hôtel-restaurant, idéal si l'on dispose d'une voiture, propose des chambres et appartements confortables. Leur décoration un peu vintage avec des meubles en bois sombre fait ressortir les tons clairs de la peinture. Intéressante également, la chambre que l'on peut louer pour la journée, de 7h à 19h (218 kn). Le lieu est apprécié des locaux qui viennent profiter du cadre bucolique et des services pour organiser mariage et autres manifestations.

**PENSION MALTAR**
Prešernova 1
✆ +385 42 311 100
www.maltar.hr
*La chambre simple 248 kn, la double 488 kn, la suite de 465 à 598 kn, petit déjeuner inclus.*
A proximité du centre-ville, une petite pension chaleureuse de 11 chambres, simples, doubles, également des suites avec kitchinettes. Toutes sont simples et bien tenues, pour l'accueil des familles, des couples ou des individuels. Salle du restaurant et terrasse agréables. Le personnel sympathique parle bien anglais. Parking privé gratuit.

**TURIST HOTEL**
Aleja Kralja Zvonimira bb
✆ +385 42 395395
www.hotel-turist.hr – info@hotel-turist.hr
*Chambre double selon la catégorie de 330 kn à 430 kn (petit déjeuner inclus).*
A proximité du centre-ville, dans un bâtiment moderne, un hôtel 3-étoiles complètement rénové en 2008. Plus de 100 chambres, classiques et confortables avec ses équipements modernes (climatisation, minibar, télé, connexion Internet, wi-fi). Bon restaurant qui sert de la cuisine traditionnelle.



Retrouvez le sommaire en début de guide

## Se restaurer

### ANGELUS RESTORAN

Alojzija Stepinca 3 ✆ +385 42 303 868
www.angelus.com.hr
angelustrattoria@gmail.com

*Ouvert en semaine de 10 h à 23 h, le vendredi et samedi fermeture à minuit. Les dimanches et jours fériés de 12 h à 22 h. Plats chauds à partir de 32 kn, pizza à partir de 37 kn.*

Dans un immeuble ancien de la vieille ville, une salle voûtée en sous-sol abrite une pizzeria qui propose aussi des spécialités italiennes, pâtes, risottos, salades, grillades ou viandes en sauce pour des prix très corrects.

### PALATIN

B. Radić 1
✆ +385 42 398 300 – www.palatin.hr

*Ouvert tous les jours de 11h à 23 h. Plats de viandes ou poisson à partir de 55 kn. Plusieurs menus, de 110 à 135 kn. Menu dégustation à 270 kn.*

Un restaurant, qui a été ouvert par un chef cuisinier connu, le Français Stephan Macchi, vedette de l'émission *Jezihova Juha*, version croate de *Cauchemar en cuisine* ! Dans le cadre agréable d'une salle voutée à la décoration néo-rustique ou en terrasse, le Palatin fait aussi café-bar. Pour les choix en cuisine, des spécialités régionales et internationales, des idées sur la tradition revisitée par le Francuz, comme on dit ici ! Le service est de haut niveau, pour des plats à la carte ou une sélection de menus de saison, semi-gastronomiques, accompagnée d'une large carte de vins locaux, italiens, français.

### ZLATNE RUKE

Kukuljevićeva 13
✆ +385 42 320 065 / 091 669 09 09
www.zlatni-restorani.com

*Ouvert tous les jours. Assiette dégustation vins/fomages 6 €, menus de 15 à 16, 50 €.*

En dehors de la ville, cet hôtel restaurant est niché au cœur d'un domaine viticole boisé. C'est l'un des meilleurs de la région de Varaždin. Pour le décor, un manoir élégant, une salle intérieure construite dans une cave voûtée, une belle terrasse avec vue panoramique. Le cadre est superbe et vous pourrez vous régaler pour un prix raisonnable. La cuisine traditionnelle de saison met les légumes verts et colorés à l'honneur, les viandes et les poissons en sauce.

## À voir – À faire

Surnommée la petite Vienne, la ville historique *intra-muros* concentre les palais baroques, aux façades colorées, tous plus beaux les uns que les autres. Nombre d'aristocrates s'y installent au XVIIIe siècle et la cité élégante eut en son temps sa renommée mondaine. Aujourd'hui, il est possible de pousser la porte de la cathédrale et de nombreuses églises, qui accueillent régulièrement des concerts de musique ancienne. A ne pas manquer, le château imposant, le musée municipal avec sa galerie de maîtres anciens, le musée des Insectes, le jardin botanique. En dehors de la vieille ville, le cimetière Hallerova Aleja, si romantique avec ses allées soignées, est peuplé, comme au Mirogoj de Zagreb, de personnages sculptés au visage triste.

### MUSÉE DU VIEUX VARAŽDIN (GRADSKI MUZEJ VARAŽDIN) ★★

Strossmayerovo Šetalište 7
✆ +385 42 658 754 / + 385 42 658 750
www.gmv.hr

*Ouvert du mardi au vendredi de 9h à 17h en hiver, le samedi et dimanche de 10h à 13h. Fermé le lundi et les jours fériés. Tarif 25 kn (adultes), 15 kn (enfants).*

Cette forteresse de style renaissance d'un blanc immaculé car récemment restaurée, fut maintes fois reconstruite avec plusieurs parties datant de différentes époques. Autour des deux cours, des portiques à arcades relient les bâtiments donjons datant du XVIe siècle. Les digues sont en état. Dans les salles intérieures, à voir, l'exposition de collections permanentes du musée historique de la ville. Au premier étage, se trouvent des documents importants sur la fondation Varaždin, comme le chapitre de 1181. Cette lettre du roi, qui mentionne Garaždin pour la première fois, en tant que ville royale libre, lui attribue le droit de récolter ses propres taxes et de choisir son juge. Portraits, sceptres et objets, ayant appartenu à des personnalités célèbres de la ville. L'artisanat local, comme les enseignes de magasins en fer forgé, complète la visite. Au second étage, dans chaque pièce, l'histoire de l'art de la région, du style décoratif, renaissance, baroque, art déco. Enfin, la collection d'armes au sous-sol rappelle la dimension militaire de la ville.

### PALAIS SERMAGE ET GALERIE DE MAÎTRES MODERNES ET CONTEMPORAINS (PALAČA SERMAGE GALERIJA STARIH I NOVIH MAJSTORA) ★★

Miljenko Stančić Trg 3
✆ +385 42 214 172
www.gmv.hr/zbirke.aspx ? mid=3

*Ouvert du mardi au vendredi de 9h à 17h, 17h en hiver, samedi et dimanche de 9h à 13h.*

Situé au sud-est de la forteresse, sur la place Miljenko Stanćić, ce palais rococo de la fin du XVIIIe siècle abrite une collection de peintures anciennes d'artistes croates et européens, issues principalement des écoles du Nord et de l'Italie. Œuvres et expositions temporaires d'artistes contemporains également.

# AU SUD DE ZAGREB

*La Croatie centrale, pour sa partie sud de Zagreb, apparaît comme une région vallonnée qui s'étend des plaines alluviales du Turopolje (sud-est) à la Banija (au sud de Sisak).*

## JASTREBARSKO

Réputée pour ses vins, la région sud-ouest de Zagreb compte un grand nombre de maisons détaillants qui vous invitent à déguster (avec modération) leur production (*klet*), acheter éventuellement. Pendant une quinzaine de kilomètres, sur un territoire au nord-est de Jastrebarsko, accessible par la E59/E65, en direction de Karlovac, vous serez sur les routes des vins où la culture viticole est riche.

### Transports

A 39 km de la capitale, l'aéroport le plus proche est celui de Velika Gorica. La ville est également desservie par des cars et des trains.

### Pratique

■ **OFFICE DU TOURISME (TURISTIČKA ZAJEDNICA)**
Strossmayerov trg 4
✆ +385 1 627 2940 – www.tzgj.hr
*Ouvert du lundi au vendredi de 8h à 16h.*
Une agence où trouver des informations pour le tourisme local, notamment la carte des domaines viticoles au nord de la ville (Plešivica wine road), celles des petits producteurs et des parcours gourmands.

## KARLOVAC

Sur la route et l'autoroute qui relient Zagreb à la mer, par Rijeka au nord et Senj au sud, Karlovac (ancienne Karlstadt) se trouve au carrefour de quatre rivières (Kupa, Dobra, Korana et Mrežnica), des cours bien indiqués pour la pêche, la baignade, le canoë-kayak ou encore le rafting. A la fin du XVI^e^ siècle, la ville n'était qu'un simple bastion militaire construit entre les rivières de Kupa et Korana afin de défendre le royaume face à la menace ottomane. La place forte s'est ensuite développée pour devenir une grande cité commerciale. A voir, la vieille ville aux belles demeures baroques, la place centrale avec une église catholique (Sainte-Trinité) construite aux XVII^e^ et XVIII^e^ siècles et une église orthodoxe (Saint-Nicolas), édifiée à la fin du XVIII^e^ siècle. A moins d'une heure de route de la capitale, la ville carrefour est accessible en bus et en train. Une consigne est ouverte dans la gare routière, ouverte tous les jours de 6h à 20h.

### Pratique

■ **OFFICE DU TOURISME (TURISTIČKA ZAJEDNICA)**
Ulica Petra Zrinskog 3 ✆ +385 047 615 115
www.karlovac-touristinfo.hr
*Ouvert du lundi au vendredi de 8h à 19h, de 10h à 17h le samedi. Fermé le dimanche*
Informations touristiques de la région (hébergements, restaurants, visites). Se renseigner sur les activités de plein air, comme la randonnée ou sur les sports de glisse en rivière, la pêche, la route des vins.

### Se loger

■ **CAMPING SLAPIĆ**
Mrežnički Bri bb, Duga Resa
✆ +385 47 854 754 / +385 98 860 601
www.campslapic.hr – autocamp@inet.hr
*Ouvert d'avril à octobre. Tarif de la nuitée de 55 à 70 kn selon la saison par personne avec une tente.*
A 10 km de Karlovac, dans une zone pittoresque, près de la rivière Mreznica, ce camping rural 4 étoiles, pour tentes et caravanes, offre des prestations de qualité et un riche programme de découvertes dans la région. Restaurant sur place et toutes les commodités, comme la station ferroviaire juste à côté (arrêt Duga Resa).

■ **HOSTEL NA PUTU**
Trg bana Petra Zrinskog 17
✆ +385 47 296 235
www.hostelnaputu.com
info@hostelnaputu.com
*Ouvert toute l'année, la nuit entre 21 € à 29 € par personne, selon la saison et la catégorie (chambres doubles ou dortoirs).*
Première auberge de jeunesse ouverte à Karlovac, c'est l'adresse préférée des *backpackers*, traduisez « porteurs de sacs à dos, routards ». Tout à fait adaptée à l'esprit communautaire des amateurs de glisse, l'hostel est situé dans une maison traditionnelle (début XIX^e^ siècle) de style baroque. À l'intérieur, chambres et dortoirs sont d'ambiance contemporaine avec à disposition toutes les commodités : Wi-fi et consigne gratuits, air conditionné, garage à vélo, cuisine commune équipée, boissons chaudes offertes. Bon esprit.

### ■ HOSTEL NA PUTU

Trg bana Petra Zrinskog 17
✆ +385 47 296 235
www.hostelnaputu.com
info@hostelnaputu.com
*Ouvert toute l'année, la nuit entre 21 € à 29 € par personne, selon la saison et la catégorie (chambres doubles ou dortoirs).*

Première auberge de jeunesse ouverte à Karlovac, c'est l'adresse préférée des *backpackers*, traduisez « porteurs de sacs à dos, routards ». Tout à fait adaptée à l'esprit communautaire des amateurs de glisse, l'hostel est situé dans une maison traditionnelle (début XIXe siècle) de style baroque. À l'intérieur, chambres et dortoirs sont d'ambiance contemporaine avec à disposition toutes les commodités : Wi-fi et consigne gratuits, air conditionné, garage à vélo, cuisine commune équipée, boissons chaudes offertes. Bon esprit.

### ■ HÔTEL CARLSTADT

Vraniczanyeva 1
✆ +385 47 611 111
www.carlstadt.hr
carlstadt@ka.t-com.hr
*Chambre simple 310 kn, la double 455 kn, la double en occupation simple 340 kn, les suites de 500 à 640 kn, la double en journée 220 kn (petit déjeuner inclus).*

Situé aux portes de la vieille ville, à quelques mètres de l'office de tourisme, ce petit hôtel familial est idéal pour un arrêt dans la région. Chambres confortables, wi-fi gratuit, petit déjeuner sous forme de buffet, bar terrasse et places de parking réservées aux clients.

### ■ HOTEL KORANA****

Ulica Perivoj Josipa Vrbanića 8
✆ 047 609 090 – www.hotelkorana.com
*La chambre double standard 105 €, avec balcon 113,50 €, luxe 128 €, suite pour 4 personnes 134 € (avec petit déjeuner).*

Un hôtel construit dans les années 1900 près de la rivière Korana, au cœur d'un parc, qui a été rénové en 2003 pour devenir l'un des établissements les plus charmants de la région, une fierté de la ville... On y trouve une piscine couverte, un centre de remise en forme et de multiples activités de loisirs et bien-être ainsi qu'un bon restaurant « à la carte ».

## Se restaurer

### ■ RESTORAN «MIRNA»

Rakovačko Šetalište bb
✆ +385 47 65 41 72
www.ribarska-kuca-mirna.com
ribarskakucamirnainfo@gmail.com

## Kayak et rafting riment avec Karlovac

Celle que l'on nomme aussi la « ville aux quatre rivières » est traversée par la Korana, la Kupa, la Mrežnica et la Dobra. Elle a donc un avantage sur ses voisines côté sports de glisse. Des centres spécialisés sur le rafting et le canoë-kayak se sont implantés à Karlovac et ses environs. Vous pourrez trouver tous leurs contacts à l'office de tourisme municipal ou sur son site Internet. En général, les agences proposent des descentes sur chacun des quatre cours d'eau plus ou moins tumultueux. Des séjours sportifs, rafting et autres activités de plein air (VTT, rando, pêche...) sont d'ailleurs organisés dans cette région bien irriguée. Les rivières traversent des forêts denses et des massifs montagneux où vivent encore quelques ours et des loups.Plus d'infos sur : karlovac-touristinfo.hr/en/active.../rafting/rafting

■ **RAFTING FOUR RIVERS ADVENTURES**
Belaj 61, Duga Resa
KARLOVAC
✆ +385 85 10 12
✆ + 385 914 748 377
mmihajli@globalnet.hr
La plus grosse agence pour les activités de plein air dans la région (rafting, canoë-kayak), qui exerce ce métier depuis presque 20 ans. La descente des rivières se pratique, en fonction de la météo, avec une équipe de professionnels qui proposent du fun et des sensations fortes. Le tout bien encadré, en toute sécurité.

*Ouvert tous les jours. Plats à partir de 30 kn.*
Proche du centre-ville, sur les rives de la Korana, cet agréable restaurant avec son immense terrasse est bâti dans un cadre plein de verdure. Très poissonneuses, les rivières de la région influencent la carte, où vous trouverez aussi d'autres bons plats de viandes.

### À voir – À faire

Protégée par l'ancienne fortification italienne du XV^e^ siècle en forme d'étoile, la vieille ville apparaît comme un hétéroclite mélange de styles, entre bâtiments rénovés, flambant neuf, et anciennes façades délabrées encore marquées par les blessures de la guerre. Sur les rives de la Korona, un immense hôtel entièrement détruit pendant la guerre, attend toujours d'être reconstruit. Il rappelle les durs combats qui ont eu lieu dans la région. Au centre historique, se trouvent la place, les églises catholique et orthodoxe, le musée municipal, l'imposant monastère franciscain.
Mais on vient aussi à Karlovac pour sa nature généreuse, ses rivières, les perspectives de vacances sportives et les activités en plein air que la région offre.

■ **MUSÉE DE LA VILLE (GRADSKI MUZEJ)**
Stossmayerov trg 7
✆ + 385 47 615 980
www.gmk.hr
*Ouvert en semaine de 8h à 16h, samedi de 10h à 12h. Tarif 10 kn.*
Dans ce petit musée municipal, les collections historiques couvrent plusieurs périodes et remontent le temps : statuettes antiques retrouvées lors de fouilles dans la région, artefacts d'objets néolithiques et médiévaux, passé historique de la ville, son rôle lors des dernières guerres. Plus souriante, la reconstitution d'un intérieur au XX^e^ siècle...

## SISAK

Fondée au IV^e^ siècle av. J.-C par les Celtes, qui l'ont baptisée Segesta puis Segestica, elle fut encore nommée Siscia par les Romains qui la déclarent capitale de la province de Pannonie au II^e^ siècle. L'actuelle Sisak au sud-est de Zagreb est donc l'une des plus anciennes villes de la Croatie. Les thermes et la vieille basilique remontent à l'époque antique. Détruite pendant les invasions des Avars au V^e^ siècle, la ville perd son rôle de capitale régionale au profit de Zagreb. En 1593, Sisak récupère ses lettres de noblesse, alors que l'armée ottomane est battue aux pieds de la forteresse. Une défaite qui scelle la fin des invasions turques.
Au confluent de la Kupa et de la Sare, la petite ville s'est développée dans la période moderne grâce au commerce fluvial prenant le contrôle du trafic commercial des matières premières (fer et charbon) venant de l'actuelle Bosnie-Herzégovine.

## Transports

### GARE FERROVAIRE

Trg Republike 1
✆ +385 0 44 521 157
✆ +385 0 44 524 724
www.hznet.hr
Des trains régionaux essentiellement.

### GARE ROUTIÈRE

Frankopanska 3
✆ + 385 0 60 330 060
autobusni-kolodvor@sk.htnet.hr
Des bus quotidiens font la liaison avec Zagreb, Rijeka, Pula, etc.

## Pratique

### OFFICE DU TOURISME (TURISTIČKA ZAJEDNICA)

Rimska bb
✆ 044 522 655 / 099 3150 664
www.sisakturist.com
tzg-siska@sk.htnet.hr
Une agence où vous trouverez un plan et des informations pour visiter la ville et ses environs ainsi que des adresses d'hébergement, en formule agrotourisme dans la région de Sisak-Moslavina notamment.

## Se loger

### HÔTEL PANONIJA

I. K. Sakcinskog 21
✆ 044 522 94
www.hotel-panonija.hr
recepcija@hotel-panonija.hr
*Chambre simple 42 €, la double 52 €, la triple 60 € (petit déjeuner inclus), appartement 164 €.*
Situé en plein centre, c'est le seul hôtel de la ville. Un bâtiment moderne, des chambres propres mais sans charme ainsi qu'un bon restaurant pas trop cher.

## Se restaurer

### RESTORAN STARI GRAD SISAK

Obala Tome Bakača bb
✆ +385 0 44 543 700
restoranstarigrad.hr
*Ouvert de 10h à 22h.*
Au pied de la forteresse, ce restaurant-grill a monté un chapiteau et organise, dans son cadre bucolique, réceptions et mariages. Si la salle n'est pas réservée, on peut venir y manger les spécialités de viandes grillées, cochon de lait à la broche, côtelette d'agneau, cevapcici, etc., des poissons d'eau douce. Si vous aimez les grandes tablées !

## À voir – À faire

Les thermes et la basilique sont les derniers vestiges dans cette localité de l'époque romaine. Au musée municipal, des fragments et des objets usuels de l'Antiquité temoignent de cette période faste en Pannonie supérieure. La ville possède aussi de nombreux édifices baroques ou classiques, dont l'église de Sainte-Croix, où sont exposées deux statues en marbre de Francesco Robba.

### MUSÉE DE LA VILLE (GRADSKI MUSEJ)

Kralja Tomislava 10
✆ +385 44 811 811
www.muzej-sisak.hr
gradski-muzej-sisak@sk.htnet.hr
*Ouvert du 1er avril au 1er octobre, du mardi au vendredi de 10h à 18h, weekend de 9h à 12h. Fermé le lundi. En hiver en semaine uniquement de 7h30 à 15h30. Tarif 15 kn.*
Un petit musée où sont exposées quelques pièces archéologiques et historiques intéressantes. On y trouve, entre autres, une statuette préhistorique, des objets usuels et décoratifs de la période antique (poteries, lampes à huiles, bijoux, etc.), des armures médiévales, une importante collection numismatique.

## Dans les environs

### PARC DE LONJSKO POLJE

Dans cette zone marécageuse, l'une des plus grandes d'Europe, on compte plus de 300 espèces d'oiseaux, des loutres, des castors, qui vivent près de l'eau… C'est aussi une grande région d'élevage. Les troupeaux de vaches, chevaux ou encore les cochons paissent en toute liberté sur les bords des routes. Pour visiter le parc national, prenez la route qui longe la Save. A voir, des constructions traditionnelles très pittoresques dans le paysage, les églises et les maisons paysannes construites tout en bois, du sol au plafond.
*Le parc national le plus ancien et le plus connu de Croatie ! Les seize lacs de Plitvice, reliés les uns aux autres par des cascades tuffées (roche poreuse du calcaire) se déploient sur une formidable extension géographique de 294 82 km², une succession de grandes étendues d'eau douce, de chutes majestueuses, rivières, forêts denses et vastes prairies. Au cœur d'une profonde forêt de hêtres, d'érables et d'épineux, entre une plaine et une zone montagneuse plus escarpée, se cache le fameux parc, véritable fierté nationale et énorme attraction touristique, avec une moyenne de 5 000 visiteurs par jour ! L'UNESCO l'a inscrit au patrimoine mondial de l'humanité en 1979.*

# PARC NATIONAL DES LACS DE PLITVICE

## PLITVIČKA JEZERA ★★★★

### Transports

#### Comment y accéder et en partir

- **Bus.** Depuis Zagreb, Split et Zadar, des bus desservent quotidiennement le parc national. En été, les lacs attirent une foule considérable, les bus sont souvent pleins et il faut alors attendre le départ du prochain.
- **Voiture.** On y accède par une petite voie sinueuse sur laquelle les automobilistes croates jouent du klaxon et les touristes de la pédale à frein ! Longtemps, cette nationale, seule accès pour relier Zagreb à la populaire côte dalmate, fut considérée comme la route des vacances. Sur place, les deux entrées du parc sont aménagées avec un grand parking payant.

#### Se déplacer

Pour des raisons écologiques, seul le train touristique circule dans le parc, qui se visite majoritairement à pied. Quelques traversées s'effectuent en bateau sur certains lacs navigables avec des embarcations spécialement conçues à cet effet. On peut ainsi remonter le Jezero Kozjak et atteindre les lacs supérieurs et les hôtels. Le prix des traversées est compris dans l'achat des différentes formules de tickets d'entrée.
Pour le confort de la visite à pied, mieux vaut être en bonne condition physique, prévoir de bonnes chaussures. Dans cet environnement où l'eau domine, le terrain est glissant.

### Pratique

■ **PARC NATIONAL DES LACS DE PLITVICE (NACIONALNI PARK PLITVIČKA JEZERA)**
✆ +385 53 751014 / +385 53 751 015
www.np-plitvicka-jezera.hr
info@np-plitvicka-jezera.hr
*Parc ouvert tous les jours en été de 7h à 19h, fermeture à 17h en hiver. Ticket d'entrée selon la saison, adultes de 55 kn à 180 kn, enfants de 7-18 ans 35 kn à 80 kn, gratuit pour les – de 7 ans. Réduction pour les visites sur plusieurs jours.*
Le local d'accueil où acheter les billets d'accès au parc national vous fournira une carte d'orientation afin de mieux vous repérer sur les différents chemins de randonnées. Compter entre 3 heures et 6 heures de marche selon le parcours choisi.

*Parc naturel des lacs de Plitvice.*

## Se loger

Dans le parc, trois hôtels sont situés près de l'entrée n° 2, à mi-chemin entre les lacs inférieurs et les lacs supérieurs. Bellevue et Plitvice sont installés à la première sortie sur la route quand on vient de la côte. Jezero est juste après. Mieux vaut réserver à l'avance, surtout au mois d'août. Certains hôtels incluent dans leurs tarifs le billet d'entrée au parc national. Aux abords du parc, vous trouverez aussi des locations chez l'habitant, des villas, des maisons et des chambres d'hôtes ainsi qu'une auberge de jeunesse et un camping.

### Bien et pas cher

**■ CAMPING KORANA**
Čatrnja b.b.
✆ +385 53 751 888
www.np-plitvicka-jezera.hr
info@np-plitvicka-jezera.hr
Sur la route vers Zagreb.
*Comptez pour l'emplacement environ 9 € par personne et par jour + 3 € (la tente) à 6 € (le camping car) en haute saison. Réduction pour les enfants.*
Aux abords du parc naturel, à 7 kilomètres de l'entrée 1 du parc, l'un des campings recommandés pour commencer, tôt le matin, les visites et les randonnées autour des lacs Plitvice. Emplacements et sanitaires impeccables. Plusieurs restaurants, snacks et un supermarché. De mai à septembre, location également de petits chalets en bois et bungalows avec sanitaires communs.

**■ HÔTEL BELLEVUE**
Plitvička jezera b.b.
✆ +385 53 751700
www.np-plitvicka-jezera.hr
info@np-plitvicka-jezera.hr
*302 kn la chambre simple et de 408 à 574 kn la double selon la saison.*
Localisé à l'entrée 2 du parc, l'hôtel est donc très bien situé si vous êtes à pied. La plupart des chambres spacieuces possèdent un balcon donnant sur la forêt. Prix abordables pour un établissement au confort correct dans une ambiance très années 1970.

**■ HÔTEL PLIVITCE**
Plitvička jezera b.b. ✆ +385 53 751 100
www.np-plitvicka-jezera.hr
info@np-plitvicka-jezera.hr
*Chambre double de 528 à 890 kn selon catégorie. Gratuité ou – 30 % pour les enfants (petit déjeuner inclus).*
Construit à la fin des années 1950 – c'était l'un des plus luxueux de Croatie – cet hôtel reste agréable dans son environnement boisé. Lumineux avec ses grandes surfaces, il possède trois catégories de chambres, un restaurant et d'autres facilités pour le séjour aux abords du parc national.

**■ PLITVICE ETHNO HOUSE**
Jezerce 21
✆ +385 0 53 774 76 / +385 0 98 1737 407
plitviceetnohouse.com
*Prix de la chambre double selon la saison de 56 € à 110 €.*
Proche de l'entrée 2 du grand parc, cette pension de famille est pratique pour ceux qui souhaitent entamer une visite matinale. Elle compte 8 chambres spacieuses, au confort moderne, avec piscine, restaurant, jardin, le tout dans un cadre très « chalet de montagne ».

**■ TOURIST CENTAR MARKO**
Oštarski Stanovi bb, RAKOVICA
✆ +385 95 511 9309 / +385 47 784 089
www.tc-marko.com – info@tc-marko.com
À 12 km au nord de l'entrée principale du parc de Plitvice. Vous le trouverez facilement car il est directement situé sur la route principale departmentale D1 au niveau du village d' Oštarski Stanovi.
*Ouvert toute l'année, à partir de 30 €. Repas autour de 12 €.*
C'est une auberge conviviale, simple offrant tout le nécessaire, des chambres confortables bien équipés, et beaucoup de services, notamment une piscine extérieure, des cours de tennis et de de badminton, ainsi qu'une aire de jeux pour les enfants. L'auberge dispose également de places de parking gratuites. Le restaurant quand à lui propose quand à lui une cuisine simple mais de qualité : soupes, viandes, poissons et bien évidemment la fameuse "peka" (mouton, veau et pommes de terre cuisinés à l'étouffée), On peut se restaurer en salle ou en terrasse. Une bonne adresse.

## Confort ou charme

■ **HOTEL DEGENIJA**
Selište Drežničko 59
Rakovica
SELIŠTE DREŽNIČKO
✆ +385 47 782 143 / +385 47 782 060
www.hotel-degenija.com
info@hotel-degenija.com
Sur la route départementale D1 en direction de Zagred-Slunj-lacs de .
*Chambre double à partir de 60 €.*
L'hôtel-restaurant Degenija est situé à 4 kilomètres de l'entrée du parc national de Plitvice dans le village de Selište Drežničko. Dernièrement rénové, il propose une prestation et un service 4 étoiles. Les chambres sont modernes et très confortables. C'est un établissement de qualité et une excellente alternative entre les hôtels du parc national et les hébergements chez l'habitant. Les prix sont tout à faix abordables pour la prestation. Le restaurant se trouve près de l'hôtel, au niveau de la route, et il offre un large choix de plats : soupes diverses, fromage de Lika, truite de la rivière Gacka, grillades… C'est surtout une excellente adresse pour déguster la *peka, ispod peke*, une méthode traditionnelle de cuisson de viande d'agneau ou de veau et de légumes dans un dôme métallique enfoui dans les braises. L'hôtel dispose depuis peu d'un deuxième restaurant, Plume, proposant une cuisine contemporaine. Nous vous recommandons le steak de bœuf et vous mettons au défi de le terminer. Enfin, nous avons aimé la location de vélo à la journée.

■ **HÔTEL JEZERO**
Plitvička jezera b.b. ✆ +385 53 751400
www.np-plitvicka-jezera.hr
info@np-plitvicka-jezera.hr
*A partir de 649 kn à 906 kn la chambre double. Gratuite ou moins 50 % pour les enfants.*
C'est le meilleur hôtel du parc. Le service et la décoration sont particulièrement soignés, avec un côté vieux style de l'ère yougoslave pas désagréable. La plupart des chambres (229 au total), spacieuses et agréables, ont un balcon et une vue sur le parc. De nombreux équipements (sauna, piscine, salle de sport, court de tennis, bowling), bar et restaurant.

## À voir – À faire

La simple description du phénomène géologique de la région, celui qui attire autant de monde, ne manque pas de poésie. Imaginez seize lacs, évoluant en terrasse, reliés les uns aux autres par des travertins de végétation et de micro-organismes, sédimentés par le calcaire des bouillonnements subaquatiques... Le spectacle de la nature à l'état pur ! La formation de ces zones d'eau plus ou moins étendues, la naissance de ces cascades plus ou moins tumultueuses résulte de l'hydrographie karstique. Les dépôts sédimentaires issus de processus biologiques de sécrétion calcaire se mêlent aux algues, mousse et autres plantes. L'ensemble forme des couches qui augmentent progressivement le niveau des chutes, se déplacent et modifient le paysage au cours des siècles.

▶ **Des eaux peu profondes,** d'un turquoise cristallin, sont le territoire des truites, qui semblent à portée de main. Interdiction formelle de pêcher ou de se baigner avec les poissons ! Avis aux superstitieux, il est inutile de leur lancer des pièces. Elles ne les mangent pas et cela pollue la vie aquatique de ces lacs splendides. Dans les forêts de hêtres, d'épicéas, de pins et de genévriers, niche une myriade d'oiseaux. Plus rares et plus haut dans la montagne, des ours, des loups ou encore des lynx y vivent encore mais évitent soigneusement les visiteurs ! C'est à l'ouverture qu'il faut aborder le parc pour éviter les cars de touristes qui gâchent le plaisir du décor naturel. Vous serez alors seuls ou presque dans ce éden moussu, où le grondement des cascades petites et grandes se mêle aux croassements des grenouilles.

▶ **Le parc s'étend sur deux parties :** les lacs dits supérieurs, qui culminent à 637 m au-dessus du niveau de la mer, et les lacs inférieurs, dont le dernier donne naissance à la rivière Korana, 134 m plus bas. 18 kilomètres de fines passerelles en bois ont été aménagées pour la visite. Elles permettent d'enjamber le chapelet de lacs et d'étangs avant de rejoindre les sentiers de terre en passant au plus près des travertins.

▶ **Plusieurs itinéraires possibles** en fonction du temps consacré à la visite. De 2 à 3 heures à une journée complète de 6 à 7 heures. Le billet l'entrée vous permettra de faire votre choix entre deux points de départ : l'entrée principale, au pied de la plus grande cascade. Plus discrète, en bordure des parkings, qui domine le Kozjak, la seconde entrée donne sur le lac majeur du site (0,83 km$^2$) et les lacs supérieurs qui se révèlent à vous de façon inattendue et magique.

## Sports – Détente – Loisirs

■ **RANCH JELOV KLANAC**
Rakovica
✆ +385 98 704 612 / +385 98 909 78 56
www.ranch-jelovklanac.com
iriscroatica@gs.t-com.hr
*Ouvert toute l'année, cours individuel de 1h30 environ : 200 kn, 5 à 6h : 900 kn. Forfait à la journée avec sortie en nature accompagnée : 1 300 kn. Possibilité de séjour équitation sur le site.*

© JARNO GONZALEZ ZARRAONANDIA - SHUTTERSTOCK.COM

*Les passerelles en rondins de bois sillonnent 18 km au-dessus des 16 lacs du Parc.*

© XBRCHX - SHUTTERSTOCK.COM

*Les lacs inférieurs offrent un relief escarpé…*

© ARTUR BOGACKI - SHUTTERSTOCK.COM

*… et d'impressionnantes chutes d'eau.*

© FESUS ROBERT - SHUTTERSTOCK.COM

*Plus ancien Parc National de Croatie, les lacs de Plitvice sont inscrits au Patrimoine mondial de l'humanité de l'UNESCO depuis 1979.*

Dans la région des lacs, le ranch et ses logis en bois ont été construits dans un cadre sauvage. Les propriétaires terriens ont décidé un jour de faire partager leur passion pour l'équitation. Dans leur centre équestre, vous pourrez, à votre rythme, apprendre à monter à cheval et/ou chevaucher votre monture avec des airs de pionnier. Aux environs se trouvent des collines, des plaines et de vastes forêts pour des balades à cheval en journée. Selon votre formule, en famille, en groupe, en couple ou en indivuel, possibilité de cours ou de promenade à l'unité, de séjours dans des gîtes tout équipés en pension complète.

## OGULIN

Située dans les terres hautes, entre Zagreb et Rijeka, Ogulin est une charmante petite ville médiévale et Renaissance nichée au pied du Klek (1 182 mètres), dans une vallée montagneuse où coulent deux rivières, la Dobra et la Mrežnica. La présence de la cité est attestée dès le XV$^{e}$ siècle au moment des invasions ottomanes, alors que le château des Frankopan construit au cœur du centre historique agissait comme forteresse protectrice. Aujourd'hui, il abrite le festival des contes d'Ogulin, qui attire petits et grands. Tout près du parc national des lacs de Plitvice, Ogulin est une étape agréable pour profiter des nombreuses activités de plein air, comme le rafting, le canoë-kayak sur la rivière Mrežnica et le lac Sabljaci, le trekking, les randonnées d'altitude, les balades à cheval, etc.

### ■ HÔTEL FRANKOPAN

Ivana Gorana Kovačića 1
✆ +385 47 525 509
www.hotel-frankopan.hr
hotel-frankopan@hotel-frankopan.hr
*Tarifs des chambres, la nuit selon la saison et catégorie, la simple de 56 à 85 € la simple, la double 47 à 83 €, la triple à 138 €.*

En plein cœur de la ville, à proximité du château des Frankopan (XVI$^{e}$ siècle), ce bel hôtel est installé lui dans un vaste bâtiment du XVIII$^{e}$ siècle, entièrement rénové. Le résultat a plutôt belle allure. L'établissement possède tous les équipements du confort contemporain, une salle de bien-être, un patio intérieur avec un restaurant-terrasse où l'on déguste des spécialités de terroir (prosciutto de gibier, spécialités de chou d'Ogulin, etc.). Les chambres sont vastes et lumineuses. Une bonne idée pour la soirée avant de partir en balade au parc de Plitivice, à 5 km de là, ou faire des activités sportives et de détente dans la région.

### ■ OFFICE DU TOURISME (TURISTIČKA ZAJEDNICA)

Kardinala A. Stepinca 1
✆ +385 47 532 278
www.tz-grada-ogulina.hr
tz-grada-ogulina@ka.htnet.hr
Un office de tourisme qui a eu la bonne idée de mettre un écran tactile en vitrine. De fait, même pendant les heures de fermeture, on peut activer cette borne interactive 24h/24 et obtenir des informations sur les hébergements, les restaurants, les activités et les événements de la région.

### ■ TOUR FRANKOPAN (TORANJ FRANKOPAN) ★

Ivana Gorana Kovačića 1
*Ouvert en semaine de 9h à 15h, samedi jusqu'à 13h, dimanche de 10h à 12h. Fermé le week-end en hiver. Tarif 15 kn.*
Construite au début du XVI$^{e}$ siècle afin de protéger la cité de la menace ottomane, la tour abrite aujourd'hui le musée historique de la ville. Y sont exposés des objets archéologiques et ethnographiques. On y retrace aussi l'épopée de nombreux alpinistes venus dans la région pour escalader la montagne Klk toute proche. Une pièce est dédiée à Ivana Brlić Mažuranić, auteur de contes pour enfants, qui née à Ogulin.

# ISTRIE

*Vue aérienne de Rovinj.*

# ROVINJ ET LA CÔTE OUEST

*Entre les terres d'Europe centrale et la mer, l'Istrie est la plus grande péninsule de Croatie (3 160 kilomètres carrés). Avec les influences méditerranéennes et septentrionales conjuguées, la plupart des habitants y parlent le croate, bien sûr, mais aussi l'italien car cette région a longtemps été une dépendance de la Botte. Les villes se sont développées aussi bien dans les campagnes qu'en bordure de mer. La capitale administrative, Pazin, est supplantée par Pula, le grand port, véritable centre économique et culturel istrien. C'est aussi la plus grosse ville de l'Istrie, puis viennent Rovinj, Poreč, Umag, Labin, Buje et Buzet. L'Istrie est aussi la région la plus visitée de tout le pays et la plus riche économiquement, grâce principalement aux ressources touristiques. Aujourd'hui, l'atmosphère générale est très cosmopolite, chacun y trouvant son bonheur, entre découvertes du riche patrimoine, sur la côte dans les villages, les plaisirs balnéaires, la plaisance, le établissements bien-être, l'art de vivre... Cependant, depuis le renouveau de la Dalmatie comme destination balnéaire de choix, la région connaît quelques difficultés à maintenir son cap de leader en Croatie. Concernant les séjours et hébergements, l'Istrie offre des possibilités diversifiées, en agrotourisme notamment. De plus en plus de fermes et domaines agricoles, situés à quelques kilomètres de la mer, accueillent désormais des visiteurs curieux d'autre chose. En général, ces corps de logis ruraux de l'Istrie verte sont des maisons de famille réaménagées en pension, où les vacanciers vivront dans un cadre bucolique et paysan.*

## ROVINJ ★★★

On pourrait la surnommer « perle de l'Istrie » tant son élégante silhouette polychrome lui donne des airs pittoresques. C'est une destination de choix pour les esprits un peu flâneurs, un peu artistiques, qui aiment arpenter ses ruelles, s'aventurer dans ses contre-plongées marines, découvrir des boutiques de créateurs originales. Dans ses étroites travées sinueuses, un grand nombre d'artistes se sont installés depuis la Seconde Guerre mondiale, ce qui lui vaut la comparaison avec le Montmartre parisien. Mieux, vous ne serez pas tout seul à goûter ce charme, aussi pour profiter pleinement de ce cadre enchanteur, mieux vaut venir au printemps ou à l'automne. L'été, il devient difficile de se frayer un chemin dans le dédale du centre historique surpeuplé, parmi les étals du marché près du port.

**Repères historiques**

La cité fut fondée vers le IV^e^ siècle. Menacée par les pirates, elle se plaça très vite sous la protection de Venise, à qui elle fournissait la pierre de construction. Jusqu'à la seconde moitié du XVIII^e^ siècle, la vieille ville se développe sur une île, puis le bras de mer qui la séparait du continent fut comblé. Elle put ainsi commencer à s'étendre sur la terre ferme.:Aux XVIII^e^ et XIX^e^ siècles, Rovinj était une ville riche. Sous la monarchie austro-hongroise, la puissance de Pula en tant que port militaire, de Trieste et Rijeka comme ports de commerce contribuèrent à la chute de Rovinj.

## Les immanquables de l'Istrie

- **Faire la route du littoral,** la vue est souvent splendide !
- **Entrer dans Pula la romaine** par ses portes triomphales antiques, voir l'amphithéâtre, le temple d'Auguste...
- **Arborder l'archipel des Brijuni** en bateau, se promener dans le parc national.
- **Flâner à Rovinj,** découvrir la rue des artistes, via Grisia, ses boutiques de créateurs, monter sur la colline de l'église Sainte-Euphémie.
- **Contempler les mosaïques de Poreč** dans la basilique d'Euphrasius, classée au patrimoine mondial de l'UNESCO.
- **Randonner dans l'Istrie verte,** dans une campagne vallonnée et gourmande, visiter des villages perchés et séjourner dans une structure d'agrotourisme.

TRIESTE
ITALIE
GOLFE DE TRIESTE
SLOVENIE
Piran
E61
Savudrija
Umag
Buje
Buzet
Lovrecina
A9
Mirna
Vizinada
Motovun
A8
Novigrad
Tar
Vabriga
Grotte de Baredine
E751
Pazin
Porec
vers Opatija
Baderna
Pican
A8
Flengi
Vrsar
Rasa
E751
Plomin
Kanfanar
Valalta
Labin
Rovinj
Rasa
Barban
Bale
A9
E751
Vodnjan
Marcana
Mali Brijuni
Galizana
Crna Punta
Parc naturel des Iles Brijuni
NP
Brijuni
Veli Brijuni
L'Istrie
PULA
Veruda
Pomer
Medulin
Banjole
Rt Marlera
Premantura
Rt Kamenjak
N
12 km

Jusqu'en 1943, la ville fut régie par les autorités italiennes puis s'ouvrit au tourisme dans les années 1950-1960, une dimension économique et culturelle qui ne se dément pas aujourd'hui. Malgré l'afflux de visiteurs en été, Rovinj a su préserver le charme de son port et de son centre médiéval. Les structures d'accueil de qualité y sont bien organisées.

## Transports

On peut facilement arriver par la route, en bus, en voiture, en vélo... mais, la meilleure façon d'aborder la ville, c'est par la mer ! La progression tranquille de votre bateau, partant de Poreč, Vrsar ou même Pula, vous révèlera la silhouette aux couleurs chaudes des immeubles accrochés au rocher. Rovinj semble littéralement émerger de l'eau. A l'arrivée, deux ports, l'un au nord ; l'autre, au sud. Plusieurs fois par jour, des bateaux se rendent sur les îles Rouge (Crveni otok) et Sainte-Catherine (otok Sv. Katarina). Pour les liaisons vers l'Italie, Trieste ou Venise (en haute saison uniquement), renseignez-vous auprès des agences touristiques de la ville.

**■ GARE ROUTIÈRE**
Trg na lokvi 6
✆ +385 52 811453
Plusieurs bus quotidiens font la liaison avec les grandes villes croates et les pays frontaliers.

**■ MARINA**
Šetalište Vijeća Europe 1
✆ +385 52 813133
m.rovinj@aci-club.hr
Sur le côté sud-est du port, à 1 km de la vieille ville, la marina profite de la plus belle vue sur Rovinj. Les bateaux ancrés bénéficient d'une bonne protection contre les vents alors que le port de plaisance, ouvert toute l'année, est bien équipé : réception, bureau de change, blanchisserie, café, wi-fi, commerces et matériels de réparation nautique.

## Pratique

### Tourisme - Culture

**■ GLOBTOUR ROVINJ**
A Rismondo 2
✆ +385 52 814 130
www.globtour-turizam.hr
rovinj@globtour-turizam.hr
Spécialisée sur la ville, l'agence propose des formules d'hébergement, des excursions et croisières.

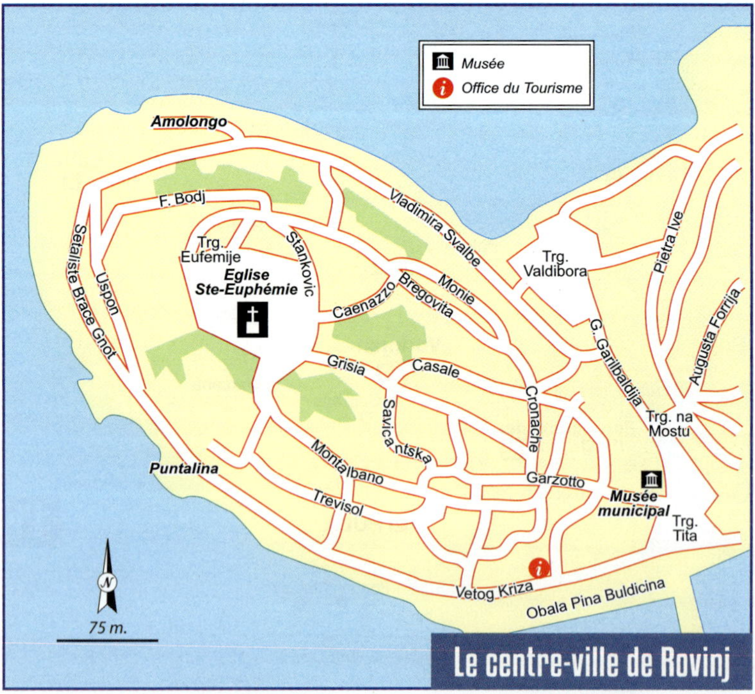

Le centre-ville de Rovinj

*Le port de Rovinj est l'un des plus coquets de Croatie.*

*L'église baroque Sainte-Euphémie domine la ville et en est l'emblème.*

*Le pittoresque des ruelles de la vieille ville ravit le promeneur.*

*Vue sur l'île de Sainte-Catherine et la baie de Rovinj depuis le clocher de Sainte-Euphémie.*

■ **KOMPAS**
Obala M.Tita 5
✆ +385 52 813 211
www.kompas-travel.com
rovinj@kompas-travel.com
Spécialisée sur l'Istrie, l'agence vous renseignera sur les possibilités d'hébergement proposées à Rovinj et sa région, les excursions, les idées de visites, etc.

■ **OFFICE DU TOURISME (TURISTIČKA ZAJEDNICA)**
Obala P. Budicina 12
✆ +385 52 811 566
www.tzgrovinj.com
tzgrovinj@tzgrovinj.com
*Ouvert tous les jours de 8h à 22h pendant les mois d'été et du lundi au samedi de 8h à 15h, le reste de l'année.*
Parmi les nombreux bureaux et les agences touristiques privées, cette adresse sur le port peut vous aider à vous repérer dans vos recherches d'informations sur Rovinj et sa région, sur l'hébergement et les activités sur place, etc.

## Moyens de communication

■ **A-MAR INTERNET CAFFE**
Carera 26
✆ +385 52 841 211
www.rmfestival.org/amar
*Accès wi-fi gratuit, ouvert de 9h à 22h.*
Dans le centre-ville, un café-bar et une petite agence de télécommunications qui propose un accès Internet, divers services de télécommunication et de vente d'équipements et d'accessoires numériques. Où se connecter, imprimer des documents, envoyer des fax.

■ **PLANET**
Sv Križ 1 ✆ +385 52 840 494
www.planetrovinj.com
planet@pu.t-com.hr
*Ouvert tous les jours en saison de 7h à 22h.*
Une agence de voyage qui propose activités sportives (plongée par exemple), séances de bien-être (yoga), excursions (Istrie, Venise) et des possibilités d'hébergement ou de location de véhicules. Met aussi à disposition des ordinateurs pour ceux qui veulent consulter Internet.

# Se loger

## Locations

■ **VILA KRISTINA*****
Ulica Luje Adamovića 16
✆ +385 0 52 815 537
www.vila-kristina.com
*Chambre double standard de 95 € à 105 € (petit déjeuner inclus).*
À 10 minutes à pied de la vieille ville dans un cadre verdoyant et proche de la plage, cette formule « chambre et petit déjeuner » dans une pièce climatisée, avec balcon et Wi-fi gratuit, est d'un bon rapport qualité/prix. Le petit déjeuner sous forme de buffet est copieux, mais on peut aussi préparer ses repas dans le coin cuisine de l'appartement. Le personnel est accueillant.

■ **VILLA COC**
Ul. Piera Paola Vergerija 4
✆ +385 52 830 778
www.villacoc-rovinj.com
villacoc.rovinj@gmail.com
*Prix des appartements en haute saison de 55 € à 80 € la nuit selon la catégorie.*
A 300 m de la mer et à 2 km du centre, non loin des commerces, une belle maison ocre composée de plusieurs appartements confortables avec terrasses. Le meilleur endroit pour profiter de la quiétude du lieu et regarder la vieille ville vivre sous ses yeux. Tv par câble et wi-fi gratuit.

## Bien et pas cher

■ **CAMPING POLARI**
Polari bb
✆ +385 52 801 501
www.campingrovinjvrsar.com
polari@maistra.hr
*Emplacement par nuitée, en haute saison entre 71 et 82 kn par personne.*
En bordure de mer, à 2,5 km au sud-est de Rovinj, proche d'une plage de galets, un camping bien équipé et relié au port par le bus. A proximité, une piscine, un supermarché, des restaurants-bars, un pub. Les plus ? Un bon programme d'animations, des aménagements pour les personnes à mobilité réduite, une partie des emplacements réservée aux naturistes.

■ **CAMPING VALDALISO**
Monsena b.b.
✆ +385 52 805 505
www.campingrovinjvrsar.com
ac-valdaliso@maistra.hr
*En haute saison, la nuitée par personne 9,90 € + 14,50 € pour l'emplacement.*
A 4 kilomètres de Rovinj, un camping en bordure de mer avec une jolie vue sur la vieille ville. Il est équipé d'une piscine, d'un bar, restaurant, d'un terrain de tennis... Possibilité de louer des mobile-homes. En plus des différentes activités possibles sur place, un centre de plongée.

Office du Tourisme
Musée
Station de Taxi
Bus Station de Bus
Eglise et Couvent
ROVINJ CENTRE
St-Eufemia
Bergovita
Trg. Mercato
V. Svalba
Pietra Ive
Trg. na Mostu
Grisia
Garzotto
Trg. M. Tita
B. Gnot
Montalbano
Treviso
Sv. Kriza
Office du Tourisme
200 m.
PORT DE ROVIJN
DEPADANSA PINETA
Marina
MONTE MULINI
Ob. Palih Boraca
A. Ferri
Pecine
J. Dobrile
Couvent de St-Francesco
Brace Lorenzetto
L. I. A del Vescove
R. Petrovic
Parc
Circum. Glavinic
Pietra Coppe
Cademia
N. Tomasec
Prolaz M. Maca
B. Zorzetia
LAMANOVA
D. Medelina
Prolaz M. Marec
E. De Amicisa
Vl. Gortari
M. Zelka
Fontera
Circumvallazione Lorenzetto
Dignano
A. Milosse
G. Mazzinia
43 Istarske divizije
B. Pesel
Karera
J. Rakovca
Davegia
Quarantotta
Obala Alda Negria
Obala Vladimira Nazora
Mattea Benussia
Istarka
D. Sefgalla
V. Rossetta
Via dell'Istria
Viale de la Gioven
ST-VITO
Fontana
Matteo Benussi
Sv. Vida
Stanko Pauletic
Marco de la Pietra
Omladiska
M. Laginje
Stade
Setaliste Vijeca Europe
M. Balota
I. Matetic-Ronjgova
Zagrebacka
F. Iskra
Mohorovicica
Luje Adamovica
N. Tesle
Centener
Stjepana Radica

## Confort ou charme

### HÔTEL ADRIATIC

Trg Maršala Tita 5 ✆ +385 52 800 250
www.maistra.hr
*Selon saison et la catégorie, la chambre double de 171 à 351 € (petit déjeuner inclus).*
Au cœur de la ville sur la place principale, profitant de l'animation du centre, le plus vieil hôtel de Rovinj, avec un restaurant, un café-bar et un parking sur place. Des chambres confortables ont vue sur le port et les îles. En pleine saison, le bruit des rues piétonnes peut déranger. La formule demi-pension est possible.

### HOTEL KATARINA***

St. Katarina's Island
✆ +385 52 800 250
*À partir de 152 € la chambre double. Suite familiale à partir de 190 € (Wi-fi et petit déjeuner inclus).*
Le cadre naturel séduit de prime abord puisque l'hôtel est situé sur une île avec un environnement sans voiture bien agréable. Vous prendrez une barque pour vous y rendre, celle-ci faisant la rotation toute les demi-heures, du matin au soir. Bien pratique pour aller dîner à Rovinj ! En arrivant, vous ne pouvez pas vous tromper, c'est le seul hôtel sur l'île. Récemment restauré, il possède une piscine et un beau jardin. Peu d'équipements sportifs ou de divertissements mais des aménagements bien-être et relaxation. Pour les amoureux du calme et de la tranquillité insulaire, c'est parfait ! Certaines chambres avec balcon ont la vue sur Rovinj et la climatisation. Toutes sont spacieuses, très propres et dotées d'un minibar et d'un coffre.

### HÔTEL PARK

I. M. Ronjgova 11
✆ +385 52 800 250
www.maistra.com/Park_Rovinj
info@maistra.hr
*En haute saison, de 108 à 267 € la chambre double ou suite (petit déjeuner inclus).*
Loin de l'agitation du centre historique, ce grand complexe hôtelier situé à côté de la marina offre une vue sur le port ou sur un parc. Les 167 chambres et 35 suites sont modernes et confortables. L'adresse possède un restaurant, un bar, deux piscines, une salle de fitness et de bien-être. Il propose des activités sportives et des animations pour les enfants (mini-club pour les 5-12 ans).

### HOTEL VILA LILI***

A. Mohorovičića 16
✆ +385 0 52 840 940
www.hotel-vilalili.hr
vila-lili@pu.t-com.hr
*La nuit en chambre double de 81 à 123 € selon la saison et la catégorie (petit déjeuner inclus).*
Sur les hauteurs, derrière le parc et en retrait de l'agitation du port, un petit hôtel indépendant calme et tout confort, avec la plage à proximité, un sauna et restaurant sur place. Possibilité de louer des vélos.

### VILLA DOBRAVAC

1 Karmelo
✆ + 385 52 813 006
✆ +385 95 905 92 15
www.villa-dobravac.com
info@villa-dobravac.com
*Location d'appartements, selon la catégorie et la saison, de 885 à 1050 kn la nuit ; les chambres doubles de 562,50 à 787.50 kn.*
La famille Dobravac a conservé ses terres agricoles aux portes de Rovinj et construit une superbe bâtisse avec vue panoramique sur la vieille ville ou la campagne. Dans ce cadre verdoyant paisible, proche du centre cependant, les propriétaires proposent à la location saisonnière des chambres et des appartements haut de gamme. Des prestations tout confort (air conditionné, Wi-fi, télé par satellite, etc.). Sur place, vous pourrez profiter du bar à vin et du point de vente de produits du terroir naturels (huiles d'olive, six vins médaillés, fruits et légumes bio). Nombre de Croates viennent d'ailleurs y faire leur petit marché. Une des plus belles adresses de Rovinj et de la région.

## Luxe

### HÔTEL EDEN

Luja Adamovića 33 b.b.
✆ +385 52 800 250 / 3 +385 52 800 250
www.maistra.hr
eden@maistra.hr
*Selon la saison de 102 € à 267 € pour une chambre double (petit déjeuner inclus).*
A 1 km du centre-ville, à proximité de la mer et en bordure du parc forestier séculaire (Zlatni Rat/Punta Corrente), ce bel établissement 4-étoiles émerge d'un cadre de verdure luxuriante. Riche d'une longue tradition hôtelière, le bâtiment historique été entièrement rénové pour des formes épurées et un design contemporain et des équipements bien-être modernes. De nombreuses animations et des activités sportives.

### HÔTEL ISTRA

Otočić Sveti Andrija
✆ +385 52 802 500
www.maistra.hr
istra@maistra.hr
*Selon saison entre 111 à 354 €, la chambre double (petit déjeuner et transfert sur l'île inclus).*
Situé sur le paisible îlot Sveti Andrija, à proximité

de la ville, cet hôtel de style méditerranéen, est doté de chambres confortables, d'un centre de bien-être « Otok », l'un des mieux équipés et spacieux de Croatie. Sur les plages aménagées, différents programmes d'activités sportives, loisirs et animations sont organisés pour la clientèle. Une bonne offre gastronomique également et une longue expérience dans l'accueil du tourisme familial.

**■ VILLA VALDIBORA**
Chiurca Silvana 8
✆ +385 52 845 040
www.valdibora.com
valdibora@email.com
*Selon saison, suites de 167 et 273 €, studios de 158 à 262 € pour deux personnes (petit déjeuner inclus).*
Au cœur de la vieille ville, dans une maison qui date du XVIIe siècle, des suites et studios aménagés pour profiter du calme et confort d'un 4-étoiles. Décorés avec beaucoup de goût, les pièces, toutes de pierres et de poutres apparentes, sont parfaites pour s'imprégner de l'ambiance élégante de Rovinj.

## Se restaurer

### Bien et pas cher

**■ AGRITURISMO MIRO**
Monpaderno b.b.
✆ +385 52 830854
*Ouvert tous les jours sauf le lundi. Compter environ 100 kn.*
Dans une ferme proche de Rovinj, une adresse pour les amateurs de cuisine du terroir istrien, de recettes traditionnelles et de spécialités de saison. Au menu, poisson et gibier. Pensez à réserver.

**■ KONOBA VELI JOZE**
Svetog Križa 1
✆ +385 52 816337
*Ouvert tous les jours de 10h à 3h. Compter entre 50 et 120 kn pour un plat.*
Ce restaurant du port, à la déco qui tient à la fois du pub et du rendez-vous des pêcheurs, propose des spécialités de la région, beaucoup de poissons et de fruits de mer au menu. Autres plats de la maison, l'agneau grillé ou la morue au vin blanc. Bonne ambiance et bon rapport qualité-prix.

**■ RESTAURANT PUNTULINA**
Križa 38
✆ + 385 813 186
*Ouvert tous les jours en été, de midi à 22h. Plats à partir de 100 kn.*
Sur la rue Križa, de nombreux restaurants attirent le promeneur. A choisir, prenons le Puntulina, avec ses trois terrasses et certaines de ses tables en contrebas, juste au-dessus de la mer. Cuisine istrienne et méditerranéenne soignée, pâtes fraîches, poissons et viandes grillés, légumes rôtis, etc. et, surtout, le plaisir romantique de prendre un dernier cocktail sur les rochers. Réservation conseillée.

### Bonnes tables

**■ PIZZERIA DA SERGIO**
Grisia 11
*Ouvert tous les jours de 11 h à 15 h et de 18 h à 23h30. De 28 à 50 kn la pizza.*
Dans une des ruelles de la vieille ville, une agréable pizzeria mais sans terrasse. Recommandé pour les soirées fraîches. Avec son bon rapport qualité/prix, l'adresse est connue. Propose également un choix de calzone et de pâtes.

**■ RESTORAN GIANNINO**
Augusta Ferrija 38
✆ +385 98 420 104
giannino.incroatia.info
gianninorovinj@gmail.com
*Ouvert tous les jours de 11h à 15h et de 18h à minuit. Compter entre 20 € et 30 € le repas.*
L'Istrie possède en Croatie le plus grand nombre de restaurants au mètre carré ! Concurrence oblige à Rovinj, on sent que le chef cherche à trouver de l'orginalité dans son *osterija*. Il n'hésite pas à innover sur la tradition et même à dévoiler quelques recettes aux clients charmés. Les spécialités de la maison : sole à la truffe, sardines et sèches frites, homard grillé et autres produits de la mer dressés de manière design sur des assiettes cubiques. Desserts et mignardises sont soignés également.

### Luxe

**■ RESTAURANT MONTE**
Montelbano 75
✆ +385 52 830 203
www.monte.hr
restaurant@monte.hr
*D'avril à octobre, ouvert tous les jours de 12h à 14h30 et de 18h30 à 22h. Plats de poissons ou viandes environ 250 kn. Deux menus dégustation de 574 à 649 kn. Menu végétarien à 289 kn. Réservation conseillée.*
Dans le voisinage de l'église Sainte-Euphémie, l'un des restaurants gastronomiques les plus connus de l'Istrie. Son chef Danijel Dado Đekić manie subtilement les produits locaux, en réussissant un savant alliage entre « nouvelle cuisine croate » et recettes traditionnelles. Une cuisine de la mer et de terroir tout en finesse et en saveurs aromatiques. Goûtez la glace au fenouil par exemple !

## Sortir

### BUZZ CAFE BAR

J. Rakovac 5

Cette petite rue abrite plusieurs bonnes adresses, dont ce bar équipé wi-fi et fréquenté par les jeunes de Rovinj ou les touristes. Côté musique, c'est hip hop, r'n'b en journée et plus rock le soir.

### VALENTINO

Sveti Križ 28 ✆ +385 52 830683

www.valentino-rovinj.com

*Ouvert tous les jours de 11h à 1h.*

En bout de port, un bar à cocktails, chic et cher, qui a le bel avantage d'être éloigné de la foule. On vient ici pour profiter de la terrasse où l'on peut s'installer si près des rochers avec vue imprenable sur le bras de mer.

### ZANZIBAR

Obala Pina Budicina

✆ +385 52 813 206

*Ouvert tous les jours de 11h à 1h.*

Un joli bar cocktail-club avec décoration exotique, style africain, avec tables basses en bois et tissus colorés aux murs. Les canapés sont parfaits pour la pause l'après-midi puis l'happy hour draine plus de monde, surtout au moment du coucher de soleil sur le port.

## À voir – À faire

Le seul fait d'arpenter les ruelles de la vieille ville, regarder les façades anciennes blotties les unes contre les autres, avec la mer pour seule ouverture... ravit le promeneur. Si l'on suit l'entonnoir qui pousse tous les pas perdus vers le centre de la cité péninsule, on trouve un côté vénitien à ces fenêtres sur l'eau, un charme désuet qui plait tant aux peintres. Nombreux parmi eux exposent dans de petites galeries et autres boutiques de souvenirs de qualité. N'hésitez pas à faire des allers-retours, à déambuler sans but, vous découvrirez à chaque angle un détail nouveau. A ne pas manquer, l'église Sainte-Euphémie.

Hors les murs, au sud de la ville, la jolie pinède de Zlatni Rat, où il fait bon se promener à l'ombre des arbres aux espèces rares. Renseignez-vous auprès de l'office du tourisme pour la carte des itinéraires à vélo. En bateau, à quelques encablures de Rovinj, c'est l'impressionnant Lim Fjord ou les îles Crveni otok (Sveti Andrija et Maškin reliées) et otok Sveti Katarina que l'on approche. Au VI$^{e}$ siècle, la première abritait un monastère franciscain, avant d'être rachetée au XIX$^{e}$ siècle par le baron Hütterrodt qui la transforme en parc boisé. Désormais, l'hôtel Istra occupe une grande partie. De même pour l'île Sveti Katarina, rachetée par un riche Polonais.

**Les jours de pluie à Rovinj,** sur les gros pavés lisses au sol, attention où vous mettez les pieds, soyez vigilants, sinon c'est la glissade assurée ! Tongs et talons aiguilles sont à proscrire sur les hauteurs de la vieille ville.

### ÉGLISE SAINTE-EUPHÉMIE (SV. EUFEMIJE) ★

Trogir Sv. Eufemije

✆ +385 52 815615

*De 10h à 16h hors saison et de 10h à 19h en haute saison.*

Cette église du XVIII$^{e}$ siècle, de style baroque italien, est un peu l'emblème de la ville. Ses plans ont été dessinés par l'architecte Giovanni Dozzi. Sa façade date, quant à elle, du XIX$^{e}$ siècle. Le clocher, haut de 60 m, a été construit sur le modèle des campaniles vénitiens. A son sommet, se dresse une sculpture de Sainte-Euphémie, sainte patronne de la ville, tenant une palme et une roue. L'église renferme le sarcophage de la sainte, martyre du début du IV$^{e}$ siècle, qui fut jetée aux lions et suppliciée sur la roue. Une fresque raconte comment son corps fut miraculeusement retrouvé sur la côte à Rovinj, le 13 juillet 800. Vous pourrez aussi admirer l'autel en marbre et des tableaux de Giovanni Contarini, un élève du Titien.

### ÉGLISE SAINT-THOMAS (CRKVA SV. TOMAŽA) ★★

4 km au nord de Rovinj

L'église date de la fin du VIII$^{e}$-début IX$^{e}$ siècles. Aujourd'hui, ses ruines gardent au sol la forme de son plan en croix. Elle fut, plus tard, complétée par une tour puis, au XVI$^{e}$ siècle, on entreprit des travaux qui modifièrent largement sa structure initiale.

### MUSÉE MUNICIPAL DE ROVINJ (ZAVICAJNI MUZEJ) ★

Trg maršala Tita 11

✆ +385 52 816720

www.muzej-rovinj.com

zavicajni.muzej.rovinj@pu.t-com.hr

*Ouvert en été (1$^{er}$ juin au 30 septembre) de 9h à 14h et de 19h à 22h (sauf lundi). L'hiver, de 10h à 13h (sauf dimanche et lundi). Entrée : 10 à 15 kn.*

Dans un palais baroque des XVII$^{e}$ et XVIII$^{e}$ siècles, un musée historique avec plusieurs sections picturales intéressantes. Au rez-de-chaussée, les artistes régionaux, dont Alexander Kirchher, peintre officiel de la marine nationale autrichienne, au hyperréalisme saisissant, le croate Vilko Šeferov spécialisé dans les paysages, des expos temporaires d'art contemporain. Au 2$^{e}$ étage, les maîtres anciens, écoles italiennes de la Renaissance au XIX$^{e}$ siècle. Enfin, des objets issus des fouilles archéologiques effectuées dans la ville et ses environs.

# VRSAR

Au nord de Rovinj, à l'embouchure du Lim Fjord, Vrsar domine sur la colline et s'étend sur un bout de côte tranquille. Avec ses petites criques et ses spots de baignades cachés par la pinède, c'est l'une des destinations préférées des naturistes. Vrsar possède d'ailleurs le plus grand camping pour nudistes d'Europe ! Un bon point pour la ville, qui reçoit régulièrement le drapeau bleu indiquant des plages propres et non polluées. Pour les «Textiles», qui préfèrent la vie en maillots, les sites naturistes ne leur sont pas fermés, mais il existe d'autres campings conventionnels et tous types d'hébergements touristiques.

**Repères historiques**

A la fin de l'Antiquité, Vrsar se nommait Orsera. De riches aristocrates romains avaient fait construire des palais sur leurs exploitations. La proximité des terres viticoles a favorisé l'essor du commerce et le développement de la ville. On trouve encore des traces de cette période faste à Vrsar et dans les environs. Puis, la cité subit l'invasion des Goths. Les Croates arrivèrent au début du VIIe siècle. Leur présence au début du Moyen Age est confirmée par les pièces archéologiques retrouvées lors des fouilles effectuées sur la place de la basilique, d'où l'on a exhumé de la céramique slave.

Entre le Xe siècle et la fin du XVIIIe siècle, Vrsar fut placée sous l'autorité du diocèse de Poreč. Au Moyen- Age, les évêques préféraient passer leurs vacances dans leur résidence de Vrsar plutôt que dans la ville de Poreč. C'est ainsi qu'en 1177 le pape Alexandre III, qui faisait le voyage de Venise à Ancône, s'arrête à Vrsar.

Aux XVe et XVIIe siècles, la ville fut victime de l'épidémie de peste. Au XVIIIe siècle, Casanova, courtisan et grand voyageur, y séjourne à deux reprises, un passage qu'il évoque d'ailleurs dans ses mémoires. Au XIXe siècle, Vrsar se développe hors les murs ; on construit le port dans la baie, ce qui augmente les échanges. Après le traité de Rapallo (1920), la ville devint italienne et ne revient à la Yougoslavie qu'en 1947 par le traité de Paris.

## Transports

**En voiture,** Vrsar se trouve à 10 km de Poreć, 45 km de Pula ou encore 90 km de Rijeka.

**En bateau,** Vrsar est à une demi-heure environ de Poreć.

**En bus**, liaisons régulières avec les localités de la région. La gare routière la plus proche se situe à Kanfanar et dessert la ligne Pula-Ljubljana. Le train ne passe pas par Vrsar. Il faudra s'arrêter dans l'une des gares ferroviaires les plus proches (Pažin, Pula ou Rijeka) et prendre le bus.

**■ MARINA VRSAR**

Obala m. Tita 1a

✆ +385 52 441 052 / +385 52 441 053

www.montraker.hr

vrsar@montraker.hr

Côté sud de la péninsule Montraker, une petite marina construite en 2001 selon les dernières normes de protection de l'environnement et services : sanitaires, Wi-fi, parking, boutique nautique, restaurant, café, agences de voyages.

## Pratique

**■ OFFICE DU TOURISME (TURISTIČKA ZAJEDNICA)**

Rade Končara 46

✆ +385 52 441 746

infovrsar.com

tzo.vrsar@pu.t-com.hr

*Ouvert de mai à octobre tous les jours de 8h à 22h, le reste de l'année en semaine de 8h à 15h.*

Dans une ruelle proche du port, une agence touristique où trouver des renseignements sur l'hébergement, les places de campings entre Rovinj et Vrsar notamment, les excusions en bateau, les visites de l'Istrie, etc.

## Se loger

### Bien et pas cher

**■ APPARTEMENTS ADRIATIC**

Obala Maršala Tita 6

✆ +385 52 441338

www.apartmani-adriatic.hr

*Locations de mi-mars à mi-octobre. Prix par personne et par nuit de 52 à 250 € selon la catégorie.*

Un ensemble de studios et appartements récents et confortables situés dans le village, entourés de verdure, distants de la mer de quelques kilomètres. Des hébergements pour 2 à 8 personnes avec un parking devant la maison.

**■ CAMPING PORTO SOLE**

Petalon 1

✆ +385 52 426 500

www.campingrovinjvrsar.com

portosole@maistra.hr

*Selon la saison, de 8 à 10,90 €/pers + 7 à 21,50 € pour l'emplacement.*

A 5 minutes à pied du centre-ville, le camping est installé face à une immense plage, sur un terrain bien ensoleillé. Il possède bars, restaurants, piscine et propose toutes sortes de services, d'animations et activités sportives.

**VILLAS NATURISTES KOVERSADA**
Koversada ✆ +385 52 441114
www.maistra.hr
koversada-villas@maistra.hr
*Compter 100 € en chambre double en haute saison.*
Situé dans le sud de Vrsar à l'entrée de Limski Bay, c'est le grand centre naturiste de la région, l'un des plus connus d'Europe, qui a ouvert en 1961, au moment où les premiers villages vacances naturistes se créaient. Très fréquentés par les Allemands et les Autrichiens, qui viennent profiter du calme et de la beauté des lieux. Chaque chambre possède un balcon ou un jardinet, nombreuses activités et services, il y a même des cours pour apprendre le croate !

## Confort ou charme

**HOTEL VISTA**
Rade Končara 52 ✆ +385 52 406 620
www.hotelvista.hr
info@hotelvista.hr
*Chambre double à partir de 60 €.*
L'hôtel Vista est situé dans la vieille ville, dans la descente de Vrsar, celle qui vous conduit au port, à la marina et aux restaurants. Ce bel établissement est l'adresse « confort et charme » de la petite station balnéaire. La majorité des chambres offrent une vue sur le port et la marina. Quant à l'hôtel, ses terrasses et son jardin offrent un superbe panorama sur la mer et quelques petites îles. Les chambres sont bien équipées et très confortables mais ce que l'on a particulièrement apprécié, ce sont tous ces salons dans le jardin, l'intimité qu'ils offrent et la vue.

## Luxe

**HÔTEL PINETA**
ul. Rade Končara
52450 Vrsar
✆ +385 52 637 500
www.maistra.hr
pineta@maistra.hr
*A partir de 160 € en chambre double en haute saison.*
A proximité du centre-ville tout en étant proche de la mer et de la promenade maritime, sur une colline et une forêt de pins, le Pineta est l'un des hôtels les plus luxueux de Vrsar. Confortable, il dispose d'une plage privée, d'une piscine, des équipements sportifs et de bien-être (sauna, massage).

**RESORT BELVEDERE**
Petalon 1
✆ +385 52 800 250
www.maistra.com/belvedere_vrsar
info@maistra.hr
*Location de 72 à 169 € par nuit selon la catégorie et la saison.*
Des pavillons entourés de verdure sur un terrain en pente douce qui descend vers la mer. Dans ce beau village de vacances de type 4-étoiles, situé non loin du vieux quartier de Vrsar, les chambres et appartements modernes et offrent une vue superbe sur l'archipel et la marina. Ils sont bien équipés et donnent accès à différents programmes d'activités sportives, de loisirs et d'animation. Restaurant et salon de thé ouverts tous les jours.

## Se restaurer

**RESTAURANT FORTUNA**
Dalmatinska 14 ✆ +385 52 441 209
*Ouvert tous les jours midi et soir. Plat à partir de 40 kn.*
Pizzeria et cuisine croate à prix raisonnables. Spécialité de charcuterie, le *prosciutto* istrien servi avec le fromage de chèvre, pâtes aux truffes, grillades, poissons et fruits de mer, pizza cuites au feu de bois.

**RESTAURANT KOVERSADA**
AC Koversada
✆ +385 52 441196
*Ouvert tous les jours en été.*
Ce restaurant se trouve dans la marina, qui porte le même nom. Ambiance internationale pour ce restaurant fréquenté par les vacanciers. Cuisine croate, italienne et française.

## À voir – À faire

Parmi les curiosités de Vrsar, à côté de la basilique romaine de la Vierge, les carrières de pierre abandonnées, exploitées dès l'époque romaine. Sous la domination vénitienne, les blocs de qualité étaient extraits (*sura*) et envoyés sur les berges de la lagune pour la construction des ponts, palais et autres églises. A Vrsar, cette pierre servit pour la construction des murailles de la citadelle ainsi que pour les plus beaux édifices de la ville.

**BASILIQUE DE LA VIERGE (BASILIKA SV. MARIJE)** ★
Construite sur un site déjà occupé à l'époque romaine, face à la mer dans le port de la ville, cette basilique romane date du VIIIe siècle. Ses dimensions (24 m x 13 m) et son style roman du XIIe siècle en font un édifice médiéval particulier en Istrie.

**ÉGLISE SAINTE-FOSCA (SV. FOSCA)** ★
Orsera
✆ +385 52 441 109 / +385 99 4212 255
*Ouvert de juin à septembre de 9h à 12h et de 17h à 20h. Fermée en octobre et avril.*

Construite dans la première moitié du XVIIe siècle, cette église présente un mélange de styles renaissance et baroque. Aujourd'hui l'église désaffectée n'est ouverte qu'au beaux jours car elle abrite une collection d'objets d'art sacré, dont un tableau du XVIIe siècle représentant le martyre de sainte Fosca ainsi que des pierres tombales.

### ■ FJORD DE LIM ★★★

Limskod Zaljeva

Au sud de la ville, sur la route de Rovinj, la côte croate a été envahie par les eaux au moment de la fonte des glaces. Un fjord s'est formé, long de 9 km et large de 600 m. Ce bras de mer, pénétrant comme un canal dans les terres, est dominé par de hautes paroies rocheuses. La végétation protégée y est dense et variée. L'embouchure de site peut se visiter par la route ou en bateau. Des sentiers longent les berges. Toutes les excursions maritimes de Rovinj, Poreč ou Pula s'y arrêtent mais toutes n'accostent pas. Sur place, se trouvent la grotte de Romuald et un bon restaurant.

### ■ RÉSIDENCE D'ÉTÉ DES ÉVÊQUES DE POREČ (LJETNA REZIDENCIJA POREČKIH BISKUPA) ★★

À l'origine, au XIIe siècle, le palais des évêques de Poreč, situé sur le sommet de la colline de Vrsar, était fortifié et entouré de murailles. De nouvelles enceintes furent construites entre le XIIIe et le XVIe siècles, mais c'est au XVIIIe siècle qu'il acquit sa forme actuelle. La plupart des fortifications ont survécu jusqu'au XIXe siècle, pour disparaitre lors de l'agrandissement de la ville. Des fragments de murailles subsistent, ainsi que la porte principale sur le côté oriental et la petite porte au sud-est. Le château, érigé en étages pour accueillir les évêques en villégiature, a été transformé en appartements privés. Au rez-de-chaussée, sont exposées les œuvres du peintre moderne Edo Murtič.

# POREČ ★★★

Le premier guide touristique sur Poreč remonterait à 1845, c'est dire la position centrale de la station balnéaire en Istrie. Intéressante sur le plan historique et patrimonial, bonne base pour de nombreuses excursions, Poreč combine culture et divertissement. La petite ville est réputée pour sa vie nocturne, ses bars, restaurants, son port et sa marina. Autant d'atouts, auxquels s'ajoutent les ressources de l'agrotourisme, l'attrait de sa campagne et de son terroir gourmand.

#### Repères historiques

Les hommes s'y installent dès le néolithique et vivent de pêche, cueillette, agriculture, activités ancestrales qui perdurent aujourd'hui, à côté du tourisme. Des céramiques italiennes et étrusques, trouvées lors de fouilles menées aux alentours de la cité, témoignent de l'activité humaine de la région dès le VIe et Ve siècles avant J.-C.. Conquis par les Romains au IIe siècle avant J.-C., le port, fondé pour faciliter le commerce avec les Etrusques, devint une base militaire solide. D'autres peuples s'attaquèrent à la ville mais ce sont les évêques du haut Moyen Âge, véritables maîtres de Poreč, qui lui apportèrent sa splendeur architecturale.
Au XVIIIe siècle, suite aux épidémies, la ville fut vidée de ses habitants. Venise fit appel à des immigrés des Balkans pour la repeupler. A la chute de la Sérénissime, Poreč tomba sous l'influence des empires austro-hongrois, puis napoléonien, avant de revenir à la fin du XIXe siècle sous le giron autrichien.

## Transports

Un port d'une capacité d'accueil de plus de 200 bateaux, avec trois marinas et une capitainerie centrale bien équipée (sanitaires, eau chaude, wi-fi). Entre le 1er juin et le 30 septembre, des navires de la compagnie Jadrolijna assurent la liaison depuis Trieste et Venise plusieurs fois par semaine.
À proximité du port, la gare routière, très active avec de nombreuses destinations, la station de taxis, des agences de voyages pour la location de véhicules.

ISTRIE

*Poreč.*

**CAPITAINERIE**
Quai N
Obala M. Tita 17
✆ 385 52 431 663
Pour accomplir les formalités, on s'amarre le long du môle au quai N où se trouvent la capitainerie et les douanes. A savoir, la marina de Poreč est si prisée que, l'été, mieux arriver en début d'après-midi pour être sûr d'y trouver une place. La zone de la rive SW de l'hôtel Riviera est utilisée pour amarrer les bateaux de plus petites tailles.

**GARE ROUTIÈRE**
Rade Končara 1
✆ +385 51 213 821
*Guichets ouverts de 5h20 à 22h tous les jours.*
Bien desservie depuis de nombreuses villes de l'Istrie, la gare routière de Poreč connecte aussi les villages des environs.

## Pratique

**ANITOURS**
Anke Butorac 3
✆ +385 52 434 969
www.parenzo.com
anitours@parenzo.com
Une petite agence touristique qui vous aidera à trouver un hébergement, louer un véhicule ou organiser une excursion dans les environs Poreč.

**EURO TOURS**
Partizanska 4/1
✆ +385 52 433635 / +385 98 340 899
www.euro-tours.net
euro-tours@euro-tours.net
*À l'entrée de la ville, près du marché et de la gare routière, ouverte en saison tous les jours de 8h à 22h. En basse saison du lundi au vendredi de 8h à 16h.*
Leader du secteur touristique à Porec, où l'accueil au bureau comptoir est sympathique et efficace, cette agence est spécialisée dans la location de chambres, d'appartements privés, de maisons et de villas individuelles, avec ou sans piscine, de formules en agrotourisme dans la région. Elle peut aussi vous trouver un bon hôtel ou restaurant en ville. Elle propose également des activités sportives, des excursions par la route ou en bateau, la visite de villes historiques régionales (Motovun, Rovinj, Pula), le parc national de Brijuni, l'Istrie Verte, les grottes Baredine ou même les lacs de Plitvice. L'agence organise également des voyages en Italie, à Venise à 3 heures de la côte istrienne. Autres services, la location de voitures et vélos, le change d'argent, la documentation touristique. Le site Internet donne accès aux mêmes prestations.

**OFFICE DU TOURISME REGIONAL D'ISTRIE**
Zagrebačka 9
✆ +385 52 451293 / +385 52 451458
www.istra.com – info@istra.hr
*Ouvert tous les jours de 8h à 21h pendant les mois d'été et de 8h à 19h et de 9h à 13h le dimanche le reste de l'année.*
De nombreuses informations touristiques sur la ville, les excursions dans la région, l'hébergement, les événements locaux. Accueil cordial.

## Se loger

### Bien et pas cher

**CAMPING BIJELA UVALA**
Zelena laguna ✆ +385 52 410 551
www.plavalaguna.hr
mail@plavalaguna.hr
*Prix de l'emplacement par personne et par nuit, selon saison de 62/117 kn.*
La péninsule sur laquelle se trouve ce camping 4-étoiles baigne dans une eau limpide d'où émergent des petites îles. En bordure du terrain, à l'ombre d'une végétation méditerranéenne luxuriante, la majorité des parcelles sont comprises entre 60 et 110 m². Nombreux services pour toute la famille, plage aménagée dont une partie est réservée aux naturistes.

**CAMPING LANTERNA**
V. Nazora 9 ✆ +385 52 465010
www.camping-adriatic.com
camping-porec@valamar.com
*Prix par personne, selon la saison, de 4,90 € à 9,60 € + 15,20 € l'emplacement.*
Un grand camping 3-étoiles, à 2 km de la ville en direction de Novigrad avec mobil-homes, emplacements pour caravanes et tentes sur un site naturel séduisant, un terrain boisé légèrement en pente et descendant vers une crique. De nombreux services dont plusieurs supermarchés, des facilités pour les personnes à mobilité réduite. Vous trouverez aussi à proximité une plage agréable longue de plusieurs kilomètres.

**CAMPING ZELENA LAGUNA**
Zelena Laguna ✆ +385 52 410102
www.plavalaguna.hr
reservations@plavalaguna.hr
*Selon la saison, de 62 à 117 kn par jour et par personne.*
A quelques kilomètres au sud de la ville, un grand camping situé sur un terrain vallonné et boisé en bord de mer. À proximité des grands complexes touristiques, il est bien desservi par les bus au départ de la gare routière de Poreč. Vous y trouverez tous les services et équipements, supermarché, restaurant, activités sportives, piscine, plage naturiste, etc.

Poreč
Office du Tourisme
Musée
Basilique
Police
Parking
Gare routière
Terrain de sport
Espace vert et forêt
ČIMIŽIN
FINIDA
ŠPADICI
NASELJE BOLNICA
PICAL
MATERADA
NOVO NASELJE
BRULO
PLAVA LAGUNA
Creska
Spadici
Mate Vlasica
Partizanska
Vukovarska
Carla Huguesa
Ive Lole Ribara
Rade Koncara
Nikole Tesle
G. Kalcica
Decumanus
Marsala Tita
Stade
Police
Marché
Gare routière
Office du tourisme
Marina
Basilique Euphrasius
Musée régional
Uvala Srgulje
Uvala Peskera
Uvala Brulo
VIEILLE VILLE
BARBARAN
SV. NIKOLA
0
600 m

■ **HÔTEL POREČ**
Rade Končara 1
✆ +385 52 451811
www.hotelporec.com
*Chambres doubles de 75 à 142 € selon la saison et la catégorie.*
A mi-chemin entre le centre-ville et la plage, juste à côté de la gare routière, l'un des hôtels les moins chers de la ville. Propose des chambres confortables rénovées en 2004. Egalement un bon restaurant et un casino. Bien pratique quand on veut prendre un bus pour partir tôt le matin vers les autres villes et villages de l'Istrie, voire de la Croatie.

## Confort ou charme

■ **HÔTEL LAGUNA MATERADA**
Špadići 1
✆ +385 52 415 000
www.plavalaguna.hr
*Chambre double de 83 à 177 € selon la saison (petit déjeuner inclus).*
A quelques minutes du centre-ville, face à la mer, un gros complexe hôtelier avec piscine extérieure et bassin pour les enfants, terrasse solarium et large choix d'animations. A proximité, se trouvent des courts de tennis, tennis de table, un minigolf, un espace pour beach-volley et une salle de jeux pour enfants. Tout est donc bien organisé pour les familles ou les vacances en groupes.

■ **HÔTEL LAGUNA MEDITERAN**
Plava Laguna
✆ +385 52 410101
www.plavalaguna.hr
reservations@plavalaguna.hr
*Prix de la chambre double entre 84 et 161 € selon la saison.*
A la sortie de la ville, un hôtel construit au milieu de la pinède en bordure de mer, le long de la plage. Les chambres sont bien équipées, alors que l'établissement dispose d'un restaurant self-service climatisé, d'un bar à cocktail, d'une taverne avec terrasse, d'une piscine avec eau salée et chauffée et d'une autre plus petite pour les enfants.

■ **HÔTEL RIVIERA**
Obala Maršala Tita 15
✆ +385 52 465 100
www.valamar.com
reservations@valamar.com
*De 115 à 215 € la chambre double selon la saison (petit déjeuner inclus).*
Dans un élégant immeuble du XIXe siècle, le groupe Valamar a entièrement rénové et réaménagé cet hôtel en 2010. Le résultat est probant, les 105 chambres lumineuses sont bien équipées et très confortables. Superbe vue sur le port ou sur les toits de la vieille ville. Plage privée accessible par bateau. Un bon bar-restaurant, terrasse qui sert autant le soir, pour un dernier verre, que le matin pour le copieux petit déjeuner sous forme de buffet.

■ **KASTEL PANSION & RESTAURANT*****
Kaštelir 28
✆ +385 52 455 310
✆ +385 91 527 2655
www.kastel-kastelir.hr
kastel@pu.t-com.hr
*Chambre et appartement de 65 € à 102 € selon la saison (petit déjeuner compris). Possibilité demi-pension.*
Pour ceux qui aiment la vie du gentleman farmer, voici un hôtel dans un petit village entre Novigrad et Poreč qui pourrait convenir. Les chambres et appartements sur deux étages sont à la fois rustiques et de confort moderne, la table du restaurant est excellente pour les petits déjeuners et dîners. Une adresse centrale en Istrie pour être en dehors de la ville, visiter la péninsule, côté campagne et côté mer, tout en bénéficiant d'un environnement naturel, calme et rural.

## Luxe

■ **HOTEL MAURO******
Obala Maršala Tita br. 15
✆ 052 219 500
www.hotelmauro.com
*Prix de la chambre double de 127 à 204 € selon la catégorie et saison.*
A l'entrée de la zone piétonne, entre le port et la place principale, un hôtel indépendant installé dans un ancien palais baroque. Des chambres bien équipées, confortables, dont certaines avec une loggia donnant sur la lagune. Bar/restaurant à la carte, terrasse, wi-fi gratuit. Cartes de crédits acceptées.

■ **HÔTEL PALAZZO**
24 Obala Marsala Tita
✆ +385 52 858 800
www.hotel-palazzo.hr
info@hotel-palazzo.hr
*Prix des chambres doubles de 110 à 211 € selon la saison et la catégorie.*
Le plus ancien hôtel de luxe de Poreč, construit en bord de mer, à quelques pas du centre-ville et de la promenade. Son histoire commence en 1910 lorsque l'établissement fut bâti pour l'aristocratie et la bourgeoisie de l'époque. Admirablement restauré en 2009, les 70 chambres et 4 suites respectent l'esprit d'origine tout en combinant avec style le confort moderne (spa, wi-fi dans les chambres). Un service de haute qualité que l'on retrouve au restaurant gastronomique Parenzo 1910.

Le centre-ville de Poreč
0
200 m
N
Office du tourisme
Musée
Divers
Police
Eglise
Station de bus
Phare
Obala Matka Laginje
Lg. Gaja
Gundulica
Park J. Dobrile
Basilique Euphrasius
Musée
Obala dr. Ante Sonje
Eufrazijeva
Trg Marafor
Kumicica
Park M. Gupca
Maximis
Decumanus
Voltica
Vlasiceva
Istranina
Sv. Eleuterija
Musée
Aquarium
P. Preskera
M. Bemoblica
Trg M. Gupca
Sv. Maura
F. Glavinica
Obala Marsala Tita
Narodni trg
A. Negrija
Nikole Tesle
Poste
Trg Slobode
Sainte-Marie-des-Anges
J. Surana
Otokara Kersovanija
Office du Tourisme
Zagrebacka
Minska
Marché
Park Olge Ban
Gaspara Kalcica
V. Spincica
Gimnasticka
Police
Eglise
Mate Balote
Partizanska
Trg J. Rakovca
Zupanica
Lupanije Somogy
Vukovarska
Prvomajska
Pietra Kandlera
Boze Milanovica
8marta
Istarskog Razvoda
Vladimira Gortana
Pionirska
Obala Marsala Tita
Marina
Rade Koncara
Park Grada Siofoka
Station de Bus
Somogy
Karla Huguesa
Prvomajska

**■ VILLA LAGUNA GALIJOT**
Plava Laguna
✆ +385 52 410101
www.plavalaguna.hr
*A partir de 200 € la nuit en chambre double en haute saison.*
A l'extérieur de la ville, ouvrant sur le bras de mer, l'un des complexes hôteliers les moins bétonnés des environs se cache bien dans la pinède. Vous y trouverez moins d'activités, moins d'animations que dans les autres établissements du groupe Plava Laguna mais plus de charme. Une résidence pour se reposer près de la mer avec tout le confort d'un standing 4 étoiles.

## Se restaurer

### Bien et pas cher

**■ BISTRO NIKI**
Cardo Maximus 9
✆ +385 52 435321
www.bistro-niki.150m.com
*Ouvert d'avril à octobre, midi et soir. Compter entre 30 et 100 kn le plat.*
Un restaurant pizzeria-grill plus qu'un bistrot, tenu depuis 1994 par une famille sympathique de Poreč. On reconnaît facilement l'immeuble bicentenaire qui l'abrite. Au choix, des pâtes, pizzas aux poissons entre autres, salades et, bien entendu, des spécialités de la mer pour cette adresse près du port. Ici, on mange au calme sur une belle terrasse, à l'abri de la foule.

**■ RESTAURANT STELLA**
Nikole Tesle 12
✆ +385 52 431 507
http://stella-restaurant.com
*Ouvert tous les jours de 7h à 22h. Plats à partir de 50 kn.*
Dans le centre-ville, avec vue sur la mer, une adresse simple, pas chère, à l'ambiance locale, où déguster des plats typiques de la région. Au choix selon la saison, soupe de poisson, poissons grillés, calamars et crustacés en sauce, pâtes fraîches (ravioli, fuzi ou macaroni), mais aussi des risottos, viandes de gibier à la carte, des asperges, fromage et charcuterie de pays.

### Bonnes tables

**■ PLAVA TOČKA**
Decumanus, 30
✆ +385 52 432 424
*Ouvert tous les jours en été.*
Les glaciers ne manquent pas dans la ville, mais celui-ci appartient à un champion du monde du « château de glace », drôle de concours local. Sert aussi des boissons chaudes et froides.

**■ RESTAURANT ISTRA**
Boze Milanovića 30
✆ +385 52 434 636
*Ouvert tous les jours midi et soir en été, environ 100 kn le plat de spécialités.*
Cuisine traditionnelle locale aux accents italiens. Une bonne adresse pour les plats de viande comme pour le poisson, les fruits de mer et, notamment la spécialité maison, les pâtes au homard, les seiches à la buzara, la sauce traditionnelle dalmate faite à base de vin blanc, d'ail et de persil.

**■ RESTAURANT SV NIKOLA**
23 Obala M. Tita ✆ +385 52 423 018
www.svnikola.com
info@svnikola.com
*Ouvert tous les jours en saison touristique. Plusieurs formules de 100 à 150 kn (menu poisson).*
Situé sur le port, ce restaurant élégant est l'un des meilleurs de la ville. Il joue sur le concept gastronomique de la nouvelle cuisine méditerranéenne. Des menus et des plats à la carte, carpaccio de bœuf aux truffes, poisson du jour, noix de saint-jacques riz safrané sans oublier les desserts... dont cette incroyable glace aux truffes.

### Luxe

**■ KONOBA ULIXES**
Decumanus 2 ✆ +385 52 451 132
*Ouvert tous les jours de 12h à minuit, fermé le dimanche et de janvier à mars. Plats à partir de 75 kn.*
Dans une cour décorée de ruines romaines, juste en face de la basilique, cette taverne propose une cuisine traditionnelle avec des spécialités de poissons et pâtes, le thon à la sauce aux truffes par exemple ou le poisson en croûte de sel cuit au four. Accueil sympathique.

## Sortir

**■ BYBLOS**
Zelena laguna bb
✆ 091 1133 221 – www.byblos.hr
*Entrée 50 kn et 70 kn pour les soirées spéciales*
Immense club réputé de Poreč, où des DJ internationaux se produisent en plein air l'été. Ouvert toute l'année. Musique : house-techno. Possibilité de dîner sur place.

**■ ENOTEKA VINOTEKA SEMPERVIVUM**
Veleniki 22
✆ 385 091 520 30 90
sempervivum.hr
*Ouvert tous les jours de 11h à 23h. Bar à vins, cave boutique. Petite restauration sur place ou à emporter*

A 4 km de Porec, sur la route de Pazin juste après le hameau Parenzo, un panneau sur la gauche vous indique Veleniki et sa *konoba* connue. Dans cette taverne et cet espace de vente, vous pourrez déguster gratuitement des alcools et des liqueurs locales (vin, grappa), acheter vos bouteilles ou tester la formule bar à vins avec assiette de charcuterie et fromages de pays. Un bon choix d'huile d'olives également, de condiments, miel, confitures, etc.

## À voir - À faire

Le centre historique réunit un ensemble de monuments de première importance, un patrimoine architectural qui s'étale sur différentes périodes. Une découverte à faire de préférence à pied, avec un plan que vous trouverez à l'office de tourisme. En sortant du grand parking en face du parc Olge Ban, prenez à droite et contournez le parc jusqu'à la Ulica Nikole Tesle, qui longe la mer. Remontez jusqu'à la place principale Trg Slobode, où vous pourrez admirer l'église Sainte-Marie-des-Anges du XVIIIe siècle. De l'autre côté de la place, après la tour du XVe siècle, se trouve une entrée de la vieille ville.

▶ **Dans la rue Decumanus,** au nº 5, admirez la façade d'un palais vénitien, au nº 9, celle d'un palais baroque du XVIIIe siècle, qui accueille aujourd'hui le musée de la ville. Selon les historiens, la rue Decumanus porterait ce nom en raison de sa largeur : celle-ci pourrait contenir 10 hommes à cheval lors des défilés de l'armée romaine.

▶ **Dans Ulica Sv. Eleuterija,** tournez à droite pour la découverte de la fameuse basilique Saint-Euphrasius (VIe siècle) qui pose les fondations des premiers chrétiens en Croatie. En sortant de la basilique, prenez la rue Eufrazijeva à droite jusqu'à la rue Ulica Ljudevita Gaja, puis à gauche jusqu'à la place Marafor.

▶ **La place Marafor,** un concentré de constructions historiques et stylistiques. Cette vaste agora carrée, la plus ancienne de la ville, a pris l'emplacement du forum romain. Elle rappelle que Poreč, au Ier siècle av. J.-C., était le plus important sanctuaire de l'Istrie antique. De la place, vous pourrez voir le temple de Mars, l'un des plus grands de la côte adriatique, et celui de Neptune, qui n'a conservé que trois colonnes. Puis y furent construit sucessivement un évêché (haut Moyen Âge), de riches résidences (XIIIe siècle), le premier parlement de l'Istrie.
À proximité, dans la vieille ville, le Cardo et le Decumanus, une maison romane encore bien préservée et la place Matije Gupca, où l'on peut admirer de nombreux palais gothiques de style vénitien. À voir également, la tour de Poreč ainsi qu'une église gothique franciscaine (XIIIe siècle) qui fut réaménagée dans le style baroque au XVIIIe siècle.



## Les mosaïques de la basilique, grandeur de l'art byzantin

Sur l'abside principale de la basilique, les mosaïques classées au patrimoine mondial de l'humanité impressionnent tant par leur parfait état de conservation. On peut y lire tout un pan de l'histoire religieuse et politique à l'époque de l'empereur Justinien Ier.Sur l'arc triomphal, le Christ bénissant avec les douze apôtres habillés en blanc et accompagnés d'inscriptions nominatives. Le Christ debout sur le globe porte un livre ouvert avec la mention *Ego sum lux vera* ( « Je suis la vraie lumière »). Une rangée de médaillons à l'effigie de saints sur un fond sombre renvoie au médaillon central représentant l'Agnus Dei (Agneau de Dieu) entouré d'étoiles. Sur la calotte de l'abside, le Christ est tenu par la Vierge sur le trône. Ils sont entourés d'anges et de saints martyrs. À leurs pieds se trouve comme une pelouse verte et fleurie, alors que leurs têtes touchent un ciel nuageux, d'où surgit une main brandissant la couronne. On reconnaît aussi saint Maur, martyr et premier évêque de Poreč, l'évêque Euphrase, l'archidiacre Claude et son fils, ainsi que le bâtisseur de la basilique, qui tient comme une maquette de son édifice dans les mains. Dans le registre inférieur, sur les deux panneaux de chaque côté de l'abside, saint Jean-Baptiste et saint Zacharie, les scènes de l'Annonciation et de la Visitation, qui montrent l'épanouissement du culte de la Vierge à Poreč sous l'influence byzantine. Au sol, on peut découvrir d'autres mosaïques originales, très bien conservées, dont la plus connue est la représentation du poisson, signe des premiers chrétiens. Celles qui surmontent la porte d'entrée, plus tardives, datent du XIXe siècle. Le baldaquin, qui couronne l'autel, date lui du XIIe siècle. Sa décoration, de nacre et coquilles d'huître, rappelle celle des temples hellénistiques.

**Au croisement des rues Decumanus et Eleuterija,** prenez à droite puis à gauche pour longer la place Ribarski Trg jusqu'à la rue Ulica Vladimira Nazora puis la place Narodni où se trouve le théâtre du XIXe siècle ainsi que l'hôtel de ville. Prenez le chemin qui longe la mer pour retourner vers la vieille ville le long de Obala Maršala Tita. Vous repasserez devant la tour du XVe siècle, où un café a ouvert une terrasse, dominant le plus vieil établissement de Poreč (hôtel Riviera) et le port. Au bout du quai, tournez à droite dans la rue Ulica Pina Budicina, puis à gauche dans Zagrebačka jusqu'à la place Trg Joakim Rakovac. Vous retrouverez le parking en tournant à gauche. A voir également, une église gothique franciscaine datant du XIIIe siècle réaménagée et restaurée dans le style baroque au XVIIIe siècle.

**La nature n'est pas en reste** avec des paysages marins magnifiques, ponctués d'îlots, un grand fjord (Lim Kanaal) à une dizaine de kilomètres, une végétation méditerranéenne, pinède sur le littoral et, côté campagne, chênes, oliviers, figuiers, noyers, amandiers, petites parcelles de vignes et pâturages dans les champs...

### BASILIQUE EUPHRASIUS (EUFRAZIJEVA BAZILIKA) ★★★★

Sv. Eleuterija
✆ +385 52 431635
*Ouverte au public tous les jours de 9 h à 20h. Entrée payante : 30 kn.*
Perchée au sommet de la ville, lovée dans un jardin fleuri, qu'il faut atteindre par une dédale de ruelles pavées, la basilique imposante fait face à la mer. Son clocher domine les toits de tuile. On peut monter au sommet de cette tour, d'où l'on a une vue splendide sur l'ensemble de la ville. L'intérieur de la basilique, richement décoré, est classé pour ses mosaïques byzantines. Elles font partie du patrimoine mondial de l'UNESCO depuis 1997. Cette basilique compte aussi parmi les rares ensembles ecclésiastiques existants où il est encore possible de suivre l'évolution de l'architecture religieuse depuis le IVe siècle. A cette première époque, quatre églises ont vu le jour sur le site. Il faudra attendre le VIe siècle pour que l'évêque visionnaire Euphrasius fasse entreprendre la construction d'un édifice capable d'accueillir l'assemblée grandissante des chrétiens. Mais le projet s'avéra trop ambitieux, les plans difficiles à réaliser. Le courageux Euphrasius ordonna la destruction du chantier et fit élever, à moindre coût, la basilique actuelle. Le trésor de la basilique conserve des reliques des premiers chrétiens, de nombreux manuscrits et des tableaux du XVe siècle. Des fresques ornaient les murs latéraux. Restaurées sous la République de Venise au XVe siècle, elles furent détruites par la suite. Le grand baptistère date du Ve siècle.

### EXCURSIONS EN BATEAU ★★

Port de plaisance
*En moyenne 200 kn/personne pour la journée, 100 kn pour les enfants (déjeuner inclus).*
De Poreč, vous aurez le choix pour faire une excursion en bateau. Ils sont amarrés sur le port de plaisance et proposent tous le même programme : départ entre 9h et 10h, visite de Rovinj avec arrêt de 1 à 2 heures sur place puis repas chaud à bord (poissons, viandes, salades, boissons alcoolisées). Dans l'après-midi, direction le fjord Lim, arrêt photo près d'une grotte, mais on ne met pas pied à terre. Puis après une escale de 1h à Vrsar, retour au port de Poreč entre 17h et 18h. Si vous aimez les voyages en groupes minutés !

### MUSÉE RÉGIONAL (ZAVIČAJNI MUZEJ) ★

Decumanus 9
✆ +385 52 431 585 / +385 52 452 738
www.muzejporec.hr
info@muzejporec.hr
*Ouvert tous les jours de 10h à 14h et de 18h à 21h pendant les mois d'été et de 10h à 14h le reste de l'année. Entrée 15/10 kn.*
Dans un palais baroque, un musée – le premier dans la région – créé en 1884, qui vient d'être restauré. Il présente plus de 2 000 objets collectés lors des fouilles archéologiques effectuées dans la région et retrace les différentes périodes historiques du territoire, de la préhistoire à l'ère romaine (mosaïques et stèles) et jusqu'à l'époque moderne.

## Sports - Détente - Loisirs

### MOTODROM POREČ

5 Basarinka ✆ +385 52 456 100
www.istra-kart.com
info@istra-kart.com
*Ouvert tous les jours de 10h à 18h, en hiver de 9h à minuit. Kart : enfant 7 €, adulte entre 10 et 15 €.*
Si vous aimez les sensations fortes, ce circuit de jeux pourrait vous plaire. Pour tous, petits (accompagnés) ou grands. Sports auto, paintball, équitation... sur des hectares de terrain, des pistes d'asphalte et de cross pour la pratique du kart, quad, moto, buggie, balade en segway et un manège pour monter shetlands et poneys. Enfin, une attraction assez surprenante mais très prisée, la location de pelleteuse. Sur un terrain accidenté vous pourrez vous déplacer, creuser, piquer, bref devenir un vrai petit chef de chantier !

### SKI LIFT POREC

Zelena Laguna
✆ +385 914747714
www.skiliftporec.com
*Ouvert de Pâques à fin novembre.*
À la sortie sud de la ville, dans la baie de Zelena Laguna, ce club tenu par une équipe jeune et dynamique vous accueillera pour vous expliquer les bases de ces sports et activités nautiques. Même si vous n'avez pas de bateau, si vous souhaitez goûter aux joies du ski nautique, kitesurf, mono ski, wakeboard ou, plus simplement, aux joies du kayak de mer.

## Shopping

## Dans les environs

### GROTTE DE BAREDINE (BAREDINE JAMA-GROTTA) ★★

Baredine jama-grotta
NOVA VAS
✆ +385 52 421 333
✆ +385 98 224350
www.baredine.com
*Ouvert du 1er avril au 31 octobre tous les jours de 10h à 16h, fermeture à 17h en mai, juin, septembre, à 18h en juillet et août. Entrée : 50 kn.*
Au début du XXe siècle, des spéléologues italiens (de Trieste) ont exploré pour la première fois les profondeurs de ces grottes des Alpes dinariques situées entre Višnjan et Poreč. À un peu moins de 10 kilomètres au nord-est de Poreč et ouvertes au public depuis 1995, elles représentent le site le plus important du nord de la Croatie. Cinq salles ornées de stalagmites conduisent, après une descente de 60 mètres, à un lac souterrain. L'occasion unique de voir une faune endémique, le protée anguillard (*proteus anguinus*) par exemple, un vertébré rare qui vit dans l'obscurité de ces grottes karstiques. La température constante est de 14 degrés. À l'entrée, vous trouverez la réception, le café-restaurant et l'espace d'exposition (anciens tracteurs, évocation de la vie agricole locale et galerie photo sur la spéléologie).

### IDILA RAKOVCI

52445, Baderna
RAKOVCI
✆ + 385 52 462 130
✆ + 385 98 340 901
idila-rakovci.com
info@idila-rakovci.com
*Table et chambres d'hôtes, appartement en haute saison : 45 € par jour, 28 € en basse saison.*
Dans un paisible hameau, entre Poreč et Pazin, à 2 km de Baderna (5 km du Lim Fjord), une maison d'hôtes dans une bastide de caractère. Les propriétaires proposent à la location un appartement au rez-de-chaussée avec deux chambres, une cuisine équipée, télé, terrasse privative, jardin. A l'étage, deux autres chambres indépendantes, avec salle de bains et terrasse commune. Le grand avantage de cette location en pure campagne, c'est aussi la table d'hôte réputée, tenue par une famille très accueillante. Que ce soit à l'extérieur dans le jardin, autour de la cuisine d'été, avec la vue plongeante sur les vallons de l'Istrie ou dans la salle à manger, au style rustique classique, on apprécie de prendre le temps ici. Au menu, des recettes du terroir, fromage et charcuterie, spécialités de viande et poissons grillés ou en sauce, pâtes fraîches et gâteau maison, vins de la région. Demi-pension possible, tout comme la location de vélos, les excursions avec Eurotours (Poreč).



## La routes des produits gourmands

Sur la côte est de l'Istrie, la route des vins vous fera traverser l'un des premiers vignobles régionaux. Vous pouvez vous procurer un plan de routes à l'office de tourisme de Poreč. Des viticulteurs de l'arrière-pays de Poreč organisent des visites dégustation dans leur propriété : vins blanc, rouge et rosé, vin de noix, grappa maison, liqueurs de citrons ou de fleurs. À côté des coteaux, sur les terres argileuses, des oliveraies soignées jalonnent le paysage. Les oliviers produisent des fruits charnus dont on extrait des huiles extravierges, plusieurs fois primées. Sur une aire d'arrêt panoramique sur le Lim Fjord, quelques petits producteurs installent leurs étals aux beaux jours et se feront un plaisir de vous faire goûter leurs préparations maison, miels et confiseries, comme les agrumes confits, huiles alimentaires aromatisées à la truffe blanche, confitures, biscuits, liqueurs, etc.

- **Stand de Stifanic (Ivan) Dalibor,** parking du Lim Fjord point de vue. ✆ +385 52 433 206.
- **Agrolaguna**, Mate Vlasica 34 - Porec. ✆ +385 52 451 215.
- **Vosteni 2**, 52448 Sveti Lovrec – Porec. ✆ +385 52 448 403.
- **Sempervivum**, Veleniki 22. ✆ +385 91 520 30 90.

# NOVIGRAD

Entre Poreč et Umag, cette petite ville côtière est ancrée sur une péninsule au nord ouest de l'Istrie. Très touristique, Novigrad a tout de même gardé un certain charme vénitien sur le domaine piéton de la vieille ville, bâtie sur une île. Romaine d'origine, elle prit son nom slave au Moyen Âge, puis passa sous domination de la Sérénissime à la fin du XIIIe siècle puis fut, en grande partie, détruite par les incursions des armées ottomanes à la fin du XVIIe siècle. Aujourd'hui, on peut encore voir des ruines de remparts de la cité ancienne, qui restera insulaire jusqu'au XVIIIe siècle. Les autorités décident alors de boucher le bras de mer qui la séparait du continent.

## Transports

**■ GARE ROUTIÈRE**
Joakima Rakovca 11 ✆ +385 0 60 381381
Des cars quotidiens pour les villes et villages alentour (Poreč, Buje, Umag).

**■ MARINA NOVIGRAD**
Ul. Sv. Antona 15
✆ + 385 52 600 480
www.nauticahotels.com
Le port de Novigrad bénéficie d'une baie où le cabotage côtier est agréable. La petite marina bien abritée se trouve juste en face de l'hôtel Nautica.

## Pratique

**■ EPOCA TURIZAM**
Murvi 2
✆ +385 52 726 311 / +385 52 75 87 77 / +385 98 915 4653
www.epocatourism.com
Un bureau d'informations touristiques où trouver un hébergement dans la région, un prestataire pour la location de bateau, vélo, voiture. L'équipe organise chaque jour un tour guidé de la vieille ville fortifiée et du port ; elle renseigne aussi sur les excursions à faire en Istrie verte ou sur la côte.

**■ OFFICE DU TOURISME (TURISTIČKA ZAJEDNICA)**
Mandrač 29 a
✆ +385 52 757075
info@novigrad-cittanova.hr
*En été, ouvert tous les jours de 8h à 20h, hiver en semaine de 8h à 16h, samedi de 9h à 13h. Fermé le dimanche.*
Une agence près de la marina, pour les informations touristiques, l'hébergement, les excursions et locations de bateaux, de véhicules, etc.

## Se loger

### Locations

**■ CAMPING MOBILE HOMES SIRENA******
Škverska ulica 8
✆ + 385 52 858 690
*Nuit et emplacement, tente ou mobil-home de 41 € à 194 €.*

### Bien et pas cher

**■ APPARTEMENT DAJLA**
✆ +385 52 758 700
www.solea.hr – info@vision-solea.com
*Compter entre 40 € et 95 € selon la saison pour 4 à 5 personnes.*
A 4 km du centre de Novigrad, chaque maison, dans un cadre boisé, propose deux appartements à la location, avec entrées séparées, jardin et places de parking privé. La plage est à 100 m, les magasins et restaurants à proximité.

**■ APPARTEMENTS RIVARELLA**
Murvi 15
✆ +385 52 758 700
www.solea.hr – info@vision-solea.com
*Studio et appartement de 28 € à 80 € selon le type et la saison.*
À proximité de la plage et quelques minutes à pied du centre-ville, la maison comporte 4 appartements avec air conditionné, coin barbecue, places de parking privé et restaurant à côté. L'agence Solea qui gère ce bien propose d'autres locations. Voir sur le site Internet.

**■ HOTEL MAKIN*****
Šaini 2a
✆ +385 0 52 757 497 / +385 0 52 757 714
www.hotelmakin.hr
info@hotelmakin.hr
*Prix des chambres de 75 à 138 € selon la catégorie (petit-déjeuner inclus).*
Dans le centre non loin du port, un hôtel familial confortable, ouvert toute l'année, d'une quarantaine de lits. Avec restaurant, wi-fi gratuit dans les chambres, petite piscine, plage à 200 m, parking gratuit... demi-pension possible. Paiement par cartes de crédits accepté.

### Confort ou charme

**■ HÔTEL ST. BENEDIKT*****
Dajla bb
✆ +385 52 735 513
www.sv-benedikt.com
info@sv-benedikt.com
*Selon la saison, chambres doubles entre 70 € et 120 € (petit déjeuner inclus), supplément de 5 € pour la vue sur mer. Appartements de 110 € à 180 €.*

Entre Umag et Novigrad, à 100 mètres de la plage, un hôtel coquet installé dans une ancienne ferme. 6 appartements et 22 chambres ont été aménagés avec soin, certains avec balcon. L'établissement dispose d'une piscine, d'un beau jardin méditerranéen et d'un restaurant avec des spécialités locales au menu.

## Luxe

### ■ HÔTEL LAGUNA NOVIGRAD

Škverska 8
✆ +385 52 757 852
www.laguna-novigrad.hr
reservations@laguna-novigrad.hr
*La nuit en haute saison est à partir de 110 € la chambre double.*
Cet hôtel appartient à la chaîne Laguna. Composé de 220 chambres, le complexe familial se situe à 100 m de la mer et propose activités et des animations pour les adultes (sport, balnéaire, wellness, bar).

### ■ SAN ROCCO

2 Srednja ulica 2
Brtonigla
✆ +385 52 725 000
www.san-rocco.hr
8 km au nord de Novigrad
*Selon la saison et la catégorie, les chambres doubles de 119 € à 189 € (classiques), de 139 € à 199 € (confort), de 159 € à 209 € (tradition).*
Un hôtel 4-étoiles bâti sur le domaine d'une propriété familiale, qui a su conserver son architecture d'origine. Un subtil mélange de tradition, bien-être et confort moderne vous attend sur place. L'établissement bénéficie d'une piscine extérieure et d'un restaurant gastronomique (cuisine moderne et méditerranéenne). Les repas sont principalement concoctés à base de produits locaux, poissons de l'Adriatique. Possibilité de séjour en demi-pension. Tout le charme de l'Istrie.

## Se restaurer

### ■ KONOBA TABASCO

Bolnička 8
✆ +385 98 420 314
*Ouvert tous les jours de 11 h à 15 h et de 18 h à 23 h. Environ 150 kn le repas.*
Les tables de cette taverne sont installées dans l'une des ruelles piétonnes de la ville. Au menu, des plats de pâtes, poissons et légumes grillés, fruits de mer, servis dans une ambiance conviviale. A goûter, les lasagnes au homard !

### ■ RESTAURANT MANDRAČ

Mandrač 6
✆ +385 52 757120
*Ouvert tous les jours de 10h à minuit. Menus de 20 € à 50 €.*
Un restaurant réputé qui propose une cuisine traditionnelle, des spécialités de la région avec des produits de saison. Au menu, un choix de poissons, fruits de mer, viandes bien travaillés. A déguster sur une terrasse qui donne sur le quai.

### ■ RESTAURANT TORCI 18

Torči 34
✆ +385 52 757 174
*Ouvert tous les jours de 10h à 15h et de 18h à 22h. Menu poissons, 25 €.*
Rattaché à la pension, qui porte le même nom, ce joli restaurant, à la décoration originale et contrastée, propose des spécialités typiques de l'Istrie, avec une préférence pour la côte adriatique. Un menu avec des produits de la mer à prix raisonnable. Les plats sont simples, les poissons grillés entiers dans l'assiette, avec légumes, bien cuisinés.

*Dans les rues de Novigrad.*

### TAVERNA SERGIO

Šaini 2a

✆ +385 52 757714

*Ouvert tous les jours de midi à 23h. Environ 10 € le plat.*

À côté de l'hotel Makin, un restaurant familial qui exerce ses talents culinaires depuis plus de 20 ans. Au menu, des spécialités locales, cuisine méditerranéenne et istrienne, des fruits de mer, du poisson des risottos à l'encre de seiche mais aussi des viandes grillés ou en sauce, des plats à la truffe, des pates fraîches, etc., le tout servi dans la salle à manger rustique ou en terrasse dès les beaux jours.

## À voir – À faire

En été, la ville propose une balade à pied, à la découverte du patrimoine historique. Cette sortie hebdomadaire de deux heures environ s'augmente d'un tour en bateau. Une bonne approche ! Se renseigner à l'office de tourisme.

### ÉGLISE SAINT-PELAGIUS ET SAINT-MAXIME (CRKVA SV. PELAGIJA I MAKSMILIJANA)

Une église à trois nefs, construite lors de la mise en place de l'évêché à Novigrad au V$^{e}$ siècle, mainte fois rénovée jusqu'à l'époque baroque. A voir, la crypte romane du XII$^{e}$ siècle (inscription en latin).

### LAPIDARIUM

Veliki trg 8a

✆ +385 52 726 582

www.muzej-lapidarium.hr

*Ouvert d'avril à mai de 10h à 13 h et de 17h à 20h, de juin à septembre de 10 à 13h et de 18h à 22h, en octobre de 10h à 13h et de 17h à 20 h, de novembre à mars de 10h à 13h et 17h à 19h. Fermé lundi et jours fériés. Entrée : 10 kn.*

Dans la vieille ville, le palais Rigo abrite un petit lapidarium où l'on a constitué une collection de monuments funéraires datant de l'époque romaine.

# TAR

Au nord de Poreč, sur un plateau qui culmine à 112 m au-dessus du niveau de la mer, un village typique de l'Istrie côté campagne. Construite au milieu des vignes et des oliviers, la localité jouit d'une position dominante avec une vue magnifique sur les alentours. Par temps clair, certains disent avoir vu... la cathédrale Saint-Marc de Venise, à quelques centaines de miles seulement au large de l'Adriatique ! Juste à côté, le village de Vabriga, très bucolique également.

Entre les deux bourgs, deux baies, Tarska et Lunga, le phare Rt Zub qui s'élève sur la péninsule de Lanterna date de 1872. Le bâtiment maritime posé à seulement quelques dizaines de mètres de la mer est entouré d'une végétation luxuriante et belles plages de galets. Facile d'accès par la route, il est disponible à la location.

Autres idées de visite à proximité, le site de la grotte préhistorique Baredine (Nova Vas), l'une des plus importantes du pays et, juste à côté, l'éco-musée des machines agricoles anciennes.

# UMAG

A 40 km de Trieste, Umag, longtemps boudé par le tourisme, a rattrapé son retard pour devenir une grosse station balnéaire et sportive du nord de l'Istrie. Le symbole héraldique d'Umag, c'est le lion. Mais pour les visiteurs, c'est surtout la raquette de tennis qui rappelle le tournoi ATP du mois de juillet, comme un Roland-Garros croate, qui distingue la ville depuis les années 1990.

La cité ancienne et le vieux port ont un certain cachet, mais l'ensemble est cerné par les infrastructures d'accueil qui mettent à mal le charme habituel adriatique. On y trouve donc facilement à louer des chambres en hôtel ou appartement, des centres de bien-être (wellness centers), un Istrian Relax Village. Le nord de la ville notamment concentre une série d'hôtels de catégorie moyenne à prix abordable.

Dans la campagne environnante, les villages perchés (Buje et Nova Vas), la grotte de Baradine, la ferme de Volpija sont à voir. A quelques kilomètres au nord, le petit port de pêche Pineta avec son phare construit en 1818, se découvre comme un havre de paix, où l'on peut facilement loger chez l'habitant.

## Pratique

### OFFICE DU TOURISME (TURISTIČKA ZAJEDNICA)

Trgovačka 6

✆ +385 52 741363

info@istria-umag.com

*Ouvert du 1$^{er}$ juin au 30 septembre en semaine de 8h à 20h, le week-end de 9h à 20h, le reste de l'année en semaine de 8h à 15h, samedi de 9h à 12h et fermé le dimanche.*

Une agence pour collecter des informations touristiques et pratiques.

## Se loger

**■ CAMPING FINIDA**
Križine 55a ✆ +385 52 725950
www.istraturist.hr
camp.finida@istraturist.hr
*Compter 7,30 €/pers en haute saison + 15,20 € l'emplacement.*
Entièrement rénové en 2005, ce camping agréable sur un terrain ombragé près de la mer et de la station balnéaire est souvent complet pendant les mois d'été.

**■ HÔTEL SOL UMAG**
Jadranska bb ✆ +385 52 714000
www.istraturist.hr
sol.umag@solmelia.com
*Selon saison et catégorie, de 66 € à 177 € la chambre double.*
A 1 km du centre-ville, un Club Med croate ! Enorme immeuble aux tons orange flashy, cet hôtel s'adresse aux amateurs de formule tout compris (soleil, plage, bar et restaurant). Bien équipé, il possède son centre de beauté et de bien-être. Les chambres agréables sont dotées du confort moderne, la restauration, les bars, les boutiques, tout est fait pour ne pas aller chercher plus loin.

**■ MELIA ISTRIAN VILLAS**
Stella Maris 8A
✆ +385 52 710 550
www.istraturist.com
melia.istrianvillas@istraturist.hr
*La nuit dans une villa à partir de 230 € en haute saison pour 4 personnes.*
Sur site arboré, à la sortie de la ville et face à la mer, 180 villas au confort moderne avec plusieurs équipements pour les vacanciers (piscine intérieure, extérieure, terrain de tennis, matériel pour les sports nautiques) et de nombreux services, dont un club pour enfants.

## Se restaurer

**■ KONOBA BUSCINA**
Sveta Maria Na Krasu ✆ +385 52 732088
www.konoba-buscina.hr
info@konoba-buscina.hr
*Ouvert tous les jours de midi à minuit. Fermé le mardi. A partir de 70 kn le plat, 240 kn, les spécialités à la truffe.*
À quelques kilomètres du centre d'Umag, dans la campagne istrienne, cette taverne propose des spécialités de terroir bien concoctées, des viandes variées (agneau à la peka, gibier), accompagnées de légumes, pâtes fraîches, ainsi que des plats en sauce aromatisée à la truffe en saison. On peut aussi goûter aux produits de la mer, comme ces encornets à la sauce safranée. Ambiance cheminée et feu de bois l'hiver dans la salle à manger aux pierres apparentes. Terrasse fleurie aux beaux jours. Pensez à réserver !

## Sortir

**■ SAINT & SINNER CLUB**
Zambratiya
✆ +385 91 404 11 29
www.saint-sinner.net
*En saison ouvert tous les jours de 22h à 4h du matin.*
Un bar discothèque avec vue sur le port. Ce club à l'ambiance lounge s'est vite imposé dans la nuit d'Umag à Poreč. Et que vous soyez un *saint* ou un *diable*, vous trouverez de quoi vous amuser ! Tables basses, gros fauteuils les pieds dans le sable, piste de danse, musique lounge, house, belle liste de cocktails...

© STÉPHANE SAVIGNARD

*Baie d'Umag.*

ISTRIE

# ISTRIE VERTE

*Un tour en Istrie Bleue, côté mer, passe par l'Istrie Verte, appellation contrôlée, qui suggère l'intérieur des terres, les villages perchés (Motovun, Pazin, Buzet, Grožnjan, Oprtalj), les églises remarquables, notamment celle de Beram, les grottes préhistoriques, le village fantôme (Dvigrad près de Kanfana), les routes des vins. Dans les caves vigneronnes, la dégustation de vins familiaux – modérée surtout si vous devez reprendre votre véhicule ! – s'accompagne souvent de produits gourmands régionaux. L'agrotourisme se développant de manière favorable, vous pourrez séjourner dans l'arrière-pays istrien et découvrir de nouvelles tables et saveurs. Que ce soit à la ferme ou dans une villa contemporaine avec piscine, chez des maraîchers, à la ferme, chez les vignerons, avicoles ou sur le domaine d'une grande famille, vous serez les bienvenus ! De nombreuses villas récentes sont à louer également.*

## MOTOVUN ★

L'une des plus belles villes médiévales de l'arrière-pays d'Istrie ! Bâtie au XIVe siècle, au sommet d'une colline de 227 m, Motovun fut longtemps une riche cité vénitienne. Ses vignobles en coteaux produisent les meilleurs vins de la région, alors que sa forêt communale recèle dans son sous-sol des coins à truffe blanche, très prisée des connaisseurs.

Dans le centre, en faisant le tour des remparts, en déambulant au hasard des ruelles pavées, on découvre églises, places, palais et loggias. Si Motovun est assurément une ville d'histoire, elle a su développer son artisanat d'art, comme la production d'objets en bois d'inspiration vénitienne, la gastronomie locale, les arts plastiques. Motovun attire de nombreux peintres et sculpteurs, qui exposent leurs œuvres dans les petites galeries-boutiques.

Enfin, la ville est réputée pour son festival international du film qui s'y déroule tous les ans à la fin du mois de juillet. Pendant cinq jours, sont projetés plus d'une soixantaine de films. C'est l'occasion pour les amoureux du cinéma de se retrouver dans une ambiance très détendue.

*www.motovunfilmfestival.com*

### Transports

Aucune recommandation quant à la route à emprunter pour rejoindre la jolie petite citée fortifiée mais le spectacle qu'offre Motovun lorsqu'on l'aborde à pied est inoubliable. Pour entrer dans le domaine piéton de la ville historique, vous devrez stationner votre véhicule au parking payant en haute saison.

### Pratique

■ **OFFICE DU TOURISME DE MOTOVUN (TURISTIČKA ZAJEDNICA OPĆINE MOTOVUN)**
Trg Andrea Antico 1 ✆ +385 52 681 726
www.tz-motovun.hr
info@tz-motovun.hr
*Ouvert tous les jours en saison touristique.*

## Cyclotourisme en Istrie verte

De nombreuses agences à Poreč, Vrsar, Pula, Labin, Buzet proposent la location de vélos. Bien équipé avec les cinq cartes du territoire régional (Istra Bike), éditées par l'office du tourisme, vous roulerez de préférence sur les voies vertes, la Parenzana par exemple. Ces 123 km de pistes sur l'ancien réseau ferré sont toujours connectées avec les villes et les villages istriens. Mais les routes de campagne vallonnées moins fréquentées, les visites de petites chapelles sur les départementales, les pauses tranquilles en haut d'une colline vous raviront, tout comme les paysages bucoliques ou les panoramas qui poussent la vue à l'horizon jusqu'à la mer. Bien sûr, ça monte et ça descend, mais rien de terrible pour les amateurs de déplacements doux. Dans le cadre d'un agrotourisme, qui se développe de plus en plus en Croatie, vous pourrez tracer des circuits courts, réserver des hébergements spécialement adaptés aux cyclistes (Istra Bike & Beds), découvrir de bonnes tables et des tavernes (*konoba*) sélectionnées. Vous pourrez acheter, sur les bords des routes, des produits gourmands, en vente directe par les agriculteurs eux-mêmes. Les plus aguerris s'inscriront aux trails de la région... Quand partir ? De préférence en moyenne saison (juin, fin août, septembre, octobre). *www.istria-bike.com et www.parenzana.net*

© ASMINAM – ISTOCKPHOTO

*Motovun.*



Guichet unique d'informations sur la ville. Brochures, visites, événements, réservations d'hébergement avec des interlocuteurs parlant plusieurs langues.

## Se loger

### ■ HOTEL KAŠTEL

7 Trg Andrea Antico
✆ +385 52 681 607
www.hotel-kastel-motovun.hr
info@hotel-kastel-motovun.hr
*De 43 à 82,50 € la chambre double selon la catégorie et la saison (petit déjeuner inclus).*
Un de nos coups de cœur en Istrie, cet établissement familial, situé dans le centre-ville médiéval jouit d'une vue imprenable sur le magnifique jardin qui entoure la propriété, la vallée de la rivière Mirna, les vignobles de Motovun. Pour un établissement 3 étoiles, le Kaštel propose de très bonnes prestations en chambre ou en appartement. Soit 33 chambres très confortables, une piscine intérieure, le spa, le sauna, les services bien-être et un bon restaurant.

## Se restaurer

### ■ MONDO KONOBA

Trg Josefa Ressela 2
✆ +385 52 681 791
klaudio@sundance.hr
*Ouvert tous les jours sauf le mardi de 12h à 15h et de 18h à 22h. A la carte, autour de 60 €.*
Si vous passez à Motovun, que l'odeur de la truffe vous titille, ce restaurant fera l'affaire. Avec sa terrasse et une salle intérieure chaleureuse pour les fraîches soirées d'automne – meilleure saison pour visiter l'Istrie - la *konoba* sert une cuisine locale, très italienne dans l'âme. À la carte, soupe de tomates maison, carpaccio à l'huile d'olive aromatisée, tagliatelles, gnocchis, bœuf aux légumes grillés, ragout de viande... autant de plats qui s'augmentent du fumet de la fameuse truffe blanche de la région. Bon accueil, accès wi-fi gratuit.

### ■ RESTAURANT ZIGANTE

Livade 7
LIVADE
✆ +385 52 664 302
www.restaurantzigante.com
info@livadetartufi.com
À 4 km de Motovun.
*Ouvert tous les jours de midi à 22h (fermeture à 23h en été). Menu dégustation (4 plats), 670 kn + 122 kn pour 3 verres de vins d'accompagnement.*
Avec 16 points au Gault-Millau, c'est l'un des hauts lieux de la gastronomie croate. Situé au nord de Motovun, dans la vallée de la rivière Mirna, se trouve l'un des meilleurs sites pour la cueillette de la truffe blanche, spécialement autour de Livade. C'est donc ici que se trouve le plus gros récoltant. Le fondateur de la maison, Giancarlo Zigante, est ainsi entré dans le *Guinness Book of Records* avec sa plus grosse truffe jamais pesée (1,31 kg) en 1999 ! Depuis, cet homme recoit des convives du monde entier pour apprécier une cuisine dédiée aux préparations de ce produit d'exception. Bonne fortune aidant, la famille a ouvert une fabrique où le produit de luxe est exposé, conditionné et vendu nature en petits bocaux ou comme matière ajoutée aux produits gourmands (condiments, huiles parfumées, beurre, patés, miel, fromage, charcuterie, pÂtes, gâteaux). Depuis, l'affaire familiale a ouvert une maison d'hôtes et un site Internet.

## À voir – À faire

Sur la place principale, l'église Saint-Stéphane (Sveti Stjepan), construite au XVIIe siècle, ainsi qu'une tour crénelée abritant un clocher du XIIIe siècle ont souvent donné un motif aux peintres paysagistes. De l'autre côté de la place, un grand palais, l'un des plus imposants de l'Istrie.

# BUZET ★

Surplombant la rivière Mirna, sur une colline de 150 mètres de haut, le village médiéval est situé au nord de l'Istrie centrale. Fondé par les Romains, il se développa au XIVe siècle sous la domination vénitienne. Entièrement fortifiée et pavée, la petite localité s'est développée tout en conservant bien son patrimoine ancien. Considérée par les spécialistes comme la capitale de la truffe blanche, la cité est entourée de forêts où l'on vient déterrer l'or blanc, précieux champignon qui pousse à foison dans les alentours. Des gourmets arrivent donc des quatre coins du pays et même d'Europe pour savourer le goût unique de la truffe blanche. Chaque année, le deuxième week-end de septembre, sur la place des Fontaines, la fête de la Subotina ouvre la saison de la cueillette avec un petit marché d'artisans, animé de musiques, de chants et, bien sûr, l'occasion de bonnes dégustations.

## Transports

Premier port de plaisance d'importance, au nord de l'Istrie, proche des frontières slovène et italienne, Umag possède une jolie marina, une gare routière (bus quotidiens pour Rijeka, Pula, Poreč, Zagreb, Trieste et Venise) et une gare ferroviaire située 4 km au nord du village, ce qui permet la connection par le train avec Pula et la Slovénie. Les aéroports internationaux les plus proches sont Pula (90 km) et Ronchi dei Legionari près de Trieste (Italie).

## Se loger

### ■ VELA VRATA HOTEL

Šetalište Vladimira Gortana 7
✆ +385 52 494 750 – www.velavrata.net
booking@velavrata.net
*Chambres simples ou doubles de 86 € à 105 € la nuit par personne, selon la saison et catégorie (+ taxe de séjour).*
Au cœur du vieux village, en surplomb des vallées de la rivière Mirna, l'hôtel jouit d'une belle vue depuis les chambres. Celles-ci, 18 au total, sont élégantes et parfaitement équipées. Un grand espace de bien-être avec bassin à remous et sauna. Personnel souriant.

## À voir – À faire

Buzet n'est pas seulement un haut lieu de la gastronomie locale, comblant les amoureux d'histoire, de patrimoine et de produits gourmands. C'est aussi une destination idéale pour les amateurs de loisirs actifs. Parcours cyclistes et pédestres, découverte en parapente ou deltaplane de l'Istrie vue du ciel pour les plus téméraires, sans oublier le mototourisme dans toute la région verte sur des routes sécurisées, avec la mer toujours proche. Une petite ville, encore relativement éloignée des grands circuits, une base idéale pour rayonner dans la campagne et partir à la découverte d'autres localités et de villages pittoresques comme Roc, Hum, Vrh ou Sovinjak.

# MOMJAN

À Momjan, village perché de l'Istrie, le point de vue unique sur l'ouest porte jusqu'à la mer d'un côté, sur la montagne Učka de l'autre. Il offre un panorama considéré comme le plus beau de la région et de rutilants couchers de soleil. Fondé en l'an 1035, ce petit bourg typique compte plusieurs petites églises et chapelles, ainsi qu'un grand nombre de sculptures et de peintures religieuses. Ne manquez pas de visiter Momjan, pour ses panoramas et l'excellente cuisine locale de la propriété *agroturizam* San Mauro.

### ■ KONOBA MARINO

Kremenje 96b
✆ +385 52 779 047
*Ouvert tous les jours de 11 h à 22h. Compter 20 € pour un repas.*
Le cadre de cette petite auberge rurale, à quelques minutes de la côte, sans son agitation, séduit d'emblée. La carte propose une cuisine de saison, soupe d'asperges sauvages, pâtes fraîches (fuzi, raviolis, tagliatelle) avec sauce aux truffes noires ou blanches. Il y a aussi les légumes grillés, les grillades de viandes, dont le fameux beefsteak «boskarin», le tiramisu en dessert… toutes les spécialités locales en quantités généreuses, avec le verre de grappa offert à la fin du repas. Attention, il y a assez peu de places dans ce restaurant. Mieux vaut réserver ou venir tôt. Service parfois un peu long. Grand choix de vins locaux dont certains viennent de la cave voisine.

### ■ VILLA MOMIANO

✆ +385 52 758 700
www.solea.hr
info@vision-solea.com
*Selon la saison, la villa pour 4 personnes, de 140 € à 264 €. 30 % de plus pour un séjour inférieur à 4 nuits.*

A 20 km de Novigrad, cette villa est dotée d'un grand jardin, d'un parc pour les enfants avec balançoire et jeux, d'une piscine, d'un espace barbecue. Au rez-de-chaussée, une cuisine de style rustique équipée ; au premier étage, deux chambres avec terrasses, la plus grande avec lit double et la seconde avec deux lits simples. A proximité de cette belle maison, les terres viticoles. Vous pourrez visiter les caves des meilleurs producteurs de la région.

## BRTONIGLA

Située dans la partie nord-ouest de la péninsule d'Istrie, à 8 km de Novigrad, la petite commune de Brtonigla (Verteneglio) se trouve dans la campagne préservée d'Istrie mais à quelques kilomètres du bord de mer. L'authenticité des lieux plaira aux amoureux de la nature, aux amateurs de balades à pied ou à vélo et de cuisine du terroir. La région est réputée pour l'excellence de ses caves à vins, le Malvazija, en particulier.

### ■ KONOBA ASTAREA

✆ +385 52 774 384

*Ouvert tous les jours de 11h à minuit. Prix : 12/15€ en moyenne.*

Vous cherchez quelque chose de vraiment typique ? Voilà l'adresse qu'il vous faut. On fait ici le plein de plats du terroir préparés à partir de produits frais, cuisinés au feu de bois dans la pure tradition méditerranéenne. Des viandes ou poissons accompagnés d'une bonne polenta maison, elle aussi cuite au feu de bois ! Une adresse très prisée des locaux, ce qui est toujours bon signe, où l'on vient entre amis ou en famille.

### ■ SAN ROCCO

2 Srednja Ulica

✆ +385 52 725 000

www.san-rocco.hr

info@san-rocco.hr

*Compter 120 à 190 € pour une chambre standard selon la saison. Au choix, 3 menus gastronomiques à 384, 401 et 429 kn.*

Superbe établissement, élu meilleur boutique hôtel de Croatie de 2007 à 2011 (Adrian Awards), le San Rocco possède 14 chambres doubles réparties en 4 catégories, standard, suites appartements. Chacune, sur son design personnel où le bois, la pierre et le fer forgé dominent, garde l'esprit rustique de la région. Vous y trouverez confort, élégance et authenticité. Ce qui fait la réputation du lieu, c'est aussi sa table. Dans ce restaurant gastronomique, dont le chef est membre de l'association des Jeunes restaurateurs d'Europe, on découvre les meilleurs plats de poissons et de gibier, souvent relevés par un choix d'huiles d'olive istriennes. On ne manquera pas de vous suggérer celles les plus appropriées à votre mets. Idem sur la carte des vins locaux ou d'appellations de domaines étrangers. Le restaurant peut servir de 25 à 30 clients et, durant l'été, il est possible de s'installer en terrasse près de la piscine et du parc. Mais tout cela a un prix !

ISTRIE

*La truffe, reine de la gastronomie locale.*

# PULA ET LA CÔTE EST

*Sur la côte nord Adriatique, la grande ville portuaire est un bon point de départ pour des vacances en Istrie et/ou en Croatie du Sud. D'un point de vue historique et culturel, Pula a de quoi faire ! Comptez au moins deux à trois jours pour visiter ses monuments antiques et médiévaux, ses musées, faire une excursion aux îles Brioni, profiter de la vie nocturne du centre-ville.*
*De nombreuses plages de proximité s'offrent aux vacanciers qui séjournent à Pula jusqu'aux stations balnéaires de la presqu'île de Premantura et Medulin. Le tour en Istrie commence souvent par Pula, pour se prolonger par la route en remontant tranquillement la côte est. Il faut s'arrêter à Labin, faire un crochet à Rabac puis remonter la riviera d'Opatija. De Rijeka, prendre la direction du grand littoral sud aux panoramiques sur le golfe du Kvarner, exceptionnels. Des kilomètres de route sans quasiment quitter la mer des yeux. A moins que l'on décide tout de suite de prendre le large en ferry après Rabac. Ne pas manquer alors l'embranchement de Brestova pour l'embarcadère aux îles de Cres, Losinj, Krk…*

## PULA ★★★

La plus grande ville de l'Istrie est aussi la plus ancienne. Son histoire remonte à plus de trois mille ans. Ses importants sites romains témoignent de sa grandeur antique... pour ne parler que de l'amphithéâtre et du temple d'Auguste.

### Repères historiques

La ville est mentionnée par l'historien grec Lykophron, qui évoque sa fondation par les Colchidiens. N'ayant pu capturer la Toison d'or, Jason et les Argonautes décidèrent de s'installer sur les rives de l'Istrie. Par-delà les origines mythologiques, cette première installation sur la pointe de la péninsule istrienne avait des avantages stratégiques. De nombreux ossements, haches et outils ont été retrouvés lors des fouilles archéologiques. Ces découvertes laissent à penser que la région était habitée il y a plus de 8000 ans. A cette époque, Nesactium, aujourd'hui appelée Nezakcij, située à quelques kilomètres de Pula, était la capitale de la tribu des guerriers Histri.

Le centre-ville de Pula

Pula
PULA CENTRE
1- l'Amphithéâtre
2- Cathédrale Sainte-Marie
3- le Temple d'Auguste
4- l'Hôtel de ville
5- Chapelle Sainte-Marie de Formose
6- Arc des Serges ou la Porte d'Or
7- la Porte d'Hercule
8- les Portes jumelles
9- Cimetière militaire
10- Musée Archéologique d'Istrie
11- Musée d'Histoire de l'Istrie
12- le Petit Théâtre romain
13- Mosaïques romaines
14- Eglise Saint-Nicolas
15- Eglise franciscaine et Monastère
16- Marché
17- Théâtre
18- Casino
Points d'intérêt
Police
Hôpital
Office du tourisme
Taxi
Gare routière
Parking
500 m.
Vers Sisan
vers Medulin
vers Banjole et Premantura
vers Aéroport
vers Pazin
CESTA PREKOMORSKIH BRIGADA
Santoriova Ulica
Multilska Ulica
Marsovog Polj
Police
Maruliceva Ulica
Kranjcevicevica Ulica
Rizzijeva Ulica
Volticeva Ulica
Krlezina Ulica
Ulica Verudela
Marina
Stankoviceva Ulica
Bakovceva Ulica
Ulica 43 Istarke
Gare routière
Giardini
Taxi
Poste
Arsenalska Ulica
Budicinova Ulica
Hôpital
Istarka Ulica
Sv. Ivana
Sergijevaca
Flaciusova
Starih Statuta
Castropola
Forum
Office du tourisme
Kandlerova
Riva
PORT
Gare ferroviaire
Trscanska
Partizanski Put
Ulica Stoja

En 177 avant J.-C., la ville tombe aux mains des Romains et devient alors un important centre commercial et administratif. L'amphithéâtre, le petit et le grand théâtre romain, ainsi que le temple d'Auguste donnent une idée de la richesse impériale au IIe et IIIe siècles. Après la chute de l'Empire romain, Pula connut une autre période faste, pendant le Haut Moyen Age. La ville en garde des traces, des églises notamment. Au XIIe siècle, lors de l'invasion de l'Istrie par les Vénitiens, Pula prend la tête de la révolte contre l'Empire mais tombe sous le protectorat de Venise en 1331.
Au moment des grandes épidémies, la ville est moribonde. Au milieu du XVIIe siècle, sa population ne comptait plus que 300 âmes... Au début du XIXe siècle, la ville retrouve la prospérité grâce à l'activité portuaire notamment. La monarchie austro-hongroise en fit son port militaire principal. James Joyce, alors professeur d'anglais à la base navale, cite le port comme exemple de dynamisme. Lors de la guerre de 14-18, Pula bombardée est partiellement détruite, puis une nouvelle fois, lors de la Seconde Guerre mondiale.
Aujourd'hui, Pula garde son côté provincial tout en jouant son rôle attractif. Centre économique et culturel de la région, Pula cherche à s'affirmer sur le plan touristique grâce à ses nombreux atouts (patrimoine historique, scène de spectacle unique, festivals, parc national).

*Pula.*

# Transports

## Comment y accéder et en partir

### ■ ACI MARINA PULA/PORT

Riva 1
✆ +385 52 219 142
www.aci-club.hr
m.pula@aci-club.hr
Au sud-est du centre-ville, la marina, que longe la promenade de la mer (Riva), est ouverte toute l'année. Elle possède tout l'équipement nécessaire aux plaisanciers : sanitaires, réception, accès Internet, bar/restaurant. L'agence Jadrolinija vend des tickets pour les bateaux rapides reliant la côte adriatique italienne (Venise, Trieste), celle de Jadroagent, des tickets pour les îles et le sud de la Croatie, alors que de nombreux croisiéristes proposent leur journée en mer dans l'archipel des Brioni, le golfe du Kvarner.

### ■ AÉROPORT DE PULA

Ližnjan
Valtursko polje 210
✆ +385 52 530105
www.airport-pula.com
informacije@airport-pula.hr
L'aéroport est bien desservi par les lignes régulières (Croatia Airlines) et low cost (Ryanair, Easy Jet), à partir de nombreuses grandes villes européennes, en particulier les mois d'été, ainsi que les capitales des pays avoisinants. Situé à 8 kilomètres environ au nord-est du centre-ville, il bénéficie d'un réseau de bus réguliers en connexion avec les horaires de vol. Des taxis sont également disponibles.

### ■ GARE FERROVIAIRE

Kolodvorska 7
✆ +385 60 333 444
www.hznet.hr
Basée sur une voie longeant la mer, à un quart d'heure à pied du centre-ville, la gare des trains dessert les lignes nationales et régionales. Des trains pour Buzet, Vlak, mais aussi Zagreb via Rijeka ou Rijeka-Ljubjana tous les jours, ainsi que Trieste, Vienne, Munich. Des trajets pour la Hongrie également.

### ■ GARE ROUTIÈRE

Trg I. Istarske brigade bb
✆ +385 60 304090
✆ +385 52 500012
www.buscroatia.com
La gare routière est située au nord-est du centre-ville. En plus des lignes régionales pour Rovinj, Poreč, Opatija, Vrsar, Umag, Pazin, Labin, etc., de nombreux bus au départ et

arrivée de Pula. Pour l'Italie (Trieste, Padoue, Venise), Milan (seulement en été), tous les jours pour Rijeka-Zagreb, voir les horaires pour Ljubljana ou Dubrovnik en passant par Zadar, Split. Sur le même site, vous trouverez les bus interurbains pour vous rendre dans le centre historique. Consigne.

## Se déplacer

La ville est bien desservie par les divers transports, avion, bus, train, réseau routier, lignes maritimes.

- **Pour les bus urbains,** les tickets s'achètent auprès du chauffeur ou dans des kiosques. Le ticket coûte 11 kn pour la zone 1 et jusqu'à 23 kn pour la zone 4. La carte de réduction est intéressante seulement pour les personnes demeurant plusieurs jours à Pula.

Le centre historique de ville se visite à pied. Certains hôtels peuvent se trouver hors de ce périmètre piétonnier. Le plus pratique est de prendre un taxi à la station de l'avenue Giardini ou le commander par téléphone (✆ +385 52 223 228).

- **De nombreux loueurs de véhicules** se trouvent en ville, à l'aéroport, dans les agences de voyages. Vous trouverez des parkings payants un peu partout et quelques rares places gratuites en périphérie.
- **En bateau,** avec les compagnies nationales et privées, il est possible de faire des liaisons en ferry vers Venise (Adriatic Lines). La compagnie Jadrolinija assure un service de bateaux ferries réguliers en été pour les îles du golfe du Kvarner et le centre de la Dalmatie (Unije-Susak-Mali Lošinj-Ilovik-Silba-Zadar).

## Pratique

### ■ COMMODORE CRUISES

Riva 14
✆ +385 52 211631
www.commodore-cruises.hr
info@commodore-cruises.hr
Une agence de voyages qui propose des liaisons maritimes en bateaux rapides. Connexion entre plusieurs villes portuaires de la côte ouest de l'Istrie (Rovinj, Poreč, Umag, Piran) ainsi que des allers-retours réguliers vers Venise. Pour passagers sans véhicules.

### ■ HÔPITAL GÉNÉRAL

Flanatička 27
✆ 112 / 94
✆ +385 52 376000
*Ouvert tous les jours du 1er juin au 1er septembre, de 7h à 21 h*
Centre de soins, généralistes et services ambulanciers.

- **Autre adresse : Urgences** médicales, Zagrebačka 30/Aldo Negri 6 (24h/24)

### ■ MMC LUKA/CYBER

Istarska 30
✆ + 385 52 223 204
✆ + 385 99 876 87 00
www.mmcluka.hr
*Ouvert tous les jours de 8 à 24, le samedi jusque 15 h. Fermé le dimanche. 25 kn l'heure de connexion à Internet.*
Même si la ville compte de multiples possibilités pour se connecter en Wi-fi gratuit – notez le logo affiché sur les vitrines des établissements –, une adresse (galerie) pour ceux qui n'ont pas leur matériel nomade.

### ■ OFFICE DU TOURISME (TURISTIČKA ZAJEDNICA)

Forum 3
✆ +385 52 219197
www.pulainfo.hr
tz-pula@pu.t-com.hr
*Ouvert en été de 8h à 21h et en hiver de 9h à 19h, 16h le dimanche.*
Sur la place du Forum, l'office de tourisme occupe un joli bâtiment moderne entre deux cafés très fréquentés. Vous trouverez ici toutes les informations utiles pour un séjour en ville et dans les environs. On vous aidera pour l'hébergement mais les chambres chez l'habitant se réservent par l'intermédiaire d'agences privées ou directement auprès des propriétaires.

## Se loger

Autour des principaux monuments antiques, il existe quelques hôtels indépendants, des chaînes hôtelières de luxe (Park Plaza Verudela Pula) ou des auberges de jeunesse. En général, les prix des nuitées sont plus élevés dans le centre historique. Comme dans toutes les grandes villes croates, vous trouverez à l'office de tourisme une liste importante de chambres chez l'habitant ou des appartements à louer. A quelques kilomètres du centre-ville, sur la route de la péninsule de Verudela, bordée de plages de rochers, vous trouverez un complexe hôtelier et d'autres hôtels en bord de mer animés, avec bars, restaurants et discothèques. Sur le littoral, des villages-clubs balnéaires, ainsi que des campings poussent jusque sur la presqu'île de Stoja.
A quelques kilomètres de Pula, des hôtels et locations privées également dans le port touristique de Fažana, où l'on sera tout près de l'embarcadère pour le parc national de Brijuni. Si l'envie vous prend de rester la nuit voire plus sur l'île principale du parc national, les deux hôtels sont accessibles toute l'année. Mieux vaut réserver !

## Bien et pas cher

### ■ AUBERGE DE JEUNESSE ET CAMPING BRIONI EX PUNTIŽELA

Puntižela 155
✆ +385 52 517 490 / +385 52 517 433
www.puntizela.hr – info@puntizela.hr
*La nuit de 12 € à 18 €/pers selon la saison (petit déjeuner inclus). Camping en haute saison, la nuit 6,80 €/pers. + 14,70 € à 28 € par emplacement, selon la catégorie.*
Sur la route Fažana-Pula, l'auberge de jeunesse Brioni possède plus de 260 lits. Les pavillons ont une jolie vue sur les îles Brijuni. Dans cet hostel confortable, des formules chambres ou dortoirs de 3, 4 ou 6 lits, des espaces communs, un restaurant. Sur les deux terrasses, des animations sont proposées, ainsi que des programmes sportifs. On peut s'inscrire pour faire de la plongée avec un moniteur spécialisé. Au camping tout équipé, un seul inconvénient, les aspérités sur une partie du terrain vallonné. Pas facile de planter sa tente sur ce site maritime ! A proximité, des plages et des rochers ainsi qu'une zone archéologique où l'on peut visiter d'anciennes fortifications.

### ■ AUBERGE DE JEUNESSE (OMLADINSKI HOSTEL PULA)

Zaljev Valsaline 4
✆ +385 52 391 133 – www.hfhs.hr
pula@hfhs.hr
3 km de la vieille ville, bus 2 ou 2a, stop Veruda.
*En dortoir, compter environ 12,70 € par personne (petit déjeuner inclus). Réservation obligatoire en haute saison.*
Cette auberge de jeunesse appartenant au réseau de la fédération nationale est située dans la baie de Valsaline. Du centre-ville, pour vous y rendre, prendre les bus n° 2A ou 3A jusqu'à l'arrêt Piramida. Surplombant la plage, son site est calme et agréable. Des chambres simples mais correctes, installées dans des mobil-homes de 4 ou 6 lits, entre la pinède et la mer, permettent de profiter à plein des plaisirs balnéaires.

## Confort ou charme

### ■ HÔTEL-RESTAURANT GALIJA

Epulonova 3
✆ +385 52 383 802
www.hotelgalija.hr
info@hotelgalija.hr
*La nuit en chambre double de 79 à 104 € selon la saison.*
Proche du marché central, cet hôtel familial 3-étoiles bien situé pour découvrir Pula à pied est ouvert toute l'année. Avec un équipement moderne, un restaurant, à la fois convivial et professionnel. La cuisine raffinée du chef s'accompagne de vins croates tout droit sortis de sa super cave, où sont rangées des centaines de références. Avant ou après le repas, on peut s'installer au centre de beauté pour une séance de sauna, massage, relaxation. Le seul problème, comment réussir à se garer dans le quartier ? Le mieux est de réserver sa chambre ou sa table à l'avance pour avoir une place dans le garage privé de l'hôtel.

### ■ HÔTEL RESTAURANT MILAN

Stoja 4
✆ +385 52 300200
www.milanpula.com
hotel@milanpula.com
*Entre 93 et 117 € la chambre double selon la saison (petit déjeuner inclus).*
A 2 km au sud du centre-ville et 200 m de la mer, cet hôtel familial 3-étoiles existe depuis 1967. Il est réputé pour la qualité de son service hôtelier et sa table gastronomique également. C'est une des meilleures adresses de Pula.

### ■ HÔTEL RIVIERA

Splitska 1
✆ +385 52 211 166
www.arenaturist.hr
riviera@arenaturist.hr
*La chambre double de 54 à 202 € selon la saison et la catégorie.*
Beau bâtiment typique de l'architecture des Habsbourgs, l'hôtel est situé à deux pas de l'amphithéâtre dans un cadre verdoyant. Le cadre historique, très fin XIXe siècle, fait tout le charme de cet hôtel, qui demanderait tout de même à être rénové. Pour replonger dans l'ambiance, on peut juste venir y pour prendre un verre (Wi-fi gratuit). Service guest house réduit mais chambres sobres et assez spacieuses, dont certaines ont vue sur la mer.

### ■ HÔTEL SCALETTA

Flavijevska 26
✆ +385 52 541 599
www.hotel-scaletta.com
krtalic@pu.t-com.hr
*Prix des chambres, par nuit selon la saison, entre 55 € et 68 € (simples), 82 € à 98 € (doubles), petit déjeuner inclus.*
On ne peut guère trouver plus central que ce petit hôtel cosy à deux pas de l'amphithéâtre. Tenu par une famille allemande sympathique, l'établissement possède 12 chambres (2 simples et 10 doubles), bien agencées et décorées dans les tons pastel. Elle sont équipées d'un espace bureau avec Wi-fi gratuit, la télé par câble, un minibar. Le petit déjeuner-buffet est copieux et équilibré, bref une bonne adresse au cœur de Pula pour profiter de la ville, jour et nuit. Seule

contrepartie, commune aux rues et ruelles des centres historiques, c'est peut-être un peu bruyant à l'extérieur mais les fenêtres des chambres sont pourvues du double vitrage.

■ **VILLETTA PHASIANA*****
Trg Sv. Kuzme i Damjana 1
Fažana
✆ + 385 52 520 558
www.villetta-phasiana.hr
*Chambres doubles de 159 € à 207 €, selon la saison et l'exposition (petit déjeuner inclus).*
Ce n'est pas exactement à Pula, ni sur les îles Brioni que vous trouverez cette villa-hôtel, mais juste en face de l'archipel sur le vieux port de Fažana, connu pour ses fabricants d'amphores dans le monde antique. On peut avantageusement y séjourner si l'on veut explorer l'archipel par ses propres moyens. Cet hôtel est bien situé, à une centaine de mètres de l'embarcadère du ferry (20 minutes de traversée), des restaurants et des bars du front de mer. Il offre de bonnes prestations, 18 chambres propres et lumineuses, tout confort, dont certaines avec vue sur la mer. Le petit déjeuner est servi dans un jardin clos ou au bar de l'établissement (La Barchetta), qui se transforme le soir en bar à cocktail tranquille, parfait pour admirer le coucher du soleil.

## Luxe

■ **BOUTIQUE HÔTEL VALSABBION**
Pješćana uvala IX/26
✆ +385 52 218 033
www.valsabbion.hr – info@valsabbion.hr
*Les prix pour la chambre double vont de 133 € à 246 € selon la saison. Petit déjeuner buffet 14 €/pers.*
Un petit hôtel-boutique en dehors du centre, près du port. Un soin particulier a été porté à la décoration zen et design, notamment pour les chambres élégantes. Sur le toit terrasse, une piscine panoramique et un espace spa et fitness, d'où l'on a une vue splendide sur la baie. Le restaurant de l'hôtel propose une cuisine nouvelle raffinée.

■ **PARK PLAZA HISTRIA PULA*******
Verudella 17
✆ + 385 52 59 00 00
www.parkplaza.com
*Chambres doubles selon la saison et la catégorie à 114 € et 240 €.*
Sur la presqu'île de Verudela, à quelques kilomètres du centre de Pula, dans un cadre touristique balnéaire, le complexe hôtelier au design contemporain propose des chambres spacieuses, confortables, qui ont vue sur la marina ou sur l'entrée de l'archipel des Brioni. De nombreux équipements, piscine d'eau de mer, terrasse avec transat qui simule le pont d'un bateau de croisière, salles de sauna, hammam, fitness, terrains de sport (tennis, squash, trampolines), club pour enfants. À cela s'ajoute le bar lounge et restaurant buffet, l'accès pour une plage de galets, le club de plongée. Bon à savoir : de l'hôtel, il existe bien une navette pour l'aéroport, des bus réguliers pour aller en ville, mais la course en taxi pour le centre de Pula tourne autour de 25 à 30 € !

# Se restaurer

Dans cette ville largement ouverte sur l'Adriatique, les restaurants « seafood » abondent ! Vous trouverez des produits de la mer frais dans les tavernes familiales où le cuisinier est parfois le pêcheur (Konoba Batelina), dans un restaurant semi-gastronomique aux abords de la presqu'île Stoja (Gina) ou encore au Fish Food More, une adresse « *domestic* », comme on dit ici, ce qui signifie que les locaux fréquentent l'établissement.Autre tendance force, le régime méditerranéen qui rime avec bon vin istrien au Farabuto.Influence italienne oblige, les pizzerias ne manquent pas à Pula. Les condiments comme l'huile d'olive à la truffe blanche, les asperges sauvages du marché se combinant bien avec les recettes internationales du Milan ou du Jupiter. Pour découvrir les plats istriens, on peut réserver au Vodnjanka ou dans certains hôtels qui, en général, ont un bon chef cuisinier. C'est le cas à la Katina ou à l'Oasi. Et pour aller vite, en formule self-service, un conseil, préférez les burek de Markat que les hamburgers MacDo !

## Bien et pas cher

■ **FISH FOOD MORE**
Rizzijeva 47
✆ + 38552211549
*Ouvert tous les jours sauf le dimanche, de 8h à 22h. Plats à partir de 50 kn.*
Un restaurant simple et authentique où l'on peut trouver une cuisine du pêcheur excellente et bon marché. Des grillades de poisson frais, des fruits de mer savoureux et les sardines marinées de la maison !

■ **KONOBA TAJ**
Škokovica 23
✆ +385 52 211900
*Ouvert tous les jours de 10h à 23h.*
Restaurant typique de quartier, petit bar grill sympathique pour ceux qui aiment l'ambiance *burek* sur le pouce (le sandwich du matin), les saucisses *cevapcici* et bière, le *pršuto* et fromage, devant un match de foot ou en écoutant de la musique. Le Taj se trouve un peu en dehors du circuit touristique, donc pas de rabatteurs et l'occasion de rencontrer les gens du coin.

**PIZZERIA JUPITER**
Casteropola 42
✆ +385 52 214333 / + 385 52 222002
pizzeriajupiter.com
*Ouvert du lundi au vendredi de 10 h à minuit. Le samedi, ouverture à 12h, le dimanche à 13 h. Compter entre 30 et 96 kn pour une pizza.*
Une bonne pizzeria dans le centre historique non loin du forum, à l'ambiance détendue. Large choix de garnitures, prix raisonnables et belle terrasse.

**VILLA MARGERITA**
Ogranak Br. 22
Pjescana Uvala
✆ 397 021
*En saison, restaurant grill ouvert tous les jours, plats à partir de 50 kn, ambiance musicale le week-end.*
Ne soyez pas impressionné par l'immense villa blanche, d'apparence un peu prétentieuse. Quand vous entrez, la décoration aux couleurs chaleureuses, l'espace enfants, la terrasse ouverte, la vue sur la mer, tout rassure. Et quand les sardines grillées – spécialités de la maison – ou les brochettes de viande aux légumes grillés arrivent sur votre table en de si généreuses portions, c'est le sourire assuré. L'adresse est connue dans la région, mieux vaut réserver !

**VODNJANKA**
Vitezića 4
✆ 385 52 210655
*Ouvert toute la semaine. En hiver, fermé le samedi après-midi et le dimanche. Plat à partir de 40 kn.*
Ne regardez pas trop la déco rustique qui date, fiez-vous plutôt aux clients locaux présents ! Ce restaurant, un peu éloigné du centre, n'est pas un piège à touristes. On y vient pour les plats de terroir pas chers (gnocchis avec légumes grillés, polenta aux olives pâtes en sauce, charcuterie-fromages de pays), les pizzas, le tout accompagné du vin de la maison. S'il y a de la place en terrasse, vous aurez peut-être droit au coucher de soleil sur les toits.

## Bonnes tables

**GINA**
Stoja 23
✆ +385 52 387943
*Ouvert en saison tous les jours de 11h à minuit. De 60 à 95 kn le plat, repas autour de 120 kn par personne.*
Vous trouverez ce restaurant sur la route principale qui mène au camping Stoja. Gina est le nom du « maître des lieux », celui qui officie ici depuis soixante ans. Côté ambiance dans la maison, la pierre apparente, le bois, la cheminée dans la salle à manger apportent du rustique, de la chaleur. Construit en 1867 face à la baie, l'établissement fait penser à une élégante konoba. Côté cuisine, une bonne sélection de produits de la mer et des légumes du jardin. C'est à la fois créatif, traditionnel et moderne... Spécialité de la maison, la glace à la lavande nappée de confiture. Le pain est fait sur place et la cave est bien fournie en vins de pays.

**LA KANTINA**
Flanaticka 16
✆ 385 52314054
*Ouvert tous les jours en été de 7h à 22h. Compter 35 à 60 kn l'entrée, 50 à 150 kn le plat.*
Dans la continuité de la rue Flanaticka, après l'arc Serge, la rue se fait moins touristique. C'est là que vous trouverez La Kantina, la terrasse ombragée de cette ancienne villa de style Habsbourg, à deux pas du marché. L'un des bars-restaurants les plus courus de Pula. L'ambiance bistrot chic avec bonne musique y sont pour beaucoup – autant que la cuisine régionale. Le chef reste sur les classiques de l'Istrie, servis dès le matin.

## Croatie, l'autre pays de la truffe

En automne, meilleure saison pour visiter l'Istrie, les amateurs partent, tôt le matin, « à la chasse » à la truffe. En compagnie de leur chien ou cochon renifleurs, spécialement dressés à cet effet, ils connaissent leurs coins tenus secrets dans l'Istrie verte. La grande spécialité de la région, c'est la truffe blanche, qui se déterre délicatement sur les territoires de Motovun, Buzet ou Labin. Ce champignon surnommé « l'or d'Istrie » atteint des prix au kilo moins faramineux qu'en France ou en Italie, mais tout de même ! On la retrouve affichée aux menus des *konobas* de campagne, avec parcimonie dans les bonnes tables de Pula, Poreč, Opatija... En fait, tous les bons restaurants d'Istrie la servent toute l'année car elle se congèle ou se conserve bien dans l'huile d'olive. Goûtez les spécialités maison, pâtes fraîches, fruits de mer, escalopes, œufs ou encore en glace salée à la truffe. Au dessert également, avec fromage et miel. Pour savourer toute sa subtilité sans conservateur, avoir la chance de la déguster fraîche, il faut donc venir en Croatie aux mois d'octobre et de novembre.

Assiettes de fromage et charcuterie locale en antipasti, soupes de légumes, salade de calamars avec fuzi (pâtes istriennes), gnocchis à la sauce aux truffes blanches, raviolis farcis au jambon fumé (prsut) et sauce blanche/fromage. La carte des vins propose une longue liste, où vous trouverez certainement un bon Teran rouge. Victime de son succès, la Cantina est souvent pleine, pensez à réserver !

## Sortir

De nombreux concerts et des projections de films sont organisés l'été dans l'amphithéâtre antique. Pendant ces spectacles, certains petits futés savent que l'on peut commander un verre en surplomb des arènes, aux terrasses de la rue Scallerova, pour avoir gratuitement une vue plongeante sur la scène. La vie nocturne à Pula passe aussi par le forum, ses terrasses de cafés, celles de la contre-allée Istarska ulica, vers l'entrée nord de la ville ou dans les bars à vins, le Tinja Wine Bar, par exemple. On pourra aussi, comme James Joyce, commander un brandy ou un verre de cherry au Uliks bar. Vers la presqu'île de Verudela, des cafés lounges se sont installés le long de la plage, alors que les hôtels ouvrent leurs bars clubbings aux non-résidents.

### Cafés - Bars

■ **BOUNTY PUB**
Veronska 8
✆ +385 52 218 088
*Du lundi au vendredi de 10h à 23h, le samedi de 13h à 21h, le dimanche de 14h à 20h.*
Dans le centre-ville, ce pub très fréquenté par les étudiants propose un large choix de bières *of course*, croates et étrangères, avec le spot wi-fi gratuit. Musique live en fin de semaine.

■ **CABAHIA CAFFE BAR**
Širolina 4
*Ouvert de 8h à minuit.*
Un lieu qui fait bar en journée et café théâtre le soir. La terrasse, qui accueille la sortie des étudiants, est souvent bondée. Des concerts et des *stand up live* sont régulièrement organisés.

■ **E&D NIGHT AND DAY LOUNGE**
22 Verudela ✆ +385 52 213 404
www.eanddlounge.com
Bus 2 jusqu'au terminus.
*Ouvert toute l'année, en hiver, de 9h à minuit, en été fermeture à 2h.*
L'un des bars branchés de la ville dans un cadre magnifique entre mer et pinède. De nombreuses soirées avec DJ y sont organisées durant l'été. L'espace lounge-bar dans une ambiance sophistiquée vous séduira par l'architecture contemporaine des différentes terrasses, bordées de bassins et de verdure, avec vue sur l'Adriatique. Le restaurant est également bien agencé, le service irréprochable.

## Sur les pas de James Joyce

En 1904, le célèbre poète irlandais (1882-1941) séjourna quelques mois à Pula, où il exerça comme professeur d'anglais. Aujourd'hui, une statue de bronze rend hommage à l'écrivain. On peut le voir assis à la table de son café préféré, près à commander son expresso quotidien. Une plaque sur le mur de l'immeuble où il enseigna rappelle discrètement son passage. Comme au début du siècle, pour se mettre dans les pas du suiveur ulyssien, on peut toujours venir boire un café, un thé, un whisky ou une *pivo* (bière) à la terrasse de l'Uliks. *Uliks Bar, Trg Portarata, Slavoluk obitelji Sergijevaca, en face de l'arc des Serges.*

### Clubs et discothèques

■ **CLUB ARUBA**
Šijanska 1 ✆ +385 98 9841 061
*Ouvert de 22h à 4h.*
Sur la route de l'aéroport, c'est l'un des clubs les plus populaires de Pula. En journée, on sirote un verre en terrasse et, le soir venu, on programme des concerts d'artistes locaux, des soirées festives DJ ou karaoké.

■ **CLUB ULJANIK**
Dobrilina 2
*Ouvert de 20h à 6h.*
A 2 km du centre-ville, une discothèque, qui a fêté ses 50 ans d'existence en 2012 et continue à aimer le rock-pop, la scène alternative, le metal. Fait aussi des soirées dans d'autres styles musicaux (techno, disco, hip hop/r'n'b). Pour la programmation, voyez la page Facebook.

■ **PIETAS JULIA**
Riva 20
*Ouvert tous les jours en saison de 8h à 4h du matin le week-end. Wi-fi gratuit*
Immanquable sur la promenade de la mer, l'établissement est ouvert du matin au soir non-stop et plus tard encore le week-end. En journée, on vous sert petits déjeuners, cocktails, plats chauds, sandwiches, salades, pizzas, glaces, et quand le soir tombe, la musique monte pour finalement animer le dancefloor toujours très dance techno.

### ■ ROJC

Gajeva 3

http://rojcnet.pula.org

*Horaires aléatoires, consulter l'agenda du lieu sur site Internet.*

Dans une caserne désaffectée, mise à disposition par la municipalité, la friche artistique, officiellement autogérée depuis 1999, fonctionne plutôt bien aujourd'hui. Sur une dizaine d'étages, des centaines des mètres carrés et d'espaces extérieurs, le squat arty a souvent une galerie ouverte, un mur en phase de peinture, un festival qui se met en place. D'autres formes artistiques, multimédia notamment et des soirées musicales régulières.

## À voir – À faire

On aurait tendance à trop identifier Pula à son illustre amphithéâtre romain si bien conservé. Mais il ne faudrait pas oublier les autres sites antiques, dessinés sous l'Empire romain, comme le temple d'Auguste, le théâtre, le forum, les portes donnant sur la vieille ville aux jolies petites rues piétonnes. En attendant la réouverture du musée archéologique, à voir également, le musée historique de l'Istrie, installé dans un château, la cathédrale, les églises franciscaines... Cette zone entièrement piétonne est sillonnée par le Zero Strasse, un réseau de tunnels datant de la Seconde Guerre mondiale. La façade maritime donne envie de prendre le large, de naviguer jusqu'au Parc national de Veli Brijuni. Mais du front de mer (*riva*) de Pula, seuls les excursionnistes vous emmènent en bateau et vous font découvrir l'archipel à leur rythme. Mieux vaut prendre le ferry au port de Fazana, à 5 kilomètres de Pula. Vous pourrez visiter par vous-même cette fameuses île, la préférée de Tito.

### ■ AMPHITHÉÂTRE (AMFITEATAR) ★★★

Scalierova ulica 30 ✆ +385 52 219 028

www.ami-pula.hr

*Ouvert de 8h30 à 16h30 tous les jours d'octobre à mai et de 8h à 21h tous les jours de juin à septembre. Entrée : 3 € (adultes), 1 € (enfants).*

C'est l'un des rares amphithéâtres romains encore entièrement conservés. Construit sous l'empereur Auguste, il a été agrandi sous Vespasien. Ces arênes monumentales (ellipse de 132 m sur 105 m) comportent trois étages et pouvaient, à l'époque antique, accueillir jusqu'à 23 000 spectateurs. Ceux-ci n'entraient pas par les vomitoires, comme dans les arènes classiques, mais par quatre tours, appuyées chacune sur un énorme pilastre. Au sous-sol, des salles pour les sportifs et gladiateurs étaient reliées au terre-plein central par des couloirs. En 404 après J.-C., les derniers jeux et combats ont cédé la place à un marché. Puis sous la domination vénitienne, l'amphithéâtre devient une carrière. On y travaillait la pierre.

Au sous-sol, le site actuel héberge trois salles d'expositions permanentes. Elles évoquent les différentes époques historiques de la ville, avec une présentation des objets de fouilles archéologiques retrouvés sur place, les activités agricole et vivrières en Istrie à l'époque romaine (viticulture, oléiculture). On peut faire le tour de ronde par l'extérieur de l'amphithéâtre pour la vue générale sur l'édifice, le soir spécialement quand le coucher de soleil filtre à travers les voûtes et les piliers. En toile de fond, le port et la baie de Pula.

### ■ AQUARIUM ★

Verudela ✆ +385 52 381 402

www.aquarium.hr – infos@aquarium.hr

*Ouvert en avril et mai de 10h à 18h, juin et septembre de 9h à 20h, juillet et août de 9h à 22h et d'octobre à mars de 10h à 16h. Entrée 60/30 kn.*

## Amphithéâtre romain, une scène actuelle exceptionnelle

La ville de Pula est réputée dans le monde entier pour son plateau antique, construit au Ier siècle apr. J.-C., aux pieds de la colline, face à la mer. Aujourd'hui, après quelques discrets réaménagements, l'amphithéâtre reste une scène des plus fascinantes pour assister à un concert lyrique ou symphonique, à un spectacle musical, que l'on soit rock, pop, folk ou jazz. L'Arena a déjà accueilli de nombreux artistes de renommée internationale, comme Sting, James Brown, Alanis Morissette, Joe Cocker, Leonard Cohen ou encore la cantatrice Montserrat Caballé. Des festivals de musique mais aussi de cinéma en plein air y sont programmés ainsi que des manifestations populaires de toute sorte. C'est un lieu qui vit toute l'année, mais si vous demandez à un local son rendez-vous préféré avec le grand amphi, il vous invitera certainement à venir au son et lumière multimédia (Visualia), qui voit son apothéose aux arènes en mai ou aux Journées de l'Antiquité début juin.

http://pulainfo.hr/fr

Situé dans l'ancien fort de Verudela, qui faisait partie du système de défense austro-hongrois au XIXe siècle, l'aquarium est un passage obligé pour les familles et tous les passionnés de la mer. Bien mis en scène dans ce monument historique, le milieu marin spécifique à l'Adriatique se découvre sur deux étages. Les trois salles réservées aux tortues blessées prises dans les filets des pêcheurs locaux sont particulièrement émouvantes. Ne pas oublier de monter au sommet de l'édifice pour admirer la vue sur la ville historique.

### ■ CATHÉDRALE SAINTE-MARIE (KATEDRALA SVETE MARIJE) ★

*Ouverte tous les jours de 7h à midi et de 16h à 18h.*

L'édifice actuel (XVIIe siècle) fusionne l'architecture romane avec une façade de style Renaissance. Plusieurs bâtiments avaient déjà été érigés à cet emplacement, dont un ancien temple romain. De ces premières constructions, la plus ancienne date du IVe siècle. Remarquez les mosaïques au sol ainsi que le sarcophage romain (IIIe siècle) qui aujourd'hui sert d'autel.

### ■ CHAPELLE SAINTE-MARIE-DE-FORMOSE (KAPELA SVETE MARIJE FORMOZE) ★★

Flaciusova ulica

Cette chapelle byzantine du VIe siècle est l'ultime vestige de la grande basilique Sainte-Marie-de-Formose del Canetto. Construite sous l'archevêque de Ravenne, qui était originaire de Rovinj, l'église est du même style que celles des premiers chrétiens de la ville italienne. On peut également y voir des fresques murales datant de l'époque byzantine. En revanche, les mosaïques ont été déplacées au musée archéologique. L'été, la chapelle accueille des expositions d'art.

### ■ CHÂTEAU ET MUSÉE HISTORIQUE DE L'ISTRIE (POVIJESNI MUSEJ ISTRE) ★

Gradinski Uspon 6

✆ +385 52 211 566

pmi@pmi.hr

*Ouvert de juin à septembre de 10h à 22h. Octobre à mai de 9h à 17h. Entrée 15/5 kn.*

Durant la préhistoire, bien avant que ce château s'y établisse, la colline était habitée par les peuples premiers istriens. Au Moyen Age, il fut acquis par l'église avant de passer aux mains de l'armée pour devenir une place forte au XIIe siècle puis forteresse vénitienne au XVIIe siècle. Elle abrite aujourd'hui le musée historique de l'Istrie et de Pula. Armes, cartes territoriales, objets de la caserne, photographies illustrent le passé militaire et naval de la ville. La vue des remparts est imprenable.

### ■ ÉGLISE ET MONASTÈRE FRANCISCAIN (CRKVA I SAMOSTAN SV. FRANJE) ★

Ulica Castropola

*Ouvert entre juin et septembre tous les jours de 10h à 13h et de 16h à 19h. Horaires réduits le reste de l'année.*

Construite au XIVe siècle sur les hauteurs de la vieille ville, à la place d'un édifice religieux plus ancien. L'église, à nef romane, avec décorations gothiques, forme un ensemble harmonieux avec un petit jardin attenant.

### ■ HÔTEL DE VILLE (GRADSKA VIJEĆNICA) ★

Place du forum

Construit en 1296, à l'emplacement de deux autres temples romains, l'un dédié à Diane. Le palais a toujours été le siège administratif de la ville. Assez éclectique en styles, il possède plusieurs modèles architecturaux visibles dès la façade, comme les colonnes renaissance ou les fenêtres baroques.

### ■ LIGHTING GIANTS (RASVJETA DIVOVI) ★★★

Riva

www.skira.hr/selected/cranes_pula

*Spectacle visuel gratuit de 15 min, tous les soirs (21h, 22h, 23h et minuit). Rendez-vous sur la promenade du front de mer (riva).*

Depuis mai 2014, sur l'île d'Uljanik, les grues géantes du chantier naval de Pula se réveillent la nuit ! Dean Skira, designer international d'origine croate, leur a redonné vie. Avec l'aide de ses sponsors et des ouvriers impliqués, les huit élévateurs brillent et se reflètent en seize mille feux dans la mer d'encre. Ces symboles de la puissance de la construction maritime de la ville s'animent mécaniquement et dansent sur une musique envoûtante, un son et lumière que l'on peut admirer tous les soirs.

### ■ MUSÉE ARCHÉOLOGIQUE (ARCHEOLOŠKI MUZEJ) ★★

Carrarina 3

✆ +385 52 351 300

www.ami-pula.hr

*Fermé, en cours de restauration actuellement. Vérifier auprès de l'office de tourisme les horaires et tarifs.*

Dans une ville aussi chargée d'histoire ancienne, ce musée installé dans les locaux du gymnase royal (1890), s'est évidemment enrichi de nombreux objets archéologiques. Son fonds de base s'est constitué lors des fouilles successives du centre historique, du port, des terres alentour, sur la localité de Nesactium notamment, sur les îles mais aussi lors de plongées sous-marines. Les périodes préhistorique, romaine et médiévale (Haut Moyen Age) y sont particulièrement représentées.

### MUSÉE D'ART CONTEMPORAIN DE L'ISTRIE (MUSEJ SUVREMENE UMJETNOSTI ISTRE) ★★

St. Ivana 1/II ✆ +385 52351541
www.msu-istre.hr/pocetna
msui.luc@gmail.com
*Ouvert en été tous les jours de 11h à 14h et de 17h à 21h, hiver de 11h à 19h sauf le lundi. Entrée : 10 kn.*
Un espace culturel, pluridisciplinaire et multimédia à visiter, pour changer des pierres antiques et s'intéresser à la vivacité de l'art contemporain régional et croate.

### PASSAGE SOUTERRAIN (PULSKI PODZEMNI TUNELI) ★

Entrée dans le jardin du musée archéologique
Gradinski uspon 6
✆ +385 52 211566 / +385 52 394104
www.ppmi.hr/hr/o-nama/zerostrasse
*Ouvert tous les jours de 9h à 22 en saison, horaires réduits en hiver. Tarif 15 kn.*
Construit durant la période austro-hongroise, ce tunnel sous la vieille ville se visite depuis 2011. L'occasion d'arpenter ses voûtes souterraines en suivant des galeries enterrées et bétonnées sur environ 400 mètres. On débouche dans l'une des ruelles de la vieille ville près du forum.

### PETIT THÉÂTRE ROMAIN (MALO RIMSKO KAZALIŠTE) ★

Arheološki muzej
*Entrée par les portes jumelles, derrière le musée d'archéologie.*
En plus de l'amphithéâtre, il existait à l'époque romaine deux autres scènes publiques. Un « grand théâtre », démoli au XVII$^{e}$ siècle pour construire la forteresse vénitienne, et ce théâtre en hémicycle au pied de la colline centrale.

### PLACE DU FORUM (POSTAVITE FORUM) ★★★★

Augustov Hram
La place la plus ancienne de Pula ! Depuis l'Empire romain jusqu'à aujourd'hui, le forum garde son rôle attractif de place centrale où tout le monde se retrouve. A l'époque antique, il faisait office de centre administratif, religieux ou commercial, une fonction qu'il occupe toujours puisqu'il est bordé par l'hôtel de ville, l'office du tourisme. Sur le forum, se trouvaient aussi plusieurs temples. Celui d'Auguste est toujours debout. Sa silhouette accompagne vos moments détente en terrasses.

### TEMPLE D'AUGUSTE (AUGUSTOV HRAM) ★★★★

Place du Forum
*Ouvert de 9h à 21h. Tarif 20/10 kn.*
Fondé au II$^{e}$ siècle après J.-C., ce temple est dédié à l'empereur romain Auguste. Jusqu'au IV$^{e}$ siècle, il fut régulièrement réaménagé, puis devint lieu de culte, église pour les premiers chrétiens, abandonné… Détruit par une bombe en 1945, entièrement reconstruit, il a retrouvé sa splendeur. Aujourd'hui, il abrite une exposition permanente de sculpture mais c'est bien de l'extérieur que le classicisme gréco-romain impressionne avec sa façade majestueuse, sa colonnade monumentale. À voir de jour comme de nuit pour l'éclairage à la fois sobre et spectaculaire. Il existe deux autres temples sur le forum, dont il ne reste que le mur arrière du bâtiment.

## Conquers Adriatic, c'est vous !

Un jeu multimédia *made in Croatia* vient de sortir qui pourrait intéresser les vacanciers. Imaginez une aventure en mer où vous êtes le navigateur et prenez la barre pour faire une régate tout en découvrant les richesses de l'Adriatique. Une sorte de Monopoly nautique qui se joue sur la carte de la Méditerranée… Sur une idée originale de Sanja Vale Čupić, une jeune designer de Pula, fan de voile, ce jeu de plateau avec pions magnétisés est conçu pour le temps libre en famille ou entre amis (à partir de 8 ans). Ici, le conquérant skipper, c'est vous ! À bord de votre voilier trois mâts, vous et votre (ou vos) adversaire(s) avez la même mission : partir de l'une des villes portuaires de Croatie. Planifier l'itinéraire avec les vents marins, compter les espèces en voie de disparition dans les parcs nationaux, prendre la piste des navires coulés, explorer des trésors enfouis dans les épaves, apprendre des légendes des villes antiques, surtout respecter les règles de comportement en mer. Vous relevez les défis pour gagner des points et arriver le premier. Ce jeu divertissant est parfait pour réviser son histoire-géo, aiguiser la curiosité sur son lieu de vacances tout en pratiquant les langues. Existe en versions croate, slovène, anglaise, allemande, italienne. On attend la française ! *Plus d'infos sur www.adrinaut.com*

Disponible dans les chaînes de librairie Tisak Media, Nove Istarske knjižare, Istarske knjižare et aux supermarchés Superkonzum, Interspar. Prix de 179 à 200 kn (Croatie) + 12 € de frais de livraison pour la France. Sur Internet : 25 €.

© TOURISM OFFICE PULA

*Temple d'Auguste et le forum.*

### PORTES DE PULA (PULA VRATA) ★★★

Slavoluk Sergijevaca

Jusqu'au Moyen Âge, Pula était entourée d'épais remparts. On entrait en ville par certaines ouvertures, que les Romains ont voulues imposantes, comme des arcs de triomphe, signes de leur puissance impériale. La porte d'Hercule (Herkulova Vrata), datant du Ier siècle avant J.-C., la plus ancienne de la ville, affiche la tête du dieu de la Guerre, sculptée au sommet de l'arche avec inscrit le nom des deux officiers, Lucius Calpurnius Piso et Gaius Cassius Longinus, fondateurs de la colonie istrienne. L'arc de Serge ou porte d'Or (Slavoluk Sergijevaca), à l'angle des rues Sergijevaca et Giardini, est un édifice commémoratif, construit entre 29 et 27 av. J.-C. par Salvius Postumius Sergius, en l'honneur des trois hommes forts de sa famille. Les colonnes corinthiennes aposées sur les côtés sont ornées de nombreux détails décoratifs. Les portes jumelles (Dvojna Vrata), elles, donnent accès au musée archéologique.

## Shopping

Principale ville d'Istrie, Pula n'est pas (encore) une Mecque commerciale. Elle a gardé son cachet provincial. Au début du Flanaticka Ulica, vous trouverez un marché où acheter des produits frais et gourmands et, au-dessus de la halle couverte, deux restaurants pizzerias agréables, nichés dans une loggia avec vue sur les toits. Dans la rue principale, à proximité du marché, une zone piétonne commerçante très touristique. Comme partout en Croatie, de nombreuses supérettes en centre-ville et, en périphérie, quelques supermarchés, ouverts le dimanche matin.



# LES ÎLES BRIJUNI

Cet archipel comprend deux îles principales et douze îlots situés à 15 minutes environ en bateau de Fažana. Les fouilles sous-marines et terrestres ont permis d'y exhumer des objets archéologiques, dont certains remontent à l'époque préhistorique. Les Romains, qui y ont construit plusieurs villages et villas, ont laissé des traces impressionnantes. Ainsi, sur la baie de Verige, on peut visiter les ruines de la grande « Villa Rustica », le tracé de la colonnade, les restes de mosaïques au sol. Sur place, on y produisait de l'huile d'olive et du vin. Sur la même île, un castrum byzantin de petite taille se trouve à proximité de la basilique Sainte-Marie, qui date du Ve siècle et l'église Saint-Pierre construite au VIe siècle. L'obsession des Austro-Hongrois à protéger les côtes se fit ressentir ici aussi. Quatre forts furent édifiés sur Veli Brijuni et trois sur Mali Brijuni.

Au XIXe siècle, les Autrichiens restaurèrent la splendeur des îles en leur accordant le statut de destination touristique pour l'élite européenne. Au début du XXe siècle, l'électricité y fut installée pour alimenter en lumière et en chauffage les nouveaux hôtels de luxe.

Lorsque le maréchal Tito vivait dans sa résidence privée, l'archipel était interdit au public. Il demeure aujourd'hui un lieu de séjour pour les chefs de l'Etat croate. Seules les îles Veli Brijun et Mali Brijun sont ouvertes aux visiteurs, qui peuvent circuler à pied, en vélo, à bord du train touristique mais sans véhicule à moteur. Les déplacements y sont strictement contrôlés. En 1983, l'archipel devient parc national, avec un circuit de visite libre ou organisé (musée, zoo, patrimoine, zone archéologique). Sa nature luxuriante, mêlant aux eucalyptus les sapins, les connifères et les oliviers, y est protégée. Des cervidés et de nombreuses espèces d'oiseaux y vivent en liberté, attirés par le climat relativement doux en hiver.

# VELI BRIJUNI ★★

## Transports

Classé parc national en 1983, l'archipel des Brijuni est interdit aux voitures. Si vous êtes basé à Pula et souhaitez visiter le parc national sur l'île de Veli Brijun dans la journée, vous pouvez céder aux offres des excursionistes, qui ne manqueront pas de vous interpeller sur le front de mer (riva) de Pula, Fažana, Rovinj, voire même Poreč. Tous vous emmèneront en bateau dans l'archipel, feront le tour des îles (Mali Brijun, Veli Brijun, Sveti Marko, Grunj, Krasnica), soit une journée en mer avec déjeuner à bord, un arrêt baignade sur une île aménagée mais pas sur l'île du Parc national !

Un conseil : en formule individuelle, de Pula, mieux vaut prendre un taxi ou se rendre à la gare routière et prendre le bus n° 21. Celui-ci vous conduira au port de Fažana, situé à 5 kilomètres au nord de la ville. L'arrêt du car est proche de l'embarcadère où se trouve aussi les ferries qui font la rotation ainsi que le bureau touristique du parc national de Brioni (billet, informations, documentation). Le billet pour la traversée (250 kn pour l'A/R) inclut le droit d'entrée dans le parc et les divers points à visiter.

## Pratique

■ **PARC NATIONAL DE BRIJUNI**
Javna ustanova Nacionalni Park Brijuni
✆ + 385 52 525 882 / + 385 525 883
www.brijuni.hr – izleti@brijuni.hr
*Excursion à Veli Brijun, selon la saison, billets adultes de 65 à 210 kn, enfants de 35 à 105 kn. Réservation obligatoire, plusieurs jours voire une semaine à l'avance en haute saison. Ouvert d'octobre à mai tous les jours de 9h à 15h, de juin à septembre de 9h à 19h.*
La visite guidée (non obligatoire) avec guide diplômé comprend une promenade en train touristique, la visite des vestiges de l'époque romaine (Villa Rustica du Ier siècle av. J.-C.) et le zoo (Safari Park), le musée archéologique situé dans le bâtiment de la citadelle du XVIe siècle et l'église Saint-Germain (exposition permanente de copies de fresques et écrits glagolitiques). Le site Internet du parc est très complet. Il livre des informations pratiques et touristiques autant sur la faune, la flore et climat que sur les visites et balades à faire dans le parc (parcours pédagogique subaquatique par exemple), les transferts en bateau, l'hébergement sur place…

▶ **Autre adresse : Bureau** du PN où acheter les tickets (bateau et entrée) : Brionska 10, 52212 Fažana. Tel : +385 52 525 888.

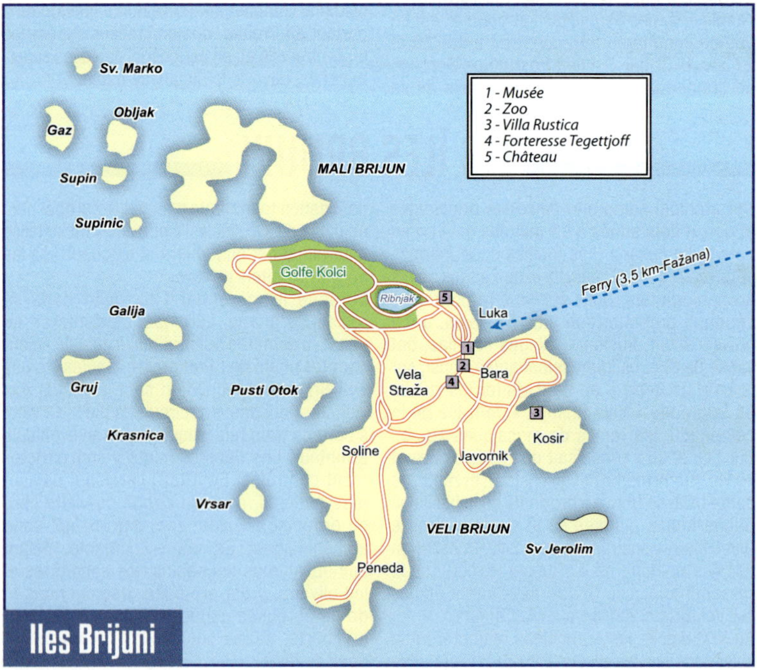

## Se loger

**HÔTEL KARMEN****

Brijunska 10
Zaljev Lovorika ✆ +385 52 525 869
brijuni@brijuni.hr
*Chambre double de 53 € à 133 € selon la saison (petit déjeuner et transfert en bateau inclus).*
Proche de l'hôtel Neptun, plus modeste, le Karmen propose 56 chambres dont certaines avec terrasse. Une bonne alternative pour ceux qui veulent visiter le site dès le matin. Petit déjeuner et transfert en bateau inclus.

**HÔTEL NEPTUN ISTRA**

Brijunska 10 ✆ +385 52 525 807
✆ +385 52 521 367 – brijuni@brijuni.hr
*La chambre double de 79 € à 176 € selon la saison (petit déjeuner et transfert en bateau inclus).*
Situé dans le port de Veliki Brijun, c'est le plus grand et le plus chic des hôtels du parc. 96 chambres sur trois étages, 73 doubles, 4 simples et 19 suites avec terrasses avec vue sur la mer. Toutes sont équipées de salle de bains contemporaines, sèche-cheveux, télévision par satellite, minibar, téléphone direct. Le plus : parking gardé à Fažana.

## À voir – À faire

On peut se promener sans guide à pied ou à vélo dans le parc national, se balader jusqu'aux plages, se baigner dans la baie de l'ancien port romain et s'imprégner de la nature paisible. Prévoir la journée. Peut-être aurez-vous la chance de rencontrer des cerfs !
Pour ceux qui marchent peu, pour les familles avec enfants en bas âge, monter dans le petit train à l'arrivée du bateau sur l'île facilite la visite. On fait ainsi un tour rapide et complet du parc national : les sites archéologiques et historiques, le musée de Tito, le Safari Park. La sympathique guide francophone pourra vous montrer d'autres facettes de l'île.
En été, prévoyez de réserver à l'avance votre visite guidée. Pour le billet, incluant la traversée en ferry et l'entrée dans le parc national, s'adresser au bureau touristique des îles, à l'embarcadère de Fažana mais aussi par téléphone (+385 (0) 52 525883, 525882) ou par e-mail (izleti@brijuni.hr). Comptez selon la saison de 125 à 210 kn (adulte) et de 65 à 105 kn (enfants).
Plus d'infos sur www.np-brijuni.hr/fr

**BASILIQUE SAINTE-MARIE (BAZILIKA SVETE MARIJE)** ★★

Nacionalni Park Brijuni
Les murs de cette église (Ve ou VIe siècles) ont été bien conservés. On peut donc admirer l'arc triomphal de la nef et imaginer la capacité d'accueil de cet espace central où se rassemblaient les premiers chrétiens. La basilique a été rénovée au début du Moyen Âge, avant de passer aux mains des Templiers au XIIIe siècle puis abandonnée en 1312. Juste à côté, se trouvait le cimetière de l'île.

**FORT ET NÉCROPOLE (UDOBNOST I GROBLJE)** ★

Au nord de la baie de Verige
Des restes de fortifications, datant de l'âge du bronze, subsistent au sommet de cette colline, au point le plus élevé et stratégique pour la défense de l'île. Trois murs d'enceinte concentrique se resserrent autour du site qui servait aussi de nécropole. Il était courant de trouver des cimetières à proximité des murs d'enceinte. Les corps, déposés dans une fosse, y étaient brûlés sous un tumulus de pierres. Au sol, on a retrouvé des cailloux servant de projectiles.

**MAUSOLÉE DE LA FAMILLE KUPELWIESER (MAUZOLEJ OBITELJI KUPELWIESER)** ★

Nacionalni Park Brijuni
*Inclus dans la visite du parc national.*
Au détour d'un sentier pédestre, au cœur du parc, apparaît un grand mausolée appartenant à une famille aristocrate austro-hongroise. Niché dans un écrin de verdure, le tombeau monumental en impose avec sa colonnade néoclassique (début du XXe siècle).

**MUSÉE JOSIP BROZ TITO (JOSIP BROZ TITO MUZEJ)** ★

Nacionalni Park Brijuni
www.brijuni.hr
*Inclus dans la visite du parc national.*
La résidence d'été du maréchal Tito était l'autre propriété principale. Il y séjournait près de six mois de l'année, y recevait nombre de gouverneurs de son temps en visite officielle. De fait, le chef des Etats de l'ex-Yougoslavie instituat la petite île comme seconde capitale de la fédération ! Après avoir admiré sa rutilante Cadillac des années 1950 (offerte par le président Eisenhower), le visiteur poursuit son parcours, écoute les commentaires du guide sur le mobilier, les articles et photos d'archive exposés où l'on voit Tito en compagnie de Nehru, Nasser, la reine Elizabeth, Haile Selassie ou Willy Brandt. Menant une vie mondaine bien remplie, il reçut dans cette demeure des célébrités du cinéma, Richard Burton, Elizabeth Taylor, Sophia Loren ou Gina Lollobrigida. Un témoin de ces moments protocolaires est toujours là pour en parler, nommons Koki, le toujours vivant perroquet de l'hyper-président. Il faut dire que les cacatoès à huppe jaune peuvent vivre centenaires.

### ■ PARC DU CRÉTACÉ (KREDA PARK) ★

Nacionalni Park Brijuni
*Inclus dans la visite du parc national.*
Sur l'île, près de 200 empreintes de dinosaures ont été retrouvées datant de l'époque du crétacé, soit entre 145 et 65 millions d'années avant notre ère. Vous pouvez vous amuser à les compter, notamment à la sortie du port, sur les rochers calcaires rapportés d'une carrière.

### ■ SAFARI PARK ★★

Nacionalni Park Brijuni
*Zoo inclus dans la visite du parc national.*
Une visite un peu décalée d'un parc animalier de 9 hectares, situé au nord de l'île. Des grands animaux, progéniture ou survivants de la collection privée de Tito, y vivent encore. Ces cadeaux exotiques des chefs d'État étrangers furent offerts à leur homologue yougoslave à l'occasion de leurs visites officielles. Ainsi les antilopes nilgai, présents de l'Inde par Nehru, ou l'éléphant donné par Indira Gandhi en 1974, mais aussi des kobs de Zambie, des zèbres de Guinée, des zébus du Sri Lanka...

### ■ VILLA ROMAINE (RIMSKA VILA) ★★★

Nacionalni park Brijuni
Baie de Verige
*Site archéologique inclus dans la visite du parc national.*
Dans cette baie si paisible, où l'on situe un ancien port romain, on peut encore voir les vestiges d'une villa antique datant du Ier siècle av. J.-C. L'ensemble se composait de plusieurs pièces dont une partie fut un temps dédié au dieu de la mer Neptune. Les bâtiments sont assez éloignés les uns des autres mais tous sont reliés par une sorte de promenade qui longe la mer, avec une colonnade en ruine très romantique.

# MEDULIN

Selon la légende, les Romains considéraient Medulin comme le plus bel endroit de la côte... Ils y ont construit de luxueuses résidences d'été. La villa la plus importante, celle de Vižula Peninsula, a été bâtie au IVe siècle. Depuis 1909, une société pour la protection de la cité balnéaire œuvre pour l'écologie de la péninsule et cherche à sensibiliser les habitants au développement d'un tourisme raisonné, en harmonie avec la nature. Face à l'inflation des nombreux hôtels, camping et locations privées, tout reste à faire.

## Pratique

### ■ OFFICE DU TOURISME (TURISTIČKA ZAJEDNICA)

Brajdine 41
✆ +385 52 577145 / +385 52 577 227
www.medulinriviera.info
info@tzom.hr
*Ouvert de juin à septembre tous les jours de 8h à 21h.*
Pour obtenir des renseignements sur les hébergements, les activités, les plages des environs. Brochures à disposition.

## Se loger

Plusieurs grands campings jalonnent la côte, avec généralement une gamme de services et des niveaux d'accueil et de propreté comparables. Un mode de vacances très populaire en été sur cette partie de l'Istrie. Il est donc conseillé de réserver son emplacement à l'avance. Par ailleurs, dans le village, de nombreuses chambres sont à louer chez l'habitant. Renseignements, réservations auprès des agences et bureaux touristiques locaux.



## Underwater Trail Tour, plongée dans un ancien port romain

En 2013, le parc national Brijuni a inauguré son circuit de plongée à vocation éducative, dans la baie de Verige (île Veliki Brijuni) déjà appréciée des anciens Romains. La première initiative de ce genre avait été lancée un an auparavant dans le canal de Murter. Ce circuit marin istrien vous propose de vous immerger dans l'Adriatique avec masque et tuba pour longer les fonds côtiers sur un site naturel et archéologique intéressant. Plantés en mer, des panneaux explicatifs rythment la balade aquatique et informent sur la faune, la flore et les vestiges du port romain. Accessible à tous, petits et grands, le Underwater trail tour inclut dans son prix la traversée en bateau le matin, une balade en vélo à la découverte de l'île puis le trail sous l'eau l'après midi.Ouvert de la mi-avril à mi-octobre, 27 €. Se renseigner au départ à l'office de tourisme du parc national à Fažana.

*www.brijuni.hr*

■ **CAMPING VILLAGE MEDULIN**
Osipovica 30
✆ +385 52 572 801
www.arenaturist.hr
acmedulin@arenaturist.hr
*En saison estivale, la nuit et l'emplacement avec tente : 14 €/pers., 26 € en mobil-home.*
Sur deux péninsules reliées entre elles par un pont, un immense camping proche d'une plage de sable longue de 1 km. Nombreux équipements sur place, restaurants et bars, sports, animations, pas de quoi s'ennuyer donc au camping – autant dire un vrai petit village – qui peut accueillir jusqu'à 3 000 personnes l'été.

■ **HÔTEL HOLIDAY**
Osipovica 32
✆ +385 52 572 700
✆ +385 52 576 004
www.arenaturist.com
holiday@arenaturist.hr
*Selon la saison, de 77 € à 155 € pour une chambre double (petit déjeuner inclus).*
Non loin de la grande plage de sable Bijeca, l'Hotel Holiday est une bonne adresse pour le farniente en bord de mer. Il propose à ses clients les services et équipements nécessaires à la détente en famille ou entre amis : bar restaurant, piscine, centre sportif, deux piscines, terrain de tennis, centre de jeux pour enfants, Wi-fi gratuit, boutique de souvenirs, etc.

■ **HOTEL-RESTAURANT HILDE****
Brajdine 88
✆ +385 52 577066
www.hotelhilde.com
kontakt@hotelhilde.com
*Plusieurs tarifs de 20 € à 30 € la chambre double standard par personne selon la saison (petit déjeuner inclus).*
À 100 m de la mer, sur la route principale, un petit hôtel familial, ouvert depuis 1993. Propre et bien équipé, il propose à ses clients des chambres doubles et des appartements à louer (environ 140 lits) dont certains avec balcon. La formule demi-pension est bon marché avec accès à la piscine, au jardin et parking gratuit. Les animaux domestiques sont les bienvenus.

## Sports – Détente – Loisirs

■ **CENTRE DE PLONGÉE SHARK**
Osipovica 33
✆ +385 98366110 / +385 52 8942741
www.diving-shark.hr
info@diving-shark.hr
Au camping de la ville.
*Ouvert tous les jours en été.*
Il y aurait au moins neufs épaves à explorer dans les fonds marins de la région. Parmi les plus connues, celles du Baron Gautsch, Coriolanus, Flamingo, Guiseppe Dezza, U-81, John Gilmore, Josefina, Varese, Hans Schmidt... Des heures de plongée en perspective. Ce centre vous accompagne en toute sécurité, avec du matériel agréé et un moniteur diplômé. Visites libres également le long de la côte ou sorties en mer la journée. Le centre loue aussi des bungalows sur la plage.

■ **ISTRA STAR RANCH**
Fucane 9
✆ + 385 98 421 197
✆ + 385 98 421 197
istrastarranch@gmail.com
*Sortie à cheval accompagnée de 1 à 3h, demi-journée ou journée complète. Réservation obligatoire par téléphone ou e-mail.*
Ce centre d'équitation propose des balades à cheval (croate, lipizzan, cheval de montagne de Bosnie, holsteiner). Randonnées équestres pour tous, petits ou grands, expérimentés ou néophytes. L'animateur qui vous accompagne vous fait découvrir des sites archéologiques de la région, vous guide en nature et vous emmène au bord de la mer marcher au pas dans l'eau avec votre monture.

# BANJOLE

A seulement 7 km de Pula, cet ancien village de pêcheur est devenu un lieu touristique très fréquenté, un spot pour les activités aquatiques.

■ **CAMPING VILLAGE INDIJE**
Indije 96
✆ +385 52 573 066
www.arenaturist.hr
acindije@arenaturist.hr
*En saison estivale, comptez 36 € la nuit pour l'emplacement et la tente.*
Un grand camping situé à 9 km au sud-est de Pula sur la route de la presqu'île de Premantura. Avec ses deux restaurants, ses bars, son supermarché et ses nombreuses activités, il propose des vacances animées avec beaucoup de monde autour de vous l'été ! Une partie du site est réservée aux mobil-homes.

■ **KONOBA BATELINA**
Čimulje 25
✆ +385 52 573767
*Ouvert tous les jours sauf dimanche de 17h à 23h. Environ 250 kn pour un repas. Plat à partir de 70 kn.*
La petite taverne se trouve à 4 km du centre-ville mais vaut le déplacement. Un lieu où manger du poisson frais, finement tranché ou grillé entier. C'est la spécialité de la maison puisque le patron est aussi pêcheur ; le menu dépend donc de la prise du jour. Sa femme qui travaille

en cuisine confectionne les plats tandis que les enfants font le service... Une affaire de famille qui marche. Pensez à réserver.

### ■ KONOBA MEZZALUNA

Volme 5

✆ +385 91 767 7845

*Ouvert en saison tous les jours.*

Mezzaluna est une *konoba* dalmate, une taverne croate typique, où manger honnête et rapide des plats du jour locaux. Pour réserver la table, contacter la famille Petrić.

### ■ OFFICE DU TOURISME (TURISTIČKA ZAJEDNICA)

Kamik 27

✆ +385 52 382072

*Ouvert du 15 mai jusqu'au 15 septembre tous les jours de 8h à 22h, en mai seulement de 9h à 13h et de 17h à 21h.*

Au niveau de la station essence, une agence où trouver des renseignements pratiques et touristiques sur la presqu'île de Premantura, Pješčana Uvala, Vinkuran et Pomer.

# PREMANTURA ★

Si, las des grands complexes hôteliers, vous avez peu de temps sur la côte et aspirez à un grand retour à la nature, c'est à Premantura qu'il faut aller ! A 12 km de Pula, la petite ville n'est pas construite sur le littoral ce qui explique qu'elle soit préservée du tourisme de masse. Vous y trouverez tout de même des logements, appartements et maisons à louer et un camping à taille humaine près d'une petite plage. Au sud du bourg, la réserve naturelle Kamenjak vous donnera envie de faire de la randonnée et de vous baigner au milieu de dizaines de petites criques sauvages. Quelques baies (Lokva, Debeljak et surtout Portic) font fonction de refuge pour les plaisanciers et les petits bateaux. C'est un spot pour le windsurf.

## Se loger

### ■ CAMPING KRANJSKI

Runke 52

✆ +385 52 575 009

camping-kranjski.si/fr

*Selon la saison, la nuit en camping de 5 à 7,30 €/ pers et de 6,40 à 14,50 € pour l'emplacement.*

Un camping qui a fêté ses 50 ans en 2013 et continue sur sa ligne qualitative. Un site à taille humaine avec des emplacements ombragés dans la pinède, un bar, un restaurant, des terrains de sport (tennis, ping-pong), le tout en face d'une plage de sable. Il est également possible de louer un bungalow ou un mobile-home.

## Se restaurer

### ■ RESTAURANT STARE UŽANCE

Premantura 127a

✆ +385 52 577 163

*Ouvert tous les jours de 18h à 23h, l'été de 12 h à 23 h. Environ 100/150 kn le repas.*

Dans ce restaurant, des spécialités de l'Istrie, terre et mer, vous seront proposées : poisson, viandes, pâtes fraîches. A l'honneur, la truffe mais aussi tout un savoir-faire culinaire. On peut terminer par une *grappa* maison (eau-de-vie). Réservation conseillée.

## Sortir

### ■ SAFARI BAR

Kamenjak

✆ +385 91 627 8461

*Bar et snack ouvert entre Pâques et octobre tous les jours de 11h à 22h.*

Au bout de la péninsule de Kamenjak, un chemin ouvert par un Robinson des temps modernes vous mène à travers joncs et bambous. Là, vous découvrez ce bar de brousse où le propriétaire a tout construit de ses mains. Tables et tabourets en bois inclus ! De vieilles ancres marines au milieu de la végétation, des manèges et balançoires, un espace pour les chiens. Au milieu de ce bric-à-brac sympathique, un comptoir tout propre où l'on vous prépare des boissons fraîches, des sardines grillées, de bons sandwiches. Très agréable cette ambiance nature, quand il n'y a pas trop de monde !

## À voir – À faire

En plus des nombreuses criques, si vous possédez votre propre véhicule, la péninsule de Premantura est à voir. Ce territoire protégé en réserve naturelle est payant en haute saison. Pour 10 à 15 kn, vous recevrez votre ticket et un sac poubelle... Les criques, désertes et superbes, doivent rester propres.

### ■ PÉNINSULE DE KAMENJAK ★★★

✆ +385 52 576 513

www.kamenjak.hr

*Ouvert tous les jours de 7h à 21h, tarif 20 kn.*

Vous pouvez visiter la réserve naturelle du cap à vélo ou à pied. La route nommée Selo débouche sur un chemin de terre blanche qui vous mène aux différents points de la péninsule. Un superbe paysage vous y attend. Avec le plan d'orientation remis à l'entrée du parc, vous pouvez explorer les pistes à la recherche des petites criques aux roches blanches, vous promener dans la pinède. Attention, certaines zones assez arides offrent peu d'ombre. Prévoyez eau, casquette et crème solaire !

Prementura
PJERSCANA UVALA
VINKURAN
BANJOLE
POMER
MEDULIN
Gornji Kamenjak
PREMANTURA
Donji Kamenjak
Centre Sportif Mediteranée
Centre Sportif Gerla
Centre Sportif Nautic-Fun
Bateau Taxi
Marina
Centre de Plongée PD Mlapost
Stade
Centre de Plongée Discovery
Centre de sport naturiste
Equitation
Terrains de sport
0
300 m
Point information
Centre sportif
Plage
Piste cyclable
Piste VTT
Route
Bateau Taxi
0
1500 m

## Sports - Détente - Loisirs

**PREMANTURA WINDSURFING CENTER**

Camping AC Stupice ✆ + 385 091 512 36 46
www.windsurfing.hr

*Ouvert tous les jours en été de 10h à 18h. 1 heure de kayak single (40 kn), excursion organisée de 10h à 16h, 300 kn par personne incluant le matériel, le service d'un guide, l'eau potable et le déjeuner.*

Sur deux sites, à Premantura et Medulin, les deux agences ouvrent sur des spots intéressants. Le village de Pomer à côté est localisé dans une grande baie qui ressemble à un lac. A Premantura, le village le plus au sud de l'Istrie, les côtes sont à la fois balayées par des vents favorables, la bura (NNE-ENE) et le jugo (ESE-S). Elles bénéficient aussi d'une mer plate parfaite pour le kayak. Le local fait location de matériel de voile et de plongée, de windsurfing, de planche, de dériveur, de vélo VTT, de scooter de mer. Medulin, connu des funboarders et freestylers pour ses vents sud et son sol sablonneux, plaît aussi aux surfers débutants. Enfin, la baie de Kuj (Ližnjan), sous l'effet de la bura, voit défiler de belles vagues. Le plus du centre de Premantura : son bar sur la plage et le cybercafé.

**Autre adresse : plage** de l'hôtel Belvedere – Medulin

# BARBAN

Dans l'arrière-pays, à environ 25 km de Labin, ce petit village traditionnel, bien desservi par la route, a été peuplé par les Slaves au VIe siècle. Au XIIIe siècle, Barban appartenait au fief de Pazin puis passa aux mains des Vénitiens au XVIe siècle. Les murs d'enceinte de l'ancienne cité sont toujours debout ainsi que les grandes et petites portes.

La ville a ravivé une fête de Prstinac (l'Anneau), créée en 1696, annulée au XVIIIe siècle avant d'être réinstaurée en 1976. Des cavaliers concurrents entrent en costumes traditionnels dans la rue principale et tentent de placer leurs lances au travers d'anneaux métalliques. En pleine vitesse, l'opération demande de l'adresse ! Très populaire, cette course a lieu chaque année, au mois d'août.

**RURAL CLUB HISTRIA LOCATION**

Manjadvorci 54 ✆ 385 98 193 0227
www.ruralclubhistria.com

*Ouvert tous les jours en été de 8h à 22h. Sortie en kayak gratuit pour les plus jeunes, pour enfant à partir de 12 ans : (100 kn), accompagné d'un adulte (200 kn).*

Dans un petit village proche de Barban, une agence tenue par une équipe jeune qui s'y connaît au rayon « fun for kids ». Le kayak de mer par exemple ! Possibilité de location simple de matériel pour les plus aguerris ou sortie avec des guides afin de profiter au mieux de cette embarcation facile à manœuvrer. Les départs se font à 9h, direction la mer en voiture à Krnicki Porat (à 6 km). Toute la matinée, on pagaie mais on fait aussi des pauses baignade et pique-nique vers 11h avant de revenir à Manjadvorci vers 12h. On peut aussi partir en fin de journée pour aller chercher le coucher du soleil. L'agence loue aussi des quads, des vélos et propose des séances trampoline, des parties de babyfoot.

**VILLA STEFANIJA******

Puntera 8d ✆ + 385 52 567 075
www.stefanija.com

*Chambre double selon la saison de 163 à 235 € (petit déjeuner inclus).*

Dans un cadre paisible de campagne, une villa récente avec vue panoramique sur le jardin, la terrasse et l'Adriatique. Les chambres bénéficient de balcon avec belle vue, radio, télé, téléphone avec la connexion Wi-fi gratuite, minibar. Possibilité de demi-pension avec les services d'un restaurant de cuisine traditionnelle. Autres arguments, une piscine à débordement, le spa avec bain à remous, le sauna finlandais, le service de navette aéroport sur demande et le parking gratuit. Même si l'accès à la mer n'est pas loin, compter une quinzaine de kilomètres pour une vraie plage. Vous rejoindrez Pula, Rovinj, Poreč et Rabac en une demi-heure de route. L'établissement propose aussi la location de vélos.

# LABIN ★

Sur son site naturel escarpé, bordé de petites baies abritées et d'un port de plaisance, avec ses immeubles maisons polychromes, Labin garde son charme. Trois petites villes cohabitent et communiquent entre elles : la vieille ville fortifiée au sommet de la colline, Rabac le village du bord de mer et Podlabin, la ville moderne et active en contrebas.

**Repères historiques**

Habitée depuis 2000 avant J.-C, Labin voit son nom mentionné pour la première fois dans un document, le *Res Publica Albonesium,* qui date du IIIe siècle ap. J.-C.. Tout au long de son histoire, la ville s'est tenue à la frontière territoriale, entre l'Empire romain et les terres contrôlées par les peuples envahisseurs du Nord (Slaves), puis à partir du Xe siècle, entre la Croatie et l'Istrie. Lorsque la ville fut placée sous domination vénitienne, une lutte plus efficace s'organise contre les Uskoks, des pirates originaires de Senj, qui pillaient régulièrement la côte croate.

Dès la fin du XIXe, la station balnéaire de Rabac devint très mondaine. Le prince Ferdinand d'Autriche-Hongrie lui-même s'y rendit pour une visite. On assiste alors à l'ouverture des premiers hôtels dans le village. Au début du XXe siècle, les ouvriers de la mine à charbon, soutenus dans leur combat par les paysans, se révoltent contre le pouvoir italien. Ils critiquent leurs conditions de travail, les salaires trop bas et demandent plus de liberté. Ce mouvement appelé « la république de Labin » fut réprimé dans un bain de sang.
Au moment de la prise de pouvoir des fascistes à Rome, la répression des expansionnistes, issue du peuple, fut encore plus terrible. Après la Seconde Guerre mondiale, les mineurs italiens rentrent chez eux, laissant la place aux travailleurs immigrants bosniaques.

## Transports

■ **GARE ROUTIÈRE**
✆ +385 60 333 888
Dans la ville nouvelle, à quelques minutes à pied du centre-ville. Des bus fréquents font la liaison Labin/Rabac.

## Pratique

■ **OFFICE DE TOURISME DE LABIN-RABAC**
Titov Trg 2 ✆ +38552 852 399 / 2
www.rabac-labin.com
info@rabac-labin.com
*Ouvert tous les jours en saison touristique.*
C'est à Labin, sur la colline, que se situe l'office de tourisme officiel de Labin-Rabac où trouver des informations sur les possibilités de logement dans la Riviera de Rabac, des publications touristiques, des informations juridiques se rapportant aux séjours des plaisanciers notamment.

■ **OFFICE DE TOURISME (TURISTIČKA ZAJEDNICA)**
Titov Trg 10 ✆ +385 52 852 399
www.rabac-labin.com
tzg.labin@pu.t.com.hr
*Ouvert en hiver en semaine seulement de 8h à 15h, l'été de 8h à 20h, jusqu'à 21h en juillet et août et le week-end de 9h à 16h.*
Une petite agence où collecter les plans de la ville et les publications touristiques, s'informer sur les possibilités de logement à Rabac et sa Riviera, les manifestations culturelles ou sportives.

## Se loger

■ **AGROTURIZAM DEA**
Šumber 92, Nedešćina
✆ +385 52 865 599
www.opg-radovic.hr – info@opg-radovic.hr
*Compter entre 60 et 82 € par jour selon la saison et la catégorie d'appartement.*
Cette ferme, composée de plusieurs corps de logis, dont certains ont plus de 200 ans, a été rénovée récemment. En tout, 5 appartements flambant neuf pour 2 à 6 personnes. Le confort moderne mêlé au charme de l'ancien.

■ **CAMPING TUNARICA**
Rudarska 1
✆ +385 98 290310 / +385 52 856 811
www.tunarica.hr
camping@tunarica.hr
*Tarifs de la nuit selon la saison de 4,90 à 5,90 €/pers et de 11, 70 à 13 € pour une parcelle avec électricité.*
A 17 km de Labin dans la baie de Raža, un camping agréable qui affiche complet en haute saison. Sur place, boutique, restaurant et location possible de bateau. Réservation obligatoire.

## Se restaurer

■ **AGROTURIZAM KASTEL PINETA**
Sv. Martin 32b ✆ +385 52 865688
www.kastelpineta.com
info@kastelpineta.com
*Ouvert tous les jours de 17h à 22h. Menu entre 125 kn et 140 kn. Location d'appartements et studios de 48 à 89 € la nuit selon la catégorie.*
A une dizaine de kilomètres de Labin, dans une propriété agricole d'une grande famille de la noblesse italienne, les Lazzarini-Battiala ont rénové leur bien avec goût. La ferme en activité, la location d'appartements modernes construits dans de l'ancien, le restaurant traditionnel et la campagne autour, tout cela participe à cette dimension de l'agrotourisme réussi. Dans la cuisine de chef, on utilise les produits de la ferme, pain fait maison, prosciutto, lapins fermiers, fromage de brebis, pâtes fraîches, asperges sauvages et truffes blanches en saison... On apprécie le cadre et l'histoire des lieux, les appartements confortables, le restaurant à prix raisonnables, la terrasse, le calme et le bon accueil. Dégustation-vente de vins locaux.

## À voir – À faire

■ **ÉGLISE SAINTE-MARIE (CRKRA SV. MARIJE)**
Ulica 1 Maja
Construite en 1336 sur des fondations romanes, cette église est de style gothique. Elle fut entièrement reconstruite entre le XVIe et le XVIIIe siècles. C'est alors qu'on ajouta sur la façade, qui comportait déjà une rosace, la sculpture du sénateur et soldat Antonio Bollani. A l'intérieur, collection d'art sacré datant des XVIe et XVIIe siècles.

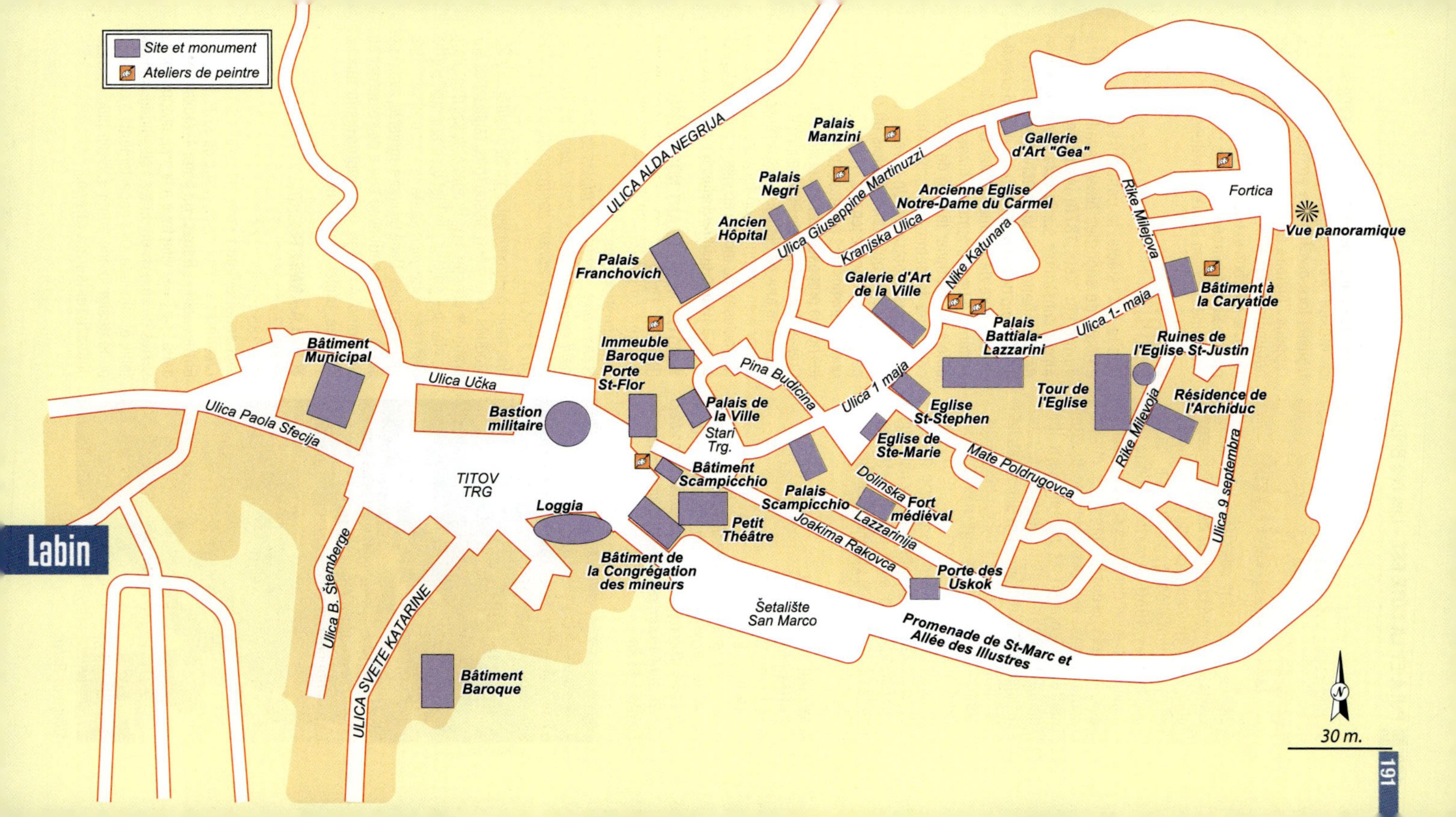
Site et monument
Ateliers de peintre
Palais Manzini
Gallerie d'Art "Gea"
Palais Negri
Ulica Giuseppine Martinuzzi
Ancienne Eglise Notre-Dame du Carmel
Fortica
Vue panoramique
Ancien Hôpital
Kranjska Ulica
Rike Milejova
Nike Katunara
Ulica Alda Negrija
Palais Franchovich
Galerie d'Art de la Ville
Bâtiment à la Caryatide
Palais Battiala-Lazzarini
Ulica 1- maja
Ruines de l'Eglise St-Justin
Bâtiment Municipal
Immeuble Baroque
Porte St-Flor
Pina Budicina
Tour de l'Eglise
Résidence de l'Archiduc
Ulica Učka
Bastion militaire
Palais de la Ville
Ulica 1 maja
Eglise St-Stephen
Ulica Paola Sfecija
Stari Trg.
Eglise de Ste-Marie
Rike Milevoja
Mate Poldrugovca
TITOV TRG
Bâtiment Scampicchio
Dolinska
Palais Scampicchio
Fort médiéval
Lazzarinija
Loggia
Petit Théâtre
Joakima Rakovca
Ulica 9 septembra
Bâtiment de la Congrégation des mineurs
Porte des Uskok
Ulica B. Štemberge
Šetalište San Marco
Ulica Svete Katarine
Promenade de St-Marc et Allée des Illustres
Bâtiment Baroque
30 m.

## Labin, cité des artistes

En vous baladant dans les rues de la vieille ville, vous croiserez de nombreuses galeries d'artistes régionaux. La plupart se sont installés dans la ville dans les années 1960. À cette époque, la population avait quitté les lieux car suite aux tunnels creusés dans les mines souterraines, les fondations de la cité haute ont souffert et présentaient un danger potentiel d'effondrement. Les artistes plus téméraires ont alors installé leurs ateliers dans les différents palais abandonnés. Le plus âgé d'entre eux, Quintino Bassani, mort en 2007, est toujours exposé dans la galerie qui lui appartenait. De nombreuses sculptures contemporaines sont aussi installées dans les rues et les places de Labin.

### MUSÉE MUNICIPAL (GRADSKI MUSEJ) ★

Ulica Prvog Maja 6
✆ +385 52 885 052
*Ouvert de mai à septembre du lundi au samedi de 10h à 13h et de 17h à 19h, en juillet-août de 18h à 20h. D'octobre à avril, du lundi au vendredi de 7h à 14h (sur rendez-vous uniquement). Entrée : 15 kn.*

© EUROTRAVEL – ISTOCKPHOTO

*Village de Rabac.*

Situé dans un bâtiment baroque du XVIIIe siècle, ce musée présente une collection d'objets trouvés lors des fouilles archéologiques, qui rappelle l'histoire de la ville, son passé minier notamment. En effet, jusque dans les années 1990, le charbon extrait dans la région était la principale ressource d'activités des habitants. Une mine a même été réconstituée.

## RABAC ★★★

Dès le XIXe siècle, le petit port de pêcheur, entouré de superbes baies, avait déjà attiré du monde. Vers 1870, les premières villas furent construites sur la côte par une famille de marchands d'origine tchèque installée à Rijeka. Peu de temps après, on ouvre un premier hôtel à côté de l'actuel atelier Orlando. C'est le début d'un tourisme de masse, qui voit les hôtels se multiplier le long de la côte, afin de contenter la demande européenne, chaque année plus importante. Un développement qui a défiguré ce qui était autrefois un charmant petit village. Actuellement, Rabac est devenu une destination très à la mode pour les Français ; les hôtels proposent des excursions vers les îles Cres et Krk, les lacs de Plitvice ou à Venise, sans oublier le tour de l'Istrie. Si vous recherchez un séjour bien organisé, en formule tout compris (all incluse), du monde en ville et sur les plages, c'est à Rabac qu'il faut aller !

### HÔTEL RESTAURANT NOSTROMO

Obala M. Tita 7
✆ +385 52 872 601
www.nostromo.hr
*6 chambres, doubles et triples de 54 € à 78 €, petit déjeuner inclus. Demi-pension possible, repas au restaurant gastronomique. Plats de 30 à 250 kn.*
Une table gastronomique plutôt orientée sur les produits de la mer (poisson frais, tagliatelles aux crabe et crustacés). Propose aussi des plats de viandes grillées, un filet de bœuf aux truffes blanches, une *piccata* de veau au citron, des pâtes fraîches. Dans un cadre agréable, avec vue sur la mer, on peut avoir envie de séjourner au Nostromo. A l'étage, 6 chambres confortables, doubles, triples et une suite.

### VILLA ANNETTE

Raška 24
✆ +385 52 884 222
villa.annette@pu.t-com.hr
*Chambres suite selon la saison de 87 € à 183 €.*
Entre Labin et Rabac, un hôtel 4-étoiles, situé dans une belle villa face à la mer, propose trois sortes de séjours en suites : classique, confortable et familiale. Des appartements modernes, où le design blanc domine. Belle piscine avec Jacuzzi, restaurant raffiné.

# LE GOLFE DU KVARNER

*Plage de Lubenice sur l'île de Cres.*

# RIJEKA ET SA RIVIERA

*Abrité par les hautes montagnes du Velebit Nord, le golfe du Kvarner s'ouvre sur une immense baie – la plus grande de Croatie. Dès le XIXe siècle, la région inaugure la mode du tourisme sur la côte adriatique. L'histoire de sa fréquentation par les Anglais, Italiens, Austro-Hongrois, Allemands et quelques Français remonte à plus de 160 ans. Cette partie du littoral, de Rijeka à Novi Vinodolski, est jalonnée de stations balnéaires, villes et ports actifs : Lovran, Opatija, Rijeka son épicentre, Crikvenica et, au large, les îles du Kvarner (Krk, Rab, Cres, Lošinj). Les bonnes connexions des transports par Rijeka (avion, train, bus, bateaux), le climat doux, les kilomètres de côte, l'attrait des îles, l'arrière-pays montagneux et vallonné (région du Gorski Kotar) expliquent l'attrait pour ce territoire diversifié.*

## RIJEKA ★

L'une des rares villes du littoral qui ne vit pas prioritairement du tourisme, Rijeka mérite plus qu'une étape rapide. Ce n'est pas une station balnéraire avec juste des rues piétonnes aux multiples terrasses. Sa grande place centrale, ses trésors réligieux d'art gothique ou baroque, ses villas austro-hongroises construites à la fin du XVIIIe et début du XIXe siècles, ses imposants immeubles bourgeois, son marché et carnaval, son patrimoine culturel, surprennent. Cependant, sa capacité hôtelière reste encore peu developpée. Si vous souhaitez vous y attarder, mieux vaut réserver.

Dans cette ville contemporaine pleine de projets, la dimension sportive est importante. En 2008, la ville a accueilli les Championnats d'Europe de natation en petit bassin, en 2012, les Championnats du monde des clubs d'aviron de mer. Alors que le circuit auto-moto de Grobnik, volonté de l'Etat fédéral de Tito, n'a pas convaincu tout le monde, c'est le foot aujourd'hui qui impressionne avec une bonne équipe (les Rijeka), capables de tenir tête aux joueurs du Dinamo (Zagreb) eux-mêmes !

Aujourd'hui, la ville en fort développement communique mieux sur ses atouts. Elle continue d'investir sur le littoral avec, notamment, la modernisation des capacités portuaires de Rijeka Gateway. La physionomie du centre devrait s'en trouver modifiée avec un nouveau terminal de voyageurs, de nouvelles prestations hôtelières et d'accueil.

### Repères historiques

Les premières traces retrouvées dans la région témoignent d'une présence humaine dès le paléolithique, aux âges de pierre et du bronze, alors que des ruines de forts attestent de l'activité des tribus illyriennes, les Liburniens, qui occupaient la baie.

Les Romains, à partir du IIe siècle, déplacèrent le centre de la ville en le rapprochant de la mer, sur la rive droite de l'embouchure de la rivière Rječina, là où se trouve l'actuelle centre historique, nommée alors Tarsatica. L'urbanisme se développe avec la construction des fortifications, portes de la ville, thermes et villas. Mais dès le VIIe siècle, les peuples croates et slaves s'emparent de la ville, pourtant protégée par d'importantes murailles depuis le IVe siècle.

## Les immanquables du golfe du Kvarner

- **Se balader sur le Lungomare** d'Opatija, où l'on peut encore deviner le charme du tourisme ancien, de la Belle Epoque, flâner au jardin botanique et marcher la promenade de la mer (12 km) qui se prolonge jusqu'à Volosko.
- **Plonger sur les côtes de Lošinj**, certains y ont trouvé des objets de l'Antiquité !
- **Adopter un dauphin** sur l'île Veli Lošinj, pratiquer le *birdwatching* (observation des oiseaux) sur l'île Cres.
- **Prendre une leçon de botanique** au Jardin des Sens de Mali Lošinj
- **Visiter le parc naturel de Risnjak** pour les randonnées en montagne
- **Descendre au sud de Krk**, découvrir la station balnéaire Baška, les plages sauvages de Stara Baška.
- **Tomber amoureux à Rab**, l'île romantique, la plus vénitienne du golfe.

# Le golfe du Kvarner

A partir du IXe siècle, la colonie est divisée en deux camps, à l'ouest de la rivière Rječina, Trsat sur les collines, là où se trouvait le campement liburnien de Tarsata, et Rijeka à l'emplacement de l'antique Tarsatica. La ville, passée sous le contrôle du Saint Empire romain germanique, se développe au rythme bipolaire des quartiers riches sur les hauteurs, où se trouvent le château médiéval avec l'église Sveti Vitus et les quartiers populaires en contrebas.
La ville restera aux mains de la noblesse jusqu'à la fin du XVIe. D'abord soumise à la domination des princes de Krk (les Frankopans), elle est rachetée par la famille des Habsbourg en 1466, avant d'obtenir le statut de cité indépendante en 1530.
Le développement économique de la ville prend véritablement son essor au XVIe siècle. Mais les attaques des Turcs, les intrigues de Venise, qui cherche à contrôler l'ensemble de la zone adriatique, freine le bon fonctionnement des activités commerciales. Il faudra attendre l'arrivée des Jésuites au XVIIIe siècle et la proclamation de Fiume comme port franc par l'empereur Charles VI, en 1719, pour que la flotte marchande de la ville retrouve une certaine grandeur.
De la fin du XIXe au début du XXe siècle, après être passée un temps sous dominations française et hongroise, la ville rebaptisée Rijeka devient le huitième port d'Europe. En 1868, le souverain hongrois obtient la régence de la ville à l'issue du pacte de Rijeka, aux dépens du roi de Croatie. La domination hongroise fait perdurer la phase de croissance effrénée de la ville. Cette période faste cesse avec la chute de l'Empire austro-hongrois en 1918. Rijeka intègre alors le royaume des Serbes, Slovènes et Croates. En septembre 1919, un coup d'Etat mené par le colonel et dramaturge italien Gabriele d'Annunzio, fait tomber la ville aux mains des Italiens. Etat autonome en 1920, Rijeka subit le renversement de l'Italie fasciste, qui la transforme rapidement en petite ville de province, sans grand intérêt pour le nouveau *duce* Mussolini. Pendant la Seconde Guerre mondiale, Rijeka, avec les cités de l'Istrie, est l'une des premières villes à s'opposer au dictateur italien. A la fin de la guerre, selon les termes du traité de Paris (1947), Rijeka réunifiée est rattachée à la Yougoslavie, dans la province de Croatie. Au début des années 1990, pendant la guerre d'indépendance de la fédération yougoslave, la ville est très peu touchée. Si on ne déplore aucun conflit armé, son économie sera sensiblement ralentie par l'impact des guerres sur l'ensemble du pays.

## Transports

### Comment y accéder et en partir

Une autoroute relie Zagreb à Rijeka en 1h30. Cette voie rapide passe à proximité du parc national Risnjak et descend sur Zadar *via* Ogulin et Gospić. Elle est intéressante si l'on veut visiter l'intérieur des terres, entrer dans les parcs nationaux (Plitvice, Paklenica). Sinon, la route du littoral, à défaut d'être rapide, permet d'apprécier la Riviera de Rijeka avec, à l'arrivée, un beau panorama sur la grande ville côtière. Il est difficile de se garer dans le centre-ville (large secteur piétonnier), particulièrement en haute saison.

*Panorama de la ville de Rijeka.*

# Rijeka

Edifice religieux
Musée
Site et curiosité
Office du tourisme
Station de bus
Zone piétonne
Musée du littoral Croate
Musée de la Ville
Musée d'Histoire naturelle
Park Nicole Hosta
Palais de Justice
Eglise St. Vitus
Chapelle St. Sébastien
Arche Romaine
Ruines du Castrum
Palais Municipal
Eglise St-Jérome
Palais communal
Eglise de l'Assomption
Musée d'Art moderne
Tour de la Ville
Poste
Office du tourisme
Station de Bus
Eglise Orthodoxe St-Nicholas
Palais Modello
Kazališni Park
Théâtre Nat. "Ivan pl. Zajc"
Marché
Terminal de Ferry
Vajnera Čiče
Ivana Desmana
Zrtava fasizma
I. Grohovca
Alda Colonnella
Bulevar Oslobodenja
Krizaniceva
Strossmayerova
Franje Brentinija
Milana Smokvine Tvrdog
Setaliste Andrje Kacica Miosica
Slavka Cindrica
Frana Kurelca
Frana Supila
Dolac
Ciottina
Erazma Barcica
Agaticeva
Grivica
Užarska
Fiumara
Mrtvi Kanal
Rjecina
Delta
Trg. Ivana Koblera
Pavlinski Trg
Jadranski Trg.
Korzo
Trpimirova
Zabiča
Adamiceva
Zadarska
Splitska
Riva
Trg. Reopublike Hrvatske
Ante Starcevica
Jelačicev Trg.
Scarpina
Matije
Veslarska
Gupca
Henckea
Ivana Zajca
Verdieva
Vatroslava Lisinskog
Riva Boduli
Zagrebacka
Trninina
Mataciceva
Wenzelova
Demetrova
De Franceschiev gat
Adamicev gat
Gat Karoline Riječke
Senjsko pristanište
100 m.

### ■ AÉROPORT DE RIJEKA (ZRAČNA LUKA RIJEKA)

Omišalj
✆ +385 51 842 132
✆ 051 842 040
www.rijeka-airport.hr
L'île de Krk, reliée au continent par un pont, a été choisie pour établir l'aéroport de Rijeka. Celui-ci accueille la compagnie nationale Croatia Airlines ainsi que les charters Ryanair, Air Berlin. Pour vous rendre dans le centre-ville, des taxis, bien sûr, mais aussi la compagnie de cars Autotrans, qui assure, à chaque arrivée d'avion, des transferts des passagers. Compter 30 minutes de trajet et 30 kn le ticket. Bien pratique aussi quand on prévoit un séjour dans les îles de la mer Adriatique.

### ■ GARE FERROVIAIRE (ŽELJEZNIČKI KOLODVOR)

Krešimirova 5
✆ +385 51 213333
✆ +385 60 333444
www.hznet.hr
Avec celle de Zagreb, la gare de Rijeka est la plus grande du pays. Celle-ci se trouve à 10 minutes au nord du centre-ville. Ce véritable carrefour relie toutes les capitales européennes importantes. De nombreux trains quotidiens permettent la connexion avec Zagreb, Split, Ogulin, Ljublana, Vienne. Consignes à bagages, ouverte 24h/24.

### ■ GARE ROUTIÈRE

Trg Žabica 1
✆ +385 51 660300
www.autotrans.hr
autotrans@ri.t-com.hr
La gare routière se situe juste en face des marches monumentales de l'église Notre-Dame-de-Lourdes. Ce n'est pas vraiment une gare mais un parking dédié, avec un emplacement central, pratique pour le réseau de bus, avec un bureau de compagnie Autotrans à proximité. Les liaisons sont sans changements pour la plupart des villes croates et pays limitrophes. En haute saison, il n'est pas possible de réservation par téléphone, il faut se déplacer au guichet pour retirer ses billets. En été surtout, achetez-les au plus tôt ! Consigne à bagages dans l'agence, ouverte de 6h à 22h.

### ■ JADROLINIJA

Riva 16
✆ +385 51 666111
www.jadrolinija.hr
Les bureaux du siège de la compagnie nationale que vous verrez en ville ne délivrent pas les tickets pour les ferries. Ceux-ci s'achètent au terminal des passagers sur le port (Riječki lukobran bb). Du port de Rijeka, il est possible de rejoindre l'archipel de Cres et Mali Lošinj, l'île de Pag et Rab, uniquement pour les passagers (pas de voitures). Des traversées de nuit toute l'année pour Trieste, Zadar, Split, île de Mjet, Korčula, Dubrovnik, avec plus de rotations en été.

▸ **Autre adresse : Putnički** terminal RijekaRiječki lukobran bb (051) 211 444/ (051) 211 488

### ■ SIXT

✆ +385 52 530218
*Voir page <?>.*

### ■ VERO MOBILIS

Dolac 3
✆ +385 51 211 378
www.verorent.hr
reservations@verorent.hr
À l'aéroport.
Agence de location représentée sur les principales villes et aéroports de Croatie. Ici, pour chaque kilomètre parcouru avec l'une des voitures louées, 1 *lipa* est reversée en faveur de la protection des forêts. Bon rapport qualité/prix.

## Se déplacer

▸ **Le centre-ville piéton est facilement accessible**. Korzo, l'artère principale dessert de nombreuses rues perpendiculaires et des places, est un périmètre totalement couvert par le wi-fi public gratuit.

▸ **Un bon réseau de bus locaux** traverse la ville divisée en différentes zones ; le prix du ticket variant en fonction. On peut les acheter soit directement dans le bus soit dans les kiosques.

▸ **Les taxis sont plutôt chers.** Le tarif de la course est défini par un taximètre. La société Cammeo pratique des prix raisonnables, autour de 20 kn, pour un court trajet en centre-ville.

# Pratique

### ■ HÔPITAL DE RIJEKA

KBC Rijeka
Krešimirova 42
✆ +385 51 658111
www.kbc-rijeka.hr
Un établissement moderne avec un service d'urgence pour tous.

▸ **Autre adresse : Urgences** médicales : ✆ +385 51 658-102, 407-416

### ■ OFFICE DU TOURISME (TURISTIČKA ZAJEDNICA)

Korzo 14
✆ +385 51 335882
www.tz-rijeka.hr
tic@ri.t-com.hr

*Ouvert en été du lundi au samedi de 8h à 20h et de 9h à 14h le dimanche. En hiver, en semaine de 8h à 20h, le samedi de 8h à 14h, fermé le dimanche.*
Sur la grande avenue piétonne, où le wi-fi public est gratuit, cette agence vous délivrera toutes les informations nécessaires au séjour dans la ville et sa région. Hébergements, locations de véhicules, restaurants, excursions dans le golfe du Kvarner, randonnées en montagne, horaires des ferries, etc. Sur le site Internet très complet, visitez la boutique en ligne avec des idées cadeaux, notamment les broches en bronze de très bon goût.

## Se loger

Si on la compare à Opatija, la station balnéaire voisine sur la riviera, Rijeka propose peu de logements diversifiés. Cependant, comme dans toutes les villes de la côte, vous y trouverez des logements chez l'habitant, même si ce système fonctionne ici un peu moins bien qu'ailleurs. Avant de choisir cette solution, qui souvent vous éloigne du centre-ville, voyez au Best Western sur le front de mer, au Jadran Continental, au Botel Marina, le nouveau bateau hôtel, ou même dans les auberges de jeunesse (Hostel Dharma, Kosy E-2 ou au Youth Hostel Rijeka). Des localités proches (Volosko, Lovran ou Kraljevica) sur le littoral offrent d'autres possibilités. Enfin, le camping près de la mer (Prelük Camp) et les gites de montagne, situés à 25 km de la ville, à plus de 1 000 m d'altitude constituent une bonne solution pour les amoureux de la nature et les randonneurs.

### Bien et pas cher

#### ■ LE BOTEL MARINA***

Adamićev gat
✆ + 385 51 410 162
www.botel-marina.com
*Ouvert toute l'année. Tarifs dégressifs selon saison. Période estivale, prix des chambres par personne et par jour : individuelle (276 kn), double (de 187 à 299 kn), triple (154 kn), quadruple (132 kn), dortoir (12 kn). Petit déjeuner : 42 kn. Place de parking, 50 kn par jour. Animal accepté : 40 kn par jour. Wi-fi à bord.*
Après le marché et la discothèque flottants, voici l'autre originalité sur l'eau de Rijeka : le premier bateau hôtel de Croatie, ouvert en novembre 2013. Ancien restaurant dans le port de Lošinj, désormais ancré aux abords de la jetée Adamić, ce paquebot a toute une histoire. Le légendaire *Marina*, construit au Danemark en 1935, est l'un des plus anciens du monde, après plus d'un demi-siècle de navigation. Il a été récemment réaménagé avec soin et se compose aujourd'hui de 35 cabines, soit 112 lits, dont une soixantaine dans la catégorie trois étoiles, des chambres singles, doubles, triples, des dortoirs. Une vaste réception, un café, un bar lounge, un petit espace bien-être et un restaurant viennent compléter l'offre. Une idée d'hébergement qui tient à la fois du bateau de croisière (restant à quai !) que de l'hôtellerie moderne.

#### ■ CAMPING PRELUK

Preluk 1
✆ +385 51 621 913
✆ +385 91 6655 227
autocamp-preluk.com
Bus 32 entre Rijeka et Opatija.
*Fermé en basse saison. Environ 100 kn pour 2 personnes, un emplacement et une voiture. Emplacement tente pour 4 personnes, 35 kn*
Ce camping à égale distance entre Opatija à Rijeka a été implanté en terrasse sur un terrain montagneux qui descend vers la mer. L'ancienne route de la riviera le surplombe, il est donc à l'abri des nuisances sonores du trafic routier et en bonne harmonie avec la nature du littoral. Il devrait satisfaire les touristes qui souhaitent camper confortablement dans la région (tentes, caravaning, mobil-homes), profiter des criques et plages de galets, le panorama du golfe de Kravner en face, et les attraits des villes de la riviera pour des prix modérés.

#### ■ DHARMA HOSTEL

Spinčićeva 2
✆ +38551562108
www.dharmahostels.com
info@dharmahostels.com
*Lit en dortoir autour de 15 €, chambre double 40 €, petit déjeuner non inclus. Réception ouverte de 6h à 22h.*
L'hostel Dharma est le premier de son genre en Croatie. Situé dans un ancien complexe industriel, au niveau du tout nouveau centre commercial et à l'entrée de l'autoroute, il a été intégralement designé avec le souci de conserver ce caractère industriel dans un écrin résolument urbain et contemporain. Il est idéalement placé et a un grand parking qui permet de laisser la voiture pour se rendre en ville en bus. Il offre une vue imprenable sur la mer. L'établissement est neuf, très propre. Les dortoirs comme les chambres ont leurs propres salles de bains entièrement équipées. Au rez-de-chaussée, une cafétéria propose une cuisine végétarienne et une salle de yoga pour se détendre et se relaxer (cours le matin). Enfin, les plus belles plages de la ville se trouvent à seulement 200 m de l'hotel. Une adresse vraiment originale et bon marché.

### Confort ou charme

**HÔTEL CONTINENTAL**
Šetalište Andrije Kačića – Miošića 1
✆ +385 51 372008
www.jadran-hoteli.hr
continental@jadran-hoteli.hr
*Ouvert toute l'année. Selon la catégorie de 72 à 151 € la chambre (petit déjeuner inclus).*
Hôtel historique de la ville, le Continental fait partie des valeurs sûres de Rijeka. De catégorie 3-étoiles, l'établissement compte de nombreuses chambres confortables, dont certaines avec vue sur le golfe du Kvarner ou sur la vieille ville. Bon restaurant et terrasse agréable en été.

### Luxe

**GRAND HOTEL BONAVIA**
Dolac 4
✆ +385 51 357100
www.bonavia.hr
bonavia@bonavia.hr
*Ouvert toute l'année. A partir de 130 € la chambre double en haute saison.*
A deux pas de la place principale, en surplomb du centre-ville, cet hôtel de luxe 4-étoiles, fondé à la fin du XIXe siècle, reste l'un des meilleurs endroits pour se loger en ville. De spacieux couloirs mènent aux chambres et aux suites superbes, toutes entre élégance moderne, confort et bien-être (spa). De plus, l'établissement est doté de bars-restaurants agréables.

## Se restaurer

À Rijeka, plus qu'ailleurs, on peut savourer la cuisine de la Dalmatie du Nord, parfaite fusion entre le goût culinaire de la Croatie du terroir paysan, les habitudes de la côte adriatique et le particularisme insulaire. Plus particulièrement, l'Istrie et la région du Kvarner se rencontrent ici. Les tavernes (*konoba*) proposent selon les traditions familiales de produits de la mer (poissons frais, homards, pieuvres, calamars, noix de Saint-Jacques du fjord Limski) mais aussi des grillades de viandes, des plats complets (pâtes, polenta, risotto blanc ou noir, goulash). Des bars à vins, comme le Bistro Yacht Club, jouent la formule bar à vins avec assiette de prosciutto, fromage de brebis de l'île de Cres et olives, le tout accompagné d'excellents vins istriens (Malmasy, Terrano de Buje, Cabernet de Porec) ou le fameux vin blanc de Krk (Zlahtina de Vrbnik). Vous trouverez des tables traditionnelles (Nebuloza, Ribice, Blato), des grill-houses sur le port (Morna), des restaurants gastronomiques (Municipium), des adresses hors de la ville à tenter (Kukuriku, Rivica), des pizzerias (Bracera, Hamby), des restos végétariens (Klub Makrovega, Priroda ou le Tifan Bistro) et, même, deux restaurants chinois tenus par la même famille : le Pekin au nord de la Rijeka et le Pekin Wok dans la rue piétonne Jadranski.

**NA KANTUNU**
Demetrova 2
✆ +385 51 313 271
*Ouvert tous les jours sauf le dimanche de 9h à 23h. Plat à partir de 50 kn.*
Cantine, buffet, traduisez comme vous voulez mais essayez ce petit resto ! Installé sur le port, Na Kantunu assure une cuisine de la mer généreuse. Goûtez à la spécialité locale, le ragout de poulpe, mais aussi aux plateaux de crustacés, au court-bouillon de poissons frais, aux grillades du jour avec des légumes juste saisis dans l'huile d'olive, le tout accompagné d'un bon vin blanc naturel. Pour finir, des desserts maison.

**TERMINAL YACHT CLUB RESTAURANT**
Riječki lukobran
✆ +385 51 312 112
*Café lounge ouvert dès 8h, restaurant de 11h à minuit, club de 22h à 5h.*
Le restaurant de cette discothèque est réputé pour ses spécialités de viandes grillées (steakhouse), sa carte des vins. En journée, le bar lounge de la zone portuaire attire les jeunes qui apprécient l'ambiance clubbing en plein air.

**ZLATNA SKOLJKA**
Korzo Kružna 12
✆ +385 51 213782
www.zlatna-skoljka.hr
zlatna.skoljka@ri.t-com.hr
*Ouvert tous les jours de 11h à 23h sauf le dimanche. Environ 150 kn pour un repas, 200 kn pour les spécialités à base de truffe.*
Le restaurant existe depuis 1885, c'est donc une institution à Rijeka. L'espace est décoré façon *konoba* traditionnelle entre styles rustique et marin, qui correspond bien aux spécialités de la maison (risotto aux truffes et aux crevettes, poulple rôti, poissons, crustacés grillés selon les arrivages du marché). Un bon restaurant dans l'avenue la plus fréquentée de Rijeka.

## Sortir

Rijeka, la suractive a une vie nocturne assez dense. De nombreux bars et clubs sont installés sur la grande allée piétonne (Korko) et près du port. Le Buddha Bar (Riva 12a) est l'un des lieux les plus populaires, avec son intérieur élégant, sa musique lounge et sa grosse terrasse. Idem pour l'Hemingway, le

Karolina, le Divan Lounge Shiva. Si on préfère l'ambiance pub, cette ville portuaire en compte pas de moins six.

Les clubbers de Rijeka n'hésitent pas à prendre la voiture pour se retrouver sur la Riviera. Par exemple, au Disco Seven, l'un des clubs les plus chics d'Opatija, qui attire autant la jeunesse dorée de Rijeka. Ceux qui restent en ville montent sur Le Nina 2, un bateau-discothèque de deux étages amarré sur le quai (Adamićev gat). Fait aussi café-bar en journée et terrasse chill-out la nuit. Plus alternatif et arty, le Palach a emprunté son nom à l'étudiant tchèque dissident qui, en signe de protestation contre l'invasion soviétique de son pays, s'est immolé par le feu en janvier 1969. Juste derrière l'Hôtel Nebodor, le Stéréo Dvorana, la salle de concert et un club spacieux sur la Strossmayerova, programme du rock, de la techno, de l'electro mais pas de dance music.

### ■ HEMINGWAY LOUNGE BAR

Korzo 28
✆ 051 272 887
✆ 098 983 4218
www.hemingway.hr

L'ancienne scène Filodramatica est devenue un café chic, un bar à cocktails de la fameuse chaîne de brasseries en Croatie. Le décor d'intérieur a gardé son côté théâtral, ce qui en fait un lieu assez cher et select tout en restant l'une des bonnes adresses de la ville. Il fait bon s'y détendre en terrasse toute la journée. Le soir, c'est plutôt à l'intérieur que ça se passe. Le café y organise des *events* et des *parties*.

### ■ KLUB NINA 2

Adamićev Gat
✆ +385 99 584 3203 / 3
www.club-nina2.com

*Ouvert tous les jours de 8h à 2h, fermeture à 5h le vendredi et samedi.*

Ce restaurant-café situé sur un bateau se transforme en bar-boîte le soir. La jeunesse de Rijeka vient s'y défouler sur les derniers morceaux dance international. Il y a aussi un espace relaxation sur le pont.

## À voir – À faire

Premier port de Croatie, Rijeka regarde la mer et semble vivre au rythme du trafic maritime et de marchandises généré par ses grands marchés. La visite du patrimoine historique se doublera donc d'une sortie shopping car Rijeka possède un centre-ville actif et attrayant. La grande rue piétonne, le Korso, est bordée de cafés-restaurants, d'agences touristiques, de boutiques, de galeries, de banques, etc. À voir également : la halle du marché ancien, les églises monumentales, la façade de l'imposant théâtre municipal, les quelques musées.

Pour aller au château de Trsat, surplombant la ville, montez à pied les quelque 500 marches de la colline ou prenez le taxi. La récompense de ce déplacement qui prend de la hauteur ? Le beau panorama sur les environs urbains, la vue qui porte sur le golfe du Kvarner et ses îles. Depuis les remparts du fort, on peut apercevoir les deux îles de Krk et de Cres, que l'on peut visiter à la journée en croisière-excursion ou en prenant le ferry. Le port de plaisance attire aussi les skippers en partance pour l'archipel du Kvarner.

Par la route, à une dizaine de kilomètres au sud de Rijeka, on peut aussi accéder à Krk grâce au pont qui relie le lieu-dit Krakljevica à la grande île.

En partant tôt le matin, à une vingtaine de kilomètres au nord-est de la ville, le parc national du mont Risnjak ravira les randonneurs et les amoureux de la nature sauvage en pleine montagne.

### ■ ÉGLISE CAPUCINE NOTRE-DAME-DE-LOURDES (KAPUCINSKA CRKVA GOSPE LURDSKE)

Kapucinske stube

Sur un point culminant de la ville, un bel édifice néogothique, construit au début du XXe siècle. On y accède par un escalier à gradins. Il faudra attendre 1929 pour voir les travaux complètement terminés. Par manque de financements, la tour ne sera pas achevée. L'église jouit d'une belle vue sur le port et la vieille ville.



## Faire un tour aux marchés !

Surtout, ne pas quitter Rijeka sans avoir fait ses courses ou juste une promenade au marché central, ouvert tous les matins. Cette halle couverte est un vrai monument historique, composé de trois bâtiments de style Art nouveau, le tout formant un corps de rapport clair et harmonieux, orné de peintures murales. Il accueille de façon confortable les étals des poissonniers, bouchers, charcutiers et fromagers. À l'extérieur, les maraîchers et les petits producteurs locaux s'abritent sous de grands parasols. Plus anecdotique, le marché flottant sur le port vous invite à acheter fruits et légumes sur quelques embarcations. Très pittoresque aussi !

### ÉGLISE SAINT-JÉROME ET MONASTÈRE DOMINICAIN (CRKVA SV. JERONIMA I DOMINIKANSKI SAMOSTAN)

Crkva svetog. Jeronima

Fondée au XIVe siècle par les nobles de la ville, qui en firent leur mausolée privé, cette église est située à l'ouest du centre historique. Comme le monastère, l'église se caractérise par un style gothique et néogothique. Après le tremblement de terre de 1750, à l'époque baroque, l'ensemble avait déjà été considérablement restauré. L'intérieur, riche en tableaux et sculptures anciens, abrite notamment des œuvres maîtresses de Michelazzi.

### MUSÉE D'ART MODERNE ET CONTEMPORAIN (MUSEJ MODERNE I SUVREMENE UMJETNOSTI)

Dolac 1/II

✆ +385 51 492 611 / +385 51 334 280

www.mmsu.hr

mmsu_rijeka@ri.t-com.hr

*Ouvert du mardi au dimanche de 10h à 20 h. Fermé le lundi. Entrée : 15 kn.*

Logé dans la bibliothèque universitaire de Rijeka, au dernier étage, ce musée expose des œuvres du XIXe au XXIe siècle, arts moderne et contemporain de la région, ce dernier se montrant très dynamique ces dernières années.

### MUSÉE DES TECHNOLOGIES INFORMATIQUES PEEK & POKE (MUZEJ ZA INFORMACIJSKE TEHNOLOGIJE PEEK & POKE)

Ivana Grohovca 2

✆ +385 51 680 770 – www.peekpoke.hr

*Ouvert tous les jours de 11h à 17h, le samedi de 11h à 15h Entrée : 20 kn.*

Ouvert en 2007, cette collection permanente présente une histoire de la technologie informatique, avec les objets originaux qui ont ouvert la voie. Du Procalculo calculator (1914) aux Minivac 601 et autres vénérables ordinateurs domestiques, énormes PC IBM et MacIntosh des débuts, pour ne citer qu'eux. Sur 300 m², les passionnés auront ici l'occasion de bien comprendre le fonctionnement de la machine ! Bien sûr, le musée a un pied dans l'ère multimédia et digitale. A voir également, la collection de jouets anciens.

### MUSÉE D'HISTOIRE ET DE LA MARINE (POMORSKI I POVIJESNI MUSEJ)

Muzejski Trg 1

✆ +385 51 213 578 – www.ppmhp.hr

pomorski-povijesni-muzej@ri.t-com.hr

*Ouvert du lundi au samedi de 9h à 20h et le dimanche de 16h à 20h. Entrée : 15/10 kn.*

L'ancien palais du gouverneur de la couronne hongroise a ouvert ses murs à ce musée militaire. C'est en ces lieux aristocratiques, durant la Première Guerre mondiale, qu'eurent lieu d'âpres négociations entre les Arditi italiens, menés par le poète Gabriele d'Annunzio, pour annexer la ville, et les indépendantistes. Aujourd'hui, le musée est divisé en plusieurs départements : archéologie, histoire navale, ethnologie, centre pédagogique. L'occasion d'apprendre que la torpille a été inventée à Rijeka par le Croate Ivan Lupis.

### MUSÉE D'HISTOIRE NATURELLE (PRIRODOSLOVNI MUSEJ)

Lorenzov Prolaz 1 ✆ +385 51 553669

www.prirodoslovni.com

*Ouvert du lundi au samedi de 9h à 19h, dimanche jusqu'à 15h. Tarif 10 kn.*

Situé dans le jardin botanique Šetalište, le parc privé de l'archiduc Joseph, cousin de l'archiduc François-Joseph... Un bel environnement pour ce musée, fondé en 1876, qui expose des collections d'histoire naturelle en Istrie et dans le golfe du Kvarner, notamment. Des salles audiovisuelles, des animations pédagogiques et multimédias présentent l'évolution des espèces dans la région. Où l'on apprend qu'il y avait des requins dans l'Adriatique...

## Shopping

### ZELENO PLAVO

Trpimirova 1 a

✆ 051 322 598

*Boutique ouverte du lundi au vendredi de 8h à 20h. Le samedi de 8h à 13h. Fermé le dimanche.*

Dans le quartier piéton du centre-ville, une boutique joliment décorée sur le thème de la mer où vous trouverez certainement une idée de cadeaux gourmands. Ce négociant en vins vante les domaines régionaux, comme ceux de Gospoja sur l'île de KrK (près de Vrbnik) le travail des petits producteurs : miels de montagne, charcuterie traditionnelle, fromages de brebis, huiles d'olives, sel marin de Nin, gâteaux et liqueurs...

## Dans les environs

La route côtière sur la riviera de Rijeka en direction de Volosko et Opatija est jalonnée d'anciennes villas balnéaires et de jardins méditerranéens, cernés aujourd'hui par des bâtiments modernes bien moins élégants. En descendant vers Bakar et Crikvenica, la côte restée plus sauvage offre des panoramas splendides sur le golfe du Kvarner, l'archipel d'îles rocheuses. De nombreux peuples anciens se sont implantés dans le golfe du Kvarner bien avant la période hellénistique, par ailleurs très riche dans la région. L'histoire s'est donc enrichie de la présence des Liburniens avant les Grecs et les Romains. Plus près de nous, depuis le XIXe siècle, l'avènement du tourisme austro-hongrois draine toujours autant de visiteurs, originaires majoritairement de toute l'Europe centrale.

# TRSAT

Sur une montagne surplombant Rijeka, un peu au-dessus du centre, le village de Trsat est devenu quartier résidentiel et verdoyant de la ville. Il se gagne par l'ascension à pied, en voiture ou en bus (n°2). Vous parviendrez ainsi à la forteresse néomédiévale, que l'on peut visiter, et au sanctuaire de la Mère de Dieu (1291). La montée est récompensée par une vue superbe sur tout le golfe de Kvarner. L'été, des concerts sont programmés au château.

### ■ CHÂTEAU DE TRSAT (DVORAC TRSAT) ★

Trsatska gradina, Rijeka ✆ +385 51 217 714

*Ouvert tous les jours de 9h à 20h. Entrée gratuite.*

Un accès piétonnier monte au château, qui fut construit sur une colline à 138 mètres. Ce chemin passe à côté de la résidence du dernier propriétaire, le comte Laval Nugent. Celui-ci entreprit la rénovation de la citadelle en 1837 et y créa le premier musée d'art et d'histoire de Croatie. Probablement élevé sur les ruines d'un poste d'observation romain, ce castel médiéval, restauré dans le style romantique du classicisme autrichien, a appartenu à la grande dynastie des Frankopan. À l'intérieur, aujourd'hui les pièces sont vides, ce qui montre d'autant mieux la puissance des murs fortifiés. Avant de redescendre en ville, un verre à la buvette installée dans la cour du château est le bienvenu. Très beaux points de vue sur Rijeka et sur le golfe du Kvarner.

# PARC NATIONAL DE RISNJAK

Sur les hauteurs de la ville de Rijeka, dans la partie nord-ouest du Gorski Kotar, le territoire naturel qui s'étend autour du mont Risnjak a été déclaré parc national en 1953. Sur un espace de 64 kilomètres carrés, on trouve des phénomènes géologiques insolites, formés par les cours d'eaux qui traversent sur la roche karstique. C'est ainsi qu'une partie du territoire est recouverte de forêt vierge où vivent encore des ours, lynx et chats sauvages. On peut visiter des grottes, naviguer sur des lacs ou randonner en prairie, grandes étendues vertes où des alignements de pierres dressées ressemblent à des menhirs naturels. Pour les amateurs de marche en montagne, vous trouverez des sentiers bien balisés et, pour séjourner, des chalets à Crni Lug et des refuges aux pieds des monts Risnjak et Snježnik.

### ■ SCHLOSSER'S HOUSE

Crni Lug

Bijela Vodica 48 – NP RISNJAK

✆ +385 51 836 133 – www.risnjak.hr

*Ouvert du 1er mai au 31 octobre. Chambres doubles (bed & breakfast), selon la saison de 180 à 300 kn, triples de 180 à 320 kn. Possibilité de réserver pour la demi ou pension complète. Se renseigner au près du bureau du parc national*

Ceux qui voudront séjourner au plus près du NP Risnjak trouveront la guest house de Josip Schlosser Klekovski. Ce grand gîte d'altitude, agréée par le parc, comprend 43 lits, des dortoirs, des chambres doubles ou triples, un restaurant auberge, une terrasse orientée sud, tout pour rester en nature dans cette région montagneuse et boisée (Gorki Kotar). A vous les pistes de randonnée à l'ombre des mélèzes centenaires, les coins de pêche, les parois d'escalade, la dense végétation aux bords de l'eau. Au programme encore, marches autour du lac, trekking et découverte de la rivière Kupa et grands bols d'air.

# KASTAV

Entre Rijeka et Opatija, cette petite ville d'altitude mérite un détour. Ses monuments témoignent de sa splendeur passée, de son histoire mouvementée. Ainsi, ces neuf tours de défense, dont six sont encore debout. Si vous décidez de visiter Kastav, faites-le plutôt le soir pour monter sur l'une des tours et contempler les lumières infinies des maisons, des étoiles jusqu'à la mer. En journée, la vue est superbe également sur l'ensemble des îles du golfe.

### ■ BOUTIQUE HOTEL RESTORAN KUKURIKU

Trg Lokvina 3

✆ +38551 69 15 19 – www.kukuriku.hr

*Ouvert tous les jours de midi à minuit. Plusieurs menus à partir de 240 kn. Plats à la carte. Réservation conseillée.*

Sur les hauteurs de Rijeka, dans le bourg de Kastav, cet établissement de luxe, ouvert par le chef cuisinier Nenad Kukurin, propose des chambres confortables et surtout une table réputée. Les recettes laissent apparaître un goût raffiné pour la cuisine méditerranéenne et la gastronomie française. L'épure et la priorité aux produits du terroir se distinguent sur les médaillons au fromage brie et légumes braisés, les rouleaux de *prosciutto* farci au lait caillé, les figues et noix séchées sur une pomme acidulée relevée de moutarde de Samobor, le bouquet de fruits rouges ou d'asperges sauvages. De la créativité certes, mais la note est élevée. Si vous passez quelques jours dans la région, une expérience à s'offrir pour prendre son temps à table.

### ■ RESTAURANT VIDIKOVAC

Put Vladimira Nazora 6 ✆ +385 51 691 181

info@restoran-vidikovac.hr

*Ouvert tous les jours de 10h à minuit. Assiettes froides dégustation 250 kn.*

Sur les hauteurs du village, à côté de l'église Jelena Križavice, un restaurant terrasse avec une vue splendide sur le golfe de Kvarner. Au menu, spécialités croates, nord et sud, cuisinées par le chef, assiettes de charcuterie, fromage de pays, grillades. Tout est fait maison, c'est plus cher qu'ailleurs mais savoureux.

# KRALJEVICA

Après Rijeka en partant vers le sud-est, cette charmante petite localité portuaire à l'entrée de la baie de Bakarest est fière de ses deux châteaux. Ils appartenaient aux familles Zrinski et Frankopan et furent le théâtre de batailles sanglantes. Aujourd'hui, en été, dans ce cadre à la végétation luxuriante, se déroulent de nombreux événements culturels.

### ■ CENTRE D'INFORMATION TOURISTIQUE

Rovina bb ✆ +385 51 282 078
www.kraljevica.hr
En plus des services habituels en saison touristique (hébergement, idées découvertes du patrimoine), ce bureau municipal vous renseigne sur les heures de passage des bus qui empruntent le pont pour l'île de Krk.

### ■ HÔTEL UVALA SCOTT

Uvala Grabrova bb ✆ +385 51 281 226
www.jadran-hoteli.hr
hotel-uvala-scott@ri.htnet.hr
*Chambres selon la saison et la catégorie de 38 € à 55 €*
Dans la baie de Dubno, une première résidence balnéaire, achetée au début du XIX^e siècle par l'Anglais Alexandre Scott, ami de Lord Byron. Aujourd'hui, sur le site au milieu de la pinède, un village vacances s'est monté, que l'on voit du pont lorsqu'on arrive sur l'île. Dans ces batiments modernes étagés, pas moins de 300 chambres doubles et 17 suites avec un bon équipement pour le séjour aux portes du golfe du Kvarner (terrains de sport, plage privée). La petite place du village est plaisante, ses commerces, sa taverne, sa discothèque.

# CRIKVENICA ★

La côte adriatique de ce côté-ci est de toute beauté. Sur un littoral moins bétonné qu'il ne l'est au nord de Rijeka, les petites localités ont poussé (Braka, Selce, Dramalj, Jadranovo) jusqu'à Crikvenica, bien située au milieu du golfe du Kvarner, qui n'a pas l'agitation d'Opatija mais ne manque de charme. Avec sa végétation abondante, ses jolies plages, ses bars et terrasses, cette station balnéaire est vivante et populaire l'été. Les plages de galets et de sable, qui s'étendent sur 8 km, sont reliées entre elles par une promenade de bord de mer où l'on peut admirer les villas bourgeoises influencées par l'architecture austro-hongroise. Dans un autre style, une bonne offre hôtelière, plus récente, familiale, moins élégante, attend les touristes.

## Transports

L'aéroport le plus proche, celui d'Omišalj, se situe à Krk, la grande île en face, reliée au continent, par un immense pont, admirable ouvrage, mesurant 1 430 m. Inauguré en juillet 1980, il permet le passage de plus d'un million de véhicules par an. A noter, à ce jour, ce second plus long pont en arc en béton au monde figure parmi les plus grandes arches jamais réalisées. En bus, des liaisons régulières avec Rijeka (35 km) ou Senj (41 km) et des autocars intercités (Zagreb-Dubrovnik) s'arrêtent dans toutes les villes et passent par Crikvenica.

### ■ TBS MARINE

Taxi bateau Crikvenica ✆ +385 92 298 4553
freddyroncevic@gmail.com
Sur la rive principale du centre ville de Crikvenica.
Un Français, qui est installé dans la région depuis plusieurs années, propose ses services, à bord de son bateau rapide (Arimar Sea Pioneer) pour toutes les destinations côtières près de Crikvenica et transferts jusqu'à l'île Krk. Excursions possibles à la journée ou courses nocturnes. Le bateau est également disponible à la location avec skipper. Tarifs spéciaux pour les groupes.

## Pratique

### ■ CENTRE D'INFORMATIONS TOURISTIQUES (TURISTIČKA ZAJEDNICA GRADA CRIKVENICE)

Trg Stjepana Radića 1c ✆ +385 51 241 051
www.tzg-crikvenice.hr
info@tzg-crikvenice.hr
*Ouvert en été tous les jours de 8h à 22h.*
Office de tourisme municipal qui délivre des informations sur la ville et sa riviera ainsi qu'une sélection d'adresses pour l'hébergement, les transports/déplacements, visites, excursions.

## Se loger

### ■ GRAND HÔTEL DRAMALJ

M.Muzevica n° 10 ✆ +385 51 787160
www.grand-hotel.hr – info@grand-hotel.hr
*Chambres selon la saison et la catégorie de 96 € à 169 € (petit déjeuner inclus).*
Ouvert en 2006, l'hôtel s'est fondé sur deux belles villas méditerranéennes, en pierres de taille élégantes, entièrement rénovées. De standing 4-étoiles, les bâtiments lumineux, décorés avec un mélange de classique et moderne, possèdent des chambres très confortables, la climatisation, une terrasse ou un balcon avec vue sur la mer pour la plupart. Egalement un restaurant à la carte où l'on parle français, une piscine, un jardin, un sauna, une salle de fitness... La plage est à 3 minutes de marche, le centre de Crikvenica à un quart d'heure.

**HÔTEL KASTEL**
Frankopanska 22
✆ + 385 51 241 044
www.jadran-crikvenica.hr
kastel@jadran-crikvenica.hr
*Ouvert de mars à novembre et pendant les fêtes de fin d'année. Chambres selon la saison et la catégorie de 50 € à 186 € (petit déjeuner inclus).*
L'hôtel, logé dans un monastère du XIVe siècle, est bien situé dans le centre de Crikvenica, à l'embouchure de la rivière Dubračina. C'est donc un 3 étoiles sur un domaine historique, qui regarde la mer et dispose d'une plage privée. Sur 4 étages, les 74 chambres confortables, un espace Internet à la réception (payant), un bar, un restaurant.

**HÔTEL VALI**
Gajevo Setaliste 35
✆ +385 51 788 110
www.hotelvali.hr
info@hotelvali.hr
*Ouvert toute l'année. Chambres selon la saison et la catégorie de 75 € à 162 € (petit déjeuner inclus)*
Il faut quitter la route principale pour découvrir cet hôtel entouré de verdure. Bâtiment moderne rénové avec soin. Les chambres possèdent la climatisation, la télé par satellite, le Wi-fi, un minibar et surtout, pour certaines orientées vers la mer, une vue splendide de la terrasse privée. En plus : une plage privée à 15 mètres, une piscine intérieure, des équipement bien-être, un cocktail-bar et un restaurant. Se renseigner sur place pour les diverses activités sportives. Parking gratuit.

## Se restaurer

**KONOBA TRABAKUL**
Strossmayer šetalište 10
✆ +385 51 243 695 / +385 98 944 034
www.crikvenica-info.com/trabakul/
nenad.ivancic@ri.t-com.hr
*Ouvert tous les jours midi et soir. Plats à partir de 60 kn.*
Parmi la masse de restaurants sur l'avenue, cette taverne terrasse à la cuisine méditerranéenne traditionnelle retient l'attention. Des spécialités locales, spécialement les encornets grillés accompagnés de blitva (écrasé de pommes de terre et pousses vertes à l'huile d'olive) très digeste. Les patates sautées maison ne sont pas mal non plus. A découvrir !

**RESTAURANT BEGO**
Basaričekova 50
✆ +385 51 781 154
sapor@ri.t-com.hr
*Ouvert tous les jours de 11h à 23h. Plats à partir de 40/60. kn.*
A l'entrée de la ville, à 150 m de la mer, le restaurant se trouve dans un environnement naturel plaisant, près du sentier des Amoureux... Sa grande terrasse vous invite à déguster des spécialités traditionnelles méditerranéennes avec un bon vin local.

**SABBIA RESTAURANT & BAR**
Strossmayerovo šetalište 50 b
✆ +385 51 781 033
www.sabbia.hr
*Ouvert tous les jours de 8h à minuit, vendredi et samedi jusqu'à 3h. Le service au restaurant est ouvert de 11h à 23h.*
« Sabbia » signifie *sable* en italien, donc ici on peut manger les pieds dans l'eau au rez-de chaussée, avec la vue imprenable sur la côte. Le restaurant,, installé sur deux étages, propose deux ambiances, pizzeria-bar-salon et un bar lounge plus chic à l'étage. En résumé, beach, cuisine, musique, détente.

# SELCE

Entre Crikvenica et Novi Vinodolski, cette petite ville balnéaire est réputée dès 1890 pour la qualité de l'air, ses belles plages aux eaux cristallines. Un établissement thermal, spécialisé dans la rééducation musculaire des sportifs, ainsi qu'un tourisme de bien-être et de santé y ont élu domicile.

**CENTRE D'INFORMATION SELCE**
Šetalište Ivana Jeličića 1
✆ +385 0 51 765 165
www.rivieracrikvenica.com
td-selce@tzg-crikvenice.hr
*Ouvert tous les jours en saison estivale.*
Un bureau d'informations touristiques locales. Pour plus de renseignements sur la riviera, s'adresser à l'office de tourisme de Crikvenica.

**HOTEL SELCE*****
Setaliste Ivana Jelicia 14
✆ + 385 51 768 222
www.hotel-selce.hr
*Chambre selon la saison et la catégorie de 50 à 81 € (petit déjeuner inclus).*
Petit hôtel indépendant situé aux abords du port. Chambres spacieuses et propres, dont certaines ont vue sur la mer. Préferez si possible celles situées aux étages élevés, qui auront une plus belle vue et seront plus protégées du bruit qui monte des restaurants du port. L'accès Wi-fi est gratuit dans le hall de la réception, payant dans les chambres. Le plus : le prix de la nuitée qui, pour quelques euros de plus, comprend la demi-pension.

# OPATIJA ET SA RIVIERA

*Bien calée au fond d'une baie, dans le golfe de Kvarner, cette riviera célèbre et mondaine s'étend sur une vingtaine de kilomètres le long de la côte adriatique. Grâce à son climat doux, l'air sain entre mer et montagne, la côte d'Opatija représentait une destination idéale pour toute l'aristocratie austro-hongroise puis européenne dès le début du XIX^e siècle. Aujourd'hui, la végétation subtropicale, protégée par le mont Učka, à l'abri des vents du nord, poursuit sa floraison en toute saison. Les parcs des palaces et des somptueux hôtels qui bordent le Lungomare sont souvent luxuriants. Cette promenade de la mer, entre Opatija et Lovran, est aménagée par endroits avec des terrasses en pierres, qui descendent vers la mer par de petits escaliers. Des pontons et des bassins facilitent la baignade. Mais, l'été, cette voie maritime piétonne est surpeuplée. C'est donc bien pendant l'arrière-saison qu'il faut revenir pour retrouver le charme du tourisme élégant.*

## OPATIJA ★★

Si vous aimez les stations balnéaires à l'ambiance rétro avec résidences princières, parcs et vues plongeantes sur la mer, un peu dans l'esprit du Nice, Menton ou Monte-Carlo d'antan, il faut visiter Opatija ! Son nom lui vient du mot « abbaye », car c'est ici que se trouvait la résidence de Saint-Jacob, où logeaient les membres du clergé de la région de Kvarner. En 1844, lorsque le riche commerçant Iginio Scarpa décide de construire une villa (Angiolina) pour sa femme, les premières fondations de riviera touristique sont posées, qui va se développer au pied du mont Učka.

A une vingtaine de kilomètres à l'ouest de Rijeka, à la limite de l'Istrie, la première station balnéaire du golfe de Kvarner a aujourd'hui un peu perdu de son charme mondain, mais les jardins luxuriants sont toujours aussi romantiques. Vous y trouverez de nombreux hôtels, divers hébergements et de multiples activités.

*Opatija.*

### Transports

En bus, de nombreuses liaisons entre Pula-Rijeka-Zagreb passent par Opatija. Sur place, quantité d'agences proposent la location de véhicules.

■ **KATARINA LINE**
Maršala Tita 75/I ✆ +385 51 603 400
www.katarina-line.hr – info@katarina-line.hr
Une agence qui propose hébergements, excursions en bateau, croisières pour découvrir la côte et les îles de l'Adriatique, circuits en bus à la journée et autres prestations festives, dont des sorties en bateau pour clubbers, avec musique techno-house et DJ embarqués.

▸ **Autres adresses : Krtalja** Zvonimira 34, 21000 Split. +385 21 321 858 • Obala S. Radica 38, Hôtel Petka, 20000 Dubrovnik. ✆ +385 20 313 777

### Pratique

■ **OFFICE DU TOURISME D'OPATIJA ET DU KVARNER (TURISTIČKA ZAJEDNICA GRADA OPATIJA I KVARNERA)**
Vladimira Nazora 3 ✆ +385 51 271710
www.kvarner.hr – info@opatija-tourism.hr
*Ouvert toute l'année de 8h à 19h, sauf novembre et décembre fermeture à 16h. En juillet, ouvert jusqu'à 21h, en août jusqu'à 22h.*
Situé dans la rue principale, un peu plus haut que la villa Angiolina, sur le même trottoir, l'office de tourisme propose aussi des formules congrès, séminaires, des séjours de thalassothérapie en arrière-saison, un agenda complet des évènements culturels. Il crée des liens avec la riviera d'Opatija et la région Kvarner, dont le site Internet est consultable en français.

Opatija
Office du Tourisme
Station de Bus
Camping
DIRAČE
MARUŠINAC
SADINA
PLAHUTI VRUTKI
Plahuti
Put u Bregi
Veprinackog Statuta
Partizansko Stu
S. Carmen Sylve
Vrutki
Veprinacki put
Stubiste
J. Glaxa
Musicevac
Bonissa Zelea
Valvasora
Brajsin Prolaz
M. Susanj
Vjekoslava Spincica
M. Balote
9. Rujna
Nova Cesta
Eugena Kumicica
D. Gervaisa
Tennis
Jurja Dobrile
Nikole Tesle
Dobrile
Vande Ekl
Hrvatskih
Poginulih
D. Alighierla
Park Margarita
Veloq Joze
Put za Vrutki
Veprinaki put
Joakima Rakovca
Felikasa Persica
Marsala Tita
Radnika Cesta
Svetog
V. Nazora
Office du Tourisme
Cara Emina
Brioni
Yacht Club
Luka Opatija
Zert
Villa Angiolina Park
Ljetna pozornica
Eglise Sv. Jakob
Franza Josefa I
Slatina
Trznica
JADRANSKO MORE
150 m.
Marina Admiral
vers Camping

## Se loger

Des hôtels de luxe, qui font revivre les anciennes résidences aristocrates et s'orientent aujourd'hui vers l'offre thermale et le bien-être, de riches villas entourées de verdure, des appartements neufs, des chambres chez l'habitant et des campings tout le long de la côte... vous trouverez un large choix d'hébergements à Opatija, dans le centre et environs. Sa riviera est si fréquentée que la plupart des habitants proposent des locations saisonnières et vivent ainsi du tourisme.

### Bien et pas cher

**■ HÔTEL IMPÉRIAL**
M. Tita 124/3
✆ +385 51 271 677
www.liburnia.hr
info@liburnia.hr
*Ouvert toute l'année, sauf trois semaines en janvier. Chambre double selon la saison et la catégorie de 64 € à 118 € (petit déjeuner inclus).*
Grand établissement historique du centre-ville, construit à la fin du XIXe siècle, après l'hôtel Kvarner afin d'y loger noblement la famille royale des Habsbourg. Il a appartenu à l'Etat avant d'être privatisé. Sa jolie façade assez impressionnante au prime abord révèle un 3-étoiles à un prix abordable. Les grandes chambres, toute alignées dans un couloir blanc immaculé, derrière de hauts battants de cuir, ont le charme de l'ancien et un côté rétro mais sont confortables.

**■ HÔTEL PALACE BELLEVUE**
Marsala Tita 144/146
✆ +385 51 271 811
www.liburnia.hr
info@liburnia.hr
*La chambre double selon la saison et la catégorie de 66 € à 133 €.*
Ouvert toute l'année, ce grand hôtel fait partie des vénérables établissements de la riviera élégante. Situé dans le centre, il est doté d'une piscine extérieure et intérieure, d'un centre de bien-être (massage, sauna), d'un salon de beauté, d'un restaurant, café avec terrasse, d'un parking privé. Pensez à réserver.

### Confort ou charme

**■ GRAND HÔTEL 4 OPATIJSKA CVIJETA**
V. C. Emina 6
✆ +385 51 295 000
*Ouvert toute l'année. Chambre double selon la saison et la catégorie de 80 € à 153 € (petit déjeuner inclus). Parking payant.*
La direction hôtelière gère quatre villas neuves de haut standing, avec 262 chambres. Certaines ont vue sur le golfe du Kvarner, d'autre sur le massif montagneux de la Učka. Pour tous les résidents, une belle piscine, un accès privé à la mer, un centre spa avec des offres wellness détente et un bar restaurant.

**■ HOTEL BELVEDERE****
Ulica Ive Kaline
✆ +385 51 710 444
www.remisens.com/en/hotel-belvedere
*Chambres selon la saison et la catégorie de 49 à 136,80 € (petit déjeuner inclus).*
Hôtel néoclassique de la promenade du bord de mer, entre le village de pêcheurs de Volosko et le centre historique d'Opatija. Pour un prix modique, vous aurez la chance d'avoir une chambre charmante et spacieuse, pas toute jeune mais avec vue sur la mer (si vous réservez à l'avance). Une terrasse tout aussi bien orientée vers la baie du Kvarner, une piscine d'eau salée intérieure et une plage privée complètent l'offre balnéaire. La connexion Wi-fi est gratuite dans le hall. Bar et restaurant, où des concerts sont organisés une fois par semaine. De jolies promenades sont à faire aux alentours, du jardin méditerranéen jusqu'à l'abbaye bénédictine, par exemple. L'ambiance vieille Europe de la station se retrouve ici.

**■ HOTEL RESTORAN GALEB**
M.Tita 160
✆ +385 51 271177
www.hotel-galeb.hr
hotel-galeb@ri.t-com.hr
*Ouvert toute l'année. La chambre double selon saison et catégorie de 92 € à 150 € (petit déjeuner inclus).*
En centre-ville, un hôtel familial de 20 chambres et 5 appartements, avec ascenseur. Les chambres sont équipées du téléphone, de la télé, de l'air conditionné, d'un minibar et, pour la plupart, d'un balcon avec vue sur la mer. Le restaurant, où l'on sert du poisson frais et un petit déjeuner copieux sous forme de buffet, donne envie d'opter pour la demi-pension. Bar, parking privé (payant) et réception accueillante.

**■ HÔTEL SAVOY**
M.Tita 129
✆ +385 51 710500
www.hotel-savoy.hr
info@hotel-savoy.hr
*Chambre double de 119 € à 196 € selon la saison et la catégorie (petit déjeuner inclus).*
En centre-ville, un hôtel d'une trentaine de chambres et deux appartements. Les chambres sont équipées de téléphone, TV, air conditionné, minibar et balcons avec vue sur la mer pour la plupart. Autres services, le restaurant-bar, la piscine et plage privée, le centre mini-wellness, le salon de coiffure, le parking privé (payant).

■ **VILLA DUBRAVA/THALASSO WELLNESS CENTER**
Marsala Tita 188/4
✆ +385 51 202 680
www.thalassotherapia-opatija.hr
villa.dubrava@ri.hinet.hr
*Chambre double selon la saison et la catégorie de 62 € à 89 € (petit déjeuner inclus).*
Rattachée à l'espace de thalassothérapie, cet ancien bâtiment, à la belle architecture classique, compte trois étages avec ascenseur et climatisation. La direction propose plusieurs formules, des nuits d'hôtel dans l'une des 43 chambres ou des séjours bien-être. Au restaurant-terrasse, tous les résidents peuvent commander des menus diététiques. En traversant la rue, on accède à la fameuse promenade de bord de mer (Lungomare).

## Luxe

■ **HÔTEL AMBASADOR**
Feliksa Peršića 1
✆ +385 51 743 333
www.liburnia.hr
ambasador@liburnia.hr
*Tarifs des chambres selon le standing et l'exposition : de 76 € à 85 € la single, de 114 € à 192 € la double, la suite familiale 168 € (petit déjeuner compris).*
Un emplacement en bord de mer et centre-ville, 12 chambres luxueuses, des suites, des balcons plein sud avec vue sur le golfe, une plage privée, piscine, centre spa, bar lounge cocktail, restaurants, discothèque. Style et confort moderne à tous les étages à des prix qui restent abordables vu le standing !

■ **HÔTEL KVARNER-AMALIA**
P. Tomasica 2/2
✆ +385 51 271 233
✆ +385 51 271 944
www.liburnia.hr
info@liburnia.hr
*Selon la saison et la catégorie, la chambre double de 120 à 274 € (petit déjeuner inclus).*
C'est le plus vieil hôtel de l'Adriatique, construit en 1884. Les membres de la monarchie austro-hongroise y avaient leurs quartiers d'été et jouissaient du parc à proximité du jardin botanique, des piscines, l'une couverte, l'autre à l'extérieur, de la terrasse ouverte sur la mer, d'une réception royale, des chambres et suite luxueuses. Tout est encore en place. Cette propriété possédait aussi des dépendances, ainsi la villa Amalia, où l'on a aménagé des chambres au standing et prix moins élevés. L'hôtel Kvarner, comme son voisin l'Impérial, accueille parfois des événements médiatiques nationaux (concours de Miss Croatie, Eurovision, etc.)

■ **HÔTEL MILENIJ**
M. Tita 109
✆ +385 51 202 000
www.milenijhoteli.hr
info@milenijhoteli.hr
*Ouvert toute l'année. Chambre double selon la saison et la catégorie de 139 à 222 € (petit déjeuner inclus).*
Un des rares hôtels de la riviera 5 étoiles, une classification qu'il doit à son standing général et au niveau d'équipements modernes et de bien-être : deux piscines, un sauna, un restaurant et un café où il fait bon voir et être vu... Il comprend aussi une ancienne villa à la façade rose ainsi qu'un bâtiment plus moderne. La décoration des chambres est agréable et la vue sur la mer imprenable. De nombreuses formules spa sont proposées dans cet hôtel.

■ **HÔTEL MOZART**
M. Tita 138
✆ +385 51 718 260
www.hotel-mozart.hr
info@hotel-mozart.hr
*Ouvert toute l'année. Chambres doubles à partir de 157 € et 246 € pour les suites (petit déjeuner inclus).*
Ce petit hôtel a beaucoup de cachet, avec sa décoration style Sécession. Côté confort, on note la qualité irréprochable des 26 chambres et 3 suites, le service professionnel et souriant, les équipements bien-être, le piano-bar, le restaurant et le jardin, un ensemble très agréable. Sur le site Internet, de nombreuses promotions autour des périodes de festivals en ville ou sur les séjours spa.

## Se restaurer

■ **HOTEL RESTAURANT BEVANDA**
Zert 8
✆ +385 51 493 888
www.bevanda.hr
reservations@bevanda.hr
*Hôtel ouvert toute l'année. Une chambre selon la saison et la catégorie entre 156 € et 434 € la nuit. Le restaurant sert jusqu'à minuit. Compter entre 44 et 178 € le menu.*
Au cœur d'Opatija, dans un parc, cet hôtel-restaurant a ouvert en 1971. Avec ses marbres, sa colonnade et sa terrasse panoramique sur la mer, la décoration du lieu est faite pour impressionner tout comme le bar à champagne et le caviar ! Ambiance élégante donc pour cet établissement classé 5 étoiles. En 2010, la direction a changé, et le menu avec. Le chef Andrej Barbieri met l'accent sur plus de simplicité, sur la cuisine de la mer, les produits du terroir, biologiques, et sur les desserts raffinés. Bonne carte des vins également.

**RESTAURANT RUZMARIN**
Veprinački put 2
✆ +385 51 712 673
www.restaurant-ruzmarin.com
*Ouvert tous les jours en été, en semaine de 10h à 1h, samedi et dimanche de 13h à 1h. Plats de 69 à 159 kn.*
Un peu en dehors de la fourmillante promenade de la mer, ce restaurant a l'originalité d'avoir installé sa cuisine ouverte en terrasse. Vous voyez donc comment officie le chef lorsqu'il prépare ses plats, surtout la cuisson des viandes et poissons sur le gril, mais les végétariens peuvent essayer les légumes méditerranéens grillés ou les lasagnes !

**VILA RESTORAN MALI RAJ**
M.Tita 253
✆ + 3851 5579 754
✆ + 3851 3732 862
www.maliraj.hr
mali.raj@ri.t-com.hr
*Chambres selon la catégorie de 36 à 54 € la nuit (petit déjeuner inclus). Restaurant ouvert tous les jours en été de 10h à minuit. Autour de 180 kn le repas.*
Une propriété privée sur la riviera, avec un restaurant-terrasse à la vue panoramique superbe et des chambres à louer. Une bonne table où la cuisine de pêcheur simple et soignée est recommandée : plateau de fruits de mer, encornets grillés, homard aux spaghettis asperges aux œufs et crevettes, risotto aux calamars.

## Sortir

**BAR HEMINGWAY**
Zert 2
www.hemingway.hr
*Ouvert tous les jours du matin jusque tard dans la soirée.*
Ce bar-restaurant, premier d'une chaîne d'établissements que l'on retrouve dans toutes les grandes villes en Croatie, fut nommé, en 2010, parmi les meilleurs organisateurs d'événements festifs dans la région du Kvarner. Tout près du parc Angiolina et de la mer, il est connu pour son grand choix de cocktails, que l'on sirote plus volontiers le soir avec vue sur la baie et les lumières de Rijeka au loin.

**CAFE BAR LEONARDO**
M. Tita 129
*Ouvert tous les jours en été de 8h à 2h.*
Un peu en hauteur de la rue principale, proche du Casino Admiral, ce café-bar est calme en journée. Il joue la carte de la bonne ambiance festive avec des soirées DJ et des retransmissions de match.

**CHOCO BAR**
M. Tita 94
✆ +385 51 603 592
www.kraschocobar.com
chocobarzagreb@kras.hr
*Ouvert tous les jours de 7h à 22h30, le week-end, fermeture à 23h30.*
Si vous aimez le cacao travaillé, c'est le lieu où il faut absolument venir pour choisir vos pralines, gâteaux et autres mélanges au chocolat, tous produits par la chocolaterie de Kras Cokobar. Ce café élégant, où l'on peut commander des boissons chaudes ou froides, avec ou sans alcool, fait aussi salon de thé avec pâtisseries. Une boutique également, où l'on peut se laisser tenter par les gourmandises à emporter.

## À voir - À faire

La ville présente un fort contraste entre l'ambiance très fin de siècle (XIXe) et le tourisme estival plus populaire qui a pris le relais aujourd'hui. Aujourd'hui, le Lungomare reste une vraie balade *à La recherche du temps perdu* où l'on admire en se promenant la statue de la jeune fille à la mouette, le pavillon d'art Juraj Šporer, l'église et le parc Saint-Jacob, l'hôtel Kvarner, l'un des plus anciens d'Opatija, la Vila et le parc Angiolina...
Aujourd'hui, les vacanciers de plus en plus nombreux s'intéressent aussi aux marinas et autres terrains de tennis. Les idées de sports nautiques et de plaisance, les cocktails bars clubs et casinos font florès à Opatija. Peu de plages en revanche et, en général, très fréquentées en pleine saison. Pour vos baignades, nous vous conseillons les villages aux alentours.
A ne pas manquer, le Lungomare le matin ou le soir, un cocktail à l'hôtel Ambasador, la riviera nord et sud d'Opatija, une randonnée au parc naturel Učka.

**VILA ANGIOLINA MUSEE DU TOURISME (HRVATSKI MUZEJ TURIZMA** ★★★
Park Angiolina 1
✆ + 385 51603636
www.hrmt.hr
info@hrmt.hr
*Ouvert tous les jours de 10h à 21h. Entrée 10 kn. Gratuit tous les premiers dimanches du mois.*
Si la nostalgie des riches heures du tourisme élégant vous prend, venez à la Vila Angiolina ! Construite de 1845 à 1860, dans un style architectural éclectique, typique du XIXe siècle, c'est la plus ancienne résidence d'été de la station balnéaire. Offerte à sa femme par le richissime industriel de Rijeka, Igino Scarpa, elle inaugure, de son temps, la mode aristocratique des villégiatures autrichiennes

## Le Lungomare, une promenade mondaine le long du littoral

En 2011, la célèbre promenade maritime d'Opatija a fêté son centenaire. La construction du Lungomare ou « long de la mer » a réellement commencé en 1885, lorsque Opatija n'avait que deux hôtels. La station balnéaire n'était pas donc encore lancée que le tracé avait déjà fait du chemin. À partir de Volosko vers Slatina, il se mit à prendre du terrain sur la zone occupée par les pêcheurs à terre au profit des nouveaux touristes. Vingt-six années supplémentaires furent nécessaires pour que les ouvriers des architectes, Heinrich Gintl, Alfred Manussi et Konrad Rubbia, aidés par le capitaine du district, aboutissent enfin à Lovran. Douze kilomètres plus tard, en 1911, la promenade est enfin inaugurée sur toute sa longueur.

À l'époque, Opatija avait le statut d'une station de bord de mer huppée. Ses villas ont accueilli de nombreuses têtes couronnées d'Europe, des grands noms de la culture et des sciences. Tous ces visiteurs mondains se promenaient sur l'incontournable Lungomare pour respirer l'air marin, appréciant la beauté du golfe du Kvarner tout en se sentant en bonne compagnie. Toute la haute société austro-hongroise puis européenne fréquentait cette partie du littoral : Guillaume II, François-Joseph, Gustav Mahler, Isadora Duncan, pour ne citer qu'eux. Nombre de riches familles y firent construire des résidences secondaires, souvent des bâtisses néoclassiques ou de style éclectique aux couleurs chaudes méditerranéennes. Aujourd'hui, un long parcours santé-détente et patrimoine se découvre sur cette partie du littoral aménagé, avec une large voie pour marcher, des escaliers et pontons pour l'accès à la mer, des bancs et des jardins pour se reposer.



en bord de mer. Dans la villa, certaines salles décorées de fresques et trompe-l'œil ont été réaménagées pour accueillir une belle collection de peintures, photos, cartes postales, affiches lithographiées mais aussi des équipements hôteliers d'époque. Un grand espace vert, avec parterres floraux à la française autour de la villa et parc botanique, près de l'église St. Jakov, ont été dessinés par le premier propriétaire lui-même. L'amoureux de la nature fit s'acclimater ici quantité de végétaux venus des Amériques, d'Australie... On compte 159 espèces, dont certaines très exotiques comme le ginkgo, le sequoia, le camélia japonais.

## PARC NATUREL DE UČKA ★

Au pied de la montagne Učka, une partie de la riviera d'Opatija entre dans le territoire d'une réserve côtière protégée, sur un terrain de dimension plutôt modeste. Par temps clair, vous pourrez monter au Mont de Vojak (1 396 m). Entre mer et montagne, vous découvrirez une flore méditerranéenne et forestière variée, accompagnées de vues magnifiques sur le golfe de Kvarner, ses îles et la côte istrienne. Des espèces d'oiseaux rares vivent et se reproduisent dans ce parc naturel, comme la campanule de Učka (Campanula tommasiniana), le vautour griffon et l'aigle d'or.

En septembre, la course à pied et d'obstacles (Učka Trail) passe presque entièrement par le parc. Son tracé emprunte des pistes de sous-bois, des chemins étroits dégagés, des pentes orientales du mont jusqu'au sommet le plus élevé. Elle attire des passionnés croates et européens, des athlètes, des coureurs de montagne, triathlètes mais aussi des randonneurs, qui prennent un parcours plus « léger » de trois heures. A l'arrivée, un accueil convivial et festif au port de Moscenicka Draga.

*Plus d'infos sur la course : www.uckatrail.com*

### ■ KONOBA « NA RIVI » KOD BENITO

Stari Grad 28 Moščenićka Draga

✆ +385 51 737502

*Ouvert de 10h à 23h. À partir de 100 kn le plat.*

A quelques kilomètres à l'est d'Opatija, un repaire pour les navigateurs qui cabotent le long de la riviera. Ce restaurant se trouve juste au-dessus d'une petite crique du village. Sa terrasse offre une vue sur les îles de Krk et Cres. L'endroit est petit mais la cuisine, raffinée. Le chef a fait ses preuves dans un grand hôtel de Zagreb avant de revenir dans sa région natale. Bien sûr, le poisson et les pâtes fraîches aux fruits de mer font partie intégrante du menu, et plus particulièrement le rouget au vin blanc. Tout est préparé selon les recettes simples et traditionnelles locales. Le poisson est bouilli ou grillé, la soupe, servie avec de la polenta.

# VOLOSKO

Alors que le reste de la côte s'est développé au rythme effrené du flux touristique venu du nord, ce petit port de pêche a su garder sa fonction première. Volosko reste un village avec du cachet – le plus ancien de la riviera d'Opatija, où se côtoient quelques villas anciennes près du littoral, où de jolies plages alternent rochers et galets, où il fait bon s'extraire de la foule estivale, pour se baigner ou pour un dîner romantique. A voir, avant d'arriver à Lovran, les deux petits ports médiévaux, Moscenicka Draga, Moscenice et Brsec, où il est agréable de se baigner, faire du kayak, de l'escalade.

### ■ RESTORAN LE MANDRAĆ

Obala Frane Supila 12
✆ +385 51 701 357
www.lemandrac.com
restaurant@lemandrac.com
*Ouvert tous les jours de 12h à minuit. Environ 300 kn pour un repas à la carte.*
Donnant directement sur le petit port de Volosko, ce restaurant, aussi appelé Mandrać est l'œuvre de deux jeunes Croates revenus de Grande-Bretagne. Ils ont soigné la décoration désign, tout de verre et de transparence. La terrasse y est particulièrement agréable au printemps ou au soleil couchant. L'accueil est chaleureux et décontracté. Le chef est imaginatif. Sa carte mélange les plats traditionnels aux idées de la gastronomie internationale. Ainsi ce pavé de loup relevé d'un filet graphique d'huile d'olive, cette polenta à l'encre de seiche, ce *limon buzara*, association de fruits de mer et de jambon cru/persillade. Une carte des vins variée et bien conseillée.

© ONT CROATIE – RENCO KOSINOŽIĆ

*Lovran.*

# LOVRAN

Passage obligé si vous êtes dans la région, Lovran était déjà réputé au Moyen Age comme port d'attache des pêcheurs, navigateurs et autres commerçants au long cours. A partir du XIXe siècle, sa position géographique sur le littoral, son climat agréable ont donné vie à une flore méditerranéenne luxuriante ainsi qu'au tourisme balnéaire précoce. Nommée Lovran en référence aux lauriers fleurs (*lovor*) qui abondent, cette ville romantique est fière de sa côte élégante. Une promenade historique en bord de mer et piétonne, le Lungomare, part d'Opatija, longe la côte et s'arrête à Lovran. On y côtoie les plus jolies villas aristocratiques de la côte. Résidences balnéaires, construites à la fin du XIXe et au début du XXe siècles par de riches familles d'industriels autrichiens et hongrois. Certaines demeures sont classées au patrimoine architectural mondial. Leurs jardins exotiques participent au charme. Ne manquez pas la façade en marbre rose d'Italie de l'originale villa Frapart, par exemple, admirez de l'extérieur une partie du parc, aussi impressionnant par sa taille que par la diversité de ses plantes exotiques. Ne se visite pas malheureusement ! En revanche, le chemin côtier donne accès à des criques calmes, où l'eau est bien plus propre que sur les plages d'Opatija.
Tournée vers l'Adriatique, la ville monte aussi jusqu'à 500 m au-dessus du niveau de la mer. Sur les hauteurs, le panorama de la riviera, la vue sur le golfe de Kvarner et ses îles vaut la balade.
À la sortie de Lovran, sur la route du sud, les petits ports médiévaux, Moscenicka Draga et Brsec, méritent aussi une étape. À Brsec, découvrez les spots de plongée, de baignade ou de sortie en kayak. Au-dessus de Moscenicka Draga, où l'on trouvera aussi des possibilités d'hébergements, l'escalade en niveau facile apporte des sensations fortes, avec en prime la vue imprenable sur la baie.

## Pratique

### ■ OFFICE DU TOURISME (TURISTIČKA ZAJEDNICA)

Trg Slobode 1
✆ +385 51 291740
www.tz-lovran.hr
information@tz-lovran.hr
*Du 15 juin au 15 septembre ouvert du lundi au samedi de 8h à 21h, dimanche 9h à 13h. Le reste*

*de l'année en semaine de 8h à 15h, le samedi de 8h à 13h, fermé le dimanche.*
Pour des informations pratiques sur l'hébergement dans la région, les excursions dans les parcs nationaux voisins (Plitvice, Brijuni or Risnjak), sur les îles du golfe de Kvarner, aux grottes de Postojna (Slovenia), à Venise.

# Se loger

## Locations

■ **PANSION RESTAURANT ŠTANGER**
Šetalište Maršala Tita 128
✆ +385 51 291 154
info@pansion-stanger.com
*En chambre double selon la saison, de 38 € à 72 € (petit déjeuner compris).*
A environ 1 km du centre de Lovran, entre la mer et les montagnes verdoyantes de l'Ucka, ce pavillon a été construit à 20 mètres de la mer. Depuis plus d'un demi-siècle d'existence, sa tradition touristique n'est plus à faire ! Cela se traduit par une réelle hospitalité et un savoir-faire hôtelier. Les chambres ont pour la plupart un balcon avec une vue imprenable sur la baie du Kvarner et ses îles. Le restaurant, ouvert à tous, vaut le déplacement, avec sa belle terrasse ouverte aussi sur la mer. La cuisine allie des recettes anciennes et typiques avec les techniques culinaires modernes.

## Bien et pas cher

■ **CAMPING MEDVEJA**
Medveja b.b. ✆ +385 51 291 191
www.liburnia.hr – medveja@liburnia.hr
*Environ 10 € par jour et par personne en été.*
Entre Opatija et Lovran, ce camping, installé sur un terrain ombragé dans une petite crique avec une plage de galets, est agréable à vivre. On peut réserver un emplacement pour la tente, le camping-car ou même louer des mobile-homes.

## Confort ou charme

■ **HÔTEL EXCELSIOR**
Šetalište Maršala Tita 15
✆ +385 51 292 233
*Chambre double selon la saison et la catégorie de 55 € à 172 € (petit déjeuner inclus).*
À environ 300 mètres du centre, cet hôtel entouré de végétation est bâti au bord de l'eau et de la promenade de la mer. Il jouit d'une plage privée, d'un sauna et d'un centre de bien-être, de courts de tennis. Une piscine intérieure est alimentée en eau salée alors qu'une autre à l'extérieur est réservée aux enfants et leur famille. Grand complexe avec 176 chambres et suites dont la plupart possèdent un balcon ou une terrasse avec vue balnéaire, un restaurant, un café, une taverne, un service médical, une boutique à journaux, un garage.

■ **HÔTEL VILLA VERA**
Šetalište Maršala Tita 5
51415 Lovran ✆ +385 51 294 120
www.hotel-villavera.hr
info@hotel-villavera.com
*A partir de 154 € la chambre double en haute saison. Réduction possible pour plusieurs nuits.*
Entourée de verdure, la propriété se compose de 13 chambres et 4 appartements climatisés en été, chauffés en hiver. Les équipements de bien-être comptent une piscine sous verre avec Jacuzzi et trois saunas (finlandais, infrarouge, hamam). On y trouve également un restaurant avec terrasse extérieure, un parking privé. Demandez à séjourner en étage pour la vue sur la mer. La plage, qui donne sur la fameuse promenade Lungomare, se trouve à seulement 20 mètres.

## Luxe

■ **VILLA ASTRA**
Viktora Cara Emina 11 ✆ +385 51 294 400
www.lovranske-vile.com
villa.astra@lovranske-vile.com
*Selon la catégorie et la saison, la chambre double de 201 à 292 € (petit déjeuner inclus).*
La villa Astra est une superbe villa de l'époque austro-hongroise (1905). Elle fut longtemps une résidence balnéaire et thalasso et possède toujours une piscine à l'eau salée chauffée et un accès direct à la mer. La célèbre promenade Lungomare passe devant la villa, ce qui peut être une excellente idée de balade jusqu'à Opatija. On est très loin ici du boutique-hotel tendance visant le luxe et une politique tarifaire à l'avenant. Dans cette superbe demeure, l'accent est mis sur le bien-être. Pour dire vrai, c'est ce que nous avons trouvé ici : le calme et la relaxation dans un cadre exceptionnel. On vient pour se détendre, prendre le temps de se retrouver, être en contact avec la nature, la mer et respirer. On y trouve également une bonne table, avec une terrasse entourée de verdure. La salle intérieure décorée dans les tons bordeaux et blanc est agréable dès qu'il fait frais. Cuisine créative qui met au menu poissons et crustacés frais accompagnés de primeurs du jardin mais aussi du sucré-salé, le tout arrosé de vins croates ou étrangers. Nous vous recommandons de venir y passer quelques jours, afin de prendre le temps, de vous balader le long de la plage, de profiter de la piscine, du jardin et de l'espace bien-être. Sur le site, vous trouverez de nombreuses formules à des prix attractifs. On peut combiner à ce séjour relaxation des journés pour découvrir la région du Kvarner ou encore l'Istrie.

*Tour de l'église Saint George à Lovran.*

■ **VILLA EUGENIA**
Šetalište Maršala Tita 34
✆ +385 51 294 800
villa-eugenia.com
*De 84 € à 144 € la chambre double selon la saison et la catégorie (petit déjeuner inclus).*
La villa Eugenia fut construite en 1910 pour abriter le sanatorium du docteur Eder, l'un des fondateurs de la thalassothérapie à Lovran. Depuis, l'établissement a été transformé en hôtel de luxe au confort moderne. Si possible, demander une chambre en hauteur pour la vue mais aussi pour éviter les bruits de la route.

## Se restaurer

■ **BISTRO BELLAVISTA**
Stari Grad 22
✆ +385 51 294461
josipsandra@net.hr
*Ouvert tous les jours en été de 11h à 23h. Plat à partir de 70 kn.*
Avec sa façade bleue et sa terrasse qui surplombe la route principale de Lovran, ce restaurant est facilement identifiable. L'adresse existe depuis plus de quarante ans mais la cuisine de la mer reste simple, savoureuse et généreuse. Pâtes, poissons grillés, calamars, risottos et l'incontournable blitva (pommes de terre/pousses vertes cuites à la vapeur et écrasées à l'huile d'olive) ainsi qu'un plat végétarien et une bonne sélection de vins pour accompagner le tout. Bon accueil également. Jolie vue sur le port.

## À voir – À faire

■ **ÉGLISE ET MAISON SAINT-GEORGES (CRKA I DOM SVETI JURAJ)**
Stari Grad
*Une visite guidée de l'église est organisée le lundi, mercredi et vendredi de 19h à 21h30.*
Dans le vieux quartier, l'église de Lovran fut construite au XIIe siècle. Refondé au XVe siècle, le sanctuaire est décoré d'une superbe fresque gothique. A l'origine et jusqu'au XVIIIe siècle, le campanile était séparé de l'église puis le bâtiment agrandi s'augmente de deux chapelles baroques.
Juste en face de l'église, la maison de Saint-Georges, devenue mairie de Lovran, date aussi du Moyen Âge. Noter, au-dessus du portail, le bas-relief en bois, sculpté pendant la première moitié du XIXe siècle, par des artisans locaux. Il représente le saint très populaire terrassant le dragon. Sur le mur figurent encore les armoiries d'une famille noble de Lovran.

## Dans les environs

■ **CAMPING DRAGA**
Aleja Slatina bb
MOŠČENIĆKA DRAGA ✆ +385 51 727 523
www.tz-moscenicka.hr
info@autocampdraga.com
*Prix de l'emplacement tente pour une nuitée : 32,50 €.*
À une dizaine de kilomètres au sud sur la côte, après Lovran en venant d'Opatija, ce camping, qui est rapidement plein en haute saison, a une capacité de 400 personnes. Il se trouve à proximité d'une longue plage de galets.

# ÎLE DE KRK

*Avec Cres, Krk (408 kilomètres carrés) est la plus grande des îles croates. Si de nombreuses traces de la présence romaine et des anciens Croates subsistent sur ces terres, aujourd'hui l'occupation des sols paraît assez paradoxale. Au nord, on compte une forte concentration de la population, plus de 70 000 visiteurs annuels et quantité de complexes hôteliers, qui ont vu le jour après l'inauguration du pont de Krčki Most (1981). Cet ouvrage spectaculaire relie, en une vingtaine de kilomètres, l'île de Krk aux villes et stations touristiques du littoral (Rijeka, Crikvenica, Lovran, Opatija). En haute saison, la circulation est dense sur la route principale, qui dessert les localités côtières et insulaires. Au sud, on retrouve toutes les richesses naturelles que l'on peut espérer dans golfe du Kvarner : les criques encaissées, la mer bleu azur, la terre méditerranéenne préservée et l'odeur des herbes aromatiques, la sauge, le romarin, les senteurs des figuiers qui dominent à nouveau. On peut même suivre les sentes des chèvres ou le tracé pittoresque des carrés de vignes. Les villes de Krk et la marina de Punat méritent un arrêt, puis cap à l'est pour le petit port de Vrbnik et jusqu'aux pointes de l'île, Baška, Stara Baška, dotées de paysages marins plus sauvages.*

## KRK ★

Fondée sous l'empire romain, la première ville, qui porte le même nom que son île, est caractéristique des cités portuaires de la côte adriatique. Une inscription sur une pierre tombale du IVe siècle évoque déjà la *splendissima civitas Curictarum*. Plus tard, la cité sera fortifiée avec une enceinte, mais aujourd'hui la ville est très ouverte. C'est même la plus touristique de l'île, avec un aéroport à proximité et des cars de touristes remplis qui viennent y passer la journée. Le succès s'en ressent sur les prix des locations saisonnières, plus élevés qu'ailleurs, même hors saison.

## Les ponts en arc, fierté des ingénieurs croates

Si de nombreux ouvrages enjambent déjà les multiples rivières du pays (sur la Krka à Sibenik, la Neretva à Dubrovnik), les ponts les plus impressionnants sont bien ceux qui passent au-dessus de la mer et relient le continent aux îles de l'Adriatique. Certains résidents maintiennent que le charme insulaire s'en ressent, d'autres se félicitent de ces nouvelles liaisons routières qui désenclavent leur territoire, accélèrent le trafic et créent une continuité entre les deux pôles forts de la Croatie. En voiture, *exit* le ferry, vous emprunterez sûrement le pont de Krk (Krčki most), les Maslenički et Paški most près de Zadar, le pont de la baie de Morinje près de Šibenik. Dernier projet en date, le pont de Pelješac (Pelješki most) devrait surplomber la baie de Mali Ston sur une portée de plus de 500 mètres. Actuellement, pour relier la côte septentrionale de la péninsule au continent, il faut soit transiter par la Bosnie-Herzégovine *via* la ville portuaire de Neum, soit prendre le bateau entre Trpanj et Ploče.

## Transports

- **Avion.** Sur l'île, l'aéroport de Rijeka a été construit à Omišalj.
- **Bus.** Près d'une quinzaine de bus assurent la liaison quotidienne de Rijeka jusqu'à Krk, Punat, Baška. La gare routière se trouve près du port, avant l'entrée du centre historique.
- **Voiture.** Le pont qui relie l'île à la terre ferme est payant (15 kn). Le centre-ville historique, réservé aux piétons, est relié à de grands parkings payants.
- **Bateau.** Des ferries de la compagnie Jadrolinja embarquent les véhicules et relient Krk aux îles à Cres (Valbiska-Merag), Rab (Lopar). Des bateaux rapides font la liaison entre le petit port de Čižići et Crikvenica ou Selce sur le continent.

## Pratique

### AUREA INTERNATIONAL

Vršanska 26 L
✆ +385 51 221777 / +385 51 222 777
www.aurea-krk.hr – aurea@aurea-krk.hr
*Agence ouverte tous les jours en été. Réservation et location sur le site Internet également (pages en français).*
Basée à Krk, cette agence fondée en 1990 vous aidera dans toutes vos démarches sur l'île. Propose de nombreux hébergements chez l'habitant, des excursions en car et en bateau, la location de voitures, etc.

### AZUR

J. Pupačića 1
✆ +385 51 880765 / +385 91 586 92 48
www.azur-krk.com
info@azur-krk.com
*Ouvert tous les jours en saison de 9h à 20 h.*
Une agence locale qui propose quantité de services sur l'île, notamment la recherche d'hébergement chez l'habitant.

### KRK SISTEMI

Setalište Svetog Bernardina 3
✆ + 385 51 222 999
krksistemi.hr
*Ouvert tous les jours de 9h à 22h et le dimanche jusqu'à 21h (coupure l'après-midi)*
Une boutique d'informatique où trouver des ordinateurs pour la connexion Internet et wi-fi.

### OFFICE DU TOURISME (TURISTIČKA ZAJEDNICA)

Vela Placa 1/1 Krk-ville
✆ +385 51 221414
tz@tz-krk.hr
*Ouvert entre avril et octobre.*
Agence et site Internet bien fournis en informations pratiques sur la ville et l'île de Krk. Pour les plus connectés, l'application en anglais (Krk, town of history and culture) vous guide ausssi dans la cité.

- **Autre adresse : (OT** saisonnier) Obala Hrvatske Mornarice bb

## Se loger

### DEPENDANCE TAMARIS

Ružmarinska 6
✆ +385 51 655755
www.hotelikrk.hr
hotel@hotelikrk.hr
*Selon la saison et la catégorie, la chambre de 59 € à 132 € (petit déjeuner inclus).*
Beaucoup plus discret et charmant que ses voisins, cet hôtel 3-étoiles est de dimension

moyenne et s'insère bien dans le paysage. L'immeuble moderne, qui compte un seul étage, s'étale sur la côte sans la défigurer. Des chambres simples et confortables, dont certaines donnent côté mer.

■ **HÔTEL MARINA**
Obala Hrvatske Mornarice 8
✆ +385 51 221 128
www.hotelikrk.hr – hotel@hotelikrk.hr
*Selon la saison et la catégorie, la chambre de 140 € à 255 € (petit déjeuner inclus).*
Un grand hôtel 4-étoiles, rénové en 2008, orienté face à la mer, avec le centre historique en contrebas. Les dix chambres sont particulièrement confortables, certaines augmentées d'une terrasse privative.

■ **VALAMAR KORALJ ROMANTIC HOTEL**
Vlade Tomačića bb
✆ +385 52 465 300 / +385 51 655 400
www.valamar.com
reservations@valamar.com
*Ouvert d'avril à novembre. Selon la saison et la catégorie, la chambre de 70 € à 275 € (petit déjeuner inclus).*
A 10 min à pied de la vieille ville, un hôtel de la grosse chaîne hôteliere dalmate, construit face à la mer. Tout est pensé pour le séjour farniente sur place, autour de la piscine à gradins, qui paraît plonger dans la mer, sur l'un des transats ou sur la crique en contrebas. Les chambres sont confortables et la demi-pension chaudement conseillée par la direction.

## Se restaurer

Plusieurs restaurants abordables se trouvent près du port ou en dehors du centre historique. Près du marché, qui se tient régulièrement du côté ouest de la vieille ville, des snacks et fast-foods croates proposent sandwichs, pizzas, burek, etc.

### Bien et pas cher

■ **KONOBA NONO**
Krčkih Iseljenika 8
✆ +385 51 222 221
www.nono-krk.com
*Ouvert de 11h à minuit. Plats à partir de 35 kn. Comptez 150 kn pour le poisson.*
Une taverne au cadre rustique et à l'ambiance restaurant de pêcheur. Ici, les spécialités de la maison (assiette de jambon et fromage de pays, calamars frits, pâtes fraîches garnies au goulash, poissons grillés) sont arrosées ou cuisinées avec l'huile d'olive produite par la famille. Desserts maison également à la figue et à la noix. À goûter !

### RESTORAN FRANKOPAN

Sv. Kvirina 1
Trg Svetog Kvirna
✆ +385 51 221437
*Ouvert de 11 h à 23 h. Plats de 50 kn à 100 kn.*
Une bonne adresse de la vieille ville. Si vous avez envie d'un plateau de fruits de mer ou d'autres produits de la pêche, ce restaurant propose sa carte variée : salade de poulpe, poissons grillés entiers, tagliatelles vertes aux crustacés, calamars, mais aussi pizza au jambon, viandes grillées, etc.

## Bonnes tables

### KONOBA CORSARO

Obala Hvratske Mornarice 2
✆ +385 51 220 084
www.konoba-corsaro.com
*Ouvert tous les jours en été de 11h à minuit. Compter de 50 kn à 90 kn un plat de pâtes, 450 kn le poisson au kg.*
Cette taverne, tout de bois et pierres, avec terrasse sur le port, est une halte recommandée. Au menu, des spécialités maison, les pâtes Casanova aux filets d'anchois frais, olives, tomates ou macaronis aux truffes et bacon, risotto de crustacés, poissons grillés entiers.

### KONOBA ŠIME

Antuna Mahnića 1
✆ +385 51 220042
*Ouvert tous les jours en été de 10h à 23h. Plats de 40 kn à 150 kn.*
Dans un cadre agréable, avec vue imprenable sur le port, l'adresse propose en terrasse des grandes tables en bois accueillantes. A l'intérieur, l'ambiance est plus feutrée avec pierres apparentes et marines accrochées aux murs. Spécialités de poisson, fruits de mer, pâtes fraîches, risotto, calamars mais aussi d'excellentes saucisses épicées (*ćevapčići*).

### RESTORAN KARAKA

Senjska b.b. Camping Ježevac
✆ +385 51 845 480
www.restoran-karaka.hr
info@restoran-karaka.hr
*Ouvert tous les jours en été de 11h à minuit. Compter entre 15 et 20 € pour un repas complet.*
En dehors du centre-ville, le restaurant est situé près du camping dans un cadre naturel avec une terrasse en bord de mer. Les plats de viandes grillées, l'agneau, le veau ou le cochon de lait à la broche sont la spécialité maison, mais aussi le poulpe aux pommes de terre, le loup de mer cuit au sel, etc. Vaut le déplacement !

## Sortir

### VOLSONIS COCKTAILS BAR

Vela Placa 8
✆ +385 51 880 249
www.volsonis.hr
*Ouvert toute l'année, automne, hiver de 7h à minuit, le vendredi et samedi, fermeture à 1h30. En été, ouvert tous les jours, fermeture à 2h. Entrée gratuite.*
C'est à voir ! Pour le lieu déjà, niché derrière la cathédrale. Les propriétaires de ce bar-club ont eu l'idée de s'inspirer des murs romains qui leur servent de fondations. Ils ont imaginé le lieu comme une taverne antique. Ils ont réutilisé des fragments archéologiques pour la décoration et apporté des éléments contemporains sans que cela fasse trop kitsch. Poutres au plafond, piliers au centre, pierres apparentes, terre battue et amphores entières posées au sol. On se croirait vraiment dans un peplum italien. Ici, on vous sert du vin, bien sûr, mais aussi des cocktails et des boissons avec ou sans alcool, des drinks énergisants, des bières et une petite restauration. Concerts live, soirées DJ et bonne ambiance. En plus, salle d'exposition à visiter dans les sous-sols.

## À voir – À faire

### CATHÉDRALE (KATEDRALA)

Edifiée au Ve siècle, sur les ruines de thermes romaines, l'église première fut largement reconstruite aux époques romane et gothique. Si l'on remonte au monde antique pour les fondations, les archéologues y ont récemment trouvé des mosaïques datant du début de la chrétienneté. La tour de l'horloge, elle, a été ajoutée au XVIe siècle. Un ange en bois, trônant au sommet de la tour, a été protégé dans sa structure par des résines en polyester. La chapelle des Frankopan fut commanditée par la descendance des comtes de Krk qui ont exercé leur pouvoir sur l'île avec l'accord de Venise jusqu'au XVIIe siècle.

### CHÂTEAU FRANKOPAN (KASTEL)

Frankopanska 22
*Ouvert de 9h à 13h et de 17h à 20h, en haute saison non stop. Fermé entre novembre et mars.*
Au XIIe siècle, la communauté Frankopan fit construire une enceinte avec quatre tours à proximité de la mer. Le château fut élevé plus tardivement par les Vénitiens aux XVIe et XVIIe siècles. Entièrement rénové, toujours visible de la vieille ville, le site est accessible au public depuis 2011. Des salles d'animations culturelles ont été aménagées à l'intérieur de deux tours.

# PUNAT

A proximité de Krk, Punat a longtemps vécu de l'industrie prospère de ses chantiers navals. Depuis les années 60, sa rade, considérée comme l'une des plus sûres du pays, a donné lieu à la construction de la plus grande marina de l'Adriatique. L'économie de Punat est donc principalement tournée vers le tourisme maritime.

## Transports

### ■ MARINA PUNAT

Puntica 7
✆ +385 51 654111
www.marina-punat.hr
marina-punat@marina-punat.hr
Réception et services ouverts toute l'année. Restaurant, laverie, parking, hébergement, hôtel wi-fi gratuit, tennis, pharmacie, magasins... un vrai quartier pour cette immense marina.

## Pratique

### ■ OFFICE DU TOURISME (TURISTIČKA ZAJEDNICA)

Pod Topol 2
✆ +385 51 854 860
www.tzpunat.hr
info@tzpunat.hr
*Ouvert du lundi au samedi de 8h à 20h. Fermé le dimanche. Horaires réduits hors saison.*
Une agence où trouver des informations sur l'hébergement, la plaisance, le transfert des îles, les excursions au monastère de Košljun.

## Se loger

### ■ CAMPING PILA

Šetalište Ivana Brusića 2
✆ +385 51 854 020 / + 385 51 85 41 22
www.hoteli-punat.hr
pila@hoteli-punat.hr
*Comptez en haute saison, la nuit 7,80 €/pers + 24 € pour l'emplacement.*
Situé au sud de la ville, un camping tout confort en bord de mer, avec quelques zones d'emplacements ombragées. À noter : le camping est géré de façon écologique avec recyclage et énergie solaire. Bien vu aussi, le cybercafé.

### ■ HOSTEL HALUGICA

Novi Put 8
✆ +385 51 854037
http://www.nazor.hr
punat@nazor.hr
*Formule bed & breakfast, la nuitée en chambre double, triple ou quadruple, de 115 à 130 kn selon la saison. 110 kn en dortoir.*
Un hostel plus qu'une auberge de jeunesse, tant on y voit de personnes de tous âges, en recherche d'hébergement économique et convenable. C'est le cas dans ces deux bâtiments du XIXe rénovés. Chambres simples, doubles, triples ou quadruples avec des salles de bains et toilettes partagées aux étages. Une salle de télé et de jeux, un jardin, une terrasse pour le bar/restaurant, le parking et la wi-fi gratuits, autant de services qui complètent l'ensemble. Les dortoirs sont bien tenus et il y règne une ambiance conviviale. Possibilité de demi-pension.

Vue aérienne de Punat.

Punat
Office du tourisme
Parking
Centre de secours
Plage
Puntica
Matije Gupca
17 Travnja
Klanac
Prgon
Galija
Veli Dvor
Obala
Kljelpina
Movi Put
Vela Draga
Trojice
Gornja Kala
Donja Kala
Kralja Zvonimira
Stare Brajde
Augusta Cesarca
Rudera Boskovica
Pod Topol
Ivana Gorana Kovacica
Pescivica
Vinogradska
Primorska
Krcka
Jadranska
Frankopanska
Kosljunska
Buka
Batovo
Setaliste Ivana Brusica
PUNTARSKA DRAGA
Marina
150 m.
Monastère
Samostan
PRNIBA

■ **HÔTEL-RESTAURANT KANAJT******
Kanajt 5
✆ +385 51 654 340 – www.kanajt.hr
*Ouvert toute l'année. Chambre selon la saison et la catégorie entre 76 € et 496 € (petit déjeuner inclus).*
Un peu à l'extérieur du centre-ville au nord, l'hôtel 4 étoiles est installé au bord de la mer, près de la marina. Cette grande bâtisse historique, bien au calme, nichée au cœur d'une oliveraie, fut la résidence d'été des évêques de Krk dans les années 1528. Aujourd'hui, les 22 chambres rénovées du Kanajt ont bien plus de charme que celles des complexes hôteliers voisins. Toutes ont l'air conditionné, le téléphone, une connexion Internet gratuite. La demi-pension est conseillée car le restaurant-terrasse a bonne réputation et de nombreuses activités sont proposées sur place (accès à la mer pour les bateaux, plage, parc, tennis, excursions).

## À voir – À faire

■ **ÎLE DE KOŠLJUN**
En face de Punat, la petite île sur laquelle un monastère franciscain abrite encore une communauté de moines. L'île était déjà habitée à l'époque romaine, où l'on a trouvé les traces d'une ancienne villa. Au XIIe siècle, ce sont les Bénédictins qui l'occupent puis en 1447, les lieux sont abandonnés jusqu'à ce que les Frankopan y installent l'ordre des franciscains. Ici sont gardés de très anciens manuscrits écrits en glagolitique. Vous pouvez vous y rendre en bateau taxi depuis le port de Punat.

■ **MONASTÈRE FRANCISCAIN (FRANJEVAČKI SAMOSTAN KLAUSTAR)**
✆ +385 518 540 – www.kosljun.hr
*Musée ouvert du lundi au samedi de 9h30 à 17 h. Le dimanche et jours fériés ouvert de 10h30 à 12h30. Entrée : 10 kn-20 kn.*
En face de la marina de Punat, le monastère sur l'île est aussi relié à la ville de Krk grâce à des petites embarcations régulières. La communauté franciscaine, présente sur l'île dès le XIIIe siècle, y réside toujours en ouvrant largement son lieu de vie au public. On peut visiter l'église, le cloître, le réfectoire, la bibliothèque, le jardin, le petit musée d'art sacré et archéologique, sans oublier la boutique de produits monastiques. Aujourd'hui, des représentations de théâtre et danse y sont même programmées.

# KOŠLJUN

Si vous séjournez à Punat, ne manquez pas l'excursion sur l'île de Košljun à seulement 750 mètres au large de la marina. À visiter : le monastère franciscain où vivent des moines entreprenants, qui ont ouvert leur lieu de retraite au public. Ils gèrent un musée naturaliste et ethnographique où sont exposés des articles de pêche anciens, des outils agricoles traditionnels, des costumes folkloriques et une belle collection de coquillages. À voir également : la bibliothèque avec des milliers de manuscrits et livres conservés, dont l'un des trois atlas de Ptolémée, imprimé à Venise en 1511.
*Se renseigner à l'office de tourisme de Punat pour la traversée en bateau :*
Pod topol 2 – www.tzpunat.hr – tél. +385 (0) 51 854 860 – e-mail : info@tzpunat.hr

# BAŠKA ★★

A 10 km de Punat, à l'extrémité sud-est de l'île, sur un site naturel encore préservé, le vieux Baška ressemble à un village de pêcheurs des Cyclades avec ses façades blanches et colorées, la mer en contre-plongée. La route qui y mène traverse une vallée de vignobles, où l'on produit le vin de Žlahtina, de robe jaune et sucré. Au printemps, la roche est recouverte de plantes aromatiques. Aujourd'hui, le petit port s'est fortement développé et, quand on arrive par la route, c'est bien sur la gauche du front de mer, côté est, que l'on découvrira le Baška authentique. C'est là que vous aimerez vous promnener sur l'ancienne riva, prendre un verre ou dîner sur la jetée, tout près des chaluts attachés pour la nuit. Côté ouest, beaucoup moins charmant, c'est le domaine des immeubles modernes et des campings, boutiques et grande foule estivale. La plage de sable, longue de 2 km, est considérée comme l'une des plus belles de Croatie. La qualité de l'eau y est excellente. De Baška, partent plusieurs balades dans les environs, à pied ou en bateau vers Bunculuka, Vela Luka, Mala Luka... autant de petites baies, plages ou criques de galets fins, que veille la montagne de roche blanche. Plus loin sur ce suberbe littoral encore sauvage, ne pas manquer le site de Stara Baška, paradis des campeurs et des plongeurs.

## Transports

■ **TAXI BOAT KING**
Palada Ul
✆ + 385 92 104 53 90 / + 385 91 782 4114
*100 kn l'aller-retour vers les criques.*
Las des plages bondées de Baška ? Prenez donc un bateau-taxi qui vous emmènera sur une crique déserte entre Vela Luka, Prič et Vrženica et reviendra vous chercher quand vous le souhaitez. Quand, en plus, on opte pour l'electro solar boat, qui fonctionne à l'énergie solaire, on a moins de scrupules à naviguer avec un engin à moteur !

## Pratique

### OFFICE DU TOURISME MUNICIPAL (TURISTIČKA ZAJEDNICA OPCINE BAŠKA)

Kralja Zvonimira 114
© +385 51 856 817
www.tz-baska.hr
tz-baska@ri.t-com.hr
*Ouvert tous les jours en saison estivale.*
Située entre la gare routière, le port et la plage, cette agence vous donne des informations sur l'île, l'hébergement, les itinéraires de randonnées, les horaires de bus, les contacts des taxis bateaux pour aller sur les criques par la mer.

## Se loger

### FKK CAMPING NATURISTE BUNCULUKA

Jurandvor
© 385 51 856 806
www.bunculuka.info
bunculuka@hotelibaska.h
*Tarif camping pour la nuit, par personne selon la catégorie, de 12 € à 14 € + 6 € pour l'emplacement de la tente.*
Disons-le tout de suite, les « Textiles » sont acceptés mais doivent payer 25 kn de droit de passage, s'ils veulent accéder à la superbe crique, demeurer sur le site ou même juste traverser le camping par le littoral ! Grimpant discrètement entre deux collines, le FKK Naturist Camp bien implanté dans la pinède paraît posséder le petit golfe à lui tout seul. Pourtant, la plage de galets de rêve, les chemins de randonnées pour aller sur d'autres criques à l'est ne lui appartiennent pas. A voir pour la beauté de la baie. Si l'envie vous prend d'y séjourner, vous trouverez ici des emplacements pour tentes classiques, des mobile-homes climatisés avec vue sur mer, kitchenette, salon télé, terrasse, wi-fi gratuit, terrains de sport, animation, etc. Ce camping de luxe mise sur le confort, la nature en plus. Réservation conseillée.

## Se restaurer

### BAR RESTORAN U.O. MARETA 1

Palada ul
© +385 91 55 34493
*Ouvert du début avril à fin septembre, du mardi au dimanche de 10h à minuit. Plateau de poissons, fruits de mer, selon arrivage, pour 4 personnes environ 260 kn.*
Une table sur la jetée du port de pêche avec vue imprenable sur le vieux Baska, la baie, son défilé montagneux, c'est ce que propose ce restaurant retiré, pourtant l'un des plus recommandés de la station. Une adresse paisible où l'on prend le temps, loin des foules bruyantes. La présence des pêcheurs et des locaux est de bon augure. Ici, on ne cherche pas l'originalité mais ce que l'Adriatique a de meilleur, des poissons et crustacés frais accompagnés de l'incontournable blitva (purée de blettes/pomme de terre) mais aussi des légumes méridionaux de saison grillés, des spécialités régionales traditionnelles et le vin de la maison. Service souriant.

### RESTAURANT CICIBELA

Emila Geistlicha 22A
© +385 0 51 856 013
© +385 91 262 11 33
www.cicibela.hr
*Restaurant ouvert tous les jours en saison. Plats entre 40 et 80 kn. Hébergement à la villa Eda, chambre double, 55 € la nuit.*
En plus d'un bon restaurant dans son établissement élégant, Daniela, la maison propose des chambres à louer confortables dans deux villas indépendantes.

## Sortir

### BISTRO FORZA

Zvonimirova 98
© + 385 51 856 611
www.forza.com.hr
*Ouvert tous les jours en été du matin au soir tard.*
Avec sa terrasse juste à côte de l'agence de tourisme Guliver, le café-bar de l'hôtel Forza a vue sur la rue puis sur la mer. Ce n'est donc pas le plus pittoresque de la station, mais il compense avec ses idées multiservices. Dès le matin, on y sert le petit déjeuner puis des boissons chaudes, froides, des glaces toute la journée. Le midi et soir, le «bistro» devient restaurant-grill pizzeria. Le soir, le bar cocktail prend son temps dans l'ambiance musicale et le plus, c'est l'ordinateur et la connexion Internet gratuite pour les clients.

## À voir – À faire

### TABLETTE BAŠĆA (BAŠĆANSKA PLOČA)

Jurandvor bb, Crkva sv. Lucije
© +385 51 860 184
© +385 91 511 3943
*Se renseigner avant de s'y rendre. Horaires d'ouverture aléatoires*
Baška a un riche héritage historique pour les Croates. Ainsi au monastère de Sainte-Lucie, on a découvert en 1851 une tablette (Bašćanska Ploča), qui date de 1100 ap. J.-C. et porte l'une des premières mentions de la langue croate en inscription glagolitique. L'original est conservé à Zagreb. Vous pourrez en voir une copie dans le petit musée ainsi que d'autres objets ethnologiques de la région.

## VRBNIK

Perché au sommet d'une colline au milieu des vignobles, un joli village qui regarde la mer. Le village fut à une époque le centre de l'écriture glagolitique, dont les prêtres maintenaient l'usage. Nombre d'anciens manuscrits y reposent désormais. L'un des rares endroits de l'île qui ne soit pas encore envahi par les touristes en haute saison.

### ■ KONOBA GOSPOJA

Frankopanska 1
✆ 051 857 142
www.gospoja.hr
*Bar/restaurant ouvert toute l'année de 12h à 23h. A la carte, comptez 100 kn par personne sans les vins. Wi-fi gratuite.*
Moins connu que le Nada mais tout aussi méritant, ce bar à vin/restaurant se trouve à l'entrée de la vieille ville. L'entreprise, père et fils, possède aussi des vignobles et produit des vins de table cotés (*vrbnička žlahtina*), des alcools aromatiques, des liqueurs et autres *rakija*. La cuisine traditionnelle est généreuse, fromages et charcuterie locaux, viandes grillées, légumes fermiers, pâtes fraîches (*šurlice* ou *fuzi*), poissons et plateaux de fruits de mer. Sur réservation, on peut visiter le domaine, les caves. Boutique dégustation et chambres à louer.

### ■ OFFICE DU TOURISME (TURISTIČKA ZAJEDNICA)

Placa Vrbničkog Statuta 4
✆ +385 51 857479
www.vrbnik.hr – info@vrbnik.hr
*Ouvert entre juin et septembre en semaine de 8h à 15h, week-end jusqu'à 13h. En hiver ouvert en semaine uniquement aux mêmes horaires.*
Une petite agence, que l'on peut solliciter pour l'hébergement dans la commune et les alentours, mais aussi sur les idées randonnées, la plaisance, les spots de plongée.

### ■ RESTAURANT NADA

Glavica 22
✆ +385 51 857 065
www.nada-vrbnik.hr
nada@ri.t-com.hr
*Ouvert de mars à novembre de midi à 23h. Comptez environ 130 kn pour une formule bistronomie.*
De petite konoba familiale, avec une superbe terrasse, le Nada est devenu un restaurant actif, avec entreprise agricole et locations saisonnières. Les produits utilisés proviennent tous de l'île, ainsi le fromage de brebis ou l'huile d'olive. Le menu varie avec les saisons et la pêche du jour. Les spécialités de la maison : le plateau de fromage/charcuterie local, antipasti, bar en croûte de sel, les *šurlice* (pâtes au goulash) ou l'agneau de Pâques, servi avec des asperges sauvages. Bonne cave à vins. Goûtez au vin de pays.

## MALINSKA-DUBAŠNICA

### ■ APOLINAR

Dubasljanska 71
✆ +385 51 869 011
www.apolinar.hr
apolinar@ri.t-com.hr
Bureau touristique dans une commune carrefour entre le nord et le sud de l'île. Des d'infos sur la région, l'hébergement, les excursions possibles, les horaires des bus et ferries pour Cres (Valbiska).

© XBRCHX – ISTOCKPHOTO

*Ville de Vrbnik sur la côte adriatique.*

### HOTEL MALIN****

Kralja Tomislava 23 © 385 51 850 234
www.hotelmalin.com
*En haute saison, chambres doubles selon la catégorie de 148 à 162 €, suite familiale (avec balcon et vue sur la mer) : 324 € (petit déjeuner inclus).*
Un hôtel qui ne joue pas les malins mais représente un plan sûr quand on est à Malinska. À 5 minutes de marche du centre, dans une baie tranquille, la mer à quelques pas de l'entrée, l'établissement est entouré d'une zone arborée et propose des chambres confortables, certaines avec balcon et vue sur la mer. Les équipements pour les enfants, le spa pour les adultes, le quai pour le bateau l'été, la présence d'un personnel dédié aux animations et sports nautiques assure les programmes de détente et de divertissement. Le restaurant panoramique, le Mulino, au milieu des oliviers et de lauriers roses, est aussi proche de la mer. Les nuits de pêche, des chanteurs *a cappella* viennent s'y produire.

### NATURIST CAMP BUNCULUKA

BAŠKA
*Emplacement tente, prix par personne et par jour : 68 et 87 kn en été. Boutique alimentation, bar snack.*
Sur la grande crique de Bunculuka, à l'ombre de la pinède, ce camping est si bien situé que l'on vient de Baška pour y passer la journée. C'est aussi le lieu de passage des randonneurs quand ils vont par la côte sur l'autre super crique de la côte Est (Vela Luka, Mala Luka). Quand vous arrivez de Baška à pied par le littoral, le fait de traverser la plage du camping vous coûtera 25 kn. Deux gardiens vous attendent dans leur guérite à l'entrée de la crique ! Sinon, vous pouvez prendre la route en surplomb et descendre par les travées du camping nudiste certes mais tolérant pour les «textiles» qui s'aventurent par là ! Espaces de jeux et de détente sur la plage privée.

© MATEJ VUGA – ISTOCKPHOTO
Le long de la côte de Njivice.

## NJIVICE

En 1930, le premier hôtel construit à Njivice donne le départ de la reconversion du village de pêcheurs en destinations de vacances, l'une des plus prisées de l'île de Krk. Au centre, le petit port-marina agréable, une bonne capacité hôtelière, de nombreuses locations privées, un camping dans la pinède et de multiples endroits pour se baigner : plages aménagées, pontons, rochers et petites criques.

### KLUB TOURS

Draga 33 © +385 51 847 664
www.appkrk.com – zeljka@appkrk.com
*Ouvert toute l'année et tous les jours en saison touristique*
Une agence qui renseigne sur les hébergements, donne des informations générales sur l'île, vend des tickets de bus, des cartes routières. Accueil en français, allemand, anglais, italien. Un bureau de change également.

### NJIVICE HOTELS & CAMP RESORT

Primorska cesta bb © +385 51 846 720
www.njiviceresort.com
reservations@njiviceresort.hr
*La nuit au camping, selon la saison et l'emplacement de 115 kn à 324 kn.*
Si vous aimez le camping, vous trouverez le bon emplacement dans ce premier village vacances après le pont qui relie l'île au continent. Il est possible de réserver des bungalows également, qui sont installés sous les pins en bordure de plage. Pour davantage de confort, le vaste complexe touristique (3 hôtels 2 et 3 étoiles) propose une multitude de services (restauration, sport, plages). Les prix sont abordables.

## OMIŠALJ

Première localité rencontrée après avoir traversé le pont de Krk, Omišalj donne envie de quitter la route principale. On peut faire une étape avant d'aller au sud pour visiter le centre historique de cette ville médiévale et Renaissance située au sommet d'une colline. Ses étroites ruelles pavées sont serrées autour de maisons compactes et élégantes, ses places et ses églises ainsi que les superbes vues cavalières sur la baie séduisent.

# ÎLE DE RAB



*Au sud de Krk, cette petite île de 91 km² n'est pas la plus touristique du Kvarner. A première vue, la terre semble aride, encore peu exploitée par l'industrie touristique. Le versant de la côte est apparaît comme rocailleux et désertique, ce qui ravit les plongeurs et les amateurs de sérénité sauvage. A l'ouest, une végétation luxuriante grimpe sur la côte, où de nombreuses criques se groupent autour des baies de Rab ou de Kampor. L'histoire de l'île s'est enrichie de la présence des Illyriens, des Romains puis des rois croates. A partir du début du XVe siècle, ce sont les Vénitiens qui la dominent, contribuant ainsi à la richesse architecturale de la ville de Rab, la cité médiévale. Le centre historique fortifié et abrite des palais et de belles églises romanes aux campaniles élancés ainsi qu'une superbe cathédrale, Sainte-Marie, chef-d'œuvre du XIe siècle.*

## RAB ★

La ville a connu un développement rapide durant l'époque romaine, lorsqu'au Ier siècle avant J.-C., l'empereur Auguste lui attribue le statut de municipalité. Aujourd'hui, en de nombreux endroits, on retrouve des traces de ce règne impérial. La forteresse, par exemple, qui sera surmontée plus tard de quatre clochers romans. Trois sont d'origine. Dès la fin du XIXe siècle, Rab attire les touristes européens et, aujourd'hui encore, l'été il y a beaucoup de monde sur la grand-place ou la riva, surtout pendant la fête médiévale, l'une des plus importantes du pays, qui dure trois jours (fin juillet). A ne pas manquer, la promenade au « Komrčar », un magnifique parc méditerranéen.

### Transports

■ **ACI MARINA RAB**
Šetalište Kap. I. Dominisa 101
✆ +385 51 724 023 / +38598 399 482
www.aci-club.hr
m.rab@aci-club.hr
Une petite marina ouverte d'avril en octobre (Canal VHF : 17).

L'île de Rab

**BATEAU RAB-LUN (PAG)**
✆ +385 51 724 122
www.rapska-plovidba.hr
En été, une liaison privée entre les deux îles, une fois par jour à midi, connecte le vieux port de Rab avec celui de Lun au nord de Pag. Soyez en avance pour ne pas rater le bateau Maslina, qui ne prend pas les voitures.

**EUROPEAN COASTAL AIRLINES**
Put Divulja 7
KAŠTEL ŠTAFILIĆ
✆ +385 21 444 888
*Voir page 28.*

**FERRY RAB (MIŠNJAK) – JABLANAC**
✆ +385 51 666 111
www.jadrolinija.hr
Des liaisons régulières sont effectuées toute l'année vers les ports de Mišnjak, Lopar ou Rab, essentiellement depuis la ville de Jablanac – la seule où les ferries embarquent les voitures – ou encore Rijeka et Zadar. Des liaisons en catamaran également possibles jusque Baška. Sur place, vous trouverez facilement des bateaux-taxis à Rab et Suha Punta. Ils pourront vous emmener jusqu'à la plage de votre choix. Pratiquement un bateau toutes les heures en haute saison pour rejoindre la côte depuis Rab ou vice-versa, comptez 15 min de trajet.

# Pratique

## Tourisme - Culture

**AGENCE KRISTOFOR**
Poslovni centar Mali Palit 70
✆ +385 51 725 543
www.kristofor-travel.com
Pour vos recherches de villas, appartements ou chambres chez l'habitant. Sur place, l'agence délivre aussi de nombreuses informations et des circuits hors saison, des idées de séjours culturels.

**OFFICE DU TOURISME**
Trg Municipium Arba 8
✆ +385 51 724064
www.rab-visit.com
info@rab-visit.com
*Ouvert en hiver du lundi au vendredi de 7h à 15h, en été tous les jours jusqu'à 21h.*
Situé dans la vieille ville près du port, ce bureau municipal renseigne les touristes sur les hébergements, horaires des ferries, etc.). Si vous prévoyez un séjour de plusieurs jours sur l'île, la Rab Tourist Card, vendue ici, peut être intéressante avec ses réductions pour l'accès à des sites du patrimoine, sur la note de certains restaurants, l'achat de produits locaux.

## Moyens de communication

Autour de la place Trg Svetog Kristofora, des établissements font le service de la connexion wi-fi gratuite, d'autres également près de l'office de tourisme (Trg Municipium Arba 8). Sinon, une petite agence informatique Digital X (Donja bb) propose l'accès Internet pour 30 kn l'heure tout comme l'agence de voyage Putnička Agencija, située sur le vieux port après le jardin de L'Imperial Hôtel.

# Se loger

## Bien et pas cher

**HÔTEL ISTRA**
M. de Dominisa b.b.
✆ +385 51 724134
www.hotel-istra.hr
*Chambre double prix par personne et selon la saison de 65 € à 112 € (petit déjeuner inclus).*
Un immeuble à deux étages avec une belle façade jaune, construit au bord de l'eau, à proximité du parc et du centre-ville. Les chambres petites mais propres offrent tout le confort nécessaire et les services d'un 3-étoiles, avec un restaurant sur place.

## Confort ou charme

**HOTEL EVA****
Kampor bb
✆ +385 51 724 233 / +385 51 667 788
eva@imperial.hr
*Chambre double de 73 € à 113 € en demi-pension selon la saison.*
Sur la péninsule de Suha Punta, cet hôtel 2 étoiles, construit en pleine nature, est idéal pour les familles. Sa capacité de 198 chambres ne l'a pas transformé en complexe surdimensionné, l'ambiance mer et verdure y est reposante. Superbe plage à proximité. Bon rapport qualité/prix.

**HÔTEL INTERNATIONAL**
Obala Petra Krešimira IV
✆ +385 51 602 000
www.hotelrab.com
*Chambre double entre 60 € et 130 € € selon la saison et la catégorie.*
Sur le port, un hôtel décoré dans un style moderne, qui s'ouvre sur un grand hall d'accueil. Les chambres ont vue sur la vieille ville ou sur le port, ces dernières sont plus bruyantes la nuit avec l'animation du bar au rez-de chaussée. La plupart d'entre elles possèdent de grands lits, certaines avec Jacuzzi dans la salle de bain. A disposition, un centre de beauté (spa, gym, massages), un pub, un restaurant et un petit parking privé devant l'hôtel.

Rab
Informations touristiques
Parking
Gare Routière
Eglise et Cathédrale
MALI PALIT
BANJOL
BLATO
Pendi
RAB
Dolin
vers Camping Padora III
Marché
Gare Routière
Setaliste Kapetana Ivana Dominisa
Setaliste Mark de Dominisa
Ivici
Marjan
PADOVA I
PADOVA II
GRADSKA LUKA
MARINA
Obala Kralja Petra Kresimira IV
TRG. Svetog Kristofora
Jurja Barakovica
Sv. Franjo
KOMRCAR
VAROS
Srednja Ulica
S. Radica
Testena
KALDANAC
Katurbo
Gornja Ulica
Sv. Ivan
Sv. Justin
Cathédrale Sainte Marie
Sv. Antun Samostan
Setaliste fra Odorika Badurine
SV. EUFEMIJA
150 m.
Školj Sv. Juraj

## Luxe

### GRAND HOTEL IMPERIAL
Palit b.b.
© +385 51 724 522
www.imperial.hr
imperial@imperial.hr
*Chambre double de 600 kn à 1 050 kn en demi-pension selon la saison. Wi-fi gratuit.*
Sur l'île de Rab, l'Imperial, qui a plus de cinquante ans, a inauguré la naissance d'un groupe hôtelier de grands complexes, hôtels, villas et campings. Celui-ci est le plus ancien et le plus luxueux de tous. Il possède 134 chambres rénovées, ses propres courts de tennis, un restaurant, des bars, un jardin méditerranéen, des boutiques, une agence de voyage... Ouvert toute l'année, l'hôtel se trouve à proximité de la vieille ville, du port et à 300 mètres de la plage. Depuis les étages élevés, la vue sur la côte et le parc est appréciable. On y accède par deux entrées. En voiture, contourner le port et entrer par le parking ; à pied, un passage par des escaliers donne sur le port, et ça grimpe !

### HÔTEL ARBIANA
Obala kralja Petra Krešimira IV
© + 385 51 775 900
www.arbianahotel.com
info@arbianahotel.com
*Ouvert de mai à octobre. Tarifs des chambres doubles standards : 160 €, avec balcon et vue sur mer : 270 €, suites : 400 € (petit déjeuner inclus).*
A l'abri des remparts, cet hôtel, qui date des années 20, a été récemment rénové. L'adresse, dans le centre historique, permet de profiter des beautés de la vieille ville tout en ayant le port à deux pas. Il possède le charme bourgeois des maisons balnéaires du début du siècle. Élégamment meublé avec avec du bois massif, décoré dans un style classique, il bénéficie d'équipements de confort moderne. Le service, petit déjeuner, bar, restauration est de très bonne qualité, tout comme l'accueil courtois.

## Se restaurer

### KONOBA RIVA
Kneza Branimira 3 © +385 51 725 666
www.konoba-riva.hr
*Ouvert tous les jours midi et soir. Plat de 35 kn à 135 kn.*
C'est la konoba à ne pas manquer à Rab, une taverne située dans une ruelle de la vieille ville. On s'installe en terrasse ou dans la salle aux pierres apparentes pour déguster les spécialités croates, d'excellents produits locaux, un service impeccable, une bonne ambiance.

### RESTAURANT GRAND RAB
Šetalište M. Dominusa © +385 51 724 115
*Ouvert tous les jours midi et soir. Environ 100 kn le repas.*
A l'entrée de la ville, ce restaurant jouit d'une superbe terrasse sur le port. La salle à manger, qui n'est pas en reste, ressemble à un cloître. Bonne cuisine mais adresse un peu trop touristique car de nombreux groupes s'arrêtent ici. Essayez de venir hors saison ou en dehors des heures de repas habituelles pour profiter du charme du lieu !

### RESTORAN SANTA MARIA
Dinka Dokule 6
© +385 51 724 196 – www.santamaria.hr
*Ouvert tous les jours en saison de 10h à 23h. Environ 125 kn le repas par personne*
Une bonne table aux pieds des remparts, où le soir vous mangerez aux bougies des spécialités de poissons, des fruits de mer, des viandes cuisinées au miel de sauge, des pâtes et légumes grillés. Bref, un choix des plats classiques avec des notes sucrées salées qui changent un peu de l'ordinaire !

## Sortir

### CAFFE BAR AMADEUS
Biskupa Draga 25 © +385 51 724 485
*Ouvert tous les jours de 17h à 2h.*
Un bar branché, ambiance bière et rock sympathique en plein cœur de la vieille ville, en général plutôt sage.

■ **CAFFE BAR FORUM**
Donja 9a
*Ouvert tous les jours de 19h à 2h.*
Un pub populaire et chaleureux sur la place du forum, ouvert depuis 1996. Réputé pour ses cocktails.

■ **KAMPANEL**
Put Kaldanca 12 ✆ +385 51 724 230
*Café restaurant, bar à vins ouvert tous les jours en été.*
En retrait de la place municipale, ce bar à vin est installé aux pieds du campanile de l'église Sv. Marija, dans un patio fleuri et bien abrité derrière ses murs de pierres. L'endroit charmant pour une pause tranquille. Si vous avez épuisé tous les cocktails internationaux, la bière et le vin local, goûtez ici la grappa tonique un peu amer (Travarica), celle aux herbes médicinales (Medica) ou, encore meilleure, celle aux noix (Orahovica). Ces boissons alcoolisées, préparées avec du vin blanc, du miel, de la lavande et autres décoctions sont une spécialité dalmate à goûter. Des apéritifs à consommer avec modération, bien sûr, accompagnés de tapas.

## À voir - À faire

Le centre de la vieille ville est jalonné de palais vénitiens construits aux XVe et XVIe siècles, que vous pourrez observer en vous baladant dans la rue principale (Srednja Ulica). Proche du palais Dominis Nimira, où naquit l'écrivain et philosophe Markantun Dominis, la chapelle Saint-Christophe, l'église et tour Saint-Jean et le campanile monumental de 26 m de haut, qui se visite aussi. Vous aurez ainsi un formidable point de vue sur l'église Sainte-Marie-Majeure, les toits de la cité, la marina d'un côté, le large de l'autre. À ne pas manquer : le coucher du soleil du haut des remparts, au niveau de Sainte-Marie-Majeure, avec la silhouette des églises et campaniles.
La rue du bord de mer (Donja Ulica) est aussi bordée d'édifices médiévaux et Renaissance dont la porte d'entrée dans la ville, décorée d'un blason.
Pour les excursions dans les petites îles alentour (Trestenik, Dolfin, Goli Otok, Grugur), des sorties en mer à la journée sont proposées par l'agence touristique de l'hôtel Imperial.

■ **CATHÉDRALE SAINTE-MARIE MAJEURE (KATEDRALA SVETE MARIJE VELIKE)**
Svete Marije
*En été ouvert de 10h à 12h et de 18h30 à 21h. Hiver uniquement pour la messe.*
Ce chef-d'œuvre de l'art roman, élévé au XIe siècle, fut doté d'un clocher campanile au XIIe siècle. Celui-ci, haut de 25 m, offre un panorama unique sur les alentours de la vieille ville. Restaurée au XVe siècle, la *Katedrala* comporte trois nefs intérieures, des fonts baptismaux et des mosaïques remontant au temps des premiers chrétiens (IVe ou Ve siècle). Des œuvres de sa riche décoration, notez la pietà sculptée sur le linteau, scupture en relief de Petar de Trogir (XVe siècle).

■ **CHAPELLE SAINT-CHRISTOPHE (KAPELA SVETOG KRISTOFORA)**
Trg Sv. Kristofora ✆ +385 51 777 341
*Ouvert tous les jours de mai à septembre, de 10h à 12h30 et de 19h30 à 21h.*
L'énorme collection de pierres tombales et autres objets sacrés de la ville de Rab a donné lieu à une exposition permanente dans cette jolie chapelle. Le lapidarium conserve une grosse collection archéologique remontant aux IIe et IIIe siècles apr. J.-C., ainsi que le mobilier ancien de l'église.

■ **ÉGLISE SAINTE-JUSTINE ET MUSÉE D'ART SACRÉ (SV. JUSTINA)** ★
Gornja ulica
*Ouvert tous les jours en été. Entrée : 20 kn.*
Sur la place de la Liberté, cette église abrite le musée d'art sacré, où sont exposés des manuscrits, des objets religieux et surtout le reliquaire de saint Christophe, patron de la ville, datant du XIIe siècle. L'église conserve aussi en relique le crâne du saint protecteur des voyageurs.

■ **PLACE MUNICIPALE (MUNICIPIUM ARBAE)** ★★
Au nord-ouest de la place, remarquez les façades des Anciens Palais des Princes (Bivši Palača Knezova), des résidences construites dans les styles gothique et Renaissance. Un ensemble dominé par une tour très haute à belles ouvertures, où siège aujourd'hui l'hôtel de ville. La partie la plus ancienne des palais, donne sur la Donja Ulica et se termine par un tour carrée à trois étages. Les balcons sont ornés de superbes têtes de lions.

## Shopping

■ **NATURA CROATICA**
Srednja ulica ✆ +385 51 724 700
www.naturacroatica.com
*Ouvert du lundi au samedi de 9h à 21h. Le dimanche de 10h à 16h.*
Dans la vielle ville de Rab, vous trouverez quelques boutiques de souvenirs de qualité, notamment dans les rues Biskupa Draga et Skaline fra. A. Testena. Commerce florissant, Natura Croatica possède trois points de vente sur l'île, un autre à Zagreb. La boutique propose un grand choix de produits régionaux : miels, pâtes de fruits, gâteaux, huiles d'olives, truffes et champignons marinés, fromages, charcuterie, liqueurs, vins mais aussi des cosmétiques naturels, des huiles essentielles, etc.

# BANJOL ★★

Le village est connu pour ses plages de sable, ses multiples pontons de baignade, sa promenade de bord de mer. On trouve donc quantité d'hébergements en locations saisonnières ainsi que des bars-restaurants, qui pour la plupart servent des assiettes du pêcheur ou des plats méridionaux.

**■ HOTEL PADOVA*****
Banjol bb
✆ +385 51 724 544
✆ +385 51 667 788
www.imperial.hr
padova@imperial.hr
*Chambre double de 500 kn à 1 000 kn en demi-pension selon la saison. Wi-fi gratuit.*
Grand hôtel trois étoiles, au décor chic des années 1970, avec de belles prestations, un centre de wellness et toutes commodités. Les chambres confortables ont toutes un balcon dont certains offrant la vue superbe sur la mer, le port et la vieille ville de Rab si photogénique avec ses trois campaniles. Le petit déjeuner et les repas sous forme de buffet sont copieux et variés. Le cocktail bar ouvre sur la piscine extérieure, souvent prise d'assaut, une pelouse et l'accès à la mer par ponton pour se baigner. Le plus, ce sont la navette par bateau (gratuite pour les clients du Padova), qui accoste aux pieds de l'hôtel pour aller à Rab. Service de taxi-boats également.

**■ NUMERO UNO**
Tour Operator Banjol 30
✆ +385 51 775073
www.numero-uno.hr
sales@numero-uno.hr
*Ouvert tous les jours en été.*
Une petite agence privée qui vous aidera pour trouver l'hébergement sur l'île, la location de vélos, circuits en bateaux, en kayaks, les sites de plongée.

# BARBAT

Les petites plages de sable de Barbat commencent à partir de l'ancien quai pour ferries. Elles font le charme de la station balnéaire, qui s'est repeuplée depuis le récent engouement des plaisanciers pour l'endroit. Plusieurs magasins, restaurants et hôtels se sont ouverts. Les îlots de Dolin qui se déploient parallèlement à la côte en font un chenal agréable pour naviguer ou pour faire du ski nautique.
Dans cette zone côtière, entre Barbat, Kampor et Lopar, les amateurs de plongée sous-marine trouveront des centres sérieux, avec des guides diplômés, qui ont souvent des dizaines d'années d'expérience. Ils vous accompagnent - ou pas – dans votre pratique à la découverte des fonds marins, notamment près des îles de Grgur, Goli et Prvic à Krk. A moins que vous ne préfériez tout simplement longer les rochers en *snorkeling.* Cette balade aquatique de surface, plus légère avec masque, palmes et tuba, est un vrai plaisir dans les eaux cristallines de l'Adriatique.

**■ MIRKO DIVING CENTAR**
Barbat 710
✆ +385 51 721154
www.mirkodivingcenter.com
mirkodiving@otokrab.hr
*Ouvert tous les jours en saison estivale.*
Plus de 30 années d'expérience pour Mirko, père et fils, qui depuis 1993 font découvrir les plus beaux spots de plongée de leur île au départ de Barbat. Loue des chambres également, en formule B&B, dans une propriété au milieu d'un jardin, à des prix abordables. Un séjour plongée peut donc être organisé par la famille.

**■ RESTAURANT ACO**
✆ +385 51 721 527
✆ +385 98 329 075
www.aco-rab.hr
info@aco-rab.hr
*Ouvert du 20 mars au 15 octobre. A partir de 100 kn le plat.*
Ici c'est une affaire de famille ! L'ancien propriétaire, M. Aco a passé la main à sa fille et à son gendre pour continuer à pêcher sur son bateau et tenir l'affaire avec eux. C'est l'un des rares restaurants sur le port, avec une grande terrasse, à servir de la pieuvre cuite au four, un plat traditionnel des côtes adriatiques. A goûter également, la soupe de poissons, les crustacés en sauce ou le homard grillé. La famille loue aussi des chambres à proximité.

**■ VILLA JADRANKA**
Barbat 574
✆ +385 51 721 633
www.villajadranka.net
nikola.tabar@ri.t-com.hr
*Ouvert toute l'année. Chambre double dans appartement, selon la saison, de 35 € à 45 € (supplément pour la 3e personne).*
Sur la route principale, à l'entrée du village, venant de l'embarcadère du ferry, deux appartements pour deux, trois ou quatre personnes sont à louer avec la possibilité d'ajouter un lit à chaque fois. Les chambres au calme donnent sur une cour. Elles sont climatisées, bien entretenues avec machine à laver, TV sat, certaines avec balcon et vue sur la mer, à 300 mètres de là. Terrasse commune pour les barbecues et parking privé gratuit.

■ **VILLA NADA**
Barbat 418
✆ +385 51 721292
www.villanada.net
nada.rizner@ri.t-com.hr
*Ouvert toute l'année. En basse saison, chambre à 32 € par personne, appartement pour 4 : 87 €. Parking privé gratuit.*
À 5 m d'une plage de galets à l'eau cristalline, en face du restaurant Leut, des appartements avec terrasse pour 2, 4 et 5 personnes. Chacun ont une entrée privée, des chambres propres, l'air conditionné, la TV sat, un lecteur DVD, radio, cuisine équipée, une machine à laver et, dans le jardinet, le nécessaire pour faire des grillades.

# KAMPOR

Sur la partie ouest de l'île, entre les baies de Sainte-Euphémie et de Kampor, ce village est plus tranquille que Rab. La côte est quelque peu défigurée par des gigantesques complexes hôteliers et autres camps de vacances qui datent des années 1970-1980. Mais en vous aventurant à l'écart de ces insfrastures touristiques, vous trouverez de nombreuses criques ravissantes dans lesquelles, avec un peu de chance, vous serez seul... A l'ouest de la ville, la presqu'île de Kampor offre la vision d'un parc naturel au bord de la mer, idéal pour les balades à pied ou à vélo.

## Se loger

■ **HÔTEL EVA**
Kampor b.b.
Suha Punta
✆ +385 51 724 233
www.imperial.hr
eva@imperial.hr
*Chambre double selon la saison et la catégorie entre 58 € et 132 €*
A proximité de la plage, isolé dans la pinède, ce grand hôtel, qui date des années 70, possède quelque 198 chambres, dont certaines ont été rénovées. Vue sur la mer ou sur le parc. Il possède ses propres terrains de sport et sa plage privée.

## À voir - À faire

■ **CIMETIÈRE DU CAMP DE CONCENTRATION (GROBLJE LOGOR)**
koncentrecijski logor
Construit par les Italiens pendant la Seconde Guerre mondiale, ce camp tenait internés les déportés slovènes. Plus de 15 000 civils y furent enfermés et nombreux sont morts dans des conditions inhumaines. Une fresque de symboles décore ce lieu de mémoire, qui appelle au recueillement.

■ **MONASTÈRE SAINTE-EUPHÉMIE (SAMOSTAN SV. EUFEMIJE)** ★
Baie de Kampor
Entre Kampor et Rab.
*Se renseigner auprès de l'office de tourisme de Rab sur les heures d'ouverture.*
Un couvent majestueux avec deux églises. La première, Sainte-Euphémie, fondée en 1446, est ornée de fresques au plafond, représentant la vie de saint François et d'un polyptique issu de l'atelier des frères Antonio et Bartolomeo Vivarini (1458). Des artistes locaux ont travaillé au monastère, dont le fameux Janez Ambroz Testen, un peintre franciscain contemporain qui a exécuté des œuvres mystiques très fortes, exposées dans une salle dédiée. La seconde, Saint-Bernardino, fut construite quelques dizaines d'années plus tard. Le monastère abrite aussi une ancienne bibliothèque.



## Janez Ambroz Testen, un artiste moderne au monastère

L'île de Rab possède la plus belle collection de peintures du moine franciscain Janez Ambroz Testen, mort en 1984. Parfaitement autodidacte, l'artiste a vécu presque toute sa vie dans le secret des ordres, au monastère Sainte-Euphémie notamment. Il faudra attendre la fin de sa vie pour que les historiens de l'art commencent à peine à s'intéresser à ce peintre secret, considéré aujourd'hui comme l'un des plus grands expressionnistes de Croatie. L'écrivain Šimat Banov et le peintre Dalibor Jelavič ont contribué à faire connaître ses œuvres en publiant une monographie complète du moine (1998). Hors du temps et donc en dehors du marché de l'art, Testen a traité les motifs bibliques de manière intemporelle, aérienne comme ont pu le faire un Chagall ou un Rouault. Un infatigable coloriste dans diverses techniques et formats, que l'on redécouvre aujourd'hui.

## Sports - Détente - Loisirs

**■ AQUA SPORT DIVING**
Supetarska Draga
✆ 385 051 776 145 / 385 091 524 8141
www.aquasport.hr
*Séjour plongée, location de chambres de 17 € à 20 €, appartement pour 2 personnes de 55 à 60 €.*
Un club de plongée qui existe depuis 1995. Propose un service de qualité ainsi que la possibilité d'organiser un séjour plongée avec hébergement pas cher à Kampor.

**■ KRON DIVING CENTER**
✆ +385 51 776620
www.kron-diving.com
office@kron-diving.com
*Ouvert tous les jours en saison estivale.*
Un centre de plongée bien équipé pour vous permettre de vous adonner à votre passion en toute sécurité.

# LOPAR

Depuis la route sinueuse qui monte à travers la montagne, avant d'arriver à Lopar, vous pourrez apprécier le panorama marin. La station très touristique et le port où s'arrête le ferry venant de Valbiska ou Baška (Krk) ont construit un complexe de cinq hôtels (Resort San Marino) qui se succèdent le long de la côte, avec ses centaines de chambres et son millier d'emplacements camping. Beaucoup de béton donc, mais Lopar possède aussi de jolies plages de sable et encore quelques coins sauvages à découvrir. Pour cela, il faut marcher vers la presqu'île.

## Transports

Plusieurs fois par jour, en 90 minutes environ, la péninsule de Lopar, au nord de Rab, est connectée par ferry (compagnie Linijska Nationalna Plovidba) avec l'embarcadère de Valbinska (Krk).
*Plus d'infos, horaires : Linijska nacionalna plovidba d.d. Tél : +385 (0) 21 352 527 – www.lnp.hr*

## Pratique

**■ OFFICE DU TOURISME (TURISTIČKA ZAJEDNICA)**
Lopar bb
✆ +385 51 775508
www.lopar.com
lopar@lopar.com
*Ouvert en été tous les jours de 8h à 20h, en hiver en semaine de 8h à 14h.*
Une agence que vous trouverez dans le centre de Lopar pour récupérer une carte de Rab, un plan de Lopar et s'informer sur les hébergements, les heures des ferries, les bonnes plages, les criques, etc.

## Se loger

**■ CAMPING SAN MARINO**
Lopar bb
✆ +385 51 775133 / +385 51 775 134
www.imperial.hr
reservations@imperial.hr
*Compter 7 €/personne et à partir de 8 € pour l'emplacement tente par jour en haute saison.*
Un immense camping de 3 500 emplacements installés dans une pinède à côté d'une plage de sable. Vous pouvez planter votre tente, louer des bungalows, des chambres dans des mobil-homes. L'endroit affiche complet en haute saison, il est donc judicieux de réserver.

**■ RESORT SAN MARINO**
Lopar bb
✆ +385 51 775144
www.imperial.hr
reservations@imperial.hr
*De 58 € à 98 € en chambre double selon la saison en demi-pension.*
Un complexe de 5 hôtels qui se succèdent le long de la côte avec des centaines de chambres sans charme mais confortables, qui ont l'avantage d'être situées à proximité de la plage, avec accès à quantité d'animations : restaurants, bars, terrasse, barbecue, musique, danse... L'endroit accueille souvent des groupes.

## Sports - Détente - Loisirs

**■ MOBY DICK DIVING CENTER**
493
✆ +385 51 775577
www.mobydick-diving.com
mladen.skapul@gmail.com
*Ouvert tous les jours en saison estivale.*
Une équipe professionnelle, avec une vingtaine d'années d'expérience, qui propose des sorties en mer, des journées ou demi-journées de plongée. Location de kayak également.

# ARCHIPEL DE CRES ET LOŠINJ

*Le plus grand archipel de l'Adriatique, formé des deux îles, est traversé par un chenal naturel long de 11 m. Aujourd'hui, un pont au niveau de la ville de Osor enjambe ce bras de mer et relie Cres et Lošinj. La route transversale, du nord au sud, donne l'occasion de découvrir de beaux paysages maritimes car ces îles regorgent de criques isolées, de petits ports au charme désuet, de nature sauvage. L'archipel reste l'un des derniers refuges naturels d'une espèce de vautours en voie de disparition. Il abrite aussi une grosse colonie de dauphins, que vous aurez peut-être la chance de voir lors d'une traversée en bateau. A l'époque hellénistique, les îles s'appelaient Apsyrtes. Selon la légende, Jason et les Argonautes, avec Médée, trahie par son père Éétès et poursuivie par son frère Absyrtos, y trouvent refuge après s'être emparé de la Toison d'or. Absyrtos les retrouve mais tombe dans le piège de Jason. Celui-ci le poignarde et le jette à la mer afin de ralentir le père, qui s'arrête pour rassembler le corps de son fils en morceaux. Le temps des funérailles permet aux Argonautes de s'échapper. On dit que les îles et îlets de l'archipel seraient les brisures de son corps...*
*Les îles furent tour à tour conquises par les Romains et les Byzantins. Au sud de l'île de Cres, un évêché fut établi à Osor, avant que l'archipel ne tombe sous la domination de Venise. Inquiètes de la concurrence, les autorités vénitiennes empêchèrent les îles de se développer. Le gouvernement de la Sérénissime envoyait les hommes travailler sur les galères et tout le bois des forêts servait à la construction de la ville italienne. Au XVIIIe siècle, à la fin de la domination vénitienne, Mali et Veli Lošinj étaient devenus des chantiers navals importants. Aujourd'hui, seule une faible proportion de la population vit des revenus de la terre et de la mer, le tourisme étant devenu une activité bien plus rentable. Le bon accueil traditionnel y demeure, pas encore trop perturbé par cette industrie florissante.*



## ÎLE DE CRES

Contrairement à sa voisine Lošinj, qui longtemps resta sauvage, Cres a une histoire humaine quasi aussi lointaine que celle de Rijeka, le grand port en face. Sur l'île, trois localités portuaires et balnéaires, Cres, Beli au nord et Osor, au sud. Sur la côte découpée, au creux de petites baies, des villages de pêcheurs (Valun, Martinšćica) et à ne pas manquer, l'incroyable place forte, Lubenice.
La côte nord, que l'on nomme Tramuntana est régulièrement soumise au vent du nord froid (bura). C'est le territoire du vautour fauve. L'écocentre Caput Insulae tente de sauvegarder ces rapaces dans un parc naturel que l'on peut visiter. On peut aussi faire le tour du lac (Vransko jezero) et s'y baigner, avant de descendre plus au sud de l'île, plus protégée des vents, qui concentre les infrastructures touristiques.

### CRES ★★

Une promenade sur le port de Cres, bordé de d'immeubles colorés, semble n'en plus finir, avec l'impression que la petite localité ne s'est développée que sur sa façade maritime. Pêcheurs, plaisanciers, ouvriers du chantier naval, mais aussi cafés, restaurants, boutiques, galeries, agences et étals touristiques, toutes ces activités trouvent leur place sur le port, chacun à sa place.
Pourtant, il y a une vie dans la vieille ville intérieure. Deux portes vénitiennes du XVIIIe siècle donnent accès au dédale de venelles et impasses parfois voûtées, reliant des maisons hautes et des cours. À voir : l'église Saint-Isidore (Sv. Sidar), du XIIe siècle, l'église Notre-Dame-des-Neiges, avec son clocher séparé et ses autels baroques, et, revenant vers le port de plaisance, la place du monastère Saint-François (trg Sv. Frane).

#### Transports

▶ **En bus et ferry.** Les grandes localités de l'archipel sont toutes reliées entre elles. Plusieurs liaisons quotidiennes entre Veli Lošinj et Mali Lošinj, au sud, arrêt à Cres (centre-nord de l'île) pour la direction Merag (à l'est) pour l'embarcadère des ferries. Les gros bateaux embarquent bus, véhicules, passagers et marchandises jusqu'à Valbiska (île de Krk). C'est ainsi que de Rijeka, Zagreb et même Ljubljana, vous pouvez relier les îles en transports en commun ou avec votre véhicule.

**Depuis la côte istrienne,** un autre ferry, qui embarque passagers et voitures, assure la liaison entre les embarcadères de Brestova (après Labin) et Porozina (nord-ouest de Cres). Le trajet dure 20 min. A savoir, les derniers ferries partent à plus de minuit. Connexions régulières, consulter le site Internet de la compagnie maritime pour les horaires : *www. jadrolinija.hr*

### ACI MARINA

Jadranska Obala 22
51557 Cres
✆ +385 51 571622
www.aci-club.hr – m.cres@aci-club.hr
Une petite marina qui offre une bonne protection des bateaux avec un goulet naturel peu profond et la proximité des quais du vieux port à la fois vivants et authentiques.

## Pratique

### AGENCE DE TOURISME CROATIA

Melin 10
✆ +385 051 573 053
www.cres-travel.com
*Ouverte tous les jours en été.*
Une agence de voyage spécialisée sur les îles du Kvarner, qui propose des solutions d'hébergements chez l'habitant, la location de véhicules (vélos, scooters, voitures et bateaux) ainsi qu'un accès Internet.

### OFFICE DE TOURISME

Ulica Cons 10
✆ +385 51 571535
www.tzg-cres.hr – tzg-cresa@ri.t-com.hr
*Ouvert tous les jours en saison estivale.*
Une agence pour s'informer sur les hébergements, obtenir des cartes de l'île, des dépliants et brochures.

## Se loger

### APARTMENT-ROOMS ČULE

Josip i Branka Čule
Zagrebačka 22
✆ +385 51 572 254 / +385 98 864 895
*Tarifs selon la saison et par jour : studios de 40 € à 60 €, chambres de 40 € à 55 €. Wi-fi gratuit.*
Une rue perpendiculaire au port qui monte au calme vers les collines. C'est là que vous trouverez une maison familiale avec plusieurs corps de logis reconvertis en locations touristiques. Le sympathique Josip a réaménagé ses appartements et chambres alors que lui-même habite à côté. Les différents niveaux de la bâtisse communiquent par petits escaliers de pierres, créant ainsi un espace privé pour chacun. Au rez-de-chaussée, un grand studio rustique et confortable, 1 chambre pour deux personnes voisines. A l'étage, un appartement récemment rénové pouvant accueillir un groupe et d'autres chambres doubles. Le tout s'organise autour du jardin, qui invite à prendre le frais ou les repas dans une ambiance apaisante de village.

### CAMPING KOVAČINE

Melin 1/20
51557 Cres
✆ +385 51 573 150 / +385 51 571 086
www.camp-kovacine.com
campkovacine@kovacine.com
*De 36 € à 49 €/pers dans la « maison Tamaris », de 43 € à 88 € le mobile home pour 2, de 6 € à 12,20 € l'emplacement camping + 6,20 € à 12,50 €/pers selon la saison.*
Situé au sud de la ville sur une petite péninsule, à proximité d'une plage de galets et rochers, où il est possible de se baigner. Vous pourrez planter votre tente sur le grand terrain de ce camping, qui peut accueillir jusqu'à 2 000 personnes. Le site reste calme, à l'ombre des pins et des oliviers, avec un espace naturistes réservé.

### HÔTEL KIMEN

Melin I br. 16
✆ +385 51 573 305
www.hotel-kimen.com
hotelkimen@hotelkimen.com
*Ouvert d'avril à octobre, plus de 200 chambres. Compter de 66 € à 114 € la chambre double, selon la saison, petit déjeuner inclus.*

© XBRCHX – ISTOCKPHOTO

*Vue sur la vielle ville méditerranéene de Cres.*

À 1 km en dehors de la ville, un hôtel 3 étoiles, situé en bord de mer. Ce grand immeuble moderne possède des chambres confortables avec balcon. De nombreux services, des terrains de sport, un bar et restaurant, une plage de galets à 50 m.

### ■ HÔTEL ZLATNI LAV

Martinšćica
✆ +385 51 574 020
www.hotel-zlatni-lav.com
reservation@hotel-zlatni-lav.com
*Chambres doubles de 68 € à 124 € selon la saison (petit déjeuner inclus).*
Sur les hauteurs du paisible village de pêcheurs, un hôtel 3 étoiles, avec 24 chambres doubles et 5 suites, qui ont vue sur la baie de Martinšćica et accès en quelques minutes à pied à la plage. Idéal pour ceux qui veulent être au calme entourés de verdure et profiter des commodités de l'endroit (wi-fi gratuit dans les chambres, climatisation, minibar, télé par satellite). L'hôtel est équipé d'un centre spa avec bains à remous, d'un hammam, d'un restaurant gastronomique avec terrasse panoramique.

## Se restaurer

### ■ BUFFET REGATA

Varozina 5
✆ +385 51 571 268
*Ouvert tous les jours, service matin (petit déjeuner), repas midi et soir en été. Plats à partir de 50 kn. Poisson frais entier prix préparé au kilo.*
Au centre du vieux port, des petites tables modestes au bord de l'eau. Une carte digne d'un grand restaurant. Ne pas se priver des soupes de poissons de roches, des salades de poulpes ou calamars farcis… Le poisson frais entier est proposé au kilo : dorade, lieu, thon selon la prise du jour. Il vous sera présenté grillé, accompagné de fruits de mer et la fameuse blivića (pousses vertes, entre épinards et blettes, cuites avec des pommes de terre) et de légumes méridionaux grillés, le tout cuisiné à l'huile d'olive de l'île, bien sûr.

### ■ GOSTIONICA BELONA

Šetalište 23. travnja 24
✆ +385 51 571 203
*Hors saison le restaurant ferme à 22h, minuit en été. A partir de 50 kn le plat.*
Ici, vous n'aurez pas la vue sur le port ni sur la marina mais un vrai restaurant populaire, typique de la côte adriatique. Les anciens du village vous le diront : « *Il y a toujours eu une konoba Belona ici !* » Vous la trouverez à l'entrée de la ville, dans une maison avec une terrasse qui donne... sur la route ! La cuisine familiale est simple et généreuse, des assiettes souvent à base de produits de la pêche (bar au four, calamars grillés, risotto de fruits de mer), le tout accompagné du vin blanc local.

## Sortir

### ■ CAFFE BAR PLAVICA

Lungomare svetog Mikule 4
✆ +385 91 212 22 00
*Ouvert toute l'année. L'été tous les jours, de 7h à 2h du matin.*
Vous ne pouvez pas le manquer, c'est le dernier café avant la promenade de la plage (d'où le nom !). Un vrai bar de quartier, qui a de la personnalité. Fréquenté par les pêcheurs, qui ont influencé la déco de récup, de bric et de broc, avec notamment une barque à quai dans un coin, il est ouvert toute l'année. Il attire tous les amateurs de soirées animées (bonne musique éclectique), grillades sur le pont, glaces l'après-midi ou apéritif convivial. Ici, il y a toujours une occasion de faire la fête, retransmission de matches, réveillon, soirées DJ, lives de groupes locaux, anniversaires, etc.

## À voir - À faire

On entre dans le port de Cres par la porte principale, où trônait autrefois un lion vénitien. En 1797, à la chute de la Serénissime, les habitants jetèrent la sculpture à l'eau ! Sur la place, la loggia municipale (XVIe siècle), où se tenaient les jugements et se lançaient les annonces publiques. Elle accueille aujourd'hui les étals du marché aux fruits et légumes. A faire, la promenade le long de la baie des deux côtés du port, à l'ouest, face à la marina, à l'est pour se baigner sur les rochers.

### ■ ÉGLISE SAINTE-MARIE-DES-NEIGES (CRKVA GOSPE OD SNIJEGA)

Majka božja Snježna

*Ouverte au moment des célébrations cultuelles.*

Le portail de cette église du XVe siècle porte un relief de la Vierge à l'Enfant ; au-dessus du pilastre, les statues de l'archange Gabriel et de la Vierge ; à l'intérieur, une belle piétà en bois sculptée.

## VALUN

A 15 km au sud-ouest de Cres, le village se trouve au pied de falaises escarpées. Il est difficilement accessible car la route s'arrête en haut en impasse. Il faut donc marcher un peu pour y parvenir. C'est ici que l'on découvrit, dans la petite église du cimetière Saint-Marc, la célèbre plaque dite de Valun datant du IXe siècle, une pierre bien conservée portant des inscriptions et des textes en glagolitique traduits en latin, d'une grande importance pour l'histoire des Croates de la région. On a rapporté cette plaque dans l'église paroissiale Sainte-Marie. Des copies d'autres inscriptions similaires sont conservées dans le musée lapidaire de la taverne Juna. Un autre musée dans l'ancienne usine d'huile montre la nature laborieuse des populations paysannes et navales locales. Les modes traditionnels de la pêche y sont évoqués (filets, bateaux, instruments de navigation anciens). Aujourd'hui, Valun vit beaucoup du tourisme raisonné, pour des vacances proches de la nature avec tous les plaisirs de la mer à proximité. Vous trouverez ici de superbes plages, qui ne sont pas bondées.

En face de Valun, un autre fier village perché, Lubenice. Côté ouest, la place forte regarde la mer et côté est, elle domine tout le plateau central de l'île. Entourée de pentes raides retenues par des murets et capitelles en pierres sèches, cette localité de moins de 50 habitants à l'année a gardé son caractère médiéval et sa belle allure altière. En contrebas, on découvre la plage de Lubenice, l'une des plus belles de Croatie.

Valun.

### ■ CAMPING ZDOVICE

baie de Valun ✆ +385 51 571161

www.cresanka.hr

*Selon la saison, emplacement pour la tente de 6,20 € à 12,80 € et de 6,40 € à 13,30 € la nuit.*

70 tentes, une capacité de 200 personnes au total, ce camping, niché dans une petite baie en bordure de mer, est agréable. Sur ce terrain en pente et terrasses, les caravanes et les voitures n'ont pas accès. Le parking se trouve à l'extérieur du camping. Pour faire vos courses, vous pourrez vous rendre à Valun, le village voisin.

## OSOR ★

Sur la route de Mali et Veli Losinj, Osor mérite une étape. Au croisement des îles de Cres et Lošinj, la ville a longtemps tenu un rôle commercial important car elle se trouvait sur la voie maritime de nombreux navires qui empruntaient le chenal creusé par les Romains. Aujourd'hui, les élus tentent de retenir à nouveau les voyageurs avec la visite de ses beaux bâtiments publics sur la grand-place, son musée d'archéologie dans l'ancien hôtel de ville, ses églises et ses criques derrière le monastère franciscain.

### ■ COLLECTION ARCHÉOLOGIQUE OSOR (ARHEOLOŠKA ZBIRKA OSOR)

Gradska vijećnica

✆ +385 51 237346

www.muzej.losinj.hr

*Ouvert tous les jours sauf le lundi, de juin à septembre de 10h à 13h et de 19h à 22h.*

*D'octobre à mai tous les jours de 10h à 13h, sauf les dimanche et lundi. Entrée : 15 kn.*
Sur la grand-place, le musée municipal, dans les anciens locaux de la mairie, date du XVe siècle. Dans ce bâtiment à étage et la loggia, on remarque un portique profond et un buste de l'évêque de Osor Ivan Bolmarić, bienfaiteur de la région, qui mena, entre 1868 et 1881, les premières fouilles archéologiques. Les collections de la préhistoire, de l'Antiquité et du Moyen Age témoignent de l'importance historique du port. Osor a toujours été au carrefour de routes maritimes et commerciales importantes, et ce depuis l'Antiquité.

# ÎLE DE LOŠINJ

Au sud de l'île de Cres, la mythique île de Lošinj vécut longtemps dans l'ombre de la première. L'arrivée des Vénitiens au XVe siècle a favorisé son développement puis, dès le XIXe siècle, le tourisme européen considère l'île comme l'une des meilleures destinations lointaines (à l'époque !). Les vieilles résidences d'été des familles de l'empire austro-hongrois témoignent de ce spot aristocrate, apprécié par l'empereur François-Joseph ou l'archiduc François-Ferdinand. Aujourd'hui encore, on dit que l'archipel serait l'un des plus ensoleillés d'Europe, qu'un séjour sur les îles, juste à se promener, humer l'air marin, manger local et se baigner sans stress serait recommandé par les autorités sanitaires, notamment en cas d'insuffisance respiratoire...
Les deux villes principales, au nord Mali Lošinj, la plus ancienne, au sud Veli Lošinj, concentrent l'essentiel de l'activité. L'intérieur des terres est recouvert de forêts et de nombreuses oliveraies. L'endroit le plus intéressant historiquement, la baie de Cikat, présente quantité de possibilités d'hébergement.
En 1996, l'île a fait rêver tous les archéologues et les chercheurs de trésors subaquatiques. On a parlé de Lošinj dans le monde entier car c'est au large de ses côtes que l'on a trouvé et remonté la statue de l'Apoksyomenos, ce bel athlète grec qui dormait, enfoui dans le sable marin depuis deux mille ans au moins.
Des bateaux rapides, qui partent d'Osor ou de Mali Lošinj, vous permettent de faire des escales dans l'archipel, sur des petites îles (Susak, Ilovik, Unije), où vous pourrez passer la journée ou même séjourner (location privée).

## MALI LOŠINJ ★

La ville de Mali Lošinj porte le même nom que l'île. Protégée du vent et bien ensoleillée, elle ne pouvait échapper au développement touristique, qui s'est accru ces dernières années. On vient ici pour profiter des belles plages toutes proches, de la douceur de vivre insulaire, des grandes promenades sur la baie. À faire également, en ferry ou avec un bateau-taxi, la visite en journée des îlets et îlots de l'archipel (Unije, Ilovik, Susak, Srakane).

### Transports

- **En voiture.** Le centre-ville est payant pour les voitures. Si vous ne souhaitez pas y circuler avec votre véhicule (conseillé), mieux vaut se garer sur les hauteurs de la ville.
- **En bateau.** Le port pour les ferries se trouve au nord-est de la ville, à environ 500 m du centre-ville. Un ferry quotidien relie Mali Losinj aux petites îles, Unije, Ilovik et Susak. Elles sont interdites aux voitures.

**■ AÉRODROME DE MALI LOŠINJ**
Zračna Luka Mali Lošinj
Privlaka 19, p.p. 61
✆ +385 51 231666
www.airportmalilosinj.hr
info@airportmalilosinj.hr
*Heures d'ouverture, de fin mars à fin mai, tous les jours de 8h à 16h, de juin à septembre, fermeture à 20h. Des vols pour Mali Lošinj-Pula (225 € en 15 minutes), Rijeka ou Zadar (500 € en 25 minutes).*
En formule avion-taxi, un aérodrome qui dessert les villes côtières ainsi que Lubijana ou Venise.

**■ GARE ROUTIÈRE**
ul Lošinj Brodograditelja
✆ +385 60 311 311
A côté de l'office du tourisme.
L'arrêt principal des bus se trouve à proximité de l'embarcadère pour les ferries.

### Pratique

**■ AGENCE LOSINIA**
Riva Lošinjskih kapetana 8
✆ +385 51 231 077
www.losinia.hr – info@losinia.hr
*Ouvert tous les jours en été.*
Une agence sur le port et les marinas locales, qui gère deux bureaux à Mali Lošinj et deux autres à Nerezine. Travaille en partenariat avec des campings et des loueurs privés (véhicules, yachts, hébergements). Elle pourra donc vous aider, spécialement dans vos recherches de location chez l'habitant.

- **Autre adresse : Privlaka** 19, Artatore bb,

**OFFICE DU TOURISME MUNICIPAL**
Riva Lošinjskih Kapetana 29
✆ +385 51 231 884 / +385 51 231 547
www.tz-malilosinj.hr
tzg-mali-losinj@ri.t-com.hr
*Ouvert du lundi au samedi, de 8h à 20h et de 8h à 13h le dimanche en été. En hiver, de 8h à 15h en semaine, 13h le samedi et fermé le dimanche.*
Sur le port, à proximité des ferries, c'est l'agence officielle de Mali Losinj et de l'île, où trouver les renseignements sur l'hébergement, les idées de randonnées, balades, visites, baignades, plaisance, plongée et même sur l'organisation de séjours médicaux.

## Se loger

**HÔTEL APOKSIOMEN**
Riva lošinjskih kapetana 1
✆ +385 51 520 820
www.apoksiomen.com
hotel@apoksiomen.com
*Fermé une partie de l'hiver. Chambres doubles par personne, selon la saison et la catégorie, de 74 € à 134 € (petit déjeuner inclus). Wi-fi gratuit, parking payant.*
Un bel établissement, boutique-hôtel 4-étoiles, situé en centre-ville sur le port. Bien placé pour la vue magnifique (mais un peu bruyant), il propose de belles chambres donnant sur la mer et sur l'animation du port. Les prix restent raisonnables pour le standing.

**HÔTEL-RESTAURANT MANORA******
Magdalenska 26, bb
Nerezine
✆ +385 51 237 460 / +385 98 329608
www.manora-losinj.hr
manora@manora-losinj.hr
*Ouvert d'avril à fin octobre. Selon la saison, chambres individuelles de 59 € à 79 €, chambres doubles de 96 € à 163 € (petit déjeuner inclus).*
Pour la petite histoire, Manora tient son nom d'un centre d'observation des étoiles dirigé par le physicien Leo Brenner. En effet, la région possède les conditions climatiques favorables à l'observation des astres. Ici, la différence de température entre le jour et la nuit est infime, donc lorsque le vent du sud (Yugo) ne souffle pas, l'air devient transparent, ce qui facilite l'observation du ciel. Entre Osor et Mali Lošinj, à 5 minutes de marche du village de Nerezine, l'établissement est au calme. Ouverte vers le ciel, l'architecture offre une belle luminosité dans les pièces. A l'extérieur comme à l'intérieur, les couleurs dominent. Le design est dynamique et confortable, avec sauna, centre bien-être et remise en forme, piscine extérieure, bar-restaurant et Internet dans toutes les chambres. Parking privé gratuit.

**MARE MARE**
Riva lošinjskih kapetana 36
✆ + 385 51 232 010 / + 385 98 9807 585
www.mare-mare.com
info@mare-mare.com
*Compter de 92 à 120 € la chambre double selon la saison.*
Situé sur la promenade, ce petit hôtel aux couleurs méditerranéennes bénéficie d'une vue imprenable sur le port. On respire dans cet établissement qui dispose de nombreuses terrasses et d'un joli patio. Plusieurs formules, bed & breakfast (6 chambres), suites (3 appartements) à prix abordables dans un décor alliant modernité et charme local. De nombreuses peintures et sculptures d'artistes croates ornent les murs de l'établissement. Des équipements spa, massage et une bibliothèque complètent l'ensemble, sans oublier les conseils du propriétaire qui parle français et sera ravi de communiquer les bons plans de sa région.

*Vue aérienne de la ville de Mali Lošinj.*

Prolaz Most
Velopin
Vela Straza
Privlaka
Kadinj
Zagazinjine
Bojcic
Male Valdarke
Information touristique
Mali Lošinj Centar
Via Crucis
Valdarke
Pakalcic
Jakovja
Slavojna
V. Lošinj Center
Rovenska
Javorna
Kriska
Jamna
Porat ot Trasorke
Umpiljak
201 m.
Podkalvarija
Pod. sv. Ivan
Vidojne
242 m.
Grgoscak
241 m.
Pod Pogledom
Bonica Kuce
Mrtvaska
Premuda
Bukovica
Servisna zona Kalvarija
Ostrugova
Slatina
Zabojci
Cikat
Pristanisce
Veli zal
Belvedere
Borik
Porto Sesula
Cuanguski
Mala Draga
Vela Draga
Sunfarni
Krivica
Nad Krivicom
Balvanida
Plieski
Vinikova
Sv. Gaudient
Peclina
0
1000 m
N
Information touristique
Vue panoramique
Eglise

**POLJANA CAMPING VILLAGE RESORT**
Poljana bb © +385 51 231 726
www.campingpoljana.com
*A partir de 18 € par personne pour la nuit avec l'emplacement tente.*
A 4 km à l'ouest de la ville, un petit camping 4-étoiles, calme et ombragé, à taille humaine tout en étant parfaitement équipé. Emplacement tentes, bungalows, mobil-homes, le camping se développe en terrasse jusqu'à la plage, dont la partie rochers est réservée aux naturistes. Sur place, une zone Wi-fi (service payant), un restaurant et un supermarché.

## Se restaurer

**PIZZERIA DRAGA**
Brace Vidulica 77
© +385 51 231132
www.pizzeria-draga.hr
*Ouvert tous les jours de 11h à 23h. A partir de 35 kn pour une pizza.*
Parmi les nombreuses pizzerias de la ville, celle-ci reste une valeur sûre. Sa terrasse en étage est agréable et l'attente raisonnable pour son assiette. Au choix, de nombreuses pizzas mais aussi des plats de la côte (fromage/charcuterie de pays), des sardines grillées, blitva (écrasé de pommes de terre et pousses vertes), des pâtes aux légumes du Midi.

**RESTAURANT CORRADO**
Svete Marije 1
© +385 51 232487
*Ouvert de juin à octobre de 11h à 23h. A partir de 50 kn le plat.*
Un restaurant qui ne donne pas sur le port mais dans une ruelle piétonne. Vous y trouverez du poisson et des fruits de mer frais car le propriétaire est pêcheur. Au menu imprimé, préférez la suggestion du jour car, en général, la maison propose les arrivages du port et du marché. Pour les irréductibles de la viande, il y a aussi de l'agneau rôti sous *peka* (cuit à l'étouffée sur la braise).

**RESTAURANT VELI ŽAL**
Sunčana Uvala bb
© +385 51 231530
*Ouvert tous les jours de 10h à minuit. A partir de 50 kn le plat.*
Dans la baie de Sunčana, sur la fameuse promenade de santé qui relie Veli à Mali Lošinj, un peu à l'écart du centre-ville donc, ce restaurant de poissons offre une belle terrasse, avec une jolie vue en surplomb de la crique. C'est l'endroit idéal pour manger local (assiette de fromages et de charcuterie de pays, poissons grillés, crustacés en sauce, poulpe mijoté, légumes méridionaux...) avec un bon vin du cru.

## À voir - À faire

**ÉGLISE SAINT-MARTIN (CRKVA SV MARTINA)**
Sveti Martin groblje
Autour de l'église qui date de 1490, un cimetière marin où l'on peut entrer. Au XIXe siècle, des habitants du village, pour la plupart navigateurs et chercheurs de trésors, pour ne pas dire pirates, sont revenus sur l'île pour leur dernière demeure.

**JARDIN BOTANIQUE (MIOMIRISNI OTOCKI VRT)**
Bukovica 6
© +385 98 326 519
www.miomirisni-vrt.hr
*Entrée libre, tous les jours en été de 10h à 12h et 18h à 21h en juillet/août, seulement le matin les autres mois de l'année.*
A l'entrée de Mali Losinj, juste après l'intersection de la route pour Veli Losinj, un jardin botanique privé, créé par une passionnée des plantes médicinales. Elle y a planté des pieds de romarin, sauge, fenouil, lavande, immortelle, menthe, genévrier mais aussi fait pousser des plants d'eucalyptus, laurier, figuier, criste, olivier, églantier, pin... A chaque saison, des fleurs ou des senteurs que l'on trouve sur cette île. Boutique de parfums et cosmétiques naturels, huiles essentielles.

**MUSÉE D'ART PALAČA FRITZY (LOŠINJSKI MUZEJ)** ★
V.Gortana 35
© +385 51 233 614
www.muzej.losinj.hr/hr/fritzy
*Ouvert du mardi au vendredi de 10h à 13h et de 17h à 19h, samedi de 10h à 13h, en été du mardi au dimanche de 10h à 13h et de 19h à 22h. Tarif 25 kn.*
Le musée se trouve dans le palais Fritzy qui date du XIXe siècle. On peut y découvrir deux collections permanentes, l'une autour de la donation de l'écrivain poète et historien d'art, Andro Vid Mihičić. Ce natif de l'île, érudit local, fut un grand connaisseur des artistes croates, période moderne (1916 à 1970). La seconde collection, du maître ancien Piperata, se compose de 27 tableaux, trois coffres et une commode. Les peintures proviennent essentiellement du baroque italien, français et flamand, du XVIIe et XVIIIe siecles. Au 2e étage, des expositions d'artistes contemporains.

**PRESQU'ÎLE DE ČIKAT**
Pinède de Čikat
Sur ce bras de mer, cette belle pinède cache de magnifiques villas anciennes construites par des capitaines de navire qui, enrichis, sont

revenus prendre leur retraite confortablement dans leur île natale. Ces résidences sont souvent entourées d'un jardin luxuriant où poussent des fleurs sauvages et des plantes exotiques ramenées par ces anciens navigateurs au long cours.

# VELI LOŠINJ ★★

L'archiduc Charles de Habsbourg appréciait la douceur de vivre à Veli Lošinj... En 1885, il s'y établit durablement et fait construire sa demeure principale, sur les hauteurs du vieux port. Aujourd'hui, paradoxalement *Veli* Lošinj (la Grande) s'est fait dépassée en terme de fréquentation et d'infrastructures touristiques par sa voisine, *Mali* Lošinj (la Petite)... Un atout finalement pour cette ancienne destination balnéaire qui reste pittoresque et tranquille. Le port a toujours son petit côté village de pêcheurs fort appréciable.

## Transports

- **Bus.** L'arrêt se trouve en haut du village. Plusieurs bus par jour relient Cres à Mali et Veli Lošinj. D'autres encore font la navette entre Mali et Veli Lošinj
- **Voiture.** Le centre-ville étant piétonnier, des parkings payants ont été ouverts à l'extérieur au niveau de l'arrêt des bus.

## Pratique

### ■ TURIST BURO

Obala Maršala Tita 17
✆ +385 51 236256
*Ouvert tous les jours en été.*
Une agence multiservice sur le port pour les informations touristiques, l'hébergement chez l'habitant, les excursions, le change, la location de deux-roues.

### ■ VAL TOURIST AGENCY

Vladimira Nazora 29
✆ +385 51 236 604 / +385 98 258 220
www.val-losinj.hr – val@losinj-val.com
Une agence plus spécialement orientée sur l'hébergement chez l'habitant, les excursions sur les îles. À disposition, deux ordinateurs avec un accès Internet.

## Se loger

### ■ OMLADINSKI HOSTEL (AUBERGE DE JEUNESSE)

4 Kaciol
✆ +385 51 236 239
www.hfhs.hr
losinj@hfhs.hr
*La nuit en dortoir ou chambre privative à partir de 15,30 € par personne (petit déjeuner inclus).*
Dans cette belle villa, construite en 1889, l'auberge de jeunesse fait partie de la fédération nationale. Elle se constitue de 3 étages avec des chambres de 2 à 5 lits (dortoirs) pour une capacité totale de 50 personnes. Le tout bien équipé avec un petit self-service, un bar, un coin Internet et wi-fi gratuit, une télé et une jolie terrasse entourée d'un jardin méditerranéen. L'ambiance y est conviviale grâce à une équipe motivée par un esprit d'entraide et de partage. L'été, mieux vaut réserver à l'avance.

### ■ PANSION SATURN

Obala Maršala Tita
✆ +385 51 236 102
*Entre 26 € et 42 € la chambre double, selon la saison et la catégorie (petit déjeuner inclus).*
Vous ne pouvez pas la manquer, sur le port, c'est la villa rose aux volets verts juste avant les marches de l'église Saint-Antoine. Bien intégrée au voisinage des maisons aux couleurs pastel, la pension propose 9 chambres simples et pas chères rénovées en 2005. Spacieuses, bien tenues, avec la vue sur la baie ou le jardin, elles donnent libre accès à la terrasse, où l'on vient le soir pour un dernier verre et l'animation musicale.

### ■ VILLA MOZART

Kaciol 3
✆ +385 051 236 262
*Chambres doubles à partir de 23 € par personne (petit déjeuner inclus).*
Un immeuble ancien de caractère dans la vieille ville tout près de l'église Saint Antoine. 18 chambres petites mais confortables, avec climatisation, télé, balcon connexion internet à la réception et accueil sympathique. Le restaurant-terrasse en étage donne sur les bateaux ou le clocher de l'église baroque. Les chambres avec vue sur le port seront plus bruyantes le soir, spécialement en été. Lors des concerts sur le quai, de votre balcon, vous serez aux premières loges.

## Se restaurer

### ■ BISTRO SIRIUS

Rovenska 4
✆ +385 51 236 399
*Ouvert tous les jours en été de 9h à 1h. Environ 100 kn.*
Dans la baie de Rovenska, un petit port charmant à 10 minutes à pied de Veli Lošinj, où vous trouverez ce restaurant de poissons. Au menu, du poisson frais, des plateaux de fruits de mer, crabes, moules, langoustines et des grillades.

### RESTAURANT RIBARSKA KOLIBA

Obala maršala Tita 1
✆ +385 51 236 235
*Ouvert en haute saison tous les jours de 10h à minuit. Plats à partir de 55 kn.*
Dans un chalet en bois, les tables disposées à côté du foyer ouvert (grand four en briques) ou en terrasse, face au port et l'église. La vue est donc superbe et recherchée. Pensez à réserver. L'adresse est connue pour ses spécialités de fruits de mer en sauce, ses poissons grillés et ses viandes cuites au feu de bois.

## À voir – À faire

### CENTRE PÉDAGOGIQUE MARIN (MORSKI EDUKACIJSKI CENTAR)

Kaštel 24 Blue World Institute
✆ +385 51 604 666
www.blue-world.org
info@blue-world.org
Depuis 1999, les tursips truncatus (dauphins) de l'île de Lošinj font l'objet d'une étude par l'institut dede conservation marine Blue World en partenariat avec des chercheurs milanais. Il s'agit de l'une des dernières colonies à vivre (pour combien de temps ?) dans le nord de l'Adriatique. Ils seraient plus d'une centaine. L'espèce est protégée, et il n'est pas rare, en bateau d'en apercevoir quelques-uns au large. À Veli Lošinj, un espace a été aménagé pour une exposition permanente afin de sensibiliser le grand public à ces actions de protection de l'espèce. Demandez à voir les animations audiovisuelles autour des grands mammifères marins. En outre, l'institut est impliqué dans la sauvegarde des tortues marines. Il fait régulièrement appel à des bénévoles pour aider la structure à fonctionner. On peut aussi adopter un dauphin (faire un don) et participer ainsi à la collecte de fonds financiers pour assurer la protection, la recherche et la biodiversité dans l'Adriatique.

### ÉGLISE SAINT-ANTOINE (CRKVA SV. ANTUNA)

Sur le port
Construite au XVIIIe siècle, à l'emplacement d'une église plus ancienne, sur le port, cette église n'est pas souvent ouverte. Dommage, car l'architecture baroque, à décoration d'inspiration marine, est impressionnante. Elle abrite une belle collection de peintures italiennes, constituée grâce aux dons des capitaines de navires, au retour de leurs voyages.

### TOUR MUSÉE-GALERIE (KULA VELI LOŠINJ)

Kaštel 1 Kula
✆ +385 51 236 594
www.muzej.losinj.hr
*Horaires d'ouverture variables, d'avril à mi-juin, du mardi au samedi de 10h à 13h. Du 15 juin à fin septembre, du mardi au dimanche de 10h à 13h et de 16h à 19h. Fermeture le dimanche en septembre. Du mois d'octobre à fin mars, ouvert sur rendez-vous. Tarif : 10 kn.*
Cette tour massive, construite par les Vénitiens en plein centre historique, date du XVe siècle. Elle devait protéger les habitants de Veli Lošinj des attaques de pirates ou des tirs de canon lancés par les navires assaillants. Au début du XIXe siècle, elle perdit sa fonction militaire puis devint un musée-galerie en 2001. L'histoire de la ville, depuis ses origines, y est retracée, avec des objets archéologiques

## On attend toujours l'Apoxyomenos à Veli Lošinj !

Le 27 avril 1999, lors d'une sortie en mer entre les îlots Vele Orjule et Veli Lošinj, des plongeurs belges ont vu émerger des profondeurs des membres humains sculptés. Incroyable découverte que cette statue couchée en morceaux au fond de l'Adriatique… Ce grand athlète d'airain, que l'on date du IIe ou du Ier siècle av. J.-C., fut remonté à la surface puis réassemblé. L'homme nu à sa toilette est complet et expressif. Il semble regarder son reflet, au moment où il s'enduit d'huile pour retirer la poussière et autres traces du combat. Après de longues années de restauration à Zagreb et d'exposition (au Louvre entre autres), l'île devrait récupérer sa sculpture, d'une qualité exceptionnelle. Un musée archéologique devrait être construit dans le centre pour mettre en lumière cette civilisation hellénistique en Croatie. Des difficultés de co-financements entre l'Etat et la municipalité retardent son ouverture. En attendant le retour de la statue grecque, on peut voir une réplique dans la tour du château de Veli Lošinj. L'original est toujours conservé au département de restauration national de la capitale.

de la période hellénistique et romaine, des armes anciennes, des maquettes maritimes et des documents sur son passé touristique. Pièce maîtresse de la collection, la réplique de l'Apokxiomen qui attend le visiteur au rez-de-chaussée.

## ČIKAT

Une des plus belles criques de l'île, aux portes de Mali Losinj, est certainement celle de Čikat, que protège le parc forestier. Planté à la fin du XIXe siècle par le naturaliste Ambrose Haracic, le pin d'Alep a bien pris tout comme les vieux oliviers. Cikat est également connu pour sa plage de sable, ses campings et équipements sportifs et nautiques. La promenade du littoral est bordée de villas de l'ancienne noblesse autrichienne, certaines transformées en hôtels et résidences. Au cap Anuncijata, l'église de la Vierge Marie construite en 1858 regarde la mer. C'est un sanctuaire votif traditionnel du Losinj marin.

### Se loger

**■ BOUTIQUE HOTEL ALHAMBRA**
✆ +385 51 232022
www.losinj-hotels.com
alhambra@jadranka.t-com.hr
*Ouvert de la mi-mai à début octobre. Chambres et suites selon la saison et la catégorie, de 374 € à 516 €.*
Situés dans une petite crique de la baie de Čikat, l'hôtel Alhambra et sa dépendance Augusta sont particulièrement calmes et agréables. Ces anciennes villas rénovées possèdent des chambres spacieuses et ensoleillées, dont certaines ont la vue depuis la terrasse sur la baie. Le restaurant dans un superbe jardin, quelques installations sportives et une plage privée complètent l'offre de séjour dans cet établissement de luxe.

**■ CAMPING ČIKAT**
Dražica 1
✆ +385 51 232 125
www.camp-cikat.com
info@camp-cikat.com
*Selon la saison, par personne et par nuit, emplacement standard de 20,50 € à 32,60 €.*
À 2 km de Mali Losinj, ce camping se trouve à proximité de la plage dans une grande pinède avec plusieurs catégories d'emplacements pour tentes et camping-cars. Bénéficiant de nombreux équipements et services (location de vélos et de bateaux, école de planche à voile et de plongée, aires de jeux, animations, terrain de sports, bateau-taxi), il est desservi par bus.

**■ GUESTHOUSE HELIOS**
✆ +385 51 232 124
www.losinj-hotels.com
helios@jadranka.t-com.hr
*Ouvert de juin à septembre. À partir de 450 kn en haute saison la chambre double, petit déjeuner inclus.*
Situé dans la baie de Čikat, à 2 km du centre-ville et à deux pas de la mer, cette maison d'hôtes est bien intégrée dans la pinède. Elle s'apparente à un hôtel confortable avec plus d'une centaine de chambres spacieuses, 70 bungalows, une plage privée, des terrains de sport.

**■ HÔTEL BELLEVUE**
Čikat
✆ +385 51 679 000
✆ +385 51 661 111
www.bellevuelosinj.com
hotel.bellevue@jadranka.t-com.hr
*Ouvert de mi-avril à mi-octobre. La chambre double, entre 178 € et 320 € selon saison et la catégorie.*
Grand complexe hôtelier de la baie, récemment construit, avec 226 chambres et tout le confort d'un 5 étoiles assuré. Télévision, Wi-fi dans les chambres, vue sur la mer, piscine extérieure, terrains de sport, plage privée à 50 mètres.

### Se restaurer

**■ HOTEL RESTAURANT VILLA DIANA**
Plage
✆ +385 51 232055
*Ouvert tous les jours midi et soir. A partir de 50 kn le plat. Chambres doubles de 103 € à 160 € selon la catégorie et la saison.*
Dans cette villa construite sur le littoral, sans vis-à-vis entre vous et l'Adriatique, on compte 8 chambres à la location. Le restaurant est doté d'une terrasse tout aussi bien orientée. Avec une telle disposition, la carte ne pouvait que s'inspirer des produits de la mer. Spécialités de poissons et crustacés dans un cadre magnifique, accessible aux non-résidents.

**■ RESTAURANT GRILL LANTERNA**
Cikat 24
✆ +385 518966147
*Ouvert tous les jours en été midi et soir. A partir de 70 kn le plat.*
Avec sa terrasse qui domine les rochers de la baie et la mer, ce restaurant de poissons et viandes grillées devient un spot merveilleux pour le coucher du soleil. Recommandé autant – voire plus - pour la vue que pour les plats relativement chers. A voir donc !

*Vieille ville de Zadar.*

# ZADAR
## ET SA RÉGION

# ZADAR

★★★★

*Avec ses atouts territoriaux, sa position centrale, parfaite pour visiter toute la Dalmatie, terre et mer, Zadar, cité ancienne et ville active, justifie à elle seule un séjour en Croatie. Le tourisme y est florissant. Ce pôle économique majeur de la région, qui fait le lien entre le nord et le sud de la côte adriatique, est fort d'un patrimoine historique impressionnant. Un héritage antique et médiéval préservé, auquel s'ajoute un urbanisme contemporain inspiré et une bonne activité culturelle. C'est ici que l'on assiste aux plus beaux couchers du soleil de la Croatie, assis sur les gradins du front de mer, envoûté par l'étrange musique des Orgues Marines.*

## Repères historiques

Zadar est construite sur une péninsule entre deux bras d'eau douce, les rivières Zrmanja et Krka. Pendant l'entre-deux-guerres, la ville était sous le contrôle des Italiens. A l'époque, les villages se sont fermés sur eux-mêmes, peu de ruraux eurent l'occasion d'étudier. De plus, la région a été lourdement touchée par la dernière guerre des années 1990.

La reconstruction après-guerre a initié un nouveau dynamisme et, avec plus de 80 000 habitants, l'ancienne capitale de la Dalmatie fait désormais partie du quatuor de tête des grandes villes du littoral, aux côtés de Split, Rijeka et Dubrovnik

- **Trois fois millénaire,** Zadar compte parmi les plus anciennes cités de Croatie. La datation des sites archéologiques de la vieille ville fait remonter la présence de l'homme au néolithique. Au IV$^{e}$ siècle avant J.-C., les tribus illyriennes et liburniennes s'installent dans la ville nommée alors Idassa. Dès le IX$^{e}$ siècle avant J.-C, d'anciens peuples méditerranéens venant de toute la région s'y établissent. De cette époque, viendrait le nom Jader ou Jadera.

- **A partir du II$^{e}$ ap. J.-C.,** Zadar passe sous la domination romaine. Elle se construit sur le modèle des cités de l'empire. Le proconsul des Illyriens Tamphilus Vala, sous le règne de l'empereur Auguste, serait le fondateur de Zadar. Il participe personnellement aux financements de la construction des remparts, des portes et tours, afin de protéger la cité des envahisseurs venus de l'intérieur des terres. Dans la partie ouest, un réseau de ruelles avec de nombreux cloîtres et échoppes tourne autour du forum romain, la place principale et le temple siégeant sur le capitole. A l'extérieur de la ville, un amphithéâtre et un aqueduc chargé d'alimenter la ville en eau douce avaient été construits.

- **Aux IV$^{e}$, V$^{e}$ et VI$^{e}$ siècles**, le christianisme s'implante durablement dans la région. Le synchrétisme des religions commence, qui se traduit en architecture par une harmonie stylistique remarquable entre le classicisme gréco-romain et l'art paléochrétien. Un éclectisme au début du V$^{e}$ siècle, amplifié par l'émergence sur le forum d'un grand complexe épiscopal. Dans la basilique, le monumental baptistère adjacent est un parfait exemple de l'architecture des Premiers chrétiens. Mais au VI$^{e}$ siècle, un terrible tremblement de terre détruit cet ensemble monumental unique plongeant la cité dans une longue période de misère et d'oubli.

## Les immanquables de la région de Zadar

- **Découvrir la ville historique**, dans le même secteur (old town), les époques antique, médiévale et contemporaine harmonieusement imbriquées.
- **Faire ses courses au marché puis se baigner** dans les quartiers de Kolodovare, après le parc Vladimira Nazora, Borik ou sur l'île de Preko toute proche.
- **S'embarquer pour la riviera de Zadar,** découvrir ses îles proches (Preko, Pag, Ugljan, Pašman, Iž, Dugi Otok), entrer dans l'archipel des Kornati, dans le parc naturel de Telašćica.
- **Randonner dans le parc national** de Paklenica, dans la partie sud du massif du Velebit.
- **Visiter Nin** au nord de Zadar, une ville royale croate, avec sa cathédrale, la plus petite du monde : l'église de la Sainte-Croix de style préroman

# Zadar et sa région

**A partir du IX^e siècle,** les grandes constructions reprennent sur les ruines des anciens édifices. L'église Saint-Donat, par exemple, édifice dédié à la sainte Trinité, repose sur des chapiteaux et fûts de colonnes extraits de ruines romaines. Autre monument religieux remarquable, la cathédrale consacrée à sainte Anastasie. Son reliquaire fait référence à l'archevêque Donat (*Donatus peccatur episcopus fecit, i.e. l'évêque pêcheur Donat fit*), celui qui ramena de Constantinople les cendres de la sainte. L'église Saint-Donat symbolise véritablement la puissance de Zadar durant le Haut Moyen Age, notamment par sa diplomatie active auprès de l'empereur. C'est à ce moment que la ville, malgré les convoitises de Venise, de la Hongrie et de la Croatie, devint le centre de la région Dalmatie, territoire de l'empire byzantin jusqu'en 1001.

**Du XI^e au XIV^e siècles,** s'écoule ce que les historiens nomment l'âge d'or architectural de Zadar. Parmi les plus belles constructions, on peut citer l'église Saint-Chrysogone, le couvent de Sainte-Marie ou la cathédrale Sainte-Anastasie.
Lors de la quatrième croisade, le doge vénitien Enrico Dandolo commande la prise de la ville au profit de Venise. Pendant ces cinq jours de siège, des chevaliers français mettent la ville à sac, un acte qui sera sévèrement condamné par le pape Innocent III. Les luttes d'indépendance de Zadar contre l'emprise vénitienne ont globalement duré jusqu'en 1409 où la Sérénissime rachète la Dalmatie au roi de Naples Ladislas. En 1396, l'université de Zadar est fondée. C'est la plus ancienne de Croatie. Ici fut écrit le premier roman en langue croate, *Planine (Les Montagnes)* par Petar Zoranić. A cette époque florissante, les architectes vénitiens Baglione, Sanmicheli et le général Pallavicino dessinent un nouveau plan de fortification pour la cité, avec renforcement des remparts et fortins, protection des canaux d'eau de mer. Pour la république de Venise, Zadar devient la plus grande ville fortifiée de l'Adriatique, son centre administratif stratégique.

**Après la chute de Venise en 1797,** Zadar est successivement soumise à l'autorité française et autrichienne. Puis par un décret de 1868, Zadar cesse d'être une ville fortifiée, les remparts et les bastions laissent place à une jolie promenade maritime (riva). Le traité de Rapallo en 1920 rattache la ville à l'Italie, tandis que l'Empire austro-hongrois est dissout par décision des vainqueurs de la Première Guerre mondiale.

**Guerres et reconstructions du XX^e siècle.** Durant la Seconde Guerre mondiale, Zadar voit son centre-ville détruit à 65 %. A la fin des conflits, la ville est rattachée à la fédération yougoslave et retrouve un certain essor au cours des années 1950, grâce notamment au développement des infrastructures routières, ferroviaires et aériennes dans la région.
En se promenant dans Zadar, on a du mal à croire que cette ville fut l'une des plus touchées par la guerre d'indépendance, entre 1991 et 1995, tant la reconstruction fut exemplaire. Malgré les multiples destructions et pillages, le patrimoine historique est aujourd'hui mis en valeur de manière exemplaire. La ville contemporaines compte des bureaux d'architectes et designers innovants. Elle tisse également de nombreux liens culturels avec des villes-partenaires européennes, comme elle le fait avec la ville de La Rochelle notamment.

# Transports

## Comment y accéder et en partir

### AÉROPORT DE ZADAR (ZRAČNA LUKA)

Zemunik Donji ✆ +385 23 205 800
www.zadar-airport.hr
info@zadar-airport.hr
À 9 km au sud-est de Zadar, l'aéroport est desservi d'avril à octobre par différentes compagnies européennes (Lufthansa, Intersky, Germanwings, Ryanair, Danube Wings). Pour la France, des vols low cost réguliers partent de Paris et Marseille. Deux vols quotidiens sont disponibles pour Zagreb via la compagnie Croatia Airlines (30 minutes). Pour rejoindre le centre-ville, vous trouverez tout de suite des taxis ou un car de la compagnie Liburnija, présent à l'arrivée des avions, qui vous laisse à la gare routière. Le trajet dure 20 minutes et coûte 25 kn.

### EUROPEAN COASTAL AIRLINES

Put Divulja 7
KAŠTEL ŠTAFILIĆ ✆ +385 21 444 888
*Voir page 28.*

### GARE FERROVIAIRE

Ante Starčevića 4
✆ +385 60 333 444
www.hznet.hr
Juste à côté de la gare routière.
*Office ouvert en semaine de 7h à 14h ou achat des billets dans le train.*
Mitoyenne de la gare routière, cette gare ferroviaire paraît très calme comparée au terminal des autocars et bus. La principale ligne ferrée, qui fait Split à Zagreb sans passer par la côte, marque un arret à Zadar. Plus confortable, le trajet en train dure plus longtemps qu'en car et n'offre pas le plaisir visuel des routes du littoral dalmate.

Zadar
DIKLO
DONJI BRIG
BOROVI
SKROČINI
BELAFUZA
GORNJI BILIG
PLOVANIJA
SAS
STANOVI
VIŠNJIK
JAZINE 2
VOŠTARNICA
BRODARICA
DRAŽANICA
PUNTAMIKA
JAZINE 1
Ravnice
Hrvatskog Sabora
Put Nina
Put Bokanica
Jakova Subica od Cezana
Sv. Marije
Nikole Tesle
Splitska
Benka Benkovica
Kresimirova Obala
Put Dikla
Matosa
Put Petrica
Ivana Mestrovica
M. Krleze
S. Radica
J. Jelacica
Zagrebacka
Put Stanova
Puit Murvice
Oko Vrulja
Kneza Trpimira
Kneza Branimira
Antona Gustava
Tomislava
Posavskog
Zgon
Drazanica
Marina Borik
Puntamika
Musée
Taxi
Gare ferroviaire
Gare routière
LUKA JAZINE
Liburnska Obala
Office du Tourisme
Petra Kresimira IV
Foša
CENTRE VILLE
N
400 m.
Office du Tourisme
Taxi
Gare Routière
Parking
Plage
Musée

## GARE ROUTIÈRE

Ante Starčevića 1 ✆ +385 60 305 305
www.liburnija-zadar.hr
kontakt@liburnija-zadar.hr

*Ouverte tous les jours du matin au soir. Achat des billets au comptoir des agences ou dans le train.*

Grosse infrastructure pour cette gare routière où de nombreuses compagnies d'autocars assurent des trajets réguliers pour tout le pays, en provenance et partance de Zadar. Par exemple, la compagnie Autotrans propose des tickets quotidiens pour Zagreb-Zadar-Split Dubrovnik, l'Istrie, l'île de Korčula, etc. Pour le réseau urbain, il faut sortir de la gare, assez éloignée du centre historique, et prendre des bus locaux sur la grande avenue. Ceux-ci vous déposent à l'entrée de la vieille ville (Stari Grad), entièrement piétonne, à Puntamika (Borik) où se trouvent la marina, l'accès à la mer, les grands hôtels, les hostels et campings, à Kolovare, une zone balnéaire également.

## LULIĆ

Majstora Radovana 7 ✆ +385 23 494 494
www.lulic.hr – info@lulic.hr

*Ouvert de lundi à vendredi de 8h à 16h, samedi de 8h à midi, fermé le dimanche. Service de taxi et location de voiture de tourisme.*

Un loueur de voitures fiable et multiservice dans le quartier Borik. Propose également des courses de taxi.

## MARINA DALMACIJA

Ante Batine bb 23206 Sukošan
✆ +385 23 200 300
www.marinadalmacija.hr
info@marinadalmacija.hr

Ouverte toute l'année, dans le port de Sukošan au sud de Zadar, l'une des plus grandes marinas de Croatie, qui possède plus de 1 200 places et 500 autres au sec. On y trouve toutes les infrastructures et le matériel pour la plaisance. Ici se préparent nombreux départs pour l'archipel des Kornati.

## MERIDIJAN CHARTER

Ivana Mazuranica 2
✆ +385 23 393 520 / +385 098 354 342
www.meridijan.hr – info@meridijan.hr

L'agence loue des bateaux de grandes marques avec ou sans skipper et renouvelle chaque année sa flotte de modèles récents. Possibilité de prendre des cours de navigation.

## NOVA RENTAL CAR

Aéroport de Zadar
Zemunik bb
✆ +38521796175
www.rentacarsplit.net
nova@rentacarsplit.net

*Ouvert de 8h à 20h tous les jours.*

## PORT/FERRIES LOCAUX

Liburnska Obala 7
✆ + 385 23 254 800
www.jadrolinija.hr
ag.zadar@jadrolinija.hr

La compagnie Jadrolinija propose des traversées en ferries réguliers pour Lošinj, l'archipel de Zadar (îles Ugljan, Dugi Otok), Sali aux portes marines des Kornati, sur l'île d'Iž. Désormais, les ferries embarquant des passagers motorisés et les bus partent et arrivent d'un nouvel embarcadère (Zadar Gaženica), qui se situe dans la zone industrielle, entre l'aéroport et les chantiers navals. De fait, pour le retour sur Zadar, ne pas se tromper lorsqu'on embarque à pied. On prendrait le risque de se trouver loin du centre historique avec l'obligation de revenir en bus urbain dans la vieille ville.

Il existe des liaisons avec Ancône en Italie (7h de traversée), des bateaux rapides depuis Pula (5h). La ligne Rijeka-Zadar-Dubrovnik a été supprimée car on considérait qu'il était plus facile et rapide d'emprunter l'autoroute !

La compagnie Jadroagent vend des billets pour quelques ferries, surtout pour les bateaux de croisières et de transport de marchandises.

▸ **Autre adresse :** Jadroagent, Poljana Natka Nodila (POB 210). ✆ + 385 23 251-447 - www.jadroagent.hr

## SUB ROSA CAR RENTAL

Bože Peričića 14
Hôtel Kolovare
✆ +385 23 315 733
✆ +385 98 424 891
www.thrifty.com
zadar@subrosa.hr

*Ouvert du lundi à vendredi de 8h à 16h, le samedi de 8h à 12h ; fermé le dimanche.*

Cette agence, qui représente Dollar et Thrifty international en Croatie, possède une agence à Zadar à 100 mètres de la gare routière, également dans d'autres villes, Zagreb, Split, Rijeka et Dubrovnik.

## TORETE YACHT CHARTER & SERVICES

Ivana Meštrovića 2
✆ +385 23 337 499
www.torete.hr
torete@torete.hr

Sur la marina de Zadar, une agence pour la location de bateaux toute l'année. Une équipe de professionnels passionnés de voile propose un gros catalogue, de la petite embarcation à moteur au grand mas. Charter en voilier sur toute la côte croate, excursions dans les îles Kornati avec ou sans équipage. Services de réparation également.

▸ **Autre adresse :** Put Pudarice 32 G – ✆ : +385 23 327 485

Le centre-ville de Zadar
1- Porte de la terre
2- le Palais du Capitaine et la Tour
3- Eglise Saint-Siméon
4- Eglise de Saint-Michel
5- Place du peuple et la loge de la Ville
6- Cathédrale Sainte-Anastasie
7- Eglise Saint-Donat
8- Musée archéologique
9- Musée d'Art sacré
10- Orgues marines
11- Salut au Soleil
Eglise
Points d'intérêt
Parking
Points d'information
100 m.
LUKA JAZINE
LUKA JAZINE
POLUOTOK
Obala Kneza Branimira
Kneza
Trpimira
Muraille
Muraille
Muraille
Obala Kratja Tomislava
Narodnog Lista
Stratico
Bartula Kašića
Medu
Perivci Krafice Jeleke Madjijevke
Trg Petra Zoranica
Trg. 5 bunara
Kresimira
Ćosića
Foša
Office du Tourisme
Ilje Smiljanića
Dobuna
Jura Barakovića
Don Ive Podrana
Elizabete Kotromanić
Varoška
Špire Brusine
Kovača
Sirač
Rudera Boskovica
Borelli
Jurjeva
Zore Dalmaniske
Mihovla Pavlinovića
Obala Kralja Petra Kresima IV
Hvroja Hvratinića
Knez. Bribirskih
Široka Ulica
Madijevaca
Šimura Kožičića
Poljana Pape Alexandra III
Istarska Obala
Zadarskih Pobuna
Bedemi
Jurja Divinića
Nikole Matafara
Poste
FORUM
Zeleni trg
Mate Karamana
Zanottija
Zadarskog mira 1358
J. Bijankinlja
Trg Tri Bunara
Ivana Brčića
Luke Jelića
I. Danila
trg. sv. Frane
Obala Petra Krešimira IV
Obala Petra Krešimira

## Se déplacer

Les bus de la compagnie Liburnija font la liaison entre la gare et la vieille ville. Une station de bus importante se trouve devant la gare routière, avec passage des différentes lignes menant au centre historique, à la marina, au bord de mer et sillonnant la ville moderne. Les billets sont vendus dans les kiosques devant la gare ou dans le bus, entre 10 kn et 15 kn le trajet. De nombreux rabatteurs de taxis vous attendent dans la gare routière, la course relativement bon marché est cependant bien plus chère qu'en bus.

# Pratique

## Tourisme - Culture

### ■ AQUARIUS

Nova vrata
✆ +385 23 212 919
✆ +385 98 272 667
www.aquariuszadar.com
juresko@zd.t-com.hr
*Pour l'excursion en bateau vers les Kornati, départ du port de la vieille ville à 9h ou à 9h30 du yachting club Uskok. Comptez environ 300 kn/ pers. (40 €) pour la journée.*
Depuis 1998, Tonći Jureško, le propriétaire de l'agence et capitaine du célèbre bateau *Le Leut* a fait du chemin ! Le bureau de Zadar peut vous aider dans votre recherche d'hébergement en ville, pour les excursions dans les parcs nationaux, la route des vins, etc. et même pour trouver un billet d'avion. Comme excursionniste, l'entreprenant navigateur propose des journées dans le parc national des Kornati sur son bateau jaune. Un tour complet entre les îles Ugljan, Pašman et Vela Proversa, le panorama sur l'archipel des Kornati, entre la Mala Proversa, puis pause sur l'île de Lavdara pour se baigner. Le déjeuner est servi à bord et une nouvelle pause est prévue à Sali (Dugi Otok) avant de rentrer à Zadar.

### ■ MIATOURS

Doors Sv.Krševana bb
✆ +385 23 254 300
www.miatours.hr – info@miatours.hr
Cette agence, spécialiste de la vente ou location de bateaux de grande vitesse, connaît bien l'archipel de Zadar, les îles Zverinac, Božava, Sestrunj, Rivanj, Premuda, Silba, Olib, Unije, Mali Lošinj, Ilovik, où elle organise des excursions. Location de véhicules de tourisme également.

### ■ OFFICE DU TOURISME (TURISTIČKA ZAJEDNICA)

Ilije Smiljanića 5
✆ +385 23 212 222
www.tzzadar.hr
tzg-zadar@zd.t-com.hr
*Ouvert toute l'année en semaine de 8h à 20h. En été, tous les jours jusqu'à 22h.*
Un office de tourisme récent dont le dynamisme se reflète dans le bâtiment et sur le site Internet. L'agence dans la vieille-ville centralise les services de la municipalité et ceux de la région, ce qui permet d'obtenir des infos pratiques pour le séjour, l'hébergement, les plans de la ville et territoire, les horaires des ferrys pour les îles et autres transports en commun, les adresses pour la location de bateaux, de voitures. À disposition, de jolies brochures (patrimoine, attractions touristiques, visites, vacances actives, culturelles). En plus, l'agenda culturel, le Zadar gourmand, la vie nocturne, les taxis... Pour les connectés, les canaux de radios croates diffusent des émissions en langues étrangères pour les touristes (anglais, allemand, italien) et surtout l'appli *Secret Zadar.*

### ■ TEA ESCHEBACH

Kovačka ul. 3
✆ +385 91 766 1650
teaeschebach@yahoo.com
Cette guide francophone, collaboratrice de longue date au Petit Futé Croatie, organise des visites guidées de la ville de Zadar et propose des circuits dans la région. Interprète judiciaire également, elle donne des cours de langue croate.

### ■ TERRA

Matije Gupca 2 a
✆ +385 23 337 294
✆ +385 23 337 295
www.terratravel.hr
info@terratravel.hr
*Ouvert en haute saison de 8h à 22h.*
Créée à Zadar en 2002, cette agence propose des idées d'hébergement, organise des excursions dans les parcs nationaux de la région et sur les îles, ainsi que des animations sportives, du rafting sur la rivière Zrmanja, par exemple. Au départ de Zadar et Split, des mini-croisières partent vers les trois grands archipels, à la découverte de petites îles. Transferts aéroport, location de bateau et de voiture également.

## Moyens de communication

La municipalité fut la première à offrir la connexion par wi-fi public et gratuit sur la place du forum, dans le secteur des Orgues Marines, sur la place Narodni, dans les bibliothèques. Elle s'est fait rattraper par nombre d'établissements privés, hôtels, bars, restaurants qui (presque) partout affichent le logo «free wi-fi». Restent cependant quelques cybercafés où l'on vient souvent pour jouer en ligne.

### LIBAR

Stjepana Radića 11b
✆ +385 23 301 135
www.gkzd.hr – gkzd@gkzd.hr
*Horaires d'ouverture de 7h à 21h, le samedi de 7h à 14h, fermé le dimanche. 15kn/heure.*
Depuis 2010, le Li.bar, snack sympathique au sein de la médiathèque de la ville de Zadar, est le bon endroit culturel où lire livres et magazines, prendre une boissons chaude ou fraîche, utiliser les ordinateurs sur place ou brancher le vôtre.

### VIPBAR INTERNET CAFFE

Obala kneza Branimira b.b.
✆ +385 091 77 00
vipbar@net.hr
*Ouvert du lundi au samedi de 7h à 18h, le dimanche de 8h à 18h.*
Côté ville active et proche du pont, un café lounge-bar avec des moniteurs pour la connexion Internet, le Wi-fi gratuit, une terrasse.

## Santé - Urgences

### HÔPITAL GÉNÉRAL

Opvca Bolnica Zadar/Boze Pericica 5
✆ +385 23 315 677
www.bolnica-zadar.hr
opca.bolnica.zadar@zd.t-com.hr
Entre la gare routière et le front de mer, dans le quartier Kolovare, un établissement public dans un bâtiment historique où se trouvent un grand centre de soins, un service urgentiste et de multiples spécialités.

### URGENCES

I. Mažuranića 28 A
✆ +385 23 239 800
✆ +385 23 239 820
Accueil urgences sanitaires

**Autres adresses : Bože** Petričića 5 – ✆ +385 (23) 315 677 • faire le 112 (Europe) ou le 94 (Croatie)

# Se loger

On trouve relativement peu d'hôtels dans la vieille ville. L'essentiel des hébergements se situant hors de la presqu'île historique. Cependant, le Borelli Palace, situé à 200 m du forum romain, qui occupe un palais baroque du XVIIIe siècle, ainsi que le Bastion, près des remparts et de l'arsenal, pourraient bien séduire les amateurs de vieilles pierres réhabilitées en hôtellerie de luxe. Le Venara hôtel, bien plus modeste, reste très correct, tout comme les récentes et design auberges de jeunesse, le surprenant et conceptuel Boutique Hostel Forum, Mr. Charles en ville active, le Drunken Monkey Hostel ou le Sunset Hostel entre la gare routière et la plage.
Si l'on veut séjourner dans le centre historique à moindre coût, l'offre locative privée en chambres et appartements est bien développée. Mais le bruit sera votre invité car, à Zadar, le niveau sonore dans les rues piétonnes y est élevé en été, avec la foule de gens dans les bars-restaurants, assistant aux concerts en plein air, déambulant dans les ruelles.
Près de la marina, dans le quartier balnéaire contemporain Borik, l'offre est variée. De grands complexes hôteliers, des résidences privées comme la Villa Valentina, bel établissement à la gestion familiale, récemment rénové, l'auberge de jeunesse Zadar Youth Hostel, un camping, des locations privées dans des villas ou immeubles.
Autre alternative, les grands hôtels de la riviera de Zadar, côté Kolovare, apportent le plaisir des bords de mer aux abords de la ville, des infrastructures et équipements récents.
Si l'on préfère éviter les grands complexes, l'Anita City Apartment, à quelques mètres de la Riva, le Kai Studio sur la rue principale de Kalelarga, la Villa Hresc sur la route de Puntamika.

## Bien et pas cher

### BOUTIQUE HOSTEL FORUM

20 Siroka ulica
✆ +385 23 253 031
www.hostelforumzadar.com
info@hostelforumzadar.com
Pace du forum.
*Dortoirs de 2, 4 à 6 personnes de 16 à 29 € par personne et selon la saison, chambres singles de 18 à 29 €, chambres doubles (64 à 105 €), luxe de 48 € (1 personne) à 133 €.*
Une auberge de jeunesse au cœur de la vieille ville dans un immeuble récent situé en surplomb du forum romain. Une adresse surprenante, sur le module des fameux capsules hostels, recommandée aux voyageurs au budget moyen qui cependant apprécient le confort. Cadre ultra design, style épuré dans les chambres aux vues imprenables sur le site antique et médiéval ou sur la mer dans les chambres de luxe en étage. Une salle de détente originale, la connection Internet gratuite, un patio pour prendre l'air, le petit déjeuner payant mais fruits et viennoiseries offerts le matin, un accueil sympathique. Un bémol, cependant, le bruit des rues piétonnes qui résonnent dans les chambres malgré le double vitrage.

**CAMPING BORIK**
Majstora Radovana 7
✆ +385 23 206 555
www.campingborik.com
info@campingborik.com
*En haute saison 7,10 €/par adulte + à partir de 9,40 € l'emplacement.*
À 10 minutes du centre-ville en transports en commun, dans la zone balnéaire (Borik Marina-Puntamika), cet immense camping (environ 2 000 personnes) appartient au groupe Falkensteiner. Installé dans une pinède, près de la plage, il est propre, confortable et possède de multiples équipements (sports-divertissement) pour toute la famille.
Le complexe touristique (hôtel, camping) a eu la bonne idée (obligation ?) de laisser libre accès au littoral. Sans être résidents, on peut profiter de nombreux coins de baignade, rochers, pontons, mini-plages de galets, mais aussi des bars et des terrasses.

**HÔTEL MEDITERAN**
Matije Gupca 19
✆ +385 23 337 500
www.hotelmediteran-zd.hr
info@hotelmediteran-zd.hr
*La chambre selon la saison et la catégorie de 70 € à 128 € (petit déjeuner inclus).*
A 5 minutes en voiture du centre-ville, un petit hôtel familial pour ceux qui cherchent un endroit pas trop cher, propre et accueillant. Les chambres de bon standing s'augmentent d'un restaurant terrasse, agréable pour le petit déjeuner ou dîner avec wi-fi gratuit, d'une nouvelle piscine et d'un parking. Un bus à proximité vous dépose dans le centre historique.

**YOUTH HOSTEL ZADAR**
Obala kneza Trpimira 76
✆ +385 23 331 145
www.hfhs.hr
zadar@hfhs.hr
*Formule bed and breakfast, entre 115 kn en basse saison et 190 kn en haute saison.*
L'auberge de jeunesse se situe dans le quartier balnéaire de Borik, près de la marina de Zadar. Un peu éloigné du centre (5 km de la vieille ville) mais bien desservi par les bus, le lieu a l'avantage d'être au calme dans un site urbain qui fait très vacances. Bon accueil, les jeunes ou moins jeunes, tout le monde est le bienvenu. Des chambres pour deux avec lits superposés et dortoirs propres, sanitaires et toilettes dans les couloirs. Une grande terrasse pour se prélasser et rencontrer d'autres backpackers de passage. A l'accueil, wi-fi gratuit, information et services touristiques sur demande.

## Confort ou charme

**APARTMANT FAIN**
Matije Gupca 2a ✆ +385 23 337294
www.jaderatours.hr
*Chambres à louer de 60 € à 108 € selon la saison et la catégorie.*
Dans un bel immeuble à étages, à 2 km du centre et 300 m de la mer, situé dans le quartier Borik, plusieurs appartements gérés par l'agence locale Jadetours. Dans les chambres, telé par satellite et climatisation. Parking gratuit. A proximité, l'agence de voyages Terra, des magasins, bus, banque et restaurants.

**FALKENSTEINER HOTEL FUNIMATION BORIK**
Majstora Radovana 7 ✆ +385 23 206 637
www.falkensteiner.com
reservations.borik@falkenteiner.com
*Tarifs la nuit par personne en chambre double de 136 à 250 € en suite familiale standard de 144 à 284 € selon la saison. Prix forfaitaire pour une semaine.*
A 3 km du centre historique, sur le littoral, en face d'une crique privée, un 4-étoiles, appartenant à la chaîne hôtelière autrichienne du même nom. Les chambres à l'élégance sobre sont bien pensées pour le tourisme en famille. Beaucoup de vacanciers germanophones y séjournent. Il a été récemment rénové et présente l'avantage de posséder nombre d'équipements sportifs et de divertissements, dont le parc aquatique de 1 000 m².

**HÔTEL KOLOVARE**
Bože Peričića 14
✆ +385 23 211 017 / +385 23 203 200
www.hotel-kolovare.com
kolovare@hoteli-zadar.hr
*Ouvert toute l'année. Chambres selon la saison et la catégorie de 34 € à 183 € (petit déjeuner inclus).*
Près du centre historique, cet hôtel d'architecture contemporaine, récemment rénové, est situé dans un bel environnement balnéaire, avec vue sur le canal et les îles. Une plage se trouve juste derrière l'établissement. Les chambres climatisées possèdent un balcon, un restaurant-bar, un salon de coiffure, un espace bien-être, une piscine et des équipements sportifs. Possibilité de louer une voiture sur place. Parking gratuit.

**HÔTEL VENERA**
Sime Ljubića 4A ✆ 385 23 214 098
*La chambre, selon saison et la catégorie de 43 € à 67 €.*
Proche de la jetée, dans une ruelle paisible du centre historique, c'est-à-dire sans bar ni restaurant sous les fenêtres de la chambre (!),

cet hôtel modeste est très correct. Des petites chambres singles et doubles propres, équipées d'un coin bureau, d'un ventilateur. On se sent un peu dans une autre époque mais c'est ce qui fait le charme du lieu. S'il n'y a plus de place, la direction vous recommande un immeuble ancien, dans le centre également, où un couple de retraités sympathique loue des chambres. Très bien également.

- **Autre adresse : chambres** à louer chez Maja et Damir Zuvela, Knezova S. Bribirskih 4/ Tél. 385 99 415 00 81.

**■ PANSION ALBIN**

22 Put Dikla 47 ✆ + 385 23 331 137

*Chambre selon la saison et la catégorie de 50 € à 70 €.*

Une grande maison tenue par une famille qui possède une cinquante d'années d'expérience dans l'hôtellerie. À quelques centaines de mètres de la mer, la *pansion* propose des chambres soignées, certaines avec balcon et un restaurant-piscine. S'il n'y a plus de place à cette adresse, la direction vous recommande leur second établissement, également, entre Borik et la Marina Uskok, ouvert en 2010, il est constitué de 19 chambres. Plusieurs activités sportives y sont possibles, mais la Pansion Albin a plus de charme.

- **Autre adresse : Hôtel** Albin 2, August Šenoa. ✆ 385 23 335 173. Site Internet : www.albin2.hr

**■ VILLA ZUBČIĆ**

Ivana Duknovića 19

✆ +385 23 333 838 / +385 98 185 27 19

www.villa-zubcic.com

info@villa-zubcic.com

*Appartement selon la saison et superficie de 51 € à 138 € 65 € à 125 €.*

Dans le quartier balnéaire Borik, en bordure de mer, cet immeuble à la façade jaune loue 8 appartements meublés, bien équipés avec climatisation ou chauffage central selon la saison, accès Internet, balcon et vue sur mer... Vous pourrez bénéficier des conseils de Zdenka Brković, guide touristique à Zadar.

## Luxe

**■ ART HOTEL KALELARGA**

Ulica Majke Margarite 3

✆ +385 23 233 000

www.arthotel-kalelarga.com

info@arthotel-kalelarga.com

*Chambres selon la saison et la catégorie de 156 € à 237 € la nuit*

Dans une impasse perpendiculaire à la rue Kalelarga, cet hôtel à l'architecture contemporaine est élégant, zen et très confortable. À deux pas du centre animé, l'établissement a aménagé une dizaine de chambres au style sobre et épuré, la pureté des lignes invitant à la relaxation. Au restaurant, le chef Marijo Čepek prodigue une cuisine et des pâtisseries raffinées. La terrasse donnant sur les toits historiques du quartier est superbe !

**■ HÔTEL BASTION**

Bedemi zadarskih pobuna 13

✆ +385 23 494 950

www.hotel-bastion.hr

info@hotel-bastion.hr

*Chambres selon la saison et la catégorie de 152 € à 257 €. Parking privé gratuit.*

Cet hôtel 4**** est bâti sur les remparts à l'ouest de la ville, tout près de l'Arsenal et de la rue centrale Kalelarga. Il propose 24 chambres au style baroque moderne très chic avec une vue splendide sur toute la ville. Pour la détente, un centre de bien-être, spa et le calme environnant. Le restaurant de l'hôtel vous surprendra par sa carte méditerranéenne revisitée façon nouvelle cuisine. Superbe terrasse !

## Se restaurer

Si d'innombrables fastfoods se multiplient à Zadar, de bons restaurants (Foša, Zadar Jadera, Dva Ribara, Malo Misto), des konobas (tavernes) où savourer les spécialités de la région, des bars à vins où apprécier les crus de la côte avec assiette d'antipasti (prosciutto, olives et fromage de Pag, etc.) restent à découvrir dans la vieille ville, d'autres encore sur la riva, dans les quartiers balnéaires Borik, Puntamika ou Kolovare. Ne partez pas sans avoir goûté le maraschino, la célèbre liqueur locale à base de cerises prunes, une sorte de cherry délicieux (avec modération).

## Sur le pouce

### FAST FOOD NANA

Varoska 1 ✆ +385 913135382

*Ouvert du lundi au samedi de 17h à 23h. Prix moyens à emporter de 2 à 9 €.*

Parmi la multitude de restaurants rapides en centre-ville, celui-ci paraît plutôt correct avec un bon rapport qualité/prix pour les pizzas, sandwiches aux *ćevapčići* (saucisses bosniaques), poulet fromage, les hamburgers, plats de salade, fish and chips, calamars ou viandes grillées. À consommer sur place ou à emporter. Grandes portions. Très bien pour un morceau sur le pouce !

## Bien et pas cher

### KONOBA STOMORICA

Stomorica 12 ✆ +385 23 315 946

*Ouvert tous les jours de 12 h à minuit. Compter entre 50 kn et 70 kn le plat.*

La petite église Stomorica a donné son nom à ce restaurant. Sur la jolie placette, il est agréable de prendre un déjeuner ou un dîner en dehors de la foule. On y sert une cuisine classique de l'Adriatique (poissons, viandes, *prosciuto* local, risotto à l'encre de seiche) ainsi que la fameuse *Pašticada*, plat de bœuf braisé à la dalmate. On peut aussi juste boire un verre de vin (bonne cave), pour une pause bistronomie avec une assiette de fromage de brebis ou de charcuterie. Régulièrement, des musiciens viennent animer la soirée.

### RESTAURANT GROPPO

Siroka Ulica 22

✆ +385 23 778981 / +385 91 462 9414

www.restaurant-groppo.com

convallis.doo@gmail.com

*Ouvert tous les jours de 8h à 23h. Petit déjeuner de 8h à 11h30 (25 kn). Menus à partir de 49kn*

Dans ce restaurant du quartier Kalelarga, au cœur de la vieille ville, une cuisine méditerranéenne traditionnelle vous sera servie avec professionnalisme et sourire. Salades et soupes de poissons, pizzas, viandes et poissons grillés, mais aussi pâtes et risottos aux légumes et fruits de mer, rien de très original, mais des plats au bon rapport qualité/prix.

### RESTAURANT PIZZERIA 2 RIBARA

Blaža Jurjeva 1

✆ +385 23 213 445

*Ouvert de 10h à minuit. Prix des plats de 45 à 90 kn. Menu à 60 kn.*

Restaurant de la vieille ville dont la bonne réputation ne se dément pas. On rénove, on change la déco mais l'atmosphère générale, la qualité des plats et les prix serrés se maintiennent. Salades méridionales, viandes et poissons grillés accompagnés de la fameuse blitva (blettes et pomme de terre), pizzas au feu de bois, tout est réussi jusqu'au dessert (bon gâteau au chocolat !) et vin local.

### RESTAURANT ROKO

Put Dikla 74

✆ +385 23 331000

*Ouvert du lundi au samedi de 11h à 23h, le dimanche de 18h à 23h. Plat de 60 kn à 350 kn (homard entier).*

Drago Olić-Roko, propriétaire du lieu, a donné son nom au restaurant familial, que vous trouverez vers le quartier Borik. Pêcheur et chef cuisinier, c'est lui qui choisit les poissons servis ici ! On dit que l'on y mange les meilleurs spaghettis au homard de la ville. Avant cela, vous pouvez commencer par une salade de poulpe par exemple. Les plats de viande grillée sont excellents également. Restaurant avec une belle terrasse.

## Bonnes tables

### GOURMET KALELARGA

Art Hotel Kalelarga

Ulica Majke Margarite 3

✆ +385 23 233 000

www.arthotel-kalelarga.com/gourmet

*Voir le descriptif de l'Art Hotel Kalelarga.*

### KAŠTEL

Hotel Bastion

Bedemi Zadarskhi Pobuna 13

✆ +385 23 494 950

www.hotel-bastion.hr

*Voir le descriptif de l'hôtel Bastion.*

### KONOBA MARIO

Obitelji Stratico

✆ +385 23 386 431 / +385 98 191 3526

www.konobamario.hr

konomario@gmail.com

*Ouvert tous les jours, en semaine le midi, le week-end, midi et soir. Plats à partir de 50 kn.*

Bon départ pour ce restaurant, ouvert en 2014, installé près de l'église Saint-Simon et de la place des Cinq Puits, en dehors du circuit des tables bruyantes. Très vite, il s'est fait remarquer. On aime sa formule bistrot, sa carte variée, ses viandes et légumes grillés à la planche, ses frites américaines, ses pâtes maison, ses menus spéciaux pour les familles ou les filles avec une bouteille de vin offerte, le dessert et le digestif également. Accueil chaleureux, bon service et prix abordables.

### LUNGO MARE

Obala kneza Trpimira 23

✆ +385 23331533

http://www.lungo-mare.com

*Ouvert tous les jours de 11h à 23h. Prix moyens des plats entre 9 et 14 €.*

Qu'il est bon de sortir de la vieille ville pour s'ouvrir aux panoramas de la marina ! C'est ce à quoi vous convie le Lungo Mare avec sa terrasse à l'abri des pins, surplombant la promenade de la mer. Dans ce cadre balnéaire agréable, surtout le soir au coucher du soleil, la cuisine méridionale et les produits de la pêche sont à l'honneur. Une carte variée, des pâtes à l'encre de seiche, des lasagnes maison, une escalope de veau panée, un filet de porc farci avec fromage et crevettes, et même un steak végétarien, soit une consistante galette de légumes liés au blé. À découvrir !

### ■ MALO MISTO

Jurja Dalmatinca 3
✆ +385 23 301 831
www.malo-misto.com
info@malo-misto.com
*Ouvert tous les jours de 9h à minuit. Plateau de viandes grillées pour 2 personnes, 280 kn.*

Plus de quarante-cinq ans de loyaux services pour ce restaurant de la vieille ville, installé près du marché. Une terrasse agréable, un accueil souriant, le repas copieux, autant d'arguments qui concourent au succès. Ici, on peut accepter l'apéritif offert pour faire patienter entre les plats, partager une assiette de viandes grillées ou goûter au rizzoto à l'encre de seiche, aux pâtes vertes aux gambas. Le soir, venir tôt car l'établissement est souvent bondé, surtout en été.

### ■ RESTAURANT BRUSCHETTA

Mihovila Pavlinovića 12
✆ +385 23 312 915
www.bruschetta.hr
info@bruschetta.hr
*Ouvert tous les jours de 11h à 23h. A la carte, compter de 60 kn à 110 kn le plat.*

Le restaurant Bruschetta a été ouvert en 2010 sur un site archéologique important. Ainsi, depuis la terrasse, on regarde les fondations de l'enceinte romaine puis la vue porte sur le front de mer. L'intérieur élégant interpelle également et si le lieu a acquis d'emblée une bonne réputation, c'est autant pour son décor que pour sa cuisine italienne de belle facture. Bruschetta, pizza et autres pasta maison mais aussi plats traditionnels dalmates, poisson frais, carpaccio ainsi qu'une belle carte des vins. Une valeur sûre à Zadar.

### ■ RESTAURANT KORNAT

Liburnska obala 6
✆ +385 23 254 501
www.restaurant-kornat.com
*Ouvert tous les jours de midi à 1h. Prix des plats entre 80 et 140 kn.*

Ouvert en 2003, ce restaurant, situé au bord de la mer, propose une cuisine raffinée, qui représente bien les plats croates typiques : risotto à l'encre de seiche, agneau braisé aux herbes, plats en sauce, cuisine au vin rouge... On note un soin apporté à la décoration, au dressage de l'assiette, au service.

### ■ RESTAURANT NIKO

Obala kneza Domagoja 9
✆ +385 23 337 888
www.hotel-niko.hr
hotel.niko@hotel-niko.hr
*Ouvert tous les jours de 12h à minuit. Plats à partir de 50 kn.*

Une institution en ville, l'un des restaurants classiques et réputés de Zadar, apprécié pour ses plats de poisson et de fruits de mer impeccablement découpés. Bonne cuisine méditerranéenne à des prix qui restent raisonnables, située sur le Lungomare, l'une des plus belles promenades de la ville. Service très professionnel.

### ■ RESTAURANT PET BUNARA

Stratico ✆ + 385 23 224 010
www.petbunara.hr
info@petbunara.hr
*Ouvert tous les jours en été de 11h à 23 h. Compter 12 €, 20 € ou 30 € pour un repas complet, boissons comprises.*

Cette ancienne konoba familiale est devenue l'un des meilleurs restaurants de la ville. On sent chez ce restaurateur une volonté manifeste de sortir des classiques croates tout en utilisant les recettes traditionnelles. Ainsi, la pasticada, ce plat typique dalmate (bœuf braisé, marinade au vin rouge légumes), les pâtes fraîches maison, le pavé de thon sont revisités. Les produits locaux comme la figue ou les airelles également en version sucré-salé viennent en sauce autour des viandes. Les desserts sont dignes d'un maître pâtissier. Une cuisine moderne servie en quantité généreuse. Nous vous recommandons de vous y rendre après un apéritif dans les jardins qui surplombent la place des 5-Puits.

### ■ RIBLJI RESTORAN FOŠA

Ul. Kralj Dmitra Zvonimira 2
✆ +385 23 314421
www.fosa.hr
*Ouvert tous les jours de 11h à 23h. Plats de 70 kn à 160 kn.*

Juste à l'entrée de la ville par la porte de la Terre ferme, la terrasse du Foša a une vue panoramique sur la baie. Cadre romantique pour l'un des restaurants de poissons les plus réputés de la ville. Il est donc indispensable de réserver en haute saison. Sa carte, mélange de cuisine traditionnelle et moderne adriatique, met à l'honneur les grillades de poissons régionaux, les recettes méridionales à l'huile d'olive...

**■ TINEL ZADAR**
Ulica Don Ive Prodana 2
✆ +385 98 975 7130
tinelzadar.com
*Ouvert tous les jours en haute saison, midi et soir, comptez entre 50 et 100 kn le plat.*
L'entreprise familiale est aussi présente à Zagreb et Sibenik. Dans la vieille ville de Zadar, vous serez installés dans la ruelle... s'il y a de la place ! Pensez à réserver car l'adresse a du succès. Spécialités de la mer, salade de poulpe, calamars ou sardines grillés, steaks de thon, d'espadon mais aussi rouleaux de viande fromage, filet de poulet à la dalmate (sauce aux pignons avec légumes grillés sur polenta), pâtes et pizza, tous ces plats peuvent s'accompagner du vin rouge maison. Mais... le pain est payant !

## Sortir

Zadar, ville jeune et dynamique, «bouge bien» la nuit et multiplie ses invitations en période estivale. Le programme des festivités est disponible dans les offices de tourisme. Les festivals d'été proposent des soirées théâtrales et musicales en plein air, dans les palais, dans les églises, à Saint-Donat notamment. Une grande fête populaire en juillet (Nuit de la pleine lune) anime les ruelles et les places de la vieille ville, avec des concerts de musiques actuelles. Les Journées de Maraska, du nom de la fameuse liqueur de cerises, durent plusieurs jours. Suivez l'agenda sur le site Internet de la ville, où vous trouverez une traduction en français.
Pour les clubbers, demandez le mag gratuit *Zadar in My Pocket* ou le dépliant *Day&Night Zadar* sur les bars et clubs les plus fréquentés du centre-historique (Forum, Gotham, Kult Café, Gotham, Ledana, Garden, etc.). L'Arsenal, superbe édifice militaire, reconverti en centre culturel organise également des soirées et des brunches ! Pour ceux qui préfèrent prendre le bateau ou la route, de nombreux soirées les attendent sur l'île de Pag.
Agenda des sorties : www.tzzadar.hr/fr/a-va-nements

## Cafés - Bars

**■ ACME INTERNET**
Nikole Matafara 2a
✆ +385 23 250 708
klub@zadarsnova.hr
*Ouvert tous les jours de 9h à 21h. Comptez 15 kn les 30 min, 25 kn l'heure.*
ACME n'est pas qu'un cybercafé. Les activistes de la culture underground, qui tiennent ce lieu d'exposition, sont membres d'un réseau d'artistes contemporains. Pour la connexion Internet, ils mettent à disposition pour pas cher quelques ordinateurs.

**■ ARSENAL**
Trg tri bunara 1
✆ +385 23 253820
✆ +385 23 25 38 21
www.arsenalzadar.com
info@arsenalzadar.com
*Ouvert tous les matins de 8h à 11h pour le brunch du lundi au vendredi. 48 kn la formule buffet.*
Ancien entrepôt portuaire construit au XVIII$^{e}$ siècle, aujourd'hui converti en centre culturel et touristique, le complexe abrite une galerie, des boutiques et organise concerts et événementiels. Un cocktail bar également, chic et agréable, pour le brunch breakfast quotidien, en semaine.

**■ BUFFET TRAMONTO**
Obala Petra Krešimira IV
✆ +385 98 797 377
*Ouvert toute l'année, du matin au soir.*
Si l'on peut trouver la cuisine de cette brasserie dalmate un peu trop classique (pâtes, risottos, grillades, pizzas, etc.), l'emplacement de l'établissement, en revanche, est très appréciable ! C'est incontestablement l'une des plus belles terrasses de la vieille ville, sinon la plus belle. Parfait pour commander une boisson chaude ou froide, une glace ou un apéritif face à la mer, sans vis-à-vis ni voiture. Ici, il y a de l'espace et du calme, la vue sur l'île de Preko et le coucher du soleil. Belle salle intérieure également avec grandes baies vitrées pour les soirées fraîches. On n'est pas obligé d'y manger.

**■ CAFE BAR FORUM**
Široka Ulica 3
✆ +385 23 205554
*Ouvert toute l'année.*
C'est le café immanquable sur la place du forum. Une terrasse au soleil toute la journée, très fréquentée, plus agréable hors saison estivale. L'emplacement central, avec vue sur les vestiges archéologiques d'un côté, sur la rue Kalelarga, artère principale de la vieille ville, en font un lieu très attractif.

**■ CAFFE BAR POPAJ**
Kolovare ul
✆ 385 959088442
*Ouvert tous les jours en été.*
Dans ce quartier du grand littoral, au sud de la vieille ville, plusieurs cafés se sont installés en surplomb des spots agréables pour se baigner. Du plus modeste au plus stylé, ambiance *cocktail beach bar lounge*, il y a le choix. Avec la vue imprenable sur la mer jusqu'à l'île de Preko, on apprécie de laisser s'égrainer les

heures en commandant des boissons chaudes ou fraîches pas chères (excellent espresso) ou en dégustant une glace. On s'y installe pour le Wi-fi gratuit, on s'y retrouve toute la journée, avant ou après le bain, à l'heure de l'apéro – coucher de soleil en prime – et jusque tard dans la nuit.

■ **INTERNET CORNER LANARCHY**
Varoška 3
✆ +385 23 311 265
*La connexion Internet : 15 kn le quart d'heure, 30 kn la demi-heure.*
Ce cybercafé de la vieille ville, il vous faudra bien le repérer dans un immeuble donnant sur une cour où la verdure abonde. Le local se trouve au fond du couloir à droite. A proximité dans les ruelles, cafés musicaux, fast-foods, restos pas chers, c'est un peu l'ambiance « quartier étudiant de Zadar ». Possibilité de faire des scanners, sorties imprimante et photocopies. Tarifs intéressants pour consulter ses e-mails !

■ **LOVRE**
Narodni trg 1
✆ +385 23 212678
*Ouvert tous les jours de 7h à 1h.*
Le bar le plus ancien de la vieille ville, situé sur le domaine d'une église médiévale. L'histoire raconte que les condamnés à mort, avant leur exécution, avaient le droit d'y passer leur dernière nuit. Aujourd'hui, en terrasse, c'est le petit déjeuner que l'on apprécie avec une vue très agréable sur la place centrale.

■ **MARASCHINO BAR**
Obala kneza Branimira 6a
✆ +385 23 211 250
maraschinobar@gmail.com
*Ouvert tous les jours de 7h à 3h le matin.*
Cocktail bar, ouvert du matin au soir, avec connexion wi-fi gratuite. A goûter, la spécialité locale, qui a donné son nom au bar, le *maraschino*, une liqueur aux petites cerises, sorte de sherry, dont la formule a été découverte, au XVe siècle, par les moines dominicains de Zadar. La nuit, des DJ transforment le lieu en club electro. De la terrasse, vue imprenable sur le port de plaisance et sur le grand pont (*mostar*), qui relie la vieille ville à la partie moderne de la cité.

■ **PORTHOS**
Karma 7a, Kolovare
✆ 023 315 275
*Ouvert tous les jours en été de 7h à minuit.*
Un café aux couleurs vives à l'intérieur mais c'est surtout la terrasse, qui est appréciée en fin de journée. Vue plongeante sur la plage de Kolovare, sur le coucher du soleil au bord de la mer.

■ **SHINE**
Mihovila Pavlinovića 16
✆ +385 91 399 96
info@barshine.hr
*Ouvert tous les jours de 8h à 1h.*
Sur la promenade de la mer (Riva), au niveau du forum, le Shine s'est rapidement imposé comme le lieu de rendez-vous pour la jeunesse zadaroise et les jeunes touristes. Spot animé où boire thé, café ou boissons fraîches en journée, cocktails ou shooters le soir.

■ **YACHTING BAR**
Majstora Radova 7
✆ +385 091 452 34 52
*Ouvert tous les jours de 8h à 4h.*
Un café-bar branché et design de la marina et du camping du quartier Borik. Le matin, un lieu tranquille pour boire son café, lire un magazine ou ses mails, regarder la mer. Mais on s'y presse surtout le soir pour apprécier un cocktail, en regardant le coucher de soleil. Petite restauration et musique jusque tard dans la nuit.

## Clubs et discothèques

■ **THE GARDEN**
Bedemi zadarskih pobuna bb
✆ +385 23 364 739
www.thegardenzadar.com
info@thegardenzadar.com
*Ouvert en été uniquement, tous les jours de 10h30 à 1h30.*
Dans un jardin suspendu, un bar lounge et un club historique de la ville, qui a su s'adapter aux nouvelles tendances de la musique, en passant de l'ambiance electro minimaliste au jazz, reggae, pop. C'est aussi une excellente adresse pour se détendre en fin de journée allongé sur le caillebottis ou près des remparts à admirer le coucher du soleil, la vue imprenable sur le va-et-vient des bateaux dans le port de Zadar ! Le Garden organise chaque année un festival electro (The Garden Summer Events) et un autre à Tisno de plus en plus couru par les DJ internationaux.

■ **HITCH BAR**
Kolovare b.b.
hitch.bar@gmail.com
*Ouvert toute l'année et tous les jours en été du matin au soir.*
Un café-bar et discothèque qui se trouve près de l'hôtel Kolovare, face à la mer. Le Hitch Bar concocte des cocktails beach assez prisés ! Le vendredi, musique croate pour les amateurs et, le samedi, musiques actuelles pour les jeunes clubbeurs.

### LOUNGE & BAR LEDANA

Perivoj Kraljice Jelene Madijevke
✆ +385 98 630 760 – www.ledana.hr
*Ouvert tous les jours en été de 8h à 4h du matin. Wi-fi gratuit.*
Dans le grand jardin public de la reine Jelena Madijevke, créé au XIX$^{e}$ siècle, ce bar lounge et club occupe toute l'aile nord du parc historique. L'établissement a vu grand à son ouverture il y a quelques années. Tables basses et sofas dispersés très largement dans la verdure, terrasse en escaliers, bar et club dessinés par un architecture dans une fausse grotte, murs de glace et musique électro à plein volume, tout est fait pour surprendre les visiteurs et clubbeurs. Dans cet environnement unique, concerts, soirées DJ mais aussi pauses relaxantes toute la journée au frais parmi les plantes.

## À voir – À faire

Toute les anciennes cités closes de Croatie s'ouvrent par des portes monumentales. A Zadar, celle dite de la Terre Ferme, au sud, regarde la mer. Cet arc de triomphe imposant, construit en 1543, où trône le relief du saint patron de Zadar, Chrysogone cavalier, a remplacé le pont en bois qui reliait cette entrée principale à une tour de garde. Aujourd'hui, les clients du restaurant Foša-Riblji peuvent en admirer les soubassements.
En arpentant le dédale des ruelles piétonnes, places et placettes, on sent d'emblée qu'il y a beaucoup à faire dans la vieille ville ! Un jour n'y suffirait pas. Pour commencer, pourquoi ne pas faire un tour au marché local pour acheter du fromage de Pag (grosse spécialité locale) et manger sur le pouce ? Juste à côté, on peut aussi profiter d'un déjeuner sur la place centrale (Trg Narodni).
Sur le forum, une visite s'impose à l'église Saint-Donat, au Palais du Capitaine, à la cathédrale romane Sainte-Anastasie, au musée archéologique, celui des sciences naturelles dans une partie du palais du Recteur enfin restaurée. En revenant par la promenade des remparts, on pousse jusqu'au musée du verre ancien avant un repos bien mérité dans le quartier calme de l'Arsenal, au Garden bar lounge par exemple... Ne manquez pas de finir la ou les journée(s) sur le superbe front de mer piéton (Riva). Toute l'année, vous êtes convié à deux spectacles gratuits : le chant des Orgues Marines et le Salut au soleil. Magique au coucher du soleil !

- **Se baigner.** Si certains n'hésitent pas à nager près des Orgues Marines, à la sortie du port, préférez les zones balnéaires plus nature dans le quartier Kolovare au sud de la vieille ville ou, au nord, Puntamika, Mali Mlini, Donji Brig et Diklo.

### CATHÉDRALE SAINTE-ANASTASIE (SV. STOŠIJE) ★★★

Trg Svete Stošije
*Durant l'été, montée au clocher jusque minuit.*
Construite durant le XII$^{e}$ et le XIII$^{e}$ siècles, cette église romane monumentale a la particularité de posséder trois nefs parallèles et trois portails. Bâtie sur le site d'une ancienne basilique remontant au début du christianisme, elle présente une superbe façade frontale, ornée d'arcades aveugles, typiques de l'art roman toscan (Sienne ou Florence). La nef principale et ses bas-côtés sont séparés par des rangées de colonnes et pilastres. Le tympan du portail central, représentant la Vierge Marie et les protecteurs de la ville, saint Zoilus et sainte Anastasie, est surmonté de roses gothiques. A l'intérieur, un sarcophage en marbre conserve, depuis le IX$^{e}$ siècle, les reliques de sainte Anastasie ; les sièges de chœur, époque gothique, datent du XV$^{e}$ siècle.

## Excursionistes aux portes des Kornati

Sur le front de mer, proche du pont (*mostar*), vous rencontrerez de nombreux excursionistes et autres rabatteurs pressés de vous vendre leur sortie en mer vers le parc national des Kornati. Mais pour la visite de ce magnifique archipel naturel, il vaut mieux partir du port de Murter (sur une île à 1h de Zadar, que l'on joint en bus). De Zadar, la route maritime est longue, c'est du temps perdu sur cette journée passée aux portes de ces îles et îlots qui font rêver. À partir de Zadar, les bateaux doivent emprunter le canal entre Pašman et Ugljan pour pénétrer dans les Kornati *via* Katina. La route est directe. On vous propose plus ou moins une formule identique (départ à 8h, retour à 18h) et on pratique des tarifs similaires (autour de 300 kn). Mais renseignez-vous tout de même sur la route que l'excursionniste utilise, sur le nombre d'arrêts, le temps consacré au pique-nique ou au déjeuner, à bord ou sur une île, les heures de baignade également. Certains ne font qu'apercevoir le parc et filent directement vers l'île de Dugi Otok pour attendre le lac salé de Telašćica, alors qu'il s'agit d'un parc naturel très fréquenté que l'on peut visiter pour beaucoup moins cher en prenant un ferry tôt le matin pour le port de Sali.

www.kornat-excursions.hr

*La ville de Zadar est majestueusement encadrée par le massif du Velebit.*

*Les Orgues Marines (2005) s'appellent ainsi car la mer y produit des sons harmonieux en s'engouffrant dans des tuyaux sous-marins.*

*L'église Saint-Donat (IXe siècle) rappelle la longue et prestigieuse histoire de la ville.*

*Zadar est sans conteste le cœur et la capitale culturelle de la Dalmatie.*

## ÉGLISE SAINT-DONAT (SV. DONAT) ★★★★

Poljana pape Ivana Pavla II

*Ouverte tous les jours de 9h à 20h, entrée : 20 kn.*

Dédiée à la sainte Trinité, elle porte le nom de l'évêque Donat de Zadar qui officie au début du IXe siècle. C'est pourtant un autre saint Donat qui aurait été le premier évêque historique de la ville. Il vivait sous le règne de Charlemagne, qu'il a soutenu par différentes missions peu après son couronnement. Mitoyenne à la cathédrale paléochrétienne et au palais épiscopal, Saint-Donat a gardé sa forme circulaire d'origine, de style byzantin. Comme nombre d'édifices construits en Occident à cette époque, l'église réutilise dans ses fondations des colonnes, fûts et chapiteaux romains. D'une sobriété architecturale exemplaire, le bâtiment atteint 27 m de haut et comporte deux étages, tenus par six piliers massifs et deux colonnes autour de la salle centrale. Si Saint-Donat demeure une église formellement très originale, elle ressemble aux églises construites par les premiers empereurs chrétiens, Justinien à Ravenne et Charlemagne à Aix-la-Chapelle (chapelle Palatine). Dans cet espace sacré, qui n'est plus un lieu de culte, l'acoustique du cylindre parfait est exceptionnelle. Un festival de musique classique s'y tient chaque année depuis un demi-siècle.

*Eglise de Saint-Donat, à Zadar.*

## ÉGLISE SAINT-MICHEL (SV. MIHOVILA) ★

Ulica Špire Brusine

Sur le site, une église et un couvent datant de 1389, dont une grande partie a été reconstruite au XIXe siècle. Sur la façade, trois portraits romains proviennent d'une dalle funéraire antique. On remarque aussi une belle peinture du Christ sur la croix (XIIIe siècle) ainsi qu'une sculpture de saint Michel sur l'autel.

## ÉGLISE SAINT-SIMÉON (SV. ŠIMUN) ★

Trg Petra Zoranića 7

Ce lieu de culte, datant du Ve siècle, est habillé d'une façade baroque. Dédiée à Saint Étienne, l'église conserve les reliques de Siméon, un saint très aimé des habitants de Zadar. Le sarcophage en argent doré, long de 1,90 m, où repose son corps embaumé, est encastré dans l'autel, réalisé par le sculpteur Francesco da Sesto à la fin du XIVe siècle. Magnifiquement décoré des scènes de la vie du saint, ce chef-d'œuvre d'orfèvrerie constitue l'un des trésors de la ville. Si le coffre est visible tout le temps, pendant les ouvertures de l'église, le corps du saint, en revanche, n'est présenté que le jour de la Saint-Siméon (8 octobre), pour l'Assomption et durant quelques autres fêtes religieuses annuelles.

## MUSÉE ARCHÉOLOGIQUE (ARHEOLOŠKI MUSEJ) ★★★★

Trg opatice Čike 1 ✆ +385 23 250 542
✆ +385 23 250 516 – www.amzd.hr

*Ouvert de 9h à 19h en été (01/04 au 30/09) et de 9h à 15h tous les jours, sauf le dimanche. 30 kn entrée adulte.*

Durant la dernière guerre yougoslave, les pièces majeures du musée ont été protégées au sous-sol. Le ministre de la Culture croate a finalement réuni les fonds pour les sortir des réserves et les présenter à nouveau au public. Ce fut le gros évènement de l'année 2014 pour ce musée remarquable, fondé en 1830. Dans une nouvelle muséologie, qui magnifie la collection permanente, le monde antique de l'Adriatique n'a jamais paru aussi proche. Au rez-de-chaussée, l'art impérial dans toute sa grandeur : statuaire monumentale, pierres tombales, vaisselle, verreries... Aux étages, on remonte le temps avec les collections du paléolithique, d'autres objets de l'occupation romaine et du haut Moyen Age, entre le VIIIe et le XIIe siècle (fouilles des nécropoles près de Nin). Toute la richesse historique de la ville, augmentée aujourd'hui par des animations multimédias.

## MUSÉE DES SCIENCES NATURELLES

Medulićeva 2
✆ +385 23 314 459

*Horaires d'été du lundi au samedi de 9h à 13h, le dimanche de 9h à 13h. En hiver, lundi, mardi,*

*jeudi, vendredi de 9h à 13h. Le mercredi de midi à 17h et le premier samedi du mois de 9h à 13h. Fermé le dimanche et les jours fériés. Entrée : 20 kn par adulte.*
Le musée des Sciences naturelles, constitué du fonds national le plus ancien, est situé dans l'aile sud du palais du Recteur. C'est aussi le plus intéressant. Il conserve vingt-cinq collections, dont l'exposition permanente « Flore et faune de l'Adriatique », l'herbier du XIX^e siècle légué par Domenico Pappafave, les 6 100 spécimens de macalogie ayant appartenus à Blaž Cvitanović, la collection de poissons et crustacés d'Ivo Franković (190 spécimens) et, en 1990, celle de papillons-chouettes de nuit d'Ante Savković (300 spécimens). Sensationnelle exposition temporaire de serpents également.

**Galerie des Beaux-Arts (Gradska Loža),** *ouverte tous les jours en été de 9h à 22h (20 kn).* Une autre aile du palais du Recteur (City Lodge), récemment rénovée, et un bel espace lumineux pour l'art contemporain. Photographies grand format, peintures, sculptures, vidéos de la scène nationale et internationale.

### MUSEÉ D'OR ET D'ARGENT (ZLATO I SREBRO)

Trg Opatice Čike 1
✆ +385 23 254 820
*Ouvert du lundi au samedi de 10h à 13h et de 18h à 20h, dimanche de 10h à 12h30. En hiver de 10h à 12h30 et de 18h à 19h30. Tarif 30 kn.*
À l'intérieur du couvent, les Bénédictines s'occupent du lieu. La collection du musée d'Art sacré se compose de sculptures de l'époque médiévale (notamment un jubé impressionnant), de nombreux œuvres picturales retraçant toutes les époques artistiques de la ville, des influences byzantines aux tableaux des maîtres vénitiens. Des manuscrits et statues, des reliquaires en or et en argent, des croix et broderies de la région, beaucoup de peintures, le tout religieusement conservé par les nonnes, gardiennes du trésor de Zadar. Dans le musée et dans la petite boutique à l'entrée, des souvenirs monastiques sont en vente.

### MUSÉE DU VERRE ANCIEN (MUZEJ ANTIČKOG STAKLA) ★★★

Poljana Zemaljskog odbora 1
✆ +385 23 363 830
www.mas-zadar.hr
info@mas-zadar.hr
*En haute saison ouvert du lundi au samedi de 9h à 21h ; fermé le dimanche ; Tarif 30 kn, 10 kn pour les enfants. Horaires réduits en hiver.*
Les fouilles archéologiques autour de Zadar ont mis à jour une fabuleuse collection des verres usuels, qui étaient protégés dans des jarres funéraires. Dans un excellent état de conservation, ces objets fragiles, produits au II^e siècle pendant l'occupation romaine, représentent une collection unique. Un musée a été ouvert en 2009 avec une muséographie contemporaine, qui met bien en scène l'exposition permanente de pièces translucides et colorées. Régulièrement le matin, des ateliers ouverts au public sont animés par un artisan du verre qui reproduit les techniques de fabrication et les décoration anciennes.

### MUSÉE NATIONAL DE ZADAR (NARODNI MUZEJ ZADAR) ★★

Poljana pape Aleksandra III b.b.
✆ +385 23 251851
www.nmz.hr
*Horaires d'hiver du lundi au vendredi : de 9h à 13h, le mercredi de 9 à 12h et de à 17h à 19h. Fermé le samedi, dimanche et jours fériés. En été, du lundi au vendredi de 9h à 21h ; le samedi de 9h à 13h. Fermé le dimanche. Entrée : 20 kn par adulte.*
Les collections publiques attendent la fin des travaux de restauration du Palais du Recteur (prévus fin 2016) pour se redéployer. Gravement endommagées durant la dernière guerre, toutes les ailes de ce bâtiment historique devraient à l'avenir regrouper plusieurs départements. Ceux-ci occupent actuellement différents lieux de la vieille ville. Ici, dans cet ancien palais épiscopal, vous pourrez voir des objets des traditions populaires de la région, incluant l'art ancestral des potiers de l'île d'Iž.

### ORGUES MARINES (MORSKE ORGULJE) ★★★★

Istarska obala b.b.
Au bout de la Riva, face à la mer, ces orgues marines comptent parmi l'une des formidables curiosités de Zadar. Point de ralliement des locaux et des touristes en fin de journée, elles ont d'emblée été adoptées par la population tant la création urbanistique enchante. Uniques au monde, les ondes marines ont été conçues par l'architecte Nikola Bašić en 2005. Il s'agit d'un escalier plat sur la jetée descendant vers la mer. Dans les marches immergées, des montants sont percés de trous symétriques où logent des tuyaux. L'eau de mer s'y engouffre, produisant ainsi une série de sons harmonieux, une mélodie mystérieuse, sérielle et renouvelée par le flux et reflux des vagues. L'été, il y a du monde sur les marches mais, en général, la foule respectueuse est gagnée par l'œuvre inspirée. Un lieu idéal pour la méditation ou la baignade, à découvrir spécialement lorsque le soleil se met à rougir dans le ciel assombri. S'y rendre aussi un jour de tempête tout en restant prudent. La houle frappant alors sur les orgues, la fugue aquatique résonne avec force.

### PLACE DES CINQ-PUITS ETJARDIN PUBLIC (TROGIR 5 BUNARA/PERIVOJ KRALJICE JELENE MADIJEVKE) ★

Construits au XVe siècle, les cinq puits permettaient à la ville de subvenir à ses besoins en eau en cas de siège, par l'armée ottomane notamment. Au dessus de la place, un gouverneur autrichien au XIXe siècle a a fait aménagé en étages le premier jardin public de la ville. Quartier très pittoresque de la ville.

### SALUT AU SOLEIL ★★★

Istarska obala b.b.

Faisant écho aux Orgues marines, le Salut au Soleil est l'oeuvre inspirée du même architecte, Nikola Bašić, mise en place, en 2008, sur la promenade de la mer (Riva). Une grande sphère au sol s'illumine au coucher du soleil grâce aux cellules photovoltaïques ayant accumulé la lumière du jour et la nuit. Il faut venir une fois la nuit tombée pour découvrir ce jeu chromatique sur les dalles luminescentes produit de manière naturelle. Les enfants courent après les milliers de faisceaux polychrommes, qui brillent et puis s'éteignent. Des silhouettes se dessinent... Encore une idée géniale, un peu moins impressionnante lorsque le temps est maussade.

## Sports - Détente - Loisirs

### AGENCE JCZADAR

33 Obala Kneza Trpimira 33
✆ + 385 23 231 619
www.jczadar.hr
jczadar@gmail.com

Guide de montagne diplômé, Jean-Claude Žuža, originaire de France, a créé cette agence par passion. Ce spécialiste des randonnées et séjours nature, propose aux petits groupes qu'il accompagne de leur faire découvrir les beautés de la Croatie. Montagnes, rivières, îles, grottes, lacs, cascades et arrière-pays seront votre terrain de jeu pour un séjour hors de sentiers battus dans les parcs nationaux (Paklenica, Plitvice, Nord Velebit, l'archipel de Kornati, les rivière Krka Zrmanja, Cetina ou Risnjak, les îles adriatiques). D'autres activités sont possibles : randonnée, rafting, canoë, kayak de mer, paddle, spéléologie, saut à l'élastique...

### ASTA YACHTING

Put Murata 1a
✆ +385 98 332 165
www.asta-yachting.hr
asta-yachting@zd.t-com.hr

Spécialiste de la vente et de la location de bateaux d'occasion, cette agence, située dans le centre commercial (City Galleria), dispose de points de vente sur la marina Dalmacija et à Bibinje-Sukošan à 7 km au sud de Zadar. Pour faire de la voile en Croatie dans les meilleures conditions sans se ruiner, on peut déjà regarder la flotte de 60 bateaux à voile et à moteur sur le site Internet.

### KAYAK & BIKE ADVENTURE

Ul Emanuela Vidoviča
✆ +385 95 900 3575
kayaktours-croatia.com
info@kayaktours-croatia.com

*Location et excursion de 1, 2 à 3 jours.*

Dans le quatier balnéaire de Puntamika, au bout de la rue Emanuela Vidoviča, prendre à gauche sur la plage. C'est là que vous trouverez le local de cette petite entreprise créée en 2013. Depuis, l'équipe a augmenté le nombre de grands kayaks et vélos routes, pour mieux organiser ses journées sport et détente. Au choix, on peut opter pour différentes formules : visite de la ville, excursion dans les îles de Pag ou Dugi Otok avec nuit aux camping, montée aux points de vue, découverte de grottes, le tout ponctué de baignade, plongeons, rame et pause relaxation, clubbing sur la plage de Zrće. Résultats des courses, soleil, plage, mer, effort et fun font bon ménage avec Kayak & Bike !

## Le maraschino, liqueur très VIP

Élaborée pour la première fois en 1768, par les moines apothicaires du couvent dominicain de Zadar, cette liqueur est toujours fabriquée à base de marasquin. L'essence de cerises dalmates bien mûres auxquelles on a ajouté des feuilles jeunes et des branches de l'arbre fruitier se nomme la marasque. Elle entre dans la composition de cette liqueur sirupeuse, l'une des plus célèbres de Croatie et véritable fierté gourmande de la région. Alors, dans le sillage des grands hommes, Casanova, Napoléon, Balzac, Baudelaire ou Hitchcock, apprécierez-vous ce breuvage divin ? À commander bien frais à l'apéritif (avec modération) dans les bars et restaurants. Vous pouvez aussi en acheter en litre conditionné dans la boutique officielle de la distillerie, au marché, au supermarché, voire à l'aéroport !

*Maraska ShopMate Karamana 3www.maraska.hr Ouvert du lundi au samedi de 8h à 20h.*

## Visites guidées

### ZADAR OPEN TOUR

Liburnska obala b.b.
✆ +385 23 327 497 / +385 98 330 691
www.opentour-zadar.com
opentour.zadar@gmail.com
*Départs entre juin et septembre à 11h, 12h30, 18h30, 20h. 70 kn par adulte, 35 kn par enfant, gratuit pour les moins de 7 ans.*
A bord d'un bus panoramique jaune, Open Tour propose une virée de repérage avant de vous lancer (à pied !) à la découverte de la vieille ville, des monuments antiques, médiévaux, contemporains jusqu'à la ville active, la marina, le quartier Borik, la zone balnéaire.

## Shopping

La plupart des boutiques et galeries du centre historique se trouvent dans la rue Madijevaca. Ne pas se faire avoir par les stands touristiques autour des églises et sur le forum qui vendent de la dentelle, jolie, mais importée ! Pour acheter authentique, allez plutôt faire un tour aux boutiques Natura Croatia (Mihe Klaića 3), Calle Carriera (ulica Elizabete Kotromanić) ou au marché en plein air, ouvert de 6h à 13h. C'est le plus grand de la région. Bon à savoir : une boutique de produits biologiques (Bio Svijet) se situe rue Starčevića bb. Elle pratique des prix bien moins élevés que chez ses homologues français. Pour ceux qui aiment les centres commerciaux, une visite au City Galleria montre les options architecturales du nouveau Zadar (Relja). Un autre plus petit, en face de la gare routière, peut dépanner avec sa consigne gratuite et son supermarché traiteur.

### CITY GALLERIA

Murvička 1
✆ +385 23 300 100
www.citygalleria.hr
info@citygalleria.hr
*Ouvert tous les jours de 6h à 22h.*
Ouvert en 2008, ce centre commercial sur trois niveaux aligne magasins, cafés, restaurants et espace de jeux pour enfants. Un cinéma propose des films internationaux (blockbusters en général) en version orginale sous-titrée en croate. Juste en face, le café-bar Leggiero est confortable (Wi-fi gratuit), avant ou après la séance. Une option les jours de pluie.

### MARCHÉ DE ZADAR (GRADSKA TRŽNICA)

Hrvoja Hrvatinica
*Dans la vieille ville, près du musée archéologique, ouvert tous les matins de 7h à 13h.*
Zadar possède l'un des plus colorés et pittoresques marchés dalmates. De nombreux étals proposent des produits frais de saison, fruits, légumes, huile d'olive, fameux fromages de Pag, que vous pourrez aussi acheter à la fromagerie Gligora, sans oublier le miel de sauge, enfin tout pour faire un super pique-nique. Pour ceux qui peuvent cuisiner, le marché de viande couvert sur un côté de la place est à l'opposé du marché des poissons.
Côté souvenirs, le *maraschino*, une liqueur à base de cerises acides, a la cote à Zadar tout comme les liqueurs aromatisées et les eaux-de-vie (*rakija*). Plus sobres, les marque-pages aux motifs décoratifs, que les Bénédictines du couvent de la Sainte-Marie produisent avec les fleurs de leur jardin, seront légers dans la valise.

# RÉGION DE ZADAR

*Au cœur de l'Adriatique, la Dalmatie centrale offre un vaste territoire naturel, l'un des plus beaux de la Croatie. Son littoral, bordé d'eaux cristallines, s'ouvre sur quelque 300 îles, îlots et récifs. La côte est bordée par les contreforts des montagnes, des plaines et des hauts rochers. Séjourner dans la région permet donc de relier, en une ou deux heures de trajet, plusieurs parcs nationaux et naturels : Paklenica dans le massif du Velebit, l'archipel des Kornati, le lac salé de Telašćica sur l'île de Dugi Otok, les chutes de Krka, le lac Vransko… En plus de Zadar, les villes côtières (Pakoštane, Biograd na Moru, Nin ou Starigrad), les ports marinas (Murter, Bibinje, Sukošan, Sveti Petar, Turanj, Sveti Filip i Jacob) sont ainsi de bonnes bases pour découvrir cette diversité géographique, augmentée d'un riche patrimoine culturel.*

*Pour la visite des îles, de nombreuses agences touristiques ou des prestataires privés proposent des excursions à la journée. Si on a le pied marin, rien de plus facile que de louer un voilier, un catamaran ou une embarcation rapide pour se «perdre» dans l'archipel de Zadar ou des Kornati (accès réglementé). Avec les ferries, on dispose d'un peu moins de liberté mais, à moindre coût, ceux-ci offrent l'assurance de rotations quotidiennes au rythme des insulaires et des autres résidents de la terre ferme. On peut aussi prendre la route, passer le pont qui relie le continent à Pag – l'île où l'on vient de loin pour faire la fête.*

*L'arrière-pays ne manque pas d'atouts - toutes disciplines confondues – pour la randonnée, le treking, biking, rafting, canyoning, l'escalade ou la pêche, à moins de préférer les paisibles promenades oxygénantes au grand air.*

## PARC NATIONAL DE VELEBIT ★★★

Au sud de Senj, une ville portuaire, cité d'anciens corsaires, qui mérite une étape, après Starigrad, le parc national de Velebit s'impose sur un territoire de 109 km² dans la partie septentrionale du massif montagneux. Il se prolonge par le parc naturel de la Lika et du Gorski Kotar, puis au sud, le parc national Paklenica.

Le point culminant du parc national de Velebit, le mont Zavižan (1 676 mètres), se positionne comme la plus haute station météorologique de Croatie. La visite du parc s'entreprend par de nombreux sentiers de randonnées naturalistes mais seul le sentier de Premužić permet d'approcher la réserve naturelle des crêtes Hajdučki et Rožanski, espace naturel réservé à la recherche scientifique.

Autrefois, le périmètre actuel du parc national du Velebit était peuplé d'éleveurs de troupeaux. Au cours des randonnées, on peut encore voir les vestiges de leurs habitations. Par temps clair, les chasseurs de sommets gagneront un panorama grandiose, à 360° ouvert sur la côte montagneuse qui semble littéralement plonger dans l'Adriatique. Au large, les petites îles, Goli Otok, Sveti Grgur, Prvic, la grande île Krk.

### Transports

Voiture indispensable ! En venant de Zagreb, on accède au parc national de Velebit par l'autoroute A1, par la nationale 50 en partant de Senj puis en empruntant des routes de montagne bien indiquées.

### Pratique

■ **PARC NATIONAL DE SJEVERNI VELEBIT (NACIONALNI PARK SJEVERNI VELEBIT)**
Krasno 96
KRASNO POLJE
✆ +385 53 665 380
www.np-sjeverni-velebit.hr
npsv@np-sjeverni-velebit.hr
*Ouvert du lundi au vendredi de 7h à 15h. Entrée 45 kn (25 kn pour les plus de 65 ans et les enfants de 6 à 14 ans, gratuit pour les enfants de moins de 6 ans). Fermé en hiver.*

Le dernier-né des parc nationaux croates existe depuis 1999. Il se visite de mai à novembre car en altitude les conditions climatiques changent rapidement. Les hivers sont rigoureux, avec chutes de neige fréquentes et vent violent (*bura*) qui refroidit l'atmosphère. Mais dès qu'il fait beau, c'est un véritable paradis pour les amoureux de nature intacte. Avant d'entreprendre une journée ou un séjour en montagne (randonnées, découvertes ou sports d'aventure), assurez-vous des bonnes conditions climatiques et de l'état des routes.

La genèse de cette montagne remonte à environ 200 millions d'années. Durant l'épisode communément appelé tectonique des plaques, les roches sédimentaires et calcaires accumulées au fond de la mer se soulèvent. Ce bouleversement géologique va donner naissance à la chaîne des Alpes dinariques. Les eaux pluviales abondantes dans la région ont aussi creusé la roche, créant des grottes où des puits naturels dirigent l'eau avec le calcaire accumulé sous formes de stalactites et stalagmites.

**Le jardin botanique**. Le parc abrite un jardin botanique fondé en 1967 par le professeur botaniste et herboriste, Fran Kušan. Avec son équipe, le naturaliste a œuvré pour la protection rigoureuse des espèces endémiques de la région et recensé plus de 2 500 plantes méditerranéennes et alpines du massif. Les plus connues sont le thym, l'alchémille, le trèfle de montagne, les graminées, la silène... A l'ouest du jardin, une forêt de chênes et d'érables est aujourd'hui protégée de toute exploitation humaine. En remontant vers l'est, le hêtre, le pin noir, le sapin, l'épicéa dominent.

**La faune.** Il vous sera facile de voir des lézards, de nombreux oiseaux (180 espèces), le grand coq de bruyère noir, par exemple, des rapaces, dont le seigneur de ces lieux, le grand tétras (*Tetrao urogallus*). Les gros mammifères se font rares mais peuplent toujours le parc. Une paire de jumelles, de la patience et de la discrétion dans la nature augmenteront vos chances d'observer ces animaux sauvages, comme l'ours brun, le lynx, le chamois, le cerf, le chevreuil ou le loup.

## Se loger

Il n'y a pas d'infrastructures hôtelières dans le parc national de Velebit mais si l'aventure en pleine nature vous tente, vous pourrez passer la nuit aux alentours. Aux lieux-dits Zavižan mountain hut et Alan mountain hut, qui ne sont pas de huttes mais de bâtiments en dur, des auberges de jeunesse d'altitude sont ouvertes à tous. Pour les montagnards, sur le chemin de randonnée de Premužić, The Rossi's Shelter (1929) accueille toujours les marcheurs. On peut s'y reposer quelques heures, s'y abriter et y passer la nuit en cas d'intempéries. Pour plus de confort, vous descendrez dans les localités voisines (Krasno, Sveti Juraj ou Otočac). Se renseigner auprès des bureaux touristiques sur les possibilités d'hébergement : écolodges de luxe, chalets, gîtes, maisons de campagne, appartements ou chambres chez l'habitant. Si la mer vous manque, il vous faudra rouler jusqu'à Senj ou Jablanac, où vous trouverez hôtels et campings proches du littoral.
*www.np-sjeverni-velebit.hr/posjeti/smjestaj/*

### LINDEN TREE RETREAT & RANCH

Velika Plana 3
VELIKA PLANA
© +385 53 685 616
www.lindenretreat.com
info@lindenretreat.com
A 1 heure au nord de Zadar, route de montagne, à 5 km du village Bakovac, par la route de Gospić (23 km).
*Chalets disponibles toute l'année, tarifs par personne en demi-pension : 55 €, en formule bed & breakfast : 40 €, l'été sous le tipi 3 lits : 30 €. Réservation obligatoire.*
Dans la vallée de la montagne Velebit, on se croirait vraiment dans le Montana ou près des Rocheuses américaines. Pas étonnant donc que les propriétaires du domaine aient eu l'idée de créer ce ranch. Dormir à l'indienne dans un tipi ou confortablement installé dans un chalet élégant, faire du cheval, voir comment vivent ces cowboys ou gentlemen farmers, c'est le concept de ces vacances originales en Croatie. Un accueil, hiver comme été, pour toute la famille avec des activités intéressantes autour du cheval, des promenades, randonnées découvertes de la région de Lika, du rodéo mais aussi de la pêche, du yoga, des massages et, pour finir, un dîner bio ou barbecue/sitting au coin du feu. Un lieu agréé par le label Responsible Travel (www.responsibletravel.com).

## À voir – À faire

### CENTRE MÉMORIAL NIKOLA TESLA (MEMORIJALNI CENTAR NIKOLA TESLA) ★★

SMILJAN © +385 53 746 530
www.mcnikolatesla.hr
mcnikolatesla@mcnikolatesla.hr
*Ouvert tous les jours sauf le lundi. Du mardi au samedi de 8h à 19h. Le dimanche de 9h à 18h. Entrée : 50 kn (tarif réduit : 20 kn).*
Visiter ce mémorial pédagoqique, c'est revenir sur les pas d'un grand savant du XIXe siècle, pas fou du tout, à l'origine de l'électricité par courant alternatif, de la robotique et ses multiples applications... Bref un génie, d'origine serbe, qui a vécu dans le village de Smiljan et a eu son quart d'heure de gloire avant de tomber dans l'oubli. En 1884, le chercheur émigre aux Etats-Unis où il est embauché chez Thomas Edison, qui travaillait aussi sur ce domaine scientifique. Le considérant très vite comme un concurrent direct, Edison commence à le discréditer. Puis les armes à fréquences électromagnétiques, dites Armes Tesla, vient jeter du discrédit sur le physicien, qui se retrouve directement lié à d'obscurs enjeux militaires. Une suspicion permanente sur ses intentions qui lui porteront atteinte... mais serviront, quelques années plus tard, à d'autres grands esprits, celui d'Einstein par exemple. En 1943, le Serbo-Croate meurt seul à Manhattan. Les salles du musée qui lui est consacré montrent la somme de ses travaux lumineux qui, malgré leur ingéniosité, n'ont pu être brevetés.

# ÎLE DE PAG

Depuis la construction d'un pont, l'île de Pag est devenue presqu'île. De Zadar, on peut donc y accéder rapidement en bus, voiture ou par ferry. Des liaisons quotidiennes l'ont transformée en l'une des destinations touristiques les plus prisées du pays.

Cette île, l'une des plus longues de la Croatie s'étire sur 285 kilomètres carrés. De nature rocailleuse et karstique, elle fait face au massif Velebit. La *bora*, vent froid qui vient des montagnes, participe fortement à son aspect minéral. Des rafales balaient continuellement la surface des terres, ce qui rend la végétation très clairsemée. En certains endroits, le paysage prend une apparence quasi lunaire. Dans le nord, cependant sur des parcelles agricoles abritées, des coteaux de vigne s'y plaisent, alors que les oliviers centenaires près de Lun bénéficient aujourd'hui d'une zone botanique préservée. Dans le sud, c'est la production de sel marin qui fait vivre les Pagois. Les arts et traditions populaires y sont encore vivants, comme le bel ouvrage des dentellières, les produits gourmands, le fameux *paški sir,* fromage de brebis réputé, le miel de sauge. Vous y trouverez une nature aride certes, mais des vues panoramiques bien dégagées, une vieille ville de Stari Grad Pag séduisante, une large baie, 11 km de plage de sable, une marina bien abritée à Šimuni. L'autre grande particularité de l'île, c'est le mouvement clubbing. À Novalja, le village de pêcheurs est devenu en moins de cinq ans l'un des spots estivals préférés des clubbeurs européens.

**Repères historiques**

L'histoire de Pag se mêle à celle de toute la côte dalmate. Peuplée à l'origine par des tribus illyriennes, puis urbanisée par Rome, l'île subit la domination vénitienne à partir du XVe siècle. Mais la Sérénissime n'y voit pas là une position particulièrement stratégique. Elle s'intéresse plus à l'une de ses richesses, le sel. Pag compte en effet de nombreuses salines, qui ont fortement contribué à son développement économique, notamment au Moyen Age. A l'époque, Zadar et Rab se disputent avec Venise la possession de cet or blanc.

## PAG ★★

### Transports

**En voiture.** A partir de la route de Zadar, un pont relie l'île au continent.

**En bus.** Plusieurs liaisons quotidiennes entre Pag ville et Zadar, Split, Zagreb, Rijeka. Pour les transports intérieurs, des bus réguliers pour Novalja, un peu moins pour l'embarcadère de Lun, complètement au nord de l'île.

**En bateau.** En haute saison, entre 5h30 et 23h30, des ferries partent toutes les heures du port de Prizna pour Žigljen (Pag). Compter 30 min de trajet. Pour la liaison Rab-Novalja, c'est un gros catamaran de la compagnie, qui fait la liaison, entre les deux îles, 3 fois par jour en haute saison. Un autre bateau privé part du port de Rab tous les jours à midi pour le village de Lun à la pointe nord de Pag (passagers seulement). Puis prendre un bus ou un taxi pour Novalja.

✆ +385 51 666 111/www.jadrolinija.hr

L'île de Pag

**En vélo.** Avec son relief relativement plat, l'île de Pag se prête parfaitement au cyclotourisme. Dans les offices de tourisme de Pag et de Novalja, demandez la carte routière avec les tracés des pistes cyclables et les itinéraires indiqués (*Island of Pag/Cycle Tourism Map*). Dans la ville de Pag, vous trouverez le loueur de vélos Jadranska ✆ + 385 098 602 306.

## Pratique

### OFFICE DU TOURISME (TURISTIČKA ZAJEDNICA)

Trg Kralja Krešimira IV 1
✆ +385 23 611 286
www.tzgpag.hr
tzgpag@gmail.com
*Ouvert en été tous les jours de 8h à 22h, hiver de 8h à 16h et fermé le week-end. Intersaison : tous les jours de 9h à 13h et de 16h à 19h.*
Une agence de la vieille ville (Stari Grad), sur la grand-place, où se procurer des informations touristiques (hébergement, activités). Demandez le plan de l'île où figurent les pistes cyclables, les plages et les criques.

## Se loger

La vieille ville de Pag est peu pourvue en hébergements saisonniers. C'est dans la ville nouvelle que se concentre la plupart des hôtels et locations privées. Les agences touristiques possèdent des listes d'adresses mises à jour et vous mettent en contact avec les propriétaires. Pour ceux qui arrivent en bus, le bureau touristique de la gare routière est très actif. Sinon, à l'extérieur de la ville, de nombreuses possibilités également, des complexes hôteliers, campings, villas, appartements ou chambres chez l'habitant.

### APARTMENTS SUHOMONT**

Marina Drzica 14
✆ +385 21 542 233
*Chambres, studios et appartements de 38 à 90 € la nuit, selon la saison et la catégorie.*
Près des plages de Pag Town Beach et Simuni, dans un immeuble récent à 2 étages, des locations de construction récente avec balcons. A l'intérieur, climatisation, télévision par satellite, cuisine équipée. Les résidents ont l'accès à une cour où le barbecue extérieur est possible.

### HÔTEL BISER

A.G. Matoša 46
✆ +385 23 611 333
www.hotel-biser.com
hotel-biser1@zd.htnet.hr
*La chambre double entre 50 € et 78 € pour 2 personnes selon la saison (petit déjeuner inclus).*
Un 3-étoiles agréable à 1,5 km de la vieille ville de Pag, près d'une plage de sable. 20 chambres, certaines avec vue sur la mer, et un restaurant attenant. A proximité des équipements sportifs, balnéaires et divertissement pour toute la famille. Wi-fi gratuit.

### HÔTEL PAGUS

Ante Starčevića 1
✆ +385 23 611310 / +385 23 492 050
www.hotel-pagus.hr
hotelpagus@coning.hr
*Chambres entre 62 et 146 € pour deux personnes selon la saison et la catégorie.*
A proximité de la ville de Pag, l'hôtel est construit les pieds dans l'eau. La moitié des 116 chambres ont donc une vue imprenable sur la mer, avec une belle luminosité. Les chambres familiales également. Sur place, un centre de bien-être et un bar de nuit.

### ŠIMUNI CAMPING VILLAGE

Šimuni 106
23 251 Kolan
✆ +385 23 697441
www.camping-simuni.hr
booking@camping-simuni.hr
*Ouvert toute l'année. Selon la saison et la catégorie, compter de 9 € à 184 € la nuit.*
Dans un village au nord-ouest de l'île, bien moins touristique que Pag ville, juste avant Novalja, le camping s'étend sur plus de 35 hectares de pins, avec une belle plage de galets, des coins nature pour l'emplacement des tentes et caravanes. Le camping possède également 120 mobil-homes de différentes tailles avec vue sur l'archipel de Pag. Les animations ont lieu toute la journée, l'offre restauration et animation est variée, les prix divers selon la catégorie d'hébergement choisie.

*Pag.*

## Se restaurer

### AUBERGE RESTAURANT TAMARIS

Križevačka 2 ✆ +385 23 612277
predrag.ostaric@zd.t-com.hr
*Chambres à louer, selon la catégorie et la saison de 48 € à 90 € la nuit. Restaurant entre 30 kn et 70 kn pour un plat.*
Un immeuble dans Pag, dans la ville nouvelle, où le propriétaire loue des chambres aux étages, avec climatisation, salle de bains privative, balcon, télévision et connexion Wi-fi gratuite. Au rez-de-chaussée, un restaurant où l'on sert une cuisine traditionnelle avec poissons, fruits de mer et produits locaux.

### NA TALE

Stjepana Radića 4
✆ +385 23 611 194
franci.valentic@zd.t-com.hr
*Ouvert tous les jours en été. À la carte, plats à partir de 35 kn, menu trois plats 100 kn.*
Bonne réputation pour ce restaurant et toujours cette jolie terrasse qui donne sur les marais salins. Des groupes de touristes français y viennent régulièrement pour des dégustations de vins locaux, avec fromage de Pag et jambon fumé. C'est l'assiette dalmate typique, à laquelle l'île est mondialement rattachée ! Sinon, essayez l'agneau de Pag, cuit au four, le poisson mijoté au vin et aux herbes.

## À voir – À faire

La vieille ville fut construite au XVe siècle par des architectes vénitiens. Une grande partie des fortifications fut dessinée par le célèbre architecte croate, Georges le Dalmate, maître d'œuvre de la cathédrale de Šibenik. Selon le plan générique des cités antiques, les ruelles de Pag se croisent à angle droit et sont reliées aux quatre portes de la ville. Au centre de la place Kralja Krešimira IV, la cathédrale Sainte-Marie ainsi les terrasses des cafés-restaurants. Ne vous attendez pas à être seuls sur l'île, surtout en juillet-août, quand les plages se transforment en dance-floors permanents ou durant le fameux rendez-vous des clubbers et autres amateurs de musiques électroniques. Le Sonus Festival accueille alors des DJ internationaux et les meilleurs du pays. Tous font le déplacement avec plaisir pour venir mixer 5 nuits et 5 jours non stop face à la mer. Les milliers de festivaliers prennent leurs vacances à cette période et Pag est à son comble !

### CATHÉDRALE SAINTE-MARIE (SV. WMARIJE) ★

Glavni Gradski trg
ul Juraj Dalmatinca
Construite au XVe siècle, cette modeste église gothique et Renaissance se fond naturellement dans le décor italianisant des habitations de la place. A l'intérieur, dans la chapelle de droite, se trouve un crucifix en bois du XIIe siècle.

### FROMAGERIE GLIGORA (SIRANA GLIGORA) ★

Figurica 20
Kolan
✆ 385 23 698 052
www.gligora.com
*Visite tous les jours de 8h à 20h30. Tour de 1 heure environ 65 kn, incluant une pause dégustation. Boutique.*
Le fromage de brebis (*paški sir*), fabriqué à Pag, doit sa particularité au terrain même où vivent les nombreux ovins de l'île. Les herbes aromatiques qui nourrissent les bêtes, la sauge par exemple, iodée et salée par le vent marin, parfument leur lait. C'est ce que l'on vous explique lors de la visite de la fabrique fromagère, à la fois artisanale et high tech. Caves d'affinage, différentes qualités d'âge, entrepôt dans des salles d'une propreté clinique, le tour se poursuit jusqu'au moment que tout le monde attend : la dégustation gratuite qui, immanquablement, vous donne envie de choisir, dans la petite boutique, du fromage à emporter. Au choix, le paški sir, le kozlar 100 % lait de chèvre, le žigljen, mélange lait de brebis et vache, le sir ružmarinom, roulé dans les feuilles de romarin séchées. Aujourd'hui, Gligora possède des boutiques à Pag ville, mais aussi à Zagreb, Opatija, Rijeka, Split, Dubrovnik... et deux à Zadar. Alors si vous n'êtes pas sur le départ, ne vous chargez pas trop !

### MUSÉE DE LA DENTELLE (ČIPKA MUZEJ) ★

Square Petar Krešimir IV
www.paska-cipka.com
*Ouvert en été seulement tous les jours de 9h à 12h et de 19h à 22h. Tarif 10 kn. Le reste de l'année sur rendez-vous pour les groupes.*
Sur la place centrale, en face de la cathédrale, le musée expose cet artisanat toujours pratiqué. Elaborée au fil du temps par les femmes de Pag, la dentelle décorait, à l'origine, le costume traditionnel puis vint comme ornementation du linge de maison. En 1906, la première école de dentellières est créée. Le point de Pag (*roželica*) plut à l'archiduchesse Marie-Joséphine, qui le fit introduire à la Cour de Vienne. Il fut si recherché qu'autrefois, on l'utilisait comme monnaie d'échange. L'exposition présente les plus beaux travaux de l'île alors que des femmes, assises devant les maisons dans la rue principale, vous montrent dans l'espoir de

## Fromage *paški sir*, incontournable de la gastronomie croate

Déjà en 1774, lors de son voyage en Dalmatie, Alberto Fortis, écrivain naturaliste italien, avait repéré les spécialités de Pag : laine de mouton, sel, broderies et... fromage d'ovins, qui peuplaient l'île. Aujourd'hui, Gligora, l'entreprise fromagère de Kolan, est mondialement connue. C'est pourtant la fabrique Paška Sirana qui, en 1946, décide la première de commercialiser ce produit artisanal, que seuls les habitants de la région consommaient jusque-là. Ce fromage à pâte dur, exquis, est désormais exporté dans plusieurs pays du monde.

Les conditions climatiques de l'île ont façonné le goût du *paški sir*. En hiver, les tempêtes salent l'herbe que mangent les brebis. La végétation sur l'île est maigre, les plantes aromatiques, comme la sauge et le romarin, y sont présentes et font un bon repas quotidien pour les brebis. Le lait puis le fromage différemment affiné en sont tout parfumés. Grâce à sa bonne singularité, ce fromage dalmate a été, à plusieurs occasions, primé lors de concours internationaux. Vous en trouverez partout en Croatie, sur les bonnes tables, dans les marchés et boutiques, dans les aéroports et même à Paris, dans l'épicerie de produits gourmands Zelena. Plus d'infos sur *www.paskasirana.hr* – *www.gligora.com* – *www.zelenaparis.com*

vendre leur ouvrage. Elles ont parfois les bras gonflés par ce travail fatigant ; on peut donc comprendre qu'un petit morceau de dentelle puisse coûter 200 kn au minimum. A tester, touchez la dentelle, celle-ci doit être rigide pour plus de qualité authentique.

### ■ MUSÉE DU SEL (MUZEJ SOLI) ★

Stari Grad
www.paska-cipka.com
*Ouvert tous les jours en été, de 10h à 12h et de 20 à 22h. Entrée 10 kn*
A partir du X^e^ siècle, les premiers habitants de Pag s'installent dans la vieille ville (Stari Grad) à 1 kilomètre de la cité moderne et se lancent dans l'exploitation du sel. Longtemps considérée comme l'or blanc de l'île, cette matière première, vendue à bon prix, assurait des revenus confortables à la population mais attisait aussi toutes les convoitises. Les cités de Zadar et de Rab tout comme Venise se sont disputé ces terres salines pour en dominer la récolte et le commerce. Les anciens entrepôts ont été transformés en salles d'exposition. Une collection de photographies rappelle la vie et le travail dans ces marais salins, dont l'activité s'est aujourd'hui considérablement limitée. Un petit pont récemment restauré mène au musée.

## ŠIMUNI

Sur la côte ouest de l'île, à 7 kilomètres de la ville de Pag, Šimuni, petit village de pêcheurs, est situé dans une baie tranquille où l'on a construit l'une des plus belles marinas de l'Adriatique, avec 150 amarrages. Les habitants vivent de la culture des oliviers et surtout du tourisme. Les plages de sable et de galets, appréciées des enfants, en font une destination prisée des familles ; camping et village de vacances les attendent.

## NOVALJA ★★

Ce modeste village de pêcheurs, qui abrite quelques vestiges de l'empire romain, est devenu en quelques années une station balnéaire suractive, la première destination touristique de Pag. Au cœur de l'Adriatique, sa position géographique l'ouvre à de nombreuses excursions. Plusieurs possibilités existent pour visiter les îles proches (Rab, Lošinj, Silba, Olib). Un peu plus au large, l'archipel des Kornati et, sur le continent, la rivière Krka, les parcs nationaux de Plitvice, Paklenica, Mont Velebit.
Autre activité festive et lucrative pour les insulaires, le phénomène clubbing sur les plages. L'été, depuis quelques années déjà, Novalja se transforme en lieu culte de la jeunesse croate et européenne. C'est l'autre grosse composante de l'offre touristique de la localité, de Pag en général. Par cars entiers, les touristes estivaux, plutôt jeunes, investissent Pag-Novalja, pour deux mois de beach parties. Allemands, Autrichiens, Anglais, Italiens, Français, bref une grosse partie de l'Europe se retrouve sur la plage de Zrče pour vivre aux rythmes ininterrompus des discothèques de plage. Donc, en période estivale, pensez à réserver, car tout est souvent complet. Amateurs de soirées calmes et romantiques, changez de plage, voîre d'île !

## Pratique

### OFFICE DU TOURISME (TURISTIČKA ZAJEDNICA)

Trg Briščić 1 ✆ +385 53 661 404
www.visitnovalja.hr – info@visitnovalja.hr
*Ouvert tous les jours en été.*
Une agence pour se renseigner sur les possibilités d'hébergement sur l'île, les prestataires pour les excursions, la location de bateaux et vélos, les horaires de bus et de bateau, etc.

## Se loger

### Bien et pas cher

#### BIG YELLOW HOUSE

Lokunje 1 ✆ + 38553663539
www.bigyellowhostel.com
*Dortoirs de 4, 5, 6, 8 personnes, selon la saison de 25 € à 37 € par personne et par nuit.*
Première auberge de jeunesse à avoir ouvert sur l'île, la BYH est située au centre-ville, avec le privilège du bord mer à 50 m et des dortoirs à l'étage avec vue. Ici, vous serez près de tout (bus, bars, plages) à moins que vous ne préfériez rester au chill out bar ou au restaurant de la maison jaune. Tenue par une équipe jeune qui connaît bien les besoins des petits budgets, l'auberge de jeunesse multiplie les bons gestes : pot d'accueil (rakija), petit déjeuner gratuit, Internet, cuisine commune équipée, Lavomatic, jardin, parking, attache-vélos, bons plans pour les soirées et réception ouverte 24 h/24. Une bonne adresse pour ceux qui veulent bien partager leur chambre. Tous dans le même dortoir !

#### CAMPING STRAŠKO

Trg Loža 1
✆ +385 53 661 226
www.turno.hr
turno@turno.hr
*Compter selon la saison de 4,50 € à 9,90 €/pers + l'emplacement tente, à partir de 11 € à 35 €.*
Le seul camping des environs, situé sur le bord de mer, à deux pas d'une grande plage. Bien équipé, avec des jeux pour les enfants, plusieurs terrains de sport, des boutiques, un bar, une pizzeria, le Wi-fi gratuit. Parcelles nauristes également.

#### HÔTEL LOŽA

Trg Loža 1
✆ +385 53 661 313 / +385 53 661 326
*De 32 € à 96 € la chambre double selon la saison et la catégorie (petit déjeuner inclus).*
Dans le centre-ville, au bord de la promenade maritime, le Loža possède 35 chambres bien équipées, dont certaines donnent sur la mer : la plupart possèdent un balcon, toutes ont la télé par satellite, le mini réfrigérateur, téléphone et une salle de bains, mais pas la climatisation ce qui oblige à ouvrir les fenêtres l'été. Café Internet et wi-fi gratuit près de la réception.

### Confort ou charme

#### BARBATI PAG***

Vidalići 39
✆ + 385 91 121 1223 / + 385 91 121 1222
www.barbati.hr
*Appartements pour 2, 4 ou 6 personnes par nuit selon la saison de 85 € à 400 €. Chambres pour 2 personnes de 50 à 150 €. Petit déjeuner : 8 €.*
On ne peut faire plus proche de la plage que ce petit complexe hôtelier familial, construit de plain-pied. Dans un environnement parfaitement blanc, qui sent le neuf, les appartements ou les chambres confortables possèdent l'air conditionné, la télé, un lit double, un minibar, une salle de bains privée. Certaines chambres ont vue sur la mer. Dans la résidence, vous trouverez aussi un restaurant, un espace salon avec Wi-fi gratuit, une salle de gym, un espace bien-être, une piscine et surtout la mer, juste à 50 mètres. À noter que les fameuses discothèques se trouvent de l'autre côté du bras de mer. Les clubbers apprécieront !

#### HÔTEL RESTAURANT BOŠKINAC***

Novaljsko polje b.b. ✆ +385 53 663 500
www.boskinac.com – info@boskinac.com
*Ouvert toute l'année sauf en janvier. Chambre entre 170 et 315 € selon la saison et la catégorie. Menu gastronomique 560 kn (verres de vin du domaine inclus).*
Loin de l'agitation du centre et des plages, au cœur d'un vignoble familial, entouré d'oliviers, un grand domaine avec des logis réaménagés avec style. Vieilles pierres et structure en bois ont été harmonieusement réutilisées dans les 8 chambres et 3 suites au confort moderne. Pour les plaisirs gustatifs, le chef du restaurant gastronomique met de la minutie à choisir les produits régionaux et officie avec créativité. La cave à vins est impressionnante, l'accueil, attentionné.

#### LUNA ISLAND HÔTEL

Jakišnica bb, 53294 Lun
✆ +385 53 654 700
lunaislandhotel.com
sales@luna-hotel.hr
*Ouvert de avril à novembre. Chambres selon la saison et la catégorie de 110 à 319 €.*
Au nord de l'île, à côté de Lun, ce grand hôtel éloigné du tumulte touristique propose des formules de séjour complètes. Les chambres sont confortables, certaines avec vue sur la mer et le coucher de soleil. Pour ceux qui souhaitent profiter des commodités de l'établissement,

une piscine, un spa, un centre de plongée, un restaurant, un accueil enfant... Sur place, s'organisent des mini-excursions à Rab (bateau rapide depuis le port de Lun) ou des visites d'îles secrètes comme Čifnata, Tovarnele et Laganj.

**VIDASCA APPARTEMENTS**
Matice Hrvatske bb
© +385 53 661 207 / +385 98 162 05 38
www.vidasca.com
enej.vidas@zg.t-com.hr
*Tarifs sur demande.*
Dans cette villa de construction moderne, la famille francophone Vidasca loue 6 appartements de 45 à 70 m² pour 2 à 7 personnes, des logements propres, calmes et bien équipés. Style classique des pièces, séjour avec balcon, grand jardin pour les soirées grillades et parking privé gratuit.

## Se restaurer

**KONOBA STARI MLIN**
Obala Petra Krešimira IV
© +385 53 662 275
*Ouvert de 9h à minuit. Compter entre 15 € et 20 € le repas à la carte par personne.*
Dans le centre de Novalja, proche du Cocomo Club, un restaurant à la cuisine honnête et généreuse. Assiette de charcuterie et fromage de Pag, poisson grillé entier, friture abondante, crustacés à la buzara, saucisse grillée (*ćevapčići*), crevettes et calamars frites, légumes grillés, salades, autant de bons plats locaux, accompagnés d'une sélection de vins de la région tout à fait honorables. Service parfois un peu long, mais la terrasse face à la mer aide à patienter !

**PIZZERIA ANTONIO**
Obala Petra Krešimira IV, 35
© +385 53 661 441
*Ouvert tous les jours de 8h à 2h. Pizza à partir de 40 kn.*
A 10 mètres de la mer, cette pizzeria possède une terrasse avec vue sur la mer, très romantique au coucher du soleil notamment. Ici, la cuisine italienne, pizza, pâtes et risotto, côtoie les spécialités croates, poissons grillés, fruits de mer, viande d'agneau et fromage de l'île.

## Sortir

Novalja est réputée dans toute l'Europe pour avoir réussi à se hisser au niveau d'Ibiza sur le plan festif ! Le phénomène clubbing est de plus en plus repéré par la scène dance internationale. La version croate concentre ses festivals de l'été sur la plage de Novalja, aux commandes des cocktails bars discothèques, les plus connus (Papaya, Kalypso, Aquarius, Noa Club Beach). Ouverts non-stop du matin au matin, ces clubs accueillent les DJ les plus connus alors que d'autres cafés et restaurants à proximité organisent aussi des befores, des afters, mais aussi des soirées musicales plus traditionnelles, avec d'autres musiques et des artistes locaux... Bref, ça bouge à Novalja !

### Clubs et discothèques

**AQUARIUS**
Plage de Zrče © + 385 91 36 40 241
www.aquarius.hr
*Bar cocktail club restaurant, « after beach party » de 16h à 21h. Happy hour de 16h à 18h et 23h à 1h du matin. Entrée gratuite mais payante pendant les festivals.*
L'Aquarius rivalise avec le Papaya... ou le contraire ! Une terrasse bar en face de la mer, des after-beach parties mémorables, un dancefloor dans la piscine ouvert l'après midi. Ambiance beautiful people survoltée. Port du maillot possible l'après midi alors qu'en soirée, tout le monde s'est un peu habillé et se retrouve dans la grande salle couverte, où l'ambiance des discothèques lambda redevient plus classique.

*Novalja.*

### COCOMO CLUB

Obala Petra Krešimira IV 16
✆ +385 99 5755 729
www.cocomo.hr
*Ouvert tout l'été en journée et en soirée et toute la nuit pour les after parties des festivals.*
Le seul club dans le centre de Novalja avec une terrasse lounge-bar au premier étage et une belle vue sur la mer, où il est agréable d'égrainer les heures en journée. Le soir, c'est l'endroit où l'on vient fumer ou se détendre à l'extérieur alors que les DJ ont investi les lieux et animent déjà le dance-floor. Le Cocomo organise les afters du Hide Out en juillet. Autant dire le rendez-vous des couche-tard !

### KALYPSO BEACH CLUB

Plage de Zrče
✆ + 385 53 662 097
www.kalypso.com.hr
*Happy hour de 16h à 18h et 23h à 1h. Entrée gratuite.*
Moins bruyant que les clubs voisins, le premier club à avoir ouvert sur la plage, près de la pinède. L'après-midi, ambiance bar/paillote, petite piscine, musique chillout et massage. Ici, on peut venir pour se détendre sur les transats sans risquer d'être aspergé par la mousse ! Le soir, les DJs augmentent le son, leurs sets de house efficace inondent alors le dancefloor en plein air jusque sous les pins.

### NOA CLUB BEACH

Općina
✆ + 385 91 477 4830
www.noa-beach.com
*Ouvert tous les jours en été, happy hour de 16h à 18h et de 23h à 1h du matin.*
Après le Papaya, il y a le Noa Club Beach, qui joue à fond la carte de *La Croisière s'amuse* ! Avec son dancefloor et sa piscine tenus sur pilotis, ses caillebottis en avancée sur la mer, on a vraiment l'impression d'être embarqué sur l'eau pour une virée festive. Certains s'amusent même à plonger du bord. Ici, on retrouve plus de jeunes Croates que dans les autres clubs, des DJ locaux et une ambiance sympathique.

### PAPAYA

Zrće beach
✆ + 385 914 62 94 26
www.papaya.com.hr
*Ouvert tous les jours en été, happy hour de 16h à 18h et de 23h à 1h du matin. L'entrée est gratuite mais payante pendant les festivals. 40 € le saut à l'élastique.*
« THE place to be à Zrče ! », vous dirait le clubber professionnel. On peut s'y rendre l'après-midi pour les after-beach parties et embrayer sur les soirées electro le soir. Dans ce club immense, des cocktails alcoolisés coulent à flot, des jeunes gens en maillot dans la piscine, une grue géante au-dessus du club pour le saut à l'élastique ( ! ?), bref, tout cela fait très bar d'attraction pour ados. C'est sans compter les DJ électro, qui modulent et rythment l'ambiance. Le soir le dress code est exigé + carré VIP.

# ARCHIPEL DE ZADAR

Juste en face du port, l'archipel de Zadar compte de nombreuses îles, certaines très visitées d'autres inhabitées et arides. Les quatre principales, Ugljan et Pašman, Dugi Otok et Iž sont accessibles en ferry. Les deux dernières sont réunies par un chenal de passage.

## ÎLE D'UGLJAN

A 20 km au large de Zadar, c'est la première grande île de cet archipel, principalement fréquentée par les habitants de la grande ville en face. Nombre d'entre eux se sont fait construire des villas secondaires pour le week-end, suivant en cela les premiers résidents des périodes Renaissance ou baroque, qui y ont laissé de jolies demeures anciennes. Surnommée « l'île verte » ou « l'île olive », Ugljan est assez peuplée dans les ports et villages qui longent la côte sud-est. La terre moins rocailleuse est plus fertile qu'au nord-ouest.
Au milieu des champs d'oliviers, de figuiers et des vignobles, le port principal, Preko, est dominé par la forteresse Saint-Michel (Sv. Mihovil), construite au XIII^e^ siècle par les Vénitiens. Sur les hauteurs, à voir le magnifique panorama sur l'archipel de Zadar. Sur Ugljan, vous trouverez de nombreux endroits pour vous baigner, des criques et plages de galets, des pontons aménagés, des spots de plongée. Souvent, les familles croates arrivent en voiture à Preko, descendent du ferry et prennent la direction de la baie de Muline. Elles sont sûres d'y trouver des petites plages avec du sable et une eau translucide. La meilleure escapade balnéaire à partir de Zadar, où l'on vient à la journée ou pour quelque temps (hébergement chez l'habitant principalement).

Novalja
Gospic
Karlobag
PAG
Jadova
Lika
Kolan
Metajna
Škrda
KANAL
Medak
Pag
Lukovo-
Sugarje
1615 m.
SILBA
MAUN
VELEBIT
Raduč
Gorica
Planik
Dinjiška
Tribanj
1757 m.
Povljana
PREMUDA
OLIB
PARC NATIONAL
DE PAKLENICA
VIRSKO MORE
Vir
Starigrad-
Paklenica
VIR
IST
Porat
Ražanac
Privlaka
Vrsi
MOLAT
Nin
G-Slivnica
Jasenice
Zaton
Molat
Posedarje
Novigradsko
More
ZADARSKI KANAL
SESTRUNJ
Poličnik
Kruševo
Veli Rat
Pidraga
Diklo
Murvica
Zverinac
Ugljan
ZADAR
Biljane
Zemunik G.
DUGI OTOK
UGLJAN
Preko
Savar
V. Iž
Sukošan
Benkovac
Kali
Gorica
IŽ
RAVA
Raštevic
Polaca
Banj
PAŠMAN
Sv. Filip i Jakob
Luka
Pašman
Vrana
Lavdara
Biograd
Sali
Sit
Tkon
Pakoštane
10 Km.
Vransko J.
Drage
ŽUT
Vrgada
Pirovac
PARC NATIONAL
"KORNATI"
Murter
Archipel
des Kornati
Tisno
MURTER
PIŠKERA
LAVSA
MURTERSKO
MORE
Archipel de Zadar

# PREKO

Des ferries font la rotation avec Zadar plusieurs fois par jour. Le port est chargé d'histoire. Jalonné de beaux bâtiments anciens, il est habité depuis l'époque romaine. Aujourd'hui, le béton gagne un peu mais l'environnement n'en souffre pas trop. Une promenade de la mer paisible à faire, entre Kali, Preko, Poljana, Sutomišciča, Lukoran et le port d'Uglan. Bien que le village possède sa propre plage, la plupart des gens préfèrent aller sur l'îlet de Galovac, juste en face. Le monastère franciscain qui s'y trouve date du XVe siècle. Il conserve une belle collection d'art religieux. Bon à savoir : en dehors des périodes de séminaire, on peut y dormir. Se renseigner à l'office de tourisme. Dès que l'on monte dans les terres, la verdure et les fameux oliviers qui font la réputation de l'île, dominent le paysage.

## Transports

Entre Zadar et Preko, avec la compagnie Jadrolijna, la liaison en ferry pour véhicules et passagers, fonctionne toutes les heures entre 5h30 et 23h. Au retour Preko-Zadar, si vous n'êtes pas motorisés, attention à ne pas vous tromper de ferries. Souvent deux bateaux partent à la même heure, l'un pour les passagers uniquement arrivant en vieille ville, l'autre pour les passagers avec véhicules arrivant au nouveau débarcadère, à côté de l'aéroport à 5 kilomètres du centre-ville.

## Pratique

### OFFICE DE TOURISME DE PREKO

Magazin br. 8
✆ +385 23 286 181
www.preko.hr
tzpreko@preko.hr

Cette agence vous aidera dans votre recherche d'hébergements à Preko, Poljana, Sutomišcica, Lukuran et Ugljan. Locations balnéaires principalement chez l'habitant ou en camping. C'est de la marina moderne de Preko que s'organisent les excursions en mer et la navigation rapide et privée vers les proches îlots ou même dans le parc national des Kornati.

## Se loger

### VILLA APARTMENT BOSOTINA

Kukljica
www.oocities.org/villa_bosotina
*Plusieurs catégories d'appartements, selon la saison de 57 € à 90 € par nuit.*

De Zadar, on vient à Preko pour la journée (20 minutes de traversée). On peut aussi avoir envie d'y rester pour être au vert ! A proximité de la ville, à 5 minutes de la plage, la villa et ses appartements de différentes capacités sont situés en hauteur par rapport à la baie de Kukjica, la vue des chambres y est superbe.

## À voir - À faire

### MONASTÈRE FRANCISCAIN (SAMOSTAN FRANJEVAČKI) ★

Galovac
✆ + 385 232 861 08
www.preko.hr
*Possibilité d'hébergement. Réservation obligatoire. 40 € par personne (petit déjeuner inclus).*

Juste à côté de Preko, l'îlet de Galovac abrite un monastère franciscain datant du XVe siècle. Il conserve une collection religieuse intéressante : des ouvrages en glagolitique, des reliquaires, de l'orfèvrerie, des manuscrits. Hors périodes de séminaire, on peut dormir au monastère

© LIANEM – ISTOCKPHOTO

Preko.

pour une retraite parfaite dans l'une des 16 chambres.

■ **PLAGES** ★★

Galovac

Les amateurs de plaisirs balnéaires, les familles avec enfants pourront trouver de nombreuses petites plages avec du sable et une eau translucide dans la baie de Muline. Le village de Preko possède sa propre plage, mais la plupart des gens préfèrent l'île de Galovac.

## UGLJAN

Un petit village dans le nord-est de l'île. Sur un cap, au bout du port, se trouve le monastère franciscain de Saint-Jérôme (Sveti Jerolim), construit en 1430. Dans la cour intérieure, une épitaphe à Šimun Kožičić-Benja (1460-1536), le premier évêque de Rijeka, qui a fait imprimer le premier livre en glagolitique. Il est possible d'y être hébergé pendant quelques jours. Se renseigner auprès des offices de tourisme de Zadar, Preko ou celui de Uglan. Un lieu calme et apaisant.

■ **UGLJAN** ★

Šimuna Kožičića Benje 17

✆ +385 23 288 011

www.ugljan.hr

info@ugljan.hr

*Ouvert tous les jours en période estivale*

Une petite agence sur le front de mer pour se renseigner sur les horaires des ferries, les possibilités d'hébergements sur l'île, chez l'habitant, au monastère, au camping, les endroits pour se baigner, la plongée, etc.

# ÎLE DE PAŠMAN

Cette île est essentiellement fréquentée par la population de Biograd na Moru, ville qu'elle regarde autant que Zadar. Au nord-est, un pont enjambant le détroit de Ždrelac, la relie à l'île d'Ugljan par la route. Sa côte ouest, très escarpée, abritée du vent (*bora*), compte de nombreuses petites baies : Polača, Taline, Triluke, Landin, Soline et Kablin. La plupart des villages et localités sont lotis sur la côte est, ce qui laisse de la place sur le territoire insulaire tout en longueur. Comme dans les Kornati, on trouve ici des « maisons de Robinson », un concept de vacances en pleine nature, éloigné du confort des villes. Renseignez-vous auprès des agences touristiques de Biograd ou de Pašman. Plusieurs ferries relient l'île à Biograd na Moru via le port de Tkon. Cependant Pašman reste une petite île calme et tranquille, où les traditions perdurent. Les amateurs de plongée seront ravis par l'eau cristalline du canal de Pašman où une douzaine d'îlots semblent flotter. Les randonneurs à pied ou à vélo ne manqueront pas de visiter le monastère de Sveti Duje ou celui de Sveti Kusme i Damjana.

## PAŠMAN

■ **OFFICE DU TOURISME**

Općine Pašman

✆ +385 23 260 155

www.pasman.hr

info@pasman.hr

*Ouvert tous les jours en saison estivale.*

Cette agence pourra vous donner la carte des sentiers de randonnée et des pistes cyclables, les plages et spots de plongée de l'île. Renseignements sur les horaires des ferries et des bus, les possibilités d'hébergement, les maisons de Robinson à louer (pour les mois d'été, mieux vaut réserver à l'avance).

## TKON

En face de Biograd na Moru, juste à l'extrême sud de l'île, ce joli village de pêcheurs et d'agriculteurs est aussi un port de plaisance bien abrité des vents et des vagues. Les visiteurs naviguant sur des bateaux de taille moyenne peuvent s'amarrer le long du quai. Tkon possède aussi de superbes plages, plus particulièrement celles au sud-est du camping.

### Transports

Tous les jours entre 5h30 et 21h30, un ferry, transportant véhicules et passagers, assure la liaison entre Biograd et Tkon, une traversée de 30 minutes environ.

### Pratique

■ **OFFICE DU TOURISME (TURISTIČKA ZAJEDNICA)**

Mulina 6

✆ +385 23 285 213

www.tkon.hr

otkon@tkon.hr

*Ouvert de juin à septembre tous les jours de 8h à 20h, dimanche jusqu'à 22h. Le reste de l'année de 8h à 14h.*

Une agence qui renseigne sur les possibilités d'hébergements sur l'île, les chambres chez l'habitant, le camping naturiste de Sovinje, les horaires des ferries, les excursions.

### À voir – À faire

■ **ÉGLISE DE NOTRE-DAME-DE-LA-DOULEUR (GOSPA SEDAMN ŽALOSTI)** ★

Pašman

Un escalier en pierres grimpe autour de la colline pour atteindre cette jolie église qui surplombe le village de Tkon.

### FORT PUSTOGRAD (POVIJESNA BAŠTINA) ★

Datant du VIe siècle, ce fort militaire de l'époque byzantine se trouve à 2 km du village. Il fut construit par les Romains en même temps qu'un petit port pour protéger le canal de Pašman des attaques ennemies, notamment celles des pirates. Le port reste encore aujourd'hui un mouillage idéal pour les pêcheurs et les plaisanciers, car il est bien abrité.

### MONASTÈRE SAINTS-CÔME-ET-DAMIEN (SAMOSTAN SVETOG KUZME I DAMJANA) ★

Put Pelestra

*Visite tous les jours sauf le dimanche de 16h à 18h.*

Ce monastère est construit sur la colline Čokovac. À l'origine, la communauté religieuse de l'île, qui possédait toutes les terres des alentours, fut chassée par les Vénitiens à Biograd. Finalement, elle revient, trouve refuge à Tkon et s'y installe durablement.

## ÎLE D'IŽ

Une petite île (18 kilomètres carrés), discrète entre Ugljan et Dugi Otok, et pourtant la plus pittoresque de l'archipel de Zadar. Le fait que seuls les plaisanciers ou les catamarans de Zadar puissent l'aborder la préserve encore du tourisme de masse. Habitée depuis la préhistoire et des premiers Croates au XIe siècle, Iž compte deux villages, Mali et Veli Iž, ce dernier étant réputé pour sa poterie. Vous y trouverez un hôtel, une marina, quelques restaurants et cafés et... une centaine de chambres d'hôtes, solution privilégiée pour y séjourner. Les catamarans assurent deux allers-retours quotidiens depuis Zadar et desservent aussi Rava, l'île au nord-ouest.

### HÔTEL KORINJAK

Veli Iz b.b.
VELI IŽ ✆ +385 23 277064
korinjak.com

*Ouvert de juin à septembre. Chambre double selon la saison et la catégorie, de 65 € à 85 €. Plusieurs formules possibles, demi-pension, pension complète, avec ou sans stage.*

Dans un cadre, calme et apaisant, un hôtel et un centre de ressourcement de grande capacité qui peut accueillir des personnes en séjours individuels, des groupes en stage ou en séminaire. Le Korinjak possède ses propres équipements sportifs et de bien-être. Possibilité donc de suivre ou d'organiser des cours de yoga, de qi gong ou de tai chi. Le restaurant propose des menus diététiques, végétariens et une petite plage se trouve à proximité. Une bonne idée de vacances !

### KONOBA LUZARIJA GRILL

Luka – VELI IŽ
✆ +385 23 277 087 / +385 98 942 37 18

*Ouvert tous les jours en été de midi à minuit. Grillades à partir de 70 kn.*

L'un des rares restaurants de l'île, pas exactement sur la promenade du port mais dans une ruelle perpendiculaire. Une cuisine de pêcheur, méditerranéenne, familiale et simple. Des grillades généreuses que l'on vous sert juste arrosées d'huile d'olive, d'ail pilé sur un lit de romarin, mais aussi risotto ou pâtes fraîches aux fruits de mer, calamars frits, soupe de poissons. Pour les inconditionnels de la viande, goûtez aux *ćevapčići*, ici bien assaisonnés, accompagnés de légumes grillés.

## ÎLE DUGI OTOK

Dugi Otok signifie « l'île longue ». Assez étroite (4 km) mais très élancée, la terre s'étire sur 45 km pour finir en archipel d'îles (les Kornati) auquel elle était rattachée il y a 2000 ans. Assez désertique dans sa partie sud, Dugi Otok est recouverte de pâturages au nord. Phénomène assez rare en Croatie, elle ne possède pas la moindre source naturelle d'eau douce. Longtemps coupée du monde, elle a vu se construire sa première route en asphalte en 1986. Il n'y a d'ailleurs pratiquement aucune voiture sur l'île même si l'on peut venir avec son vehicule par ferry. Un service de taxis minibus est mis en place (réserver avec les bureaux touristiques du port de Sali). Les principaux intérêts touristiques de Dugi Otok, le parc naturel de Telaščica et son lac salé, le maquis sauvage aux multiples senteurs, les falaises impressionnantes, le paisible petit port de Sali, où l'on arrive et repart en ferry dans la journée. Ceux qui restent, Robinsons ou vacanciers ordinaires, trouvent le ravitaillement dans le port de Sali où rien ne manque : supermarché, poste, librairie. Dugi Otok compte aussi des spots de voile, de plongée et des ancrages très agréables.

## SALI

Dans une baie bien abritée, ce village de pêcheurs plaît aux plaisanciers qui visitent les Kornati. C'est aussi la capitale de l'île et un embarcadère important pour les ferries. Au Moyen Age, des salines y étaient installées, d'où son nom, mentionné dans un document officiel, pour la première fois en 1105. Le port de pêche est moins actif et depuis que la conserverie de poissons a fermé, nombre de jeunes natifs ont quitté l'île pour faire le tour du monde en cargo. Dans ce petit port tranquille, avec du caractère et un tourisme encore peu développé, vous trouverez calme et authenticité croate.

## Transports

**Bateaux.** Dugi Otok est reliée à Zadar, Rijeka et Ancône (Italie) par ferry. Ceux qui transportent les véhicules s'arrêtent à Brbinj. La plupart des bateaux catamarans entrent à Sali, Brbinj et Božava. La traversée offre un superbe panorama sur l'archipel des Kornati. De Zadar, se renseigner auprès de l'agence G & V Line ladera d.o.o. Poljana Natka Nodila 7. ✆ +385 023 250 733.

## Se déplacer

**Voitures, scooters, vélos.** Pour la location sur place, se renseigner, réserver avec l'agence Adamo.

### TAXI FRKA

Port, embarcadère
✆ + 385 098 891 036
*200 kn la course à 4 personnes pour le parc naturel de Telašćica.*
Quand on débarque à Sali, sans son propre véhicule de tourisme, la seule solution pour visiter l'île, c'est de prendre un taxi collectif. Il n'y a pas vraiment de transports en commun. Ceux-ci assurent en semaine la liaison entre Sali, Brbinj et Božava. Si vous êtes 2 personnes ou seul(e), la course est relativement chère. Mieux vaut s'arranger avec le chauffeur ou l'agence de voyage Adamo, qui vous aidera à trouver d'autres visiteurs pour remplir le véhicule.

## Pratique

### ADAMO TRAVEL

Port 112
✆ + 385 23 377 208
✆ + 385 99 518 29 29
www.adamo.hr
*Ouvert tous les jours en saison*
Cette agence sur le port fonctionne comme un office de tourisme avec une vraie expertise sur l'île. Information et réservation sur tout type d'hébergements, sur la location de bateaux, kayak, voitures, scooters, vélos et même taxis collectifs. Pour les sorties en mer, les excursions dans les Kornati ou dans le parc naturel de Telašćica, c'est ici que l'on achète les billets d'entrée ainsi que des cartes topographiques bien utiles. Accueil efficace et sympathique.

### OFFICE DU TOURISME (TURISTIČKA ZAJEDNICA)

✆ +385 23 377094
www.dugiotok.hr
tz-sali@zd.t-com.hr
*Ouvert en été de 7h à 22h.*
Dans ce bureau, près de l'embarcadère, vous trouverez tous les renseignements pour louer une villa, une chambre ou un appartement chez l'habitant, une maison isolée, un bateau, un vélo. Vente de tickets pour les ferries.

## Se loger

### HÔTEL SALI***

Sali b.b.
✆ +385 23 377049
www.hotel-sali.hr
info@hotel-sali.hr
*Tarifs des chambres doubles, la nuit par personne selon la saison et la catégorie de 60 € à 92 € (petit déjeuner inclus).*
Bien caché dans la pinède, cet immeuble à étages, orienté vers la mer, a la vue imprenable sur la crique. Une cinquantaine de chambres, simples, propres et lumineuses, avec une décoration méridionnale couleurs pastel bien en accord avec le cadre maritime. Certaines possèdent un balcon et toutes peuvent bénéficier de la connexion Wi-fi gratuite et de la pension complète au restautrant terrasse agréable. Rapport qualité/prix intéressant. Club de plongée au rez-de chaussée.

## Se restaurer

### KONOBA KOD SIPE

Sali 174
✆ + 385 233 377 137
*Ouvert tous les jours de 10h à minuit. Plats à partir de 40 kn.*
Dans une ruelle descendant sur le port, une taverne traditionnelle, tout de pierre apparentes et de bois, où déguster du poisson frais grillé, une salade de poulpe, du risotto à l'encre de seiche, des calamars ou sardines marinés, le tout dans une ambiance typique des îles adriatiques.

### RESTORAN BOČAC

26, Sali
✆ +385 23 377 322
✆ +385 91 587 75 31
http://obrt-bocac.hr
*Ouvert tous les jours en été midi et soir. Environ 25 € pour un repas complet boisson comprise.*
Avec son énorme four ouvert, la grillade de poissons est spectaculaire au Bočac ! Ce restaurant familial à côté de l'hôtel Sali aime les grandes tablées et ne lésine pas sur les portions. Ici, la rascasse ou le mérou sont saisis entiers sur le feu, la raie est marquée au fer, le steak de thon arrive cuit à point, les fruits de mer crépitent, bref un vrai show dont on ne saurait se priver sur l'île. Les braises servent à la cuisson sous peka (marmite couverte posée sur le bois ardent). Ainsi, on peut goûter au plat typique du terroir croate, le ragoût d'agneau avec pommes de terre et oignons mijotés (sur réservation).

## À voir - À faire

A Sali, deux églises se répondent, l'une médiévale avec un fronton dans le style gothique datant du XVIIe siècle (Sv. Marije), l'autre plus récente, dont la construction remonte à 1644, agrandie en 1855 dans le style néo-renaissance (Sv. Roko).
Par la route ou en bateau, en partant de Sali, si vous êtes à la recherche de l'endroit idéal pour vous baigner, longez la côte au nord-est du port, pour découvrir les plages de Zaglav, Žman, Luka, Savar ou de Sakarun – peut-être la plus jolie de toutes.

### ■ OBITELJSKO GOSPODARSTVO ZAMPERA ★

Ferme écologique
ZMAN
✆ 385 023 372 071
opg-zampera.hr
nikicazampera@gmail.com
Entre Sali et Luka, sur la route de Veli Rat, cette ferme agricole propose une visite gratuite du domaine ainsi qu'une dégustation de ses produits labellisés bio. Fabriqués de manière artisanale, ils sont soigneusement conditionnés pour la vente. Au choix, huile d'olives, olives vertes en bocaux, fromage de brebis et le fameux brandy local la *travarica* aux herbes médicinales.

## Sports - Détente - Loisirs

### ■ CENTRE DE PLONGÉE LOTHAR WEISS

Hotel Sali bb
✆ +385 23 377 078 / +385 98 764 274
www.dive-kroatien.de
*Ouvert seulement en saison estivale.*
Ce club de plongée est installé au rez-de-chaussée de l'hôtel Sali. Il loue du matériel de qualité et propose des séjours plongée pour tous. Les accompagnateurs organisent des baptêmes, des initiations progressives et des sorties en mer. Les plongeurs expérimentés pourront pénétrer dans les profondeurs du parc maritime des Kornati, visiter de grottes sous-marines, explorer des épaves. Un autre club se trouve sur l'île d'Ugljan (Kukljica).

## VELI RAT ★★

Au nord-ouest de l'île, ce tout petit port est une destination idéale pour des vacances au calme. Plage, pinède, eau turquoise et cristalline aux pieds des rochers blancs... vision idyllique de la côte adriatique. En haute saison, le village est assez isolé pour ne pas y voir débarquer la masse touristique. Pour trouver une chambre chez l'habitant, voyez avec une agence située à côté de l'épicerie. Mais on dit que le meilleur logis du village, c'est le fameux phare de Veli Rat, que l'on peut louer (réservez longtemps à l'avance) ou tout simplement visiter. Attention, c'est une maison privée. Demandez l'autorisation avant de grimper dans la tour...
Bureau de tourisme de Veli Rat : + 385 (0) 23 378 126.

## TELAŠĆICA ★★★

Sous le contrôle écologique du parc naturel, la baie de Telašćica est particulièrement profonde et boisée. Tout autour, les terres sont protégées par de hautes falaises d'une centaine de mètres. Depuis la nuit des temps, ce refuge pour les bateaux en cas de tempête figure sur toutes les cartes. 25 petites baies et 5 îles créent une géographie marime particulièrement propice à la plaisance.
Une route intérieure de l'île part de Sali et monte à travers le maquis jusqu'à la première baie (Magroviva), qui communique avec les prochaines baies au nord. Partout, des sentiers pour la randonnée à la découverte de la flore, si agréable au printemps et en automne. On dénombre environ 300 espèces de plantes

## Vacances au phare

Avec sa dizaine de phares plantés en mer Adriatique, la Croatie offre aux vacanciers une expérience rare pour des prix modiques. Celui de Veli Rat n'est pas le plus isolé, mais c'est le plus prestigieux. Construit en 1849 au cap nord-ouest de Dugi Otok, sur la côte entre les villages Veli Rat, Verunić et Polje, il est accessible par la route ou par la mer. Cette grande maison blanche, entourée de pinèdes, de baies d'eau peu profonde parfaite pour la pêche et de plages est surmontée d'une tour de phare (40 mètres de hauteur). Elle comprend deux appartements, dont un pour 3 personnes et l'autre pour 4 personnes et possède son réservoir pour l'eau de pluie. Une famille d'insulaires y vit toute l'année. Quand la saison touristique est ouverte, elle se tient prête pour l'arrivée des vacanciers. Pour l'approvisionnement, on fait les courses à Sali ou Brbinj, on pêche ou on s'arrange avec le gardien du phare. Réservez longtemps à l'avance.

Informations, réservations sur www.uniline.hr/www.adriagate.com

*Parc national de Telašćica.*

méditerranéennes dans le parc naturel. Puis viennent sur la route panoramique des avancées vertigineuses, points de vue époustouflants sur les majestueuses falaises Strmac. Ces parois rocheuses impressionnantes ont donné naissance à un autre phénomène naturel tout aussi spectaculaire : le lac Mir. Cette étendue d'eau salée, dont le niveau monte et descend en fonction des marées, se découvre, à partir du parking, en suivant à pied un sentier de 1,5 km environ. L'endroit idéal pour les photos et les baignades en arrière-saison, car la température de l'eau y est 4 à 5 degrés plus élèvés que celle de la mer. L'été, l'eau est brunâtre car le lac est littéralement envahi par les excursionnistes qui déversent de leurs bateaux des troupes serrées de touristes sur le site.

*Parc naturel de Telašćica, renseignements, tickets d'entrée en vente à l'agence de tourisme Adamo, port de Sali – Tél : 385 23 377 208 - site Internet : www.adamo.hr/*

# NIN

À 15 km au nord de Zadar, sur une petite lagune près de Zaton, ce joli bourg historique, encore à l'abri des gigantesques complexes hôteliers qui jalonnent la côte, est aussi une base idéale pour ceux qui souhaitent profiter des plaisirs balnéaires en famille. C'est ici que l'on trouve la plus grande plage de sable de Croatie (3 kilomètres). Nin possède en outre un héritage culturel très riche. Cette ancienne colonie liburniene fut urbanisée par les Romains sous le nom d'Aenona. Aujourd'hui, Nin compte l'un des principaux sites de fouilles archéologiques de la côte dalmate. Comme les autres cités antiques du littoral, elle subit, à partir du VII$^{e}$ siècle, les invasions des Slaves et des Avars, qui la dévastèrent quasi entièrement. Mais sous la domination des rois croates, Nin reprit lentement son essor, devenant au haut Moyen Age l'une des premières capitales royales.

Sa cathédrale Sainte-Croix, (IX$^{e}$ siècle) est considérée comme la plus petite au monde. Monumentale, au contraire, est la statue de l'évêque Grgur Ninski (Grégoire de Nin), bienfaiteur de la région au X$^{e}$ siècle, qui s'est opposé au pape et a introduit la langue slave dans les églises. Comme à Split et à Varaždin, l'oeuvre en airain du grand sculpteur Ivan Meštrović fait l'objet d'un rite. Les gens touchent le pouce de son pied droit et font un vœu. En atteste le brillant de l'orteil nu... tout poli !



## Transports

À 14 kilomètres au nord de Zadar et tout près de la station balnéaire Zaton, la commune de Nin est bien desservie par les bus. C'est aussi le passage obligé pour aller sur Vir, l'île en face reliée par un pont à la lagune.

## Pratique

■ **OFFICE DU TOURISME (TURISTIČKA ZAJEDNICA)**
Trg Braće Radića 3
✆ +385 23 264 280
✆ +385 23 265 247
www.nin.hr
tzg.nina@zd.t-com.hr
*Ouvert tous les jours en saison estivale, en semaine de 8h à 15h, le samedi de 8h à midi.*
Un office du tourisme à proximité de la poste où glaner quantité d'informations touristiques, notamment sur le riche héritage culturel de la ville. Bon accueil.

## Se loger

**APART HÔTEL CONDURA CROATICA**
Put Škrile 1 ✆ +385 23 272 330
www.condura-croatica.hr
info@condura-croatica.hr
*Selon la saison, entre 63 et 82 € pour un appartement 2 personnes*
Avec son architecte aérienne, son toit auvent et sa terrasse-restaurant tout en verre, la lumière zénithale et la vue panoramique sont épatantes dans cet établissement un peu futuriste. Situé dans le secteur des sources Ninske vodice, hors de la ville et en bord de mer, l'apart-hotel compte deux étages pour des locations pouvant héberger jusqu'à 4 personnes, simples mais tout confort, fonctionnels avec balcon et vue sur la mer.

**KAMP NINSKA LAGUNA**
Put blata 10
✆ +385 23 264 265 / +385 23 265 574575
www.ninskalaguna.hr
info@ninskalaguna.hr
*Tarifs pour un emplacement tente, la nuit selon la saison de 5 à 13 € (adulte).*
On aime ce camping « les pieds dans l'eau », installé au plus près de la lagune et de la grande plage de sable naturel, appelée aussi plage de la Reine. Sur un site boisé, parfait pour les vacances en famille avec petits enfants, le camping est tranquille (100 emplacements) et bien équipé. Il propose l'Internet sans fil mais pour vraiment déconnecter, on recommande les bains de boue réparateurs.

## Se restaurer

**KONOBA BEPO**
Turističko naselje «Zaton»
✆ +385 23 280 336
www.konoba-bepo.hr
info@konoba-bepo.hr
*Ouvert de mai à septembre tous les jours de midi à minuit. Plats à partir de 50 kn.*
La taverne se trouve dans le complexe de vacances Zaton, à 5 minutes de la ville de Nin. Connu pour son ambiance détendue, le restaurant concocte une cuisine dalmate, principalement centrée sur le poisson et les produits de la mer. Animation musicale.

**RESTAURANT KRUŠKE I JABUKE**
Zaton Holiday Resort, Dražnikova ul.
23232 Nin ✆ +385 23 280 356
*Ouvert de mai à octobre tous les jours de midi à minuit. Plats à partir de 70 kn.*
Le restaurant Kruške i jabuke (traduisez poires et pommes) a emprunté son nom à une émission culinaire locale. Dans un cadre rustique tout de bois, on peut y commander une bonne cuisine internationale ainsi que des plats dalmates, du poisson frais.

## À voir - À faire

De nombreuses églises à visiter dans cet ancien siège épiscopal. La plus étonnante est sans doute celle que vous rencontrerez avant d'entrer dans le vieux Nin. L'église Saint-Nicolas, qui est implantée au sommet d'une colline, au milieu de champs, date de la fin du XIe siècle. Ce bel exemple d'architecture romane de plan en croix, apparaît comme une miniature tellement sa taille est petite. De même pour la cathédrale, la plus petite au monde. En revanche, les marais salins, les plus importants du pays, s'étendent sur de grandes surfaces. Lors de vos balades sur la lagune, ne manquez pas de répérer les mares de boue médicinale. À appliquer sur le corps lors de votre prochain masque minéral. À faire en vélo, en bus ou en voiture : une virée à Vir ! Après Privlaka (2 kilomètres de Nin), un pont relie une pointe de terre à l'île. Vir, assez densément peuplée au sud, est déserte au nord. Vous découvrirez de jolies plages de sable et d'admirables couchers de soleil, à la villa Lanterna notamment, un ancien phare transformé en maison de vacances.

**ÉGLISE SAINTE-CROIX (SV. KRIŽA) ET TRÉSOR SAINT-ANSELME** ★★★
ul Petra Zoraniča
*Entrée libre mais donation souhaitée.*
L'église de Sainte-Croix, considérée comme la cathédrale la plus petite au monde, fut élevée en plein centre de Nin, sur un plan cruciforme. Son périmètre ne mesure que 36 pas ! Datant du XIe siècle, elle fut le siège de baptême des premiers rois croates. A l'extérieur, la sculpture de l'évêque de Grégoire de Nin (Grgur Ninski) est l'œuvre du grand sculpteur Ivan Meštrović. Comme à Split et à Varaždin, où l'on retrouve la même statue monumentale, dont la légende dit qu'il faut toucher l'orteil droit et faire un vœu. A proximité de la cathédrale, l'église Saint-Anselme. Son trésor d'art sacré illustre la grandeur du village à l'époque des rois carolingiens. On remarquera deux reliquaires du VIIIe siècle.

**MUSÉE ARCHÉOLOGIQUE (ARHEOLOŠKI MUZEJ)** ★★
Trg Kraljevac
Dans le centre de la vieille ville.
*Ouvert en mai et septembre tous les jours de 9h à 12h et de 17h à 20h, de juin à août de 9h à 22h, le reste de l'année de 8h à 14h.*
Ce petit musée, organisé autour d'un patio, retrace les origines historiques de la ville et de sa région, avec une collection d'objets trouvés lors des fouilles archéologiques.

## Pas de béton sur la boue !

À proximité du centre historique, la lagune de Nin cache un trésor. C'est ici que l'on trouve le plus grand site de boue médicinale d'Europe. Cette vase se compose d'humus et de minéraux issus de la décomposition de différentes plantes par des années de processus naturel dans l'eau salée de la lagune. Déjà utilisée à l'époque romaine pour le traitement de différentes maladies rhumatismales, de problèmes de peau ou de la colonne vertébrale, cette médecine douce continue à intéresser les spécialistes, comme en Israël sur les bords de la mer Morte. À l'hôpital de Zadar, de nombreux patients viennent de toutes les parties de la Croatie pour ces vertus thérapeutiques avérées. Un projet immobilier énorme, d'une valeur de 60 millions d'euros, voudrait exploiter la « boue de Nin » et les promoteurs s'y voient déjà. Ils prévoient un hôtel 4 étoiles, un complexe d'appartements, des infrastures sportives, un terrain de golf, un centre bien-être, une maison de santé, etc., le tout avec le déplacement d'environ 300 000 mètres cubes de sable uniquement au cours de la première phase de construction. Pour l'instant, la boue se ramasse librement sur la plage autour du camping Ninska Laguna. Et c'est bien comme ça !

**■ MUSÉE DES MARAIS SALANTS DE NIN (SOLANA NIN MUSEJ)**

Ilirska Cesta 7
Solana Nin Salt Museum
✆ +385 23 264 021 – www.solananin.hr
*Ouvert du lundi au vendredi de 7h à 15h. Entrée 35 kn (visite guide dans les marais salants). Boutique.*
Cadeau de la nature, le sel de Nin est exploité depuis le début du XVI^e siècle. Aujourd'hui encore, il est récolté de manière artisanale par évaporation au soleil et au vent dans un environnement propre et iodé. Ces conditions favorables ont fait la réputation de ces salins qui produisent les meilleurs sels alimentaires. Visite guidée intéressante de l'éco-musée, pour découvrir les instruments anciens, se promener dans le marais, regarder les hommes au travail. Ne pas oublier les chapeaux ! A la boutique, à choisir, les petits pots de fleur de sel aromatisée à la lavande, la sauge ou l'orange font toujours plaisir.

### Sports – Détente – Loisirs

**■ SURFMANIA CENTER**

Kraljicina plaza
✆ +385 23 912 98 18
www.surfmania.hr
info@surfmania.hr
*Ouvert tous les jours en été.*
Fan de kitesurfing, de windsurfing ou de paddling ? Ces mots restent encore assez vagues mais vous aimeriez essayer ? Ce club peut vous aider. Installé sur la base de loisirs estivale, à l'entrée de Nin, soit un bras de mer avec une étendue de plages et une mer translucide peu profonde, le centre a un emplacement idéal. Vous y trouverez une équipe spécialiste des sports de glisse, qui propose des cours d'initiation et du matériel à louer ou à acheter. À proximité, hébergements, boutiques, cafés et restaurants.

## STARIGRAD

Cette station très touristique propose, comme ses voisines du littoral, de nombreuses activités balnéaires et une ouverture privilégiée sur la montagne. La ville est scindée en deux. D'un côté, la mer avec ses plages et ses infrastuctures touristiques, de l'autre, le parc national de Paklenica dans le massif du Velebit. Ce site naturel passionnant pour les randonnées présente des paysages sauvages grandioses. Sa façade maritime très abrupte s'enfonce littéralement dans l'eau.

### Transports

Tous les bus qui font la liaison Rijeka-Zadar s'arrêtent à Starigrad. Changement de bus pour le parc national de Paklenica.

### Pratique

**■ OFFICE DU TOURISME (TURISTIČKA ZAJEDNICA)**

Trg Tome Marasovića 1
✆ +385 23 369 245
www.rivijera-paklenica.hr
info@rivijera-paklenica.hr
*Ouvert entre juin et septembre tous les jours entre 8h et 20h, le reste de l'année en semaine de 8h à 14h.*
L'endroit est repérable au drapeau national qui flotte au-dessus de la porte. Vous y trouverez toutes informations sur la ville, les possibilités d'hébergement, découvertes de la région, les activités dans le parc national de Paklenica, mer et montagne.

## Des traces de la dernière guerre dans le massif

Durant la dernière guerre d'indépendance, qui a fait exploser l'ex-Yougoslavie, les combats ont fait rage dans le massif du Velebit ainsi que sur la côte Adriatique. Une fois la paix revenue, les autorités nationales, aidées des compétences locales, ont œuvré activement pour effacer les impacts morbides de la guerre sur les routes, les bâtiments et les infrastructures, afin de rendre la côte attractive à nouveau. Ainsi, pour rejoindre Starigrad-Paklenica, on peut emprunter deux routes. La première, longeant la côte par Zadar, ne possède plus aucune trace de conflits. La seconde, bien différente, traverse l'arrière-pays en passant par Benkovac. Des maisons abandonnées en rase campagne, criblées d'éclats d'obus et de balles, recouvertes de graffitis, sont toujours là. N'entrez pas dans ces propriétés en ruine, des mines peuvent subsister au sol. En règle générale, restez vigilants à la présence de panneaux qui préviennent des zones à risques. Parfois, certains habitants sont revenus vivre sur leurs anciennes terres et ont construit à côté des maisons en ruines.

# Se loger

## Locations

### ■ APARTMANI TAMARIX

34 Put Vinjerca
VINJERAC ✆ +385 23 20 10 10
www.tamarix.hr – info@tamarix.hr
*Tarifs des studios ou appartements de 30 à 45 € la nuit.*
Proches de Starigrad, à 30 kilomètres au nord de Zadar, ces 17 appartements et studios sont construits dans un imposant immeuble, un apart-hotel de bord de mer. Tous les logements ont vue sur l'Adriatique et sont bien équipés (cuisine, réfrigérateur, téléviseur...). Le plus, c'est aussi le parking et l'amarrage privé pour les bateaux. Une adresse pas chère pour profiter de la région de Zadar, tout en étant proches de Pag, des parcs de Velebit et de Paklenica, de l'archipel des Kornati, de Šibenik et de la rivière Krka.

## Bien et pas cher

### ■ HOTEL PANSION KIKO

Ante Starcevica, Seline
✆ +385 23 369 784 / +385 98 272 442
www.pansion-kiko.com
info@pansion-kiko.com
Au sud de Starigrad-Paklenica, dans le village voisin de Seline sur votre droite.
*Chambres doubles à partir de 55 € la nuit en saison touristique.*
Un grand pavillon familial, au bord de l'eau, très calme, avec des chambres et des appartements, certains dotés d'un balcon et vue sur la mer. Tous les logements sont climatisés et équipés d'une télé. Un bon restaurant de cuisine dalmate servie à la terrasse permet de prévoir le séjour en demi ou en pension complète (minimum de 3 jours). Bon accueil.

## Confort ou charme

### ■ BLUE SUN HOTEL ALAN

Dr. Franje Tuđmana 14 ✆ +385 23 209 050
www.hotelalan.com
alan@bluesunhotels.com
*A partir de 144 € la chambre double en été, petit déjeuner inclus.*
Situé à 1 km de l'entrée du parc national Paklenica, ce grand hôtel en bord de mer de 139 chambres et 25 suites, est une bonne base pour les sportifs et les familles. Les activités sont nombreuses. Pour ceux qui, dans ce cadre naturel verdoyant, rêvent relaxation, détente et spa, les équipements sont à leur disposition.

### ■ HÔTEL LUCIJA

Braće Dežmalj 26
23242 Posedarje
✆ +385 23 266 844
www.hotel-lucija.hr
prodaja@hotel-lucija.hr
Maslenički Most
*Compter entre 70 € et 94 € la chambre double selon la saison.*
A quelques kilomètres de Starigrad dans le village de Posedarje, proche du pont de Maslenica, cet hôtel est bien équipé pour les séjours touristiques, les formules bien-être avec sa piscine intérieure et la mer à deux pas. Les chambres sont vastes et aérées, certaines ont un balcon. Peut aussi convenir à ceux qui sillonnent la région, car l'hôtel se situe proche d'une route au croisement de plusieurs lieux de visites, l'île de Pag, Zadar, Novigrad sans oublier le parc Paklenica, à quelques kilomètres.

### VICKO HÔTEL-VILLA & RESTAURANT

PBZ Starigrad-Paklenica ✆ +385 23 369 304
www.hotel-vicko.hr – info@hotel-vicko.hr
*Chambre double de 60 € à 110 € selon la saison pour l'hôtel et de 72 € à 130 € pour la villa (petit déjeuner inclus).*
Légèrement en hauteur de la route, face à la mer, un hôtel 3-étoiles et une villa 4-étoiles tenus depuis l'an 1500 par une ancienne famille noble de Croatie, les Katic. Les chambres de la villa possèdent toutes un balcon avec vue sur la mer. L'hôtel lui abrite un restaurant et un café, une boutique de souvenirs et aire de jeux pour les enfants. Dans la cuisine du restaurant climatisé, on se vante de préparer une nourriture saine et originale à base de plantes médicinales de la montagne des environs.

## Luxe

### VILLAS MAISONS ET RESTAURANT VAROŠ-RAJNA***

Ul. Dr. Franje Tuđmana 105
✆ +385 23 359 121 / +385 23 369 130
www.hotel-rajna.com
rajna-paklenica@inet.hr
*Pour les locations haut standing, compter 310 € par jour en haute saison (10 à 12 personnes), 210 € en basse saison.Restaurant ouvert de 6h30 à 23h. Environ 100 kn le repas. Demi-pension possible.*
Situé à 900 m de la mer, sur les hauteurs de la ville mais en dehors du centre (direction Seline) et à dix minutes à pied de l'entrée du parc national, tout un corps de logis anciens, restauré avec goût en 2006. Trois appartements (260 m²), aménagés avec du mobilier traditionnel. La pierre et le bois sont les deux éléments principaux de cette propriété au calme absolu. La terrasse profite d'une belle vue panoramique. La direction gère aussi d'autres hébergements plus modestes, soit une une dizaine de chambres ainsi qu'un restaurant réputé. Dans ce cadre chaleureux tout en bois verni, les montagnards et les randonneurs aiment à se rassembler. La cuisine du terroir dalmate y est servie dans des proportions copieuses.
L'établissement propose en outre des excursions dans le parc national à bord de 4X4 pour des sorties safari photos.

## Se restaurer

À Starigrad, les bonnes tables sont souvent de tradition hôtelière. Résidents ou non, vous pouvez dîner ou déjeuner dans les établissements sélectionnés (hôtel Vicko, Batela Tavern au Bluesun Hotel Alan ou au Rajna). Mais le restaurant du sympathique Dinko, que tout le monde connaît en ville, peut paraître plus authentique.

# PARC NATIONAL DE PAKLENICA ★★★

Dans le massif du Velebit, la chaîne montagneuse s'étend sur 145 km, en grande partie le long de la côte Adriatique. Deux grands parcs nationaux y ont été créés, le Velebit du Nord et le Paklenica, à quelque 60 km au nord de Zadar juste au-dessus de la ville de Starigrad. Le Parc Paklenica fut l'un des premiers espaces naturels croates à être consacré parc national en 1949. Dans sa partie du sud, la plus attractive, deux torrents ont creusé le massif rocailleux, la Velika Paklenica et la Mala Paklenica (grande et petite Paklenica), formant ainsi deux gorges profondes et escarpées. A cet endroit, la montagne constitue une unité naturelle impressionnante qui servit de cadre pour de nombreux westerns, par exemple, les aventures Winnetou, chef de la tribue apache, adaptées des histoires épiques du romancier allemand Karl May. L'été, les amateurs de grands espaces, de randonnées, escalades ou canyoning sont dans leur élément.

### La faune et la flore

La végétation très variée est favorisée par les différents climats. Le long du littoral, le climat est méditerranéen alors que les sommets du Velebit sont balayés par les vents froids et rigoureux. La plus grande partie des forêts est peuplée de hêtres (72 %) et de pins (18 %), puis, en plus petites proportions, de chênes pubescents, d'ostryas et des charmes du Levant. La faune tout aussi variée que la flore change selon l'altitude et l'habitat. On y trouve de nombreuses espèces d'invertébrés, des escargots, tortues endémiques, papillons. On dénombre plus de 200 espèces d'oiseaux méditerranéens, que l'on retrouve en plaine : passerinette, orphée, bruant mélanocéphale, bruant zizi... Pour la famille des reptiles, seule la vipère bien présente est dangereuse, différentes espèces de couleuvres, dont certaines en voie de disparition. Plus haut vers les sommets, les vautours fauves ont près de 3 m d'envergure, les aigles fauves ou royaux, les aigles Bonelli (anciennement *Hieraaetus fasciatus*), les faucons Biarmicus ainsi que des faucons pèlerins, des circaètes jean-le-blanc ou aigles des serpents.
Les petits mammifères sont bien représentés, parmi eux de nombreux insectivores, rongeurs : musaraignes, souris, campagnols. Le parc national abrite aussi des lièvres, écureuils, chauves-souris, renards, belettes, martres, chats sauvages, lynx, chevreuils, cerfs, sangliers, ours et loups.
La visite du parc est facilitée par de multiples panneaux traduits en plusieurs langues, qui indiquent les différents itinéraires.

## Pratique

### BUREAU D'INFORMATION DU PARC (NACIONALNI PARK PAKLENICA)

Dr Franje Tuđmana 14 a – Starigrad
✆ +385 23 369 155 – www.np-paklenica.hr
np-paklenica@paklenica.hr
*Tarif 40 ou 50 kn par adulte selon la saison, 25 kn supplémentaire pour la visite de la grotte Manita peć.*
A gauche de l'entrée du parc, un kiosque vend des billets pour les deux entrées. Vous trouverez cartes et dépliants sur les itinéraires de marche et découverte, sur la faune et flore, les activités dans le parc… Si vous souhaitez n'y passer qu'une journée, ne vous chargez pas trop en eau, il existe deux sources d'eau de source potable, bien indiquées. On peut facilement « faire » la randonnée de la Vela Paklenica, cependant la Mala Paklenica, beaucoup moins fréquentée, est plus sauvage. Avant de vous engager, vous pouvez aussi vous renseigner à Starigrad auprès de ce bureau d'information.

## Se loger

### CAMPING BLUESUN PAKLENICA

14 Dr. Franje Tuđmana – Starigrad
✆ +385 23 209 050 – www.hotel-alan.hr
*Tarifs par jour/personne, de 3,90 à 8,30 € (gratuit pour les enfants de moins de 3 ans). De 3,20 à 7,90 €/jour pour une tente et de 5,50 à 11,70 €/jour pour un camping car.*
Situé en bord de mer, aux portes du parc national, ce camping ombragé par de nombreux pins, est d'une surface totale de 2,5 hectares, d'une capacité maximale d'environ 500 personnes, avec des infrastructures pour les personnes à mobilité réduite. Il reçoit régulièrement des prix pour son hospitalité et son respect des dernières normes environnementales. Un supermarché, une banque, une station essence et une pharmacie se trouvent à proximité du camping. Animaux autorisés.

### CAMPING VRATA VELEBITA

Šime Gazić Put Ljubotića 50
23245 Tribanj – Kruščica
✆ +385 23 333 516 / +385 98 650 260
www.vratavelebita.com
*La nuit environ 100 kn pour la tente et l'emplacement.*
Un petit camping au pied de la montagne, dans un petit village abandonné, uniquement accessible en voiture. Le terrain est ombragé, les bâtiments propres et bien équipés conviennent aux amoureux de la nature, aux amateurs de tourisme rural et de cuisine du terroir. Avec un peu de chance, vous pourrez tester la rakija au miel et aux plantes médicinales du propriétaire.

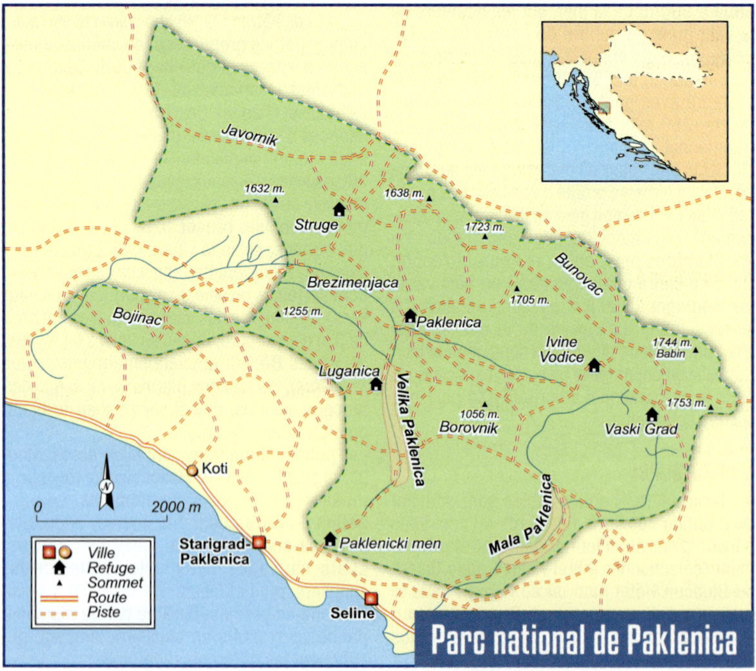


Parc national de Paklenica

## Escalade et tradition alpiniste

Le parc Paklenica compte parmi les spots d'escalade les plus connus d'Europe. Plus d'un demi-siècle de tradition alpinisme et de remontées sportives ont tracé tout un réseau de pistes ouvertes et d'autres à entreprendre. Des centaines de sites sont répertoriés, tous équipés en fonction des différents degrés de difficultés et de longueurs. Parallèlement à la saison touristique, la pratique commence au printemps et se termine en automne avec un pic de fréquentation autour du 1er mai où les rencontres traditionnelles des alpinistes ainsi que la compétition Big Wall Speed Climbing rassemblent les chasseurs de cimes du monde entier.

- Plus d'infos sur : www.np-paklenica.hr

### À voir - À faire

Juste après l'entrée du parc, un ancien moulin ouvre la marche et, plus haut, un beau point de vue. De la falaise Anića kuk, on peut observer le ballet des grimpeurs du monde entier, qui se relaient. C'est ici que démarrent treks et randonnées. Deux itinéraires conseillés pour profiter du panorama, le sentier pour l'Anića kuk sur la droite et, plus loin, celui qui rejoint la grotte de Matina Peć. La cavité se visite le matin, tous les jours en été, et deux jours par semaine, le reste de l'année (entrée payante en plus du billet du parc). Pour faire une pause, se restaurer, vous trouverez facilement la cabane forestière de Lugarnica, d'où partent les chemins d'escalade qui mènent à l'ascension des différents cols.

- **Dormir dans un refuge de montagne.** Si vous souhaitez passer plusieurs jours dans le parc national, trois refuges vous accueillent les mois d'été ou le week end, hors saison, celui d'Ivine Vodice, de Struge et de Dom Paklenica. Ce dernier étant le mieux équipé : 50 lits, un coin cuisine, des tables... De nombreuses activités sportives et excursions sont organisées dans le parc national. *Renseignement aux bureaux d'information à l'arrivée du parc ou à Starigrad : + 385 23 359-133 – www.paklenica.hr*

### Sports - Détente - Loisirs

Les randonneurs et les amateurs d'escalade seront impressionnés par les paysages grandioses de montagne rocheuse, les points de vue vertigineux sur la mer Adriatique, les îles. Les passionnés de canyoning, kayak et rafting emprunteront les courants de la rivière Zrmanja pour le fun ou l'adrénaline. Et les plus courageux s'inscriront au Velebit Ultra Trail ou au Velebit MTB Marathon de juin, rendez-vous sportifs respectés en Europe du Sud, soit des courses à pied ou à VTT sur des sentiers impraticables, gros dénivelés, sensations fortes et panoramas à couper le souffle !

- **Plus d'infos sur les courses,** inscription : www.outdoor.hr/www.treking-liga.com
- **Hébergements :** www.rivijera-paklenica.hr

## BIOGRAD NA MORU

Ville influente au Moyen Age, Biograd devint la capitale des rois hongrois de Croatie dès l'an 1102. À cette date, Koloman, roi de Hongrie, est aussi couronné roi de Croatie. Malheureusement, la quasi-totalité de la cité, très convoitée, fut plusieurs fois pillée et rasée par ses différents envahisseurs. De cette grandeur médiévale, il subsiste de nombreuses traces, conservées au musée municipal, mais aussi dans la basilique Saint-Jean, qui a survécu aux grosses razzias des Vénitiens (1125).

Le centre historique, resserré sur une presqu'île, est cerclé par la marina, le port et l'embarcadère. Ce domaine piéton jouit d'une promenade de la mer agréable.

Aujourd'hui, à une trentaine de kilomètres au sud de Zadar, la Biograd moderne est devenue une ville active pour toute la région et une station balnéaire importante. Comme Starigrad ou Pakoštane, elle bénéficie de la proximité immédiate des parcs nationaux et naturels (montagne Paklenica, chutes de la rivière Krka, lacs de Plitvice, lac de Vransko, archipel des Kornati).

### Transports

- **Bateau.** Un ferry fait la liaison quotidienne entre Biograd et Tkon, sur l'île de Pašman. Des excursionnistes proposent des sorties en mer, visite du parc national des îles Kornati. Se renseigner auprès de l'office de tourisme.

**■ GARE ROUTIÈRE**
Trg Hrvatskih Velikana
Les nombreux bus qui font la liaison quotidienne entre Zadar et Split passent par le littoral, s'arrêtent dans toutes les villes côtières, dont Biograd. Une station de taxi se trouve à proximité de la gare.

## Pratique

**■ OFFICE DU TOURISME (TURISTIČKA ZAJEDNICA)**
Trg Hrvatskih Velikana 2 ✆ +385 23 383123
www.tzg-biograd.hr – info@tzg-biograd.hr
*Ouvert en été de 8h à 20h, fermeture à 12h le dimanche. En hiver, en semaine de 8h à 14h.*
Une agence où vous trouverez information et documentation sur les possibilités d'hébergerment, autant sur le balnéaire, le nautisme, les excursionnistes, l'accès aux parcs nationaux à proximité, les horaires des ferries, le calendrier des régates.

## Se loger

### Bien et pas cher

**■ CAMPING MOČE**
Sv. Filip i Jakov ✆ +385 23 388436
www.camping-moce.com
info@camping-moce.com
*4,66 €à 7,33 € par personne et pour l'emplacement d'une tente.*
A quelques kilomètres au nord de Biograd, sur la côte, parmi la ligne de campings qui se succèdent, celui-ci, petit et populaire, avec sa trentaine d'emplacements et un accès direct à la mer, est agréable. Accessible par bus interurbains.

**■ HÔTEL PALMA**
Vlahe Bukovca 3 ✆ +385 23 384 463
www.hotelpalma.com.hr
hotel.palma@gro-prom.hr
*Ouvert de mai à octobre. De 46 € à 100 € la chambre selon la saison et la catégorie.*
Un petit hôtel familial à 1 km du centre-ville et 400 mètres de la plage. Chambres simples mais agréables et un accueil souriant avec des gérants toujours disposés à vous donner des idées pour profiter de la région. Parking gratuit.

**■ VILLA MARIJANA**
Trg hrvatskih Velikana 6
✆ +385 23 383342
*La nuit en chambre double de 34 € à 57 € selon la saison.*
Sur une place du centre historique, une villa à la façade aux couleurs caramel et blanc, au goût très anglais et au décor intérieur un peu rétro. L'ensemble est très lumineux, les chambres sont confortables, d'une propreté impeccable, certaines avec balcon.

### Confort ou charme

**■ HÔTEL KORNATI/LAVENDER BAR**
Tina Ujevića 7 ✆ +385 23 383 556
www.ilirijabiograd.com
hotel-kornati@ilirijabiograd.com

Biograd Na Moru

parcs naturels (lacs de Vransko ou de Plitvice, chutes de la rivière Krka, archipel des Kornati), des sorties en ville (Biograd, Omiš, Zadar, Split), des balades et randonnées dans l'arrière-pays ou sur la côte. Sur place, elle recommande des prestataires pour les sports balnéaires, le canoë ou la pêche sur la rivière et, pour finir, quelques bonnes adresses de restaurants sur le port. Accueil chaleureux et très professionnel.

**■ PINE BEACH**
Brune Bušića 45
✆ +385 23 250 96 / +385 23 382 800
www.pinebeach.hr – info@pinebeach.hr
*Selon la saison et la catégorie de 40 à 60 € par personne dans bungalows de 2 à 5 lits.*
Un village de vacances, sur un terrain de 18 hectares, installé sur l'ancien site du premier Club Med d'Europe ! Au milieu d'une pinède odorante, avec sa propre plage de sable, les bungalows en canisse naturel sont bien conçus pour profiter de vacances balnéaires actives, se détendre tout en dégustant une savoureuse cuisine locale sur place. Une idée d'hébergement en écotourisme alliant confort et plaisirs balnéaires.

## Se restaurer

**■ DALMATINSKA KONOBA TORO**
Kralja Tvrtka 16 ✆ +385 955013923
*Ouvert tous les jours en été du matin au soir. Plats à partir de 70 kn.*
Sur la place, Mario est connu comme le loup blanc. C'est chez lui, dans sa méga-taverne, que se donnent de bonnes méchoui parties, particulièrement animées quand les musiciens sont là. Il faut voir la montée de la viande en broche, non pas du taureau mais plutôt du porcelet, parfois de la chèvre, il faut assister à la préparation du feu dans la cuisine extérieure. Même si on peut manger autre chose, des plats traditionnels dalmates par exemple, la spécialité de la maison, ce sont bien ces grillades géantes pour de grandes tablées où chacun peut s'asseoir. Bonne convivialité dès l'apéro, ambiance festive et musicale en fin de semaine.

## À voir – À faire

À Pakoštane, le patrimoine architectural n'est pas le premier argument de la localité. Son attrait est ailleurs, même si vous serez surpris de découvrir, dans l'arrière-pays, d'anciens moulins antiques, un superbe caravansérail turc, construit au XVIIe siècle sous le pacha Yusuf Mašković, une zone archéologique impressionnante sur une colline qui domine l'étendue du lac de Vransko jusqu'à la mer (Bellevue Kamenjak), ct cette église Sainte-Justine sur l'îlot du même nom que l'on peut aborder à la nage de la jetée. À l'office de tourisme, demandez la carte des pistes cyclables autour du lac, les conditions d'accès au chemin ornithologique. Sur le plan de la ville, figurent aussi les îlets de l'archipel de Pakoštane, les plages après le camping Kozarica, les horaires des ferries pour l'île de Vrgada, les bus pour le bourg médiéval de Vrana dans les terres ou pour le petit port de Drage où vous trouverez d'autres plages. Sans parler des excursions dans les parcs nationaux des alentours.

## VRANSKO JEZERO ★★

Dans l'arrière-pays de Biograd, Pakoštane, de Drage et jusqu'au niveau maritime de Murter, le plus grand lac naturel de Croatie s'étend sur 3 000 hectares et fait 14 km de long sur 2 km de large. Sa profondeur ne dépasse pas les 5 mètres. Par sa proximité avec la côte, en période de grandes marées, l'eau de mer s'introduit dans le lac. C'est ainsi que se côtoient dans ce lac mythique, l'un des plus réputés pour la pêche, des poissons d'eau de mer et d'eau douce : truite, silure, tanche, carassin, anguille mais aussi bar, muge et sole.
Au nord-ouest du lac, dans une partie protégée, déclarée parc naturel et réserve ornithologique, où poussent des joncs et des roseaux, des colonies d'oiseaux y ont élu domicile. C'est l'une des réserves ornithologiques les plus importantes du pays. On peut observer plus 111 espèces de volatiles, une multitude d'espèces aviaires, différentes espèces de canards sauvages, des hérons. En période hivernale de migrations, certains oiseaux restent autour lac. Ce parc est donc un véritable paradis pour les observateurs d'oiseaux, plusieurs sentiers passent au-dessus de l'eau, des points d'observation ont spécialement été aménagés. Pour vous y rendre, depuis Biograd ou Pakoštane, empruntez le bus pour Vrana. Pas moins de 44 km de pistes cyclables sillonnent les environs du lac, certaines recoupant la route nationale, et attendent les amateurs de cyclotourisme. Un tour en bateau sur le lac Vransko permet de découvrir des paysages marécageux complètement inaccessibles ou difficiles d'accès par voie terrestre.
Derrière le lac, en gravissant la colline de Kamenjak, un panorama à couper le souffle vous attend : une vision à 360° sur l'étendue d'eaux mi-douces mi-saumâtres et, par-delà les coteaux boisés, la mer, la Riviera et l'archipel d'îlots de Pakoštane, les îles Kornati.
Entrée 10 à 20 km, vente des tickets à l'office de tourisme de Pakoštane ou au bureau du parc naturel.
*Park prirode Vransko jezeroKralja Petra Svačića 223210 Biograd na Moru*
*✆ +385 23 383 181 – www.pp-vransko-jezero.hr*
*E-mail : info@pp-vransko-jezero.hr*

*Le port de Šibenik.*

# ŠIBENIK
## ET SA RÉGION

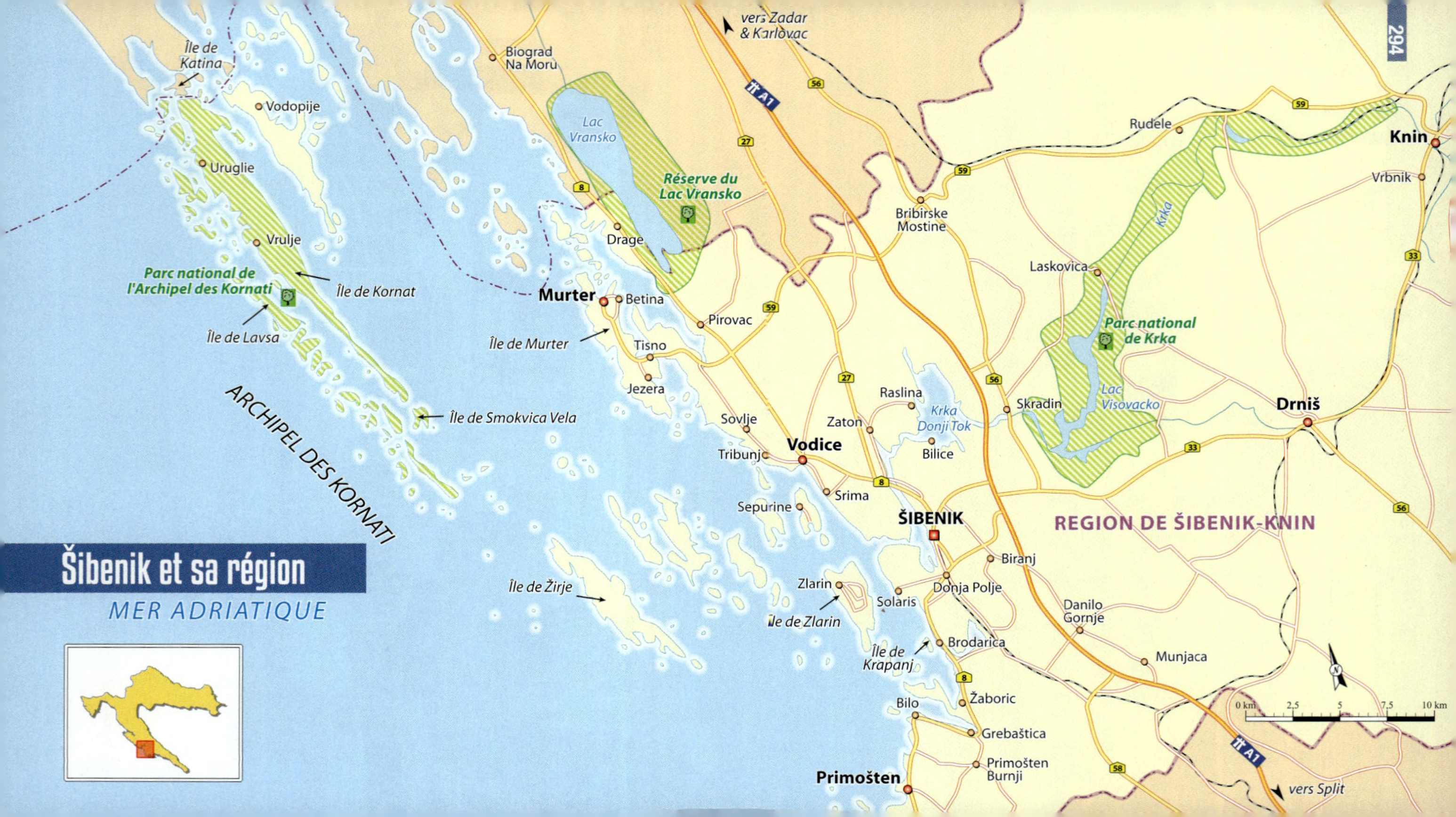

Šibenik et sa région
MER ADRIATIQUE
REGION DE ŠIBENIK-KNIN
ARCHIPEL DES KORNATI
vers Zadar & Karlovac
vers Split
A1
Knin
Vrbnik
Rudele
Drniš
Laskovica
Parc national de Krka
Krka
Lac Visovacko
Skradin
Bribirske Mostine
Biograd Na Moru
Lac Vransko
Réserve du Lac Vransko
Drage
Murter
Betina
Pirovac
Tisno
Jezera
Île de Murter
Raslina
Zaton
Krka Donji Tok
Bilice
Sovlje
Tribunj
Vodice
Srima
Sepurine
ŠIBENIK
Biranj
Donja Polje
Solaris
Zlarin
Île de Zlarin
Danilo Gornje
Munjaca
Brodarica
Île de Krapanj
Žaboric
Bilo
Grebaštica
Primošten Burnji
Primošten
Île de Žirje
Île de Smokvica Vela
Île de Kornat
Île de Lavsa
Parc national de l'Archipel des Kornati
Vrulje
Uruglie
Vodopije
Île de Katina
0 km
2,5
5
7,5
10 km

# ŠIBENIK

★★★

*Contrairement à ses voisines de la côte construites par les Grecs, Romains ou Byzantins, Šibenik, petite ville paisible à l'atmosphère provinciale, fut créée par les rois croates (IXe et Xe siècles). Puis, tour à tour, la cité devint possession des souverains hungaro-croates et vénitiens.*

*Entre les XVe et XVIIe siècles, la Sérénissime utilisa la ville dans sa lutte contre Byzance. Son statut de riche port marchand lui a permis de se développer rapidement. L'influence artistique de Venise est notable dans l'architecture, la sculpture, la peinture. De nombreux maîtres italiens apportèrent leur contribution à l'embellissement de la ville, qui possède un patrimoine historique exceptionnel, dont la cathédrale Saint-Jacques, inscrite au registre du patrimoine mondial culturel de l'UNESCO.*

*Depuis la Seconde Guerre mondiale, la capitale de la région développait son activité économique grâce au commerce de l'aluminium. Mais en 1991, lors de la dernière guerre, Šibenik est sévèrement touchée par les bombes. Elle entre en récession. Aujourd'hui, le centre médiéval et renaissance, admirablement restauré, attire les amateurs d'art et de plus en plus de visiteurs, charmés par l'atmosphère du domaine piéton, la promenade de la mer, qui ouvre sur les îles, et le calme de Šibenik.*

## Transports

■ **GARE ROUTIÈRE (AUTOBUSNI KOLODVOR)**
Trg Draga
✆ +385 60 368 368
autotransport@si.htnet.hr
Excentrée, au bout de la grande avenue Kralja Zvonimira, au sud de la ville, la gare routière est pourtant très active. De nombreux bus pour Rijeka, Zadar, Split, Dubrovnik...

## Pratique

■ **AGENCE NIK**
Ante Šupuka 5
✆ +385 22 338 550
www.nik.hr
nik@si.htnet.hr
*Ouvert tous les jours en été de 8h à 20h.*
Une agence locale qui vous aidera dans vos recherches d'hébergement en ville mais aussi sur la côte, à Vodice, Primošten, pour la location d'un véhicule, l'organisation d'une excursion, etc.

■ **AGENCE SLAPTOURS**
Fra Jerolima Milete 7
✆ +385 22 311 460
www.slaptours.hr
info@slaptours.hr
*Ouverte toute l'année.*
Fondée en 2001, l'agence possède son propre réseau de transport en autocars. Elle propose des visites de la région, des parcs nationaux (Krka, Kornati, Plitvice et Paklenica), des excursions et séjours ainsi que diverses activités sportives, rafting sur la rivière Cetina, par exemple. Location de bateaux et de voitures, adresses pour l'hébergement également.



## Les immanquables de Šibenik et sa région

- **Découvrir le centre historique** de Šibenik, notamment la cathédrale Saint-Jacques classée au patrimoine mondial de l'humanité par l'UNESCO, ses nombreuses églises, donjons, tours et palais construits du XIVe au XVIIe siècle. Monter à la forteresse Saint-Nicolas sur une petite île du canal, à l'entrée de la ville.
- **Prendre un ferry** dans le port pour l'île de Prvić, la plus belle de l'archipel de Šibenik, entrer dans le canal Sveti Ante.
- **Remonter les berges** de la rivière Krka, entrer dans le parc national, admirer les cascades, découvrir le village ethno, prendre la navette pour l'île de Visovac.
- **Partir en excursion** en bateau à la découverte de l'archipel des Kornati.
- **Visiter Primošten**, une presqu'île en forme de poisson, une ancienne cité pittoresque sur un rocher, 3e site le plus photographié en Croatie après Dubrovnik et Rovinj.

Office de Tourisme de la Ville Šibenik
www.sibenik-tourism.hr

VODICE
moje misto
Office de Tourisme de Vodice
www.vodice.hr

Office de Tourisme de Primošten
www.tz-primosten.hr

Šibenik
Bolnica
Matije Cupca
Stjepana Radica
Fra Jeronima
Macure
le Marché
Stan Kovac
Slobodana
Ante Starcevica
29 Listopada 1918
Stepana Radica
Draga
Težacka
Fra Stejpana Zlatovica
Eug.ena Kvaternika
Sarajevska
Obala hrv. mornarice
Put Splita
Vladimira Nazora
VARÕS
Perivoj Roberta Visianija
Petra Grubisica
Poljana
Miminac
Kralja Zvonimira
Zagrebacka
Kralja Tomislava
Obala Oslobodenja
Tezacka
Office du Tourisme
Nove Crkve
GORICA
Don Krste Stosica
Cathedrale St-Jacques
Buntovnika
Sv. Luce
la Loggia
Trg. Rep. Hrvatske
Kralja Zvonimira
Put Groblja
Tvrdava Sv. Ana
Pod tvrdavom
Obala Omladinica
100 m
0
LA VIEILLE VILLE
Zagrade
GRADA
Fortification
Fortification
DOLAC
Obala prvoboraca

■ **OFFICE DE TOURISME RÉGIONAL SIBENIK-KNIN**
Fra Nikole Ružica bb
✆ + 385 22 219 072
www.sibenikregion.com
info@sibenikregion.com
Logé derrière la place de la République, dans une résidence médiévale du centre historique, cet office de tourisme à dimension régionale propose une découverte du patrimoine de la ville, un agenda des sorties culturelles et festivals, des idées d'excursions dans les parcs nationaux, des listes d'hébergements, restaurants, etc.

■ **OFFICE DU TOURISME DE LA VILLE DE ŠIBENIK**
Frausta Vrančića 18
✆ +385 22 212 075
www.sibenik-tourism.hr
tz-sibenik@si.t-com.hr
*Ouvert du lundi au samedi de 8h à 20h, 22h en haute saison, reste de l'année jusqu'à 18h.*
Un accueil public avec l'ensemble des informations sur la ville. Le site Internet de l'OT, très riche, propose quantités d'entrées visuelles (vidéos, panoramiques) qui mettent en scène la richesse du patrimoine. Des applications accompagnent la visite du centre historique, de la marina, de la côte jusque Vodice.

▸ **Autre adresse : Centre** d'information touristique. Obala Palih Omladinaca 3 – ✆ +385 22 214 448

# Se loger

Il n'y a qu'un seul grand hôtel dans Šibenik, la plupart des complexes hôteliers se situant sur la côte vers Vodice. En revanche, vous trouverez des appartements à louer dans le centre historique, des auberges de jeunesse très bien équipées. A la gare routière, des habitants de la ville viendront sûrement à votre rencontre pour vous proposer des chambres. Pour obtenir des adresses, vous pouvez aussi vous rendre dans le centre d'informations touristiques du front de mer (Obala dr Franje Tuđmana 5).

## Locations

■ **APPARTEMENTS TRAPULA**
12 Obala Palih Omladinaca
✆ +385 91 56 313 53
✆ +385 91 89 11 243
kzvoone@gmail.com
*Selon la saison, de 50 à 60 € la nuit.*
Au bout de la promenade du front de mer, dans une maison ancienne à étages, en pierre de taille et volets vert-bouteille typiques de la région, le tout très bien restauré, deux appartements sont à louer, pour 2 ou 4 personnes avec vue sur l'archipel de Sibenik, bien équipés, avec un coin cuisine, espace salon et chambre, connexion Wi-fi gratuite. Au rez-de-chaussée, l'établissement fait aussi café-bar, ouvert toute la journée. De sa terrasse très tranquille, d'où il est fort agréable de prendre une *Velebitsko pivo* (bière locale) ou un *zeleni čaj* (thé vert) et regarder la presqu'île en face. Le plus, pour ceux qui restent dix nuits, une excursion en bateau dans le canal St. Ante, proposée par Zvonimira, la propriétaire, qui est aussi guide francophone. Parking gratuit pour les clients.

## Bien et pas cher

■ **APPARTMENTS ILLE**
Buta Harolda Bilinica 30
✆ +385 98 676 705
www.apartments-ille.com
apartmaniille@yahoo.com
*Location de chambres, studios et appartements, selon la saison de 38 € à 80 € pour 2 à 4 personnes.*
Sur la promenade de la mer (Riva), proche du quartier historique, de la cathédrale, cette imposante demeure fut bâtie il y a plus de 150 ans. Morana, qui vous y accueille, parle parfaitement le français et propose des chambres, studios et appartements aux intérieurs modernes et confortables.

■ **CAMPING SOLARIS**
Naselje Solaris bb
✆ +385 22 361 001
www.solaris.hr
info@solaris.hr
*Pour une tente, selon la saison de 5 € à 11 € et pour l'emplacement de 5 € à 39 € par personne. Gratuit pour les enfants de moins de 3 ans, tarifs dégressifs jusqu'à 12 ans.*
Entre Šibenik et Primošten, sur un terrain juste en face de l'île de Zlarin, cet immense camping fait partie d'un gros complexe touristique. C'est l'un des mieux équipés de Croatie. Particulièrement adapté aux vacances familiales, il peut accueillir plus de 3 000 personnes. De nombreuses activités et services sont proposés sur place. Possibilité de louer des appartements ou des mobil-homes sur place. Des navettes assurent régulièrement la liaison jusqu'à la vieille ville de Šibenik.

▸ **Autre adresse : HÔTEL** IVAN Hotelsko naselјo ✆ +385 22 363 951

■ **HOSTEL INDIGO**
Jurja Barabovića 3
✆ 385 022 200 159
www.hostel-indigo.com
*La nuit en dortoir 4 personnes, comptez 112 kn, chambre privée 280 kn (+ 7 kn de taxes).*

Couleur bleue comme les jeans qui paradent à tous les étages ! Le principe ? Vous pouvez échanger votre 501 vintage contre un Diesel 38 qu'un touriste japonais aura laissé ! Vous l'aurez compris, ici l'esprit est jeune, mais tout le monde peut venir dormir dans cette auberge sur 4 niveaux avec dortoirs et chambres privées, simples et propres. Le plus, un toit terrasse avec vue sur la mer, la connexion wi-fi gratuite. La direction possède un autre hostel près de la gare routière (Le Globo) et propose un bel appartement à louer dans le centre. Un partenariat avec le buffet restaurant Nostalgija, à 100 m de là (Biskupa Fosca 11), vous permettra de prendre tous vos repas pour pas cher.

▸ **Autre adresse : Globo,** Sarajevska 2. ✆ 0385 022 244 817.

### ■ HOSTEL SIBENIK

20 Buta Harolda Bilinica
✆ +385 99 32 91 399 / +385 92 30 54 678
www.hostelsibenik.com
info@hostelsibenik.com
*En pleine saison, 15 € pour une nuit en dortoir.*
C'est l'une des auberges de jeunesse du centre historique. Idéal pour les budgets serrés, l'établissement propose deux dortoirs, propres et bien entretenus, *idem* pour la kitchenette et la terrasse. Vous n'aurez qu'à descendre quelques marches pour accéder au centre historique, où vous trouverez bars, restaurants et lieux culturels.

## Confort ou charme

### ■ HÔTEL JADRAN

Franje Tuđmana
✆ +385 22 242 000
www.rivijera.hr
hotel_jadran@rivijera.hr
*Chambre double, selon la saison de 107 € à 149 € (petit déjeuner inclus).*
Seul grand hôtel en centre-ville, bien situé sur la promenade du front de mer, à proximité de la forteresse Saint Nikola. Le Jadran est imposant avec sa façade de béton blanc et ses chambres au confort moderne (télé, minibar, restaurant mais pas de climatisation). Un restaurant accessible aux non-résidents mais la terrasse se trouve en retrait par rapport à la mer.

### ■ HÔTEL PANORAMA

Šibenski most 1
✆ +385 22 213 398
www.hotel-panorama.hr
info@hotel-panorama.hr
*La chambre selon la saison et la catégorie de 77 € à 317 € (petit déjeuner inclus)*
En dehors de la ville, assez massif vu de l'extérieur, l'hôtel vient d'être rénové et l'adjonction d'une nouvelle piscine est un plus. Les chambres sont confortables et la tenue de l'hôtel, de bon standing. Si possible, demandez une chambre avec vue panoramique (!), soit la piscine en premier plan puis la côte et la mer.

## Luxe

### ■ HOTEL LIFE PALACE HERITAGE HOTEL ŠIBENIK

Trg Šibenskih Palih Boraca 1
✆ +385 22 219 005
www.hotel-lifepalace.hr
reservations@hotel-lifepalace.hr
*À partir de 100 € pour 2 personnes.*
Situé en plein cœur de la vieille ville, dans un cadre exceptionnel, l'hôtel, qui vient d'être rénové, permet de revivre le Šibenik d'autrefois dans le confort d'aujourd'hui. Les chambres dans leur décoration sont toutes plus belles les unes que les autres, avec leurs fresques au-dessus des lits, le mobilier et le bon goût jusqu'aux salles de bains. Le personnel est aux petits soins ! Pour une expérience de rêve en couple ou en famille. Pour une place de parking gratuite, on vous donnera un ticket de stationnement.

# Se restaurer

On mange bien à Sibenik et varié ! Bien sûr, il y a l'école hôtelière, sur la place Republike Hrvatska, près de la cathédrale, qui travaille au restaurant gastronomique, le Pelegrini, installé dans un ancien palais vénitien. Plus modestement, vous trouverez des tables familiales réputées (Zlatna Ribica), de bonnes konobas sur la riva (Le Kanela, le Rivica) ou dans les ruelles en retrait (Graska Straza). Un restaurant bio (l'Omega) se trouve près de la nouvelle marina alors que des buffets sympathiques, comme le Nostalglja ou le Grill Out, restent ouvert tard le soir dans le centre historique. La table de l'hôtel Life sert une cuisine internationale honnête tout comme celle du Stari Grad.

■ **KANELA**
Obala dr. Franje Tuđmana
✆ 385 022 214 986
*Ouvert tous les jours de 8h à 0h. Le dimanche à partir de midi. A la carte, plats de 50 kn à 110 kn.*
Une petite taverne à repérer dans l'alignement des restaurants du front de mer, dans ce périmètre très touristique. Quelques tables en terrasse, des nappes à carreaux, une cuisine ouverte à l'intérieur où l'on cuit au feu de bois sous *peka,* le poulpe à l'étouffée, par exemple. Poissons, fruits de mer tout comme les viandes de porc ou d'agneau sont grillés ou présentés en sauce avec des pâtes ou encore des légumes. Accueil souriant même tard le soir.

■ **KONOBA-VINOTEKA PELEGRINI**
Jurja Dalmatinca 1 ✆ +385 22 213 701
www.pelegrini.hr – rudi.s@si.t-com.hr
*Ouvert tous les jours de 8h à minuit. Compter 40 €/personne pour un repas complet avec le vin.*
La taverne Pelegrini est devenue grand restaurant gastronomique, le plus coté de Šibenik. Son emplacement de choix avec des tables en terrasse qui regardent la cathédrale, son chef de cuisine avec sa jeune brigade issue de l'école hôtelière, la cour carrée où l'on cultive les herbes aromatiques, tous ces atouts font la différence. Le lieu idéal pour manger un repas typique et soigné de la Croatie dalmate, entre tradition et modernité.

## Sortir

Šibenik, ville au patrimoine architectural exceptionnel, n'a pas une grande activité nocturne. Ceux qui cherchent la tranquillité apprécieront les terrasses de cafés, qui ferment la nuit dans le calme, sans plus de décibels technos dans les rues. De nombreux bars dans la vieille ville ou sur la riva restent tout de même ouverts jusque 1h ou 2h du matin (Azimut, Chill Out, Trapula). Certains proposent de la musique live avec des groupes locaux. Les clubbers prendront la route pour aller à la station balnéaire Vodice où la mega discothèque L'Hacienda programme des DJ internationaux tout comme l'Aurora, située à 2 km du centre de Primošten. Toujours à Vodice, coup de cœur pour le Porat Club, avec son open space qui ouvre sur la mer. En attendant les festivals de l'île d'Obonjan.

## À voir – À faire

Au creux d'une large baie, à l'embouchure de la rivière Krka, Šibenik a été construite autour de son port, le long des collines qui la surplombent depuis la forteresse Saint-Michel. En premier plan, la vieille ville est séparée des quartiers modernes par une large avenue (Kralja Zvonimira). De l'autre côté de la baie, à l'entrée du canal de Saint-Antoine, la ville est protégée par le fort Saint-Nicolas. L'âge d'or de Sibénik se situant du XIVe siècle au XVIIe siècle, le patrimoine architectural de la vieille ville séduit dans son harmonie éclectique. Les époques stylistiques se répondent de manière scénique, alternant remparts et place forte militaire, monuments ecclésiastiques (cathédrale Saint Jacques, églises, monastère et jardin), ainsi que de superbes bâtiments civils. Sur la grande place renaissance, l'hôtel de ville jouxte un beau plalais avec une loggia à l'élégance toute vénitienne, édifiée entre 1533 et 1542.
Bâtie à flanc de la montagne, Šibenik est sillonnée de ruelles pentues. Au détour de venelles étroites, au cœur de l'ancien labyrinthe urbain, vous découvrirez de superbes demeures privées, des églises gothiques, Renaissance ou baroques. La promenade ne sera pas complète sans la douceur d'un rendez-vous sur le front de mer avec ses terrasses de bars et de restaurants qui regardent les presqu'îles si proches ou l'entrée du canal Sveti Ante, chargé d'histoires.



## Obonjan, l'île festival

Une île jusque-là peu fréquentée, voire inconnue au large de Šibenik est sur le point de s'inscrire sur l'agenda des clubbers internationaux et autres amateurs de musique live. Imaginez une île entièrement occupée par des festivals. L'idée est venue au promoteur anglais Sound Channel, organisateur entre autres de l'Unknown Festival (Rovinj). Depuis quelques années, il rêvait d'acquérir l'île dalmate. C'est chose faite ! Associé à l'entreprise croate Gratiosus, Sound Channel compte créer « la première destination mondiale dédiée au tourisme et au divertissement ». Un concept d'offre culturelle, réalisé avec l'accord de la ville de Šibenik. Obonjan devrait accueillir ses premiers événements dès l'été 2016. Mais dans ce cadre insulaire jusque-là préservé, l'arrivée massive des festivaliers et la construction d'infrastructures touristiques ne risquent-elles pas d'avoir un impact néfaste sur l'écosystème ? Affaire à suivre !

■ **CATHÉDRALE SAINT-JACQUES (KATEDRALA SVETI JAKOVA)** ★★★★

Trg Republike Hrvatske

*Ouverte tous les jours de 8h à 20h de juin à septembre, fermeture à 19h d'octobre à mai. Tarif 20 kn.*

Véritable travail d'architectes, la cathédrale Saint-Jacques (1431-1535) vit se succéder à sa construction l'Italien du Nord Francesco di Giacomo, Juraj Dalmatinac, dit Georges le Dalmate, et le Toscan, Niccolò di Giovanni Fiorentino. À partir de 1444, Juraj Dalmatinac en redessine les plans, supervise la technique unique d'élévation, avec pierres sèches coupées sur mesure. Nicolas le Florentin, lui, orne le bâtiment d'un dôme Renaissance. Si l'édifice gothique s'augmente d'un transept et un baptistère, d'influence vénitienne, puis du dôme, la transition réussie entre le gothique et la Renaissance confère à l'ensemble une harmonie extérieure et intérieure exceptionnelle. Cet exemple parfait d'équilibre dans les composantes stylistiques de l'ouvrage, résultat fructueux d'échanges d'influences entre les trois aires culturelles aux XVe et XVIe siècles, fut l'un des critères majeurs pour l'UNESCO, qui l'inscrit au patrimoine mondial en 2000. Cette cathédrale fait partie des rares bâtiments du clergé occidental à n'avoir pas été modifiés au cours des siècles. Le travail des sculpteurs est remarquable également. En façade, ne manquez pas la frise en haut-relief des 71 portraits de femmes, d'hommes et d'enfants représentant le visage de la société civile de l'époque.

La rénovation des pierres s'est faite dans la carrière qui servit au bâti original. Aujourd'hui encore, le travail des tailleurs de pierre *in situ* retrouve le chef-d'œuvre du Dalmatinac.

■ **CENTRE MÉMORIAL FAUST VRANČIĆ (FAUST VRANČIĆ MEMORIJALNI CENTAR)** ★

Otok Prvić

PRVIĆ LUKA

✆ + 385 22 448 128

www.mc-faustvrancic.com

*Ouvert tous les jours sauf dimanche de 8h à 16h. Tarifs : adultes, 30 kn, de 7 à 18 ans, 15 kn et gratuit pour les enfants jusqu'à 7 ans.*

Sur une île (Prvić), face aux côtes de Šibenik et de Vodice, l'homme qui inventa l'une des premières machines à voler au XVIe siècle a son mémorial. Juste retour des choses pour le scientifique qui fut à l'origine du premier prototype de parachute et conçu bien d'autres appareils très en avance sur son époque. Le Croate Faust Vrančić, érudit linguiste, fut invité dans les capitales d'Europe et jusqu'au Canada pour évoquer ses travaux visionnaires. Il vécut avec sa femme sur cette île, où un musée découverte conserve ses écrits, manuscrits, plans et dessins ainsi que des maquettes reconstituées. Après tant d'ingéniosités de l'esprit, vous pourrez vous détendre au restaurant du centre (1er étage) ou dans l'une des *konobas* du port. De Šibenik, trois à quatre bateaux par jour pour l'île. Retour en fin de journée.

■ **FORTERESSE SAINT-MICHAEL** ★★★

Tvrdava Svetog Mihovila

*Ouvert entre avril et octobre tous les jours de 9h à 18h, 21h en juillet et août. Tarif 20 kn.*

Sur les hauteurs de la ville, la silhouette de la forteresse s'impose dès que l'on arrive en ville. Elle date du XIe siècle, époque où la monarchie croate s'installe à Šibenik. Longtemps utilisée comme citerne, puis revalorisée comme site historique, la place forte vient d'être restaurée pour devenir un centre culturel vivant avec une toute nouvelle salle de théâtre et de concert à ciel ouvert, qui donne sur la mer et l'archipel. Imaginez la magie de la vue panoramique en pleine représentation... Se renseigner auprès des bureaux touristiques sur l'agenda des spectacles. On peut aussi faire le tour des remparts. La vue cavalière donne sur la structure intérieure de la forteresse, la cour et, à l'extérieur, domine la vieille ville, le port, les îles et les presqu'îles.

■ **JARDIN DU MONASTÈRE SAINT-LAURENT (SREDNJOVJEKOVNI SAMOSTANSKI MEDITERANSKI VRT SV LOVRE)** ★★

Strme stube 1

✆ + 385 22 21 25 15

www.spg.hr

*Ouvert tous les jours de 8h à 23h.*

Accolé à l'église Saint-Laurent, sur les hauteurs de la ville, ce parc méditerranéen, aux allées bien tracées, a été redessiné en 2007. Dans l'esprit du jardin médiéval, il donne à voir et à sentir différentes espèces méridionales, des plantes aromatiques, un carré des simples, des fleurs ornementales de la région. Agrémentée d'une petite buvette, c'est une pause herborisante parfaite !

■ **MUSÉE DE LA VILLE (GRADSKI MUZEJ)** ★★

Gradska vrata 3

✆ +385 22 213 880

www.muzej-sibenik.hr

*Ouvert du lundi au samedi de 10h à 13h et de 18h à 21h. Fermé le dimanche. Entrée : 30 kn, gratuit le samedi.*

Une ruelle derrière l'abside de la cathédrale mène au palais du Recteur récemment restauré. C'est dans ces bâtiments de l'ancien pouvoir vénitien que s'est installé le musée municipal. En plus des collections permanentes présentant le riche patrimoine historique de la ville (préhistoire, monde antique, haut Moyen Âge, périodes Renaissance et baroque), se tiennent des expositions temporaires en relation avec l'art spécifique de la ville, l'histoire et l'art contemporains.

### ■ MUSÉE DIOCÉSIEN (BISKUPSKI MUZEJ) ★

Eglise Sainte-Barbe (Crkva Sv Barbare)
Trg Nikole Tomasea
✆ +385 22 214 448
*Ouvert tous les jours sauf dimanche de 9h à 13h et de 16h à 20h. 10 kn.*
Dans une église désaffectée, un petit musée d'art sacré avec une collection hétéroclite mais intéressante de sculptures historiques. Hauts-reliefs, polyptiques, crucifix et statuaire du XVe siècle très expressifs, angelots baroques du XVIIIe siècle, entreposés à côté des peintures d'églises et d'autres reliquaires.

### ■ PARC NATIONAL DE KRKA (NACIONALNI PARK KRKA) ★★★★

Trg Ivana Pavla II br. 5
✆ +385 22 201 777
www.npkrka.hr – info@npk.hr
*Ouvert en été tous les jours de 8h à 20h. Selon la saison, entrées du parc pour un adulte de 30 kn à 110 kn. Ajouter à cela les excursions en bateau, tarifs variables selon le parcours choisi. Possibilité d'achat sur place de tickets d'entrées pour deux à cinq jours. Entrée gratuite pour les enfants jusqu'à 7 ans. Mises à jour régulières sur le site Internet (visites, changements d'horaire, météo, prix).*
Classé parc national depuis 1985, le parc de Krka appartient à la région administrative de Šibenik-Knin. Il doit sa richesse à la présence de la rivière Krka, longue de 72 km, qui arrose littéralement l'arrière-pays jusqu'à la mer. Le cours d'eau puissant a creusé un véritable canyon, dans lequel se succèdent de nombreuses cascades et une multitude de petits lacs. Ainsi, sept grandes chutes d'eau sont recensées : Bilušića buk (22 m), Čorića buk ou Brljan (15 m), Manojlovački slap (60 m), Rošnjak ou Sondovjel (8 m), Miljacka slap (24 m), Roški slap (22 m) et Skradinski buk (46 m), la chute la plus majestueuse et la plus connue de la rivière Krka. L'incroyable beauté du site réside dans le mélange de roches et de larges cascades, à la faune et flore subméditerranéennes. Le parc national est précieux pour la diversité des espèces et fait partie des sites ornithologiques les plus riches en Europe.
Krka est, à juste titre, devenu depuis quelques années une destination touristique majeure et a donc développé des équipements écologiques pour accueillir le public à l'image de ses belles terrasses pour contempler les plus grandes chutes, Manojlovački slap, Brljan, Bilušića buk ou la vue sur l'affluent de la rivière Čikola dans le village de Krnići gornji. Un parcours sur des passerelles en bois a été installé pour faire le tour de Skradinski buk et de Roški slap. Le parcours facile fait 2,5 km et l'on peut se baigner près des cascades.

▸ **Le site archéologique de Barnum.** L'intérêt du parc n'est pas seulement naturel, il est aussi historique. Dissimulé dans l'arrière-pays dalmate, l'ancien camp militaire de Burnum, construit à la charnière de l'ancienne à la nouvelle ère, est ouvert aux visites. A voir, sur le site, les vestiges d'arches de la commanderie du camp ainsi que le seul amphithéâtre militaire sur le territoire de la Croatie. Les objets trouvés à Burnum lors des fouillesarchéologiques sont exposés au nouveau musée de Burnum à Puljani. L'accès ne peut se faire que par la route. En été, un spectacle sur la vie quotidienne et de jeux romains y est organisé (les Ides de Burnum).

## Shopping

Pour une ambiance dalmate authentique, pour acheter des produits locaux de saison, c'est autour du marché, que ça se passe ! Vous y trouverez les éponges des îles Krapanj et Zlarin, les chapeaux typiques de Šibenik, l'huile d'olives, les figues séchées, etc. Un centre commercial, à la sortie de la ville sur la route de Split (Dalmare) inclut des boutiques de prêt-à-porter, un hypermarché et un fastfood ouvert 24h/24.

### ■ MARCHÉ

Ante Starčevića
Derrière la gare routière, un grand marché de primeurs, viandes, poissons, fromages sous halles. Dans ce quartier populaire où les jeunes se retrouvent, il règne une ambiance de bazar oriental.

*Vendeuse du marché de Šibenik.*

# RÉGION DE ŠIBENIK

*Au centre de la Dalmatie, entre les territoires de Zadar (nord) et de Split (sud), la région de Šibenik est bordée, d'un côté, par les montagnes dinariques et, de l'autre, par la mer Adriatique. Elle s'étend à l'ouest de Pirovac jusqu'au sud à Ražanj. Relativement peu développée d'un point de vue touristique, la région conserve deux des plus beaux parcs nationaux de Croatie : les îles Kornati et le parc de Krka. 125 îles et îlots forment l'archipel des Kornati, pour la plupart inhabités, ce qui offre aux visiteurs la possibilité rare d'un séjour loin de la vie moderne et de vivre une « robinsonnade » dans une ancienne cabane de pêcheur. C'est également un paradis pour les amateurs de voile. Irrigué par la rivière du même nom, le parc de Krka, avec ses fabuleuses cascades et ses lacs, offre un cadre naturel tout aussi magnifique. Avant de se jeter dans la mer à Šibenik, le cours d'eau majestueux traverse les villes de Knin et Drniš et contourne la petite île de Visovačko, où une communauté franciscaine a fondé un monastère.*

**À ne pas manquer,** la forteresse byzantine sur l'île de Zirje, les zones archéologiques dans les anciennes cités romaines (Scardona, Ribera, Burmuma, Varvaria et Danilo), la double église paléochrétienne de Srima (VI^e^ et VII^e^ siècles), les ruines des premières villes des gouverneurs croates Bribir et Bribirska.

Les petites localités côtières, Pirovac, Murter, Tisno ou Tribunj ouvrent la voie la plus courte sur l'archipel des Kornati. Vodice accueille tous les amateurs de vacances balnéaires sportives et animées alors que Skradin et, surtout, Primošten, autre perle de l'Adriatique, méritent une étape.

## VODICE

A l'origine, un petit village de pêcheurs, à une dizaine de kilomètres de Šibenik, Vodice est devenue l'une des stations balnéaires les plus fréquentées de la côte. L'étymologie de son nom viendrait d'une source d'eau douce (*voda*) qui y coule, supposée garantir fertilité et survie dans le climat sec de la Dalmatie. Aujourd'hui, la ville met à profit ses plages, sa grande marina, son cinéma en plein air, ses bars, ses restaurants, ses clubs, ses discothèques et, bien sûr, ses nombreux hôtels modernes et quantité d'appartements ou de chambres à louer. C'est une destination jeune et familiale.

### Transports

Depuis Šibenik, des ferries et des bus relient la ville plusieurs fois par jour.

### Pratique

■ **BUREAU TOURISTIQUE (TURISTIČKA ZAJEDNICA)**
Bajne bb Tribunj ✆ +385 22 446 143
www.tz-tribunj.hr – tribunj@inet.hr
*Ouvert tous l'été de 8h à 21h.*
Après Vodice, Tribunj ressemble à un village côtier ! Mais à voir le nombre de voiliers dans la marina, on sent qu'on arrive dans un spot de vrais navigants, qui a su garder son charme méditerranéen sans trop bétonner. Cette agence vous aidera à trouver un bateau, un hébergement, une excursion, un restaurant, des horaires de bus, etc.

© ONT CROATIE – JURAJ KOPA

*Vodice.*

### DALMATIE TOURS

Srima XIV/17
✆ 385 22 441 942
www.dalmatie-tours.com
contact@dalmatie-tours.com
*Ouvert toute l'année.*
Spécialiste des séjours en Croatie depuis dix ans, l'agence couvre particulièrement la côte dalmate et propose de nombreuses idées d'hébergement et même un pack médical à Vodice avec soins dentaires inclus ! Loue également des voiliers, catamarans, bateaux à moteur, yachts et organise des circuits dans les îles en goélettes/caïques et bateaux-navires.

### OFFICE DU TOURISME (TURISTIČKA ZAJEDNICA)

Obala V. Nazora b.b
✆ +385 22 443 888
www.vodice.hr
info@vodice.hr
*Ouvert tous les jours de 8h à 22h. Le dimanche de 9h à 18h.*
Une agence sur les quais, proche de la marina, qui renseigne sur les hébergements disponibles, les excursions depuis Vodice, les visites de Šibenik, Skradin, Tribunj, des parcs nationaux Kornati et Krka, de l'île de Prvić, des sites archéologiques aux alentours. À consulter aussi : l'agenda des animations.

## Se loger

Les habitants de l'île possèdent la quasi-totalité des terres des Kornati. Ce sont donc eux qui gèrent l'hébergement sur l'archipel. Se renseigner auprès de l'office de tourisme local.

### HÔTEL OLYMPIA

Ljudevita Gaja 6
✆ +385 22 452 452
www.olympiavodice.hr
*La chambre double et appartements de 99 à 184 € par personne selon la saison et la catégorie. 15 € en plus pour la demi-pension. Enfant de 0 à 6 ans - 70 %.*
À 500 mètres du centre de la station balnéaire, ce complexe hôtelier moderne a été construit en 1972 et rénové en 2008. Toute l'année, il propose chambres et appartements avec balcons, tous climatisés et bien équipés. Méga-piscine, restaurant à la carte ou en buffet self-service, Internet gratuit dans les parties communes, salon de coiffure, espace bien-être, bars, kiosque à journaux... Côté animation, des terrains de sport (tennis, volley-ball) et beaucoup d'autres activités et surtout la plage à 50 m, aménagée avec parasols, chaises longues et bars de la plage... De quoi satisfaire toutes les tranches d'âge de vacanciers.

### PENSION SIDRO

Splitska 2 ✆ +385 22 443 712
www.hotel-sidro.hr
restaurant-sidro@si.t-com.hr
*Chambres selon la saison et la catégorie de 19 € à 36 € la nuit (petit déjeuner inclus).*
Proche du centre, à 200 m de la plage, un hôtel familial aux chambres bien aménagées avec balcons et vue sur la mer ou la cour intérieure. La propriétaire française a certainement influencé le chef du restaurant, qui est connu pour sa cuisine internationale et ses spécialités locales à base de produits bios. La terrasse, entourée d'une abondante végétation, est plaisante. Parking privé.

## Se restaurer

### RESTAURANT SANTA MARIA

Kamila Pamukovića 9
✆ +385 22 443 319
*Ouvert en semaine de 16h à minuit, le week-end de 13h à minuit.*
Un restaurant pour les aficionados de tex mex, une ambiance latine mâtinée croate dans un décor, rustique et kitsh à souhait. On y mange des fajitas et du chili con carne, des tacos, burritos, mais aussi des pizzas, pâtes et salades ainsi que des plats locaux (poissons et viandes grillées, risotto aux fruits de mer). Ambiance chaleureuse.

## Sortir

### HACIENDA

Magistrala b.b.
info@hacienda.hr
*Ouvert en été de 23 à 5 h du matin.*
Un petit club estival, en plein air (capacité de plus de 200 personnes), l'une des discothèques les plus anciennes de la côte, animé par de bons DJ croates (techno dance) et des gogo dancers. Une bonne adresse en matière de son et d'ambiance.

### HOOKAH BAR

Ljudevita Gaja 2
✆ + 385 91 557 42 37
www.hookah-bar.hr
info@hookah-bar.hr
Sur la plage principale de Vodice, près des hôtels Punta et Olympia, l'un des bars lounge-clubs les plus *famous* de la côte ! Abrité par quelques pins, le lieu est ouvert dès le matin pour une boisson fraîche, toute la journée *drink & beach* puis les afters mettent l'ambiance. Le soir, c'est le rendez-vous préféré des locaux, touristes et saisonniers du coin. Pour l'agenda des soirées, comme souvent, visez plutôt les pages Facebook du lieu.

# ÎLE DE MURTER

A une trentaine de kilomètres de Šibenik, l'île de Murter est reliée par un pont au continent. Des chantiers navals encore en activité et un développement touristique notable aux villages de Murter ou Betina ont rendu l'île assez prospère. Murter est la porte d'accès la plus directe et la plus courte pour entrer dans l'archipel des Kornati. De nombreux excursionnistes proposent la sortie en mer pour la journée.
Sur l'île, vous trouverez un grand nombre de plages de sable fin et des criques le long de son littoral (Hramina, Čigrađa, Slanica, Podvrške...). Ceux qui préfèrent calme et pêche trouveront la paix sur les îles de l'archipel des Kornati (plus de 170, accès reglementé).

## MURTER

Murter s'est harmonieusement développée vers la baie de Hramina, où un port, protégé de tous les vents, est un abri sûr pour les plaisanciers. Murter, la localité de l'île du même nom, voit sa population tripler durant la saison touristique. C'est ici que se prépare le départ pour les Kornati ainsi que vers de nombreuses destinations intéressantes dans son voisinage (Paklenica et Krka, les lacs de Telašćica et Vransko, les villes de Zadar, Šibenik et Split). Le camping et hôtel Colentum porte le nom d'une ancienne colonie des Romains. Des restes de constructions attestent de leur présence sur le site. Au cimetière, l'église Notre-Dame-de-Gradina date du XVIIIe siècle, tout comme l'église paroissiale Saint-Michel, dotée d'un autel baroque et d'une icône gréco-vénitienne, d'une croix gothico-Renaissance et de quelques tableaux de valeur. Au-dessus du village, sur la colline Vršina, l'église Saint-Roch date de 1760. Une régate de bateaux traditionnels, connue sous le nom Latinsko Idro (SAIL latine), se tient chaque année à la fin de septembre, jour de la fête de saint Michel, patron de la ville.

### Transports

■ **JARUŠICA**
Marina Hramina, Put Gradine bb
✆ +385 22 434 776
www.jarusica.hr
jarusica@si.t-com.hr
Vingt-cinq ans d'expérience pour cette entreprise nautique. De nombreux bateaux disponibles, à la vente en location, neufs ou d'occasion, du catamaran au voilier prestige en passant par des yachts à moteurs, tous très bien équipés. Taxes, nettoyages et GPS inclus dans les prix. Une autre agence à Split, bien pratique pour la remise du bateau de location sur le continent.

▸ **Autre adresse : Jarušica,** ACI marina – Uvala Baluni bb21000 Split. Fax/Tel : +385 21 398 286

### Pratique

■ **BUREAU DU PARC NATIONAL DES KORNATI (NACIONALNI PARK KORNATI)**
Butina 2
✆ +385 22 435740
www.np-kornati.hr
kornati@np-kornati.hr
*Ouvert tous les jours en été.*
Pour tout savoir sur le parc national, les conditions d'accès, les visites, les activités, les conseils à l'usage des plaisanciers. Vente de billets.

■ **CORONATA**
Zrtava Rotava 17
✆ + 385 22 435 933
www.coronata.hr
coronata@si.htnet.hr
Une agence de voyage spécialisée dans les excursions en bateau d'une journée dans l'archipel des Kornati ou au parc national de Krk. Compter 300 kn environ pour un adulte (déjeuner à bord et billet d'entrée dans le parc national inclus).

▸ **Autre adresse : Rudina** 17 - Tel./Fax : + 385 22 435 447

■ **KORNAT TURIST**
Hrvatskih Vladara 2
✆ +385 22 435 855
✆ +385 99 734 2169
www.kornatturist.hr
info@kornatturist.hr
*Ouvert tous les jours en été*
Cette agence propose des excursions la journée dans les parcs nationaux, mais aussi des activités dans les Kornati et le long de la côte dalmate, la location de bateaux, des séjours à la carte, des hébergements traditionnels (cabanes de pêcheurs, etc.) et un gros catalogue de logements chez l'habitant.

■ **OFFICE DU TOURISME (TURISTIČKA ZAJEDNICA)**
Rudina bb
✆ +385 22 434 995
www.tzo-murter.hr
info@tzo-murter.hr
*Ouvert tous les jours en été, de 8h à 22h, en hiver jusqu'à 15h.*

Agence municipale qui délivre des renseignements sur les villages de l'île, les marinas, l'hébergement. Passage obligé pour ceux qui veulent faire le tour des Kornati, connaître l'agenda des manifestations festives et folkloriques de l'île.

## Se restaurer

### ■ RESTAURANT TIC-TAC

Hrokešina 5
✆ +385 22 435 230
www.tictac-murter.com
*Fermé entre octobre et avril. Ouvert tous les jours de 10h à minuit. A la carte, poisson environ 300 kn.*
A deux pas de la place principale de Hraminane, vous trouverez ce restaurant original, dont la terrasse occupe un pont sur la mer. Fort d'une longue tradition familiale, le Tic-Tac est moderne à la fois. Sur la carte du chef, apparaissent des plateaux de fruits de mer avec des oursins, ce qui est rare, des plats croates classiques, ponctués d'accents français, portugais, italien ou même japonais, comme ces délicieux sushis au thon, ces marinades de poissons et fruits de mer en entrée. Belle surprise !

## Sports - Détente - Loisirs

### ■ AQUANAUT DIVING CENTER

J. Damatinca 1
✆ +385 22 434988
✆ +385 98 202249
www.divingmurter.com
aquanaut@divingmurter.com
*Se renseigner pour les formules pongée/hébergement.*
Ce centre de plongée, juste en face du grand supermarché Jolly de Uvala Hramina, à deux pas de la plage, est opérationnel depuis 1996. Les instructeurs et guides locaux connaissent bien leurs domaines professionnel et géographique. La journée de plongée est composée de deux parties ; départ du bateau à 9h, retour à 16h. Entre les deux sessions, la pause de 2h permet de se reposer, manger ou découvrir la terre ferme si l'on pris la formule «journée de plongée dans les îles» ! Ouvert aussi hors saison mais seulement pour les groupes.

# JEZERA

La baie de Jezera, localité portuaire qui vit de la pêche et du tourisme, est plus tranquille que Murter. Les plages Pod Jasenovac, Lovišća et la crique Sveti Nikola font le bonheur des amateurs de plaisirs balnéaires calmes et des plongeurs. Dans le centre historique, l'église paroissiale Notre-Dame-de-la-Santé (1722) est un bel exemple du baroque méditerranéen. Rendez-vous en soirée sur le port quand les pêcheurs reviennent de mer. Un spectacle toujours intéressant et l'occasion d'acheter du poisson frais. L'été, de nombreuses fêtes et manifestations traditionnelles sont organisées : musique de groupes folkloriques et, surtout, la fête de la pêche de Jezera le 15 août.

# TISNO

Un pied sur le continent, un pied sur l'île, la ville de Tisno, reliée par un pont, a deux visages. À la fois traditionnelle, cette cité typiquement dalmate avec maisons en pierre et rues étroites possède un riche patrimoine architectural (églises baroques, résidences d'été du XIXe siècle). Sa tradition touristique remonte aux années 1920 et de nombreuses manifestations populaires animent le centre dès le début du printemps et tout l'été. D'un autre côté, bien ancrée dans la modernité, Tisno accueille début juillet l'un des festivals de musique électronique les plus courus de l'Adriatique. The Garden Festival attire les foules. Beaucoup de monde donc sur les plages de Jazina, Sveti Andrija, Rastovac.

### ■ HOTEL TISNO

8 Zapadna Gomilica
✆ +385 22 438 182
www.hoteltisno.com
kontakt@hoteltisno.hr
*Chambres doubles, selon la saison et la catégorie, de 60 € à 200 € (petit déjeuner inclus)*
Au cœur même de Tisno. Ne pas franchir le pont ! Cette bâtisse, qui date de 1898, a été entièrement rénovée. Reconnue aujourd'hui comme patrimoine culturel par le ministère de la Culture croate, elle entre dans la catégorie hôtel de charme et demeure historique. Tout est aménagé avec goût et souci du confort. Bon rapport qualité/prix pour un hôtel de luxe.

# BETINA

Betina est certainement le plus beau village de Murter, qui se différencie des autres par sa position surélevée sur la colline. Avec ses vestiges du passé (présence romaine notamment), son église baroque, sa place principale élégante, Betina charme. Il y a aussi le petit port, l'ancien chantier naval bien utile, la marina où les plaisanciers, qui visitent le parc national des Kornati et les îlots alentour, prennent plaisir à jeter l'ancre. Le bourg côtier bénéficie aussi de paysages marins séduisants, comme les criques de Plitka vala et de Kosirina.

# ARCHIPEL DES KORNATI

Au large des côtes de la Dalmatie centrale, on compte pas moins de 147 îles, îlots et récifs sur 69 km² répertoriés par les géologues et les cartographes. Vues du ciel, ces formations anarchiques apparaissent comme de véritables curiosités géologiques émergeant de la mer. Dans l'archipel des Kornati, chaque formation insulaire correspondrait au sommet d'une montagne née de la dernière ère glaciaire. Plus poétique, pour une fois sans ironie, l'iconoclaste George Bernard Shaw a décrit le phénomène : « *Le dernier jour de la création, Dieu voulut couronner son œuvre, c'est pourquoi il créa les îles Kornati avec des larmes, des étoiles et du souffle* ». Ce site, incroyablement sauvage et préservé, fut classé parc national en 1980. Il se situe à 1h de bateau du village de Murter, à mi-chemin entre Split et Zadar.
Kornat, la plus grande des trois îles principales, avec Žut et Sit, est la plus haute (237 mètres). Elle a donné son nom à tout l'archipel. Certaines îles sont recouvertes d'un touffu maquis, d'autres sont arides. Partout des cailloux et pour unique décor végétal, trois ou quatre oliviers noueux, des pins, des figuiers sauvages, quelques plantes résistant à l'aridité du climat... Dans un désert de pierres claires, un sinueux réseau de murets en pierres sèches tente de délimiter de minuscules parcelles agricoles où quelques rares oliviers subsistent.
La surface sous-marine des Kornati réserve quant à elle une diversité biologique qui ravira les plongeurs.

**Visiter le parc national.** Prendre la mer est le meilleur moyen pour visiter le parc national des Kornati. De nombreuses compagnies de location de bateaux sont domiciliées sur la côte, entre Zadar et Šibenik. L'accès en bateau est réglementé et l'entrée de la partie protégée de l'archipel est payante. Vous pouvez acheter votre ticket dans certaines agences des villes de la côte (Zadar, Starigrad, Biograd, Pakoštane, Šibenik) et au bureau national du parc national au port de Murter. Le tarif varie selon la taille du bateau et le nombre de jours passés dans le parc.
Des marinas plus ou moins improvisées existent pour quelques voiliers d'un seul mât. La marina de Sukošan, l'une des plus grandes de Croatie, est aussi la plus proche de l'archipel.
Il faut plusieurs jours pour faire le tour des îles, mais ici les conditions de navigation sont un plaisir. Avant de partir, bien regarder la météo ! Comme sur toute la côte, si le vent est suffisant, on peut sortir les voiles. S'il souffle trop, on trouvera bien un abri dans l'une des nombreuses criques. La mer est rarement mauvaise et il y a peu de rochers en surface.

**Séjourner dans le parc national.** Il n'y a pas d'hôtel dans l'archipel. Le camping est interdit dans le parc ainsi que le vélo. Le retour à la vie de nature peut s'envisager ici... Si vous souhaitez y rester quelques jours, une semaine, vous pourrez louer une maison de pêcheur sur l'une des îles (Kornat, Žut, Kravjačica, Lavsa, etc.). Certains logements font partie d'un groupe d'habitations alors que d'autres sont isolés. Surnommées les Maisons de Robinson, elles sont visitées par un bateau, qui passe tous les deux ou trois jours. Il est judicieux d'emporter avec soi du ravitaillement. Paradoxalement, la location de ce type d'hébergement simple mais bien équipé est assez chère (à partir de 875 € la semaine, incluant deux livraisons de provisions) mais c'est une expérience fantastique à vivre. Ces maisons sans électricité ni eau courante – il faut tirer l'eau froide du puits – vous demandent d'être autonome en matière de nourriture. La cuisine se fait au barbecue et au gaz tout comme la réfrigération. Et bien entendu, il n'y a pas toujours de boutique à proximité, ni de café-restaurant, ni de connexion wi-fi, encore moins de discothèque. Une quasi-retraite monacale pour un vrai ressourcement. On peut s'organiser une fois sur place avec l'un des propriétaires de votre hébergement, qui aura bien un tuyau pour vous faire passer sur une île à proximité où vous retrouverez la civilisation !

## Purara, réserve naturelle sous haute protection

À l'intérieur du parc national des Kornati, l'île de Purara bénéficie d'une zone de protection spéciale. Ni les bateaux ni les personnes ne sont autorisés à accoster sur l'île. Les falaises (Mala Purara), ainsi que le périmètre autour d'elles, isolés de tout influence humaine, sont devenus un sanctuaire pour diverses espèces d'oiseaux, d'insectes et de plantes. Seuls les scientifiques, qui étudient la faune et la flore, font des incursions sur cette île, particulièrement belle au printemps pendant la floraison des immortelles et de la sauge.

*Ce sont 147 îles, îlots et confettis de terre disséminés dans les eaux aux reflets de saphir de l'Adriatique.*

*Avec ses multiples criques et mouillages…*

*… c'est le paradis des baigneurs et des plaisanciers.*

*Des pierres cendrées ou blanches, des pins noueux,*
*un phare et le bleu de la mer à l'horizon, bienvenue aux Kornati !*

## Bon à savoir avant d'embarquer !

De nombreux excursionnistes, au départ des villes de la côte en Dalmatie centrale, proposent des sorties en mer aux abords de l'archipel. En une journée, ils ne font que l'approcher… Certaines goélettes vendent des tickets pour le parc national des Kornati et vous emmènent en réalité jusqu'à la baie de Telašcica où se trouve un petit parc salé qui n'appartient pas au périmètre des Kornati. Vérifiez avant de partir !

Si les Kornati vous font rêver, que vous n'avez pas d'embarcation, arrivez à Murter ou Tisno avec votre véhicule ou en transport en commun. De ces ports, renseignez-vous auprès du bureau du parc ou des agences touristiques pour trouver un bateau pour Kornat, Lavsa, Katina, Smokvica Vela…

Bureau du parc national des Kornati (Nacionalni Park Kornati)
Butina 2
Murter 22243
Tél : +385 22 435740
*www.np-kornati.hr*
*kornati@np-kornati.hr*

# KORNAT ★★★

Vrulje, le plus grand village de l'île de Kornat, compte environ cinquante maisons. L'île n'est pas habitée en permanence, car les propriétaires vivent à Murter et viennent de temps en temps, pour gérer leurs affaires (agriculture, pêche, tourisme). Dans la crique Vrulje, vous trouverez quelques bars-restaurants, une petite boutique pour les produits alimentaires de base et, régulièrement, le bateau-boutique, qui se pose à l'embarcadère. Il n'y a pas un médecin sur l'archipel. En cas d'urgence, un transfert rapide peut être organisé à Murter.
Un fort datant de l'époque byzantine, qui domine le village, reste le bâtiment le plus imposant de l'île.

## Se restaurer

Bien que les îles Kornati ne soient officiellement habitées, on dénombre tout de même quelques maisons à vivre et de bons restaurants. La cuisine familiale y est en général traditionnelle, à base de poissons et de coquillages, le tout servi en terrasse devant la mer dans une ambiance souvent nautique et chaleureuse.

### ■ KONOBA ANTE

Jeratova 2, Vrulje
✆ +385 91 519 9246 / 091 519 9246
*Ouvert du 15 mai au 1er novembre. De 10h à minuit.*
Le restaurant fut construit dans une ancienne maison particulière de Vrulje, le plus grand village des Kornati. On trouve ici une cinquantaine d'habitations. Ante, le propriétaire, est connu dans les Kornati comme le meilleur pêcheur de pieuvre et fin cuisinier. Ses spécialités, l'octopus en goulasch ou encore à la vénitienne. Ici, la cuisine, l'accueil et le service restent simples et conviviaux. Les larges tables sont communes et le propriétaire, qui bien souvent met l'ambiance, a même inventé un jeu de corde pour ses clients. Des prix beaucoup plus élevés que sur le continent.

### ■ RESTAURANT OPAT

Baie d'Opat
Kornati
Lučica
✆ +385 22 435 061
www.opat-kornati.com
*Ouvert tous les jours en été de 9h à minuit. Environ 150 kn pour un plat de poisson.*
Au sud de l'île de Kornat, la baie d'Opat est l'une des entrées maritimes les plus connues de l'archipel. Ce restaurant possède une cheminée de brique pour cuire le poisson à la peka, et on apprécie ici la rascasse et les pommes de terre au four. En entrée, carpaccio de poisson, sushi, moules au vin blanc… Le jeune chef – qui a fait ses débuts à l'Intercontinental de Zagreb – est inventif mais s'inspire des fondamentaux de la région : la cuisine du pêcheur.

### ■ U CORE

Vrulje
✆ +385 75999995 / +385 912004045
www.core-kornati.com
info@core-kornati.com
*Ouvert tout l'été.*
Dernier-né des établissements ouverts sur l'île, le Core (le Cœur) mélange tradition et modernité. La maison de pêcheur des propiétaires a été entièrement rénovée, jusqu'à la terrasse, aux pontons et à la jetée protégée pour l'amarrage de bateaux. Dans cet environnement confortable, à l'emplacement panoramique, la direction propose de s'arrêter pour se rafraîchir ou pour se reposer. On peut y prendre un verre, une glace, un repas, voire deux, y passer une nuit voire plusieurs. Concept global, le Core lounge

*Kornati national park.*

bar et restaurant, fait aussi chambres d'hôte avec 4 chambres (doubles et quadruples). Il est recommandé de réserver bien à l'avance.

## À voir – À faire

■ **MONT METLINA** ★★
Otok Kornat
Montez au sommet du Metlina (237 mètres) pour admirer la vue magnifique sur les autres îles du parc. Un chemin de randonnée part depuis Kravjačica. Comptez 1h de marche environ et prévoyez chapeaux et bouteilles d'eau car la végétation de maquis, sans arbre, n'offre pas d'ombre.

# KATINA

Localisée à 43° 52' 39,46» nord et 15° 13' 22,42» est, juste entre le parc naturel Telašćica (Dugi Otok) et le parc national des Kornati, une île où l'on vient pour la journée en bateau. Autour du restaurant, un havre de paix pour les plaisanciers, avec eau et électricité. De quoi recharger ses batteries !

■ **RESTAURANT MARE**
Vela Proversa
Kornati
✆ +385 98 273 873
*Ouvert du 1er mai au 1er octobre. De 10h à minuit. Environ 100 kn.*
Mare Šešelja, l'âme protectrice des lieux, mère de tous les marins du coin depuis le début du XIXe, a sauvé bon nombre de pêcheurs coincés par la bura, ce vent froid du nord. Les premiers touristes, qui se sont aventurés à Proversa en 1962, ont été accueillis par la famille Šešelja, qui est toujours propriétaire du lieu un peu culte dans les Kornati. C'est l'une des étapes obligatoires des voiliers lors du passage entre Dugi Otok et l'archipel. Au Mare, on mange le poisson du jour ramené par les barques des pêcheurs, une cuisine de la mer à l'huile d'olive maison, accompagnée des récoltes obtenues des terres alentour. Aujourd'hui, si on utilise moins la méthode traditionnelle du pot de terre – trop lente pour régaler tous les visiteurs – le poisson grillé ou bouilli est toujours aussi bon, en soupe et également en risotto.

# SMOKVICA VELA

■ **KONOBA PICCOLO**
Kornati
✆ +385 22 435 106
*Ouvert du 1er mai au 15 octobre. De 8h à minuit. Environ 100 kn.*
Sur l'île d'Otok Smokvica, la taverne est connue. Ici la cuisine ouverte se trouve à côté de l'entrée pour que tout le monde voit ce qui se cuit. Du poisson, bien sûr, du filet à l'assiette et une bonne application sur le dressage des assiettes, quelques pétales de fleur, et de l'eau citronnée pour se nettoyer les mains. C'est donc un restaurant recommandé avant ou après la montée au Litnji Vrh, le point culminant de l'île, où vous aurez une vue panoramique splendide sur l'archipel.

# ÎLE DE KRAPANJ

Cette petite île de l'archipel de Šibenik, la plus basse en Adriatique, ne s'élève qu'à 1,50 m au-dessus du niveau de la mer. Très plaisante à visiter, l'île regorge de criques où il fait bon se baigner, abrite un monastère franciscain et un musée des chasseurs d'éponges. On y trouve aussi des cafés-restaurants, un hôtel, des maisons et logements chez l'habitant.

# PRIMOŠTEN ★★★

A 30 km au sud-est de Šibenik, le petit village médiéval de Primošten est devenu la localité la plus photographiée de la côte adriatique, après Rovinj et Dubrovnik. Construite sur une presqu'île en forme de poisson, la cité historique est dominée par un imposant beffroi. En face, sur une autre péninsule, recouverte de pinède et bordée de plages, des complexes hôteliers accueillent les nombreux touristes qui, pendant la haute saison estivale, envahissent littéralement Primošten. Dans le pays, le vin rouge local, produit dans les collines karstiques, des alentours est bien coté.

## Transports

Entre Zadar, Šibenik et Trogir ou Split, Primošten est très bien desservi par le réseau des autobus qui sillonnent la Dalmatie centrale.

## Pratique

■ **DISCOVER DALMATIA**
Splitska 12
✆ +385 22 643 502
www.discover-dalmatia.hr
info@discover-dalmatia.hr
*Ouvert tous les jours en saison de 8h à 20h.*
Une agence privée qui propose des excursions dans les parcs nationaux (Kornati, Plitvice, Krka), la location de bateau, ainsi que des adresses pour l'hébergement chez l'habitant.

▸ **Autre adresse : Ljudevita** Gaja 1, 22211 Vodice (près de l'hôtel Olympia)

■ **OFFICE DU TOURISME (TURISTIČKA ZAJEDNICA)**
Trg biskupa Arnerića 2
✆ +385 22 571 111
www.tz-primosten.hr
tz-primosten@si.htnet.hr
*Ouvert tous les jours, entre mai et octobre, de 8h à 21h, ferme à 22h en juillet-août.*
Une agence centrale, située à côté de la Poste, où trouver des informations sur les excursions, les locations chez l'habitant.

## Se loger

■ **CAMPING ADRIATIC**
Huljerat bb,
✆ +385 22 571 223
info@camp-adriatic.hr
*La nuit de 4,90 € à 8 €/pers. et à partir de 12,70 € pour l'emplacement d'une tente.*

*Ville de Primošten.*

Un grand camping, en bord de mer, à 2 km du centre historique (capacité de 1 600 visiteurs), propre et bien équipé. Centre de plongée, terrains de sport, location de bateaux, etc. Appartements à louer également.

■ **HÔTEL ZORA**
Bana Josipa Jelačića 17
✆ +385 22 570 048
www.hotelzora-adriatiq.com
hotel-zora@adriatiq.com
*La chambre selon la saison et la catégorie de 57 € à 167 € (petit déjeuner inclus).*
Caché dans la pinède, un grand hôtel implanté sur la presqu'île qui fait face à la vieille ville. Construit dans les années 1970, ayant un temps appartenu au gouvernement, il hébergea des réfugiés pendant les conflits de la dernière guerre (1991-1995). Entièrement rénové aujourd'hui, l'établissement possède plus de 300 chambres modernes, bien équipées, toutes donnant sur la mer. Toutes ont accès aux bars, restaurants, mini-clubs, équipements bien-être ainsi qu'à la piscine panoramique et aux plages à proximité.

# Se restaurer

## Bien et pas cher

■ **KONOBA TONI**
Podakraje 26 ✆ +385 22 571 318
www.konoba-toni.com
*Ouvert tous les jours en été, midi et soir. Compter 15 € le repas à la carte*
Cette taverne, avec terrasse sur pilotis et vue imprenable sur la mer, a du cachet. En toute logique, la cuisine s'est spécialisée sur les produits de la pêche. Salade de poulpes, soupe de poissons de roche, calmars frais bien préparés, espadon grillé, risotto aux fruits de mer mais aussi des viandes grillées, le tout accompagné des légumes méridionaux et de bons vins (babić régional ou même rosé). Réservation conseillée pour votre table en terrasse. Service attentionné.

■ **KONOBA TORKUL**
Crnica 1
✆ +385 22 570 670
www.konoba-torkul.com
tomislav.bonjolo@si.t-com.hr
*Ouvert de mars à octobre midi et soir. Comptez une quinzaine d'euros pour entrée + plat ou plat + dessert. Formules pour 2 et plus.*
La Konoba Torkul se situe entre la vieille ville et la plage principale qui offre une vue imprenable sur Primošten. Nous vous recommandons, après avoir visité la vieille ville, de vous rendre sur cette plage puis à la *konoba*. Cette auberge



ouverte en 2001 incarne à elle seule la culture et l'héritage de la petite cité dalmate. Elle est d'ailleurs considérée comme l'une des tables à ne pas louper à Primošten. Vous pourrez vous asseoir en salle ou en terrasse avec vue sur la mer. Sur fond de musique traditionnelle, vous dégusterez une large variété de poissons, moules, poulpes et autes spécialités de la mer accompagnées de vins croates. Une grande partie des plats sont cuits à l'étouffée (*peka* en croate). Sous une cloche, au feu de bois, on vous préparera les spécialités de la maison telles que le poulpe et autres viandes.

## Bonnes tables

■ **RESTAURANT KAMENAR**
Rudina Biskupa Arnerica 5
✆ +385 22 570 889
www.restaurant-kamenar.com
*Ouvert midi et soir.*
Une belle petite adresse qu'on peut difficilement louper. Située sur la place centrale de Primošten, vous serez charmé par la belle terrasse de ce petit restaurant aux allures méditerranéennes. Tout est soigné, du service à l'assiette.

# Sortir

■ **CLUB AURORA**
Kamenar b.b
✆ +385 98 920 1964
www.auroraclub.hr
booking@auroraclub.hr
*Ouvert tout l'été, tous les soirs à partir de 22h.*
L'un des nightclubs les plus connus de la côte, avec deux dancefloors, cinq bars, un open air, une piscine, des espaces lounge, une pizzeria. Styles musicaux : hip-hop, r'n'b, dance, house.

## À voir - À faire

Le tour de la vieille ville se fait à pied en une promenade agréable et iodée. Comptez environ 30 minutes de marche autour des remparts, dans les ruelles et sur les rochers jusqu'au point culminant de la presqu'île, le quartier autour de l'église et le cimetière attenant. Quelques restaurants panoramiques sont ouverts en saison. Pour boucler le circuit, juste avant la marina, on peut faire un arrêt à la plage si tranquille, où un espace bien-être, installé sur le sable, propose des massages.

# ROGOZNICA

La côte de Rogoznica est un véritable bijou et paradis écologique. Situé à proximité de Šibenik et de Trogir, c'est un excellent lieu de villégiature pour ceux qui souhaitent profiter de la mer et de la nature de la côte dalmate. Sa faune et sa flore sont intactes et excellemment conservées, d'ailleurs la commune remporté de nombreux prix pour ça.

## Se loger

### ■ HOTEL LIFE

Rtić 12E
✆ +385 22 55 81 28
www.hotel-life.hr
info@hotel-life.hr

L'hôtel Life est situé dans la baie de Zečevo à 2 kilomètres de Rogoznica et 7 de Primošten. Sa position est idéale puisqu'au carrefour des plus importantes attractions touristiques de la Dalmatie. Si vous êtes à la recherche d'un établissement calme et intime, c'est ici qu'il faut venir séjourner. L'hôtel dispose d'un restaurant à la carte proposant une cuisine régionale, vous pourrez également vous détendre puisque vous serez en retrait du tourisme de masse. Plage a proximité, bar, terrasse, piscine intérieure et extérieure, saunas, massages, une petite salle de fitness, l'hôtel Life pourrait être à lui seul une destination de l'Adriatique !

### ■ MARINA FRAPA

Uvala Soline 1 ✆ +385 22 55 99 00
www.marinafrapa.com
frapa@marinafrapa.hr

Située dans la magnifique baie de Soline qui jouit d'une protection absolue, la marina Frapa est l'une des plus belles de Croatie. Pour preuve elle arbore sans prétention 3 voiles d'or et fait flotter un drapeau bleu reçu pour son engagement dans la sauvegarde et la protection de l'environnement. Vous la trouverez sur la main droite de la presqu'ile de Rogoznica, elle met à disposition dix jetées, un hôtel moderne faisant face à une piscine extérieure et à des jardins méditerranéens parfumés. Il propose également un restaurant, un casino, des courts de tennis et une salle de sport.

## Se restaurer

### ■ RESTAURANT ANTONIJO

Obala Kneza Domagoja bb
✆ +385 22 559 411
www.restoran-antonijo.hr
restoran_antonijo@net.hr

*Ouvert midi et soir d'avril à novembre. Comptez de 25 à 60 € le repas complet.*

Voilà une vraie bonne raison de vous rendre à Rogoznica. Antonijo est sans conteste l'un des meilleurs restaurants de poisson de toute la Dalmatie. Ouvert depuis une trentaine d'années, ce restaurant est une institution. Situé sur le Riva, à côté des nombreuses pizzerias et autres *konoba* sans prétention qui ont vu le jour, il n'a jamais changé. Le secret de sa longévité : une cuisine au barbecue avec du poisson pêché du jour. Des adresses comme celle-ci, il n'en reste plus beaucoup, d'ailleurs c'est le seul endroit où nous avons vu lors de notre passage le pêcheur s'amarrer en face du restaurant, quitter son navire et gagner le restaurant, une caisse entre les mains. À l'intérieur, des saint-pierres ou encore des daurades royales qui se débattaient. Chez Antonijo, on cuisine avec le cœur !

## À voir – À faire

**Littoral de Rogoznica.** La côte est constituée d'une ville principale éponyme et des petites communes côtières de Zatoglav, Stupin Čeline, Ražanj et Kanica. Elle est parsemée de criques idylliques avec des plages isolées : Kanica, Lozica, Oštrička Luka... En toile de fond se situent de vieilles maisons en pierre de pêcheurs, puis plus loin des vignobles et des oliveraies entourés de murs en pierre sèche, construits à partir des pierres se trouvant là originellement.

**Îlots et sports nautiques.** Au large, de nombreux îlots où vous pourrez vous adonner à la pêche, le bateau à voile ou à moteur, le ski nautique et la plongée. Les plongeurs affluent en effet nombreux afin d'observer un phénomène naturel singulier appelé « œil du dragon », un lac rempli d'eau salée et qui est l'objet de nombreuses légendes.

**Patrimoine bâti.** Le patrimoine de Rogoznica est également culturel : l'église Saint-Nicolas, l'église Saint-Jean-de-Trogir, l'église paroissiale de la Sainte-Vierge-Marie-des-Cieux, Notre-Dame-de-la-Chapelle et les ruines des fortifications construites par les Français au sommet du village.

# PARC NATIONAL DE KRKA ★★★★

L'un des plus beaux sanctuaires naturels de Croatie, un parc national à visiter absolument si vous êtes dans la région de Šibenik-Knin.

## Transports

Le parc national est accessible en bus et voiture toute l'année. En haute saison, si vous vous rendez avec votre véhicule à Skradinski Buk, il faudra le laisser au parking et emprunter les navettes. Depuis les villes limitrophes (Šibenik, Vodice ou Bilice), on est à l'embouchure de la rivière, l'option excursion en bateau est agréable sur la journée. De Skradin, les portes du parc national sont encore plus proches. Sur une journée, on passe donc plus de temps en pure nature.

*Baignade dans le parc national de Krka.*

## Se loger

Pour être au plus près du parc, commencez la visite-randonnée tôt le matin, vous trouverez des hôtels à Skradin, un hôtel et un camping à Lozovac et, dans les localités proches des berges de la rivière Krka, des hébergements privés, à louer à la nuit, quelques jours ou pour la semaine.

**■ HÔTEL VRATA KRKE**
Lozovac bb,
✆ +385 0 22 778 092
vrata-krke.hr/
info@vrata-krke.hr
*Ouvert toute l'année. Chambres doubles, selon la saison et la catégorie de 58 à 126 €.*
Juste à côté de l'entrée principale du parc national de Krka, un hôtel 3-étoiles récemment rénové. 50 chambres doubles et 10 appartements pour 4 personnes. Avec restaurant, café-bar. En face de l'hôtel, également, un snack bar, une pizzeria, un minimarket et des boutiques de souvenirs.

## À voir - À faire

Le parc national de Krka possède 5 entrées ouvrant sur l'ensemble de son territoire, dont les deux principales avec leurs centres d'informations se situent à Lozovac et Skradin. En remontant en voiture vers le cours supérieur, les entrées de Roški slap sont également accessibles en bateau. Il est possible d'acheter sur place de tickets d'entrées pour plusieurs jours, ils sont valides pour 3 visites du parc sur l'année. Des nombreuses sentiers de randonnées sillonnent le parc et partent de Lozovac et Skradinski buk, Skradin et Skradinski buk, Stinice et Roški slap, Brnjica et la rivière Čikola. Une carte du parc vous aidera à choisir votre itinéraire. On peut y admirer de nombreuses chutes d'eau, une eau couleur émeraude. Les vestiges de forteresses médiévales, le monastère franciscain, datant du XVe siècle, sur l'île de Visovac, les anciens moulins à eau, la centrale électrique apportent des temoignagnes historiques sur la présence humaine dans cette immense réserve naturelle...
Si vous arrivez en voiture jusqu'à Stinice, vous pourrez vous rendre à l'île de Visovac avec un bateau qui vous conduira au monastère toujours habité par les Franciscains (à voir l'église, le cloître, le musée, la boutique de produits artisanaux). Départ toutes les heures de 9h à 17h.

▸ **Excursions en bateau.** La première part de Skradinski buk pour rejoindre l'île de Visovac (2h dont 30 min de visite sur l'île). La deuxième, de Skradinski buk à Roški slap (3h30 dont 30 min à Visovac et 1h à Roški slap). La troisième, de Roški slap au monastère Krka et les forteresses de Nečven et Trošenj (2h30 dont 30 min de visite). Autant dire qu'il faut prévoir la journée selon ce que vous voulez voir dans le parc. Les bateaux partent le matin, il n'y a pas de réservation possible à l'avance.

**■ PARC NATIONAL DE KRKA (NACIONALNI PARK KRKA)**
Trg Ivana Pavla II br. 5
ŠIBENIK
✆ +385 22 201 777
*Voir page 303.*

# DRNIŠ

La position stratégique de la ville, dressée à 300 m au-dessus du niveau de la mer, incita les Ottomans à ériger une ville sur ce site au XVIe siècle. De cette époque, Drniš a gardé sa citadelle. On remarque ici et là quelques traces de l'occupation turque, sur l'église Saint-Antoine, notamment, une ancienne mosquée reconvertie en lieu de culte chrétien, après la démolition du minaret. Pour les amateurs de produits du terroir, bon à savoir, c'est à Drniš que l'on trouve le meilleur jambon fumé (pršut) du pays !

## À voir - À faire

**■ ETNOLAND DALMATI** ★
Oštarija 9 ✆ +385 99 2200 200
www.dalmati.com
info@dalmati.com
*Ouvert tous les jours.*
Sur la route de Drniš, proche de Pakovo Selo et du parc national de Krka, une visite pour toute la famille. Découverte d'une ancienne habitation rurale, des petits métiers anciens, un spectacle folklorique dans l'amphithéâtre, sans oublier l'étape dégustation-vente, où l'on se laisser tenter par les produits du terroir, jambon fumé local, fromages, condiments, huiles, vins, miels, etc. Pour tout connaître sur les traditions populaires dalmates.

**■ MAUSOLÉE DE LA FAMILLE MEŠTROVIĆ (MEŠTROVIĆEV MAUZOLEJ)** ★
Otavice
RUŽIĆ – www.mestrovic.hr
mim@mestrovic.hr
À 10 kilomètres à l'est de Drniš se trouve le petit village d'Otavice. C'est l'endroit où a grandi le sculpteur Ivan Meštrović (1883-1962). Alors que sa carrière l'a mené à vivre en France, en

Autriche et aux États-Unis, il a décidé de 1926 à 1930 de bâtir une chapelle en forme de dôme en haut de la colline Paraćeva glavica où il est enterré ainsi que sa mère Marta, son père Mate, ses frères Marko et Petar, son fils Tvertko et sa femme Olga. Le mausolée est ouvert toute l'année. À l'intérieur, on peut voir de magnifiques représentations du Nouveau Testament.

## KNIN

Au carrefour de plusieurs frontières, dont celle avec la Bosnie, la ville devint l'un des centres stratégiques du pouvoir croate dès le Moyen Âge. Malheureusement, de ce passé glorieux, il ne reste que l'imposante forteresse – la plus grande de Dalmatie – qui domine la ville.
La dernière guerre a durement touché Knin et sa région. Ce fut aussi l'une des premières villes croates à être libérées en 1995. Aujourd'hui, de la fameuse place forte, on ne guette plus les ennemis arriver mais on admire la vue panoramique splendide. Non loin de la cité, coule une source de la rivière Cetina. À voir, sur ses berges, les ruines d'une jolie église romane.

*Vue sur la ville de Split et sur la baie adriatique.*

# SPLIT
## ET SA RÉGION

La bande côtiere et son chapelet d'îles vertes, de ravissantes plages de galets profondément enfouies sous les jupes des montagnes environnantes, baignées par les eaux claires de la Méditerrannée sur laquelle se penchent les vieux pins centenaires, le «coeur» vert des vallées de la Cetina et du mées baignant dans la chaleur méridionale de la Méditerranée.

On note, au long de l'histoire de ce site touristique centenaire, la visite de nombreuses tetes couronnées, dignitaires renommés, hommes d'états et potentats, ainsi que la présence de célébrités internationales.

Jadro, voila le décor de la partie centrale de la Côte Adriatique, de Marina au nord a Gradac au sud, et c'est l'endroit ou le tourisme a élu domicile il y a plus d'un siecle.

Dans ce lieu étrange, et, a bien des égards, spécial, les mains les plus habiles des maîtres de la culture et des arts, depuis l'Antiquité et l'époque romane, aussi bien que celles des artistes et constructeurs du vieux peuple croate, toutes ont imprimé leurs traces, les laissant dans les rochers, les murs et palais des villes et centres urbains tout en apportant aux visiteurs paix et tranquillité, mais aussi de joyeuses nuits ani-

Mais la chaleur, la sympathie, et l'ouverture d'esprit des hôtes s'étend aux visiteurs de tous horizons, et, de meme, ils se sont toujours attachés a placer le client au centre de leurs préoccupations principales.

En choisissant cette région pour vos vacances, non seulement vous y trouverez un confort physique mais également une élévation spirituelle.

Votre visite vous permettra de gouter a la vie quotidienne et aux coutumes de la population locale. Vous découvrirez la nature joyeuse des habitants et vous n'aurez de cesse de vouloir y revenir, encore et toujours.

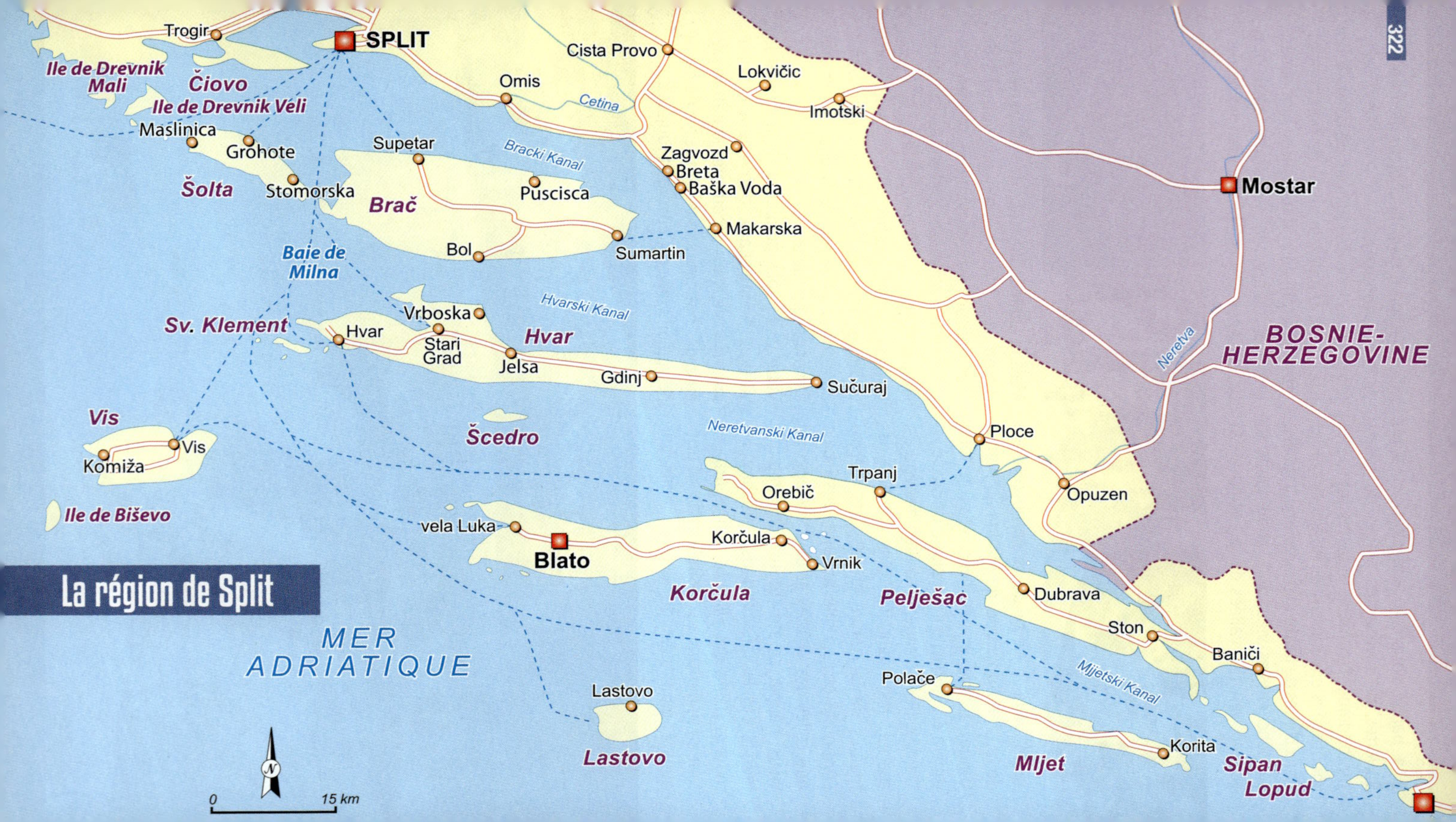
La région de Split
SPLIT
Trogir
Ile de Drevnik Mali
Čiovo
Ile de Drevnik Veli
Maslinica
Grohote
Šolta
Stomorska
Supetar
Brač
Puscisca
Bol
Sumartin
Bracki Kanal
Omis
Cetina
Cista Provo
Lokvičic
Imotski
Zagvozd
Breta
Baška Voda
Makarska
Mostar
BOSNIE-HERZEGOVINE
Neretva
Baie de Milna
Sv. Klement
Hvar
Vrboska
Stari Grad
Jelsa
Gdinj
Sučuraj
Hvarski Kanal
Vis
Komiža
Ile de Biševo
Šcedro
Neretvanski Kanal
Ploce
Opuzen
Trpanj
Orebič
vela Luka
Blato
Korčula
Vrnik
Pelješac
Dubrava
Ston
Baniči
MER ADRIATIQUE
Lastovo
Polače
Mljetski Kanal
Korita
Mljet
Sipan
Lopud
0
15 km

# SPLIT ET LE LITTORAL

*En plus d'être la cité balnéaire la plus dynamique du Sud de la Croatie, une ville deux fois millénaire, à nulle autre pareille, avec son palais romain suractif, Split peut se targuer de posséder une côte littorale intéressante.*
*Au croisement des voies de communications, à 2 heures d'avion de Paris, Split est un point stratégique en Dalmatie centrale, d'où l'on peut sillonner la région sans s'ennuyer. Rares sont les villes qui offrent autant de possibilités d'excursions et de loisirs dans ses environs.*
*Sur la riviera nord, la route conduit à l'ancienne capitale Solina, à la pittoresque presqu'île Trogir, en faisant un crochet par la rivière Cetina, où l'on pratique des descentes en rafting impressionnantes.*
*A la sortie sud de la ville très urbanisée, les beautés naturelles de la côte adriatique reprennent vite du terrain sur la riviera. Criques, rochers, pinèdes et petites plages alternent jusqu'à Makarska.*
*Si vous prenez le bateau pour une excursion d'une journée, voire plus, la mer vous conduira vers les îles au large qui, chacune, ont leur caractère : Šolta et Dvernik (les plus proches), Hvar l'élégante au riche passé historique, Brac l'indolente méditerranéenne aux belles plages festives (Zlatni Rat), Vis, l'île la plus lointaine et sauvage, Bisevo, la mystérieuse avec sa célèbre Grotte Bleue. Un conseil, comptez au moins une semaine autour de Split !*

## SPLIT ★★★★

Deuxième ville de Croatie, à 150 km au nord de Dubrovnik, Split est la capitale de la Dalmatie. La cité voit son origine remonter au IIe siècle ap. J.-C. Aujourd'hui cette métropole jeune et active ne vit pas que du tourisme, même s'il reste un secteur très développé. Depuis le XIXe siècle, ce sont principalement les industries (ciment, fer, matières plastiques, chantiers navals) qui tournent. La majorité des usines se trouve dans la banlieue, ce qui donne à la ville un aspect peu pittoresque lorsqu'on y accède par les routes du nord ou du sud. Au centre-ville, en revanche, vous découvrirez un riche patrimoine historique, une vieille-ville dessinée à l'intérieur et autour d'un palais romain ancien de mille sept cents ans. Le palais de Dioclétien n'est pas qu'une zone archéologique mais bien le cœur de la ville commerçante, soit un quartier très vivant. Le front de mer (riva), superbe avenue plantée de palmiers royaux, le port et ses immenses ferries en partance pour les îles, les terrasses ombragées, les plages encastrées dans les collines, les musées retiennent le visiteur quelques jours à Split. En pleine saison, du 15 juillet au 15 août, vous pourrez profiter d'une succession d'événements culturels (concerts, opéras, ballets, théâtre).
Autre atout, le climat ! En Dalmatie centrale, cette ville construite sur une péninsule qui, d'un côté, regarde Čiovo, une autre péninsule, et de l'autre, suit le contour de la baie de Kaštela, qui jouit d'un bon ensoleillement toute l'année.



## Les immanquables de Split et de sa région

- **Prendre ses quartiers** dans le Palais de l'empereur romain Dioclétien, un ensemble unique en son genre, qui inclut de superbes sites archéologiques et historiques ainsi qu'une vie active et commerçante trépidante.
- **Se donner rendez-vous sur la riva** et se balader sur les fronts de mer à l'est, se baigner sur les grandes plages.
- **Monter sur la colline Marjan,** découvrir de superbes musées, le parc, la base nautique.
- **Embarquer pour les îles,** Hvar, la plus ensoleillée du littoral, courue par la jet-set croate, Brač, sa plage de Bol, capitale de la planche à voile.
- **Descendre la rivière Cetina,** en canoë-kayak au départ d'Omiš.
- **Goûter à la cuisine locale** dans les nombreux restaurants et *konobas* de la ville.
- **Passer une journée à Trogir**, petite Venise de l'Adriatique.
- **Lancer une pierre dans le lac Crveno** près d'Imotski, le plus profond en Europe.

Split
Couvent St Antoine
Stade
Musée Archéologique
Séminaire Archiépiscopal
Théâtre National Croate
Gare de Bus de banlieue
Police
Information touristique
Palais de Dioclétien
Taxi
Musée de la Marine
Gare Ferroviaire
Gare Maritime
Gare routière
Marina
Musée d'Histoire Naturelle et Zoo
Galerie Mestrovič
Musée des monuments archéologiques croates
Pavillon Mestrovič
MARJAN
LORA
Sjeverna Luka
Poljud
Spinut
Bene
RT MARJAN
Kasjuni Plage
Plage
Zyoncac
GRADSKA LUKA
Plage Bacvice
Plage
Sjeverne Luke
Solinska
Put Kopilice
Vranjicki Put
Sarajevska
Imotska
Mostarska
Put Brda
Hercegovacka
Soli Nska
Domovinskog Rata
Sibenska
Mosecka
Bjelovarska
Velebitska
Zagorski Put
Put Supavla
Zrinjsko Frankopansc
Hrvatske Mornarice
Put Brodaric
Stinice Dubrovacka
Poljodsko Set.
Ilocka
Grge Katurarica
Krlezina
Vukovarska
Sucidar
Brune Busica
Slavonska
Dubrovska
Vinkovacka
Setaliste
Ulica Slobode
Mazuraniceva
Gunduliceva
Teslina
Matoseva
Kastelanska
Bakoticeva
Lucica
Setaliste M. Tartaglie
Mandalinski Put
Istarska
Du Br. Spincioe
Osjeck
Matice Hrvatske
Viceslava
Ulica Slobo
Orziceva
Tomislava
Zagrebacka
Nazorova
Marasovicka
Branimirva Obala
Obala Kneza Domagoja
Zvonimirova
Polijcka Cesta
Ivana Zajca
Bracka
Put Znjana
Spinciceva
Ivana Zajka
Put Firula
Gupeva
Mihan Oviceva
Marjanski Put
Marangunecivo Setaliste
Sedlo
Supilova
Setaliste Ivana Mestrovica
N
0
1000 m

**Repères historiques**

Au IVe siècle, la construction du palais romain marque la fondation de Split. C'est précisément entre 295 et 305 de notre ère que l'empereur Gaius Valerius Aurelius Diocletianus lança les travaux dans la baie d'Aspalathos, dont il était originaire, à quelques lieues de l'ancienne Salona, la capitale de la Dalmatie à l'époque. Aspalathos était une petite colonie grecque fondée au IVe siècle avant J.-C. L'édification de cette résidence de 4 hectares dura 10 ans. Après avoir abdiqué, l'empereur se retira dans sa demeure pour y finir ses jours. A sa mort, en 313, le palais devint la résidence secondaire des empereurs romains qui lui succédèrent, et ce jusqu'à la fin du Ve siècle. Au début du VIIe siècle, à la suite des invasions des Avars et des Slaves et après la destruction de leur ville en 612, les habitants de Salone se réfugièrent dans le palais, donnant naissance à une véritable cité close.

A partir du XIe siècle, Split commence à sortir des limites du palais, les riches patriciens construisant quelques demeures à proximité alors que la population pauvre vit toujours *intra-muros*. C'est à cette époque que la ville se transforme véritablement. Le mausolée romain fut transformé en cathédrale et reçut les reliques de saint Domnius et saint Anastasius, deux chrétiens martyrisés par Dioclétien.

Avant le Xe siècle, Split était soumis à l'autorité byzantine, mais sa population comptait de plus en plus de Croates, Slaves, peuples originaires des villes voisines. A partir du Xe siècle, l'autorité des rois croates s'y fait sentir de manière épisodique puis, au début du XIIe siècle, comme dans la plupart des villes dalmates, l'administration d'une cité autonome semble s'installer dans le temps. Mais deux siècles plus tard, la puissante Venise place Split sous sa domination et y impose sa propre gouvernance jusqu'à la fin du XVIIe siècle.

Au début du XIXe siècle, suite aux conquêtes napoléoniennes, la ville devint française puis fut rapidement rattachée à l'empire austro-hongrois.

Après la Première Guerre mondiale, Split s'impose véritablement comme un centre économique et culturel et attire de nouveaux flux migratoires. Si la Seconde Guerre mondiale a été dévastatrice, la dernière guerre d'indépendance, celle de 1991 a eu peu d'impacts matériels sur la ville. La reconstruction engagée à partir des années 1950 a donc initié une longue période de développement économique et touristique qui se poursuit actuellement.

Poumon économique et touristique de la région, Split est aussi un centre universitaire important ainsi qu'un vivier culturel pour le pays. Des musiciens, plasticiens, designers, performers, stylistes et autres écrivains-poètes y animent la vie artistique contemporaine.

# Transports

## Comment y accéder et en partir

La grosse agglomération bénéficie d'un réseau de transports en commun dense et fiable. De nombreux bus passent par Split, ville du sud au carrefour de tout le territoire croate, alors que des trains assurent des liaisons quotidiennes avec Zagreb, Rijeka et Ploče sur la côte adriatique. Ferries, catamarans et autres bateaux-taxis ouvrent sur les archipels de la Dalmatie centrale et l'Italie, concurrencés aujourd'hui par les vols intérieurs, en avion ou hydravion.

**En voiture.** Si vous arrivez de Rijeka (nord) ou de Dubrovnik (sud), empruntez la superbe route côtière pour rejoindre Split. Le trajet par l'autoroute A1 est plus rapide, mais s'éloigne du littoral. Autoroute également pour Zagreb et une belle portion, direction le sud entre Zadar et Dubrovnik.

**■ ACI MARINA SPLIT**

Uvala Baluni 8

✆ +38521 398 599

✆ +385 98 398 850 / 17

www.aci-club.hr

m.split@aci-club.hr

Dans le prolongement de l'avenue Kneza Branimira, côté mont Marjan, cette grosse structure est ouverte toute l'année. Toutes facilités pour les plaisanciers qui possèdent leur propre bateau ou souhaitent en louer un pour la saison.

**■ AÉROPORT DE SPLIT**

Kaštela Štafilić

Cesta dr. Franje Tuđmana 96

✆ +385 21 203 555

www.split-airport.hr

informacije@split-airport.hr

Situé à une vingtaine de kilomètres à l'ouest de la ville, à proximité de Kaštela et Trogir, l'aéroport international de Split est le grand aéroport sur la côte dalmate. Il accueille des compagnies européennes (Air France, Croatia Airlines, Lufthansa, Adria Airways, Alitalia), qui proposent des vols réguliers en provenance de Paris, Zagreb, Munich ou Rome. En fonction des départs et arrivées des vols, des bus de la compagnie Croatia Airlines assurent des liaisons régulières (aéroport/centre-ville). Se renseigner à l'aéroport ou à la gare routière de Split, près du port.

■ **BURA LINE**
Put Porta 19 21224
Slatine
✆ +385 95 837 4320
www.buraline.com
Sur l'île de Čiovo, dans le port de Slatine, des liaisons quotidiennes et économiques par bateau pour Trogir et Split juste en face.

■ **EUROPEAN COASTAL AIRLINES**
Put Divulja 7
KAŠTEL ŠTAFILIĆ
✆ +385 21 444 888
*Voir page 28.*

■ **GARE FERROVIAIRE**
Domagojeva Obala 9
✆ +385 21 338 525 / +385 21 333 444
www.hzpp.hr
*En face du port, à côté de la vieille ville. Consigne pour les bagages, ouverte de 6h à 22h.*
La ville est facilement accessible en train, depuis Ancone, Rijeka, Zadar, Zagreb, Podgorica, Budapest, Mostar, Sarajevo. Un train de nuit quotidien également, confortable et bien pratique pour économiser une chambre d'hôtel entre Zagreb et Split.

■ **GARE MARITIME**
Ul Gat Sv. Duje 1
✆ +385 21 340 930
www.trajektnalukasplit.hr
trajektna.luka.split@st.htnet.hr
La ville est le premier port de voyageurs en Croatie, le trafic maritime y est donc dense et bien organisé. Les compagnies Jadrolinija, Adriatica et SEM-Marina assurent l'essentiel du trafic. L'office de l'agence Jadrolinija à Split (renseignements et achat des tickets de ferry) se trouve dans la gare maritime. D'autres points de vente sur les quais pour les destinations régionales. Des ferries en provenance ou à destination d'Ancône et Pescara en Italie et pour les cités voisines de la côte Adriatique, Dubrovnik, Šibenik, Zadar et Rijeka (en traversée de nuit) circulent toute l'année. Depuis Split, des liaisons quotidiennes pour les îles de Brač (Supetar, Milna, Bol), Hvar (Stari Grad) Šolta (Rogač, Nečujam et Stomorska), Drvenik mais aussi Trogir, Korčula (Vela Luka), Lastovo (Ubli) et Vis. La nouvelle compagnie Blue Line, représentée par l'agence Splitours, fait désormais du low cost ferry et relie Split à Ancone (avec un arrêt à Hvar) avec ou sans véhicule embarqué.

■ **GARE ROUTIÈRE**
Ulica kneza Domagoja 12
✆ +385 21 329 180 / +385 21 329 199
www.ak-split.hr
info@ak-split.hr
*Voir le site Internet pour les horaires.*
Réseau de bus important, de jour comme de nuit, toute l'année, pour à peu près toutes les directions dans le pays. Le car, à la différence du train, vous permet de profiter de la vue exceptionnelle sur la côte adriatique. Des liaisons régulières avec Dubrovnik, Makarska, Šibenik, Zadar, Rijeka, Pula et Zagreb et des lignes directes avec la Bosnie-Herzégovine, la Slovénie ou encore Trieste, Munich. Consigne à bagage de 6h à 22h.

■ **LAST MINUTE RENT-A-CAR**
Tomica stine 9
✆ +385 021 599 407
www.rentacarlastminute.hr
reservations@rentacarlastminute.hr
Compagnie locale dynamique, présente à l'aéroport, dans le centre et dans d'autres grandes villes de Croatie. Propose tous types de véhicules à bon prix.

■ **NOVA CAR RENTAL**
Obala kneza Domagoja
✆ +385 21 584 286
*Voir page 23.*

■ **SIXT**
✆ +385 52 530218
*Voir page 94.*

## Se déplacer

■ **RADIO TAXI**
Ulica Filipa Vukasovića 107
✆ +385 95 521 4480
www.taxisplit.hr
*Service 7j/7, 24h/24.*
Dans le centre-ville, tout se fait à pied mais autour du palais de Dioclétien, le contact d'un taxi peut être utile. Location de voiture avec chauffeur et transfert aéroport également.

# Pratique

■ **ALLIANCE FRANÇAISE DE SPLIT**
Marmontova 3
✆ +385 21 347 290
www.alliance-francaise-split.com
info@alliance-francaise-split.com
*Ouvert du lundi au vendredi de 8h à 12h et de 17h à 20h.*
Comme à Zagreb, ce centre culturel dynamise les relations franco-croates par son calendrier bien rempli : cours de langues (tous niveaux), ateliers de marionnettes pour enfants, concerts de musiques classique et populaire, expositions, rencontres autour de la francophonie. Une bibliothèque également et un festival, organisé tous les ans (printemps) avec le soutien du Service culturel de l'Ambassade de France et de l'Institut français de Zagreb.

## Tourisme – Culture

**■ OFFICES DU TOURISME DU CENTRE HISTORIQUE DE SPLIT (TURISTIČKE ZAJEDNICE GRADA SPLITA)**
Hrvatskog narodnog preporoda 9
✆ +385 21 348600
www.visitsplit.com
info@visitsplit.com
*Ouvert en été du lundi au samedi de 8h à 20h30, dimanche de 8h à 13h. En hiver, en semaine de 8h à 20h, samedi de 8h à 13h.*
Deux agences aux portes du Palais Dioclétien, sur la promenade de la mer (riva), où récupérer un plan de la ville gratuit, des informations sur les hébergements, la location de véhicules et de bateaux, les restaurants, les activités sportives et balnéaires, les événements culturels, les festivités locales, etc. Vous y trouverez également de nombreuses idées de visites et de découvertes (parcs nationaux Krka, lacs de Plitvice, Trogir, Omiš, Mostar/Međugorje, Dubrovnik, îles Kornati, Vis, Hvar, Brač, Pakleni), le tout à faire en indépendant – demandez les horaires des ferries – ou avec l'organisation des excursionnistes. Vous trouverez un autre petit bureau touristique près du Péristyle.

▶ **Autre adresse : Turisticki** Biro : Obala Hrv. nar. preporada 12. Tel : +385 21 347 271. Site Internet : www.turistbiro-split.hr/

**■ SPLIT WALKING TOURS**
Dioklecijanova 3
✆ +38521276998
www.splitwalkingtour.com
desk@splitwalkingtours.com
*Bureau ouvert tous les jours de 7h à 22h.*
Visite du palais de Dioclétien avec des guides locaux (15 €). Point de rendez-vous : Golden Gate ou North Gate chaque jour à 11h et 13h. Cherchez le parapluie bleu !

## Moyens de communication

**■ BACKPACKER CAFE**
Kneza Domagoja bb
✆ + 385 21 338 548
*Ouvert tous les jours de 7h à 21h. Happy hour de 15h à 17h sur la connexion Internet (20 kn l'heure).*
Bon esprit pour ce cybercafé de la promenade de la mer (riva). Propose de bons tarifs pour la connection Internet, une consigne pour les sacs à dos, d'où le nom, livres d'occasion. C'est aussi un café snack, où l'on peut prendre le petit déjeuner, un thé, une pizza, l'apéro.

**■ CYBER CLUB MRIŽA**
Petra Kružićeva 3
✆ +385 21 321 320
Un cyber café, hors les murs, près du parc Josipa Jurja, avec tous les services Internet, web et bureautiques.

**■ INTERNET ACCESS**
Sinjska 2
✆ +385 21 348 110
*Ouvert tous les jours de 8h30 à 21h. Le dimanche de 10h à 21h. La connexion Internet : 22 kn par heure.*
Juste à côté du centre commercial (Prima Shopping Center), un immeuble moderne sans âme. Monter les quatre étages pour arriver dans un appartement privé où se tient le cybercafé le plus cool de la ville ! Au calme, les cinq ou six ordinateurs n'attendent que vous. Possibilité d'imprimer, scanner, téléphoner avec Skype, transférer des photos-vidéos, prendre une boisson fraîche au distributeur.

## Santé – Urgences

**■ CLINIQUE SERVICE URGENCES (KLINIČKA BOLNICA PRVA POMOĆ)**
Spinčićeva 1
✆ +385 21 556 111
www.kartasplita.com
Ouvert 24h/24. Appel d'urgence : 94

▶ **Autre adresse : Informations,** accueil touristique (Turističke informacije), Peristil, Crkvica Sv. Roka, tél : +385 21/345-606.

## Se loger

Pour le touriste, Split aurait tendance à se résumer à sa vieille ville, au Palais de Dioclétien. Séjourner *intra-muros* est une bonne idée si l'on aime le bruit permanent des rues piétonnes, les sorties de bars festives et les manifestations musicales comme les «jours de Dioclétien», avec des concerts le soir. Hôtels toutes catégories, appartements, chambres chez l'habitant, auberges de jeunesse (hostels)... l'offre fait pléthore. En outre, le centre historique présente l'avantage d'être près du port, ce qui est bien pratique le matin pour faire ses courses au marché, prévoir le pique-nique et s'embarquer tôt pour les îles.
Ceux qui recherchent une ambiance urbaine plus calme, moins de chaleur, l'été, choisiront les faubourgsde la mégapole, la ville moderne, sans grand intérêt mais avec quantité d'hébergements.
Autre alternative, hors de la ville, dormir sur les îles voisines (Solta ou Dvernik), s'installer sur les sites balnéaires des environs, Trogir et l'île de Ciovo reliées par un pont, descendre vers le sud et choisir des localités de proximité, Brela, Seget Vranjika, Omiš. Là aussi, de nombreuses offres de locations chez l'habitant, une pratique particulièrement présente en Dalmatie centrale.

## Locations

### ■ APARTMANI GORDANA KULUŠIĆ

Obrov 10
✆ +38521348272 / + 385 098 969 71 29
deniskulaa@gmail.com
*Tarif chambre double la nuit pour 2 personnes : 300 kn.*
Dans une rue commerçante du centre (marché aux poissons, boulangeries, fast food, bars de quartier, restaurants) mais relativement calme, un immeuble avec 4 chambres doubles de différents standing au 3e étage, des locations simples et propres avec salle de bains et cuisine indépendantes, vue sur les toits, wi-fi gratuit. Accueil sympathique. À proximité de la place de la République où il fait bon se poser.

## Bien et pas cher

### ■ GOLI BOSI

Morpurgova poljana 2 ✆ +385 21 510 999
www.gollybossy.com
info@golibosi.com
*Ouvert toute l'année. Lit en dortoir de 20 à 33 €, chambre double de 75 à 110 €.*
Au cœur du quartier historique du Palais de Dioclétien, cet ancien entrepôt du XIXe siècle, puis grand magasin au XXe siècle, est devenu l'adresse de référence des jeunes *backpackers* mais aussi des couples cherchant de chambres doubles à prix réduit ou des dortoirs de 4, 6 ou 8 lits en cosy superposés dans la maçonnerie. On y trouve tout le confort souhaité dans un style design contemporain, bar, restaurant, terrasse, salle de projection, wi-fi gratuit, tout ce dont vous avez besoin à un prix raisonnable. Le concept a ses adeptes, il n'est pas rare de voir des groupes d'une centaines de jeunes gens arriver !

### ■ PALACE TARTAGLIA

Ul. Pavla Šubića 2 ✆ +385 98 980 6492
palace.tartaglia@gmail.com
*De 65 à 145 € pour une chambre matrimoniale en fonction de la saison.*
Ce palace baroque du XVIIIe siècle de style vénitien appartient à la famille Tartaglia. Il est situé à 100 mètres du palais de Dioclétien. L'atrium est couvert et accueille une mezzanine, il est entouré de cinq très belles chambres modernes pleines de caractère et de charme qui se trouvent au troisième étage sans ascenseur. Trois chambres donnent sur la ville. On vous proposera des services de transfert, de réservation d'excursions sur les îles ou dans les parcs nationaux et différentes activités immanquables dans la région. Une bonne adresse pour profiter de Split en tant que citadin.

## Confort ou charme

### ■ BOBAN LUXURY SUITES

Hektorovićeva 49
✆ +385 98 293 446
www.luxurysuitesboban.com
marin@bobanluxurysuites.com
*Chambres double de 60 à 150 € selon le standard et la saison.*
L'équipe du délicieux restaurant Boban propose de ravissantes petites suites à la décoration contemporaine qui n'en oublie pas moins une véritable chaleur. Un bon plan charme en ville.

### ■ CORNARO HOTEL

Sinjska 6
✆ +385 21 644 200
www.cornarohotel.com
booking@cornarohotel.com
*Comptez un budget supérieur à 200 € pour une chambre double.*

L'hôtel est situé dans l'hypercentre de Split, c'est un bel hôtel 4 étoiles qui dispense tout le standard, le confort et les services d'un hôtel de cette catégorie. Pas pour tous les budgets, mais quand on s'aperçoit des prix pratiqués par personne dans un grand nombre d'établissements, on se rend vite compte que le Cornaro n'est pas si cher que ça ! Une bonne adresse pour un séjour à Split.

### ■ DIOCLETIAN'S PALACE EXPERIENCE

Nepotova 4
✆ +385 99 56 47 111
www.diocletianpalace.com
desk@diocletianpalace.com
*Chambre double de 50 à 150 € selon la saison et le standard, petit déjeuner inclus.*
Nouvel hôtel simple, moderne et de bon rapport qualité/prix avec un emplacement unique. Très beau cadre, esprit écolo, avec récupération du vieux mobilier pour meubler des chambres basiques mais fraîches et très bien conçues. Ici, le prix varie selon la fréquentation générale, si les hôtels de Split sont complets, les prix seront plus élevés, s'il reste de la place en ville, ils seront parmi les moins chers !

### ■ DIVOTA APPARTEMENTS ET HOTEL

Plinarska 75
✆ +385 21 782 700
www.divota.hr
info@divota.hr
*Compter 120 € pour deux.*
Idéalement situés, à 5 minutes du palais de Dioclétien, ces appartements modernes et confortables sont une bonne alternative pour apprécier la ville et y séjourner quelques nuits. L'accueil y est serviable et très efficace. Les maisons regroupant les appartements sont proches les unes des autres, demandez des chambres avec petits balcons. La formule avec petit déjeuner vaut vraiment le coup.

### ■ HÔTEL BELLEVUE

Bana Josipa Jelačića 2
✆ +385 21 345 644
www.hotel-bellevue-split.hr
rezervacije@hotel-bellevue-split.hr
*Ouvert toute l'année. De 80 € à 152 € la chambre selon la saison et la catégorie.*
L'un des établissements les plus anciens et élégants de la ville, situé en plein centre. Le bâtiment ayant été construit sous la domination austro-hongroise, les chambres réaménagées et redécorées ont du style. Elles sont équipées de télévision, climatisation, téléphone. Restaurant avec demi-pension possible.

### ■ HÔTEL PARK

Hatzeov perivoj 3
✆ +385 21 406 400
www.hotelpark-split.hr
sales@hotelpark-split.hr
*La chambre de 195 € à 406 €, la nuit, selon la saison et la catégorie (petit déjeuner inclus).*
Bel hôtel élégant situé en bord de mer sur la baie de Bačvice à l'est de la ville. Proche de la plage et des bars restaurants animés du front de mer, il est un peu excentré ce qui permet d'éviter le flot permanent de touristes. Le standing et la qualité du service sont irréprochables, bien que la décoration soit un peu plus datée. Un restaurant réputé (Le Bruna), une salle de fitness, spa et piscine extérieure à disposition de la clientèle.

### ■ HÔTEL SLAVIJA

Buvinina 2
✆ +385 21 323840
www.hotelslavija.hr
info@hotelslavija.com
*Ouvert toute l'année. La chambre de 103 € à 242 € la nuit selon la saison et la catégorie.*
Ce petit hôtel 3 étoiles situé au cœur de l'enceinte historique, à côté du sanctuaire de Jupiter et à deux pas de la cathédrale, vient d'être rénové. 25 chambres soignées et lumineuses disposant pour la plupart d'un balcon privé avec une vue panoramique sur les tours d'une église, les étroites rues du palais, la colline de Marjan. A savoir, pendant la période estivale, les week-ends, les bruits de la ville, de la discothèque sont très présents, jusque dans les chambres.

### ■ PALACE TARTAGLIA

Ul. Pavla Šubića 2
✆ +385 98 980 6492
*Voir page 328.*

## Luxe

### ■ ANTIQUE SPLIT

Poljana Grgura Ninskog 1
✆ +385 21 785 208
www.antique-split.com
info@antique-split.com
*Compter de 140 € à 441 € la chambre selon la catégorie et la saison (petit déjeuner inclus).*
Cette maison d'hôtes située dans le palais de Dioclétien accueille donc ses clients dans un bâtiment classé au patrimoine mondial de l'UNESCO. Les chambres au style Art nouveau dans des tons beiges, sont dotées d'un coin salon avec minibar, d'une salle de bains privative. Tout est digne d'un boutique hôtel de 4 ou 5-étoiles. Des peignoirs sont mis gratuitement à disposition. Certaines chambres offrent une vue sur la place centrale du palais et sur la cathédrale. La promenade Riva de Split, avec ses nombreux cafés-bars et boutiques est à 150 mètres de la maison d'hôtes.

### ■ CORNARO HOTEL

Sinjska 6
✆ +385 21 644 200
*Voir page 328.*

### ■ HOTEL LUXE

6 Kralja Zvonimira
✆ +385 21 314 444
www.hotelluxesplit.com
management@hotelluxesplit.com
*Chambres de 82 € à 432 €, selon la saison et la catégorie.*
A 400 mètres du palais de Dioclétien, du port et de la plage de Bacvice, cet hôtel élégant du centre-ville propose des chambres très colorées. Des équipements de bien-être et de remise en forme (sauna, bain à remous, salle de gym) sont utilisables gratuitement. Parking gratuit également pour les clients, ce qui est fortement appréciable surtout en centre-ville, où le domaine piéton est vaste.

### ■ HÔTEL MARMONT

Zadarska 13
21 000 Split
✆ +385 21 308 060
www.marmonthotel.com
booking@marmonthotel.com
*Les chambres ou suites de 154 € à 1 086 € selon la saison et la catégorie.*
Ce 4-étoiles doit son nom au maréchal français Auguste Marmont, qui s'illustra sous l'époque napoléonienne. Hôtel de luxe avec chambres doubles et suites de bonne superficie, décorées dans un style baroque moderne et minimaliste. Toutes disposent de tout le confort moderne avec climatisation, wi-fi, TV, terrasse, équipements bien-être, etc.

### ■ RADISSON BLU RESORT

19 Put Trstenika
✆ +385 21 303 030
www.radissonblu.com/resort-split
info.split@radissonblu.com
*Chambre double de 90 € à 176 € selon la saison (petit déjeuner inclus).*
Emplacement panoramique unique pour ce Radisson Blu Resort en dehors du tumulte du centre-ville. 246 chambres luxueuses dont certaines sont dotées de terrasses avec vue sur la mer. Leur décoration est de style contemporain avec couleurs acidulées et blanc immaculé. Le complexe possède un centre de remise en forme & spa avec accès direct à la terrasse et aux piscines. Les deux restaurants regardent le ballet des bateaux assurant les traversées entre Split, les îles de Hvar et Brac.

## Se restaurer

Dans cette ville à la fois moderne et traditionnelle, vous aurez l'occasion renouvelée de vous familiariser avec la cuisine dalmate influencée par les produits de la mer et le terroir. Antipasti, salades mixtes, poissons et viandes grillés, crustacés, pâtes fraîches maison, polenta, pizzas, légumes méridionaux entrant souvent aux menus. Pensez à réserver votre table surtout le week-end ! Au restaurant de l'Hotel Park (Bruna), le chef est réputé pour sa cuisine de saison, régionale et internationale, tout comme celui du Restoran Boban. Le Nostradamus, juste derrière le marché aux poissons, vous garantit des arrivages ultra frais alors que le Sumica, à l'est du centre-ville, promet des nuits d'été romantiques sur sa terrasse arborée. La Kadena, située au-dessus de la marina Zenta, avec sa terrasse panoramique sur la mer, est considérée comme l'un des meilleurs restaurants de la ville. Il propose une cuisine méditerranéenne gastronomique et pratique des prix élevés. Dans la catégorie, bien et pas cher, l'incontournable Buffet Fife, une bonne pizzeria (Galija) ou la Konoba Trattoria Bajamont. Et si vous souhaitez sortir des plats locaux, le macro-végétarien Makrovega vous aidera à changer vos habitudes culinaires !

## Sur le pouce

### MIMOZA

Bosanska 10

*Tous les jours sauf le dimanche de 8h à 20h.*

Dans la même rue que la fameuse maison Tradicija, cette autre boulangerie soutient la comparaison. Ses gâteaux et pizzas sont savoureux. Goûtez, par exemple, la calzone fine aux épinards ou le *burek* local au fromage frais.

### PÂTISSERIE TRADICIJA

Bosanska 2

✆ +385 21 361 070

*Ouvert en semaine de 8h à 21h, samedi jusqu'à 18h, fermé le dimanche.*

Dans cette pâtisserie (*slastičarnica*), la tradition perdure. Tous les gâteaux sont cuits dans le four en brique, le même depuis l'ouverture de la maison, il y a plus de soixante-dix ans ! Au choix, des douzaines de gâteaux originaux, la *pinca* que l'on déguste à Pâques, le *rafioli*, un gâteau traditionnel de la région, la *mandolat* aux amandes et chocolat, le *preznik*, fourré aux noix et aux fruits confits avec rhum et zestes de citron, le strudel aux pommes, etc.

## Pause gourmande

### FIGA FOOD BAR

Buvinina 1

✆ +38521274491

*Ouvert tous les jours en été, de 8h à minuit, sandwichs de 18 à 49 kn, plats chauds entre 49 et 90 kn*

De la place Narodni Trogir, quand on monte l'escalier à droite pour accéder à la tour de l'horloge, on ne peut manquer ce fast-food chic. Sa terrasse squatte les marches avec tables basses et coussins multicolores. Dès le petit déjeuner ou pour le déjeuner, le lieu est recommandé pour un sandwich complet, une assiette de charcuterie-fromage, un risotto rapide, un plat du jour, de bons gâteaux. Mais le soir, on y vient pour l'apéritif avant de dîner ailleurs, par exemple au Zinfandel Food & Wine Bar (juste à côté).

## Bien et pas cher

### BUFFET FIFE

Trumbićeva obala 11

✆ 385 021 345 223

*Ouvert tous les jours en saison midi et soir. Plats chauds à moins de 60 kn.*

Sur les hauteurs du port, avant la montée du Mont Marjan, le buffet le plus populaire de Split. Attablé en terrasse, vous y rencontrez de nombreux touristes joviaux, trop heureux d'avoir trouvé l'adresse. Ce n'est pas le plus raffiné, mais le service rapide et souriant a fait son succès autant que sa carte roborative. Ici, règne l'authenticité de la cuisine traditionnelle croate, du nord au sud. Ainsi les hors d'œuvre dalmates froids (poissons marinés, fromages et *prust*), les potages et risotto en entrée, les grillades (dorades, loups de mer entiers), l'escalope viennoise, le poulet braisé, la choucroute, les tripes et le gibier en sauce au vin/gnocchis, les *cevapćići* (saucisses bosniaques) et toutes sortes de plats chauds et froids pas chers. Bon plan !

### KONOBA VAROŠ

Ban Mladenova 7

✆ +385 21 396138

www.konobavaros.com

konobavaros@konobavaros.com

*Ouvert tous les jours de 9h à minuit. Plats à partir de 70 kn. Spécialités maison, 125 kn.*

Dans une ruelle adjacente à la rue Mladenova, dans le quartier Varoš, se cache une charmante taverne dalmate. La salle à manger, avec son décor rustique, ses jolies marines aux murs, est l'endroit idéal pour un repas calme et romantique.

Sur la carte, l'assurance d'avoir des poissons grillés frais, des produits de la mer, comme le pouple mariné, le homard en entrée mais aussi la *pasticada* (viande de bœuf en tranches marinée au vin rouge), du jambon. La spécialité de la maison, des plats de viandes, poissons et crustacés cuits sous *peka* pour 4 personnes au minimum, avec 3h de cuisson (à commander). Bon vin de la région de Pelješac (*Korčula*, *Babić*).

### KONOBA ZALOGAJNICA DIOKLECIJAN

Tavern Tri Volta

Dosud 9

✆ +385 21 346 683

*Ouvert tous les jours en été, service midi et soir. Plat à partir de 50 kn.*

Cette taverne, à trouver hors des sentiers battus du palais, jouit depuis plus de quarante ans d'une terrasse exceptionnelle. Imaginez-vous assis à votre table faisant face aux trois grandes baies historiques, qui ont été ouvertes dans le mur d'enceinte. Elles donnent sur la riva et le port. Certainement la vue préférée de Dioclétien ! Le menu est limité mais la cuisine locale très correcte (fruits de mer, poissons et viandes grillés, légumes méridionaux). On peut aussi prendre une grande assiette apéritive commune, composée de jambon fumé dalmate (*pršut*), de fromage de Pag, de parmesan, de saucisse épicée (*ćevapčići*) et d'autres antipasti. Attention, lieu apprécié des connaisseurs, venez tôt !

■ **OSTARIJA U VIDAKOVI**
Prilaz Brace Kaliterne 8
✆ +385 21 489 106
www.ostarijauvidjakovi.com
*Ouvert tous les jours de 11h30 à 22h30 Autour de 25 € pour un repas complet.*
Sur la route de la plage de Bačvice, ce restaurant de poissons et de fruits de mer propose de manger local des plats pas chers, dans une bonne ambiance dalmate. On s'installe en terrasse à l'ombre des platanes ou dans sa superbe salle, qui vous fera remonter le temps et vivre le Split comme dans les années 1900.

■ **TRATTORIA TINEL**
Tomića Stine 1
✆ +385 21 35 51 97
www.trattoria-tinel.com
tinelsplit@net.hr
*Ouvert tous les jours en été, du matin au soir. Petit déjeuner à 45 kn, repas autour de 100 kn.*
Un restaurant sympathique, légèrement à l'écart du palais de Dioclétien, à 30 m de la riva pour manger tranquille. Nous vous le recommandons pour sa superbe terrasse dans une cour intérieure. Une adresse appréciée des Croates, amateurs de cuisine dalmate, poissons et viandes grillés, plats en sauce, légumes méridionaux, pâtes et d'excellents desserts maison. La carte des vins imposante permet à chacun de trouver son bonheur à tous les prix. Le week-end, soirée musicale dalmate.

■ **VILLA SPIZA**
Petra Kružića 3
✆ +385 91 152 1249
*Ouvert toute l'année midi et soir. Seulement 5 petites tables. Compter 15 € pour un repas complet.*
Un tout petit restaurant intimiste dans une ruelle piétonne de Split. On y déguste, au bar ou sur de petites tables, la cuisine du coin qui se fait sous nos yeux. Une super adresse, un véritable coup de cœur.

■ **WINE & CHEESE BAR PARADOX**
2 Poljana Tina Ujevića
✆ +385 21 395 854
*Ouvert tous les jours en été midi et soir. Autour de 20 € par personne pour une formule bistronomie.*
Une adresse jeune et branchée, à côté du théâtre national, déguster toute sorte de vins avec une assiette de charcuterie et fromages de pays à tout moment de la journée.

## Bonnes tables

■ **APETIT**
Šubićeva 5 ✆ +385 21 332 549
www.apetit-split.hr
apetit.split@gmail.com
*Tous les jours de 11h à plus ou moins minuit. Compter 20 à 30 € pour un repas complet (entrée/plat/dessert et verre de vin).*
Dans la vieille ville à l'intérieur du palais Papalić datant du XVe siècle. Une bonne cuisine méditerranéenne, simple et fraîche. Une des adresses en vogue auprès des locaux ces derniers temps. On y apprécie le cadre, la présentation, les produits frais et du terroir. Hautement recommandée, nous n'avons plus qu'à vous souhaiter un bon appétit !

■ **BAJAMONTI**
Trg Republike 1 ✆ +385 21 341 033
www.restoran-bajamonti.hr
bajamonti.split@gmail.com
*Ouvert de 8h à 1h du matin. Pour un repas, compter 20 € à 25 € par personne à la carte.*
Ce bar-restaurant est un lieu unique à Split qui mérite le détour jusqu'à la place Republike non loin de riva et du port. Avec ses airs de piazza italienne, la place est l'une des plus belles de l'Adriatique. Boire un café en terrasse au Bajamonti sera un moment romantique à vivre et ce qui vous attendra à l'intérieur l'est tout autant puisqu'on se trouve là dans l'ancien théâtre Dalmate construit par Antonio Bajamonti au XIXe siècle. Aujourd'hui, la brasserie historique tient son rang et vous surprendra jusque dans l'assiette.

■ **BISTRO NO STRESS**
Iza Lože 9 ✆ +385 99 498 1888
www.bistro-nostress.com
nostress.bistro@gmail.com
*Ouvert tous les jours en été. Du dimanche au jeudi de 7h à 1h. Vendredi et samedi de 7h à 2h. De 20 à 60 € le repas complet. 8 € le verre de vin rouge ou blanc, 3 € le rosé.*

En plein cœur de la place centrale du palais, ce petit restaurant brasserie ou encore bistronome, comme nous dirions en France, a ouvert récemment. Une adresse un peu plus chère que les traditionnelles *konoba*, mais définitivement faite pour les gourmets. On se laissera facilement charmer par la belle terrasse et les assiettes soigneusement dressées, bonnes et copieuses. On retrouve les grands classiques dalmates, mais tout cela dans un style bistro légèrement plus chic. Pour quelques euros de plus, cela vaut le détour ! On est loin de l'attrape-touristes des adresses avoisinantes.

### ■ BOKERIA

Cosmijeva 2
✆ +385 21 355 577
*Comptez une vingtaine d'euros pour un entrée + plat ou plat + dessert. Vins au verre autour de 7 €.*
C'est la nouvelle adresse de Split. On a eu la chance d'y être au mois de septembre, en saison basse, pour pouvoir la tester parce que, complètement victime de son succès, il est impératif de réserver une semaine à l'avance. Cet été, on a d'abord pensé que c'était simplement l'adresse à la mode, l'endroit où il fallait être lors de sa venue à Split. On a trouvé un grand restaurant moderne, très actuel, au style rétro méditerranéen avec une touche résolument citadine, proposant de belles assiettes, un super service et une excellente sélection de vins. Les prix sont plus élevés mais si vous en avez l'occasion, arrêtez-vous pour un repas ou un verre.

### ■ KONOBA & BAR MAKARUN

Marulićeva 3
✆ +385 21 725 058
www.makarun.com
*Ouvert tous les jours en été de 8h à 23h. Compter 100 à 150 kn le plat.*
En plein cœur du palais, la *konoba*, qui vient d'ouvrir en lieu et place de l'ancien établissement Kolombatović, ressemble plus à un restaurant chic qu'à une taverne ! À l'entrée du passage, des hôtesses vous font découvrir le menu. On entre et on découvre, cachée derrière les murs de pierre de l'ancien palais Makarun, une cour intérieure, occupée par des tables, où règne une ambiance feutrée et relaxante. Parfait pour s'extraire du bruit permanent de la vieille ville. La carte met à l'honneur les recettes authentiques de l'Adriatique. Antipasti, pâtes fraîches, poisson du jour, viande d'agriculteurs locaux, légumes du marché pour les grillades, l'incontournable blitva en accompagnement, mais il faudra attendre le dessert pour apprécier la spécialité de la maison, l'étonnant gâteau aux macaronis de Korčula. Belle carte de cocktails, de vins rouges primés et de vins blancs de vignerons croates.

### ■ KONOBA KIBELA

Kraj Svetog Ivana 5
✆ +385 21 346205
*Ouvert tous les jours en été de 7h à 23h. Comptez 40 à 50 € à la carte dégustation.*
Dans un passage surnommé « laisse-moi passer » tellement il est étroit, à proximité du péristyle, la taverne Kibela est réputée dans le milieu des intellectuels de la ville et autres figures locales. Son cadre tout en bois brut et pierres apparentes correspond bien avec la cuisine du terroir que l'on sert ici. Des spécialités de poissons et de fruits de mer mais aussi des viandes, comme le goulasch de bœuf, le plat de jambon, choucroute, à déguster plutôt en hiver, dans cette atmosphère chaleureuse et intime.

### MAZZGOON FOOD

Bajamontijeva 1
✆ +385 98 987 7780
toniarss@gmail.com
*Ouvert tous les jours de 8h à minuit. Compter 20 à 50 € pour un repas complet.*
Un bistrot situé dans la vieille ville qui offre une cuisine traditionelle revisitée. Un endroit apprécié des locaux en recherche d'une cuisine locale plus travaillée. Le soir de temps à autres des DJs locaux viennent animer la soirée. Enfin, une belle offre des vins croates et d'excellents cocktails. Un plus également pour le café, torréfié par une petite boutique de Split. Une adresse locale comme on les aime !

### RESTAURANT RE DI MARE

Lučica 4
✆ +385 21 386 789
www.redimare.com
*Ouvert tous les jours 12h à 23h. Environ 150 kn un plat de poissons.*
En face de la marina, se sont logiquement regroupés plusieurs restaurants de poisson splitois, dont le Re Di Mare, qui propose une cuisine moderne ou traditionnelle selon les plats. A ne pas manquer : les škampi à la buzzara ! En plus, une jolie vue sur le port, le coucher du soleil, mais l'endroit est souvent plein. Mieux vaut réserver.

## Luxe

### EUPHORIA RESTAURANT CAFFE BAR & NIGHT CLUB

Put Firula 6
✆ +385 92 33 34 411
www.euphoria.com.hr
info@euphoria.com.hr
*Ouvert tous les jours de 10h à tôt le matin. Compter 30 à 60 € pour un repas complet.*
Un peu à l'extérieur de la vieille ville, ce restaurant-boîte élégant est situé dans une petite pinède. Ambiance festive assurée en terrasse avec la vue dégagée sur la baie. La cuisine évidemment est efficace mais on y vient surtout pour célébrer des événements particuliers ou s'amuser en compagnie de la jeunesse dorée locale.

### RESTAURANT ADRIATIC GRAŠO

Uvala Baluni
✆ +385 21 398 560
www.adriatic-graso.com
restaurantadriatic@yahoo.com
*Ouvert tous les jours de midi à minuit. A la carte autour de 80 €.*
Au niveau de la marina, au pied du mont Marijan, sur la roche de Sustipan, ce restaurant à l'emplacement privilégié propose des spécialités dalmates traditionnelles travaillées dans l'esprit du slow-food, c'est-à-dire cuisiner avec les produits locaux disponibles en fonction des saisons et de la pêche du jour. L'un des meilleurs restaurants de Split.

### RESTAURANT BOBAN

Hektorovićeva 49
✆ +385 21 543 300
www.restaurant-boban.com
info@restaurant-boban.com
*Ouvert tous les jours de 9h à minuit. Compter de 80 kn à 200 kn par plat.*
Le Boban se situe à l'est de la ville historique, dans les petites ruelles proches des courts de tennis. L'endroit réputé est ouvert depuis 1973, et son délicat mélange de cuisine dalmate à la fois traditionnelle et moderne ainsi que ses recettes empruntées à l'Istrie, plaisent. Les plats à la truffe blanche, par exemple.

### RESTORAN PARADIGMA

3 Ulica bana Josipa Jelačića
✆ +385 21 645 103
www.restoranparadigma.hr
paradigma@paradox.hr
*Ouvert du lundi au samedi de 11h30 à 22h30. Le dimanche de 11h30 à 16h30. Entre 80 € et 100 € le repas à la carte.*
Si vous recherchez une expérience culinaire sur Split, voici l'adresse qu'il vous faut. La terrasse est splendide, la cuisine moderne habilement pensée. Les plats raffinés sont dressés de manière impeccable et le service se montre très professionnel. Enfin l'idée de proposer une carte avec de nombreux vins au verre est un plus.

## Sortir

▶ **Bars et cafés à profusion.** Ainsi, on parlera plus d'ambiances que de lieux à Split. Si vous aimez le charme italien, le café-bar Bobis, sur la grande place Marmontova, vous séduira. Classique, élégante avec ses immeubles anciens, ses galeries et terrasses, celle-ci fait très fin XIX<sup>e</sup> siècle. On y déguste toute la journée espressos, glaces, apéritifs ou repas croates en toute tranquillité. Mais si vous visez plus les spots animés où il faut voir et être vu, direction le front de mer, la riva et l'avenue Obala Hrvatskog Narodnog (HNP), où les bars branchés rivalisent de dance music.
Pour l'esprit bistronomique, installez-vous au Paradox, juste derrière le théâtre national, ou dans les ruelles plus calmes du palais. Beaucoup plus bucolique, en dehors de la ville, le café de la galerie Mešković sur la colline Marjan vous accueille dans ce quartier verdoyant, où vous trouverez aussi des bars de plage. À l'est de la ville, après le terminal des ferries, sur le littoral (Bačvice), s'alignent encore d'autres beach bars.

**La vie nocturne splitoise.** Les adresses sont plus concentrées. Les festivités commencent souvent sur la riva, au ST-Riva, par exemple, où l'on se donne rendez-vous avant de partir vers les bars clubbing voisins (Ghetto, Pulse, Fluide). A l'intérieur du Palais de Dioclétien, dans l'une des petites rues menant à la Piazza, le bar Gaga est très populaire pendant la saison estivale. Dans la partie nord de la vieille ville, le Red Room, entouré d'autres bars de nuit, est un lieu de vie nocturne splitois, fréquenté par les locaux. Retour au centre, place du Péristyle, où le Luxor, un bar à vins chic, programme des jeunes groupes alors que le Planet Jazz est plus cool pour les oreilles.

**Les discothèques sont un peu excentrées.** Le Vanilla Club se trouve derrière le stade de Poljud, Le Hemingway Split, assez select, s'est installé au bord de l'eau, avec espace VIP, groupes et DJ programmés plusieurs fois par semaine.

Le Bačvice Bar, sur le côté gauche de la plage du même nom, devient club techno le soir, comme Le Tropic ou le O'Hara (plus rock), situé sur la seconde baie (Firule).

La palme du club le plus improbable revient à l'Imperium ! Ce café lounge, restaurant et discothèque sans charme construit sur le site du terminal des ferries a le grand avantage d'être le premier au départ des ferries matinaux. On peut y passer la nuit pour pas trop cher et embarquer dans le premier bateau pour Dubrovnik, Rijeka ou Ancône en Italie.

## Cafés – Bars

### BIFORA
Bernardinova 5
✆ +385 95 822 5012
*Ouvert tous les jours de 7h ou 8h à 1h du matin, 2h le vendredi et samedi.*
Tout près de l'Hostel Sunseekers, le Bifora est un bar à la déco très psychédélique, fréquenté par les locaux et les jeunes touristes. Ambiance musicale détendue.

### CAFE BAR GAGA
Iza lože 5
✆ +385 21 348 257
*Ouvert tous les jours en été de 8h à 1h du matin.*
L'une des valeurs sûres du centre historique, à quelques pas derrière la piazza, un café prisé des Splitois qui aiment à sy retrouver dès le matin pour l'espresso, où les locaux ont leur habitude en journée. Les touristes, eux, s'y installent avec curiosité et plaisir. Autant dire qu'il y a du monde sur la placette ! Le Gaga reste l'incontournable du palais pratiquant toujours des prix abordables – même pour les cocktails.

### DIOCLETIAN'S WINE HOUSE
Nepotova 4
✆ +385 21 276 998
www.diocletianswinehouse.com
info@diocletianswinehouse.com
*Du lundi au dimanche de 7h à plus ou moins 1h du matin. Menu trois plats avec un verre de vin à partir de 25 à 60 €.*
Un bar à vin romantique niché dans les murs du palais. Une belle carte de vins avec environ une centaine de références. Une adresse idéale pour une dégustation. Possibilité de prendre des cours de cuisine. N'hésitez pas à vous attarder pour dîner ou déjeuner, on y mange également très bien.

### LE PETIT PARIS
Majstora Jurja 5
✆ +385 996 842 810
*Ouvert tous les jours de 9h à 2h du matin.*
Un petit bar à cocktails, spécialisé dans la confection de smoothies, tenu par un Français qui pourra éventuellement vous donner un ou deux plans futés sur la ville. Le happy-hour Mojito est apprécié par les amateurs de ce classique apéritif cubain !

### TEAK CAFFE
Majstora Jurja 11
✆ +385 21 273 718
*Ouvert tous les jours de 8h à minuit, 1h le vendredi et samedi et dimanche de 10h à 14h et de 20h à minuit.*
Un café agréable avec ses fauteuils en cuir, sa déco zen en bois de teck le tout appuyé contre l'un des murs du palais de Dioclétien. L'endroit est très fréquenté par les touristes étrangers et les expatriés. De nombreux journaux et magazines anglais sont à disposition à l'intérieur. La terrasse s'est agrandie jusqu'à l'autre côté de la place. Endroit animé et peu cher. Wi-fi gratuit.

## Clubs et discothèques

### ACADEMIA GHETTO CLUB
Dosud ulica 10
✆ +385 21 346 879
*Ouvert tous les soirs sauf le lundi.*
C'est le club le plus secret et respecté de la vieille ville. En journée, l'AGC est ouvert, mais c'est bien le soir que les choses sérieuses commencent. En fait, c'est plutôt un bar arty avec une cour avant, un petit bar conduisant à une pièce principale où des fresques suggestives et érotiques donnent le ton très *peace, love & art*. Une galerie, à l'étage, ouvre pour des expos temporaires ou des performances alors que le dance-floor accueille régulièrement des soirées musicales au line up parfait (electro, indus, rock, reggae...).

### O'HARA

Uvala Zenta 3 ✆ +385 21 519 492
info.ohara@gmail.com
*Ouvert vendredi et samedi jusqu'à 4h du matin.* Un club au bord de la mer, en direction des plages à l'est. Les décibels sont au rendez-vous, et c'est un endroit qui bouge bien sur du rock, du hip-hop ou du groove. Pour trouver un peu de calme parmi la jeunesse qui vient ici avant tout pour danser, on peut s'extraire dans l'espace bar lounge.

### QUASIMODO KLUB

Gundulićeva 26 ✆ +385 21 467 487
*Ouvert le vendredi et samedi jusqu'à 4h, les autres soirs jusqu'à 3h. Fermé le dimanche.* C'est l'adresse pour ceux qui veulent écouter du rock alternatif, du jazz ou encore du blues et découvrir des musiciens croates ou des Balkans. Programmation des concerts sur Internet.

### TROPIC CLUB ECUADOR

Plage de Bačvice
✆ +385 99 203 9222
equador@adria-toni.hr
*Ouvert toute l'année tous les jours de 22h à 2h.* Sorte de bar de nuit ou night-club plutôt branché techno et hardtech que dance music. Sa véranda offre une vue splendide sur la baie alors que la carte des cocktails est impressionnante. Affiche des prix plutôt élevés mais l'entrée est gratuite.

## À voir – À faire

La promenade de la mer (riva), carrefour central de la ville, dessert plusieurs directions. Pour vos rendez-vous, vous y trouverez de nombreux cafés et restaurants, sur la superbe place de la République ou sur la Narodni trogir également. Les portes monumentales du palais de Dioclétien permettent de passer *intra-muros*, d'entrer dans l'enceinte de la cité close. La plupart des boutiques se trouvent dans le palais, alors que le marché, à l'abri des remparts, s'abrite sur son flanc est, près de la gare routière.
À l'est : le front de mer avec ses quais d'embarquement pour les ferries et ses grandes plages. En face du palais, le port de plaisance, où siègent les bateaux de croisière. A l'ouest, le quartier moderne de la marina, avec ses bars restaurants cotés et, au dessus, le mont Marjan qui veille. Zone résidentielle très recherchée, la colline abrite un musée archéologique, le palais galerie du sculpteur de Meštrovič, un temple du XIXe érigé face à la mer ainsi qu'une base de loisirs balnéaires.

**Se baigner.** Les grandes plages et les hôtels se trouvent à l'est de la ville, le long de la baie la plus proche du centre-ville, Bačvice, où vous trouverez aussi un parc aquatique pour les enfants, puis celle de Firule, Zenta et Trstenik. À l'ouest, après la nouvelle marina, un sentier littoral quitte la ville et est jalonné de pontons, de petites plages et de criques.

### ALLIANCE FRANÇAISE DE SPLIT

Marmontova 3
✆ +385 21 347 290
www.alliance-francaise-split.com
info@alliance-francaise-split.com
Comme à Zagreb, ce centre culturel dynamise les relations franco-croates par son calendrier bien rempli : cours de langue (tous niveaux), ateliers de marionnettes pour enfants, concerts de musiques classique et populaire, expositions, rencontres autour de la francophonie. Une bibliothèque également et un festival, organisé tous les ans (printemps) avec le soutien du Service culturel de l'ambassade de France et de l'Institut français de Zagreb.

## L'abdication de Dioclétien

En l'an 303 de notre ère, l'empereur Caïus Aurelius Valerius Diocles Diocletianus (Dioclétien) est à Rome, las. Trop de martyrs chrétiens, trop de sang, toute cette violence ne l'intéresse plus, ni même cette « tétrarchie », une forme originale de gouvernement à quatre, qu'il instaura en 293. Alors quand l'ancien autocrate tombe malade, il juge plus sage de se retirer de l'empire. Ce renoncement au pouvoir est retenu comme la première abdication de tous les temps, celle que l'on cite en exemple aux dirigeants de ce monde. Se sentant affaibli, Dioclétien veut retourner en Dalmatie, pour revoir sa province d'enfance et la ville où il est né (Solina). Il retrouvera la santé – vivra encore neuf années – et, pour sa retraite, se fera construire son fameux palais à Split. Pourtant, on le presse de revenir au pouvoir. À ceux qui l'implorent de reprendre les commandes, l'homme transformé dit préférer la tranquillité de sa nouvelle vie, assure trouver plus de plaisir à cultiver son jardin qu'à « gouverner la terre ». Ces propos sont rapportés par Lactance, célèbre théoricien et chroniqueur de l'époque. C'est ainsi que le despote Dioclétien, au crépuscule de sa vie, finit en philosophe accompli.

Le palais de Dioclétien
50 m.
Information touristique
Musée et Galerie
RADMILOVICA
Popodica
MATOCICA
TONCICEVA
KRIZEVA
SINOVCICA
Nigerova
Ipistura
Kralja Tomislava
Nodilova
Galerie Umjetnina
ZAGREBACKA
Cosmijeya
Kruziceva
Lulipica
MARMONTOVA
BANA JELACICA
BAN MLADENOVA
Krajsy Marije
Neredvanska
Pomaldova
Bosanska
Musée Ethnographique
Kodrigina
Mastora Jurja
Narodni Trg- Pjaca
Trg. Republike
Zaparska
Pobric
SPERUN
Trg. F. Tudmana
TRUMBICEVA OBALA
OBALA HRVATSKOG
RIVA
Dominisova
Diorlec Janova
Carrarina Poljana
Musée de la Ville
Papaliceva
Kresimirova
Marultceva
Information touristique
Poljana Craljice Klenco
Sv. Ivana
Trg. Brace Radio
Minovilova Sirina
Arademije
Cathédrale
Office du Tourisme
Krajsv. Duje
Buliceva
Severova
STARI PAZAR
NARODNOG PREPORODA
ZAGREBACKA
Poljana Kneza Trpimira
OBALA LAZARETA

### CATHÉDRALE SAINT-DOMINIUS (KATEDRALA SV. DUJE) OU MAUSOLÉE DE DIOCLÉTIEN ★★★

Kraj Sv Duje ✆ + 385 21 345 602

*Ouvert en été tous les jours de 8h à 19h, fermée pendant les offices. Tarif pour la cathédrale : 15 kn, pour la salle du Trésor et le campanile : 15 kn, pour le Temple de Jupiter et la crypte : 15 kn pour la crypte. Les entrées sont séparées mais un billet combiné coûte 45 kn.*

Consacrée à la Vierge Marie puis au saint patron de la ville, Domnius (Duje), la cathédrale est située dans l'enceinte même du palais impérial. Construite sur le mausolée de l'empereur Dioclétien, vraisemblablement dès le VIIe siècle, elle fondée par les habitants de Salone qui, fuyant leur ville dévastée au VIIe siècle, s'installent à Split. Ils y introduisent leurs rites religieux et les reliques des saints martyrs, parmi lesquels Domnius et Anastase. Les vantaux de la porte principale, sculptés par Andrija Buvina au XIIIe siècle, représentent des scènes de la vie du Christ. L'intérieur découvre un mélange d'art roman, de sculptures gothiques, renaissance et de décor pictural baroque. Au-dessus de l'autel, on peut encore apercevoir deux portraits qui datent de l'époque du mausolée. Il s'agit de Dioclétien et Maximilien, ce dernier étant représenté de manière moins hiératique. A voir, malgré la foule en été.

- **Campanile.** Monter en haut de la tour-clocher – les escaliers sont étroits – pour admirer la vue magnifique sur les toits de la ville historique, le palais de Dioclétien, le péristyle, les temples et le grand port tout près.

- **Temple de Jupiter**. Parmi les trois temples construits à l'ouest du péristyle, le plus grand d'entre eux, représentatif du polythéisme romain de l'époque, a été transformé en baptistère vers le VIIe siècle, après l'arrivée des chrétiens. Remarquez le portail d'entrée richement orné de reliefs d'animaux fantastiques, la voûte en berceau à caissons du baptistère Saint-Jean.

- **Crypte.** A voir, une sculpture de la vierge et quelques murs d'époque.

- **Trésor sacral de la cathédrale**. A l'étage, dans la sacristie, une collection d'art sacré avec des manuscrits, des reliquaires en argent doré et des vêtements sacerdotaux.

### COLLINE MARJAN ★

Marjanski put

A l'ouest de la ville, à l'extrémité de la baie, se dresse la colline Marjan. Aux portes de la ville, ce poumon vert de la ville avec sa pinède, ses plantes tropicales, promenades et espace et jardin publics, terrasses, plages et rochers est devenu un vaste terrain de loisirs, de sport et de détente. Un long escalier monte au sommet du mont Marjan d'où le belvédère principal offre une vue panoramique sur la vieille ville et la crique. Par beau temps, le regard porte sur les îles de Brač, Hvar, Vis et Šolta, ainsi que sur les villes alentour, Trogir ou Salone... L'été, quand les températures estivales montent dans le centre historique, de nombreux touristes apprécient ce rare coin de fraîcheur.

### GALERIE DES BEAUX-ARTS (GALERIJA UMJETNINA) ★★

Kralja Tomislava 15

✆ + 385 21 35 01 12

www.galum.hr

*Ouvert toute l'année du mardi au samedi de 10h à 21h, le dimanche de 10h à 13h. Fermé le lundi. Le Caffe Galerija ouvre les mêmes jours que le musée de 8h à 23h. Entrée : 20 kn.*

Ouvert en 1931, ce musée d'État couvre une large période du XIVe siècle jusqu'à aujourd'hui. Il reflète les tendances artistiques soutenues par les différents régimes en Croatie (République de Venise, Empire austro-hongrois, Yougoslavie socialiste, République actuelle). Au total, quelque 400 œuvres sur 2 200 mètres carrés d'espace d'exposition sur plusieurs niveaux. Au premier étage du bâtiment ancien superbement restauré, plusieurs salles s'ouvrent sur la cour intérieure. Toute l'histoire de l'art croate s'y déploie, du médiéval gothico-Renaissance à l'art abstrait des années 1960. Au rez-de-chaussée, les pratiques artistiques modernes et contemporaines montrent une belle diversité dans son approche pluridisciplinaire et multimédia.

Pause au Caffe Galerija, certainement le bar lounge le plus arty de la ville avec une programmation en soirée de musique électronique, de musique live, de performances et de poésie.

### GALERIE JAKŠIĆ ★

Bribirska 10

✆ +385 21 647 710

www.galerijajaksic.com

info@galerijajaksic.com

*Ouvert tous les jours de 9h à 13h30 et de 16h à 20h.*

Dans la Galerie Jaksić sont exposées les œuvres de la famille Jakšić. La première galerie, Donji Humac, a été construite en 2008 sur l'île de Brač dans la cour familiale entourée par les ateliers et studios des auteurs. Déjà dans les années 1960 se déroulaient ici les premières présentations des travaux du maitre Lovro Jaksic, grand-père des propriétaires actuels. La deuxième galerie se trouve ici, à Split, dans le couvent des Sœurs de la Charité. Dans ce lieu, vous pouvez venir admirer les peintures du docteur en Art Dina Jakšić ou les bijoux imaginés par Ida Jakšić. Ces bijoux sont faits de pierres semi-précieuses et d'argent. Vous trouverez également des sculptures en pierre de Lovre Jakšić. L'intérieur et l'extérieur de la galerie sont l'œuvre du tailleur de pierres et maçon Drazen Jakšić qui en est le propriétaire. Il n'en n'est d'ailleurs pas seulement le maître d'œuvre mais également le *designer*. Né en 1903, l'atelier de maçonnerie est une affaire familiale puisque c'est maintenant la quatrième génération qui continue de faire vivre ses créations en Croatie comme à l'étranger.

### ■ GALERIE MEŠTROVIĆ (GALERIJA MEŠTROVIĆ) ★★★★

Šetalište Ivana Meštrovića 46
✆ +385 21 340 800 – www.mestrovic.hr
*Ouvert du 1er mai au 30 septembre du mardi au dimanche de 9h à 19h et de 9h à 16h le reste de l'année, dimanche de 10h à 15h. Tarif du billet combinet avec le temple : 30 kn.*
Sur le Mont Marjan – tous les bus en direction de Zvončac y conduisent -, une immense villa néo-classique, conçue comme un palais d'été surplombe l'Adriatique. Construite dans les années 1930 pour l'artiste, l'actuelle fondation du célèbre sculpteur Ivan Meštrović comprenait des chambres d'habitation, des ateliers et des salles d'exposition. Aujourd'hui, la monographie rétrospective est à la mesure de sa statuaire monumentale. En marbre, pierre, bois, bronze, étain ses sculptures côtoient les peintures à l'huile et esquisses. Dans le parc, d'autres sculptures gigantesques encore. Le café Galerija, sous la tonnelle de vigne, est agréable après la visite. Des soirées dégustation, vins et fromages, y sont organisées en haute saison. Poursuivez la promenade par une visite au temple (Kaštelet) que le maître a fait ériger au bout d'une oliveraie face à la mer. 28 panneaux en bois sur la vie du Christ ainsi qu'un crucifix de sa main y sont exposés.

### ■ GALERIJA EMANUEL VIDOVIČ ★

Poljana Kraljice Jelene bb
✆ +385 21 360 155
www.galerija-vidovic.com
info@galerija-vidovic.com
*Ouvert toute l'année, d'avril à octobre du mardi au vendredi de 9h à 21h, samedi-dimanche de 9h à 14h. De novembre à mars du mardi au samedi de 9h à 17h, le dimanche de 9h à 14h. Fermeture le lundi et les jours fériés. Entrée : 10 kn.*
À chaque ville ses artistes historiques, certains reconnus comme Meštrovič à Zagreb et Split, Bukovac à Cavtat. D'autres, un peu maudits, hantent les esprits comme le poète zagrébois Anton Gustav Matoš. Emanuel Vidovič, lui, évoque la bohème impressionniste de Split. Le paysagiste (1870-1953) quitte les rivages dalmates, passe de l'autre côté de l'Adriatique, arrive à Venise, revient à Trogir. La mer obsède ses ambiances lagunaires et tristes. Cette superbe galerie conserve la part obscure du peintre. À ne pas manquer : un film sur l'itinéraire pictural de l'artiste (sous-titres en anglais).

### ■ MUSÉE ARCHÉOLOGIQUE (ARHEOLOŠKI MUSEJ) ★

Zrinsko Frankopanska 25
✆ +385 21 329 340
www.arheologija.hr
*Ouvert entre juin et septembre du lundi au samedi de tous les jours de 9h à 14h et de 16h à 20h. Fermé dimanche. Le reste de l'année idem sauf le samedi fermeture à 14h. Tarif de 15 à 30 kn.*
Dans un joli palais, une importante collection d'objets datant de l'époque gréco-romaine : la quasi-totalité des pièces furent trouvées à Salone, la cité antique fondée avant Split. La galerie du jardin abrite des sarcophages, bustes, stèles… A l'intérieur, des bijoux, outils, ustensiles, monnaie, etc., le tout dans un très bon état de conservation.

### ■ MUSÉE DE LA MARINE (HRVATSKI POMORSKI MUZEJ) ★

Glagoljaška 18 ✆ +385 21 347 346
www.hpms.hr
*Ouvert en semaine de 9h à 17h et samedi de 9h à 13h. Dimanche sur rendez-vous. Entrée adulte : 10 kn, entrée enfant : 5 kn.*
Le musée est situé dans la forteresse Gripe construite par les Vénitiens au XVIe siècle. A l'intérieur, c'est toute l'histoire de la marine de Split qui se raconte et plus largement celle de la côte dalmate. Exposition d'un ensemble d'objets marins ou de pièces intéressantes, de maquettes et modèles réduits de bateaux de toutes les époques.

### ■ MUSÉE DES MONUMENTS ARCHÉOLOGIQUES CROATES (MUZEJ HRVATSKIH ARHEOLOŠKIH SPOMENIKA) ★

Šetalište Ivana Meštrovića 18
✆ +385 21 323 901
www.mhas-split.hr
*Ouvert lundi au vendredi de 9h à 13h et de 17h à 20h, le samedi de 9h à 14h. Fermé le dimanche et jours férié. Entrée gratuite.*
Sur la colline Marjan, avant d'arriver à la fondation Meštrović, un imposant immeuble de béton cubique abrite une énorme collection archéologique croate de l'époque médiévale comprise entre le VIIe et XVe siècles. Fondé en 1893, le musée a été délocalisé à plusieurs reprises avant de se poser dans ce bâtiment moderne. On peut admirer des sculptures, des fragments d'édifices, des armes et objets de la vie quotidienne ainsi que de nombreux monuments épigraphiques. En tout, près de 3 000 pièces y sont exposées.

### MUSÉE HISTORIQUE DE LA VILLE (MUZEJ GRADA SPLITA) ★

Papalićeva 1 ✆ +385 21 360 171
www.mgst.net

*Ouvert du lundi au samedi de 9h à 17h, le dimanche de 9h à 14h. Tarif 20 kn.*

Dans la partie nord-est du palais de Dioclétien, ce musée municipal est installé depuis 1946 dans une maison gothique et Renaissance, construite au XVe siècle par Georges le Dalmate et ses ouvriers. Admirez le portail d'entrée de la cour, la loggia, le grand hall du 1er étage, son superbe plafond en bois. La collection permanente d'objets retrace la période allant du XIIe au XIVe siècles, lorsque la ville de Split, indépendante, imprimait ses sceaux et timbres. Dans la salle d'armurerie, un éventail assez complet de l'arsenal de défense de la cité (objets du XVe et XVIIe siècles).

### MUSÉES IVAN MEŠTROVIĆ (MEŠTROVIĆEVE CRIKVINE-KAŠTILAC) ★

Šetalište Ivana Meštrovića 39
✆ +38521358185
www.mestrovic.hr
mim@mestrovic.hr

*De mai à fin septembre : ouvert du mardi au dimanche de 9h à 19h. D'octobre à fin avril : ouvert du mardi au dimanche de 10h à 15h. Fermé le dimanche et les jours fériés. Entrée : 40 kn (l'entrée à la galerie Meštrović est incluse).*

C'est dans une propriété agricole du XVIe siècle de la famille De Capogrosso qu'est niché ce musée d'art sacré. Achetée par Ivan Meštrovic, qui l'a entièrement reconstruite de 1939 à 1941, on y retrouve une église d'époque et un superbe cloître, endroit de paix et de contemplation. Le cycle de 28 œuvres en bois aux murs de l'église présentent la vie de Jésus. Au-dessus de l'autel, très beau crucifix en bois. Meštrović a travaillé pendant presque trente-cinq années (1916–1950) a rénover l'ensemble des pièces et terminer le cycle de représentations. Le cycle demeure un chef-d'œuvre de la sculpture sacrée européenne.

### PALAIS DE DIOCLÉTIEN (DIOKLECIJANOVA PALACA) ★★★★

whc.UNESCO.org/fr/list/97

*Une partie du palais, partie intégrante du cœur de la vieille ville, se visite gratuitement. Seule la visite des soubassements est payante. Tarif 40 kn.*

Le palais de l'empereur romain Dioclétien, classé au patrimoine de l'humanité en 1979, constitue le centre historique et culturel de Split. Certains monuments comme la cathédrale ou la tour de l'Horloge se trouvent à l'intérieur du palais. Surplombant la baie, l'édifice de la fin du IIIe siècle est construit sur un plan rectangulaire d'une surface de près de 29 000 m². Son architecture très originale combine la structure d'une grande villa à celle d'un castrum militaire fortifié. Le palais donne accès à la mer par sa façade sud, elle-même élégamment décorée d'une galerie d'arcades. L'empereur résidait sur cette partie sud alors que domestiques et centurions avaient leurs appartements dans la partie nord du palais. Les autres façades fortifiées moins ouvragées sont épaisses (2 m environ) et pourvues de seize tours dont quatre principales aux angles.

Le palais est coupé par deux grosses artères perpendiculaires. Le long decumanus, d'ouest en est, divise véritablement le palais ; d'un côté, les luxueux quartiers sud, de l'autre, les quartiers nord. Le cardo lui remonte du sud au nord. De gigantesques portes ouvrent sur des cours intérieures, la plus imposante celle du sud, est magnifiée par le superbe péristyle, les sphinx égyptiens. Au croisement du decumanus et du cardo, cette cour impériale donne accès aux appartements de Dioclétien. A l'est du péristyle, trône son mausolée.

- **Portes.** Vers le Xe siècle, lorsque la ville se développe en dehors du périmètre restreint du palais, les portes ont pris toute leur importance. L'extension se fit d'abord par l'ouest. La Porta Ferrea (porte de Fer), la principale de la ville, faisait le lien entre le palais et les premières habitations extérieures. A l'intérieur de son arche, se trouve l'église Saint-Théodore. Au sud, la Porta Aenea (porte de Bronze) ouvrant sur la *riva* est la plus empruntée. C'était la porte d'accès pour laquelle les navires qui accostaient dans le port pour ravitailler le palais impérial. Les marchandises diverses étaient entreposées dans des galeries souterraines dans la partie sud du palais, aujourd'hui utilisées pour différentes expositions. Au nord, la Porta Aurea (porte d'Or) était autrefois d'importance stratégique pour la défense de Split contre les ennemis venus des terres. Elle a été murée au Moyen Age. Richement décorée, elle s'imposait avec les statues des empereurs romains, Dioclétien en tête. Une statue plus récente, celle de l'évêque Grégoire de Nin, a été sculptée par Ivan Meštrović au XIXe siècle. Au niveau du chemin de ronde, se niche une petite église Saint-Martin, qui remonte au VIe siècle. La Porta Argentea (porte d'Argent), de plan rectangulaire, a perdu les deux énormes tours qui l'encadraient. Elle fait face aujourd'hui au grand marché aux puces de la ville.

**Péristyle.** Place principale du palais, cette cour rectangulaire permettait l'accès aux appartements impériaux par quelques marches et un vestibule. Orientée vers la loggia impériale, elle est encadrée de chaque côté par des arcades. Le péristyle est le point central où, aujourd'hui encore, le peuple converge et se réunit. Les onze sphinx ramenés d'Egypte ont tous eu la tête tranchée par les chrétiens qui étaient venus se réfugier dans le palais au moment de la destruction de Salona.

**Soubassements.** Restés en l'état depuis la création du palais, ces sous-sol ouvragés se situaient autrefois au niveau de la mer. Ils donnent la mesure de l'imposant corps de logis impérial, dont ils reprennent le plan au sol. Longtemps, ces pièces souterraines ont servi de décharge. Avant de retrouver les fondations du palais, les archéologues ont dû dégager des tonnes de terre agglomérée avec des déchets organiques et minéraux. Dans ces soubassements, les galeries abritent aujourd'hui des objets archéologiques (sculptures, colonnes, etc.) ainsi que des œuvres contemporaines.

### ■ PLACE NARODNI ★★

Narodni trg

Mentionnée pour la première fois dès 1255, la place Nationale, au nord-ouest du palais de Dioclétien, s'appelait alors Saint-Laurent. Depuis le XVe siècle, avec le péristyle, c'est l'autre point central de la ville. A Split comme ailleurs, la présence de l'autorité vénitienne, liée à une période de développement économique et urbain, a fortement influencé l'architecture. C'est donc à cette époque que l'on construit, sur la piazza, le palais du recteur et l'hôtel de ville, des édifices détruits et partiellement reconstruits au XIXe siècle. La tour vénitienne, fortin de la garnison des occupants, avait pour mission d'imposer calme et soumission aux Splitois.

### ■ RIVA ★★

Obala Hrvatskog Narodnog Preporoda

La promenade de la mer qui longe une aile du palais de Dioclétien et les quais, appelée Riva par les habitants, est le point de rencontre le plus connu à Split. Occupée en permanence par la foule des promeneurs et des badauds aux terrasses des cafés-restaurants, c'est le symbole de la ville balnéaire et touristique. Au début du siècle, l'allée piétonne était pourvue d'une magnifique fontaine en pierre, inaugurée lors de la reconstruction de l'aqueduc romain. Au début du XIXe siècle, l'administration française de Napoléon décide d'agrandir le bord de mer et de construire des immeubles classiques. En 2008, la restauration du sol avec un pavement blanc a posé problème. Des anciens Splitois le jugent sévèrement et n'y voient qu'une piste d'atterrissage glissante et trop cliquante. Aujourd'hui, pourtant, la riva sert de scène pour les concerts en plein air et autres animations de la ville.

### ■ SPLIT WALKING TOURS

Dioklecijanova 3 ✆ +38521276998

*Voir page 327.*

### ■ THÉÂTRE NATIONAL CROATE (HRVATSKO NARODNO KAZALIŠTE) ★

Trg Gaje Bulata 1 ✆ +385 21 344 399

www.hnk-split.hr

hnk-split@hnk-split.hr

Construit à la fin du XIXe siècle par les architectes Vecchietti et Bezić, ce théâtre national est l'un des plus anciens de Dalmatie. Il a été très endommagé par un incendie en 1971 puis restauré. Une première compagnie est montée sur les planches en 1920 et depuis le succès populaire ne se dément pas. Si vous n'avez pas l'occasion d'assister à une représentation, admirez de l'extérieur sa façade néo-classique.

## Sports - Détente - Loisirs

A Split et ses environs, les vacanciers pourront facilement trouver des équipements pour s'adonner aux sports de plein air (tennis, basket, volley, football) ainsi qu'aux activités nautiques (aviron, canoé, voile, plongée sous marine). La base de loisirs sur le mont Marjan offre de nombreuses possibilités pour se dépenser : escalade, vélo, roller, natation. Pour les voyageurs équipés d'une voiture, préférez la plage près de la marina ACI, qui se situe au nord-ouest du centre-ville, de l'autre côté de la montagne Marjan. On y accède par un tunnel. Cette zone balnéaire moins envahie est plus propre que celles proches de la ville.

▶ **Le centre de plongée,** Akvatorij propose d'amener les plongeurs expérimentés près des galères et bateaux de guerre romains, qui sont échoués au large de cette côte. Des moniteurs forment les débutants.
Diving Center Akvatorij Split. Put Supavla 21/3. Tél +385 (0) 21 459 545. Mobiles +385 (0) 91 3132 120/+385 (0) 91 3132 121/ *www.akvatorij.hr/*

▶ **Le rafting rivière.** Un centre sportif basé à Split conduit les amateurs de sensations fortes au bord de la rivière Cetina à une quinzaine de kilomètres près d'Omiš.
Dalmatia Rafting, Mažuranićevo šetalište 8a. Tèl. +385 21 321 698/+385 98 169 7749/ *www.dalmatiarafting.com/*

■ **DALMATIA RAFTING**
Mažuranićevo šetalište 8a
✆ +385 21 32 16 98 / +385 98 169 7749
www.dalmatiarafting.com
cetina@dalmatiarafting.com
*Départs en saison à 9h et 14h30, 10h le reste de l'année.*
L'agence est située à Split mais les navigations en canoë commencent et reviennent sur une base près d'Omiš. L'équipe, bien organisée pour la pratique sportive sur la rivière Cetina, réunit des guides professionnels qui ont un niveau élevé mais accompagnent aussi les débutants.

## Visites guidées

■ **ASSOCIATION DE GUIDES LOCAUX (UDRUGE TURISTIČKIH VODIČA SPLIT)**
Obala Lazareta 3
✆ +385 21 360 058 / +385 98 361936
www.guides.hr – info@guides.hr
*Bureaux ouverts de 9h à 13h. Tarifs pour un circuit pédestre 2 h (Palais de Dioclétien et vieille ville) : 550 kn ou visite de 2 musées : 525 kn, le tour panoramique de la ville en bus + colline Marjan : 650 kn (3 h). Circuit à la journée : 1,050 kn.*
Dans une ville aussi dense que Split, on peut éprouver le besoin de se faire expliquer la visite. Cette association gère une équipe de guides accrédités qui accompagnent les touristes (tour de la ville en groupe, excursions à Trogir, Salona, etc.).

▶ **Autre adresse : Split** Walking Tours (agence de voyages Redono) Dioklecijanova 3. ✆ + 38598858141. Internet : www.splitwalkingtour.com

## Shopping

Dans l'enceinte du palais, l'activité commerçante est très vivante. Vous y trouverez de boutiques, vieilles ou modernes, qui vendent de tout, mais aussi nombre de magasins touristiques, quelques bijouteries, de bonnes boulangeries. Dans la principale rue commerçante, la Marmontova, une artère piétonne très fréquentée, de nombreuses marques de prêt-à-porter international.
Il existent plusieurs petits marchés à Split mais le Stari Pazar (Vieux Marché), situé à l'est du palais près de la gare principale des autobus urbains. Vous y trouverez légumes et fruits frais de saison, fromage, vin, huile d'olive mais aussi des liqueurs et eau-de-vie maison. Le grand marché aux poissons couvert intra-muros est situé sur une place proche de la rue Marmontova. Dans les petites rues adjacentes au Stari Pazar, quantité d'échoppes longent les remparts. Où trouver des souvenirs sans grande valeur, des vêtements et des sacs bon marché, des lunettes de soleil, des serviettes et des articles de plage ! En dehors du centre-ville, la ville compte trois centres commerciaux, Emmezeta à Kaštel Sućura (7 à 8 km), le Mercator, à 5 km en direction de Trogir et le Centre Joker le plus récent des trois, à 15-20 minutes à pied du centre-ville. Des bus assurent la liaison entre la gare routière et ces centres commerciaux.

■ **CROATA MUSEUM CONCEPT STORE**
Peristil
Krešimirova 11
✆ +385 1 645 7010
www.croata.hr
*En été : ouvert du lundi au vendredi de 8h à 21h, le samedi de 8h à 13h et dimanche de 9h à à 14h. En hiver : du lundi au vendredi de 8h à 20h, samedi de 8h à 14h, fermé le dimanche.*
Situé sur la place du Peristil, au milieu des rues pavées qui font la beauté du cœur historique de la ville, le Croata était à l'origine conçu pour être le palais de retraite de l'Empereur romain Dioclétien au IVe siècle. La première chose vous verrez lorsque vous entrerez dans le magasin sera les étagères où sont empilées des foulards en soie et des écharpes ornées de lettres de l'alphabet glagolitique. Ces produits sont en édition limitée avec seulement quatre ou sept modèles ayant les mêmes motifs et couleurs. Il est possible d'admirer un foulard masculin auHRum fait de soie dont les tissus sont entremêlés d'or 24 carats. Leurs couleurs vous surprendront ! Si vous cherchez un article féminin, vous le trouverez sans aucun doute ici.

# SOLIN ★

A quelques kilomètres à l'ouest de Split, sur la route de Trogir, découvrez Solin, ancienne Salona, principale cité romaine de la région, élevée au rang de colonie par Jules César

lui-même et cité de naissance de Dioclétien le 22 décembre 244 apr. J.-C. Sous l'influence des Grecs, la cité était déjà un gros port illyrien. À partir du IVe siècle apr. J.-C, les échanges commerciaux s'accroissent alors que Salona devient un grand centre religieux aux multiples basiliques. Les reliques de saint Domnius (Duje ou Dujam) et de saint Anastase ont été retrouvées à Salona où l'Empire romain d'Occident s'éteint en 480. Totalement détruite au VIIe siècle ap. J.-C., par les Avars, la base maritime a alimenté le premier flux migratoire majeur dans Split, répandant ainsi la nouvelle religion catholique dans toute la ville et jusqu'au palais impérial.
Aujourd'hui, la zone archéologique de l'ancienne capitale est absorbée par les quartiers nord de Split mais les vestiges de l'énorme amphithéâtre romain (d'une capacité de 20 000 personnes), des temples, des thermes et des villas patriciennes témoignent de son importance à l'époque antique.

### Transports

À 3 kilomètres du centre de Split, le site archéologique est accessible en bus locaux. Le n° 1 (direction Salona), les 10, 16 et le 37, qui va à Trogir.

### Pratique

#### ■ OFFICE DE TOURISME

Kralja Zvonimira 69
✆ +385 21 210 048
www.solin-info.com
tzg-solin@st.t-com
*Ouvert toute l'année, du lundi au vendredi de 7h30 à 15h30.*
Dans le périmètre de la zone archéologique, cette agence vous renseignera sur les conditions de visite du site antique. En restant vigilant sur la sauvegarde du riche patrimoine de l'ancienne Salona, Solin tente de garder ses touristes, avec une offre d'hébergement toute catégorie, quelques restaurant, des promenades, des activités sportives. Toutes ces informations sont à demander dans ce bureau.

## PODSTRANA

Podstrana est une petite ville touristique beaucoup plus calme et tout aussi agréable que ses voisines. Elle se situe à seulement 8 kilomètres au sud de Split entre les rivières Zrnovnica et Mutogras. La ville est connue pour son vin et son huile d'olive, mais également pour son patrimoine culturel. Elle a su préserver son authenticité mais commence à être de plus en plus prisée ces dernières années. Les locaux aiment s'y rendre le week-end pour y trouver une offre meilleur marché et de meilleure qualité. La commune s'étend sur 9 kilomètres de petites baies, plages et criques, on y trouve un grand nombre d'anciennes villas, de palais de la Renaissance et de maisons de vacances. Les premiers colons connus ont été les Illyriens, tandis que la partie la plus ancienne de la ville a été nommée Pituntium. De nombreux monuments et des découvertes archéologiques témoignent de l'histoire mouvementée de la ville. Les amateurs d'histoire pourront visiter la vieille ville, la maison Cindro, le blason de la famille Cindro, l'église Saint-Georges-Perun, la statue en pierre de la Vierge, la statue de saint Antoine de Padoue, l'église Saints-Antoine-et-Roch, l'église paroissiale de vieux Podstrana, l'église Saint-Fabien, les vestiges d'une ancienne villa près de Notre-Dame-Sita et bien d'autres. Parmi les découvertes archéologiques, vous pourrez visiter les blocs mégalithiques des parois de Pituntija originaux, le monticule de Pišćenica, la section d'une mosaïque romaine sur l'ancien cimetière Saint-Martin, les châteaux illyriens (l'actuelle vielle ville), les vestiges d'un moulin à huile romain en pierre, le torse d'une divinité romaine, des villas de l'Antiquité tardive à Polača et bien d'autres.Les sportifs et les férus de loisirs pourront, par ailleurs, profiter de tous les sports nautiques, du beach-volley, du tennis et de nombreuses autres activités. Si vous préférez la cuisine dalmate, assurez-vous de visiter les restaurants San Antonio, Zlatni Lav, Martin et Dioklecijan.
Podstrana est un lieu idéal pour séjourner et visiter la région de Split ou mérite simplement d'être arpentée lors de son séjour à Split.

### Se loger

### Locations

#### ■ STIPE APARTHOTEL

Grljevačka 3b
+385 21 312595 e-mail : info@hotelstipe.com
✆ +385 21 312595
www.villa-stipe.com
info@hotelstipe.com
*Les appartement selon la superficie et le nombre de personnes, la nuit entre 35 € et 80 €. Chambres doubles de 30 à 50 € selon la saison.*
Cette maison d'hôtes récente, située à Podstrana non loin du Méridien Lav, à 400 mètres de la plage, propose 7 appartements bien équipés avec balcon ou terrasse. Des chambres également. Le jardin est agréable, le parking privé, gratuit. On peut aisément rejoindre le centre-ville grâce aux bus de ville qui s'arrête à 250 mètres de l'établissement. Excursions, commerces et restaurants à proximité.

■ **PANSION AMIGOS**
Grljevačka ulica 126 ✆ +385 21 336 070
www.amigos.hr
info@amigos.hr
*Ouvert de mars à novembre. À partir de 60 € pour 2 personnes. Offres spéciales à partir de 3 nuits, formules en demi-pension ou pension complète. Possibilité de transferts depuis l'aéroport.*
Idéalement placé à 9 kilomètres de Split, c'est une adresse recommandée pour apprécier la capitale dalmate les pieds dans l'eau. Vous pouvez rejoindre Split facilement en bus. Ce petit hôtel-restaurant ouvert sur la mer est une adresse pour un public cherchant un endroit plus calme, plus typique, la plage et des prix croates. L'équipe est incroyable, des gens passionnés de leur région et de leur métier. Ne pas louper pas le coucher de soleil. N'hésitez pas à vous renseigner sur les formules en demi-pension, car le soir vous n'aurez envie que d'une chose, y rester pour manger.

■ **VILLA JERKAN**
Sveti Martin 124/b
✆ +385 21 330 306 / +385 98 433 442
www.split-podstrana.com
jerko.bakota1@st.t-com.hr
*Du lundi au dimanche de 7h à 1h, chambre double à partir de 40 €.*
La villa est située à Podstrana, sur Sveti Martin, à une distance de 10 kilomètres de Split. Le bâtiment est situé juste sur la plage, à 15 mètres environ de la mer. Au rez-de-chaussée se trouve le bar. Dans la villa il n'y a pas de service de restauration. À l'étage, des chambres équipées et appartements. À une distance de 200 mètres de la villa, se trouve un supermarché et à 150 à 800 mètres trois ou quatre excellents restaurants proposant des spécialités nationales et internationales. Dans l'entrée, une grande terrasse de 70 mètres carrés avec des tables pour manger et s'amuser. La plage en contrebas est équipée de tout ce dont on peut avoir besoin pour prendre le soleil et se reposer, exclusivement pour les clients. Une villa littéralement les pieds dans l'eau !

■ **PANSION AMIGOS**
Grljevačka ulica 126 ✆ +385 21 336 070
*Voir page 344.*

■ **LE MÉRIDIEN LAV**
Grljevačka 2A ✆ +385 21 500 500
www.lemeridien-split.com
info-split@lemeridien.com
*Compter 85 à 180 € pour une chambre double standard selon la saison.*
Un hôtel de luxe 5-étoiles à 8 kilomètres au sud de Split, comptant 381 chambres et suites avec restaurants, bars et vue sur Split, la mer et les îles environnantes. On profite ici d'un cadre superbe, avec 800 m de front de plage et jardins paysagers. Les chambres sont spacieuses et confortables, les aménagements de loisirs incluent une piscine extérieure avec bassin pour enfants, des courts de tennis, un centre de sports nautiques ainsi que de nombreux autres équipements bien-être haut de gamme.

## OMIŠ ★★

À l'embouchure de la rivière Cetina, les trois montagnes escarpées (Omiška Dinara, Komorjak et Mosor) ont servi, pendant des siècles, de protection naturelle contre les ennemis. On renforce la position stratégique de la ville

naissante par la construction de la forteresse Mirabela (XIIIe siècle) et l'autre place forte (Strigrad) pour surveiller les environs. Mais très vite, les hauteurs d'Omiš deviennent une base stratégique pour les pirates de l'Adriatique. La majorité des monuments urbains furent construits sous domination vénitienne au XVIIe siècle. Dans le centre historique, qui a du caractère, on remarque l'église Saint-Michel, au portail orné de superbes sculptures baroques, les maisons élégantes en pierres de taille blanches, les églises et les places ombragées, l'ancienne promenade de la mer. Mais le plus impressionnant n'est-il pas le site naturel de la ville ? D'un côté, la rivière Cetina, beau sillon turquoise qui traverse la ville, est bordée de canyons vertigineux sur quelques kilomètres, puis les montagnes, les prairies et les forêts denses. Côté maritime, les plages et les rochers, les paysages méditerranéens secs, les vignobles, les oliveraies anciennes. Seule une vue aérienne donne l'ampleur de ce paysage d'une beauté extraordinaire.
Aujourd'hui, la station balnéaire s'est (trop ?) développée dans la ville moderne. Les amateurs de vacances animées et sportives, qui sont dans leur élément, trouveront tout type d'hébergements et de multiples activités.

## Pratique

### ■ OFFICE DE TOURISME (TURISTIČKA ZAJEDNICA GRADA OMIŠA)

Trg Kneza Miroslava b.b.
✆ +385021 861 350
www.tz-omis.hr
info@visitomis.hr
*Ouvert tous les jours en été.*
Cette agence dispose de multiples informations et documentations sur Omiš et sa Riviera. Elle peut vous renseigner sur l'hébergement, les prestataires de services pour la pratique des activités sportives sur la rivière ou en mer, sur les sentiers de trekking et les randonnées, les spots de plongée, etc.

### ■ OFFICE DE TOURISME (TURISTIČKA ZAJEDNICA GRADA OMIŠA)

Trg Kneza Miroslava b.b.
✆ +385021 861 350
www.tz-omis.hr
info@visitomis.hr
*Ouvert tous les jours en été.*
Cette agence dispose de multiples informations et documentations sur Omiš et sa Riviera. Elle peut vous renseigner sur l'hébergement, les prestataires de services pour la pratique des activités sportives sur la rivière ou en mer, sur les sentiers de trekking et les randonnées, les spots de plongée, etc.

## Se loger

**■ VILLA DVOR**
Misorska cesta 13
✆ + 385 21 863 444 / +385 98 316 400
www.hotel-villadvor.hr
info@hotel-villadvor.hr
*Chambre double la nuit entre 80 et 110 € (petit déjeuner inclus).*
Proche du canyon, qui domine la vieille ville, rive droite, à 100 m du pont enjambant la rivière Cetina, cet hôtel est l'étape inattendue que vous n'oublierez pas. 23 chambres très confortables dans un cadre naturel exceptionnel et des propriétaires très accueillants. Le plus, sur le toit-terrasse : les équipement bien-être et la vue splendide. Le restaurant de l'établissement saura aussi vous surprendre par la finesse de la cuisine et la qualité du service.

**■ VILLA SANJA****
Ivasnjak – Magistrala 15 ✆ + 385 98 813 186
sanja.mimica@gmail.com
*Chambres doubles, la nuit entre 20 € et 39,40 € pour 2 jours au minimum (petit déjeuner inclus).*
À 8 kilomètres au sud d'Omiš, dans la localité de Lokva Rogoznica, la Villa Sanja est construite à 100 m de la mer. Certaines chambres sont dotées d'un balcon, toutes possèdent un coin salon, avec télévision, connexion wi-fi gratuite, ventilateur et donnent accès à une cuisine commune. À l'extérieur, un espace repas ombragé, où l'on peut utiliser le barbecue de la maison (sur demande). A proximité, un restaurant, une épicerie, l'arrêt de bus. Plusieurs petites plages de galets, reliées par des sentiers de randonnée. Les propriétaires proposent d'organiser des excursions en bateau à destination de l'île de Brač ou des journées rafting et canyoning sur la rivière Cetina. Parking gratuit.

## Se restaurer

**■ KONOBA KREMENKO (FLINSTONE'S)**
Svinišće
✆ 021 864 477 / 091 250 8017
*Ouvert seulement en saison. Comptez 100 à 150 kn le repas.*
À 7 kilomètres d'Omiš, par une route sud-est qui longe la rivière Cetina, on arrive au village de Svinišće pour découvrir le site naturel magnifique de la konoba à moitié troglodyte. Impossible de la manquer ! Accroché à la montagne, l'endroit est connu des connaisseurs qui font l'effort de venir jusqu'ici. À l'intérieur, un cadre rustique tout de bois et de pierre apparente, alors que d'autres grandes tables en bois massif accueillent les visiteurs en dessous de la falaise. La cuisine traditionnelle du terroir se fait à l'étouffée, la viande cuite au four sous peka. En prime de la bonne balade, un accueil souriant, de bonnes portions et des prix abordables.

## À voir – À faire

**■ FORTERESSE DE MIRABELA** ★★
Utvrada Mirabella (Peovica)
*Ouvert tous les jours en été, entrée : 15 kn.*
Tel un nid d'aigle au-dessus de la ville et, par-delà, ses environs maritimes et monta-

## Sensations fortes sur la rivière Cetina

Si vos vacances doivent contenir une dose d'adrénaline pour être réussies, on ne peut que vous conseiller de séjourner à Omiš. Rares sont les villes en Croatie qui cumulent autant d'atouts naturels pour la pratique des sports de glisse, tout terrain et autres activités de plein air et en mer.

La Cetina, force hydraulique naturelle qui descend de la montagne Biokovo, a fait son chemin à travers les montagnes pour se jeter dans l'Adriatique, créant ainsi l'un des plus beaux canyons du pays, des chutes d'eau et des bassins, près du village de Zadvarje, où l'on peut se baigner. C'est l'une des meilleures rivières pour faire du rafting et du canyoning sur des eaux transparentes et très poissonneuses. La descente des rapides se pratique aussi à cheval ou à l'aide d'un câble, lancé à plus de 100 mètres au-dessus de l'eau. De même, les parois rocheuses sont idéales pour l'escalade libre et autres descentes en tyrolienne vertigineuses.

Les adeptes du trekking partent à travers champs et vignes de la Zagora dalmate, marchent au milieu des ruisseaux, prennent de l'altitude en montagne, entrent dans les villages et font un pause à Grapske Mlinice, où des vieux moulins se visitent, dans une bonne ambiance écolo-ethnologique.

Les joies balnéaires ne sont pas en reste ! À l'anse de Vruja, la plongée sous-marine réserve un spot mythique où l'eau douce et l'eau de mer se mélangent sur un site naturel exceptionnellement riche en poissons. Sans oublier la voile, le kayak au coucher du soleil ou le parapente sur la plage de sable.

gneux, la place forte fut élevée au Moyen Âge pour surveiller l'avancée des Ottomans. Mais ce sont les anciens pirates d'Omiš qui vont vraiment utiliser ce formidable belvédère. Les bandits des mers avaient de là-haut une parfaite visibilité sur les riches navires marchands vénitiens qui revenaient d'Orient et frayaient sur la côte. De là, ils voyaient sans être vus leurs victimes approcher, se précipitaient sur leurs embarcations rapides, cernaient le galion et assaillaient l'équipage avec leurs flèches jusqu'à se rendre maître à bord et s'emparer du butin. L'histoire de la ville est pleine de ces récits de piraterie. Au cours des siècles, la forteresse a résisté aux attaques des hommes, mais en 1998, la foudre la laisse en feu et presque complètement détruite. Deux décennies de restaurations plus tard, Mirabela est reconstruite et ouverte au public. Vous pouvez y monter à pied par une série d'escaliers. Votre ascension sera récompensée par la vue cavalière splendide : les toits rouges de la vieille ville, la côte, les îles, le canyon de la rivière Cetina, les montagnes.

■ **MALIK D.O.O.**
Josipa Pupačića 4
✆ +385 021 756 961 / + 385 95 822 22 21
zipline.croatia@gmail.com
*L'agence en centre-ville organise des activités sportives dans le canyon. 53 € la sortie par adulte.*
Dans ce cadre exceptionnel, une équipe de sportifs, composée de sauveteurs de montagne, alpinistes expérimentés, spéléologues et grimpeurs, avait un rêve. Mettre en place, une activité exaltante. Faire du *zipline* – traduisez « descente en tyrolienne » – par exemple ! Dans le canyon de la rivière Cetina, après une courte initiation, on se lance sur un câble suspendu d'une rive à l'autre. Montée d'adrénaline garantie… en toute sécurité bien harnaché au fil métallique. À vous le panorama naturel à 360 degrés et les sensations fortes de voler.

# SINJ

Au cœur de la vallée de la rivière Cetina, la ville est bâtie au pied des Alpes dinariques. Les fouilles dans les grottes des environs ont montré la présence de l'homme dès la préhistoire. Les soldats de l'empire romain s'y installèrent puis, au Moyen Age, Sinj fut le centre administratif de la région de la Cetina. Au XVI^e siècle, la ville fut largement occupée par l'armée ottomane avant de passer sous la domination vénitienne en 1699. Un couvent franciscain bâti au XVII^e par des moines de Rama, originaires de Bosnie-Herzégovine, a été maintes fois détruit par les invasions et un tremblement de terre, mais toujours reconstruit. Dans l'église, on conserve précieusement un tableau de la Vierge (Notre-Dame de Sinj), que les fidèles considère comme miraculeux.

# TROGIR

Au cœur de la Dalmatie, la cité portuaire, qui s'est établie entre les douces collines de la terre ferme et la péninsule de Čiovo, se découvre comme une petite Venise. C'est l'une des plus belles villes de l'Adriatique, inscrite au patrimoine culturel mondial par l'UNESCO. Très photogénique, elle est souvent choisie comme décor de film ou de vidéo. Mais Trogir n'est pas une ville musée. Active sur la côte et sur ses vingt îles voisines, elle possède une marina qui se remplit aux beaux jours. Dans les ruelles, on ne compte plus les restaurants et cafés et la forteresse médiévale, reliée à ses deux rives nord et sud par deux ponts, se visite comme un monument historique, mais se fréquente aussi pour les concerts et spectacles en plein air donnés en été.
Très fréquentés également, les villages et localités des alentours, dont les locations affichent complet dès le début de la saison. Le secteur du tourisme est d'ailleurs la première source de revenus de la région, devançant largement ceux de la pêche et de l'agriculture.

## Repères historiques

De tout temps, la position géographique de Trogir rend la cité très attractive. C'est l'une des premières villes fondées sur la côte adriatique. Les Grecs de l'île de Vis s'y installent les premiers au III^e siècle avant J.-C. puis ce sont les Byzantins qui la dominent, entre le VII^e et le XI^e siècles. Après une période de grande prospérité au XII^e siècle, la ville dut faire face aux multiples raids des troupes italiennes. A partir de 1420, elle subit l'influence de la Sérénissime notamment sur le plan culturel, artistique et architectural. Venise occupa la cité pendant quatre siècles jusqu'en 1797. On édifia des palais, maisons, tours et forteresses, autant de bâtiments qui entrent dans le patrimoine précieux de Trogir. Puis au début du XIX^e siècle, c'est Napoléon qui s'empare de la cité. Cette période française est marquée par l'amélioration des conditions de vie de la population *intra-muros*. On sent une certaines détente dans les relations intercommunautaires. Mais sous l'empire austro-hongrois, de 1814 à 1914, les habitants souffrent de la faim, des épidémies et la ville ruinée perdra de son prestige. Dans les années 1970, c'est l'avènement du tourisme sous l'ère titiste. S'amorce alors une période de prospérité qui dure jusqu'à la dernière guerre de 1991, qui met un terme à cette croissance. Une décennie plus tard, on a reconstruit et la forte animation estivale a repris.

*Trogir.*

**Où se baigner ?** Il n'y pas de plage dans le périmètre immédiat du centre historique, mais partout aux alentours vous trouverez des pontons ou des avancées dans la mer, des criques et des rochers. La première vraie plage est à quelques kilomètres de la vieille ville.

À 1,5 kilomètre à l'est de la ville, dans l'estuaire de la rivière, la plage de sable et de gravier de Pantan est ombragée par la pinède (bus 37, direction Split). Au sud de la presqu'île de Čiovo, à 5 kilomètres du centre-ville, la plage de gravier d'Okrug est la plus populaire et fréquentée. Longue de 2 kilomètres, elle est surnommée la Copacabana de Trogir. Sur place : des bars, des restaurants et un club de sport aquatique. Il y a aussi la plage privée naturiste du Coco's Club (plage de Medena) à Seget Donji, à 4 kilomètres de Trogir.

À environ 12 kilomètres de Trogir, à proximité du village de Slatine, la plage de Kava, un peu éloignée, a l'immense avantage de ne pas être bordée de grands bâtiments modernes. Pour y accéder, il faut rouler sur une route non goudronnée, à l'est après le village, sur 4 kilomètres.

## Transports

**En bus.** Trogir est situé à 28 km de la gare routière de Split. Le bus 37 relie les deux villes toutes les 20 minutes en semaine et toutes les 30 minutes le dimanche. Celui-ci s'arrête à l'aéroport de Split-Kaštela, qui se trouve à mi-chemin entre Split et Trogir. D'autres bus partent de Trogir pour Zadar et Šibenik. Ils desservent régulièrement tous les villages de la côte.

**En voiture.** Toute la vieille ville est en domain piéton. Un immense parking payant se trouve à l'entrée de la cité.

**En bateau.** Deux lignes maritimes font la navette Split/Trogir : celle d'Okrug Gornji-Ciovo/Trogir, toutes les heures, qui part de la plage de Copacabana, permet d'éviter les embouteillages de la route. Celle de Slatine-Ciovo/Split, rotation toutes les 30 minutes, va directement à Split.

## Pratique

**AVENTUR**

Put Brodograditelja 1

✆ +385 21 882 388

www.aventur-agency.com

aventur@aventur-agency.com

*Ouvert tous les jours en été.*

Proche de la marina, cette agence s'est spécialisée, sur le marché de l'occasion, dans la vente et location de bateaux pour la plaisance (voile, moteur, catamarans). Propose également la location de voitures et scooters, des solutions d'hébergement, des excursions, de billets pour les lignes maritimes Trogir-Split.

**Autre adresse : Marina :** ACI Trogir – Put Cumbrijana 22. Tel : + 385 21/881-544. email : m.trogir@aci-club.hr

### OFFICE DU TOURISME (TURISTIČKA ZAJEDNICA)

Trg Ivana Pavla II br 1
✆ +385 21 885 628
tztrogir.hr
tzg-trogira@st.htnet.hr
*Ouvert en été tous les jours de 8h à 21h, de 9 h à 16h en basse saison.*
Une agence dans la ville historique pour obtenir des renseignements sur les possibilités d'hébergement dans la ville, le nautisme local, les événements culturels et sportifs, les excursions, la liste des bons restaurants. Sur le site Internet, suivez l'agenda des spectacles.

## Se loger

La plupart des hébergements touristiques récents se trouvent en dehors de la vieille-ville, dans les quartiers environnants, sur la presqu'île de Ćiovo. Mais de nombreuses familles vous loueront une chambre ou un appartement au cœur de Trogir, qui sont souvent plus chères. Pensez à réserver à l'avance car Trogir reste l'une des stations balnéaires les plus convoitées de la côte adriatique.

## Locations

### APARTMANI KLAUDIJA

Tina Ujevića 1A
✆ +385 21 881 183 / +385 98 177 8466
www.klaudija.com
info@klaudija.com
Au début de l'île de Čiovo.
Un point de chute parfait pour profiter de Trogir, de Split et des alentours. Cette maison confortable entièrement rénovée est idéalement située puisqu'elle se trouve à deux pas du centre-ville, de l'autre côté du pont qui sépare la vieille ville et la promenade de l'île de Čiovo, dans un quartier beaucoup plus calme à côté de l'église Saint-Jacques. Le premier point fort est le parking, vu qu'à Trogir il n'y en a pas. Ici on peut facilement garer trois ou quatre véhicules, donc tous les locataires peuvent y stationner. Klaudija vous propose 2 appartements pour 4 et 6 personnes entièrement équipés et 4 chambres elles aussi équipées et de différentes tailles pour 2, 3 ou 4 personnes. Tous les hôtes peuvent profiter au premier étage d'une grande terrasse de 100 mètres carrés. C'est ici que l'on vous servira le petit déjeuner qui, au passage, est excellent. Vous pourrez également y cuisiner : un gril, des tables et des chaises sont à votre disposition. Enfin, ce que nous apprécions, c'est l'accès direct juste en bas de la maison aux navettes qui desservent quatre fois par jour Split ou encore les excursions pour vous rendre à Šolta, Drvenik, Hvar, Brač ou encore Vis.

## Bien et pas cher

### CAMPING ROŽAC

Okrug Gornji
✆ +385 21 806 105
✆ +385 98 457 664
www.camp-rozac.hr
booking@camp-rozac.hr
*En saison estivale, environ 15 € par personne pour l'emplacement tente et une voiture*
À 2 kilomètres de la vieille ville, sur une presqu'île (Rožac), le petit camping se trouve sur un terrain bien ombragé. Peut accueillir plus de 400 personnes, avec des emplacements tentes, mobile-homes et bungalows.

### CAMPING VRANJICA BELVEDERE***

Seget Vranjica
✆ +385 21 894141 / +385 21 798222
www.vranjica-belvedere.hr
vranjica-belvedere@st.t-com.hr
*Ouvert d'avril à octobre. À partir de 35 € par jour et par personne, en été, incluant l'emplacement tente et voiture.*
A environ 5 km à l'ouest de la ville, ce camping construit en terrasse sur une colline, qui surplombe la mer, a du charme. Vue splendide, nombreux équipements : tout est fait pour profiter de cet environnement exceptionnel. Possède également des appartements pour 4 ou 6 personnes.

### HOTEL MEDENA

Seget Donji
✆ +385 21 880 588
www.hotelmedena.hr
info@hotelmedena.com
*Chambres doubles de 30 à 85 € selon la saison et la catégorie.*

À proximité de la vieille ville, un établissement simple avec un bon rapport qualité/prix, ouvert toute l'année où vous trouverez forcément des disponibilités parmi les 630 chambres de l'hôtel. Face à la mer dans une forêt de pin, l'hôtel est bien situé pour profiter en famille de la côte, des restaurants, bars, boutiques, discothèques et des installations sportives de Trogir. Plage, parking et activités nautiques sont à disposition.

## Confort ou charme

### ■ APART HÔTEL RESTAURANT ASTORJA

Seget Vranjica
✆ +385 21 798270 / +385 21 798 260
www.apartmani-astoria.com
*Chambre double de 60 € à 90 € par jour selon la saison.*
À l'entrée de Seget Vranjica, qui jouxte Trogir, cet hôtel est ouvert depuis 2006. 6 appartements modernes avec cuisine équipée et des chambres doubles confortables avec balcons et vue sur la mer. La plage du Kamp Belvedere est à 200 m. Le patron, qui a fait ses armes en tant que cuisinier, apporte son savoir-faire sur une carte variée, qui mélange les saveurs locales à des plats internationaux (poissons, fruits de mer, pâtes, viande grillée). Le restaurant conserve dans sa cave à vins quelques bonnes bouteilles françaises.

### ■ HÔTEL CONCORDIA

Obala Bana Berislavića 22
✆ +385 21 885 400
www.concordia-hotel.net
concordia-hotel@st.htnet.hr
*De 67 € à 95 € la chambre double selon la saison*
Un hôtel 2-étoiles plutôt petit (11 chambres seulement) en plein cœur du centre historique, sur le front de mer, avec vue sur la marina. Cette demeure ancienne, construite il y a plus de 300 ans, a du charme. Des chambres, bien équipées, confortables, certaines rénovées.

### ■ HOTEL RESTAURANT TRAGOS

3 Budislaviceva
✆ +385 21 884 729 / +385 98 433 985
www.tragos.hr
info@tragos.hr
*Chambres de 102 € à 167 € selon la saison et la catégorie. Possibilité de réserver la pension complète.*
Ancien palais baroque du XVIIIe siècle, transformé en hôtel du centre historique. Les propriétaires, qui ont su faire vivre l'immeuble ancien, sont très accueillants. Installez-vous confortablement à Šibenik, Nin, Zadar… dans l'une des 14 chambres portant le nom d'une ville croate. Cour fleurie pour les repas en extérieur. Au menu, la cuisine dalmate, le poisson sous forme de *paštica*, par exemple. Les jeudis soir, le dîner traditionnel (5 plats et verres de vins régionaux) s'apprécie dans une ambiance musicale.

### ■ HÔTEL SVETI KRIZ

Ulica Domovinske Zahvalnosti 1
✆ +385 21 888 118
www.hotel-svetikriz.hr
hotel-sveti-kriz@st.t-com.hr
A environ 2 km de la ville de Trogir, bien desservie par un bus.
*La chambre selon la saison et la catégorie de 77 € à 142 € la nuit.*
Construit dans une pinède, en bordure de mer, au nord-est de la presqu'île de Ćiovo, l'hôtel possède 40 chambres et appartements agréables, propres et bien décorés. Les logements ont vue sur la mer ou sur la forêt. L'accueil est sympathique et on parle français !

Établissement bien équipé également avec un centre de rééducation musculaire, de wellness, de fitness, une piscine extérieure et intérieure et un parking.

### ■ HOTEL VILA TINA

Cesta domovinske zahvalnosti 63
✆ +385 21 888 305 / +385 21 888 401
www.vila-tina.com
hotel-vila-tina@st.t-com.hr
*Chambres doubles selon la saison de 59 € à 97 € la nuit (petit déjeuner inclus).*
A l'est de la péninsule de Čiovo, dans le village Arbanija, un petit hôtel dans un bâtiment moderne aux chambres spacieuses et lumineuses. Elles sont confortables (air conditionné, frigo, téléphone, télé satellite, sèche-cheveux). Des équipements bien-être récents augmentent l'offre (bain bouillonnant, sauna) et il suffit de traverser la route pour accéder à la plage. Sur place, un restaurant avec une grande terrasse donnant sur la mer propose des plats de poissons. Parking juste devant l'hôtel.

### ■ VILLA CARRARA

15 Gradska
✆ +385 21 881 075
www.villa-carrara.com
trogirsobekarara@email.t-com.hr
*La nuit en chambre double selon la saison de 59 € à 124 € (petit déjeuner inclus).*
Cet hôtel familial, niché dans un bâtiment ancien classé au patrimoine de l'UNESCO, bénéficie d'un emplacement exceptionnel sur l'une des places du centre-ville. De l'accueil au style des sept chambres, l'expérience est unique. Chaque chambre, dans sa propre décoration et configuration, offre la vue imprenable sur la ville.

## Luxe

### ■ HÔTEL RESTAURANT PAŠIKE

Sinjska BB
✆ +385 21 885 185
www.hotelpasike.com
info@hotelpasike.com
*Chambres et suites de 60 € à 950 €, 850 kn la nuit selon la saison et la catégorie (petit déjeuner inclus).*
Dans la veille ville, cet hôtel appartient à la même famille depuis plusieurs générations. Ici tout rappelle le temps ancien, le personnel en costume folklorique, les chambres décorées avec des meubles rustiques restaurés, chacune avec son harmonie chromatique. Une bonne adresse si l'on aime la tradition. Le restaurant sert des spécialités régionales originales, basées sur des recettes du terroir soignées qui, elles aussi, sont séculaires. Pour le confort moderne, douche hydromassante dans la salle de bains, Wi-fi gratuit, etc.

## Se restaurer

### Bien et pas cher

#### ■ CALEBOTTA BAR & RESTAURANT

Gradska 23
✆ +385 21 79 64 13
www.calebotta.com
*Ouvert toute l'année de 7h à minuit. Comptez une vingtaine d'euros pour entrée + plat ou plat + dessert.*
C'est le nouveau restaurant de la vieille ville. En plus d'un concept novateur, c'est la beauté et l'histoire de cette superbe demeure en plein cœur de Trogir qui nous ont charmés. À sa construction en 1920, elle servait de cinéma, l'un des premiers en Croatie, puis de pharmacie centrale. La dernière génération a rénové la bâtisse et l'a transformée en un restaurant contemporain ouvert d'une part sur la petite place de Trogir et de l'autre sur le jardin privé, l'un des plus grands et des plus agréables de la ville. Une bonne adresse si vous souhaitez changer de la traditionnelle *konoba*. Vous y trouverez une cuisine semblable, mais plus moderne, les plats traditionnels revisités vous seront servis avec une belle sélection de vins croates, notamment de la région de Trogir. Une bonne adresse afin de vivre une expérience dalmate différente et plus moderne et savourer des produits locaux finement sélectionnés.

#### ■ KONOBA BOKUN

Šubićeva 34
✆ +385 761 053 638
✆ +385 915 493 165
alexkordalov@yahoo.fr
*Ouvert tous les jours en saison de 8h à minuit sans coupure. Compter 25 à 35 € pour un repas complet.*
Une bonne adresse à deux pas de la forteresse de Kalemengo pour déguster une cuisine croate traditionnelle dans l'ambiance conviviale de la cour. Le service est diligent et le grill tourne à plein en soirée, notamment pour préparer le poisson frais. L'épouse d'Alex, le patron, est française, donc on retrouvera certains jours une petite teinte hexagonale aux plats proposés.

### Bonnes tables

#### ■ ALKA RESTAURANT

15 Bl. Augustina Kažotića
✆ +385 21 881 856
www.restaurant-alka.hr
ante.sk@restaurant-alka.hr
*A partir de 20 € le menu à la carte.*
Ce restaurant familial, créé en 1966, est une institution. Dans la salle intérieure ou sous le toit-terrasse, les tables joliment dressées sont un peu serrées mais invitent à découvrir l'établissement. Possibilité de déguster les spécialités de l'Adriatique ainsi qu'une cuisine internationale, des grillades de viandes et poissons. Bonne sélection des vins.

#### ■ CALEBOTTA BAR & RESTAURANT

Gradska 23
✆ +385 21 79 64 13
*Voir page 352.*

#### ■ HÔTEL RESTAURANT PAŠIKE

Sinjska BB
✆ +385 21 885 185
*Voir page 351.*

#### ■ RESTAURANT ČELICA

Otok Čiovo
✆ +385 21 882 344
✆ +385 91 513 1151
*Ouvert tous les jours midi et soir. Environ 150 kn le repas.*
Au pied du pont qui relie Čiovo à la presqu'île de Trogir, sur la rue Lučica, le restaurant est installé sur la rive dans un ancien car-ferry en bois qui a fait la rotation sur les îles dalmates pendant plusieurs dizaines d'années, redouté pour sa plateforme dangereuse sur laquelle plusieurs voitures ont glissé avant de finir à l'eau.
Depuis, il reste à quai, tout a été sécurisé, recouvert de lattes en bois et décoré dans un style nautique, bien entendu. Les recettes sont également celles de marins. On y cuisine comme en mer : le plus simplement possible et toujours avec du poisson frais pêché par le propriétaire et son fils.

### ■ RESTAURANT LUČICA
Lučica 7
21 220 Trogir
✆ +385 21 885 633
*Ouvert tous les jours de 9h à minuit. Environ 100 kn le plat.*
Pour ceux qui veulent éviter la foule des touristes en haute saison, ce restaurant en dehors de la vieille ville, en face de la marina, propose une carte variée : poisson, viande, spécialités adriatiques et italiennes. Attention ! Pressés s'abstenir, le service peut être lent.

### ■ RESTAURANT VANJAKA
7 Rodovanov Trg
✆ +385915038734
www.restaurant-vanjaka.com
info@vanjaka.hr
*En été, ouvert tous les jours midi et soir. Compter entre 70 kn et 130 kn le plat. Assiette végétarienne à 80 kn.*
Sur une placette du vieux Trogir, derrière la cathédrale, un petit restaurant où vous dégusterez les grands classiques de la cuisine croate, des produits frais de saison, servis par un personnel souriant. A goûter, l'assiette du pêcheur avec poisson blanc, moules, coques et langoustines à la nage dans un bouillon de tomates aillé, accompagnée de galettes de polenta. Une adresse aux recettes originales, qui change de la classique konoba à touristes et autres restaurants du bord de mer. A l'étage, des chambres et appartements à louer.

## Sortir

### ■ CAFÉ BAR KORADO
Hrvatskih Mucenika 4
*Ouvert jusqu'à 3h.*
Un bar à cocktails toujours très populaire en centre-ville.

### ■ INTERMEZZO BAR
Ribarska 3
*Ouvert tous les jours jusqu'à 3h.*
Un bar sur le front de mer où l'on vient en journée (musique lounge assez commerciale) et surtout pour danser le soir avec une vue imprenable sur l'Adriatique. Un DJ assure l'ambiance. La clientèle est plutôt jeune.

### ■ SMOKVICA
Radovanov Trg 9
www.smokvica.com
smokva@st.t-com.hr
*Ouvert tous les jours jusqu'à minuit.*
Juste derrière la cathédrale, une bonne adresse pour boire un verre et profiter l'été des concerts organisés sur la place. La musique y est forte, et la carte des cocktails abondante.



## À voir – À faire

Pour pénétrer dans la vieille ville par la route dans le prolongement de la voie côtière, il faut passer la porte nord (Porta Terrae Fermae), dite de la terre ferme. Cette entrée principale est accessible par un petit pont de pierre, qui plonge d'emblée le visiteur dans un cadre historique admirablement préservé. Au-dessus de la porte, trône une sculpture de saint Jean l'Evangéliste, saint patron de Trogir. À l'angle de la poste, la rue principale continue jusqu'à la place Trg Ivana Pavla II, d'où l'on peut admirer la cathédrale. La porte sud (Porta Civitatis), aux larges battants en bois clouté, est dotée sur le côté droit, d'une petite loggia. Traditionnellement, les visiteurs retardataires, ceux qui arrivaient après la fermeture de la cité close, pouvaient s'y reposer. Elle a été depuis transformée en marché aux poissons.
Autre époque, autre ambiance : la riva actuelle de Trogir est un passage obligé. Très fréquentée, cette promenade de bord de mer été réaménagée pour le confort des nombreux cafés et restaurants adossés aux remparts. A quai, les yachts au luxe clinquant gâchent un peu le paysage. Dommage ! En résumé, une superbe cité lacustre, au riche patrimoine historique, un décor de film de capes et d'épées, un mélange de Moyen Age, Renaissance et de Saint-Tropez !

## Patrimoine classé, tous les styles respectés

Comme plusieurs villes anciennes bâties sur le littoral croate (Split, Stari Grad à Hvar, Dubrovnik), Trogir constitue un exemple remarquable de continuité urbaine et historique. Sur le site insulaire, la cité close s'est développée dans le respect des fondations hellénistiques, romaines, médiévales, Renaissance, baroques et classiques. Les plans originels des époques successives ont été préservés avec un minimum d'interventions modernes. Chaque aspect de la vieille ville symbolise la trajectoire qu'elle a suivie dans son développement social et culturel. Pour l'UNESCO, c'est le critère fondamental pour inscrire une ville ou une partie d'elle sur la liste du patrimoine mondial. Trogir est entrée dans le classement en 1997.

### ■ CATHÉDRALE SAINT-LAURENT (KATEDRALA SVETOG LOVRO) ★★

Trg Ivana Pavla II

*Ouverte tous les jours, en semaine de 8h à 20h, d'avril à septembre, les dimanches après-midi. Tarif 25 kn.*

Edifiée pendant quatre siècles sur les fondations d'une ancienne basilique détruite par les Sarrasins en 1123, la cathédrale est le monument le plus élevé de la ville historique. Une architecture harmonieuse de style roman, avec plan basilical à trois nefs, la distingue. Le portail de la cathédrale est l'œuvre du sculpteur Radovan (1420). Les sculptures d'Adam et Eve viennent d'être restaurées. Il est possible de monter au sommet du clocher pour admirer la vue.

### ■ COUVENT DOMINICAIN DE LA SAINTE-CROIX (DOMINIKANSKI SAMOSTAN I CRKVA SV. KRIŽA) ★★

Čiovo

*Visite de l'église, du cloître et parc. Entrée 25 kn*

Fondé en 1265, ce couvent fut terminé au XIVe siècle pour une communauté de frères albanais qui y vivaient avec leurs familles et travaillaient la terre. De facture classique, l'ensemble monastique est rayonnant, avec son église, surmontée d'un campanile de style roman, la crypte, les colonnes, arcades et chapiteaux aux décorations florales, mais aussi le cloître et la fontaine, le parc où il fait bon méditer… Le rapport d'une visite apostolique mentionne qu'un crucifix en bois, œuvre de Juraj Petrović, de Trogir, faisait l'objet d'une grande dévotion, tout comme les fragments de reliques de plusieurs saints. Grâce à sa bibliothèque, le couvent s'institua comme un haut lieu de formation, où Augustin Kažotić (1260-1323), l'un des premiers théologiens croates, avait sa chaire. Au cours de la guerre de 1991, il fut l'un des quatre couvents dominicains de Croatie à être bombardé… et reconstruit depuis.

### ■ COUVENT ET ÉGLISE SAINT-NICOLAS (SAMOSTAN I CRKV SVETOG NIKOLE) ★★

Gradska 2

A l'intérieur du couvent Saint-Nicolas-des-Bénédictines

*Ouvert tous les jours de 10h à midi et de 16h à 18h. Entrée 25 kn.*

Dans ce couvent des Bénédictines, on découvre un gracieux cloître gothique vénitien, une belle collection d'art sacré chrétien : tableaux, statuaire religieuse comme cette Madone du XIIIe siècle, ce Christ en croix expressionniste… Mais la pièce maîtresse reste le haut-relief en marbre de Kairos figurant le dieu du Temps et de l'Instant présent, datant de l'époque pré-hellénistique. Trouvée en 1928, cette sculpture hiératique remonterait au IVe ou IIIe siècle avant J.-C.

### ■ FORTERESSE DE KAMERLENGO ★★★

Tvrđava Kamerlengo

www.tztrogir.hr

*Ouverte de mai à octobre de 9h à 23h, tarif 20 kn.*

Sur la partie sud-ouest de l'île, la forteresse fut construite par les Vénitiens au XVe siècle pour servir de base marine et augmenter le système défensif de la ville déjà en place. Plutôt en mauvais état au XIXe siècle, la place forte fut finalement rénovée après la Seconde Guerre mondiale. Aujourd'hui, le lieu est devenu un centre culturel, avec un théâtre et un cinéma en plein air. Pour admirer la vue, il est possible de monter, en journée, sur les fortifications ou même la nuit lorsqu'il n'y a pas d'événement. Pour l'agenda des spectacles, voir sur le site Internet de la ville. Lors de vos balades, vous noterez au nord-ouest de la vieille ville une tour construite à la même époque. Avec la forteresse, celle-ci faisait partie d'une puissante ligne de défense de la partie ouest de Trogir.

### ■ MUSÉE DE LA VILLE (MUZEJ GRADA TROGIRA) ★★

Gradska vrata 4

✆ +385 21 881 406
www.trogir.hr
tajnica@trogir.hr
*Ouvert de 9h à 14h d'octobre à mai et de 10h à 17h en saison touristique. Entrée : 15 kn.*
Installé dans l'ancien palais Garagnin-Fanfogna, le municipal municipal présente le patrimoine de la cité portuaire à travers son aspect historique, politique, culturel et artistique. On y trouve une collection permanente d'objets archéologiques, des sculptures,, des livres illustrés, des lithographies et autres documents. Des expositions d'artistes régionaux contemporains complètent la visite. Une bonne façon d'en apprendre plus sur Trogir, classé au patrimoine mondial de l'UNESCO.

**■ PINACOTHÈQUE (PINAKOTEKA) ★★★**
Crkva Svetog Ivana Evanđelista
*En été ouvert tous les jours de 9h à 20h. Le reste de l'année, horaires plus variables. Tarif : 20 kn.*
Pour compléter la découverte artistique de la ville, ce musée d'art sacré, installé au premier étage de la maison sacerdotale de l'église Saint-Jean-l'Évangéliste, présente une belle collection d'œuvres picturales, dont le fameux polytique de Blaž Jurjev Trogiranin, dit Blaise de Trogir (1395-1449), le plus illustre représentant de l'école dalmate de peinture gothique tardive. À voir également, des peintures de Quirizio da Murano ou encore de Gentile Bellini, ainsi que des manuscrits en provenance des églises de Čiovo et Trogir.

## Sports - Détente - Loisirs

**■ TROGIR DIVING CENTER**
Pod Luku 1
✆ +385 21 886299
www.trogirdivingcenter.com
La base se trouve dans la petite localité d'Okrug Gornji près de Trogir.
*Ouvert du début avril à la fin octobre.*
Ce centre de plongée propose des sorties en mer sur des sites intéressants proches de Trogir, par exemple l'île de Šolta et le versant sud de l'île de Čiovo. La direction organise des excursions, loue des bateaux, du matériel nautique et des hébergement à proximité.

# SEGET DONJI

Un petit village de pêcheurs entre la mer et la route côtière, fondé par un noble originaire de Trogir en 1564. Inspirée du palais de Dioclétien à Split, la ville est fortifiée avec une muraille et des tours rondes. Dans le centre historique, une église baroque abrite une croix en bois peinte qui date du XIVe siècle.

**■ APARTMENTS BARISIC**
Hrvatskih zrtava 404
✆ +385 98 39 78 08
drazen.jet@gmail.com
*Selon la superficie et la saison location entre 28 € et 505 € la nuit.*
A 10 minutes du centre historique de Trogir en taxi-bateau, des locations de vacances balnéaires, bien conçues pour un séjour dans la région de Dalmatie centrale. Dans un cadre paisible tout près de la plage de Medena, ces différents appartements sont bien équipés pour un couple, une famille ou un groupe de 4, 6 ou 8 adultes, avec 2 chambres et 1 studio avec cuisine. N'hésitez pas à demander la vue sur mer.

**■ COCO'S CLUB**
Plage de Medena
✆ +385 98 397 808
Cette plage privée naturiste (entrée payante) se situe à 10 minutes de Trogir en taxi bateau. C'est la plus proche et la plus jolie du coin. Possibilité de louer une chaise longue à la journée, de se restaurer sur place, en formules snack ou à la carte (poisson grillé, salade de poulpes, risottos...). Les amateurs de sports nautiques pourront louer des jet ski, un pneumatique, une bouée, faire du parachute ascensionnel.

**■ RESTORAN PEĆINA**
Ulica Hrvatskih žrtava 360
✆ 385 21 880 724
*Restaurant-grill et live music, ouvert tous les jours en saison. Plat à partir de 110 kn.*
Manger dans une grotte ? Pourquoi pas ! En tout cas, ce fut l'idée de la direction qui s'est installée dans une grande cavité naturelle avec tables et chaises en bois. Avant cela, on a nivelé et carrelé le sol, amené l'électricité pour un éclairage façon torche, apporté des tonneaux à vins pour décorer.
Une ambiance post-préhistorique bien restituée ! Ici, bien sûr, on mange rustique. Les spécialités ? Les viandes grillées à la broche, les pommes de terre en robe des champs, roulées dans la braise, le plat *peka* pour faire mijoter légumes, morceaux d'agneau et de porc longuement (pour 8 personnes). Pour ceux qui préfèrent rester à l'air libre, il y a des tables à l'extérieur.

# MARINA

Le village de Marina fut construit en 1500, lorsque l'évêque de Trogir, pour protéger les villageois, réclama la construction d'une tour sur l'eau. On a restauré ses murs et c'est devenu un hôtel !

# KAŠTELA

Entre Trogir et Split, Kaštela s'étire sur la côte septentrionale d'une baie qui porte le même nom. En 1995, la localité s'est instituée ville en réunifiant sept villages alentour, autant de ports où l'on a construit des châteaux fortifiés, ayant appartenu autrefois à des familles bourgeoises de la région. Compte tenu de la menace ottomane, les édifices furent reliés par une muraille afin de protéger la côte. Ils sont aujourd'hui utilisés comme résidence secondaire ou comme hôtel. Cette agglomération originale est une destination touristique agréable, préservée de l'extension des villes voisines.

## Pratique

### ■ OFFICE DU TOURISME

Dvorac Vitturi, Brce 1
Kaštel Lukšić
✆ +385 21 228 355
www.kastela-info.hr
Vous y trouverez toutes les informations concernant l'hébergement, les restaurants, les activités et les excursions, entre terre et mer, que l'on peut faire de l'une des sept communes formant Kaštela.

## À voir – À faire

En plus des plaisirs balnéaires (plages, jeux nautiques, excursions dans les îles, plongée, voile), on peut visiter les châteaux, églises et jardins botaniques qui jalonnent Kaštela. On peut se promener dans la campagne à travers les champs d'oliviers ou de cerisiers, dans les vignobles, faire de la randonnée dans les montagnes de Kozjak, d'Opor et de Trečanica.

### ■ MUSÉE MUNICIPAL

Musej Grada Kaštela
Brce 1
✆ +385 21 260 245
✆ +385 21 260 246
www.muzej-grada-kastela.hr
musej-grada-kastela@st.t-com.hr
*Horaires d'été du lundi au samedi de 9h à 20h. Le dimanche, fermeture à 13h. L'hiver fermeture à 16h, les lundi, mercredi et vendredi à 19h, les mardi et jeudi et à 13h le samedi. Fermé le dimanche. Entrée : 15 kn.*
Dans le château de Vitturi, vous trouverez l'office de tourisme de la ville ainsi que le musée municipal. Créé en 1999, il bénéficie d'une muséologie récente mettant bien en valeur les collections archéologiques, historiques, ethnographique et modernes. L'art contemporain a aussi sa vitrine. Dans la bibliothèque du musée, on compte 2 300 titres (livres, périodiques et magazines spécialisés). L'agenda des ateliers d'art plastique et des événement culturels est à suivre sur la page Facebook du musée.

# MAKARSKA

Sur la route côtière entre Split et Dubrovnik, la riviera de Makarska se déploie sur près de 60 km. Cette région dalmate a une histoire assez originale puisqu'elle fut, en 1498, la première à passer sous la domination de l'Empire ottoman. Puis, comme les autres parties du littoral, elle tombe aux mains des Vénitiens et, un pour court temps, des troupes napoléoniennes.

*Ville de Makarska.*

En 1962, à la suite d'un grand tremblement de terre, on décida d'orienter la reconstruction des infrastructures vers la nouvelle manne économique de l'Adriatique, le tourisme. Dans les principales stations balnéaires de la riviera de Makarska (Brela, Baška Voda, Tučepi et Podgora), l'immobilier uniformisé, conçu pour l'accueil massif de touristes estivaux, a quelque peu défiguré la côte. Certaines localités ont réussi à garder une proportion humaine dans leurs constructions de complexes hôteliers. Le charme demeure dans les petits ports de Bratuš et de Pisak, où l'on trouvera un club de plongée. Sur la côte sud, après Podgora, Igrane, Živogošće, constitué de trois petits villages séparés (Porat, Mala Duba et Blato), on s'arrête à Dvernik où la grande baie paisible a donné lieu à la construction d'un port. Dans cette petite station balnéaire à l'ancienne, un ferry fait la liaison avec l'île de Hvar, des bateaux rapides descendent sur Trpanj (presqu'île de Pleješac) ou sur Vela Luka (Korčula). Par la route, on va aussi facilement en Bosnie-Herzégovine, à Dubrovnik qu'à Split. La position centrale de Makarska en fait un lieu de villégiature moins répéré par les guides touristique et pourtant intéressant pour sillonner facilement la Dalmatie et ses archipels.

## Transports

De Makarska, on peut se rendre en bus jusqu'à la gare ferroviaire de Ploče (15 minutes) et prendre le train quotidien pour Zagreb. L'occasion de visiter les terres, la Bosnie-Herzégovine, de remonter la rivière Neretva, de faire un arrêt à Mostar ou à Sarajevo.

■ **GARE ROUTIÈRE (AUTOBUSNI KOLODVOR)**
Ante Starčevića 30
✆ +385 21 612333
Avec plusieurs liaisons quotidiennes, le réseau de bus relie les villes principales du nord au sud du pays (Šibenik, Zadar, Split, Ploče, Dubrovnik, Zagreb) ainsi que la Bosnie-Herzégovine.

■ **PORT FERRY MAKARASKA – SUMARTIN (BRAČ)**
Obala Kralja Tomislava
✆ +385 21 338333
www.jadrolinija.hr
4 à 5 fois par jour, un ferry fait le trajet entre Makarska et l'île de Braç (entre 1h30 et 2 h de traversée).

■ **TAXI**
✆ +385 98 539 035
www.taxi-makarska.com
marijo.sapit@st.htnet.hr
Un service taxi bien utile dans cette ville assez étendue.

## Pratique

■ **OFFICE DU TOURISME (TURISTIČKA ZAJEDNICA)**
Obala Kralja Tomislava 16
✆ +385 21 612002
www.makarska.com
tzg-makarska@st.t-com.hr
*Ouvert en été tous les jours de 8h à 21h, hiver jusqu'à 15h.*
Dans cette agence municipale, demandez le guide gratuit et le plan de la ville. Des informations sur l'hébergement à Makarska et riviera, des idées d'excursions.

## Se loger

### Locations

■ **APARTMANI JOHNNY**
Donja Vala 3, Dvernik ✆ +385 911 818 380
ikotanic@yahoo.com
*Studio pour deux personnes à partir de 40 € en été.*
Sur la Riviera de Makarska, si l'on décide de séjourner ailleurs que dans les grands complexes hôteliers, la formule chez l'habitant, en locations saisonnières privées, présente des avantages, celui de l'indépendance avant tout. Dans l'immeuble de Johnny et Christine Kostanić, par exemple, les appartements sur trois étages ont tous un balcon, avec vue sur la mer ou la montagne Biokovo. Tous sont équipés d'une kitchenette fonctionnelle, du coin salon avec télé et Wi-fi gratuit, d'une ou deux chambres selon le nombre de résidents. Le plus, c'est l'accueil sympathique des jeunes propriétaires et Christine qui parle français.

### Bien et pas cher

À Makarska, d'innombrables propositions d'habitations saisonnières alternent entre complexes hôteliers, hotels indépendants, hôtels de luxe, aparthotels, locations privées (villas, appartements, chambres), pensions familiales, etc. Mais si vous recherchez plus de calme et moins de béton, descendez sur la Riviera sud en direction de Drvenik. La côte est redevenue plus sauvage : plusieurs petits ports, bien aménagés pour le tourisme, avec divers hébergements et des campings, entre montagne et mer, qui garantissent un meilleur contact avec la nature.

■ **CAMPING DALMACIJA**
Hrvatskih Domoljuba
Zaostrog ✆ +385 21 629 300
www.dalmacija-zaostrog.com
*Environ 60 kn la nuit par personne (tente et emplacement).*

Sur la Riviera de Makarska, dans la localité de Zaostrog, après Dvernik, un camping d'une capacité de 500 personnes, avec restaurant à proximité de la plage. Autour du terrain bien aménagé, des aires de jeux, cafés, restaurants et boutiques, le tout accessible à pied.

**■ CAMPING DOLE**
Živogošće
✆ +385 21 628 749
www.campdole.com
*Environ 11 € par jour et par personne en haute saison (emplacement tente et voiture).*
Sur la Riviera de Makarska, à quelques kilomètres au sud de Podgora, un camping sur un grand terrain arboré, à proximité d'une belle plage. Une partie est réservée aux naturistes.

**■ HÔTEL BIOKOVO**
Obala Kralja Tomislava 14
✆ +385 21 615 244
www.hotelbiokovo.hr
info@hotelbiokovo.com
*Ouvert toute l'année. Entre 62 € et 156 € la chambre selon la saison et la catégorie.*
Situé sur la promenade du bord de mer, l'hôtel propose des chambres avec balcon et vue sur la mer, sur la cour intérieure au calme ou sur la montagne Biokovo. Très bon petit déjeuner sous forme de buffet à volonté. Bon restaurant.

**■ HÔTEL MAKARSKA**
Potok 17
✆ +385 21 616930
www.makarska-hotel.com
vuleticz@makarska-hotel.com
*Chambre entre 63 € et 107 € selon la saison et la catégorie (petit déjeuner inclus).*
En centre-ville, un petit hôtel familial avec des chambres doubles, un dortoir 10 lits, des espaces communs (cuisine, terrasse). Les propriétaires vous accueilleront chaleureusement.

## Confort ou charme

**■ HÔTEL PORIN**
Marineta 2
✆ +385 21 613 744
www.hotel-porin.hr
info@hotel-porin.hr
*Chambres de 72 € à 197 € selon la catégorie et la saison.*
Sur le port, en plein centre, un petit hôtel logé dans un palais néomédiéval du XIXe siècle, ayant appartenu à la famille Kačić-Peko. Il s'agit de l'ancienne librairie de Makarska devenue propriété privée en 2002.

**■ ROKO APARTMENTS & RESTAURANT**
43 Branimirova obala 43 21327
Podgora
✆ +385 91 56 99 321 / +385 91 78 44 329
www.roko.hr
info@roko.hr
*Selon la superficie et la saison entre 50 € et 90 € la nuit.*
Sur la Riviera de Makarska, situé sur la promenade de Podgora à 5 minutes, un immeuble avec trois appartements de 50 à 90 m$^2$ modernes et bien équipés, qui s'augmentent d'une grande terrasse et d'une belle vue. Depuis plus de 30 ans, la famille Krzanic tient aussi un restaurant réputé. Au menu, poissons ou viandes (très bon biftek !).

## Luxe

**■ HÔTEL METEOR**
Kralja Petra Krešimira IV bb
✆ +385 21 602 600
www.hoteli-makarska.hr
marketing@hoteli-makarska.hr
*La chambre selon la saison et la catégorie de 80 € à 214 €.*
Gros complexe hôtelier avec tout le confort et l'uniformatisation de ce genre d'établissements balnéaires. Sur place, chambres confortables, centre de bien-être, sauna, fitness, piscine, court de tennis, commerces, restaurant et bar de nuit.

**■ VILLA ANDREA**
Kamena 46
TUČEPI
✆ +385 21 695 240
www.villa-andrea.info
villa-andrea@villa-andrea.info
À 5 km au sud du centre de Makarska.
*Ouvert toute l'année. Chambres selon la saison et la catégorie de 63 € à 539 €*
Ce charmant petit hôtel familial de 18 chambres se situe au cœur de la Riviera de Makarska, entre Makarska et Podgora, à quelques kilomètres du vieux village de Tučepi. Si vous avez envie de découvrir la région, c'est bel et bien l'endroit que nous vous recommandons, tant pour y séjourner que pour s'y restaurer. L'établissement en bord de mer est ouvert sur l'une des plus belles plages de Croatie. On aime le cadre et le confort qui invitent à la détente et à la sérénité. De superbes chambres, un centre spa et bien-être, un bon restaurant, une terrasse avec vue imprenable, une vraie cave à vin, bref un arrêt obligatoire pour se ressourcer entre Split et Dubrovnik.

Retrouvez l'index général en fin de guide

## Se restaurer

### ■ IL GOLFO
Kralja Petra Kresimira 13
✆ +385 98 719 967
*Ouvert tous les jours midi et soir en saison estivale. Plats à partir de 70 kn.*
Un restaurant de bord de mer, avec une terrasse au bout du quai et des tables installées sur un ponton, c'est l'expérience à tenter. Si vous n'avez pas réservé (dommage !), vous aurez sans doute la chance de saisir une place sur le quai (très romantique aussi !) Avec un tel emplacement, les plats de poissons et crustacés sont recommandés. Sur la carte également, des pizzas, des viandes grillées, des salades… et des crêpes au dessert !

### ■ KONOBA KALALARGA
Kalalarga 40
✆ +385 98 990 29 08
*Ouvert toute l'année. Réservation conseillée. Plats à partir de 50 kn.*
Dans une ruelle piétonne de la vieille ville, éloignée de la promenade de la mer trop animée, ce restaurant propose une cuisine dalmate traditionnelle, des produits de la mer, poissons et crustacés frais, avec suggestion du chef qui change chaque jour. Le service est lent, contre-partie de la qualité sans doute. Le bon vin maison fait patienter. Une taverne balnéaire où l'on mange avec autant de plaisir dans la salle intérieure qu'à l'extérieur.

### ■ RESTAURANT OLIVE TREE
Villa Andrea
Kamena 46
TUČEPI
✆ +385 21 695 240
www.villa-andrea.info/olivetree
villa-andrea@villa-andrea.info
À 5 km au sud du centre de Makarska.
*Entrée + plat ou plat + dessert autour de 20 €.*
C'est le restaurant de la villa Andrea, l'adresse où nous vous invitons à vous arrêter pour dîner ou déjeuner. Le cadre est idyllique, que ce soit en pleine journée lorsque la mer est encore éclatante avec son bleu turquoise cristallin ou en soirée lorsque le soleil plonge dans la mer. Le coucher de soleil est à couper le souffle. Mais ce qui nous plaît, c'est le calme, la beauté de l'endroit et les assiettes ! Cuisine raffinée : une famille de passionnés vous offre une réelle experience culinaire. Laissez-vous inviter par le propriétaire pour aller découvrir la cave à vin de la maison située en sous-sol. Vous pourrez y faire votre dégustation et choisir la bouteille de vin qui accompagnera votre repas. La cave est elle aussi très agréable. Un immanquable en Croatie.

## Sortir

### GROTA

Sv. Petar van šume

✆ +385 98 947 6431

*Ouvert tous les soirs en été.*

Grosse spécialité à Makarska, les clubs de nuit cachés dans une grotte ! Cette discothèque se trouve sur la péninsule de Sveti Petar, que vous trouverez une fois passé le port. Des DJ, qui aiment plutôt le rock et la dance, y sont programmés. L'autre, le Deep, à l'autre extrémité de la ville, dans l'Osejava (Fra Jure Radića), s'adresse plus à une clientèle de clubbers techno house.

### ROCKATANSKY

Fra Filipa Grabovca bb

*Ouvert toute l'année. Bar de nuit, concert, expositions.*

Makarska compte d'innombrables cafés, terrasses, cocktail-bars de plage ou bars-restaurants... Celui-ci est spécial. Autant pour la musique qu'il diffuse que pour sa clientèle. Le Rockatansky commence la soirée vers 19h et se transforme souvent en café-concert. Il ouvre sa scène à des groupes de rock-folk, pop ou jazz. Cette alternative à la *dance music* attire tout une faune de gens différents. Bonne ambiance.

## À voir - À faire

Les bâtiments anciens du Makarska historique se concentrent dans le port naturel au sud de la péninsule Sv. Petar. De là, partent les bateaux pour l'île de Brač, tandis qu'une partie beaucoup plus récente de la ville regroupe les hôtels, bars et restaurants animés de la ville. Si le tourisme de masse, quantité de Bosniaques et de retraités croates se retrouvent souvent sur la riva ou la longue plage municipale de galets, il ne faut pas négliger les visites au monastère franciscain, au jardin botanique, au musée municipal sans oublier la randonnée dans le parc naturel au pied du mont Biokovo. Il y a aussi de belles balades à faire sur la riviera à la recherche de petits ports pittoresques encore préservés.

### MONASTÈRE FRANCISCAIN DE SAINTE-MARIE ET MUSÉE DE COQUILLAGES (FRANJEVAČKI SAMOSTAN SVETI MARJA I ŠKOLJKA MUZEJ) ★★

Franjevački put 1

✆ +385 21 611 256

*Ouvert tous les jours de 9h à 12h et de mi-juin à mi-septembre de 17h à 20 h. Entrée : 15 kn.*

Construit au XVI^e^ siècle, ce monastère se visite. Le cloître abrite l'une des plus grandes collections de coquillages au monde, au moins 4000 pièces. Dans l'église, une mosaïque contemporaine tout aussi impressionnante.

### MUSÉE DE LA VILLE (GRADSKI MUSEJ)

Obala kralja Tomislava 17/1

✆ +385 21 612 302

gradski-muzej-makarska@st.htnet.hr

*Ouvert tous les jours de 9h à 13h et de 18h à 21h en été. Tarif 10 kn.*

Le musée municipal revient sur les origines de la ville, l'histoire militaire et publique avec quantité de documents officiels et une belle collection numismatique. Les salles archéologiques sont intéressantes, avec notamment de nombreuses céramiques mais aussi les pièces de la donation privée (1983) de Anka Puharić, constituée d'objets usuels anciens illustrant le quotidien du XIXe et début XXe siècles (outils, clés, costumes de la région, etc.)

### PLACE DE L'ÉGLISE SAINT-MARC (MJESTO U CRKVA SV. MARKA)

Grad Makarska

Une jolie place à l'ambiance très rurale sur laquelle se dresse une statue à la mémoire du poète Andrija Kačić Miošić. L'église Saint-Marc (XVIIe siècle) possède un ensemble intéressant de sculptures et peintures. L'autel est l'œuvre d'un sculpteur vénitien, Pietro Onighi. La fontaine en face de l'église date du XVIIIe siècle.

## Sports - Détente - Loisirs

### BIOKOVO ACTIVE HOLIDAYS

Kralja P.Krešimira IV 7/b

✆ +385 21 67 96 55

www.biokovo.net

biokovo@biokovo.net

Plus de dix années d'expérience pour cette agence qui propose des séjours tout compris dans la région, au contact de la nature, mais aussi des excursions à la journée, des marches découverte avec un guide, des randonnées accompagnées, du rafting sur la rivière Cétina, du vélo, du kayak dans le massif du Biokovo.

# BRELA

A 15 km au nord-ouest de Makarska, au pied du massif du Biokovo. La ville fut fondée par les Romains entre le Ier et le IVe siècle pour être occupée par les habitants des montagnes qui descendirent progressivement s'établir sur la côte. L'église Gospa od Karmela est un monument de l'architecture du XVIIIe, alors que l'église Saint-Stéphane date du XIXe. Aujourd'hui, la ville côtière vit de l'agriculture et du tourisme. On y trouve d'immenses complexes hôteliers ainsi qu'une petite marina.

*Église Saint-Marc.*

### ■ BLUESUN BERULIA HOTEL

Frankopanska 22 Brela ✆ +385 21 603 599
www.bluesunhotels.com
sales@bluesunhotels.com
*Ouvert d'avril à octobre. De 53 € à 213 € la chambre selon la saison et la catégorie.*
Ce 4-étoiles, le plus luxueux de Brela, fait partie du groupe Blue Sun Hôtels et Resorts, qui possède d'autres hôtels sur ce littoral (Maestral, Marina, Soline). Ici, vous trouverez une architecture moderne pour 153 chambres tout confort avec vue sur la mer ou la montagne. Le Berulia propose un large panel de services et d'équipements sportifs (piscine, salle de gym, court de tennis).

### ■ OFFICE DU TOURISME (TURISTIČKA ZAJEDNICA)

Alojzija Stepinca Brela 2014
✆ +385 21 618 455
www.brela.hr
tz-brela@st.t-com.hr
*Ouvert en été tous les jours de 8h à 21h, en hiver en semaine de 8h à 15h.*
Toutes les informations touristiques, les randonnées dans la région montagneuse, les agences et prestataires pour les activités sportives (pistes cyclables, escalade, parcours santé sur la promenade de mer).

# BAŠKA VODA

Aux pieds de l'impressionnant massif du Biokovo, à 9,5 km au sud de Makarska, cette station balnéaire, autrefois localité de paysans, pêcheurs, commerçants et marins, est devenue le site touristique le plus visité de la Riviera. Ici, pas de falaises mais de longues plages de galets, toutes bordées d'épaisses pinèdes, qui montent sur la roche escarpée d'une blancheur éclatante.

Le parc naturel du Biokovo domine le littoral en perspectives époustouflantes. Il offre une harmonie unique entre mer et montagne, traverse en partie la municipalité et s'étend à cinq autres communes (trois sur la côte et deux sur les pentes du massif). L'arrière-pays de la zone côtière, nommée la Zagora, est divisé par les monts Kozjak, Mosor et Biokovo. Un terrain karstique typique au sol rocheux avec une végétation basse, la rivière Cetina, les cascades Gubavica, le lac Rouge près de Imotski, la Grotte de Vranjač, autant de randonnées à faire, de terrain de jeux et d'activités sportives en nature sauvage.
Baška Voda bénéficieront d'un climat clément toute l'année, c'est l'une des régions les plus ensoleillées de la Méditerranée du nord. Parfois, au mois de mai, on peut admirer les sommets neigeux du Biokovo et apprécier le bain de soleil au bord de la mer à la température déjà tout à fait supportable...

### Repères historiques

C'est dans les années 1930 que le tourisme commence. Les frères Sikavica construisent le premier hôtel de Baška Voda, le Slavija. En 1936, à l'occasion de l'Exposition universelle, cet établissement se voit remettre à Londres une médaille d'or pour le confort, la qualité de la cuisine et du vin. En 1933, la Société pour l'embellissement de Baška Voda est créée alors que le développement du tourisme s'accélère avec le nouveau tracé de route côtière adriatique (Jadranska cesta). Récemment, la ville a reçu plusieurs fois le prix Fleur bleu, insigne d'or. Cette récompense touristique, l'une des plus prestigieuses en Croatie, est remise aux localités les mieux aménagées de la côte. Si les complexes hôteliers sont bien présents, ils ont su rester discrets dans le paysage et ne nuisent pas ici à la beauté du littoral.

## Pratique

### ■ OFFICE DU TOURISME DE BAŠKA VODA

Obala sv. Nikole 31
✆ +385 21 620 713
www.baskavoda.hr
info@baskavoda.hr
*Ouvert en été tous les jours de 8h à 21h, en hiver en semaine de 8h à 15h.*
Pour toutes informations touristiques, l'hébergement dans la station ou sur la riviera de Markaska, la location de véhicules, les excursions, les activités sportives et de loisir, les randonnées dans le parc naturel de Biokovo, la plongée.

## Se loger

### ■ HÔTEL SLAVIJA

71 Obala sv. Nikole ✆ +385 21 604 999
www.hoteli-baskavoda.hr
slavija@hoteli-baskavoda.hr
*Chambres de 98 € à 130 € selon la saison et la catégorie.*
Un élégant hôtel au style méditerranéen situé en plein cœur de Baska Voda sur la promenade maritime et à deux pas de la plage. Une belle adresse pour profiter des plaisirs balnéaires et vivre l'expérience dalmate : restaurants tradionnels (*konoba*), bars et différentes attractions à proximité.

### ■ HOTEL GADJA

13 Stjepana Radića 13 ✆ +385 21 695 690
www.hotel-gadja.hr
hotel.gadja@st.htnet.hr
*Chambres de 38 à 64 € la nuit (par personne), selon la saison et la catégorie (petit déjeuner inclus).*
Un hôtel confortable d'une quarantaine de chambres qui propose également 2 appartements. Caché dans la pinède, il invite au calme et à la relaxation, spécialement lorsqu'on s'installe sur la terrasse panoramique avec une vue entre la mer et la montagne. Un bon établissement aux tarifs abordables.

### ■ APARTHOTEL MILENIJ

Petra Kresimira IV 5
✆ +385 21 620 644
www.hotel-milenij.com
info@hotel-milenij.com
*De 82 € à 248 € pour un appartement, selon la superficie et la saison.*
26 appartements sur quatre étages avec toutes les commodités d'un établissement 4 étoiles : un restaurant à la carte, deux bars dont l'un donnant sur la plage, une piscine, une salle de sport, des équipements et services beauté, bien-être, l'accès facilité pour les personnes à mobilité réduite… Il ne manque rien.

### ■ HOTEL HORIZONT

2 S. Radica
✆ +385 21 604 999
www.hoteli-baskavoda.hr
horizont@hoteli-baskavoda.hr
*De 75 € à 162 € pour une chambre selon la saison et la catégorie.*
Un hôtel de 200 chambres bordant la promenade de la mer, à 200 mètres du centre. Offre tout le standing d'un 4 étoiles, un spa récent, un buffet self-service, un restaurant à la carte, un barbecue installé sur la plage de l'hôtel. L'endroit est d'ailleurs très agréable pour commander des boissons rafraîchissantes, des glaces ou participer aux grillades parties.

### ■ HOTEL VILLA BACCHUS****

89 Obala sv. Nikole
✆ +385 21 695 190
www.hotel-bacchus.hr
hotel.bacchus@st.t-com.hr
*De 111 € à 219 € pour une chambre selon la saison et la catégorie.*
Un hôtel idéal pour quelques jours de repos au bord de la mer, avec l'odeur des pins et du romarin. Réservez une chambre avec terrasse et vue sur l'Adriatique pour un vrai dépaysement. L'hôtel possède un excellent restaurant à prix corrects avec un service très professionnel.

## Se restaurer

### ■ RESTAURANT KING

ul. Iza Palaca 7
✆ +385 21 620 640
king.pondi.hr
*Ouvert tous les jours en saison midi et soir, compter 200 à 250 kn le repas*

MUNICIPAL TOURIST BOARD
OFFICE DU TOURISME

# BAŠKA VODA

*Avec le goût de la mer, avec le goût de la montagne...*
*Sense of the sea, sense of the mountain...*

*Bienvenue!*
*Welcome!*

www|baskavoda|hr

C'est le restaurant le plus réputé de la ville, une institution, où les hôteliers envoient leurs clients sans hésiter. Aussi nous vous conseillons de réserver. Le patron et sa femme très sympathiques vous accueilleront avec quelques mots en français et vous parleront de leur cuisine dalmate : bonne assiette de charcuteries, fromages, poissons et fruits mer grillés, légumes grillés, blitva et bon vin !

**RESTAURANT MATRIOSHKA**
Kralja Petra Kresimira IV 1
✆ +385 21 604 555
www.hoteli-baskavoda.hr
*Ouvert tous les jours en saison. Formule vin au verre + assiette dégustation ou plat à la carte à partir de 50 kn.*
Dans ce bar à vins, on peut se contenter d'une assiette charcuterie ou de fromage accompagnée d'un bon cru local. Pour un repas plus posé, le Matrioshka devient restaurant (hôtel Horizont) et propose une cuisine dalmate raffinée, servie avec une belle carte de vins croates. Tout est bon et bien présenté, à ne pas rater.

**RESTORAN VICTORIA**
Obala sv. Nikole 33
✆ +385 21 620 216
*En saison, ouvert tous les jours midi et soir sans interruption. Plats à partir de 55 kn.*
C'est le restaurant que nous vous recommandons pour déjeuner même tard dans la journée. Très fréquenté, comme la plupart des établissements de cette promenade maritime, vous y trouverez une équipe dynamique et sympathique, de bons plats dalmates et des pizzas savoureuses.

## À VOIR - À FAIRE

**Promajna, Bratuš et Krvavica** à environ 5 km au sud de la station balnéaire sont trois localités côtières riches d'histoire et de patrimoine. Des sites archéologiques, où ont été extraites de nombreuses pièces de collection, ont nourri le musée archéologique de Baška Voda. Mais c'est surtout pour la splendeur de leurs plages et la qualité de leurs infrastructures qu'elles sont tant prisées.

**Bast et Topići,** deux villages sur les pentes du massif Biokovo, agréables lieux de villégiature dans la Dalmatie typique. On y trouve à louer des chambres et des appartements chez l'habitant. En retrait du tumulte touristique de la côte, à quelques centaines de mètres au-dessus du niveau de la mer, creusés dans les roches escarpées, plusieurs chemins pour se promener et atteindre de magnifiques points culminants. Superbe vue !

## PARC NATUREL DU BIOKOVO ★★

La majestueuse montagne plonge ses parois verticales en bordure de mer et laisse durablement son emprunte au paysage. Le sommet le plus élevé, Saint-George (Sv. Jure), culmine à 1 762 m. Les roches calcaires d'altitude sont en grande partie dénudées alors que les forêts noires dalmates et de multiples prairies poussent en contrebas. Le site, classé parc naturel, se visite toute l'année. Couvert d'une végétation à la fois d'altitude et méditerranéenne, il favorise la croissance d'espèces végétales endémiques et abrite une faune variée. Citons les chamois, les loups, quantité d'oiseaux, l'aigle fauve, l'aigle chasseur de serpents, le chocard, le merle bleu, le martinet... Enfin, du haut de la montagne, les vues sur le littoral, les îles et l'arrière-pays sont splendides.

**PARC NATUREL DU BIOKOVO (PARK PRIRODE BIOKOVO)**
Marineta
Mala obala 16
MAKARSKA ✆ +385 21 616 924
www.biokovo.com
park-prirode-biokovo@st.htnet.hr
*Ouvert entre mai et septembre de 7h à 20h et le reste de l'année de 8h à 16h. Entrée : 40 kn pour un adulte, 20 kn pour un enfant.*
Un bureau du parc se trouve à Makarska. Vous pourrez ainsi organiser votre excursion, acheter vos billets à l'avance, repérer vos itinéraires de visites, de randonnées et prévoir de partir tôt le matin.

### Imotski

A la frontière avec la Bosnie-Herzégovine, cette ville a perdu environ 80 % de sa population, des migrants qui ont fui les combats de la dernière guerre dans leur pays. Beaucoup parmi ces réfugiés sont venus vivre à Paris. Aujourd'hui, les familles partis à l'étranger à l'étranger reviennent séjourner à Imotski l'été ou pour célébrer un mariage. La ville haute est dominée par une forteresse. Dans la ville basse, de jolies résidences, construites au XVIIIe siècle, descendent vers le littoral. A l'ouest de la cité, deux lacs : l'un rouge, le Crveno Jezero, c'est l'un des plus célèbres d'Europe, par sa profondeur (environ 200 m de large sur 500 m de fond). L'autre lac est bleu (Modro Jezero). Tous deux sont cernés par des parois rocheuses qui tombent à pic dans l'eau. Leur formation aurait été provoquée par des séismes. Coutume locale, lors des mariages, tout le village monte en voiture à la sortie de l'église. Direction le lac rouge où chacun y jette sa pièce. En chemin, on s'arrête devant chaque maison pour boire, manger et célébrer l'événement avec toute la communauté.

# ÎLE DE BRAČ

C'est la plus grande des îles dalmates (395 km²). Les habitants sont essentiellement regroupés au nord car le sud est assez montagneux. Ils y vivaient traditionnellement de l'agriculture. Au même titre que le *paški sir* de l'île de Pag, le fromage de Brač est réputé pour son goût original. Il vient, ici aussi, du lait aromatisé aux plantes sauvages que broutent les brebis. Si vous cherchez des plages, vous trouverez votre bonheur à Brač et plus particulièrement à Bol, où se trouve la fameuse Corne d'Or (Zlatni Rat), sujet photographique vu et revu sur de nombreuses cartes postales croates. Bien que très fréquenté, Brač s'est tenu jusqu'à présent à l'écart du tourisme de masse et a réussi à se préserver des constructions anarchiques, au grand bonheur de ceux qui recherchent le calme. Il existe encore des criques désertes accessibles à pied sur l'ensemble de l'île.

A voir au nord, le port de Supetar, ancienne cité romaine, devenue aujourd'hui, grace à l'arrivée du ferry, le centre administratif de l'île, le village de Milna à l'ouest, celui de Splitska à l'est. Au sud, la fameuse plage de Bol ainsi que le monastère de Pustinja Blaca, creusé dans la falaise. Une randonnée sur le mont Vidova Gora offre de superbes vues panoramiques sur les paysages de Brač et les îles proches.

**Repères historiques**

Les premiers habitants, les Illyriens, construisirent un fort à Škrip pour se protéger des invasions grecques. Les Romains qui leur succédèrent installèrent les premières carrières de pierre. Sous le règne de Venise, l'île fut vidée de ses habitants à cause d'une épidémie de peste. Plus tard, les chrétiens, chassés par les envahisseurs ottomans, y trouvèrent refuge.

Au XVIIIe siècle, l'économie de l'île se développa grâce à l'agriculture traditionnelle (olive, vignes), à la pêche et, enfin, à l'exploitation de la pierre de taille. Au début du XXe siècle, alors qu'un virus s'attaque à la vigne, nombre de paysans décident de quitter leur île. Aujourd'hui, le tourisme est une manne économique pour de nombreux insulaires.

## Transports

**Bateau.** Des ferries Split-Supetar et Makarska-Sumartin partent chaque jour, tout comme des catamarans (hydroglisseurs) pour Split-Milna-Hvar et Split-Bol-Jelsa. Horaires variables en fonction de la météo et de la saison. Possibilité de rejoindre Brač depuis Hvar en haute saison.

**Avion.** En été, un petit avion part depuis un petit aéroport de Bol pour rejoindre Zagreb. L'aéroport le plus près, Kaštela-Split, est à 37 km.

**Bus.** Toute l'année, plusieurs fois par jour, les principales communes de l'île sont reliées à Supetar (jusqu'à huit trajets quotidiens en été).

## BOL ★★

La station balnéaire la plus fréquentée de Brač grâce à sa plage emblématique, Zlatni Rat. Cette langue de terre, surnommée Corne d'Or, a la particularité de se déplacer. Bordée d'une plage de petits galets clairs et d'une mer translucide, elle est souvent bondée en été. Pour y accéder à pied, on emprunte une allée piétonne et pavée, animée de nombreuses boutiques : loueurs de vélos, étals pour les articles de plage et les souvenirs, vendeurs de glace, kiosques et buvettes.

Toute la ville, avec ses complexes touristiques, est orientée ouest. A l'est, se trouve un monastère dominicain. Au nord de Bol, plus près de Postira, Dol – ne pas confondre – est la commune dans les terres connue pour son fameux gâteau aux noix.

### Pratique

**■ ADRIA TOURS**
Bračka cesta 10 ✆ +385 21 635 966
www.adria-bol.hr – info@adria-bol.hr
*Ouvert tous les jours en été de 8h à 20h. D'octobre à mai du lundi au vendredi de 9h à 15h.*
Une agence qui propose de nombreux services : hébergements sur l'île, location de véhicules, taxi, transfert aéroport, excursions.

**■ BOL TOURS**
Vladimira Nazora 18
✆ +385 21 635693 / +385 0 98 448693
www.boltours.com
bol-tours@st.t-com.hr
*Ouvert tous les jours en été.*
Une agence locale qui possède un gros catalogue pour l'hébergement sur l'île.

**OFFICE DU TOURISME (TURISTIČKA ZAJEDNICA)**
Porat Bolskih Pomoraca bb, Pbz
✆ +385 21 635638
www.bol.hr
tzo@bol.hr
*Ouvert de mai à octobre tous les jours de 8h30 à 14h et de 16h à 21h, en juillet/août de 8h30 à 22h sans interruption. Le reste de l'année, en semaine de 8h30 à 14h.*
Sur le front de mer, une agence pour les informations touristiques, hébergements, visites, activités, location de véhicules (vélos, scooters), agenda, pour tout savoir sur Bol.

## Se loger

### Bien et pas cher

**APARTMANI MARGITA PETRIĆ**
Ruđera Boškovića 17
✆ +385 21 635 321
*Selon la saison, entre 25 € et 40 € la chambre double (par jour), 50 € et 80 € l'appartement pour 4 personnes.*
Grande villa près du port, avec quelques appartements et chambres simples et doubles propres. Vue sur la mer depuis le balcon.

**CAMPING KITO**
Bračka cesta bb
✆ +385 21 635 551
✆ +385 98 268 878
www.camping-brac.com
*Selon la saison de 5,50 € à 8 €/pers. et 7 € à 9,50 € (l'emplacement tente pour 2).*
A côté du monastère dominicain à 10 minutes du centre-ville et un peu en retrait de la plage – donc au calme – ce petit camping vit comme à la campagne dans un bel environnement verdoyant. Peut accueillir jusqu'à 100 personnes. Restaurant. Pensez à réserver !

**CAMPING TENIS**
Potošine bb Bol
✆ +385 21 635943
✆ +385 21 635923
arko.karmelic@st.htnet.hr
*Ouvert du 1er mai au 15 octobre. Selon la saison, de 50 kn à 70 kn par jour et par personne. Un lit en dortoir, de 55 kn à 80 kn.*
À 250 mètres de Zlatni Rat, la célèbre plage, une villa fleurie fait office de réception autour d'un mini-camping au milieu des vignes. Une petite auberge avec dortoirs, où vous pouvez aussi dormir sur le toit, accueille les amateurs de nuits à la belle étoile. On vous prêtera des briques pour faire tenir votre tente – prévoir un matelas gonflable. Cuisine commune également dans ce lieu original, jeune et convivial.

**VILLA GIARDINO**
Novi Put 2
✆ +385 21 635900
www.dalmacija.net/bol/villagiardino
villa.giardino@st.htnet.hr
*La chambre double de 85 € à 105 € selon la saison (petit déjeuner inclus).*
Une grande villa blanche entourée d'un jardin fleuri, construite sur la colline à 150 mètres du port. Les 10 chambres sont meublées dans un style classique et élégant, pour des pièces lumineuses, vastes et confortables.

### Confort ou charme

**HÔTEL IVAN**
David Cesta 11 a
Wyspa Brać
✆ +385 21 640888
www.hotel-ivan.com
info@hotel-ivan.com
*Chambres singles de 45 € à 65 € selon la saison. Studios et appartements de 75 € à 288 €, selon la saison et la superficie (supplément pour petit déjeuner, demi-pension possible).*
En plein centre-ville, à proximité de la plage, un hôtel en pierres de taille blanche en façade, plein de charme. Une jolie piscine, des chambres, studios et appartements aux intérieurs modernes, lumineux et confortables.

**HÔTEL KASTIL**
Frane Radića 1
✆ +385 21 635 995
www.kastil.hr
kastil@kastil.hr
*Ouvert d'avril à fin octobre. Chambres de 27 € à 90 € la nuit, selon la saison et la catégorie.*
A l'intérieur d'une forteresse baroque, construite en bord de mer dans le centre de Bol, un hôtel élégant avec 32 chambres et un bon restaurant-terrasse. Certaines chambres plus chères sont dotées d'un balcon avec vue sur la mer.

## Se restaurer

**TAVERNA MALI RAJ**
Put Zlatnog Rata
✆ +385 098 756 922
www.maliraj-bol.com
tonci.kukoc@st.t-com.hr
*Ouvert tous les jours en été, midi et soir. Plats à partir de 75 kn.*
Près de la plage Zlatni Rat, cette taverne propose des menus de poissons et de viandes grillés. L'endroit s'apprécie aussi pour prendre un verre le soir tout en contemplant le coucher de soleil. A la fermeture du restaurant vers minuit, le lieu se transforme en club avec musique house et techno.

## Sortir

### VARADERO COCKTAIL BAR

Frane Radića 1 ✆ +385 91 2333 471
www.varadero-bol.com
*Ouvert tous les jours en été seulement.*
Le matin, c'est le lieu idéal pour prendre un café. En journée, l'ambiance boissons fraîches, transats et parasols de rigueur glisse tranquillement vers le before avec un choix de cocktails énorme (Sex on the Beach, BBC, Liquide Cocain) qui fait monter la température. La musique et l'alcool font leur effet sur la clientèle, qui se met à danser, notamment sur la belle terrasse. Dans le même esprit festif, la direction a ouvert un autre lieu sur la fameuse plage, le Beach & Lounge Bar Auro (Zlatni Rat).

## À voir – À faire

Bol est la capitale de la planche à voile en Croatie. La meilleure période pour ce sport se situe en été de fin mai à début août, quand le Maestral souffle fort. Ce vent d'ouest se lève en général en début d'après-midi pour s'affaiblir en soirée. Le long de la fameuse plage ventée Slatni Rat, vous trouverez de nombreux clubs nautiques pour la location et l'initiation de la planche à voile et de la plongée sous-marine. Après ou avant la plage, il y a d'autres lieux à visiter à Bol ! L'église des Carmels et le monastère dominicain, par exemple.

### ÉGLISE DE NOTRE-DAME-DU-CARMEL (CRKVA GOSPE OD KARMELA) ★

L'église paroissiale fut construite en plusieurs tranches. Commencée en 1668 sur la volonté de commanditaires patriciens (les familles Vužic et Andreis), elle ne fut achevée qu'en 1788 grâce aux dons de riches habitants de Bol. Sobre et élégante avec son clocher latéral, sa rose en façade, ses petites ouvertures, elle présente un magnifique travail de la pierre, typique des maîtres bâtisseurs de l'île.

### MONASTÈRE DOMINICAIN (DOMINIKANSKI SAMOSTAN) ★★

Anđelka Rabadana 4
✆ +385 21 778 000
*Ouvert de 9h à 12h et de 17h à 19h ; entrée : 15 kn.*
A l'ouest de la ville, à proximité du port, ce monastère du XVe siècle, construit sur l'emplacement des églises Saint-Jean-Baptiste (XIe siècle) et Notre-Dame-de-la-Pitié (XVe siècle), abrite la fameuse madone du Tintoretto ainsi que des œuvres d'artistes croates de l'époque baroque, comme Tripo Kokolja. Dans le monastère, des salles d'exposition faisant office de musée de la ville et une bibliothèque conservent des objets et documents ayant trait à l'histoire de l'île.

### PLAGE DE LA CORNE D'OR (ZLATNI RAT) ★★★

Zlatni Rat
À un quart d'heure à pied du centre de Bol, cette plage mythique s'aperçoit déjà du ferry qui arrive de Split ou de Makarska. On dirait qu'elle avance dans la mer telle une Corne d'Or ou… un string. Chacun son expression ! Sa forme suggestive finissant en pointe arrondie scintille dans la lumière. La réverbération des fins galets gris clair – non, ce n'est pas du sable – tranche avec le bleu turquoise de la mer. Une très belle plage de morphologie originale, magnifique vue du ciel, avec un côté toujours plus venté que l'autre. Elle pourrait entrer dans le top 10 des plus belles plages du monde, mais avec tous ces touristes et le business autour (parking payant, bar de plage, location de bateaux, de parasols, de transats, vente de glace, etc.), le paysage n'est plus le même. Meilleur moment pour l'apprécier ? En hiver !

## Sports – Détente – Loisirs

### BIG BLUE SPORT

Ut Zlatnog rata 42
✆ +385 21 635 614
✆ +385 98 425 496
www.big-blue-sport.hr
*Ouvert tous les jours en été.*
Un club-boutique où trouver tout le matériel et les informations nécessaires pour l'apprentissage et la pratique, à prix abordables. L'équipe s'occupe de l'activité plongée tous niveaux autour de l'île, voire plus loin avec les sorties en bateau vers des sites sous-marins sélectionnés. Location également de planches à voile, de VTT et de kayaks.

### NAUTIC CENTER BOL ET APARTEMENTS SANI

Put Zlatnog Rata 9a
✆ +385 98 361 651
www.nautic-center-bol.com
ncb@mail.inet.hr
*Location de bateaux, matériel nautique, chambres et appartements (compter de 35 € à 105 € la nuit selon la saison et la superficie).*
À côté de la plage, ce loueur propose différents types de bateaux, des planches à voile, des windsurfs, des skis nautiques, des scooters de mer, des bouées en caoutchouc et du matériel de plongée. Il organise aussi des excursions autour des îles de Hvar et de Brač. En plus des activités nautiques, il loue des appartements dans une grande villa à étages, qui se trouve à proximité. Hébergements avec balcons, bien équipés : kitchenette, télé, climatisation, lave-linge. Dans les prix sont inclus le parking, le gril barbecue et même les masques et tubas !

## MURVICA

Au sud de l'île, à 6 km à l'ouest de Bol, le paisible village est dominé par une colline. Avec le temps, des grottes se sont creusées dans la roche karstique. La plus connue, à proximité des maisons, se nomme Zmajeva Špiljala (cave du Dragon). Elle porte des motifs sculptés à l'intérieur, l'un d'eux ressemble effectivement à un crocodile monstreux avec des pattes fourchues. Autrefois, ces cavités ont servi de refuge à des ermites.

## LE DÉSERT BLANC

Entre Milna et Murvica, au lieu-dit de Dolina Blaca, il faut découvrir le site de Pustinja Blaca (Désert blanc). Cet harmonieux monastère, creusé dans la roche blanche au XVIe siècle, a été parfaitement restauré. Le grand ermitage, en partie troglodytique, fut construit par des prêtres glagolitiques qui, fuyant l'avancée ottomane sur le continent, trouvèrent refuge sur l'île. À l'intérieur de l'église, on note la présence d'éléments décoratifs de style Renaissance dans les salles d'étude, d'un ancien observatoire télescopique, d'une riche bibliothèque, d'une collection d'horloges, d'un arsenal d'armes. Belle balade en perperpective et en prime de superbes panoramas. *Visites de juin à octobre de 9h à 18h. De novembre à mai de 9h à 15h. Ouvert tous les jours sauf le lundi. Entrée : 30 kn (adultes), 10 kn enfants de moins de 14 ans.*

## GORNJI HUMAC

A 13 km au nord-est de Bol, un petit village de bergers dans les terres – mais la mer n'est jamais loin. Sur ce site agricole, le plus élevé de l'île, de beaux panoramas s'offrent aux visiteurs. Ici, on joue plus la carte de l'agrotourisme. La cuisine du terroir, comme le fromage de brebis de Brač, aromatisé aux herbes sauvages, originalement produit au village, peut se découvrir dans les *konoba* et restaurants du village.

### ■ CHAMBRES D'HÔTE RESTAURANT NONO BAN

Gornji Humac bb
✆ +385 21 647 233 / +385 98 264 788 / +385 91 4477 500
www.nonoban.com
info@nonoban.com
*Chambres de 48 € à 118 € la nuit selon la saison et la superficie (petit déjeuner inclus). Possibilité séjour en demi-pension ou en pension complète.*
À 9 kilomètres de Bol, ce domaine agricole, au pied d'une colline et entouré de vignes, s'est reconverti dans l'agrotourisme. Dans la belle bastide dalmate, une douzaine de chambres ont été aménagées pour l'accueil des touristes. Les prestations sont les mêmes que celles d'un hôtel confortable avec piscine, restaurant, location de scooters, etc. Chaque chambre ouvre sur un balcon et dispose d'un minibar et de la télé par satellite. Le plus, c'est aussi la cuisine du terroir du Nono Ban, qui n'utilise que les produits locaux, la charcuterie et le fromage de l'île, les poissons de la pêche du jour, les viandes grillées à la broche. Le vin rouge capiteux ainsi que liqueurs apéritives à base de plantes aromatiques sont de la maison également.

## PUČIŠĆA

Sur la côte nord, au centre de l'île, la deuxième ville importante de Brač. Pučišća, où fonctionne toujours la grande carrière de pierres, accueille l'une des rares écoles de maçonnerie d'art d'Europe. La fameuse pierre couleur ivoire, d'origine calcaire, semblable au marbre, a été

*Pučišća.*

utilisée pour bâtir des monuments célèbres, dont les plus illustres, le palais de l'empereur Dioclétien à Split mais aussi le Parlement viennois, la Maison Blanche à Washington... La petite ville n'est pas en reste, ses bâtiments et pavés donnent aux ruelles un air un peu féerique. Une impression de luminosité constante, particulièrement autour du palais Dešković datant du XVe siècle, devenu un hôtel, ou dans le quartier des maisons anciennes. Leur toiture d'une blancheur éclatante se bonifie avec le temps. Aujourd'hui, par économie, la plupart des habitations ont opté pour la tuile, ce qui tranche avec l'harmonie des constructions anciennes.

### APARTEMENTS PUČIŠĆA

Île de Brač
✆ +385 21 56 98 33
www.orvas-hotels.com
orvas-hotels@orvas.hr

*Plusieurs appartements dans la maison, de 37 € à 87 € par jour pour 2 personnes selon la saison et la superficie. Places de parking incluses dans le prix.*

Ces appartements appartiennent au groupe immobilier Orvas, qui gère de nombreuses villas sur l'île et la riviera de Makarska. Ceux-ci, sur la colline, surplombant le port, sont aménagés dans une maison en pierres à étages et bénéficient d'une vue superbe sur la baie. De superficies différentes, ces logements, très lumineux, ont été récemment rénovés.

### ÉCOLE DES TAILLEURS DE PIERRE (KLESARSKA ŠKOLA) ★

Nova riva bb
✆ +385 21 633 114 / +385 21 633 076
www.klesarskaskola.hr
klesarska-skola@st.htnet.hr

*Pour la visite, se renseigner auprès de l'office de tourisme à Brač.*

Au nord-est de Pučišća, la plus grande carrière de l'île (Veselje) a été ouverte dès l'Antiquité. Les célèbres architectes et sculpteurs dalmates de la Renaissance, Juraj Dalmatinac, Andrija Alešija ou Nikola Firentinac, ont exercé leurs talents créateurs sur la pierre de Brač. Aujourd'hui, certaines carrières sont épuisées et les réserves peinent à couvrir la demande actuelle. Sur le port, l'école de tailleurs de pierre de renommée internationale, fut créée en 1956, pour encourager la reprise du noble métier. Elle accueille des apprentis du monde entier, en France ceux des compagnons du Devoir, notamment. Visite des salles d'exposition et ateliers, sur rendez-vous uniquement.

### FORTS (KAŠTELI)

La ville fut peuplée par des habitants du centre de Brač qui émigrèrent sur la côte. Pour se défendre contre l'armée ottomane, ils y construisirent des fortifications, aujourd'hui appelées kašteli. Sur les treize forts élevés, seul quatre, aujourd'hui, sont encore debout.

© DAVORLOVINCIC – ISTOCKPHOTO

*Eglise Saint-Jérôme à Pučišća.*

## SUPETAR

Chaque localité de Brač développe ses propres attraits ! Situé autour d'une baie en forme de fer à cheval, Supetar enchante par sa douceur de vivre simple. Quand on débarque de Split, ça repose ! Reliée à la grande ville par une ligne directe de car-ferries, Supetar est la destination idéale pour ceux qui veulent profiter pleinement des possibilités du continent (Dalmatie centrale) et de la ville tout en savourant les charmes d'une petite bourgade insulaire. Ici tout est à proximité, cafés-restaurants, boutiques, banques, bureau de poste, agence touristique, marché, bibliothèque, premiers soins médicaux, activités sportives sans oublier la plage et le port. La programmation des festivités estivales y est dense (concerts gratuits, pièces de théâtre, soirées folkloriques, carnavals). La commune, où vous trouverez hôtels et locations privées, est donc une bonne base pour les randonnées et les excursions sur l'île.

### Transports

**Ferries de Split à Supetar :** nombreuses liaisons chaque jour, plus de 14 départs journaliers en été. Vérifier les horaires, car ils varient en fonction de la météo et de la saison.

## Pratique

**OFFICE DU TOURISME (TURISTIČKA ZAJEDNICA)**
Porat 1 ✆ +385 21 630 551
www.supetar.hr – tzg-supetar@st.t-com.hr
*Ouvert tous les jours en été.*
L'une des agences touristiques proches de l'embarcadère des ferries où se renseigner pour l'hébergement, la location de vélos, le calendrier des festivités, les horaires de bateaux, les excursions à Bol (plage de Zlatni Rat), au monastère de Blaca, au mont Vidova Gora, au musée de l'île de Brač à Škrip, à l'école de tailleurs de pierre à Pučišća.

## Se loger

**■ BRAČKA PERLA**
53 Put Vele Luke ✆ +385 21 755 530
www.perlacroatia.com
info@perlacroatia.com
*Aparthotel de 115 € à 241 € la nuit selon la saison et la superficie.*
Dans la baie de Supetar, cet apparthotel de luxe 4-étoiles conviendra à ceux qui aiment la beauté naturelle de l'île et sont en recherche de calme et d'inspiration dans leur intérieur. Bracka Perla, traduisez *La Perle de Brač* propose 8 suites et 3 chambres, dont la décoration est l'œuvre de l'artiste croate Srecho Zitnik. Confort et bien-être dans une villa dalmate de style. La piscine est petite mais la crique est à 100 mètres du lieu.

**■ HÔTEL VILLA ADRIATICA**
Put Vele Luke 31
✆ +385 21 755 011 / +385 21 343 806
www.villaadriatica.com
info@villaadriatica.com
*La chambre de 76 € à 199 € selon la saison et la catégorie (petit déjeuner inclus).*
L'hôtel familial est situé dans une zone résidentielle, avec la plage à 100 m, des courts de tennis et des équipements pour les sports nautiques à proximité. Chaque chambre, dans son style, possède un balcon, la clim, la TV satellite, le téléphone et le wi-fi. Le bar, dans le jardin à l'ombre des palmiers et des oliviers, est proche du restaurant. Une piscine, des salles bien-être complètent l'ensemble.

## Se restaurer

### Pause gourmande

**■ KONOBA OLIVA**
Sveti Rok bb
✆ + 385 0 91 799 2316
www.konoba-oliva.com
kontakt@konoba-oliva.com
*Ouvert tous les jours en été, de midi à minuit. Comptez 100 kn pour un plat complet.*
À environ 3 kilomètres du centre de Supetar, sur la route de Nerežišća, le restaurant-taverne vous accueille sur sa terrasse dominante. La vue panoramique sur la mer porte jusqu'à la côte avec les lumières de Split et de Trogir la nuit. C'est donc bien installé qu'on apprécie la cuisine traditionnelle dalmate, un simple plateau de charcuterie/fromages et des salades, par exemple, le poisson du jour ou la viandes grillée à la broche avec légumes méridionaux, blitva et vins du cru en accompagnement. Pour finir, un petit gâteau maison. Vaut le déplacement.

**■ VINOTOKA**
Jobova 6
✆ +385 21 630 969
✆ +385 91 207 44 70
*Ouvert tous les jours en été de midi à 22h. Autour de 25 € le menu poissons-fruits de mer.*
Sur les hauteurs de Supetar, pour échapper à l'animation du port et retrouver le plaisir d'un repas romantique, cette taverne est séduisante. À l'extérieur, ses tables sont disposées dans la ruelle en pente douce, à l'intérieur dans la salle à manger à la décoration sobre et chaleureuse. Si vous optez pour l'assiette du pêcheur, les poissons frais et les fruits de mer vous seront présentés crus sur un plateau. Vous pourrez ainsi vous faire expliquer la prise du jour et mieux choisir. Côté viandes, la spécialité de l'île, l'agneau à la broche, est servie en tranches avec ses petits légumes. Au choix également, le vin rouge ou blanc local. Une bonne adresse ; l'endroit est connu, donc mieux vaut réserver.

### Bien et pas cher

Proche de l'embarcadère, de nombreux bars-restaurants, buffets et pizzerias (certains un peu attrape-touristes) s'animent surtout en période estivale. Il faut donc bien choisir ! Pour des tables plus typiques, n'hésitez pas à vous éloigner du port pour trouver des *restoran-konoba* (tavernes) et autres bistrots à vin de qualité.

**■ BISTRO PIZZERIA RIVA**
Porat bb
✆ +385 21 631 155
*Ouvert tous les jours de 8h à minuit. Fermé de novembre à février. Compter entre 40 kn et 60 kn le plat.*
Dans cette pizzeria, à la carte, on peut commander des pizzas, bien sûr, mais aussi des plats de viandes typiques comme les fameuses saucisses *ćevapčići*, du poisson grillé, des soupes, des salades. A déguster sur la terrasse sous les palmiers au bord de l'eau.

### Bonnes tables

**VINOTOKA**
Jobova 6 ✆ +385 21 630 969
*Voir page 371.*

### Sports – Détente – Loisirs

**KARIJOLA – VILLA NERESI**
Nerezišća bb
✆ +385 21 637 083 / +385 98 749 488
www.karijola.hr – info@karijola.hr
*Ouvert tous les jours en été. Multiples informations sur le site Internet.*
Une agence de voyage croate, basée dans la commune de Nerezišća, spécialisée dans l'organisation de séjours et activités nature et culture en Croatie. Les familles sont les bienvenues pour des séjours conçus pour découvrir le pays autrement. Grâce aux rencontres avec les populations locales, on approche mieux la culture traditionnelle, la cuisine régionale par exemple. Sur l'île, sont proposées des sorties trekking, kayak de mer, rafting, canyoning, escalade, VTT, etc., avec ou sans accompagnateur.

### Shopping

**VINSKI PODRUM**
Opg Barhanovič ✆ +385 95 908 92 69
*Ouvert tous les jours en été de 17h à 22h.*
Une fois sur l'île, on peut avoir envie de goûter la production locale : le miel, les olives aux herbes, le fromage de brebis. La cave dégustation de la famille Barhanović, que vous trouverez à 500 mètres à la sortie du port des ferries, est bien l'endroit pour se familiariser avec la culture viticole dalmate. Leur vin bio, rouge rubis sombre et extrait d'alcool élevé, est appelé Dragon's Cave, parce que le vignoble est situé près d'une grotte (*špilje*) aux environs Murvica. Pour un accueil gourmand, la visite des caves, l'explication du travail artisanal, etc., mieux vaut réserver.

## ÎLE DE ŠOLTA

A l'ouest de Brač, Šolta ne mesure que 20 km de long sur environ 4 km de large. La petite île fut tout d'abord utilisée pour la pisciculture et les sources thermales sous l'ordre de Diocletien en 295. Aujourd'hui, Šolta, qui regorge de criques bien protégées du vent, est une destination idéale pour la plaisance ou la baignade. En effet, qu'il fait bon s'extraire de la chaleur étouffante de la ville, du tumulte des rues et s'embarquer pour l'île à 35 minutes à peine en bateau ! C'est le lieu de résidence secondaire pour de nombreux Splitois. Mais si l'île se tourne vers le tourisme, les activités principales des insulaires restent l'élevage, la culture des olives et l'apiculture, auxquelles s'ajoute la production de matériel de construction.

L'excellent miel de Šolta est élaboré dans les meilleures conditions d'ensoleillement dans une végétation méditerranéenne préservée.

**Transports.** Des ferries, qui embarquent à Rogač (port de Šolta) passagers et véhicules, font des rotations quotidiennes avec Split. Des vedettes rapides assurent le même service pour les passagers seulement. Vérifier les horaires, variables en fonction de la météo et de la saison. *Agence Jadrolinija locale : +385 21 65 46 64 - www.jadrolinija.hr/*

### Penjalište Križice, un mur sur la mer

La majesté du site ne pouvait échapper aux amateurs de sensations fortes. Sur le côté sud de l'île, imaginez une paroi de calcaire de 20 mètres de haut, à la verticale ou légèrement en surplomb de l'Adriatique. En 2012, les autorités locales ont aménagé le mur d'escalade pour la pratique de ce sport extrême en toute sécurité. On peut donc se lancer sur ce Penjalište Križice (traduisez « chemin de croix ») avec harnais. Les plus expérimentés le font en ascension libre. Mais prudence tout de même, il vaut mieux être en groupe et sûr de sa bonne condition physique pour l'entreprendre. On accède aux rochers en bateau ou par la route depuis Grohote (à 3,5 kilomètres). Plusieurs directions se présentent pour escalader la roche large de 40 mètres sur 20 de hauteur environ. La récompense une fois en haut ? En plus d'être un champion, la vue imprenable sur la mer et les îles de Brač, Hvar et Vis. Les marques rouges peintes sur la roche indiquent les ancrages pour la descente en corde. Avant toute escalade, il faut vérifier son matériel, la météo et se signaler auprès du bureau touristique le plus proche.

*Turistčka Zajednica, Podkuća 8 – Grohote – ✆ +385 21 654 657 – www.visitsolta.com*

## GROHOTE

Ce gros village de l'intérieur des terres, pittoresque avec ses ruelles tortueuses et ses maisons en pierre, dont certaines abandonnées, fut le berceau de nombreux peintres naïfs. Un style très populaire en Croatie.

### Pratique

■ **OFFICE DU TOURISME (TURISTIČKA ZAJEDNICA)**
www.visitsolta.com
Podkuća 8
✆ +385 21 654 657
www.visitsolta.com
*Ouvert tous les jours en été, le matin de 9h à 13h.*
Un office de tourisme municipal auquel s'ajoutent les services des petits *turist biro* de Maslinica et Stomorska, deux autres villages typiques de l'île.

## STOMORSKA

C'est le plus ancien village de la côte de Šolta, avec ses premières maisons construites au XVII$^{e}$ siècle au pied du sanctuaire de Marie-des-Pins. Le petit port est relié à Split par catamaran.

# ÎLES DE DRVENIK VELI ET MALI

Au nord-ouest de Šolta, les îles de Drvenik Veli et Mali sont une destination calme à quelques encablures de Split, à la nature sauvage, paradis des plaisanciers. Ces îles sont déjà répertoriées sous l'Empire romain (Tariona) alors qu'au XIII$^{e}$ siècle, l'archipel fut mentionné sous les noms successifs de Giruna, Gerona, Zerona ou Ziruna.
A l'extérieur du village, l'église Saint-George fut construite en 1715. Toujours au XVIII$^{e}$ siècle, la famille Macanović entreprend l'élévation d'une gigantesque église, bâtit la façade, mais finalement la laisse inachevée.
Les insulaires, qui y vivent à l'année, tirent leurs ressources principalement de l'agriculture, de la viticulture, culture d'olives ou de la pêche. Le tourisme s'y développe aussi de manière raisonnée. Vous trouverez sur Drvenik Veli de nombreuses criques sablonneuses, la plus grande, celle de Solinska et Mala Luka abrite le petit port. Des ferries font la liaison entre Drvenik Veli, Trogir et Split.

## ÎLE DE DRVENIK VELI

■ **PENSION KONOBA KRKNJAŠI**
Uvala Krknjasi, Veliki Drvenik 21225
✆ +385 21 89 30 73
✆ +385 91 575 0925
*Ouvert du 1$^{er}$ mai au 1$^{er}$ novembre de 10h à 23h. Compter 300 kn pour un repas du pêcheur.*
La famille d'agriculteurs originaire de Seget Donji est venue s'installer à l'année sur l'île où les légumes poussent. L'huile d'olive, sans oublier le vin (vezuljka, mladinka, maraština pour le blanc et plavac et babiç pour le rouge), tout est fait maison. Spécialités : le poisson du jour grillé, la soupe de homard servie avec des spaghettis, à l'italienne, les moules sauvages, le poulpe. Une cuisine traditionnelle qui utilise au maximum les produits de l'île. La maison loue des chambres aux touristes.

# ÎLE DE HVAR

Au sud de Split, à quelques kilomètres de la côte, Hvar est la plus longue des îles de la Dalmatie centrale (68 km). Orientée sud, c'est aussi l'une des plus ensoleillées. Avec une belle nature préservée, de multiples possibilités de baignade et de cabotage, sa végétation luxuriante, lavande et romarin sauvage parfumant l'atmosphère, son patrimoine humain très ancien, les superbes cités historiques (Stari Grad, Hvar-ville, Vrboska), ses beach-clubs attractifs, l'île de Hvar reste l'une des destinations les plus touristiques du pays.

**Repères historiques**

Les Illyriens, les premiers, peuplent l'île montagneuse au IV$^{e}$ siècle av. J.-C. Puis, elle fut colonisée par les Grecs qui fondèrent successivement Stari Grad (alors appelée Pharos) et Hvar (Dimos). Dès le III$^{e}$ siècle av. J.-C., ce sont les Romains qui s'installent durablement sur l'île.
À partir du IV$^{e}$ siècle apr. J.-C., comme dans la région dalmate, Hvar passa successivement sous la domination byzantine, sous la gouvernance des rois croates et puis vénitienne. De tout temps, les richesses naturelles de l'île attirent.
Très tôt, on y cultive la vigne, les oliviers, la lavande et le romarin. La distillation des plantes aromatiques est déjà pratiquée durant l'occupation vénitienne (XV$^{e}$ au XVIII$^{e}$ siècle), une longue période qui constitue une ère de prospérité pour l'île.

# L'île de Hvar

Les invasions ottomanes mettent un terme à cet âge d'or. Les villes côtières furent rasées (puis admirablement reconstruites par la suite). Au XX$^{e}$ siècle, lors de la Seconde Guerre mondiale et pendant la dernière guerre de 1991, Hvar subit le même sort que le reste de la côte croate – pas de combats directs mais une récession brutale. Aujourd'hui, l'île vit essentiellement de la manne touristique, un peu de la pêche et de l'agriculture, et prend soin de ne pas trop dégrader son environnement naturel.

**Transports**

- **Avion.** L'aéroport le plus près est celui de Split-Kaštela à 39 kilomètres. Une liaison récente en hydravion dépose les passagers à Jelsa, à quelques kilomètres de Stari Grad, en moins d'un quart d'heure (www.ec-air.eu).
- **Bateau.** Plusieurs ferries se rendent Stari Grad depuis le port de Split. Un autre relie le port de Sućuraj (extrême sud-est de l'île) à Drvenik sur le continent. En été, un bateau rapide part de Split pour Hvar. Horaires variables en fonction de la météo et de la saison (www.jadrolinija.hr/).

Des taxi-boats à Stari Grad et Hvar-ville assurent un service régulier pour se rendre rapidement à l'aéroport de Split, sur les îles de Brač, de Vis, de Korčula et à Dubrovnik.

- **Bus.** Une fois sur l'île, vous trouverez tout un réseau de cars et de minibus qui sillonnent l'île, du nord au sud, sur la nationale (entre Hvar, Stari Grad et Sućuraj) avec des liasons pour les jolies localités à visiter (Mlina, Jelsa, Rutina, Vrboska...).
- **Véhicules à moteur.** Il est possible d'amener la voiture, le camping-car ou un deux-roues sur l'île par le ferry. Le réseau routier de Hvar est bien entretenu.

## HVAR ★★

Cette élégante ville médiévale et renaissance épouse un bras de terre très découpé, qui semble jouer avec l'archipel des Pakleni. Le chapelet d'îlots, couleur vert pinède, émerge littéralement des eaux turquoise de l'Adriatique. Domaine piéton entièrement pavé, la vieille ville, la grande place (piazza) et le port sont d'une harmonie architecturale toute vénitienne. Sur tout le littoral, de part et d'autre du port, une longue promenade maritime (Riva) est jalonnée de criques rocheuses, de bars, de restaurants, de beach clubs, de résidences et d'équipement balnéaires.

### Transports

**■ EUROPEAN COASTAL AIRLINES**
Put Divulja 7
KAŠTEL ŠTAFILIĆ ✆ +385 21 444 888
*Voir page 28.*

### Pratique

**■ HVAR ADVENTURE**
Obala b.b.
✆ +385 21 717 813 / +385 98 978 41 43
www.hvar-adventure.com
info@hvar-adventure.com
*Ouvert tous les jours en été.*
Une agence spécialisée dans les activités de plein air et nautiques, escalade, kayak, randonnée, VTT ou navigation sur voilier, yatchs, catamarans.

**■ OFFICE DU TOURISME (TURISTIČKA ZAJEDNICA)**
Trg Svetog Stjepana 42 ✆ +385 21 742 977
www.tzhvar.hr
tzg-hvar@st.t-com

*Ouvert tous les jours en été de 8h à 14h et de 15h à 21h. L'hiver, en semaine de 8h à 14h, samedi de 8h à 12h.*
Une agence où vous trouverez de nombreux renseignements, en français ou en anglais, sur les hébergements, les activités en ville et sur l'île, la vie culturelle, la gastronomie, les horaires de bus et de ferries.

■ **PELEGRINI TOURS**
Riva b.b.
✆ +385 21 742 743 / +385 21 742 250
www.pelegrini-hvar.hr
pelegrini@inet.hr
*Ouvert tous les jours en été de 7h30 à 14h et de 16h à 22h.*
Une agence pour l'hébergement mais aussi les excursions (Split, Brač, Korčula, Mljet, Dubrovnik), les tickets pour les ferries qui vont en Italie (Pescara, Ancône), la location de bateaux de plaisance, de voitures ou de scooters...

## Se loger

Station balnéaire élégante depuis plus de cent cinquante ans, Hvar a toujours attiré l'aristocratie, les visiteurs bourgeois en villégiature et le tourisme thermal. D'où une offre d'hébergements saisonniers assez conséquente : palaces, hôtels de luxe, souvent installés dans les anciennes résidences princières, hôtels indépendants logés dans les maisons d'été de familles aisées mais aussi gros complexes « all incluse » des bords de mer, auberges de jeunesse, locations privatives. Cette dernière catégorie alternative se révèle bien commode, surtout en été quand la population festive augmente fortement.

### Locations

■ **APARTHOTEL PHARIA**
Put Podstine 1
✆ +385 21 77 80 80
www.orvas-hotels.com
pharia@orvas.hr
*Les chambres et appartements de 50 € à 181 € selon la saison et la catégorie.*
A 15 minutes du centre-ville, à l'ouest, un hôtel simple et confortable, entièrement rénové en 2003, propose des chambres et appartements avec balcon et vue sur le parc ou l'archipel des îles Pakleni. Le service est sympathique et la direction parle français.

### Bien et pas cher

■ **HOSTEL MARINERO & RESTAURANT**
Banketi bb
✆ +385 91 410 27 45
hostel.marinero@gmail.com
*Lits en dortoir, 23 € la nuit (petit déjeuner inclus).*

Dans cette auberge de jeunesse, proche de l'église Sveti Marko, vous trouverez la convivialité et l'esprit festif, propre à la ville de Hvar. Les dortoirs de 4 à 8 lits sont basiques, mais tout y est propre, à bon prix. En tant que client, vous bénéficierez de 10 % de remise sur le restaurant situé en rez-de-chaussée. Sur place, vous pourrez y déguster des poissons frais et des légumes bios provenant de la ferme familiale. Pour les fêtards, on propose ici des réductions pour les nombreux bars et restaurants de l'île ainsi que des entrées gratuites dans les clubs.

## Confort ou charme

### ■ HÔTEL CROATIA

Majerovica b.b.
✆ +385 21 742400
www.hotelcroatia.net
croatia-hvar@st.t-com.hr
*La chambre selon la saison et la catégorie de 68 à 193 €.*
En dehors du centre-ville, l'hôtel s'est installé dans deux bâtiments anciens, l'un construit dans les années 1930 et l'autre en 1955. L'établissement rénové se situe à une trentaine de mètres du bord de la mer dans un joli parc. Bien entretenu, il est constitué de 22 chambres standards avec climatisation et minibar, certaines avec balcons ainsi que 6 appartements pour une famille ou un groupe de 4 personnes, également avec terrasse et vue sur la mer. Le restaurant propose des spécialités dalmatiennes et internationales. L'accueil est agréable. Une navette fait le transfert hôtel-port (service payant).

### ■ HÔTEL VILLA DALMACIJA

Šetalište Put Križa 7
✆ +385 21 741 120
www.suncanihvar.com
reservations@suncanihvar.com
*Ouvert toute l'année. Chambres de 69 € à 113 € selon la saison et la catégorie.*
Dans une résidence balnéaire typique du tourisme dalmate du XIXe siècle, à côté du monastère franciscain. Un immeuble historique, qui garde le charme de l'ancien, avec un restaurant et une vue superbe sur le vieux port et le front de mer. Une cinquantaine de chambres propres mais équipées modestement (pas de clim ni de minibar), qui a l'avantage d'être situé dans une partie calme de Hvar et profite d'un accès direct à la mer grâce à un ponton à proximité.

### ■ HOTEL VILLA NORA & RESTAURANT LUCULLUS***

Frane Primija 2
✆ +385 21 742 498 / +385 21 742 498
www.villanora.eu
info@villanora.eu
*Chambres de 85 € à 270 €, suites de 190 € à 400 € selon la saison et la catégorie. Hôtel ouvert de mai à octobre et le restaurant toute l'année. À partir de 150 kn le repas.*
Au cœur du Hvar historique, un hôtel indépendant, logé dans un ancien palais du XIVe siècle. Les chambres rénovées avec goût sont spacieuses et confortables (air conditionné, minibar, bureau, télé, Wi-fi). Seul bémol : le bruit. Préférez les chambres en hauteur, pour la vue et l'animation dans les rues. Le restaurant de l'hôtel, le Lucullus, est agréable également, spécialement dans la cour aux éléments de décor vénitien. Sur des tables soigneusement dressées, la cuisine du pêcheur (salade de pieuvre, coquillages, calamars et poissons grillés) s'apprécie dans une ambiance conviviale. Des musiciens viennent parfois accompagner votre repas et le chef volubile parle français !

### ■ THE PALACE

Trg Sv. Stjepana bb ✆ +385 21 741 966
www.suncanihvar.com
reservations@suncanihvar.com
*Ouvert toute l'année. De 68 € à 194 €, la chambre selon la saison et la catégorie.*
Ce fut l'un des premiers palaces de la côte dalmate, construit en plein centre de Hvar port juste au-dessus de la fameuse loggia. Ce splendide palais vénitien, bâti en 1898, à l'architecture très élégante, plût à l'impératrice Sissi, qui y séjourna. On reste impressionné par la façade d'époque, les marches royales, la terrrasse en pierre de taille, mais l'intérieur rénové style moderne est moins charmant. Une curiosité tout de même ! L'hôtel possède une piscine extérieure, un sauna et 76 chambres confortables.

## Luxe

### ■ HÔTEL ADRIANA

Dolac bb
21 450 Hvar
✆ +385 21 750 750
www.suncanihvar.com
reservations@suncanihvar.com
*Ouvert toute l'année. De 101 € à 570 € la chambre selon la saison et la catégorie. En haute et demi-saison, seule la pension complète est possible.*
En plein centre, près du port, un bel hôtel classique avec une soixantaine de chambres climatisées, au design moderne et épuré, et tout le confort d'un 4 étoiles. Piscine et bar-club sur le toit, centre de spa, superbe terrasse qui donne sur les quais, bar et restaurant au rez-de-chaussée également.

### ■ HÔTEL AMFORA

Biskupa Juraja Dubokovica
✆ +385 21 750 300
www.suncanihvar.com
reservations@suncanihvar.com
*De 71 € à 335 € la chambre selon la saison et la catégorie.*
A 10 minutes à pied du centre, ce gigantesque hôtel est construit dans une baie bordée d'une promenade maritime très fréquentée. Grosse structure qui convient particulièrement aux familles. Une énorme piscine en cascade avec toboggan, qui descend à quelques mètres de la plage de galets, de multiples animations ou le farniente sur la crique sont les atouts principaux du complexe hôtelier. Les chambres sont spacieuses et confortables.

### ■ HÔTEL PODSTINE

Podstine bb
✆ +385 21 740 400
podstine@makarthoteli.com
*De 145 € à 412 € la chambre selon la saison et la catégorie.*
A 15 minutes à pied du centre-ville, sur la promenade maritime, au sud-ouest, un hôtel familial, calme et agréable, entouré d'une végétation luxuriante. Un *arboretum* planté de pins, palmiers et de citronniers centenaires borde la crique privée dans un site superbe. De taille moyenne, avec une quarantaine de chambres et 5 appartements, il a beaucoup de charme. Si vous le pouvez, réservez une chambre avec vue sur la mer. Même si on ne réside pas à l'hôtel, on peut venir y prendre un verre au bar de plage, sous les arbres ou s'attabler au restaurant de l'hôtel. L'occasion de découvrir un Hvar moins agité qu'au port. Possède une piscine, des équipements de spa et fait location de vélos.

### ■ RIVA – HVAR YACHT HARBOUR HOTEL

Riva 27
✆ +385 21 741 820
www.suncanihvar.com
reservations@suncanihvar.com
*La chambre double de 89 à 303 € selon la saison et la catégorie.*
Un agréable hôtel au cœur de la vieille ville, sur le front de mer, au milieu des cafés et des restaurants. C'est malheureusement ce qui rend certaines chambres un peu bruyantes, celles avec vue sur la riva notamment. Les chambres sont décorées dans un esprit pop et invariablement chic.

## Se restaurer

Du fast-food local sur la piazza au restaurant gastronomique sur la Riva, un large choix de cuisine de la mer s'offre à Hvar-ville. Souvent constatée sur les îles très touristiques, la concurrence y est rude et les prix plus élevés que sur la côte. Notez que les ruelles en escalier ne sont pas toujours nommées. Pour trouver une adresse, on se réfère aussi aux plus grandes travées à proximité.

### ■ GARIFUL

Riva 21
✆ +385 21 742 999
hvar-gariful.hr
*Ouvert de mars à novembre, midi et soir, plats à partir de 95 kn, menu grillade et bouteille de vin environ 340 kn.*
Situé au bout du port, où sont amarrés les yachts, l'un des meilleurs restaurants de la ville propose un grand choix de poissons frais mais aussi des viandes et légumes grillés sur le braisier extérieur. Si vous êtes en groupe, vous pouvez partager des poissons frais de plusieurs kilos ou encore du homard entier ! Le serveur vous conseillera sur la pêche du jour. La terrasse tout comme l'intérieur du restaurant est particulièrement soignée.

### ■ KONOBA LUVIJI

Jurja Novaka 6
✆ + 385 21 741 646
✆ + 385 91 5198 444
*Ouvert tous les jours de 18h à 2h. Comptez 150 à 190 kn le plat. Espèces uniquement.*
À droite de la cathédrale, en haut des escaliers en partant de Jurja Novaka, on est tout de suite en retrait de l'animation permanente de la grande piazza. Cette *konoba* en hauteur était à l'origine une cave à vins. La famille vigneronne depuis des générations a voulu faire connaître sa production. Elle a aménagé les lieux en taverne à tapas et restaurant à l'étage. Un décor intérieur en pierres apparentes à l'extérieur, tables et tonneaux en terrasse pour l'ambiance bar à vins.

■ **RESTAURANT PALAČA PALADINIS**
Petra Hektorovića 4
✆ +385 21 742 104
*Ouvert tous les jours de 12h à minuit. Plats autour de 150 kn.*
Dans une rue derrière la place principale, ce restaurant aussi appelé *Garden of the Wild Oranges* est installé dans une ancienne orangeraie, qui donne encore des fruits. Le cadre extérieur de ce palais du XVe siècle est romantique alors que la cuisine reste classique (poissons frais, plateau de fruits de mer, risotto, viandes et légumes grillés).

## Sortir

Les nuits de Hvar sont agitées ! La ville en pleine saison dort peu et vous remarquerez que certains magasins suivent le rythme nocturne des cafés-clubs. Pas facile le soir de trouver le calme pour ceux qui sont installés dans les chambres aux fenêtres donnant sur le port ou le front de mer (riva). En revanche, pour les beach clubbers, c'est le paradis. Beyoncé et Jay Z, Tom Cruise, Novak Djoković (champion de tennis serbe) ou encore la famille royale d'Angleterre, tous ces VIP sont venus avec leur yacht s'amuser un été dans le « Saint-Tropez croate ».

■ **CARPE DIEM**
S. Buzoluc Tome
Obala Riva 32
✆ +385 21 742 369
www.carpe-diem-hvar.com
info@carpe-diem-hvar.com
*Ouvert de juin à septembre, tous les jours de midi à 3h.*
À côté de l'hôtel Slavija Obala Oslobođenja, le bar à cocktails le plus populaire de l'île. L'endroit plutôt cher est toujours plein. Ambiance assurée. Plus tard dans la nuit, le lieu devient beach club jusqu'au petit matin. Avant d'y aller, verifiez sur la page Facebook du club le dress-code de la soirée et adoptez-le, sinon les vigiles peuvent ne pas vous laisser entrer !

## À voir - À faire

À l'origine, la cité s'étendait vers le nord. À partir du XVe siècle, les constructions gagnent au sud. La fameuse place Saint-Etienne s'ouvre par la Porta del Datolo et agit comme le cœur de la ville de Hvar. Comme le Stradun à Dubrovnik, la Trogir Svetog Stjpana attire toute la population, à chacun son moment : sortie de la messe, rendez-vous, détente aux terrasses des cafés-restaurants.
On poursuit la découverte du patrimoine historique, bel exemple de l'architecture Renaissance d'influence vénitienne, avec la visite de la cathédrale, de l'arsenal, du port et du théâtre. La loggia en façade de l'hôtel The Palace, endommagée par les attaques ottomanes (1571), fut restaurée pour redevenir un lieu public. C'est déjà un café très select à la fin du XIXe siècle. Aujourd'hui, elle encadre l'élégant salon vintage de l'hôtel de luxe, où il est agréable de s'intaller pour faire une pause, commander une boisson fraîche ou chaude. Reste à visiter la résidence d'été du poète Hanibal Lučić, les monastères, les églises, les galeries d'art, faire de belles balades sur le front de mer, se restaurer ou se baigner. Au sommet de la colline, en prenant la montée qui domine la ville, on traverse un parc à proximité de la forteresse médiévale. Partiellement détruite par une explosion due à la foudre (1579), puis restaurée à différentes époques, la Fortica, dite citadelle espagnole, est devenue un complexe touristique avec musée, bar-restaurant et même discothèque ! Superbe panorama sur la ville, la baie et les îles Pakleni.

▸ **Où se baigner :** de part et d'autre du port, vous trouverez des pontons et des rochers pour l'accès à la mer. Si vous souhaitez une

## La piazza la plus grande du pays

Aménagée en 1449 lors du comblement d'un bras de mer marécageux, la *pjaca* verra, au XVIIIe siècle son sol recouvert d'un pavement noble et régulier en calcaire. Faisant face à la cathédrale Saint-Étienne, elle est bordée par l'évêché, le palais du Recteur, l'arsenal et des immeubles de rapport. Elle concentre donc dans son large périmètre tous les pouvoirs de l'île, religieux, politique, militaire et commercial. Autour de la place, les belles demeures patriciennes, conçues avec des gradins en pierres de taille blanches et des toits de tuile rouge, l'ensemble garde la tonalité générale claire des bâtiments publics et religieux, des palais privés et des anciennes maisons dalmates. Derrières leurs portes, se cachent de petits jardins secrets où fleurissent bougainvilliers, citronniers ou grenadiers. Si séduisante avec son air vénitien, la Trogir Svetog Stjpana est considérée comme la plus grande de la Dalmatie (4 500 mètres carrés) et comme à Split ou à Dubrovnik, elle impressionne par son unité architecturale et stylistique et demeure le passage obligé de la ville.

*Théâtre de Hvar.*

ambiance plus select, direction la plage de Bonj « Les Bains », un beach-club de luxe sur la Šetalište Tonija Petrića. Quand on poursuit sur cette promenade maritime, les plages et criques de la Put Podstina, plus modestes et plus tranquilles, sont tout aussi séduisantes. Si on possède un véhicule ou un bateau, il faut sortir de Hvar-ville pour trouver des plages de sable peu profondes (baies de Jelsa, Mlaska et Cesminica près de Sućuraj) ou en fin gravier (Dubovica, Zavala, Ivan Dolac, Milna), ainsi que de nombreuses criques sauvages, à l'ouest et au nord de l'île.

### ■ ARSENAL (ARSENALA) ★★

Trg Svetog Stjepana

*Ouvert tous les jours en été, entrée de la galerie d'art : 15 kn.*

Entre la grande place et le port, le bâtiment fut édifié au XIIIe siècle pour réparer à sec les navires de guerre. Détruit par une attaque des armées ottomanes en 1571, il a été reconstruit au XVIIe siècle. Derrière la façade aux portes voûtées, l'ancien entrepôt servait de réserves à blé et sel pour les résidents de la ville. L'arsenal abrite aujourd'hui une galerie d'art municipale, avec une exposition permanente de peintures et sculptures modernes et contemporaines.

### ■ CATHÉDRALE SAINT-ÉTIENNE (KATEDRALA SVETOG STJEPANA) ★★★

Trg Svetog Stjepana

Sa construction a démarré sur les ruines d'une ancienne église gothique du XVe siècle. Par étapes successives, entre les XVIe et XVIIe siècles, on poursuivra les élévations jusqu'au XVIIIe siècle, alors que l'intérieur n'est pas entièrement fini. La façade, de style renaissance et baroque avec son campanile roman témoigne de l'éclectisme historique. A l'intérieur, des icônes de Croatie, des peintures de maîtres vénitiens et les reliques de saint Prosperous.

### ■ MONASTÈRE FRANCISCAIN (SAMOSTAN FRANJEVAČKI) ★

Srindji Rat

*Ouvert tous les jours en été de 9h à 13h et de 17h à 19h. Entrée 25 kn.*

À l'extrémité du cap Sridnji, au sud de la ville, le monastère et son église furent construits entre 1461 et 1471 pour être surmontés d'un haut campanile au XVIe siècles. Puis le lieu perdit sa vocation monastique et devint une maison de retraite pour les marins. Le réfectoire et une salle adjacente ont été transformés en musée. A voir, une collection de livres, des objets historiques, des peintures religieuses dont un tableau de la Cène, signé Mateo Ponzonni, un maître vénitien du XVIe siècle. Vous ne manquerez pas le vieux cyprès dans le jardin. On dit qu'il a au moins 300 ans !

### ■ THÉÂTRE PUBLIC DE HVAR (HRVATSKO PUČKO KAZALIŠTE) ★★

Matije Ivanića 8

✆ + 385 21 742 935

www.tzhvar.hr/en/hvar/theatre

*Se renseigner à l'office de tourisme pour les horaires. Restauration du monument historique en cours.*

Comptant parmi les plus anciens d'Europe, le théâtre à l'italienne a été construit dans le quartier de l'Arsenal en 1612, grâce à la contribution de l'ensemble de la communauté occidentale, qui venait sur l'île en villégiature et quel que soit son niveau social. Pourtant, à l'époque, seuls les rois et les aristocrates avaient accès à la culture. Aujourd'hui, de nombreuses pièces classiques y sont jouées toute l'année.

## Sports - Détente - Loisirs

### ■ DIVING CENTER VIKING

Podstine bb
✆ + 385 21 742529 / + 385 91 5689443
www.viking-diving.com
info@viking-diving.com
*Ouvert tous les jours en été.*
Dans un cadre arboré, la base nautique est située dans une jolie baie, proche de Punta Kovač, avec un accès immédiat à la mer et aux îles Pakleni juste en face. L'idéal pour faire du snorkeling ou de la plongée bouteille avec un matériel de pro. Dans tous les cas, des guides diplômés vous conseillent ou vous accompagnent. Une équipe mixte, jeune et sympathique, s'est offert les services du chien Bepo, courageux sauveteur en mer.

# MILNA

A 4 km de Hvar, le village de Mlina, bien loti dan une baie bien protégée des vents, retrouve le calme du petit port. Attention : de ne pas confondre avec la localité côtière qui porte le même nom, Brač ! Ici on bénéficie de jolies plages de galets, de chemins de randonnée et de quelques hôtels-restaurants agréables pour séjourner paisiblement près de la mer.

### ■ HOTEL FORTUNA***

Punta Milna, 21450, Hvar
fortuna.hvar@gmail.com
*Chambres de 73 à 238 € selon la saison et la catégorie (petit déjeuner inclus).*
Hôtel familial qui, à l'extérieur, a gardé le cachet de l'ancien et, grâce aux rénovations récentes, trouvé tout le confort moderne associé au design serein. 18 chambres lumineuses, chacune avec télé LCD, mini-réfrigérateur, machine à café/thé, accès Wi-fi gratuit, lecteur de DVD, salle de bains bien équipée. Surtout, toutes disposent d'un balcon avec vue sur la mer ou exposées côté jardin-village très tranquille. La plage principale est à 5 mètres du hall d'entrée alors que le bar lounge et restaurant de spécialités dalmates donnent envie de séjourner en demi-pension dans l'établissement.

### ■ RESTAURANT KAMANJO

Uvala Torac
✆ +385 21 745010
*Ouvert tous les jours en saison de 12h à minuit. Plat à partir de 45 kn. Repas de poisson autour de 200 kn.*
Le restaurant borde la petite marina de Milna. L'endroit idéal pour mouiller en bateau. La petite terrasse donne sur la mer. La spécialité de la maison, les herbes aromatiques utilisées en cuisine, choisies par la femme du cuisinier, ancienne psychologue et experte en homéopathie. Elle prépare elle-même ses eaux-de-vie. Le menu change en fonction de la pêche, salade de poulpe, risotto aux fruits de mer, poissons grillés, mais aussi assiette de fromages/charcuterie locale, pâtes fraîches maison. En saison, mieux vaut réserver.

### ■ RESTAURANT OMO

Uvala Vlaska bb
✆ + 385 91 536 8384
restaurantomo.blogspot.fr
*Ouvert tous les jours en été. Plats à partir de 40 kn.*
A l'ouest de Bol, dans ce petit port bien protégé, la taverne du pêcheur est tenue par une famille sympathique. L'environnement est agréable tout comme l'accueil. Les enfants trouveront un coin pour eux. Ici, le fait-maison n'est pas un vain mot, on grille les poissons du jour, les olives du jardin marinent dans les bocaux, et la cuisine est très digeste.

### ■ VILLA TUDOR

Milna 10 bb
✆ +385 21 745000
✆ +385 98 601459
www.hvar-tudor.com
hvar-tudor@st.htnet.hr
*Chambre de 46 € à 128 € selon la saison et la catégorie.*
La villa a été construite à 200 mètres de la mer à la sortie de Hvar ville au sud, sur la route de Milna. Sur 3 étages, 11 appartements isolés et calmes, bien équipés, avec des chambres claires et une décoration minimaliste. Les petits déjeuners et repas sont servis dans le restaurant. Soirées grillades régulières. Bon rapport qualité/prix.

# STARI GRAD ★

Sur la côte nord, à quelques kilomètres du vieux port, l'embarcadère de Stari Grad est l'un des deux points de liaison avec l'île. Souvent, les touristes, tout juste un pied sur terre, sont pressés de se rendre à Hvar-ville (16 kilomètres à l'ouest). Ils montent à bord des bus, taxis ou véhicules embarqués et ne passent pas tout de suite à Stari Grad. Ils sont beaucoup moins nombreux à y séjourner.
L'ancienne Pharos (phare), devenue Stari Grad (vieille ville), est très différente, certes plus provinciale que sa célèbre voisine, mais pas moins intéressante d'un point de vue patrimonial. Elle fut la première ville fondée dans cette partie de l'Adriatique, colonisée par des Grecs venus de l'île égéenne de Paros en 384 av. J.-C. (année de la naissance d'Aristote). Ils s'installèrent aux abords de la baie dans une vallée aux plaines cultivables. Le système de

lots réguliers utilisé par les Anciens est resté pratiquement intact. Un exemple d'établissement humain exceptionnel, classé par l'UNESCO (site d'Ager Pharensis).

Côté mer, grâce à sa position centrale, l'île a toujours été un refuge pour les marins. Parvenus dans la baie de Stari Grad, ils empruntaient – aujourd'hui encore – ce passage obligé pour s'y ancrer un temps, puis ils repartaient naviguer dans toute la mer Adriatique.

Pour ceux qui souhaitent séjourner à Stari Grad, la cité authentique offre l'avantage d'un riche passé architectural médiéval et Renaissance, des églises, des monastères, une jolie promenade maritime (Riva). Partout des coins de baignade, un club de plongée réputé, de belles randonnées jusqu'à la péninsule de Kabal, par exemple. Sans compter l'hébergement moins cher qu'à Hvar, les bars et restaurants paisibles, les petites boutiques de créateur…

**Transport maritime.** La proximité du port y est bien pratique pour prendre un bateau tôt le matin. Hors saison touristique, le ferry de Split pour Stari Grad circule 3 à 4 fois par jour. Durant la saison, 4 à 7 fois par jour. D'autres liaisons régulières avec Rijeka, Ancône (Italie), Korčula, Dubrovnik.

Plus d'infos à l'office de tourisme ou sur www.jadrolinija.hr/

## Pratique

### HVAR TOURISTIK

Šiberija 31
✆ + 385 21 717 580 / + 385 91 895 7733
www.hvar-touristik.com
dalibor@hvar-touristik.com
*Ouvert tous les jours en été de 10h30 à 12h30 et 16h30 à 18h30-19h.*
Un petit bureau touristique que vous trouverez à côté de la station de bus. Bien pratique pour avoir tout de suite un plan, des infos sur l'hébergement local, la location de véhicules, les visites, les activités et les loisirs, etc.

### OFFICE DU TOURISME DE STARI GRAD (TURISTIČKA ZAJEDNICA GRADA STAROGA GRADA)

Obala dr. Franje Tuđmana 1
✆ +385 21 765 763
www.stari-grad-faros.hr
tzg-stari-grad@st.t-com.hr
Sur le port.
*Bureau ouvert toute l'année.*
Sur le port, une agence où trouver des informations complètes, une équipe d'accueil parlant plusieurs langues, un site Internet pratique où télécharger des brochures thématiques (passé historique de la ville, vacances avec les enfants, en vélo, plongée, etc.).

## Se loger

### CAMPING JURJEVAC
Njiva b.b.
✆ +385 21 765843
www.heliosfaros.hr
helios-faros@st.t-com.hr
En centre-ville.
*Emplacement tente et bungalow selon la saison, la nuit de 29 € à 49 €.*
Un petit camping rural bien entretenu qui peut accueillir jusqu'à 600 personnes avec emplacement pour les tente et location de bungalows.

### HERITAGE VILLA APOLON
Don Šime Ljubica 7
✆ + 385 21 778 320
www.apolon.hr
info@apolon.hr
*Suites selon la saison et la superficie de 84 € à 168 € (petit déjeuner inclus). Déjeuner et dîner à partir de 70 kn le plat.*
Sur la Riva, la rue de l'établissement porte le nom de l'archéologue Don Šime Ljubić, un érudit local, ancien propriétaire de la villa. Le nom d'Apollon, dieu de la Musique, du Soleil et des Arts, convenait bien aux nouveaux gérants. La mythologie grecque a donc inspiré la décoration et le design de cette résidence de luxe, conçue dans un esprit méditerranéen, entre tradition et modernité. Les 6 suites et chambres, confortables et bien équipées (climatisation, télé par câble, téléphone et Internet sans fil, minibar, coffre-fort), sont orientées vers la mer. Un restaurant gastronomique et un bar à vin complètent l'offre.

### HÔTEL HELIOS
Priko bb,
✆ +385 21 765 555
www.heliosfaros.hr
helios-faros@st.t-com.hr
*Ouvert d'avril à octobre. A partir de 385 kn la chambre simple et 520 kn la chambre double en haute saison.*
Juste après la promenade de la mer, la petite baie et la chapelle Jerolim, un regroupement d'hôtels et de bungalows balnéaires (environ 550 lits) émerge de la pinède. L'équipement est assez simple, mais les joies de la mer et les terrains de sport suffisent, ainsi que les prix acceptables. Le plus : le centre de plongée Nautica Dive Center, installé dans les soubassements de l'hôtel, avec accès directs aux pontons et bateaux.

## Se restaurer

### ANTIKA
Donja Kola 24
✆ +385 21 765 479
*Ouvert toute l'année, tous les jours en été, midi et soir. Plat à partir de 70 kn, poisson entier 130 kn.*
Dans la vieille ville, au hasard des ruelles pavées, le restaurant Antika respire la même atmosphère ancienne et élégante que la cité elle-même. La maison familiale, façon auberge dalmate avec photos jaunies aux murs, vient de fêter ses trente années d'existence (en 2014) et porte bien son nom. Le bon goût domine ici (cadre cosy, pierres apparentes, boiseries, mobilier) et paraît tout droit sorti de chez l'antiquaire. Sur la table et la carte variée, du soin, de l'originalité. Par exemple, en plus du classique risotto de la mer, du poisson frais grillé entier, il faut goûter le carpaccio de thon accompagné de polenta à l'encre de seiche et de pesto vert. Bon vin également.

## À voir – À faire

### CHÂTEAU DE TVRDALJ (GRADINA TVRDALJ) ★★
Priko bb
*Ouvert de 10h à 13h toute l'année et de 18h à 21h de juin à septembre. Entrée : 10 kn.*
Le château fortifié du poète Petar Hektorović (1487-1572) date du XVI$^{e}$ siècle. Les nobles de l'île, dont l'auteur, ont participé à sa construction fortifiée afin de se protéger de la menace ottomane. A l'intérieur, sur les murs, on a retrouve des notes personnelles rédigées en latin et croate. Le bassin aux truites rappelle

## L'Ager fertile, valeur universelle

Entre Stari Grad et Vrboska, la campagne fertile n'a jamais cessé de donner ses fruits ! Depuis sa première colonisation par des Égéens, au IV$^{e}$ siècle av. J.-C., la plaine a gardé la même occupation des sols pour l'activité agricole première (viticulture, oléiculture). Les parcelles de terre géométriques délimitées par des murs de pierres sèches (*chora*), les petites constructions, que les paysans ont retapées avec soin, tout a été conservé. L'ingénieux système de récupération des eaux de pluie avec citernes et de petites rigoles fonctionne toujours depuis vingt-quatre siècles. Pourvu que ça dure ! Le site, déclaré réserve naturelle, est classé par l'UNESCO depuis 2008.

la thématique de son œuvre maîtresse, *Pêche et conversation de pêcheurs* (1555).

■ **GALERIJA MORIA** ★
Vagonj 1
✆ +385 98 31 52 19
*Ouverte tous les jours en été de 8h à 22h.*
Une boutique-galerie un peu spéciale. Au moment de creuser les fondations de l'espace principal, les ouvriers ont trouvé de belles mosaïques romaines au sol. De fait, la configuration des lieux respecte cette trouvaille archéologique, que l'on vient voir autant que les collections de jeunes créateurs.

■ **MONASTÈRE DOMINICAIN (DOMINIKANSKI SAMOSTAN)** ★
Lučica bb
*Ouvert de 10 à 13 h toute l'année et de 18 h à 21 h de juin à septembre. Entrée : 10 kn.*
Avec ses deux tours massives, ce monastère fondé par la communauté chrétienne en 1482 fut fortifié au XVI$^{e}$ siècle en prévision de l'attaque ottomane. A l'intérieur, on peut visiter l'église, la bibliothèque, le cloître et des salles d'exposition d'art sacré, où l'on peut admirer une peinture précieuse, la *Mise au tombeau du Christ*, attribuée à Tintoretto et deux tableaux de Giambattista Crespi.

## Sports - Détente - Loisirs

■ **NAUTICA DIVE CENTER**
ul. Toruńska 5
Stari Grad ✆ +385 21 743 038
www.nautica.pl
biuro@nautica.pl
*Ouvert tous les jours en été.*
Sous l'hôtel Helios, aux abords de la côte, ce centre de plongée PADI et CMAS dispose d'un superbe site pour ses deux bateaux (8 et 11 m) qui servent pour rejoindre les sites. Propose tout le matériel à la location, des cours classiques et spécialisés en plongée Nitrox, des sorties bateau et immersions profondes (épave, nuit, exploration).

## Shopping

■ **ZA POD ZUB**
Srinjo Kola 11
✆ +385 95 819 7792
www.zapodzub.com
zapodzub@gmail.com
*Ouvert tous les jours en été.*
Une épicerie fine où Yvan et Chloé, qui parlent français, se feront un plaisir de vous faire découvrir leurs produits gourmands. Dans la petite boutique, on trouve de tout pour faire un excellent pique-nique : pain frais, fromages et charcuterie, miel de lavande, gâteaux maison et une bonne bouteille de vin ! Autres idées à offrir ? Pourquoi pas des pâtes au safran, de l'huile d'olive de Hvar, des condiments et des épices, le tout garanti production locale.

# PRESQU'ÎLE DE KABAL

À pied, en vélo, par bateau, en canoë ou en barque – ces deux derniers moyens ayant notre préférence –, il faut découvrir ce superbe coin de l'île encore sauvage. Pour admirer le panorama de la côte déchiquetée, faire le tour de ce finistère nord-ouest de Hvar. Les sentiers de randonnée à travers les collines de pins et de vignes vous mèneront aux criques désertes, alors qu'en bateau, il vous sera facile d'accoster aux rochers et de jouer aux Robinson... sans textile.

# JELSA

Un joli bourg de la côte nord, construit au XIV$^{e}$ siècle puis fortifié au XVI$^{e}$, qui regroupe des vieilles maisons vénitiennes autour de son port bien abrité. Jelsa s'est développé au XIX$^{e}$ siècle grâce à la construction navale, puis à la production de vin. Aujourd'hui, le tourisme occupe une place croissante dans l'économie locale, qui veut tirer profit de sa belle nature toute proche – grandes pinèdes, superbes plages de sable, criques intimes et sources d'eau douce – et de sa nouvelle piste d'atterrissage pour l'hydravion.

## Transports

■ **EUROPEAN COASTAL AIRLINES**
Put Divulja 7
KAŠTEL ŠTAFILIĆ
✆ +385 21 444 888
*Voir page 28.*

## Pratique

■ **OFFICE DU TOURISME (TURISTIČKA ZAJEDNICA)**
Riva bb
✆ +385 21 761017
www.tzjelsa.hr
info@tzjelsa.hr
*Ouvert en été de 8h à 21h, 22h en juillet et août, l'hiver de 8h à 14h.*
Pour des solutions d'hébergements, des idées de visites (patrimoine et excursions), des adresses des bonnes tables de la région. Sur le site Internet, de multiples pages traduites en français, à la rubrique gastronomie, des menus et recettes détaillés proposés par les chefs des meilleurs restaurants de Jelsa.

## Se loger

### ■ CAMPING MINA

✆ +385 21 761 210
www.camping.hr/campsites/mina
*La tente, 60 kn par jour et par personne + emplacement.*
A 500 m du port de Jelsa, bien tranquille sur une presqu'île, un camping pas cher qui compte environ 200 emplacements.

### ■ HÔTEL SKALINADA

Zavala
✆ +385 21 767019
www.skalinada-apartmani-hvar.hr
skalinada@inet.hr
*Chambre selon la saison de 410 kn à 465 kn par personne, dans une, un appartement de 440 kn à 517 kn. Un bungalow pour 4 personnes de 750 kn à 900 kn.*
Le village Zavala se situe en face de Jelsa sur la côte sud, route de Pitve. Ce petit hôtel familial, installé dans une pinède, regarde une plage de galets. Il propose des chambres, bungalows et un appartement, à la décoration simple et de bon goût. La demi-pension est possible, repas pris au restaurant de l'établissement. Bonne cuisine traditionnelle dalmate.

## Se restaurer

### ■ ARSENAL KONOBA BAR

Mala Banda
✆ + 385 21 761 818 / + 385 915183608
restoran-arsenal.com
restoranarsenal@gmail.com
*Ouvert tous les jours en été de 11h à minuit. Plat à partir de 70 kn.*
À l'extrémité de la promenade du port, avec une vue imprenable sur les bateaux à quai et la baie de Pribinja, la taverne jouit d'un bel emplacement. Ici, vous pourrez commander les traditionnels plats dalmates (cuisine de la mer, pâtes fraîches, grillades) ou réserver la spécialité maison, le poulpe cuit à l'étouffée (sous peka) avec ses légumes moelleux, accompagné du pain fait maison. Bonne carte de vins locaux.

### ■ ARSENAL KONOBA BAR

Mala Banda
✆ + 385 21 761 818 / + 385 915183608
restoran-arsenal.com
restoranarsenal@gmail.com
*Ouvert tous les jours en été de 11h à minuit. Plat à partir de 70 kn.*
À l'extrémité de la promenade du port, avec une vue imprenable sur les bateaux à quai et la baie de Pribinja, la taverne jouit d'un bel emplacement. Ici, vous pourrez commander les traditionnels plats dalmates (cuisine de la mer, pâtes fraîches, grillades) ou réserver la spécialité maison, le poulpe cuit à l'étouffée (sous peka) avec ses légumes moelleux, accompagné du pain fait maison. Bonne carte de vins locaux.

### ■ KONOBA « NONO »

Banski dolac
✆ +385 21 761 933 / +385 91 735 2335
*Ouvert tous les jours en été. À partir de 70 kn le plat.*
La taverne Nono se trouve au bout d'une ruelle en lacets, sur les hauteurs de la vieille ville. Dans un cadre rustique chaleureux, à l'intérieur ou à l'extérieur, le jeune couple Drinković, Ivo et Margita, apporte une bonne dose d'imagination dans ses recettes traditionnelles. Steak tartare, omelette aux langoustines, viandes et poissons grillés, mais aussi ses spécialités, les gnocchi à l'encre de seiche, la pieuvre braisée, les gâteaux noix-chocolat faits maison.

*Port de Jelsa.*

*Eglise de Jelsa.*

■ **RESTAURANT NAPOLÉON**
Mala banda bb
✆ +385 21 761 438
www.napoleon-hvar.com
konoba.napoleon@yahoo.com
*Ouvert tous les jours. Environ de 70 kn à 100 kn.*
Dans un ancien entrepôt de vin, ce restaurant aux murs et sol en pierres, à la décoration traditionnelle, propose des spécialités italiennes, pâtes, pizza, poissons, fruits de mer.

## VRBOSKA

A l'ouest de Jelsa, ce petit bourg de la côte se fait appeler la petite Venise en référence à ses petits ponts de pierre qui enjambent une rivière se jetant dans la mer à l'endroit de cette localité. A voir l'église fortifiée, avec sa tour arrondie et crénelée. Prévoir aussi une randonnée dans l'ancienne vallée fertile (l'Ager).

# ÎLES PAKLENI

En face de Hvar-ville, l'archipel des Pakleni s'étire tranquillement. On peut repérer Sveti Klement (est), la plus grande des îles, puis Vodnjak Veli (extrême ouest), Vodnjak Mali (nord), Dobri et Stanbedar (sud). Sur Sveti Klement, Palmižana, la baie la plus proche de Hvar est aussi la plus populaire. Une petite marina a même été construite. Il fait bon s'y retirer quand le tumulte du port augmente. Sur cette île également, l'une des plus belles de Croatie, listée dans le top 10 mondial, poussent des centaines de plantes méridionales et exotiques. Une destination de vacances haut de gamme pour les amateurs de nature, calme et sports aquatiques. Sur place, un jardin botanique, des petites criques, quelques restaurants, une galerie d'art moderne.

**Transport**

Pour accéder à Sveti Klement, prendre la navette au départ de Hvar-port (30 minutes de traversée). Pour les autres îles, vous devrez demander les services d'un taxi-bateau ou encore louer votre propre embarcation.

## ÎLE DE SVETI KLEMENT ★★

La destinée Sveti Klement est intimement liée à la famille Meneghello, qui s'est installée en 1848 dans ce petit coin de paradis. Egen Meneghelllo, pharmacien à Hvar, avait fait fortune avec sa formule de médicament naturel à base de romarin sauvage de Palmižana. Il décide de créer un arboretum et un jardin exotique, avec le précieux *rozmarin* mais aussi des plants de cactus, mimosa, eucalyptus, olivier, laurier, menthe sauvage et autres plantes médicinales. Aujourd'hui, les héritiers toujours propriétaires des 300 hectares de terrain se sont reconvertis dans le tourisme. Les fonds marins, tout aussi intéressants que les plantes à l'air libre, sont particulièrement riches en épaves. Des amphores gréco-romaines s'y admirent *in situ* alors que les Meneghello possèdent l'une des plus importantes collections du pays.

**■ KONOBA DIONIS**

Vlaka

✆ +385 98 167 1016 / +385 91 765 6044

*Ouvert de mai à fin septembre, de midi à 23h. Réservation obligatoire. Plats à partir de 60 kn.*

Situé à la pointe ouest de l'île, en pure nature, une jolie maison en pierres que vous trouverez en suivant le sentier sur 400 m depuis le mouillage de Vlaka. Autrement dit un endroit un peu à l'écart, un secret bien gardé, où il vaut mieux prévenir avant de venir. Sous la terrasse, protégée du soleil par un auvent en paille, la vue sur les champs qui s'étendent jusqu'à la mer est superbe. En plus des plats traditionnels dalmates (viande et poisson grillés, fruits de mer), on peut trouver ici une grande variété de plats à base de légumes, tourte à l'aubergine et à la tomate aux herbes, artichauts et pois chiches ou encore des brochettes de légumes accompagnées d'un vin blanc naturel.

**■ VILLAS ET BUNGALOWS MENEGHELLO**

Palmižana

✆ +385 21 71 72 70

www.palmizana.hr

info@palmizana.com

*Ouvert toute l'année. Selon la saison, comptez la nuit à partir de 80 € le bungalow et jusqu'à 400 € la villa.*

Une propriété tenue par la famille Meneghello, qui y entretient une atmosphère artistique. Les bungalows et villas haut de gamme dont les murs sont recouverts de peintures ont essaimé sous la pépinière. Bien intégré au parc, chacun a son style, au luxe discret et design contemporain. Une nouvelle villa (La Jacomina) vient d'être ouverte, qui répond parfaitement à ce désir de confort et nature conjugués. La demi-pension ou complète est possible. Au restaurant, on sert le poisson du jour, nombre de crustacés et coquillages marinés, en sauce ou juste blanchi. A goûter : le brandy aromatisé fait maison. Une annexe du restaurant a été installée sur la plage. Vous pourrez y commander des kebabs de seiches et pieuvres mais aussi des pizzas et différentes espèces de poissons frits. Enfin, à proximité du restaurant, une galerie d'art moderne croate.

## ÎLE DE MARINKOVAC

Sur l'île de Marinkovac, située sur la côte sud-ouest de l'archipel, des baies cachées et des criques rocheuses apparaissent comme le terrain idéal pour les naturistes qui, comme on le sait, connaissent les purs coins de nature sauvage (Štipanska par exemple). Le mouillage y est bien apprécié également !

# ÎLE DE VIS

L'une des plus belles îles, l'une des mieux préservées de Croatie, voici Vis. Géographiquement, un peu à l'écart des archipels adriatiques, entre la Dalmatie centrale et la Dalmatie du Sud, Vis fut longtemps considérée comme trop éloignée du continent (2h30 de traversée en ferry). Elle est restée en dehors des circuits touristiques pendant de longues années, les visiteurs n'ayant été autorisés à y retourner qu'après l'indépendance de la Croatie en 1995. En effet, pendant la Seconde Guerre mondiale, Vis a servi de refuge au maréchal Tito. Puis elle a été transformée en zone militaire. L'accès était donc réservé à quelques dignitaires et autres

## Vis, Biševo, les grottes chromatiques

Sur Vis, la jolie crique nommée Stončica est facilement accessible à pied. La crique Stiniva et l'îlot de Ravnik Zelena Špilja (grotte Verte) sont abordables par la mer ou par la route en empruntant un chemin escarpé et glissant à travers les rochers. Comptez environ 30 minutes de marche jusqu'à la crique et l'entrée de la grotte. L'eau de mer turquoise, qui se découvre au milieu de falaises, vaut la rando ! On peut faire du snorkeling. Venir le matin de préférence pour une meilleure luminosité et la chance de voir un maximum de poissons et... aussi d'échapper à la foule. Pour la grotte Bleue, direction Komiža où l'on prend un bateau pour rejoindre Biševo, l'îlet situé en face. Là, une barque vous attend pour vous amener à l'entrée de la grotte. Il faut se plier pour pénétrer dans la cavité. Entrée payante mais émerveillement total. La couleur bleue vient du soleil qui passe sous la roche. Effet garanti entre 11h et midi. Tout ces sites sont protégés comme phénomènes naturels. Il est interdit de se baigner dans la grotte Bleue (surtout en été), alors assurez-vous avant de partir que votre loueur de bateau vous accompagnera aussi quelques heures sur une crique de Biševo.

familles nobles de Hvar qui, sous certaines conditions, y avaient établi leurs maisons secondaires.
Depuis peu, Vis est redevenue une destination à part, une île mystérieuse qui s'est rapprochée du continent avec l'arrivée de l'hydravion en 2014. Cependant, son écosystème fragile ne peut supporter une colonisation importante. L'île ne possède aucune source d'eau douce, excepté celles de Komiža. Durant la saison estivale, les insulaires et les résidents doivent être ravitaillés par bateau.
On peut visiter l'île à pied en longeant le chemin du littoral bordé de tamaris, de palmiers et de résidences d'été magnifiques. Au fond de la baie, se trouvent d'agréables plages de sable et de galets.
Le port de Vis est divisé en deux quartiers : Luka à l'ouest et Kuta à l'est. Ce dernier est un véritable havre de paix. On trouve des chambres chez l'habitant, quelques cafés, une taverne.

**Repères historiques**

L'île fut occupée par les Grecs au IVe siècle, qui y fondèrent la colonie d'Issa. Elle devint rapidement une cité hellénistique importante, avec un théâtre, un temple, des thermes. Les Romains s'y installèrent durablement avec de mettre pied à Korčula et Trogir. Suite aux guerres de pouvoir entre César et Pompée, Vis perdit de son prestige dans l'empire.
Au XIXe siècle, après les Vénitiens de Hvar et les Français, ce sont les Autrichiens qui apportent un certain développement sur l'île. Jusqu'en 1992, Vis était une base stratégique pour l'armée fédérale yougoslave. Les amateurs d'histoire peuvent également visiter la base militaire et les bunkers de Tito. Après le départ des soldats, elle redevient une île agricole isolée, où les habitants vivent de la culture des oliviers, de la vigne, de la pêche, un petit peu du tourisme.

**Transports**

**En bateau.** Des ferries et catamarans de l'agence Jadrolinija relient Split à Komiža, avec pour certains, une escale à Hvar. Le voyage dure 2h30. À ne pas manquer : l'excursion à partir du port de Vis ou de Komiža vers l'île de Biševo.

**En hydravion.** Le petit bateau flottant relie Split à l'île en moins d'une demi-heure. Se renseigner auprès de la compagnie European Coastal Airlines. Réservation par téléphone ou Internet.

**En voiture.** À Vis, il n'y a que deux routes, l'une, superbe, qui longe la côte, l'autre, pour les plus pressés, qui traverse l'île et permet de rejoindre les deux ports sur une dizaine de kilomètres environ.

# VIS ★★

## Transports

**EUROPEAN COASTAL AIRLINES**
Put Divulja 7
KAŠTEL ŠTAFILIĆ ✆ +385 21 444 888
*Voir page 28.*

## Pratique

**OFFICE DU TOURISME (TURISTIČKA ZAJEDNICA)**
Šetalište Stare Isse 5
✆ +385 21 717017
www.tz-vis.hr
tzg-visa@st.t-com.hr
*Ouvert en été du lundi au samedi de 8h à 15h et de 17h à 20h, dimanche de 10h à 14h, hiver en semaine de 8h à 16h.*
Une agence, située à côté de l'embarcadère des ferries, qui vous aidera dans vos recherches d'hébergements, chez l'habitant principalement, pour les horaires des bateaux, de l'hydravion, excursions sur l'île. Fait aussi office de location de véhicules (voitures, scooters, vélos), changes de devises et vend des cartes pour l'accès wi-fi à la journée.

## Se loger

**HÔTEL SAN GIORGIO**
Petra Hektorovića 2 ✆ +385 21 711362
www.hotelsangiorgiovis.com
info@hotelsangiorgiovis.com
*La chambre double selon la catégorie et la saison de 123 € à 202 € (petit déjeuner inclus).*
Dans la plus vieille partie de la ville, une maison de famille reconvertie en hôtel de 10 chambres, à la décoration soignée, mélange de modernité et d'élégance. L'une d'elles avec terrasse et bain à remous. L'une des meilleures adresses du port.

## Se restaurer

**KONOBA VATRICA**
Obala P Krešimira ✆ +385 21 711574
*Ouvert tous les jours en été. Compter au moins 300 kn le plat de poisson grillé entier.*
Dans cette taverne, la terrasse donne sur le port, un cadre privilégié pour la cuisine de la mer : salade de pieuvre, maquereaux marinés puis grillés (*širun*), soupe de poissons à l'anguille, risotto à l'encre de seiche, homard, pâtes fraîches aux crustacés. Ici, on vous sert la *manistra* du matin (soupe de fèves et de pâtes). L'accueil est sympathique mais les prix sont élevés.

### RESTAURANT POJODA

Don Cvjetka Marasovića 8 Vis

✆ +385 21 711 575

*Ouvert du 1er avril au 1er novembre de midi à 15h et 17h à 2h, uniquement le soir hors saison. Plat à partir de 70 kn, poisson grillé entier à partir de 270 kn.*

La cuisine traditionnelle de la côte adriatique à laquelle le chef ajoute une touche de Slavonie, terre de ses ancêtres, c'est bien la spécialité de la maison. Au menu (avec traduction française), poisson du jour grillé après avoir été mariné dans l'ail et les épices mais aussi beaucoup de mijotés à la tomate, du thon en tranche aux légumes, un pâté de pieuvre, une soupe de fèves et de pâtes (*manistra na brudet*) à base d'orge, pois et crevettes (*orbiko*). Les desserts ne sont pas en reste, comme le gâteau aux figues (*hib*), par exemple.

## Sports - Détente - Loisirs

Les amateurs de sensations fortes seront dans leur élément à Vis. On peut faire de la randonnée ou du cheval pour découvrir les terres des villages abandonnés, descendre en parapente des parois vertigineuses, naviguer en *gajeta falkušan*e, l'embarcation typique des pêcheurs de l'Adriatique, partir en kayak de mer autour de l'île, faire de la plongée et/ou s'installer tranquillement sur une crique déserte.

# KOMIŽA

Au pied du mont Hum (587 m au-dessus du niveau de la mer), Komiža, plus populaire que le port de Vis, se situe sur la côte est de l'île. Les baies y sont plus larges, facilement accessibles en bateau, et l'on y connaît de vaillants marins pêcheurs. Au-dessus du port, se trouve un monastère fortifié, le couvent franciscain de Gradina, et partout aux alentours de charmantes criques.

### ALTERNATURA

Hrvatskih Mučenika 2

✆ +385 21 717 239

✆ 385 91 2503809

www.alternatura.hr

alternatura@alternatura.hr

*Ouvert tous les jours en été.*

Une agence touristique qui propose plusieurs activités de plein air, parapente, excursion en bateau, escalade, plongée, kayak de mer, la grande spécialité de l'île. Egalement au programme, des dégustation de vins ou la visite de la grotte bleue Modra Špilja.

# ÎLE DE BIŠEVO ★★★

A environ 3 milles de Komiža, la petite île de Biševo apparaît particulièrement calme. Sa grande attraction réside dans la grotte bleue Modra Špilja. Lorsque le soleil monte au zénith, les rayons s'introduisent dans cette grotte par une ouverture sous-marine et diffusent une lumière bleue mauve sur les parois rocheuses. Un phénomène chromatique impressionnant, à découvrir entre 10h et 13h au moment où les rayons entrent profondément dans la grotte.

*Komiža.*

# DUBROVNIK

## ET SA RÉGION

Vue aérienne de Dubrovnik

# DUBROVNIK

★★★★

## Les immanquables de la région de Dubrovnik

**Faire le tour des remparts** de Dubrovnik pour une première approche de la vieille ville, se perdre dans les ruelles et découvrir son fantastique patrimoine culturel.

- **Prendre le bateau pour les îles** Lokrum, Lopud, (en face de Dubrovnik), retrouver la tranquillité insulaire sur l'archipel des Elaphites, baignade recommandée.

**Parcourir la riviera sud**, de criques, plages et petits ports, en direction de Cavtat (port historique et cité balnéaire). S'initier à la plongée.

- **Pousser jusqu'à la presqu'île de Pelješac :** faire une pause gourmande à Mali Ston, parfait endroit pour déguster les produits de la mer (ostréiculture, sels marins), visiter quelques-unes de ses caves à vins, s'arrêter à Orebić, cité corsaire d'où l'on prend le ferry pour Korčula. Baignade à Trstenik, surf à Viganj, plongée à Žuljana.
- **Prévoir du temps à Korčula,** sa superbe cité-port Renaissance, l'une des mieux conservées du bassin méditerranéen, la plage de sable de Lumbarda, la douceur de vivre au fin fond de l'île.
- **Embarquer pour l'île de Mljet,** randonner dans le parc national, nature intacte.
- **Faire des excursions** au Montenegro, voir Tivat, la cité médiévale et les Bouches du Kotor, Budva ou en Bosnie-Herzégovine remonter la rivière Neretva, voir Mostar, faire un pèlerinage à Međugorje.

*En Dalmatie du sud, un petit port ancré sur un rocher est devenu la « perle de l'Adriatique », l'une des plus belles villes fortifiées au monde. Durant la guerre d'indépendance (1991), la cité médiévale a sévèrement été touchée par les bombardements serbes, monténégrins et ceux de l'armée fédérale yougoslave. Grâce au soutien de l'UNESCO et des donateurs internationaux, l'ancienne Raguse a pu se reconstruire. Aujourd'hui, peu de marques sur les bâtiments rappellent ce passé douloureux. La majesté des remparts, des palais, églises ou monastères s'impose à nouveau. Les portes d'entrée monumentales, les toitures d'argile aux tons rose orangé, la grande artère principale (Stradun) avec ses ruelles pavées formant un formidable labyrinthe urbain de vieilles pierres polies, mais aussi les places et les cours intérieures, tout a été restauré à l'identique. Ce secteur entièrement piéton représente un ensemble architectural exceptionnel. Sur la promenade des remparts, on embrasse des yeux la ville close, le vieux port, avec des vues imprenables sur les îles Elaphites et la mer turquoise en toile de fond. Autant de ravissements pour les touristes qui y flânent par milliers, de mai à novembre.*

*« Ceux qui cherchent le bonheur sur terre devraient venir voir Dubrovnik », assurait l'écrivain irlandais, Bernard Shaw, au début du XXe siècle. Aujourd'hui, le charme opère toujours même si, comme à Venise, l'afflux massif de visiteurs, la foule des croisiéristes, en haute saison, dénaturent l'atmosphère magique de la ville. Ainsi, au printemps, à l'automne, voire en hiver, vous apprécierez mieux les secrets de cette ville-musée, où le temps semble s'être arrêté. Mais quelle que soit la période de l'année, vous y trouverez un logement, que ce soit intra-muros ou aux portes de la vieille-ville (stari grad Dubrovnik).*

## HISTOIRE

Située sur un site naturel privilégié, Dubrovnik, premier port sur la route maritime de l'ouest protégé par une ligne d'îles, est un point stratégique depuis ses origines. Lors des grandes invasions, la ville romaine d'Epidaurum (située à Cavtat) fut détruite par l'arrivée des Croates au VIIe siècle. Des réfugiés romains partirent vers le nord à Ragusium. Ils s'installèrent sur l'île et la nommèrent Laus.

# La région de Dubrovnik

# Dubrovnik

Vers la Marina
Most dr. Franje Tuđmana
Vers Korčula, Mljet, Elaphites Sobra, Bari
NUNCIJATA
KANTAFIG
Gare routière internationale
Gruška Obala
Solitudo
Uvala Gruž
Port de départ des Ferrys
Ivana Zajca
Riječka
Ćira Carića
Vatroslava Lisinskog
Camping Solitudo
Iva Dulčića
Lapadska Obala
GRUŽ
BABIN KUK
Kliševska
Primorska
Dalmatinska
BATALA
HNK Dubrovnik
Nikole Tesle
Gare routière interurbaine
Petra Svačića
Kralja Tomislava
Od Batale
Kardinala Stepinca
Šet. Kralja Zvonimira
Od sv. Mihajla
Bana J. Jelačića
Kneza Branimira
Šetalište Nike i Meda Pucića
J. Vojnovića
Plage de Lapad
Uvala Sumartin
Ispod Petke
A. Kazali
Dr. A. Šercera
Od Montovjerne
Ivanska
Hôpital
LAPAD
MONTOVJERNA
Masarykov Put
MEDAREVO
Liechtensteinov Put
Josipa Kosora
Gorica Sv. Vlaha
Plage des hôtels de Lapad
Information touristique
Gare routière
Panorama
Camping
Lignes de bus
Plages
Hôpital

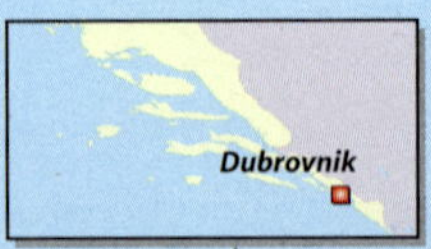
Dubrovnik

Mont Srđ
Funiculaire
BOSANSKA
Vers l'aéroport
PLOČE
Jadranska Cesta
B. Bušića
Put Od Bosanke
P. Krešimira IV
M. Gupca
A. T. Mimare
Zagrebačka
F. Supila
V. Bukovca
5-8
Plage de Banje
Plage de Sveti Jakov
STARA LUKA (VIEUX PORT)
Vers Cavtat
Vers Lokrum
VIEILLE VILLE
STARI GRAD
GRAD
Iza Grada
Gornji Kono
B. Shawa
Iz Posat
Z. Frankopanska
Između
Državna Cest D-8
Gornji Kono
Od Gaja
A. Hebranga
V. Nazora
Pera bakića
Priježna
Zagrebačka
BONINOVO
Splitski Put
PILE
1-1A-1B-2-3-6
A. Bošković
B. Bogišića
Branitelja Dubrovnika
Don Frana Bulića
Čingrije
Plage de l'hôtel Bellevue
Dančе
LOKRUM
Forteresse
Monastère et restaurant
Lac mer morte
N
0
500 m

En face, dans la montagne Dubrava, les Slaves installèrent progressivement leur campement. Destinée à protéger la cité des nombreuses invasions durant l'histoire (Arabes, Vénitiens, Macédoniens, Serbesa), la construction des remparts se renforce de la fin du XI$^{e}$ siècle jusqu'au XVII$^{e}$ siècle. Entre les X$^{e}$ et XII$^{e}$ siècles, la ville fut ainsi occupée par les Arabes, les Vénitiens et les Normands, avant de passer sous la tutelle de l'Empire byzantin. Malgré cela, la ville-Etat signa de nombreux traités d'assistance mutuelle avec des puissances voisines, jusqu'à la prise de Constantinople par les Vénitiens en 1204 et le rattachement de Dubrovnik à l'autorité de Venise l'année suivante. En 1272, fut publié le Statut de codification « *Liber statutorum civitatis ragusii* ». Le trafic maritime croissant pendant et après les croisades aux XII$^{e}$ et XIII$^{e}$ siècles contribua fortement à la prospérité de centres marchands maritimes de la Méditerranée et de l'Adriatique et notamment de Dubrovnik.

## La république de Raguse

Le traité de Zadar en 1358 met fin à l'emprise de Venise sur Dubrovnik, devenue république libre. Cette reconnaissance politique lui permet un développement spectaculaire. Au cours des XIV$^{e}$ et XV$^{e}$ siècles, Dubrovnik, Venise et Ancona devinrent les centres les plus importants de l'Adriatique. Le statut légal de la république de Dubrovnik fut entièrement établi au XVI$^{e}$ siècle, ce qui impliquait une élection autonome du recteur et des conseillers, une monnaie, et le drapeau où figurait le patron de la ville, saint Blaise, une législature indépendante, ainsi que le droit d'installer des consulats à l'étranger. S'appuyant sur l'ordre social aristocratique, le pouvoir suprême était investi par le « grand conseil », composé de membres des grandes familles.

Dès le XV$^{e}$ siècle, les autorités organisèrent un trafic particulièrement efficace avec l'arrière-pays. Sous la pression de la politique expansionniste particulièrement violente des Turcs, la république de Dubrovnik accepta en 1525 de payer un tribut annuel à l'autorité turque, mais obtint en contrepartie le droit de commercer librement avec l'ensemble de l'Empire ottoman. C'est ainsi, sans armée mais avec une diplomatie particulièrement efficace, que la petite république parvient à asseoir sa souveraineté, sans prendre part au moindre conflit et en évitant la tutelle de l'Espagne et du Vatican. Le seul véritable rival demeurait la république de Venise.

## L'âge d'or

L'âge d'or de la république de Raguse se situe au XVI$^{e}$ siècle. L'économie maritime est à la base de cette prospérité, les vaisseaux toujours plus nombreux traversant la Méditerranée, la mer Noire et les océans pour commercer avec les ports anglais, allemands, indiens ou américains. Cette réussite matérielle, alliée à un sentiment de sécurité et de liberté, est à l'origine du mode de vie humaniste qui se développe à Dubrovnik à cette époque, stimulant les esprits créatifs. La cité atteint alors son plus haut niveau de développement urbain et architectural.

Les XV$^{e}$ et XVI$^{e}$ siècles ont ainsi été les plus hautes époques de l'histoire culturelle de Dubrovnik, marquées par l'émergence de grands écrivains, comme l'auteur satirique Marin Držić, une lignée qui se poursuit jusqu'à l'illustre poète du XVII$^{e}$ siècle : Ivan Gundulić.

Au XVII$^{e}$ siècle, survient une crise générale du commerce maritime, qui affecte très fortement la prospérité de Dubrovnik. En 1667, le grand tremblement de terre détruit la majeure partie de la cité. Dubrovnik doit alors se battre pour sa reconstruction et le maintien de sa souveraineté. Les vaisseaux naviguent finalement sous drapeau neutre jusqu'à l'arrivée des troupes napoléoniennes et la chute de la République en 1808. C'est en 1815, au congrès de Vienne, que la cité est rattachée à la Dalmatie et à la Croatie, dont elle partage le destin politique depuis lors.

## La guerre de l'ex-Yougoslavie

Suite à la déclaration d'indépendance de la république de Croatie, Dubrovnik fut attaquée en octobre 1991 par les forces serbes et monténégrines qui cherchaient à détruire la totalité du territoire et à acquérir un accès privilégié sur la mer adriatique. La région de Dubrovnik fut occupée et dévastée. La cité elle-même fut entièrement encerclée pendant huit mois, bombardée à plusieurs reprises et détruite partiellement lors des attaques, qui commencent début décembre 2001. La communauté internationale et de nombreux intellectuels se sont alors indignés du traitement réservé au patrimoine exceptionnel de la ville.

## Les grands travaux pour la reconstruction

A la fin de la guerre, très endommagée par le conflit armé, la ville a fait rapidement l'objet d'un grand programme de restauration coordonné par l'UNESCO. Entre 1991 et 1995, la guerre anéantit toute activité touristique, ce qui perturbe considérablement le développement de Dubrovnik. Aujourd'hui, l'héritage culturel et historique est globalement protégé et conservé, à la grande joie des visiteurs qui redécouvrent une région et un site, particulièrement riches et surprenants.

*Jadis appelée Raguse, la cité-état maritime fut pendant 5 siècles la grande rivale de Venise.*

*Le Stradun traverse la ville fortifiée comme une véritable colonne vertébrale.*

*La balade depuis le haut des remparts est incontournable !*

*Le Palais du Recteur, ancienne résidence du chef de l'exécutif, est un témoignage éloquent du rayonnement de Raguse.*

© AUTHOR'S IMAGE

Vue sur la ville de Dubrovnik et l'île de Lokrum.

© LAWRENCE BANAHAN – AUTHOR'S IMAGE

Le monastère franciscain des Frères Mineurs vu depuis le fort Saint-Laurent (Tvrđava Lovrijenac).

© JASMINA MIHOC – ISTOCKPHOTO

Vue aérienne du parc de Mljet.

© AUTHOR'S IMAGE

Survol de la ville de Dubrovnik.

# QUARTIERS

## Vieille ville ★★★★

Quand on pense à Dubrovnik, c'est immédiatement l'image de la vieille ville qui surgit. Actuellement Dubrovnik compte un peu moins de 1 700 habitants *intra-muros*, l'espace y est pratiquement entièrement dévolu aux touristes en été. Conséquence, les habitants, les petits commerces de bouche, les échoppes artisanales sont peu à peu remplacés par des boutiques de souvenirs souvent insipides. Le Stradum coupe la vieille ville en deux, au nord un enchevêtrement de ruelles et d'escaliers, au sud, des ruelles plus longues et plus larges. Vous serez assurément séduits par la richesse architecturale incomparable de cette cité close où le temps semble s'être arrêté quelque part au XVIe siècle.

## Gruž et Lapad ★

Ces deux quartiers constituent la nouvelle ville de Dubrovnik, à l'ouest de l'ancienne, à moins de 20 min. en bus de la porte de Pile.

- **Lapad** est animé d'une vie locale de quartier, une caractéristique qui s'exprime aussi en soirée. On trouve toute une enfilade de cafés et bars sur les promenades menant et longeant la mer (Šetaliste kralja Zvonimira) ainsi qu'en face du port de Gruž, sur la Lapadska Obala (à Lapad toujours). Quelques boîtes de nuit à signaler à Lapad dans les grands hôtels et leurs plages.

- **Gruž**, quant à elle très vivante en journée, s'endort rapidement en soirée. Dominée par la figure du pont Tuđman qui enjambe la *Dubrovačka rijeka*, elle s'articule autour de son port – le seul véritable de Dubrovnik, celui de la vieille ville ne sert plus guère qu'aux départs d'excursions – de la gare routière, du marché, des supermarchés.

## Boninovo, Pile et Ploče ★★★★

A proximité immédiate des deux portes médiévales permettant d'accéder à la vieille ville, Ploče, Pile et Boninovo étaient jusqu'à une période récente des quartiers périphériques de la cité.

- **Ploče** désigne le quartier qui s'étend de la porte du même nom, au pied de la vieille ville, jusqu'aux premières stations balnéaires de la *Župa dubrovačka*, en direction de Cavtat. Situé sur les hauteurs du cœur historique de Raguse, Ploče est parcouru de ruelles d'où l'on aperçoit l'île de Lokrum toute proche.

- **Pile**, à l'inverse, s'étend côté ouest de la vieille ville, au pied de la porte du même nom pour finir là où commence **Boninovo**. Sur le chemin de Lapad, Pile et Boninovo présentent un littoral plus accidenté, entouré de falaises, entrecoupés de quelques plages à l'ombre du fort Saint Laurent (Lovrijenac). On y trouve aussi quelques jolies et anciennes églises comme celle de Danče.

*Vieille ville de Dubrovnik.*

# SE DÉPLACER

## L'arrivée

### Avion

**■ AÉROPORT INTERNATIONAL DE DUBROVNIK (ZRAČNA LUKA DUBROVNIK)**
Čilipi
✆ +385 20 773 100
www.airport-dubrovnik.hr
À 20 km au sud-est de Dubrovnik, 7 km de Cavtat.
Vols directs Paris-Dubrovnik toute l'année avec Croatia Airlines. Sinon escale à Zagreb ou Split. Air France, Croatia Airlines, Alitalia, et de nombreuses compagnies low-cost desservent Dubrovnik, seuls Air Croatia, Lufthansa, British Airways, desservent Dubrovnik à l'année.

***De l'aéroport au centre-ville***
Un système de navettes (car Atlas et concurrents) relie l'aéroport à la vieille ville, au port et à la gare routière en liaison avec les vols, pour 35 kn par personne. Les tickets s'achètent directement dans le bus. Le trajet dure 30 minutes. Les horaires changent en fonction des vols, se renseigner à l'office de tourisme de Pile qui les affiche quotidiennement.

▸ **Ces bus desservent la gare routière ainsi que la vieille ville** dont l'arrêt se trouve juste en face du téléphérique, dans les hauteurs de la porte de Ploče (Ulica kralja Petra Krešimira IV). Les bus municipaux 11 et 27 (rares) permettent aussi de s'y rendre pour 12 kn.

▸ **En taxi**, il vous en coûtera environ 280 kn.

▸ **Insolite cave à vins.** A l'est de la tour de contrôle, une grotte souterraine (Đurović špilja) se déploie en profondeur sous l'aéroport. La température fraîche et stable a paru idéale pour une cave à vins. Skycellar Wine & Souvenir Shop est ouvert sur demande pour une dégustation et vente de vins (entrée 30 kn). Se renseigner à l'office du tourisme de l'aéroport et surtout à l'avance.

### Train

Dubrovnik et ses alentours ne sont pas desservis par le train. La gare la plus proche se trouve dans la ville de Ploče, à 100 km au nord-ouest de la ville (rien à voir avec Ploče, le quartier de Dubrovnik). Les seuls moyens de transports sont donc le bus, le bateau ou la voiture.

**■ HŽ (HRVATSKE ŽELJEZNICE)**
✆ 060 333 444 / + 385 1 3782 583
www.hzpp.hr
*La ligne qui dessert Ploče passe par Sarajevo. Autre possibilité : prendre le train de Zagreb à Split (sans aucun prolongement ferroviaire jusqu'à Dubrovnik).*
Consulter le site de la société ferroviaire croate pour tout renseignement (horaire, infos pratiques...).

### Bus

La gare routière pour les bus est située en ville nouvelle, du côté port de Gruž, à environ 3 km de la vieille ville (porte Pile). Les transports publics urbains relient fréquemment les zones hôtelières (Lapad et Babin Kuk) à la vieille ville et roulent jusque tard dans la nuit ; les derniers bus arrêtant le service vers minuit ou encore 1h30 du matin. Vous pourrez vous procurer facilement des horaires dans les agences de tourisme ou les consulter sous les abribus.

**■ GARE ROUTIÈRE INTERNATIONALE (AUTOBUSNI KOLODVOR)**
Obala pape Ivana Pavla II, 44A
Port de Gruž
✆ +385 30 305 070 / +385 20 357 020
www.libertasdubrovnik.hr
kolodvor@libertasdubrovnik.com
Bus 1A, 1B, 1C, 3 pour la porte Pile.
*Guichet pour achat des billets ouvert de 6h à 21h en saison. Les lignes de bus sont gérées par différentes compagnie régionales : les prix et réductions varient.*
Les bus reliant les divers quartiers de Dubrovnik ainsi que les lignes nationales et internationales s'arrêtent tous dans cette gare routière, située dans le port de Gruž, à 400 m de l'arrivée des ferries. Consulter le site (en partie en anglais) pour les horaires.

▸ Plusieurs fois par jour, bus pour Zagreb (10 heures de trajet), Split (4 heures 30), Mostar (1 heure 30), Metković...

▸ Plus occasionnels (une à deux fois par jour, une à deux fois par semaine), des bus pour le reste de la Croatie : Rijeka (12 heures), Zadar (8 heures), Makarska et les pays frontaliers : Sarajevo (Bosnie-Herzégovine, 5 heures), Kotor-Budva (Monténégro, seulement en saison). Départs pour Međugorje (Herzégovine) et Herceg Novi (Monténégro) plusieurs fois par semaine. Pas de bus direct pour Belgrade (changement à Split).

▸ Consigne, bureau de change disponibles place. Agences de voyage, bureau de Jadrolinja (ferries) et office du tourisme à proximité.

© LAWRENCE BANAHAN – AUTHOR'S IMAGE

Port de Gruž ('Luka Gruž').

© LAWRENCE BANAHAN – AUTHOR'S IMAGE

Croisière sur un vieux navire.

© LAWRENCE BANAHAN – AUTHOR'S IMAGE

Le vieux port.

© LAWRENCE BANAHAN – AUTHOR'S IMAGE

## Bateau

■ **BEACH SHUTTLE BUS**
Placa Gruž
www.libertasdubrovnik.hr
*12 à 15 kn la traversée. En saison uniquement. Départ à 9h et 10h, retour autour de 17h30.*
Une navette qui fait la laison entre le port de Gruž (où l'on prend les bateaux pour les îles) et le petit port embarcadère de Lapad. L'été, service régulier dès le matin 7h.

■ **DUBROVAČKI VAPORETTO**
www.lokrum.hr
*En saison uniquement. 80 kn le ticket (comprend l'entrée sur l'île). Départ à 10h15 et 15h05 devant le marché de Gruž, retour à midi et 16h de Lokrum, tous les jours sauf mardi.*

■ **FERRIES G-V LINES**
Vukovarska 34
✆ +385 20 313 119 / +385 91 435 77 88
www.gv-line.hr – gv-line@gv-line.hr
Port de Gruž, kiosque avant l'embarcadère de la Jadrolinija.
*Transport de passagers exclusivement. Achat des tickets pour le jour même (pas d'achat en ligne), ouverture du kiosque 1h15 min avant départ au port de Gruž. Soyez là au moins une heure avant le départ, les tickets partent très vite pour Mljet ! En général, s'il y a foule en saison, un deuxième bateau est affrété.*
Cette agence de Lapad gère des catamarans rapides, qui font la liaison régulière entre Dubrovnik (Gruž) et Sobra ainsi que Polače sur l'île de Mljet, en 1 heure 45, via Korčula (en juillet et août) et Šipanska Luka sur l'île de Šipan (Elaphites). Possibilité donc d'organiser par soi-même une excursion dans les îles. En hiver, les horaires obligent à passer la nuit sur Mjet. En juillet et août, les liaisons sont plus nombreuses. Des transports vers Zadar via Sestrunj, Rivanj, Zverinac ou Mali Iz, Veli Iz, Mala Rava et Rava sont également assurés.

▸ **Autres adresses : Korkyra** info agency / Trg Kralja Tomislava 3, 20260 Korčula / ✆ +385 20 711 750 • Mateja Bošnjaka (Zadranina) bb, 23000 Zadar / ✆ +385 23 250 733.

■ **JADROLINIJA**
Obala Stjepana Radića 40
✆ +385 20 418 000 / +385 20 41 83 80
www.jadrolinija.hr
Dans le port de Gruž face à l'arrivée des ferries.
*Ouvert en saison de 8h à 22h le lundi, mercredi et vendredi, 8h à 20h mardi, jeudi et samedi, le dimanche de 8h à 12h et de 18h à 20h30. Les billets peuvent s'acheter à l'avance. Consulter le site pour les horaires exacts.*
La Jadrolinija opère plusieurs lignes en provenance et à destination de Dubrovnik. Souvent, ce sont des «car-ferries» : les véhicules peuvent y embarquer. Les horaires sont réduits hors saison et certaines lignes sont alors suspendues. Une réduction de 20 % s'applique sur les tickets aller-retour des lignes internationales et celle de Rijeka-Dubrovnik. Pensez à prendre votre ticket 48h à l'avance, davantage pour les traversées vers l'Italie voire pour celles de Split. Pour ces lignes-là, plus fréquentées, on peut acheter en ligne.

▸ De fin mai à fin septembre, la compagnie navigue deux fois par semaine entre **Rijeka – Split – Hvar (Stari grad) – Mljet (Sobra) – Korčula et Dubrovnik** (ferry voiture). L'arrivée à Korčula se fait à l'extérieur de la vieille ville (vers l'office de tourisme).

▸ Toute l'année (10 fois par jour et plus), la compagnie transporte passagers et véhicules d'**Orebić (Pelješac) à Korčula Dominče** (à 3 km à l'est du centre de la ville).

▸ Toute l'année, **Prapatno (Pelješac)** du côté de Ston **et Sobra (Mljet)** sont reliés par un ferry-voiture (deux fois par jour).

▸ De début juin à fin septembre, depuis Vela Luka (Ouest de l'île de Korčula), la Jadrolinija permet de rejoindre **Lastovo, Hvar et Split** (plusieurs fois pas semaine) en ferry voiture.

▸ **De mi-juin à fin septembre**, un catamaran passagers par jour relie Korčula (vieille ville, à côté de l'office de tourisme) à Hvar (Stari grad) et Split.

▸ Le ferry «Postira» relie Dubrovnik **aux Élaphites : Koločep, Lopud et Šipan** (dernier arrêt), il transporte des passagers exclusivement. Un ferry-voiture dessert le port de Suđurađ.

▸ **Autres adresses : BLATOTOURS** / Krtinje bb, Blato (Korčula) / ✆ +385 20 85 12 26 • JADROLINIJA KORČULA / Plokata 21.travanj, Korčula (Korčula) / ✆ +385 20 71 54 10 / Fax : +385 20 71 11 01 / Email : ag.korcula@jadrolinija.hr • JADROLINIJA OREBIĆ / Orebić (Pelješac) / ✆ +385 20 71 40 75 • JADROLINIJA SOBRA / Zaglavac (Mljet) / ✆ +385 20 74 61 34 / Fax : +385 20 74 61 34 / Email : ag.sobra@jadrolinija.hr • JADROLINIJA VELA LUKA / Obala bb, Vela Luka (Korčula) / ✆ +385 20 81 20 15

■ **PORT DE DUBROVNIK (LUČKA UPRAVA DUBROVNIK)**
Obala Ivana Pavla II br 1
✆ +385 20 313 511
www.portdubrovnik.hr
padubrovnik@portdubrovnik.hr
Bus 1 A, 1B, 3, 7.
C'est l'embarcadère où accostent les gigantesques bateaux de croisière. Mais aussi les ferries de l'értanger (Bari...) ainsi que les ferries et catamarans pour les îles de la région (compagnies Jadrolinija et GV lines principalement).

*Vieux port de Dubrovnik.*

■ **SAIL DUBROVNIK (MORE MOJE SLANO CHARTER)**
Gorava 27, Donje Obuljeno
✆ +385 20 453 740 / +385 98 427 812
www.saildubrovnik.com
info@saildubrovnik.com
Les bateaux se situent dans la marina de Dubrovnik ainsi qu'à la marina Orsan de Lapad (centre-ville).
*Se renseigner pour toute location de bateaux ou service de skipper. Compter 50 € par personne pour une excursion en bateau de quatre personnes.*
Ljubo Gamulin, son père Jadran et leurs associés n'ont qu'une passion : la Méditerranée, sur laquelle ils naviguent depuis des décennies à eux seuls. Ils proposent des bateaux à louer, des cours de voile personnalisés, des excursions en bateau ainsi que leurs services de skipper.

## Voiture

■ **PEUGEOT CLUB**
Uz Glavicu 7 ✆ +385 098 243 294
www.peugeot-rentacar.hr
*Ouvert tous les jours en saison de 8h à 20h.*
Une société croate qui, malgré le nom, ne loue pas que des Peugeot ! Chevrolet, Renault, Opel font partie du catalogue ainsi que des scooters, à des prix sensiblement moins élévés que les franchises internationales. Exemple : la Clio à 30 € par jour, la Peugeot 208 à 40 €. Loue également des scooters (20 €). Possibilité de disposer du véhicule à Dubrovnik et de le ramener dans une autre ville. Se renseigner auprès de ce bureau central.

## En ville

■ **KIOSQUE (BUS) LIBERTAS**
✆ +385 20 357 020
✆ 0 800 1910
www.libertasdubrovnik.hr
Porte Pile, à côté de l'arrêt de bus.
*Ouvert de 7h à 20h du lundi au samedi.*
Libertas administre les transports en commun de Dubrovnik (horaires et plans sur le site internet). Vente de tickets pour circuler dans Dubrovnik dans des kiosques situés aux arrêts principaux. On peut aussi les acheter dans le bus (3 kn plus cher). De nombreux bus circulent dans Dubrovnik et relient la vieille ville aux autres quartiers, ainsi qu'aux villes et villages de la région.

■ **KORKYRA INFO DUBROVNIK**
Hvarska 42
✆ +385 20 421 689 / +385 98 926 94 35
www.korkyra-dubrovnik.com
info@korkyra-dubrovnik.com
Quartier de Ploče.
*Ouvert touts les jours de 9h à 21h de mai à octobre.*

■ **PARKING ILIJINA GLAVICA**
Zagrebačka ulica b.b
✆ +385 20 312 720
Quartier de Pile. Bus 6. A 15 min à pied du centre historique.
*300 kn la journée.*
Un parking gardé payant, ouvert 24h/24. 711 places.

# PRATIQUE

## Tourisme – Culture

### ■ ADRIATIC EXPLORE
Poljana Milivičevića 4
✆ +385 20 323 400
www.adriatic-explore.com
info@adriatic-explore.com
Situé dans la vieille ville, près de la porte Pile.
*Ouvert de 8h à 22h tous les jours en haute saison (jusque 20h-21h en avril et octobre).*
Cette agence de voyage locale, gérée par une équipe dynamique, propose des visites guidées de Dubrovnik (en anglais, en français) ainsi que toutes sortes d'excursions en petit groupe dans les environs. Il est également possible de réserver des visites privées, de louer une voiture, un bateau et de trouver un logement.

### ■ AGENCE ARAGOSA
Krajla Tomislava 7
Lapad
✆ +385 20 43 69 99
www.aragosa.hr
aragosa@du.t-com.hr
*Ouvert du lundi au vendredi, de 8h30 à 20h en saison (mi-avril, mi-octobre).*
Vous ne trouvez pas l'hébergement que vous souhaitiez, vous voulez que votre séjour soit culturel, sportif, placé sous le signe de l'aventure, ou les trois ? C'est l'agence de voyages qu'il vous faut ! Cette équipe parle parfaitement français et saura vous organiser votre séjour comme vous l'entendez. Ils ont une parfaite connaissance de la région de Dubrovnik mais aussi de toute la Croatie et des pays environnants. Ils organisent des excursions à Mostar en Bosnie, au Monténégro, des excursions à thème du type agrotourisme ou visite de vignobles. Une offre complète pour tous les budgets !

© LAWRENCE BANAHAN – AUTHOR'S IMAGE
*C'est l'heure de la relève de la garde !*

### ■ AMICO TOURS
Čubranovićeva bb
✆ +385 20 418 248 / +385 91 4444 445
www.amico-tours.com
info@amico-tours.com
4e rue sur la droite en venant de la porte Pile.
*Ouvert de 9h à 23h tous les jours, de fin avril à fin octobre. Hors saison : sur demande.*
Une agence de voyage familiale qui organise une bonne dizaine d'excursions en petit groupe dans toute la région : Korčula, îles Elaphites, Monténégro, Mostar… et même l'Albanie ! Possibilité de voyage sur mesure. Vient vous chercher chez vous et vous dépose au retour.

▸ **Autre adresse : Zlatarska** 3

### ■ ELITE TRAVEL
Vukovarska 17
✆ +385 20 358 200
www.elite.hr – elite@elite.hr
Une agence qui propose de la location d'hébergement et bateaux, des excursions dans les îles, des curcuits au Montenegro, des visites en bus de la région.

### ■ GULLIVER TRAVEL
Obala Stjepana Radića 35
✆ +385 20 410 888
www.gulliver.hr
Réservation de chambres d'hôtels, chez l'habitant, billets d'avion, excursions, change, locations de voitures.

▸ **Autre adresse : Info** & booking : Babin Kuk, Malin Stradun. ✆ +385 091 60 35 123

### ■ KORKYRA INFO DUBROVNIK
Hvarska 42
✆ +385 20 421 689 / +385 98 926 94 35
www.korkyra-dubrovnik.com
info@korkyra-dubrovnik.com
Quartier de Ploče.
*Ouvert touts les jours de 9h à 22h de mai à octobre.*
Agence de voyages locale, spécialisée sur la région de Dubrovnik et Korčula. Peut arranger des locations de vélo, scooter, voiture, taxi, des transferts entre Dubrovnik et Korčula (20 € environ), logements privés et tout un ensemble d'excursions.

**■ OFFICE DU TOURISME DE DUBROVNIK (TURISTIČKA ZAJEDNICA)**
Brsalje 5 ✆ +385 20 323 887
experience.dubrovnik.hr
info@tzdubrovnik.hr
*Ouvert toute l'année, tous les jours de 8h à 20h. Site consultable en français.*
A l'entrée de la vieille ville, près de la Porte Pile, ce bureau de l'office de tourisme est le comptoir principal d'informations : brochures, cartes, etc... Personnel compétent et de bon conseil. Il existe également un petit office de tourisme, géré par la municipalité de Cavtat, à l'aéroport Zračna luka Dubrovnik de Čilipi. Il renseigne sur les transports, conseille en matière d'hébergement, donne des cartes des environs. Pratique quand on arrive !

▸ **Autre adresse : Aéroport** Zračna luka Dubrovnik. ✆ +385 20 773 313. Ouvert de fin avril à début novembre. De 8h à 20h tous les jours (jusqu'à 21h en juillet et août).

**■ SVETA ANA TRAVEL AGENCY**
Poljice 26
GRUDA ✆ +385 99 33 33 002
www.sveta-ana-travel.com
info@sveta-ana-travel.com
Une toute nouvelle agence créée en 2013 par Roger Schlachter franco-croate et son épouse Helena originaire de Dubrovnik. Tous deux sont spécialistes du tourisme ayant commencé leur carrière comme guides, puis guides-conférenciers puis opérateurs via une petite structure pour les tours opérateurs. Finalement ils réalisent leur projet en ouvrant une agence receptive composée d'une équipe jeune et dynamique afin de pouvoir exprimer complètement leur vision et leur amour du tourisme, de la Croatie et des Balkans. Ils seront en mesure de vous façonner le voyage comme les excursions que vous souhaitez vivre. L'agence a également créé un parc d'adrénaline. Le centre propose diverses activités sportives et récréatives sous forme libre ou encadrée (équitation/quad/tir à l'arc/moto cross/tyrolienne/escalade/châteaux gonflables...) Un rendez-vous immanquable pour le bonheur des petits et des grands.

**■ TERRA NAUTIKA**
Antuna Barca 10
✆ +385 20 438 177 / +385 99 212 98 72
www.terranautika.hr
sabine@terranautika.hr
*Location de bateau : 600 € / jour avec Skipper (îles Elaphites). Voilier : 1 800 € / semaine. Sur rendez-vous uniquement.*
Dirigée par la dynamique Sabine (Belge francophone), Terra Nautika est une agence de voyage basée à Dubrovnik avec pour cœur de métier la navigation. L'agence met à disposition ses voiliers, bateaux et skippers pour des séjours sur mesure au large de l'Adriatique. Particulier ou entreprise : Terra Nautika se charge de tout, y compris du logement, que vous ayez ou non le permis côtier.

**■ TRAVEL CORNER**
Obala Stjepana Radića 40
✆ +385 20 492 313
booking@avansa-travel.com
Juste à côté du bureau de la Jadrolinja, du port et de la gare routière.
*En saison : ouvert de 9h à 20h du lundi au samedi, de 9h à 16h30 le dimanche. Internet : 25 kn l'heure.*
Cette agence loue des scooters et des voitures, fait office de café Internet, centre d'appels téléphoniques et consigne. Organise toutes sortes d'excursions et surtout peut vous aider à trouver une chambre chez l'habitant.

## Représentations - Présence française

**■ ALLIANCE FRANÇAISE DE DUBROVNIK**
Don Frana Bulića 4
✆ + 385 020 326 360 / +385 091 1501490
www.afd.hr
L'alliance française a un bureau à Dubrovnik. Quartier Pile, à l'université, elle organise des cours de langue française et des événements culturels.

## Santé - Urgences

**■ HÔPITAL DE DUBROVNIK (OPĆA BOLNICA DUBROVNIK)**
Dr. Roka Mišetića 2 ✆ +385 20 431 777
www.bolnica-du.hr
L'hôpital se trouve dans l'Ouest de Lapad. Le bus 9 y conduit.
*Numéro des urgences : 94. Services des urgences 24h/24h.*

**■ MARINMED**
Dr. Ante Starcevica 45
✆ +385 020 400 500 / +385 020 400 505
www.marin-med.com
Clinique privée ouverte en 2012 dans l'immeuble Grawe à Gruz, qui a une spécialité : la prise en charge des touristes en demande de soins. Médecine interne, radiologie moderne, urgences mais aussi soins et chirurgie dentaires, chirurgie esthétique. Des visites médicales de généralistes se déplaçant dans les hôtels, hébergements privés, bateaux, peuvent être effectuées sur demande..

## Adresses utiles

**■ POLICE (POLICIJA)**
Ante Starčevića 57 ✆ 192

# SE LOGER

Aux portes de Dubrovnik, vous trouverez des établissements historiques comme le Hilton Impérial ou la Grande Villa Argentina, des hôtels haut de gamme (Royal, Excelsior, Bellevue, Belvédère, Le More) des complexes hôteliers de luxe (Valamar, President...) mais aussi des hôtels indépendants, des auberges de jeunesse. Il existe aussi un camping à Lapad et bien d'autres aménagés sur la côte de la riviera (*župa dubrovacka*). En bordure de mer, vous les trouverez à l'ouest (Orašac, Trsteno, Zaton, Slano) ou à l'est (Kupari, Plat, Cavtat, Molunat). Si la vieille ville compte peu de possibilités hôtelières, loger chez l'habitant reste un moyen plaisant d'y séjourner. Une bonne offre d'appartements et chambres d'hôtes, toute catégorie, est gérée par l'office du tourisme, situé sur la place principale. Il est vivement conseillé de venir tôt le matin, les demandes étant très nombreuses en pleine saison. Quant aux prix, également supervisés par l'OT, ils évoluent en fonction du confort (douche commune ou collective, coin cuisine, etc.).

## Locations

Sur Internet, des centrales de réservation possèdent aussi des listes d'adresses pour toutes les bourses. À la gare routière ou au port, des propriétaires eux-mêmes viennent démarcher les touristes mais, dans ce cas, les locations ne sont pas vérifiées.
Ci-dessous les principales centrales de locations régionales :

- **www.adriatic-home.com**
- **www.adriaticluxuryhotels.com/fr**
- **www.dubrovnik-accomodation.com**
- **www.dubrovnikapartmentsource.com**
- **www.dubrovnik-area.com**
- **www.dubrovnik-online.com**
- **www.hedera-estate.com**

### ■ APPARTEMENTS CELENGA

Svetog Josipa 13
✆ +385 20 362 900
www.pervanovo.com
info@pervanovo.hr
*4 studios pour 2 personnes, et 2 appartements pour 4 personnes. Tarifs de 65 €/jour à 350 €/jour, 160 € le studio en haute saison. Wi-fi.*
Trois propriétés historiques, classées 4-étoiles, au cœur de la vieille ville, à proximité de la Stradun. Les trois demeures datent du XVIIe siècle, et la façade a été scrupuleusement respectée. L'intérieur, quant à lui, a été rénové suivant les standards modernes. Il est conseillé de réserver à l'avance. D'autres appartements et villas sont proposés dans d'autres quartiers de la ville.

### ■ APPARTEMENTS PERVANOVO

Vatroslava Lisinskog 43-59
✆ +385 20 362 900 / +385 20 362 988
www.pervanovo.com
info@pervanovo.hr
bus n°6.
*De 90 à 370 €/jour. Wi-fi.*
17 appartements dans 8 villas de caractère, situées à Lapad, à 300 mètres d'une des plus belles plages de Dubrovnik. Neufs et bien équipés, ces appartements, au mobilier contemporain, disposent de la climatisation, de télé à écran plat, lecteur DVD, machine à laver et balcon avec vue sur la mer. Les surfaces varient de 60 à 120 m², avec 2 à 3 chambres à coucher, une cuisine, un salon spacieux et confortable et plusieurs salles de bains. A proximité, se trouvent une épicerie et un arrêt de bus à destination de la vieille ville.

### ■ APPARTEMENT STUDIO CASA MIMI

Lapadska Obala 3
✆ + 385 95 540 67 82 / + 32 498 20 25 25
lacasamimi@gmail.com
Bus 2, 6, 9 pour rejoindre la porte Pile et un peu plus loin le bus 1 A, B, C, 3, 7 pour le port de Gruž.
*Tarifs : studio (2 personnes) de 59 € à 130 € par jour, grand appartement (4 personnes) : 200 € par jour. Wi-fi. Garage.*
Sur la presqu'île de Lapad, devant le port de Gruž, cette jolie villa, construite début 1900, a été récemment rénovée avec des matériaux nobles et locaux. Ici, vous aurez, le décor authentique d'une demeure bourgeoise ragusaine, tout en bénéficiant du confort moderne. Pour une ou plusieurs nuits, la propriétaire croate, qui parle aussi bien le français que l'anglais, propose un studio indépendant, avec un coin-cuisine tout équipé, une salle de douche/toilettes et l'accès à la terrasse. Possibilité de louer toute la maison (pour la semaine uniquement) soit : le studio + un grand salon, une chambre, une cuisine, une salle de bains. Libre à vous également d'utiliser la cuisine extérieure et le grill dans la cour ou même de vous installer au jardin au milieu des pieds de lavande et des citronniers. Ne pas hésiter à demander des adresses à votre hôtesse, qui connaît plein de bons plans !

■ **ROKO APPARTEMENTS**
2 Ulica za Rokom
✆ +385 95 857 3063
www.rokoapartments.com
info@rokoapartments.com
*Chambres de 50 à 89 € et appartements de 85 à 130 € selon la saison.*
Si vous êtes à la recherche d'un joli nid douillet dans le centre de la vieille ville de Dubrovnik, alors ces chambres et petits appartements sont faits pour vous. A l'intérieur d'une traditionnelle vieille maison du XVIIe siècle entièrement rénovée, 3 studios et 3 chambres de haut standing. Les chambres sont tout simplement splendides et bien équipées, vous ne manquerez de rien. Climatisation, petit coin-cuisine avec plaques chauffantes et réfrigérateur. Il vous suffira de descendre quelques marches pour vous perdre dans le dédale des ruelles de Dubrovnik. Une excellente adresse à prix raisonnables !

■ **ROOMS VICELIC GUEST HOUSE*****
Antuninska 10
✆ +385 95 527 8933
www.roomsvicelic.hostel.com
*Chambres de 40 € à 70 € la nuit pour 2 personnes (sans petit déjeuner), selon la saison et la catégorie. Transfert aéroport possible.*
L'avantage d'avoir une chambre sur les hauteurs de la vieille ville, c'est le charme des fenêtres sur les toits, les vues plongeantes sur la mer. Proche de la porte Pile, l'immeuble calme se situe dans une ruelle perpendiculaire au Stadun. Un emplacement à la fois près des bars, restaurants tout en étant en retrait de la grande rue très animée. Les chambres récemment rénovées ont le cachet de l'ancien, avec des petits volumes bien mis en valeur. Simples et fonctionnelles, elles sont équipées du wi-fi gratuit et donnent accès à une kitchenette commune. L'inconvénient, c'est peut-être la centaine de marches à gravir pour accéder au logis, pas facile avec une valise à roulettes. Les parkings ne sont pas à proximité immédiate mais les propriétaires accueillants sauront vous aiguiller sur les bons plans de Dubrovnik.

■ **VILLA ERNA**
Prijevorska 3
✆ +385 98 345 612 / +385 98 859 795
www.villaerna-dubrovnik.com
akan.dilberovic1@du.t-com.hr
À Lapad.
*Studio à partir de 65 € en haute saison. Wi-fi.*
Sur les hauteurs de la Copacabana Beach, la plage à 500 m de là, Alen et Akan vous attendent dans leur villa-appartements. Ils vous proposent des locations modernes, tout équipées dans un quartier paisible à 3 km de la vieille ville, que vous rejoignez rapidement de bus. Vous apprécierez la piscine extérieure, la terrasse, la vue dominante des fenêtres, les bons restaurants à proximité. N'hésitez pas à tout demander à vos hôtes, Akan abonde de bons plans !

# Vieille ville

## Bien et pas cher

■ **OLD TOWN HOSTEL**
Od Sigurate 7
✆ + 385 20 322 007 / + 385 99 4444 111
www.dubrovnikoldtownhostel.com
info@dubrovnikoldtownhostel.com
*Prix en dortoir : de 13 à 32 € par personne. 50 € la chambre privative wi-fi. Ouvert de mi-mars à mi-octobre. Réception de 8h à 23h. Diverses excursions organisées. Pourrait être fermé en 2016 : se renseigner.*
En 2003, Mike, un jeune américain d'origine croate a rénové ce bâtiment historique, situé dans la deuxième ruelle de la vieille ville en partant de la porte Pile. Voyageur dans l'âme, il en a fait une auberge de jeunesse très avenante, pouvant accueillir une trentaine de personnes sur quatre étages, dans ses quatre dortoirs et quatre chambres privatives. Plusieurs chambres sont particulièrement patinées. Accueil tout sourire, de multiples services, comme souvent dans les auberges de jeunesse et, avec Mike, c'est la moisson de bons plans assurée !

## Confort ou charme

■ **APARTMENTS FASCINATION**
Od Domina 8
✆ +385 98 345 222 / +385 20 323 112
www.fascination-dubrovnik.com
apartments.fascination@gmail.com
*A partir de 90 € la chambre double. 240 € l'appartement pour 6 en saison. Wi-fi. Ouvert toute l'année.*
Daniela amoureuse de la France et parfaite francophone vous ouvre les portes de sa superbe demeure datant de 1780. En plein cœur de ville vous serez saisi par le calme et la magnificence de l'endroit à l'instar d'un riad au Maroc. Le jardin est luxuriant, mais c'est surtout l'architecture, le puits, les portes et colonnes d'époque qui vous transporteront et vous feront vivre l'expérience ragusaine. La vue sur la ville et les remparts est imprenable. Les appartements et les studios sont bien équipés, télévision par satellite, kitchenette et salle de bains privative. La plupart des appartements dispose d'un balcon ouvert sur le jardin. Un lieu de chargé d'histoire que nous recommandons à ceux qui sont venus percer les mystères de la perle.

### ■ DUBROVNIK INTERLUDE

Au niveau de la porte Nord Buza
de la vieille ville
5 Peline
✆ +385915864040
dubrovnik-interlude@hotmail.com
*Prix des studios de 50 € à 60 € la nuit selon la saison et la superficie*

Une maison ancienne située au niveau de la porte nord, dite Buža, de la vieille ville. Deux studios modernes climatisés, superposés sur deux étages, de tailles différentes, bien aménagés, assez bien insonorisés. Ils sont équipés de TV satellite et accès Internet. C'est en résumé ce que l'on propose ici. En plus, des livres et des magazines à disposition, la proximité de centre historique sans trop de nuisances sonores et, surtout, la présence de Nikica Rilović, guide et traductrice francophone, qui se fera un plaisir de vous faire découvrir sa ville natale.

### ■ FRESH SHEETS KATHEDRAL BED AND BREAKFAST DUBROVNIK*

Bunićeva poljana 6
✆ +385 91 896 7509
www.freshsheetsbedandbreakfast.com
beds@igotfresh.com
*Ouvert de mars à octobre (se renseigner pour le reste de l'année). A partir de 188 € pour une chambre double. Wi-fi.*

Voilà une adresse qui ne s'oublie pas. En plein centre-ville, entouré par un club de jazz et des terrasses de café, on loge au troisième étage d'un bâtiment ragusain, qui appartient toujours au Vatican, comme la décoration murale en atteste ! Jon et Sanja, le couple derrière l'auberge de jeunesse la plus agréable de la vieille ville, a mis à l'œuvre ses talents en design pour faire de ces six chambres doubles – dont un studio avec cuisine – des petits joyaux de confort et de simplicité. Le petit déjeuner est servi en cuisine (c'est Alex' qui officie, elle est intarissable sur les bons plans en ville !), à laquelle les résidents ont accès. L'accueil est chaleureux, incluant une collation offerte à l'arrivée.



## Luxe

### ■ HÔTEL STARI GRAD

Od Sigurate 4
✆ +385 20 322 244
www.hotelstarigrad.com
info@hotelstarigrad.com
*Chambre double à partir de 1 132 kn. Wi-fi. Taxe de séjour et assurance en sus. Fermé du 1er novembre au 1er mars.*

Dans la vieille ville de Dubrovnik, une ancienne villa de noble famille ragusaine transformée en hôtel, rénovée avec succès en 2013. Les huit chambres ont troqué leurs meubles anciens pour des courbures plus design. Mention spéciale pour la terrasse du cinquième étage ! Accueil agréable.

### ■ PUCIĆ PALACE

Od Puča 1
✆ +385 20 326 222
www.thepucicpalace.com
reservations@thepucicpalace.com
*La chambre double de 210 à 550 €. Wi-fi.*

Un superbe palais baroque en plein centre de la vieille ville. L'endroit est distingué, romantique et plein de charme. Les chambres sont toutes décorées de manières différentes. Chacune dans son style, le plus souvent associant des meubles et bibelots d'époque à des objets plus contemporains, comme dans la plus grande suite de l'hôtel, ce canapé ancien en imprimé noir et blanc (imitation vache). Le service est attentionné – normal pour le prix – et sympathique, chose rare dans un 5-étoiles ! Le restaurant de l'hôtel possède une belle terrasse. Ambiance orientale, comme l'ont souhaité les propriétaires turcs. Au menu, mezze, poissons et viande.

# Gruž et Lapad

## Bien et pas cher

### ■ CAMPING SOLITUDO

Vatroslava Lisinskog 17
✆ +385 52 465 010
www.camping-adriatic.com
camping@valamar.com
Bus 6 : solitudo.
*Ouvert d'avril à novembre. Compter de 8,40 € à 11,50 €/pers + de 17 € à 27 € pour l'emplacement. Wi-fi, laverie, réfrigérateur... Accueil francophone. Réserver à l'avance.*

Au cœur de la baie de Lapad, face à la mer, l'unique camping à proximité de la vieille ville (à

20 min. en bus), est installé sur un terrain vaste, relativement boisé, doté de sa propre plage et d'une piscine extérieure. Terrains de sport et restaurants à quelques pas de là. Un campement 3-étoiles, en adéquation avec la facture.

### ■ HÔTEL SUMRATIN

Šetalište kralja Zvonimira 27
✆ +385 20 436 333
www.hotels-sumratin.com
hot-sumratin@du.t-com.hr
*Ouvert toute l'année, chambres simples et doubles, selon la saison de 33 € à 130 €.*
Hôtel du début du siècle, récemment rénové, présente l'avantage d'être bien situé dans Babin Kuk, à côté du Grand Park hôtel. Si vous êtes à 3 km de Dubrovnik, vous bénéficiez de la terrasse du restaurant et de certaines chambres d'une belle vue sur la vieille-ville et de la plage à 300 m. Les chambres sont propres et confortables. Hôtel bien desservi par les bus urbains.

## Confort ou charme

### ■ HÔTEL VIS

Masarykov put 4
✆ +385 20 433 555
vis-hotel-dubrovnik.h-rsv.com
sales_vis@hotelimaestral.com
Bus 6.
*Compter entre 62 € et 182 € selon la chambre et la saison, ouvert d'avril à octobre. Le wi-fi n'est pas disponible dans les chambres.*
Dans le quartier de Lapad, cet hôtel de bonne tenue possède un accès direct à la plage de galets. Un bus permet de rejoindre la vieille ville en 15 minutes. Certaines chambres dotées de balcons (il y en a 151 en tout) donnent sur un parc, d'autres sur la mer. Restaurant avec terrasse.

## Luxe

### ■ HÔTEL KAZBEK

Lapadska obala 25
✆ +385 20 362 999 / +385 20 362 900
www.kazbekdubrovnik.com
info@kazbek.com
*De 149 € par chambre double (pour 2 personnes), jusqu'à 445 €. Compter plutôt 300 € en saison haute. Wi-fi et parking gratuits.*
Si vous souhaitez découvrir Dubrovnik de la façon la plus noble qui soit, avisez ce château, qui se distingue par son élégance. Il se situe dans la baie de Lapad, à 3 km de la vieille ville. L'histoire de l'Hôtel Kazbek est riche et complexe. Construit en 1573 par la famille Zamanje, résidence d'été, il fut brûlé et bien endommagé lors de la Seconde Guerre mondiale. Entièrement en 2008, il a retrouvé son prestige d'antan et dispose aujourd'hui de 13 chambres.

**HÔTEL MORE**
Kardinala Stepinca 33
✆ +385 20 494 200
www.hotel-more.hr – sales@hotel-more.hr
*Ouvert toute l'année. Réception au 7e. Chambre double avec vue sur la mer : 250 € hors saison, 350/400 € en saison. Tarifs promotionnels hors saison : de 169 € à 239 €. Chambres sans la vue : 190/280 à 320 € en saison. Wi-fi.*
Un grand hôtel de 10 étages qui se fait discret sur la belle promenade de Lapad et ne donne pas cette désagréable impression d'établissement impersonnel. Les chambres comportent toutes un petit coin bureau, un grand lit, une belle salle de bain. Une vingtaine d'entre elles regardent l'Adriatique et ses méandres de côtes et îlots. Le bar face à la réception fait lui aussi face à la mer. Piscine intérieure avec Jacuzzi, plage privée sur la baie, restaurant et même un bar creusé dans une grotte, terrasse panoramique, autant de points forts pour cet hôtel chic et séduisant.

## Boninovo, Pile et Ploče

### Bien et pas cher

**CHAMBRES CHEZ IVICA JURIŠIĆ**
Izvijačica 8
✆ +385 98 427872 / +385 20 420 127
jurgecdu@hotmail.com
Prendre Između Vrata à gauche face à la porte Pile, puis la deuxième ruelle qui monte après le club Platanus et tourne à droite.
*A partir de 25 € par personne. Wi-fi et climatisation. Ouvert toute l'année. Parking : 10 € par jour. 4 chambres, 3 toilettes et salles de bain.*
La maison n'est certes pas ce qui se fait de plus moderne mais sa situation dans les hauteurs de la vieille ville, face à l'Adriatique (plusieurs chambres ont vue sur la mer), le bon accueil réservé aux résidents et les prix pratiqués en font une adresse taillée pour les petits budgets. Iviva propose deux chambres avec salle de bains et sanitaires individuels. Pour les autres, tout se trouve sur le palier. Petite terrasse.

### Confort ou charme

**APARTEMENTS IVUŠIĆ**
Bernarda Shawa 1
✆ +385 20 432 654 / +385 98 162 0850
www.apartmani-ivusic.hr
capella@du.t-com.hr
Les appartements se situent dans une maison de la petite rue descendante qui mène à la vieille ville. C'est une bonne alternative pour se loger en dehors de la vieille ville tout en demeurant à proximité directe de celle-ci. Un emplacement particulièrement appréciable en haute saison.

**APARTMENTS BENUSSI**
Miha Klaica 10
✆ +385 989 281 300
dubrovnik-benussi.com
jadranka@dubrovnik-benussi.com
Prendre la rue Don Iva Bjelokosića derrière le Hilton.
*Compter 70 à 140 € la nuit selon l'appartement et la saison. Ouvert toute l'année. Wi-fi.*
Deux très beaux appartements à louer dans cette maison historique située à 200 m de la porte de Pile, entrée principale de la vieille ville, directement accessible par des marches. On appréciera la faible pente progressive pour atteindre les appartements en moins de 5 mn mais surtout la magnifique vue qui vous attend à votre arrivée. Vous pourrez apercevoir le fort Lovrijenac comme une bonne partie des remparts de la ville. Ce quartier du XIX$^{e}$ siècle est l'un des plus beaux et des plus calmes de la ville. De nombreux bars-restaurants et commerces à moins de 5 mn. Sur place rien ne manque, connexion wi-fi gratuite, chambres climatisées, cuisine équipée, réfrigérateur, salon, télévision par satellite. Mais c'est surtout le jardin et cette terrasse privative qui ne vous lasseront pas et que vous apprécierez tout au long du séjour. Un agréable chez-soi à Dubrovnik. À conseiller pour ceux qui recherchent tranquillité et intimité.

**VILLA GLORIA**
Ulica Iva Račića 3
✆ +385 20 428 962 / +385 91 530 2799 / +385 91 572 9726
www.villa-gloria.com
villagloriareservation@gmail.com
*De 60 € pour une chambre double à 120 € pour un appartement 4 personnes.*
Difficile de trouver meilleur emplacement qui combine la quiétude du bord de mer à deux pas de l'envoûtante cité ragusienne. La villa se trouve à moins de 150 m de la porte de Ploče et donc de la vieille ville et à 70 m de la plage de Banje. La vue sur Dubrovnik est à couper le souffle ! Depuis le début des années 1960, cette famille locale ouvre les portes de son imposante bâtisse. Plusieurs chambres et appartements de très bon standing, tous dotés d'un balcon ou d'une terrasse. Les appartements sont entièrement meublés et possèdent une cuisine bien équipée. Les espaces communs sont agréables, une grande terrasse donne sur le jardin et la piscine extérieure agrémentée de transats et d'un coin barbecue. Il ne manque rien, même les commerces sont à côté, une belle adresse à prix doux, c'est assez rare à Dubrovnik pour être noté !

© ERWAN LE PRUNNEC – ICONOTEC

*Ville de Dubrovnik.*

■ **VILLA KLAIC**
9 Sumetska
✆ 00385917384673
www.villaklaic-dubrovnik.com
ivo.klaic1@yahoo.com
*Tarifs des locations par personne, selon la catégorie et la saison de 60 € à 113 € (petit-déjeuner inclus)*
Ici, vous serez accueillis par Milo, sa femme et son chien Lou dans une belle maison blanche à étages et terrasses en gradins. Diversement orientés (mer ou jardin), les deux appartements, le studio, les six chambres doubles ou la single sont très bien équipés : une kitchenette pour les appartements, l'air conditionné, le Wi-fi gratuit, la TV (câble/satellite), le parking gratuit et les services touristiques pour tous (change monnaie, taxi, location voiture, visites guidées). Le plus, c'est le bar lounge en terrasse, l'espace BBQ, l'échange de livres et, surtout, le jardin, la piscine avec vue sur la vieille ville et l'Adriatique. A noter, les transfers-aéroport sont possibles et deviennent gratuits pour les séjours d'une semaine complète ou la nuit offerte si vous restez 10 jours.

## Luxe

■ **GRAND VILLA ARGENTINA**
Put Frana Supila 14
✆ +385 20 440 555
www.gva.hr
reservations@gva.hr
*Chambre double à partir de 200 € en saison, petit déjeuner inclus. Ouvert de mi-mars à novembre. Wi-fi, parking en sus, piscine extérieure avec eau de mer, piscine intérieure avec eau douce.*
Vue imprenable sur la vieille ville depuis la plupart des chambres et la terrasse du restaurant. Les trois villas qui entourent l'hôtel sont classées « monument historique » par la ville de Dubrovnik. Elles sont annexées à l'hôtel et font partie des meilleures offres de la région. Le complexe est décoré avec raffinement, l'accueil digne d'un 5-étoiles est impeccable. En descendant quelques escaliers, on accède directement à la plage privée et à la mer.

■ **HILTON IMPERIAL DUBROVNIK**
Marijana Blazica 2
✆ +385 20 320 320
www.hilton.com
Bus 1A, B, C, 4, 6.
*Ouvert toute l'année. Compter 349 € la chambre en saison, petit déjeuner inclus. Wi-fi payant dans les chambres. Parking : 18 € par jour.*
Luxueux juste ce qu'il faut, le Hilton comprend deux ailes, dont l'une – édifiée en 1897 – ne manque pas d'allure. L'ensemble a été rénové en 2005. Les chambres aux lits de grandes dimensions sont toutes avec baignoire, certaines bénéficiant d'un balcon et d'une vue sur la mer. Sont mis à la disposition des clients tous les petits plus d'une chambre luxueuse. Piscine couverte et salle de gym, une terrasse pour bronzer au dernier étage ainsi qu'un restaurant (servant en terrasse à la belle saison) et enfin, un lobby-bar avec pianiste en soirée.

# SE RESTAURER

## Vieille ville

Si vous cherchez un bon restaurant dans le vieux Dubrovnik, nous ne saurions trop vous mettre en garde contre ceux, touristiques, de la rue Prijeko. La rue est certes très jolie, mais vous n'aurez pas pour autant une grande reconnaissance du ventre. Les restaurants y sont de qualité assez moyenne et les plats se différencient peu d'un endroit à l'autre.

### Sur le pouce

**■ BARBA**
Boškovićeva 5
✆ +385 91 205 3488
barba.dubrovnik@gmail.com
5e ruelle en partant de la tour de l'horloge, sur la gauche quand on avance en provenance de Pile.
*Ouvert de 10h à 2h en saison (9h-18h hors saison). Wi-fi. Compter 50 kn le burger.*
On vient au Barba pour prendre son casse-croûte de la mer dans une menue boutique dans des tons marins. Car il s'agit d'un fast-food dans le sens noble du terme (vous êtes servis en 15 min) qui emprunte à la longue tradition culinaire ragusaine et aux ingrédients locaux : les crustacés. La spécialité de la maison n'est autre le burger au poulpe mais nous, on a un faible pour les fritures maison (calamars, petits poissons, crevettes...) et les huîtres fraîches. Sert aussi des salades, des pizzas et des sandwichs. Sur place ou à emporter.

**■ ŠKOLA**
Antuninska 1
✆ +385 20 321 096
buffet.skola@gmail.com
*Ouvert tous les jours de 9h à 22h (jusqu'à 19h hors saison). À partir de 25 kn le sandwich. Espèces uniquement.*
Une sandwicherie locale que tout le monde connaît ici. Des sandwichs faits de pain grillé, de jambon dalmate et de fromage à l'huile d'olive, des tranches de tomate à base de produits frais et de pain chaud, cuits dans un four en brique.

### Pause gourmande

**■ SLASTIČARNA DOLCE VITA**
Neljeskoviceva 1a
Cinquième ruelle partant de Stradun après Pile.
*Ouvert de 9h à minuit en saison, horaires réduits hors saison. 10 kn la boule.*
Vous trouverez difficilement moins cher que cette petite pâtisserie-crêperie connue pour ses glaces. Un lieu surtout fréquenté par les locaux, qui trouvent les glaces du vieux port vraiment trop chères !

### Bien et pas cher

**■ AZUR DUBROVNIK**
Pobijana 10 ✆ +385 20 324 806
www.azurvision.com – info@azurvision.com
Dans une ruelle qui part derrière la cathédrale, vers les remparts.
*Ouvert tous les jours en saison de 12h30 à 23h pour la cuisine, de 12h30 à 22h de novembre à avril. Plats à l'ardoise à partir de 58 kn. Wi-fi.*
L'une des dernières sensations à Dubrovnik, qui a ouvert près du Buža Beach & Bar, dans un labyrinthe de rues calmes de la vieille ville, longeant les remparts. Ici, s'opère une fusion originale entre produits croates et cuisine asiatique sous l'égide de deux frères ragusains, férus de Chine et d'Asie du Sud-Est. Et cela fonctionne parfaitement car les deux influences se rejoignent sur les poissons, les fruits de mer, les légumes plus que décoratifs. Exemples, thon de l'Adriatique mi-cuit aux pousses de soja, crevettes avec sauce aux noix de cajou épicées ou sautées au piment-basilic, bœuf à la thaï et légumes grillés, pain maison... Les plats écrits à l'ardoise se renouvellent, les produits sont frais, le service rapide est détendu dans une ambiance jazzy. N'oubliez pas de réserver, surtout en soirée !

**■ BOTA ŠARE**
Od Pustijerne bb ✆ +385 20 324 034
www.bota-sare.hr
Assez difficile à trouver : prendre la ruelle qui passe sous le restaurant Amoret et mène au musée maritime.

*Ouvert de 11h à 23h de mars à début novembre. A partir de 40 kn le set de sushis. Réserver en soirée.*
Un restaurant de sushis à Dubrovnik ? Avec tous les crustacés et poissons de qualité qui peuplent les eaux ragusaines, on aurait tort de s'en passer ! Surtout que Bota Šare prépare avec beaucoup de justesse makis, sashimis et autres roulés californiens. Les huîtres viennent directement de Ston, elles sont aussi servies frites comme le veut la tradition culinaire locale. L'endroit est charmant, presque décalé avec ses tables en tête-à-tête, perchées sur la pierre !

### ■ CAPTAIN

Prijeko 12
✆ +385 98 428 239 / +385 20 321 331
captainelvis_miholic@yahoo.fr
*Ouvert tous les jours en saison de 11h le matin à minuit. Apéritif offert par « Elvis », le serveur vedette.*
Situé dans la rue Prijeko sur les hauteurs où sont alignés la plupart des restaurants de la vielle ville, celui-ci se distingue par son dynamisme et sa spontanéité. Service impeccable dans une bonne ambiance.

### ■ LADY PI-PI

Antuninska 21
(Peline b.b)
✆ +385 20 321 288 / +385 98 699 462
majamm@net.hr
*Ouvert en saison de 9h à 23h (fermé de novembre à avril), cuisine fermée de 15h à 18h30. A partir de 65 kn le plat principal. Ne prend ni les CB, ni les réservations. Pour dîner, arriver dès 18h30. Fermé en cas de pluie.*
Après une ruelle en pente et une ascension non négligeable, on arrive à bon port dans ce grill-restaurant. Depuis la terrasse verdoyante, on aperçoit les toîts rose de Dubrovnik et l'Adriatique en arrière plan. Le décor est réjouissant, la cuisine aussi. Les poissons sont croustillants à souhait et les grillades savoureuses. Attention, succès oblige, le lieu est souvent plein mais n'accepte pas les réservations, donc si vous ne venez pas assez tôt (ou tard), prévoyez de faire la queue !

### ■ NISHTA

Prijeko b.b
✆ +385 20 322 088 / +385 98 186 7440
www.nishtarestaurant.com
info@nishtarestaurant.com
*Ouvert de mars à début décembre, de 11h30 à 23h. Fermé le dimanche. Environ 60 kn le plat principal. Wi-fi.*
Nishta, habile jeu de mot entre le *ništa* croate signifiant *rien* et le même mot en sanskrit définissant l'état de méditation avant l'arrivée au nirvana. Et c'est tout à fait l'état dans lequel on ressort du Nishta ragusain ! Le jeune couple helvético-croate qui tient l'établissement a considérablement enrichi l'offre en ouvrant le premier restaurant végétarien-végétalien de la ville, à Prijeko qui plus est. Ceux qui pensent encore qu'un régime sans viande rime avec tristesse et absence de saveur feraient bien d'aller tester cette nouvelle adresse pleine de fraîcheur. Le monde entier s'invite dans les assiettes du Ništa ! Ici, tout est fait maison, à base d'ingrédients frais et de qualité. Cerise sur le gâteau : une présentation qui met en appétit.

### ■ OLIVA PIZZERIA

Lučarica 5
✆ +385 20 324 594
www.pizza-oliva.com – info@pizza-oliva.com
*Ouvert tous les jours de 10h à 23h. A partir de 49 kn la pizza.*
Dans la catégorie pizzeria, Oliva l'emporte haut la main. L'établissement modeste avec ses quelques tables supplémentaires à l'extérieur est aussi plaisant à l'intérieur où l'on devine le pizzaïolo qui s'active en coulisse. Goûtez la pizza à la *rucola* (roquettes) mais aussi les plats de pâtes fraîches accompagnées d'un vin de pays. Service impeccable.

### ■ PORTUN

Od Sigurate 2
✆ +385 99 801 4535
*Ouvert tous les jours de 11h30 à 22h30. Compter une moyenne de 20 € pour un repas complet.*
Vous ne savez pas ou allez ? Quoi manger ? Juste une petite faim ? On n'arrive pas à se décider ? Allez chez Portun ! Au menu, une nourriture simple, bonne, à la hauteur de ses prix. Service rapide et extrêmement souriant toute la journée ! Une belle équipe dynamique et charmante guide votre repas de telle sorte que vous risquez de revenir vous attabler ici avant la fin de votre séjour.

### ■ TAJ MAHAL

Nikole Gučetića 2
Accès depuis Od Puča.
✆ +385 20 323 221
kuca.edo@du.t-com.hr
*Ouvert toute l'année, de 10h à minuit en saison. A partir de 60 kn le plat principal. Réserver de préférence en soirée.*
Non, ceci n'est pas un restaurant indien... mais bosnien ! Ćevapcici dans un pain rond, burek, kebab maison, riches salades, légumes grillés... autant de spécialités que le Taj Mahal vous sert en portions plus qu'honnêtes. Dès qu'il fait bon, on prend place dehors de préférence, les tables en bois colonisant la ruelle. Mieux vaut réserver pour éviter d'attendre.

▶ **Autre adresse : Hôtel** Lero, Iva Vojnovića 14. ✆ +385 98 98 32 620

## Bonnes tables

### ■ GIL'S LITTLE BISTRO

Petilovrijenci 4
✆ +385 20 321 168
www.gils.hr
office@gils.hr
7e ruelle en partant de la porte Pile, sur la gauche.
*Ouvert tous les jours de mai à fin septembre, de midi à 15h puis de 19h à minuit. A partir de 180 kn le plat principal. Wi-fi.*
Une bonne surprise que cette nouvelle table soignée dans une ruelle de la vieille ville. Le dénommé «Gil» n'est plus aux fourneaux mais le nom a été conservé tout comme la ligne gastronomique. La carte, résolument inspirée par la France, fait appel aux ingrédients phares de la région pour accommoder viandes et poissons. On ne sera donc pas surpris de voir le gratin dauphinois cohabiter avec les légumes grillés. Service attentionné.

### ■ KONOBA JEZUITE

Poljana Ruđera Boškovića 5
✆ +385 98 740 073
www.dubrovnikrestaurant.com
*Ouvert tous les jours, de 11h à 23h. Entrée/desserts entre 5 et 11 euros, plats entre 9 et 18 €.*
Une valeur sûre proposant une carte variée et une cuisine de qualité. Le restaurant est situé sur la place Poljana Ruđera Boškovića, également appelée Jezuite. C'est très certainement la plus belle mais surtout la plus paisible des places

de la vieille ville. La terrasse de la konoba au pied de l'église Saint-Ignace n'est en que plus appréciable.

### ■ KONOBA DALMATINO

Miha Pracata 6
✆ +385 20 323 070
✆ +385 98 327 404
www.dalmatino-dubrovnik.com
info@dalmatino-dubrovnik.com
*Ouvert tous les jours sauf le dimanche de 11h à 21h. Réserver. Entrée/plat ou plat/dessert autour de 25 €. Des plats pour 2 à partager pour une quarantaine d'euros.*
Caché derrière une porte de la rue Miha Pracata, c'est peut-être le restaurant le plus difficile à trouver dans la vieille ville. Et pourtant c'est très certainement la meilleure konoba de Dubrovnik ! Relation de cause à effet ? Le terroir local est à l'honneur avec une touche de modernité, il était temps ! On peut s'y rendre les yeux fermés (si l'on trouve son chemin) pour y déguster une cuisine fraîche et des plats joliment dressés. L'équipe, très hospitalière et passionnée saura vous guider dans les cartes et choix du moment. Gros plus de l'établissement : une surprenante carte des vins sélectionnés par le propriétaire originaire de Pelješac.

### ■ MARCO POLO

Lučarica 6
✆ +385 20 323 719
www.marcopolo-dubrovnik.com
info@marcopolo-dubrovnik.com
*Ouvert tous les jours de 11h à 17h et de 19h à minuit. Menu à 15 €. Plats à la carte à partir de 75 kn.Ouvert tous les jours de 11h à 17h et de 19h à minuit. Plats à la carte à partir de 75 kn (une dizaine d'euros).*
Enfin du calme dans la vieille ville prise d'assaut par les touristes ! Dans une ruelle perpendiculaire au Stradun, les tables extérieures sont installées dans une cour charmante d'un immeuble ancien. Le personnel souriant vous accueille et vous guide sur la carte. Ici on se laisse enfin porter et on se régale sans se ruiner. À la carte, les idées fusent : carpaccio de poulpe, jambon fumé et fromage dalmate en entrée, calmars grillés au beurre persillé, gambas au safran, poissons grillés de l'Adriatique, pavé de thon au sésame, médaillon de porc aux oignons caramélisés, pâtes de l'Istrie à la crème de truffe… Notre surprise cette année, le steak Kublai Khan, enfin un bon morceau de viande à Dubrovnik, agrémenté d'une sauce comme on aime. Nous vous mettons au défi de le terminer ! L'apéritif offert met en appétit. Pensez à réserver.

*Glacier installé dans une ruelle de la vieille ville.*

■ **DOMINO**
Od Domina 3
✆ +385 20 323 103
www.steakhousedomino.com
domino@du.t-com.hr
*Ouvert toute l'année jusqu'à minuit. Compter 90 kn l'entrée et 150 kn le plat.*
Le Domino est certainement le restaurant le plus réputé du centre médiéval. Son statut n'est pas usurpé : le service et la nourriture sont irréprochables, on y trouve de tout avec plaisir et particulièrement de la viande. Les prix sont de fait légèrement supérieurs à ceux des autres restaurants, mais le cadre et le contenu de l'assiette valent bien le déplacement. Le restaurant est un peu excentré du Stradun. Attention ! Il est souvent complet.

■ **KOPUN**
Poljana Rudera Boskovica 7
✆ +385 20 323 969
✆ +385 99 21 29 880
www.restaurantkopun.com
info@restaurantkopun.com
En face de l'église des Jésuites.
*Ouvert toute l'année, tous les jours de 11h30 à 23h (fermé de novembre à mars). Wi-fi. A partir de 90 kn le plat principal. 135 kn le chapon à la dubrovnikoise. Réserver en soirée.*
Un de nos grands coups de cœur, le Kopun sert non seulement une cuisine de qualité qui puise dans des traditions culinaires ancestrales (comme le chapon à la ragusaine cuisiné à l'orange et au miel ou le brodet – un ragoût de poisson) mais le service sort du lot et sa terrasse face à l'église des Jésuites en fait une lieu romantique par excellence. Le midi, l'établissement sert un menu qui varie régulièrement.

## Luxe

■ **360° RESTAURANT**
Svetog Dominika b.b.
✆ +385 20 322 222
360dubrovnik.com
info@360dubrovnik.com
Vers l'église St. Sébastian.
*Ouvert du mardi au dimanche de 19h à 23h, fermé le lundi et hors saison (1/11 au 21/03). Bar lounge de 19h à 23h. Compter 70 € pour un repas.*
D'abord, on tombe sous le charme du cadre historique, de la vue exceptionnelle sur les remparts, de la décoration contemporaine sans faute de goût, pleine de couleurs, fraîche et pétillante... L'expérience gastronomique unique à laquelle on participe ici coûterait quatre fois plus cher à Paris ou à Londres. Au menu, une dégustation de produits finement sélectionnés, préparés par le chef Jeffrey Vella dans une cuisine ouverte afin de prolonger le voyage culinaire, présentée dans des plats pleins d'imagination. Puis, c'est au lounge bar que l'on terminera un verre à la main en jouissant du spendide panorama sur le vieux port.

## Gruž et Lapad

### Sur le pouce

**■ PEKARA GLAVINIC**
Ivana Pavla II 15
Bus 3, 1 A, 1B. A Gruž entre le port et la gare routière.
*Ouverte 24h/24h. 11 / 12 kn la burek.*
Cette petite boulangerie, à 300 m du port de Gruž et à 200 m de la gare routière, confectionne les meilleurs *bureks* de Dubrovnik. Ces galettes feuilletées fourrées à la viande, au fromage frais sont délicieuses. En dessert, une petite bouteille d'eau, des beignets et divers gâteaux. Elle est ouverte en permanence, de quoi s'approvisionner en vitesse avant de sauter dans son bus ou son ferry !

### Bien et pas cher

**■ KONOBA PIZZERIA BLIDINJE**
Lapadska obala 21 ✆ +385 20 358 794
www.konoba-blidinje.com
Bus 6.
*Ouvert toute l'année, de 10h à minuit en saison, horaires réduits hors saison. 15 kn de couverts, 100 kn le filet de poisson cuisiné, 60 kn la pizza.*
Ce petit restaurant sans prétention avec une terrasse séduisante, donnant sur le petit port de Gruž, est bien situé, entre la plage de Lapad et la vieille ville. Venir surtout pour les pizzas, cuites au feu de bois. La maison prépare aussi des *peka*, à commander au moins 2h à l'avance.

**■ OTTO TAVERNA**
Nikole Tesle 8
✆ +385 20 358 633 / +385 95 219 76 08
www.tavernaotto.com – info@tavernaotto.com
Entre Lapad et Gruž, au bord du petit port.
*Du lundi au samedi, de 12h à 16h, et de 17h à 23h (dimanche en saison ouvert de 17h à 23h), mêmes horaires hors saison (fermé le dimanche). A partir de 120 kn le plat principal. Fermé un mois en janvier-février.*
Une bonne trouvaille que ce restaurant qui fait la jonction entre Lapad et Gruž, venant grossir une offre localisée plutôt pauvre. Dès les beaux jours, l'établissement sert dans une cour terrassée. Otto joue la carte brasserie locale et internationale, celle de la simplicité avec 4 à 5 propositions de viandes grillées (goûtez les spare ribs de la maison !), poissons et quelques desserts dont un fameux fondant au chocolat. Une adresse idéale en soirée, si l'on fait abstraction du trafic de voitures sur la rue ! Souvent plein, pensez à réserver.

### Bonnes tables

**■ AMFORA**
Obala Stjepana Radica 26
✆ +385 20 419 419
www.amforadubrovnik.com
info@amforadubrovnik.com
*Ouvert tous les jours, toute l'année, de 8h à minuit. Compter une trentaine d'euros pour un repas. Wi-fi.*
Difficile de trouver un meilleur rapport qualité/prix à Dubrovnik. Il faut souvent s'échapper des rues bondées et touristiques pour trouver les meilleures adresses et se rendre où les locaux vont. À Dubrovnik, Amfora en est la parfaite illustration ! Voilà donc une très bonne raison de se rendre sur le port de Gruž et Lapad. Une cuisine recherchée, raffinée, pleine de saveurs et de parfums. Le service est impeccable. La salle est très agréable avec la cuisine ouverte. Une belle terrasse de l'autre côté du restaurant. Une adresse incontournable pour les amoureux de la bonne cuisine et autres fins gueuletonneurs.

### ■ YATCH CLUB ORSAN

Ivana Zajca 2
✆ +385 20 436 822 / +385 99 327 5099
www.restaurant-orsan-dubrovnik.com
Dans le petit port de plaisance au sud de Gruž. Bus 6.
*Ouvert tous les jours de 8h à minuit. Environ 180 kn le repas.*
Ce restaurant, sur la route qui longe le port, à proximité de l'hôtel Lapad, n'est pas facile à trouver si vous arrivez par la terre. Mais c'est un vrai havre de paix à Dubrovnik, qui mérite le détour. L'établissement a la chance de pouvoir avancer sur un ponton, mettre ses tables au bord de l'eau, avec vue panoramique sur les bateaux amarrés, la côte, la vieille ville. Les habitués, souvent des plaisanciers, viennent spécialement pour les plateaux de fruits de mer, le homard en salade, le carpaccio de thon, le risotto à l'encre de seiche. Et au printemps, à la saison des cerises, il faut goûter leur strüdel aux griottes.

## Boninovo, Pile et Ploče

### Bien et pas cher

### ■ RESTAURANT KOMARDA

Frana Supila bb
✆ +385 20 311 393
www.komarda.hr
restorankomarda@gmail.com
*Horaires d'ouverture : 7h-2h. Menu midi. Assiette dalmate 65 kn, poisson grillé entier 110 kn, plats végétariens à 60 kn. Réservation recommandée.*
Dans une vieille ville surpeuplée de touristes, il est plus qu'appréciable de manger au calme, au vert, dans un cadre bucolique. C'est le cas à Komarda, que vous trouverez à la sortie des remparts, à environ 50 m après la porte Ploče, en prenant sur la droite, juste avant le club Eastwest. Ce restaurant s'est installé dans un ancien parc en terrasse étagée. On y accède par des marches qui descendent vers l'établissement puis sur les rochers face au vieux port, la mer et l'île de Lokrum. Autant dire une superbe vue de la plupart des tables. Authentique, la cuisine méditerranéenne est de qualité, les poissons entiers dans l'assiette et les légumes grillés juste à point ont le goût de la bonne cuisine familiale. Service irréprochable et prix abordables. Pas étonnant qu'il y ait autant de Croates dans ce restaurant !

### ■ SESAME INN

Dante Alighieria b.b.
✆ +385 20 412 910
www.sesame.hr
misko.sesame@gmail.com
*Ouvert tous les jours de 9h à 23h. Compter une vingtaine d'euros pour un repas complet.*
Un bon petit restaurant en dehors de la vieille ville. Une fois passée la porte du Pile, il faut prendre la direction de l'hôtel Hilton, légèrement plus haut sur la gauche se trouve cette belle adresse aux allures de salon de thé. On est loin du restaurant typique ragusain et ça nous plaît ! Pas de terrasse en ruelle, ni de vue sur mer, pas de décorations stéréotypées, une belle adresse bien différente, nichée dans une belle bâtisse du XIXe entourée de verdure. Ça vaut le détour, et si besoin de logement, n'hésitez pas à vous renseigner : des chambres sont à louer à l'étage.

### Bonnes tables

### ■ GUSTA ME

Hvarska bb
✆ +385 20 42 00 13 / +385 91 796 0203
www.gustame-dubrovnik.com
gustame.dubrovnik@gmail.com
*Ouvert de 8h à minuit en saison. A partir de 80 kn le plat principal.*
Une terrasse distinguée, au pied du téléphérique, à proximité de la porte de Ploče, annonce cette adresse fraîche et discrète. Le menu fait bien

**REPÉREZ LES MEILLEURES VISITES**

★ INTÉRESSANT ★★ REMARQUABLE ★★★ IMMANQUABLE ★★★★ INOUBLIABLE

entendu figurer crustacés et poissons (moules à la buzarra, pêche du jour...), risottos et pâtes. Pour les faims plus modérées, à midi, des plats plus légers et moins onéreux tombent à pic. Le soir, on dîne au son de la musique acoustique. Sert des petits déjeuners.

# SORTIR

Dans la vieille-ville, vous trouverez de nombreux petits bars animés dans les ruelles perpendiculaires au Stradun, notamment sur Palmoticeva ou sur la place Gunduliceva Poljana, à l'ouest. D'autres adresses à découvrir près des remparts (*buza*), hors les murs, à Lapad.

## Cafés – Bars

### Vieille ville

#### ■ LA BODEGA

Placa bb
✆ +385 95 234 2334
labodegadub@gmail.com
A proximité de la tour de l'horloge.
*Ouvert tous les jours en saison de 8h à... tard (2h et plus). 60 kn le verre de vin. Wi-fi.*
Cet établissement zagrebois vient d'investir l'extrême sud croate, en s'établissant dans un hôtel particulier du XVIe siècle en plein sur le stradun. Autant dire que c'est un géant avec ses quatre étages dédiés au vin et autres cocktails, mais aussi aux petits déjeuners (et aux tapas) ! Le lieu a su garder son charme d'antan, ses volets verts, toujours ouverts, sont devenus le point de ralliement des fêtards ragusains.

#### ■ CAFÉ BAR BUŽA

Crijevićeva 9
✆ +385 98 361 934
www.cafebuza.com
info@cafebuza.com
Pour y accéder du Stradun, remonter la ruelle Od Marguerita, au sud, suivre la pancarte « cold drink » et après avoir dépassé l'église jésuite, prendre sur la gauche.
*Ouvert de 8h à 2h, de mai à fin octobre (toute l'année par beau temps). 39 kn la bière. Ne sert pas de café !*
*Buža* signifie *trou* dans le dialecte dubrovnikois. Ce qui ressemble à s'y méprendre à une paillote de fortune est en réalité une ouverture dans les remparts de Dubrovnik, qui, à ce niveau-là de la vieille-ville, sont accrochés aux rochers. Une fois parvenu à l'entrée du Buža, il faut descendre des petites marches et passer par le *trou* dans les fortifications. A chaque fois, c'est une petite aventure. Personnes sensibles au vertige s'abstenir ! Et le meilleur moment pour boire un verre ? Au coucher de soleil.

#### ■ D'VINO WINE BAR

Palmotićeva 4A
✆ +385 20 321 130
www.dvino.net
info@dvino.net
Dans la troisième ruelle de la vielle-ville en partant de la porte Pile.
*Ouvert tous les jours (fermé de décembre à février) de midi à 2h du matin. À partir de 36 kn le verre de vin. Plateau de fromage, charcuterie, fruits de mer : à partir de 75 kn. Wi-fi.*
Ce petit bar à vins, au design soigné, est caché dans une de ces ruelles perpendiculaires au Stradun, côté gauche quand on remonte la célèbre allée en arrivant de Pile. C'est le plus en vue de la vieille ville – sans être démesurément branché – où vous pourrez tester les vins croates en toute connaissance de cause. Les serveurs connaissent parfaitement la région de Dubrovnik, les vignobles de la Dalmatie du Sud, et sont toujours prêts à entamer la conversation ! La carte fait figurer les grands crus de la région comme le fameux *dingač* de Pelješac, des vins de toute la Dalmatie, d'Istrie, de Slavonie et d'ailleurs. Sert aussi du vin maison (moins cher). Excellents plateaux de fromages et de charcuterie pour accompagner le tout. Ambiance festive en soirée. Sasha et son équipe organise également des excursions viticoles dans la région. En 2015, D'Vino s'est même doté d'une salle de dégustation attenante pour désengorger sa petite salle de bar.

**■ GRADSKA KAVANA**
Pred Dvorom 1
✆ +385 20 321 202
*Ouvert tous les jours de 8h à minuit et plus, de 8h à 23h en hiver. Environ 18 kn le café. Wi-fi.*
C'est le plus grand café de Dubrovnik, mitoyen du Palais du Recteur, fut fondé sous la domination de l'Autriche-Hongrie. Il a su préserver son cachet ancien, son atmosphère conviviale et garder sa clientèle de locaux toute l'année. La terrasse rénovée en 2014 regarde l'église Saint-Blaise, le palais Sponza, la perspective du Stradun. Autant dire un site privilégié ! L'intérieur, rénové en 2005, est soigné et cosy. Parfait pour le petit déjeuner, pour une pause sucrée à toute heure (comptoir à pâtisserie), pour un cocktail ou juste pour un café. Prix plus élevés que la moyenne - déjà bien élevée – mais à faire au moins une fois.

**■ MALA BUŽA BARD**
Braće Adrijića
Le plus proche du port des deux Buža.
Depuis la cathédrale, prendre la ruelle Ilije Saroke et pénétrer par en poussant la porte verte dans les remparts. Ou prendre au-delà du restaurant Azur, au bout de la ruelle Pobijana.
*Ouvert de 9h à 2h, de fin avril à fin octobre (jusque 20h-21h en juin, septembre, octobre). 30 kn la bière.*
A Dubrovnik, un Buža (traduisez « trou » dans les remparts) peut en cacher un autre ! Le célèbre café bar, accroché à l'éperon rocheux ragusain, se décline en deux versions. Les locaux eux-mêmes sont un peu perdus quant à savoir lequel des deux Buža est apparu en premier… Mais c'est *a priori* celui-ci, qui est aussi le moins travaillé des deux mais le plus typique : point de paillote ici, juste quelques guéridons et parasols, et bien entendu, une échelle pour passer à l'étape baignade.

**■ PUPICA CAFÉ**
Cvijete Zuzorić b.b
✆ +385 99 465 455
Rue perpendiculaire à Pred Dvorom et Mihala Pracata, à côté du restaurant Pupo.
*Ouvert de 7h à 23h tous les jours et jusque 20h hors saison. A partir de 30 kn le petit déjeuner, 7kn le café. Wi-fi.*
Un petit café joliment décoré, où l'on sert des boissons fraîches ou chaudes et des pâtisseries maison dont un succulent gâteau au fromage blanc. L'endroit est tout indiqué pour prendre son petit déjeuner. La responsable, Nicole, est parfaitement francophone.

**■ RAZONADA WINE BAR**
Ulica od Puča 1
✆ +385 91 332 4104
*Ouvert de midi à minuit en saison. Compter 80 Kn le verre de vin. Wi-fi.*
Ce bar à vin cossu, installé dans le Pucić Palace, fait la part belle aux grands producteurs de la région de Dubrovnik. On y sert aussi des bières artisanales, des jus de fruits bio et de quoi grignoter pour l'apéritif.

**■ TROUBADOUR HARD JAZZ CAFÉ**
Bunićeva poljana 2
✆ +385 20 323 476
Sur la place à l'est de la vieille ville, derrière la cathédrale.
*Ouvert d'avril à octobre tous les jours, de 9h à minuit en semaine et souvent jusque 2h les week-ends. Ouvert uniquement les week-ends hors saison. Prix des consommations élevé, à partir de 47 kn la bière. Ambiance musicale, concerts dès 20h et jusqu'à 23h30.*
C'est l'un des bars les populaires de la ville. Chaque soir, en haute saison ou le week-end le reste de l'année, un musicien s'installe, dehors si le temps s'y prête, pour jouer en live. Les clients s'installent confortablement dans des gros fauteuils en rotin, un cocktail à la main. Clientèle très variée, on y rencontre des couples venus pour l'ambiance romantique, des touristes attirés par la musique, comme des groupes de jeunes débutant leur soirée.

## Gruž et Lapad

**■ BAR DE LA GROTTE – HÔTEL MORE (CAVE BAR)**
Kardinala Stepinca 33
✆ +385 20 494 200
www.hotel-more.hr
Bus 6 : Pošta Lapad.
*Ouvert tous les jours de 10h à minuit en saison. Cocktails à partir de 60 kn. Wi-fi.*
L'hôtel More, situé au centre de la baie de Lapad, abrite un lieu absolument insolite. On descend sous le niveau de la mer pour pénétrer dans une grotte, où un bar futuriste, accessible par l'ascenseur, a été aménagé sous l'hôtel. Idéal pour surprendre sa moitié car le lieu est plutôt intimiste ! Une fois sur place, si vous préférez regarder la mer, des vues splendides sont réservées aux tables installées face au bar du hall d'entrée ou en terrasse panoramique.

**■ BELFAST CELTIC BAR**
Marka Marulića 21
www.belfastbar.co.uk
info@belfastbar.co.uk
*Ouvert tous les jours de 7h à minuit (voire plus tard).*

Coincé entre un immeuble et le centre commercial de Lapad, ce pub réunit de nombreux habitués, jeunes et moins jeunes, ne jurant que par la Guiness... ou la *rakija* ! Animé en soirée, c'est l'endroit idéal pour une petite plongée au cœur du vrai Dubrovnik.

### Boninovo, Pile et Ploče

#### ■ ART CAFÉ

Branitelja Dubrovnika 25
A Boninovo. Bus 1A, 1B, 1C, 3, 4, 6, 9.
*Ouvert de 9h30 à minuit tous les jours et jusque 2h en saison. 30 à 40 kn le smoothie. Wi-fi.*
Un café-bar très fréquenté de la jeunesse locale, installé sur la terrasse et la véranda d'une villa de Boninovo, à quelques pas de la porte de Pile et de la plage de Danče. La maison sert des alcools ainsi que de délicieux smoothies. Ici, tout y est moins cher que dans la vieille ville. A l'intérieur, plusieurs petits espaces, une déco arty et une ambiance musicale, qui déborde largement dans la rue aux beaux jours quand tout est ouvert. Bref, une bonne adresse, qui a pour seul inconvénient de donner sur une rue à la circulation dense en journée.

#### ■ BANJE BEACH CLUB & RESTAURANT

Frana Supila b.b.
Banje
✆ +385 20 412 220
www.ew-dubrovnik.com
info@ew-dubrovnik.com
*Restaurant ouvert tous les jours de 11h à minuit, night club de 22h à 6h.*
Imaginez une plage, à Ploče, investie par un établissement branché où il se passe toujours quelque chose. En journée, on peut y louer des matelas avec parasols, se faire servir des fruits fraîchement pressés en contemplant les remparts de la vieille ville, se baigner. Le restaurant décoré dans un style design propose des salades, poissons ou une cuisine méditerranéenne. L'après-midi, le bar lounge prend le relais jusqu'au soir, où l'on vient entre amis pour les cocktails, les dîners et la musique électronique qui coule à flots. La nuit, si vous voulez danser sur la plage, c'est aussi là que ça se passe : l'entrée payante en juillet et août.

#### ■ PANORAMA CAFÉ & RESTAURANT

Mont Srđ
✆ +385 20 31 26 64
Au pied de l'arrivée du téléphérique.
*Ouvert de 9h à minuit, tous les jours d'avril à octobre. Wi-fi. 70 kn le cocktail, 120 kn le plat principal.*
Ce café-restaurant, aménagé à l'arrivée du téléphérique sur le mont Srđ, peut se targuer d'avoir la plus belle vue aérienne sur la vieille ville de Dubrovnik, ses quartiers alentour et sur la nature environnante, pour le prix d'un café à peine plus cher que dans la vieille ville.

## Clubs et discothèques

### Vieille ville

#### ■ REVELIN CLUB

Svetog Dominika 3
✆ +385 20 436 010
www.clubrevelin.com
cultureclubrevelin@gmail.com
*Ouvert tous les jours en saison de 11h à 6h, voire plus tard. Les soirées commencent rarement avant 23h (tous les jours en juillet et août). Se renseigner sur le site Internet. Entrée gratuite avant minuit.*
Situé à l'intérieur du fort médiéval Revelin, d'où le nom, l'établissement est un bar à cocktails restaurant, avec une splendide terrasse donnant sur les toits de la vieille ville, mais c'est surtout une discothèque réputée, qui attire parfois des pointures en matière de DJ européens (techno, electro, house, disco). La programmation est à suivre sur le site Internet ou par voie d'affiches. Public plutôt jeune, lieu assidument fréquenté par les touristes l'été, mais qui vit toute l'année ! Un pilier de la vie nocturne locale.

### Boninovo, Pile et Ploče

Ces quartiers aux portes de la vieille-ville concentrent une bonne sélection de clubs et lieux où sortir. Le Lazareti restauré où l'on donne des spectacles de danses folkloriques, un petit théâtre et le Eastwest Beach club, ouvert nuit et jour, qui fait bar-lounge, restaurant et ses soirées sur sa plage privée. On trouve aussi un restaurant dans un ancien parc (Komarda) qui regarde le vieux port, une pizzeria. A la limite des remparts, tout proche de là, à l'intérieux du fort Revelin, le club discothèque, qui porte le même nom, défend bien les musiques électroniques à Dubrovnik.

#### ■ SKYBAR

Brsalje 8
✆ +385 91 420 2094
Quasiment à l'entrée de la porte de Pile, à gauche en sortant de la vieille ville.
*Ouvert tous les jours de 22h à 6h en saison. Entrée payante. Wi-fi.*
Le SkyBar s'est installé à la place du Latino Fuego et mixe un peu tous les tubes du moment. Dance-floor assurément bondé en été, surtout lorsque les Australiens sont de sortie ! Un grand classique de la nuit à Dubrovnik.

## Spectacles

**KLAPA RAGUSA V**
www.klaparagusa.hr
*Se renseigner auprès de l'Office de tourisme pour les dates de concert.*
Cet ensemble de Klapa se produit régulièrement à Dubrovnik.

**KLUB ORLANDO**
Branitelja Dubrovnika 41 ✆ +385 20 312 674
www.klub-orlando.com
*Ouvert de 17h à tard (les jours de concert uniquement). Bar, salle de répétitions, concerts parfois.*
Une des rares adresses « alternatives » de Dubrovnik, ce club qui n'a absolument aucun lien avec le frère de Dalida, est géré par une association organisant toute sorte d'ateliers, de projection de films tout en faisant la promotion des jeunes talents musicaux locaux. Le lieu en soi assez insolite, situé à quelques centaines de mètres de la vieille ville, en contrebas du quartier Boninovo, propose de prendre un verre sur sa terrasse ombragée. Le bar, à l'intérieur, a tout du squat, les salles de répétitions des groupes, celle des concerts aussi à vrai dire ! Guetter la programmation sur le site Internet et plus encore sur Facebook.

**ORSULA PARK**
Magistralni put 2 ✆ +385 98 344 951
www.parkorsula.com – info@parkorsula.com
Au bout de la rue Frana Supila, à 25 min à pied, 5 min en voiture. Plan sur le site Internet.
*Concerts réguliers en saison (plusieurs fois par semaine) à partir 21h30. Entrée payante, environ 80 kn. Prix des consommation très raisonnable. Programmation sur le site (en anglais).*
C'est la dernière trouvaille en matière de sorties à Dubrovnik : un parc qui toise les flots à 200 m d'altitude contenant des ruines d'une chappelle du XIVe siècle, devenu lieu de concerts ! L'endroit est encore peu connu des touristes, bain de foule locale garantie. Surtout qu'il faut pouvoir s'y rendre. A pied, il suffit de suivre la route Frana Supila jusqu'à temps de trouver un parking. Ou de prendre un petit chemin rocailleux pour éviter la route. L'alternative consistant à appeler un taxi. De très bons concerts de groupes croates (rock, pop...).

# À VOIR - À FAIRE

## Visites guidées

**ADVENTURE DUBROVNIK**
Sv. Križa 3 ✆ +385 98 531 516
www.adventuredubrovnik.com
info@adventuredubrovnik.com
Départ des expéditions en Kayak, juste avant le pont de la porte Pile, dans la fosse précédée du jardin, qui donne face à la mer.
*Escapade en kayak de mer de 2h30 en saison : divers créneau au long de la journée, y compris un session spécial coucher de soleil avec apéro compris. 250 Kn par personne (inclut tout le matériel y compris palme et tuba).*

**IVANA RADIĆ (GOT2DU)**
✆ +385 98 720 728
ivanaradic_du@yahoo.com
*De 100 à 150 € la visite.*

**SEGWAY CITY TOUR DUBROVNIK**
Put dragovoljaca domovinskog rata 10
✆ +385 98 496 954
www.segwaycitytourdubrovnik.com
dubrovnik@segway.hr
Siège à Mlini, à 10 km au sud de Dubrovnik.
*Du 1er mars au 30 novembre. Des circuits de 1h30 à 2h de 250 kn à 410 kn. Groupe de 2 à 6 personnes. Point de départ : l'entrée de l'hôtel Dubrovnik palace.*
Découvrir la vieille ville de jour, de nuit, aller à Lapad, voir un bout de la riviera, tout ça à pied, c'est fatiguant ! De drôles de petits véhicules motorisés pourraient vous aider à vous déplacer partout ! A bord d'une plateforme monoplace munie de deux roues, on se tient debout comme sur une trottinette et... à vous les kilomètres ! L'agence se trouve à Mlini mais plusieurs hôtels de Dubrovnik proposent la formule (Dubrovnik Palace, Excelsior, Bellevue, etc.).

### Dubrovnik Card, 1, 3 ou 7 jours

La municipalité a créé ces cartes pour les touristes. Sortes de laisser-passer, ils permettent de visiter jusqu'à 8 monuments historiques dans la journée (130 kn), en 3 jours (180 kn) ou pendant une semaine (220 kn). Ils donnent droit à tarifs réduits sur les billets d'entrée, dans les bus, certains commerces et restaurants. Pratiques à l'arrivée aux caisses puisque la carte vous donne l'accès immédiat aux sites ou expositions. Un livret brochure remis avec la carte permet de repérer les lieux.

Plus d'infos à l'office de tourisme.

## Un ticket unique pour tout voir !

Pour entrer dans le Palais du Recteur, au Musée maritime, Musée ethnographique, musée d'Histoire naturelle, au fort Revelin (exposition archéologique), à la Maison de Marin Držić, à la Dubrovnik Art Gallery, à la Pulitika Gallery et Masle, un billet unique est proposé à 80 kn par adulte ou 25 kn pour les étudiants et les jeunes. Une dizaine d'établissements historiques et culturels participent à cette nouvelle opération incitative. Si vous avez l'intention de « faire » tous ces lieux importants du patrimoine de la ville – l'occasion souvent de pénétrer à l'intérieur de maison et palais ragusiens – le ticket est intéressant à l'achat, sachant qu'à l'unité, chacun coûte en moyenne 40 kn. S'achète à l'accueil des musées et des galeries concernés.

## Vieille ville ★★★★

### ■ CATHÉDRALE ET SON TRÉSOR (KATEDRALA, RIZNICA KATEDRALE) ★★

Poljana Marina Držića ✆ +385 20 411 715
A côté de Kneza Damjana Jude 1.
*Ouvert de 9h à 17h de lundi à samedi et le dimanche de 11h à 12h. Entrée du trésor : 20 / 15 kn tarif réduit.*

Au centre de la place Poljana Marina Držića, au sud du palais du Recteur, la cathédrale de Dubrovnik (dite de l'Assomption) a connu bien des moutures avant de prendre sa forme baroque actuelle. À l'origine, il y a une première cathédrale romane, financée par Richard Cœur de Lion au XIIe s., trop reconnaissant d'avoir échappé à un naufrage sur l'île de Lokrum. Détruite par le tremblement de terre de 1667, la cathédrale fut reconstruite en 1671 par les architectes italiens Buffaloni, Andreotti et Napoli, et achevée en 1713. Elle comporte plusieurs toiles de grands peintres dont un tableau du Titien représentant l'Assomption (derrière l'autel principal) ainsi qu'un trésor où sont renfermées les fameuses reliques du Saint patron : Saint Blaise.

▸ **Le trésor de la cathédrale**, situé derrière l'autel, à gauche, dans une chapelle baroque de Gropelli, renferme une collection d'une exceptionnelle richesse. Outre les peintures, il contient 138 reliquaires dont des morceaux supposés de la croix du Christ. Sur l'autel, trois somptueux reliquaires de saint Blaise en argent, or et émail où reposent le crâne, un bras et une jambe du saint patron.

### ■ COLONNE DE ROLAND (ORLANDOV STUP) ★

Luža

Au centre de la place Luža, entre le palais Sponza et l'église Saint-Blaise, une étonnante colonne, au sommet de laquelle trône le paladin Roland en chevalier armé, fut érigée en 1418 par Antun Dubrovčanin. Elle a toujours symbolisé la république libre de Dubrovnik, au point qu'en 1991, elle servit de lieu de ralliement pour les défenseurs de la vieille ville lors de son siège. L'avant-bras de la statue de Roland servait pour les commerçants d'unité de mesure, que l'on retrouve reproduite en contrebas sur le socle.

### ■ ÉGLISE JÉSUITE SAINT-IGNACE (JEZUITSKA CRKVA SV. IGNACIJA) ★★

Poljana Rudera Boškovića
*Ouvert de 8h à 20h.*

Sur le côté sud de la place du marché, un escalier monumental, datant de 1738, mène à l'imposante église baroque Sveti Ignacija. Dessinée par l'architecte italien Andrea Pozzo, elle s'inspire des plans au sol de la fameuse Chiesa del Gesù de Rome (1584). Ses fresques intérieures, composées en trompe-l'œil et très représentatives du style pictural jésuite, tout en légèreté aérienne, sont l'œuvre du Sicilien Gaetano Garcia. À proximité de l'église, faire un crochet par la place Poljana Bokovica, où se tient toujours le Collegium Ragusianum, un établissement prestigieux, où d'illustres résidents de la cité ont reçu leur enseignement privé.

*Eglise Saint-Ignace de Loyola.*

La vieille-ville de Dubrovnik

Lazareti
Porte Ploce
Fort de Revelin
TRG Oruzja
Monastère dominicain & Musée
Chapelle de l'Annonciation et de St-Luc
Église et Communauté du Rotaire
Kaše
Église Saint-Sébastien
STARA LUKA (VIEUX PORT)
Eglise St-Nicholas
Synagogue Musée
Zlatarska
Žudioska
Tour de l'horloge
Palais Sponza
Fort Saint-Jean
Colonne de Roland
Petite Fontaine d'Onofrio
Palais du Recteur (Musée de Dubrovnik)
Musée maritime
Porporeta
Aquarium
Cvijete Zuzorić
Kovačka
Pred Dvorom
Ponta Muzej
Église Saint-Blaise
Entrée pour les remparts
Hôtel de ville
Kneza D. Jude
Théâtre et Maison Marin Držić
Marin Držić
Od Pustijerne
Brace Andrijica
Place Gundolić
Marojice Kaboge
Dinka Ranjine
Uz Jezuite
Cathédrale
Pobijana
Iza Mira
Bunićeva poljana
Miha Pracata
Strossmayerova
Église Saint-Ignace
Poljana R. Boskovica
Couvent Ste-Catherine
stère jésuite
Information touristique
Curiosité touristique
Musée
Mosquée
Église

## ÉGLISE SAINT-BLAISE (CRKVA SV. VLAHA) ★

*Ouverte de 8h à midi et de 16h à 18h. L'église était en rénovation à l'été 2015, elle devrait rouvrir ses portes d'ici février 2016 (pour la Saint Blaise).*

Cette belle église baroque du XVIIe siècle fut construite par l'architecte vénitien Gropelli. Église intimiste et parmi le splus importantes de Dubrovnik, elle est dédiée au saint patron de la ville et fut édifiée en 1715. Celui-ci s'inspira de l'église San Maurizio de Venise pour la concevoir. Au-dessus de l'autel, Saint Blaise tient une maquette de la ville d'avant le tremblement de terre de 1667, précieux témoignage d'une époque révolue dont il ne reste que peu de vestiges.

## ÉGLISE SAINT-SAUVEUR (CRKVA SV. SPASA)

Placa

Immédiatement sur votre gauche en arrivant de la porte Pile, vous trouverez la petite église Saint-Sauveur, d'où part d'ailleurs le chemin de ronde sur les remparts. Cette église fut construite par les frères Andrijići entre 1520 et 1528 avec l'aval du Sénat de Dubrovnik commandée par des citoyens reconnaissant d'avoir survécu à un très fort tremblement de terre. La fenêtre frontale en rosace est typique de l'époque de la Renaissance en Dalmatie. A l'intérieur de l'église, vous pourrez contempler un superbe tableau de l'Ascension peint par Pietro Antonio da Urbino en 1528.

## GALERIE DULČIĆ-MASLE-PULITIKA ★★

Držićeva poljana 1 ✆ +385 20 323 172
www.ugdubrovnik.hr
info@ugdubrovnik.hr

*Ouverte du mardi au dimanche de 9h à 20h. 100 kn / 25 kn (tarif réduit) le ticket combiné avec 8 autres musées de la ville, gratuit avec la Dubrovnik card.*

On a tendance à négliger cette galerie d'art moderne et contemporain, créée en 1998. À tort ! C'est ici que l'on pourra voir plusieurs œuvres d'un trio de peintres locaux, Ivo Dulčić, Antun Masle, Đuro Pulitika, ainsi que d'autres artistes plasticiens. Ponctuellement, des expositions temporaires piochent dans le riche fonds de la galerie. De plus, la vue que l'on a depuis les étages, le tissu de ruelles autour de la cathédrale, constituent un argument supplémentaire à la visite.

## GRANDE FONTAINE D'ONOFRIO (VELIKA ONOFRIJEVA ČESMA) ★★

Velika Onofrijeva česma
Placa

Parfait polygone à 16 faces, posé à l'entrée de la vieille ville, cette grande fontaine du Moyen Âge nous vient tout droit d'Italie ou plutôt de Onofrio della Cava, qui l'édifie en 1441. L'été, c'est une source inépuisable d'eau fraîche (grâce à un aqueduc de 14 km acheminant l'eau de source du mont Srđ) et de troubadours !

## HÔTEL DE VILLE ET THÉÂTRE MARIN DRŽIĆ (VIJEĆNICA I KAZALIŠTE MARINA DRŽIĆA) ★

Pred Dvorom 1

Le grand bâtiment qui fait l'angle de la place Luža et de la rue Pred dvorom est aujourd'hui un lieu de réunion pour le conseil municipal de la ville mais aussi une salle de représentations théâtrales. Le palais fut construit en 1303, détruit par un incendie en 1817 et entièrement reconstruit en 1864 dans un style Renaissance italienne. Vous pourrez y observer la petite fontaine octogonale dite d'Onofrio, construite en 1441 par le Milanais Pietro di Martina, contemporain du maître. Derrière le palais du Grand Conseil, se trouvait autrefois l'arsenal de la ville, dans lequel étaient entreposés les grands vaisseaux de la flotte de Dubrovnik. Presque totalement détruit en 1863 pour permettre la construction d'un grand théâtre, de l'édifice ne reste aujourd'hui qu'une terrasse et des arcades orientées vers le vieux port. Le café Gradska Kavana, classique et renommé, où la bourgeoisie de la ville conversait à loisir des affaires des uns et des autres, offre toujours l'un des points de vue les plus appréciables de la cité.

## MONASTÈRE DOMINICAIN (DOMINIKANSKI SAMOSTAN) ★★★

Sv. Dominika 4 ✆ +385 20 32 22 00
www.dominikanci.hr

*Le monastère en lui même ne se visite pas, seulement l´église, le cloître et un petit musée. Ouvert de 9h à 18h en saison (17h hors saison). Entrée : 30 kn.*

De l'autre côté du vieux port, près de la porte Ploče, l'église du monastère dominicain fut édifiée en 1315 puis reconstruite après le tremblement de terre. Des parties romanes ont été conservées, comme la nef principale ainsi que deux chapelles sur les côtés, mais c'est bien le mélange de l'architecture gothique et renaissance méridionale qui domine. Ainsi, le magnifique cloître du XVe siècle, inspiré du maître florentin Maso di Bartolomeo. Les chapiteaux sont ornés de motifs végétaux, l'oranger notamment, qui est l'arbre emblématique de la ville. La bibliothèque, dont la fondation remonte au XIIe siècle, rayonna du XVe au XVIIe siècles dans toute l'Europe. On y conserve aujourd'hui de nombreux ouvrages, par exemple, l'opuscule de saint Thomas d'Aquin, rédigé et décoré au XIVe siècle. Dans l'aile est du monastère, un musée d'art sacré expose une belle collection d'œuvres anciennes, peintures, sculptures, orfèvrerie ou encore de nombreux manuscrits.

*Petite fontaine d'Onofrio.*

*Devant la grande fontaine d'Onofrio.*

*La grande fontaine d'Onofrio et l'église Saint-Sauveur.*

*Le vieux port et le monastère Dominicain (Dominikanski Samostan).*

### ■ MAISON MARIN DRŽRIĆ (DOM MARINA DRŽRIĆA)

Široka ulica 7
✆ +385 20 323 242
www.muzej-marindrzic.eu
*Ouvert du mardi au dimanche de 9h à 20h30. 100 kn/25 kn l'entrée (gratuit avec la Dubrovnik card).*

La maison natale du grand dramaturge croate a été transformée en musée. On y retrace le parcours de Marin Držrić et présente quelques-unes de ses œuvres phares. L'occasion d'entrer dans une jolie demeure ragusaine.

### ■ MONASTÈRE FRANCISCAIN DES FRÈRES MINEURS ET ANCIENNE PHARMACIE (FRANJEVAČKI SAMOSTAN I STARA APOTEKA MALE BRAĆE) ★★★

Placa – Stradun 2
✆ +385 20 321 410
mala.braca@du.htnet.hr
*Ouvert de 9h 18h en saison. Entrée : 30 / 15 kn. Le monastère (l'intérieur) ne se visite pas mais on peut accéder au cloître et à un petit musée ainsi qu'à l'ancienne pharmacie.*

À côté de l'église Saint-Sauveur sur le Stradun, le monastère fut construit à partir de 1337 dans un style architectural qui emprunte à la fois aux styles roman et gothique. Le cloître distribue quatre galeries à arcades. Doté d'un beau jardin avec des palmiers et de mutiples essences végétales, il possède aussi une galerie couverte, une arcade à ogives, d'élégants piliers surmontés de chapiteaux figuratifs.

Dans le musée monastique, des nombreuses œuvres conservées, l'une compta particulièrement. Il s'agit d'une peinture représentant la ville avant le tremblement de terre (1667) qui détruisit la quasi-totalité de la cité ragusienne. Cette vue graphique de la cité médiévale et renaissance constitua un document important pour les architectes. Elle leur permit, entre autres, de rebâtir la vieille ville au plus près des plans originels. De la période antérieure au séïsme n'a subsisté que le portail principal donnant sur le Stradun et au fronton décoré d'une pietà. Même thématique de la Vierge au Christ mourant, que l'on retrouve dans l'église de Male Braće, acollée au couvent. Cette sculpture gothique fut réalisée par les frères Léonard et Petar Petrović.

L'ancienne pharmacie, toujours active à l'intérieur du couvent, ouvrit pour la première fois en 1317. Historiquement, elle fut la troisième plus importante officine d'Europe et continue à bien fonctionner à ce jour ! De nombreux ustensiles d'apothicaire sont conservés au musée du monastère alors que la riche bibliothèque possède, elle, environ 30 000 ouvrages et 1 500 manuscrits.

### ■ MUSÉE ARCHÉOLOGIQUE (ARHEOLOŠKI MUZEJ) ★

Paska Miličevića 1
✆ +385 20 324 041
www.dumus.hr
arheoloski@dumus.hr
Au pied de la forteresse Revelin.
*Ouvert de 10h à 16h tous les jours. Entrée : 100 / 25 kn (billet combiné).*

La riche collection archéologique des musées de Dubrovnik dispose enfin d'un toit pour lui tout seul, et pas n'importe lequel puisqu'il s'agit de la forteresse Revelin. L'exposition commence au rez-de-chaussée par de jolies pièces issues des anciennes églises des environs, pour la plupart disparues aujourd'hui (Saint-Pierre, Sainte-Marie de Lokrum, Saint-Michel de Koločep, Sainte-Marie du Château...). L'exposition se poursuit par l'histoire du fort de Revelin. Une visite à faire, d'autant que les informations sont toutes traduites en anglais.

### ■ MUSÉE ETHNOGRAPHIQUE RUPE (ETNOGRAFSKI MUZEJ RUPE) ★

Od Rupa 3
✆ +385 20 323 013
etnografski@dumus.hr
*Ouvert de 9h à 16h tous les jours sauf le mardi (fermé). Entrée : 100 / 25 kn.*

Le terme de « rupe » désigne les silos à blé qui étaient stockés dans cet immeuble de trois étages bâti à la fin du XVI^e siècle dans la partie la plus ancienne de la vieille ville. Rupe est depuis devenu un musée ethnographique présentant l'évolution de la vie quotidienne des Ragusains, nombreux objets et explications (en anglais) à l'appui. Le troisième étage est consacré aux costumes de la région. La collection, intéressante, n'est rien en regard de la vue splendide qui est offerte sur la vieille ville. Des expositions temporaires sont également organisées sur des supports contemporains (photos, vidéos) autour de la culture traditionnelle croate.

### ■ PALAIS DU RECTEUR (KNEŽEV DVOR) ET MUSÉE DE DUBROVNIK (POVIJESNI MUZEJ) ★★★

Pred dvorom 3
✆ +385 20 321 497
www.dumus.hr
*Ouvert en saison, tous les jours de 9h à 18h. De 9h à 16h hors saison. Entrée : 100 / 25 kn.*

Sur la place Pred Dvorom, apparaît le palais du Recteur, l'ancienne résidence du recteur de la république de Dubrovnik et l'un des plus beaux monuments de la ville. Le Recteur ayant légué la totalité de sa fortune à la ville-Etat, ce palais est l'unique bâtiment historique jamais toléré par la république de Dubrovnik, qui soit dédié à la gloire d'un simple citoyen. Les deux premières versions du palais ayant été détruites

*Palais du Recteur (Knežev dvor).*

en 1435 puis 1463 par différentes explosions, le palais actuel est l'œuvre d'Onofrio di Giordana della Cava, mais aussi de Michelozzo Michelozzi et Juraj Dalmatinac, les principaux bâtisseurs de Dubrovnik. Au final dans cet édifice achevé en 1739, un mélange étonnant des styles gothique et Renaissance dialogue avec élégance, chacun témoignant des différentes histoires du palais et de ses différents maîtres d'ouvrage.

En façade ouest, les colonnes gothiques et les chapiteaux du XV^e siècle, dont deux originaux d'Onofrio encadrent l'entrée principale : l'un symbolise la justice et un couple de lions, l'autre le recteur rétablissant la justice devant les citoyens de Raguse. A l'intérieur, l'atrium est l'un des chefs-d'œuvre d'Onofrio. Les arcades Renaissance présentes sur trois des quatre côtés donnent une majesté à l'ensemble, tandis que sur le quatrième côté, un escalier mène à une superbe balustrade baroque. Sous les arches de l'escalier se trouve une fontaine gothique. Dans ce même atrium, se remarque le buste de Miho Pracat (Michaeli Prazzato) réalisé par le maître Pietro Giacometti da Recanati, en 1638, en l'honneur du riche citoyen et mécène. Au premier étage du palais, se trouvent les appartements et les bureaux du recteur. Cet homme élu, qui appartenait obligatoirement à une famille noble de la ville, était élu pour seulement un mois. Durant cette période, il restait confiné dans le palais évitant toute distraction.

**Le musée d'Histoire de la ville** (Povijesni muzej) possède aujourd'hui l'essentiel de ces appartements. Une pinacothèque présente des tableaux des XV^e et XVI^e siècles, ainsi que de nombreux costumes et meubles d'époque, des médailles, timbres, blasons, armes médiévales ainsi qu'une importante collection numismatique. Magnifique atrium.

### PALAIS SPONZA (PALAČA SPONZA) ★★★

Luža

✆ +385 20 321 028

*Mémorial des combattants de Dubrovnik, exposition permanente ouverte du lundi au vendredi, de 10h à 19h et le samedi de 8h à 13h en saison. Entrée : 80 / 25 kn (ticket combiné).*

Situé sur la place centrale de la cité au bout du Stradun, le palais Sponza a été construit entre 1516 et 1522. A l'origine, il abritait le siège des douanes de Dubrovnik puis son usage a varié au cours des siècles, jusqu'à devenir un gigantesque entrepôt et l'hôtel des monnaies. Depuis la fin du XIX^e siècle, le palais a perdu ses fonctions administratives. Aujourd'hui, il accueille des expositions temporaires, de nombreux concerts, des pièces de théâtre, notamment lors du prestigieux festival estival Libertas de Dubrovnik. Une exposition permanente de photos et documents garde la mémoire du siège de Dubrovnik, durant la dernière guerre, celle des héros qui ont péri pour défendre la vieille ville sous les bombes. Y sont conservées également, les archives de la ville que l'historien de l'art, Fernand Braudel, a consultées afin d'écrire son grand ouvrage (*La Méditerranée)*. Sur le plan architectural, le palais est typique de l'époque gothique Renaissance. On pourra admirer l'élégance des arcades et fenêtres, le vaste atrium, comparable à un cloître dédoublé qui se superpose sur deux étages. A voir également, la tour de l'horloge, son mécanisme d'époque ainsi que les statues de bronze originales, celles qui ornent la tour n'étant que des copies.

### ■ REMPARTS (GRADSKE ZIDINE) ★★★

Porte Pile
www.citywallsdubrovnik.hr
info@citywallsdubrovnik.hr
Trois accès : porte Pile, entrée à côté de l'église du Saint-Sauveur ; fort Saint-Jean (Sv. Ivan) et palais du Recteur.
*Ouverts tous les jours de 8h à 19h30 en juin-juillet, jusque 19h d'août au 15 septembre et jusque 18h du 16 septembre au 31 octobre (jusque 15h en hiver). Entrée 120 kn, 40 kn pour les enfants jusqu'à 14 ans et les étudiants (sur présentation de leur carte, pas besoin de carte ISIC). Gratuite avec la Dubrovnik card. Audioguide : 10 kn supplémentaires. Garder son ticket tout au long de la promenade, il sera demandé pour contrôle.*
La première promenade à faire pour mieux embrasser le Dubrovnik historique ! Du haut des remparts, vous aurez une vue imprenable sur la vieille ville, ses ruelles, le Stradun, les différentes églises et monastères, le port, les petits jardins privatifs, les toits de la ville, les collines, la côte et la mer. Une balade à faire absolument ! Comptez entre 2 et 3 heures pour faire le tour complet de la cité, à votre rythme.

▶ **Elevés entre le VIIIe et le XVIe siècles,** les murs d'enceinte ont protégé la ville pendant des centaines d'années, même si celle-ci a toujours privilégié la solution diplomatique au conflit armé avec ses rivaux. Remparts parmi les plus aboutis en Europe, ils ceinturent la totalité de la vieille ville avec leurs 1 940 m de long. Les murs, parfaitement conservés, peuvent atteindre 25 m de haut et jusqu'à 6 m d'épaisseur. La partie intérieure, enceinte plus petite avec ses dix bastions semi-circulaires, fut construite par l'architecte florentin Michelozzo Michelozzi.

© LAWRENCE BANAHAN – AUTHOR'S IMAGE

*Promenade sur les chemins de rondes des remparts.*

▶ **La ceinture extérieure comporte** 3 tours circulaire, 5 bastions et 12 tours carrées ou rectangulaires, ainsi qu'une énorme forteresse Sveti Ivan (Saint-Jean).

▶ **En outre, deux grosses forteresses extérieures** défendent la ville. L'une à Revelin (côté est) est coiffée d'une grande terrasse. L'autre, à Lovrijenac (côté sud-ouest), est juchée à 37 m de haut sur son piton rocheux, près de la porte Pile. Cette dernière surveillait la mer mais aussi la route de l'ouest, bouclant la ceinture de protection de la cité fortifiée.

### ■ STRADUN ★★

Placa – Stradun
Si l'on vient du vieux port, on ne pourra manquer de remarquer la tour de l'horloge, qui marque triomphalement l'arrivée du Stradun (haute de 35 m) érigée en 1444. La principale artère de la cité médiévale de Dubrovnik, aussi appelée Placa, est une large artère qui part de la porte Pile et aboutit à la porte Ploče, s'étirant majestueusement sur près de 300 m de long. Le Stradun a été construit au XIIe siècle sur le petit ruisseau et le terrain boueux qui séparaient les deux anciennes colonies, la Slave Dubrava et la romaine Ragusa. La rue fut pavée en 1468 et reconstruite après le grand tremblement de terre de 1667. Le pavé poli par les âges est bordé de deux rangées de maisons, qui datent quasiment toutes du XVIIe siècle et respectent le plan urbain, ce qui dégage une grande unité dans cet axe historique. Tous les magasins adoptent le style *na koljeno*, soit une arche surplomante la vitrine et une porte dans le même cadre. Très fréquenté, quelle que soit la période de l'année, le Stradun est l'endroit où l'on peut voir et être vu. Mais c'est en hiver ou la nuit, vidé de la foule, qu'il se révèle le plus majestueux.

### ■ WAR PHOTO LIMITED ★★★

Antuninska 6 ✆ +385 20 322 166
www.warphotoltd.com
info@warphotoltd.com
*Ouvert de mai à octobre, du mercredi au lundi de 10h à 16h. De juin à septembre, tous les jours de 10h à 22h. Fermé de novembre à avril. Entrée : 40 kn, tarif réduit : 30 kn.*
Cette galerie d'exposition sur deux étages est entièrement consacrée au photojournalisme et à la photographie de guerre est à voir absolument (âmes trop sensibles s'abstenir). Une bonne muséographie met en valeur le travail de ces reporters de l'image internationaux ayant couvert les conflits du monde ces quinze dernières années. A voir pour mieux comprendre, au deuxième étage, l'exposition permanente sur la dernière guerre dans les pays de l'ex-Yougoslavie (1991-1999), et les combats à Dubrovnik. Au premier étage, des expositions temporaires tournent deux à trois fois l'an. Possibilité d'acheter des tirages photos et des ouvrages monographiques.

*Le Stradun est également appelé Placa.*

*Les remparts de Dubrovnik offrent un superbe panorama.*

*Vue sur l'île de Lokrum depuis les chemins de rondes des remparts.*

*Pause photo sur les fortifications de l'ouest.*

# Gruž et Lapad

Od Nuncijate
Gruška Obala
Majkovska
D. Basaričeka
A. Hebranga
3-8
Od Škara
ort de départ
des ferries
Imotska
Padre Perice
Mokoška
A. Cesarca
GRUŽ
S. Cvijića
Čilipska
3
Gornji Kono
Od Gaja
A. G. Matoša
Obala S. Radića
Lapadska Obala
6-9
Uz. Giman
S. Kranjčevića
Šipčine
Od Gale
Gornji Kono
Od Gaja
Vukovarska
2-6-9
Nikole Tesle
Od Batale
Gare routière
interurbaine
1-1A-1B-2-3-6-7-8-9
A. Starčevića
A. Hebranga
N. Nodila
5
V. Nazora
2-6-9
Od sv. Mihajla
Bana J. Jelačića
Kneza Branimira
2-4-5-7
A. Šenoe
Janjinska
I. Vojnovića
Marka Marojice
Dr. V. Mačeka
Od Montovjerne
Splitski Put
BONINOVO
Janjinska
Blatska
G. Rajčevića
1-1A-1B-2-3-6
A. Bošković
Branitelja Dubrovnika
4-5-9
I. Vojnovića
P. Čingrije
Hôpital
Kotorska
2
E. Kvaternika
Josipa Kosora
Liechtensteinov Put
Gorica Sv. Vlaha
Information touristique
Gare routière
Panorama
Camping
Lignes de bus
Plages
Hôpital
Dubrovnik

Gare routière internationale
Gruška Obala
Korčula, Mljet, Elaphites
Port de départ des Ferrys
Uvala Gruž
Od Nuncijate
Majkovska
D. Basaričeka
A. Hebranga
Od Škara
Imotska
Padre Perice
Mokoška
A. Cesarca
GRUŽ
S. Cvijića
Čilipska
Gornji Kono
Od Gaja
A. G. Matoša
Obala S. Radića
S. Kranjčevića
Šipčine
Lapadska Obala
Uz. Giman
Dalmatinska
Paska baburice
Od Batale
Nikole Tesle
Vukovarska
Gare routière pour les localités proches
Bana J. Jelačića
Kneza Branimira
A. Starčevića
Od Gale
N. Nodila
V. Nazora
Od sv. Mihajla
A. Šenoe
Janjinska
I. Vojnovića
Marka Marojice
Dr. V. Mačeka
Od Montovjerne
Splitski Put
BONINOVO
Dr. A. Šercera
Blatska
G. Rajčevića
P. Čingrije
Plage de l'hôtel Bellevue
Hôpital
LAPAD
Kotorska
E. Kvaternika
Josipa Kosora
Liechtensteinov Put
Gorica Sv. Vlaha
Information touristique
Gare routière
Panorama
Camping
Lignes de bus
Plages
Hôpital
Dubrovnik
N
0
500 m

# Boninovo, Pile et Ploče

## Boninovo, Pile et Ploče ★★★★

### FORTERESSE IMPÉRIALE, MUSÉE DE LA GUERRE CIVILE (TVRĐAVA FORT IMPERIAL, MUZEJ DOMOVINSKOG RATA) ★

Tvrđava Fort Imperial.
www.tzdubrovnik.hr
Sur le mont Srđ juste derrière l'arrivée du téléphérique.
*Ouvert tous les jours de 8h à 22h. Entrée : 30 / 15 kn.*
Construit entre 1806 et 1810 et inauguré par Napoléon Ier, le fort impérial était déjà une pièce majeure de l'histoire ragusaine. Durant la dernière guerre yougoslave (1991 à 1995) et notamment pendant le siège de Dubrovnik, il fut un point névralgique. Aujourd'hui, portant encore les impacts des derniers assauts, il fait à la fois office de mémorial et de musée. Le Fort impérial est un vibrant appel à se souvenir de la tragédie qui a déchiré des centaines de milliers de familles. L'exposition – qui retrace également l'histoire du fort sur ses deux siècles d'existence – se déploie sur plusieurs étages et supports (panneaux, photos, vidéos, cartes). Ne pas oublier de monter sur le toit du fort pour une vue imprenable !

### LAZARETI ★

Frana Supila 8
✆ +385 20 324 633
www.lazareti.com
info@lazareti.com

© LAWRENCE BANAHAN – AUTHOR'S IMAGE

*La plage de Banje.*

*Se renseigner sur Internet ou affiches pour le calendrier des concerts, fréquents en été.*
Pour se protéger des épidémies de peste, celle qu'il frappa Dubrovnik en 1348 fit de nombreux morts, la République décida de mettre en place tout un hospice – zone de quarantaine, qu'il finit par installer ici à deux pas de la porte de Ploče. Ce complexe de cinq cours intérieures du XVIe siècle où tout nouvel arrivant se devait de passer 40 jours, est aujourd'hui entre les mains d'une association culturelle *Art radionica Lazareti* et héberge quelques concerts à l'occasion.

### MUSÉE D'ART MODERNE (UMJETNIČKA GALERIJA DUBROVNIK)

Put Frana Supila 23
✆ +385 20 426 590
www.ugdubrovnik.hr
info@ugdubrovnik.hr
*Ouvert du mardi au dimanche de 9h à 20h. Entrée : 100 kn pour les adultes, 25 kn pour les étudiants.*
Logé dans le superbe palais balnéaire Banac, du côté de la porte de Ploče, à l'extérieur de la vieille ville, ce musée a été construit entre 1935 et 1939. Il reprend le style des grandes villas ragusines. Dédié à l'art moderne sous toutes ses formes et particulièrement aux artistes croates, le fonds permanent rassemble quelque 2 200 pièces (peintures, sculptures...) dont plusieurs œuvres de Vlaho Bukovac, peintre du début du XXe siècle, natif de Cavtat. Des expositions temporaires également.

### TÉLÉPHÉRIQUE ET MONT SRĐ (ŽIČARA) ★★

Frana Supila 35a
✆ + 385 20 414 355
www.dubrovnikcablecar.com
info@dubrovnikcablecar.com
*Circule toute l'année. De 9h à minuit en mai, juin, juillet, août, de 9h à 20h en avril, de 9h à 17h en février-mars, de 9h à 16h en janvier. Ticket : 50 kn l'aller, 87 kn l'aller-retour. 50 % de réduction pour les enfants de 4 à 12 ans (gratuits pour les moins de 4 ans).*
Construit en 1969, ce téléphérique permet de monter à 405 m de hauteur, en partant de la vieille ville (Ploče) pour atteindre le mont Srđ en 3 minutes. Sérieusement endommagé en octobre 1991, lors du siège de Dubrovnik – le mont constituant un point d'attaque stratégique de la JNA – le funiculaire n'a été remis en fonctionnement que vingt années plus tard, pour le plus grand plaisir des Dubrovnikois, pour qui il constitue tout un symbole. Les visiteurs, eux, se régalent du panorama, de la vue à 360 degrés sur la cité fortifiée, la mer Adriatique, la riviera à l'ouest, la côte sud dalmate, les paysages arides autour du mont. Restaurant-bar à l'arrivée.

# SHOPPING

## Vieille ville

### Bijouterie

**■ CLARA STONES**
Nalješkovićeva 8 ✆ +385 20 32 17 06
www.clarastones.com
info@clarastones.com
5e ruelle en partant de Pile.
*Ouvert de 9h à 22h, fermé de mars à novembre.*
Enfin une idée cadeau originale ou un souvenir ! 2 belles boutiques ou l'on vous fera découvrir le travail de taille de polissage et de création de bijoux à base de corail méditerranéen. L'Adriatique regorge également de ce précieux or rouge. De son nom scientifique Cnidaire, il vit dans des habitats rocheux ombragés en Méditerranée entre 5 et 250 m de profondeur. Depuis des millénaires, son squelette calcifié est utilisé pour des bijoux, des amulettes et comme médication. Atelier et boutique également en face. Demander à voir Nicolas, qui parle un bon français teinté d'italien. Anja et Vittorio les propriétaires vous présenteront des colliers originaux, des bracelets, boucles d'oreille qu'on ne retrouvera sur personne d'autre puisque tout bijou ici peut être créé ou modifié sur demande.

**■ DUBROVNIK TREASURES**
Celestina Medovića 2
✆ +385 20 321 098
www.dubrovniktreasures.com
simonafarac@gmail.com
Première ruelle à gauche en entrant par Pile.
*Ouvert de 9h à 22h en saison. Horaires réduits hors saison.*
Cette petite bijouterie est spécialisée dans les colliers, boucles d'oreilles et autres ornements nouvelle vague, reprenant les motifs traditionnels de Dubrovnik et du Konavle avec les matières premières de la région, comme le corail mais aussi le vermeil et le cuivre. Tous les bijoux sont en argent. De très jolis souvenirs alliant le traditionnel et le moderne qui sortent de l'ordinaire.

### Mode - Sport

**■ CROATA**
Pred Dvorom 2 ✆ +385 20 323 526
www.croata.hr
*Ouvert du lundi au vendredi 10h à 19h.*
La boutique Croata est une enseigne spécialisée dans les cravates. Quel accessoire plus typique rapporter de Croatie qu'une cravate ? Vous trouverez aussi des modèles créés spécialement pour les femmes, et des accessoires, tels que des portefeuilles ou des stylos. Certaines cravates sont faites main. Pour (se) faire plaisir avec de beaux cadeaux.

### Panier gourmand

**■ FRANJA COFFEE SHOP**
Od Puća 9
✆ +385 520 324 816
www.franja.hr – shop@franja.hr
*Ouvert de 8h à minuit en saison, jusque 18h le reste de l'année.*
Cela fait plus de dix ans que Franja fabrique du café. En plus du réseau de distribution classique, ses produits sont vendus dans plusieurs boutiques de Zagreb. À Dubrovnik, en plus de boire et acheter du café, on trouve du thé et des tisanes, des bouteilles de vins régionaux, de l'huile d'olive…

**■ MARCHÉ DE LA VIEILLE VILLE (TRIŽNICA)**
Gundulićeva Poljana
*Ouvert tous les jours de 8h à 13h (quelques vendeurs sont encore présents plus tard).*
L'unique marché de la vieille ville – sans compter le marché au poisson matinal de Stara Luka – est devenu très touristique. Les prix et la foule s'en ressentent. Intéressant pour faire le plein de petits souvenirs (artisanat, fruits séchés) mais pour de vraies courses alimentaires, viser le marché de Gruž à 15 minutes du centre-ville en bus.

*Marché de Gundulićeva poljana.*

*Marché de Gundulićeva poljana.*

## Gruž et Lapad

**MARCHÉ DE GRUŽ (TRIŽNICA/PLACA GRUŽ)**
Obala Stjepana Radića
A 600 m de la gare routière et du port. Bus 2, 8. (1A, 1B, 1C, 3 pour la porte Pile).
*Ouvert de 8h à 12h tous les jours. Jusque 18h pour certains stands en semaine, notamment les fleuristes.*
C'est le plus vivant et le plus grand des marchés de Dubrovnik qui n'en compte que 3 (4 si l'on ajoute le minimarché de Lapad) ! Dans des locaux tout neufs, les primeurs des environs viennent y vendre leur production, fraîcheur garantie. Marché aux poissons dans la halle attenante – venez tôt le matin pour profiter des meilleurs arrivages – et nombreux cafés.

# SPORTS - DÉTENTE - LOISIRS

**ADRENALIN PARK**
Poljice b.b.
POLJICE
✆ +385 99 33 33 002 / +385 99 832 78 56
www.adrenalin-park-dubrovnik.com
info@adrenalin-park-dubrovnik.com
Prendre la route nationale dite Magistrale en direction de Molunat puis de Popovići / Radovčići jusque Poljice (Gruda).
*Ouvert d'avril à octobre de 15h à 23h. De novembre à mars de 12h à 20h. Fermé en cas de mauvais temps. Entrée 90 kn par adulte, 70 kn pour les enfants + selon l'activité de 70 à 400 kn.*
Pour des journées sportives, ce parc d'attractions dans la vallée de Konavle propose diverses activités pour petits et grands. Paintball, marche équilibriste, escalade, tir à l'arc, combat de chevaliers, escrime, quad, équitation, trampoline, moto-cross... ouf ! Plus calmes, des promenades en nature, des séances de yoga, des repas détente au restaurant sont aussi possibles dans ce parc de plein air.

**ADRIATIC KAYAK TOURS**
Zrinsko Frankopanska 6
✆ +385 20 312 70 / +385 91 722 0413
www.adriatickayaktours.com
info@adriatickayaktours.com
*Le bureau se trouve derrière le Hilton Impérial.*
Des balades guidées en kayak pour les plus de 16 ans avec ou sans expérience. Différents itinéraires autour de Dubrovnik, Zaton Bay/Daksa Island, les îles Elephatites. D'autres activités sont organisées, comme l'escalade ou le vélo dans le Konavle, la route des vins à l'extrême sud de la Croatie, Package sur une semaine possible.

**BLUE PLANET DIVING CENTER**
Masarykov put 20
✆ +385 91 899 0973 / +385 98 991 3621
www.blueplanet-diving.com
info@blueplanet-diving.com
Se trouve au 1er étage de l'hôtel Dubrovnik Palace à Lapad.
*Pour la baie de Lapad, prendre le bus 4 jusqu'à l'Hôtel Dubrovnik Palace. Centre ouvert de mai à octobre tous les jours de 9h à 19h. Compter 43 € la plongée (47 € avec l'équipement), 60 € le baptême, formation Open Water 300 € et Advanced 250 €.*
Avec ce club de plongée, basé sur le site de l'hôtel, vous pourrez louer du matériel, prendre des cours de plongée pour professionnels et débutants, faire des excursions dans les îles voisines, explorer la faune sous-marine de la région, descendre vers le *Taranto,* fameuse épave de la marine italienne coulée lors de la Seconde Guerre mondiale, qui se trouve juste en face du centre. Sessions de photos sous-marines possibles.

# LES ENVIRONS

**Slano,** petit village situé dans une très belle baie, à une trentaine de kilomètres au nord de Dubrovnik. Vit essentiellement de l'agriculture, de la production d'olives, viticulture et du tourisme. Les bateaux de plaisance déposent l'ancre dans la baie protégée Banja, où l'on rencontre aussi des plongeurs, des amateurs de kayak, sur un site habité depuis la Préhistoire.

**APPARTEMENTS SLANO RIVA**
Obala Stjepana Radica 22
SLANO
✆ +385 20 362 900
www.pervanovo.com
info@pervanovo.hr
Au cœur du village en bordure de mer.
*De 80 a 150 €/jour.*
12 studios et appartements d'une surface de 25 m² à 80 m² pour 2 à 6 personnes. La plage la plus proche est à 100 mètres, et le supermarché juste à côté. Tous les logements parfaitement équipés, décoration et mobilier modernes, avec entre autres la climatisation, TV HD, lave linge, wi-fi gratuit.

# ŽUPA DUBROVAČKA

La riviera de Dubrovnik (Župa Dubrovačka) s'étend des portes de la vieille ville à la station balnéaire Cavtat. Sur une dizaine de kilomètres de côte escarpée, on découvre des criques, des petites plages de sable et de galets, une Adriatique turquoise alimentée par les sources de la montagne, bref une nature imposante, que se partagent les petits ports modestes, Kupari, Srebeno, Mlini, Soline, Plat. Encore préservée mais bien fréquentée tout de même, cette riviera calme aligne avec modération des hôtels, appartements et chambres à louer mais aussi des campings au plus près des activités du bord de mer. C'est aussi le secteur de l'aéroport de Dubrovnik, à la fois contemporain et à taille humaine.

## SREBRENO

**■ OFFICE DU TOURISME DE ŽUPA DUBROVAČKA (TURISTIČKA ZAJEDNICA OPĆINE ŽUPA DUBROVAČKA)**
Šetalište dr. Franje Tuđmana 7
✆ +385 20 486 254
www.dubrovnik-riviera.hr
tz-zupa-dubrovacka@du.t-com.hr
Entre Srebreno et Mlini.
*En juillet et août, ouvert de 8h à 19h en semaine, de 8h à 12h samedi et dimanche. Le reste de l'année, ouvert de 8h à 15h en semaine et de 9h à 12h le samedi.*
Si vous souhaitez des informations sur la riviera de Dubrovnik Sud, les possibilités d'hébergements, les restaurants, les activités nautiques ou campagne, l'agenda de l'été, la météo locale, les adresses pratiques ainsi qu'un diaporama sur les plages et les ports qui la jalonnent, le site Internet de cet OT vous donne des indications tout en vous faisant rêver avec des images cartes postales. Site en croate et anglais.

## MLINI ★

A 11 km de Dubrovnik, c'est à Mlini que revient le titre de capitale de la Župa Dubrovačka, administrativement parlant car historiquement parlant, c'est à Kupari sa voisine, que le premier Grand hôtel a été contruit en 1920. Bombardé pendant la guerre de 1991, il pourrait être restauré d'îci quelques années, aux dires du ministère du tourisme croate. L'hôtel Mlini, lui, fut construit en 1939 et vit toujours aujourd'hui. Mlini, qui fusionne pratiquement avec Srebreno, plus à l'ouest, est aujourd'hui une agréable station balnéaire de petite taille, sans trop de béton, gardant ses légendes et portant les traces d'un passé millénaire (église, monastère). La rivière Zavrelje, en contrebas de la colline de Spilan, se jette dans la mer à Mlini, d'où ce nom, renvoyant aux moulins autrefois utilisés pour moudre le blé ou broyer les olives. Le micro-climat, humide et chaud, a favorisé une flore aromatique abondante, des vergers, des jardins en escaliers.

**■ ASTAREA HÔTEL**
Šetalište Marka Marojce 40
✆ +385 20 484 066
www.dubrovnik-riviera-hotels.hr
sales@dubrovnik-riviera-hotels.hr
*Ouvert toute l'année, chambre double à partir de 141 €, petit déjeuner inclus. Possibilité de change euros en kunas à la réception.*

*Mlini.*

A 15 minutes en bus local de Dubrovnik (n° 10), au creux de la colline, cet hôtel 3 étoiles est bien situé, avec un accès direct à la plage. Un gros complexe haut de gamme qui a su garder une dimension esthétique dans l'architecture en terrasse. Dans le bâtiment principal en béton blanc, le grand hall d'accueil tout de verre, bois et structure métallique est élégant. Les piscines intérieures, le solarium, la piscine extérieure récente et les jeux de miroir sur l'Adriatique également. Des appartements et bungalows, un bar-restaurant de plage complètent l'ensemble donnant l'idée d'un nouveau village. Les chambres sont confortables avec leur balcon, sans vis-à-vis. Le service en général se montre un peu rigide mais reste très professionnel. Wi-fi disponible à la réception de l'hôtel.

**■ CAMPING KATE**
Tupina 1
✆ +385 20 487006 / +385 20 486 553
www.campingkate.com
Juste à côté de la plage et de l'arrêt de bus.
*Ouvert de mai à fin septembre. De 25 kn à 35 kn par personne, auxquels s'ajoute la tente (de 34 kn à 44 kn), la voiture (17 kn à 22 kn), etc. Wi-fi.*
Entre mer et montagne, un camping sur un terrain vert et ombragé, d'une capacité de 120 campeurs, bien intégré dans la nature, écolo même avec ses panneaux solaires et son effort de recyclage !

**■ VILLA CARMEN**
Setaliste Marojice 18
✆ +385 20 486 041 / +385 98 699 613
Au centre-ville dans une petite rue en descendant vers la mer.
*De 25 € à 35 € par personne selon la saison et la durée du séjour. Petit déjeuner et taxes inclus. Ouvert toute l'année. Accès en bus ou en bateaux par ligne régulière. Parking (3 € par jour).*
A 400 m du port et seulement 100 m de la plage dans un endroit calme, une villa de 8 chambres (doubles et triples) toutes avec terrasse et vue sur la mer. Certaines possèdent l'air conditionné, d'autres la télévision mais toutes ont un frigo. Parmi les services pratiques, on peut ajouter une machine à laver, une pédicure, une manucure, un service de garde d'enfants, les conseils de l'agence de voyage Vivado et la *konoba* Marinero, ouverte de mai à octobre, pour profiter de la terrasse et vue sur la baie ; au menu viandes, poissons, salades et vins locaux (compter 120 kn le repas).

**■ VIVADO TRAVEL AGENCY**
✆ +385 20 486 041 / +385 98 699 613
www.vivado.hr
vivado@du.t-com.hr
Au centre-ville dans une petite rue en descendant vers la mer.
Agence ouverte toute l'année, qui s'occupe de trouver des hébergements sur la riviera, des excursions dans la région, îles Elaphites, Mjet, ainsi que des transferts en bateau, en juillet et août, pour Dubrovnik, Plat et Cavtat. Elle peut organiser des activités (vélo, plongée, kayak, cheval) et gére la location de voitures.

## SOLINE

Au Sud de Mlini, le paisible village de Soline offre lui aussi ses plages aux estivants. La localité était autrefois réputée pour l'exploitation de son sel, l'une des richesses naturelles locales. En hiver, le Sirocco fait gonfler la mer, les vagues déposent de l'eau salée au creux des falaises, qui s'évapore sous l'action du vent et du soleil, laissant un fin dépôt blanc. Cette fleur de sel est encore récoltée à la main aujourd'hui. Pour le tourisme, quelques bonnes tables et des logements avec vue sur la mer et la pinède.

# AUTOUR DE CAVTAT

## CAVTAT ★★

À 5 km de l'aéroport et 18 km de Dubrovnik, Cavtat est édifiée sur la presqu'île de Rat entre deux baies très agréables, Luka et Uvala Tiha, qui font face à l'île de Supetar.

Cette petite ville portuaire est devenue aujourdhui une station balnéaire cotée, la plus importante de la riviera, après Dubrovnik. A l'extrême sud de la Croatie, le microclimat de Cavtat favorise la végétation subtropicale.

**De nombreuses excursions** sont également possibles depuis Cavtat : les îles Elaphites, Dubrovnik, Molunat, l'arrière pays du Konavle et le Monténégro (à 30 min en voiture).

**Repères historiques.** Une première colonie grecque est à l'origine de Cavtat, qui s'est ensuite développée sur les ruines dans l'ancienne cité romaine Epidaurum. Son architecture médiévale rappelle le style élégant de Dubrovnik, une ville qu'elle a d'ailleurs fondée, lorsque la population, chassée par les tribus slaves, remonte vers le nord, où elle fonde alors Raguse. L'actuelle Dubrovnik participera plus tard à la reconstruction de Cavtat, où furent bâtis palais, églises, résidences d'été. L'artiste peintre de renom national, Vlaho Bukovac, y est né.

**Petit inconvénient** : Cavtat paie sa proximité avec l'aéroport par le bruit généré par les avions en vol, au cours de la journée. Heureusement il n'y en a guère la nuit.

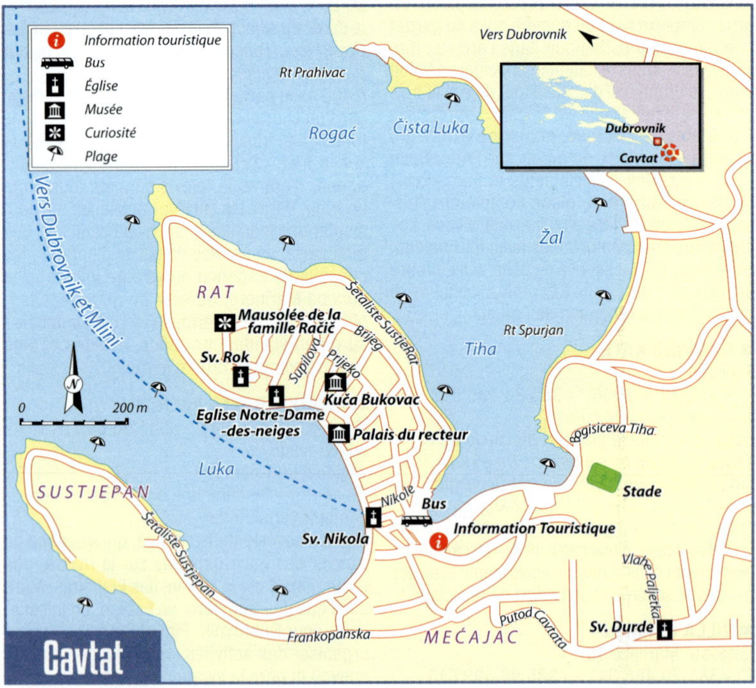

La région de Konavle
BOSNIE-HERZÉGOVINE
MONTÉNÉGRO
Slivnica povrs
Duba konavoska
Glavska
Stravča
Brotnice
Dubravka
Dunave
Mihanići
Ljuta
Zastolje
Lovorno
Plat
Gabrili
Drvenik
Pridvorje
Uskoplje
Ljuta
Herceg novi
Sutorina
Gruda
Pločice
Cavtat
Aéroport international de Dubrovnik
Đurinići
Čilipi
Radovčići
Močići
Mrkan
Mrkanac
Boka
Kotorska
Molunat
Prevlaka
Veliki Skolj
Péninsule de Prevlaka
Dubrovnik
N
0
2 km

# Transports

## Comment y accéder et en partir

▶ **Par la route,** on longe la riviera entre Dubrovnik et Cavtat, la vue est superbe. Il faut compter environ 30 minutes. Des bus fréquents rejoignent les deux villes et s'arrêtent à proximité des villages et petits ports de la route (Libertas n° 10).

▶ **En bateau.** Des navettes régulières relient Dubrovnik au port de Cavtat, certaines passant par Mlini. Une traversée d'une vingtaine de minutes, rapide et photogénique.

■ **ADRIANA**
Odv. II / 17, 20210
✆ +385 20 471199
www.adriana-cavtat.com
cavtat.adriana@gmail.com
*Ouvert l'été tous les jours de 8h à 21h.*
Cette agence propose nombre d'excursions dans les îles de la baie, à la journée ou séjours dans les îles Eléphatites ou Mjet. Elle peut aussi gérer l'hébergement, la location de bateaux pour caboter sur la riviera de Dubrovnik.

■ **EMBARCADÈRE – PORT (LUKA)**
Obala Dr. A Starčevića
Dans le port de Cavtat.
*A/R entre Dubrovnik et Cavtat : 80 kn, 50 kn le trajet simple.*
La compagnie Sea Line Ltd. propose en haute saison des départs de Cavtat pour Dubrovnik de 9h à 19h (presque toutes les heures). Départ de Dubrovnik à Cavtat de 10h30 à 21h.

■ **LIBERTAS**
www.libertasdubrovnik.hr
libertas@libertasdubrovnik.com
Compagnie de cars régionaux, Libertas dessert toute la riviera et l'intérieur des terres. Le réseau de transports en commun, relativement fiable, est à l'usage des locaux, bien sûr, et des touristes également, qui peuvent l'emprunter pour leurs déplacements, d'un port à l'autre, d'une station balnéaire à l'autre ou pour visiter les villages escarpés. Consulter le site Internet pour connaître les arrêts et les horaires. Le bus 10 relie Dubrovnik à Cavtat en s'arrêtant à Kupari, Mlini, Plat, Soline. Le 30 traverse le Konavle jusque Vodovađa en passant par Čilipi. Le 31 pousse jusqu'à Molunat, extrême sud de la Dalmatie, avec terminus à Vitaljina. 15 kn le trajet environ.

## Se déplacer

■ **TEUTA TRAVEL AGENCY**
Trumbićev put 3
✆ +385 20 479 786 / +385 91 882 57 97
www.cavtat.biz – info@cavtat.biz
*Ouvert de 9h à 21h d'avril à fin novembre. Location de vélo 25 kn / heure, 100 kn la journée.*
Une petite agence de voyage aux multiples services, qui aide à la recherche d'hébergement, la location de voitures, de vélos, de bateaux et oriente sur des circuits touristiques avec partenaires. Bon accueil !

# Pratique

■ **OFFICE DU TOURISME (TURISTIČKA ZAJEDNICA)**
Zidine 6
✆ +385 20 479 025
www.visit.cavtat-konavle.com
tzcavtat-konavle@du.t-com.hr
En face de la gare routière.
*Ouvert tous les jours entre avril et octobre de 8h à 19h, jusqu'à 20h en mai et septembre, jusqu'à 21h en juillet et août. Ouvert de 8h à 15h en semaine, le reste de l'année. Site consultable en français.*
Une agence hyperactive qui renseigne autant sur l'ensemble des possibilités offertes par la région de Konavle ou la riviera. Nombreuses brochures gratuites en français et de précieuses cartes pour faire des randonnées à pied, à vélo ou des sorties en bateau. Consulter leur site Internet, très bien fait et consultable en français.

# Se loger

## Locations

■ **APPARTEMENTS EVE**
Put od Oboda 1
tguljelmovic@gmail.com
*Appartements pour 4 à 6 personnes de 50 € à 110 € par nuit selon la saison. Wi-fi. Pour réserver, contactez l'agence locale par email : info@croatiagems.com*
Dans une maison à 20 mètres de la plage et des navettes bateaux et à 10 minutes du centre-ville, trois beaux appartements. L'un de 60 m$^2$, au rez-de-chaussée, se compose de deux chambres doubles, salles de bain et WC séparés, d'un salon, d'une cuisine équipée et salle à manger. L'une des deux grandes terrasses possède la vue sur la baie de Cavtat Bay et un foyer extérieur, parfait pour le barbecue. La connexion gratuite à Internet, la machine à laver, le parking, etc., apportent tout le nécessaire pour des vacances confortables. L'appartement est situé à proximité du port où les lignes en bateau vers Dubrovnik sont fréquentes (40 minutes).

■ **VILLA KIPRE**
18 Iznad Tihe
✆ +385 20 478 727
www.villa-kipre.com – ivo.kipre@du.t-com.hr

*De 24 à 31 € par personne. Wi-fi. Réception ouverte 24h/24, 7j/7.*
À seulement 100 m du centre-ville et des plages. Ana et sa famille vous ouvrent les portes de leur grande bâtisse située au bout d'une impasse dans un cadre boisé, bien au calme. Plusieurs chambres et 4 appartements de différentes tailles, modulables, d'un confort 3 étoiles, tout équipés sont à louer. Possibilité d'accueillir jusqu'à 10 personnes dans l'un des appartements. Toutes ces habitations ont une terrasse ou un balcon avec vue mer ou sur le jardin à la végétation dense et méditerranéenne, où il est bien agréable d'organiser des grillades. Pour ne rien gâcher aux vacances, on ne peut qu'apprécier la sympathie des propriétaires, celle de leur fils qui parle parfaitement français.

## Bien et pas cher

Il n'y a pas de campings à Cavtat même. Il est possible de camper à une vingtaine de kilomètres au sud de Cavtat, dans la petite commune de Molunat, près de la frontière avec le Monténégro.

### ■ PENSION LOVAC

Put od Cavtata 3
✆ +385 20 478 456 / +385 98 825 869
www.cavtat-pansion-lovac.com
pero.butijer@du.t-com.hr
*Appartement en haute saison : de 35 à 60 € par nuit et par personne. En chambre de 30 à 40 €. Transfert aller-retour depuis l'aéroport offert.*
Agréable pension, située dans la colline boisée à 400 m de la vieille ville, qui offre une jolie vue sur la baie et sur les îles de la côte. Ses trois appartements et quatre chambres doubles sont de style contemporain, épurés et bien entretenus. Balcon dans toutes les chambres, réfrigérateurs, wi-fi.

## Confort ou charme

### ■ HÔTEL SUPETAR

Dr. A. Starčevića 27
✆ +385 20 300 300
www.hotelsupetar.com
reservations@alh.hr
*De 78 € à 134 € pour une chambre double. Les prix comprennent le petit déjeuner. Supplément pour la vue sur la mer.*
Petit hôtel agréablement situé au calme, en bord de mer dans la zone piétonne de la vieille ville. La plage est à 20 mètres, accès gratuit à la piscine de l'hôtel Croatia situé à 10 minutes à pied. A proximité, de nombreux restaurants, cafés, bars... Une trentaine de chambres toutes équipés de TV, téléphone, salle de bains privée... Restaurant avec grande terrasse, jardin, apéritif bar et wi-fi gratuit.

## Luxe

### ■ HÔTEL CROATIA

Frankopanska 10
✆ +385 20 475 555 / +385 20 475 777
www.hoteli-croatia.hr
reservations@hoteli-craotia.hr
*Tarif chambre double à partir de 147 € en saison.*
Ce complexe comprend 487 chambres et suites tout confort à la décoration soignée, avec ses couleurs chaudes, enrichie de peintures d'artistes locaux. Hôtel 5 étoiles, épuré, qui répond très bien aux besoins des touristes et hommes d'affaires. Plusieurs restaurants, le Cavtat à la carte, le Konavle, le Steakhouse, le Lido bar-restaurant, le Beach Restaurant devraient satisfaire les différents appétits alors que le Piano bar, le Coffee shop ou le Night bar viennent compléter l'offre détente. Côté sport et bien-être, piscine extérieure et intérieure, centre de beauté, fitness, sauna, massage, coiffeurs, deux plages, courts de tennis, volley sur plage... de quoi profiter de son séjour.

# Se restaurer

## Bien et pas cher

### ■ KONOBA IVAN

Tiha 5
✆ +385 20 478 160
Sur le front de mer, baie de Tiha.
*Ouvert de 11h à minuit, d'avril à début novembre. Pizza : 40 kn ; 90 kn le repas.*
Restaurant situé dans la baie nord de Cavtat, proche des arrêts de bus Libertas, toisant les flots et les bateaux du port de plaisance. De ce côté-ci, c'est plus calme que sur le versant sud et, chez Ivan, les portions sont généreuses. La carte fait autant honneur aux viandes qu'aux poissons grillés. Service rapide et agréable.

### ■ TAVERNA DOMIŽANA

Šetalište Žal 2
✆ +385 20 471 699
www.restaurantdomizana.com
info@restaurantdomizana.com
Un peu éloigné du centre-ville.
*Ouvert tous les jours de 11h à minuit, d'avril à octobre. Compter 120 kn le repas au minimum. Sert aussi des pizzas.*
Entre les hôtels Albatros et Epidaurus, vous trouverez ce petit restaurant chaleureux, situé en bord de mer. Sa grande terrasse ouverte l'été peut accueillir une centaine de personnes. Il propose des repas simples typiques, de bonne qualité à des prix modérés. Musique live et ambiance garantie tous les soirs en saison haute. Fait glacier en journée.

## Bonnes tables

**■ RESTAURANT BUGENVILA**
Obala dr. Ante Starčevića 9
✆ +385 20 479 949
✆ +385 911 558 155
www.bugenvila.eu
bugenvila.cavtat@gmail.com
*Ouvert tous les jours de 12h à 16h et de 18h à 21h30. Réserver ! Compter entre 15 et 40 € le repas sans le vin*
Bugenvila est le restaurant dont on parle en ville, situé le long de la promenade où sont amarrés les yachts fortunés. Il a su se démarquer grâce à une carte différente où le jeune chef excelle sur différents styles culinaires, méditerranéen, espagnol/basque, français, fruits de mer, végétarien. On vient y déguster des plats de saison préparés avec beaucoup de délicatesse sur produits frais et bien présentés. L'établissement propose également des cocktails créatifs et, pour démarrer la journée, des *brunches* plein de fraîcheur et de vitalité. Réservations indispensables en haute saison, quand le restaurant affiche complet tous les soirs.

**■ RESTAURANT DALMACIJA**
Trumbićev put 9
✆ +385 20 478 018
www.villa-pattiera.hr
info@villa-pattiera.hr
*Ouvert de mars à novembre, de 11h à minuit. Environ 150 kn.*
Avant d'entrer sur le port, ce restaurant coté est installé dans l'historique boutique-hôtel de la Villa Pattiera, une ancienne maison de famille, en pierre rénovée. La terrasse se trouve au milieu de la place alors que l'endroit, à l'extérieur comme à l'intérieur, se veut distingué, l'accueil chaleureux. Cuisine raffinée proposant à la carte des spécialités de poissons, de fruits de mer travaillés en sauce au vin blanc, des pâtes italiennes, comme les cannellonis aux épinards et fromage frais, des légumes grillés à la dalmatienne, une crème brûlée.

**■ RESTAURANT LEUT**
Trumbićev put 1
✆ +385 20 479 050
✆ +385 20 478 477
*Ouvert de mars à novembre de 11h à minuit. Environ 150 kn.*
Situé en bord de mer dans la vieille ville, ce restaurant réputé propose un grand choix de poissons, et crustacés, en une cuisine soignée (saule meunière, homard aux pates fraîches, risotto crème langoustine...) ainsi qu'une bonne carte de vins et liqueurs.

## Sortir

**■ ANCORA**
Obala Dr. Ante Stračevića 14.
*Ouvert toute l'année de 7h à 2h.*
Sur le port, un petit bar à vins, qui fait le plein en permanence. L'endroit s'apprécie aussi bien pour un brunch, un déjeuner léger ou pour la formule conviviale le soir, verre de vin local autour de tapas à partager. Ambiance relax et service très pro, les serveurs sont de bons vivants et cela se sent !

**■ CAFÉ-BAR PICCOLO**
Obala Dr. Ante Stračevića 10.
www.cavtat-ivokordic.com
ivo.kordic@du.t-com.hr
En front de mer.
*Ouvert tous les jours de 7h à minuit. Jazz tous les mercredis.*
Ce charmant café en terrasse sur le bord de mer, près de l'église Saint-Nicolas, est l'un des endroits les plus appréciés pour prendre un verre en toute tranquillité avec vue sur le port. Le cappuccino du chef est un régal.

## À voir - À faire

Ragusavecchia, de son ancien nom, Cavtat séduira tous les publics. Les familles qui viennent avec les enfants pour les joies du balnéaire y trouveront de multiples activités. Les jeunes gens également. Pour eux, locations de vélos, kayaks, bateaux et autres scooters de mer sans oublier les cocktails bars, les spots de plongée sur la presqu'île de Rat. Cette avancée de terre, qui protège Cavtat, à la végétation abondante, commence son chemin romantique depuis l'église Saint-Nicolas.

Les amateurs de culture visiteront les musées de la ville et suivront l'agenda des concerts et spectacles, en juin notamment pour le festival de musique classique Epidaurus. Sur le port, les bars et restaurants rallieront tout le monde.

**Depuis Cavtat, faire des excursions** dans la région agricole de Konavle, au village Cilipi, vers Molunat, le Montenegro tout près. On peut passer la journée sur l'îlet de Supetar, à 10 minutes en bateau (Adriana Cavtat boat) mais on ne peut y dormir. Côté ouest toujours, en bateau ou en bus Mlini, les îles Elaphites, en passant par Dubrovnik.

### COLLECTION BOGIŠIĆ (ZBIRKA BALTAZARA BOGIŠIĆA)

Palais du recteur (Knežev dvor)
Obala Ante Starčevića 18 ✆ +385 20 478 556
*Ouvert du 15 octobre au 1er avril de 9h30 à 13h30 du lundi au vendredi. Et du 1er avril au 15 octobre, ouvert de 9h30 à 13h30 tous les jours sauf le dimanche. Fermé en janvier. Sur rendez-vous en dehors des horaires d'ouverture. Entrée : 25 kn.*

Depuis 1958, le Palais du Recteur accueille le siège de la collection de Baltazar Bogišić, qui fait partie de l'Académie croate des arts et des sciences depuis 1955. Elle fut léguée au début du XXe siècle par ce juriste et scientifique de renommée européenne, qui est né à Cavtat. L'exposition permanente montre la diversité de l'héritage de Bogišić : une bibliothèque de livres rares, des archives historiques, des peintures, estampes anciennes, photographies ainsi que des objets (mobilier, vaisselle, objets ethnographiques, monnaie). L'occasion aussi de visiter un beau palais du XVIe siècle à proximité des murs de la ville.

### ÉGLISE NOTRE DAME DES NEIGES (GOSPA OD SNIJEGA)

Šetalište Rat 2
www.ofm-sv-jeronim.hr
provincijalat-zadar@zd.t-com.hr
Au bout du port.
*Ouverte en journée, entrée gratuite.*

Si elle est ouverte, on ne manquera pas de visiter l'église des Franciscains – le monastère derrière n'est pas ouvert au public – et d'admirer la peinture *Notre Dame de Cavtat* qui s'y trouve. Elle est signée de Vlaho Bukovac, artiste du XIXe siècle natif de Cavtat.

*Cavtat.*

### ■ MAISON NATALE DE VLAHO BUKOVAC (KUĆA BUKOVAC)

Ulica Vlaha Bukovca 5
(ou Bukovceva 5)
✆ +385 20 478 646
www.kuca-bukovac.hr

*Ouvert de novembre à avril, du mardi au samedi de 9h à 13h, et de 14h à 17h, et le dimanche de 14h à 17h. De mai à début octobre ouvert du mardi au dimanche de 9h à 13h et de 16h à 20h. Prix d'entrée : 20 kn.*

Si vous aimez la peinture, vous ne pouvez manquer de visiter cette maison d'artiste, l'un des plus grands peintres croates de la fin du XIXe siècle. Assez émouvant en effet de revenir sur les pas de son enfance, dans cette superbe résidence du village, là où beaucoup d'objets sont encore en place. Aux murs, sont exposés ses tableaux, bien sûr, portraits, autoportraits, paysages, natures mortes... alors que chevalets et palettes sont restés dans l'intimité d'un intérieur bourgeois. Dans le jardin, agréable également, s'organisent l'été des concerts classiques.

### ■ MAUSOLÉE DE LA FAMILLE RAČIĆ (MAUZOLEJ OBITELJI RAČIĆ)

Trumbićev put 25
✆ +385 20 478 646
muzej@kuca-bukovac.hr

*Ouvert d'avril à novembre, tous les jours sauf le dimanche de 10h à 17h. Hors saison : sur demande préalable. Entrée : 10 kn.*

Situé au milieu du cimetière qui surplombe la mer depuis le mont Saint-Roko, le mausolée est construit en pierres blanches de Brač. Cette structure octogonale surplombée d'un dôme est une œuvre d'art réalisée par le célèbre sculpteur Ivan Meštrović.

## Sports - Détente - Loisirs

### ■ SEA KAYAKING CAVTAT

Obala Ante Starcevica 25
✆ +385 98 802 442
www.sea-kayaking-cavtat.com
info@sea-kayaking-cavtat.com

*Tour en kayak de 2h30-3h : de 140 kn à 200 kn. Location de kayak : entre 90 kn et 300 kn.*

Une agence locale qui loue des kayak et organise des expéditions en pagaie.

# ČILIPI

Le petit village continental de Čilipi, à 22 km de Dubrovnik et 11 km de Cavtat, est connu pour son aéroport – le seul et unique de la région –, pour son folklore local. Pendant la guerre, en 1991, les armées serbe-monténégrines détruisent le vieux village. 122 maisons ou édifices ont été entièrement incendiés et rasés, les habitants expulsés. Čilipi sera libéré à l'automne 92. La paix revenue, les villageois ont mis un point d'honneur à tout reconstruire, à faire revivre les arts et traditions populaires de leur région Konavle.

▶ **À voir,** le musée ethnographique, la danse de la troupe folklorique du dimanche matin, le marché artisanal. À faire, le chemin de randonnée qui part de Cavtat et monte jusque Čilipi via le village de Močići. Environ 2 heures de marche à travers une jolie campagne plantée de cyprès centenaires, de pierres gravées datant de l'époque illyrienne, de croix chrétiennes et chapelles, ainsi que de beaux points de vue vers la mer. On peut revenir en bus.

### ■ ČILIPI FOLKLOR

Beroje b.b
✆ +385 20 771 007
www.cilipifolklor.hr
cilipifolklor@cilipifolklor.hr

*Bus direct en saison depuis la ville de Cavtat, le dimanche.*

Cette association organise les fameuses célébrations folkloriques devant l'église de Čilipi tous les dimanches des Rameaux à début novembre de 9h à 12h. Au programme : expositions et vente d'artisanat local, spectacle de linđjo, chants klapa et autres danses traditionnelles à partir de 11h15. Le tout s'achève par un petit verre d'eau de vie et l'incontournable photo avec les locaux en costume. Depuis la gare routière de Dubrovnik, les bus Libertas numéro 11, depuis Cavtat, le 31, ainsi qu'un bus spécialement affrété en saison, qui part de Cavtat et s'arrête aux hôtels Croatia, Albatros... y mènent directement. Ils partent le matin à 9h pour un retour en ville après le spectacle en début d'après-midi.

### ■ ÉGLISE SAINT NICOLAS (CRKVA SV. NIKOLE)

Beroje 36
✆ +385 20 771 397
www.sveti-nikola-cilipi.hr
Au centre du village, à droite de la route principale lorsque l'on vient de Dubrovnik.

Cette église et son clocher, dédiés à saint Nicolas, a été érigée en 1853. Abîmé par le conflit de 1991, son trésor a été en grande partie pillé et la statuaire profanée. Les habitants de Čilipi, une fois retournés au village après leur exil, ont reconstruit et exposé ces statues sur le côté gauche, on voit notamment celle de la Vierge Marie, dont les yeux ont été crevés... La jolie place de l'église, calme en semaine, abrite quelques terrasses et s'anime le dimanche lors des démonstrations folkloriques.

### ■ MARIN VUKOREP AGROTURIZAM (BAKIĆEVO)

Čilipi 11
✆ +385 20 771 636 / +385 98 940 56 32
www.agroturizam-konavle.hr
marin.vukorep@du.t-com.hr
A 2 km de l'église de Čilipi – Gruda. Depuis Dubrovnik suivre la route de Čilipi, au moment où vous verrez la bifurcation sur la droite vers l'église, prendre le petit chemin qui se trouve sur votre droite, avant l'église (et porte un panneau «agroturizam apartman»). Tourner ensuite à droite en suivant l'indication Bakićevo et la maison se trouve à 500 m.
*Compter 80 € l'appartement pour 3 à 4 personnes. Repas : 30 € par personne environ. Wi-fi.*
La famille Vukorep n'a pas son pareil pour faire découvrir aux visiteurs les délices du Konavle. Marin, le père, la mère et des deux jeunes fils, se mettront en quatre pour mettre à votre disposition tout ce qu'il faut à votre confort. Leur appartement douillet et moderne (douche, machine à laver, cusine équipée, climatisation...) a été installé à l'étage d'une maison en pierre pluriséculaire. Il comporte deux chambres et un petit salon. Le jardin potager et les nombreux figuiers sont en libre accès ! Quant à la cuisine de vos hôtes (prendre contact avec vos hôtes pour leur signaler que vous désirer vous restaurer sous leur tonnelle), elle est inimitable. Le frère, qui élève des chèvres un peu plus haut, livre les fromages et la viande. Le reste vient de la propriété (sauf le vin, issu d'autres petits producteurs membres du réseau) et le tout est soigneusement cuit sous la cendre (*peka*). La famille peut venir vous chercher à Cavtat ou à l'aéroport et vous arranger une location de vélo. Seul bémol : l'anglais des Vukorep est plus que limité mais pas leur volonté de communiquer !

### ■ MUSÉE ETHNOGRAPHIQUE DU KONAVLE (ZAVIČAJNI MUZEJ KONAVALA)

Beroje 1
✆ +385 20 772 249
www.mdc.hr
muzej.konavala@gmail.com
Face à l'église.
*Du mardi au dimanche de 9h à 13h toute l'année. Entrée 15 kn.*
Un joli musée logé dans une maison en pierre traditionnelle. Les collections de costumes folkloriques et broderies, riches et bien présentées, s'étalent sur deux étages. Fascicule en anglais. Bref, tout ce que vous avez toujours rêvé de savoir sur les traditions et l'histoire du Konavle !

## LJUTA

### ■ KONAVOSKI DVORI

✆ +385 20 791 039
www.esculap-teo.hr
sales2@esculap-teo.hr
*Ouvert en haute saison tous les jours de midi à minuit. Environ 200 kn le repas.*
A 19 km de Cavtat, après de Gruda, au milieu de la forêt et pourtant si près de la côte, ce restaurant traditionnel est installé dans un ancien moulin.
Une bonne adresse pour manger près de la rivière aux beaux jours et déguster les produits du terroir de Konavle. Au menu, jambon dalmate et fromage de chèvre, viandes d'agneau et de veau grillées, brochettes, truites d'eau douce et vins locaux. Le tout apporté par des serveuses portant le costume folklorique.

## GRUDA

### ■ SOKOL GRAD (SOKOL KULA) ★★

✆ +385 20 638 800
www.citywallsdubrovnik.hr
Localités de Dubravka / Dunave. Accessible et bien indiqué depuis la route ainsi qu'à vélo (dénivelé) depuis le rond-point de Gruda.
*De 10h à 18h tous les jours, en avril et mai, jusque 19h en juin, juillet, août, septembre et octobre. De 10h à 16h en novembre et sur rendez-vous le reste de l'année. 40/25 kn l'entrée.*
Cette forteresse se dresse à la frontière avec le Monténégro, dans le petit village agricole de Dubravka à proximité de Dunave.
La route grimpe pour y arriver : à vélo c'est une vraie épreuve (pas insurmontable mais cela va mieux au retour !). Mais une fois là-haut, on est amplement récompensé ! Le fort existait déjà du temps des Illyriens et sous les Romains mais fut mentionné par écrit pour la première fois à la fin du XIII$^{e}$ siècle.
A l'époque, ce mur de défense appartenait au comte de Bosnie, la république de Raguse réussit à obtenir en 1420. Au Moyen Age le fort était habité, et c'est cette petite ville que la rénovation de 2013 a permis de mettre en avant. L'ensemble a réussi à survivre au tremblement de terre de 1667 et présente de beaux restes aujourd'hui.
Ainsi la visite de Sokol Kula permet de se replonger dans l'histoire mouvementée de la forteresse à l'aide de fouilles archéologiques, d'explications en anglais, de photos et de reconstitutions.

# MOLUNAT

Petit village de pêcheurs à 40 km au sud de Dubrovnik et 20 km de Cavtat, Molunat se déploit tranquillement au fil des criques, presqu'îles et petites falaises. Dernière petite station balnéaire avant la frontière avec la Monténégro, Molunat séduira les amoureux de la nature. Le microclimat doux sans vents froids ainsi que la température de la mer qui peut avoisiner les 20 °C en mai dans la baie ajoute à la beauté sauvage du site. Facile d'accès même si l'on est pas motorisé grâce aux bus locaux, Molunat permet de partir en randonnée au parc de Prevlaka, dernière péninsule croate avant les bouches de Kotor. On peut aussi entreprendre des excursions maritimes, faire de la plongée ou tout simplement apprécier le bonheur du littoral encore préservé.

## Pratique

- **Avertissement :** Molunat ne dispose pas de distributeur, le plus proche se trouve à Gruda, à quelques kilomètres. Pensez à vous munir d'espèces pour payer votre logement chez l'habitant ou les petits restaurants.

## Se loger

### AUTOKAMP & RESTAURANT MONIKA

✆ +385 20 794 557 / +385 99 860 0097
www.camp-monika.hr – info@camp-monika.hr
Prendre à gauche en contrebas de l'office du tourisme, suivre les indications.
*Compter 55 kn pour un adulte, et de 40 à 55 kn pour une tente ou un camping-car. Wi-fi. Ouvert de mai à octobre.*
Un camping pouvant héberger jusqu'à 150 personnes, ombragé bien espacé, abrité du vent et au bord de la plage. Doté d'un restaurant et de toutes les commodités nécessaires. Bon accueil. Penser à réserver en saison haute.

### VILLA MARIN

Molunat 63 ✆ +385 20 794 351
www.villamarin.hr
apartments.marin@gmail.com
Au-delà du camping Monika, c'est la rue qui continue et descend à gauche.
*A partir de 45 € pour une personne, 90 € pour un appartement de 4 pers. Ouvert du 1er juin à mi-octobre.*
8 appartements et studio de deux à quatre personnes qui s'étalent sur les plusieurs étages de cette villa, juste avant le port de Molunat. C'est simple mais propre, avec un coin cuisine et un lit qui se déplie dans le salon. Certaines chambres ont un balcon avec vue sur la mer et la villa possède une piscine ainsi qu'un bon restaurant.

## Se restaurer

### AUTOKAMP & RESTAURANT MONIKA

✆ +385 20 794 557 / +385 99 860 0097
www.camp-monika.hr
info@camp-monika.hr
Prendre à gauche en contrebas de l'office du tourisme, suivre les indications.
*Ouvert (comme le camping) de début mai à début octobre, de 11h à 23h tous les jours. A partir de 50 kn le plat principal.*
Un bon petit restaurant au bord des flots qui prépare des crustacés et des poissons pêchés dans le village. Sert aussi des vins puisque le propriétaire est producteur de Malvasija (entre autres), un cépage blanc autochtone et possède même un bar à vin du même nom à Dubrovnik.

### RESTAURANT MARITIMO

Molunat 18
✆ +385 20 784 351
www.villamarin.hr
*Ouvert tous les jours en saison, de 11h à 23h. A partir de 60 kn le plat principal. Sert aussi des petits déjeuners. Wi-fi.*
Ce restaurant appartient à la Villa Marin (voir rubrique « Se loger ») et sert surtout des spécialités de la mer (salades, plats de poisson, crustacés) mais aussi quelques plats de la viande, comme des *čevapčići* ou des brochettes. Le poulpe préparé au grill y est savoureux. La famille possède une petite ferme dans le Konavle et certains produits en sont issus.

# RIVIERA NORD

A 35 kilomètres de Dubrovnik, sur la riviera nord, Slano bénéficie d'une nouvelle marina. C'est la 22e marina ACI de Croatie, livrée pour la saison 2015.
Pour le confort des plaisanciers, un système d'ancrage pour 200 embarcations ainsi que des installations sur terre, restaurants, magasins, piscine en plein air, promenade en bord de mer, parking.

# RIJEKA DUBROVAČKA

### ACI MARINA DUBROVNIK

Na skali 2
www.aci-club.hr
A Komolac.
La marina 4 étoiles de Dubrovnik se trouve au nord-ouest de Gruž, sur la berge de la Rijeka Dubrovačka. A pied ou en bateau, vous ne

manquerez pas la silhouette de la villa des Sorkočević, une des familles ragusaines les plus puissantes de l'époque, qui fut construite ici, dans la baie de la rivière Ombla, et fait désormais partie de la marina. On peut accéder librement au parc.

**■ PONT FRANO TUĐMAN (MOST FRANJA TUĐMANA)**
Le pont emjambe la Rijeka Dubrovačka au départ de Gruž (route E65).
Les travaux de ce pont suspendu très aérien ont été initiés en 1989, interrompus par les guerres de Yougoslavie, ne se sont achevés qu'en 2002. Depuis son édification, touristes comme résidents regagnent plus rapidement Dubrovnik ; auparavant il fallait faire le tour de la Rijeka Dubrovačka.

# ZATON MALI

**■ GVEROVIĆ ORSAN**
Štikovica 43 ✆ +385 20 891 267
www.gverovic-orsan.hr
restoran@gverovic-orsan.hr
*Ouvert de midi à minuit de mi-mars à fin octobre. Plats à la carte entre 50 kn à 200 kn. Réserver à l'avance l'été.*
La réputation de ce restaurant n'est plus à faire ! C'est juste l'un des plus cotés de la riviera, une adresse incontournable à quelques minutes de Dubrovnik. Situé dans un endroit idéal pour les plaisanciers, avec emplacements particulièrement bien abrités dans le petit port de Zaton, l'Orsan, prisé par les marins et les artistes, a été construit dans un abri pour bateau, joli bâtiment tout en pierre doté d'une agréable terrasse. Goûtez les spécialités de la maison, le sériole mariné, servi avec de la sauce tomate, les gnocchis de la mer ou le risotto noir aux crustacés, moules, crevettes et poulpe, une sorte de paella dalmate cuite dans de l'eau de mer avec la touche personnelle du chef, le tout arrosé de vins régionaux, par exemple, ceux livrés par le vigneron Vujnovic de l'île de Hvar, qui produit des bouteilles de blanc et rouge spécialement pour le restaurant. Si vous venez avec le bus qui dessert Slano, faites signe au chauffeur pour l'arrêt à Zaton Mali.

**■ (PURPLE) APARTMENT DUBROVNIK**
Za Crkvom 20
✆ +385 20 744 140 / +385 98 285 697
www.boutiqueaccommodationmljet.com
zoran.lukovic@du.htnet.hr
A Zaton Veliki. A 150 m de l'arrêt de bus.
*De 70 € à 90 € selon la saison. Wi-fi. Parking à côté. Séjour de trois jours minimum.*
Tamara, qui possède plusieurs appartements du côté de Goveđari sur l'île de Mljet, dispose également d'un beau pied-à-terre de 62 m², décoré avec design et goût, pouvant loger jusqu'à quatre personnes. L'appartement, logé dans une villa, fait face à la mer, comprend deux chambres, une cuisine-salle à manger tout équipée et une terrasse avantageuse.

# TRSTENO ★★

La localité de Trsteno, à 20 km de Dubrovnik conserve un arboretum pluriséculaire sur 28 hectares en terrasse. C'est l'un des plus beaux du pays. Se promener dans ce parc, qui inspira le poète anglais Lord Byron (et plus récemment les producteurs de *Game of Thrones* !), c'est remonter aux sources du romantisme, tout en découvrant les multiples essences végétales.

**■ ARBORETUM DE TRSTENO (ARBORETUM TRSTENO)** ★★
Potok 20 ✆ +385 20 751 019
www.hazu.hr – arbor@hazu.hr
De Trsteno, prendre le chemin qui descend vers la mer. Le bus (pour Ston, Dubrovnik, Slano...) s'arrête juste en face.
*Ouvert tous les jours de 7h à 19h de mai à septembre et de 8h à 16h le reste de l'année. Entrée : 40 kn adulte, 25 kn tarif réduit.*
Le jardin d'Eden de la région de Dubrovnik porte un nom : *l'arboretum* de Trsteno sur la route de Pelješac. C'est là, en 1494, que Ivan Marinov Gučetić-Gozze fit bâtir sa résidence d'été, qu'il entoura d'un jardin de style Renaissance. Les Gučetić entretenaient des relations étroites avec les marins ragusains, qui leur rapportèrent diverses essences exotiques. La villa et son parc devint rapidement un centre important de la vie culturelle de la république. La poétesse et muse Cvijeta Zuzorić s'y rendait fréquemment, et c'est là que l'humaniste Gučetić rédigea de nombreux essais philosophiques. La famille Gučetić y organisait également des discussions ayant trait à la *Res publica* ragusaine avec d'autres membres du grand conseil. On dit aussi que Titien aurait figuré sur la liste des invités de la maison, ainsi que – bien plus tard – Lord Byron. La villa originelle a dû être reconstruite après 1667. Un nouveau jardin de style néo-romantique a vu le jour à la fin du XIX$^{e}$ siècle sur le terrain de Dvarica, descendant vers la mer.
Le jardin, nationalisé en 1948, appartient désormais à l'Académie croate de Sciences et des Arts. Il nous est parvenu quasiment intact, si ce n'est quelques impacts dus au tremblement de terre de 1667, à la guerre de 1991 et, enfin, à l'incendie de l'an 2000. L'entrée est magnifiée par un platane centenaire, puis ce sont les oliviers, les chênes, les cyprès, les pins d'Alep, les grenadiers, les palmiers, les bambous... À voir également, un vieux pressoir à huile (*mlinica*), la fontaine Neptune qui date de 1736, l'aqueduc, la chapelle Saint Jean, la tonnelle panoramique sur l'Adriatique.

## ÎLE DE LOKRUM

Accessible en bateau en 15 minutes, Lokrum est l'île la plus proche de Dubrovnik, celle où débarque la plupart des habitants pour trouver des plages moins peuplées en été.
La légende sinon l'histoire donne une importance particulière à cette petite île. Ce serait ici en effet qu'aurait échoué Richard Cœur de Lion, en 1192, au retour de la IIIe croisade. Il fit alors le vœu de construire un lieu de culte s'il était sauvé. Finalement, plutôt qu'à Lokrum, l'église en question fut édifiée dans la vieille ville de Dubrovnik, et l'on bâtit la cathédrale, rien de moins ! Au XIXe siècle, Maximilien Ferdinand de Habsbourg y vécut dans une superbe demeure en forme de tour au milieu d'un parc boisé, où la pinède côtoie les chênes ou les lauriers roses. Depuis 1959, la fondation du jardin botanique a poursuivi l'acclimatation d'essences tropicales sur l'île, comme l'eucalyptus et les cactus. Depuis 1964, l'île a été classée réserve naturelle. Sur les collines, le fort royal, construit en forme d'étoile par les Français, en 1906, est une attraction touristique non seulement par son architecture mais aussi par l'incroyable vue qu'il offre sur Dubrovnik et la côte.

**Des navettes depuis le vieux port** de Dubrovnik ont lieu toutes les demi-heures à partir de 9h. Les retours sont programmés toutes les heures jusqu'à 19h30. L'entrée sur l'île est payante. 25 kn pour les adultes, 15 kn pour les enfants et étudiants, 20 kn pour les groupes.

### FORT ROYAL (TVRĐAVA ROYAL) ★

Au nord de l'île, suivre le chemin tracé après le grand réservoir.
Initiée par Napoléon, la construction du fort remonte à 1806, à l'époque où l'île était abandonnée, au moment de la souveraineté napoléonienne sur la région de Dubrovnik. Le fort, perché sur une colline de 96 m, a été terminé sous les Habsbourg en 1833. Au sommet, la vue est époustouflante !

### ENSEMBLE MONASTIQUE (SAMOSTANSKI KOMPLEKS) ★

A 500 m de l'arrivée du bateau (port de Portoč). Prendre tout droit depuis le port.
Cet ensemble monastique dont certains éléments sont en ruine se compose d'une basilique médiévale (vestiges des XIIe-XIIe s.), du monastère et de son cloître (XVe-XVIe s.). Les bénédictins, implantés sur l'île depuis le XIe siècle, l'ont définitivement quitté en 1787. L'édifice du couvent de style romano-gothique (nouvelle mouture d'un ancien couvent qui se trouvait plus au nord) a été partiellement détruit lors du tremblement de terre de 1667. Aujourd'hui, seuls demeurent les ailes est et nord ainsi que le cloître. C'est dans la cour du couvent que Maximilien de Habsbourg s'est fait construire, en 1860, sa résidence, agrémentée de jardins et d'un parc.

### JARDIN BOTANIQUE (BOTANIČKI VRT)

Entre le port de Portoč et l'ensemble monastique. *Entrée gratuite.*
Ce jardin botanique s'étend du grand réservoir aux bâtiments du monastère bénédictin. Maximilien de Habsbourg avait déjà commencé une petite collection de plantes exotiques, mais c'est en 1959 que le jardin a été institutionnalisé afin d'étudier l'adaptation des plantes tropicales et subtropicales au climat méditerranéen. Les années de guerre 1991-1992 ont infligé de nombreux dégâts au jardin, qui a repris ses activités en 1993. Plus de 800 espèces y sont aujourd'hui répertoriées, dont de nombreux cactus et des palmiers. Certains arbres ont plus de trois siècles. Belle promenade jusqu'au grand réservoir qui passe par l'oliveraie des Bénédictins. Les explications du jardin botanique sont en français. Merci à la ville de Monaco qui a financé une partie des travaux !

### PLAGES (PLAŽA)

Surtout agréable au sud de l'île, la baignade est possible un peu partout à Lokrum, au niveau du cap Bačela ainsi que derrière le petit lac salé, dit mer Morte (Mrtvo More). Cet ancien bassin d'effondrement géologique, ce plan d'eau naturel, peu profond et plus chaud, alimenté par la mer, est un vrai bonheur pour les enfants. Un bar y a été installé. A proximité, des rochers ont été aménagés, on peut y poser sa serviette, des pontons permettent de rejoindre la mer. L'endroit est idéal pour les plongeons. Au nord de l'île, près du port de Anse Skalica, des plages de galets, des aménagement en béton, alors que les criques qui ponctuent le littoral valent aussi le détour. Deux plages nudistes se trouvent au niveau du cap Skrinija, en prenant tout de suite à gauche en débarquant du grand port.

Retrouvez le sommaire en début de guide

# LES ÎLES ÉLAPHITES

Cet archipel, composé de trois îles principales, décore la ligne d'horizon entre Dubrovnik et la péninsule de Pelješac au nord. Elaphites vient du grec « îles des cerfs ». L'origine de ce nom serait lié aux troupeaux de daims qui peuplaient l'archipel dans l'Antiquité, soit à leur forme dans la mer qui fait penser au cervidé. Ces îles furent rattachées à la république de Raguse à partir du XIVe siècle mais, avec le déclin de la ville-Etat, les petites cités insulaires ont souffert des migrations économiques et de dépeuplement. Aujourd'hui, seules Koločep, Lopud et Šipan sont habitées et ouvertes au tourisme.

## Transports

On y arrive en bateau. De Dubrovnik, deux possibilités s'offrent à vous. Le ferry Jadrolinija depuis le port de Gruž vous mène notamment jusqu'à Šipan au nord, à raison de trois départs en été (un seul en saison basse). Des bateaux plus petits font aussi la traversée depuis le vieux port ou vous embarquent pour des excursions à la journée sur les trois îles (déjeuner sur le bateau compris). Les voitures sont interdites sur tout l'archipel.

# KOLOČEP

A 5 km à peine de Dubrovnik, la petite île de Koločep (2,6 km²) est, elle aussi, recouverte d'une luxuriante végétation subtropicale tout en étant plus habitée que les autres îles. Elle se découpe en deux grands hameaux, Donje Čelo au nord et Gornje Čelo au sud.

La partie nord, où arrive le ferry de Dubrovnik, offre de belles plages de sable. C'est ici aussi que vous trouverez le seul hôtel de l'île ainsi qu'un bon restaurant. La partie sud est riche d'un parc forestier de 12 hectares, constitué de pins, caroubiers et d'oliviers, ainsi que de criques sauvages. L'île de Koločep est recommandée aux familles qui apprécieront les plages de sable et de petits galets.

### ■ VILLAS KOLOČEP

Donje Čelo bb
DONJE ČELO ✆ +385 20 312 150
www.kalamotaislandresort.com/
reservations@kalamotaislandresort.com
Prendre sur la droite en arrivant du ferry et longer la baie sur 300 m.

*Ouvert de fin avril à fin septembre. Entre 75 € et 180 € la chambre double (selon le type de chambre et la saison). Wi-fi. Comprend plusieurs restaurants, bars et lounges.*

Le seul et unique hôtel de l'île Koločep comporte 144 chambres tout confort avec balcon ou patio et donne sur une plage de sable. Confortable, l'établissement comporte une piscine extérieure ainsi qu'un restaurant et organise des concerts l'été dans ces deux villas historiques. On peut louer chaise longue, parasols, kayaks, se faire masser ou prendre part à toute une palette d'activités et d'excursions organisées sur demande.

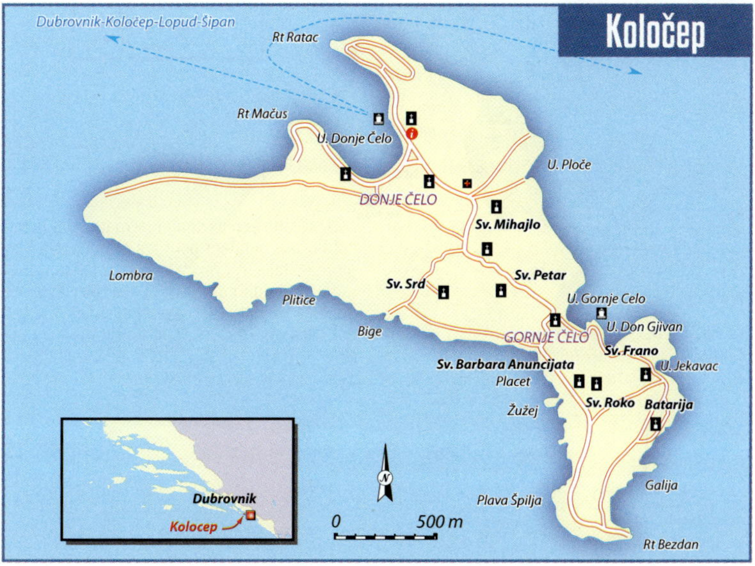

# LOPUD

L'île centrale, la plus touristique de l'archipel, est celle qui apparaît à 12 km de Dubrovnik. Elle appartient à la République de la ville-Etat depuis le XIe siècle et eut, durant des siècles, la même tradition maritime. Depuis quelques années, Lopud trouve un second souffle dans le tourisme. Ses sentiers, ses vallées recouvertes de végétation tropicale et méditerranéenne, ses plages, mais aussi son village, qui a su conserver toutes ses traditions et culture, autant d'atouts pour une île, à quelques minutes de la côte en ferry.

Des deux baies, l'une comprend le village de Lopud, le seul port de l'île. A l'ouest, la superbe baie de Šunj est plus confidentielle, réservée aux naturistes. Avec son jardin botanique, de superbes promenades, des plages, des criques, des cafés et terrasses pour la détente, Lopud est l'escape à ne pas manquer quand on séjourne à Dubrovnik.

## Transports

### Comment y accéder et en partir

Comme les deux autres îles Elaphites, Lopud est desservi par les bateaux de la Jadrolinija en 1h depuis le port de Gruž (Dubrovnik). 4 liaisons par jour en saison, du lundi au samedi, deux le dimanche. Des excursions proposant le tour des Elaphites dans la journée partent soit de Gruž, soit de la vieille ville. Le port de Lopud se trouve dans le village du même nom.

### Se déplacer

Sur cette île sans voiture, on peut louer des vélos (en saison uniquement), à l'arrivée du port de Lopud et à l'hôtel Lafodia notamment. Lopud se parcourt également très bien à pied.

## Pratique

■ **OFFICE DU TOURISME (TURISTIČKA ZAJEDNICA)**
Obala Iva Kuljevana 12
✆ +385 20 759 086
A côté du port de Lopud.
*En juillet et août, ouvert de 8h à 20h tous les sauf le mardi et jeudi (de 8h à 13h et de 18h à 20h), de fin avril à mi-octobre, de 8h à 13h et de 17h à 19h tous les jours sauf le vendredi.*
Pour trouver une chambre chez l'habitant, les itinéraires de balades, les horaires du ferry, etc.

## Se loger

■ **APPARTEMENT LOPUD – ELAPHIS**
Getina 4
✆ +385 20 759 095 / +385 98 728 515
www.lopud.com.hr – info@lopud.com.hr
Une des ruelles partant du front de mer, à l'angle de la pizzeria Elaphis.

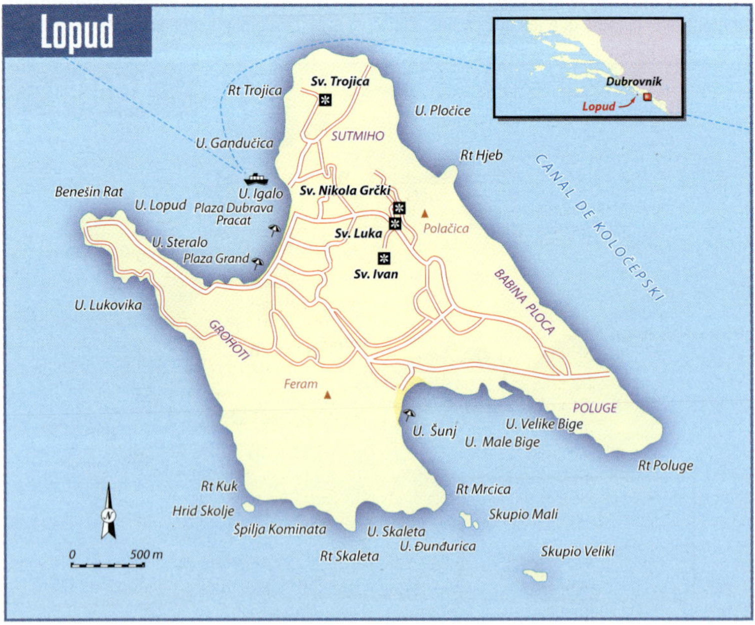

*A partir de 80 € le petit appartement. Ouvert toute l'année. Wi-fi.*
Trois appartements modernes et bien équipés, logés dans une villa avec jardin. L'ensemble est proche du front de mer de Lopud, à 15 min de la plage de Šunj. L'appartement le plus luxueux, doublé d'une terrasse d'où l'on voit la mer, possède une très belle cuisine. Un vrai coup de cœur. La même famille gère aussi la pizzeria Elaphis en bord de mer.

### ■ GABY CHAMBRES D'HÔTES

Narikla 18
www.lopud.eu – info@lopud.eu
*Fermé de septembre à mai. De 40 € à 50 € la chambre double, de 55 € à 80 € l'appartement. Supplément pour la demi-pension ou le petit déjeuner. Tout séjour inférieur à 5 jours se verra appliqué un surcoût.*
A une cinquantaine de mètres du petit port de Lopud, cette pension calme propose quatre chambres doubles et deux appartements lumineux, avec une grande terrasse et vue imprenable sur la baie.

### ■ HÔTEL VILLA VILINA

Obala Ivana Kuljevana 5
✆ +385 20 759 333
www.villa-vilina.hr – villa.vilina@gmail.com
*De 170 € à 306 € la chambre double en haute saison.*
Une superbe villa en pierre avec une dizaine de chambres et trois appartements de très bon standing, décorés avec goût et meubles anciens. La maison appartient à la même famille Šimunović-Vilina, qui accueille personnellement les clients et met à leur disposition les services correspondant à un hôtel 4-étoiles. Le restaurant sert une cuisine traditionnelle. Ne manquez pas la promenade dans l'odorant jardin, planté face à la mer, par le comte vénitien Felice Mayneri, à la fin du XVe siècle. Eucalyptus, cèdres, lavande et autres plants méridionnaux, dont certains plusieurs fois centenaires. Accès Internet et piscine extérieure.

## Se restaurer

### ■ KONOBA PEGGY

Narikla 22 ✆ +385 920 631 027 80
Première rue à gauche en arrivant du port.
*Ouvert de 11h à 15h et de 18h à minuit en saison uniquement (de mai à fin septembre). Compter environ 80 kn le plat principal.*
Ce bon restaurant familial et sa terrasse sont perchés en haut d'un escalier de pierre et décorés de filets de pêche. On vient à Konoba Peggy pour sa cuisine traditionnelle. Le menu met en avant les produits locaux comme le poisson frais mais il est tout à fait possible de commander des plats de viande. Accueil agréable.

*Monsatère de Lopud.*

## À voir – À faire

### ■ ÉGLISE SAINTE-MARIE (CKRVA SV. MARIJA)

A l'ouest de Obala Iva Kuljevana. Prendre à gauche après le port de Lopud.
*Messe à 9h, le deuxième et troisième samedi du mois.*
L'un des symboles de l'île, l'église du couvent franciscain fortifié construit à la fin du XVe siècle se repère de loin. A l'intérieur, un triptyque que l'on doit à Nikola Božidarović, maître de l'école picturale ragusaine du XVe siècle. Le couvent remplissait à l'origine des fonctions défensives et humanitaires. Du balcon, qui a été conservé, on lançait de l'huile chaude en cas d'attaque pirate !

### ■ FORT DE LOPUD – NOTRE DAME DE ŠUNJ (KAŠTIO – GOSPA OD ŠUNJA)

Pic de Polačica. Au sud-est de l'île, entre Šunj et Lopud.
Ce fort en ruine a été édifié au début du XVIe siècle sur le point culminant de l'île. Un panorama qui ne s'oublie pas ! A quelques mètres de là, s'élève l'église Notre-Dame-de-Šunj.

### ■ MONASTÈRE DOMINICAIN SAINT NICOLAS (DOMINIKANSKI SAMOSTAN SV. NIKOLE)

Récemment restaurés par des étudiants allemands, le monastère et l'église Saint-Nicolas sont à nouveau des édifices magnifiques, alors qu'ils étaient sérieusement abîmés il y a quelques années.

# ŠIPAN

La dernière des îles Élaphites habitées présente les mêmes charmants atours que ses consœurs de l'archipel : palmiers, plages de sable, végétation luxuriante, quelques restaurants de plein air, un vieux palais… Et comme les autres, elle possède son identité propre. Vous arrivez au hameau de Šipanjska Luka, la plus grande bourgade de l'île, là où la mer est semblable au lit d'un fleuve limoneux.

## ■ HÔTEL BOŽICA

Suđurađ 13
SUĐURAĐ
✆ +385 20 325 400
www.hotel-bozica.hr
obrt.kristic@du.t-com.hr
A 15 m de la mer.
*Ouvert de début mai à fin octobre. Compter 123 à 210 € la chambre double en saison. Wi-fi. Parking.*

Ce bel hôtel d'une trentaine de chambres dispose de sa plage privée (rocheuse) et d'une piscine extérieure. Les chambres climatisées sont équipées d'un mini-bar, de la télévision satellite, etc. La terrasse et le jardin de l'hôtel tombent à pic pour les bains de soleil.

## ■ KOD MARKA

Šipanska Luka
ŠIPANSKA LUKA
✆ +385 20 758007
Dans le port.
*Ouvert du 1er mai au 1er novembre. Hors saison sur rendez-vous. Compter 120 kn pour la pêche du jour, 75 kn pour le risotto aux fruits de mer.*

Ici, le chef Marko prépare le poisson de manière élaborée en ragoût, la Korčulanska popara, c'est sa spécialité, une fricassée avec du risotto au homard arrosé au cognac. Chaque année, de nouvelles recettes apparaissent sur la carte et pour ceux qui préfèrent la viande, il y aura toujours un bifteck, de l'agneau grillé ou des côtes de porc ! Marko a ouvert une deuxième taverne dite Dubravka, non loin de là.

## ■ KONOBA MORE

Embarcadère ferry
ŠIPANSKA LUKA
*Ouvert de 10-11h à 22h tous les jours.*

Non loin de l'arrivée des ferries, une modeste taverne à 100 m de la mer. On s'y régale – entre autres – de poisson frais et diverses préparations culinaires à la buzara. Demandez autour de vous, les locaux connaissent l'adresse !

# PRESQU'ÎLE DE PELJEŠAC

La 2e plus grande presqu'île de Croatie (après l'Istrie) est dominée par une chaîne de montagnes et s'étend, sur 65 km de long, tel un bras de terre soutenant l'île de Korčula. La route traversant Pelješac, allant vers l'est, passe par la ville de Ston et Mali Ston puis dessert d'autres routes secondaires qui permettent de descendre vers les plages, embarcadères et petits ports en contrebas de la côte. Janjina, Trpanj, Uvala Prapratno, où l'on prend le ferry pour Mjet, Trstenik, Drače et pléthore d'autres lieux un peu secrets à découvrir sur les côtes Nord ou Sud. Mais nombreux sont les touristes qui tracent directement jusqu'à Orebić – charmante ville balnéaire, ancienne cité de capitaines marins - pour ne pas rater le ferry pour Korčula.

## STON ★

La petite ville médiévale Ston est rattachée à Mali Ston par un alignement de murs fortifiés de 5,5 km de long, que l'on surnomme la muraille de Chine. Construite en 1333, cette enceinte, qui grimpe dans la montagne, avait pour fonction de défendre des incursions ottomanes la cité et la presqu'île de Pelješac. La construction d'une tour massive (Veli Kikaštio) a débuté en 1357 pour s'achever un siècle plus tard (1489). Ce bastion faisait partie du système de défense complexe de la ville, le seul de toute la Croatie à avoir survécu aux vicissitudes de l'histoire. Aujourd'hui, début septembre, on y organise un marathon de course à pied, qui rassemble de nombreux participants. Connue pour son élégant centre historique, ses rues planifiées construites à angle droit, son palais du recteur, ses vieilles maisons en pierre de taille mais aussi pour ses marais salins, dont on extrait le meilleur sel marin du pays, Ston est aussi une destination gastronomique et œnologique réputée. Un festival original, le Slow Food Kinookus, en septembre également, invite le public à des rencontres-dégustations, où artisans, producteurs bio, vignerons, restaurateurs montrent leur travail. Au programme, séances cinéma, musique, convivialité.
*www.ston-wall-marathon.com/*
*www.kinookus food film festival/*

### Pratique

■ **OFFICE DU TOURISME DE STON (TURISTIČKA ZAJEDNICA)**
Pelješki Put 1
✆ +385 20 754 452
www.ston.hr – tzston@du.t-com.hr
*Ouvert du lundi au samedi en haute saison (juillet, août et début septembre) de 8h à 20h, et le dimanche de 9h à 12h, puis de 17h à 19h. Le reste de l'année, ouvert de 8h à 14h en semaine.*
Un office de tourisme compétent qui met à disposition des brochures sur Ston, Mali Ston et informe sur toute la presqu'île de Pelješac. Leur site Internet est de bon conseil. L'office met à disposition des listings de logements à Ston et dans les environs ainsi que des idées d'excursions (bateaux de pêche, routes des vins, etc.).

© PHANT – ISTOCKPHOTO

*Vue sur la ville de Ston.*

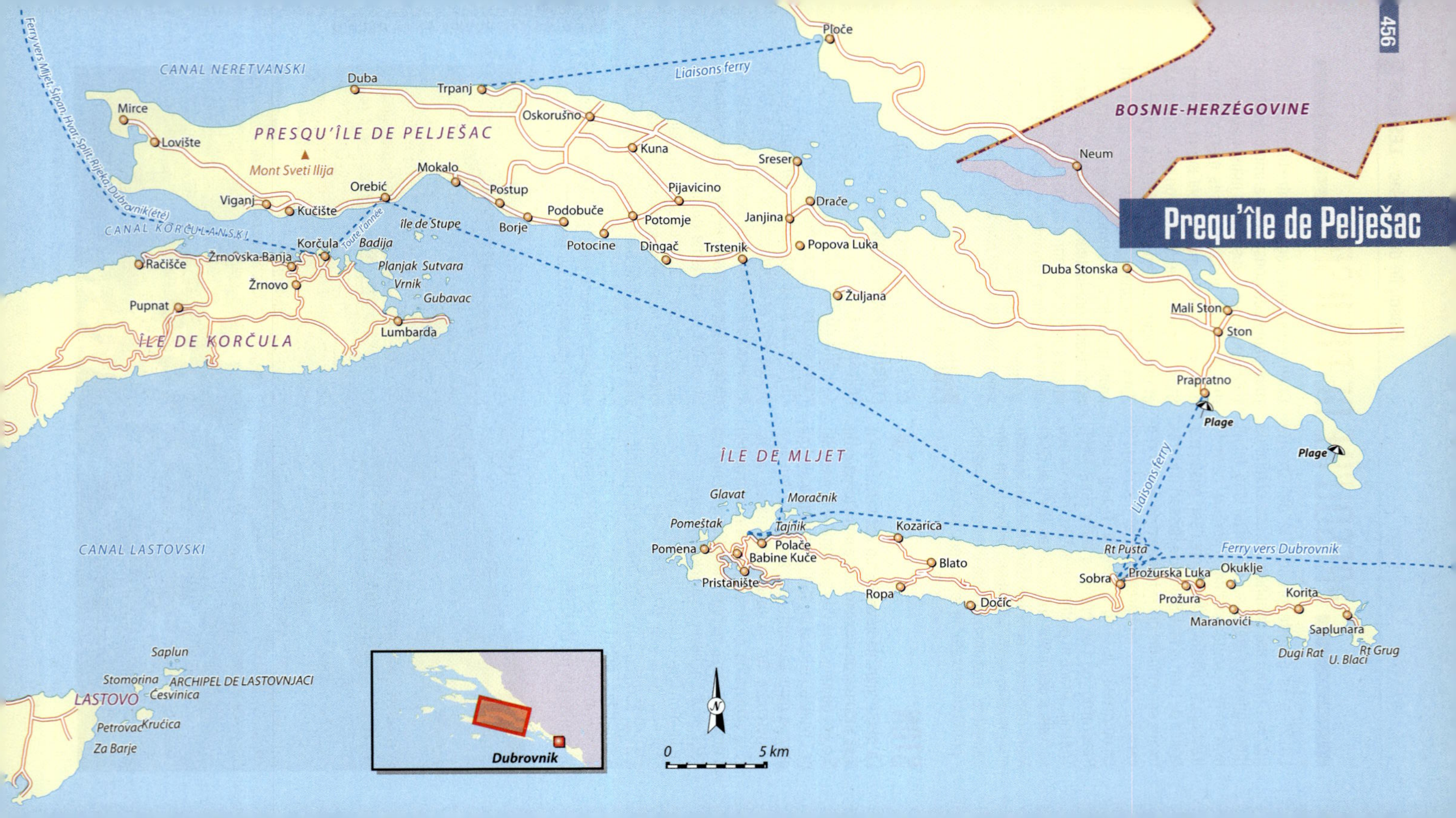
Prequ'île de Pelješac
BOSNIE-HERZÉGOVINE
PRESQU'ÎLE DE PELJEŠAC
ÎLE DE KORČULA
ÎLE DE MLJET
CANAL NERETVANSKI
CANAL KORČULANSKI
CANAL LASTOVSKI
ARCHIPEL DE LASTOVNJACI
LASTOVO
Ferry vers Mljet, Šipan, Hvar, Split, Rijeka, Dubrovnik (été)
Liaisons ferry
Toute l'année
Ferry vers Dubrovnik
Mont Sveti Ilija
Ploče
Neum
Duba
Trpanj
Mirce
Lovište
Oskorušno
Kuna
Sreser
Pijavicino
Drače
Janjina
Potomje
Orebić
Mokalo
Postup
Podobuče
Viganj
Kučište
Borje
Potocine
Dingač
Trstenik
Popova Luka
Žuljana
Duba Stonska
Mali Ston
Ston
Prapratno
Plage
Plage
Korčula
Badija
Île de Stupe
Planjak Sutvara
Vrnik
Gubavac
Račišće
Žrnovska-Banja
Žrnovo
Pupnat
Lumbarda
Glavat
Moračnik
Pomeštak
Tajnik
Pomena
Polače
Babine Kuće
Pristanište
Kozarica
Blato
Ropa
Dočić
Rt Pusta
Sobra
Prožurska Luka
Okuklje
Prožura
Korita
Maranovići
Saplunara
Dugi Rat
U. Blaci
Rt Grug
Saplun
Stomorina
Česvinica
Petrovac
Krućica
Za Barje
Dubrovnik
N
0
5 km

## Se loger

### ■ CAMPING PRAPRATNO

Prapratno
✆ +385 20 754 000
www.duprimorje.hr
sales@hoteladmiral-slano.com
*Environ 11 € par jour et par personne. Ce prix inclut l'emplacement et la voiture.*
Dans la baie de Prapratno, tout près de Ston et encore plus près de la plage, le camping dispose de 960 emplacements et de multiples services. Sur un terrain boisé d'oliviers et de pins qui descend vers la plage et le port, les résidents ont un vrai contact avec la nature. A moins de vouloir rester sur le site en séjour-immersion, mieux vaut être motorisé pour découvrir la région.

## Se restaurer

### ■ RESTAURANT-BISTRO, PENSION STAGNUM

Široka b.b.
✆ +385 98 977 40 96
Deuxième entrée par Imena Isusova 23.
*Ouvert du 1er mai au 1er octobre, de 11h à minuit tous les jours. A partir de 45 kn la grande pizza. 80 kn le poisson grillé.*
Petit restaurant de Ston, agréable avec une jolie terrasse traditionnelle, où la verdure dispense une ombre généreuse. Les viandes et poissons frais, sont saisis au barbecue dans le jardin et s'accompagnent de légumes grillés ou de copieuses salades, le tout arrosé d'un vin rouge naturel, plavac mali. Sert aussi des pizzas et des sandwichs. Accueil chaleureux. Fait aussi pension, se renseigner au restaurant.

## À voir – À faire

### ■ COLLECTION ARCHÉOLOGIQUE (ARHEOLOŠKA IZLOŽBA)

Knežev dvor
*Ouvert de 8h à 12h et de 16h à 20h en semaine et le samedi. Fermé le dimanche. Entrée 10/5 kn. Les salles d'exposition ne sont pas toujours ouvertes au public. Se renseigner à l'office du tourisme avant d'envisager une visite.*
Dans l'ancien palais des recteurs, une exposition permanente d'objets archéologiques et historiques de la région de Ston. Pour les férus de préhistoire, de nombreux ossements, poteries et panneaux explicatifs, notamment sur la grotte de Spila Nakovana, une cave illyrienne.

### ■ MARAIS SALANTS DE STON (SOLANA STON) ★★★

Pelješki put 1 ✆ +385 20 75 413
www.solanaston.hr
solana-ston@du.t-com.hr
Juste à l'extérieur du petit marché de Ston, après le pont. Pour tout renseignement s'adresser à l'Hôtel Koruna, c'est la même famille qui gère les salines.
*Ouvert tous les jours de 7h à 20h en saison. 15 kn l'entrée.*
Les plus anciens marais salants de la Méditerranée – encore en activité aujourd'ui – se visitent. Installés du temps de la République de Dubrovnik, ils revêtaient une telle importance stratégique, qu'une conscription avait été instaurée obligeant les citoyens ragusains à donner quelques heures de leur labeur pour venir récolter cette précieuse denrée. Le sel était ensuite transporté depuis le port de Mali Ston. Aujourd'hui, ces salines perpétuent la tradition et tentent de se distinguer sur les marchés mondiaux en explorant la piste du bio/artisanal. La visite est un peu chiche, l'entrée donne certes accès aux 9 bassins actuellement utilisés mais les explications mériteraient d'être plus nombreuses. Possibilité de demander une visite guidée à l'avance.

### ■ MURAILLE DE STON (STONSKE ZIDINE)

*L'entrée se fait soit par Ston, soit par Mali Ston. Accès payant (40 / 20 kn). Ouvert de 8h30 à 19h30 en saison (8h30 à 18h pour les mois intermédiaires) et de 9h à 15h, hors saison. Deux chemins sont proposés : un long (45 min/1h) qui relie les deux villages et un court (20 min) qui reste dans les parages des Ston.*
En 1358, lorsque la république de Dubrovnik récupère la presqu'île de Pelješac, on fit édifier une muraille qui relie Ston à Mali Ston, afin de protéger les précieuses salines des pillages. Les architectes les plus talentueux de l'époque y furent employés, Onofrio de Naples par exemple. La muraille fut achevée au XVe siècle. A l'origine, les villes de Mali Ston et Ston n'existaient pas encore, elles furent construites une fois la muraille achevée afin d'y héberger les gardiens des fortifications et les paludiers des salines. Jalonnée de 40 tours et 5 forts au total, cette œuvre titanesque inspire le respect ! Ce système de fortifications est le plus long d'Europe, soit près de 5,5 km, dont plus de 4 km accessibles grâce aux importants travaux de rénovation effectués. Sur le plus long tronçon, l'ascension peut être assez rude, surtout les 20 premières minutes (ensuite cela descend !) et les marches sont hautes – prévoir de bonnes chaussures. Inutile de préciser que la vue d'en haut est superbe !

### VINARIJA MILOŠ

Ponikve 15 ✆ +385 20 753 098
www.milos.hr – frano.milos@du.t-com.hr
A Ponikve, à quelques kilomètres de Ston sur la route principale menant à Orebić (la 414).
*Ouvert de 9h à 21h de mai à fin août. Dégustation sur rendez-vous préalable de préférence.*
A quelques kilomètres de Ston, c'est un peu comme si les Miloš ouvraient la route des vins de Pelješac. Bon accueil dans cette cave centenaire à la décoration originale. Ici, comme un peu partout sur la presqu'île, on fait beaucoup de choses à la main, à commencer par le désherbage des vignes – ce qui donne d'excellentes tisanes bios - et le travail du vin, bien sûr. La famille Miloš produit en petite quantité, leur rosé a notre préférence. Les amateurs de Plavać Mali pourront faire provision de Stagnum. Leur *limunčelo* n'est pas mal non plus.

## Shopping

### VINOTEKA LEDINIĆ

Široka 8a
✆ +385 91 522 6086 / +385 20 753040
www.rural-dubrovnik-neretva.hr
vina.ledinic@gmail.com
*Ouvert de mai à octobre, du lundi au samedi, de 9h à 21h et le dimanche de 12h à 20h.*
La famille Ledenić produit son vin sur la presqu'île et tient un petit bar à vin-échoppe dans la vieille ville de Ston où se procurer leurs nectars ainsi que des alcools maison, ou encore de l'huile d'olive, entre autres produits artisanaux. Fait aussi pension.

# MALI STON ★

Mali – *petit* en croate – est un charmant village en bord de mer, aujourd'hui considéré comme l'une des plus importantes stations ostréicoles de l'Adriatique. Les pêcheurs et ostréiculteurs se chargent d'organiser des expéditions en mer et dans leurs parcs à huîtres. Se renseigner auprès du restaurant Bota Šare - une étape gastronomique agréable au bord de l'eau – ou encore à la Marikultura Mario.
Contact : tél +385 98 302 644/ mail : mario.radibratovic@du.t-com.hr/

## Se loger

### APPARTEMENTS DE MARIJA HLADILO

✆ +385 20 754 481 / +385 98 915 64 15
ivica.hladilo@du.t-com.hr
Au-delà du port de Mali Ston.
*Ouvert toute l'année. Compter 35 € par appartement, supplément de 8 € pour la climatisation. Wi-fi en cours d'installation.*
4 appartements à louer (pour 2 à 3 personnes), dans une villa avec jardin tropical et terrasse en hauteur. Des logis simples, pas spécialement décorés mais confortables, avec climatisation et balcon. Vos hôtes pourront vous proposer quelques escapades en bateau puisqu'ils en possèdent un. Parking gratuit et plage privée.

### HÔTEL OSTREA

✆ +365 20 754 555
www.ostrea.hr – ostrea.info@ostrea.hr
*Ouvert toute l'année. De 96 € à 138 € la chambre double selon la saison. Wi-fi. Parking gratuit.*
Dans le port tranquille de Mali Ston, cet hôtel de 13 chambres, l'un des plus élégants de la péninsule, s'est installé dans un bâtiment datant du XV^e^ siècle. L'ambiance y est feutrée et agréable, le mobilier ne manque pas de patine. Accueil jeune et plein de fraîcheur. Un restaurant, Mlinica, été installé sous la tonnelle mais la famille tient aussi le Kapetanova Kuća.

*Ile du golfe de Mali Ston.*

*Port de Mali Ston.*

### ■ HÔTEL RESTAURANT VILA KORUNA

Villa Koruna ✆ +385 20 754 999
www.vila-koruna.hr – vila-koruna@du.t-com.hr
Avant le port.
*Ouvert toute l'année. A partir de 90 € la chambre double. Wi-fi, parking gratuit.*
Au cœur du village, un hôtel restaurant au bord de l'eau, avec une dizaine de chambres et appartements cossus, qui occupent les étages supérieurs de la villa. Six appartements sont considérés de confort 4-étoiles. Tous, climatisés et chauffés en hiver, sont décorés de peintures aux murs et regardent la mer. Convient aux familles et aux groupes (chambre triple et quadruple). Le restaurant est à recommander à tous les amateurs de poisson. Le menu varié s'apprécie sur la terrasse véranda avec la vue sur le fjord et les parcs à huîtres.

## Se restaurer

### ■ BOTA ŠARE

Dans le port de pêche ✆ + 385 20 754 482
www.bota-sare.hr
*Ouvert midi et soir tous les jours en saison. Plats de 30 à 400 kn. La famille organise des visites des parcs à huîtres en bateau, contacter le : +385 91 175 4479.*
Si vous n'aviez qu'une adresse à tester à Mali Ston, il s'agit de celle-là. La famille Šare, ostréiculteurs et restaurateurs, a ouvert à ce jour pas moins de 4 établissements, dont l'excellent Oyster & Sushi Bar Bota de Dubrovnik. A Mali Ston, où tout a commencé, la terrasse donne sur un petit port paisible. Le parc à huîtres plates de la région est juste à côté. On les prépare allongées d'un filet de citron ou grillées (surprenant mais succulent). L'assortiment de fruits de mer est suivi d'un festin de poissons (marinés, fumés, frits, grillés). En hiver, dans la grande salle à manger, tout en pierre et haute sous voûte, on apprécie l'autre spécialité de la maison. La *popara* de Mali Ston, sorte de bouillabaisse locale concoctée avec des poissons de roche et du large qui seront cuits au court-bouillon (sel de Ston, huile d'olive, ail, oignon, persil, menthe, carottes et vin blanc sec de Pelješac...). Pour finir, il faut goûter l'étonnant gâteau de Ston aux macaronis !

### ■ KAPETANOVA KUĆA

Sur le port de pêche.
✆ +365 20 754 264
www.ostrea.hr – ostrea.info@ostrea.hr
*Ouvert toute l'année, de 9h à minuit. 12 kn de couvert, compter 90 kn et plus le plat principal.*
Un grand restaurant sur le port, dans un beau bâtiment en pierre, au décor chaleureux, spécialisé dans les plats de poisson, plateaux de fruits de mer et cuisine dalmate. Goûtez aux moules frites – et non pas aux «moules-frites» ! – aux gambas persillées et aux huitres bien sûr, frites ou nature, quand c'est la saison. Une des meilleures adresses du village.

### ■ SVJEŽE ŠKOLJKE VOĆE I POVRĆE

✆ +385 98 162 82 98
Juste à l'entrée de Mali Ston, juste après la route nationale et avant le port de pêche.
*Ouvert de 7h à 23h en été, de 10h à 20h le reste de l'année. Environ 6 kn l'huître à l'unité.*
L'intérêt de ce stand de fruits, légumes et de crustacés, c'est que l'on peut déguster sur place les fameuses huîtres de Mali Ston. C'est aussi bon et deux fois moins cher qu'au restaurant ! La débonnaire Liliana vous ouvre les huîtres récoltées le matin même, elle les accomode tout simplement d'un filet de citron de son jardin ! La famille organise aussi des expéditions pêche et des visites des parcs à huîtres.

# OREBIĆ ★★

Orebić, c'est la ville qui se trouve tout au sud de la presqu'île de Pelješac. C'est de là qu'arrivent et partent les ferries en provenance de Korčula, la grande île juste en face. Une petite station balnéaire très agréable, qui fut le lieu de résidence de nombreux capitaines à la retraite. Ceux-ci se sont fait construire de grandes demeures aux jardins luxuriants qui ont donné du cachet au port.

## Pratique

### ■ DALMATINO TOURS

Obala pomoraca b.b.
✆ +385 20 713 800
www.dalmatino-tours.eu
info@dalmatino-tours.eu
A proximité du port, et de ulica Bana Josipa Jelačića.
*Ouvert d'avril à octobre, tous les jours de 9h à 20h.*
Facilement reconnaissable à son logo (un chiot dalmatien), l'agence fait face à la mer au rez-de-chaussée de l'immeuble. Informations touristiques, excursions, logement chez l'habitant, location de voiture, scooter vélo, kayak, jet ski et boutique de souvenirs.

### ■ OFFICE DU TOURISME (TURISTIČKA ZAJEDNICA)

Zrinskih i Frankopana n°2
✆ +385 20 713 718
www.visitpeljesac.hr
Près du port, sur la promenade le long de la côte.
*Ouvert tous les jours, de 8h à 22h en juillet-août*
Vous trouverez dans cette agence municipale toute la documentation touristique sur la ville et, plus largement, sur la région, ainsi qu'un bon accueil. Le site Internet de la ville (traduit en plusieurs langues) est plutôt bien conçu. Il donne des informations générales sur la ville et la presqu'île. Cependant, il demande une réelle mise à jour. Pour des infos actualisées sur l'hébergement, la météo complète, l'agenda, etc.

© JASMINA MIHOC – ISTOCKPHOTO

*Plage de Žrnovo, près d'Orebi .*

### ■ X2 INTERNET

Josipa Bana Jelačića 50
*Ouvert toute l'année, en été de 7h à 23h. La connexion Internet, 25 kn la 1/2 h.*
Café Internet niché dans un bar du port.

## Se loger

### Locations

#### ■ CAMP, APARTMENTS GLAVNA PLAŽA

49 Kneza Domagoja
✆ +385 20 713 399
www.glavnaplaza.com
info@glavnaplaza.com
*Compter 7 €/pers et 6 € l'emplacement en saison. Appartement de 30 m² à 50 € et appartement de 90 m² à 122 €. Capacité totale de 30 places pour les tentes et les caravanes.*
Situé dans un décor végétal luxuriant, avec fleurs et palmiers, très bien ombragé, à 10 mètres de la plage principale d'Orebic. Il s'agit du jardin d'une vieille demeure ayant appartenu à un grand capitaine, transformée par la suite en camping. L'ambiance y est sereine et conviviale, les propriétaires, très accueillants. Il y a même une aire de jeux pour les enfants.

### Bien et pas cher

#### ■ APPARTEMENTS CIBILIĆ

A.G. Matoša 20
✆ +385 20 713 529 / +385 98 786 893
www.orebic-cibilic.com – mcibilic@inet.hr
Entre le port et la plage de Trstenica. En haut d'une route qui part de la route principale.
*50 - 80 € l'appartement. Wi-fi. Parking gratuit.*
Matko Cibilić loue trois appartements pour 2, 4 ou 8 personnes. Dans tous les cas, les appartements modernes et confortables, sont logés dans une villa entourée de vignes, à 10 min de la plage. Dans l'appartement pour 8, les 4 chambres disposent chacune de leur propre salle de bains. L'accueil est convivial. Le propriétaire possède des vignes, et ses visiteurs sont cordialement invités à passer à l'étape dégustation ! Une maison au pied de ses vignobles, avec une vue sur la mer est également à louer.

Orebić
GIVOVIĆ
BRAĆJANIN
KARMEN
VISKOVIĆ
NA BRIGU
Put Karmen
STINICE
Put Karmen
Vers Mont Sv. Llija
Petra Krešimira IV
ŠKVAR
Dr. Franje Tuđmana
Information touristique
Put Ruskovića
A. Senoe
Centre de soins
Kralja Tomislava
Pelješka
Dalma Matinska
Zrinski Frankopana
Kap. Joza Šunja
Matice Hrvatske
Eiskoviceva
K. A. Stepinca
Bruna Bušića
Ante Starčevića
I. Mažuranica
A. G. Matoša
S. S. Kranjčevića
I. Gundulića
Trstenička
Kvaternikova
L.J. Gaja
Braće Radica
I. Dulčića
Vers la plage de Trstenica
Bana Jelačića
L. Ujevića
Police
Zvonimirova
Poste
Information touristique
O. Pomoraca
Kneza Domagoja
Embarcadère pour Korčula (ferry passager)
Embarcadère pour Dominče, Korčula (ferry car)
N
0
200 m
Orebić
Dubrovnik
Information touristique
Centre de soins
Poste
Police
Marché

### Confort ou charme

**■ HOTEL ADRIATIC**********
Šetalište Kneza Domagoja 8
✆ +385 20 714 488
www.hoteladriaticorebic.com
info@hoteladriaticorebic.com
*De 90 à 175 € la chambre double, selon le confort et la saison. Wi-fi.*
Sur le chemin de la plage, la maison de capitaine, qui est devenue un hôtel, a gardé son caractère unique de riche bâtisse de marin. L'ensemble architectural est parfaitement mis en valeur, avec pierres de taille apparentes, bois noble, fenêtres rosaces dalmates et décoration comme sur un grand voilier. Chambres, spacieuses et élégantes, dont certaines donnent sur la mer tout comme le restaurant bar. Un excellent choix pour ceux qui privilégient l'authenticité des murs qui ont de l'histoire au confort uniformisé des hôtels clubs. Accueil sans faute.

**■ HÔTEL BELLEVUE**
Sveti Križ bb.
✆ +385 20 797 500
www.orebic-htp.hr – orebic-htp@du.htnet.hr
Un hôtel de 140 lits situé dans une pinède à 20 m de la plage. Toutes les chambres ont des douches et W.-C. privés, la plupart ont vue sur mer avec balcon. Restaurant avec air conditionné, bar, courts de tennis, activités sportives, piscine. Possibilité d'être logé en appartement.

**■ HÔTEL INDIJAN**
Škvar 2 ✆ +385 20 714 555
www.hotelindijan.hr – indijan@indijan.hr
*Compter de 119 € à 189 € en chambre double selon la saison.*
Un bel hôtel moderne et élégant situé face à la plage avec accès direct, transats et parasols. Agréable restaurant avec terrasse où l'on prend son petit déjeuner le matin en contemplant l'horizon. Les chambres sont lumineuses, soignées dans la décoration, une piscine intérieure permet aux plus frileux de se baigner.

**■ HÔTEL RESTAURANT MIMBELLI**
Trg Mimbelli 6
✆ +385 20 713 636 / +385 98 1766 771
www.hotel-mimbelli.com
info@hotel-mimbelli.com
Au tout début de la promenade qui longe la côte, à 500 m du port.
*De 70 € à 150 € la chambre double, fermé de décembre à février. Wi-fi. Parking gratuit.*
Cette ravissante demeure de marins du XIXe siècle a donné naissance tout récemment à un petit hôtel très cossu de type boutique-hôtel. L'établissement ne compte que 5 chambres, qui se déclinent selon les produits phares de la région : l'olive, la lavande, la vigne... La maison compte aussi un bon restaurant sous tonnelle et quelques tables dans la promenade du front de mer sur la petite placette. Penser à réserver bien à l'avance.

**■ HOTEL VILLA ANTONIO**
Postup 48 ✆ +385 20 713 464
www.castle-antonio.net
anto.bezek@du.t-com.hr
Idéal pour ceux qui sont motorisés.
*Chambre entre 75 et 120 €.*
Au sud de la péninsule de Pelješac, sur les hauteurs d'Orebić, ce petit castel est niché sur un coteau. Il offre une vue imprenable sur l'île de Korčula. C'est l'endroit rêvé pour les amateurs de plage et de soleil qui cherchent à se retirer du tumulte des stations balnéaires. Site très attachant par son cadre, son calme, son confort et ses équipements (piscine, caveau de dégustation). La cuisine également est remarquable : une bonne table et de bons vins naturels extraits des vignes qui vous entourent.

**■ SEASIDE COTTAGE (PROPRIÉTÉ DE MARA KUSTRA)**
Postup 85
Mokalo ✆ +385 20 322 007
mokalocottage@gmail.com
*Du 1er juin au 1er octobre. Location de la villa avec 2 chambres : de 90 à 118 € selon la saison. Wi-fi. Parking, plage à 100 m.*
Dans le village de Mokalo, à 5 minutes en voiture d'Orebić à pied, à proximité du camping Adriatic de Mokalo, la villa à louer se trouve à 1 minute de la plage. Deux chambres indépendantes, une cuisine aménagée et deux terrasses dont l'une donne sur le mont Saint Ilija, soit un pied-à-terre péninsulaire idéal. Mara Kustra loue sa villa pour trois nuits au minimum ou encore pour des séjours prolongés. Pensez à réserver à l'avance !

## Se restaurer

### Bien et pas cher

**■ KONOBA KARAKO**
Šetalište Kneza Domagoja 32
✆ +385 989 76 8371
*Ouvert le soir, de 18h à minuit, de mai à octobre. Environ 80 kn le plat principal.*
Une taverne familiale très attachante en bord de mer, qui fait recette. L'emplacement idéal avec vue imprenable sur la mer, la pêche du jour, de nombreux plats préparés au feu de bois, une assiettte végétarienne appréciable font le succès de l'endroit. Pensez à réserver car l'établissement est souvent plein à craquer, et venez tôt si vous n'aimez pas trop patienter un peu une fois la commande passée !

■ **KONOBA PANORAMA**
Bilopolje 6
KUĆIŠTE
✆ + 385 20 714170 / + 385 99 6784004
*Horaires d'ouverture en été de 14h à 23h. Plats à partir de 75 kn.*
Sur la route du monastère franciscain Sveti Ilija, le restaurant de la famille Jurković est niché dans une grande propriété agricole du village Bilopolje. Cette konoba rustique où l'on mange bien vaut autant pour la balade. La bonne idée, c'est d'y monter en voiture, en fin d'après-midi, après la visite du monastère. Vous pourrez ainsi vous y installer assez tôt pour profiter du coucher du soleil sur la mer et de la vue superbe sur l'île de Korčula. Mieux, pensez à réserver votre table pour ne pas manquer ce panorama imprenable. Pour ce qui est de l'assiette, vous mangerez ici une cuisine traditionnelle dalmate, olives, pršut et fromage de brebis en entrée, carpaccio de thon à l'huile de truffes de Pelješac, des grandes casseroles cuites sous peka de viandes blanches ou poulpe avec légumes (spécialités maison à commander). Au four toujours, du poisson et des légumes grillés mais aussi des pâtes fraîches sauce aux truffes. Le vin local est assez fort (13,50°). A boire avec modération surtout pour reprendre la route escarpée !

■ **STARI KAPETAN (RESTAURANT DE L'HÔTEL ADRIATIC)**
Šetalište Kneza Domagoja 8
✆ + 385 20 714 488
www.hoteladriaticorebic.com
*En saison ouvert tous les jours de 8h à 23h. Plat à partir de 45 kn.*
S'il y a bien une ville où l'on pourrait légitimement manger dans un bateau, c'est à Orebić, cette cité balnéaire et ville portuaire, fondée avec l'argent de capitaines enrichis. Mais il n'y en a pas, alors le Stari Kapetan fera l'affaire. Ce restaurant, en forme de vieux grément, est installé sur la terre ferme face à la mer. S'il fait très kitsch avec son captain' en bois, mais pour la cuisine, c'est du sérieux. Un service sympathique et rapide vous apporte les plateaux de fruits de mer, les poissons frais bien préparés, les pâtes fraîches aux crustacés ou les légumes grillés en portions généreuses. Et pour le dessert, on vous sert une eau de vie au romarin. Une coutume de marins, paraît-il.

## Bonnes tables

■ **HÔTEL RESTAURANT MIMBELLI**
Trg Mimbelli 6
✆ +385 20 713 636 / +385 98 1766 771
www.hotel-mimbelli.com
info@hotel-mimbelli.com
Au tout début de la promenade qui longe la côte, à 500 m du port.
*Ouvert toute l'année sauf décembre, janvier et février, de 11h à 23h. A partir de 50 kn le plat principal. Wi-fi.*
Le restaurant de l'hôtel Mimbelli offre à tous la volupté de son jardin méditerranéen, ceint de vieilles pierres, dont une meule préservée, et de ces grillades préparées au feu de bois. Bonne ambiance en soirée. Une adresse à découvrir absolument.

■ **KONOBA ANDIAMO**
Šetalište Kneza Domagoja 28
✆ +385 98 98 893 8614
smolic30@yahoo.com
*Ouvert en saison de midi à 23h. A partir de 70 kn le plat principal.*
Ce nom à consonance italienne cache une table bel et bien croate ! Sur le chemin qui longe la côte, cette adresse discrète sert d'excellentes bruschettas, risottos aux fruits de mer et salades de crustacés. Le service peut être un peu lent.

## À voir – À faire

■ **MONT SAINT ELIAS MONASTÈRE FRANCISCAIN (BRDO SVETI ILIJA – FRANJEVAČKI SAMOSTAN)**
route du Sveti Ilija
*Ouvert de 9h à 12h et de 16h à 19h en saison. Accès payant.*
En prenant vers l'ouest sur la route du Mont Sveti Llije (Saint-Elias, 961 m) vous accédez à une autre route qui remonte jusqu'aucouvent franciscain. On peut monter à pied, c'est d'ailleurs l'un des hauts lieux de la randonnée dans le coin. On dit que c'est la plus belle vue de la région ! A l'intérieur du monastère, qui se visite, se trouve l'église de Notre-Dame-des-Anges ainsi qu'un petit musée où sont exposés des ex-voto du XVII^e au XIX^e. A proximité, se trouve le cimetière des capitaines et le restaurant Panorama.

■ **MUSÉE MARITIME (POMORSKI MUZEJ)**
Trg Mimbelli b.b
✆ +385 20 713 009
En bord de mer.
*Ouvert de juin à septembre 9h à 12h puis de 17h à 21h du lundi au vendredi, de 18h30 à 21h samedi et dimanche. Entrée : 15 kn adulte, 5 kn enfant.*
Fondé en 1957, ce musée conserve une collection intéressante de maquettes de bateaux, instruments de navigation, peintures de voiliers, portraits de capitaines et de nombreux objets archéologiques trouvés dans les fonds marins aux alentours.

# KUČIŠTE

**KONOBA PANORAMA**
Bilopolje 6
✆ + 385 20 714170
*Voir page 463.*

**KUCISTE.NET**
✆ +385 20719035 / +385 996991191
www.kuciste.net
mato.glavas1@du.t-com.hr
Site Internet spécialisé sur la partie ouest de Pelješac (région d'Orebić) qui propose une sélection d'hébergements privés. Un service de particulier à particulier local intéressant.

# VIGANJ

Un village aux allures de carte postale ! La présence d'un vent constant est idéale pour la pratique du windsurf, c'est d'ailleurs un spot croate important où se déroulent de prestigieuses compétitions. Sans oublier la zone archéologique de Nakovana avec sa fameuse église et ses maisons en vieilles pierres.

# LOVIŠTE

A la pointe de la presqu'île, un village de pêcheurs et vignerons, bordé par des kilomètres de plages peu peuplées, quelques restaurants de poisson frais (Barsa) et le logement chez l'habitant toujours possible. En face, l'île de Hvar.

**PANSION GRADINA**
✆ + 385 20 718 017 / +49 30 453 81 28
www.pension-gradina.de
info@pension-gradina.de
Au bout du port.
*Ouvert en saison touristique uniquement, la chambre double de 29 € à 31 €. De 220 à 280 € la semaine en demi-pension.*
Cette grande maison en bord de mer réserve une dizaine de chambres doubles équipées de douche, WC et balcon avec vue, ainsi que deux appartements climatisés pour 2 à 4 résidents. L'établissement propose aussi la location de vélos, bateaux, planches à voile... La demi-pension est recommandée car le café-restaurant est agréable, la table est bonne et l'accueil, sympathique.

# TRSTENIK

Situé dans une baie naturelle, avec pinède, plages de sable et jolies criques, un petit port pittoresque et pas trop fréquenté, l'un des plus vieux de Pelješac, que l'on établi pour exporter le fameux vin de la région (Grgic). A ne pas manquer, faire la visite d'une cave. Possibilités de louer des appartements ou des villas privées.

**CAVE GRGIĆ (GRGIĆ VINA)**
Trstenik 78
✆ +385 20 748 090 / +385 98 163 1569
www.miva.com.hr
Juste à l'entrée du village de Trestenik, sur la route du port.
*Ouvert de 9h à 17h en été, sur rendez-vous le reste du temps. Dégustation : 3 € (gratuit si achat ensuite) / 7 € avec un plateau de fromage.*
Mike «Miljenko» en croate Grgić est un enfant du pays qu'il a quitté en 1954, direction la Californie, où il s'est lancé dans la viticulture avec succès. Ce vigneron a regagné la Croatie en 1996 pour s'implanter sur la presqu'île de Pelješac, région viticole des plus renommées. Aujourd'hui, Mike produit surtout du *pošip* (vin blanc) et du *plavac mali* (vin rouge). Sa cave,

*Trstenik.*

davantage un bar à vin boutique, organise des dégustations très courues. Le prix des bouteilles y est plus élevé qu'ailleurs, normal, Mike Grgić, que l'on voit rarement sur les lieux, est devenu la star internationale des viticoles de la région...

## ŽULJANA

### ■ ŽULJANA DIVING CENTER

✆ +385 20 756 108
www.zuljanadiving.com
Sur la presqu'île de Pelješac.
*1 plongée avec bouteille : 25 €, 10 plongées avec guide 230 €.*
Réputé pour ses fonds marins peuplés d'épaves, Žuljana est le paradis des plongeurs. Le club s'est développé et propose, en plus, d'autres services : hébergements, transfert à l'aéroport, location de bateau, etc.

## DINGAČ

La route côtière qui descend sud pour rejoint la région de Dingač, très réputée pour son vignoble. Les coteaux sont plantés sur des terrains escarpés. Un tunnel creusé par les vignerons leur permet d'accéder à leurs champs à partir du village sans devoir grimper au sommet de la montagne pour la redescendre...

### ■ CAVE MATUŠKO (MATUŠKO VINA)

route de Potomje 5 A
✆ +385 20 742 393 / + 385 098 428 676
matusko@net.hr
*Ouvert de juin à septembre de 8h à 20h jusque 17h d'octobre à mai. Mieux vaut réserver pour une dégustation.Restaurant ouvert de midi à 23h. Compter 120 kn le repas.*
Dans le village viticole de Potomje, quelques kilomètres après Trstenik, sur la route d'Orebić, cette cave de dégustation vente accueille de nombreux groupes de visiteurs mais également des individuels. Matuško s'est fait un nom ces dernières années dans la production de Dingač, le célèbre vin rouge de la région. Il s'agit en réalité d'une appellation contrôlée, puisque le cépage utilisé a pour nom *plavac mali*. Dans la boutique, vins, alcools et huile d'olive sont en vente ainsi que quelques souvenirs. Le restaurant de la cave Matuško se touve juste à côté des vignes et surplombe la mer. Sur la terrasse, on apprécie les spécialités culinaires de la Dalmatie du Sud, nombreux crustacés, accompagnés bien sûr par les vins rouges naturels de la maison.

### ■ VINARIJA DINGAČ

Potomje 6 ✆ +385 20 742 235
La cave d'un vigneron juste avant le tunnel qui permet de rejoindre l'autre versant de la montagne. C'est ici que l'on produit le meilleur vin de la région, le Dingač, original fortement aromatique et récompensé de nombreuses fois lors de concours viticoles. A visiter !

### ■ WINE BAR PENINSULA

Donja Banda b.b.
✆ +385 20 742 503 / +385 98 285 824
www.peninsula.hr
Sur la route principale qui mène de Ston à Orebić juste avant la bifurcation vers Trpanj.
*Bar à vin, cave, dégustation, sert des plateaux mixtes fromage-charcuterie. Accueil groupe sur commande. Boutique en ligne.*
Niko est garagiste de métier mais il a décidé de se reconvertir dans la viticulture. Lui et sa famille ont ouvert une boutique, qui fait aussi bar à vin dégustation sur la route d'Orebić. Des soirées festives avec DJ y sont régulièrement organisées. Dans l'espace vente, à côté des liqueurs et autres produits gourmands de la région, on peut trouver les meilleurs crus de la région dont ceux des coteaux de Philipp Vina, son voisin ou encore ceux de Boris Violić, le frère de Matuško.

# ÎLE DE KORČULA

Au large de la péninsule de Pelješac, l'île de Korčula est assurément l'une des plus belles de la Dalmatie du sud, avec Korčula, la ville médiévale et Renaissance, l'une des mieux conservées du bassin méditerranéen. Son charme est comparable à celui de Dubrovnik. Avec 182 km de côtes, superbement découpées, l'île, couverte d'une végétation abondante, forêts, vignobles et centaines d'herbes aromatiques, offre des paysages magnifiques. Les cyprès et pinèdes au vert sombre lui léguèrent son nom grec, *Korkyra Melaina*, Korčula la Noire. Très appréciée des plaisanciers, qui cabotent autour des 195 baies et 48 îlots, Korčula, qui est reliée par le ferry plusieurs fois par jour à Orébić, devient extrêmement fréquentée l'été. Les prix s'en ressentent.
N'hésitez pas à sortir des sentiers battus. Découvrez Račišće la discrète, Lumbarda au bout de l'île, paradis des planches à voile et des kayaks, le port de pêche de Vela Luka. Au centre de l'île, Blato comme Smokvica sont de petites localités au cœur d'un fier vignoble. Toutes les *konobas* et restaurants bio *(agroturizam)* vous proposeront le vin blanc local que l'île produit avec les grappes Krk. Des caves boutiques vous feront déguster les productions locales alors que des éco-musées montrent l'outillage ancien du vigneron.

CANAL DE KORČULANSKI
Proizd
Ferry vers Hvar, Split, Lastovo
Ošjak
Vela Luka
118
Pigradica
Blato
118
Smokvica
Trstenik
Mali Pržnjak
Veli Pržnjak
Lukovac
Zvirinovik
Obljak
Kosor
Stupa
Grščica et Karbuni
Prižba
6222
Crklica
Sridnjak
Vrhovnjak
6223
Brna
CANAL DE LASTOVSKI
Rutvenjak
Krucica
Lucica
Zalucje
Sveti Mihovil
Mrćara
Mrcara
Prezba
Pasadur
Zaklopatica
Lastovo
Vlasnik
Velo Lago
ÎLE DE LASTOVO
Bratin Otok
Ubli
Skrivena Luka
Skrivena Luka
Duboka
Dubrovnik

# Ile de Korčula

La côte autour de Prižba est sublime. Imaginez une succession de baies, deux péninsules (Ratak et Priscapac) et, au large, des îlets inhabités. A Prišćapac, on trouvera une plage de fins galets, où diverses activités balnéaires s'organisent (plongée, bateau, kayak...). Le petit port de Gršćica, à 7 km de Blato, sur le littoral sud, est pittoresque. S'y baigner sur le ponton – pas vraiment de plage, mais des échelles aménagées – séjourner chez l'habitant, se restaurer sur place. On peut aussi louer un bateau, un kayak ou un masque et un tuba. Surtout, on sent ici l'Adriatique retirée du monde, qui se livre pleine et entière.

**Repères historiques**

Les premiers peuplements de l'île remontent au néolithique, il y a plus de 8 000 ans, comme le prouve la présence de nombreux tumuli et autres constructions en pierre. Les premières populations connues, les Illyriens, regroupées en petites colonies, vivent essentiellement de l'agriculture. Assez pacifique, la première colonisation par les Grecs dans cette région remonte au VIe siècle avant J.-C. A leur tour, les Romains, dans leur expansionnisme initié par l'empereur Auguste, prennent possession de l'île en 35 de notre ère. Après le Ve siècle et la chute de l'empire, ce sont les Goths qui s'emparent de la région avant que les Croates n'arrivent sur la côte adriatique à partir du VIIe siècle, accompagnés des Slaves et des Avars. Ils n'aborderont les îles de Korčula, Hvar, Brač et Mljet qu'à partir du IXe siècle.

A partir de l'an mille, ce sont les tribus Neretva et Venise qui se disputent le contrôle de l'île, idéalement située au milieu de l'Adriatique En 1420, la Sérénissime impose sa mainmise sur Korčula. Sa présence apporte une forte croissance, la création d'une véritable flotte et l'arrivée de nombreux capitaux. Cette domination, bénéfique pour l'île, dura jusqu'en 1797. Aux XVe et XVIe siècles, la chute de la république de Venise, l'arrivée des troupes napoléoniennes sur les îles du sud, ouvre une autre période de prospérité. Au XIXe, l'île vivait principalement de la construction navale. A l'époque, environ 700 navires sortaient chaque année des chantiers de Korčula. Malheureusement, la fabrique de bateaux en bois commença à baisser au début du XXe siècle et Korčula a dû vivre de ses seules ressources, l'agriculture, la pêche puis le tourisme.

## KORČULA ★★★

Construite sur une péninsule dans le détroit de Pelješac, la ville portuaire se situe à un emplacement naturel stratégique pour le controle des navires sur l'Adriatique. Derrière ses remparts du XIVe siècle, l'urbanisme de Korčula se structure en arêtes de poisson, selon un plan ingénieux du XIIIe siècle. Ainsi, le vent doux (maestral) s'engouffre en été dans les rues droites (côté ouest) alors que les rues côté est plus sinueuses empêche la bura particulièrement violente en hiver de s'infiltrer en ville. La rue principale traverse le centre piétonnier dans un axe nord-sud. Exceptionnellement bien conservée, la cité constitue un haut lieu du patrimoine en Croatie. Jusqu'au XVIIe siècle, tous les habitants de la ville vivaient à l'intérieur des remparts. Au XVIIIe siècle, des maisons furent construites au sud de Korčula. A présent, la majorité des habitants est partie à l'extérieur laissant place à une vieille ville-musée, où boutiques, restaurants, terrasses, n'ont pas atténué son charme.

*La ville de Kor ula.*

Korčula
Dubrovnik
0 30 m
Information touristique
Cathédrale ou Église
Tour
Police
Plage
PELJEŠKI KANAL
LUKA KORČULA
Kula Zakerjan
Kula Karnuvelić
Chapelle Blagovijesti
Ulica Antuna
Rozanovića
Ulica Sv. Roka
Ulica Korčulanskih Bratovština
Ulica Pomenića
Španićeva Ulica
Ulica Biskupa
Luke Tolentića
Ulica Depolo
Ulica don Luke Depola
Maison de Marco Polo
Église Saint-Pierre
Ulica Don Pavla
Ulica dr. Vinka Foretića
Trg Pred Sv. Petrom
Cathédrale Sv. Marka
Kalafata
Šetalište Petra Kanavelića
Arrivée des ferries depuis Orebić
Tuđmana
Loža
Information touristique
Ulica Rafa Arnerija
Palaca Arneri
Trg Sv. Marka
Ulica Biskupije
Ulica Dr. Dinka Miroševića
Gradski Muzej
Kula Morska Vrata
Obala Dr. Franje
Ulica Ismaelli
Ulica Marka Andrijića
Crkva Gospojine
Ulica Giunio
Ulica Jakova Banićevića
Trg Korčulanskih Klesara i Kipara
Ulica od Teatra
Ulica Opata don Ive Matijaca
Zbirka Ikona
ARSENAL
Crkva Sv. Mihovila
Ulica Korčulanskog Statuta 1214
Žitnica
Kaporova Ulica
Crkva Svih Svetih
Gradska Vijecnića
Chapelle Sv. Katarine
Kula Svih Svetih
Knežez Prolaz
Ulica Dobrotvornosti
MARINA
Velika Kneževa Kula
Veliki Revelin
Porte de la terre Ferme
Mali Revelin
Rampada
Foša
Trg Kralja Tomislava
Obala Vinka Paletina
Trg Pomirenja
Put Sv. Nikole
Plokata 19. Travnja 1921.
Trg Petra Šegedina
Vers la gare routière (Obala korčulanskih brodograditelja) et vers la tour Forteca, les plages et ferry-car

Korčula

**Carnaval et danses chevaleresques typiques de la région**. Dans toutes les localités de l'île, le carnaval, de la mi-janvier au mercredi des Cendres, donne l'occasion d'un bal masqué (Maskara). Le Mardi Gras, Monsieur Carnaval (Krnovala), jugé coupable de tous les maux, est brûlé dans la liesse populaire avec musiques, groupes de klapa, plats et vins locaux. L'été, c'est la danse des épées (Moreska), importée de Corse, Sicile ou d'Espagne, qui impressionne le public. Elle symbolisait la lutte entre chrétiens et musulmans et fut adoptée à Korčula à la suite du siège par les Turcs. Aujourd'hui, l'île est le seul endroit en Croatie où l'on pratique encore ce rituel. Dans le même esprit, une ancienne danse chevaleresque en costumes traditionnels (Kumpanij) sort cette fois de longues épées. Des spectacles avec dialogues, roulements de tambour et cornemuse que l'on peut voir à Blato, Smokvica, Cara Pupnata. Au village de Zrnovo (lieu-dit Postrana), il existe une variante nommée la Mostra...
*Pour le calendrier des festivités, se renseigner à l'office de tourisme.*

## Transports

**CRO – RENT**
Ulica 29 br 10
✆ +385 20 711 908
www.cro-rent.com
info@korcula-rent.com
Située dans la vieille ville, l'agence loue des voitures, bateaux, scooters, kayaks et, nouvelle idée, le canoë de mer à coque transparente. Peut aussi vous proposer des idées d'excursions, d'hébergements et d'autres services, comme le change, les informations touristiques.

**GARE ROUTIÈRE (AUTOBUSNI KOLODVOR)**
Obala korčulanskih brodograditelja
✆ +385 51 213 821 / +385 60 373 060 / +385 20 851 288
www.autotrans.hr
autotrans@ri.t-com.hr
Au bout de Obala korčulanskih brodograditelja, à 300 m de la vieille ville, à côté de la marina.
*Gare ouverte de 6h30 à 20h en semaine. De 6h30 à 12h et de 18h à 20h le samedi et de 14h à 20h le dimanche.*
De nombreux bus circulent dans l'île, qui desservent la presqu'île de Pelješac, la région de Dubrovnik et les communes aux alentours du port de Korčula. Ils partent d'ici et arrivent ici. Plusieurs bus par jour pour Vela Luka (1h10 de trajet). Un à deux bus quotidiens en saison touristique pour Dubrovnik (3h de trajet), un autre bus pour Zagreb via Split. Les bus pour Vela Luka passent pour Žrnovo (14 kn, 10 min), Pupnat (19 kn, 25 min), Čara (24 kn, 50 min), Smokvica (25 kn, 55 min) et Blato (32 kn, 1h). Un bus presque toutes les heures en journée pour Lumbarda (15 kn, 10 min). Quelques bus par jour pour Račišće et Kneža.

**KORKYRA NAUTIKA**
Žrnovo b.b.
✆ +385 92 2507 800
www.korcula-boat.com
nautikakorcula@gmail.com
Face à la gare routière.
*Ouvert tous les jours en saison, de 8h30 à 21h, hors saison pause de 13h à 17h. 3h de location vélo : 50 kn.*
Cette petite agence loue des VTT, des scooters, des voitures, des bateaux... et organise des excursions, à Mljet entre autres.

## Pratique

**OFFICE DU TOURISME (TURISTIČKA ZAJEDNICA)**
Obala dr Franje Tuđmana 4
✆ +385 20 715 701
visitkorcula.eu
tzg-korcule@du.t-com.hr
*Ouvert de janvier à avril et d'octobre à décembre, du lundi au vendredi de 8h à 14h. En mai, du lundi au vendredi de 8h à 15h et le samedi de 8h à 12h. En juin et septembre, du lundi au samedi de 8h à 15h et de 16h à 20h. En juillet et août, tous les jours de 8h à 21h.*
Vous trouverez de la documentation sur la ville, l'île, les excursions, les hébergements... Demander le guide gratuit *Welcome to the island of Korčula*. La première édition de ce guide illustré, réalisé par des étudiants de l'île en 2010, a été un vrai succès ! Sur le site Internet, très bien conçu également, la géolocalisation des hébergements est un plus.

## Orientation

Les ports de Korčula se trouvent en dehors de la vieille ville. L'un se trouve à l'ouest, l'autre à l'est. De ce dernier, accostent et partent les ferries. En longeant la côte vers la station de bus et les grands hôtels, vous trouverez des plages de rocher et une vue superbe sur la vieille ville.

## Se loger

La vieille ville de Korčula, un peu moins que Dubrovnik, est une destination très touristique en période estivale. Pensez à réserver à l'avance. Si vous ne trouviez pas de logement à votre convenance (à votre bourse surtout !), n'hésitez pas à chercher dans les villages côtiers de l'île, à Lumbarda, à Račišće, par exemple, ou encore à Zavalatica, à Vela Luka (à 45 km de là). A l'exception de Žrnovo, les villages de l'intérieur des terres (Blato, Pupnat, Smokvica) ne sont pas très riches en hôtels ou chambres chez l'habitant.

## Locations

### APPARTMENTS ADRIATIC (TONČI PERUČIĆ)

Cvjeto naselje 26 ✆ +385 98 746 184
www.korcula.net
tonci.perucic@du.t-com.hr
A 200 m de la vieille ville.
*37 € pour un studio 2 personnes en basse saison, 55 € en haute saison. Ouvert toute l'année. TV satellite mais pas d'Internet.*
Trois appartements neufs et lumineux, bien équipés avec cuisine, mini salon, chambre à coucher, salle de bains, situés juste en face de la vieille ville, à deux pas des commerces. On aime les balcons et la vue sur la mer !

## Bien et pas cher

### DRAGAN'S DEN HOSTEL

Put Svetog Antuna, Ul 91
✆ +385 98 1655 914
www.facebook.com/korculahostel
d-accommodation@email.t-com.hr
*Entre 12 €, 20 € et 27,50 € par personne en dortoir ou chambres doubles selon la saison. Climatisation. Wi-fi gratuit, piscine. Parking.*
Dans le quartier de Sv. Antun, à 25 min à pied de la vieille ville en suivant la mer, à proximité de l'arrivée des car-ferries de Dominče, cet hostel n'est pas facile à trouver mais pourrait intéresser les voyageurs à petits budgets ou pour ceux qui aiment l'ambiance auberge de jeunesse. Dragan peut venir vous chercher à l'arrivée du bus ou du ferry, car il est vrai que sa villa est un peu en retrait du centre. En revanche, vous serez proche des plages, non loin de Lumbarda. Dortoirs pour 10 personnes voire plus dans des pièces un peu sombres (fraîches en même temps !). Le bon plan consiste, pour quelques euros de plus, à réserver des chambres doubles (il y en a plusieurs).

## Confort ou charme

### APARTEMENTS LENNI

Jakova Baničevića 13
✆ +385 20 711 400 / +385 91551 65 92
www.ikorcula.net
perisa.modrinic@du.t-com.hr
*Studio pour 2 ou 3 personnes, selon la saison de 49 € à 135 €.*
Trois studios à louer dans un immeuble ancien d'une rue étroite de la vieille ville, à côté du restaurant Marco Polo. Parfaitement aménagés, les studios sont équipés d'une salle de bains et cuisine, de la wi-fi, tv par satellite, lave-linge et montrent un bon goût pour la décoration. L'appartement de rez-de chaussée bénéficie d'une table à l'extérieur et de bancs, alors que les deux autres à l'étage ont un balcon et la vue sur les toits. Accueil impeccable et amical.

### HÔTEL KORČULA

Obala Franje Tuđmana 5 ✆ +385 20 711 078
www.hotelkorcula.com
Sur le port, en face de l'arrivée des ferries passagers en provenance d'Orebić.
*Ouvert toute l'année. Chambres doubles, standard ou supérieures, entre 84 € à 140 €, selon la catégorie (petit déjeuner inclus)*
En face du quai où viennent s'amarrer les ferries, ce 3-étoiles centenaire plaira aux amateurs de vieilles pierres et de lieux chargés d'histoire. 22 chambres au décor classique ont été aménagées dans un superbe établissement construit au XIXe siècle sous l'empire austro-hongrois pour abriter l'ancienne caserne de la Marine. Pour l'ambiance fin de siècle, il faut passer du temps au bar-restaurant. La terrasse offre une vue imprenable sur le bras de mer. Connexion wi-fi gratuite et ordinateur dans le hall de réception.

### HOTEL MARKO POLO

Put od luke ✆ +385 20 726 100
www.korcula-hotels.com
marketing@htp-korcula.hr
*Chambres doubles à partir de 110 €.*
À quelques minutes à pied du centre ville, l'hôtel dispose de 103 chambres très confortables avec vue sur le jardin ou la mer. De multiples services, restaurant à la carte, café, centre de bien-être et institut de beauté, espace de remise en forme, deux piscines (intérieure et extérieure) court de tennis, location de vélos, centre de voile, minigolf, espace enfant et la plage à proximité.

### HÔTEL RESTAURANT KORSAL

Šetalište Frana Kršinića 80
✆ +385 20 715 722 / +385 91 533 8302
www.hotel-korsal.com/hr
info@hotel-korsal.com
*Ouvert de fin avril à début novembre. Réception indépendante 24h/24. Selon la saison, chambre double de 130 € à 191 €, Chambre pour 4 de 235 € à 340 €. Restaurant ouvert tous les jours en saison, avec possibilité de demi-pension. Supplément de 20 % pour un séjour d'une nuit.*
Sur la promenade piétonne du front de mer, à 500 m de la vieille ville, cet hôtel 4 étoiles donne de plain-pied sur la petite plage. Les 10 chambres ont un design simple et coloré qui habille le plancher en bois au sol. Spacieuses et climatisées, elles ont toutes la télévision à écran plat, la wi-fi et certaines communiquent pour un espace plus familial. L'établissement est doublé d'un restaurant terrasse qui domine la mer ainsi que d'une cave à vin bien garnie !

### Luxe

**■ PALAIS DIMITRI LEŠIĆ (RELAIS ET CHÂTEAUX)**
Don Pavla Pose 1-6
✆ +385 20 715 560 / + 385 91 2626218
www.lesic-dimitri.com – info@lesic-dimitri.com
Dans la vieille ville, dans la rue parallèle à la maison Marco Polo.
*Ouvert toute l'année, réception de 7h à 22h en saison. Appartements de 375 à 1 135 € en saison basse, de 480 € à 1 410 € en saison haute. Connexion Internet, une place de parking.*
Ce discret palace, niché dans une ruelle étroite de la vieille ville, occupe une ancienne résidence épiscopale du XVIIIe siècle. A l'époque la grande majorité des habitations *intra muros* se présentaient ainsi, sous forme de palais. Aujourd'hui, l'endroit est luxueux sans être trop apprêté, la pierre pluriséculaire finement ciselée a été intelligemment utilisée par l'architecte thaïlandais, qui a redonné une nouvelle vie au lieu. La résidence comprend 6 appartements dont la décoration reprend chacune l'ambiance des 6 étapes de la route de la soie, empruntée par Marco Polo – que l'on dit natif de l'île : Korčula, Venise, Arabie, Inde, Ceylan, Chine. Certains appartements ont leur propre terrasse et tous bénéficient de l'accès au spa.

## Se restaurer

### Pause gourmande

**■ CUKARIN**
Hrvaste bratske zajednice b.b.
✆ +385 20 711 055
www.cukarin.hr
smiljana.matijaca1@du.t-com.hr
*Ouvert tous les jours en saison de 8h30 à 12h et de 17h à 20h.*
Certainement, la pâtisserie la plus réputée de l'île, celle où l'on fait la queue pour les gâteaux de la maison Smiljana Matijaca, les fameux Cukarin, Klašun, Amareta, Marko Polo bombica ou l'Harubica à la graine de caroube, que l'on utilise en Croatie dans de nombreux gateaux. Vous y touverez également d'autres produits gourmands, comme le sel de Ston parfumé à la lavande, le thé d'herbes dalmates, les vins de Pelješac...

### Bien et pas cher

**■ ATERINA**
Trg korčulanskih klesara i kipara
✆ +385 91 799 5549
aterina.korcula@gmail.com
Dans la vieille ville, la deuxième rue sur la gauche lorsque l'on entre par la porte principale, au bout de la rue.
*Ouvert de 10h à 15h et de 18h à 23h30, en saison uniquement. A partir de 50 kn le plat.*
Anciennement U Maje i Tonke, cet établissement a lancé la mode des formules tapas dalmates et bons vins naturels depuis 2010. Depuis, le micro restaurant a gagné de l'espace avec une terrasse touchant les remparts pour le plus grand plaisir des clients. Pour décor, les façades historiques et les murs fortifiés, qui forment la cour, s'apprécient en journée ou, encore mieux, en soirée autour d'un bon dîner éclairé aux bougies. La carte aussi s'est transformée, avec toujours des assortiments de hors-d'œuvre et des entrées (légumes grillés, tapenades, olives, fromages et jambon fumé, sardines marinées...) mais aussi des risottos, des pâtes fraîches, des poissons grillés, des plats végétariens, de bons desserts, le tout concocté avec des produits frais, que l'on accommode de crus régionaux. Réservation conseillée en été.

**■ FUNDAMENTUM**
A. Rozanovića 3
✆ +385 99 681 0499
fundamentum2013@gmail.com
Dans la vieille ville, ruelle sur la gauche après l'église Saint-Pierre.
*Ouvert en saison, de midi à minuit du lundi au samedi et de 16h à minuit le dimanche. A partir de 25 kn les tapas.*
Une adresse toute fraîche qui sert des tapas dalmates faites maison à base d'anchois, de crevettes, de roquette, d'olives... Petit exemple : anchois marinés servis sur un triangle de polenta ou agrémentés de marmelade d'oignon et accompagné de crus de la région. Le tout est servi sur un tonneau aménagé en table à pique-nique ! Simple, rapide et délicieux.

**■ KONOBA MARCO POLO**
Ulica Jakova Baničevića 9
✆ +386 20 715 643 / +385 98 916 9828
www.jure-korcula.com
info@jure-korcula.com
*Ouvert de 12h à minuit toute l'année. Compter environ 150 kn par repas, 75 kn le plat.*
Il y a plusieurs restaurants nommés Marco Polo à Korčula, alors ne vous trompez pas ! C'est bien cette konoba familiale, dans une ruelle étroite au cœur de la vieille ville, que l'on vous recommande. Spécialement pour ses viandes, poissons et calamars préparés sous la braise du feu ouvert, tout comme les légumes moelleux (aubergines, courgettes, poivrons) eux aussi grillés à point ! Si vous voulez changer des grillades, essayez les risottos, la soupe de poissons ou le plat végétarien... Service sympathique, bon rapport qualité/prix, pas étonnant que l'endroit soit aussi fréquenté par les locaux. Dommage que l'attente soit parfois un peu longue.

### ■ KONOBA MARETA

Ulica Sv. Roka 4 ✆ +385 20 711 144

Situé avant la cathédrale.

*Ouvert de midi à minuit de fin avril à début novembre. Compter 250 kn environ le repas (boissons comprise), 75 kn le plat de pâtes.*

Une adresse fraîche et inventive pour ce petit restaurant terrasse avec des tables à même la ruelle. La carte fait honneur aux plats de poissons, de fruits de mer et aux brochettes. Les calamars grillés. Quelques touches d'originalité comme ce pavé de requin, pommes de terre en papillote ou ce poulet au curry aux pêches. Plats végétariens également.

### ■ KONOBA NONNO

Ulica od Teatra 12

✆ +385 91 660 8276 / +385 20 715 672

konoba.nonno@gmail.com

Juste en face de Aterina, au bout de la deuxième ruelle à gauche en entrant dans la vieille ville par la porte de la terre ferme.

*Ouvert de 9h à 23h tous les jours toute l'année sauf en décembre.*

C'est ici qu'il faut venir goûter aux macaronis à la Žrnovo puisque chez Nonno les pâtes sont faites maison, selon une recette familiale. Tout le reste des ingrédients (des tomates juteuses, des aubergines à point et fraîchement cueillies...) provient d'un panier à légumes que vous avez sous les yeux à l'entrée, tout simplement. Bon service et terrasse agréable qui voisine avec celle d'Aterina.

### ■ PANSION RESTORAN HAJDUK

Ulica 67 br. 6

✆ +385 20 711267 / +385 98 287 216

olga.zec@du.t-com.hr

Sur la route vers Lumbarda, à 20 minutes de marche du centre. Sur le chemin de la plage, à proximité des hôtels Park et Marko Polo.

*Ouvert de fin avril à début octobre. Compter environ 75 kn le plat principal.*

Parfois, c'est bien pratique d'avoir tout à la même adresse. Pension familiale, la maison, simple et très correcte, fait aussi restaurant traditionnel et sert des plats dalmates cuisinés avec les produits de l'île. Spécialités cuites sous la peka.

## Bonnes tables

### ■ ADIO MARE

Ulica Svetog Roka 2

✆ +385 20 711 253 / +385 98 243 845

Dans la maison adjacente à celle de Marco Polo.

*Environ 150 kn le repas (60 kn et plus le plat), 12 kn de couvert. Ouvert du 15 avril au 15 octobre, de midi à 23h tous les jours, sauf le dimanche, de 17h à 23h.*

Une taverne très populaire au décor de bord de mer pittoresque. Au menu, poissons, coquillages et viandes. Spécialité de pašticada : de la viande en sauce, cuite en tourte. Service agréable et menu en français. Réservation conseillée.

### ■ FILIPPI RESTAURANT

Šetalište Petra Kanavelića

✆ +385 020 711 690 – restaurantfilippi.com

*Ouvert de 9h à minuit tous les jours en saison. À la carte par personne, comptez environ 20 € (sans les boissons) ou 50 € avec plat, entrée, dessert et boissons. Réservation obligatoire (demander une table en bord de mer).*

Sur la promenade Petar Kanavelić, le long des remparts, ce café lounge restaurant possède une terrasse avec vue imprenable sur le bras de mer qui nous sépare de Pelješac, sur les îlets de l'archipel de Korčula. Le restaurant offre une petite mise en bouche, tapenade noire et pain faits maison et nous laisse choisir sur la carte les plats de cuisine dalmate contemporaine : poissons locaux, viande d'agneau grillée, risotto à l'encre de seiche, pâtes fraîches al dente, steak de thon… rien de très original mais la qualité des assiettes, le service prévenant… et le lieu d'exception séduisent. Un moment romantique à apprécier à l'heure du coucher du soleil.

### ■ KANAVELIĆ

Ulica Sv. Barbara 12

✆ +385 20 711800 / +385 20 711 078

*Ouvert de mai à octobre. Environ 180 kn la portion de poisson. Horaires d'ouverture : 18h-minuit.*

Proche de l'hôtel Korčula et de la tour Kanavelić, cet établissement est réputé pour être le meilleur restaurant de poisson de la ville. Le cadre est classique, la terrasse Renaissance, ravissante. Le poisson, que l'on choisit dans le présentoir dans la glace, est vendu au poids et préparé pour vous selon la tradition côtière, en général grillé et accompagné de légumes méridionaux. Autre envie, le risotto de calmars à l'encre de seiche, la salade de poulpes, la langouste à la buzzara (à base de vin blanc et d'huile d'olive), avec des spaghettis, le tout pouvant être accompagné de vin blanc local.

## Sortir

### ■ CAFE SERVANTES

Ulica Hrvatske bratske zajednice 102

En face d'un petit parc et de la gare routière.

*Ouvert tous les jours, en saison de 8h30 à 2h du matin. Wi-fi gratuit.*

Un bar populaire, revisité récemment, avec changement de propriétaire, qui conserve son bon brassage de jeunes du coin et touristes, tous attirés par l'ambiance musicale et le côté «cosy» coloré du lieu. La terrasse est idéale pour prendre son café du matin accompagné d'un croissant. On aime s'y s'attarder le soir pour profiter de lives quasi quotidiens ou des concerts de rock le week-end.

**BOOGIE JUNGLE KORČULA**
Put Lokve b.b
✆ +385 95 537 3167
www.boogie-jungle.com
mcfly7474@web.de
A 15 minutes du centre. Navettes gratuites depuis la gare routière.
*Ouvert de juin à septembre, tous les jours de 23h à 5h du matin. 40 kn, l'entrée, plus cher si soirée DJ internationaux.*
Korčula fut longtemps un désert la nuit, mais le Boogie Jungle a tout changé ! Ouvert en 2012, sur la route de Žrnovo à 3 km du centre, il a su trouver sa clientèle (capacité de 1 500 personnes) avec son look de ranch perdu dans la nature. Cette villa sur les hauteurs, avec vue splendide sur la baie, est la nouvelle adresse pour voir et être vu ! C'est là qu'ont lieu les plus grosses soirées de la ville. Terrasses, espace VIP, soirées avec des DJ internationaux. Bonne ambiance et mélange de styles musicaux.

**COCKTAIL BAR MASSIMO**
Šetalište P. Kanavelića
✆ +385 191 35 38 / + 385 98 89 28 35
invonakopor@yahoo.com
Dans la tour des remparts au nord de la vieille ville, face à la mer.
*Ouvert en saison de 17h à 2h tous les jours. 50 kn le cocktail.*
Une véritable épreuve que l'ascension jusqu'à la terrasse de ce bar, en haut d'une forteresse. On y grimpe à l'échelle. Mini-jupe à proscrire donc ! L'effort est amplement récompensé par la vue fantastique sur la mer. Les quelques tables aux divers étages sont prises d'assaut. On peut s'asseoir sur les créneaux. Dommage que la dance musique soit trop forte !

*Portail de la cathédrale Saint-Marc.*

**KAIROS**
Plokata bb
✆ +385 98 191 3538
Juste à l'extérieur de la vieille ville, tout près de la marina.
*Ouvert de 8h à 2h tous les jours en saison.*
Un café – bar à vin cossu sur trois étages dont un avec vue sur la mer ! Les propriétaires sont eux-mêmes viticulteurs sur l'île, on pourra goûter au fruit de leur labeur ainsi qu'aux meilleurs crus de la région (pošip, rukatać, plavac...). Sert des petits encas en soirée.

## À voir – À faire

**ARSENAL**
A l'extérieur des remparts, côté ouest de la vieille ville.
Voilà un batiment historique que vous pourrez admirer de l'intérieur puisqu'il abrite désormais l'hôtel restaurant Korčula, le plus vieux de la ville, avec sa terrasse très chic accolée aux fenêtres cintrées monumentales. L'entrée est surmontée des armoiries de Venise, la salle à manger a gardé les grands volumes de sa construction initiale à la fin du XVe siècle.

**CATHÉDRALE SAINT-MARC (KATEDRALA SV. MARKA)**
Trg Svetog Marka
*Ouvert en saison, tous les jours de 9h à 19h, sauf le dimanche, de 9h à 16h. Entrée de la cathédrale : 15 kn et 25 kn pour accéder au trésor. Campanile ouvert tous les jours, de 9h à 22h en saison : 20 kn.*
Dominant la ville, la cathédrale est le plus grand et le plus prestigieux bâtiment de Korčula. Deux faits marquants furent à l'origine de sa construction : l'implantation de l'évêché au XIVe siècle et la prospérité économique grâce au travail noble de la pierre de taille. Elle fut construite au XVIIe avec de la pierre calcaire de Korčula. On utilisa aussi des parties de d'églises et des maisons anciennes que l'on trouva sur place. Il fallut un siècle pour la construire sur un plan basilical roman à trois nefs, puis l'élever dans un style gothique et Renaissance. Un chantier énorme auquel participèrent nombre d'artistes de Korčula, mais aussi italiens. Par exemple, les sculptures du portail furent réalisées par le maître Bonino da Malino. Des deux côtés sur des consoles, on remarque des lions tenant un agneau dans leurs griffes et, au-dessous, Adam et Eve accroupis. Le campanile, bâti avant la cathédrale, a été sculpté par un artiste local. Il est désormais ouvert à la visite, ce qui réserve une vue à 360° sur les alentours de la vieille ville tout en nous révélant son mécanisme. Au-dessus du premier étage, le cadran de l'horloge et,

juste en dessous, une petite boule métallique mobile, peinte en noir et or, indique les phases de la lune.
La seconde partie du campanile fut construite par Marko Andrijić, l'un des artisans les plus connus de l'île. A l'intérieur de la cathédrale, la forme du plafond rappelle celle d'une coque de bateau inversé. Derrière le ciborium, sur le mur, est accroché un tableau de Jacopo Tintoreto, peint en 1550, qui représente les saints Marc, Jérôme et Barthélemy.

### ■ ÉGLISE SAINT-PIERRE (CRKVA SVETI PETAR)

Sur une petite place au nord de la cathédrale, cette petite église, construite au IIe siècle est flanquée d'un portail en bois, sculpté au XVe siècle par le Vénitien Bonino da Milano. A l'intérieur, treize statues baroques en bois figurent les apôtres évangélistes. Saint Pierre se trouve sur l'autel. Observez au sol les anciennes dalles funéraires.

### ■ MAISON DE MARCO POLO (KUĆA MARKA POLA)

Ulica Depolo
Également appelée Ulica Marko Polo.
*Ouvert de 9h à 21h en juillet et août, jusque 15h en mai, juin, septembre et octobre, sur demande le reste de l'année. 20 kn l'entrée.*
C'est ici que serait né le grand navigateur mais aucun document ne le prouve ! Un bâtiment du gothique tardif, près de laquelle se dressent les ruines d'une tour carrée, bâtie sur le pont au-dessus de la ruelle, qui s'achève par une loggia-belvédère. La visite de l'intérieur des murs n'apporte pas grand-chose...

### ■ MUSÉE D'ART RELIGIEUX (BISKUPCA RIZNICA)

Trg Sv. Marka
✆ +385 20 711 049
*Ouvert de mai à octobre, de 9h à 19h. Sur rendez-vous le reste de l'année (s'adresser à l'office de tourisme). Entrée : 25 kn.*
L'évêché de Korčula a été fondé en 1300. Sur la base du premier édifice, assez modeste, le palais épiscopal s'est progressivement élargi jusqu'aux maisons voisines. Les travaux les plus importants ont eu lieu sous l'épiscopat de Franjo Manola (1643-1664). C'est alors que fut construit le grand balcon qui porte le blason et l'inscription « *l'évêque Franjo Manola, de Split, fit ériger Saint-Marc en l'an de grâce 1654* ». A partir de 1868, le palais fut laissé à l'abandon, puis démoli et reconstruit. Certaines parties de l'ancien palais (éléments du portail, fenêtres, inscriptions et grand balcon) ont été réemployées dans la construction de l'édifice actuel, un palais néobaroque, où sont exposés les trésors de la cathédrale, accompagnés d'une riche collection de tableaux Renaissance, d'anciens manuscrits ainsi que des costumes de cérémonie.

### ■ MUSÉE MUNICIPAL (GRADSKI MUZEJ)

Trg Sv. Marka ✆ + 385 20 711 420
www.gm-korcula.com
gradski.muzej.korcula1@du.t-com.hr
*Fermé le dimanche. Du 1er avril au 15 juin et du 15 septembre au 31 octobre : ouvert du lundi au samedi de 10h à 14h. Du 15 au 30 juin : ouvert du lundi au samedi de 10h à 14h puis de 18h à 20h. Enfin, du 1er juillet au 14 septembre : ouvert du lundi au samedi de 10h à 21h. Entrée : 20 kn.*
Situé dans le palais Gabrielis, un des plus jolis palais Eenaissance de Korčula du XVIe. L'édifice a deux étages et des combles. Autrefois, le rez-de-chaussée servait d'entrepôt alors que les étages étaient à l'usage de l'habitation. Les armes de la famille sont représentées en relief au centre du balcon. Reconstruit plusieurs fois, le musée s'y est installé en 1957. Sont exposés une collection d'objets retrouvés sur l'île lors de fouilles archéologiques, qui racontent l'histoire, la culture et les conditions sociales dans l'île. Dans la première salle, l'île sous les Grecs et les Romains. Dans la deuxième salle, le travail de la pierre, avec un atelier de tailleur du XIXe, des encadrements de fenêtres, portes, chapiteaux, armoiries, corniches décoratives et d'autres éléments provenant d'édifices endommagés ou démolis. Enfin, une collection d'ustensiles de cuisine. Au premier étage, les découvertes sous-marines, des vases grecs datant du IIIe siècle avant J.-C, des amphores, etc. Enfin, dans la galerie du 2e étage, une collection d'art et de culture dalmates, mobilier de salon et objets décoratifs datant de la fin du XVIIIe et début XIXe siècle. Sous les combles, on a aménagé une cuisine rustique caractéristique de la région.

## Sports - Détente - Loisirs

### ■ KASIOPEA

Žitnica 8 ✆ +385 99 409 49 61
www.kasiopea.com
*Ouvert de 9h à 22h tous les jours de mai à octobre.*
La famille de Maja vient de l'île de Korčula, c'est au beau milieu des essences odorantes et des oliviers qu'elle a grandi. Une fois adulte, elle a décidé d'ouvrir sa boutique de cosmétiques 100 % naturels à Zagreb d'abord puis retour à Korčula par la suite dans sa micro boutique, où elle vend savons parfumés aux herbes aromatiques locales, baumes, huiles et cosmétiques naturels. Des conseils personnalisés vous feront découvrir les produits à l'efficacité prouvée.

▸ **Autre adresse : À** SPLIT : KASIOPEA / Trogirska 3 / ✆ +385 99 409 4961

### KORČULA ADVENTURES
Lumbarda 45
www.korcula-adventures.com
info@korcula-adventures.com
Cette agence de voyage haut de gamme propose toutes sortes d'excursions originales en yacht, au départ d'Orebic, de Korcula ou Lumbarda. Envie d'une excursion en bateau sur l'île de Mljet à la découverte du parc national, d'une balade en kayak à fond transparent ou d'une plongée sur les côtes des îles de Lastovo, d'une sortie en buggies pour partir à l'aventure de Korcula, une adresse Korcula Adventure. Une jeune agence qui a su s'imposer comme acteur incontournable du tourisme à Korcula. L'agence propose aussi d'excellents logements.

## Shopping

### EKO ŠKOL
Put sv. nikole 38
✆ +385 99 683 4749
eko.skoj@gmail.com
Prendre la rue qui part du port à droite de la vieille ville, en direction de l'église Sv. Nikola.
*Habituellement ouvert en journée, si personne ne se trouve dans la boutique faites signe aux membres de la famille Marović, notamment à la mère, qui habitent au-dessus.*
Cette adorable boutique fleure bon la lavande et la camonille. Tout est récolté sur l'île de Korčula par la famille Marović qui vend ici son l'huile d'olive bio, ses savons, alcools, vinaigre, tisanes, figues séchées, *arančini...* Pour des produits de qualité, moins chers que dans la plupart des échoppes touristiques de la vieille ville.

### KUTAK KNJIGA
Hrvatske Bratske Zakednice 110
✆ +385 20 612 542
www.kutak-knjiga.blogspot.fr
kutak.knijga@gmail.com
Juste à côté du café Serventes, en face de la marina.
*Ouvert du lundi au samedi, toute l'année, de 9h à 20h.*
Joseph, un Breton qui connaît Korčula depuis trente ans, vient d'ouvrir une librairie en centre-ville non loin de la vieille ville, juste à côté d'un café. Les rayonnages sont entièrement consacrés à la littérature croate et de voyage en français bien sûr, mais également en anglais, en allemand, en croate... C'est l'endroit rêvé pour refaire votre stock de livres pour la plage (neufs et occasions) ou pourquoi pas, vous défaire du roman que vous venez de finir ! Si Joseph est dans les parages, n'hésitez pas à vous adresser à lui directement pour toute demande ou pour simplement échanger sur l'île de Korčula.

# LUMBARDA

Bien moins touristique que sa voisine, Korčula, à l'extrême sud de l'île, Lumbarda s'étend autour d'une baie et grimpe sur les collines de vignobles environnantes. La spécialité de la ville, c'est d'ailleur ce bon vin blanc local fait à partir du raisin Grk.
Au XVI$^{e}$ siècle, de riches habitants de Korčula ont construit leurs maisons secondaires à Lumbarda. Une ambiance de bord de mer très paisible y règne. On trouve de superbes plages de sable dans les environs, c'est le paradis des amateurs de kayak !

*Fromage de Korčula.*

## Pratique

### ■ OFFICE DU TOURISME (TURISTIČKA ZAJEDNICA)

✆ + 385 20 712 005
www.tz-lumbarda.hr
tz-lumbarda@du.t-com.hr
A côté de l'arrêt de bus et de la Poste, près de la plage du port.
*Ouvert de 8h à 21h du 1er juillet au 15 septembre tous les jours. Ouvert de 8h à 20h de lundi à samedi en saison moyenne (et le dimanche de 8h à midi et de 15h à 20h), ouvert en semaine de 8h à 14h le reste de l'année.*
Brochures et prospectus sur la ville en français. Le site Internet donne une liste d'hébergements chez l'habitant ou hôtels. L'agence de voyage juste à côté loue des scooters et arrange diverses excursions.

## Se loger

### ■ HÔTEL BORIK

Prvi žal
✆ +385 20 712 215 / + 385 20 712 433
www.hotelborik.hr
prodaja@hotelborik.hr
*Ouvert de début mai à fin octobre. De 32 € à 60 € par nuit et par personne en haute saison. Wi-fi, parking, Internet café, location de vélos...*
Cet hôtel n'est autre que le palais historique de la famille Mirošević, devenu hôtel 4-étoiles avec 80 chambres (climatisation, télévision satellite, balcon pour certaines), réparties dans deux bâtiments différents, connectés entre eux. La réception loue des scooters, des vélos, des kayaks et organise des expéditions à Mljet, à Korčula, à Dubrovnik... Restaurant (possibilité de demi-pension), bar, terrasse et piscine extérieure.

### ■ LINA APPARTEMENTS

Mala Glavica
✆ +385 20 712 150 / +385 20 712 392
www.lina.hr – lina-lumbarda@du.t-com.hr
A 800 m de la longue plage de sable, face à la mer et à plusieurs criques rocheuses.
*Ouvert de fin avril à fin octobre. Logements pour 2, 3 ou 4 personnes de 67 € à 99 €. Wi-fi dans l'appartement payant (4 €/h), parking.*
Cette résidence hôtelière se compose de 72 appartements, façon village de mobil-homes dans la pinède, tout équipés pour 2 à 4 personnes (balcon, coin cuisine, salon, climatisation, télévision satellite...) avec piscine extérieure. Mais la plage est à deux pas ! Certains logements ont vue imprenable sur la mer. Possibilité de réserver en demi-pension. Le restaurant pizzeria du complexe sert une bonne cuisine et jouit aussi d'une superbe vue.

### ■ PANSION BEBIĆ

✆ +385 20 712 183
www.bebic.hr
info@bebic.hr
*Ouverte toute l'année. Environ 320 kn la chambre double en haute saison. Parking.*
A 300 m de l'entrée du village et de la plage, un bel immeuble à étage et une bonne adresse, autant pour le restaurant que pour l'hébergement. L'accueil est chaleureux et les chambres et appartements, simples et confortables. La famille met à disposition des résidents des kayaks, vélos et même un bateau.

## Se restaurer

### ■ KONOBA BILIN ŽAL

✆ +385 981 192 1042
Sur la plage du même nom.
*Ouvert de début juin à fin septembre, tous les jours de 10h à 22h. Risotto et grillades à partir de 60 kn.*
Une paillote sur la plage, décorée de filets de pêche, voilà ce à quoi ressemble cette taverne estivale tout à fait sympathique. On y sert aussi bien des plats de poisson que des grillades en portions conséquentes. Bon service.

### ■ KONOBA ZURE (AGROTURIZAM)

239 Lumbarda
✆ +385 20 712 334 / +385 91 512 87 12
www.zure.hr
batistic.zure@du.t-com.hr
*Ouvert de 18h à minuit tous les jours, sauf le dimanche hors saison.*
La famille Zure, germano-croate, gère ce restaurant dans un esprit *agroturizam*, c'est-à-dire qu'ils n'utilisent que du bio, produisent leur propre vin et autre huile d'olive, servent du poisson frais pêché dans la baie. En guise de digestif, laissez-vous tenter par les alcools maison, Travarica, Anižeta et Lozovača. La famille propose aussi des gites (à partir de 610 kn la nuit) et des parties de pêche en mer !

# RAČIŠĆE

Un petit village de moins de 500 habitants fondé, au XVIIe siècle, par des habitants de Bosnie-Herzégovine et de la côte croate, qui tentèrent d'échapper à l'envahisseur turc. Ils prirent possession des terres et survécurent grâce à la culture des olives et de vignobles. Aujourd'hui, la plupart d'entre eux vivent toujours de la pêche, du tourisme ou sont à la retraite. Les pêcheurs en haute mer, après avoir fait plusieurs fois le tour du monde, reviennent chez eux dans la baie bien abritée de Lumbarda.

### AUTOKAMP OSKORUŠICA

Uvala Oskorušica
✆ +385 20 710747 / +385 20 710 897
www.oskorusica.com
*Ouvert de mai à fin septembre. 35 kn par adulte, 15 kn par tente, 50 kn par camping-car en haute saison. Paiement en espèces uniquement.*
Le camping le plus original de l'île ! Le propriétaire, un ancien tailleur de pierre, serait un descendant d'une famille noble de Zadar. Son camping a obtenu le label français « accueil paysan ». L'endroit est rustique, au milieu d'une ferme et de la nature. Attention, les places sont limitées, seulement 30. Seul bémol : il faut traverser la route pour accéder à une plage de galets.

### KONOBA VALA

Račišće 41
✆ + 385 20 70 710 780 / +385 98 991 8291
*Ouvert du 1er mai au 30 septembre, tous les jours de midi à minuit. 100 kn le menu poisson avec un verre de vin.*
Un adorable petit restaurant juste à côté de l'église Saint-Nicolas avec terrasse et salle intérieure donnant face à la mer et plage à 50 m. Les spécialités de la maison, risottos, plats de poisson, brochettes de viande. Superbe cadre !

## ŽRNOVO

### KONOBA BELIN

Kb. 50
✆ + 385 91 503 92 58
eljko.radovanovi@gmail.com
A Prvo Selo, dans un petit chemin qui monte, suivre les indications.
*Ouvert du 1er mai à fin septembre, tous les jours de 10h à 14h et de 17h à minuit. Compter environ 60 kn pour un plat principal.*
Ce petit restaurant familial, de plein air, au bout d'un chemin en pente sert d'excellentes peka, des plats de grillades, de poissons (grillés, frits...), de fruits de mer (langoustines notamment), et des légumes de saison. Ne pas hésiter à goûter au lièvre à la Žrnovo ! La carte est en français, les produits sont maison, tout comme le vin, et l'accueil se fait en anglais, très gentiment. La famille qui détient le restaurant loue aussi des maisons et chambres aux visiteurs de passage.

## ČARA

### SEOSKI TURIZAM KONOPICA

✆ +385 20 83 31 18 / +385 91 560 11 68
www.korcula.net
A Čara, à 500 m lorsque vous arrivez de la route qui mène à Pupnat via Punpatska luka.
*De juin à septembre, de 13h à minuit. Compter 60 kn le plat principal.*
Une table familiale sur la route de la plage. Les plats sont de saison, la cuisine est maison et le cadre bucolique mêlant oliviers et vieilles pierres.

## BRNA

### OFFICE DU TOURISME DE SMOKVICA-BRNA (TURISTIČKA ZAJEDNICA OPĆINE SMOKVICA-BRNA)

Sur le port
✆ +385 20 832 255
www.brna.hr
tzo-smokvica@du.t-com.hr
*Ouvert en saison de 9h à 20h.*
Le village haut sur la colline, c'est Smokvica. En contrebas, le port de pêche dans la petite baie se nomme Brna. C'est là que vous trouverez ce bureau touristique, l'accostage pour les bateaux, la plupart des idées hébergements, les bars et restaurants.

## VELA LUKA

A l'extrême ouest de l'île. La ville portuaire de Vela Luka n'a pas le charme de Korčula mais reste cependant une destination balnéaire interessante. C'est ici que l'on trouvait les plus grands chantiers nautiques des îles dalmates. Aujourd'hui la ville vit principalement de la pêche. D'ailleurs, son port regorge plus de bateaux de pêche modernes que de traditionnelles embarcations.
Il n'y a pas de plage à proximité, il faut contourner la baie et se rendre vers l'hôtel Posejdon - le plus proche – pour trouver des pontons ou pousser la balade sur le chemin côtier bordé de rochers. Les plages sont en dehors de la ville, là où les grands hôtels se sont établis. On peut aussi prendre un bateau-taxi pour l'île inhabitée de Proizd et découvrir ses superbes plages de galets blancs.

**Transports**

- **En bateau.** Toute l'année, plusieurs fois par semaine, depuis Vela Luka, la compagnie Jadrolinija permet de rejoindre Lastovo, Hvar et Split en ferries où l'on peut embarquer avec sa voiture. Début juin à fin septembre, ils sont doublés par des catamarans plus rapides (traversée pour passagers uniquement).
- **En bus.** La compagnie Autotrans parcourt la route principale de l'île. On trouve des bus plusieurs fois par jour pour Korčula ville, Blato, Čara, Smokvica et un bus quotidien pour Zagreb et Dubrovnik qui prend le ferrie. Arret de bus près de l'arrivée des ferries.

## Pratique

**■ OFFICE DU TOURISME (TURISTIČKA ZAJEDNICA)**
Ulica 41 br. 11 ✆ +385 20 813 619
www.tzvelaluka.hr
tzo-vela-luka@du.t-com.hr
*Ouvert du 1er juin au 1 octobre, de 8h à 21h du lundi au samedi. Ouvert de 8h à 15h en semaine le reste de l'année.*
Après le port, à proximité de l'hôtel Korkyra, un petit office de tourisme bien pratique pour obtenir les plans de la ville, et quelques brochures, connaître les possibilités d'hébergements, les horaires de bateaux.

## Se loger

**■ CAMPING MINDEL**
Stani 192
✆ +385 20 813 600 / +385 98 163 6409
www.mindel.hr – velaluka@hotmail.com
*Ouvert toute l'année. A partir de 8 € par jour pour une personne et une voiture.*
A 5 km de la ville, dans une baie et au milieu des oliviers, un grand camping propre et confortable, avec court de tennis, terrain de bowling et plages à proximité.

**■ HÔTEL KORKYRA**
Obala 3 br. 21 ✆ +385 20 601 000
www.hotel-korkyra.com
info@hotel-korkyra.com
A 200 m du port.
*Compter 120 € la chambre en haute saison, hôtel ouvert toute l'année, nombreux packages disponibles. Parking et wi-fi gratuits.*
L'hôtel Korkyra, établissement historique de Vela Luka, s'est offert une petite cure de jouvence à la fin des années 2000. Résultat, c'est devenu une adresse distinguée, cosy et très confortable. Mention spéciale pour les salles de bains. Les 48 chambres sont dotées d'un balcon donnant sur le jardin ou la mer. Très bon petit déjeuner, à base de produits frais issus de l'île. Piscine extérieure.

## Se restaurer

**■ KONOBA LUČICA**
Ulica 51 4 ✆ +385 20 813 673
Dans une ruelle partant de la place Lučica.
*Ouvert de 12h à 23h tous les jours, sauf le dimanche, de 17h à 23h. A partir de 65 kn le plat principal.*
Une maison d'hôtes avec un restaurant typique, servant de nombreuses spécialités de poissons et fruits de mer accompagnées du vin blanc local (Pošip). Barbecue sur la terrasse et joli jardin sur les hauteurs de la ville.

## À voir – À faire

**■ CENTRE CULTUREL VELA LUKA ET COLLECTIONS (MUZEJSKE ZBIRKE CENTRA ZA KULTURU VELA LUKA)**
Ulica 26/2
✆ +385 20 813 602
www.czkvl.hr
centar-za-kulturu-vl@du.t-com.hr
En face de l'église.
*Ouverte en saison du lundi au samedi, de 9h à 14h et de 18h à 23h.*
Petit musée local, dans la cour de l'église paroissiale Saint-Jean, rassemblant quelques pièces issues de la grotte néolithique Vela Spila et autres collections (mosaïques...). Nombreuses expositions temporaires.

**■ GROTTE VELA SPILA (VELA SPILA)**
*Ouverte en saison de 10h à 12h puis de 17h à 22h en semaine, et le samedi de 10h à 12h et de 17h à 22h. Entrée : 15 kn.*
A l'est de Vela Luka, à 30 min de marche depuis le centre, un site naturel où se découvre une grotte préhistorique, surplombant la baie et la ville, à 130 m de hauteur. On y a retrouvé des traces de vie humaine remontant aux prénéolithique et néolithique. Les objets des fouilles archéologiques successives, comprenant deux squelettes humains, sont exposés au musée municipal.

**■ MUSÉE ETHNOGRAGRAPHIQUE, MUSÉE DE L'HUILE D'OLIVE (ETNOGRAFSKA ZBIRKA MASLINARSTVA I ULJARSTVA)**
Ulica 6 br. 13
✆ +385 20 813 111
✆ +385 20 813 111
www.uljarazlokic.com
zlokic@inet.hr
*Ouvert en saison de 10h à 12h et de 18h à 20h en semain@e. Mieux vaut prendre rendez-vous.*
A l'entrée de Vela Luka (à 3 km du centre), en venant de Korčula, une huilerie traditionnelle. En fait, la famille Zlokić a transformé une partie de son ancien pressoir à olives en petit écomusée. Une bonne introduction à la culture de l'olive, à la production de l'huile naturelle, un secteur-clé dans la campagne de Vela Luka (dégustation-vente à la petite boutique).

# ARCHIPEL DE KORČULA

## STUPE

Stupe est l'une des îles les plus fréquentées de l'archipel. Rien d'étonnant à cela, ses eaux cristallines à souhait, ses criques et son restaurant en font une escale de rêve. La *konoba grill* n'est ouverte que l'été en journée.

# ÎLE DE LASTOVO

Sur une superficie maritime de 143 km², les 44 îles, îlots et rochers forment l'archipel de Lastovo, déclaré Parc naturel en 2006. Comme Vis, la principale île ne s'ouvre aux visiteurs qu'en 1989. Avec ses forêts denses, ses hautes falaises côtières, ses étangs et grottes sous-marines, son eau cristalline à la riche vie aquatique, Lastovo attire les navigateurs expérimentés, les plongeurs aguerris et autres amateurs de snorkeling. Son isolement aux confins de l'Adriatique la préserve, tout comme la présence de l'armée qui a contenu l'impact des constructions immobilières et touristiques. Pourvu que ça dure ! Autre parallèle avec Vis, c'est aussi l'île la plus éloignée du continent. De Split, comptez 4 heurers de traversée en ferry mais à peine 1 heure en hydravion (l'été seulement).

## LASTOVO ★★★

### FERME PODANJE

✆ 1+ 395 989204821

www.podanje.com/en/seoski-turizam.html

*Ouvert tous les jours en saison estivale. Compter 20 € le repas par personne avec boissons*

Pour changer un peu des restaurants du bord de mer, montons sur la colline entre Lastovo village et la baie de Skirivena pour découvrir l'arrière-pays insulaire. C'est là que vous trouverez ce restaurant de terroir labellisé agrotourisme, une ferme nichée en pleine nature. Ici, on élève ses poules et ses dindes au grain et au grand air, on cultive ses légumes bio, on ramasse ses olives. Les plats cuits à l'étouffée sous peka mettent à l'honneur les viandes blanches, ainsi que le poulpe entier, entourés de pommes de terres nouvelles en robe des champs (spécialité maison). Cela vaut le déplacement.

### KONOBA FUMARI

✆ +385 20 801047

www.lastovo.in/konoba

*Compter 22 € le repas, boissons comprise*

La taverne, qui fait restaurant-bar à vins, dont on parle à Lastovo ! Sous les aupices des saints Cosme et Damien, l'église juste à côté, l'établissement familial est apprécié autant pour ses recettes originales (sardinade, ragoût d'escargots en saison, moussaka croate, etc.) que pour le vin de la maison, l'ambiance jeune et conviviale devient souvent festive avec les musiciens. C'est le restaurant qui bouge à Lastovo !

### KONOBA TRITON HOTEL

Zaklopatica 15

✆ +385 20 801161 / +385 99 503735

*Ouvert de 7h à 14h seulement en saison estivale. Plats à partir de 70 kn.*

On dit que le propriétaire achète uniquement du pain et de la viande pour faire tourner son restaurant ! Les autres produits utilisés poussent sur l'île ou viennent de la pêche locale. Parmi les épices utilisées, la câpre est la plus courante.

*Les façades de Lastovo.*

On la retrouve dans les anchois à l'entrée, sur le mérou cuit dans du citron, dans le risotto de pieuvre... Si vous aimez la cuisine de la mer, le choix est large, tout est délicieux. Avec en prime la vue superbe sur la baie de Zaklopatica.

### ■ OFFICE DU TOURISME (TURISTIČKE ZAJEDNICE OPĆINE)

Prijevor 7
✆ 1+385 20 801 018
www.tz-lastovo.hr
info@tz-lastovo.hr
*Ouvert tous les jours en été.*
Une agence que vous trouverez dans la vieille ville. Où se renseigner pour la liste de plages, les sentiers de randonnées dans le nouveau parc naturel (Lastovsko otočje), les sites patrimoine et culture à voir, mais aussi les restaurants, les horaires des ferries et, bien sûr, les hébergements possibles, soit 1 hôtel, 1 camping, 1 phare et plusieurs locations chez l'habitant.

© DAVORLOVINCIC – ISTOCKPHOTO
*Zaklopatica.*

## ZAKLOPATICA

### ■ VILLA MARIA

c/o Milan Frlan
✆ +385 20 801127 / +385 91 5628978
www.lastovo.biz/milan.html
milan.frlan@du.t-com.hr
*Location à la semaine, à partir de 300 € le studio.*
La mer et les rochers à 10 m en contrebas, le café-restaurant à 200 m, une supérette à 500 m, d'autres commerces dans la vieille ville de Lastovo à 2 km... le cadre idéal pour cette maison de vacances située dans la baie de Zaklopatica. La villa propose 1 studio et 2 appartements avec 1 ou 2 chambres, tous dotés d'une terrasse meublée et d'une connexion Wi-fi gratuite. Dans le jardin-terrasse, un barbecue a été installé pour les soirées à la maison. La Villa Maria, qui propose en outre un service de location de bateaux, organise aussi des sorties en mer avec pique-nique.

## UBLI

### ■ APARTMENTS BRUNA

Prezba 3
✆ +385 98 185 8482
*La nuitée en appartement de 49 € à 75 € par personne selon la superficie, pour la semaine compter entre 420 € et 525 € en haute saison*
A 200 m du village, 100 m de la plage, des bars et restaurants, la villa est aménagée en 4 appartements avec chambres climatisées, cuisine, coin salon équipé d'une télévision par satellite et la connexion Wi-fi gratuite. Surtout, le balcon avec chaises longues offre une vue imprenable sur la mer et le coucher du soleil. Pour ceux qui préfèrent la demi-pension, un petit déjeuner est servi chaque matin ainsi que le dîner familial (grillades de poisson, viandes, légumes). Ici, des excursions en bateau vers les îles voisines, ainsi que des randonnées, peuvent être organisées sur demande. Les vélos sont prêtés, un mode de déplacement agréable pour aller à Lastovo (environ 1 heure en montée) et 1/2 h sur le chemin du retour tout en descente ! Sinon, vous trouverez un arrêt de bus et une épicerie à 150 m de la villa.

### ■ HÔTEL SOLITUDO***

Uvala Pasadur bb
✆ +385 20 802 100
www.hotel-solitudo.com
*Chambres ou suites, tarifs par nuit et par personne, selon la saison de 118 € à 263 €.*
Surplombant la baie, au hameau Pasadur, un hôtel trois étoiles (le seul de l'île) récemment rénové. Bien au calme dans la pinède, pratique par sa proximité avec le port de ferry Ubli pour arriver ou partir à Korčula, Mljet, Split, Dubrovnik... Choisir si possible une chambre ou une suite avec balcon pour la vue plongeante sur les deux belles baies de Velo (grande) et Malo (petite) Lago. C'est toute la magie du lieu ! L'hébergement (60 chambres et 12 suites) est propre et confortable, le séjour en demi-pension agréable grâce au restaurant-terrasse, le Wi-fi gratuit, le centre de plongée de l'hôtel, la location de vélos ou de kayak. Pour aller sur l'île Mrcara, par exemple, où vous trouverez un autre restaurant et de jolies plages.

# ÎLE DE MLJET

L'île la plus au sud de l'archipel adriatique, mais aussi la plus grande dans la région de Dubrovnik, c'est Mljet, la «sauvage», peu construite et protégée à l'ouest par le parc national. Sa forêt couvre environ 70 % du territoire. Tous les villages, Pomena, Polače et Sobra, sont lotis sur la côte nord. Homère mentionne l'île pour la première fois. Il raconte dans l'*Odyssée* comment les vents de Poséidon poussèrent Ulysse vers Mljet, où le navigateur décide de séjourner avec Calypso pour oublier Ithaque. Les Romains s'y installèrent et bâtirent un grand palais à Polače, puis les Illyriens peuplèrent l'intérieur de l'île. Une autre légende, venant des premiers chrétiens, cette fois, dit que saint Paul fit naufrage dans les environs, en 61 ap. J.-C. Bien que les historiens n'aient encore rien prouvé, les insulaires invoquent souvent son nom dans leurs expressions et prières.
Mljet fut ensuite offerte à des moines bénédictins de la région des Pouilles en Italie, avant de revenir sous l'autorité de Dubrovnik au XIVe siècle. Bref, une île un peu mythique que l'on visite à la journée, en excursions ou en séjours plus longs si l'on aime la nature intacte, la randonnée, la pinède, les rochers et... la mer.

## Transports

- **En bateau.** Les ferries pour Mljet partent de Dubrovnik, Trstenik (presqu'île de Pelješac) et de Korčula. La plupart de ces services maritimes ne fonctionnent qu'en été. Plusieurs ferries par jour.
- Vérifier, avec la compagnie Jadrolinija, les horaires, variables selon la météo et la saison. Le trajet dure 45 minutes,
- **En voiture**. Dans le ferry depuis Prapratno (Pelješac) pour Sobra, il est possible d'y embarquer avec sa voiture.
- **A pied.** C'est le meilleur moyen de transport sur Mljet ! Plusieurs chemins de randonnées relient Pomena aux lacs. Pour les irréductibles des véhicules motorisés, louer des voitures ou prendre le bus qui relie Sobra à Pomena.

# PARC NATIONAL DE MLJET

Le parc national de Mljet couvre la partie nord-occidentale de l'île. De nombreux bateaux touristiques partant de Korčula, Hvar et Split, accostent à Pomena et Polače, deux villages reliés aux lacs par un système de sentiers forestiers. Avec le bac traversier à Sobra (port principal sur l'île), on rejoint le parc national mais de là, un véhicule est nécessaire pour y circuler. Le prix du ticket d'entrée pour les individuels (100 kn) inclut la randonnée pédestre ou en VTT autour du parc, la visite de l'îlot et le monastère de Sainte-Marie au milieu du lac. Toute l'année, on peut faire de la randonnée sur les sentiers balisés, du trekking et du VTT dans la pinède. Le grand lac et le petit lac salés ont pris naissance il y a environ dix mille ans. Jusqu'à l'ère chrétienne, ces lacs étaient remplis d'eau douce mais un étroit passage, dans la baie de Soline, les a reliés à la mer. On peut nager dans le petit lac d'avril à octobre, l'eau offrant une température supérieure de 4 à 5 degrés supérieurs à la mer. La montée au Montokuc et autres sommets offre une vue magnifique sur l'ensemble du parc national et sur les étendues maritimes de l'Adriatique du sud, alors qu'une épreuve de triathlon qui combine natation, vélo et course à pied en profite tous les ans en octobre (ouverte à tous).À savoir : on ne peut pénétrer dans les lacs par bateau qu'à la rame mais le mouillage est autorisé dans les baies de Pomena et de Polače.Renseignement : Nacionalni park Mljet, Pristanište 2 – 20226 GoveđariTél : + 385 020 744 041 – site Internet : np-mljet.hr

# POLAČE

## Transports

### ■ LOCATION DE VÉLOS

*Le vélo, 80 kn environ la journée en saison.*
Sur la route principale de Polačea qui longe le port, plusieurs restaurants avec hébergement proposent la location de vélos (VTT). A vous de faire jouer la concurrence ! Et ne cherchez pas le cadenas, le vélo ne devrait pas disparaître, vous êtes sur une île !

## Pratique

### ■ OFFICE DE TOURISME DE MLJET (TURISTIČKA ZAJEDNICA, POLAČE)

✆ +385 20 744 186
www.mljet.hr
*Ouvert selon la disponibilité des employés, souvent des étudiants : en saison tous les jours de 9h à 19h (pause éventuelle entre 13h et 16h). Le dimanche de 8h à 13h.*
On a rarement vu aussi dynamique et compétent que les employés de cette micro agence, où se ruent les touristes à l'arrivée des ferrys ! Soyez donc patients ! Sur l'ensemble de l'île, ils renseignent sur les horaires de ferrys et sur tout ce dont vous pourriez avoir besoin lors de votre séjour (parc national, hébergements, location de véhicules, plages, restaurants). L'OT vend des tickets de ferry pour la G-V lines 30 min avant le départ.

### ■ PARC NATIONAL DE MLJET (MLJET NACIONALNI PARK)

GOVEĐARI
✆ +385 20 744 041 / +385 20 744 058
www.np-mljet.hr – np-mljet@np-mljet.hr
L'entrée principale est à Goveđari mais il est possible de prendre son ticket au bout du port de Polače dans une cabane en bois en saison ainsi que dans le village de Pristanište, près du grand lac salé.
*Entrée : 90 kn (comprend un trajet A-R pour l'île Sainte-Marie) ou 80 kn, 40/30 kn enfants, étudiants (gratuit pour les moins de 6 ans). Ouvert de début avril à mi-mai (9h à 17h) et de mi-mai à septembre (8h à 20h).*
Déclaré parc national en 1960, ce territoire couvre la partie ouest de l'île, surnommée l'île Verte. Elle est recouverte de végétation luxuriante, la forêt de pin d'Alep court jusqu'à sa côte découpée. Dans la partie sud, la mer entre dans les terres par un chenal naturel, sorte de petit canyon en créant Veliko Jezero (Grand Lac) auquel succèdent d'autres canyons plus étroits qui ont donné naissance au Malo Jezero (Petit Lac). Ces lacs salés, riches en faune aquatique (coquillages variés) et plancton, font l'objet de nombreuses recherches scientifiques. Un paradis pour les ornithologues également. Le parc offre entre autres une vue panoramique splendide sur la mer et les collines. Les mangoustes rayées (Mungos mungo), que l'on trouve sur l'île, sont devenues des prédateurs pour les serpents venimeux, qui ont disparu, alors que le phoque moine (Monachus albiventer) de Méditerranée, mammifère protégé, vit encore dans le parc. Dans la partie du sud du Grand Lac, l'îlot de Sainte-Marie abrite un monastère bénédictin, un restaurant et une église du XIIe siècle. On peut y faire de longues promenades, une visite guidée de l'îlot de Sainte-Marie.

▸ **Autre adresse : en** saison, on peut aussi prendre son ticket au bout du port de Polače (dans une cabane en bois) ainsi que dans le village de Pristanište, près du grand lac salé.

## Se loger

### ■ BLAŽENKA MARKET

Polače 10
✆ +385 20 744 047
*200 kn par personne et par nuit. Pas de wi-fi. Ouvert de mai à octobre.*
Sur la rue qui longe le port, à 300 m de l'arrivée des ferrys, une villa cossue face à la mer, d'une capacité de 14 lits. Les chambres dotées d'une salle de bains sont d'un confort tout à fait correct, certaines bénéficient d'une terrasse avec vue sur le port. L'accueil est chaleureux mais se fait surtout en italien ou allemand.

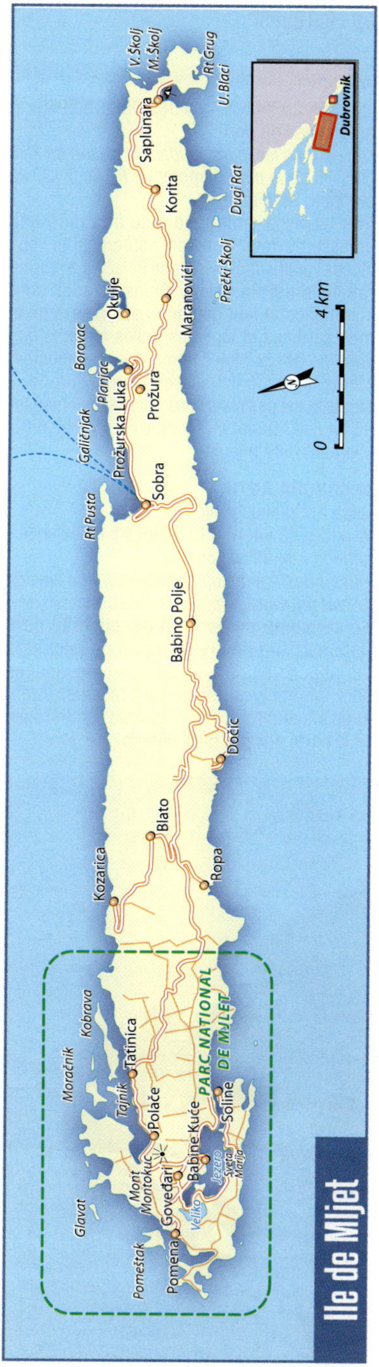

## Se restaurer

### ■ CALYPSO

Polače 13

✆ +385 20 744 164 / +385 98 302 295

A deux pas du port.

*Ouvert tous les jours pendant la saison de 7h à 23h, 75 kn le plat. Compter de 80 kn à 150 kn le repas. Wi-fi gratuit.*

Une terrasse ombragée face à la mer, une adresse où vous reviendrez sûrement si vous lâchez l'ancre dans le port de Polače. La cuisine familiale est un délice. Si les salades sont communes, il faut goûter ici aux risotto de la mer, sardines et légumes grillés à moins que vous ne soyez plutôt homard ou langoustes. Même la soupe de poisson crée la surprise ! Mijote aussi des plats sous la *peka*, à demander à l'avance ! Quant au service, on pourrait difficilement faire mieux.

### ■ KONOBA ANTIKA

Ulica Andrijano Nodilo

✆ +385 20 74 40 93 / +385 91 72 56 419

konobaantika@yahoo.com

*Ouvert de 8h à minuit en saison. 80 kn environ le plat principal.*

En surplomb du port, en direction du parc national, l'un des restaurants de pêcheurs les plus cotés de l'île. Ses grillades iodées sont renommées. Mieux vaut réserver. Atout supplémentaire : le wi-fi (gratuit) en terrasse et la carte des petits déjeuners.

## POMENA

### ■ AGROTURIZAM DALMATINO

Pomena 10C ✆ +385 98 940 6280

toni.strazicic@yahoo.com

A deux pas de la route qui mène à Goveđari et de l'hôtel Odisej.

*Ouvert de mai à novembre, de midi à 23h tous les jours.*

Une nouvelle taverne bio a ouvert sa terrasse surplombant le port de Pomena. Et c'est une vraie histoire de famille ! Toni élève des chèvres et lâche ses filets au large de l'île de Mljet, pendant que le fils et la mère opèrent en cuisine. Vous pouvez donc y aller les yeux fermés sur à peu près toute la carte, en particulier sur les poissons, même la viande n'est pas en reste. Possibilité des commander des *peka* (cuisson sous les braises) de poulpes et de viande (agneau...) trois heures à l'avance. Fait rare, les desserts sont vraiment exquis, notamment le strudel maison !

### ■ HÔTEL ODISEJ

Pomena bb ✆ +385 20 362 111

reservations@hotelodisej.hr

*Ouvert de mi-avril à fin octobre. À partir de 70 € la chambre double. L'hôtel organise des transferts depuis Polače, Sobra etc. Wi-fi à la réception et dans le lobby. Parking gratuit.*

Une bâtisse moderne face à la mer, bien équipée, qui dispose d'une piscine, d'un bar-restaurant, d'un centre de plongée dans le parc national.

© DAVORLOVINCIC – ISTOCKPHOTO

*La baie de Pomena.*

# GOVEĐARI

## Se loger

### ■ APPARTEMENTS DE ZRINKA HELINGER PERČIN

Goveđari 20 ✆ +385 98 469 170
zrinkah@gmail.com
Zrinka vient chercher ses hôtes à l'arrivée du ferry et peut arranger une location de vélo.
*Entre 80 € et 100 € l'appartement (selon la saison). Wi-fi.*
En bas de chez Zoran et Tamara, Zrinka, a elle aussi ouvert un appartement de très bon standing dans une maison en pierre. Celui-ci comporte un salon-cuisine tout équipé (four, gazinière...) avec un sofa déployable, ainsi qu'une chambre comportant un lit double. La salle de bains (avec machine à laver) donne sur la colline et il suffit de s'installer à la fenêtre pour un petit concert de cigales ! Les occupants ont accès à leur propre terrasse. Il est question d'aménager deux autres appartements d'ici 2015.

### ■ BOUTIQUE ACCOMMODATION MLJET

Goveđari 14
✆ +385 20 744 140 / +385 20 312 554 / +385 98 285 697
www.boutiqueaccommodationmljet.com
zoran.lukovic@du.htnet.hr
Dans le hameau de Goveđari, à côté de la galerie Stara Skula.
*Accueil entre 10h et 14h, et de 17h à 21h / 22h. Ou sur appel préalable. Appartement : de 50 à 80 €. Peut accueillir 12 personnes au maximum. Petit déjeuner : 8 €. Possibilité de restauration si demandé à l'avance. Enfants bienvenus ! Wi-fi. Parking. Réserver bien à l'avance !*
Tamara et Zoran savent sans doute mieux que quiconque ce que le mot hospitalité veut dire. Etant tous les deux des artistes dans l'âme (et dans la pratique), ils ont décidé de rénover une belle maison en pierre, logée dans les locaux d'une ancienne école. Le résultat : trois grands appartements de deux à trois pièces, au design aussi séduisant que confortable (cuisine tout équipée, télévision satellite, terrasse pour le plus grand…). L'appartement turquoise comporte même un lit en fer forgé. Nul besoin de le préciser, les hôtes sont intarissables sur les environs, qu'ils connaissent parfaitement. Ils peuvent même vous procurer des vélos et vous déposer ou vous chercher en voiture à Polače. Notre coup de cœur sur l'île !

### ■ PENSION I KONOBA PIKALA

Soline 3
✆ +385 20 744 023 / +385 98 865 067
www.mljet-apartments.com
ivan.sresen1@du.t-com.hr
*Ouvert d'avril à octobre, de 8h à 22h tous les jours. Tarifs des appartements, par nuit selon catégorie et saison, de 45 à 100 € par jour en demi-pension. Chambres en formule bed & breakfast de 20 € à 40 €. Restaurant, compter 120 kn le repas, 60 kn les brochettes.*
Il fait bon séjourner à Soline, sur la pointe est du lac Veliko Jezero, après Pristanište à 3 km, vivre au calme dans ce hameau de pêcheurs, aux portes du parc national. La famille Sršen loue 6 appartements (2 à 3 personnes) donnant sur le lac salé et la mer. Elle s'occupe aussi de la taverne qui déborde de fraîcheur. C'est l'endroit idéal pour regonfler ses batteries après une randonnée ou un tour de l'île à vélo ! La pêche du matin est habilement grillée sous vos yeux. La *dolce vita* à la mode dalmate.

## À voir – À faire

### ■ GALERIJA STARA KULA

✆ +385 20 744 140
staraskula@yahoo.com
Dans le hameau de Goveđari, à l'intérieur des terres.
*Ouvert lors des expositions. Entrée gratuite*
Zoran et Tamara (propriétaires de Boutique Accomodation Mljet) ont aménagé, au rez-de-chaussée de cette ancienne école, un lieu d'exposition multimédia ouvert à tous y compris aux enfants. À voir, projection de films, dont un documentaire sur Mjet (tous les lundis à 21h en VO anglaise avec sous-titres en français sur demande) ; à faire : de nombreux ateliers (dessin, peinture, céramique, confection de savon, recettes traditionnelles…).

### ■ LACS SALÉS (VELIKO JEZERO ET MALO JEZERO)

VELIKO JEZERO
Le Veliko Jezero et le Malo Jezero communiquent entre eux d'une part (ils se rencontrent au niveau de Mali Most) et sont reliés à la mer (à travers le Veliko Jezero, soit le grand lac). Leur eau est donc renouvelée à chaque marée. Chauffée par le soleil et sans les courants froids de la mer, l'eau est toujours de quelques degrés plus chaude que dans l'Adriatique. De quoi assurer de douces baignades au printemps. Pour les chanceux qui n'auraient pas de ferry à prendre, nous ne saurions trop recommander une baignade au coucher du soleil lorsque les touristes sont repartis. On se sent seul au monde. Autour, les collines vierges, la végétation luxuriante et peuplée de quelques maisons anciennes. Les chemins de terre bien conçus (réservés aux vélos et piétons) vous invitent à vous balader quelques heures sur ce site, resté sauvage.

# KOZARICA

**PENSION (ET AGROTURIZAM) HADZOVAC**
Kozarica 4
© +385 20 745 070 / +385 99 5110 671
www.pansion-hazdovac-mljet.com
info@pansion-hazdovac-mljet.com
*Compter entre 25 et 35 € la nuit selon la saison. Petit déjeuner inclus, possibilité de demi-pension.*
Une pension accueillante, aux chambres doubles spacieuces face aux flots, qui s'est mise depuis peu à l'agro-tourisme et fait aussi office de restaurant.

# BABINO POLJE

**KONOBA TRITON**
Sršenovići 43
© +385 20 745 131 / +385 91 20 53 531 (Vl. Marija Sršen)
*Ouvert tous les jours en saison de 17h à 23h. Compter 120 kn le repas.*
Dans un cadre rustique agréable, en terrasse, c'est l'adresse de référence à Babino Polje, que les locaux vous indiqueront puisque cette « taverne » est tricentenaire. Ne pas manquer la soupe traditionnelle de poisson, comme un court-bouillon mijoté avec de gros morceaux de mérou et de saint-pierre ou encore les cuissons *Peka* du chef.

**TAXI MLJET**
Zadublje 88
© +385 98 9931437 / +385 98 203 142 / +385 98 980 2766
www.mljettravel.hr – mljettravel@gmail.com
Un bon service de taxi collectif pour de longues ou petites distances, comme pour se rendre de Polače à Pomena ou Sobra pour le ferry. On vient vous chercher où vous le désirez (sur réservation). Pour partager la course, adressez-vous à l'office du tourisme pour vous joindre à des personnes effectuant le même trajet que vous.

# SOBRA

**OFFICE DU TOURISME DE MLJET A SOBRA (TURISTIČKA ZAJEDNICA MLJET)**
Sobra bb
© +385 20 746 025
www.mljet.hr
tz-mljet@du.t-com.hr
*Ouvert en saison de 8h à 20h de lundi à samedi et le dimanche de 9h à 12h.*
L'office se situe juste à l'arrivée des ferries, dans le port Zaglavci et non pas dans le village même de Sobra. Ce qui est bien pratique lorsque vous arrivez sans véhicules des ferrys de Dubrovnik, Prapratno (Pelješac).

# SLAVONIE

Cathédrale de Đakovo

# LA BARANJA

*Ce territoire qui s'étend au nord-est de la Croatie, sur une superficie de 12 470 kilomètres carrés, entre la Hongrie au nord, la Serbie à l'est et la Bosnie-Herzégovine au sud, est constitué de trois régions, la Slavonie, la Baranja et le Srijem. Au Moyen Âge, la région historique désignait l'ensemble des régions slaves avant de se limiter plus précisément à la zone dessinée entre les rivières Drave et Save, incluant à l'origine Zagreb et ses environs. Nommée Esclavonie en référence à son commerce d'esclaves, elle change de patronyme au XVIIe siècle pour conserver son appellation actuelle, qui correspond en fait à la zone envahie par les armées ottomanes.*

*Environ un million d'habitants peuplent aujourd'hui cette vaste plaine agricole, la plus fertile de Croatie. Moins connue que ses voisines, la région offre cependant des attraits touristiques variés, des activités de plein air, un patrimoine naturel et culturel riche, des grandes zones humides et vertes, comme le parc naturel de Kopački Rit, véritable poumon vert du pays. C'est un paradis pour les ornithologues ! Les routes des vins et des manoirs, la gastronomie et les traditions populaires, tout comme les villes marquées par l'histoire offrent aussi des idées de circuits et de visites diverses.*

## OSIJEK ★★

Située à 30 km de la frontière hongroise au nord, une dizaine à l'est avec la Serbie, une vingtaine au sud avec la Bosnie-Herzégovine, cette ville portuaire sur la rivière Drava, est le chef lieu de la Slavonie. 4e ville de la Croatie après Zagreb, Split et Rijeka, Osijek a toujours été un carrefour d'influences territoriales. La ville, qui a payé un lourd tribut à la dernière guerre, comptait 130 000 habitants avant le début des conflits en 1991. Elle se repeuple rapidement. Au dernier recensement de la population, la population avait atteint les 114 616 personnes.

### Repères historiques

Sur la rive droite de la Drava, Osijek est divisée en trois zones, la ville haute, la ville basse et la vieille ville Tvrđa. La fondation du premier village remonte au XIIe siècle. Construit à l'emplacement de la cité romaine de Mursa, il vit grâce aux activités de son port. On trouve mention de son nom dès 1196. Aux XVIe et XVIIe siècles, la cité est occupée par les Ottomans, qui s'en désintéressent à partir de 1687. Les Hongrois édifient alors des fortifications autour de la ville intérieure et construisent la ville haute, interdite à l'origine aux non-catholiques. La ville basse, construite peu après, prospère vite. Au XIXe siècle, la ville est partagée entre l'influence de Zagreb et celle de Budapest. Elle se développe grâce à ses filatures de soie, son usine d'allumettes ainsi qu'à son artisanat. Le style architectural dominant à Osijek est celui de la Sécession viennoise, un courant de l'art nouveau occidental, créé au début du XXe siècle par un groupe d'artistes qui refusèrent le conformisme artistique de l'époque. Nombre de palais baroques ont été endommagés pendant la guerre d'indépendance mais, par-delà le manque de moyens financiers pour une restauration complète, Osijek aujourd'hui met en lumière ses quartiers historiques, comme le font les villes d'Europe centrale.

## Les immanquables de la Slavonie

- **Découvrir Osijek**, ses fortifications qui se dressent fièrement encore aujourd'hui.
- **Visiter Vukovar**, l'une des villes les plus touchées par le conflit serbo-croate, admirablement reconstruite.
- **Entrer à Đakovo** dans la cathédrale et la ferme aux chevaux.
- **Se promener en Slavonski Brod,** une région viticole avec routes des vins et dégustations de produits gourmands.
- **Écouter les chants régionaux** accompagné de la tamburica.
- **Goûter le kulen,** čobanac, *fiš paprika*... et bousculer votre palais avec une cuisine très relevée.
- **Parrainer un oiseau** dans le parc de Kopački Rit !

La Slavonie
HONGRIE
SERBIE
BOSNIE-HERZEGOVINE
BARANJA
Sombor
Zmajevac
Beli Manastir
Darda
Bilje
OSIJEK
PN de Kopacki Rit
NP
Aljmaê
Dalj
Čepin
Valpovo
Bizovac
D. Miholjac
Suhopolje
Slatina
Čačini
Našice
Djedina Rijeka
Požega
Dakovo
Borovo
Vukovar
Vinkovci
Ilok
Slavonski Brob
Nova Kapela
V. Kopanica
Sikirevci
Otok
Zupanja
Drenovci
Modrica
Srem Mitrovica
DANUBE
Danube
Drau
Vuka
Orljava
Save
Ukrina
0
15 km
N

## Les caprices de la Save

En mai 2014, de fortes précipitations se sont abattues sur l'Europe du Sud-Est et Centrale. En Serbie, dans la région de Belgrade, l'eau de la Save a atteint un niveau le plus haut jamais enregistré (6,3 m). Si certaines digues ont tenu, d'autres ont lâché, transformant le territoire en d'immenses étangs à perte de vue. La pire catastrophe naturelle jamais survenue en Serbie fera 27 victimes dans le nord de la Bosnie-Herzégovine également touchée. Les transports furent bloqués, des milliers de foyers inondés et privés d'électricité, certains services publics, infrastructures et sites industriels détruits par les coulées de boue. Partout des glissements de terrain. En Croatie, seules les régions du nord, la Slavonie surtout, parcourue par la Save, ont été inondées par l'énorme quantité d'eau en provenance de Bosnie faisant deux morts, entraînant l'évacuation de la population à Gunja, Rajevo Selo et Račinovci. Des vagues positives à cette catatrosphe naturelle, le vaste mouvement de solidarité que l'on a pu observer dans la société civile. Serbes, Bosniaques, Croates se sont unis pour organiser de manière commune l'aide aux victimes. Et la terre aujourd'hui n'a jamais été aussi fertile.

## Transports

La ville n'est pas très grande, on peut tout faire à pied. Un réseau de tramways et de bus permet de se déplacer facilement, notamment du centre historique à la ville haute et aux gares. On peut acheter le ticket dans les kiosques à journaux ou auprès du chauffeur (valable une heure pour plusieurs trams ou bus). Le service fonctionne tous les jours de 5h à 23h. Des taxis et une agence de location de vélos complètent ce dispositif.

**■ AÉROPORT (ZRAČNA LUKA OSIJEK)**
Vukovarska 76
✆ +385 31 514 400
www.osijek-airport.hr
info@osijek-airport.hr
Depuis 2011, il est possible d'arriver à Osijek, avec la compagnie low cost Ryanair, depuis Francfort. En lignes interieures, Croatia Airlines dessert Split et Dubrovnik. Des navettes relient l'aéroport au centre ville en connexion avec les horaires de vol.

**■ GARE FERROVIAIRE**
Trg Lavoslava Ružićke 2
✆ +385 31 205 641
www.hznet.hr
*Ouvert de 6h à 21h30.*
Au sud de la ville, une gare avec un bureau d'informations touristique et vente de billets pour les liaisons nationales et internationales. Un tram permet de rejoindre le centre-ville.

**■ GARE ROUTIÈRE**
Trg Lavoslava Ružićke 2
✆ +385 60 334 466
A côté de la gare ferroviaire, des bus en partance d'Osijek se rendent dans l'ensemble de la région et du pays.

## Pratique

**■ OFFICE DU TOURISME**
Županijska 2
✆ +385 31 203755
www.tzosijek.hr

## Nom de code Oluja (tempête)

En août 1995, a commencé à Osijek l'une des batailles les plus meurtrières de la guerre d'indépendance entre Croates et Serbes. L'opération Oluja est dirigée par le général croate Ante Gotovina, qui fut avant cela caporal chef dans l'armée française de 1973 à 1978. Le 15 avril 2011, accusé de crimes contre l'humanité, tenu pour responsable de la mort de 324 civils ou soldats, qui avaient déposé les armes, et du déplacement par la force de 90 000 Serbes de la Krajina, le haut militaire est condamné à La Haye par le Tribunal pénal international pour l'ex-Yougoslavie (TPIY). Il restera emprisonné quelques mois puis sera acquitté en appel le 16 novembre de la même année. Alors que la communauté internationale parle d'épuration ethnique, des Croates fêtent toujours la libération du pays par les armes grâce aux miliciens de cet ex-général, qu'ils considèrent comme un héros de guerre.

*Ouvert du lundi au vendredi de 7h à 16h et le samedi de 8h à midi. Entre juin et août ouverture jusqu'à 20h.*

Le bureau touristique de la ville haute pour tous renseignements sur la ville et sa région. Une autre agence, ouverte aux mêmes horaires, se trouve à côté du musée de Slavonie.

**Autre adresse : Gornji** Grad (la place centrale de la vieille ville)

# Se loger

## Locations

### APARTEMENTS VRATA BARANJE***

Vinogradska ulica 17 © +385 31 750 057
www.vrata-baranje.hr

*Appartements, studios, chambres, de 100 à 350 kn selon la catégorie.*

A 10 minutes en voiture du centre d'Osijek, une grande maison à la campagne où sont aménagés des appartements, studios et chambres, tous meublés en style rustique, avec mobilier en chêne massif. Ils disposent d'une cuisine équipée, de la climatisation, d'un balcon, d'une télévision par satellite, de la connexion Internet et du parking gratuit. Un bon pied-à-terre pour la découverte d'Osijek. Prévoir aussi une randonnée dans le parc naturel de Kopacki Rit, qui abrite près de 300 espèces d'oiseaux différentes, une promenade en forêt, une sortie en bateau sur la rivière Drave voisine.

## Bien et pas cher

### HOSTEL TUFNA

Franje Kuhača 10/I
© +385 31 215 020
www.tufna.com.hr – intuit@os.t-com.hr

*La nuit en dortoir entre 24 € et 29 € par personne selon la saison.*

Adresse incontournable pour les petits budgets, pour ceux qui savent partager leur chambre, la petite auberge de jeunesse de la ville compte quatre dortoirs ; modernes et propres, avec 13 lits, une cuisine à disposition, un bar. A noter un club-discothèque à côté, qui promet des nuits animées !

### PENSION RITAM

Kozjačka 76
© +385 31 310 310
hotel-ritam@hotel-ritam.hr

*Entre 352 kn et567 kn les chambres, selon catégorie (petit déjeuner inclus).*

Dans une maison moderne, un petit hôtel propre et simple. Les chambres spacieuses, rénovées récemment, sont décorées dans un style formica lumineux. Wi-fi gratuit, salle de sport, table de ping-pong et parking à disposition.

## Confort ou charme

■ **HÔTEL CENTRAL**
Trg Ante Starčevića 6
✆ +385 31 283 399
www.hotel-central-os.hr
info@hotel-central-os.hr
*La chambre double selon la catégorie, de 340 à 370 kn (petit déjeuner inclus).*
C'est le plus vieil hôtel de la ville, situé dans le centre de la ville haute, à deux pas de la cathédrale. Derrière une belle façade du XIXe siècle, son intérieur de style bourgeois Art déco fait le charme des chambres confortables et bien équipées.

■ **HÔTEL OSIJEK**
Šamačka 4
✆ +385 31 230 333
www.hotelosijek.hr
info@hotelosijek.hr
*La chambre double de 840 à 910 kn selon la catégorie et la saison.*
L'hôtel le plus coté de la ville, est situé au centre, près de la promenade du fleuve (Zimska Luka). Il compte 140 chambres, 7 appartements répartis sur de nombreux étages. Tous sont bien équipés avec notamment le wi-fi gratuit. La plupart bénéficient d'une belle vue sur la rivière. Les chambres adaptées pour les personnes à mobilité réduite et – plus rare – pour les personnes mesurant plus de 2 m. A disposition de la clientèle, un espace bien-être avec sauna, hamman et Jacuzzi.

■ **HÔTEL WALDINGER**
Županijska 8
✆ +385 31 250 450
www.waldinger.hr
info@wadinger.hr
*La chambre single à 650 kn, la double à 750 kn (petit déjeuner inclus).*
Un grand hôtel historique bien situé dans un très beau bâtiment de style Sécession au centre de la nouvelle ville. Confortable et calme, il est décoré avec des meubles anciens et des tableaux. Les chambres sont spacieuces et bien équipées (télé, wi-fi). Avec son café bar lounge et son restaurant coté, son niveau 4-étoiles est bien mérité.

## Se restaurer

■ **RESTAURANT GALIJA**
Gornjodravska Obala b.b.
✆ +385 31 283 500
www.kubo.hr
*Ouvert tous les jours en été. A partir de 30 kn la pizza, 40 à 50 kn le plat, l'assiette Galija à 150 kn pour 2 personnes.*
Sur un bateau à quai, le restaurant flottant navigue entre cuisine régionale et internationale, italienne ou mexicaine notamment. Pour ceux qui veulent changer des spécialités locales, goûter au cadre pittoresque, surtout le soir au coucher du soleil. Pour les grosses faims, la formule de la maison pour deux personnes est robororative et bon marché (kebabs, brochettes, viandes grillées, pommes de terre cuites au four, champignons grillés). Pour les repas du samedi et du dimanche au bord de l'eau, c'est toujours le lieu à la mode à Osijek. Pensez à réserver.

■ **SLAVONSKA KUĆA**
K. Firingera 26
✆ +385 31 369 955
www.slavonskakuca.com
*Ouvert tous les jours de 9h à 23h. Compter 25 kn à 115 kn le plat de spécialités.*
Un restaurant aux grandes tablées et à l'atmosphère chaleureuse. Il sert des spécialités de poissons régionales, le classique poisson grillé au four ou encore l'un des meilleurs fish paprikaç. Les grillades de viande ne sont pas oubliées, la charcuterie, d'étonnantes saucisses, du kulen, des salaisons de la région, du goulasch, le tout apprécié avec une bière ou le vin blanc fruité de la maison. L'ambiance détendue devient parfois festive avec les musiciens.

## Sortir

Les quartiers les plus populaires pour sortir, boire un verre ou manger, se trouvent sur les bords de la Drava et sur la promenade Zimska Luka. On y trouve de nombreux cafés restaurants avec terrasses et vue imprenable sur la rivière, de la musique en tout genre. Quelques restaurants se sont installés dans des péniches. D'autres établissements sont installés près de la citadelle.

## À voir – À faire

La plus grande ville de Slavonie offre de belles vues panoramiques, notamment près de la rivière Drave, à sa confluence avec le Danube. Sur l'avenue de l'Europe, se trouvent nombre de palais anciens, souvenirs du début du XIXe siècle, à l'époque où la noblesse et la bourgeoisie construisait leurs résidences avec les briques de la forteresse. La plupart de ces demeures anciennes ont été réquisitionnées par le gouvernement communiste afin d'y loger des familles sympathisantes au parti. Très endommagées par le dernier conflit armé, elles demanderaient pour la plupart à être restaurées.
Au centre de la place de la Sainte Trinité (Trg Svetog Trojstva), la colonne de la Peste fut élevée en 1729. Tout autour de la place, la cathédrale, le musée archéologique, de grands

bâtiments publics du XVIIIe siècle, comme le rectorat de l'université, avec des parcs et de généreux espaces verts.

**■ CATHÉDRALE SAINT-PIERRE ET SAINT-PAUL (KINKATEDRALA SV. PETRA I PAVLA)**

Dans la ville haute, cette cathédrale de style néo-gothique se dresse majestueusement. Construite en brique rouge à la fin du XIXe siècle par deux architectes allemands, sous les ordres de l'évêque Strossmayer, elle fait écho à la cathédrale de Đakovo. Son clocher, dressé fièrement à 90 mètres de hauteur, est visible dans tous les environs.

**■ ÉGLISE DE LA SAINTE CROIX (CRKVA SV. KRIŽA)**

Construite entre 1709 et 1732, à l'emplacement d'un ancien minaret ottoman, dans le style baroque, l'édifice religieux est de la même époque que le couvent franciscain. Par l'étude de la philosophie et de la théologie, Osijek devint alors un important centre de diffusion culturelle (première imprimerie).

**■ ÉGLISE SAINT-MICHEL (CRKVA SVETOG MIHOVILA)**

Križanićev Trg

*Ouverte au public tous les jours de 8h à midi et de 15h à 20h.*

Construite par les jésuites à l'emplacement d'une mosquée, héritage de la période ottomane, la grande église Saint-Michel est reconnaissable à ses deux hauts clochers. A côté du palais de justice actuel, les religieux fondèrent également un collège, dans lequel l'encyclopédiste, Matija Petar Katančić (1750-1825), enseigna la poésie.

**■ GALERIE DES BEAUX-ARTS (GALERIJA LIKOVNIH UMJETNOSTI)**

Europske avenija 9

✆ +385 31 251 280

www.gluo.hr

gluo@gluo.hr

*Ouverte du mardi au vendredi de 10h à 18h, 20h le jeudi et jusqu'à 13h le samedi et dimanche. Tarif 15 kn.*

Ce musée fut fondé en 1954. Sa collection, l'une des plus importantes du pays, principalement de l'art pictural croate, des XVIIIe, XIXe et XXe siècles, s'est constituée durant les périodes baroque, néoclassique, romantique et moderne. Au rez-de-chaussée, des expositions temporaires sont organisées toute l'année.

**■ MUSÉE ARCHÉOLOGIQUE (ARHEOLOŠKI MUZEJ)** ★

Trg Svetog Trojstva 2

✆ +385 31 232 132

info@arheoloskimuzejosijek.hr

*Ouvert le mardi et mercredi de 10h à 18h, jeudi de 12h à 20h, vendredi de 12h à 16h, week-end de 10h à 14h. Tarif 15 kn.*

Ouvert en 2007, ce musée présente une importante collection d'objets trouvés lors de fouilles archéologiques menées dans la région. Le rez-de-chaussée possède un bel atrium avec un plafond en verre laissant entrer la lumière zénithale. À l'étage, les pièces exposées suivent un ordre chronologique de la préhistoire à l'époque romaine. Les installations reproduisant l'habitat *in situ* sont très évocatrices, dommage que les explications ne soient pas en anglais.

**■ MUSÉE DE SLAVONIE (MUZEJ SLAVONIJE)**

Trg Svetog Trojstva 6

✆ +385 31 250 730 – www.mso.hr

muzej-slavonije@mso.hr

*Ouvert du mardi au samedi de 10h à 16h, jusqu'à 19h en été et de 10h à 13h le dimanche. Entrée : 15 kn.*

Depuis la fin de la guerre, le musée ne présente plus de collections permanentes mais organise régulièrement des expositions temporaires. Certaines pièces archéologiques restent toutefois sur place, comme celles retrouvées sur le site de Mursa, la cité romaine sur laquelle s'est construite Osijek. Des documents historiques et ethnographiques, de la numismatique ainsi qu'une superbe collection de costumes traditionnels de la région complètent le fonds de ce musée.

*Slavonie.*

### ■ THÉÂTRE NATIONAL CROATE (HRVATSKO NARODNO KAZALIŠTE)

Županijska 9

✆ + 385 31 220 700

Ce bâtiment de la seconde moitié du XIXe siècle, à l'architecture intérieure très riche, mérite une visite. A l'extérieur, les couleurs du Mc Donald's local dominent. L'entreprise américaine s'étant engagée en s'installant dans ces murs à reconstruire la façade très endommagée par le conflit de la dernière guerre (1991-1995). Toujours dans Županijska au numéro 8, on trouve l'immeuble de l'hôtel-restaurant historique, le Waldinger, reconnaissable à sa façade décorée dans le style Art déco (XIXe).

## BILJE

Au nord d'Osijek, s'étend la région de la Baranja croate, délimitée par la Drava à l'ouest, le Danube à l'est et les collines du sud de la Hongrie au nord. Ces terres ont été la propriété des Habsbourg jusqu'à la Première Guerre mondiale. Dans l'ancienne Yougoslavie, des Serbes et des Croates y vivaient en bonne entente. De 1991 à 1998, la Baranja a été occupée par les Serbes pendant toute la durée de la guerre, avant de passer sous protection de l'Onu. De nombreux Croates avaient alors quitté la région. Encore aujourd'hui, ils n'y reviennent que progressivement. C'est dans ces terres à proximité du village de Bilje que s'étend le parc naturel de Kopački Rit sur près de 18 100 hectares environ. L'accès du parc au public est encore limité, la zone ayant été minée pendant la guerre. Mais le travail de déminage se poursuit avec ténacité sur un site en pleine réhabilitation du territoire.

### ■ CHÂTEAU DE CHASSE DE TITO (DVORAC TIKVEŠ)

✆ + 385 31 75 23 20

www.kopacki-rit.hr

*Ouvert toute l'année de 9 h à 17 h. De mai à septembre, fermeture à 20 h. Pour la visite de la galerie d'exposition, entrée 10 kn. Visite guidée du château, 70 kn, tarif réduit pour les enfants : 50 kn.*

Construit au milieu du XVIIIe siècle dans un grand domaine du parc naturel Kopački Rit, ce manoir était l'une des résidences secondaires de Tito. Derrière ses murs, se cachent des histoires intéressantes à propos du prince Eugène de Savoie, de l'empereur François-Joseph, de l'impératrice Sissi, mais aussi de Franz Liszt, de la famille Esterházy ou même de Sophia Loren. Moins glamour, le château fut aussi le siège de nombreuses décisions politiques dans l'histoire du pays. On dit même que la dernière guerre s'est décidée ici, entre Milošević et Tuđman. L'intérieur a été en partie détruit par les Serbes. Sur la propriété, une chapelle a été sanctifiée par le pape Jean-Paul II lors de son voyage en Croatie en juin 2003. Aujourd'hui, le pavillon de chasse est devenu un centre d'accueil européen pour l'environnement. Avec une salle multimédia de 80 places, une galerie d'exposition sur la nature, l'écologie. Le lieu est privatisable pour organiser des séminaires, des réunions de groupes.

### ■ PARC NATUREL DE KOPAČKI RIT (PARK PRIRODE KOPAČKI RIT) ★

✆ +385 31 285 370

www.kopacki-rit.com

prijemni.centar@kopacki-rit.hr

A 10 km au nord d'Osijek, près du village de Kopačevo.

*Ouvert tous les jours de 9h à 17h, 16h en hiver. Tarif adulte 70 kn, enfant 50 kn.*

▶ **Près de l'embouchure de la Drava et de la frontière serbe,** ce parc naturel est l'un des plus grands espaces d'eau douce d'Europe. En 1993, il fut inscrit sur la liste des zones marécageuses d'importance internationale. Sur quelque 23 000 hectares, il abrite plus de 291 espèces d'oiseaux et 44 de poissons. L'humidité du site, due à la présence des cours d'eau, est propice à la diversité des espèces. Une route de 30 km permet de découvrir une partie du territoire. Divers chemins de randonnées ont été aménagés pour découvrir la variété du paysage. La visite fluviale à bord d'un bateau permet de découvrir l'écosystème au fil de l'eau. Ceux-ci sont stationnés à 2 kilomètres de l'entrée. Ils conduisent les visiteurs par une voie qui relie la rivière au fleuve Danube. L'excursion, qui dure 1 heure, est comprise dans le prix du billet.

▶ **Attirés par les poissons, les oiseaux migrateurs** sont nombreux au début de l'automne. On rencontre quantité de cormorans, hérons, mais aussi des sternes, des martin-pêcheurs, des canards sauvages… On compte aussi quelques espèces rares en Europe, comme la cigogne noire. Peut-être aussi aurez-vous la chance d'apercevoir un renard, un chevreuil, un sanglier, une loutre, une fouine ou même un ours. En été, il y a aussi des serpents aux abords de la rivière en raison de la profusion de grenouilles dont ils se nourrissent. Mais ceux-là ne sont pas venimeux !

▶ **A l'intérieur d'une chênaie centenaire,** on peut visiter les châteaux de Tikves, autrefois des lieux de rassemblements très prisés de nombreux chefs d'Etats ou personnalités.

## VALPOVO

La première mention écrite de Valpovo remonte à 1332. La forteresse, qui appartenait à la famille Morović, date de 1438. Plus tard, ce

## Ville martyre se reconstruit mais n'oublie pas

Près de 25 années ont passé depuis le siège de Vukovar. Considérée en Croatie comme une ville martyre, Vukovar cherche à aller de l'avant mais ne peut oublier le passé. Les fonds de l'Union Européenne devraient permettre de restaurer de nombreux bâtiments, construire des infrastructures modernes. Mais le souvenir des massacres hantent encore les esprits. Dans la Vukovar nouvelle, une forme de ségrégation demeure entre Serbes et Croates. Les deux communautés vivent toujours sous le régime de la séparation, avec chacune leurs écoles, leurs radios, leurs églises ou cafés. En septembre 2013, des échauffourées entre la police et des manifestants croates, opposés au bilinguisme latin et cyrillique, a rappelé le profond malaise. Ce dernier alphabet, utilisé par les Serbes, figure sur les enseignes de bâtiments publics. Plusieurs de ces plaques ont été détruites ou arrachées par un groupe, dont certains membres apparaissent sur la liste des anciens combattants. Ces ultra-nationalistes ont déjà fait parler d'eux et agissent « *pour la protection du Vukovar croate* ». Une action réactionnaire condamnée par la classe politique, qui demande le respect du droit des minorités. C'était d'ailleurs l'une des conditions principales imposées à la Croatie par l'Union Européenne. Les Serbes, qui comptent pour 35 % de la population dans la région de Vukovar, sont une minorité. Les activistes demandent que cette ville, symbole du conflit serbo-croate, puissent obtenir un moratoire de 50 ans sur l'utilisation de l'alphabet cyrillique serbe.

qui restait des fortifications entra dans le domaine du baron Prandau-Norman, qui y fait construire son fief en 1801. Aujourd'hui, ce château-musée, entouré d'un grand parc, en plein centre de Valpovo, se visite.
*Se renseigner à l'office de tourisme de la ville, Matije Gupca 32. ✆ +385 (0) 31 650 036 – www.tz-valpovo.hr*

## NAŠICE ★

A 51 km d'Osijek, ce petit village possède un patrimoine historique intéressant à découvrir, une belle église gothique, une salle d'exposition, deux manoirs.

### ■ CHÂTEAU DE DVORAC PEJAČEVIĆ (KAŠTEL DVORAC PEJAČEVIĆ) ★

Pejačevićev Trg 5
✆ +385 31 613 414
www.zmn.hr
*Ouvert régulièrement au public mais pas d'horaires fixes.*
S'il fallait ne choisir qu'un château parmi tous ceux de la région, celui de Našice constitue un bon choix de visite. Ce castel néoclassique date du début du XIX$^{e}$ siècle. Il possède un mausolée qui est l'œuvre d'Herman Bollé. À l'intérieur, outre le magnifique escalier double, on peut s'interesser – grâce à de multiples documents, photos et archives – à la vie de la pianiste Dora Pejačević (1885-1923). Elle fut la première femme croate de notoriété publique à composer de la musique.

## VUKOVAR

A un peu plus de 30 km au sud-ouest d'Osijek, au confluent du Danube et de la Vuka, Vukovar est un port. Avant la dernière guerre, la ville prospère était l'une des plus charmantes cités baroques de la région, avec plus de 45 000 habitants. En 1991, la guerre éclate et, en cette même année, le siège de Vukovar par les armées serbes a été particulièrement violent ; l'occupation a entraîné une série de crimes atroces, des déportations massives de population. La ville est détruite.
Aujourd'hui, une partie des habitants est retournée vivre à Vukovar. On a reconstruit et tenté d'insuffler un nouveau souffle. Si les cicatrices béantes sont toujours là, Vukovar reprend des couleurs, l'église est à nouveau sur pied, le château, dont la façade porte encore les multiples impacts de balles, accueille des expositions du souvenir… D'autres lieux de mémoire jalonnent la visite de la ville, comme l'hôpital, le musée municipal, le cimetière ou le mémorial d'Ovčara, qui évoque ce passé douloureux si proche.

### Transports

- **En train.** À environ 5 kilomètres du centre-ville, la gare ferroviaire permet la connexion avec Osijek et Zagreb (un train quotidien).
- **En bus.** En face de la place du marché, la gare routière affiche un réseau des bus locaux, qui font la liaison régulière Osijek-Vukovar.

## Pratique

### ■ OFFICE DU TOURISME (TURISTIČKA ZAJEDNICA)

J.-J. Strossmayera 15 ✆ +385 32 442889
www.turizamvukovar.hr
tz-vukovar@vu.t-com.hr
*Ouvert en semaine de 7h à 15h, le samedi de 8h à 13h.*
Toutes les informations concernant les hébergements, les visites de la ville et des environs.

## Se loger

### ■ HÔTEL LAV

J. J. Strossmayera 18
✆ +385 32 445 100 – www.hotel-lav.hr
*A partir de 590 kn la chambre double et les suites à partir de 900 kn (petit déjeuner compris).*
Seul grand hôtel de la ville, ouvert en 2013. 38 chambres, pour la plupart ayant vue sur la rivière et 4 suites aménagées dans un design moderne. Un service professionnel et courtois, une ambiance intime au bar, un restaurant, une salle de sport, accès Internet sans fil, etc. autant d'arguments pour séjourner dans ce 4 étoiles.

## Se restaurer

### ■ HÔTEL RESTAURANT DUNAVSKA GOLUBICA

Dunavska Setnica 1
✆ 032 445 434
www.dunavska-golubica.com
*Ouvert tous les jours sauf dimanche. Autour de 100 kn le plat.*
Petit événement à Vukovar quand ce nouveau restaurant a ouvert en 2011 créant une concurrence directe au Vrsk. Mais il y a de la place pour tout le monde sur ce côté-ci du Danube. Ici la cuisine slavone est moins traditionnelle, des plats augmentés d'un certain décalé qui plaît. Ainsi le Dimljeni Saran, des filets de carpe fumée au fromage de brebis avec salade mixte à la tomate, les plats végétariens, les épices, le tout servi avec le vin blanc local. A découvrir ! Ambiance musicale et concerts le week-end et des chambres à louer dans cet établissement.

### ■ RESTAURANT VRŠKE

Parobrodarska 3
✆ +385 32 441 788
www.restoran-vrske.hr
kristinamlak@gmail.com
*Environ 100 kn pour un repas.*
Depuis l'ouverture du Goluca Dunava, le Vrske que vous trouverez à proximité du château, en bordure du Danube, doit jouer avec la concurrence. Il mise donc sur son ancienneté, ses plats traditionnels (poissons du Danube, fish paprikaš, vin d'Iliok, desserts maison) ainsi que sur sa nouvelle terrasse, qui plaît aux habitués.

## À voir - À faire

### ■ CHÂTEAU D'EAU (VODOTORANJ)

Vodotoranj
Souvent visé par les tirs serbes, le château d'eau a tenu. Devenu le symbole de la résistance croate, il reste en l'état, criblé de balles.

### ■ CIMETIÈRE (GROBLJE) ET MÉMORIAL (MEMORIJALNO GROBLJE ŽRTAVA DOMOVINSKOG RATA□)

Bana Josipa Jelačića
Dans une partie du cimetière, 938 croix blanches alignées symbolisent les morts croates ayant participé à la défense de Vukovar. A côté, le mémorial. À ce jour, il reste encore des corps non identifiés ou non retrouvés. Encore 2 000 personnes sont portées disparues, parmi elles, des combattants étrangers, dont Jean-Michel Nicolier, un jeune Français originaire de Vesoul, engagé volontaire auprès des Croates. Disparu à Vukovar en 1991, ce «défenseur de la ville» est depuis considéré comme un héros national.

### ■ ÉGLISE ST PHILIPPE ET ST JACQUES (SV. FILIP I JAKOV)

✆ +385 32 344034
*Visite sur rendez-vous uniquement.*
Le couvent et l'église, tous deux de style baroque, ont été complètement détruits pendant la guerre. L'église est aujourd'hui reconstruite en façade. A l'intérieur, les traces du conflit sont encore visibles. Peu de choses ont changé si ce n'est la présence assidue des habitants de la ville qui viennent s'y recueillir. Des corps inhumés par les Serbes ont été découverts sur le site.

### ■ MUSÉE MUNICIPAL (GRADSKI MUZEJ) ★★

Dvorac Eltz, Ive Lole Ribara 2
✆ +385 32 441 271
hvm.mdc.hr/gradski-muzej-vukovar
*Ouvert les mardi, mercredi, jeudi et vendredi de 10h à 18h. Les samedi et dimanche de 10h à 13h. Entrée 10 kn.*
Un musée installé dans un palais baroque construit au milieu du XVIII^e^ siècle pour le comte Eltz. Il fut la cible des tirs d'obus durant la dernière guerre, mais les fondations ont tenu. On a refait le toit, le fronton du milieu, les murs intérieurs ainsi qu'une grande partie des salles d'exposition. Si le fonds permanent du musée est maigre, l'énergie de ses gardiens pour conserver le bâtiment compense. Ainsi les manifestions temporaires, qu'il est émouvant de visiter dans ce monument historique.

# LE SUD DE LA SLAVONIE

*Aussi appelée Slavonie orientale, cette région de Syrmie occidentale, autour de Vukovar, et de Syrmie Baranja croate (Beli Manastar) fut créée par les Serbes après la déclaration d'indépendance de la Slovénie et de la Croatie. Intégrant la République de Krajina, elle restera sous l'autorité serbe jusqu'en 1995, puis sous le contrôle d'une force de protection internationale (Atnuso) pour revenir pacifiquement à la Croatie en 1998. Une région fortement touchée par les conflits de la dernière guerre, avec pour épicentre des tensions serbo-croates, Vukovar, la ville martyre et résistante. Cette partie de la plaine de Pannonie, divisée en terres agricoles fertiles, champs céréaliers et vignobles, est riche d'un patrimoine architectural et gastronomique intéressant à découvrir.*

## ĐAKOVO

Située à 35 km d'Osijek, Đakovo, jolie étape de la région, a été construite à l'emplacement de Certissa, une petite ville romaine. La ville et la plaine qui l'entourent sont dominées par la cathédrale Saint-Pierre-Saint-Paul, bâtie en brique rouge sous les ordres de l'évêque Strossmayer au XIXe siècle. La ville, devenue résidence épiscopale en 1239, est connue pour son évêché qui a beaucoup agi pour la région. Au XIVe siècle, elle fut entourée de fortifications mais les Ottomans parviennent à l'envahir pendant près de 150 ans et y élevèrent une mosquée au XVIe siècle, aujourd'hui transformée en église. Lorsqu'ils furent chassés au XVIIe siècle, les Turcs incendièrent la ville. Le centre-ville fut reconstruit en style baroque à partir du XVIIIe siècle.

Réputée pour sa tradition de broderies en fils d'or, la région de Đakovo est aussi le berceau des fameux petits chevaux lipizzan. Les haras en dehors de la ville se visitent alors que la cité possède aussi un enclos pour le dressage et la formation des jeunes étalons.

### Transports

■ **GARE FERROVIAIRE (ŽELJEZNIČKI KOLODVOR)**
Kralja Tomislava
✆ +385 31 811 360
www.hznet.hr/
La gare se trouve à environ 1 km à l'est du centre-ville. Plusieurs connexions dans la ville dont de nombreux trains en direction d'Osijek et un train par jour pour Zagreb.

■ **GARE ROUTIÈRE**
Splitska et Eugena Kvaternika
✆ +385 60 302 030
La gare se trouve à environ 1 km à l'est de la cathédrale de Splitska. Des bus quotidiens rejoignent les villes d'Osijek et de Slavonski Brod, d'où partent les trains pour Zagreb notamment.

### À voir – À faire

■ **CATHÉDRALE SAINT-PIERRE-SAINT-PAUL (KATEDRALA SV. PETRA)**
*Ouverte tous les jours mais fermée entre 12h et 15h.*
Symbole de la richesse de la région, la cathédrale fut construite entre 1866 et 1882, sous les ordres du mécène Strossmayer. 7 millions de briques ont ainsi été nécessaires ! L'évêque a voulu une cathédrale confortable tout en conservant la tradition néogothique. Les fresques furent réalisées par des élèves plasticiens brillants ayant reçu une bourse de travail. Elles les ont occupés chacun une bonne douzaine d'années.



### Le port altier du lipizzan

En 1374, le ban Tvrtko, qui se marie à Đakovo, offre pour l'occasion dix juments arabes et un étalon pour l'évêché. L'élevage des chevaux de trait commence à cette époque dans la région. Mais c'est en 1706 que l'évêque Patačić fait reconstruire le premier haras. Puis grâce au mécénat de l'évêque Strossmayer, au début du XIXe siècle, la ferme équestre décide d'élever des lipizzans plutôt que des pur-sang arabes. L'une des particularités de ce cheval énergique et robuste, c'est sa robe. Celle-ci change de couleur avec l'âge. Les poulains sont foncés, quasiment noirs, alors que les plus anciens deviennent blancs. Aujourd'hui, on compte plus de 220 chevaux à la ferme. Ils sont principalement destinés aux sports hippomobiles, au dressage équestre et à l'équitation, à la différence du posavski konj, le cheval de Pošavac (région de Posavina), qui est plutôt un modèle de trait.

### HARAS DE LIPIZZAN (ERGELA ĐAKOVO)

Augusta Šenoe 45
✆ +385 31 813 286
www.ergela-djakovo.hr

Sur la route en direction de Nasice, avant l'intersection autoroute, un chemin de terre indique le centre équestre, qui fut fondé au XIVe siècle par les évêques de Đakovo. Cinq siècles d'existence pour cette ferme dont deux passées à élever la race des Lipizzan, un savoir-faire ancestral qu'il est intéressant de découvrir tout en admirant la beauté de ces chevaux pur-sang pas comme les autres. Possibilité de visiter le centre et de monter un cheval. Sur rendez-vous uniquement.

### MUSÉE DE ĐAKOVO (MUZEJ ĐAKOVŠTINE)

Ante Starčevića 34
✆ +385 31 813 254
www.muzej-djakovstine.hr
muzej.djakovstine@os.t-com.hr

*Ouvert tous les jours de 9h à 13h. Tarif de 5 à 10 kn.*

Dans ce musée municipal, la section archéologique est interessante alors que la partie historique s'attache aux souvenirs de la dernière guerre avec objets et témoignages. À voir également, une collection d'arts et de traditions populaires, notamment des costumes anciens, une section numismatique et, enfin, une partie dédiée aux beaux-arts et à la photographie.

### MUSÉE MÉMORIAL JOSIP JURAJ STROSSMAYER (SPOMEN MUZEJ BISKUPA JOSIPA JURJA STROSSMAYERA)

Luke Botića 2
✆ +385 31 813 698

*Ouvert jeudi et vendredi de 8h à 19h, samedi de 8h à 14h.*

La mémoire de l'évêque Strossmayer, grand mécène dans la région, valait bien un musée. Celui-ci fut inauguré en 1991. Il présente une exposition permanente avec des objets et écrits personnels et une galerie de peintures à l'étage.

### PALAIS ÉPISCOPAL (BISKUPSKE PALAČA)

Strossmayerov trg 6

De style baroque tardif, ce palais fut construit à côté de la cathédrale, à la demande des évêques en place entre 1750 et 1830. Antun Mandić (1805-1815), qui a travaillé pour l'enseignement supérieur, a beaucoup œuvré pour le développement de l'agriculture dans la région. L'évêque a d'ailleurs donné son nom aux vignobles de Mandićevac. La cave du palais recèle ainsi de bonnes bouteilles !

## SLAVONSKI BROD

Deuxième ville de Slavonie par sa démographie, Slavonski Brod (anciennement Brod) est avant tout une ville industrielle, avec une gare ferrovière, une gare routière et un centre-ville qui présente un certain intérêt touristique. Après le départ des Ottomans, au début du XVIIIe siècle, une forteresse fut édifiée sur le modèle des constructions militaires de Vauban. Même si la dernière guerre l'a en partie détruite, cette place forte garde de beaux restes, en cours de restauration actuellement.

**Transports.** Slavonski Brod est bien relié aux grandes villes par le réseau routier ou ferroviaire. Les gares se trouvent à 10 minutes à pied environ du centre-ville. En voiture, depuis Zagreb, la ville se trouve à une trentaine de kilomètres après Požega, en empruntant l'autoroute en direction de Belgrade.

### GALERIE D'ART (GALERIJA UMJETNINA)

Ante Starčevića 8 ✆ +385 35 448 749
www.gugsb.hr
galerija-umjetnina@sb.t-com.hr

*Ouvert du mardi au vendredi de 9h à 13h et de 17h à 20h, (de 10h à 17h en hiver) et week-end de 10h à 14h.*

Entièrement rénovée, cette galerie d'art abrite une collection permanente d'arts plastiques croate de la seconde moitié du XXe siècle. On y trouve près d'une centaine d'œuvres ayant appartenu au peintre et sculpteur Branko Ružić, qui est originaire de Slavonski Brod.

### MAISON DE LA FAMILLE BRLIĆ

Sur la place principale de la ville

Construite à la fin du XVIIIe siècle, détruite par un incendie en 1882, cette maison néoclassique fut restaurée puis classée monument historique de la ville. Elle abrite des documents originaux de la famille, ceux d'Ignjat Alojzije Brlić, un auteur et linguiste important du pays, Andrija Torkvat Brlić, journaliste et politicien, Fani Brlic, née Daubauchy, femme peintre, et la célèbre auteure de *Fairy tales for children,* Ivana Brlić Mažuranić.

**REPÉREZ LES MEILLEURES VISITES**

★ INTÉRESSANT ★★ REMARQUABLE ★★★ IMMANQUABLE ★★★★ INOUBLIABLE

### MONASTÈRE FRANCISCAIN (SAMOSTAN FRANJEVAČKI)

Trg Svetoga Trojstva 1 © +385 35 444 533

*Visite sur rendez-vous.*

Construit pendant la première moitié du XVIIIe siècle, ce monastère possède une église remarquable avec un cloître baroque et un beau patrimoine en mobilier liturgique.

### MUSÉE BRODSKOG POSAVLJE (BRODSKOG POSAVLJEMUZEJ)

Ante Starčevića 40 © +385 35 447415
www.muzejbp.hr

*Ouvert le lundi et vendredi de 10h à 13h et de 17h à 20h. Le mardi et jeudi de 10h à 13h. Le samedi et dimanche de 10h à 13h. Entrée : 10 kn, gratuit pour les enfants de moins de 12 ans.*

Une partie de la collection permanente (archéologie, ethnographie, histoire et sciences naturelles régionales) a été endommagée pendant la dernière guerre. Les objets sont encore conservés dans un bâtiment temporaire, en attente de nouvelles salles dans les locaux de la mairie.

## POŽEGA ★

Situé au nord-ouest de Slavonski Brod, ce charmant bourg baroque, avec son agréable place centrale, ses rues piétonnes, galeries et terrasses de cafés, mérite que l'on y fasse halte. Il est desservi par deux gares, ferroviaire et routière. La commune fut le berceau de plusieurs artistes croates, dont le poète Antun Kanižlić ou l'explorateur en Afrique, Dragutin Lerman. A noter, les soirées musicales de l'été, le festival du chant choral en juin (Les cordes d'or de la Slavonie).

### CATHÉDRALE SAINTE-THÉRÈSE-D'AVILA (KATEDRALNA SV. TEREZIJE AVILSKE)

Trg Svete Terezije

Plus vieux bâtiment de la place, cette cathédrale baroque du XVIIIe siècle, inaugurée en 1763, fut plusieurs fois endommagée et reconstruite. A l'extérieur, sur son parvis la statue de Luka Ibrašimoviç rappelle le combat du glorieux Franciscain, qui battit les Turcs en retraite à la fin du XVIIe siècle.

### ÉGLISE DU SAINT-ESPRIT (CRKVA SVETOG DUHA)

Trg Svetog Trojstva

*Ouverte au public, même en dehors des offices.*

Sur la place de la Sainte-Trinité, un monastère et une église construits par les Franciscains au XIIIe siècle. L'église a été utilisée comme mosquée par les Ottomans. Après avoir été détruite par l'incendie de 1842, elle fut rebâtie au XIXe siècle.

*Église du Saint-Esprit.*

■ **MUSÉE DE LA VILLE (GRADSKI MUZEJ)**
Matice hrvatske 1
✆ +385 34 272 130 / 034 312 945
www.gmp.hr
info@gmp.hr
*Ouvert en semaine de 9h à 14h, sur rendez-vous l'après-midi et le week-end. Entrée : 10 kn pour les adultes et 5 kn pour les enfants et les seniors.*
Deux salles d'exposition consacrées à l'archéologie et à l'histoire de la ville. Un autre espace est dédié aux événements de la dernière guerre, au souvenir des soldats morts.

■ **OFFICE DU TOURISME**
Antuna Kanižlića 3 ✆ +385 34 274 900
www.pozega-tz.hr – info@pozega-tz.hr
*Ouvert en semaine de 8h à 15h, samedi jusqu'à 13h.*
Un bureau où trouver des informations sur la ville, le patrimoine, les manifestations culturelles, les balades et les possibilités d'hébergement.

## VINKOVCI

A quelques kilomètres à l'ouest de Vukovar, cette ville est desservie par une gare ferrovière et une gare routière. Sans grand intérêt touristique, elle présente la particularité d'avoir été construite sur un site romain dont les fouilles archéologiques ont révélé l'existence de l'ancienne ville chrétienne, nommée Cibalae, lieu-dit du martyr de l'évêque Eusèbe (258) et de Polion (304). Une histoire de ces premiers chrétiens, que nous raconte la visite du musée municipal.

■ **ÉGLISE SAINT-EUSÈBE-ET-SAINT-POLION (SV. EUZEBIJE I POLION)**
*Ouverte au public même en dehors des offices.*
Cette église baroque fut construite à la fin du XVIIIe siècle à la mémoire des deux saints martyrs de Vinkovci qui y vécurent à la période romaine. Eusèbe a été le premier évêque de la ville. Pollion, lui, fut un orateur important qui, refusant de renoncer au christianisme, a été martyrisé.

■ **MUSÉE MUNICIPAL (GRADSKI MUZEJ)**
Trg bana Josipa Šokčevića 16
✆ +385 32 332 504 / +385 32 332 884
muzejvk.hr
muzej@muzejvk.hr
*Ouvert du mardi au vendredi de 9h à 15h, jeudi et vendredi de 9h à 19h, samedi de 9h à 13h. Fermé dimanche, lundi et jours fériés.*
Dans ce musée municipal, sont présentés des objets et documents régionaux ainsi qu'une section archéologique importante avec notamment de nombreuses jarres, amphores et poteries romaines. Un atelier de restauration travaille sur les objets retrouvés lors des fouilles. Enfin, une section ethnographique présente le costume Sokci traditionnel.

■ **VILLA LENIJE******
Ulica Hansa Dietricha Genschera 3
*Chambre double : 118 € (petit déjeuner inclus, Wi-fi et parking gratuit).*
À proximité du centre de Vinkovci, dans un quartier résidentiel bourgeois et boisé, la Villa Lenije allie architecture classique et intérieur contemporain confortable. Les 22 chambres spacieuces sont équipées de télé LCD, d'un minibar, de la climatisation, du téléphone et de la connexion Wi-fi gratuite. Les salles de bains privatives comprennent une baignoire, un sèche-cheveux et un peignoir. Certaines chambres offrent une vue sur le lac. Une piscine intérieure, un spa, sauna s'ajoutent au bar et au restaurant. Ce dernier sert des spécialités locales et internationales. Pour les déplacements professionnels, les clients ont accès à un bureau multimédia et à une salle de conférence.

## ILOK ★★

Ilok, la ville la plus orientale du pays, est un lieu de pèlerinage, depuis la mort du franciscain Jean de Capistran. Ce moine réformateur fut enseveli dans l'église du couvent (XVe siècle). Ilok garde également quelques traces de l'occupation ottomane, avec son mausolée et hammam.
La ville est aujourd'hui réputée pour ses vignobles de qualité, son vin le plus coté, le traminac, est un blanc sec issu d'un cépage de la famille des gewurztraminer.

■ **ÉGLISE SAINT-JEAN-DE-CAPISTRAN (SV. IVAN KAPISTRAN)**
✆ +385 32 590 073 / +385 32 344 034
*Visite guidée sur rendez-vous ou demande sur place.*
Cette église du couvent franciscain abrite les dalles funéraires de Nikola et Lovro Iločki, propriétaires du fief au XVe siècle ainsi que les reliques de Saint-Jean-de-Capistran, un moine italien qui prêcha dans toute l'Europe et mourut à Ilok en 1456. L'ensemble a perdu sa forme d'origine, notamment à la suite de la restauration néogothique. Pendant la dernière guerre, les moines avaient miné l'église pour empêcher les Serbes de pénétrer, une partie du bâtiment a été endommagée.

■ **MUSÉE MUNICIPAL (GRADSKI MUZEJ)**
Šetalište Mladena Barbarića 5
✆ +385 32 827 410 – www.mgi.hr
*Ouvert du mardi au jeudi de 9h à 15h, vendredi jusqu'à 18h, samedi de 11h à 18h. Le dimanche, pour les groupes uniquement sur réservation. Entrée : 10 kn.*
Dans un palais italien, construit à la fin du XVIIIe siècle par une famille noble (les Odescalchi), ce musée d'art et traditions populaires régional vaut la visite, surtout pour le bâtiment historique qui l'accueille.

# PENSE FUTÉ

*Ville de Rovinj.*

# PENSE FUTÉ

## ARGENT

### Monnaie

La monnaie croate est la *kuna* (HRK). *Kuna* signifie «martre» en croate, en référence aux temps anciens où la peau de ce petit mammifère était une monnaie d'échange et une unité de mesure des prix. Les temps ont changé et le petit mustélidé vit désormais paisiblement caché et prospère au fond des sous-bois du pays. Les centimes portent eux le nom de *lipas*, qui signifie «tilleul».
Il y a des billets de 5, 10, 20, 50, 100, 200, 500 et 1 000 kunas et des 1, 2, 5, 10, 20, 50 lipas et 1, 2 et 5 kunas.

- **Histoire de la kuna.** L'origine du terme remonte à l'Antiquité. Dans les provinces de Pannonie de l'Empire romain, les taxes étaient prélevées en peaux de martre, car celles-ci étaient très prisées. Au Moyen-Age, alors que se côtoient plusieurs monnaies, l'une d'entre elles s'en détache. Il s'agit de pièces d'argent ornées d'une martre. Mais avec l'aspiration de la Croatie dans le royaume hungaro-croate, la monnaie disparaît. Bien plus tard, en 1939, elle revoit le jour et sera adoptée par le Gouvernement en 1941 jusqu'à la libération, où, c'est le dinar, la monnaie serbe, qui remplace la kuna. En 1994, après l'indépendance de la Croatie, la kuna est remise en circulation.

Aujourd'hui, même si la Croatie fait partie de la communauté européenne, le passage à l'euro n'est pas définitif. De nombreux établissements adoptent le double affichage en euros et en kunas pour faciliter l'appréciation des prix. Dans les hôtels, chez les loueurs de véhicules ou prestataires de services touristiques, vous pourrez payer en euros ou avec des kunas, qui circulent toujours dans les restaurants, bars, commerces, etc.

### Taux de change

Les bureaux de change se trouvent facilement dans les grandes villes et les lieux touristiques. Ils pratiquent en général des taux similaires, avec une commission de 1 à 1,5 % pour les espèces et les chèques de voyage. On peut aussi acheter des kunas dans les banques, à la réception des grands hôtels. Seules les banques changent la monnaie locale en monnaies fortes, sur présentation du reçu de la transaction initiale. Les bureaux de poste pratiquent également le change et restent ouverts plus longtemps. En décembre 2015 :

- 1 € = 7,54 kn ; 10 kn = 1,31 €
- 1 CHF = 6,96 kn ; 10 kn = 1,42 CHF
- 1 CA$ = 5,08 kn ; 10 kn = 1,95 CA$

### Coût de la vie

- **Un café :** 10 à 20 kn
- **Un demi de bière :** 15 à 25 kn.
- **Un ticket de bus à Zagreb :** 15 kn.
- **Un plat simple :** de 45 à 70 kn.
- **Une nuit dans une auberge de jeunesse** : à partir de 250 kn.
- **Une nuit chez l'habitant** dans la vieille ville de Dubrovnik : à partir de 300 kn.

### Budget

Même si le coût de la vie reste moins élevé qu'en France, le passage à l'euro change la donne et aurait tendance à arrondir vers le haut. Mais la kuna reste en usage. Les transports en commun, le carburant, l'hébergement, les activités touristiques, les visites prennent une grande place dans le budget du voyageur et sont assez chers. Sur la côte, les prix doublent

## Visa Premier, la carte à privilégier pour vos voyages !

- **La carte Visa Premier est indispensable pour vos séjours à l'étranger** puisqu'à de nombreuses occasions elle facilitera votre voyage et vous permettra de faire des économies.
- **Lors de la planification de votre séjour par exemple,** payer vos billets avec une carte Visa Premier vous permet de bénéficier automatiquement d'une garantie modification/annulation de voyage. De même, pour votre location de voiture, inutile de prendre l'assurance vol et dommages proposée par le loueur. Si vous avez utilisé une carte Visa Premier, vous êtes couverts.
- **Sur place, c'est la carte qui vous rendra service.** En cas de perte ou de vol par exemple le Service Premier vous permettra de disposer d'une carte de secours ou d'argent de dépannage en moins de 48h à l'étranger. Pour cela, pensez à noter avant de partir le numéro de téléphone qui se trouve au dos de la carte. Pour vos dépenses sur place, vous bénéficierez de plafonds de paiement plus élevés qu'avec une carte Visa Classic.
- **Enfin, en cas de problème de santé,** votre carte pourra prendre en charge vos frais médicaux jusqu'à 155 000 €, en plus du service de rapatriement proposé par toutes les cartes Visa pour vous et votre famille.

*Toutes les conditions ainsi que l'intégralité des services proposés sont bien sûr disponibles dans les notices assurances-assistance qui vous sont remises avec votre carte Visa ou disponibles dans votre agence bancaire.*

au mois de juillet et août, mais le bateau est moins cher que le bus. Une taxe importante s'applique au logement chez l'habitant lorsque le visiteur y reste moins de trois nuits. Enfin, les prix des biens de consommation courante sont assujettis à la T.V.A. qui s'élève à 23 %.

## Banques et change

Les banques sont ouvertes de 7h à 19h en semaine et de 7h à 13h le samedi. Fermées le dimanche et les jours fériés. Partout dans les villes et les localités touristiques, on trouve des bureaux de change et des bornes automatiques pour les retraits. La commission dans ces *automat* est élevée (environ 20 % par opération).

## Moyens de paiement

La Croatie accepte aussi bien les cartes Visa que MasterCard. Lorsque vous retirez de l'argent au distributeur, deux options vous sont généralement proposées : le taux de conversion de la banque croate en question et un autre taux (celui de votre banque). Bien que les chiffres dans le deuxième cas ne s'affichent pas à l'écran, c'est une option à privilégier.

### Cash

Si vous devez retirer de l'argent au distributeur en Croatie, prenez une somme conséquente. En premier lieu, parce nombre d'établissements, des restaurants, l'hébergement chez l'habitant, la vie courante s'effectue souvent en argent espèces. De plus, à chaque retrait, s'applique la commission pratiquée par la plupart des banques françaises et des frais proportionnels au montant retiré ou payé. Il y a des distributeurs automatiques de billets dans les aéroports croates, toutefois il peut être plus prudent d'avoir quelques kunas ou euros sur soi en arrivant, au cas où vous ne pourriez pas vous servir de votre carte de crédit, ce qui est rare tout de même.

### Transfert d'argent

Avec ce système, on peut envoyer et recevoir de l'argent de n'importe où dans le monde en quelques minutes. Le principe est simple : un de vos proches se rend dans un point MoneyGram® ou Western Union® (poste, banque, station-service, épicerie...), il donne votre nom et verse une somme à son interlocuteur. De votre côté, vous vous rendez dans un point de la même filiale. Sur simple présentation d'une pièce d'identité avec photo et de la référence du transfert, on vous remettra aussitôt l'argent.

## Pourboires, marchandage et taxes

L'usage du pourboire n'est pas aussi systématique qu'en France, mais il est assez répandu, surtout dans les lieux touristiques. Dans les restaurants, vous pouvez laisser 10 % de la note si vous êtes satisfaits du service. Le marchandage n'est pas du tout pratiqué. Les prix affichés sont fixes (taxes incluses).

# BAGAGES



## Que mettre dans ses bagages ?

Un peu comme en France, tout dépend de là où l'on va ! Au sud, sur la côte adriatique, le climat méditerranéen fait espérer des journées ensoleillées toute l'année. Au printemps, il peut pleuvoir fortement, en été, il peut faire très chaud (30 à 35° juillet/aout). Apportez vos maillots – même si les plages de nudistes ne manquent pas – chapeaux, lunettes de soleil, crèmes solaire, serviettes de bain et autres affaires légères. Sans oublier le coupe-vent pour les marcheurs, car la *bura* est là. Sorte de mistral ou tramontane locale, ce vent du nord, qui vient de la montagne, se lève parfois et rafraichit les soirées estivales. En toute saison, nous vous conseillons de prendre un petit pull, polaire ou laine. Hors saison, votre séjour peut être ponctué d'averses, de fortes bourrasques. Parapluie, imperméable léger et vêtement chaud ne seront pas de trop. Dans les terres plus montagneuses au Nord, le climat continental est plus frais même en été, et l'hiver rigoureux. Dès novembre, on fait du ski dans la région de Zagreb ! Des vêtements plus chauds s'imposent même si on peut louer combinaisons, paires de ski et autres planches à surf sur place.

## Matériel de voyage

■ **INUKA**
France
www.inuka.com
Ce site vous permet de commander en ligne tous les produits nécessaires à votre voyage, du matériel de survie à celui d'observation en passant par les gourdes ou la nourriture lyophilisée.

■ **TREKKING**
trekking.fr/bagage
Trekking propose dans son catalogue tout ce dont le voyageur a besoin : trousses de voyage, ceintures multipoche, sacs à dos, sacoches, étuis... Une mine d'objets de qualité pour voyager futé et dans les meilleures conditions.

# DÉCALAGE HORAIRE

Pas de décalage horaire entre la France et la Croatie, où il existe également une heure d'été (GMT + 2) et une heure d'hiver (GMT + 1).

# ÉLECTRICITÉ, POIDS ET MESURES

Les prises électriques délivrent du 220 Volts et les Croates utilisent le système métrique.

# FORMALITÉS, VISA ET DOUANES

- **Pour un séjour touristique de moins de trois mois,** seul le passeport ou une carte d'identité est requis pour les ressortissants de l'Union européenne.
- **Pour emprunter le tronçon de 9 km de route côtière** entre Split et Dubrovnik, qui fait partie du territoire bosniaque, la carte d'identité ou le passeport en cours de validité sont suffisants.
- **Pour les visiteurs qui souhaitent se rendre en Croatie** via la Slovénie, la carte d'identité et le passeport suffisent également.
- **Conseils :** avant de partir, photocopiez tous les documents que vous emportez. Vous emmènerez vos documents d'identité et conserverez les copies en France. En cas de perte ou de vol, les démarches de renouvellement seront ainsi beaucoup plus simples auprès des autorités consulaires.
- **Attention aux conditions d'entrée pour vos animaux de compagnie.** Renseignez-vous avant votre départ pour savoir dans quelles conditions

ils pourront vous accompagner. Certains hôtels acceptent leur présence, pas tous.

## Douanes

### Autorisés

- **Alcool.** 4 litres de vin, plus 1 litre d'alcool de plus de 22°, ou 2 litres de moins de 22° (le voyageur doit être âgé de 17 ans au moins). 2 litres de rhum autorisés. Ne dépassez pas la limite car les contrôles des douaniers français sont fréquents à l'arrivée...
- **Tabac.** 200 cigarettes ou 50 cigares ou 250 g de tabac à rouler.
- **Marchandises dans bagages personnels.** Le montant total ne doit pas dépasser 430 US$ (aérien et maritime), 300 € (autres moyens de transports). Pour les moins de 15 ans : 150 €.
- **Nourriture.** Tout aliment industriellement sous vide est autorisé (donc les boîtes de conserves industrielles).
- **Gels et aréosols.** Depuis le 26 septembre 2006, les liquides, gels et aérosols sont de nouveau autorisés dans les bagages cabine. Ces articles doivent être rangés dans un sac plastique transparent refermable, sans dépasser pour chacun 100ml. Le volume total du sac ne devra pas dépasser 1 litre. Les articles achetés en duty free sont, eux, autorisés quelle que soit leur contenance.

### Interdits

- **Les articles dangereux** (couteaux, limes, ciseaux, objets tranchants, allumettes...) sont interdits dans les bagages à main mais autorisés dans les bagages en soute. Depuis 2005, les briquets sont interdits en cabine et en soute.
- **Certaines denrées alimentaires** (viandes, fruits et légumes frais, fromages autres qu'à pâte dure).
- **Certains produits pharmaceutiques** sans une ordonnance traduite en anglais.

### Chiens et chats

- **Le certificat sanitaire** et le certificat de vaccination à jour sont nécessaires.
- **La vaccination antirabique** doit remonter à plus d'un mois et à moins d'un an.
- **Identification.** L'animal doit être muni d'une marque d'identification claire. Cette identification doit être inscrite dans les certificats. Il n'y a pas de quarantaine (sauf pour les îles).

**■ INFO DOUANE SERVICE**
France
✆ 01 72 40 78 50
www.douane.gouv.fr
Le service de renseignement des douanes françaises à la disposition des particuliers est ouvert du lundi au vendredi de 8h30 à 18h. Les téléconseillers sont des douaniers qui répondent aux questions générales, qu'il s'agisse des formalités à accomplir à l'occasion d'un voyage, des marchandises que vous pouvez ramener dans vos bagages ou des informations utiles pour monter votre société d'import-export. A noter qu'une application mobile est également disponible sur le site de la douane.

# HORAIRES D'OUVERTURE

- **Les magasins d'alimentation** et les grands magasins sont pour la plupart ouverts en permanence de 8h à 20h. Certains sont fermés entre midi et 17h, mais c'est assez rare. Ils sont parfois ouverts le dimanche matin. Dans les centres touristiques, pendant l'été, ils sont en général ouverts 7j/7.
- **Les administrations publiques** sont ouvertes de 8h à 16h, du lundi au vendredi.
- **Le travail en entreprise** se passe de 8h à 15h en général. Pendant la basse saison, les agences de location, par exemple, ferment dès 15 heures.



# INTERNET

Désormais, on trouve partout des points de connexion à Internet. De moins en moins de zones blanches subsistent en Croatie. Wi-fi public gratuit, parfois payant, souvent offert dans la plupart des hôtels, hostels et B&B, boutiques, agences, médiathèques et cyber-cafés, bien sûr. Dans les îles ou certains lieux encore peu couverts, il faut se rendre à l'office de tourisme, à la capitainerie, dans les agences pour voyageurs, les bars-restaurants et autres boutiques pour obtenir la connexion. Le tarif est soit offert, soit fonction de la qualité du réseau et du mode de tarification. Compter autour de 20 à 25 kn l'heure.

# JOURS FÉRIÉS

- **1er janvier :** Nouvel an.
- **6 janvier :** Epiphanie.
- **Avril :** Lundi de Pâques.
- **1er mai :** Fête du Travail.
- **30 mai :** Fête-Dieu.
- **22 juin :** Résistance antifasciste.
- **25 juin :** Fête nationale.
- **5 août :** Jour du Souvenir national.
- **15 août :** Assomption.
- **8 octobre :** Jour de l'Indépendance.
- **1er novembre :** Toussaint.
- **25 décembre :** Noël.

# LANGUES PARLÉES

- **Les Croates d'Istrie et de Dalmatie parlent aussi l'italien.** L'allemand est la 2e langue, puis vient l'anglais, le français.

- **Apprendre la langue en Croatie :** pourquoi ne pas profiter de votre séjour pour apprendre le Croate ? La fondation Hrvatska Matica Iseljenika organise des cours d'été à Zagreb, Rijeka, Novi Vinodolski, Zadar, Split et Dubrovnik ainsi que des séjours de volontariat autour d'un programme de restauration du patrimoine culturel.

- **Apprendre la langue en France :** l'offre pour l'auto-apprentissage peut se faire sur différents supports : CD, DVD, cahiers d'exercices ou même directement sur Internet *via* des sites pédagogiques ou communautaires.

**■ FONDATION HRVATSKA MATICA ISELJENIKA**
Odjel za Školstvo, Trg Stjepana Radića 3
ZAGREB (Croatie)
✆ + 385 1 611 5116
*Voir page <?>.*

### Les cartes postales futées !

Pour les amoureux de carte postale, en envoyer peut être parfois compliqué voire mission impossible. Trouver la bonne carte, un timbre, mais aussi une boite aux lettres pour éviter de traverser tout l'aéroport en fin de séjour, relève parfois de la gageure. L'astuce c'est d'utiliser l'Application OKIWI depuis votre smartphone. Vous sélectionnez l'une de vos photos sur votre téléphone, vous écrivez votre message puis l'adresse de votre destinataire, seule une connexion wifi est nécessaire. L'avantage, OKIWI imprime votre carte et s'occupe de l'envoyer directement par la Poste à votre correspondant. Voilà au moins vous êtes sur d'envoyer une photo qui vous plaît, et puis surtout qu'elle n'arrive pas deux mois après votre retour. Sur internet www.okiwi-app.com et disponible sur *Appstore* et *Android Market*.

# POSTE

En général, les bureaux de poste sont ouverts de 7h à 19h ou de 7h à 14h dans les localités plus petites. Il arrive que certains bureaux ferment à l'heure du déjeuner, particulièrement hors saison. Dans les grandes villes et les localités touristiques, des bureaux de poste de garde sont ouverts le samedi et le dimanche jusqu'à 21h. La fiabilité de la poste est assurée, les cartes postales ou lettres envoyées vont arriver à leur destination. Pour une lettre en France, compter environ 5 kn.

# QUAND PARTIR ?

## Climat

L'été, sur la côte, il fait 25 à 30 °C en moyenne, un peu moins à Zagreb. L'hiver, il peut faire frais sur la côte (autour de 5 °C), beaucoup pleuvoir au printemps même si l'influence méridionale est bien présente la plupart du temps. La température varie de 10 °C à 15 °C au mois de janvier. A Zagreb, climat continental, on passe régulièrement au-dessous de 0 °C en hiver.

## Haute et basse saisons touristiques

La haute saison, surtout sur la côte adriatique, atteint sa pleine activité en juillet et août. Les meilleures périodes se situent donc avant la saison estivale (mai et juin) et après (septembre et octobre), quand le pays est vidé des foules touristiques, quand la mer et le soleil sont encore chauds.

# SANTÉ

Avant de partir, vérifier si vos vaccins sont à jour. Pour vous informer de l'état sanitaire du pays et recevoir des conseils, consulter votre médecin. Vous pouvez aussi vous adresser à la Société de médecine des voyages du centre médical de l'Institut Pasteur (www.pasteur.fr). Pour connaître les urgences et établissements aux standards internationaux, consultez aussi les sites du Cimed qui délivre des informations sanitaires aux voyageurs et aux expatriés (www.cimed.org), celui du ministère des Affaires étrangères (www.diplomatie.gouv.fr/voyageurs) ou de l'Institut national de veille sanitaire (www.invs.sante.fr). En cas de maladie, il faut contacter le consulat français. Il se chargera de vous aider, de vous accompagner et vous fournira la liste des médecins francophones. En cas de problème grave, c'est aussi lui qui prévient la famille et décide du rapatriement.

- **La carte européenne d'assurance maladie (CEAM)** est désormais acceptée en Croatie. Elle vous permettra d'attester de vos droits à l'assurance maladie et de bénéficier d'une prise en charge sur place de vos soins médicaux, selon la législation et les formalités en vigueur dans le pays de séjour.

## Conseils

Des pharmacies, hôpitaux et cliniques privées sont présents dans toutes les grandes villes traversées.

- **En cas de maladie**, vous pouvez consulter le site du consulat français afin d'accéder à la liste des médecins francophones. Le consulat se chargera de vous aider et de vous accompagner lors de problèmes graves.

**Avant de partir**, pensez à la souscription d'une assurance Monde, après avoir vérifié qu'aucune n'était comprise avec votre cotisation de carte bancaire, voire certains de vos contrats d'assurance.

**GLOBE-DOCTEUR**
www.globe-docteur.com
Globe-Docteur est un service qui permet d'entrer en contact avec un médecin, afin d'obtenir des conseils et avis dans le domaine de la santé. En se connectant au site, chacun pourra lancer une conversation par messagerie avec un docteur afin de lui poser les questions de son choix. Les membres pourront également prendre rendez-vous avec le médecin de leur choix. Le RDV se déroule soit par téléphone, soit par visio-conférence sécurisée. Globe-Docteur permet ainsi d'obtenir rapidement des réponses précises issues de professionnels de la santé, qui ont tous une expérience de plusieurs dizaines d'années.

## Centres de vaccination

**CENTRE DE VACCINATION AIR FRANCE**
148, rue de l'Université (7e)
Paris (France)
© 01 43 17 22 00 / 0 892 68 63 64 / 01 48 64 98 03
*Ouvert du lundi au vendredi de 8h45 à 18h. Nocturne le jeudi jusqu'à 20h. Le samedi de 8h45 à 16h. Fermeture les dimanches et jours fériés uniquement. Rendez-vous possible en semaine entre 9h et 17h.*

**Autre adresse : 3,** place Londres Bâtiment Uranus 95703 Roissy Charles de Gaulle.

**INSTITUT PASTEUR**
209, rue de Vaugirard (15e)
Paris (France)
© 0 890 710 811 / 03 20 87 78 00
www.pasteur.fr
*Sur le site Internet, vous pouvez consulter la liste des vaccins obligatoires pays par pays.*
L'Institut Pasteur, créé en 1888 par Louis Pasteur, est une fondation privée à but non lucratif dont la mission est de contribuer à la prévention et au traitement des maladies, en priorité infectieuses, par la recherche, l'enseignement, et des actions de santé publique. Tout en restant fidèle à l'esprit humaniste de son fondateur Louis Pasteur, le centre de recherche biomédicale s'est toujours situé à l'avant-garde de la science, et a été à la source de plusieurs disciplines majeures : berceau de la microbiologie, il a aussi contribué à poser les bases de l'immunologie et de la biologie moléculaire. Le réseau des Instituts Pasteur, situé sur les 5 continents et fort de 8 500 collaborateurs, fait de cette institution une structure unique au monde.

**Autre adresse : 1,** rue du Professeur Calmette 59019 Lille.

## En cas de maladie

Un réflexe : contacter le consulat de France. Il se chargera de vous aider, de vous accompagner et vous fournira la liste des médecins francophones. En cas de problème grave, c'est aussi lui qui prévient la famille et qui décide du rapatriement. Pour connaître les urgences et établissements aux standards internationaux : consulter les sites www.cimed.org – www.diplomatie.gouv.fr et www.pasteur.fr

## Assistance rapatriement – Assistance médicale

Si vous possédez une carte bancaire Visa® et MasterCard®, vous bénéficiez automatiquement d'une assurance médicale et d'une assistance rapatriement sanitaire valables pour tout déplacement à l'étranger de moins de 90 jours (le paiement de votre voyage avec la carte n'est pas nécessaire pour être couvert, la simple détention d'une carte valide vous assure une couverture). Renseignez-vous auprès de votre banque et vérifiez attentivement le montant global de la couverture et des franchises ainsi que les conditions de prise en charge et les clauses d'exclusion. Si vous n'êtes pas couvert par l'une de ces cartes, n'oubliez surtout pas de souscrire une assistance médicale avant de partir.

## Urgences

Partout dans l'Union européenne, le 112 est le numéro d'appel d'urgence pour contacter une ambulance, les pompiers ou la police. Ce numéro est gratuit et disponible 24h/24.

# SÉCURITÉ ET ACCESSIBILITÉ

## Dangers potentiels et conseils

La Croatie possède un taux de criminalité très bas : il s'agit d'un des pays les plus sûrs d'Europe. De plus, les lois condamnent sévèrement un voleur qui s'en prendrait à des touristes.

**Les mines antipersonnel.** La côte et les îles, régions les plus touristiques, ont été peu touchées. Il n'y a donc pas de danger de marcher dans un champs de mines. Un danger potentiel existe dans le massif du Velebit et dans la campagne de Zadar. Ces zones sont signalées par des panneaux, balisées et bien circonscrites. Elles ne sont accessibles qu'en 4x4. Les visiteurs qui se rendent en Slavonie orientale, à la frontière bosniasque, doivent, par mesure de sécurité, garder la route et les chemins. Selon le dernier objectif, fixé par le Centre Croate d'Action contre les Mines (CROMAC), le pays devrait être débarrassé de ses mines antipersonnel en 2019, soit 24 ans après la fin de la guerre d'indépendance.

- **Ariane.** Lorsque vous effectuez un voyage ou une mission ponctuelle, vous pouvez désormais signaler votre absence auprès du ministère des Affaires étrangères. Un fil de sécurité qui garantit le contact en cas de crise dans votre pays de destination, envoie des recommandations de sécurité par SMS ou courriels mais ne se substitue pas à l'inscription au registre des Français établis hors de France (temps de séjour supérieur à 6 mois). La confidentialité des données personnelles est garantie.
*pastel.diplomatie.gouv.fr/fildariane*
Pour connaître les dernières informations sur la sécurité sur place, consultez la rubrique « Conseils aux voyageurs » du site du ministère des Affaires étrangères*. Le site dresse une liste exhaustive des dangers potentiels, ce qui donne parfois une image un peu alarmiste de la situation réelle du pays.
**www.diplomatie.gouv.fr/voyageurs/*

### Femme seule en voyage

Pas d'inquiétude à avoir en ce qui concerne la sûreté, même dans les grandes villes. Dans les petites localités, vous pourrez parfois croiser des regards de curieux appuyés, voire étonnés, à la vue d'une femme seule dans un café. Dans les cinémas et les restaurants, l'étonnement est le même. Rien de bien méchant donc... Les jeunes générations sont beaucoup plus discrètes sur ce terrain-là !

### Voyager avec des enfants

Les structures d'accueil dédiées aux enfants, les centres de loisir ou les camps de vacances sont relativement rares. Quelques parcs d'attraction en Istrie, sur la côte adriatique, mais la nature en Croatie est omniprésente. Elle offre quantité d'occasions de se divertir en famille. Des multiples activités de plein air, que ce soit à la mer, à la montagne ou à la campagne sont proposées par les stations balnéaires populaires, certains parcs nationaux, les petites localités touristiques et les écovillages. De nombreux complexes hôteliers et des campings sont équipés de piscines avec petits bassins, des aires de jeux, certains avec des programmes d'animations pour la jeunesse.

### Voyageur handicapé

Pour les personnes à mobilité réduite, le pays n'est pas la destination la plus accessible d'Europe. Cependant, de plus en plus d'initiatives en faveur des personnes vivant avec un handicap se mettent en place, notamment dans le domaine touristique. Ainsi, les visites de Zagreb en langue des signes, l'école de plongée pour les sourds-muets etc.. Une communication sur ces aménagements spécifiques est disponible auprès de l'office de tourisme de Croatie à Paris.

### Voyageur gay ou lesbien

La Croatie est un pays conservateur. Les orientations sexuelles ne s'affichent pas en public mais on trouve des établissements gay-friendly à Zagreb, sur la côte adriatique, l'île de Hvar par exemple, Dubrovnik, ainsi qu'à Split, où la Gay Pride revient chaque année.

## TÉLÉPHONE

### Téléphone mobile

Utiliser son téléphone mobile ? Si vous souhaitez garder votre forfait français, il faudra avant de partir activer l'option Europe ou internationale en appelant le service clients de votre opérateur. Qui paye quoi ? La règle est la même chez tous les fournisseurs. Lorsque vous utilisez votre téléphone français à l'étranger, vous payez la communication, que vous émettiez l'appel ou le receviez. Dans le cas d'un appel reçu, votre correspondant paye lui aussi, mais seulement le prix d'une communication locale. Tous les appels passés depuis ou vers l'étranger sont hors forfait, y compris ceux vers la boîte vocale.

### Cabines et cartes prépayées

Les téléphones publics s'utilisent avec des cartes en vente dans les bureaux de poste, où il est aussi possible de passer ses appels, ce qui revient souvent moins cher (entre 15 et 100 kn). On peut acheter ces cartes téléphoniques dans les kiosques à journaux également. La communication avec la France est relativement chère (environ 5 kn la minute) ; le tarif est réduit entre 22h et 6h.

# À VOIR – À LIRE

## Cartographie et bibliographie

### Récits de voyage

Avant Internet, les récits de voyageurs français en Croatie étaient rares. Il faut donc aller chercher chez des auteurs étrangers les évocations du pays, chez James Joyce en Istrie, chez Lord Byron ou Bernard Shaw dans l'ancienne Raguse (Dubrovnik). La perle de l'Adriatique brille dans *Les Nouvelles orientales* de Marguerite Yourcenar (Gallimard, Paris, 1963) ainsi qu'à la fin des *Hommes de bonne volonté* de Jules Romains (Robert Laffont, Paris, 1988, tome XXIII).
Pour un avant-goût des îles dalmates, on peut lire le *Voyage atlantique*, le journal de voyage d'Ernst Jünger (La Table ronde, Paris, 1952) ainsi que le périple méditerranéen de l'Américain Paul Théroux : *Les Colonnes d'Hercule*, un livre à lire sur un ferry, où il consacre un long chapitre à la côte adriatique, à Zadar et à Dubrovnik, juste après la dernière guerre (Grasset 1995). Dans *La Martre et le Léopard : Carnets d'un voyage en Croatie* de Jean-Marie Laclavetine, les archipels de rêve à nouveau mais aussi la Croatie continentale où il s'est fait des amis (Gallimard 2010).

### Histoire


- **Adler (Jasna),** *L'Union forcée, la Croatie et la création de l'Etat yougoslave (1918)*, Genève, Editions Georg, 1997.
- **Astolfi (Astrid)**, *L'Air de la guerre sur les routes de Croatie et de Bosnie*, L'Harmattan, Paris, 1995 et *Reconstruction après la guerre : l'exemple de Pakrac*, Paris, L'Harmattan, 2000.
- **Becirovic (Bogdan)**, *L'Image du maréchal Tito en France*, L'Harmattan (2014). Cet ouvrage analyse le regard porté sur Tito par des hommes politiques français au pouvoir entre 1945 et 1980.
- **Bérenger (Jean)**, *Histoire de l'empire des Habsbourg (1273-1918)*, Paris, Fayard, 1989.
- **Bilandžić (Dušan)**, *OKC, Zagreb, 1991*, ouvrage disponible auprès du service de presse de l'ambassade de la Croatie.
- **Castellan (Georges)**, *Histoire des Balkans*, Paris, Fayard, 1991 et *Histoire des peuples d'Europe centrale*, Paris, Fayard, 1994.
- **Castellan (Georges) et Vidan (Gabrijela)**, *La Croatie,* Paris, P.U.F., coll. « Que sais-je ? », 1998.
- **Dvornik (Francis)**, *Les Slaves*, Paris, Le Seuil, 1970.
- **Erignac (Louis)**, *La Révolte des Croates de Villefranche-de-Rouergue*, Villefranche, 1980.
- **Fetjö (François)**, *Histoire des démocraties populaires*, 2 vol., Paris, Le Seuil, 1972.
- **Finkielkraut (Alain)**, *Comment peut-on être Croate ?*, Paris, 1992.
- **Garde (Paul)**, *Vie et mort de la Yougoslavie*, Fayard, 1992.
- **Gazi (Stephen)**, *A History of Croatia*, New York, 1973.
- **Gjidara (Marc), Grmek (Mirko) et Simac (Neven)**, *Le Nettoyage ethnique*, Fayard, 1993.
- **Haumant (Emile)**, *La Formation de la Yougoslavie (XV*e*-XX*e *siècle)*, Paris, 1930.
- **Hatzfled (Jean),** *L'Air de la guerre,* l'Olivier, 1994 et *La Guerre au bord du fleuve*, l'Olivier, 1999.
- **Heller (Yves)**, *Des brasiers mal éteints*, Le Monde Editions, 1996.
- **Iveković (Rada)**, *La Croatie depuis l'effondrement de la Yougoslavie*, Paris, L'Harmattan, 1994.
- **Jelavich (Barbara)**, *History of the Balkans, vol. 1 et 2*, Cambridge University Press, 1983.
- **Krulić (Joseph)**, *Histoire de la Yougoslavie de 1945 à nos jours*, Bruxelles, 1993.
- **Le Brun (Annie)**, *Les Assassins et leurs miroirs*, Terrain Vague, 1993.
- **Masson (Diane)**, *L'Utilisation de la guerre dans la construction des systèmes politiques en Serbie et en Croatie (1989-1995)*, Paris, L'Harmattan, coll. « Logiques politiques », 2002.
- **Nahoum-Grappe (Véronique) (dir.)**, *Vukovar, Sarajevo… La guerre en ex-Yougoslavie*, Esprit, 1993.
- **Peroche (Gregory)**, *Histoire de la Croatie et des nations slaves de Sud (395-1392)*, Paris, Editions F.-X. de Guibert, 1992.

## Arts, culture et langue

- **Alyn (Marc)**, *Poésie croate d'aujourd'hui*, Charleville, La Grive, 1970.
- ***Cahiers croates***, revue trimestrielle, Paris, AMCA, 1997.
- ***Croatie – Trésors de la Croatie ancienne***, Paris, Somogy, 1999 (ouvrage collectif).
- **Dayre (J.)**, *Dictionnaire croate-français*, La Maison du Dictionnaire, 1996.
- **Jovanović (Dragoslav)**, *Le Croate de poche*, Assimil, 2001.
- ***Les arts en Croatie***, in *L'Œil*, hors série n° 7, Paris, 1998.
- **Mihalić (Slavsko) et Kušan (Ivan),** *La Poésie croate des origines à nos jours*, Paris, Seghers, 1972.
- **Putanec,** *Dictionnaire français-croate*, Orphys, 1996.

## Relations entre la Croatie et la France

- **Deanović (Mirko)**, *Anciens contacts entre la France et Raguse*, Annales de l'Institut français de Zagreb, 1950.
- **Dolbeau (Christophe)**, *France-Croatie, aperçu des relations entre le XIe et le XIXe siècle*, Lyon, 1994.
- **Foretić (Miljenko),** *La République de Dubrovnik et la Révolution française*, Dubrovnik, 1996.
- **Franolić (Branko)**, *L'Influence de la langue française en Croatie*, Paris, Nouvelles Editions Latines, 1975.
- **Katunarić (Dražen)**, *Croatie-France*, Zagreb, Most, 1995.
- **Peroche (Gregory)**, *Croatie-France (797-1997) – Douze siècles d'histoire*, Paris, Editions F.-X. de Guibert, 1998.
- **Tuilier (André)**, *Les Croates et l'Université de Paris au Moyen Age*, Annales de l'Institut français de Zagreb, 1987.
- **Année de la Croatie en France** (2012). Diverses manifestations contemporaines (culturelles, artistiques, gastronomiques) à redécouvrir sur les sites Internet : www.croatielavoici.com/www.balkans-transit.asso.fr/

## Cartographie

- **Carte Croatie-Slovénie.** 1/500 000e, Kummerly et Frey, Ed Géographique.
- **Carte Croatie-Slovénie.** 1/600 000e, Ed. Freytag et Berndt.
- **Carte Slovénie-Croatie-Bosnie-Herzégovine.** 1/800 000e, Ed. EuroCarte, coll. Euro Map.
- **Carte Slovénie-Croati**e. Ed. Michelin, coll. Carte C Grandes Routes.
- **Carte Croatie 1 (Istrie-Zagreb).** 1/250 000e, Ed. Freytag et Berndt.
- **Carte Croatie 2 (Iles dalmates).** 1/250 000e, Ed. Freytag et Berndt.

## Filmographie

- ***Predstava Hamleta u selu Mrduša Donja*** (*Représentation de Hamlet au village de Mrduša Donja*), comédie dramatique de Krsto Papić, réalisée en 1973. Ce film est librement inspiré de la pièce d'Ivo Brešan. Il raconte le projet d'un maire qui développe le culte de la personnalité dans son petit village à l'époque du réalisme socialiste yougoslave et impose aux membres du village la mise en scène de *Hamlet* de Shakespeare.
- ***Tko pjeva, zlo ne misli*** (*Qui chante ne pense pas à mal*), comédie musicale de Krešo Golik réalisée en 1979. Ce film a été récemment élu film croate du siècle en Croatie. Il est inspiré du *Journal du Petit Petrica* de Vjekoslav Majer, écrivain originaire de Zagreb, qui a eu du succès dans l'entre-deux-guerres. Dans le Zagreb des années 1930, le film décrit la vie d'une famille banale qui se trouve bousculée par l'irruption d'un fanfaron.
- ***Kiklop*** (*Le Cyclope*), drame psychologique de Antun Vrdoljak, réalisé en 1982. Ce film est inspiré du roman de Ranko Marinković. Il raconte l'histoire d'un écrivain de Zagreb en 1941, alors que l'Allemagne s'apprête à envahir la Yougoslavie. L'homme de lettres hésite entre le laisser-aller pessimiste et le choix plus responsable de la vie de bohème, qui le place en marge des événements.
- ***Sokol ga nije volio*** (*Sokol ne l'aimait pas*), drame de Branko Schmidt, réalisé en 1988. Ce film est l'adaptation cinématographique de la pièce de Fabijan Šovagović.
- ***Glembajevi*** (*Les Glembay*), drame de Antun Vrdoljak, réalisé en 1989. Le film, inspiré du roman de Miroslav Krleža, se situe à la veille de la Première Guerre mondiale et raconte l'histoire de la riche famille de Zagreb, les Glembay, hantée par un lourd passé gardé secret. Le fils se trouvera confronté à l'hypocrisie des siens.
- ***Priča iz Hrvatske*** (*Une histoire croate*), drame psychologique de Krsto Papić, réalisé en 1991. Ce film raconte le destin de la génération issue de la révolte étudiante du Printemps croate qui a secoué la Yougoslavie, à travers trois époques marquantes : les années de répression (1970), la mort de Tito (1980) et le réveil démocratique (1990).

**Kako je počeo rat na mom otoku** (*Comment la guerre a commencé sur mon île*), comédie dramatique réalisée par Vinko Brešan en 1996. Le film traite avec humour de l'effondrement de la Yougoslavie à travers l'histoire d'une île dalmate au début de la guerre.

**Why Have You Left Me ?** Film d'Oleg Novković de 1993. Appelé à faire son service militaire en 1991, le jeune Serbe Pedža se trouve confronté aux horreurs de la guerre. Il est envoyé sur le front de Vukovar avec deux amis. L'un d'eux est tué. De retour à Belgrade, il est incapable de se réadapter à la vie civile. Alors que les jeunes de son entourage continuent à se divertir comme si de rien n'était, il a l'impression de ne pas appartenir au même monde qu'eux. Sa fiancée est désormais une étrangère. Et son ami du front, le seul qui pouvait le comprendre, se donne la mort. Il ne trouve le salut que grâce à une jeune réfugiée, dont il tombe amoureux…

**Le Cinéma dans la poudrière.** Documentaire de Herbert Krill, Allemagne, 2001. Malgré la guerre, plus de 75 films ont été produits depuis dix ans dans l'ex-Yougoslavie. Comment les réalisateurs ont-ils vécu ces années noires ? Comment sont-ils parvenus à travailler dans un pays déchiré ? À Belgrade, Herbert Krill a recueilli les témoignages de cinéastes et producteurs, d'acteurs et de scénaristes qui ont réussi à maintenir leur art vivant. Renommés dans leur pays, la plupart d'entre eux sont inconnus chez nous. À leurs côtés, intervient également le Serbe Emir Kusturica qui, en 1995, alors que le conflit faisait rage en Bosnie, remportait la Palme d'or à Cannes avec son film *Underground*.

**Baril de poudre.** Film de Goran Paskaljević, Yougoslavie/France/Turquie, 1998. Belgrade, à la veille des accords de Dayton. Cette nuit-là, les destins de gens ordinaires s'entrecroisent dans une atmosphère tendue. La violence et le désespoir se mêlent dans une atmosphère de dérision et de vitalité toute balkanique. Les personnages circulent d'une histoire à l'autre, au gré du hasard, dérapent chacun à leur tour. Les événements d'une nuit évoquent les difficultés des uns et des autres, les conflits qui les opposent, mais aussi de la situation d'un pays au bord du gouffre. Un homme s'attaque à un chauffard parce que sa voiture est son seul bien. Un autre tue son meilleur ami qui vient de lui avouer tous ses mensonges. Un jeune homme agacé par le retard du bus entreprend de conduire lui-même l'engin… Un baril de poudre prêt à exploser.

**Harrison's Flowers**, drame réalisé par Elie Chouraqui, 2002. Premier long métrage dont l'intrigue se déroule sur fond de guerre en Croatie en 1991. Le film a été tourné à Vukovar. Les scènes de guerre y sont restituées avec un réalisme saisissant.

**Le Fantôme de Tito**, réalisé par Vinko Brešan. Comédie politique et fantastique, 1999. D'étranges phénomènes effraient la population d'une petite île de l'Adriatique. Le policier Stipan se rend sur place pour mener l'enquête. D'après la population locale, l'île serait hantée par l'esprit du maréchal, leader communiste de l'ex-Yougoslavie. Le maire, Luka, voit dans cette rumeur l'opportunité de faire de son île un gigantesque parc d'attractions avec Tito en invité vedette. Mais les vétérans de la Seconde Guerre mondiale ne croient pas aux esprits. Et si c'était Tito en personne qui était venu restaurer le communisme...

**Posljednja volja** (*La Dernière Volonté*). Cette comédie estivale réalisée en 2001 est l'un des premiers films de production croate indépendante. Comédie estivale de Zoran Sudar, avec Goran Višnjić que nous connaissons déjà dans le rôle de Luka Kovač dans la série *Urgences*. Le film est une bonne invitation au voyage pour ceux qui souhaitent passer leurs vacances à Bol, sur l'île de Brač.

## AVANT SON DÉPART

### AMBASSADE DE LA REPUBLIQUE DE CROATIE EN FRANCE

7, square Thiers (16e)
Paris (France) ✆ 01 53 70 02 80 / 2
fr.mvep.hr/fr – vrhpariz@mvep.hr
*Section consulaire, réception du public du lundi au vendredi de 10h à 13h. Informations et permanences téléphoniques du lundi au vendredi de 15h à 16h30.*
Pour tout savoir sur les relations franco-croates, la politique étrangère nationale et européenne, l'économie, la science, le tourisme et les partenariats officiels, notamment les manifestations culturelles.

### OFFICE NATIONAL CROATE DE TOURISME

Paris (France)
www.croatie.hr
infos.croatie@wanadoo.fr
*L'office de tourisme n'est plus ouvert au public.*
A l'heure du tout numérique, l'OT croate, représenté en France, investit entièrement le web et les réseaux sociaux. Les deux sites Internet sont dédiés à la découverte du pays, à l'organi-

sation du voyage, à l'agenda des évènements culturels, dans chaque région, toute l'année. Ces supports virtuels apportent une information interactive tout à fait plaisante. L'agence parisienne maintient ses services de communication touristique sur la base d'articles, de photos, vidéos, cartes et catalogues, soit une toute une documentation richement illustrée, facile d'accès. Pour le visiteur, selon les différentes saisons, de nombreuses possibilités s'offrent à lui, autant de brochures thématiques à télécharger gratuitement (format PDF, Appli).

# MAGAZINES ET ÉMISSIONS

### ■ RMC DECOUVERTE

12, rue d'Oradour-sur-Glane (15e)
Paris (France)
✆ 01 71 19 11 91
www.rmc-decouverte.fr

RMC Découverte s'est imposée comme une chaîne originale, novatrice et incontournable dans l'univers du documentaire. Avec des programmes d'un genre nouveau, axés sur le divertissement et la connaissance et incarnés par des personnalités expertes, RMC Découverte est la seule chaîne de la TNT qui réunit sciences et histoire, aventure et investigation, technologie, voyage, exploration du monde animal jusqu'aux métiers de l'extrême… RMC Découverte, plus fort que la fiction ! Sur le canal 24 de la TNT.

### ■ TREK

France
www.trekhd.tv
*Chaîne thématique.*

Chaîne du Groupe AB consacrée aux sports en contact avec la nature qui propose une grille composée le lundi par les sports extrêmes ; mardi, les sports en extérieur ; mercredi, les sports de glisse sur neige ; jeudi, les expéditions, avec des voyages extrêmes ; vendredi, le jour des défis avec des jeux télévisés de TV réalité ; samedi, deuxième jour de sports de glisse sur mer ; dimanche, l'escalade, à main nue ou à la pioche. Remplaçant la chaîne Escales, Trek est disponible sur les réseaux câble, satellite et box ADSL.

# RESTER

**■ AGS DÉMÉNAGEMENT INTERNATIONAL**
Zagrebacka 119, 10 410 Velika Gorica
Croatie ✆ +385 16608151 / +385 911234490
www.ags-demenagement.com
croatia@agsmovers.com
Partir s'installer à l'étranger avec plus que deux valises, c'est possible avec AGS, déménageur international ! Depuis quarante ans, l'entreprise prend et livre dans 82 pays. La Croatie en fait partie, avec une filiale basée à Zagreb. AGS accompagne la mobilité des personnes en acheminant tous les types d'effets. Le transport du matériel se fera après acceptation du devis client, par voies aérienne, maritime ou routière, selon le cubage. Tout est bien expliqué sur le site Internet. Le siège social en France est basé à Marseille. Autre Information, AGS soutient le Pacte mondial des Nations unies et plante un arbre pour tout déménagement international effectué.

**■ LA CHAMBRE DE COMMERCE CROATE (HRVATSKA GOSPODARSKA KOMORA)**
Rooseveltov trg 2, pp 630
ZAGREB (Croatie)
✆ +385 1 456 1555 / 0800 1852
fr.hgk.hr – hgk@hgk.hr
L'organisation professionnelle et commerciale, dont le siège est à Zagreb, comprend plusieurs chambres régionales ainsi que des bureaux à Bruxelles. La CCC belge a l'avantage d'échanger en croate, anglais et français. Un détail important pour les francophones qui souhaitent se repérer dans la bureaucratie administrative du pays. Entre autres services, un manuel à destination des investisseurs étrangers est téléchargeable sur le site Internet, avec description complète des entités légales croates. La promotion des produits nationaux de qualité, autre versant d'activité de la Chambre, intéressera plus les touristes, comme le catalogue « Qualité & Création croates, Soyez croative ! » par exemple.

▸ **Autre adresse : 50,** avenue des Arts, box 19 - B-1000 Bruxelles. ✆ +32 2 512 18 90 - Fax : +32 2 512 17 85E-mail : cce.brussel@skynet.be

# ÊTRE SOLIDAIRE

**■ ACTION CONTRE LA FAIM**
14/16, Boulevard Douaumont (17e)
Paris (France)
✆ 01 70 84 70 84 / 01 43 35 88 88
www.actioncontrelafaim.org
Action contre la Faim est une ONG internationale spécialisée dans la lutte contre la faim dans le monde. Elle est présente dans une quarantaine de pays, dans les domaines de la nutrition, de la santé, de la sécurité alimentaire, de l'eau et de l'assainissement. Action contre la Faim intervient avant tout dans des situations de crise. Le but étant de rendre les populations autonomes d'un point de vue alimentaire. Pour cela, il est impératif, après être venu en aide d'une manière concrète à la population, de former les infrastructures locales adéquates qui prendront bientôt le relais. Action contre la Faim propose des missions de volontariat de trois mois à un an en Afrique, Asie, Amérique, Europe centrale, dans le Caucase, au Moyen-Orient et dans les Caraïbes.

▸ **Autre adresse : Service** Gestion Relations Donateurs : 14/16 Boulevard Douaumont – CS 80060, 75854 PARIS CEDEX 17

# ÉTUDIER

Pour étudier ou poursuivre des études supérieures en Croatie, il faut avant tout prendre contact avec le service des relations internationales de votre université et se préparer à de longues démarches ! Mais le résultat d'un semestre ou d'une année à l'étranger est une expérience humaine et intellectuelle enrichissante. C'est aussi une mention valorisante sur le CV.

▸ **Dans le cadre Erasmus** et, depuis l'entrée du pays dans l'Union Européenne, il est aujourd'hui plus facile d'y faire un échange universitaire ou un stage. A l'université de Zagreb ou de Dubrovnik, par exemple.
*www.generation-erasmus.fr/*

**■ AGENCE POUR L'ENSEIGNEMENT FRANÇAIS À L'ÉTRANGER**
23, place de Catalogne (14e)
Paris (France) ✆ 01 53 69 30 90
www.aefe.fr
Sous la tutelle du ministère des Affaires étrangères, l'AEFE est chargée de l'animation de plus de 480 établissements à travers le monde.

**Autre adresse : 1,** allée Baco, BP 21509 – 44015 Nantes Cedex 1 ✆ 02 51 77 29 03.

**CIDJ**
France
www.cidj.com
La rubrique « Europe et International » sur le serveur du C.I.D.J. fournit des informations pratiques aux étudiants qui ont pour projet d'aller étudier à l'étranger.

**ÉDUCATION NATIONALE**
France
www.education.gouv.fr
Sur le serveur du ministère de l'Éducation nationale, une rubrique « International » regroupe les informations essentielles sur la dimension européenne et internationale de l'éducation.

**MINISTÈRE DES AFFAIRES ÉTRANGÈRES**
France
www.diplomatie.gouv.fr
Les informations mises à disposition dans l'espace culturel du serveur du ministère des Affaires étrangères sont fort utiles.

# INVESTIR

La chambre de commerce croate, basée à Bruxelles (avec des professionnels francophones), l'ambassade de la République de Croatie en France ou l'office de tourisme de la Croatie, deux organismes officiels domiciliés à Paris, réprésentent des relais utiles pour les futurs investisseurs.

**UBIFRANCE**
77, boulevard Saint-Jacques
75998 Paris cedex 14
France
✆ 08 10 81 78 17
www.businessfrance.fr
L'Agence pour le développement international des entreprises françaises travaille en étroite collaboration avec les missions économiques. Le site Internet recense toutes les actions menées, les ouvrages publiés, les événements programmés et renvoie sur la page du Volontariat International à l'Étranger (VIE). On attend impatiemment le Guide des affaires internationales Croatie.

**Autre adresse : Espace** Gaymard 2, place d'Arvieux – 13002 Marseille

# TRAVAILLER - TROUVER UN STAGE

Il n'existe toujours pas de structure d'Etat spécialisée dans la recherche d'emploi spécifique à la Croatie. Il vous faudra donc vous débrouiller tout seul pour trouver une activité rémunérée (Pôle emploi cadres, section internationale). Pourtant, les opportunités existent, encouragées par le nouveau statut européen.
Les visas de travail sont délivrés par la section consulaire aux personnes qui souhaitent exercer une activité professionnelle en Croatie (entreprises françaises, tourisme, enseignement), aux étudiants désirant y poursuivre des études, effectuer un stage. Ce visa est délivré après accord du ministère de l'Intérieur croate, le délai d'obtention variant de trois semaines à un mois. La demande doit être accompagnée d'une attestation de l'employeur ou de l'institution de tutelle de l'intéressé(e) précisant la durée envisagée du séjour.

**Montant de la taxe consulaire forfaitaire à acquitter :** 21,70 €.
*Plus d'informations sur : http://europa.eu/*

**CAPCAMPUS**
France
www.capcampus.com
Capcampus est le premier portail étudiant sur le Net en France et possède une rubrique spécialement dédiée aux stages, dans laquelle vous trouverez aussi des offres pour l'étranger. Mais le site propose également toutes les informations pratiques pour bien préparer votre départ et votre séjour à l'étranger.

**WEP**
12, quai Saint-Antoine (2e)
Lyon (France)
✆ 04 72 40 40 04
www.wep.fr
info@wep.fr
Wep propose plus de 50 projets éducatifs originaux dans plus de 30 pays, de 1 semaine à 18 mois. Année scolaire à l'étranger, programmes combinés (1 semestre scolaire avec 1 projet humanitaire ou 1 chantier nature ou 1 vacances travail), projets humanitaires mais également stages en entreprise en Europe, Australie, Nouvelle-Zélande, Canada et États-Unis, et Jobs & Travel (visa vacances travail) en Australie et Nouvelle-Zélande : voici un petit aperçu des nombreuses possibilités disponibles.

**Autre adresse : Cour** Saint Joseph, 5 rue de Charonne. 75011 Paris

# INDEX

## A



## B



## C



## D

## E



## F



## G



## H



## I

## J



## K



## L



## M

## N



## O



**REPÉREZ LES MEILLEURES VISITES**

★ INTÉRESSANT ★★ REMARQUABLE ★★★ IMMANQUABLE ★★★★ INOUBLIABLE

## P



## R



## S

# COLLABOREZ À LA PROCHAINE ÉDITION
# CROATIE

# COLLABOREZ À LA PROCHAINE ÉDITION CROATIE

# COLLABOREZ À LA PROCHAINE ÉDITION
# CROATIE

# COLLABOREZ À LA PROCHAINE ÉDITION
# CROATIE

# COLLABOREZ À LA PROCHAINE ÉDITION
# CROATIE

# COLLABOREZ À LA PROCHAINE ÉDITION
# CROATIE